MANZSCHE KURZLEHRBUCH-REIHE

Grundriss des bürgerlichen Rechts

Band II

Schuldrecht Allgemeiner Teil
Schuldrecht Besonderer Teil
Erbrecht

Auf Grundlage der von
Dr. **Helmut Koziol** und Dr. **Rudolf Welser**
gemeinsam herausgegebenen 1.–10. Auflage

11.–13. Auflage bearbeitet von Dr. **Rudolf Welser**

bearbeitet von

DDr. hc. Dr. **Rudolf Welser**
em. o. Universitätsprofessor in Wien

und

Dr. **Brigitta Zöchling-Jud**
Universitätsprofessorin in Wien

14. Auflage

Wien 2015
MANZ'sche Verlags- und Universitätsbuchhandlung

Zitiervorschlag: *Welser/Zöchling-Jud,* Bürgerliches Recht II[14] (2015) Rz . . .

ISBN 978-3-214-14711-2 (geb)
ISBN 978-3-214-14713-6 (br)

Telefon: (01) 531 61-0
E-Mail: verlag@manz.at
www.manz.at
Bildnachweis: Welser: MANZ; Zöchling-Jud: privat
Datenkonvertierung und Satzherstellung:
Ferdinand Berger & Söhne GmbH, 3580 Horn
Druck: FINIDR, s. r. o., Český Těšín

Vorwort

Seit der 1. Auflage des „KOZIOL/WELSER“ sind 45 Jahre vergangen. In dieser Zeit haben Generationen von Studenten nach den beiden Bänden gelernt und sie nach ihrem Eintritt in das Berufsleben als Ratgeber und Nachschlagewerk benützt. Wir wünschen uns natürlich, dass dies so bleibt.

Die Beliebtheit des Werkes beruht nicht nur auf der Gründlichkeit der Darstellung, sondern auch darauf, dass es die Mitte zwischen „zu viel“ und „zu wenig“ hält, was nicht immer leicht war. Ein sicheres Geheimnis des Erfolges war aber, dass die Professoren *Koziol* und *Welser* von Anfang an auf Lesbarkeit, Verständlichkeit und einen guten Stil höchsten Wert gelegt haben, was die Benützer des „KW“ immer zu schätzen wussten.

Die nun vollständig vorliegende 14. Auflage des Werkes hat lange auf sich warten lassen, wofür es viele Gründe gibt, nicht zuletzt die Fülle des Materials, der Gesetzesänderungen, der neuen Literatur und Judikatur, die gründlich verarbeitet werden mussten. Seit der 13. Auflage – mit dem Ausscheiden von Prof. *Koziol* aus dem Bearbeiterkreis – wird Band I von Prof. *Kletečka* aktualisiert. Für Band II besorgen dies Prof. *Welser* und Prof. *Zöchling-Jud,* die ebenfalls über eine lange Erfahrung mit dem „KW“ verfügt. An der Einheitlichkeit des Gesamtwerkes sollte all dies möglichst wenig ändern.

Auch in den Band II wurden die Entwicklungen seit der letzten Auflage eingearbeitet und systematische Verbesserungen vorgenommen. Große Änderungen waren vor allem im Verbraucherprivatrecht notwendig. Das Erbrecht wurde auf den letzten Stand gebracht, jedoch ohne Berücksichtigung der großen Erbrechtsreform 2015, weil diese erst im Jänner 2017 in Kraft tritt. Die schon geplante 15. Auflage wird das neue Erbrecht enthalten und rechtzeitig vor dem Inkrafttreten erscheinen.

Bei den Vorarbeiten zur Neuauflage und der Anfertigung der Register wurden wir auch diesmal von unseren Assistenten unterstützt, zuletzt von Mag. *Maximilian Burkowski,* Mag. *Marietta Mayr,* Mag. *Andreas Krist,* Mag. *Reinhard Schamberger* und in besonderem Maße von Dr. *Gabriel Kogler.* In der Endphase haben auch Lic. *Fanny Rucker* und Mag. *Wieland Leopold* Hilfestellung geleistet. Ihnen allen danken wir für ihre Hilfe.

Wir hoffen, dass auch Band II der 14. Auflage weiterhin Studenten, Wissenschaft und Praxis bei der Arbeit begleitet.

Wien, im September 2015

Rudolf Welser
Brigitta Zöchling-Jud

Inhaltsverzeichnis

2. Teil: Schuldrecht, Besonderer Teil

3. Teil: Erbrecht

Verzeichnis der Abkürzungen

Paragraphenzahlen ohne weitere Angaben sind solche des ABGB.

aA (M)	anderer Ansicht, – Auffassung (Meinung)
ABGB	Allgemeines bürgerliches Gesetzbuch
ABl = ABlEG	Amtsblatt der Europäischen Gemeinschaft (Union)
Abs	Absatz
AcP	(deutsches) Archiv für die civilistische Praxis
aE	am Ende
aF	alte Fassung
AG	Aktiengesellschaft
AGB	Allgemeine Geschäftsbedingungen
AHG	Amtshaftungsgesetz
AktG	Aktiengesetz
ALR	Preußisches Allgemeines Landrecht
AnerbenG	Anerbengesetz
AnfO	Anfechtungsordnung
AngG	Angestelltengesetz
Anh	Anhang
Anm	Anmerkung
AnwBl	Österreichisches Anwaltsblatt
AO	Ausgleichsordnung
ArbSlg	Sammlung arbeitsrechtlicher Entscheidungen
ArchBürgR	(deutsches) Archiv für bürgerliches Recht
ArchKirchR	Österreichisches Archiv für Kirchenrecht
arg	argumento (folgt aus)
Art	Artikel
ÄrzteG	Ärztegesetz
ASVG	Allgemeines Sozialversicherungsgesetz
AT	Allgemeiner Teil
AtomHG	Atomhaftpflichtgesetz
AÜG	Arbeitskräfteüberlassungsgesetz
AußStrG	Gesetz über das gerichtliche Verfahren in Rechtsangelegenheiten außer Streitsachen
AVB	Allgemeine Versicherungsbedingungen
AVRAG	ArbeitsvertragsrechtsanpassungsG
BAO	Bundesabgabenordnung
BauKG	Bauarbeiten-Koordinationsgesetz
BauRG	Baurechtsgesetz
BauRNov	Novelle zum Baurechtsgesetz
bbl	Baurechtliche Blätter
Bd	Band
Bde	Bände
Bearb	Bearbeitung
BG	Bundesgesetz
BGB	(deutsches) Bürgerliches Gesetzbuch
BGBl	Bundesgesetzblatt
BGH	(deutscher) Bundesgerichtshof
BGHZ	Entscheidungen des (deutschen) Bundesgerichtshofs in Zivilsachen
Blg	Beilage, -n

BlgNR	Beilagen zu den stenographischen Protokollen des Nationalrats
BM	Bundesministerium
BRBG	Erstes Bundesrechtsbereinigungsgesetz
BStFG	Bundes-Stiftungs- und Fondsgesetz
BSVG	Bauern-Sozialversicherungsgesetz
BT	Besonderer Teil
BTVG	Bauträgervertragsgesetz
BUAG	Bauarbeiter-Urlaubs- und Abfertigungsgesetz
BVergG	Bundesvergabegesetz
B-VG	Bundes-Verfassungsgesetz
BVG	Bundesverfassungsgesetz
BWG	Bankwesengesetz
bzw	beziehungsweise
DB	Der Betrieb
dh	das heißt
DHG	Dienstnehmerhaftpflichtgesetz
DJT	Deutscher Juristentag
DNotZ	Deutsche Notar-Zeitschrift
DR	Deutsches Recht
DRiZ	Deutsche Richterzeitung
dt	deutsch
DVEheG	Verordnung zur Durchführung und Ergänzung des Ehegesetzes
E	Entscheidung
EB	Erläuternde Bemerkungen
ECG	E-Commerce-Gesetz
ecolex	Fachzeitschrift für Wirtschaftsrecht
EDV	EDV und Recht
EF-Z	Zeitschrift für Familien und Erbrecht
EFSlg	Ehe- und familienrechtliche Entscheidungen
EGG	Erwerbsgesellschaftengesetz
EGJN	Einführungsgesetz zur Jurisdiktionsnorm
EGZPO	Einführungsgesetz zur Zivilprozeßordnung
EheG	Ehegesetz
EKHG	Eisenbahn- und Kraftfahrzeughaftpflichtgesetz
EntmO	Entmündigungsordnung
EO	Exekutionsordnung
ErbRÄG	Erbrechtsänderungsgesetz
ErbStÄquG	Erbschaftssteueräquivalentgesetz
ErgLf	Ergänzungslieferung
Erk	Erkenntnis
EStG	Einkommensteuergesetz
EU	Europäische Union
EuErbVO	EU-Erbrechtsverordnung
EuGH	Europäischer Gerichtshof
EuGRZ	Europäische Grundrechte Zeitschrift
Euro-JuBG	1. Euro-Justiz-Begleitgesetz
EvBl	Evidenzblatt der Rechtsmittelentscheidungen
EVHGB	Verordnung zur Einführung handelsrechtlicher Vorschriften im Lande Österreich
EVO	Eisenbahnverkehrsordnung
EVÜ	Übereinkommen über das auf vertragliche Schuldverhältnisse anzuwendende Recht
EWiR	Entscheidungen zum Wirtschaftsrecht
EZ	Einlagezahl

f	und der (die) folgende
FAGG	Fern- und Auswärtsgeschäfte-Gesetz
FamErbRÄG	Familien- und Erbrechts-Änderungsgesetz
FamZ	Interdisziplinäre Zeitschrift für Familienrecht
FamRZ	(deutsche) Zeitschrift für das gesamte Familienrecht
FBG	Firmenbuchgesetz
FernFinG	Fern-Finanzdienstleistungs-Gesetz
ff	und die folgenden
FinStG	Finanzstrafgesetz
FMedG	Fortpflanzungsmedizingesetz
FMG	Fernmeldegesetz
FN	Fußnote
FS	Festschrift
G	Gesetz
GAÖJT	Gutachten des Österreichischen Juristentages
GBG	Allgemeines Grundbuchsgesetz
GBlÖ	Gesetzblatt für das Land Österreich (1938–1940)
GebG	Gebührengesetz
GedS	Gedenk-, Gedächtnisschrift
gem	gemäß
GenG	Genossenschaftsgesetz
Geo	Geschäftsordnung für die Gerichte I. und II. Instanz
GesRZ	Der Gesellschafter, Zeitschrift für Gesellschaftsrecht
GewO	Gewerbeordnung
GewRÄG	Gewährleistungsrechts-Änderungsgesetz
GH	Gerichtshalle (Zeitschrift)
GlU	Sammlung von zivilrechtlichen Entscheidungen des kk Obersten Gerichtshofes
GlUNF	Sammlung von zivilrechtlichen Entscheidungen des kk Obersten Gerichtshofes, Neue Folge
GmbH	Gesellschaft mit beschränkter Haftung
GmbHG	Gesetz über Gesellschaften mit beschränkter Haftung
GOG	Gerichtsorganisationsgesetz
GP	Gesetzgebungsperiode
GPR	Zeitschrift für Gemeinschaftsprivatrecht
GrundbuchsV	Grundbuchsvorschrift
GrünhutsZ	(deutsche) Zeitschrift für das Privat- und öffentliche Recht der Gegenwart, begründet von *Grünhut*
GS	Gesetzessammlung
GTG	Gentechnikgesetz
GUG	Grundbuchsumstellungsgesetz
GWG	Gaswirtschaftsgesetz
GZ	Österreichische Allgemeine Gerichtszeitung
H	Heft
hA	herrschende Ansicht (Auffassung)
HfD	Hofdekret
HfKD	Hofkanzleidekret
HGB	Handelsgesetzbuch
HHB	Herrenhausbericht
hL	herrschende Lehre
hM	herrschende Meinung
Hrsg	Herausgeber
hRsp	herrschende Rechtsprechung
HS	Handelsrechtliche Entscheidungen

id(n)F	in der (neuen) Fassung
idR	in der Regel
ieS	im engeren Sinn
immolex	Neues Miet und Wohnrecht
ImmZ	Österreichische Immobilien-Zeitung
InvFG	Investmentfondsgesetz
IPRax	Praxis des Internationalen Privat- und Verfahrensrechts (Deutschland)
IPRG	BG über das internationale Privatrecht
iVm	in Verbindung mit
iwS	im weiteren Sinn
JA	Justizausschuß, -bericht
JABl	Amtsblatt der Österreichischen Justizverwaltung
JAP	Juristische Ausbildung und Praxisvorbereitung
JB	Judikatenbuch des Obersten Gerichtshofes
JBl	Juristische Blätter
JEV	Journal für Erbrecht und Vermögensnachfolge
JGS	Justizgesetzsammlung
Jh	Jahrhundert
JherJB	*Jherings* Jahrbücher für Dogmatik des bürgerlichen Rechts
JN	Jurisdiktionsnorm
JR	(deutsche) Juristische Rundschau
JuBeG	Justizbegleitgesetz
Jura	Juristische Ausbildung (Zeitschrift)
JuS	Juristische Schulung
JusIT	Zeitschrift für IT-Recht, Rechtsinformation und Datenschutz
JW	(deutsche) Juristische Wochenschrift
JZ	(deutsche) Juristenzeitung
KaKuG	Bundesgesetz über Krankenanstalten und Kuranstalten
KartG	Kartellgesetz
KEG	Kommandit-Erwerbsgesellschaft
Kfz	Kraftfahrzeug
KG	Kreisgericht, Kommanditgesellschaft
KHVG	Kraftfahrzeughaftpflichtversicherungsgesetz
KindRÄG	Kindschaftsrechtsänderungsgesetz
KMG	Kapitalmarktgesetz
KO	Konkursordnung
krit	kritisch
KSchG	Konsumentenschutzgesetz
LBG	Liegenschaftsbewertungsgesetz
leg cit	legis citatae (der zitierten Vorschrift)
LFG	Luftfahrtgesetz
LG	Landesgericht
LGBl	Landesgesetzblatt
LGZ	Landesgericht für Zivilrechtssachen
LiegTeilG	Liegenschaftsteilungsgesetz
lit	litera (Buchstabe)
Lit	Literatur
LJZ	Liechtensteinische Juristen-Zeitung
LZ	Leipziger Zeitschrift für Deutsches Recht
maW	mit anderen Worten
MDR	Monatsschrift für Deutsches Recht
MG	Mietengesetz
MGA	Manzsche Große Ausgabe der Österreichischen Gesetze

MietSlg	Mietrechtliche Entscheidungen
MinroG	Mineralrohstoffgesetz
MR	Medien und Recht
MRG	Mietrechtsgesetz
MRK	Menschenrechtskonvention
MSchG	Markenschutzgesetz
mwN	mit weiteren Nachweisen
nF	neue Fassung
NJW	(deutsche) Neue Juristische Wochenschrift
NO	Notariatsordnung
NotAktsG	Notariatsaktsgesetz
NR	Nationalrat
Nr	Nummer
NZ	Österreichische Notariatszeitung
ÖBA	Österreichisches Bankarchiv
ÖBl	Österreichische Blätter für gewerblichen Rechtsschutz und Urheberrecht
OEG	Offene Erwerbsgesellschaft
OeNB	Oesterreichische Nationalbank
OGH	Oberster Gerichtshof
OHG	Offene Handelsgesellschaft
oJ	ohne Jahreszahl
ÖJT	Österreichischer Juristentag
ÖJZ	Österreichische Juristen-Zeitung
ÖJZ-LSK	Leitsatzkartei in Österreichische Juristen-Zeitung
OLG	Oberlandesgericht
OrgHG	Organhaftpflichtgesetz
österr	österreichisch, -e, -er, -es
ÖZW	Österreichische Zeitschrift für Wirtschaftsrecht
PatG	Patentgesetz
PatVG	Patientenverfügungs-Gesetz
PBEG	Polizeibefugnis-Entschädigungsgesetz
PHG	Produkthaftungsgesetz
Prot	Protokoll(e)
PSG	Privatstiftungsgesetz
PSR	Die Privatstiftung
QuHGZ	Quartalshefte der Girozentrale
RabelsZ	*Rabels* Zeitschrift für ausländisches und internationales Privatrecht
RAO	Rechtsanwaltsordnung
RatG	Ratengesetz
RdA	Das Recht der Arbeit
RdM	Recht der Medizin
RdNr	Randnummer
RdU	Recht der Umwelt
RdW	Österreichisches Recht der Wirtschaft
recht	recht – Zeitschrift für juristische Ausbildung und Praxis
RG	(deutsches) Reichsgericht
RGBl	Reichsgesetzblatt
RGZ	Entscheidungen des (deutschen) Reichsgerichtes in Zivilsachen
RHG	Reichshaftpflichtgesetz
RichtWG	Richtwertgesetz
RIW/AWD	Recht der internationalen Wirtschaft/Außenwirtschaftsdienst
RL	Richtlinie

Rs	Rechtssache
Rsp	Rechtsprechung (Zeitschrift)
RV	Regierungsvorlage
RZ	Österreichische Richterzeitung
Rz	Randzahl
S	Seite, Siehe
s	siehe
SAE	Sammlung arbeitsrechtlicher Entscheidungen
sc	scilicet (nämlich)
SchwJZ	Schweizerische Juristen-Zeitung
schwOR	schweizerisches Obligationenrecht
SeuffBl	Seufferts Blätter für Rechtsanwendung in Bayern
SigG	Signaturgesetz
SJZ	Schweizerische Juristen-Zeitung
Slg	Sammlung
sog	sogenannte, -er, -es
SoSi	Soziale Sicherheit
SpaltG	Spaltungsgesetz
StAZ	Das Standesamt
StEG	Strafrechtliches Entschädigungsgesetz
StGB	Strafgesetzbuch
StGG	Staatsgrundgesetz
StPO	Strafprozeßordnung
str	streitig, strittig
stRsp	ständige Rechtsprechung
StVO	Straßenverkehrsordnung
SZ	Entscheidungen des österreichischen Obersten Gerichtshofes in Zivilsachen
TEG	Todeserklärungsgesetz
TN	Teilnovelle zum ABGB
TNG	Teilzeitnutzungsgesetz
ua	und andere(n), unter anderem
uä	und ähnliche(s)
UbG	Unterbringungsgesetz
ÜbG	Übernahmegesetz
UGB	Unternehmensgesetzbuch
UmwG	Umwandlungsgesetz
UN	Vereinte Nationen
UNCITRAL	United Nations Commission on International Trade Law (Kommission der Vereinten Nationen für das Recht des internationalen Handels)
UNK	Übereinkommen der Vereinten Nationen über Verträge über den Internationalen Warenkauf (UN-Kaufrecht)
UOG	Universitäts-Organisationsgesetz
UrhG	Urheberrechtsgesetz
UrlaubsG	Urlaubsgesetz
usw	und so weiter
uU	unter Umständen
uva	und viele andere
UWG	Gesetz gegen den unlauteren Wettbewerb
V	Verordnung
VbR	Zeitschrift für Verbraucherrecht
VerkOG	Verkehrsopferschutzgesetz
VersRdSch	Die Versicherungsrundschau

verst	verstärkter
VersVG	Versicherungsvertragsgesetz
VfGH	Verfassungsgerichtshof
VfSlg	Sammlung der Erkenntnisse und wichtigsten Beschlüsse des Verfassungsgerichtshofes
vgl	vergleiche
VKrG	Verbraucherkreditgesetz
VO	Verordnung
VRUG	Verbraucherrechte-Richtlinie-Umsetzungsgesetz
VStG	Verwaltungsstrafgesetz
VwGH	Verwaltungsgerichtshof
VwSlg(A)	Erkenntnisse und Beschlüsse des Verwaltungsgerichtshofes, Administrativrechtlicher Teil
VwSlgNF	Erkenntnisse und Beschlüsse des Verwaltungsgerichtshofes
WAG	Wertpapieraufsichtsgesetz
WÄG	Wohnrechtsänderungsgesetz
WBl = wbl	Wirtschaftsrechtliche Blätter
WechselG	Wechselgesetz
WEG	Wohnungseigentumsgesetz
WFG	Wohnbauförderungsgesetz
WGG	Wohnungsgemeinnützigkeitsgesetz
WoBl = wobl	Wohnrechtliche Blätter
WRN	Wohnrechtsnovelle
WucherG	Wuchergesetz
Y2K	year 2000
Z	Ziffer, Zahl
ZAK	Zivilrecht aktuell
ZAS	Zeitschrift für Arbeitsrecht und Sozialrecht
zB	zum Beispiel
ZBB	Zeitschrift für Bankrecht und Bankwirtschaft
ZBl	Zentralblatt für die juristische Praxis
ZessRÄG	Zessionsrechts-Änderungsgesetz
ZEuP	Zeitschrift für Europäisches Privatrecht
ZfA	Zeitschrift für Arbeitsrecht
ZfRV	Zeitschrift für Rechtsvergleichung
ZGB	(Schweizer) Zivilgesetzbuch
ZHR	Zeitschrift für das gesamte Handelsrecht und Wirtschaftsrecht
ZIK	Zeitschrift für Insolvenzrecht und Kreditschutz
ZinsRÄG	Zinsenrechts-Änderungsgesetz
ZIP	Zeitschrift für Wirtschaftsrecht und Insolvenzpraxis
ZivRÄG	Zivilrechts-Änderungsgesetz
ZNR	Zeitschrift für Neuere Rechtsgeschichte
ZÖR	Österreichische Zeitschrift für öffentliches Recht und Völkerrecht
ZPO	Zivilprozeßordnung
ZRB	Zeitschrift für Recht des Bauwesens
ZRS	Zivilrechtssachen
zT	zum Teil
ZusatzProt	Zusatzprotokoll
ZVB	Zeitschrift für Vergaberecht und Bauvertragsrecht
ZVR	Zeitschrift für Verkehrsrecht

Schrifttum

Die hochgestellten Zahlen geben die Auflage an.

Nachschlagewerk

Welser (Hrsg), Fachwörterbuch zum bürgerlichen Recht (2005)

Textausgabe des ABGB mit Leitsätzen

Tades/Hopf/Kathrein/Stabentheiner, Das Allgemeine Bürgerliche Gesetzbuch[37], Manzsche Große Ausgabe der österreichischen Gesetze (2009)

Entscheidungssammlungen

Sammlung von Civilrechtlichen Entscheidungen des kk obersten Gerichtshofes, hrsg von Glaser und Unger (1853–1897) – GlU; von *Pfaff, Schey* ua in neuer Folge fortgeführt (1898–1915) – GlUNF
Entscheidungen des österreichischen Obersten Gerichtshofes in Zivil- und Justizverwaltungssachen (1919–1938, ab 1946) – SZ
Ehe- und familienrechtliche Entscheidungen, hrsg von *Gitschthaler* und *Höllwerth* (ab 1945) – EFSlg
Handelsrechtliche Entscheidungen, begr von *Stanzl* (ab 1939) – HS
Mietrechtliche Entscheidungen, begr von *Heller* und *Radl* (ab 1922) – MietSlg
Versicherungsrechtliche Entscheidungssammlung, hrsg von *Fenyves* (ab 1945) – VersE

Zeitschriften

Das Recht der Arbeit – RdA
Die Privatstiftung – PSR
Die Versicherungsrundschau – VersRdSch
ecolex – Fachzeitschrift für Wirtschaftsrecht
Evidenzblatt der Rechtsmittelentscheidungen – EvBl; s Österreichische Juristen-Zeitung
immolex – Neues Miet- und Wohnrecht
Interdisziplinäre Zeitschrift für Familienrecht – FamZ
Journal für Erbrecht und Vermögensnachfolge – JEV
Juristische Ausbildung und Praxisvorbereitung – JAP
Juristische Blätter – JBl
Österreichisches Anwaltsblatt – AnwBl
Österreichisches Bankarchiv – ÖBA
Österreichische Immobilien-Zeitung – ImmZ
Österreichische Juristen-Zeitung – ÖJZ, enthält das Evidenzblatt der Rechtsmittelentscheidungen – EvBl
Österreichische Notariats-Zeitung – NZ
Österreichisches Recht der Wirtschaft – RdW
Österreichische Richterzeitung – RZ
Österreichische Zeitschrift für Wirtschaftsrecht – ÖZW
Recht der Medizin – RdM
Recht der Umwelt – RdU
Wirtschaftsrechtliche Blätter – wbl
Wohnrechtliche Blätter – wobl
Zeitschrift für Arbeitsrecht und Sozialrecht – ZAS

Zeitschrift für Familien und Erbrecht – EF-Z
Zeitschrift für Insolvenzrecht und Kreditschutz – ZIK
Zeitschrift für IT-Recht, Rechtsinformation und Datenschutz – JusIT
Zeitschrift für Recht des Bauwesens – ZRB
Zeitschrift für Rechtsvergleichung, Internationales Privatrecht und Europarecht – ZfRV
Zeitschrift für Verbraucherrecht – VbR
Zeitschrift für Vergaberecht und Bauvertragsrecht – ZVB
Zeitschrift für Verkehrsrecht – ZVR
Zivilrecht aktuell – Zak

Bibliographie

Index der Rechtsmittelentscheidungen und des Schrifttums, begr von *Hohenecker* (1946–2007)

Falllösung, Arbeitstechnik

Apathy (Hrsg), Bürgerliches Recht, VIII: Prüfungstraining, Fallrepetitorium mit Lösungen[4] (2014)
Faber/Heidinger/Nemeth, Bürgerliches Recht, Übungs- und Diplomprüfungsfälle mit Lösungen[2] (2010)
Harrer/Honsell/Mader, Prüfungsfälle zum bürgerlichen Recht[6] (2013)
Kerschner, Wissenschaftliche Arbeitstechnik und Methodenlehre für Juristen[6] (2014)
Kerschner/Schauer, Fälle und Lösungen zum bürgerlichen Recht für Anfänger[7] (2012)
Kerschner/P. Bydlinski, Bürgerliches Recht für Fortgeschrittene – Fälle und Lösungen: Schwerpunkte & Strukturen[6] (2015)
Zankl, Casebook Bürgerliches Recht[8] (2015)

Kommentare zum österreichischen Recht

Fenyves/Welser (Hrsg), ABGB, 3. Auflage des von Klang begründeten Kommentars, §§ 137–186a (2000)
Fenyves/Kerschner/Vonkilch (Hrsg), ABGB, 3. Auflage des von Klang begründeten Kommentars, §§ 44–100 (2006); §§ 137–267 (2008); §§ 285–352 (2011); §§ 353–379 (2011); §§ 888–896 (2008); §§ 897–916 (2011); §§ 938–1001 (2013); §§ 1151–1164a (2012); §§ 1267–1292 (2012); §§ 1375–1410 (2011); §§ 1451–1502 (2012); KSchG (2006)
Gitschthaler/Höllwerth (Hrsg), Kommentar zum Außerstreitgesetz (2013)
Hausmann/Vonkilch (Hrsg), Österreichisches Wohnrecht MRG/WEG[3] (2013)
Klang/Gschnitzer (Hrsg), Kommentar zum Allgemeinen bürgerlichen Gesetzbuch[2] I/1 (1964); I/2 (1962); II (1950); III (1952); IV/1 (1968); IV/2 (1978); V (1954); VI (1951); Ergänzungsband (1977)
Kletečka/Schauer (Hrsg), ABGB-ON (2010), laufende Onlineaktualisierung unter rdb.at
Konecny/Schubert (Hrsg), Kommentar zu den Insolvenzgesetzen (Loseblatt, ab 1997)
Kosesnik-Wehrle (Hrsg), Konsumentenschutzgesetz und Fern- und AuswärtsgeschäfteG[4] (2015)
Koziol/P. Bydlinski/Bollenberger (Hrsg), Kurzkommentar zum ABGB[4] (2014)
Pfaff/Hofmann, Commentar zum österreichischen allgemeinen bürgerlichen Gesetzbuche I (1877); II (1877)
Rechberger (Hrsg), Kommentar zum Außerstreitgesetz[2] (2013)
Rummel (Hrsg), Kommentar zum Allgemeinen bürgerlichen Gesetzbuch[3] I (2000), II/1 (2002); II/2a (2007); II/2b (2004); II/3 (2002); II/4 (2002); II/5 (2003); II/6 (2004); Ergänzungsband KindRÄG 2001 (2003)
Rummel/Lukas (Hrsg), Kommentar zum Allgemeinen bürgerlichen Gesetzbuch[4] §§ 531–824 (2014); §§ 859–916 (2014)

Schwimann (Hrsg), ABGB Taschenkommentar[3] (2015)
Schwimann (Hrsg), Praxiskommentar zum Allgemeinen Bürgerlichen Gesetzbuch[3] VI (2006); VII (2005); Ergänzungsband (2007)
Schwimann/Kodek (Hrsg), Praxiskommentar zum Allgemeinen Bürgerlichen Gesetzbuch[4] I (2011); Ia (2012); II (2012); III (2012); IV (2014); V (2014); Va (2015)
Stubenrauch, Commentar zum österreichischen allgemeinen bürgerlichen Gesetzbuch[8] I (1902), II (1903)
Wendehorst/Zöchling-Jud (Hrsg), Verbraucherkreditrecht (2010)
Welser/Jud, Die neue Gewährleistung (2001)
Welser/Rabl, Produkthaftungsgesetz[2] (2004)
Winiwarter, Das Oesterreichische bürgerliche Recht[2] I (1838); II (1839); III (1841); IV (1844); V (1846)
Zeiller, Commentar über das allgemeine bürgerliche Gesetzbuch I (1811); II/1 (1812); II/2 (1812); III (1812); IV (1813)

Kommentare zum deutschen Recht

Bamberger/Roth (Hrsg), Kommentar zum Bürgerlichen Gesetzbuch[3] (2012), laufende Onlineaktualisierung unter beck-online.beck.de
Erman (Begr), Handkommentar zum Bürgerlichen Gesetzbuch[14] (2014)
Stürner (Hrsg), Bürgerliches Gesetzbuch[15] (2014)
Palandt (Hrsg), Bürgerliches Gesetzbuch[74] (2015)
Planck (Begr), Kommentar zum Bürgerlichen Gesetzbuch II/1[4] (1914); II/2[4] (1928); III/1[5] (1933); III/2[5] (1938); IV[3] (1906); V[4] (1930)
Prütting/Wegen/Weinreich (Hrsg), BGB Kommentar[10] (2015)
Säcker/Rixecker/Oetker (Hrsg), Münchener Kommentar zum Bürgerlichen Gesetzbuch I[7] (2015); II[6] (2012); III[6] (2012); IV[6] (2012); V[6] (2013); VI[6] (2013); VII[6] (2013); VIII[6] (2012); IX[6] (2013); X[6] (2015); XI[6] (2015)
Soergel (Begr), Bürgerliches Gesetzbuch; erscheint seit 1987 in 13. Auflage
Staudinger (Begr), Kommentar zum bürgerlichen Gesetzbuch; erscheint laufend in neuer Bearbeitung

Systematische Darstellungen zum österreichischen Recht

Apathy (Hrsg), Bürgerliches Recht, I: Allgemeiner Teil[6] (2013); II: Schuldrecht, Allgemeiner Teil[5] (2014); III: Schuldrecht, Besonderer Teil[5] (2015); IV: Sachenrecht[5] (2013); V: Familienrecht[5] (2013); VI: Erbrecht[5] (2014); VII: Internationales Privatrecht[6] (2013).
Apathy/Iro/Koziol (Hrsg), Österreichisches Bankvertragsrecht[2] (2007–2015)
Ehrenzweig, Armin, System des österreichischen allgemeinen Privatrechts I/1: Allgemeiner Teil[2] (1951); I/2: Sachenrecht[2] (1957); II/1: Das Recht der Schuldverhältnisse[2] (1928); II/2: Familien- und Erbrecht[2] (1937)
Ferrari/Likar-Peer (Hrsg), Erbrecht (2007)
Gschnitzer, Lehrbuch des österreichischen bürgerlichen Rechts: Allgemeiner Teil (1966); Sachenrecht (1968); Familienrecht (1963); Schuldrecht Allgemeiner Teil (1965); Schuldrecht Besonderer Teil und Schadenersatz (1963); Erbrecht (1964)
Gschnitzer, Allgemeiner Teil des bürgerlichen Rechts[2] (1992); Sachenrecht[2] (1985); Familienrecht[2] (1979); Schuldrecht Allgemeiner Teil[2] (1986); Schuldrecht Besonderer Teil und Schadenersatz[2] (1988); Erbrecht[2] (1984)
Kolba/Leupold, Das neue Verbraucherrecht (2014)
Koziol, Österreichisches Haftpflichtrecht I[3] (1997), II[2] (1984)
Koziol/Apathy/Koch, Österreichisches Haftpflichtrecht III[3] (2014)
Kralik, Das Erbrecht (1983) (3. Auflage des Systems von *Ehrenzweig*)
Krasnopolski/Kafka, Lehrbuch des österreichischen Privatrechts III (1910); IV (1911); V (1914)
Mayrhofer, Schuldrecht Allgemeiner Teil (1986) (3. Auflage des Systems von *Ehrenzweig*)

Schey, Die Obligationsverhältnisse (1907)
Unger, System des österreichischen allgemeinen Privatrechts I[5] (1892); II[5] (1892); VI[4] (1894)
Wolff, Grundriß des österreichischen bürgerlichen Rechts[4] (1948)

Systematische Darstellungen zum deutschen Recht

Enneccerus/Lehmann, Recht der Schuldverhältnisse[15] (1958)
Esser/Schmidt, Schuldrecht I: Allgemeiner Teil[8] I/1 (1995); I/2 (2000)
Esser/Weyers, Schuldrecht II: Besonderer Teil[8] II/1(1998); II/2 (2000)
Fikentscher/Heinemann, Schuldrecht[10] (2006)
Heck, Grundriß des Schuldrechts (1929), 3. Neudruck (1994)
U. Huber, Leistungsstörungen I (1999); II (1999)
Kipp/Coing, Erbrecht[14] (1990)
Lange/Kuchinke, Erbrecht[5] (2001)
Lange/Schiemann, Schadensersatz[3] (2003)
Larenz, Lehrbuch des Schuldrechts I: Allgemeiner Teil[14] (1987); II/1: Besonderer Teil[13] (1986)
Larenz/Canaris, Lehrbuch des Schuldrechts II/2, Besonderer Teil[13] (1994)
Medicus, Schuldrecht I: Allgemeiner Teil[19] (2010), II: Besonderer Teil[14] (2007)
von Tuhr (Begr), Der Allgemeine Teil des Deutschen Bürgerlichen Rechts I (1910); II/1 (1914); II/2 (1918)

Wichtige Datenbanken

Ausführlichere Informationen über die österreichische Datenbanklandschaft lassen sich *Kerschner,* Wissenschaftliche Arbeitstechnik und Methodenlehre für Juristen[6] (2014) 104ff entnehmen. Im Folgenden sind die für das Zivilrecht wichtigsten Datenbanken angeführt.

a) Rechtsdatenbank (RDB)/Manz Online-Bibliothek

Die RDB enthält zahlreiche Fachzeitschriften (zB EF-Z, ecolex, iFamZ, immolex, JAP, ÖBA, ÖJZ) und Entscheidungssammlungen (zB EFSlg, HS, MietSlg) im Volltext. Über die Online-Bibliothek sind je nach Umfang des Zugangs diverse Kommentare (zB *Kletečka/Schauer; Rummel*) verfügbar. Grundsätzlich ist der Zugang kostenpflichtig, für Studienzwecke gibt es idR einen kostenlosen Zugang über die Universität. Weiterführende Infos unter www.rdb.at.

b) LexisNexis

LexisNexis enthält zahlreiche Fachzeitschriften (zB bbl, JBl, JusIT, wbl, wobl, Zak, ZFR), Kommentare (zB *Schwimann/Kodek; KBB; Hausmann/Vonkilch,* Wohnrecht) und Fachbücher (zB *Deixler-Hübner,* Scheidung, Ehe und Lebensgemeinschaft). Grundsätzlich ist der Zugang kostenpflichtig, für Studienzwecke gibt es idR einen kostenlosen Zugang über die Universität. Weiterführende Infos unter www.lexisnexis.at .

c) Rechtsindexdatenbank (RIDA)

Die RIDA ermöglicht über eine Suchmaske mit Beschlagwortung die Recherche nach nahezu allen verfügbaren österreichischen Fachzeitschriften und Entscheidungssammlungen. Entscheidungen können auch im Volltext durchsucht werden. Zusätzlich sind zahlreiche jüngere Festschriftbeiträge (zB FS Fenyves, FS Kerschner, FS Iro, FS 200 Jahre ABGB) und einige Zeitschriften (zB bbl, JBl, jusIT, OBA, wbl, wobl) im Volltext abrufbar. Grundsätzlich ist der Zugang kostenpflichtig, für Studienzwecke gibt es idR einen kostenlosen Zugang über die Universität. Weiterführende Infos unter www.rida.at.

d) Rechtsinformationssystem (RIS)

Über das Rechtsinformationssystem des Bundeskanzleramtes können Landes- und Bundesgesetze in konsolidierter Fassung und die BGBl abgerufen werden; seit 2004 erfolgt dort die amtliche Kundmachung des BGBl. Durch eine Verlinkung zur Parlamentsseite gelangt man (bei neueren BGBl) auch zu den jeweiligen Gesetzesmaterialien. Außerdem sind nahezu die gesamte höchstgerichtliche Rechtsprechung im Volltext und die RIS-Justiz Rechtssätze abrufbar. Das RIS ist kostenlos. Zugang und weitere Infos über www.ris.bka.gv.at.

1. Teil
Schuldrecht, Allgemeiner Teil

1. Kapitel
Einleitung

I. Der Begriff

Literatur: *Dnistrjanskyi,* Dingliche und persönliche Rechte, JherJB 78, 86; *Dörner,* Dynamische Relativität (1985); *Kleinfeller,* Der Begriff „Anspruch", AcP 137, 129; *Koziol,* Die Beeinträchtigung fremder Forderungsrechte (1967).

Der allgemeine Teil des Schuldrechts besteht aus den für alle Schuld- 1
verhältnisse geltenden Regeln.

Das ABGB nennt die Schuldrechte „persönliche Sachenrechte" und 2
versteht darunter *Rechte, „vermöge welcher eine Person einer andern zu einer Leistung verbunden ist"* (§ 859). Heute werden die Schuldrechte gewöhnlich als Rechtsverhältnisse umschrieben, die in der Verpflichtung einer Person gegenüber einer anderen bestehen. Wer zu einer solchen Leistung verpflichtet ist, heißt **Schuldner,** wer das Recht auf die Leistung hat, **Gläubiger.** Vom Schuldner her gesehen ist der Inhalt der Schuld eine **Verbindlichkeit,** vom Gläubiger her ein Recht, das **Forderungsrecht** oder **Anspruch** heißt. Die geschuldete Leistung kann in einem **Tun** oder **Unterlassen** bestehen, zB in der Anfertigung einer Maschine oder im Dulden des Gebrauches einer Sache. Für das Schuldrecht ist auch der aus dem römischen Recht stammende Begriff **„Obligationenrecht"** geläufig.

Die Verbindlichkeit selbst heißt Obligation. Die lateinischen Bezeichnungen für Gläubiger (creditor) und Schuldner (debitor) werden nur noch ausnahmsweise verwendet (zB Kredit, kreditieren; Debetsaldo, debitor cessus).

Das Forderungsrecht richtet sich gegen den Schuldner. Nur von ihm 3
kann der Gläubiger die Erfüllung der Verbindlichkeit verlangen; umgekehrt ist der Schuldner nur ihm zur Leistung verpflichtet und kann nur ihm wirksam zahlen. Weil sich somit die Wirkung des Schuldrechts auf bestimmte Personen beschränkt, sind die Forderungsrechte **relative Rechte.** Von den Römern stammt das Bild, ein Schuldrecht sei ein zwischen bestimmten Personen bestehendes Rechtsband, ein „vinculum iuris".

Wenn auch Forderungsrechte insoweit relativ sind, als der Gläubiger 4
nur vom Schuldner die Leistung verlangen kann, so wird dem Gläubiger doch ein gewisser Schutz gegen Eingriffe Dritter in seine Gläubigerstellung gewährt.[1]) Es ist daher zwischen dem zwischen Gläubiger und

---

[1]) *Koziol,* Beeinträchtigung 135ff; *Koziol,* Haftpflichtrecht II², 40ff; vgl ferner *Rehbein,* Die Verletzung von Forderungsrechten durch Dritte (1968); *Ostheim,* Buch-

Schuldner bestehenden, bloß **relativen Innenverhältnis** und den **absoluten Außenwirkungen** gegenüber Dritten zu unterscheiden. Ihre Verletzung löst unter gewissen Voraussetzungen Schadenersatzansprüche aus.

Absoluter Schutz besteht vor allem, soweit es um die Rechtszuständigkeit geht: Dritte Personen dürfen das Recht des Gläubigers nicht für sich in Anspruch nehmen. Ferner ist ihnen untersagt, den Schuldner (wissentlich) zum Vertragsbruch zu verleiten[2]) oder in Kenntnis des fremden Forderungsrechts die Leistung des Schuldners zu vereiteln, da es jedermann zumutbar ist, fremde Verträge zu respektieren, wenn er sie kennt.[3]) Manche nehmen eine weitergehende Außenwirkung des Schuldverhältnisses an, wenn das Recht des Gläubigers durch den Besitz einer körperlichen Sache offenkundig ist. Dies ist zB der Fall, wenn dem (noch nicht einverleibten) Liegenschaftskäufer das Grundstück schon übergeben ist. Dann wird der Dritte schon für (grob) fahrlässiges Verhalten haftbar.[4]) Schließlich können Forderungsrechte in Analogie zu § 372 Wirkung gegenüber Dritten erlangen, wenn der Gläubiger Rechtsbesitzer ist (dazu Rz 1729 und Bd I Rz 883ff).

5 Das Forderungsrecht begründet ein Recht des Gläubigers **auf eine Leistung;** der Gläubiger erlangt dadurch noch kein dingliches Recht **an einer Sache.**

Der Verkäufer eines Autos bleibt auch nach Abschluss des Kaufvertrages Eigentümer; der Käufer erhält nur einen gegen den Verkäufer wirkenden Anspruch auf Übereignung. Da sich dieser gegen die Person des Schuldners richtet, kommt das Gesetz zur Bezeichnung „persönliches Sachenrecht" (vgl § 307).

6 Das Schuldrecht ist das Recht der **Güterbewegung** und hat daher „dynamischen" Charakter, während das Sachenrecht als Recht der Güterzuordnung „statisch" ist.

7 Der Inhalt des Schuldverhältnisses kann sehr vielgestaltig sein. Das Schuldrecht regelt – anders als zB das Familienrecht oder Erbrecht – **keinen spezifischen Lebensbereich.** Die Gemeinsamkeit der schuldrecht-

---

besprechung, ZAS 1969, 35ff; *Löwisch,* Der Deliktsschutz relativer Rechte (1970); *Lindinger,* Der Rechtsschutz von Vertriebssystemen gegenüber Außenseitern, JBl 1990, 697ff; *Pletzer,* Doppelveräußerung und Forderungseingriff (2000) 103ff; *Gruber,* Wettbewerbswidrigkeit der Abwerbung von Kunden und Arbeitnehmern, JBl 2002, 416; *Bollenberger,* Sittenwidrigkeit nach § 879 wegen Beeinträchtigung von Interessen Dritter? JBl 2013, 137; OGH SZ 2003/12 = ecolex 2004, 42 *(Ch. Schumacher).* Aus deutscher Sicht *Canaris,* Der Schutz obligatorischer Forderungen nach § 823 I BGB, in FS Steffen (1995) 85ff; *Medicus,* Die Forderung als „sonstiges Recht" nach § 823 Abs 1 BGB? in FS Steffen (1995) 333ff; *Hammen,* Die Forderung – ein „sonstiges Recht" nach § 823 Abs 1 BGB? AcP 199, 591.

[2]) So auch der OGH SZ 55/170; JBl 1991, 719; JBl 1992, 704; RdW 1994, 242; vgl auch JBl 1995, 526 *(Rummel);* SZ 66/141; NZ 1999, 218; JBl 2002, 182 (kritisch *Dullinger/Riedler*) = ÖBA 2001, 910 (kritisch *Karollus*); vgl dazu *Dullinger,* Bankhaftung bei Mehrfachzession, ÖBA 2003, 601; *Lurger,* Die Zession im sachenrechtlichen Übertragungssystem des ABGB, in FS Welser (2004) 639.

[3]) OGH SZ 2002/25.

[4]) *Schilcher/Holzer,* Der schadenersatzrechtliche Schutz des Traditionserwerbers bei Doppelveräußerung von Liegenschaften, JBl 1974, 445 und 512; RIS-Justiz RS0083005; insbesondere OGH JBl 1987, 318; SZ 63/186; bbl 1998, 189 *(Egglmeier);* ecolex 2000, 643; JBl 2001, 583; JBl 2005, 36. Vgl auch *Eccher,* Die Rechtsstellung des Zweitkäufers einer Liegenschaft im österreichischen und italienischen Recht, in FS Wagner (1987) 83.

lichen Normen ergibt sich bloß aus der eben beschriebenen Struktur des Schuldverhältnisses (Recht auf eine Leistung).

II. Das Schuldverhältnis

Literatur: *Canaris,* Ansprüche wegen „positiver Vertragsverletzung“ und „Schutzwirkung für Dritte“ bei nichtigen Verträgen, JZ 1965, 475; *Gernhuber,* Das Schuldverhältnis (1989); *Herholz,* Das Schuldverhältnis als konstante Rahmenbeziehung, AcP 130, 257; *Jabornegg,* Zurückbehaltungsrecht und Einrede des nicht erfüllten Vertrages (1982); *Klinke,* Causa und genetisches Synallagma (1983); *Schopper,* Nachvertragliche Pflichten (2009); *Stoll,* Die Lehre von den Leistungsstörungen (1936); *Zepos,* Zu einer „gestalttheoretischen“ Auffassung des Schuldverhältnisses, AcP 155, 486.

A. Inbegriff von Rechten und Pflichten

Das Schuldverhältnis ist die Gesamtheit aller aus einer bestimmten Rechtsbeziehung zwischen Gläubiger und Schuldner bestehenden wechselseitigen Rechte und Pflichten. 8

Mit der Umschreibung, dass eine Person einer anderen zu einer Leistung verbunden ist, definiert § 859 die Grundform der Obligation. Dieses einfachste Verhältnis zwischen Gläubiger und Schuldner heißt **Schuldverhältnis im engeren Sinn.** 9

Die im täglichen Leben häufigsten Rechtsgeschäfte lösen allerdings nicht einseitige Verbindlichkeiten aus, sondern bestehen aus einer größeren Zahl von Ansprüchen, die durch Entstehungsgrund und Zweck zu einem einheitlichen Verhältnis zusammengehalten werden, das man als **Schuldverhältnis im weiteren Sinn** bezeichnet. 10

Zum Schuldverhältnis im weiteren Sinn gehören Hauptleistungspflichten, selbständige und unselbständige Nebenleistungspflichten, Schutz- und Sorgfaltspflichten, Primär- und Sekundärpflichten, Gestaltungsrechte und Obliegenheiten. Weil sich dieses „Gesamtverhältnis“ im Laufe der Zeit verändern kann, spricht man auch vom Schuldverhältnis als „Organismus“. 11

B. Hauptleistungspflichten

Zum Schuldverhältnis gehört vor allem die Hauptleistungspflicht. Sie **charakterisiert** den **Vertragstyp** und macht das Wesen des Rechtsgeschäftes aus, das von den Parteien gerade wegen seiner Hauptpflichten geschlossen wird. Im einfacheren Fall trifft die Hauptleistungspflicht nur eine Seite. Es entsteht eine **einseitige Verbindlichkeit,** bei der ein Teil (der Schuldner) nur verpflichtet, der andere Teil (der Gläubiger) nur berechtigt wird (vgl Bd I Rz 371). Dies ist zB bei der Schenkung der Fall. Bei den meisten Geschäften entstehen hingegen Hauptleistungspflichten auf beiden Seiten, sodass jeder Teil **zugleich** Gläubiger und Schuldner wird. Da beide Forderungen aus einem einheitlichen Rechtsgeschäft erwachsen und so durch gemeinsamen Entstehungsgrund und Zweck verbunden sind – die eine Forderung um der anderen willen begründet 12 wird –, haben sie ein weitgehend gemeinsames Schicksal. Man nennt diese wechselseitige Verknüpfung **Synallagma** (Synallagma = Austausch) und Verträge, die so verknüpfte Forderungen aufweisen, synallagmatische oder **gegenseitige Verträge.** Die synallagmatischen Verträge sind zweiseitig verbindlich und entgeltlich. Zu ihnen gehören wichtige Rechtsgeschäfte wie Kauf, Tausch, Miete, Pacht, Werkvertrag und Dienstvertrag.

13 Die Verknüpfung im Synallagma hat Konsequenzen: Ist die Verpflichtung eines Teiles nicht entstanden, so ist auch jene des anderen Teiles ungültig **(„genetisches Synallagma“).** Treten bei der Abwicklung des Geschäftes auf einer Seite Leistungsstörungen auf (wird zB eine Leistung unmöglich), so hat das auch Auswirkungen auf die Verpflichtung des anderen Teils; er braucht seine Leistung nicht zu erbringen oder kann sie zurückfordern **(„funktionelles Synallagma“).** Dieses Prinzip kommt auch in § 1052 Satz 1 zum Ausdruck, wonach im Zweifel Leistung und Gegenleistung „Zug um Zug“ erbracht werden müssen (s unten Rz 180 ff).[1])

C. Selbständige und unselbständige Nebenleistungspflichten

14 Die rechtlichen Beziehungen zwischen den Parteien erschöpfen sich aber meist nicht in den Hauptleistungspflichten. Meist bestehen auch **Nebenleistungspflichten** (Nebenpflichten), die wiederum selbständige oder unselbständige sein können.

15 An der Erfüllung der **selbständigen** Nebenleistungspflichten hat der Gläubiger ein **besonderes Interesse,** das von jenem an der Hauptleistung deutlich getrennt werden kann. Es wird für ihre Erfüllung ein selbständiger Teil der Gegenleistung entrichtet, weshalb sie **äquivalente** (entgoltene) Pflichten heißen. Die selbständigen Nebenleistungspflichten könnten auch Gegenstand eines besonderen (weiteren) Vertrags sein.

Der Mieter einer Wohnung verpflichtet sich, im Sommer den Garten zu pflegen. Der Gastwirt nimmt das Kfz eines Gastes in Verwahrung.[2]) Der Verkäufer hat das verkaufte Gerät beim Käufer zu montieren, zeitweise zu kontrollieren und zu „warten“.

Soll aus dem Verkaufserlös einer Liegenschaft diese lastenfrei gestellt werden, so kann es eine vertragliche Nebenpflicht aus dem Maklervertrag sein, die Durchführbarkeit der Vereinbarung festzustellen.[3])

16 Die **unselbständigen** Nebenleistungspflichten haben bloß **dienende Funktion;** sie bezwecken die Vorbereitung und reibungslose Abwicklung der für den Vertragstyp charakteristischen Hauptleistung.[4]) Sie werden besonders vereinbart oder ergeben sich aus der ergänzenden Vertragsauslegung – der Übung des redlichen Verkehrs (§ 914) – oder direkt aus dem Gesetz.[5])

---

1) Vgl dazu *Wahle* in *Klang*² IV/2, 67; *Jabornegg,* Zurückbehaltungsrecht 57 ff.
2) OGH SZ 55/7.
3) OGH ecolex 1995, 799.
4) Vgl auch OGH SZ 57/175.
5) Vgl OGH SZ 64/62 (Versicherungspflicht des Verwahrers).

An der Erfüllung unselbständiger Nebenleistungspflichten besteht gewöhnlich kein besonderes, von der Hauptleistung abtrennbares Interesse des Gläubigers. Auf sie entfällt kein messbarer Teil der Gegenleistung **(„inäquivalente Pflichten“).** Von der Beschaffenheit der einzelnen Pflicht hängt ab, ob ihre Erfüllung isoliert eingeklagt werden kann, eine Begründung durch selbständigen Vertrag wäre meist ungewöhnlich. 17

Den Verkäufer trifft die Pflicht, die verkaufte Sache bis zur Abholung sorgfältig zu behandeln oder zu verwahren, die Sache ordentlich zu verpacken, zu versichern und eine Gebrauchsanweisung mitzuliefern.[6]) Der Beauftragte muss über seine Tätigkeit Rechnung legen. Der behandelnde Arzt muss dem Patienten Einsicht in die Krankengeschichte gewähren.[7]) Der Softwarelieferant ist zur Einschulung des Bestellers verpflichtet.[8])

D. Schutz- und Sorgfaltspflichten

Das Schuldverhältnis enthält aber noch weitere Verhaltenspflichten,[9]) nämlich die **Schutz- und Sorgfaltspflichten:** Der Schuldner hat seine Erfüllungshandlungen so zu setzen, dass der Gläubiger weder an seiner Person noch an seinen sonstigen Rechtsgütern geschädigt wird. 18

Der Handwerker darf bei der Arbeit oder nach ihrer Beendigung keine brennende Zigarette in der Wohnung des Werkbestellers wegwerfen. Wer Möbel zu transportieren hat, darf dabei nicht den Gläubiger verletzen oder seinen Fußboden beschädigen. Der Erzeuger von Medikamenten muss auf ihre Gefährlichkeit hinweisen. Zwischen Arbeitgeber und Arbeitnehmer bestehen Fürsorge- und Treuepflichten (dazu Rz 1095ff). Die Bank hat Kunden bei Auszahlung eines hohen Geldbetrags über das Bestehen eines erhöhten Diebstahlrisikos und die Möglichkeit einer „diskreten Auszahlung“ aufzuklären.[10]) Den Liftunternehmer trifft aufgrund des Beförderungsvertrages mit dem Schifahrer die Pflicht zur Pistensicherung;[11]) Ähnliches gilt für den Veranstalter eines Schirennens gegenüber den Rennläufern.[12]) Die Spielbank trifft eine Schutzpflicht gegenüber Spielern, deren Verhalten auf Spielsucht beruht.[13]) Der Versicherer muss den Versicherungsnehmer über eine durch neue Rechtsprechung des OGH drohende, massive Deckungslücke im bestehenden Vertrag informieren, wenn ihm der Wunsch des Versicherungsnehmers nach umfassendem Versicherungsschutz bekannt ist.[14])

---

[6]) Vgl hiezu *Winkler von Mohrenfels,* Abgeleitete Informationspflichten im deutschen Zivilrecht (1986) 67.

[7]) S dazu OGH SZ 57/98.

[8]) OGH ecolex 1993, 85 *(Wilhelm);* JBl 1998, 577 *(Staudegger)* = ecolex 1998, 127 *(Wilhelm).*

[9]) *Esser/Schmidt,* Schuldrecht I/1, 106ff; *Larenz* I 9ff; *Stoll,* Leistungsstörungen 26ff; OGH JBl 1985, 239; ZVR 1986/16; JBl 1991, 457. AA *Reischauer* in *Rummel*[3] Vor §§ 918ff Rz 4ff.

[10]) OGH ecolex 2008/147 *(Friedl).*

[11]) OGH ZVR 1991/17 *(J. Pichler);* s auch *Welser,* Haftungsprobleme der Wintersportausübung, in *Sprung/König,* Das österreichische Schirecht (1977) 385.

[12]) OGH ZVR 1994/29; JBl 1994, 338.

[13]) *Wilhelm,* Zur culpa in contrahendo der Spielbank beim Glücksspiel, ecolex 2008, 1111; *P. Bydlinski,* Zivilrechtsfragen des kleinen Automatenglücksspiels, ÖJZ 2008, 697; s auch OGH ecolex 2009/45 *(Wilhelm).*

[14]) OGH JBl 2012, 457 *(Schopper)* (dazu *Ertl,* „Produktbeobachtung“ durch den Haftpflichtversicherer, ecolex 2012, 296).

19 Die Schutz- und Sorgfaltspflichten beruhen meist nicht auf besonderer Vereinbarung, sie ergeben sich aus der Vertragsauslegung[15]) oder aus dem Gesetz (zB §§ 1157, 1169).[16]) Ein Verstoß gegen sie wird als **positive Vertragsverletzung** bezeichnet und begründet Schadenersatzpflichten (s Rz 417 ff und Rz 1343).

20 Ein den Schutz- und Sorgfaltspflichten widersprechendes Verhalten ist zwar oft schon nach dem **Deliktsrecht** rechtswidrig und macht den Schädiger ersatzpflichtig; besonders wenn absolut geschützte Güter des Partners verletzt werden (s unten Rz 1394). Die vertraglichen Schutzpflichten verlangen aber meist ein höheres Maß an Sorgfalt und stellen auch sonst den Gläubiger besser als das Deliktsrecht. Vor allem kommt ihm die strengere Gehilfenhaftung zugute (§ 1313 a). S im Übrigen unten Rz 1522 ff.

21 Für die Erfüllung der Schutz- und Sorgfaltspflichten wird keine abgrenzbare Gegenleistung geschuldet (inäquivalente Pflichten), sie sind auch nicht selbständig einklagbar.[17]) Ihre Verletzung führt nur ausnahmsweise zu einem Rücktrittsrecht nach § 918 (s unten Rz 262 f).

E. Primärpflichten und Sekundärpflichten

22 Die Haupt- und Nebenleistungspflichten, die Schutz- und Sorgfaltspflichten sind die Primärpflichten des Schuldverhältnisses. Sie bestehen in einem **Verhalten** (Tun oder Unterlassen). Abgesehen von der Durchsetzung durch Klage kommen bei ihrer Verletzung auch **Schadenersatzpflichten** in Betracht; diese heißen Sekundärpflichten und folgen den Regeln der Vertragshaftung.

F. Gestaltungsrechte und Obliegenheiten

23 Zum Schuldverhältnis im weiteren Sinn gehören auch Gestaltungsrechte und Obliegenheiten.

24 Ein **Gestaltungsrecht** ist das Recht, durch einseitige Willenserklärung Veränderungen eines Rechtsverhältnisses herbeizuführen. Solche Rechte sind zB die Kündigung, die Wandlung und der Rücktritt. S Bd I Rz 162.

25 **Obliegenheiten** sind Rechtspflichten minderer Art. Sie können nicht eingeklagt werden, ihre Nichtbeachtung wirkt sich aber in sonstiger Weise zum Nachteil des Belasteten aus, wie zB bei Unterlassung einer

[15]) Vgl *Bydlinski,* Vertragliche Sorgfaltspflichten zugunsten Dritter, JBl 1960, 359; OGH JBl 1960, 386.

[16]) Vgl *Iro,* Haftung des Bauherrn wegen Verletzung seiner werkvertraglichen Fürsorgepflicht, RdW 1997, 263.

[17]) Vgl auch OGH JBl 1982, 426. Für eine Einklagbarkeit von Schutzpflichten unter bestimmten Voraussetzungen *Stürner,* Der Anspruch auf Erfüllung von Treue- und Sorgfaltspflichten, JZ 1976, 389. S auch *Gernhuber,* Schuldverhältnis 24 f; *Neumann,* Leistungsbezogene Verhaltenspflichten (1989) 136 f.

Rüge (§ 377 UGB) oder bei Unterlassung der Sorgfalt in eigenen Angelegenheiten (§ 1304). S Bd I Rz 169.

G. Das Schuldverhältnis als Organismus

Das Schuldverhältnis wird oft als „organische Einheit", als **„Rahmenbeziehung"**, „Organismus" oder „Gefüge" bezeichnet,[18]) aus dem einzelne Ansprüche erwachsen. Nach dieser Sicht weist es zwar verschiedene Stadien und Erscheinungsformen auf, bleibt aber als Ganzes in seiner Identität erhalten. Es entsteht nicht erst mit dem Vertragsabschluss, sondern schon mit der Aufnahme des Kontakts zu geschäftlichen Zwecken (dazu Rz 68 ff), ab dem zwar noch keine Hauptleistungspflichten, wohl aber Schutzpflichten bestehen. Mit Abschluss des Vertrages entstehen Hauptleistungspflichten und Nebenleistungspflichten. Sie werden im Laufe der Zeit modifiziert; so können sich Rücktrittsrechte, Schadenersatzansprüche und Rückabwicklungsansprüche ergeben. Auch nach Erfüllung der Hauptleistungspflichten kommen noch wechselseitige („nachwirkende") Treue- und Sorgfaltspflichten in Betracht.[19]) Dies ist zB beim Verlassen von Gast- oder von Geschäftslokalen der Fall,[20]) darüber hinaus bestehen nachvertragliche Pflichten zum Schutz bereits erbrachter Leistungen („Störungsverbot" und aktive Leistungssicherungspflichten).[21]) Alle diese Rechte und Pflichten werden der Rahmenbeziehung zugeordnet.[22]) 26

III. Ziel- und Dauerschuldverhältnisse

Literatur: *Barta/Call,* Der Sukzessivlieferungsvertrag, JBl 1971, 76 und 117; *Beitzke,* Nichtigkeit, Auflösung und Umgestaltung von Dauerrechtsverhältnissen (1948); *Bydlinski,* Zulässigkeit und Schranken „ewiger" und extrem langdauernder Vertragsbindung (1991); *Fenyves,* Erbenhaftung und Dauerschuldverhältnis (1982); *Gernhuber,* Hinausgeschobene Dauerschulden – Das Schuldverhältnis vor dem Anfangstermin, in FS Zöllner (1998) 1119; *Gschnitzer,* Die Kündigung nach deutschem und österreichischem Recht, JherJB 76, 317 und JherJB 78, 1; *Jabornegg,* Zur Unterscheidung von befristeten und unbefristeten Dauerschuldverhältnissen bei Vereinbarung einer Verlängerungsklausel, in FS Welser (2004) 335; *Jickeli,* Der langfristige Vertrag (1996); *Oetker,* Das Dauerschuldverhältnis und seine Beendigung (1994); *von Scheven,* Der Sukzessivlieferungsvertrag (1984); *Wiese,* Beendigung und Erfüllung von Dauerschuldverhältnissen, in FS Nipperdey I (1965) 837.

---

[18]) Vgl *Schlesinger,* Das Wesen der positiven Vertragsverletzungen, ZBl 1926, 722; *Herholz,* AcP 130, 260 f; *Klinke,* Causa 133 f; *Larenz* I 26 ff; *Gernhuber,* Schuldverhältnis 7 ff.

[19]) Vgl OGH SZ 60/50; RdW 1990, 374; ÖBA 1991, 535; RdW 1992, 239; RdW 1997, 396; RdW 2012/708 (nachwirkende Fürsorgepflicht); s dazu auch *Schopper,* Nachvertragliche Pflichten 13 ff.

[20]) OGH SZ 51/55; JBl 2005, 256 *(Rummel);* RdW 2005/181; ZVR 2005/121; vgl die Übersicht über die Fallgruppen nachvertraglicher Schutzpflichten bei *Schopper,* Nachvertragliche Pflichten 204 ff.

[21]) *Schopper,* Nachvertragliche Pflichten 303 ff.

[22]) Vgl *Herholz,* AcP 130, 276 f; *Larenz* I 8 f.

27 Das Schuldverhältnis kann auf eine **einmalige Leistung** (einen einmaligen Leistungsaustausch) gerichtet sein, wie beim Kauf, beim Tausch und bei der Schenkung. Bei solchen Geschäften wird kein dauerndes oder wiederkehrendes Verhalten geschuldet. Man spricht daher von vorübergehenden Schuldverhältnissen oder **Zielschuldverhältnissen.**

28 Es gibt aber auch Schuldverhältnisse, die durch die Erfüllung nicht untergehen, sondern bei denen ein **länger dauerndes Verhalten** geschuldet wird.[1]) Dies gilt zB für Bestandverhältnisse, Dienstverträge, Gesellschaftsverträge[2]) und Rechtsgeschäfte, die auf periodisch **wiederkehrende Leistungen** gerichtet sind, wie der Stromlieferungsvertrag, der Bierbezugsvertrag oder andere Bezugsverträge. Diese Schuldverhältnisse heißen **Dauerschuldverhältnisse** oder Dauerrechtsverhältnisse.[3]) Der Gesamtumfang der zu erbringenden Leistungen ist hier nicht direkt vereinbart, sondern hängt von der Dauer des Schuldverhältnisses ab.[4])

29 **Sukzessivlieferungsverträge** können der einen oder anderen Kategorie von Schuldverhältnissen angehören, werden aber meist als Dauerschuldverhältnis angesehen.

Beim Sukzessivlieferungsvertrag ieS ist nicht die Dauer des Schuldverhältnisses maßgebend, sondern der von vornherein bestimmte Umfang aller Leistungen. Die Leistungen sind in Teilen zu erbringen, wobei jeder Teilleistung jeweils ein Gegenleistungsteil entspricht.[5]) Da somit die insgesamt zu erbringenden Leistungen nicht von der Dauer des Schuldverhältnisses abhängen, handelt es sich streng genommen um kein Dauerschuldverhältnis. Weil aber auch solche Verhältnisse auf längere Zeit angelegt sind, sind zT auch bei ihnen die Regeln über die Dauerschuldverhältnisse entsprechend anzuwenden, besonders jene über eine vorzeitige Beendigung.[6])

Zu den Sukzessivlieferungsverträgen iwS werden aber auch Bezugsverträge gezählt, bei welchen das Ausmaß der Gesamtleistung nicht von vornherein feststeht, sondern Leistungen zu erbringen sind, solange das Rechtsverhältnis aufrecht ist. Sie gehören deshalb zu den Dauerschuldverhältnissen.[7])

30 Während also die Zielschuldverhältnisse durch Erbringung der Leistung enden, tragen die Dauerschuldverhältnisse keinen solchen Endigungsgrund in sich. Sie **enden** durch Ablauf der vereinbarten Zeit, durch eine Auflösungsvereinbarung oder durch den einseitigen, rechtsgestaltenden Akt der Kündigung. Sie ist gewöhnlich an Termin und Frist gebunden.

31 Zwar sehr vereinfachend, aber anschaulich wurde gesagt, für die Dauer des Zielschuldverhältnisses gelte „Je kürzer, umso lieber", für das Dauerschuldverhältnis hingegen „Je länger, umso lieber".[8])

---

[1]) Für auf Dauer vereinbarte Unterlassungspflichten: OGH JBl 1983, 321.

[2]) Zum Syndikatsvertrag s OGH SZ 2003/45.

[3]) Zu den Begriffen Dauerschuldverhältnis, Bezugsvertrag und Sukzessivlieferungsvertrag *Bydlinski* in *Klang*² IV/2, 193 ff.

[4]) S dazu OGH EvBl 1980/175.

[5]) Vgl dazu *Gschnitzer* in *Klang*² IV/1, 461 ff; *Barta/Call,* JBl 1971, 76 und 117; *von Scheven,* Sukzessivlieferungsvertrag.

[6]) OGH SZ 57/186.

[7]) Vgl OGH JBl 1992, 517; SZ 66/138; EvBl 1997/20.

[8]) *Gschnitzer,* Schuldrecht AT 15.

Aus den Vorschriften über einzelne Dauerschuldverhältnisse (Vertragstypen) wurden durch **Rechtsanalogie** Grundsätze abgeleitet, die auf **alle Dauerrechtsverhältnisse** angewendet werden.[9]) Sie sind besonders für jene Verträge wichtig, die im Gesetz nicht typisiert sind, sondern nur aufgrund der Vertragsfreiheit vereinbart werden (**atypische** und **gemischte** Dauerschuldverhältnisse). 32

Atypische Verträge entsprechen keinem der gesetzlich geregelten Vertragstypen. Gemischte Verträge enthalten wesentliche Geschäftsbestandteile mehrerer gesetzlicher Typen (dazu Rz 57). Solche Vereinbarungen sind aufgrund der herrschenden Vertragsfreiheit gültig. S unten Rz 52ff.

So wurde aus den §§ 1162, 1117f, 1210 und anderen Bestimmungen der allgemeine Grundsatz abgeleitet, dass Dauerschuldverhältnisse aus **wichtigen Gründen** jederzeit aufgelöst werden können.[10]) Man nennt dies auch eine **außerordentliche Kündigung** des Dauerschuldverhältnisses. Sie ist sowohl bei den befristeten[11]) als auch bei den unbefristeten und sogar bei unkündbaren[12]) Dauerschuldverhältnissen möglich und bildet den Gegensatz zur ordentlichen Kündigung, die der Auflösung unbefristeter Schuldverhältnisse dient und gewöhnlich an Termin und Frist gebunden ist. Dazu unten Rz 506. 33

Als wichtiger Grund[13]) wird es angesehen, wenn einem Partner die Fortsetzung des Vertragsverhältnisses wegen des Verlustes des Vertrauens in den anderen, wegen schwerwiegender Leistungsstörungen oder des Wegfalls der Geschäftsgrundlage[14]) unzumutbar ist.[15]) Auch Umstände, die für sich allein genommen noch keinen wichtigen Grund darstellen, können ausreichen, wenn bereits in der Vergangenheit wiederholt massive Vertragsverletzungen geschehen sind.[16]) Gründe, mit denen bereits bei Ver-

---

[9]) Vgl OGH JBl 1974, 618 (dazu *Mayerhofer,* Abstehen vom Vertrag aus wichtigem Grund bei Dienstbarkeiten? JBl 1974, 593); RZ 1982/53; SZ 2008/145.

[10]) Vgl *Gschnitzer,* JherJB 78, 72; *Steininger,* Die Auflösung des Arbeitsverhältnisses (1969) 6ff; *Elsner,* Kündigungsmöglichkeiten im Gesellschaftsrecht, ecolex 1995, 175. OGH JBl 1962, 319 *(Schwimann);* JBl 1975, 34 *(Bydlinski);* SZ 60/77; JBl 1992, 517; JBl 1993, 592; EvBl 1997/20; JBl 2003, 572; JBl 2003, 643; ecolex 2004/376 *(Ch. Schumacher);* ua. Zur Kündigung beim Verlagsvertrag *Koziol,* Zivilrechtliche Gedanken zum Verlagsvertrag III, JBl 2008, 84; OGH MR 2010, 93 *(M. Walter).*

[11]) Zur Kündigung von befristeten Teilnutzungsrechten an Immobilien s OGH SZ 71/141; ecolex 2001, 743 *(Rubin);* dazu *Rubin,* Konsequenzen überlanger Vertragsdauer und Timesharing, ecolex 2001, 730.

[12]) OGH wbl 2006/128 *(F. Schuhmacher);* EvBl 2011/23 *(Kehrer);* EvBl-LS 2012/93; EvBl 2012/159; *Graf,* Der Monopolist, sein Kündigungsrecht und der Kontrahierungszwang, JBl 2011, 148.

[13]) *Fenyves,* Erbenhaftung 207ff; *Fenyves,* Bewegliches System und die Konkretisierung der „wichtigen Gründe" bei Auflösung von Dauerschuldverhältnissen, in *Bydlinski/Krejci/Schilcher/Steininger,* Das bewegliche System im geltenden und künftigen Recht (1986) 141; OGH SZ 60/218.

[14]) Hiezu *Haarmann,* Wegfall der Geschäftsgrundlage bei Dauerrechtsverhältnissen (1979) 128f; *Fenyves,* Der Einfluß geänderter Verhältnisse auf Langzeitverträge, 13. ÖJT, Band II/1 (1997) 97ff.

[15]) Für eine „Anpassung" des Vertrages nach den Regeln der Geschäftsgrundlage bei „Unzumutbarkeit" seines Inhalts: *Bydlinski,* Zulässigkeit 17f.

[16]) OGH ÖBA 2013/1953.

tragsabschluss gerechnet werden musste, zB die Verschlechterung der Wirtschaftslage und die Einstellung des Betriebes,[17]) rechtfertigen die vorzeitige Auflösung nicht.[18])

34 Für das Darlehens- und Kreditvertragsrecht wurden diese Grundsätze in § 987 kodifiziert; s unten Rz 930. Eine weitere, allerdings strittige Regel lautet, dass Dauerschuldverhältnisse, deren Abwicklung bereits begonnen hat, aus Gründen der Verkehrssicherheit nicht mehr ex tunc, sondern nur noch **ex nunc** aufgelöst werden können.[19]) Dies gilt für die Irrtumsanfechtung und den Rücktritt vom Vertrag.[20]) Ist jedoch eine Rückabwicklung mit keinen Schwierigkeiten verbunden oder ist der Vertrag durch Arglist bewirkt worden, lässt die Rechtsprechung eine Auflösung ex tunc zu.[21])

Neben dem Dauerschuldverhältnis kennen ein Teil der Lehre und die Rechtsprechung die Wiederkehrschuldverhältnisse.[22]) Bei ihnen wird eine Rahmenvereinbarung angenommen, aufgrund derer durch Abruf von Leistungen Einzelverträge zustande kommen. Dies soll bei den schon erwähnten Bezugsverträgen der Fall sein (Wasser, Gas, Strom usw). Zum Unterschied vom Dauerschuldverhältnis sei beim Wiederkehrschuldverhältnis nicht von vornherein bestimmt, wieviel pro Zeiteinheit zu leisten ist. Dieses Charakteristikum schließt jedoch ein Dauerschuldverhältnis nicht aus. Der Begriff der Wiederkehrschuldverhältnisse ist daher überflüssig.[23])

IV. Schuld und Haftung

Literatur: *Binder,* Zur Lehre von Schuld und Haftung, JherJB 77, 75 und JherJB 78, 163; *von Gierke,* Schuld und Haftung (1910); *Kerschner,* Vermögen und Haftung – unter besonderer Berücksichtigung des Versicherungsschutzes, in FS Fenyves (2013) 225; *Koziol,* Von der rechtsgeschäftlichen Bindung zur Vertrauenshaftung, in FS Iro (2013) 81; *von Schwerin,* Schuld und Haftung im geltenden Recht (1911); *von Schwind,* Schuld und Haftung im geltenden Rechte, JherJB 68, 1; *Siber,* Der Rechtszwang im Schuldverhältnis (1903); *Siber,* Naturalis Obligatio (1926).

A. Begriffe

35 Die Schuld ist ein **Leistensollen,** die Haftung ist das **Einstehen** für die Schuld: wird sie nicht erfüllt, so kann sie der Gläubiger durchsetzen und dabei auf das Vermögen des Schuldners greifen.

Im Schadenersatzrecht bedeutet „Haftung" hingegen Ersatzpflicht, also Verantwortung für einen Schaden.

36 In den alten Rechtsordnungen waren **Schuld** und **Haftung** getrennt. Es gab Personen, die schuldeten und solche, die hafteten, wenn-

---

17) OGH MietSlg 34.292.

18) OGH JBl 1982, 142; EvBl 1997/20.

19) OGH JBl 1992, 186.

20) OGH JBl 1986, 53; JBl 1996, 177. Der Rücktritt von Leibrentenverträgen wirkt aber ex tunc; OGH EvBl 1996/64.

21) *Riedler* in *Schwimann/Kodek*[4] § 871 Rz 40f; OGH MietSlg 23.071; JBl 1990, 322; ecolex 2009/106 mwN.

22) Vgl dazu *Bydlinski* in *Klang*[2] IV/2, 205ff; *Fenyves,* Erbenhaftung 148ff; *Gernhuber,* Das Schuldverhältnis (1989) 414ff.

23) *Bydlinski* in *Klang*[2] IV/2, 208; *Fenyves,* Erbenhaftung 152. AA *Mayrhofer,* Schuldrecht I 26.

gleich auch beides zusammenfallen konnte. Zur Begründung der Haftung bedurfte es eines besonderen Vertrages. Heute ist die Regel, dass der Schuldner auch haftet. Kommt er mit der Leistung in Verzug, so kann der Gläubiger auf Erfüllung klagen und das Urteil zwangsweise (durch gerichtliche Exekution) durchsetzen.

B. Schulden mit unbeschränkter und beschränkter Haftung

In früherer Zeit war sogar die Person des Haftenden dem Zugriff des Gläubigers ausgesetzt, der ihn zB bis zur Zahlung in den Schuldturm stecken konnte. Heute versteht man hingegen unter **persönlicher Haftung** die Haftung mit dem ganzen Vermögen, das eine Person besitzt. Es steht im Wege der Zwangsvollstreckung dem Zugriff des Gläubigers offen. 37

Die persönliche Haftung ist allerdings durch die Vorschriften des Schuldnerschutzes **eingeschränkt,** die dem Verpflichteten das Existenzminimum sichern sollen (§§ 250ff, 291a EO). 38

Daneben gibt es die Schulden mit beschränkter Haftung, die in zweierlei Arten vorkommen. Bei der **sachlich** beschränkten Haftung (Exekutionsbeschränkung, Haftung **cum viribus**) sind dem Zugriff des Gläubigers nur bestimmte Sachen des Schuldners unterworfen. 39

Hat sich ein Minderjähriger im Rahmen seiner beschränkten Geschäftsfähigkeit verpflichtet, so kann der Gläubiger nur auf jene Vermögensstücke greifen, die der selbständigen Verfügung des Minderjährigen unterliegen (§ 39 Abs 1 Z 3 EO). Nach einer Absonderung des Nachlasses haftet der Erbe den Absonderungsgläubigern nur mit den abgesonderten Sachen (§ 812). S unten Rz 2430ff.

Bei der **umfänglich** beschränkten Haftung (Betragsbeschränkung, Haftung **pro viribus**) ist die Haftung des Schuldners zwar nicht gegenständlich, aber durch einen Höchstbetrag beschränkt. 40

Übernimmt jemand ein Vermögen oder ein Unternehmen, so haftet er neben dem bisherigen Schuldner bis zum Wert des übernommenen Vermögens oder Unternehmens (§ 1409); s dazu unten Rz 595ff. Ein Erbe, der die Erbschaft bedingt antritt, haftet nur bis zum Wert der ihm zugekommenen Verlassenschaft; s dazu unten Rz 2394.

Von der persönlichen Haftung unterscheidet sich auch die **Sachhaftung,** zu der es zB bei der Verpfändung einer Sache für fremde Schuld kommt. Der Gläubiger kann hier nur auf bestimmte Sachen, nicht aber auf das ganze Vermögen des Haftenden greifen. 41

Gibt A dem B € 2.000,– als Darlehen und verpfändet C zur Sicherung der Darlehensforderung A seine goldene Uhr, so kann A, wenn B das Darlehen nicht zurückzahlt, zwar in das gesamte Vermögen des B Zwangsvollstreckung führen, aus dem Vermögen des C haftet ihm aber nur die Uhr, weil C nicht persönlicher Schuldner, sondern bloß „Realschuldner" ist. A muss sich also damit begnügen, die Uhr versteigern zu lassen und sich aus ihrem Erlös zu befriedigen.

C. Schuldbegrenzung, Selbstbehalt

Von den Schulden mit beschränkter Haftung müssen die **Schuldbegrenzungen** unterschieden werden, bei welchen aus einem bestimmten Ereignis Forderungen nur bis zu einem Höchstbetrag entstehen. Solche 42

Schulden sind aber in das ganze Vermögen des Schuldners vollstreckbar. Schuldbegrenzungen gibt es besonders dort, wo jemand für erhöhtes Risiko, vor allem ohne Verschulden, haftet.

S § 970a; § 1 GastwirteHG; §§ 15f EKHG.

43 Von der Schuldbegrenzung, die die Schuld nur bis zu einer gewissen Höhe entstehen lässt, unterscheidet sich der **Selbstbehalt,** bei welchem die Forderung des Gläubigers erst entsteht, wenn ein Schaden einen von diesem selbst zu tragenden Mindestbetrag übersteigt (s § 2 Z 2 PHG). Das PHG enthält aber keine Schuldbegrenzung.

D. Naturalobligation

44 Nicht bei allen Forderungen besteht die Möglichkeit zwangsweiser Durchsetzung. Die Erfüllung der **natürlichen** oder **unvollkommenen** Verbindlichkeiten, der Naturalobligationen, kann nicht erzwungen werden. Sie sind **„Schulden ohne Haftung“.** Die Unmöglichkeit der Durchsetzung ändert aber nichts daran, dass der Naturalschuldner wirklich schuldet.

Erbringt also der Schuldner die Leistung freiwillig, so hat er damit eine Verbindlichkeit erfüllt und kann das Geleistete nicht mit der Begründung zurückverlangen, dass der Gläubiger keinen Anspruch gehabt habe (§ 1432).[1]) Da die Leistung Schuldtilgung ist, liegt in ihr auch keine Schenkung, weshalb auch kein Widerruf aus den Gründen der §§ 947ff möglich ist.

45 Das ABGB regelt die Naturalobligationen nur insoweit, als es in gewissen Fällen nicht gültig zustande gekommener Verbindlichkeiten die **Rückforderung** einer bereits erbrachten Leistung **ausschließt** (§ 1432). Dies gilt für die verjährten und die aus Mangel der Förmlichkeiten ungültigen Schulden sowie für alle Schulden, „zu deren Eintreibung das Gesetz bloß das Klagerecht versagt“ (§ 1271, § 214 Abs 3 IO). In solchen Fällen handelt es sich daher um Naturalobligationen.

Ob eine „Befestigung“ der natürlichen Verbindlichkeiten durch Pfandbestellung, Bürgschaft oder Anerkenntnis möglich ist, muss für jede Naturalobligation einzeln geprüft werden. So ist das Anerkenntnis einer Spiel- oder Wettschuld ungültig, weil sonst der Normzweck (Hintanhaltung von Leichtfertigkeit) allzu leicht umgangen werden könnte.[2]) Bei verjährten Schulden sind Anerkenntnis, Bürgenbestellung und Pfandbestellung wirksam,[3]) weil auch die Einrede der Verjährung verzichtbar ist. Für die nach einem Insolvenzverfahren bestehende Naturalobligation haften Bürgen und Pfänder weiter.[4])

Sind aus einem synallagmatischen Vertrag für beide Partner Naturalobligationen entstanden und erbringt einer davon seine Leistung, so heilt dies nicht den ganzen Vertrag, sodass die Leistung des anderen noch immer nicht einklagbar ist.[5])

---

[1]) Dazu *Dehn,* Formnichtige Rechtsgeschäfte und ihre Erfüllung (1998) 157ff.

[2]) AA *Binder/Denk* in *Schwimann/Kodek*[4] § 1271 Rz 17.

[3]) *Mayrhofer,* Schuldrecht I 11; OGH SZ 60/209.

[4]) OGH SZ 63/55; vgl § 151 IO.

[5]) Für die Möglichkeit einer Kondiktion (§ 1435), wenn die erwartete Gegenleistung unterbleibt: *Wilburg* in *Klang*[2] VI 461.

2. Kapitel

Begründung der Schuldverhältnisse

I. Die Entstehungsgründe einer Obligation

Literatur: *Mayer-Maly,* Über den Sinngehalt des § 859 ABGB, ÖJZ 1965, 64.

Die Schuldverhältnisse gründen sich unmittelbar auf ein Gesetz, auf ein Rechtsgeschäft oder auf eine erlittene Beschädigung (§ 859). 46

Diese Dreiteilung – **Gesetz, Rechtsgeschäft, erlittene Beschädigung** – kann auf eine Zweiteilung reduziert werden, wenn man auch den Entstehungsgrund der erlittenen Beschädigung (Haftung aus deliktischer Schadenszufügung) der gesetzlichen Verbindlichkeit zuordnet. Es wird dann – wie im Folgenden – nur zwischen rechtsgeschäftlichen und gesetzlichen („außervertraglichen") Schuldverhältnissen unterschieden. 47

Zu den **rechtsgeschäftlichen** Schuldverhältnissen gehören allerdings nicht nur die Verträge, sondern auch die einseitigen Rechtsgeschäfte, wie die Auslobung und das Vermächtnis. 48

Schuldverhältnisse, die **unmittelbar aufgrund des Gesetzes** entstehen, sind jene aus ungerechtfertigter Bereicherung, aus Geschäftsführung ohne Auftrag und eben auch jene aus „erlittener Beschädigung". 49

Daneben gibt es noch viele andere gesetzliche Schuldverhältnisse, zB Ansprüche auf Unterhalt, die Ansprüche auf den Pflichtteil oder das Rechtsverhältnis zwischen Finder und Verlierer.

Aufgrund des Gesetzes entsteht auch das **vorvertragliche Schuldverhältnis** (Schuldverhältnis aus rechtsgeschäftlichem Kontakt), dessen Verletzung als „culpa in contrahendo" bezeichnet wird. Es steht den rechtsgeschäftlich begründeten Verhältnissen nahe. 50

Im Folgenden wird auf die Entstehung von Schuldverhältnissen aus Rechtsgeschäft und rechtsgeschäftlichem Kontakt eingegangen. Die unmittelbar aufgrund des Gesetzes entstehenden Verhältnisse sind im besonderen Teil des Schuldrechts dargestellt. 51

II. Entstehung durch Rechtsgeschäft

A. Entstehung durch Vertrag

Die Voraussetzungen, das Zustandekommen und die Mängel des Vertragsabschlusses werden im allgemeinen Teil des bürgerlichen Rechts erörtert. Hier geht es nur um gewisse schuldrechtliche Ergänzungen. 52

Im Schuldrecht gilt das Prinzip der **Vertragsfreiheit.**[1]) Sie ist Ausdruck des allgemeineren Gedankens der Privatautonomie. Unter Vertragsfreiheit werden die Abschluss- oder Eingehungsfreiheit, die Form- 53

---

[1]) S dazu *Medicus,* Abschied von der Privatautonomie im Schuldrecht (1994).

freiheit, die Gestaltungs- oder Inhaltsfreiheit und die Endigungsfreiheit verstanden.

54 **Abschlussfreiheit** heißt, dass es den Parteien freisteht, ob und mit wem sie kontrahieren wollen (vgl zu den Ausnahmen Bd I Rz 451 ff).

55 **Formfreiheit** bedeutet, dass der Abschluss des schuldrechtlichen Geschäftes an keine besondere Form gebunden ist (vgl Bd I Rz 571).

56 Mit **Gestaltungsfreiheit** oder Inhaltsfreiheit meint man, dass die Parteien nicht an die im Gesetz geregelten Vertragstypen (Kauf, Tausch, Miete usw) gebunden sind, also **kein Typenzwang** herrscht. So haben sich im Laufe der Zeit im Verkehr Vertragsarten entwickelt, die nicht im Gesetz typisiert sind und daher **atypische Verträge** genannt werden, zB der Garantievertrag, der Kreditauftrag[2]) und der bäuerliche Übergabsvertrag.[3])

57 Die Parteien können auch **gemischte** Verträge schließen, also solche, die aus verschiedenen gesetzlich geregelten Vertragstypen zusammengesetzt sind, zB eine aus Kauf und Schenkung bestehende „gemischte Schenkung“, den Elemente von Miete und Kauf enthaltenden „Leasingvertrag“,[4]) einen Dienst- und Bestandvertrag verbindenden „Tankstellenvertrag“,[5]) einen aus Miete, Dienst- und Werkvertrag zusammengesetzten „Pensionsvertrag“, einen aus Elementen von Darlehen und depositum irregulare bestehenden „Bankspareinlagenvertrag“,[6]) einen Elemente des freien Dienst- und Bestandvertrages kombinierenden Mobilfunkvertrag[7]) oder einen „Abbauvertrag“, der Elemente des Kaufes und der Pacht in sich vereint (vgl unten Rz 984). Es fragt sich, nach welcher gesetzlichen Vorschrift bei solchen Verträgen Streitfragen zu lösen sind, wenn der Vertrag selbst hiefür nichts vorsieht. Das lässt sich nicht allgemein sagen. Meistens wird man für jede einzelne Leistungspflicht die sachlich geeignetste Vorschrift heranziehen, das ist die Vorschrift jenes Vertragstyps, dem die Pflicht entstammt **(Kombinationstheorie).**[8]) Für die Abgrenzung von Kauf und Tausch ist allerdings kraft gesetzlicher Anordnung (§ 1055) das „Überwiegen“ maßgebend, sodass der Vertrag nur einem Typus untersteht **(Absorptionstheorie).** Dasselbe gilt nach § 1091 Satz 2 für einen aus Elementen von Miete und Pacht kombinierten Vertrag.[9])

---

[2]) Zu diesem *Koziol,* Der Kreditauftrag, in FS Kastner (1992) 241.

[3]) OGH NZ 1991, 30 mwN.

[4]) Vgl OGH EvBl 1982/68; SZ 69/171. Dazu *Fischer-Czermak,* Mobilienleasing (1995) 71 ff.

[5]) OGH JBl 1986, 721; JBl 1987, 41.

[6]) OGH EvBl 1997/157.

[7]) OGH JBl 2005, 735 (dazu *Zankl,* Qualifikation und Dauer von Mobilfunkverträgen, ecolex 2005, 29; *Görg/Putzi,* OGH zur Rechtsnatur von Mobilfunkverträgen, RdW 2005/537, 473).

[8]) Vgl dazu *Gschnitzer* in *Klang*[2] IV/1, 18 f; *Rummel* in *Rummel/Lukas*[4] § 859 Rz 33; OGH JBl 1986, 648; EvBl 2006/27. Abweichend OGH RdA 1986, 135 (kritisch *Jabornegg*).

[9]) Vgl OGH JBl 2003, 643.

Endigungsfreiheit heißt, dass die Parteien bestehende Schuldverhältnisse jederzeit einvernehmlich aufheben können. 58

Wie der Privatautonomie überhaupt, sind auch der Vertragsfreiheit **Schranken** gesetzt. Sie schützen die öffentliche Ordnung oder sozial schwache Bevölkerungsgruppen.[10]) Beschränkungen finden sich vor allem im KSchG, im VKrG, im Mietrecht[11]) und im Arbeitsrecht, also in Rechtsgebieten, die für den täglichen Bedarf oder die Existenz besonders wichtig sind. 59

B. Die Auslobung[12])

Die Auslobung ist eine nicht an bestimmte Personen gerichtete Zusage einer Belohnung für eine Leistung oder einen Erfolg, die durch öffentliche Bekanntmachung verbindlich wird (§ 860). 60

„Wer meinen entlaufenen Kater Mütztürk wiederbringt, erhält € 1.000,–."

Der Anspruch auf die Belohnung wird mit der **Erbringung der Leistung** (Herstellung des Erfolges) erworben. Als einseitiges Rechtsgeschäft wird die Auslobung schon durch die **öffentliche Bekanntmachung** verbindlich, einer ausdrücklichen oder konkludenten Annahme bedarf es daher nicht, und die Belohnung gebührt auch dann, wenn die Leistung in Unkenntnis der Auslobung erbracht wurde. 61

Die Auslobung kann bis zur Vollendung der Leistung in der Form, in der sie bekannt gemacht wurde, in einer gleich wirksamen Form oder durch besondere Mitteilung **widerrufen** werden, es sei denn, dass darauf in der Bekanntmachung ausdrücklich oder durch Bestimmung einer Frist verzichtet worden ist. Der **Widerruf** ist unwirksam gegenüber demjenigen, der die Leistung im Hinblick auf die Auslobung erbracht hat, wenn er dartut, dass ihm der Widerruf zu dieser Zeit ohne sein Verschulden nicht bekannt geworden ist (§ 860 a). 62

Wird die Leistung von **mehreren** erbracht, so erhält die Belohnung derjenige, der sie zuerst erbracht hat, bei Gleichzeitigkeit ist zu teilen (§ 860b). 63

Eine besondere Art der Auslobung ist das **Preisausschreiben,** bei dem der Auslobende mehrere Leistungen (Erfolge) erwartet, sodass zwischen den Bewerbern eine Bewertung und Auswahl stattfinden muss. Diese obliegt im Zweifel dem Auslobenden, kann aber auch einem Preisgericht (Jury, Schiedsinstanz oä) übertragen werden.[13]) Gegen eine völlig 64

---

[10]) *Serozan,* Einschränkung der Vertragsfreiheit durch soziale Schutzgedanken, JBl 1983, 561.

[11]) Dazu *Honsell,* Privatautonomie und Wohnungsmiete, AcP 186, 115.

[12]) *P. Steiner,* Rechtsanspruch auf Auftragserteilung für den Gewinner eines Architektenwettbewerbes, RdW 1999, 513; vgl auch *Koziol,* Freiwillige Selbstverpflichtung von Banken gegenüber der Öffentlichkeit, ÖBA 2013, 91; *Rebhahn,* Betriebliche Übung und Auslobung – Zur Zulässigkeit einseitiger Versprechen nach ABGB, JBl 2013, 284.

[13]) Hiezu OGH EvBl 1991/187.

willkürliche Entscheidung kann das ordentliche Gericht angerufen werden.[14]) Um gültig zu sein, muss die Preisbewerbung mit einer Frist verbunden werden, weil sich sonst der Auslobende seiner Pflicht mit der Begründung entziehen könnte, er warte auf „bessere Leistungen“.

Wird dem Sieger eines Architektenwettbewerbs in der Ausschreibung die Erteilung eines Planungsauftrags zugesichert, handelt es sich nicht um ein Preisausschreiben, sondern um eine Aufforderung zur Stellung eines Angebots.[15])

65 Schwierig ist die Abgrenzung zum **Glücksvertrag,** die deshalb von Bedeutung ist, weil dieser im Gegensatz zur Auslobung nicht einklagbar ist. Eine Auslobung liegt dann vor, wenn der Erfolg nicht ausschließlich vom Zufall abhängt.[16])

66 Auf das Verhältnis zwischen Auslobenden und Leistenden sind die Regeln des nächstverwandten Vertragstyps anzuwenden, zB jene des Werkvertrages, des Kaufvertrages oder der Wette.

67 Öffentliche Ausschreibungen sind nicht als Auslobungen, sondern als **Aufforderung** zur Stellung von Offerten anzusehen.

III. Entstehung durch rechtsgeschäftlichen Kontakt

Literatur: *Fischer-Czermak,* Zur Haftung beschränkt Geschäftsfähiger aus culpa in contrahendo, in FS Reischauer (2010) 117; *Frost,* „Vorvertragliche“ und „vertragliche“ Schutzpflichten (1981); *Frotz,* Die rechtsdogmatische Einordnung der Haftung für culpa in contrahendo, in GedS Gschnitzer (1969) 163; *Frotz,* Verkehrsschutz im Vertretungsrecht (1972); *von Jhering,* Culpa in contrahendo, JherJB 4, 1; *Lukas,* Abbruch von Vertragsverhandlungen, JBl 2009, 751 und JBl 2010, 23; *Machold,* Schadenersatz nach gescheiterten Vertragsverhandlungen (2009); *A. Reich-Rohrwig,* Aufklärungspflichten vor Vertragsabschluss (2015); *Stoll,* Tatbestände und Funktionen der Haftung für culpa in contrahendo, in FS von Caemmerer (1978) 435; *Welser,* Vertretung ohne Vollmacht (1970); *Welser,* Das Verschulden beim Vertragsschluß im österreichischen bürgerlichen Recht, ÖJZ 1973, 281; *Welser,* Die vorvertraglichen Pflichten in der Rechtsprechung des OGH, in FS Wagner (1987) 361; *Welser,* Haftung und Verschulden beim Vertragsabschluss in Zentral- und Osteuropa (2012); *Wilhelm,* Es muß sich etwas ändern, damit alles so bleibt, wie es ist, JBl 2013, 341.

68 *Geschäftspartner treten schon mit der Aufnahme eines Kontaktes*[1]) *zu geschäftlichen Zwecken von Gesetzes wegen (§ 859) in ein beiderseitiges Schuldverhältnis,*[2]) *das sie zu gegenseitiger Rücksicht bei der Vorbereitung*

[14]) Vgl auch OGH SZ 54/130.

[15]) OGH SZ 2007/136; vgl auch *Rummel* in *Rummel/Lukas*[4] § 860 Rz 1.

[16]) Vgl OGH EvBl 2007/135; ecolex 2012/3; dazu *Fuchs,* Die Immobilienverlosung, ecolex 2009, 118.

[1]) *Welser,* Vertretung 81 ff; *Welser,* ÖJZ 1973, 286; *Posch,* Zur Haftung des Kaufhausunternehmers für seine Angestellten, ZfRV 1974, 165; OGH ZVR 1984/140; JBl 1991, 586; ZVR 1993/62. Zum Vergabeverfahren: OGH SZ 61/90 und 134; RdW 1990, 43; ecolex 1990, 144 *(Wilhelm);* dazu unten Rz 74.

[2]) AA *Reischauer* in *Rummel*[3] Vor §§ 918 ff Rz 14; *Reischauer,* Zur Ratio der Erfüllungsgehilfenhaftung (§ 1313 a), VersRdSch 1990, 46, der die Figur des vorvertraglichen Schuldverhältnisses überhaupt ablehnt.

und beim Abschluss eines Vertrages verpflichtet, von dessen Zustandekommen es aber unabhängig ist.[3])

Die vorvertraglichen Pflichten sind den **Vertragspflichten ähnlich,** richten sich aber nicht auf Leistung einer Sache; das Schuldverhältnis ist vielmehr ein solches „ohne Hauptleistungspflicht". Es bestehen bloß **Aufklärungs-, Schutz- und Sorgfaltspflichten,** die jenen nach Vertragsabschluss entsprechen.[4]) Sie sollen die Person und die sonstigen Rechtsgüter des Partners, die durch den Geschäftskontakt einer Gefährdung ausgesetzt sind, gegen Verletzungen absichern.[5]) Die schuldhafte Verletzung vorvertraglicher Pflichten bezeichnet man als **„culpa in contrahendo"** (Verschulden beim Vertragsabschluss). Sie macht den pflichtwidrig handelnden Teil ersatzpflichtig. 69

Die dogmatische Grundlage der vorvertraglichen Pflichten besteht in zwei Rechtsgedanken:[6]) Erstens in der Notwendigkeit des Aufbaues einer ökonomischen und funktionstüchtigen Rechtsgeschäftsordnung, die rücksichtsloses Verhalten beim Vertragsabschluss verbietet. Nur wenn schon vor dem Geschäftsabschluss Sorgfaltspflichten bestehen, kann der rechtsgeschäftliche Verkehr reibungslos abgewickelt werden. Zweitens sind solche Pflichten einem Partner auch zumutbar, weil schon der bloße Geschäftskontakt seinen besonderen Interessen dient, zu deren Verwirklichung sich der andere Teil „zur Verfügung" stellt.

Das ABGB enthält zwar keine allgemeine Bestimmung über vorvertragliche Pflichten, doch werden sie zB in den §§ 874 und 878 vorausgesetzt. Vgl ferner § 16 VersVG.[7]) Diese Bestimmungen bilden die Grundlage für eine Rechtsanalogie.[8])

In Weiterentwicklung des Grundgedankens des vorvertraglichen Schuldverhältnisses werden besondere Schutzpflichten in Verbindung mit rechtsgeschäftlichen oder geschäftsähnlichen Erklärungen auch in anderen Fällen angenommen; so bei Bestehen einer ständigen Geschäftsbeziehung;[9]) oder bei Informationen, die für geschäftliche Dispositionen wichtig sind und die zuverlässig nur ganz bestimmte Personen geben können, weil sie in einer besonderen rechtlichen oder sonstigen Beziehung stehen;[10]) ferner bei der Herausgabe von Prospekten. Für die Emission von Wertpapieren bestehen Sondervorschriften (§ 11 KMG), die den allgemeinen Regeln vorgehen.[11]) Zu den objektiv-rechtlichen Sorgfaltspflichten zugunsten Dritter unten Rz 653.

---

[3]) *Welser,* Vertretung 57; OGH SZ 48/102; SZ 49/94 uva.

[4]) Dazu *Canaris,* Ansprüche wegen „positiver Vertragsverletzung" und „Schutzwirkung für Dritte" bei nichtigen Verträgen, JZ 1965, 457; *Frost,* Schutzpflichten 202ff; *A. Reich-Rohrwig,* Aufklärungspflichten 27ff.

[5]) Vgl OGH SZ 51/111; JBl 1979, 654; SZ 52/135.

[6]) *Welser,* Vertretung 73ff; *Frotz* in GedS Gschnitzer 172ff; vgl auch *Schuhmacher,* Verbraucherschutz bei Vertragsanbahnung (1983) 185f.

[7]) Dazu OGH JBl 1977, 375 *(Iro); Keinert,* Vorvertragliche Anzeigepflicht (§§ 16ff VersVG) (1983).

[8]) *Welser,* Vertretung 59ff; *Welser,* ÖJZ 1973, 282f; ihm folgend OGH SZ 48/102; SZ 49/94; SZ 52/135 uva; teilweise aA *Reischauer* in *Rummel*[3] Vor §§ 918ff Rz 14ff; *Schuhmacher,* Verbraucherschutz 181.

[9]) *Welser,* Haftung für Rat, Auskunft und Gutachten (1983) 54.

[10]) *Welser,* Haftung 89; vgl auch *Canaris,* Schutzgesetz – Verkehrspflichten – Schutzpflichten, in FS Larenz (1983) 91ff; *Brawenz,* Die Prospekthaftung nach allgemeinem Zivilrecht[2] (1992); *Koziol,* Delikt, Verletzung von Schuldverhältnissen und Zwischenbereich, JBl 1994, 209; OGH SZ 69/258.

[11]) *Welser,* Prospektkontrolle und Prospekthaftung nach dem KMG, ecolex 1992, 301; aA *Koziol,* Die Konkurrenz zwischen allgemeinem Zivilrecht, KMG und BörseG bei der Prospekthaftung, ÖBA 1992, 886. Zur Haftung des Prospektkontrollors s *Iro/*

70 Die Lehre hat in Konkretisierung des vorvertraglichen Schuldverhältnisses Falltypen herausgearbeitet.[12]) So muss ein potentieller Vertragspartner den anderen vor Abschluss des Geschäftes über die **Beschaffenheit** des in Aussicht genommenen **Leistungsgegenstandes**[13]) oder über eine Gefährdung der Erfüllung aufklären und ihm rechtliche **Hindernisse** mitteilen, die einem Vertragsabschluss entgegenstehen.[14])

Allerdings besteht keine allgemeine Rechtspflicht, den Partner über alle Umstände aufzuklären, die auf seinen Willen zum Abschluss des Vertrages Einfluss haben können. Der Umfang der Aufklärungspflicht richtet sich auch nach dem bereits bestehenden Wissen des Aufzuklärenden.[15]) Eine Aufklärungspflicht ist nur anzunehmen, wenn der andere Teil nach den Grundsätzen des redlichen Geschäftsverkehrs eine Aufklärung erwarten durfte.[16]) So ist zB die Insolvenzreife mitzuteilen, wenn damit gerechnet werden muss, dass sie zur Vereitelung des Vertragszweckes führen wird,[17]) was bei Kreditgeschäften regelmäßig der Fall ist. Aufzuklären ist auch über die eigene Identität[18]) oder über Gefahren, die mit der Durchführung der Leistung verbunden sein können; so haben Ärzte Patienten vor Vereinbarung einer Operation über deren Risken zu informieren und Autohändler potentielle Käufer vor Antritt einer Probefahrt über das Nichtbestehen einer Vollkaskoversicherung aufzuklären.[19]) Weiters muss ein Autohändler über die in Branchenkreisen bekannte Reparaturanfälligkeit des Motorentyps eines angebotenen Gebrauchtwagens informieren.[20]) Ein Rechtsanwalt hat einen unerfahrenen Klienten über das zu erwartende Honorar aufzuklären.[21]) Der Reiseveranstalter hat über Pass- und Visavorschriften[22]) und die Gefahr eines Hurrikans bei einer Reise nach Yucatan zur entsprechenden Jahreszeit[23]) aufzuklären.

Riss, Die Haftung des Prospektkontrollors nach allgemeinen Grundsätzen, RdW 2012/478, 447; *Welser,* Die Prospektkontrolle in der Rechtsprechung zu den „Madoff-Fällen", JBl 2014, 613.

[12]) Entwicklung der Falltypen bei *Welser,* ÖJZ 1973, 281; *Welser* in FS Wagner 365 ff.

[13]) Vgl dazu *Iro,* Fahrschulauto: Aufklärungspflicht des Gebrauchtwagenhändlers? RdW 2005/355, 339; *Zechner,* Zur Aufklärungspflicht des Opernveranstalters, JBl 2005, 341.

[14]) *Welser,* Vertretung 56 ff; *Welser,* ÖJZ 1973, 281 f und ihm folgend die grundlegende E des OGH SZ 48/102; ferner RdA 1979, 390 *(Rummel);* SZ 52/90; SZ 53/13; JBl 1987, 521; ZAS 1990/15 *(Reidinger);* EvBl 1997/186; SZ 73/160. Vgl auch *Machold,* Schadenersatz 45 ff.

[15]) Statt vieler *Schacherreiter* in *Kletečka/Schauer,* ABGB-ON[1.02] § 1299 Rz 14 ff, 63 mwN.

[16]) RIS-Justiz RS0014811, insbesondere ÖBA 1993, 408 *(Koch);* ÖBA 1994, 156 *(Iro);* RS0016390, insbesondere ÖBA 1999, 1012 *(Apathy).*

[17]) OGH JBl 1990, 322 *(P. Bydlinski)* = ÖBA 1990, 554 *(Apathy)* (dazu *Dellinger,* Quo vadis Kridahaftung? ecolex 1990, 341; vgl auch *Harrer,* Haftungsprobleme bei der GmbH [1990] 205 ff; *Karollus,* Entscheidungsanmerkung, ÖBA 1988, 169 ff mwN). Vgl auch *Karollus,* Neues zur Konkursverschleppungshaftung und zur Geschäftsführerhaftung aus culpa in contrahendo (BGH ZIP 1994, 1103), ÖBA 1995, 7.

[18]) OGH SZ 59/109 (dazu *St. Frotz,* Schadenersatz wegen Gebrauchs einer verwechslungsfähigen Firma, GesRZ 1987, 143).

[19]) OGH SZ 2003/30.

[20]) OGH Zak 2012/342.

[21]) OGH JBl 2001, 655.

[22]) OGH ZVR 2010/97 *(Hinteregger)* (dazu *Liedermann,* Verletzung vorvertraglicher Aufklärungspflichten im Reiserecht, Zak 2010/218, 127).

[23]) OGH ZVR 2010/148 (kritisch *Hinteregger*).

Zahlreiche Aufklärungspflichten werden im Verhältnis der Banken zu ihren Kunden,[24]) der Versicherer im Verhältnis zu den Versicherungsnehmern und umgekehrt sowie im Verhältnis zwischen Arzt oder Krankenhaus und dem Patienten angenommen, doch handelt es sich hiebei oft nicht mehr um Pflichten in contrahendo, sondern um solche aufgrund des bereits geschlossenen Vertrags. 71

Aufklärungspflichten werden in jüngerer Zeit auch oft **gesetzlich** umschrieben (vgl zB für Wertpapierdienstleistungen § 40ff WAG; für Kapitalanlagefonds § 128ff InvFG oder für Übernahmeangebote § 7 ÜbG; für Verbraucherkreditverträge § 6 VKrG s Rz 935; für Fernabsatz- und Auswärtsgeschäfte §§ 4ff FAGG s Rz 1268ff; für sonstige Verbraucherverträge § 5a KSchG s Rz 1206ff). 72

Ein Teil hat uU auch Anstrengungen zu unternehmen, um **Hindernisse** zu **beseitigen,** die der Gültigkeit des Vertrages entgegenstehen.[25]) 73

Auch **grundloses Abstehen** von den Vertragsverhandlungen (vom Vertragsabschluss) kann ausnahmsweise ersatzpflichtig machen.[26]) Allerdings kommt eine Haftung aus culpa in contrahendo nur in Betracht, wenn ein Teil beim anderen die Überzeugung herbeigeführt hatte, der Vertrag werde mit Sicherheit zustande kommen, der Abschluss sei nur noch eine Formsache. Dies gilt besonders dann, wenn dem Erklärenden erkennbar ist, dass sein Partner im Vertrauen auf diese Aussage wirtschaftliche Dispositionen trifft.[27]) 74

An und für sich sind die Parteien im Verhandlungsstadium jederzeit berechtigt, den Kontakt abzubrechen.[28]) Die Rücksicht auf den Partner darf zu keiner vorzeitigen Bindung an die Verhandlungen führen,[29]) insbesondere bei unvorhersehbar und grundlegend geänderten Rahmenbedingungen.[30]) Anderes gilt zB dann, wenn die öffentliche Hand vor der Vergabe von Aufträgen festlegt, sie werde dem – näher umschriebenen – Bestbieter den Zuschlag erteilen; beauftragt sie einen anderen, so wird sie dem Bestbie-

---

[24]) *Graf,* Zweckentfremdete Anlegergelder und Aufklärungspflicht der Bank beim Effektengeschäft, ÖJZ 2012/69, 629. Zu den Grenzen der Informationspflicht der Bank bei Werbebroschüren über Finanzprodukte und allgemeines Emittentenrisiko s OGH EvBl 2011/119 *(Klausberger)* = ÖBA 2012/1769 *(Schopper)* mwN (dazu kritisch *Graf,* Sind Drachen wirklich so harmlose Tiere? ecolex 2011, 506); OGH ÖBA 2013/1930.

[25]) Vgl *Hoyer,* Kommentar zu OGH 7. 9. 1976, 4 Ob 70/76, ZAS 1978, 59; *Rummel,* RdA 1979, 393; *Welser,* Die culpa in contrahendo im österreichischen Recht, LJZ 1984, 101 (102); *Bydlinski,* Unbedingte Pflichten aus behördlich genehmigungsbedürftigen Verträgen, in FS Ostheim (1990) 59ff; OGH RdA 1979, 390 *(Rummel).*

[26]) Dazu *Jaksch-Ratajczak,* Haftung für grundlose Ablehnung des Vertragsabschlusses beim Liegenschaftskauf, wobl 2005, 217; *Lukas,* JBl 2010, 23; aA *Machold,* Schadenersatz 103ff. Rechtsvergleichend *E. A. Kramer,* Der Abbruch von Vertragsverhandlungen, in FS Posch (2011) 359.

[27]) Vgl *Ostheim,* Zur Haftung für culpa in contrahendo bei grundloser Ablehnung des Vertragsschlusses, JBl 1980, 576; *Welser,* LJZ 1984, 104; *Welser* in FS Wagner 370ff; OGH JBl 1992, 118; RdW 1992, 350; RdW 1996, 306; JBl 2005, 716; RdW 2007/567.

[28]) Vgl OGH ÖBA 2012/1795.

[29]) Vgl *Welser,* ÖJZ 1973, 285; *Ostheim,* JBl 1980, 573f; OGH SZ 49/94; JBl 1981, 645; SZ 52/90; RdW 1983, 7.

[30]) OGH ÖBA 2012/1795.

ter wegen des Verstoßes gegen das BVergG schadenersatzpflichtig (s § 337 BVergG 2006).[31])

75 Die Verletzung vorvertraglicher Pflichten durch einen **Stellvertreter** oder sonstigen Vertragsgehilfen ist dem Geschäftsherrn zuzurechnen.[32]) Er haftet dem Geschädigten nach § 1313a, der Gehilfe selbst haftet gewöhnlich nicht.

Der Geschäftsgehilfe wird selbst verantwortlich, wenn sein Verhalten keinem Geschäftsherrn zugerechnet werden kann,[33]) sodass dem Geschädigten keine Ansprüche gemäß § 1313a zustehen und der Gehilfe auch nicht im Regressweg zur Haftung heranzuziehen ist. Ferner haftet der Vertragsgehilfe, wenn er im Verhältnis zum Dritten ein ausgeprägtes eigenes wirtschaftliches Interesse am Zustandekommen des Vertrages hat oder bei den Vertragsverhandlungen im besonderen Maße persönliches Vertrauen in Anspruch genommen und dadurch die Verhandlungen beeinflusst hat[34]) oder ein Auskunftsvertrag nach § 1300 (stillschweigend) zustande gekommen ist.[35])

76 Neben der Haftung wegen Verletzung eines vorvertraglichen Schuldverhältnisses können auch die Voraussetzungen einer **deliktischen Haftung** erfüllt sein. Die Haftung wegen culpa in contrahendo ist aber meist für den Geschädigten günstiger, weil sie den Regeln der Vertragshaftung folgt.

77 Die Verletzung des vorvertraglichen Schuldverhältnisses führt zu Schadenersatzansprüchen. Zu ersetzen ist der verursachte Schaden; soweit es um primäre (reine, bloße) Vermögensschäden geht, ist nicht das positive, sondern das negative Vertragsinteresse, der **Vertrauensschaden,** zu ersetzen.[36]) Unten Rz 1361 ff.

Vor dem Vertragsabschluss besteht keine Erfüllungspflicht, weshalb sie auch nicht verletzt sein kann. Es besteht bloß die Pflicht zur Aufklärung und zur Unterlassung irreführenden Verhaltens,[37]) weshalb der Geschädigte so zu stellen ist, wie er bei

---

[31]) Vgl *Rummel,* Zivilrechtliche Probleme des Vergaberechts, ÖZW 1999, 1ff; *Reinbacher,* Schadenersatz im Vergaberecht (2002) 88ff; OGH ecolex 2002, 814; JBl 2004, 180 mwN.

[32]) Vgl *Welser,* LJZ 1984, 105; OGH SZ 52/22; SZ 56/135; VersRdSch 1987/50; SZ 62/187; JBl 1991, 586; SZ 64/189; EvBl 2008/117 mwN. Für Organe juristischer Personen: *Vonkilch,* Zur privatrechtlichen Rechtsfähigkeit und Vertretung von Klubs und Fraktionen, JBl 2000, 92.

[33]) *Welser,* Vertretung 97ff; ihm folgend OGH SZ 55/84; JBl 1990, 599; SZ 64/104.

[34]) *Welser* in FS Wagner 374; *Wilhelm,* Die gerettete Jagdreise, JBl 1986, 10; OGH SZ 56/135; JBl 1986, 49; JBl 1990, 599; JBl 1990, 322 *(P. Bydlinski)* = ÖBA 1990, 554 *(Apathy)* (dazu *Dellinger,* ecolex 1990, 341); wbl 1994, 378; JBl 1997, 37; ÖBA 1997, 392 = ecolex 1997, 82 *(Th. Rabl);* ÖBA 1998, 230; ecolex 2012/81 *(Wilhelm);* ecolex 2014/3 *(Wilhelm);* RIS-Justiz RS0019726; s auch *Rüffler,* Organaußenhaftung für Anlegerschäden, JBl 2011, 69 (80ff).

[35]) OGH JBl 2011, 445 (kritisch *Dullinger*) = EvBl 2011/54 (kritisch *Brunner*) mwN; ecolex 2012/266 *(Wilhelm);* kritisch *Dullinger,* Zur Eigenverantwortung von Gehilfen für fehlerhafte Beratung, in FS Reischauer (2010) 101.

[36]) Dazu *Welser,* Vertretung 127ff; *Welser* in FS Wagner 380f; OGH SZ 46/22; SZ 49/94; SZ 52/90; JBl 1995, 378; ecolex 1995, 400 (dazu *Halbhuber,* Nur ein Hauch von culpa in contrahendo, ecolex 1995, 885). Zum deutschen Recht *Eisenhardt,* Die Rechtsfolgen bei Abbruch von Vertragsverhandlungen und Abschluß eines nicht erwartungsgerechten Vertrages, in FS Leser (1998) 144ff.

[37]) *Welser,* ÖJZ 1973, 287; *Welser* in FS Wagner 380.

ordnungsgemäßer Aufklärung stünde. Das positive Vertragsinteresse ist nur dann zu ersetzen, wenn ohne die Pflichtverletzung der Vertrag mit dem pflichtwidrig handelnden Teil zustande gekommen wäre.[38]) Dies kommt ua bei Verstößen gegen Vergabegesetze vor.[39]) Bei schuldhafter Verletzung von Aufklärungspflichten in contrahendo kann der Schadenersatzanspruch auch auf Vertragsaufhebung (Naturalrestitution) gerichtet sein, wenn der irrende Vertragspartner den Vertrag bei ordnungsgemäßer Aufklärung nicht geschlossen hätte.[40])

Im Falle eines **Mitverschuldens** des Geschädigten ist der Schaden gemäß § 1304 zu teilen. Bloß im unmittelbaren Anwendungsbereich des § 878 gilt das Kulpakompensationsprinzip.[41]) S Bd I Rz 544 und Rz 674ff. 78

IV. Nebenabreden zur Bestärkung oder Abschwächung rechtsgeschäftlicher Pflichten

Literatur: *D. Fischer,* Vertragsstrafe und vertragliche Schadensersatzpauschalierung (1981); *Lindacher,* Phänomenologie der „Vertragsstrafe" (1972); *Mayrhofer,* Zur Rechtsnatur der Stornogebühr im österreichischen Privatrecht, in FS Herdlitczka (1972) 187.

A. Angeld (§ 908)

Angeld ist, was beim Vertragsabschluss von einem Teil dem anderen als Zeichen des Abschlusses und zur Sicherstellung der Erfüllung gegeben wird (§ 908). 79

Da das Angeld **Zeichen** des Abschlusses sein soll, setzt es ein **gültiges Geschäft** voraus. Ist der Vertrag ungültig, so ist das erhaltene Angeld zurückzuerstatten, weil kein Grund für seine Leistung bestand.[1]) 80

Die **Sicherstellungsfunktion** zeigt sich bei **schuldhafter** Nichterfüllung: Wenn der Geber des Angelds den Vertrag nicht erfüllt, so kann es der Empfänger behalten. Wenn der Empfänger nicht erfüllt, so muss er es im doppelten Betrag zurückgeben. 81

Der Verfall ist von einem **Schaden unabhängig,** doch kann der Geschädigte den Ersatz des über das Angeld **hinausgehenden** verschuldeten Schadens verlangen. Statt sich auf den Angeldverfall zu berufen, kann 82

---

[38]) *Welser* in FS Wagner 380f; OGH SZ 61/90; RdW 1990, 43; MietSlg 42.148/21; EvBl 1997/186.

[39]) OGH SZ 67/182 (dazu *Heid,* Vergabeverstoß: Ersatz des Erfüllungsinteresses! ecolex 1995, 93); ecolex 1995, 328 *(Heid);* SZ 71/133 = ecolex 1999, 87 *(Heid)* (dazu *Iro,* Mißstände auch im Vergabewesen, RdW 1998, 718); SZ 73/62 (dazu *Wilhelm,* Rechtsfortbildung im BVergG: Anspruch aufs Erfüllungsinteresse, ecolex 2000, 493); *Heid,* Vergabeverstoß und Schadenersatz, ecolex 1996, 7; *Rummel,* ÖZW 1999, 10ff; *Wilhelm,* Bestbieters Sieg im Vergabestreit (1999); vgl auch OGH SZ 2003/26.

[40]) *Graf,* Neues zur drittfinanzierten Vermögensanlage, ecolex 1991, 596; *Jaksch-Ratajczak,* Vertragsaufhebung durch Naturalrestitution, ÖJZ 2000, 798; *Pletzer,* Aufklärungspflichtverletzung und Vertragsaufhebung, JBl 2002, 545; OGH ÖBA 1994, 558 *(Apathy)* = wbl 1994, 273 *(Hammerer);* ecolex 1995, 480.

[41]) *Welser,* Vertretung 153ff; *Welser* in FS Wagner 381f; *Holzer/Posch,* RdA 1978, 354; *Schuhmacher,* ZAS 1979, 61f; vgl auch OGH ZVR 1984/140. Weitergehend *Kerschner,* Irrtumsanfechtung insbesondere beim unentgeltlichen Geschäft (1984) 119f. Teilweise aA *Reischauer* in *Rummel*³ Vor §§ 918ff Rz 16; OGH SZ 50/132.

[1]) S OGH RZ 1979/78; JBl 1982, 255; SZ 54/46; SZ 61/136.

aber der schuldlose Teil weiter auf der Erfüllung bestehen oder bei deren Unmöglichkeit Schadenersatz wegen Nichterfüllung fordern (§ 908 letzter Satz).

83 Die Gefahr des Angeldverlustes fördert die Anstrengungen des Schuldners zur Erfüllung. Das Angeld dient also der **Bestärkung** der vertraglichen Pflichten.

Wenn die Parteien nichts anderes vereinbaren, so ist das Angeld als Teilzahlung dem Angeldgeber auf die von ihm zu erbringende Leistung anzurechnen. Umgekehrt ist aber nicht jede beim Vertragsabschluss erbrachte Teilleistung zugleich ein Angeld. Was als „Anzahlung" bezeichnet wird, hat im Zweifel keine Angeldfunktion.[2]) Sie ist Teilzahlung, verfällt daher nicht und kann auch bei Nichterfüllung nicht im doppelten Ausmaß zurückgefordert werden. Im Übrigen sind im Zweifel nur kleinere Beträge als Angeld zu qualifizieren, bei denen zu vermuten ist, dass die Parteien mit einem Verfall einverstanden sind.[3]) Bei hohen Beträgen entspricht es nicht dem Parteiwillen, dass sie uU verfallen oder in doppelter Höhe zurückgestellt werden sollen,[4]) wie bei 30% des Kaufpreises.[5]) Gegenteilige Vereinbarungen sind aber möglich.

84 Wegen der Ähnlichkeit des Angeldes mit einer Vertragsstrafe kann es der Richter gemäß **§ 7 KSchG** zugunsten des Verbrauchers in sinngemäßer Anwendung des § 1336 Abs 2 mäßigen.[6])

B. Reugeld (§§ 909–911)

85 *Das Reugeld ist die Vergütung, die ein Vertragsteil dem anderen für die Ausübung eines ihm vorbehaltenen Rücktrittsrechts verspricht (§ 909).*

86 Im Gegensatz zum Angeld wird das Reugeld nicht gegeben, sondern nur für den Fall des Rücktritts **versprochen.** Der versprechende Teil kann sich also von seiner Erfüllungspflicht durch die Zahlung des Reugeldes befreien, er hat eine **facultas alternativa.**[7]) Dieses Wahlrecht besteht nur bis zur Erfüllung des Vertrages. Wie das Angeld setzt auch das Reugeld das Zustandekommen des Vertrages voraus.[8])

Durch die Reugeldvereinbarung wird über die gesetzlichen Möglichkeiten hinaus ein Rücktrittsrecht geschaffen.[9]) Übt hingegen jemand ein ihm ohnedies (zB nach § 918) zustehendes Rücktrittsrecht aus, so braucht er hiefür kein Reugeld zu entrichten.

Eine Reugeldvereinbarung beim Werkvertrag („Stornogebühr") befreit von der darüber hinausgehenden Zahlung des Entgelts nach § 1168 Abs 1.[10])

---

[2]) OGH SZ 26/299; JBl 1982, 255; SZ 54/46 und 186; RdW 1997, 655; vgl auch *Arlt,* Angeld und Anzahlung, FJ 2008, 45.

[3]) Vgl OGH SZ 54/186.

[4]) OGH JBl 1982, 255.

[5]) OGH SZ 54/46.

[6]) Die hA wendet das Mäßigungsrecht auch außerhalb des Anwendungsbereichs des KSchG an; OGH SZ 54/46; für die Lehre *Winner* in *Kletečka/Schauer,* ABGB-ON[1.02] § 908 Rz 24.

[7]) Bei Verbrauchergeschäften muss ein freies Rücktrittsrecht des Unternehmers im Einzelnen ausgehandelt werden (§ 6 Abs 2 Z 1 KSchG); s unten Rz 1237.

[8]) OGH JBl 1995, 788 *(Lukas).*

[9]) Vgl OGH EvBl 1992/109.

[10]) OGH SZ 2004/20; s auch *Reischauer,* Zum Verhältnis von Reugeld und eingeschränktem Werklohnanspruch, Zak 2013/158, 87.

Auch ohne Rücktritt muss das Reugeld gezahlt werden, wenn die Erfüllung des Vertrages durch das Verschulden des Versprechenden unterbleibt (§ 911). Ein durch die Nichterbringung der Leistung entstandener weiterer Schaden kann nicht begehrt werden. 87

Ein Angeld ist, wenn es nicht besonders vereinbart wird, nicht zugleich Reugeld.[11]) Der Gläubiger kann daher auch dann die Erfüllung verlangen, wenn sich der Schuldner gegen Zahlung des Angeldes vom Vertrag lösen möchte.[12])

Nach **§ 7 KSchG** kann bei Verbrauchergeschäften ein vom Konsumenten zu zahlendes Reugeld wie eine Vertragsstrafe (§ 1336 Abs 2) **gemäßigt** werden. Weil das Reugeld der Vertragspartei ein zusätzliches Rücktrittsrecht verschafft, führt es zur **Abschwächung** vertraglicher Pflichten. Aus diesem Grund scheidet die Sittenwidrigkeit einer solchen Vereinbarung aus.[13]) Zum Teil bestehen aber sondergesetzliche Schranken (§ 38 Abs 1 Z 5 WEG 2002, § 31c Abs 2 KSchG). 88

C. Vertragsstrafe (§ 1336)

Die Vertragsstrafe (Konventionalstrafe) ist die Vereinbarung eines pauschalierten Schadenersatzes für den Fall der Nichterfüllung oder nicht gehörigen Erfüllung des Vertrags (§ 1336). 89

Mangels anderer Vereinbarung gebührt die Konventionalstrafe **statt** des Schadenersatzes wegen Nichterfüllung, Verzuges oder Schlechterfüllung,[14]) es ist also eine **Vorweg-Pauschalierung** dieses Schadens. 90

Die Pauschalierung soll die oft schwierige Feststellung der Schadenshöhe entbehrlich machen. Daher gebührt die Konventionalstrafe auch dann, wenn **kein Schaden** eingetreten ist.[15]) Ein sie **übersteigender Schaden** kann – seit 1. 1. 2007 auch im bürgerlichen Recht – geltend gemacht werden. Zu Lasten des Verbrauchers gilt dies nur, wenn es im Einzelnen ausgehandelt wurde (§ 1336 Abs 3). 91

---

[11]) *Gschnitzer* in *Klang*[2] IV/1, 391.

[12]) Zur Qualifikation einer Vorfälligkeitsentschädigung als Reugeld s OGH SZ 2010/51. Zur Vorfälligkeitsentschädigung nach § 16 VKrG s unten Rz 940.

[13]) OGH EvBl 2006/27; aA nunmehr OGH ZVR 2015/37 *(Ch. Huber);* s dazu *Geroldinger,* „Kostenloses Rücktrittsrecht" bei missbräuchlicher Stornogebühr? Zak 2015/116, 67 (69); *Leupold/Ramharter,* Die ergänzende Auslegung von Verbraucherverträgen im Lichte des Europarechts, ÖBA 2015, 16; *Krist,* Gröbliche Benachteiligung des Reugelds beim Kaufvertrag, ecolex 2015, 845.

[14]) Vgl OGH RZ 1976/90; EvBl 1979/170; JBl 1983, 534 *(Bydlinski);* ZAS 1984/15 *(Kohlmaier);* wbl 1987, 93 (dazu *Czermak,* Restwertabsicherung durch den Leasingnehmer bei vorzeitiger Vertragsauflösung, wbl 1987, 83); SZ 59/201; JBl 1990, 318; HS 27.672; MietSlg 46.178. Vgl auch OGH ecolex 1995, 26 (Mietzinsverzicht als Vertragsstrafe). Zum Verhältnis zur Kündigungsentschädigung OGH ecolex 1995, 49; zum Verhältnis zum Rückersatz von Ausbildungskosten OGH RdW 1998, 27; zum Bruch einer Konkurrenzklausel OGH SZ 2003/12 = ecolex 2004, 42 *(Ch. Schumacher).*

[15]) OGH SpR 145; SZ 70/111; RdW 1990, 293; JBl 1992, 663; SZ 65/102; EvBl 1999/206; EvBl 2000/24; ecolex 2001, 434; aA *Wolff* in *Klang*[2] VI 185; *F. Hoyer,* Pauschalierter Schadenersatz ohne Schaden? ecolex 1999, 387.

92 Die Vertragsstrafe ist im Zweifel nur dann zu entrichten, wenn den Schuldner an der Nichterfüllung oder Schlechterfüllung ein **Verschulden** trifft.[16]) Sie kann allerdings auch für eine nicht verschuldete Leistungsverhinderung vereinbart werden, wenn die Ersatzpflicht für beide Seiten gleichermaßen gilt.[17])

93 Eine Konventionalstrafe kann auch für die Nichteinhaltung der Erfüllungszeit oder des Erfüllungsortes vereinbart werden. Sie kann dann im Zweifel neben der Erfüllung gefordert werden (§ 1336 Abs 1 letzter Satz).[18]) Dasselbe gilt beim Dauerschuldverhältnis: Konventionalstrafe für einen (in der Vergangenheit liegenden) Vertragsbruch kann mit Erfüllung (in der Zukunft) verbunden werden.[19])

94 Nach § 1336 Abs 2 hat der Richter die Vertragsstrafe zu mäßigen, wenn sie übermäßig hoch ist.[20]) Das **Mäßigungsrecht** kann nicht abbedungen werden.[21])

95 Eine Mäßigung ist nicht von Amts wegen vorzunehmen,[22]) der Richter kann also das Mäßigungsrecht nur **auf Verlangen** der betroffenen Partei ausüben,[23]) doch liegt schon in der Bestreitung der Verpflichtung ein Mäßigungsbegehren.[24]) Bei der Mäßigung sind ua Art und Ausmaß des Verschuldens des Schuldners, die Höhe des entstandenen Schadens[25]) und der im Vertragszeitpunkt möglich erscheinende Schaden zu berücksichtigen.[26])

96 Trifft den Vertragspartner an der Vertragsverletzung ein Mitverschulden, so ist die Vertragsstrafe analog zu § 1304 herabzusetzen.[27])

97 Die Verpflichtung zur Zahlung einer Konventionalstrafe setzt eine **gültige Hauptverbindlichkeit** voraus.

Der (rückwirkende) Rücktritt wegen Verzuges des Schuldners hebt jedoch die Verpflichtung zur Zahlung der Vertragsstrafe nicht auf.[28])

---

[16]) *Wolff* in *Klang*² VI 186f; OGH SZ 54/4; RdA 1990, 49 *(Holzer);* SZ 72/25; aA nur OGH EvBl 1976/194.

[17]) OGH JBl 1950, 241.

[18]) Vgl OGH JBl 1990, 318; RdW 1995, 299.

[19]) OGH EvBl 1999/22.

[20]) Vgl dazu *Lindacher,* Konventionalstrafe und „Vergütungsbetrag", JBl 1973, 135; OGH JBl 1992, 663 mwN. Zum Verhältnis zwischen § 879 Abs 3 und § 1336 Abs 2: OGH JBl 1983, 534 *(Bydlinski);* EvBl 1987/41. Zur Angemessenheit der in § 28 Abs 2 KSchG vorgesehenen Konventionalstrafe s OGH JBl 2001, 236 = ecolex 2001, 43 *(Wilhelm).* Zu § 6 Abs 1 Z 13 KSchG s Rz 1232.

[21]) So auch OGH SZ 54/4. Dies gilt seit dem HaRÄG auch für unternehmensbezogene Geschäfte; vgl *Schauer,* Handelsrechtsreform: Die Neuerungen im Vierten und Fünften Buch, ÖJZ 2006/7, 73f.

[22]) OGH SZ 40/37.

[23]) OGH SZ 54/4 und 186.

[24]) OGH immolex 1998/73 mwN.

[25]) Vgl OGH RdW 1990, 293; JBl 1992, 663; EvBl 1999/206; *Kerschner,* ZAS 1985, 33f.

[26]) OGH ecolex 2001, 434; *Spitzer,* Die Pfandverwertung im Zivil- und Handelsrecht (2004) 12ff.

[27]) S *Kerschner,* ZAS 1985, 33; *Reischauer* in *Rummel*³ § 1336 Rz 15.

[28]) Vgl OGH JBl 1986, 371; SZ 58/152; EvBl 1998/46; *Reischauer* in *Rummel*³ § 921 Rz 8. Vgl zu einem später wirksam gewordenen Nichtigkeitsgrund OGH EvBl 1997/20.

Während die Vereinbarung eines Reugelds die vertraglichen Pflichten „abschwächt", dienen Angeld und Konventionalstrafe der **Verstärkung** vertraglicher Pflichten. Ihr Verfall setzt ein Verschulden voraus. Während aber das Angeld schon beim Vertragsabschluss gegeben wird, ist die Vertragsstrafe erst nach einer Vertragsverletzung zu entrichten. Weder das Angeld noch die Konventionalstrafe begründen ein Reurecht (facultas alternativa).[29]) 98

Eine „Stornogebühr" kann je nach Umständen Reugeld oder Vertragsstrafe sein,[30]) ist aber im Zweifel als Konventionalstrafe anzusehen.[31]) 99

D. Verwirkungsabrede

Eine Verwirkungsabrede ist die Vereinbarung, dass bei nicht gehöriger Erfüllung der Gläubiger ein Rücktrittsrecht hat[32]) *oder der Schuldner Rechte aus dem Vertrag verliert.* 100

Neben dem Rücktrittsrecht kann auch vereinbart sein, dass bisher erbrachte Leistungen verfallen und so auch bei einem Rücktritt nicht zu erstatten sind. 101

Eine Verwirkungsabrede ist auch der bei Kreditgeschäften oft vereinbarte **Terminsverlust:** Kommt der Schuldner mit einer Teilleistung in Verzug, so verliert er die gesamte Kreditbegünstigung, sodass alle noch ausständigen Teilleistungen sofort fällig werden,[33]) wobei allerdings eine bloß geringfügige Überschreitung der Leistungsfrist keinen Terminsverlust auslöst.[34]) 102

Der Terminsverlust kann auch für die Nichtzahlung von Zinsen vereinbart werden, die Teil der Hauptschuld des Darlehensnehmers sind.[35])

Ein Unternehmer kann gegenüber dem Verbraucher den Terminsverlust nur geltend machen, wenn er seine Leistung erbracht hat, der Verbraucher mit mindestens einer Zahlung sechs Wochen in Verzug ist und eine Androhung des Terminsverlustes unter Setzung einer Nachfrist von zwei Wochen erfolglos geblieben ist (§ 14 Abs 3 VKrG, s dazu unten Rz 941). 103

---

[29]) Vgl *Mayrhofer* in FS Herdlitczka 188ff; OGH RZ 1974/42; SZ 48/38.

[30]) OGH EvBl 2006/27; *Reischauer* in *Rummel/Lukas*[4] § 909 Rz 21; *Mayrhofer,* Rechtsnatur 187ff; vgl auch *Geroldinger,* Zak 2015/116, 68; *Krist,* ecolex 2015, 845.

[31]) OGH SZ 38/208; SZ 52/83; aA OGH SZ 68/199; *Winner* in *Kletečka/Schauer,* ABGB-ON[1.01] § 909 Rz 18 mwN. Zum Verhältnis der Konventionalstrafe zur Verfallsklausel s *Spitzer,* Pfandverwertung 7ff; Bd I Rz 1255.

[32]) S dazu OGH SZ 51/103; JBl 1983, 534 *(Bydlinski).*

[33]) Vgl *Graf,* Probleme der vorzeitigen Kündigung von Konsumentenkreditverträgen durch den Kreditgeber, ÖBA 1989, 959; OGH RZ 1979/36; EvBl 1979/188; SZ 55/152; ÖBA 1998, 305; SZ 70/165.

[34]) OGH SZ 70/165; ecolex 2000, 790; ecolex 2013/164 *(Haberer/Zehetner);* s aber OGH RdW 2006/8.

[35]) OGH ÖBA 1996, 483.

3. Kapitel

Schuldinhalt

I. Art der Leistung

A. Tun und Unterlassen[1])

104 *Leistung ist die Erbringung des Geschuldeten.*

105 Es ist das vom Schuldner nach dem Schuldverhältnis zu setzende Verhalten, das der Befriedigung von Interessen des Gläubigers dient. Das Interesse muss keinen Vermögenswert haben; es kann auch ideeller Natur sein. Die Leistung ist ein **Tun** oder **Unterlassen.**

Der Begriff der Leistung ist allerdings auch zweideutig.[2]) Man kann darunter die Leistungshandlung, also das vom Schuldner zu setzende obligationsgemäße Verhalten, oder den vom Gläubiger gewünschten Leistungserfolg, verstehen. Ist dieser eingetreten, so ist jedenfalls geleistet. Im Übrigen muss man unterscheiden: Bei Unterlassungspflichten kommt ein Erfolg überhaupt nicht infrage, sodass schon durch das Verhalten geleistet wird.[3]) Bei den auf ein Tun gerichteten Pflichten ist auf den Vertragstyp abzustellen. So wird beim Werkvertrag oder beim Kaufvertrag ein Erfolg geschuldet (Herstellung des Werkes, Übertragung des Eigentums). Hingegen hat zB beim Dienstvertrag der Schuldner seine Pflicht schon durch Setzung des Leistungsverhaltens (obligationsgemäßes Arbeiten) ohne Rücksicht darauf erfüllt, ob der mit dem Verhalten bezweckte Erfolg eingetreten ist.

§ 861 erwähnt neben dem Tun und Unterlassen noch das „Geben" und das „Gestatten". Das „Geben" ist jedoch ein Unterfall des Tuns und das „Gestatten" ein Unterfall des Unterlassens von Abwehrrechten (Gestatten des Gebrauches einer Sache).

106 Für Tun und Unterlassen gelten grundsätzlich die **gleichen Regeln.** Auch Unterlassungsansprüche können als Hauptleistungs-, Nebenleistungs- oder Schutzpflichten vorkommen (Unterlassung von Wettbewerbshandlungen, Unterlassung der Schädigung sonstiger Rechtsgüter des Gläubigers). Die Unterlassungsansprüche genießen insofern besonderen Schutz, als dem Gläubiger eine **vorbeugende Unterlassungsklage** gewährt wird, wenn eine künftige Verletzung der Unterlassungspflicht zu befürchten ist.[4]) Sie ist notwendig, weil das Zuwiderhandeln gegen die Unterlassungspflicht oft nicht rückgängig zu machen ist, also – wie bei der

---

[1]) *Böhm,* Unterlassungsanspruch und Unterlassungsklage (1979); *Henckel,* Vorbeugender Rechtsschutz im Zivilrecht, AcP 174, 97; *Köhler,* Vertragliche Unterlassungspflichten, AcP 190, 496; *W. Schuster-Bonnott,* Der privatrechtliche Anspruch auf Unterlassung, JBl 1976, 281; *E. Wagner,* Gesetzliche Unterlassungsansprüche im Zivilrecht (2006).

[2]) Dazu *Wieacker,* Leistungshandlung und Leistungserfolg im Bürgerlichen Schuldrecht, in FS Nipperdey I (1965) 783.

[3]) Vgl dazu auch *Henckel,* AcP 174, 122ff.

[4]) Vgl dazu *Baur,* Zu der Terminologie und einigen Sachproblemen der „vorbeugenden Unterlassungsklage", JZ 1966, 381; *Böhm,* Unterlassungsanspruch; *Jabornegg/Strasser,* Nachbarrechtliche Ansprüche als Instrument des Umweltschutzes (1978) 167ff; *Jelinek,* Das „Klagerecht" auf Unterlassung, ÖBl 1974, 125; *E. Wagner,* Unterlassungsansprüche 428ff; *Zeuner,* Gedanken zur Unterlassungs- und negativen Feststellungsklage, in FS Dölle I (1963) 295; OGH SZ 6/21; EvBl 1961/75; EvBl 1971/317; ÖBl 1983, 9; SZ 56/124.

Verletzung einer Schweigepflicht – die Erfüllung der Pflicht nicht nachgeholt werden kann.[5])

Die Unterlassungsklage setzt kein Verschulden des Verpflichteten 107
voraus,[6]) wohl aber die erwähnte **unmittelbar drohende Gefährdung** oder – bei schon erfolgtem Eingriff – **Wiederholungsgefahr.**[7])

Von den sich aus den Schuldverhältnissen ergebenden sind solche Unterlassungsansprüche zu unterscheiden, die aus den absoluten Rechten, wie aus dem Eigentum, folgen und zB mit der actio negatoria (§ 523) geltend gemacht werden.[8])

Zum Unterlassungsanspruch nach § 28 KSchG s Rz 1320ff.

B. Teilbare und unteilbare Leistungen[9])

Die Leistung ist teilbar, wenn zwischen dem Ganzen und den Teilen 108
bloß ein quantitativer Unterschied besteht, sonst unteilbar.

Teilbar ist meist die Leistung vertretbarer Sachen, zB von Geld, Kohle oder Heizöl; unteilbar hingegen die Leistung eines bestimmten Ölgemäldes, einer Liegenschaft oder von einem Paar Schuhe.

Dieser Grundsatz gilt jedoch nur im Zweifel. Es kann ausdrücklich 109
oder schlüssig etwas anderes vereinbart werden; die Vertragspartner können also objektiv unteilbare Leistungen zu teilbaren machen und umgekehrt. Letztlich entscheidet daher über die Teilbarkeit der **Parteiwille.**[10]) Nach diesem wird man schon Unteilbarkeit annehmen müssen, wenn die Vertragspartner nur an der Gesamtleistung ein **Interesse** haben; hingegen teilbar, wenn sie auch an einzelnen Teilen interessiert sind.[11])

Wer das Wrack eines Oldtimers als „Ersatzteillager" kauft, hat gewöhnlich auch an einem Teil der Karosserie ein Interesse. Braucht hingegen ein Käufer 500 Meter Zaun im Jugendstil, so ist ihm mit 10 Metern nicht gedient.[12])

---

[5]) Dazu zT kritisch *W. Schuster-Bonnott,* Die Gefahr des Zuwiderhandelns gegen Unterlassungsverpflichtungen (Wiederholungsgefahr), JBl 1974, 170ff; *W. Schuster-Bonnott,* JBl 1976, 284ff; *W. Schuster-Bonnott,* Die Wiederholungsgefahr bei Unterlassungsverpflichtungen, JBl 1986, 487.

[6]) Vgl dazu *Henckel,* AcP 174, 113. OGH JBl 1984, 492; ÖBA 1991, 213; ÖBA 1992, 386; abweichend OGH ÖBA 1987, 415 *(Rummel)* (dazu *Reidinger,* Inbestandgabe zur Erschwerung von Liegenschaftsexekutionen, Rechte der Hypothekargläubiger und der Betreibenden, wobl 1990, 122). Vgl zum Unterlassungsanspruch gegen Unzurechnungsfähige OGH ecolex 1998, 124 *(Rubin); Hirsch,* Ist der Unterlassungsanspruch wirklich verschuldensunabhängig? JBl 1998, 541ff.

[7]) So etwa *Jelinek,* ÖBl 1974, 125; *Böhm,* Unterlassungsanspruch 54f; OGH JBl 1991, 724; SZ 64/97; SZ 69/28; dagegen *W. Schuster-Bonnott,* JBl 1974, 174ff; *W. Schuster-Bonnott,* JBl 1976, 284ff; *W. Schuster-Bonnott,* JBl 1986, 487.

[8]) Dazu *E. Wagner,* Unterlassungsansprüche 16ff; *W. Schuster-Bonnott,* JBl 1976, 285; *Jelinek,* ÖBl 1974, 132ff. S auch OGH ÖBl 1983, 9.

[9]) *Riedler,* Gesamt- und Teilgläubigerschaft im österreichischen Recht (1998) 233ff; *Perner,* Gemeinschaftliche Forderungen (2004) 55ff.

[10]) Vgl OGH ecolex 2013/386, 971.

[11]) Vgl bloß OGH SZ 50/116; JBl 1988, 241; SZ 60/230; SZ 69/226.

[12]) Zur Teilbarkeit beim Ankauf von Hardware und Software: *Iro,* Leistungsstörungen bei gemeinsamer Anschaffung von Hardware und Software, RdW 1984, 267f; diesem folgend *Ertl/Wolf,* Die Software im österreichischen Zivilrecht (1991) 277ff; differenzierend nach Art der Software: *Gruber,* Wandlung bei Verträgen über

110 Die Erbringung eines Teiles einer **teilbaren** Leistung führt zum **teilweisen Erlöschen** der Schuld; ein Gesamtrücktritt ist nicht mehr möglich.[13]) Wird eine teilbare Leistung zum Teil unmöglich, so geht die Schuld teilweise unter. Bei unteilbaren Leistungen führt das Unmöglichwerden eines Teiles zur Unmöglichkeit der Gesamtleistung (§§ 920, 1447).

C. Bestimmtheit der Leistung

111 *Die Leistung muss bestimmt oder bestimmbar sein (§ 869),*[14]) *sonst ist das Rechtsgeschäft ungültig.*

112 Die Leistung wird gewöhnlich durch die Parteien bestimmt, sie können die Bestimmung allerdings auch einem **Dritten** überlassen (§ 1056).

Sogar die Vereinbarung der Bestimmung der Leistung durch einen der Vertragspartner ist zulässig,[15]) doch darf ein wem immer eingeräumtes Bestimmungsrecht nicht als Erlaubnis zur Willkür aufgefasst werden.[16]) Beliebiges Ermessen kann höchstens für Nebenpunkte vereinbart werden, die Bestimmung von Hauptpunkten muss nach billigem Ermessen erfolgen.[17]) Bei missbräuchlicher Ausübung kann das Gericht angerufen werden, das die nötigen Korrekturen vorzunehmen hat,[18]) s auch unten Rz 746.

113 Fehlt eine ausdrückliche Vereinbarung, so muss versucht werden, die Unbestimmtheit mithilfe der **Vertragsauslegung** und des **dispositiven Rechts** zu beseitigen.[19]) So gilt beim Werk- und Dienstvertrag ein **angemessenes** Entgelt als vereinbart (§ 1152), bei anderen Verträgen, beson-

---

Hard- und Software, RdW 1989, 354. Vgl auch *Fischer-Czermak/Weilinger,* Gewährleistung für geleaste EDV-Anlagen (Hard- und Software), EDV 1989, 84; OGH EDV 1989, 50; wbl 1991, 270; JBl 1997, 458 *(Staudegger);* vgl aber JBl 1998, 577 *(Staudegger)* = ecolex 1998, 127 *(Wilhelm).*

[13]) OGH ecolex 2001, 374 *(Thaler).*

[14]) Zur Bestimmtheit vgl *Bydlinski,* Die Baukostenendabrechnung als Bestimmung der Leistung des einen Vertragsteils durch den anderen, JBl 1975, 245; *Call,* Zur Bestimmtheit der „wesentlichen Stücke des Vertrages", insbesondere beim Vorvertrag zum Kauf, in FS Herdlitczka (1972) 43; *Sprung/König,* Bestimmbarkeit der Bestandsache und Garagen-Kurzparkvertrag, RdW 1986, 200. S auch OGH JBl 1986, 38 *(Hanel);* JBl 1988, 110; SZ 60/178; ecolex 2008/241 *(Hornsteiner);* EF-Z 2009/126 *(Ott/Janovsky);* SZ 2007/150. Zum Bestimmtheitserfordernis nach UN-Kaufrecht OGH JBl 1995, 253 *(Karollus).*

[15]) Vgl OGH SZ 64/92 mwN; *Krejci,* Grenzen einseitiger Entgeltbestimmung durch den Arbeitgeber, ZAS 1983, 204; *Mayer-Maly,* Das Ermessen im Privatrecht, in FS Melichar (1983) 442; *Bürge,* Preisbestimmung durch einen Vertragspartner und die Tagespreisklausel, JBl 1989, 687; *Welser,* Widerrufsvorbehalt und Teilkündigungsvereinbarung bei entgeltwerten Leistungen des Arbeitgebers, RdA 1991, 5f.

[16]) Zu den Grenzen der Zulässigkeit OGH JBl 1980, 151 *(Bydlinski);* ÖBA 1987, 834; RdA 1991, 130; SZ 64/92; VersRdSch 1993, 137 (dazu *Krejci,* Zur Haftung der Gesamtvertragsparteien für nicht kostendeckende Kassenarzthonorare, VersRdSch 1993, 135); ecolex 2007/51, 107 *(Schanda); Krejci,* ZAS 1983, 205f; *Mayer-Maly* in FS Melichar 445; *Bürge,* JBl 1989, 687; *Welser,* RdA 1991, 5f.

[17]) OGH SZ 56/32. Zur entsprechenden Rechnungslegungspflicht OGH SZ 54/164; ecolex 2007/51, 107 *(Schanda).*

[18]) OGH JBl 1980, 151 *(Bydlinski);* JBl 1994, 252 *(Holzer); Aicher* in *Rummel*[3] § 1056 Rz 9 mwN.

[19]) Vgl OGH wobl 1992, 244 *(Würth).*

ders bei Kaufverträgen, kommt ein **Markt-** oder **Börsepreis** oder ein „kundenüblicher Preis“ in Betracht. Lässt sich die Unbestimmtheit in einem Hauptpunkt auch auf diese Weise nicht beseitigen, so ist der Vertrag wegen **Dissens** nichtig (s Bd I Rz 419 ff).

D. Gattungsschuld und Stückschuld[20])

Bei der Stückschuld (Speziesschuld) legen die Parteien den Leistungsgegenstand durch individuelle Merkmale fest, bei der Gattungsschuld (Genusschuld) durch generelle. 114

Speziesschuld: Adele Bloch-Bauer I von Klimt, das gebrauchte Auto des X, die Sibirakatze „Aljoscha“. Genusschuld: 5.000 Liter Heizöl Extraleicht; zehn Packungen Kopierpapier.

Die Einteilung in Gattungsschuld und Speziesschuld ist von jener in **vertretbare** und **unvertretbare** Sachen zu unterscheiden. Die Vertretbarkeit wird nach objektiven Merkmalen, dh nach der **„Verkehrsauffassung“**, bestimmt, die Eigenschaft als Gattung oder Spezies hängt hingegen vom **Parteiwillen** ab.[21]) 115

Die Einteilung deckt sich zwar oft, aber nicht immer mit jener in vertretbare und unvertretbare Sachen. Wird zB vereinbart, dass „irgendein Waldmüller-Gemälde“ zu beschaffen ist, so liegt eine Gattungsschuld vor, während jeder einzelne „Waldmüller“ eine unvertretbare Sache ist. Im Zweifel ist Gattungsschuld anzunehmen, wenn Gegenstand des Schuldverhältnisses eine vertretbare Sache ist.

Die Unterscheidung in Gattung oder Spezies ist vor allem für die **Gefahrtragung** wichtig. 116

Die Gattung kann weiter oder enger gefasst sein: 1 l Wein, 1 l Weißwein, 1 l Riesling, 1 l Wachauer Riesling usw. Hat der Schuldner die Gattung aus einem im Vertrag bestimmten Vorrat zu leisten, so spricht man von **beschränkter Gattungsschuld.** Sie ist nur so lange Gattungsschuld, als noch etwas vom Vorrat vorhanden ist. 117

Nach § 905 a hat der Schuldner mangels anderer Vereinbarung Sachen **mittlerer Art und Güte** zu leisten. 118

Für das Vermächtnisrecht bestimmt hingegen § 656, dass der Erbe im Zweifel Sachen zu leisten hat, die der Legatar „gebrauchen kann“, eine Qualität, die auch schlechter sein kann als „mittel“. Entsprechendes gilt für unentgeltliche Geschäfte unter Lebenden.[22])

Wenn der Schuldner auch beliebige Sachen aus der Gattung leisten kann, muss er für die Erfüllung irgendwann individuelle Sachen auswählen. Dies führt dazu, dass die Genusschuld – vor allem für die Gefahr- 119

---

[20]) *Ballerstedt,* Zur Lehre vom Gattungskauf, in FS Nipperdey (1955) 261; *Ernst,* Die Konkretisierung in der Lehre vom Gattungskauf, in GedS Knobbe-Keuk (1997) 49; *H. A. Fischer,* Konzentration und Gefahrtragung bei Gattungsschulden, JherJB 51, 159; *Kisch,* Gattungsschuld und Wahlschuld (1912); *Rabl,* Die Gefahrtragung beim Kauf (2002) 337 ff.

[21]) OGH JBl 1992, 453; SZ 68/119.

[22]) So *Mayrhofer,* Schuldrecht I 30.

tragung – als Stückschuld behandelt wird. Der Vorgang, der dies bewirkt, heißt **„Konzentration“** oder **„Konkretisierung“.** Wenn die Parteien nichts anderes vereinbaren, wird der Zeitpunkt der Konzentration durch die gesetzlichen Gefahrtragungsregeln bestimmt.[23]) Danach tritt sie mit dem **„Zeitpunkt der bedungenen Übergabe“** (§§ 1047 ff) ein, ausgenommen im Fall des **Schuldnerverzugs.** Beim **Versendungskauf** bewirkt schon die Übergabe der Sache an das Transportinstitut die Konzentration, wenn damit die Gefahr übergeht[24]) (dazu unten Rz 225 f).

Die Gefahr fällt rückwirkend wieder auf den Verkäufer zurück, wenn er nach Übergabe der Sache an den Transporteur in den Transport derart eingreift, dass er die Sache wieder in seinen Herrschaftsbereich bringt.[25])

120 Der Gefahrenübergang (die Konzentration) setzt nach der hA eine (gegenständliche) **Absonderung** der Quantität voraus, die der Schuldner nicht nach Belieben verändern kann. Nach aA muss der Schuldner nur beweisen, dass die für den Gläubiger bestimmten Stücke untergegangen sind.[26])

E. Wahlschuld[27]) und facultas alternativa

121 *Eine Wahlschuld (Alternativobligation) kann auf verschiedene Arten erfüllt werden.*

122 Die Verbindlichkeit ist also auf die **eine oder die andere** Leistung gerichtet, von denen nur eine zu erbringen ist.[28])

„Duae res sunt in obligatione, sed una est in solutione.“

123 Die Wahl zwischen den mehreren Leistungen hat mangels anderer Vereinbarung der **Schuldner** (§ 906),[29]) doch kann auch der Gläubiger oder ein Dritter wahlberechtigt sein.[30])

Die Wahlberechtigung des Gläubigers kann sich auch aus dem Sinn des Wahlrechts ergeben: Bietet das Kaffeehaus ein Frühstück mit Schinken oder Marmelade an, so hat auch ohne besondere Vereinbarug der Gläubiger (Gast) die Wahl.

---

[23]) *Aicher* in *Rummel*³ §§ 1048 ff Rz 4; *Rabl,* Gefahrtragung 362 ff; *Rabl,* Der untreue Treuhänder (2002) 36 ff; *Rabl,* Die Konzentration der Gattungsschuld, in FS Welser (2004) 833. Aus der dt Literatur *U. Huber,* Zur Konzentration beim Gattungskauf, in FS Ballerstedt (1975) 327.

[24]) *Rabl,* Gefahrtragung 387 ff; vgl auch *Apathy,* Der Verkauf „reisender Ware“, RdW 2003/246, 299.

[25]) OGH SZ 2003/120 = ecolex 2004, 613 *(Rabl);* s dazu bereits *Rabl,* Gefahrtragung 175 f mwN.

[26]) Überzeugend *Rabl,* Gefahrtragung 393 ff; *Rabl* in FS Welser 844 ff mwN.

[27]) *Kisch,* Gattungsschuld und Wahlschuld (1912); *Litten,* Die Wahlschuld (1903); *Pescatore,* Die Wahlschuldverhältnisse (1905); *Rabl,* Gefahrtragung 340 ff.

[28]) Zur Abgrenzung von Wahlschuld und Gattungsschuld *Bydlinski* in *Klang*² IV/2, 148 f; *Rabl,* Gefahrtragung 343 ff. Zum Spezifikationskauf als Unterfall der Wahlschuld s unten Rz 808 ff.

[29]) Vgl OGH EvBl 1977/15; NZ 1995, 34.

[30]) *Gschnitzer* in *Klang*² IV/1, 376 f.

Erbringt der Schuldner irrtümlich **beide** Leistungen, so kann er eine davon zurückfordern, wobei ihm die Wahl zusteht (§ 1436). Hat der Schuldner hingegen nur eine Sache, aber in Unkenntnis seines Wahlrechtes, geleistet, so kann er sie nicht zurückfordern, weil sie geschuldet war.[31]) 124

Die Wahl wird durch Erklärung oder durch den Beginn der Erfüllung ausgeübt. Sie kann einseitig nicht mehr rückgängig gemacht werden (§ 906).[32]) 125

Gerät der **Schuldner** mit der Wahl in Verzug, so kann ihn der Gläubiger „alternativ“ klagen, dh verlangen, dass er entweder die eine oder andere Leistung erbringt.[33]) 126

Auch das stattgebende Urteil verpflichtet den Schuldner zur Erbringung der einen oder der anderen Leistung. Ist er weiter säumig, so kann der Gläubiger eine der beiden Leistungen durch Zwangsvollstreckung eintreiben, doch hat der Schuldner bis zum Beginn der Exekution das Recht, sich durch die tatsächliche Erbringung der anderen Leistung zu befreien (§ 12 EO).

Trifft ein wahlberechtigter **Gläubiger** die Auswahl nicht rechtzeitig, so ist er im Annahmeverzug. Neben den Rechtsfolgen des bloßen Annahmeverzugs (s unten Rz 278 ff) kann der Schuldner die Wahl selbst treffen und dem Gläubiger eine Frist zur Vornahme einer anderen Wahl setzen oder den Gläubigerverzug wie einen Schuldnerverzug behandeln, also unter Setzung einer Nachfrist vom Vertrag zurücktreten. In beiden Fällen kann der Schuldner außerdem Schadenersatz verlangen, sofern den Gläubiger ein Verschulden trifft (§ 906 Abs 2).[34]) 127

Wird die Wahl durch **zufälligen** Untergang eines Wahlstückes vereitelt, so ist der Wahlberechtigte an den Vertrag nicht gebunden (§ 907). Er kann zwar die verbliebene Leistung wählen,[35]) aber auch vom Vertrag zurücktreten. Trifft hingegen den Verpflichteten am Untergang ein Verschulden, so haftet er dem Berechtigten für die Vereitlung der Wahl. Dieser kann entweder die verbliebene Sache nehmen oder statt der unmöglich gewordenen Leistung Schadenersatz wegen Nichterfüllung fordern.[36]) 128

Von der Wahlschuld unterscheidet sich die **Alternativermächtigung**[37]) (facultas alternativa; Ersetzungsbefugnis). Der Schuldner schul- 129

[31]) Zur Möglichkeit der Irrtumsanfechtung *Mayrhofer,* Schuldrecht I 36.

[32]) Dazu OGH ZAS 1990/26 *(Schima)* = RdA 1990, 60 *(Löffler); Rabl,* Gefahrtragung 359 ff.

[33]) Vgl OGH NZ 1995, 34.

[34]) S dazu *Schauer* in *Kletečka/Schauer,* ABGB-ON$^{1.01}$ § 906 Rz 11 ff.

[35]) So *Mayrhofer,* Schuldrecht I 37; aA *Wünsch,* Probleme des Spezifikationskaufes, in GedS Gschnitzer (1969) 482 f.

[36]) Zur Differenzierung in reine Auswahlschuld und unbedingte Wahlschuld: *Ehrenzweig* II/1, 12 ff; *Rabl,* Gefahrtragung 350 ff und 356 ff; OGH JBl 1960, 609 *(Gschnitzer).*

[37]) Vgl dazu *Gernsheim,* Die Ersetzungsbefugnis im deutschen bürgerlichen Recht (1906); *Gernhuber,* Das Schuldverhältnis (1989) 658 ff; OGH SZ 65/156; SZ 67/73; RdW 1996, 163.

det nur **eine** Leistung, nur sie kann der Gläubiger fordern. Der Schuldner hat aber das Recht, die Leistung durch eine andere zu ersetzen.

„Una res est in obligatione, sed duae sunt in solutione."

130 Die Ersetzungsbefugnis kann nicht nur vereinbart sein, sondern auch direkt auf dem Gesetz beruhen.

Beispiele gesetzlicher Grundlagen: Reugeld (vgl oben Rz 85 ff), laesio enormis (dazu Rz 441 ff), Zahlung von Fremdwährungsschulden in inländischer Währung (§ 907 b), Überlassungsrecht des Erben beim Untervermächtnis (§ 650); § 6 Abs 2 Z 3 KSchG. Vgl auch § 410 ZPO.

131 Geht der geschuldete Leistungsgegenstand durch Zufall unter, so wird der Schuldner von seiner Leistungspflicht frei.

Auch eine Ersetzungsbefugnis des Gläubigers kann vereinbart werden.[38])

F. Sicherstellung und Rechnungslegung als Leistungsinhalt

132 Sicherstellungspflichten ergeben sich aus einer **Vereinbarung** oder aus dem **Gesetz** (vgl zB §§ 343, 520, 834). Für die Art der Sicherheitsleistung enthält § 1373 eine Zweifelsregel. Danach ist in erster Linie ein Pfand zu bestellen. Nur wenn der Schuldner dazu außerstande ist, muss der Gläubiger auch einen tauglichen Bürgen annehmen.

133 Zur **Rechnungslegung** ist verpflichtet, wer **fremdes** oder **gemeinschaftliches** Vermögen verwaltet. Rechnungspflichtig sind mit der Obsorge betraute Personen (§ 214),[39]) der geschäftsführende Gesellschafter (§ 1194), der Gewalthaber (§ 1012),[40]) der Geschäftsführer ohne Auftrag (§ 1039), wer ohne Geschäftsführungsabsicht fremde Vermögenswerte nutzt (§ 1039 per analogiam)[41]) und der Gläubiger gegenüber dem Bürgen (§ 1366) und dem Pfandbesteller.[42])

Für die Verwendung fremder Patente, Marken und Urheberrechte sieht das Gesetz die Rechnungslegungspflicht ausdrücklich vor (§ 151 PatG; § 54 f MarkSchG; § 87 a UrhG).[43]) Vgl auch § 34 WEG.

134 Die Rechnungslegungspflicht kann sich aber auch aus einer ausdrücklichen Vereinbarung oder aus dem Sinn und Zweck eines Schuldverhältnisses ergeben.[44])

---

[38]) Dazu *Ehrenzweig* II/1, 17; *Gschnitzer* in *Klang*² IV/1, 372; *Mayrhofer,* Der Kauf mit Umtauschvorbehalt des Käufers, JBl 1972, 450 FN 34.

[39]) S OGH Zak 2009/127 und Bd I Rz 1748.

[40]) Dazu gehört zB der Inkassomandatar (OGH ecolex 2002, 86).

[41]) OGH SZ 49/63; SZ 53/29; JBl 1995, 378; *Meissel,* Geschäftsführung ohne Auftrag (1993) 164 ff. Vgl auch *Winkler von Mohrenfels,* Abgeleitete Informationspflichten im deutschen Zivilrecht (1986) 33 ff.

[42]) Dazu *Avancini,* Der Auskunftsanspruch des Bürgen gegenüber dem Gläubiger, JBl 1985, 193; OGH ÖBA 1992, 654 *(Jabornegg).*

[43]) Dazu *Dittrich,* Zum Rechnungslegungsanspruch des Arbeitnehmers nach dem Urheberrechtsgesetz, in FS Strasser (1983) 139; OGH SZ 55/145.

[44]) Vgl dazu OGH SZ 46/112; JBl 1976, 372; ZAS 1984/28; JBl 1997, 537.

Da die Rechnungslegung nur „Hilfsfunktion" hat, ist sie nicht Voraussetzung der Geltendmachung von Ansprüchen gegen den Rechnungslegungspflichtigen. 135

Über den Offenbarungseid s Art XLII EGZPO, über die Pflicht zur Vorlage einer gemeinschaftlichen Urkunde Art XLIII EGZPO.

II. Leistungszeit

Leistungszeit (Fälligkeit) ist der Zeitpunkt, in dem der Schuldner die Leistung erbringen und der Gläubiger sie annehmen soll. 136

Die Fälligkeit kann von den Parteien **vereinbart** werden; zT greifen **gesetzliche** Fälligkeitsvorschriften ein (s die §§ 1418, 685; 1100; § 15 Abs 3 MRG;[1]) § 20 Abs 1 WGG; § 11 VersVG).[2]) Hilfsweise richtet sie sich nach **Natur und Zweck der Leistung.** So ist beim Handkauf (zB Kauf im Laden) nach Natur und Zweck des Geschäftes die Leistung von beiden Seiten sofort zu erbringen. Lässt sich auch aus Natur und Zweck der Leistung nichts ableiten, so kann der Gläubiger die Leistung **sogleich,** also ohne unnötigen Aufschub, **fordern,** dh fällig stellen (§ 904). Die Fälligstellung nennt man auch **Mahnung.** 137

Dass der Gläubiger die Leistung „ohne unnötigen Aufschub" fordern kann, heißt, dass er dem Schuldner eine nach Treu und Glauben zu bestimmende Zeit zur Vorbereitung geben muss.

Der Gläubiger hat kein Recht zur Fälligstellung, wenn der Schuldner die Erfüllungszeit „seiner Willkür", dh seinem freien Willen, vorbehalten hat. Hier muss der Gläubiger warten und sich allenfalls an die Erben des Schuldners halten. Nur bei persönlichen Verbindlichkeiten, die nicht vererblich sind, kann der Gläubiger die Fälligkeit vom Richter nach Billigkeit festsetzen lassen. Dies findet auch dann statt, wenn der Schuldner die Leistung „nach Möglichkeit oder Tunlichkeit" versprochen hat: „Wenn die Zeiten einmal besser sind"; „Wenn ich meine wirtschaftlichen Schwierigkeiten überwunden habe";[3]) „Wenn ich mir etwas erspart habe".

In Umsetzung von Art 18 Abs 1 Verbraucherrechte-Richtlinie 2011/83/EU bestimmt **§ 7a KSchG** für **Verbraucherverträge** über Waren (Kaufverträge, Werklieferungsverträge, gemischte Verträge über Waren und Dienstleistungen), dass der Unternehmer mangels anderer Vereinbarung die Ware **ohne unnötigen Aufschub,** jedenfalls aber nicht später als **30 Tage nach Vertragsabschluss** zu leisten hat.[4]) § 7a KSchG ist dispositiv.[5]) 138

---

[1]) Zu § 1100 und § 15 Abs 3 MRG s unten Rz 1014.

[2]) S dazu *Gruber,* Fälligkeit des Zahlungsanspruches gegen den Feuerversicherer, JBl 2003, 234; gegen diesen *Jabornegg,* Fälligkeit des Zahlungsanspruches gegen den Feuerversicherer kraft staatsanwaltschaftlicher Bestätigung? JBl 2003, 599.

[3]) Vgl OGH JBl 1982, 37.

[4]) *P. Bydlinski,* Verbrauchervertragsrecht, in *P. Bydlinski/Lurger,* Die Richtlinie über die Rechte der Verbraucher (2012) 99; *Kathrein,* Neues Konsumentenrecht – Verbraucherrechte-Richtlinie-Umsetzungsgesetz – VRUG, ZVR 2014/104, 184; *Windorfer,* Neue Fälligkeitsregelung im Recht über den Verbrauchsgüterkauf, VuR 2014, 216; *Kolba/Leupold,* Verbraucherrecht 202ff.

[5]) EB 89 BlgNR 25. GP 18f.

Die Verpflichtung, die Ware ohne unnötigen Aufschub zu leisten, entspricht § 904 Satz 1, allerdings bedarf es im Verbrauchergeschäft keiner Mahnung. Verstöße gegen § 7a KSchG sind verwaltungsstrafrechtlich sanktioniert (§ 32 Abs 1 Z 1 lit b KSchG), darüber hinaus greifen die Verzugsfolgen nach §§ 918ff ein.

139 Die Parteien können die Fälligkeit nachträglich nur **einvernehmlich** ändern (§ 1413). Auch wenn sie den Fälligkeitstermin vorverlegen, hat der Schuldner im Zweifel kein Recht auf den Abzug von „Zwischenzinsen". Verbraucher sind allerdings berechtigt, Kreditverbindlichkeiten **vorzeitig** zu erfüllen; zinsen- und laufzeitabhängige Kosten sind dann zu mäßigen (§ 16 VKrG, s unten Rz 940). Zu einer Vorverlegung der Fälligkeit kommt es manchmal auch aufgrund gesetzlicher Sonderbestimmungen. So werden mit Eröffnung des Insolvenzverfahrens über das Vermögen des Schuldners betagte (terminisierte) Forderungen sofort fällig (§ 14 IO).[6])

140 Der Gläubiger kann schon am Anfang des Fälligkeitstages fordern, die Verzugsfolgen treten jedoch erst mit seinem Ablauf ein. Wenn der Schuldner bei Fälligkeit nicht zahlt, gerät er in den **Schuldner-** oder **Leistungsverzug.**

141 Nimmt der Gläubiger die ihm zur richtigen Zeit und ordnungsgemäß angebotene Leistung nicht an, so kommt er in den **Gläubiger-** oder **Annahmeverzug.** Dazu unten Rz 278ff.

142 Wird die Fälligkeit nachträglich hinausgeschoben, so nennt man dies **Stundung.** Bis zum neuen Termin kann die Leistung weder verlangt noch erbracht werden. Neben dieser die Fälligkeit ändernden Stundung gibt es die **„reine Stundung"**, bei der die Fälligkeit unverändert bleibt und der Gläubiger nur die Geltendmachung hinausschiebt.[7])

Während bei der fälligkeitsändernden Stundung der Schuldner nicht in Verzug gerät und auch die Verjährung nicht zu laufen beginnt (§ 1478), bleibt bei der reinen Stundung der Schuldner im Verzug, sodass er weiterhin leisten kann und Verzugszinsen zahlen muss.

Liegt im Ersuchen um Stundung zugleich ein Anerkenntnis, so wird die Verjährung unterbrochen, sonst zumindest gehemmt.[8])

143 Ob Stundung oder reine Stundung vereinbart ist, muss notfalls durch **Auslegung** geklärt werden. Eine nach Eintritt des Verzugs getroffene Vereinbarung ist im Zweifel reine Stundung, es sei denn, dass der Schuldner ein Entgelt geleistet hat (§ 915).[9])

144 In Krisenzeiten werden manchmal die Fälligkeiten durch Gesetz hinausgeschoben („Zwangsstundung", **Moratorium**).

---

[6]) *Apathy* in *Bartsch/Pollak/Buchegger,* Österreichisches Insolvenzrecht I^4 (2000) § 14 Rz 12ff mwN.

[7]) OGH EvBl 1957/318; JBl 1993, 456; vgl auch *Rummel,* ZAS 1984, 233. AM *Gschnitzer* in *Klang*^{2} IV/1, 352.

[8]) *Klang* in *Klang*^{2} VI 649f; OGH wbl 1994, 205.

[9]) Vgl *Gschnitzer,* Schuldrecht AT 73f; OGH EvBl 1957/318; ÖBA 1990, 639.

Soweit nichts anderes bestimmt ist, gelten die Fälligkeitsregeln auch für die gesetzlichen Verbindlichkeiten. 145

ZB für die Fälligkeit des Anspruchs aus einer Bereicherung oder aus einer Geschäftsführung ohne Auftrag.[10])

III. Erfüllungsort (Leistungsort)

Literatur: *Döhmel,* Der Leistungsort bei Rückabwicklung von Verträgen (1996); *Köhler,* Der Leistungsort bei Rückgewährschuldverhältnissen, in FS Heinrichs (1998) 367; *Leonhard,* Erfüllungsort und Schuldort (1907); *Oertmann,* Zur Lehre vom Leistungsort, SeuffBl 73, 385; *Schack,* Der Erfüllungsort im deutschen, ausländischen und internationalen Privat- und Zivilprozeßrecht (1985).

Erfüllungsort ist der Ort, an dem die Leistung vom Schuldner erbracht und vom Gläubiger angenommen werden soll. 146

Mit dem Erfüllungsort ist nicht bloß eine politische Gemeinde, sondern auch die Stelle (ein Haus, ein Lokal) gemeint, an der die Verbindlichkeit zu erfüllen ist. 147

Nach dem Erfüllungsort richten sich im Zweifel auch **Maß** und **Gewicht** (§ 905 Abs 1 letzter Satz), er ist in bestimmten Fällen für die Gerichtszuständigkeit – zB nach § 88 JN oder Art 5 Abs 1 EuGVVO – von Bedeutung **(sekundäre Rechtsfolgen).** Manchmal wird ein Erfüllungsort gerade deshalb gewählt, um sekundäre Rechtsfolgen herbeizuführen, zB ein ausländisches Recht anwendbar zu machen. Ob dann auch die tatsächliche Leistung am vereinbarten Ort erbracht werden soll, ist Auslegungsfrage. 148

Der Erfüllungsort ergibt sich aus der **Vereinbarung** oder aus **Natur und Zweck des Geschäftes.**[1]) 149

Nach Natur und Zweck des Geschäftes ist ein Ladenkauf im Laden, ein Dienstvertrag meist im Betrieb des Unternehmers zu erfüllen.

Folgt der Erfüllungsort weder aus einer ausdrücklichen Vereinbarung noch aus Natur und Zweck des Geschäfts, so ist jener Ort Erfüllungsort, an dem der Schuldner zur Zeit der Entstehung der Verbindlichkeit seinen **Wohnsitz** oder seine **Geschäftsniederlassung** hatte (§ 905).[2]) 150

Auch ein Bürge hat im Zweifel an dem für ihn nach § 905 bestimmten Erfüllungsort zu leisten und nicht schlechthin an jenem des Hauptschuldners.[3])

Im Zweifel liegt daher eine **Holschuld** vor: Der Schuldner braucht die Leistung nur abholbereit zu machen. Die Parteien können aber auch eine **Bringschuld** vereinbaren, bei welcher der Schuldner am Wohnsitz 151

[10]) Vgl OGH SZ 47/92.
[1]) Vgl OGH SZ 53/162; JBl 1982, 426; *Schack,* Erfüllungsort 54ff.
[2]) Vgl auch OGH SZ 71/129.
[3]) OGH SZ 71/191 mwN.

des Gläubigers erfüllen muss. Schließlich kann ein Ort vereinbart werden, der weder der Wohnort des Schuldners noch des Gläubigers ist. Bei der **Schickschuld** bleibt zwar der Wohnsitz des Schuldners Erfüllungsort, doch ist der Schuldner verpflichtet, die Leistung an den Gläubiger abzusenden. Er muss sie „in Marsch setzen". Damit geht in der Regel auch die Gefahr auf den Gläubiger über (s oben Rz 119). Im Zweifel, ob Bringschuld oder Schickschuld vorliegt, ist Letztere anzunehmen.[4]) Der wichtigste Fall der Schickschuld ist der Versendungskauf.[5])

Aus der Übernahme der Kosten der Versendung durch den Schuldner allein folgt noch nicht, dass der Ort, an den die Versendung zu erfolgen hat, für den Schuldner als Erfüllungsort zu gelten hat (§ 905 Abs 2).

152 Erwachsen aus einem Schuldverhältnis mehrere Ansprüche, so kann auch jeder einen eigenen Erfüllungsort haben.[6])

153 Der Schuldner hat am Erfüllungsort bei **Fälligkeit** zu leisten. Er muss zu diesem Zeitpunkt bei der Holschuld die Leistung bereitstellen, sie bei der Bringschuld am Erfüllungsort abliefern und bei der Schickschuld vom Erfüllungsort absenden, widrigenfalls er in Verzug gerät.

IV. Geldschuld

Literatur: *Heermann,* Geld und Geldgeschäfte (2003); *Gerhartinger,* Elektronisches Geld im österreichischen Bank- und Privatrecht (2010); *Isele,* Geldschuld und bargeldloser Zahlungsverkehr, AcP 129, 129; *Jung,* Das privatrechtliche Wesen des Geldes (1926); *Mann,* Das Recht des Geldes (1960); *Nussbaum,* Das Geld in Theorie und Praxis des deutschen und ausländischen Rechts (1925); *Reinhardt,* Vom Wesen des Geldes und seiner Einfügung in die Güterordnung des Privatrechts, in FS Boehmer (1954) 60; *Simitis,* Bemerkungen zur rechtlichen Sonderstellung des Geldes, AcP 159, 406; *Stabentheiner,* Die Neuregelung der Geldschuld durch das Zahlungsverzugsgesetz, JBl 2013, 205; *Zöchling-Jud,* Die Neuregelung der Geldschuld im ABGB – Schlusspunkt einer 150-jährigen gemeinsamen deutsch-österreichischen Rechtsentwicklung, in FS Schilken (2015) 167.

A. Das Geld

154 *Geld ieS ist das vom Staat anerkannte und mit Annahmezwang ausgestattete Zahlungsmittel.*

155 Zum Geld im weiteren Sinn rechnet man alles, was im Verkehr als Zahlungsmittel angenommen wird, zB auch ausländische Banknoten und Münzen sowie das Buchgeld.

156 Das inländische Geld muss zum **Nennwert,** dh zum aufgedruckten Wert, angenommen werden. Vom Nennwert unterscheidet sich der **„innere Wert",** das ist die Kaufkraft des Geldes. Der Metallwert ist der

---

[4]) Vgl OGH SZ 55/77 und 102.

[5]) S *Rabl,* Die Gefahrtragung beim Kauf (2002) 110ff mwN.

[6]) *Bettelheim* in *Klang* II/2, 994; *Leonhard,* Erfüllungsort 113ff.

Wert des in der Münze enthaltenen Metalls; er ist meist niedriger als der Nennwert.

B. Das Buchgeld

Buchgeld sind sofort verfügbare Konten bei Banken. 157

Wer mit Buchgeld (Giralgeld) zahlt, verschafft seinem Gläubiger zu- 158
nächst nicht Banknoten oder Münzen, sondern eine **Forderung** gegen eine Bank. Zum Unterschied von der Barzahlung wird also bei der Banküberweisung ein weiterer Schuldner (die Bank) dazwischengeschaltet, wodurch für den Gläubiger ein zusätzliches Risiko, nämlich das Insolvenzrisiko dieses Schuldners, entsteht.[1]) Buchgeld statt Geld muss deshalb als **Leistung an Zahlungs statt** (§ 1414) angesehen werden, welche der Zustimmung des Gläubigers bedarf.[2]) Ein solches Einverständnis ist anzunehmen, wenn der Gläubiger auf seinen Geschäftspapieren Konten anführt[3]) oder Zahlscheine zusendet. Dies gilt auch nach dem neuen § 907a Abs 1, nach welchem eine Geldschuld entweder durch **Übergabe** des Geldbetrages (Barzahlung) oder durch **Überweisung** auf ein vom Gläubiger bekannt gegebenes Bankkonto zu erfüllen ist.[4]) Hat der Gläubiger kein Bankkonto bekannt gegeben, fehlt es an seiner (konkludenten) Zustimmung und der Schuldner muss bar zahlen.[5]) Umgekehrt hat der Gläubiger kein Recht auf Banküberweisung, dem Schuldner steht also – mangels gegenteiliger Vereinbarung – die **Barzahlung** stets **zur Wahl.**[6]) Wird auf ein anderes als das angeführte Konto des Gläubigers überwiesen, muss dieser die Zahlung nicht als schuldbefreiend anerkennen; im Falle einer solchen Weigerung hat jedoch der Schuldner ein Rückforderungsrecht.[7])

§ 15 Abs 3 MRG verpflichtet den Vermieter ebenso wie § 6a KSchG den Unternehmer, ein verkehrsübliches Bankkonto bekannt zu geben.[8]) Für den Unternehmer besteht die Pflicht dann nicht, wenn Barzahlung verkehrsüblich ist oder wenn mit dem Verbraucher eine andere Art der Erfüllung vereinbart wurde, wie zB Lastschriftverfahren oder Kreditkartenzahlung. In anderen Fällen ist die Zahlung durch Buchgeld gesetzlich vorgesehen, zB für Gehaltszahlungen an Beamte (§ 7 Abs 4 GehaltsG).

---

[1]) So auch OGH JBl 1979, 650; SZ 69/84.

[2]) *Koziol* in *Apathy/Iro/Koziol,* Bankvertragsrecht² III Rz 1/10ff mwN; OGH RdW 2009/423. AA *Binder/Kolmasch* in *Schwimann/Kodek*⁴ § 907a Rz 12.

[3]) OGH ÖBA 1988, 839 *(Koziol);* ÖBA 1991, 525 *(Canaris);* SZ 69/84; *Bydlinski* in *Klang*² IV/2, 330ff.

[4]) *Meinl/Stabentheiner,* Das neue Zahlungsverzugsgesetz im Überblick, ÖJZ 2013/46, 439; *Pesek,* Das nicht bekanntgegebene Bankkonto, ÖJZ 2013/47, 450f; *Stabentheiner,* JBl 2013, 213f; *Zöchling-Jud* in FS Schilken 179ff.

[5]) Vgl EB 2111 BlgNR 24. GP 13f; *Stabentheiner,* JBl 2013, 214.

[6]) *Stabentheiner,* JBl 2013, 214; *Meinl/Stabentheiner,* ÖJZ 2013/46, 439; zu den Folgen einer derartigen Unterlassung *Pesek,* ÖJZ 2013/47, 450ff.

[7]) OGH SZ 38/102; ÖBA 2001, 332 *(P. Bydlinski).*

[8]) Zum Begriff des „verkehrsüblichen Bankkontos“ s *Pesek,* Zahlungsverzugsgesetz in Kraft, wobl 2013, 78 (81); *Pesek,* ÖJZ 2013/47, 450f; *Stabentheiner,* JBl 2013, 221; *Meinl/Stabentheiner,* ÖJZ 2013/46, 443f; *Stabentheiner,* Mietrechtliche Implikationen des Zahlungsverzugsgesetzes, immolex 2013, 102 (104ff).

C. Besonderheiten der Geldschuld

159 Die Geldschuld ist eine **Gattungsschuld**[9]) mit gewissen Besonderheiten. Geldmangel ist **keine Unmöglichkeit** der Leistung, weil der Schuldner persönlich mit seinem ganzen Vermögen haftet, das er zu Geld machen kann, und – wenn er auch kein Vermögen hat – immer die Möglichkeit besteht, dass er später zu einem solchen kommt.[10])

160 Eine in ausländischer Währung vereinbarte Leistung **(einfache Valuta- oder Fremdwährungsschuld)** kann auch in inländischem Geld bezahlt werden, wenn der Zahlungsort im Inland liegt, es sei denn, dass die Zahlung in ausländischer Währung ausdrücklich bedungen worden ist (§ 907b).[11]) Damit erhält der Schuldner eine **facultas alternativa.** Macht er von der Ermächtigung Gebrauch, so ist die Schuld nach dem am Zahlungsort bestehenden Tageskurs umzurechnen. Bei Verzug kann der Gläubiger auch den Kurs des Fälligkeitstages wählen. Keine facultas alternativa steht zu, wenn **„Zahlung effektiv"** vereinbart wurde.[12])

161 Beim Einwechseln in- und ausländischer Währung wird die Valuta als Ware behandelt, die gekauft oder verkauft wird.[13])

D. Leistungsort und Leistungszeit

162 Gemäß § 907a Abs 1 sind Geldschulden am Wohnsitz oder an der Niederlassung des **Gläubigers** zu erfüllen, indem der Geldbetrag dort bar zu übergeben oder auf das vom Gläubiger bekannt gegebene Bankkonto zu überweisen ist. Vom Begriff „Übergabe" sind auch Erfüllungsvorgänge umfasst, bei denen der Gläubiger, zB einen Boten, die Post oder ein Geldtransferunternehmen einsetzt.[14]) Die Geldschuld ist also **Bringschuld.**

Bis zum Inkrafttreten des ZVG (BGBl I 2013/50) waren Geldschulden nach hM „qualifizierte Schickschulden": der Schuldner hatte sie im Zweifel auf seine Gefahr und Kosten dem Gläubiger an dessen Wohnzitz (Niederlassung) zu übermachen. Erfüllungsort war hier der Wohnsitz (Niederlassung) des Schuldners. Die Besonderheit gegenüber sonstigen Schickschulden lag aber darin, dass sie der Schuldner nicht nur auf seine Kosten absenden musste, sondern auch die Gefahr des Ankommens trug: Er musste nochmals zahlen, wenn das Geld unterwegs verloren ging. Eine Verspätung war hingegen – wie bei der Schickschuld allgemein – Risiko des Gläubigers.

---

[9]) So auch *Mayrhofer,* Schuldrecht I 45; dagegen *Larenz* I 167f; *K. Schmidt,* Geld und Geldschuld im Privatrecht, JuS 1984, 741; *Simitis,* AcP 159, 445; *M. Roth,* Individualleistung 11f.

[10]) Vgl OGH EFSlg 24.755; SZ 52/188; SZ 54/4; JBl 1996, 580; *Medicus,* „Geld muß man haben", AcP 188, 489.

[11]) *Stanzl* in *Klang*² IV/1, 729; OGH ÖBA 1989, 735 *(Schuhmacher).* Zur Aufrechenbarkeit *Seiler,* Zur Kompensation beim Fremdwährungskreditgeschäft, ÖBA 1987, 618f; *Kerschner,* Aufrechnungsprobleme bei Bankgeschäften, ÖBA 1989, 266ff; OGH SZ 74/50; SZ 74/178.

[12]) Dazu OGH ÖBA 1989, 735 *(Schuhmacher);* ZfRV 1994, 211 *(Hoyer).*

[13]) Dazu *Koch,* Rechtsfragen des internationalen Devisenhandels, ÖBA 1985, 304ff mwN; aA *Kleiner,* Internationales Devisen-Schuldrecht (1985) 184, 190ff.

[14]) Vgl EB 2111 BlgNR 24. GP 13; *Stabentheiner,* JBl 2013, 213.

Daraus schloss die früher hM,[15]) dass bei Banküberweisungen die Leistung rechtzeitig war, wenn der Überweisungsauftrag am Fälligkeitstag beim kontoführenden Institut einlangte. Dies widersprach aber nach Ansicht des EuGH (beim zweiseitigen Unternehmergeschäft) den Vorgaben der (alten) Zahlungsverzugs-Richtlinie 2000/35/EG. Danach muss bei Bezahlung mittels Banküberweisung der geschuldete Betrag dem Gläubiger mit Ablauf der Zahlungsfrist zur Verfügung stehen, also bereits auf seinem Konto gutgeschrieben sein.[16]) Geldschulden müssen deshalb zwar nicht als Bringschulden ausgestaltet werden, der Schuldner muss den Überweisungsauftrag aber so rechtzeitig erteilen, dass der Betrag mit Ablauf der Zahlungsfrist am Konto des Gläubigers einlangt. Da strittig war, ob § 905 Abs 2 aF in diesem Sinne ausgelegt werden konnte,[17]) entschied sich der Gesetzgeber zu einer umfassenden Neuregelung der Geldschuld.[18])

Aus dem Bringschuldkonzept folgt, dass der **Schuldner** sowohl die **Kosten** als auch die **Gefahr** für den Transfer des Geldes zum Gläubiger zu tragen hat.[19]) 163

Ändern sich allerdings nach Entstehung der Forderung der Wohnsitz (Niederlassung) des Gläubigers oder seine Bankverbindung, trägt der Gläubiger eine dadurch bewirkte Erhöhung der Gefahr und der Kosten (§ 907a Abs 1 aE). Bei Banküberweisungen ist die Gefahrtragung durch den Schuldner eingeschränkt, weil er die Gefahr der Verzögerung oder das Unterbleiben der Gutschrift auf dem Konto des Gläubigers insoweit nicht trägt, als die Ursache dafür beim Bankinstitut des Gläubigers liegt (§ 907a Abs 2 aE).

Bei Erfüllung durch Banküberweisung hat der Schuldner den Überweisungsauftrag so rechtzeitig zu erteilen, dass der geschuldete Betrag bei **Fälligkeit** am Konto des Gläubigers **„wertgestellt“** ist. Ist die Fälligkeit nicht im Vorhinein bestimmt, hat der Schuldner den Überweisungsauftrag ohne unnötigen Aufschub nach Eintritt der Fälligkeit zu erteilen (§ 907a Abs 2). 164

Sonderregelungen sehen das KSchG und das VersVG vor. Nach § 6a Abs 2 KSchG ist es auch bei einem im Vorhinein bestimmten Fälligkeitstermin ausreichend, wenn der Verbraucher (erst) am Tag der Fälligkeit den Überweisungsauftrag erteilt. Diese „Besserstellung“ für Verbraucher verlagert nur den Zeitpunkt der Erfüllungshandlung, ändert aber nichts am Bringschuldkonzept. § 36 VersVG bestimmt demgegenüber explizit das Gegenteil – dort sind Geldschulden abweichend von § 907a ABGB „qualifizierte Schickschulden“.[20])

---

[15]) Vgl die Vorauflage 39f mwN. S auch *Zöchling-Jud* in FS Schilken 169ff.

[16]) EuGH C-306/06 *(„Telecom“)* (dazu *Aspöck,* EuGH zur Rechtzeitigkeit von Überweisungen, ecolex 2008, 783; *Hawel,* Rechtzeitigkeit von Banküberweisungen, RdW 2009/156, 189; *Hackl,* Neuordnung des Zahlungsverzugsrechts, ZVB 2009/36, 147); *Dullinger,* Zur Bedeutung des Zahlungseingangs bei der Geldschuld im Lichte der Zahlungsverzugsrichtlinie, in FS Koziol (2010) 97; *P. Bydlinski,* Gedanken zur Geldschuld, speziell zur Erfüllung bei der Buchgeldzahlung, in FS Posch (2011) 109 (114ff); *Aichberger-Beig* in *Klang*³ § 905 Rz 77ff; *Meinl/Stabentheiner,* ÖJZ 2013/46, 438.

[17]) In diese Richtung OGH ecolex 2010/50 *(Aspöck);* ÖBA 2010/1628 *(P. Bydlinski).* S dazu *Zöchling-Jud* in FS Schilken 174ff; *Neumayer,* Die Rechtzeitigkeit der Zahlung im bargeldlosen Überweisungsverkehr – Ein Überblick, Zak 2010/37, 31; *Dullinger* in FS Koziol 103ff; kritisch *Hackl,* Nochmals: Zum Umsetzungsbedarf bei Zahlungsverzugsrichtlinie, Zak 2010/71, 52.

[18]) Zu weiteren Überlegungen *Stabentheiner,* JBl 2013, 209ff.

[19]) *Stabentheiner,* JBl 2013, 212; *Neumayer,* Das Zahlungsverzugsgesetz, Zak 2013/351, 187.

[20]) *Stabentheiner,* JBl 2013, 223; *Meinl/Stabentheiner,* ÖJZ 2013/46, 444.

E. Geldentwertung und Wertsicherung[21])

165 Da der Gläubiger Geld zum Nennwert annehmen muss, erleidet er in Inflationszeiten (bei Kaufkraftschwund) Einbußen. Damit stellt sich die Frage, ob der Gläubiger ein Recht auf Erhöhung des Nominalbetrags hat, was meist unter dem Blickwinkel der sog Geschäftsgrundlage gesehen wird (s Bd I Rz 510ff). Von der Rechtsprechung wird allerdings eine **Aufwertung** der Schuld nur in wenigen Fällen zugelassen (vgl auch § 985 für das Darlehen, dazu unten Rz 925).

166 So ist bei Unterhaltsansprüchen[22]) jeweils jene Summe zu leisten, derer der Berechtigte zum Leben bedarf **(„Geldwertschuld")**. Im Gutachten SZ 5/53 hat der OGH ausgesprochen, dass dem Gläubiger bei Verzug des Schuldners keine Entschädigung wegen Minderung der Kaufkraft gebührt.[23]) Ein solcher Ersatz ist jedoch als entgangener Gewinn bei grobem Verschulden und bei jedem schuldhaften Verzug mit Pflichten aus einem Unternehmergeschäft zu leisten (§ 349 UGB).

167 Hat ein Schädiger – wie nach § 1332 – den Wert einer Sache zur Zeit der Beschädigung zu ersetzen **(„Sachwertschuld")**, so ist er in Geld zur Zeit des Urteils auszudrücken.[24]) Bei der subjektiven Schadensberechnung (Interesseberechnung) ist ohnedies der Wert im Zeitpunkt der Schadensfeststellung (der Urteilsfällung) maßgebend. Enteignungsentschädigungen werden von der Rechtsprechung bei sehr rascher Geldwertveränderung valorisiert.[25])

168 **Wertsicherungsklauseln**[26]) sollen die Gläubiger vor dem inneren Geldwertschwund bewahren. Es sind dies Vereinbarungen, nach denen die geschuldete Summe durch einen „Faktor", der den inneren Wert zur Grundlage hat, aufgewertet wird. Dies geschieht zB durch die Vereinba-

---

[21]) Dazu *von Maydell,* Geldschuld und Geldwert (1974); *Kötz/Reichert-Facilides,* Inflationsbewältigung im Zivil- und Arbeitsrecht (1976); *Ertl,* Inflation, Privatrecht und Wertsicherung (1980); *K. Schmidt,* JuS 1984, 743ff; *Schmalz,* Die Stabilität des Geldwertes als Problem des Privatrechts (1986); *Baur,* Die Anpassung langfristiger Verträge an veränderte Umstände, JBl 1987, 137; *Fenyves,* Der Einfluß geänderter Verhältnisse auf Langzeitverträge, Gutachten für den 13. ÖJT (1997) Band II/1, 102ff.

[22]) Vgl dazu *Stanzl* in *Klang*² IV/1, 721f; *Zankl/Mondel* in *Schwimann/Kodek*⁴ § 66 EheG Rz 46f mwN.

[23]) Für diese Frage bleibt das Gutachten trotz OGH SZ 71/56 (Verst Senat) aufrecht. Zum Kursverlust bei Fremdwährungsschuld OGH SZ 64/129.

[24]) OGH JBl 1953, 210; EvBl 1968/57. *Mayrhofer,* Schuldrecht I 48. Dagegen *Wahle,* Das Valorisationsproblem (1924); *Klang,* Geldentwertung und juristische Methode (1925) 20ff; *Ertl,* Inflation 167ff; *Koziol,* Haftpflichtrecht I³ Rz 10/24. Vgl auch *Reichert-Facilides,* Geldwertschwankungen und Privatrecht, JZ 1969, 617.

[25]) OGH JBl 1978, 541.

[26]) Dazu *Ertl,* Inflation 52ff. Vgl auch *Rechberger,* Bestimmtheit der Forderung (§ 14 Abs 1 GBG, § 7 Abs 1 und § 54 Abs 1 Z 2 EO, § 3 Abs 1 lit b NO) und Wertsicherungsklausel, in FS Wagner (1987) 399; OGH SZ 56/29; JBl 1988, 467 *(Pfersmann)* (dazu *Binder,* Pensionsvereinbarung und Wertsicherung, RdW 1989, 26). Vgl zu Wertsicherungsklauseln nach § 2 Abs 2 und Art III BauRG idF BGBl 1990/258 auch OGH SZ 65/146; 66/139; 69/138. Die Aufnahme einer Wertsicherungsklausel in eine gerichtliche Entscheidung über den Unterhalt ist unzulässig (OGH JBl 2000, 670).

rung, dass sich die Summe mit Steigen der Lebenshaltungskosten erhöhen soll. Heute sind die sog **Indexklauseln** am häufigsten. Zu Wertsicherungsklauseln in Verbraucherverträgen s unten Rz 925.

Mit einer „Goldklausel“ wird bestimmt, daß nicht das Nominale, sondern jene Summe zu zahlen ist, für die im Fälligkeitszeitpunkt dieselbe Menge Goldes erhältlich ist wie derzeit für den vereinbarten Betrag.[27]) Das Verbot von Goldklauseln wurde durch BGBl 1991/30 beseitigt.[28])

F. Zinsen[29])

1. Begriff

Zinsen sind Entgelt für die Nutzung eines Kapitals, sie werden in Prozenten des Kapitals pro Zeiteinheit berechnet.[30]) 169

Abweichend von dieser Definition werden allerdings die Verzugszinsen nicht als Entgelt für verlängerte Nutzung, sondern als Schadenersatz, von manchen auch als bereicherungsrechtlicher Anspruch, angesehen. Nach neuerer Ansicht enthält der Anspruch Elemente beider Grundlagen.[31]) Gerade deshalb sei er weder vom Verschulden noch vom Nachweis eines Schadens abhängig.

Von den Zinsen ist der „Zins“ zu unterscheiden, der das Entgelt des Bestandnehmers für die Überlassung des Bestandobjektes darstellt. 170

Das ABGB rechnet die Zinsen zu den **„Nebengebühren“** (§ 912). 171 Sie sind allerdings manchmal selbst Hauptleistung und teilen auch sonst nicht immer das Schicksal der Hauptsache: sie verjähren zB unabhängig von der Hauptforderung in drei Jahren (§ 1480),[32]) und der Gläubiger kann über sie selbständig verfügen.

Zur Verjährung des Anspruchs auf Rückforderung zu viel bezahlter Kreditzinsen s unten Rz 1225.

Die Pflicht zur Zahlung von Zinsen ergibt sich aus einem Vertrag 172 oder aus dem Gesetz.

---

[27]) Vgl *Schubert* in *Rummel*³ §§ 988f Rz 4.

[28]) Vgl *Vonkilch,* Zur Sanierung von Goldklauseln in Baurechtsverträgen durch die BauRGNov 1990, JBl 1996, 741; OGH SZ 68/80.

[29]) *Randa,* Zur Lehre von den Zinsen und der Konventionalstrafe (1869); *Kindler,* Gesetzliche Zinsansprüche im Zivil- und Handelsrecht (1996).

[30]) Zu „Negativzinsen“ s *Zöchling-Jud,* Zum Einfluss von negativen Referenzwerten auf Kreditzinsen, ÖBA 2015, 318; *Leupold,* Negativzinsen beim Kreditvertrag, VbR 2015/53, 82.

[31]) OGH SZ 71/56 = ecolex 1998, 392 *(Wilhelm)* (Verst Senat). Vgl zur Rechtsnatur des § 1333 *Wilburg,* Zur Lehre von der Vorteilsausgleichung, JherJB 82, 147f; *Gitschthaler,* Verzugsschaden und Verzugsbereicherung, ÖJZ 1984, 235; *Jud,* Marginalien zum Ersatz aufgewendeter oder entgangener Zinsen, in FS Ostheim (1990) 115f; *Harrer* in *Schwimann*³ § 1333 Rz 3; *Graf,* Zinsen, Bereicherung und Verjährung, JBl 1990, 355ff; *Honsell,* Der Zinsschaden bei der Geldschuld, wbl 1999, 97; *P. Bydlinski,* Der Anspruch auf gesetzliche Verzugszinsen, in FS Koziol (2010) 21 (24ff).

[32]) OGH ÖBA 2001, 660. Der Frist des § 1480 unterliegen auch die im Urteil für die Zukunft zugesprochenen Zinsen; vgl OGH JBl 1996, 519 mwN; s auch Bd I Rz 724.

2. Zinsen als Entgelt

173 Die Höhe der vertraglichen Zinsen für die Überlassung von Kapital bestimmen die Parteien, eine Grenze bilden nur die Wucherbestimmungen (vor allem § 879 Abs 2 Z 4; § 7 WucherG). Wurde über die Höhe nichts vereinbart und ist auch gesetzlich nichts anderes bestimmt, beträgt der allgemeine gesetzliche Zinssatz 4% (§ 1000), im Wechsel- und Scheckrecht 6% (Art 48f WechselG; Art 45f ScheckG).

3. Verzugszinsen[33])

174 Verzugszinsen gebühren als Folgen verspäteter Leistung. Auch sie richten sich primär nach der **Vereinbarung.** Im Verbrauchergeschäft sind der Vereinbarung durch § 6 Abs 1 Z 13 KSchG Grenzen gesetzt.

175 Bei Fehlen einer Verzugszinsenvereinbarung gelten die gesetzlichen Regeln. Danach gebühren Verzugszinsen bei Geldforderungen.[34]) Sie setzen **kein Verschulden** voraus, müssen also schon bei objektivem Verzug geleistet werden (§ 1333). Die Höhe der gesetzlichen Verzugszinsen beträgt grundsätzlich 4% (§ 1333 Abs 1).

176 Bei Geldforderungen aus zweiseitigen **Unternehmergeschäften**[35]) und Geschäften zwischen einem Unternehmer und juristischen Personen des öffentlichen Rechts beträgt der gesetzliche Zinssatz 9,2% über dem Basiszinssatz, der wiederum an den Zinssatz der Hauptrefinanzierungsgeschäfte der Europäischen Zentralbank gekoppelt ist.[36]) (§ 456 UGB). Der Basiszinssatz wird halbjährlich angepasst.[37]) Soweit der Schuldner für die Verzögerung aber nicht verantwortlich ist (objektiver Schuldnerverzug), hat er nur die in § 1000 Abs 1 bestimmten Zinsen zu entrichten.[38])

177 Der Schuldner muss einen über die Verzugszinsen hinausgehenden **sonstigen Schaden** ersetzen, wenn er ihn verschuldet hat, wobei leichte Fahrlässigkeit genügt.[39]) Darunter fallen insbesondere außergerichtliche

---

[33]) S dazu *P. Bydlinski* in FS Koziol 24ff.

[34]) Für Unterhaltsforderungen vgl OGH AnwBl 1994, 709 *(Butschek).*

[35]) Die §§ 1333ff sind auch auf öffentlich-rechtliche Schuldverhältnisse anzuwenden (OGH RdW 2001/697). Erfasst sind auch vertragliche Schadenersatzansprüche zwischen Unternehmen (OGH RdW 2006/515), nicht aber Verwendungsansprüche nach § 1041 (OGH EvBl 2006/108; SZ 2007/138).

[36]) S dazu EB 1167 BlgNR 21. GP 9f; *Graf,* Die Neuregelung der Rechtsfolgen des Zahlungsverzugs – Eine kritische Analyse des Zinsrechts-Änderungsgesetzes, wbl 2002, 439.

[37]) Die aktuelle Höhe ist unter www.oenb.at („Zinssätze und Wechselkurse“) abrufbar; maßgebend ist der Basiszinssatz am ersten Kalendertag eines Halbjahres für das jeweils folgende Halbjahr (§ 456 Satz 2 UGB).

[38]) Zur Frage, wann der Schuldner für die Verzögerung nicht verantwortlich ist s auch *Haberer/Zehetner,* Das neue Zahlungsverzugsgesetz im Überblick, ecolex 2013, 408 (411); *Frizberg,* Das neue Zahlungsverzugsgesetz – Die Änderungen im UGB, ÖJZ 2013/67, 629 (635) mwN.

[39]) OGH SZ 71/56 = ecolex 1998, 392 *(Wilhelm)* (Verst Senat) (dazu *Iro,* Verstärkter Senat: Keine Begrenzung des Verzugsschadens durch § 1333 ABGB, RdW

Betreibungs- und Einbringungsmaßnahmen, wenn sie zweckentsprechend und notwendig waren und in einem angemessenen Verhältnis zur betriebenen Forderung stehen (§ 1333 Abs 2).[40])

Bisher war die Rechtsnatur von Betreibungskosten strittig. Durch das ZinsRÄG wurde klargestellt, dass es sich dabei um einen materiell-rechtlichen Anspruch handelt, weil sie angeblich der Prozessvermeidung und nicht – wie vorprozessuale Kosten – der Prozessvorbereitung dienen.[41]) Sie sind deshalb als Nebenforderung (§ 54 Abs 2 JN) geltend zu machen. Dessen ungeachtet werden Anwaltskosten hinsichtlich außergerichtlicher Maßnahmen von der Rechtsprechung weiterhin als vorprozessuale Kosten qualifiziert, § 23 RATG sei diesbezüglich lex specialis zu § 1333 Abs 2.[42]) Die Regelung des § 1333 Abs 2 ist auch auf Altverträge anzuwenden, sofern der Zahlungsverzug nach dem 1. 8. 2002 liegt.[43]) Vgl zu den Betreibungskosten auch § 6 Abs 1 Z 15 KSchG.[44])

Bei der Verzögerung der Zahlung von Geldforderungen im beiderseitigen Unternehmergeschäft und Geschäften zwischen einem Unternehmer und juristischen Personen des öffentlichen Rechts ist der Gläubiger berechtigt, als Entschädigung für etwaige Betreibungskosten vom Schuldner einen Pauschalbetrag von € 40,– zu fordern. Für den Ersatz von Betreibungskosten, die diesen Pauschalbetrag übersteigen, ist § 1333 Abs 2 anzuwenden (§ 458 UGB).

Verzugszinsen unterliegen seit dem Beitritt Österreichs zur EU nicht mehr der Umsatzsteuer.[45])

4. Wuchergrenze, Zinseszinsen

§ 1335 enthält eine Art „Wuchergrenze“: Rückständige Zinsen können den Betrag der Hauptschuld nicht übersteigen (Verbot des **„ultra alterum tantum“**). Allerdings beginnt der Zinsenlauf wieder mit der gerichtlichen Geltendmachung des Rückstandes. Bei Geldforderungen gegen einen Unternehmer aus unternehmerischen Geschäften ist § 1335 nicht anzuwenden (§ 353 UGB),[46]) auch hier ist aber die Grenze der Sittenwidrigkeit zu beachten.[47]) 178

1998, 317); EvBl 2006/122; *Rebhahn,* Zinsen als Verzugsschaden, ÖBA 1999, 441; *Honsell,* wbl 1999, 97; vgl auch OGH ecolex 1999, 166 *(Jud);* JBl 1999, 470.

[40]) S dazu *Karollus/Lukas,* Inkassokosten als Verspätungsschaden, in FS Mayer (2004) 71; *Rabl,* Der Schadenersatz von Inkassokosten dem Grunde nach, JBl 2007, 494; *Kodek,* Inkassokosten – eine kritische Bestandsaufnahme, in *Blaschek/Reiffenstein,* Konsumentenpolitisches Jahrbuch 2011–2012 (2013) 149; *Kodek,* Inkassokosten, VbR 2013/4, 8. Zu den Kosten eines Gutachtens OGH JBl 2003, 857 *(Chvosta);* bbl 2010/31.

[41]) *Spunda,* Änderungen durch das Zinsenrechts-Änderungsgesetz, ecolex 2002, 653 (654). OGH JBl 2004, 580; Zak 2007/162.

[42]) OGH SZ 2005/153 (dazu *M. Bydlinski,* Die Geltendmachung anwaltlicher Betreibungskosten im Prozess, Zak 2006/189, 108); EvBl 2006/69; kritisch *Größ* in *Kletečka/Schauer,* ABGB-ON[1.02] § 1333 Rz 16. S aber OGH EvBl 2003/141.

[43]) OGH ÖBA 2011/1746.

[44]) S dazu unten Rz 1234.

[45]) *Pavlik,* Seit Österreichs EU-Beitritt unterliegen Verzugszinsen nicht mehr der Umsatzsteuer, ZIK 1995, 147; *Takacs,* Verzugszinsen und Umsatzsteuer, RdW 1995, 123; *Fucik,* Keine USt aus Zinsen! RZ 1995, 275; OGH SZ 69/102 = ecolex 1996, 883 *(Staringer);* RdW 1997, 593; ecolex 1998, 765.

[46]) *Dehn,* RdW 2002/486, 515 f; *Graf,* wbl 2002, 445; *Spunda,* ecolex 2002, 655.

[47]) OGH SZ 2005/9.

179 **Zinseszinsen** betragen – mangels abweichender Vereinbarung – 4% und gebühren nur bei ausdrücklicher Vereinbarung und, wenn fällige Zinsen eingeklagt werden, vom Tage der Streitanhängigkeit an (§ 1000 Abs 2).[48])

V. Leistung Zug um Zug

Literatur: *Bydlinski,* Die Einrede des nicht erfüllten Vertrages in Dauerschuldverhältnissen, in FS Steinwenter (1958) 140; *Fulterer,* Anwendung und Auslegung des § 1052 ABGB bei Verträgen über Speziessachen, ÖJZ 1952, 399; *Jabornegg,* Zurückbehaltungsrecht und Einrede des nicht erfüllten Vertrages (1982); *Wahle,* Kaufrechtsstudien I: Setzt die Verurteilung zu einer Zug-um-Zug-Leistung Anbieten der Gegenleistung voraus? JBl 1965, 281; *Wimmer,* Die Einrede der Unsicherheit in Zielschuldverhältnissen, ÖJZ 1980, 449.

1. Grundsatz

180 Im synallagmatischen Schuldverhältnis haben die Parteien mangels anderer Vereinbarung ihre Leistungen **Zug um Zug** (gleichzeitiger Austausch von Leistung und Gegenleistung) zu erbringen.

181 Das ABGB sagt dies ausdrücklich für Tausch und Kauf (§§ 1052, 1062), doch gilt es auch für andere zweiseitig verbindliche Verträge.[1])

Ist eine Vorleistungspflicht (s unten Rz 757) vereinbart oder gesetzlich vorgesehen (zB §§ 1154, 1170)[2]) gilt das Zug-um-Zug-Prinzip nicht. Im Falle der Zusendung per Nachnahme muss der Käufer zB vor Erhalt der Ware zahlen ohne diese vor Übernahme überprüfen zu können,[3]) und ist insoweit vorleistungspflichtig.

182 Das Zug-um-Zug-Prinzip vermeidet, dass ein Teil Gefahr läuft, wegen Zahlungsunfähigkeit oder Zahlungsunwilligkeit seines Partners seine Sache hinzugeben, aber kein Entgelt dafür zu erhalten.

2. Zurückbehaltungsrecht, Einrede

183 Das Zug-um-Zug-Prinzip führt zur **„Einrede des nicht erfüllten Vertrages“:** Solange ein Partner seine Leistung noch nicht erbracht hat und sie auch nicht anbietet, kann der andere Teil seinem Leistungsbegehren die Einrede des nicht erfüllten Vertrages entgegensetzen und damit seine eigene Leistung zurückhalten.

184 Entspricht die angebotene Leistung in Quantität oder Qualität nicht dem Vertrag, so kann sie der Gläubiger zurückweisen[4]) und die eigene Leistung zurückbehalten: **Einrede des nicht gehörig erfüllten Vertrages.**

---

[48]) OGH JBl 1998, 49; ÖBA 2014/1992.

[1]) Vgl *Wahle* in *Klang*[2] IV/2, 68f, 91f; *Jabornegg,* Zurückbehaltungsrecht 163ff; *Jabornegg,* Kein Zurückbehaltungsrecht des Arbeitnehmers? in FS Schwarz (1991) 89; OGH SZ 42/162; NZ 1980, 6; JBl 1995, 53 *(Apathy).*

[2]) S zum Verhältnis von § 1170 zu § 1052 *Aicher* in *Rummel*[3] § 1052 Rz 1.

[3]) OGH SZ 48/106 mwN.

[4]) OGH SZ 56/106; *Mayrhofer,* Schuldrecht I 354ff. Im bargeldlosen Zahlungsverkehr darf der Gläubiger eine bloße Teilleistung grundsätzlich nicht zurückweisen. Dies gilt jedoch nicht, wenn der Leistende nur unter nicht vereinbarten Bedingungen leisten will; OGH ÖBA 2013/1935.

185 Im Allgemeinen muss ein Vertragsteil, der die Leistung des anderen verlangt, seine eigene Leistung **real anbieten.** Bloß wörtliches Angebot genügt aber bei Holschulden und wenn sich der andere Teil schon ernstlich geweigert hat, die Leistung entgegenzunehmen, s genauer unten Rz 281.

3. Einrede und Gewährleistung

186 Das Zurückbehaltungsrecht am Kaufpreis oder Werklohn steht dem Erwerber oder Werkbesteller auch dann zu, wenn er nach Ablieferung einer mangelhaften Sache oder eines mangelhaften Werkes die **Verbesserung** fordert.[5]) Nach der zu billigenden hM[6]) kann der Käufer oder Werkbesteller den **ganzen** Kaufpreis oder Werklohn zurückhalten und nicht bloß einen der Mangelhaftigkeit entsprechenden Teil. Der Gläubiger soll dadurch in der Lage sein, auf den gewährleistungspflichtigen Schuldner **„Druck auszuüben".**

In der Literatur wurde dies kritisiert.[7]) Wenn die Leistung nicht zur Gänze ausgetauscht werden müsse und die Sache auch vor der Verbesserung brauchbar sei, genüge die Zurückbehaltung eines dem Mangel entsprechenden Teils der Gegenleistung oder zumindest ein Mehrfaches davon.

Der OGH verneint das Zurückbehaltungsrecht, wenn seine Ausübung Schikane wäre, was er bei einem krassen Missverhältnis zwischen den Interessen des Gläubigers und des Schuldners annimmt.[8]) Überdies könne sich aus dem Vertrag eine Beschränkung der Zurückbehaltung auf einen bestimmten Betrag ergeben.[9])

187 Das Zurückbehaltungsrecht setzt aber voraus, dass der Zurückbehaltende gegen den anderen ein **Recht auf Leistung** geltend macht.[10]) Es genügt also nicht, wenn er aus der mangelhaften Erfüllung keinen Ver-

---

[5]) Zu abweichenden Vereinbarungen s *B. Winkler,* Vertragliches Zurückbehaltungs- und Aufrechnungsverbot trotz erfolgter Mängelbehebungsversuche? ÖJZ 2014/32, 203.

[6]) OGH SZ 56/59; RdW 1987, 120 *(Iro);* ecolex 1990, 677 *(Wilhelm);* JBl 1990, 248 *(Rebhahn)* = ecolex 1990, 82 *(Wilhelm);* RdW 1997, 449 *(Iro);* ecolex 1998, 838 *(Wilhelm);* RdW 1999, 134; ecolex 2009/259 *(Wilhelm);* JBl 2015, 45 *(Geroldinger)* = ecolex 2014/197 *(Riepl); Wilhelm,* Baumängel: Das Zurückbehaltungsrecht bleibt eine scharfe Waffe, wbl 1987, 34; *Kurschel,* Die Gewährleistung beim Werkvertrag (1989) 86ff; *Karollus/Lukas,* Das sogenannte Zurückbehaltungsrecht des Werkbestellers, JBl 2001, 682ff.

[7]) *Wahle* in *Klang*[2] IV/2, 90f; *Koziol,* Die Grenzen des Zurückbehaltungsrechts bei nicht gehöriger Erfüllung, ÖJZ 1985, 743ff; *Angst,* Das Zurückbehaltungsrecht beim Werkvertrag, RZ 1992, 2. Vgl auch *Krejci,* Reform des Gewährleistungsrechtes (1994) 122ff.

[8]) OGH JBl 1990, 248 *(Rebhahn)* = ecolex 1990, 82 *(Wilhelm);* EvBl 1993/101; bbl 2007/162; Zak 2008/604; Zak 2008/723; EvBl-LS 2011/166; EvBl-LS 2012/166. S hiezu auch *Mader,* Rechtsmißbrauch und unzulässige Rechtsausübung (1994) 225ff.

[9]) OGH wbl 1987, 314 *(Wilhelm);* ecolex 1990, 283. Vgl zum Ausschluss des Zurückbehaltungsrechts in AGB OGH RdW 1999, 196; JBl 1999, 802.

[10]) *Koziol,* ÖJZ 1985, 737f; *Rabl,* Die Gefahrtragung beim Kauf (2002) 237ff mwN; OGH ecolex 2012/45. Zum Wegfall des Interesses an der Leistung OGH SZ 56/59; ecolex 1993, 83; MR 1993, 190; ecolex 1999, 822; ecolex 2010/233 *(Friedl);* Zak 2015/388.

besserungsanspruch, sondern das Recht auf Wandlung oder Preisminderung ableitet, weil er in diesen Fällen nur sein Gestaltungsrecht auszuüben braucht und es keines Drucks auf den Schuldner bedarf.

Ebenso wenig kann er die Einrede erheben, wenn er die angebotene Verbesserung ungerechtfertigt zurückweist,[11]) ungerechtfertigte Bedingungen aufstellt,[12]) von seinem Verbesserungsbegehren zurücktritt,[13]) die Verbesserung von einem Dritten vornehmen lässt[14]) oder wenn sie unmöglich ist.[15])

Besteht eine vom Verkäufer zu erbringende Nebenleistung in der Übernahme einer Zahlungsverpflichtung für Kosten, die sonst den Käufer treffen würden, so kann dieser bei Lieferung ohne Erfüllung der Nebenleistungspflicht nicht die Zahlung des gesamten Kaufpreises verweigern, sondern lediglich die vom Verkäufer nicht getragenen Kosten davon abziehen.[16])

188 Die Einrede des nicht erfüllten Vertrages bezieht sich nur auf Pflichten, die im **Austauschverhältnis** stehen, also auf die Hauptpflichten und die „äquivalenten Nebenleistungspflichten", nicht aber auf die Schutzpflichten, weil sie nicht um einer anderen Pflicht willen eingegangen worden sind und auf sie kein messbarer Teil der Gegenleistung entfällt.[17])

Da sich das Zurückbehaltungsrecht nur auf Leistungen bezieht, die mit der geschuldeten im Austauschverhältnis stehen, gibt es auch (bis zur Bewirkung der geschuldeten Leistung) kein Zurückbehaltungsrecht an einer Falschlieferung. Deshalb kann die Leistung auch nicht wegen eines mit der Verbesserung unvermeidbar verbundenen und daher drohenden Mangelfolgeschadens zurückgehalten werden.[18])

4. Vorausleistung, Unsicherheitseinrede

189 Das Zug-um-Zug-Prinzip ist nicht zwingendes Recht. Daher kann ein Vertragspartner die Gefahr des entgeltslosen Verlustes seiner Leistung (das Kreditrisiko) freiwillig übernehmen, indem er sich zur **Vorausleistung** verpflichtet.[19]) Dann hat er **keine Einrede** des nicht erfüllten Vertrages.[20]) Aber selbst in diesem Fall setzt das Gesetz seinem Risiko Schranken:

190 *Auch ein zur Vorausleistung Verpflichteter kann seine Leistung bis zur Bewirkung oder Sicherstellung*[21]) *der Gegenleistung zurückhalten,*

---

[11]) OGH JBl 1990, 248 *(Rebhahn)* = ecolex 1990, 82 *(Wilhelm)*. Vgl auch OGH HS 14.789/4 (Verweigerung der nötigen Mitwirkung); OGH ZRB 2012, 47 *(Walch)*.

[12]) OGH ecolex 2012/123.

[13]) OGH RdW 1997, 449 *(Iro)*.

[14]) OGH HS 27.604; EvBl-LS 2012/166.

[15]) Dazu OGH ecolex 2010/233 *(Friedl)*; *Aicher* in *Rummel*³ § 1052 Rz 9; *Koziol*, ÖJZ 1985, 738 und 742; *Rabl*, Gefahrtragung 237 ff mwN.

[16]) OGH wbl 1987, 275.

[17]) Vgl *Wahle* in *Klang*² IV/2, 75 ff; *Aicher* in *Rummel*³ § 1052 Rz 8; OGH ecolex 1993, 304 mwN; SZ 61/15; JBl 2006, 795; aA *Jabornegg*, Zurückbehaltungsrecht 189. S auch OGH ZVB 2010/49 *(Michl)*.

[18]) OGH ecolex 2005, 763.

[19]) Zur Behandlung von Vorschüssen beim Werkvertrag OGH ecolex 2009/109 *(Friedl)* und 2010/233 *(Friedl)*.

[20]) S zB OGH ecolex 2010/233 *(Friedl)* mwN.

[21]) Dazu *Jabornegg*, Zurückbehaltungsrecht 219 ff; *Jud*, Zur Einfügung einer Bestimmung über die „Bauhandwerkersicherung" in das ABGB, RdW 1998, 248 (252 ff).

wenn diese durch schlechte Vermögensverhältnisse des Partners gefährdet erscheint, die dem Vorleistungspflichtigen nicht schon bei Vertragsabschluss bekannt sein mussten (§ 1052 Satz 2).[22])

Auch diese sog **Unsicherheitseinrede** rechtfertigt nur die Zurückbehaltung, gibt jedoch dem Vorausleistungspflichtigen nicht das Recht, eine schon erbrachte Leistung wieder zurückzufordern.[23]) 191

Die Berücksichtigung der nachträglichen Verschlechterung der Vermögensverhältnisse ist ein Fall der clausula rebus sic stantibus. Die Einrede steht allerdings auch dann zu, wenn die schlechten Vermögensverhältnisse schon zur Zeit des Vertragsabschlusses bestanden haben, aber dem Vorausleistungspflichtigen nicht erkennbar waren. § 1052 Satz 2 ist analog anzuwenden, wenn zu befürchten ist, dass der Nachleistungspflichtige ein Verhalten setzt, das die Leistung vereitelt oder doch gefährdet.[24])

Steht fest, dass ein Werk unverkennbar unbrauchbar ist, kann sich der gewährleistungspflichtige Werkunternehmer nicht auf eine vertraglich vereinbarte Vorleistungspflicht des Werkbestellers berufen.[25])

Die Unsicherheitseinrede kann nicht nur durch **Bewirkung** der Gegenleistung, sondern auch durch ihre **Sicherstellung** abgewendet werden (§ 1052 Satz 2), eine Möglichkeit, die bei der Einrede des nicht erfüllten Vertrages nicht besteht. 192

Unter den Voraussetzungen des § 1052 Satz 2 kann zwar der Vorleistungspflichtige die Unsicherheitseinrede erheben (seine eigene Leistung zurückhalten), jedoch weder die Gegenleistung noch die Sicherheitsleistung (Zug um Zug) durch Klage fordern.[26]) Zur Beendigung des Schwebezustandes wird aber dem Vorleistungspflichtigen das Recht einzuräumen sein, analog zu § 918 nach Setzung einer angemessenen Frist zur Sicherheitsleistung vom Vertrag zurückzutreten.[27]) 193

Zur Unsicherheitseinrede in der Insolvenz vgl § 21 IO. Zur Unsicherheitseinrede nach § 991 ABGB vgl Rz 931.

5. Zurückbehaltung nach § 471

Ist jemand zur Herausgabe einer Sache verpflichtet, so braucht er diese Pflicht nur **Zug um Zug** gegen Berichtigung seiner Forderungen wegen des auf die Sache gemachten **Aufwandes**[28]) oder des ihm durch diese 194

---

[22]) S dazu *Wimmer,* Die Einrede der Unsicherheit in Zielschuldverhältnissen, ÖJZ 1980, 452f; *Bollenberger,* Irrtum über die Zahlungsunfähigkeit (1995) 28ff. Zur analogen Anwendung im Falle anderer Gefährdungen *Mayrhofer,* Schuldrecht I 363.

[23]) Vgl OGH SZ 58/117.

[24]) OGH RdW 2001/11.

[25]) OGH EvBl 2001/47; s dazu auch OGH ecolex 2011/3.

[26]) OGH SZ 44/167. *Mayrhofer,* Schuldrecht I 362f mwN. Anders *Jabornegg,* Zurückbehaltungsrecht 231ff; zustimmend *Apathy,* Schadenersatz und Rücktritt bei Annahmeverzug, JBl 1982, 573 FN 102.

[27]) *Wimmer,* ÖJZ 1980, 455ff; *Jud,* RdW 1998, 254ff.

[28]) Dazu OGH SZ 55/50; JBl 1984, 256; EvBl 1993/76; JBl 1994, 171; SZ 67/82 = ecolex 1994, 618 *(Heid);* SZ 69/41; *Jabornegg,* Zurückbehaltungsrecht 108ff. S zur Berechnung des Aufwandersatzes OGH JBl 1998, 303 *(Meissel).*

Sache verursachten **Schadens**[29]) zu erfüllen. Bis dahin hat er ein Zurückbehaltungsrecht (§ 471).

195 Das Zurückbehaltungsrecht (Retentionsrecht) setzt zwar kein Vertragsverhältnis voraus, doch muss der Ersatzanspruch gegen den Herausgabeberechtigten begründet sein.[30])

196 *Eigenmächtig oder listig entzogene, entlehnte, in Verwahrung oder in Bestand genommene Sachen sind kein Gegenstand der Zurückbehaltung (§ 1440 Satz 2).*[31])

Ist die Verwahrung, wie beim Werkvertrag, nur eine Nebenpflicht, so steht § 1440 dem Zurückbehaltungsrecht nicht entgegen.[32]) Die jüngere Lehre und Rechtsprechung beschränken den Anwendungsbereich des § 1440 Satz 2 überhaupt auf unentgeltliche Verwahrungsverträge, bei denen von vornherein nicht mit Gegenansprüchen zu rechnen ist.[33])

Wenn der Herausgabeberechtigte die Sache dem Retentionsberechtigten eigenmächtig entzieht, wird er diesem ersatzpflichtig.[34])

197 Während die §§ 1052, 471 nur ein Zurückbehaltungsrecht zur **Sicherung** der Gegenansprüche gewähren, ist dies beim Zurückbehaltungsrecht nach den §§ 369–372 UGB nicht der Fall, es besteht auch für nicht konnexe Forderungen.[35]) Zudem hat es auch den Zweck der Befriedigung.

Der Berechtigte kann den Verkauf der zurückbehaltenen Sache begehren und sich aus dem Erlös befriedigen.[36]) Gleiches gilt für das bürgerlich-rechtliche Retentionsrecht in der Insolvenz des Eigentümers (§ 10 Abs 2 IO).[37]) Auch der Rechtsanwalt ist gemäß § 19 RAO berechtigt, sich aus Geldbeträgen zu befriedigen, die ihm von Dritten für seinen Mandanten übergeben wurden;[38]) vgl dazu Rz 487 FN 17 und Bd I Rz 1224.

198 Das Zurückbehaltungsrecht nach § 1052 und anderen gesetzlichen Bestimmungen ist bei Verbrauchergeschäften zugunsten des Verbrauchers zwingend (§ 6 Abs 1 Z 6 und Z 7 KSchG).

---

[29]) S dazu *Jabornegg,* Zurückbehaltungsrecht 114 ff, 206 ff.

[30]) Zum Zurückbehaltungsrecht gegenüber Rechtsnachfolgern s OGH JBl 2002, 789 (kritisch *Holzner*).

[31]) S dazu auch OGH JBl 2014, 728 (Ausnützung der Geschäftsunfähigkeit des Vertragspartners).

[32]) OGH SZ 69/41; SZ 2002/57; vgl auch JBl 1998, 303 *(Meissel),* wo das Zurückbehaltungsrecht auch bei gemischten Verwahrungsverträgen bejaht wird; s auch § 421 UGB (Pfandrecht des Lagerhalters).

[33]) OGH SZ 2002/57; JBl 2009, 439; *Karner* in *Kletečka/Schauer,* ABGB-ON[1.02] § 967 Rz 4 mwN.

[34]) OGH JBl 1995, 53 *(Apathy).*

[35]) OGH ecolex 2010/179 = JAP 2010/11/5 *(Rauter).*

[36]) S dazu *Rabl,* Hinterlegung, Selbsthilfeverkauf und Preisgabe – Rechtsbehelfe im Annahmeverzug des Gläubigers, ÖJZ 1998, 688 ff.

[37]) Dazu *Deixler-Hübner* in *Konecny/Schubert* § 10 IO Rz 33.

[38]) OGH RdW 2002/492; EvBl 2003/1; RdW 2005/307; JBl 2005, 456.

4. Kapitel

Die Leistungsstörungen

Literatur: *Lukas,* Harmonie und Divergenz im Leistungsstörungsrecht? in FS 200 Jahre ABGB (2011) 1239; *Reischauer,* Die Entwicklung des Leistungsstörungsrechts im 20. Jahrhundert bis zur Gegenwart, in FS 200 Jahre ABGB (2011) 577; *Schauer,* Grundprinzipien des Leistungsstörungsrechts im ABGB, UN-Kaufrecht und in den PECL – eine vergleichende Skizze, in FS Kramer (2004) 627; *Welser,* Reform des österreichischen Leistungsstörungsrechts, in *Fischer-Czermak/Hopf/Schauer,* Das ABGB auf dem Weg in das 3. Jahrtausend (2003) 63; *Welser,* Braucht Österreich ein neues Schuldrecht? in FS Michalek (2005) 391; *Welser,* Ansätze für eine Reform des österreichischen Leistungsstörungsrechts, in FS U. Huber (2006) 625.

I. Allgemeines

Leistungsstörungen sind Störungen bei der Erfüllung (Abwicklung) der Schuld. 199

Davon sind die Mängel in der Wurzel des Schuldverhältnisses zu unterscheiden, die seine Gültigkeit betreffen (zB Mangel der Geschäftsfähigkeit beim Vertragsabschluss, Willensmängel, ursprüngliche Unmöglichkeit, Unerlaubtheit usw). Manchmal überschneiden sich Wurzelmängel und Leistungsstörungsrecht. Ist zB eine verkaufte Spezies schon ursprünglich mangelhaft, so kommen nach ihrer Übergabe sowohl eine Anfechtung des Vertrages wegen Irrtums als auch Gewährleistungsansprüche infrage.

Leistungsstörungen sind das **Unmöglichwerden,** der **Verzug,** die **mangelhafte Leistung** und die **positive Vertragsverletzung.** 200

Im Folgenden werden die Leistungsstörungen bei entgeltlichen Verträgen behandelt (§§ 918ff, 922ff, 1447). 201

II. Das Unmöglichwerden der Leistung

Literatur: *Beuthien,* Zweckerreichung und Zweckstörung im Schuldverhältnis (1969); *Binder,* Die Beendigung arbeitsvertraglicher Bindungen bei Eintritt dauernder Leistungsunmöglichkeit, in FS Strasser (1983) 271; *Bollenberger,* Das stellvertretende Commodum (1999); *Flume,* Der monetäre Wert des (Kauf-)Vertrags – Zur Bedeutung von Wert und Zeit für die Bestimmung des Nichterfüllungsschadens, AcP 215, 282; *Gsell,* Beschaffungsnotwendigkeit und Leistungspflicht (1998); *Klang,* Unerschwinglichkeit der Leistung (1921); *Koller,* Die Risikozurechnung bei Vertragsstörungen in Austauschverträgen (1979); *Rabel,* Zur Lehre von der Unmöglichkeit der Leistung nach österreichischem Recht, in FS zur Jahrhundertfeier des ABGB II (1911) 821; *Rabl,* Schadenersatz wegen Nichterfüllung (1998); *Rabl,* Die Gefahrtragung beim Kauf (2002); *Reischauer,* Der Entlastungsbeweis des Schuldners (1975); *Schlesinger,* Die vorläufige und die endgültige Nichterfüllung, ZBl 1926, 1; *Stoll,* Die Lehre von den Leistungsstörungen (1936).

A. Begriff der nachträglichen Unmöglichkeit

Die Leistung ist unmöglich, wenn ihr ein dauerndes Hindernis entgegensteht. 202

Eine Leistung kann schon beim Vertragsabschluss unmöglich sein (**ursprüngliche** Unmöglichkeit) oder erst nachher unmöglich werden (**nachträgliche** Unmöglichkeit). 203

204 Bei nur vorübergehenden nachträglichen Hindernissen liegt Verzug vor. Ob das Hindernis endgültig ist, ist eine Frage der Tatsachenfeststellung, oft aber auch ein Wertungsproblem.[1]) Im Zweifel ist an der Möglichkeit der Leistung festzuhalten.[2])

Manche Leistungen können nur zu einem bestimmten Zeitpunkt erbracht werden, sodass eine Unmöglichkeit zu diesem Zeitpunkt zur endgültigen wird. So beim absoluten Fixgeschäft (s Rz 269).

205 Die Unmöglichkeitsregeln gelten nur, bis die Schuld **erfüllt** ist. Danach treffen Beeinträchtigungen des Leistungsgegenstandes nur noch den Gläubiger.

206 Ob die Leistung unmöglich geworden ist, hängt nicht davon ab, worauf die Unmöglichkeit beruht, **objektive** und **subjektive** Unmöglichkeit werden gleich behandelt.[3])

207 Unmöglich wird die Leistung vor allem dann, wenn die geschuldete **Spezies** untergeht. Hingegen wird die Leistung nicht unmöglich, wenn bei der **Gattungsschuld** nur die vom Schuldner zur Erfüllung bereitgestellten oder vorgesehenen Sachen zugrunde gehen. Solange aus der Gattung noch Sachen vorhanden sind, muss sie der Schuldner beschaffen und leisten **(„genus non perit“).**[4]) Dies gilt allerdings nur mit der Einschränkung, dass ab der **Konzentration** (Konkretisierung) die Gattung wie eine Spezies behandelt wird, sodass ihr Untergang den Schuldner von der Leistungspflicht befreit, obwohl die Nachbeschaffung der Gattung noch möglich wäre. Oben Rz 119f.

208 Die Unmöglichkeit der Leistung kann auch darauf beruhen, dass der Schuldner die schon verkaufte Spezies nochmals verkauft **(Doppelverkauf).** An sich sind beide Kaufverträge gültig, Eigentümer wird jener Käufer, dem die Sache übergeben wird (§§ 430 und 440). Erfüllt also der Verkäufer den zweiten Vertrag, so wird der zweite Käufer Eigentümer. Die Verpflichtung aus dem ersten Kaufvertrag ist jedoch so lange als erfüllbar anzusehen, als der Schuldner die Sache – zB durch Kauf – **wiedererlangen** kann.[5]) So lange wird der Schuldner zur Leistung verurteilt.[6]) Auf die Unerschwinglichkeit des Rückkaufs kann er sich nicht berufen, weil er den Verlust der Sache selbst verschuldet hat.[7])

Manche Entscheidungen haben dem Verkäufer ohne Rücksicht auf die Chance der Wiedererlangung die Berufung auf die Unmöglichkeit versagt.[8]) Der Käufer kann

---

[1]) So auch OGH JBl 1983, 604; wobl 1992, 208 *(Call);* vgl auch OGH ecolex 1997, 942.

[2]) OGH ecolex 1997, 942; s auch OGH JusGuide 2010/05/7254.

[3]) Vgl *Ehrenzweig* II/1, 348; *Pisko/Gschnitzer* in *Klang*² VI 540; OGH JBl 1983, 604.

[4]) Kritisch zur Terminologie: *Rabl,* Gefahrtragung 362ff; *Rabl,* Die Konzentration der Gattungsschuld, in FS Welser (2004) 833ff.

[5]) OGH ecolex 1997, 250 *(Oberhammer).*

[6]) Vgl OGH JBl 2013, 807.

[7]) *Pisko/Gschnitzer* in *Klang*² VI 552; *Reischauer* in *Rummel*³ § 920 Rz 8.

[8]) Spruchrepertorium 48 neu (SZ 30/33); OGH JBl 1987, 783 mwN; einschränkend OGH JBl 1983, 604; HS 25.468.

nach dieser Auffassung entweder zuwarten oder mit der Interessenklage Schadenersatz verlangen (§ 368 EO).[9])

Ein Fall der Unmöglichkeit ist es auch, wenn der geschuldete Erfolg schon **ohne Zutun** des Schuldners eingetreten ist, und zwar durch einen Zufall, durch das Verhalten eines Dritten oder das Verhalten des Gläubigers selbst **(Zweckerreichung).**[10]) Dazu unten Rz 232ff. 209

A ruft einen Mechaniker, der einen defekten Motor reparieren soll. Bevor der Mechaniker ankommt, hat sich der Defekt „von selbst behoben"; oder er wurde vom Eigentümer oder einem zu Hilfe gerufenen Dritten beseitigt. Beim Werkvertrag löst dies besondere Folgen aus. S unten Rz 1135ff.

Die Regeln der Unmöglichkeit gelten sinngemäß, wenn die Erfüllung **nachträglich unerlaubt** wird.[11]) 210

Die Folgen der nachträglichen Unmöglichkeit hängen davon ab, ob sie vom Schuldner oder vom Gläubiger **verschuldet** wurde (von ihnen zu vertreten ist) oder ob sie **zufällig** eingetreten ist. 211

B. Vom Schuldner zu vertretendes Unmöglichwerden

Der bereits verkaufte Hund Quax wird vor der Übergabe vom Verkäufer nicht ordentlich beaufsichtigt, von einem Auto überfahren und getötet.

1. Fälle

Der Schuldner haftet, wenn er das Unmöglichwerden der Leistung verschuldet oder es sonst zu vertreten hat (§§ 920, 921). 212

Der Schuldner **verschuldet** die Unmöglichkeit, wenn er den Untergang der Leistung vorsätzlich oder fahrlässig herbeiführt.[12]) Er hat sie außerdem **zu vertreten,** wenn sein Gehilfe den Untergang verschuldet hat (§ 1313a) oder wenn die Sache während eines von ihm verschuldeten Verzugs durch Zufall untergeht.[13]) Der Schuldner verschuldet aber auch dann den Untergang, wenn er keine geeigneten Maßnahmen setzt, um ihn zu verhindern. Konnte der Schuldner beim Vertragsabschluss den Untergang vorhersehen, ohne ihn **verhindern** zu können, so hatte er dies dem Gläubiger mitzuteilen, widrigenfalls er auf das Vertrauensinteresse haftet.[14]) 213

---

[9]) *Reischauer* in *Rummel*[3] § 920 Rz 10; dagegen *Bydlinski* in *Klang*[2] IV/2, 114; OGH JBl 1992, 517.

[10]) *Beuthien,* Zweckerreichung; *Köhler,* Unmöglichkeit und Geschäftsgrundlage bei Zweckstörungen im Schuldverhältnis (1971) 22ff, 67ff; dagegen *Klein,* Untergang der Obligation durch Zweckerreichung (1905).

[11]) *Pisko/Gschnitzer* in *Klang*[2] VI 558ff.

[12]) OGH SZ 55/126 und 185.

[13]) Vgl OGH SZ 69/425 (rechtliche Unmöglichkeit der Legatserfüllung im verschuldeten Schuldnerverzug).

[14]) Strittig: für die Anwendung des § 920 *Gschnitzer* in *Klang*[2] IV/1, 484; vgl auch *Reischauer* in *Rummel*[3] § 920 Rz 5 und 18.

2. Austauschanspruch – Differenzanspruch

214 Ist die Unmöglichkeit vom Schuldner zu vertreten, so hat der Gläubiger ein **Wahlrecht** (§§ 920f).[15]) Er kann seine eigene Leistung erbringen und vom Schuldner den Wert der untergegangenen Leistung (das Erfüllungsinteresse) verlangen. Es findet dann zwischen Gläubiger und Schuldner doch ein gewisser Austausch statt, bei welchem die untergegangene Sache durch ihren Wert „substituiert" wird **(„Austauschanspruch")**.

215 Der Gläubiger kann stattdessen vom Vertrag zurücktreten und das Erfüllungsinteresse verlangen. Der Rücktritt bedarf keiner Nachfristsetzung, weil sie sinnlos wäre. Bei der Berechnung des Interesses muss vom Wert, den die ausgebliebene Leistung für den Gläubiger hat, der Wert seiner unterbliebenen eigenen Leistung abgezogen werden **(„Differenzanspruch")**.

216 Austauschanspruch und Differenzanspruch führen zum selben Ergebnis, wenn die Leistung des Gläubigers, wie beim Kauf, in Geld besteht.

Der um € 500,– gekaufte und aus Verschulden des Schuldners zugrunde gegangene Hund Quax hätte für den Käufer einen Wert von € 600,– gehabt. Der Käufer kann entweder am Vertrag festhalten, € 500,– zahlen und das Erfüllungsinteresse in der Höhe von € 600,– fordern, oder vom Vertrag zurücktreten und € 100,– verlangen. Da Schadenersatzanspruch und Kaufpreisanspruch gegeneinander aufgerechnet werden können, ist das Ergebnis gleich.

217 Hingegen besteht zwischen beiden Berechnungsarten ein Unterschied, wenn der Gläubiger nicht Geld, sondern ebenfalls eine Sache schuldet, wie dies beim Tausch der Fall ist.

Der Gläubiger hätte nach dem Vertrag für den Hund nicht € 500,–, sondern die Kuh Bella (Wert € 500,–) leisten sollen. Nach dem Untergang von Quax kann er entweder die Kuh Bella gegen Zahlung von € 600,– (Erfüllungsinteresse) leisten oder vom Vertrag zurücktreten, die Kuh behalten und vom Schuldner Schadenersatz (€ 100,–) fordern.

218 Es gelten auch die Regeln über das stellvertretende commodum (unten Rz 227f).

C. Zufälliges Unmöglichwerden

Der bereits verkaufte, aber noch nicht übergebene Hund Quax wird von einem unbekannten Auto überfahren und getötet.

1. „Zerfall" des Vertrages

219 *Der zufällige Untergang der Leistung hebt die Verbindlichkeit des Schuldners auf (§ 1447; vgl auch §§ 880, 1048).*

220 „Aufhebung der Verbindlichkeit" heißt Wegfall der Verpflichtung des Schuldners, er „wird frei". Wegen der Verknüpfung der beiden Verbindlichkeiten beim synallagmatischen Vertrag fällt auch die Gegenver-

---

[15]) S *Rabl*, Schadenersatz wegen Nichterfüllung 15ff mwN.

bindlichkeit und damit der ganze Vertrag weg. Diese Wirkungen treten von selbst ein, es ist **keine Rücktrittserklärung** erforderlich.[16])

Die Aufrechterhaltung des Vertrages bis zu einer Rücktrittserklärung des Gläubigers hätte keinen Sinn, weil das Unmöglichwerden von niemandem zu vertreten ist, sodass kein Schadenersatz gebührt.

Allerdings sind wegen des Wegfalls des Titels bereits erbrachte Leistungen **zurückzuerstatten** oder zu **vergüten** (§ 1447 letzter Satz). 221

2. Folgen für Leistungsgefahr und Preisgefahr

Der zufällige Untergang hat Folgen für die Gefahrtragung, nämlich die Leistungsgefahr und die Preisgefahr (Gegenleistungsgefahr).[17]) Bei der **Leistungsgefahr** geht es darum, ob der Schuldner nochmals leisten muss, wenn die zur Erfüllung bereitgestellte Sache oder das hergestellte Werk vor der Übergabe zugrunde geht. Dies kommt von vornherein nicht in Betracht, wenn die Leistung gemäß § 1447 (zufällig) **unmöglich** geworden ist, wie beim Untergang einer „Spezies" (§ 1447: „bestimmte Sache"). Der Gläubiger trägt insofern die Leistungsgefahr.[18]) 222

Ist hingegen die Leistung weiterhin **möglich** (wie bei der Gattungsschuld), so muss sie auch erbracht werden, sodass der Schuldner die Leistungsgefahr trägt. Dies gilt allerdings nicht, wenn im Zeitpunkt der Einwirkung des Zufalls die Gefahr bereits auf den Gläubiger übergegangen war, was beim Annahmeverzug und beim Versendungskauf der Fall ist. S oben Rz 119f. 223

Trägt der Gläubiger die Leistungsgefahr, stellt sich die Frage, ob er seine Gegenleistung erbringen muss, obwohl er vom Schuldner nichts dafür bekommt. Dies ist das Problem der **Preisgefahr** (Gegenleistungsgefahr), bei der es darum geht, wie sich das **zufällige Unmöglichwerden** einer Leistung auf die **Gegenleistung** auswirkt. Zäsur ist der Zeitpunkt der **bedungenen Übergabe** (Fälligkeit der Leistung). Wird die Leistung vor Fälligkeit unmöglich, so zerfällt der Vertrag, der Entgeltsanspruch entfällt und der Schuldner trägt die Preisgefahr, weil er mit seiner Sache auch den Anspruch auf die Gegenleistung verliert. Mit der Fälligkeit geht aber auch die Preisgefahr über. Wird also die Leistung nach diesem Zeitpunkt zufällig unmöglich, so befreit dies den Gläubiger nicht von der Gegenleistung; er muss sie erbringen, obwohl er die Leistung nicht erhält, und trägt somit die Preisgefahr. Die Preisgefahr geht allerdings nicht über, wenn der Schuldner mit der Leistung im Verzug ist. 224

Die Gefahrtragungsregeln dürfen zu Lasten eines Verbrauchers nicht abgeändert werden, da sonst § 9 KSchG unterlaufen würde.[19])

---

16) AA *Reischauer* in *Rummel*³ § 920 Rz 13.

17) Dazu *Rabl,* Gefahrtragung 1ff.

18) Vgl *Rabl,* Gefahrtragung 16ff mwN.

19) *Perner,* ABGB-Gefahrtragungsregeln zugunsten von Verbrauchern zwingend, RdW 2005/674, 590.

Besondere Gefahrtragungsbestimmungen für einzelne Vertragsarten, wie die §§ 1048, 1051, 1064 für Tausch und Kauf, führen zum gleichen Ergebnis. Die Gefahrtragungsregeln der ÖNORM B 2110 weichen hingegen von den allgemeinen Regeln des ABGB ab.[20])

225 Einen besonderen Fall bildet der **Versendungskauf.** Wird eine Sache mit dem Willen des Übernehmers versendet, ist die Sache bereits mit ihrer Aushändigung an den Transporteur übergeben, sofern die Art der Übersendung vereinbart wurde oder (ohne Vereinbarung) der Verkehrsübung entspricht (§ 429). Nach § 905 Abs 3 geht in diesem Zeitpunkt auch die Gefahr auf den Gläubiger über.[21])

226 Nach **§ 7b KSchG**[22]) geht die Gefahr für den Verlust oder die Beschädigung der Ware beim Versendungskauf erst dann auf den Verbraucher über, wenn die Ware an ihn oder an einen von ihm bestimmten Dritten **abgeliefert** wird. Die Gefahr geht hingegen auch bei Verbraucherverträgen schon dann mit Übergabe der Ware an den Transporteur auf den Verbraucher über, wenn der Verbraucher selbst den Beförderungsvertrag geschlossen hat und dabei nicht eine vom Unternehmer vorgeschlagene Auswahlmöglichkeit genützt hat.

IdR geht mit dem Gefahrenübergang auch das Eigentum über (§ 429, § 7b KSchG aE). Anderes gilt zB beim Eigentumsvorbehalt.[23])

3. Stellvertretendes commodum

227 Die eben dargelegten Regeln werden durch die Lehre vom stellvertretenden commodum eingeschränkt: Ist an die Stelle der untergegangenen Leistung ein **anderer Wert** in das Vermögen des Schuldners getreten, so ist der Gläubiger – statt sich auf den Zerfall des Geschäftes zu berufen – berechtigt, die **Herausgabe** dieses „stellvertretenden Vorteils" zu fordern; ein Recht, das mit § 1447 letzter Satz,[24]) § 7[25]) und § 1041[26]) begründet wird.

Stellvertretendes commodum ist zB die Versicherungssumme, die der Schuldner für das abgebrannte Haus erhält, der Betrag, den ein dritter Schädiger für die Zerstörung der Sache leistet, oder die Summe, die der zweite Käufer dem untreuen Verkäufer zahlt.[27]) Der Gläubiger kann unter Aufrechterhaltung des Vertrages diesen Vorteil herausverlangen.

---

[20]) S dazu *Wilhelm,* Beschädigung des Bauwerks vor Übernahme, ecolex 2000, 624; *Karasek,* ÖNORM B 2110 (2003) Rz 1031 ff.

[21]) S dazu *Rabl,* Die Neuregelung des Gefahrenübergangs bei versendeten Waren, VbR 2014/86, 144 (145).

[22]) Diese besondere Gefahrtragungsregel im Verbraucherschutzrecht ist durch Art 20 Vebraucherrechte-Richtlinie (RL 2011/83/EU) geboten; EB 89 BlgNR 25. GP 20; vgl auch *Rabl,* VbR 2014/86, 145; *Stabentheiner,* Das Verbraucherrechte-Richtlinie-Umsetzungsgesetz, VbR 2014/45, 69 ff; *Kolba/Leupold,* Verbraucherrecht 207 ff.

[23]) EB 89 BlgNR 25. GP 21.

[24]) *Mayrhofer,* Schuldrecht I 400.

[25]) *Pisko/Gschnitzer* in *Klang*^{2} VI 551.

[26]) *Bollenberger,* Stellvertretendes Commodum 103 ff, 139 ff mwN.

[27]) Zum Anspruchsumfang s *Bollenberger,* Stellvertretendes Commodum 237 ff mwN.

Verlangt der Gläubiger das stellvertretende commodum, muss er aber auch seine **eigene Leistung** erbringen, sodass es – ähnlich wie nach § 920 – zu einem Austausch kommt, bei dem an die Stelle des untergegangenen Leistungsgegenstandes ein Surrogat tritt. 228

4. Unzumutbarkeit und Unerschwinglichkeit

Dem zufälligen Unmöglichwerden stellt man die Unzumutbarkeit und die wirtschaftliche Unerschwinglichkeit der Leistung gleich.[28]) 229

Die Erfüllung ist dem Schuldner **unzumutbar,** wenn sie sein Leben gefährden oder – vor allem beim Dienstverhältnis – einen schweren Gewissenskonflikt verursachen würde.[29]) 230

Die Erfüllung ist für den Schuldner **unerschwinglich,** wenn sie wegen Änderung der Umstände ganz außergewöhnlich hohe Kosten verursachen würde, sodass der Schuldner vom wirtschaftlichen Ruin bedroht wäre. 231

Wegen eines Krieges im Erzeugerland steigt der Rohstoffpreis für ein vom Schuldner herzustellendes Produkt auf das Zwanzigfache dessen, was der Schuldner vom Gläubiger als Entgelt erhält. S auch zur Geschäftsgrundlage Bd I Rz 510ff.

D. Vom Gläubiger zu vertretendes Unmöglichwerden

Der vom Schuldner zu vertretenden und der zufälligen Unmöglichkeit wird das gesetzlich nicht geregelte, vom Gläubiger zu vertretende Unmöglichwerden gegenübergestellt. In Anlehnung an die §§ 1155, 1168 und 1419 (Risikozurechnung nach der „Sphäre“) werden drei Fälle unterschieden: 232

Geht während eines **Annahmeverzugs** die Sache durch Zufall unter, so hat der Gläubiger, weil er die Preisgefahr trägt (§ 1419), das Entgelt zu entrichten, während der Schuldner frei wird. 233

Ebenso hat der Gläubiger das Unmöglichwerden zu vertreten, wenn er den vereinbarten **Erfolg** selbst **herbeiführt** und so die Erfüllung durch den Schuldner unmöglich macht.[30]) S oben Rz 212ff. 234

Schließlich wird es dem Gläubiger zugerechnet, wenn er durch sein Verhalten gegenüber dem **Leistungsgegenstand** die Erfüllung **unmöglich** macht. Der Gläubiger hat trotz Untergang der Sache das vereinbarte Entgelt zu zahlen.[31]) 235

Als der Käufer mit seinem Auto den Hund Quax abholen will, stößt er ihn zu Boden, sodass er stirbt.

---

[28]) OGH JBl 2007, 716 mwN; *Pisko/Gschnitzer* in *Klang*[2] VI 541ff; vgl auch *Emmerich,* Das Recht der Leistungsstörungen[3] (1991) 78ff; *Graf,* Vertrag und Vernunft (1997) 126ff.

[29]) Dazu *Grassl-Palten,* Gewissen contra Vertragstreue im Arbeitsverhältnis (1994) 55ff.

[30]) Vgl dazu *Köhler,* Unmöglichkeit 67ff, 77; OGH RdW 1984, 139; JBl 1988, 590 *(Dellinger).*

[31]) *Pisko/Gschnitzer* in *Klang*[2] VI 556; *Reischauer* in *Rummel*[3] § 1419 Rz 28.

236 Ist die Unmöglichkeit sowohl vom Schuldner als auch vom Gläubiger zu vertreten, so ist der daraus resultierende Schaden zu teilen.[32])

E. Nachträgliche Teilunmöglichkeit

237 Manchmal tritt Teilunmöglichkeit ein.[33]) Sie kommt aber nur in Betracht, wenn die mögliche Leistung noch als Teil der geschuldeten angesehen werden kann,[34]) sie also nicht qualitativ eine wesentliche Veränderung erfahren hat. Teilunmöglichkeit liegt vor, wenn bei einer teilbaren Leistung nur eine **geringere Menge** als die vereinbarte erbracht werden kann oder wenn die zu leistenden Sachen wegen einer Beschädigung **nur mangelhaft** geliefert werden können.

238 Hat der Gläubiger an dem noch möglichen Leistungsteil ein **Interesse,** so bleibt insofern der Erfüllungsanspruch aufrecht (§ 920). Hat er an der Restleistung kein Interesse, so entfällt die Erfüllung und die teilweise Unmöglichkeit ist eine Gesamtunmöglichkeit.

239 Ist das Unmöglichwerden vom Schuldner zu vertreten, so gelten die §§ 920f, beruht es auf Zufall, so ist § 1447 entsprechend anzuwenden.

F. Die Kollision von Forderungsrechten bei beschränkten Gattungsschulden

Der Weinbauer W, der aus einer Rebe bisher jährlich 12.000 Liter seiner weithin berühmten Weinsorte produziert hat, verkauft im Frühjahr von der nächsten Ernte 4.000 Liter an A, 3.000 Liter an B und 1.000 Liter an C. Wegen schlechter Witterung kann er dieses Jahr nur Trauben für 4.000 Liter ernten. Wem soll er leisten?

240 Bei der begrenzten Gattungsschuld kann nachträgliche Unmöglichkeit bewirken, dass der Schuldner nicht in der Lage ist, alle Gläubiger zu befriedigen. Leistete er einem Gläubiger die ganze versprochene Menge, so vereitelte er die Erfüllung gegenüber den anderen und würde dadurch schadenersatzpflichtig. Sachgerecht ist daher, alle Ansprüche **quotenmäßig** zu befriedigen. Die Gleichbehandlung der Gläubiger entspricht auch dem Insolvenzrecht.[35])

III. Verzug

Literatur: *Adler,* Zur Lehre vom Leistungsverzug beim Kauf, ZHR 80, 1; *Bydlinski,* Fälligkeit und Grundlagen des Entgeltsanspruches bei Störungen in der Erfüllung des Kaufes und Werkvertrages, JBl 1973, 281; *Gitschthaler,* Verzugsschäden und Verzugsbereicherung, ÖJZ 1984, 233; *Oertmann,* Einrede und Leistungsverzug, ZHR 78, 1; *Wahl,*

[32]) *Rabl,* Gläubigerverzug und beiderseits zu vertretende Unmöglichkeit, JBl 1997, 497ff; vgl auch OGH RdW 1998, 191. Für die Anwendbarkeit des § 1447 hingegen OGH NZ 1996, 336.

[33]) Dazu *Gschnitzer* in *Klang*² IV/1, 487ff; *Pisko/Gschnitzer* in *Klang*² VI 557f; *Rabl,* Gefahrtragung 185ff; vgl etwa OGH EvBl 1974/162.

[34]) Vgl OGH JBl 1988, 241; HS 24.498; ÖBA 1997, 198; SZ 69/226.

[35]) Dazu *de Boor,* Die Kollision von Forderungsrechten (1928); *Zachmann,* Die Kollision von Forderungsrechten (1976). Kritisch *Rabl,* Gefahrtragung 410ff mwN.

Schuldnerverzug (1998); *Wilhelm,* Festsetzung oder Gewährung der Nachfrist beim Rücktritt vom Vertrag? JBl 1976, 515; s auch Literatur zu II.

A. Schuldnerverzug (Leistungsverzug)

241 *Der Schuldner gerät in Verzug, wenn er den Vertrag nicht zur gehörigen Zeit, am gehörigen Ort und auf die bedungene Weise erfüllt (§ 918 Abs 1).*

242 Der Verzug ist das Unterbleiben der Leistung oder ein nicht vertragsgemäßes Anbot. Da zur Erfüllung der Fälligkeitstag zur Verfügung steht, tritt der Verzug erst mit dessen Ablauf ein (§ 903).

Ist am 1. Oktober zu leisten, so ist der Schuldner am 2. Oktober in Verzug. Bedarf es zur Fälligstellung einer Mahnung, so beginnt der Verzug mit dem auf den Zugang der Mahnung folgenden Tag (§ 1334).

243 Der **objektive** Verzug (Verzögerung) ist der Verzug an sich, wie immer er auch zustande gekommen sein mag. Der **subjektive** Verzug ist der vom Schuldner verschuldete. Das Gesetz (§§ 918 ff) knüpft schon an den objektiven Verzug wesentliche Rechtsfolgen, die bei subjektivem Verzug eine Steigerung erfahren. Spricht man nur von „Verzug", so meint man den objektiven, der auch „Verzögerung" heißt. Der Verzug setzt immer voraus, dass die Leistung noch möglich ist, weil sonst die Unmöglichkeit vorliegt (s oben Rz 204).

244 Nach der Rechtsprechung und einem Teil der Lehre steht dem Gläubiger ein Rücktrittsrecht analog zu § 918 Abs 2 auch dann zu, wenn die Weigerung, wesentliche Vertragsbestimmungen einzuhalten, das gegenseitige Vertrauensverhältnis so tief erschüttert hat, dass dem Gläubiger eine Bindung an den untreuen Teil **nicht** mehr **zuzumuten** ist.[1])

1. Objektiver Verzug

a) Allgemeines

245 Der objektive Schuldnerverzug begründet ein **Wahlrecht** des Gläubigers: Er kann weiter auf **Erfüllung** bestehen (seinen Vertragsanspruch geltend machen) oder unter Setzung einer angemessenen **Nachfrist** vom Vertrag **zurücktreten** (§ 918).

Er löst sich damit von einem objektiv unzuverlässigen Partner. Das Recht auf Rücktritt steht ihm aber nur zu, wenn er sich selbst vertragstreu verhält: Wer Erfüllung verlangt, muss erfüllungsbereit sein.[2])

246 Während des Verzugs trifft den Schuldner die **Preisgefahr.**[3]) Dies ist eine – freilich selbstverständliche – Ausnahme von der Regel, dass die

---

[1]) OGH SZ 60/152; JBl 1999, 526; ecolex 2006/3; ecolex 2007/387; *Reischauer* in *Rummel*[3] Vor §§ 918 ff Rz 7; aA *Gruber* in *Kletečka/Schauer,* ABGB-ON[1.02] § 918 Rz 16. Die Setzung einer Nachfrist entfällt in diesem Fall (s unten Rz 250).

[2]) OGH JBl 2003, 240; s aber OGH ecolex 2007/387.

[3]) Vgl *Schilcher,* Die Preisgefahr beim Kauf, JBl 1964, 410; *Rabl,* Gefahrtragung 69 ff mwN.

Gefahr mit dem Zeitpunkt der bedungenen Übergabe auf den Gläubiger übergeht.

247 Bei Verzug mit einer Geldschuld hat der Schuldner die gesetzlichen oder vereinbarten **Verzugszinsen** zu zahlen (s oben Rz 174 ff).

248 Der Verzug **endet** durch gehöriges Anbot der Leistung[4]) oder durch eine Stundung, welche die Fälligkeit hinausschiebt (vgl oben Rz 142).

b) Der Rücktritt im Einzelnen

249 Der Rücktritt muss unter gleichzeitiger Setzung einer **angemessenen Nachfrist** erfolgen.[5])

„Ich trete zurück, wenn Sie nicht binnen 14 Tagen Ihre fällige Leistung erbringen." Der Gebrauch des Wortes „Rücktritt" ist allerdings nicht wesentlich. In der Erklärung muss nur der Wille des Gläubigers zum Ausdruck kommen, dass er nach Ablauf der Frist den Leistungsaustausch nicht mehr will. Dies ist nach der Judikatur auch dann der Fall, wenn der Gläubiger Schadenersatz wegen Nichterfüllung begehrt.[6])

250 Die Nachfrist hat den Sinn, dem Schuldner nochmals eine **Chance** zu geben. Sie **entfällt** beim Fixgeschäft (s unten Rz 267); ferner, wenn der Schuldner von vornherein die Leistung ernstlich und endgültig verweigert[7]) oder offensichtlich nicht in der Lage ist, die Erfüllung innerhalb angemessener Frist nachzuholen.[8])

251 Nach dem Gesetz müssen Rücktrittserklärung und Nachfristsetzung eine **Einheit** bilden. Die Erklärung des Gläubigers, er verlange Erfüllung, behalte sich aber den Rücktritt vor, wurde nicht als hinreichend angesehen.[9])

252 Die Nachfrist muss **angemessen** sein; sie muss dem Schuldner eine Chance geben, die Leistung nachzuholen. Die Angemessenheit ist danach zu bestimmen, welche Zeit für die Vorbereitung und Durchführung der Leistung nötig ist und wie dringend sie der Gläubiger braucht. Die Nachfrist muss allerdings nicht so lang sein, dass sie es dem Schuldner ermöglicht, mit den Leistungsvorbereitungen erst zu beginnen, sondern nur

---

[4]) Nach Ansicht des OGH (ZVR 1991/18 mwN) bei Schickschulden erst durch Einlangen der Leistung.

[5]) S dazu *Thunhart,* Rücktritt unter Nachfristsetzung: Wie lang darf der Schuldner leisten? RdW 2006/512, 555. Zu den Besonderheiten im Bauvertragsrecht s *Oppel,* Erklärung des sofortigen Rücktritts gemäß ÖNORM B 2110 in verzugsähnlichen Konstellationen, ZVB 2012/130, 433 mwN.

[6]) OGH HS 5.319; SZ 55/67; JBl 1992, 318; Zak 2014/211.

[7]) *Gschnitzer* in *Klang*[2] IV/1, 458; OGH JBl 1986, 246; JBl 1992, 318; ÖBA 1995, 720; vgl auch OGH JBl 1979, 203 *(Koziol).* Art 18 Abs 2 Verbraucherrechte-Richtlinie, der das Rücktrittsrecht des Verbrauchers bei Fixgeschäft, Leistungsverzug oder Leistungsverweigerung des Unternehmers regelt, wurde nicht besonders umgesetzt, da der Gesetzgeber davon ausgeht, dass die österreichische Rechtslage den Vorgaben der Richtlinie bereits entspricht; EB 89 BlgNR 25. GP 6 f; vgl auch *Stabentheiner/Cap,* Die neue Verbraucherrechte-Richtlinie, ÖJZ 2012/7, 55 f.

[8]) OGH JBl 1988, 241 mwN; ecolex 2006/3; ecolex 2007/387; ecolex 2015/142 *(Gölles).* S dazu auch *Thunhart,* RdW 2006/512, 555.

[9]) OGH JBl 1956, 151.

so lang, dass er eine bereits begonnene Vorbereitung zu Ende führen kann.[10])

Bei **zu kurz** bemessener Nachfrist, kann der Schuldner Verlängerung 253
begehren. Die Rücktrittserklärung hat keine Wirkung, wenn der Schuldner die Leistung in angemessener Frist erbringt.[11])

Das Gesetz verlangt die **„Setzung“** der Nachfrist. Der OGH hält es 254
allerdings für ausreichend, dass der Gläubiger die Nachfrist durch Zuwarten tatsächlich **gewährt.**[12])

Vereinzelte Entscheidungen[13]) verstehen unter „tatsächlicher Gewährung“ ein Zuwarten zwischen Verzug und Rücktrittserklärung. Die jüngere Rechtsprechung[14]) meint hingegen damit ein Zuwarten nach der Rücktrittserklärung. Dies ist besonders problematisch, weil dabei der Schuldner nicht weiß, dass er trotz Rücktrittserklärung noch die Möglichkeit hat, den Vertrag zu erfüllen.[15]) Daher lässt die Judikatur das bloße Zuwarten nur dann genügen, wenn an der Annahmebereitschaft des Gläubigers kein Zweifel besteht.[16])

Tritt ein seine Pflicht zur Setzung einer Nachfrist offenbar nicht kennender Besteller ohne Setzung einer solchen vom Vertrag zurück, hat ihn der säumige Unternehmer auf seine Verpflichtung hinzuweisen und die geschuldete Leistung innerhalb angemessener Frist anzubieten.[17])

Hat der Gläubiger nach einem Schuldnerverzug weiterhin **Erfüllung** 255
begehrt, so kann er dennoch zurücktreten, wenn der Schuldner mit der Erfüllung nochmals in Verzug gerät.[18])

Selbst nach Rechtskraft eines stattgebenden Leistungsurteils hat der Gläubiger die Möglichkeit, statt der Erfüllung das Interesse zu verlangen (§ 368 EO), wenn der Schuldner die Leistungsstörung zu vertreten hat.[19])

Nach Wirksamwerden des Rücktritts besteht **kein Erfüllungsan-** 256
spruch mehr.

2. Subjektiver Verzug

Der vom Schuldner verschuldete Verzug löst außer den an den ob- 257
jektiven Verzug geknüpften Rechtsfolgen **Schadenersatzpflichten** aus.[20])

Besteht der Gläubiger weiter auf Erfüllung (§ 918 Variante 1), 258
so kann er vom Schuldner den **Verspätungsschaden** begehren, dh jene

---

[10]) OGH SZ 34/54; HS 4.295 und 6.333; vgl auch OGH RdW 1999, 712; Zak 2014/502.

[11]) OGH SZ 24/332; JBl 1962, 96; vgl auch OGH ecolex 1999, 16.

[12]) OGH EvBl 1958/302; SZ 27/334; EvBl 1978/2.

[13]) ZB OGH SZ 24/248; kritisch *Wilhelm,* JBl 1976, 521 f.

[14]) ZB OGH SZ 27/334; JBl 1974, 423 *(Wilhelm);* JBl 1975, 262; RdW 1999, 713.

[15]) Ebenso *Wilhelm,* JBl 1974, 425 f; *Wilhelm,* JBl 1976, 515; *Mayrhofer,* Schuldrecht I 379.

[16]) OGH JBl 1988, 447; HS 27.493; JBl 1999, 527; RdW 2004/49; bbl 2008/137.

[17]) OGH SZ 60/287 (dazu *Reischauer* in *Rummel*³ § 918 Rz 15).

[18]) OGH JBl 1996, 177; SZ 70/120.

[19]) OGH JBl 1992, 318; SZ 70/120; *M. Roth,* Voraussetzungen einer Interessenklage, JBl 1992, 302; *M. Roth,* Individualleistung und Geldersatz im Rahmen der Interessenklage (1993) 98 ff mwN.

[20]) Zum Verschulden bei unklarer Sach- und Rechtslage OGH SZ 64/105.

Nachteile ersetzt verlangen, die ihm durch die Verspätung der Leistung entstanden sind. Macht der Gläubiger von seinem Rücktrittsrecht Gebrauch (§ 918 Variante 2), so kann er **Schadenersatz wegen Nichterfüllung** (Erfüllungsinteresse, positives Vertragsinteresse) fordern. Er ist dabei so zu stellen, wie er stünde, wenn ordnungsgemäß erfüllt worden wäre (§ 921).[21])

3. Teilverzug

259 Bietet der Schuldner die Leistung unvollständig an, so kann der Gläubiger die vollständige **Erfüllung** verlangen oder unter Nachfristsetzung vom Vertrag zurücktreten. Ist dabei die Leistung **teilbar** und kann ihr ein entsprechender Teil der Gegenleistung zugeordnet werden, so hat er das Recht auf **Teilrücktritt.** Ist hingegen die Leistung auch nur auf einer Seite unteilbar, so steht ihm nur das Recht auf **Gesamtrücktritt** zu (§ 918 Abs 1 iVm § 918 Abs 2 und §§ 920f).[22])

260 Gerät beim **Sukzessivlieferungsvertrag** der Schuldner mit einer Teillieferung in Verzug, so kann also der Gläubiger entweder nur bezüglich der verzögerten oder bezüglich aller noch ausständigen Teilleistungen zurücktreten (§ 918 Abs 2).

Der Gläubiger kann den Rücktritt auch bezüglich solcher Leistungen erklären, mit denen der Schuldner noch gar nicht in Verzug ist, weil er an einen vertragsbrüchigen Schuldner nicht gebunden sein soll.[23]) Bezüglich der schon erbrachten Teilleistungen gibt es aber beim Sukzessivlieferungsvertrag keinen Rücktritt.

§ 918 Abs 2 gilt sowohl für den echten als auch den unechten Sukzessivlieferungsvertrag (s oben Rz 29).

261 § 918 Abs 2 (Möglichkeit des Gesamtrücktritts bei Teilverzug) wird analog auf zwei getrennte Verträge angewendet, die in einem engen sachlichen Zusammenhang stehen, sodass der eine Geschäftsgrundlage des anderen ist. Verzug mit der Leistung aus einem Vertrag berechtigt auch zum Rücktritt vom anderen.[24])

4. Verzug mit Nebenleistungspflichten

262 Die Verzugsregeln gelten auch bei nicht rechtzeitiger Erfüllung **selbständiger Nebenleistungspflichten.**[25])

---

[21]) Vgl etwa OGH SZ 53/173; SZ 59/8; *Rabl,* Schadenersatz wegen Nichterfüllung (1998). Zur Anwendbarkeit des § 921 bei einvernehmlicher Vertragsauflösung s OGH SZ 61/44; ÖBA 1989, 910 *(Fischer-Czermak).*

[22]) Vgl auch *Wilhelm,* Der Verzug mit der Verbesserung als Problem der Gesetzeskonkurrenz zwischen Gewährleistung und Nichterfüllung, JBl 1975, 190; ferner *Apathy,* Gewährleistung für bedungene Eigenschaften und den verabredeten Gebrauch, JBl 1975, 580; *Rabl,* Gefahrtragung 213ff mwN.

[23]) Vgl OGH SZ 54/188.

[24]) OGH SZ 54/188; HS 10.788/32; vgl auch *Iro,* Leistungsstörungen bei gemeinsamer Anschaffung von Hardware und Software, RdW 1984, 266; ferner OGH SZ 60/125.

[25]) S zB OGH ecolex 2006/305 mwN.

Die Verletzung von **unselbständigen** Nebenleistungspflichten und von **Schutzpflichten** rechtfertigt weder einen vollständigen noch einen teilweisen Rücktritt vom Vertrag,[26]) weil solche Pflichten nicht im Austauschverhältnis stehen. 263

Bei Verletzung unselbständiger Nebenleistungspflichten kann der Gläubiger allerdings zurücktreten, wenn durch die Pflichtverletzung sein Interesse an der Erfüllung weggefallen ist: Der Verkäufer einer Maschine verweigert die Einschulung des Personals.

5. Der Verzug beim Fixgeschäft

Das Fixgeschäft ist ein Vertrag, in dem die Erfüllung zu einer fest bestimmten Zeit oder binnen einer fest bestimmten Frist „bei sonstigem Rücktritt" bedungen wird (§ 919). 264

Es kommt also zur Terminisierung der Leistung die Vereinbarung hinzu, dass eine verspätete Erfüllung nicht mehr angenommen wird, der Gläubiger also schon beim Abschluss des Vertrags für den Fall einer Verspätung der Leistung den **Rücktritt** erklärt. Der **ausdrücklichen** Vereinbarung wird gleichgestellt, dass die **Natur** des Geschäftes oder der dem Verpflichteten bekannte **Zweck der Leistung** entnehmen lässt, dass der Gläubiger an einer verspäteten Leistung kein Interesse hat (§ 919 letzter Satz).[27]) 265

Fixgeschäft ist die Bestellung eines Taxis zum Flughafen für 15 Uhr, die Bestellung eines Christbaumes für den Abend des 24. Dezember, die Verpflichtung, für den Ball am 27. Juni Lebkuchenherzen zu liefern oder die Verpflichtung, einen bestimmten Hochzeitszug zu filmen.

Der verspäteten kann eine zu früh erbrachte Leistung gleichzuhalten sein (zB bei Inseraten), wenn dadurch die Erfüllung zum richtigen Zeitpunkt ausgeschlossen wird.[28])

Das Fixgeschäft ist ein Fall des „zeitlichen Unmöglichwerdens". 266

Gerät beim Fixgeschäft der Schuldner in Verzug, so **„zerfällt"** der Vertrag von selbst, also **ohne** dass der Gläubiger eine **Nachfrist** setzen oder (nochmals) den **Rücktritt** erklären müsste. 267

War der Verzug **verschuldet,** so hat der Schuldner das Erfüllungsinteresse zu leisten. 268

Trotz Verstreichens des Termins kann der Gläubiger auf die **Erfüllung** bestehen, wenn er dies dem Schuldner **unverzüglich** mitteilt, wodurch das Fixgeschäft zum einfachen Zeitgeschäft wird. Später ist ein solches Erfüllungsbegehren nicht mehr möglich. Voraussetzung ist überdies ein **relatives Fixgeschäft,** dh ein solches, bei dem die Erfüllung nach Fälligkeit dem Leistungsgegenstand nach überhaupt noch möglich ist, wie 269

---

[26]) OGH SZ 57/175; aA *Schlesinger,* ZBl 1926, 732ff; vgl auch *Mahler-Hutter,* Sind Bergbahnunternehmen berechtigt, „Pistenrowdies" die Zeitkarte zu entziehen? ZVR 1985, 131.

[27]) Vgl dazu OGH EvBl 1976/32; SZ 54/3 und 186; wbl 1987, 124; SZ 2013/42 („Stop-Loss-Order").

[28]) OLG Wien MR 1987, 218 *(Kurschel).*

bei der Lieferung unverderblicher Sachen. Beim – gesetzlich nicht besonders geregelten – **„absoluten Fixgeschäft“** (Filmen eines Hochzeitszuges) bleibt es bei der Vertragsauflösung, weil die Leistung unmöglich geworden ist. Vgl § 22 IO.

6. Die Rechtsfolgen des Rücktritts[29])

a) Rückabwicklung

270 *Durch den Rücktritt wird der Vertrag „rückwirkend“ aufgehoben. Als Folge davon soll rechtlich möglichst jener Zustand hergestellt werden, wie er ohne den Vertragsabschluss bestünde.*

271 Daher sind nach einem Rücktritt die empfangenen Leistungen wechselseitig zurückzustellen (§ 921 letzter Satz). Dies gilt ohne Rücksicht auf ein Verschulden;[30]) es handelt sich um einen **Bereicherungsanspruch,** um einen Fall der condictio causa finita (§ 1435);[31]) vgl unten Rz 1700.

272 Die Rückwirkung ist allerdings bloß **obligatorischer** (schuldrechtlicher), nicht sachenrechtlicher Natur:[32]) Jeder Teil hat einen schuldrechtlichen Anspruch auf Rückübertragung, übertragenes Eigentum fällt aber nicht von selbst an den Veräußerer zurück.[33]) Man spricht von „bloß schuldrechtlicher ex-tunc-Wirkung“.

Hingegen wirkt zB die Anfechtung wegen eines Willensmangels auch sachenrechtlich ex tunc. Es wird angenommen, dass der Titel für die Übereignung nicht entstanden ist, sodass der Überträger einer Sache diese sofort mit der rei vindicatio herausverlangen kann.

273 Ist die Rückstellung des Empfangenen nicht mehr möglich, wie bei geleisteten Handlungen, so hat der Empfänger eine dem erlangten Nutzen angemessene Vergütung zu leisten (§§ 1431, 921);[34]) auch für den Gebrauch der zurückzustellenden Sache.[35]) Zur Herausgabepflicht bei Untergang s unten Rz 1772ff.

274 Beim synallagmatischen Vertrag muss auch die Rückstellung der Leistungen **Zug um Zug** erfolgen.[36])

---

[29]) *Kerschner,* Rückabwicklung gegenseitiger Verträge, JBl 2001, 756. Zum deutschen Recht: *Leser,* Der Rücktritt vom Vertrag (1975).

[30]) OGH EvBl 1991/169; ecolex 2003, 907; EvBl-LS 2014/19.

[31]) *Gschnitzer* in *Klang*² IV/1, 496f; OGH SZ 47/55; SZ 68/116 = ecolex 1996, 14 *(Wilhelm);* ZfRV 1996, 161 *(Hoyer).* Die Beweislast für den Verzug und den rechtmäßigen Rücktritt trägt der Gläubiger; OGH ecolex 2003, 907.

[32]) *Reischauer* in *Rummel*³ § 921 Rz 1; OGH JBl 2003, 240; vgl zur schuldrechtlichen Wirkung *Kerschner,* JBl 2001, 764f.

[33]) Dazu *Gschnitzer* in *Klang*² IV/1, 538; *Hackl,* Dingliche oder obligatorische Wirkung der Vertragsaufhebung bei Irrtum, Rücktritt und Wandlung? ÖJZ 1977, 533; OGH JBl 1986, 246; JBl 1987, 117.

[34]) Vgl *Harrer,* Rückabwicklungsprobleme beim fehlerhaften Kauf, JBl 1983, 244f.

[35]) S dazu OGH JBl 1992, 247; SZ 68/116 = ecolex 1996, 14 *(Wilhelm);* ecolex 2006/114.

[36]) Dazu *Jabornegg,* Zurückbehaltungsrecht und Einrede des nicht erfüllten Vertrages (1982) 168f, 178ff mwN.

b) Ersatz des Nichterfüllungsschadens

Der Rücktritt vom Vertrag lässt den Anspruch auf Ersatz des durch **verschuldete** Nichterfüllung verursachten Schadens unberührt (§ 921 Satz 1). Der Schuldner muss also – Verschulden vorausgesetzt[37]) – das **positive Vertragsinteresse** leisten. 275

Ob mit dem Anspruch auf das Erfüllungsinteresse jener auf Ersatz des Vertrauensschadens (besonders der frustrierten Aufwendungen) konkurrieren kann,[38]) ist fraglich und eher zu verneinen, weil die Vertragsverletzung den umfassenden Leistungsstörungstatbestand darstellt, neben dem sich Sanktionen für Irreführung erübrigen.

Der Gläubiger kann das Recht auf Schadenersatz mit dem **Differenzanspruch** geltend machen.[39]) 276

Konkrete oder abstrakte Berechnung ist möglich.[40]) Bei der konkreten Berechnung hat der Gläubiger den Abschluss eines Deckungsgeschäftes (eines Deckungskaufes oder Deckungsverkaufes) nachzuweisen.[41]) Er erhält dann den Unterschied zwischen dem Vorteil aus dem Deckungsgeschäft und dem versäumten Vorteil aus dem aufgehobenen Vertrag.[42]) Beispiel: A musste die Ware, die er vom vertragsuntreuen B um € 500,– gekauft hat, nunmehr bei C um € 510,– einkaufen. Der konkret berechnete Schaden beträgt daher € 10,–. Der Gläubiger muss sich allerdings um den Abschluss eines günstigen Deckungsgeschäftes bemühen[43]) (Schadensminderungspflicht, s unten Rz 1452).

Die abstrakte Schadensberechnung gibt es bei Waren, die einen gemeinen Wert oder einen Markt- oder Börsenpreis haben (vgl § 1332 und § 376 Abs 1 UGB).[44]) Der Schaden errechnet sich aus der Differenz zwischen dem objektiven Wert und dem Preis, den der Rücktrittsberechtigte vom vertragsuntreuen Teil erhalten hätte oder an diesen hätte zahlen müssen. Beispiel: Der Rücktrittsberechtigte A hatte seine Ware dem B um € 500,– verkauft. Wenn der Marktpreis der Ware € 490,– beträgt, so kann A von B € 10,– fordern.[45])

Auch beim Ersatz des Nichterfüllungsschadens sind die §§ 1323f und 1331f anzuwenden, sodass **entgangener Gewinn** nur bei grobem Ver- 277

[37]) Vgl zum Streik OGH JBl 1989, 175 *(Humel)*.

[38]) Dazu *Koziol*, Ersatz der getätigten Aufwendungen statt des Nichterfüllungsschadens? RdW 1993, 354; OGH JBl 1996, 177.

[39]) Erfüllungsanspruch und Differenzanspruch schließen einander aus: OGH SZ 61/179.

[40]) Vgl dazu OGH SZ 52/188; SZ 55/185; JBl 1986, 371; RdW 1987, 49; SZ 69/11; ecolex 2005, 440 (Deckungsgeschäft bei Teilrücktritt); ecolex 2005, 441 *(Wilhelm)*; ferner *Wiedemann*, Thesen zum Schadenersatz wegen Nichterfüllung, in FS Hübner (1984) 719; *Bardo*, Die „abstrakte" Berechnung des Schadenersatzes wegen Nichterfüllung beim Kaufvertrag (1989); aA *Rabl*, Schadenersatz wegen Nichterfüllung 86ff, der die konkrete Berechnung nur bei grobem Verschulden zulässt.

[41]) Zum Verjährungsbeginn s OGH EvBl 2009/10 *(Perner)* (dazu *Riedler*, Vertragsrücktritt und Verjährung des Differenzanspruchs, Zak 2008/634, 363).

[42]) Erfordert das Deckungsgeschäft einen geringeren Aufwand, scheidet der Ersatzanspruch aus; über das Erfüllungsinteresse hinausgehende Aufwendungen, zB „Sowiesokosten", sind vom Differenzanspruch nicht umfasst: OGH RdW 1997, 71.

[43]) OGH ÖBA 1991, 535; SZ 63/65.

[44]) S dazu *Rabl*, Schadenersatz wegen Nichterfüllung 86ff; *Zöchling-Jud* in *U. Torggler*, UGB § 376 Rz 6ff.

[45]) Zu den Schwierigkeiten, wenn der objektive Einkaufs- und Verkaufswert der Ware differieren, s *Rabl*, Schadenersatz wegen Nichterfüllung 118ff.

schulden zu ersetzen ist.[46]) Verletzt ein Unternehmer seine vertraglichen Pflichten gegenüber einem anderen Unternehmer, umfasst der zu ersetzende Schaden stets auch den entgangenen Gewinn (§ 349 UGB).

Hat der Käufer die Ware vom Schuldner um € 500,– gekauft, während er sie nun zum Verkehrswert von € 510,– erwerben musste, so kann er schon bei leichtem Verschulden des Schuldners € 10,– fordern. Trifft den Schuldner ein grobes Verschulden, so hat der Gläubiger das Recht auf € 30,–, wenn er die Ware um € 530,– hätte weiterverkaufen können; zur Abgrenzung des positiven Schadens vom entgangenen Gewinn s unten Rz 1345ff.

B. Gläubigerverzug (Annahmeverzug)

Literatur: *Adler,* Der Annahmeverzug des Käufers beim Handelskauf, ZHR 71, 449; *Apathy,* Schadenersatz und Rücktritt bei Annahmeverzug, JBl 1982, 561; *Oertmann,* Leistungsunmöglichkeit und Annahmeverzug, AcP 116, 1; *Rabl,* Gläubigerverzug und beiderseits zu vertretende Unmöglichkeit, JBl 1997, 488; *Rabl,* Hinterlegung, Selbsthilfeverkauf und Preisgabe – Rechtsbehelfe im Annahmeverzug des Gläubigers, ÖJZ 1998, 688; *Schey,* Begriff und Wesen der mora creditoris (1884).

1. Begriff

278 *Der Gläubiger gerät in Verzug, wenn er die vom Schuldner zur gehörigen Zeit, am gehörigen Ort und auf die bedungene Weise angebotene Leistung nicht annimmt.*

279 Der Gläubigerverzug (Annahmeverzug) ist von einem Verschulden des Gläubigers unabhängig.

280 Der Gläubigerverzug setzt **Fälligkeit** der Schuld und **Anbot** der mangelfreien Leistung voraus.[47])

281 Das Angebot muss **„real"** erfolgen. **Wörtliches** Anbieten[48]) reicht aus, wenn sich der Gläubiger ernstlich weigert, die Leistung in Empfang zu nehmen, oder wenn er an der Leistungshandlung mitwirken muss und dies unterlässt. Verbalanbot genügt ferner bei der Holschuld.[49]) Ist bei dieser der Leistungstermin kalendermäßig fixiert, so bedarf es nicht einmal eines Verbalanbotes,[50]) sondern der Gläubiger kommt schon dadurch in Verzug, dass er die bereitgehaltene Leistung nicht abholt (§ 1334 per analogiam).

2. Gläubigerverzug als Obliegenheitsverletzung

282 Im Allgemeinen kann der Schuldner den Gläubiger zur Annahme der Leistung **nicht zwingen,** dieser hat nur ein Recht auf sie.[51])

---

[46]) *Gschnitzer* in *Klang*² IV/1, 485; *Wolff* in *Klang*² VI 126.

[47]) OGH RdW 1997, 531; immolex 2006/49 *(Sääf).* Nach OGH JBl 2011, 506 ist es ausreichend, dass die nicht angenommen Leistung prima facie mangelfrei ist; s dazu *Foglar-Deinhardstein,* Die Vermutung der Mangelhaftigkeit gem § 924 ABGB, Zak 2011/228, 123 (125).

[48]) Dazu *Gschnitzer* in Klang² VI 389f; vgl auch *Emmerich,* Das Recht der Leistungsstörungen³ (1991) 286ff.

[49]) Vgl OGH SZ 69/65 = ecolex 1996, 853 *(Th. Rabl).*

[50]) *Gschnitzer,* Schuldrecht AT 96f.

[51]) OGH JB 179 = GlUNF 3809; EvBl 1982/68; JBl 1985, 746 *(Wilhelm).*

Der Gläubiger ist zur Abnahme nicht verpflichtet, weil der Schuldner den Vertrag gewöhnlich nur schließt, um die Gegenleistung zu erhalten. Diese kann er auch dann fordern, wenn der Gläubiger die Leistung ungerechtfertigt zurückweist.

Weil der Gläubiger zur Annahme nicht verpflichtet ist, löst sein Verzug auch nicht die Folgen der §§ 918ff aus. Er stellt nur eine Obliegenheitsverletzung dar.[52]) 283

3. Gläubigerverzug als Pflichtverletzung

Der Schuldner hat allerdings ein Recht auf die Abnahme, wenn er (schon bei Vertragsabschluss) erkennbar an ihr ein Interesse hat, das über jenes am Erhalt der **Gegenleistung hinausgeht.**[53]) Der Gläubigerverzug ist hier zugleich Schuldnerverzug. 284

Ein Künstler, der das Foyer eines Opernhauses gestaltet, will mit seinem Werk auch an die Öffentlichkeit treten, sodass ihm ein Recht auf Abnahme zugebilligt wird. Beim Kauf eines Hauses auf Abbruch hat der Verkäufer ein Interesse am Freiwerden des Bauplatzes. Ganz allgemein ist eine Abnahmepflicht anzunehmen, wenn den Parteien beim Vertragsabschluss klar sein muss, dass die Nichtannahme den Schuldner erheblich schädigen würde.[54])

Der vertragstreue Teil kann entweder nach den §§ 918ff vorgehen oder es bei den Rechtsfolgen des § 1419 belassen (s unten Rz 288ff). 285

4. Zusammentreffen von Gläubiger- und Schuldnerverzug im Synallagma

Verletzt der Gläubiger durch den Annahmeverzug meist nur eine Obliegenheit, so gerät er beim synallagmatischen Geschäft **zugleich** in Schuldnerverzug, wenn er auch seine **eigene,** bereits fällige **Leistung verweigert.**[55]) 286

Der Käufer lehnt die Übernahme der Kaufsache und die Zahlung des Kaufpreises ab.

Wiederum kann der vertragstreue Teil sowohl die Rechtsfolgen der §§ 918ff als auch jene des § 1419 geltend machen.[56]) 287

5. Folgen des reinen Annahmeverzuges

Hat der Gläubiger gezögert, die Zahlung anzunehmen, so fallen die widrigen Folgen auf ihn (§ 1419). 288

Eine der „widrigen Folgen“ ist der Übergang der **Preisgefahr.** 289

Die Gefahr geht ja im Zeitpunkt der „bedungenen Übergabe“ (§ 1048), also bei Fälligkeit über. Das ist gerade beim Annahmeverzug von Bedeutung.

[52]) Dazu *R. Schmidt,* Die Obliegenheiten (1953).
[53]) Vgl OGH GlUNF 3809; EvBl 1982/68; JBl 1984, 380 *(Hoyer).*
[54]) Vgl *Apathy,* JBl 1982, 576; OGH JBl 1985, 746 *(Wilhelm).*
[55]) Vgl OGH SZ 54/3.
[56]) Dazu *Rabl,* JBl 1997, 490 mwN.

290 Geht also während des Gläubigerverzuges die Sache durch Zufall unter, so wird der Schuldner von seiner Leistungspflicht frei,[57]) behält jedoch den Anspruch auf die Gegenleistung.[58])

291 Weiters wird nach hA ab Eintritt des Annahmeverzugs die vom Schuldner gegenüber der Sache geschuldete **Sorgfalt gemindert,** sodass er nur noch für grobe Fahrlässigkeit haftet.[59])

Dies ist im Gesetz nicht ausdrücklich bestimmt, entspricht aber gemeinrechtlicher Tradition. Aus § 1061 ergibt sich nur, dass der Verkäufer verpflichtet ist, die Sache bis zur Zeit der Übergabe sorgfältig zu verwahren, doch bleibt offen, für welche Sorgfalt er danach haftet.

292 Wenn daher die Sache nach Eintritt des Gläubigerverzuges aus leichtem Verschulden des Schuldners untergeht, so hat er dies nicht zu vertreten, der Nachteil trifft den Gläubiger.[60])

293 Als Folge des Gläubigerverzugs hat der Schuldner schließlich das Recht zur **Hinterlegung** bei Gericht, die ihn – wenn sie gerechtfertigt ist – von seiner Schuld befreit (§ 1425).[61]) Dazu unten Rz 463 ff. Der Annahmeverzug allein bewirkt eine solche Befreiung nicht.[62])

Stellt das Geschäft für zumindest einen Teil ein unternehmensbezogenes Geschäft dar, hat der Verkäufer nach § 373 UGB ein einfacheres Hinterlegungsrecht und das Recht zum Selbsthilfeverkauf.[63])

294 Der bloße Gläubigerverzug löst, weil er keinen Pflichtverstoß, sondern bloß eine Obliegenheitsverletzung darstellt, **keine Schadenersatzpflicht** gegenüber dem Schuldner aus. Dieser kann allerdings für **Aufwendungen,** die er im Interesse des Gläubigers auf die Sache gemacht hat, nach den Regeln über die Geschäftsführung ohne Auftrag Vergütung fordern. S unten Rz 1776 ff.

295 Der Gläubiger gerät nicht nur in Verzug, wenn er die Leistung nicht annimmt, sondern auch dann, wenn er eine sonstige für die Erfüllung erforderliche **Mitwirkung** unterlässt.

Der Besteller verweigert dem Maler den Zutritt zur Wohnung; der Patient kommt zum vereinbarten Termin nicht ins Spital, sodass die Operation nicht stattfinden kann. Der wahlberechtigte Gläubiger gibt die nötige Erklärung nicht ab (Bestimmung des Leistungsortes, Auswahl der Sache); er besorgt vereinbarungswidrig nicht die für die Erfüllung erforderlichen behördlichen Genehmigungen.

---

[57]) OGH SZ 69/65 = ecolex 1996, 853 *(Th. Rabl).*

[58]) Vgl OGH SZ 54/90; *Rabl,* Gefahrtragung 64 f und 392 f.

[59]) *Gschnitzer* in *Klang*² VI 392; *Schey,* mora creditoris 120 ff. OGH GlUNF 5929; HS 6312; SZ 54/90. AA *Rabl,* JBl 1997, 490 ff mwN; *Koziol* in KBB⁴ § 1419 Rz 5; offen lassend OGH ZVR 2006/89 *(Hauenschild).*

[60]) *Pisko/Gschnitzer* in *Klang*² VI 548. Dagegen *Bydlinski* in *Klang*² IV/2, 348 f; *Kerschner,* Der OGH auf dem Weg zur Saldotheorie? JBl 1988, 631; *Kerschner,* RdA 1988, 502.

[61]) Dazu *Rabl,* ÖJZ 1998, 688 ff. Vgl zu den Verfahrensregeln das Verwahrungs- und Einziehungsgesetz BGBl I 2010/111 und § 284 ff GEO.

[62]) OGH SZ 54/90. Vgl auch *Apathy,* JBl 1982, 571 ff.

[63]) *Zöchling-Jud* in *U. Torggler,* UGB (2013) §§ 373 ff Rz 4 ff.

Auch die Mitwirkung kann der Schuldner nur klageweise durchsetzen, wenn er an der Erfüllung ein über die Gegenleistung hinausreichendes Interesse hat. 296

Der Gläubigerverzug **beendet** das Schuldverhältnis **nicht.** Der Schuldner hat also seinerseits ein Recht auf die Gegenleistung. Da er selbst gehörig anbietet, kann ihm der Gläubiger nicht den Einwand des nicht erfüllten Vertrages entgegenhalten. 297

Weil der Vertrag trotz des Annahmeverzugs aufrecht bleibt, muss der Schuldner an sich auch seine **Leistungsbereitschaft** erhalten,[64]) was zu einem Schwebezustand führt. 298

Hat der Schuldner eine körperliche Sache zu leisten, so kann er diese gerichtlich hinterlegen und so das Vertragsverhältnis durch Erfüllung beenden (§ 1425), s unten Rz 463 ff. Im Übrigen muss unterschieden werden: Ist der Gläubiger mit der Ausübung eines Gestaltungsrechtes, zB mit der Spezifikation, in Verzug, so geht das Bestimmungsrecht nach angemessener Frist auf den Schuldner über (§ 906 Abs 2; vgl oben Rz 127). Ebenso kann der Schuldner, soweit möglich, Mitwirkungshandlungen des Gläubigers, zB die Beistellung von Verpackungsmaterial, selbst setzen. § 1168 Abs 2 gibt dem Werkunternehmer bei Unterbleiben der Mitwirkung des Bestellers darüber hinaus das Recht, unter Setzung einer angemessenen Nachfrist vom Vertrag zurückzutreten. Diese Vorschrift ist analog auf alle Fälle zu erstrecken, in welchen den Schuldner die fortgesetzte Leistungsbereitschaft besonders belasten würde. Im Falle der Aufhebung des Vertrages behält der Unternehmer den gemäß § 1168 Abs 1 geminderten Entgeltsanspruch.[65])

Der Annahmeverzug **endet,** wenn der Gläubiger die Leistung **annimmt,** die Parteien einvernehmlich die **Fälligkeit** hinausschieben oder die Schuld aus einem anderen Grund **erlischt.** 299

6. Gläubigerverzug und Unmöglichkeit der Leistung

Die Abgrenzung zwischen Annahmeverzug und Unmöglichkeit bereitet Schwierigkeiten, weil die Verhinderung des Gläubigers sehr oft auch ein Unmöglichkeitsfall ist. Die Rechtsfolgen von Annahmeverzug und Unmöglichkeit sind aber sehr verschieden. 300

Der Dienstnehmer kann die Leistung nicht erbringen, weil die Straße zur Fabrik vermurt oder diese abgebrannt ist. Der Lehrer kann den Schüler nicht unterrichten, weil dieser erkrankt ist. Der von einer Gruppe bestellte Bergführer muss wegen schlechter Witterung den Aufstieg unterlassen.

Die hA[66]) zieht zur Abgrenzung die in den §§ 1155 und 1168 zum Ausdruck kommende **Sphärentheorie** heran. Danach greifen die Regeln 301

[64]) S OGH SZ 54/3; JBl 1988, 590 *(Dellinger);* vgl auch *Apathy,* JBl 1982, 571 ff; *Rabl,* JBl 1997, 490 f.

[65]) *Ehrenzweig* II/1, 526; *Apathy,* JBl 1982, 568; OGH EvBl 1971/161; EvBl 1972/331; RdA 1983, 27; ferner *Holzer,* Annahmeverzug des Arbeitgebers und Anrechnung anderweitig absichtlich versäumten Verdienstes, RdA 1983, 7.

[66]) *Gschnitzer* in *Klang*² VI 391; vgl auch *Tomandl,* Der Lohnanspruch Arbeitswilliger im Arbeitskampf, AcP 164, 183. Vgl dagegen *Köhler,* Unmöglichkeit und Geschäftsgrundlage bei Zweckstörungen im Schuldverhältnis (1971) 22 ff.

über den Annahmeverzug ein, wenn der Schuldner zur Leistung **bereit** ist, die der Leistung entgegenstehenden Hindernisse **vorübergehend** sind und **auf Seiten des Gläubigers** liegen. Kann aufgrund der eingetretenen Umstände die Leistung **überhaupt** nicht mehr erbracht werden, so gelten die Regeln über das Unmöglichwerden der Leistung.

IV. Leistungsstörungen bei Insolvenz

In der Insolvenz werden die Gläubiger eines überschuldeten Schuldners gleichmäßig (nach Quoten) befriedigt. Um dies zu ermöglichen, werden alle Forderungen fällig und zu Geld (§ 14 IO).

Bei gegenseitigen Verträgen hat der Masseverwalter ein Wahlrecht (§ 21 IO): Ist der Vertrag vom Gemeinschuldner und dem anderen Teil zur Zeit der Insolvenzeröffnung noch nicht oder noch nicht vollständig erfüllt, so kann der Masseverwalter entweder anstelle des Gemeinschuldners erfüllen und auch vom anderen Teil Erfüllung fordern oder vom Vertrag zurücktreten. Tritt er zurück, so erhält der andere Teil einen Schadenersatzanspruch, der allerdings nur quotenmäßig befriedigt wird.

V. Gewährleistung

Literatur: *Faber,* Handbuch zum neuen Gewährleistungsrecht (2001); *Faber,* Aus- und Einbaukosten und Unverhältnismäßigkeit der Nacherfüllung (2013); *Fischer-Czermak,* Mobilienleasing – Rechtsnatur, Gewährleistung und Gefahrtragung (1995); *Gruber,* Gewährleistung für bedungene Eigenschaften (1990); *Jud,* Schadenersatz bei mangelhafter Leistung (2003); *Karner/Koziol,* Mangelfolgeschäden in Veräußerungsketten (2012); *Kletečka,* Gewährleistung neu (2001); *Kurschel,* Die Gewährleistung beim Werkvertrag (1989); *Puck,* Der Unternehmenskauf – Gewährleistung, Schadenersatz und Irrtum (1995); *Reischauer,* Leistungsstörung bei der Gewährleistung, in FS Fenyves (2013) 281; *J. Stainer,* Die Gewährleistung beim Unternehmenskauf (1993); *Welser,* Gewährleistung und Schadenersatz, JBl 1976, 127; *Welser,* Schadenersatz statt Gewährleistung (1994); *Welser/Jud,* Zur Reform des Gewährleistungsrechts – Die Europäische Richtlinie über Verbrauchsgüterkauf und ihre Bedeutung für ein neues Gewährleistungsrecht, 14. ÖJT Bd II/1 (2000).

A. Begriff der Gewährleistung

302 *Gewährleistung ist die bei entgeltlichen Verträgen gesetzlich angeordnete Haftung des Schuldners für Mängel (Sach- und Rechtsmängel), welche die Leistung bei ihrer Erbringung aufweist.*

303 Da die Gewährleistung **vom Gesetz** angeordnet ist, braucht sie nicht vereinbart zu werden. Voraussetzung ist ein **entgeltliches** Geschäft, bei Schenkungen gibt es keine Gewährleistung: „Einem geschenkten Gaul schaut man nicht ins Maul."

304 Das ABGB regelt in den §§ 922 ff die Gewährleistung bei der entgeltlichen Überlassung von Sachen, vor allem beim **Kauf.** Diese Vorschriften sind aber allgemein auf die gegenseitigen Verträge anzuwenden, soweit das Gesetz nichts Besonderes bestimmt. Gewisse Sondervorschriften finden sich allerdings beim Bestandvertrag (§ 1096), bei der Zession

(§§ 1397 ff), beim Geschäftsbesorgungsvertrag (§§ 1002 ff)[1]) und beim beiderseitig unternehmensbezogenen Geschäft (§ 377 UGB). Hingegen verweist das Werkvertragsrecht für die Gewährleistung auf die allgemeinen Bestimmungen (§ 1167).

Zur Umsetzung der EG-Richtlinie über den Verbrauchsgüterkauf (RL 99/44/EG) wurde das österreichische Gewährleistungsrecht durch das GewRÄG (BGBl I 2001/48) novelliert;[2]) es gilt für Verträge, die nach dem 31. 12. 2001 abgeschlossen wurden.

Die Gewährleistung soll Störungen der **subjektiven Äquivalenz** ausgleichen. Sie geht von der Überlegung aus, dass beim Vertragsabschluss jede Partei kalkuliert, was ihr die Leistung der anderen Seite „wert ist". Danach richtet sich die Höhe ihres eigenen Leistungsangebots. Entspricht die Gegenleistung wegen ihrer Mangelhaftigkeit nicht der Vereinbarung, so kommt das vorgestellte Verhältnis aus dem Gleichgewicht. Die Gewährleistung soll diese Störung rückgängig machen. Da es nur um das Gleichgewicht geht, ist **unerheblich,** ob der Mangel vom Schuldner **verursacht** und **verschuldet** wurde. 305

Der Gewährleistungsmangel muss bei der **Ablieferung** der Sache vorliegen (s unten Rz 366). Auf die **Erkennbarkeit** des Mangels kommt es **nicht** an, auch für „versteckte" Mängel ist Gewähr zu leisten. Gleichgültig ist auch, ob der Mangel schon **ursprünglich,** dh bei Abschluss des Vertrages, vorhanden war, oder erst **nachträglich** (zwischen Vertragsabschluss und Leistung) eingetreten ist.[3]) Die Gewährleistung nimmt deshalb eine gewisse „Mittelstellung" zwischen den ursprünglichen Mangelhaftigkeiten des Vertrages und den Leistungsstörungen ein. 306

B. Verhältnis der Gewährleistung zur Nichterfüllung[4])

Bei einem Verzug des Schuldners und beim Unmöglichwerden bleibt die Leistung aus; beim Verzug kann sie noch nachgeholt werden, beim Unmöglichwerden nicht. Oft wird aber die Leistung, zB die ver- 307

---

[1]) *Strasser* in *Rummel*[3] § 1004 Rz 6 und § 1009 Rz 9 a; *Reischauer* in *Rummel*[3] §§ 922 f Rz 2; OGH NZ 1994, 228. AM *Apathy* in *Schwimann/Kodek*[4] § 1004 Rz 4. Zur Gewährleistung für überlassene Arbeitskräfte s OGH ecolex 2002, 88 (dazu *Mazal,* Arbeitskräfteüberlassung und Gewährleistung, ecolex 2004, 385); vgl auch *Schrammel,* „Gewährleistung" für schlechte Dienste, in FS Welser (2004) 985. Zur Gewährleistung beim Leasing s unten Rz 1075 ff.

[2]) Dazu *Welser/Jud,* Reform. S auch *Welser,* Der Entwurf für ein neues Gewährleistungsrecht, ecolex 1995, 11; *Welser,* Die bevorstehende Reform des österreichischen Gewährleistungsrechts, in FS Kaneti (1996) 59; *Welser,* Ein neues österreichisches Gewährleistungsrecht – Versuch eines Gesetzesentwurfes, in FS Dittrich (2000) 507; *Welser,* Gewährleistungsreform – Konsequenzen für die Rechtsprechung, in FS Krejci (2001) 1319; *Welser,* Das neue Gewährleistungsrecht, ecolex 2001, 420; *Welser,* Die Verbrauchsgüterkauf-Richtlinie und ihre Umsetzung in Österreich und Deutschland, in *Schlechtriem,* Wandlungen des Schuldrechts, Schriften der Ernst-von-Caemmerer-Gedächtnisstiftung V (2002) 83.

[3]) *Gschnitzer* in *Klang*[2] IV/1, 511 f. Vgl auch OGH SZ 10/20.

[4]) Dazu *Lukas* in FS 200 Jahre ABGB 1245 ff.

kaufte Sache oder das bestellte Werk, in mangelhaftem Zustand angeboten. Der Gläubiger ist nicht genötigt, die mangelhafte Leistung anzunehmen; er kann sie **zurückweisen,** ohne dass es auf die Schwere des Mangels ankommt.[5]) Es stehen ihm weiter die Rechte der §§ 918ff aus Verzug und Unmöglichwerden zu.

308 Wird die Leistung dennoch vom Gläubiger übernommen, zB weil der Mangel nicht gleich erkennbar ist oder weil der Gläubiger die Sache dringend braucht, so wurde **mangelhaft geleistet.** Der Gläubiger kann deshalb die Rechte aus der Gewährleistung geltend machen. Gleichzeitig erhebt sich aber die Frage des Verhältnisses zwischen der Gewährleistung einerseits und den Rechten aus den §§ 918ff (Verzug und Unmöglichwerden) andererseits. Denn die mangelhafte Lieferung erfüllt fast immer auch einen Tatbestand der §§ 918 bis 921.

309 So spricht schon der Tatbestand des Verzugs (§ 918 Abs 1) selbst von der mangelhaften Leistung: Der Schuldner gerät in Verzug, wenn er **„nicht auf die bedungene Weise“** leistet. Die mangelhafte Leistung stellt aber, sobald abgeliefert ist, auch den Gewährleistungsfall dar. Damit entsteht das Problem des Verhältnisses zwischen Gewährleistung (Schlechterfüllung) und Nichterfüllung. Es kann allerdings nicht durch die wahlweise Zulassung aller in Betracht kommenden Ansprüche gelöst werden, weil die Gewährleistung an kurze Fristen gebunden ist und ihr Zweck durch die Anwendung der Nichterfüllungsregeln unterlaufen würde. Die hM[6]) löst das Problem seit Langem dadurch, dass sie die beiden Arten von Ansprüchen **hintereinander** ordnet, wobei die **„Ablieferung“** (Übergabe) der Leistung die Grenze bildet: sie ist die Zäsur zwischen den Rechten aus den §§ 918 bis 921 und den Rechten aus der Gewährleistung.

Ähnlich ist es im Verhältnis zwischen Unmöglichkeit und Gewährleistung. Weist die geleistete Sache einen unbehebbaren Mangel auf, so ist gleichzeitig der Tatbestand der teilweisen Unmöglichkeit und jener des Gewährleistungsrechts erfüllt. Auch hier ist nach der Ablieferung der Übernehmer auf die Rechte aus der Gewährleistung beschränkt.

Nichterfüllungsansprüche und Gewährleistungsbehelfe sind sich auch inhaltlich ähnlich: Dem Rücktritt entspricht die Wandlung, dem Teilrücktritt die Preisminderung, dem Erfüllungsanspruch das Recht auf Verbesserung.[7])

310 Es gibt allerdings Fälle, die auch nach der Übergabe der Sache der Nichtlieferung (dem Verzug) näherstehen als der Gewährleistung. Hierher gehört die **Anderslieferung.**

---

[5]) OGH SZ 63/197; differenzierend *Koziol,* Die Grenzen des Zurückbehaltungsrechts bei nicht gehöriger Erfüllung, ÖJZ 1985, 742f; *Krejci,* Abnahmeobliegenheit trotz versteckter Baumängel, ecolex 1999, 816. Zum deutschen Recht *Jud,* Das Recht zur Zurückweisung im Kaufrecht, JuS 2004, 841ff.

[6]) RIS-Justiz RS0018234; *Welser/Jud,* Gewährleistung § 922 Rz 2; aA Reischauer in *Rummel*[3] Vor §§ 918ff Rz 9.

[7]) *Welser,* Reform des österreichischen Leistungsstörungsrechts, in *Fischer-Czermak/Hopf/Schauer,* Das ABGB auf dem Weg in das 3. Jahrtausend (2003) 63.

Anderslieferung (Lieferung eines aliud) bedeutet, dass der Schuldner nicht nur mangelhaft, sondern überhaupt etwas anderes leistet als er schuldet.[8]) 311

Bei der aliud-Lieferung wird daher der Schuldner so betrachtet, als hätte er gar nicht geleistet, er ist im **Schuldnerverzug.**[9]) 312

Bei der Stückschuld stellt jede Leistung, die **nicht die** versprochene **Sache** ist, ein aliud dar. Bei der Gattungsschuld ist die Grenzziehung zwischen mangelhafter Leistung und aliud schwieriger.[10]) Im Zweifel entscheiden der allgemeine Sprachgebrauch und die **Verkehrssitte** darüber, was die vereinbarte und was eine **andere Gattung** ist. Leistet der Schuldner statt Weißwein mittlerer Art und Güte Weißwein unterdurchschnittlicher Qualität, so liegt Schlechterfüllung vor und es finden die Regeln der Gewährleistung Anwendung. Leistet er statt Weißwein Rotwein, so ist das ein aliud. 313

Manche wollen die Abgrenzung analog zu § 378 UGB lösen. Danach liege Nichterfüllung mit den Folgen der §§ 918ff vor, wenn die gelieferte Ware von der Bestellung so erheblich abweicht, dass der Verkäufer die Genehmigung des Käufers als ausgeschlossen betrachten musste,[11]) andernfalls Schlechterfüllung mit den Folgen der Gewährleistung. Dies verlagert aber nur das Problem um eine Ebene. Denn es ist wiederum die Frage, wann der Verkäufer die Genehmigung als ausgeschlossen ansehen muss. Das Abstellen auf subjektive Elemente (Beurteilung des Käuferverhaltens durch den Verkäufer) macht die Abgrenzung unsicher. Die hM[12]) beschränkt daher § 378 UGB auf seinen unmittelbaren Anwendungsbereich. Er enthält nur eine Aussage darüber, wann bei einer „aliud"-Lieferung zu rügen ist: Bei der „genehmigungsfähigen" aliud-Lieferung muss der Käufer gemäß § 377 UGB rügen, um sich die Ansprüche nach §§ 918ff zu erhalten, bei der „nicht genehmigungsfähigen" Lieferung bedarf es dieser Rüge nicht.

Eine entstellende Neuinszenierung einer Operette betrachtete das LG Salzburg im Hinblick auf die gekauften Karten nicht als „aliud-Lieferung".[13])

---

[8]) *Von Caemmerer,* Falschlieferung, in FS Martin Wolff (1952) 3; *Fabricius,* Schlechtlieferung und Falschlieferung beim Kauf, JuS 1964, 1 und 46; *E. A. Kramer,* Die „aliud"-Lieferung im ABGB und HGB, ÖJZ 1972, 561; OGH RZ 1973/151.

[9]) Vgl aber OGH SZ 70/15 mwN; kritisch *Schauer* in *Krejci,* Reformkommentar UGB § 378 Rz 2 mwN; aA *Haberl,* Anders- und Schlechtlieferung im ABGB und UGB, RdW 2007/296, 274 mwN.

[10]) S dazu die jüngst geführte Diskussion, ob es sich bei Zertifikaten (ADC) gegenüber Aktien um ein Aliud handelt; OGH JBl 2012, 175 *(Geroldinger/Radler)* = ecolex 2012/10 *(Wilhelm); Leupold,* Aktien vs Zertifikate – Zur Aliud Problematik, Zak 2012/44, 23; *Liedermann/Philadelphy,* Zertifikate statt Aktien – kein Aliud! JAP 2011/2012/20, 176; *Riedler,* Zertifikate statt Aktien – Neue Aspekte im Anlegerprozess, ÖJZ 2011/79, 749; *Riedler,* Aktien erklärt, Zertifikate gekauft – „(k)ein Zweifel"? ecolex 2012, 20; *Schauer,* Zertifikate statt Aktien – Das Aliud als Ausweg? RdW 2011/8, 3; *Schima,* OGH: Aktienzertifikate kein „Aliud" gegenüber Aktien, RdW 2012/13, 3; *Wilhelm,* Das unbekannte Qualifikations-Aliud, ecolex 2012, 1073.

[11]) *Bydlinski* in *Klang*[2] IV/2, 163; vgl auch *Böhler,* Grundwertungen zur Mängelrüge (2000) 178ff; OGH ecolex 2004, 787.

[12]) *Gschnitzer* in *Klang*[2] IV/1, 451; *E. A. Kramer,* ÖJZ 1972, 567; *Zöchling-Jud* in *U. Torggler,* UGB (2013) §§ 377, 378 Rz 14; OGH JBl 1974, 264.

[13]) JBl 2003, 587 = MR 2003, 391 (zustimmend *M. Walter*); dagegen *Pfersmann/ E. Schönherr,* Zur Salzburger „Fledermaus" 2001: Überraschende Irreführung des Publikums, welches auf eine das Werk weitgehend verändernde „Bearbeitung" nicht vor-

C. Arten der Mängel

1. Sachmängel

314 *Sachmängel haften einer Sache körperlich an.*

315 Der Übergeber leistet nach § 922 Abs 1 dafür Gewähr, dass die Sache dem **Vertrag entspricht.** Das Gesetz verweist damit auf die Pflicht des Übergebers zur vertragsgemäßen Leistung.[14]) Nur der konkrete Vertrag kann darüber entscheiden, ob eine Leistung mangelhaft ist.[15]) Bleibt sie qualitativ oder quantitativ hinter dem Geschuldeten zurück, ist sie mangelhaft.[16])

316 *Mangel ist deshalb jede Abweichung der Leistung vom geschuldeten Quantum und Quale.*[17])

317 Nach § 922 haftet der Übergeber in erster Linie für die **bedungenen** und für die im Verkehr **gewöhnlich vorausgesetzten** Eigenschaften.

318 Die **Ausbedingung** kann ausdrücklich oder stillschweigend geschehen, doch ist sie nicht schon in jeder Äußerung des Übergebers über die verkaufte Sache zu sehen. Vielmehr ist zu fragen, ob die Parteien den Umstand in die vertragliche Verabredung miteinbeziehen wollten.[18])

Im Zweifel liegt aber in den Angaben des Verkäufers eines Hauses über die Anzahl von Räumen oder den Zinsertrag die Zusage einer Eigenschaft;[19]) eine konkrete Flächenangabe in einem Liegenschaftskaufvertrag ist – auch bei Besichtigung vor dem Kauf in natura – grundsätzlich als Eigenschaftszusage zu werten.[20]) Wurde bedungen, dass ein Kfz eine Höchstgeschwindigkeit von 180 km/h erreichen soll, ist es schon mangelhaft, wenn es nur 170 km/h „schafft".

Nach § 4 Abs 1 Z 1 FAGG hat der Unternehmer den Verbraucher bei einem Fernabsatz- oder Auswärtsgeschäft über die wesentlichen Eigenschaften der Ware oder Dienstleistung (vorvertraglich) zu informieren. Die erteilten Informationen werden nach § 4 Abs 4 FAGG Vertragsbestandteil, sodass für ein Abweichen gewährleistungsrechtlich einzustehen ist. Für sonstige Verbrauchergeschäfte normiert § 5a Abs 1 Z 1 KSchG eine entsprechende Informationspflicht; eine explizite Regelung, dass die erteilten Informationen Vertragsbestandteil werden, fehlt im KSchG allerdings.

319 Ob eine Eigenschaft als **gewöhnlich vorausgesetzt** gilt, hängt davon ab, ob der Erwerber ihr Vorhandensein nach der Verkehrsauffassung er-

---

bereitet war – „Freiheit der Kunst" als Rechtfertigung? JBl 2003, 595. Vgl auch *Zöllner,* Opernregietheater und Vertragserfüllung, in FS Welser (2004) 1249; *Zechner,* Zur Aufklärungspflicht des Opernveranstalters, JBl 2005, 341.

[14]) *Welser/Jud,* Gewährleistung §§ 922 f Rz 16.

[15]) OGH EvBl-LS 2013/161.

[16]) OGH SZ 63/171 = ecolex 1991, 84 *(Wilhelm);* SZ 68/105; SZ 73/159 = ecolex 2001, 373 *(Reidinger).*

[17]) *Rabel,* Die Haftung des Verkäufers wegen Mangels im Rechte (1902) 334.

[18]) *Gschnitzer* in *Klang*² IV/1, 508; OGH SZ 58/11; JBl 1987, 315; SZ 68/105; SZ 73/159 = ecolex 2001, 373 *(Reidinger);* EvBl 2013/110 *(Endl)* = GesRZ 2013, 156 *(Reich-Rohrwig)* = RWZ 2013/14 *(Wenger)* („Kauf von Geschäftsanteilen zum Wert der besonderen Vorliebe"). Vgl ferner *Gruber,* Gewährleistung Rz 77 ff.

[19]) AA OGH wobl 2009/22 („Zinslisten").

[20]) OGH Zak 2013/505.

warten kann.[21]) So ist zB ein Auto mangelhaft, wenn der Motor nicht funktioniert. Bei einem Gebrauchtwagen gelten „Kratzer" idR nicht als Mangel, wohl aber bei einem fabriksneuen Fahrzeug.

Aufgrund der Verkehrserwartung liegt bei einer Textverarbeitungsanlage ein Mangel vor, wenn immer wieder Zeilensprünge auftreten;[22]) wenn ein Auto nicht die nötige Verkehrs- oder Betriebssicherheit aufweist;[23]) wenn es als gestohlen zur Fahndung ausgeschrieben ist und der Erwerber deshalb mit Unannehmlichkeiten rechnen muss;[24]) wenn die Heizung eines fabriksneuen Autos mit automatischer Temperaturkontrolle nur 20 °C erreicht;[25]) wenn ein Neuwagen eine Standzeit von – je nach Herkunftsland – mehr als 11 oder 13 Monaten hat;[26]) bei Lebensmitteln, wenn die empfohlene Aufbrauchsfrist abgelaufen ist;[27]) wenn ein Sicherheits-Not-Aus-Schalter bei heftiger Betätigung zu Bruch geht;[28]) wenn bei einer Stützmauer die Kippsicherheit nicht gegeben ist.[29]) Beim Erwerb einer Liegenschaft kann mangels gegenteiliger Hinweise ein natürlich gewachsener Untergrund erwartet werden.[30]) Auch ohne besondere Abrede kann das Fehlen einer Betriebsanleitung für ein elektronisches Gerät einen Sachmangel darstellen.[31])

Der Übergeber haftet nach § 922 ferner dafür, dass die Sache der **Beschreibung,** einer **Probe** oder einem **Muster** entspricht[32]) und dass sie der Natur des Geschäftes oder der getroffenen **Verabredung** gemäß verwendet werden kann. 320

Schließlich spielt für die Vertragsgemäßheit der Sache eine Rolle, was der Übernehmer aufgrund der über sie gemachten **öffentlichen Äußerungen** des Übergebers oder Herstellers, vor allem in der Werbung und in den der Sache beigefügten Angaben, erwarten kann.[33]) Den Äuße- 321

---

[21]) Über das Verhältnis der „gewöhnlich vorausgesetzten Eigenschaften" und der „Verkehrsauffassung" zum „Stand der Technik" *I. Welser,* Y2K – Das Jahr 2000 Problem (2000) 20ff. Zu den gewöhnlich vorausgesetzten Eigenschaften einer Eigentumswohnung s OGH SZ 73/160. Zur Mangelhaftigkeit von Unternehmen *Oberlechner,* Wann ist ein Unternehmen mangelhaft, ecolex 2006, 628; *Walch,* Die Gewährleistungspflicht für Unternehmensmängel bei der Übertragung eines GmbH-Geschäftsanteils, NZ 2013/78, 173f.

[22]) OGH SZ 61/24.

[23]) OGH SZ 71/88.

[24]) OGH Zak 2010/49.

[25]) OGH ecolex 2006/5 (dazu *Bollenberger,* Erste Judikatur zur „Neuen Gewährleistung" – Geringfügige Mängel beim Autokauf, Zak 2005/39, 23; *Jud,* Die Kaufrechts-RL und ihre Umsetzung in der österreichischen Rechtsprechung, GPR 2006, 71; *Jud,* Neuere Rechtsprechung zum Konsumentenschutz, ÖJZ 2007/1, 1).

[26]) Diese Zeitspanne ergibt sich aus der ÖNORM V 5051, die im konkreten Fall nicht Vertragsinhalt war; OLG Wien 30. 9. 2008, 1 R 86/08m (dazu *Sindelar,* Wann ist ein Neuwagen noch ein Neuwagen? ecolex 2012, 959).

[27]) Strittig; dafür: *Iro,* Ist die Ware nach Ablauf der „empfohlenen Aufbrauchsfrist" mangelhaft? RdW 1987, 250; dagegen: *P. Madl,* Ablauf der „empfohlenen Aufbrauchsfrist"? – Ein Mangel trotz einwandfreier Qualität? RdW 1988, 191.

[28]) OGH ecolex 2012/79.

[29]) OGH ZRB 2012, 51 *(Wenusch).*

[30]) JBl 2011, 40 *(P. Bydlinski)* = OGH EvBl 2011/19 *(Kogler).*

[31]) OGH ecolex 1994, 754.

[32]) Dies entspricht der Rechtslage nach dem alten Gewährleistungsrecht; *Zöchling-Jud* in *Kletečka/Schauer,* ABGB-ON[1.01] §§ 922f Rz 19 mwN.

[33]) Dazu *Welser/Jud,* Reform 42 und 47; *Welser/Jud,* Gewährleistung §§ 922f Rz 13ff mwN; *Augenhofer,* Bedeutung von Werbeaussagen – sowohl des Verkäufers als

rungen des Herstellers werden jene des EWR-Importeurs und jener Person, die sich durch die Anbringung seines Namens, seiner Marke oder eines anderen Kennzeichens an der Sache als Hersteller bezeichnet („Anscheinshersteller")[34]) gleichgestellt (§ 922 Abs 2). Auch die Haftung für Werbeaussagen und sonstige öffentliche Äußerungen ergibt sich daraus, dass sie in den Vertrag einbezogen wurden.

So kann § 922 Abs 2 zur Anwendung kommen, wenn Äußerungen eines Herstellers über den Kraftstoffverbrauch eines Fahrzeugs, über die Kompatibilität einer Software mit einer bestimmten Hardware oder über den Energieverbrauch eines Elektrogerätes wesentlich von den tatsächlichen Gegebenheiten abweichen. Auch Angaben in Immobilieninseraten können gewährleistungsrechtlich relevant sein.[35]) Allgemein gehaltene Werbeaussagen, die noch nichts über die Qualität und die Eigenschaften eines Gutes aussagen, zB „schmeichelweich" für einen Weichspüler, sind gewährleistungsrechtlich nicht relevant. Ebenso führen offenkundig marktschreierische[36]) und nicht ernst gemeinte Angaben nicht zur Haftung.[37])

322 Öffentliche Äußerungen **binden** den Übergeber aber jedenfalls **nicht,** wenn er sie weder kannte noch kennen konnte, wenn sie beim Abschluss des Vertrages berichtigt waren[38]) oder wenn sie den Vertragsabschluss nicht beeinflusst haben konnten (§ 922 Abs 2 letzter Satz).[39])

323 Nach allgemeinen Grundsätzen des Beweisrechts muss der Übernehmer den Mangel **beweisen.**[40]) Dies schließt den Beweis des Vertragsinhaltes ein, weil sich die Mangelhaftigkeit aus der Abweichung vom Vertrag ergibt.

Die von § 922 Abs 1 und 2 für die vertragliche Vereinbarung für maßgebend erklärten Umstände sind Zweifelsregeln für den Inhalt der Vereinbarung und führen damit zu einer Beweiserleichterung für den Übernehmer. Dieser muss allerdings weiter beweisen, dass die tatsächliche Leistung vom Vertrag abweicht und daher mangelhaft ist.[41]) Hat der Übernehmer aus Leistungen mehrerer Personen ein Gesamtprodukt her-

---

auch des Herstellers – für die Begründung von Gewährleistungsrechten, JBl 2001, 82; *Augenhofer,* Das neue Gewährleistungsrecht für Werbeaussagen (2002); *Riss,* Die Haftung des Verkäufers für öffentliche Äußerungen Dritter – insbesondere durch Werbung – nach § 922 Abs 2 ABGB, JBl 2007, 156. Zur Problematik von Werbeaussagen widersprechenden AGB *Riss,* Inhaltlicher Widerspruch zwischen Allgemeinen Geschäftsbedingungen und öffentlichen Äußerungen (Werbung), ÖBA 2008, 188.

[34]) Vgl auch § 3 PHG, dazu unten Rz 1636.

[35]) OGH immolex 2011/93 *(Prader)* = wobl 2012/76 *(Limberg).* Vgl auch OGH ecolex 2012/347 *(Wilhelm)* („Fond-Fact-Sheet").

[36]) OGH ecolex 2010/380 *(Wilhelm).*

[37]) EB 422 BlgNR 21. GP 13.

[38]) ZB durch abweichende, individuelle Beratung; OGH ecolex 2010/380 *(Wilhelm);* vgl auch OGH immolex 2011/93 *(Prader)* = wobl 2012/76 *(Limberg).*

[39]) *Welser,* ecolex 2001, 423.

[40]) OGH EvBl 2009/66 (dazu *Leitner,* Zur Vermutung des § 924 ABGB, ÖJZ 2009/54); ZVB 2011/88 *(Michl);* s aber noch OGH ecolex 2008/73 *(Jud)* und 2009/257 *(Wilhelm).* Zu den Kosten der Mangelfeststellung *I. Welser,* Teilweise oder vollständige Mangelhaftigkeit? Zur Reichweite der Verbesserungspflicht und Tragung der Kosten der Mangelfeststellung, in FS Welser (2004) 1170.

[41]) S dazu *Welser/Jud,* Gewährleistung §§ 922 f Rz 24 ff.

gestellt, muss er beweisen, dass der aufgetretene Mangel auf die Leistung jenes Übergebers zurückzuführen ist, den er in Anspruch nimmt.[42])

Wenngleich für die „Vertragsgemäßheit der Leistung" stillschweigend vorausgesetzte Eigenschaften und damit die allgemeine Beschaffenheit von Sachen eine wichtige Rolle spielen, kommt es letztlich immer auf die vertragliche Vereinbarung an. Ob eine Beschaffenheit auch wirklich als Gewährleistungsmangel anzusehen ist, kann nur für einen bestimmten Fall (aufgrund eines bestimmten Vertrages) gesagt werden, weil die Mangelhaftigkeit immer von der konkreten Vereinbarung abhängt **(konkreter Fehlerbegriff).** Wer zB alte Bücher kauft, kann sich nicht darüber beschweren, dass sie „Eselsohren" aufweisen, während dies bei neuen Büchern ein Mangel wäre.[43]) Oft gibt die Höhe des Kaufpreises darüber Aufschluss, welche Eigenschaften die Parteien vorausgesetzt haben.[44]) 324

Die Gewährleistungsregeln gelten sowohl für **Stück-** als auch für **Gattungsschulden.**[45]) 325

Bei den Gattungssachen gibt es sowohl **Qualitätsmängel** als auch **Quantitätsmängel.**[46]) Ein Qualitätsmangel betrifft die Eigenschaft, ein Quantitätsmangel die Menge. Ein Qualitätsmangel ist es zB, wenn anstelle der vereinbarten „I a-Ware" nur durchschnittliche oder unterdurchschnittliche Gattung geliefert wird; ein Quantitätsmangel ist es, wenn von der vereinbarten Quantität nur ein Teil geleistet wird (statt 10.000 Liter Heizöl nur 9.000 Liter). 326

Von diesem „echten" unterscheidet sich der **„unechte Quantitätsmangel"**, der in Wirklichkeit ein Qualitätsmangel ist. Er liegt vor, wenn eine bestimmte Sache mengenmäßig nicht der Vereinbarung entspricht:[47]) Das verkaufte Schwein ist – entgegen der Vereinbarung – nicht 150 kg, sondern bloß 100 kg schwer; das verkaufte Lager enthält nicht 20.000, sondern nur 15.000 Stück Papierservietten.[48]) 327

2. Rechtsmängel

Ein Rechtsmangel liegt vor, wenn der Veräußerer dem Erwerber nicht die rechtliche Position verschafft, die er ihm nach dem Vertrag verschaffen muss.[49]) 328

So ist es ein Rechtsmangel, wenn jemand eine fremde Sache als die seinige veräußert und der Erwerber deshalb nicht Eigentümer wird. 329

---

[42]) OGH ZVB 2011/88 *(Michl);* ecolex 2012/162; ZVB 2015/64 *(Wagner).*

[43]) Zum Gebrauchtwagenkauf OGH SZ 63/160; ZVR 1997/14; *Liedermann,* Aktuelle Rechtsprechung zur Gewährleistung beim Gebrauchtwagenkauf, ZAK 2011/123, 63 mwN.

[44]) OGH ZRB 2012, 51 *(Wenusch).*

[45]) *Schlesinger,* Vertragsverletzung und Gewährleistung, ZBl 1920, 276; OGH JBl 1984, 203.

[46]) Dazu *Welser,* Qualitätsmangel und Quantitätsmangel, in FS Strasser (1983) 919.

[47]) *Welser* in FS Strasser 923.

[48]) Vgl OGH SZ 1/19.

[49]) OGH SZ 67/231; vgl aber *Mayrhofer,* Schuldrecht I 430.

Erwirbt der Käufer Eigentum kraft guten Glaubens (zB § 367), hat er wegen „Zweckerreichung“ keinen Gewährleistungsanspruch.[50]) S dazu oben Rz 209.

330 Ein Rechtsmangel ist es auch, wenn auf der Sache **ungewöhnliche Lasten** (zB Dienstbarkeiten) haften, wenn eine **nicht existente** Sache oder ein nicht bestehendes Recht verkauft wird, wenn für ein veräußertes Haus keine oder nur eine widerrufliche Baubewilligung besteht,[51]) wenn Sanierungsauflagen der Behörde vom Verkäufer nicht erfüllt wurden, obwohl dieser das Bestehen einer rechtskräftigen Bau- und Benützungsbewilligung zugesagt hat[52]) oder wenn die als bestandfrei verkaufte Eigentumswohnung wegen der Mietrechte eines Dritten vom Käufer nicht bewohnt werden kann.

Dass zu den Eigenschaften eines Rechts auch die Beschaffenheit des Objektes, auf das sich das Recht bezieht, gehört, bedeutet nicht, dass die mangelhafte Beschaffenheit einen Rechtsmangel darstellt; es handelt sich um einen Sachmangel.[53]) So begründet die mangelnde Beschaffenheit des Bestandobjektes einen Sachmangel, nicht aber einen Mangel des übertragenen Bestandrechtes.[54]) Auch das Fehlen von bedungenen Eigenschaften betreffend den Kursverlauf, die Höhe des Ertrags oder von Wertsteigerungen beim Erwerb eines Wertpapiers stellen einen Sach- und keinen Rechtsmangel dar, weil es sich um Eigenschaften handelt, die für die Rechtsübertragung nicht essenziell sind.[55])

331 Ein Rechtsmangel kann vom Gewährleistungsberechtigten nicht erst geltend gemacht werden, wenn der Dritte, zB der Eigentümer der verkauften Sache, Ansprüche erhebt. Es genügt, dass der Rechtsmangel **unzweifelhaft** ist.[56]) Umgekehrt begründet nicht schon die Erhebung beliebiger Ansprüche durch Dritte Gewährleistungsrechte gegen den Verkäufer. Der Anspruchserhebung muss zumindest eine überwiegend wahrscheinliche Berechtigung zugrunde liegen. Die bloße Möglichkeit der Aufhebung eines Genehmigungsbescheids ist daher kein Rechtsmangel.[57])

332 Der wegen eines Mangels im Recht von einem Dritten in Anspruch genommene Übernehmer muss dem Übergeber gemäß § 931 den Streit verkünden (vgl § 21 ZPO), sonst kann ihm der Übergeber sämtliche Einwendungen entgegenhalten, die er gegen den Dritten hätte geltend machen können; tritt der Übergeber trotz Streitverkündung dem Rechtsstreit nicht bei, kann er diese Einwendungen nicht mehr erheben.[58])

---

[50]) OGH HS 24.381; HS 26.532.

[51]) OGH SZ 67/231; vgl auch SZ 70/128; bbl 1999, 120.

[52]) OGH ecolex 2009/185 *(Wilhelm)*.

[53]) *Zöchling-Jud* in *Kletečka/Schauer,* ABGB-ON[1.01] § 922 Rz 9.

[54]) AA *Gschnitzer* in *Klang*[2] IV/1, 504.

[55]) *Welser,* Zur Gewährleistung beim Erwerb von Wertpapieren, in FS Reischauer (2010) 443 (448) mwN.

[56]) *Gschnitzer,* Schuldrecht AT 159; *Mayrhofer,* Schuldrecht I 430f; *Rabel,* Die Haftung des Verkäufers wegen Mangels im Rechte (1902) 339ff. AA *Gschnitzer* in *Klang*[2] IV/1, 542f. OGH SZ 66/129; ecolex 2005, 761.

[57]) OGH ecolex 2007/209 *(Jud)*.

[58]) Zur Bindungswirkung des Vorprozesses s OGH SZ 70/60 (Verst Senat); *Reischauer* in *Rummel*[3] § 931 Rz 1ff mwN. Vgl zum Regress OGH RdW 2002/402.

D. Rechtsfolgen

1. Das System der Gewährleistungsbehelfe

§ 932 nennt als Gewährleistungsbehelfe die **Verbesserung** (Nachbesserung oder Nachtrag des Fehlenden), den **Austausch** der Sache, eine angemessene Minderung des Entgelts **(Preisminderung)** und die Aufhebung des Vertrags **(Wandlung).**[59]) Diese Rechte stehen grundsätzlich unabhängig von Art[60]) und Schwere des Mangels zu. Bei nur geringfügigen Mängeln besteht aber kein Recht auf Wandlung. 333

Vom Gewährleistungsrecht unberührt bleibt das Recht des Übernehmers, die Einrede des nicht gehörig erfüllten Vertrages nach § 1052 Satz 1 zu erheben. Sie steht dem Gläubiger zu, wenn der Schuldner eine Leistung anbietet, die qualitativ oder quantitativ nicht dem Geschuldeten entspricht, aber auch dann, wenn der Gewährleistungsberechtigte nach Ablieferung einer mangelhaften Sache oder eines mangelhaften Werkes die Verbesserung fordert. S dazu oben Rz 186ff.

Statt der Gewährleistung kann der Übernehmer – Verschulden des Übergebers vorausgesetzt – Schadenersatz fordern (§ 933a unten Rz 421ff) oder die Herausgabe eines vom Verkäufer wegen des Mangels erlangten Vorteils verlangen, zB die Versicherungssumme für einen Brandschaden am verkauften Haus.[61])

§ 932 Abs 2 und 4 bestimmen den **Vorrang der Verbesserung** und des **Austauschs.** Der Übergeber soll dadurch eine **„weitere Chance“** erhalten, den vertragsgemäßen Zustand herzustellen. Verbesserung und Austausch sind also die primären, Preisminderung und Wandlung die sekundären Behelfe. 334

Preisminderung oder **Wandlung** kann der Übernehmer nur fordern, wenn die Verbesserung und der Austausch nicht möglich sind, für den Übergeber mit einem unverhältnismäßigen Aufwand verbunden wären oder wenn er dem Verlangen des Übernehmers nicht oder nicht in angemessener Frist nachkommt. Ferner kann der Übernehmer die „sekundären Rechtsbehelfe“ geltend machen, wenn die primären für ihn mit erheblichen Unannehmlichkeiten verbunden wären oder wenn ihm die Verbesserung oder der Austausch aus triftigen, in der Person des Übergebers liegenden Gründen nicht zumutbar ist.[62]) 335

Primäre Gewährleistungsbehelfe
Verbesserung (Nachbesserung, Nachtrag), **Austausch**
Angemessene Frist, möglichst geringe Unannehmlichkeiten für Übernehmer

336

[59]) Inhaltlich bestehen zwischen den Gewährleistungsbehelfen des österreichischen Rechts und jenen der Richtlinie keine Unterschiede (EB 422 BlgNR 21. GP 16).

[60]) ZB OGH EvBl 2012/24 *(Ring).*

[61]) Vgl *Bollenberger,* Stellvertretendes Commodum 422ff mwN.

[62]) EB 422 BlgNR 21. GP 16; *Welser/Jud,* Gewährleistung § 932 Rz 13; *Jud,* Schadenersatz 197ff.

337 Unmöglichkeit
Unverhältnismäßig hoher Aufwand für Übergeber
Verweigerung der Verbesserung (des Austausches)
Verzug mit der Verbesserung (dem Austausch)
Erhebliche Unannehmlichkeiten für den Übernehmer
Unzumutbarkeit aus triftigem, beim Übergeber liegendem Grund

338

Sekundäre Gewährleistungsbehelfe
Preisminderung oder
– wenn der Mangel nicht geringfügig ist –
Wandlung

2. Verbesserung, Nachtrag des Fehlenden und Austausch

339 Ist der Mangel **behebbar,** so hat der Erwerber das Recht auf Verbesserung (Nachbesserung oder Nachtrag des Fehlenden) oder auf Austausch der Sache.

340 Die Verbesserungs-, Nachtrags- und Austauschansprüche sind die in Gestalt eines Gewährleistungsanspruchs erhalten gebliebenen **Erfüllungsansprüche.**[63])

341 Nach hM kommt der Austausch nur bei Gattungsschulden in Betracht.[64]) Nach jüngerer Ansicht soll der Austausch immer dann möglich sein, wenn der Schuldner eine gleichartige, wirtschaftlich gleichwertige Ersatzlage schaffen kann.[65]) Der OGH hat diese Frage jüngst offengelassen.[66])

342 Die Verbesserung oder der Austausch ist in angemessener **Frist** und mit möglichst **geringen Unannehmlichkeiten** für den Übernehmer zu bewirken, wobei die Art der Sache und der mit ihr verfolgte Zweck zu berücksichtigen sind (§ 932 Abs 3).[67])

343 Verbesserung und Nachtrag des Fehlenden sind am ursprünglichen **Erfüllungsort** zu leisten, sofern nicht die in einigen Punkten abweichenden Regeln des § 8 Abs 1 KSchG Anwendung finden (s unten Rz 395 ff). Sie sind **unentgeltlich** vorzunehmen, der Übergeber kann also dafür kein

---

[63]) So schon OGH GlUNF 5492 und *M. Schuster-Bonnott,* Grundriß des Obligationenrechts[2] (1914) 26; ferner HHB zur 3. TN 174; s *Welser/Jud,* Gewährleistung § 932 Rz 24. Aus der jüngeren Judikatur zB OGH RdW 1997, 449 *(Iro)* mwN.

[64]) *Welser/Jud,* Gewährleistung § 932 Rz 9; *Kletečka,* Gewährleistung neu, § 932 Rz 4; *Reischauer,* JBl 2002, 141 ff; *P. Bydlinski* in KBB[4] § 932 Rz 3; *Ofner* in *Schwimann/Kodek*[4] § 932 Rz 16; unklar *Faber,* Handbuch 106 und 137. AA *Jud,* Schadenersatz 146 ff.

[65]) *Jud,* Schadenersatz 146 ff; vgl auch *P. Bydlinski* in KBB[4] § 932 Rz 3.

[66]) OGH RdW 2012/272.

[67]) Dazu *Welser/Jud,* Gewährleistung § 932 Rz 26 ff.

zusätzliches Entgelt verlangen[68]) und hat auch die Arbeits- und Materialkosten zu tragen.[69]) Für das Verbrauchergeschäft wird dies in § 8 Abs 3 KSchG besonders klargestellt[70]) (s unten Rz 400).

Fraglich ist, ob der Übergeber beim Austausch einer vom Überneh- 344
mer eingebauten Sache (zB Fliesen) auch die **Kosten des Ausbaus** der mangelhaften Sache und des **neuerlichen Einbaus** zu tragen hat, wenn ursprünglich nur die Lieferung einer Sache geschuldet war. Nach bisher hM waren solche Kosten als Mangelfolgeschäden zu qualifizieren und daher nur bei Verschulden zu ersetzen.[71]) Der EuGH hat aber in den Rechtssachen *Weber* und *Putz*[72]) entschieden, dass der Verkäufer nach der Verbrauchsgüterkauf-Richtlinie dann, wenn der Verbraucher die Sache vor Auftreten des Mangels gutgläubig gemäß seiner Art und seinem Verwendungszweck eingebaut hat, verpflichtet ist, entweder selbst den Ausbau der mangelhaften Sache und den Einbau der Austauschsache vorzunehmen oder die Kosten zu tragen, die für diesen Ausbau und den Einbau notwendig sind. Diese Verpflichtung des Verkäufers besteht unabhängig davon, ob er sich im Kaufvertrag verpflichtet hatte, die ursprünglich gekaufte Sache einzubauen.

Der OGH hat daraufhin zunächst gemeint, dass § 932 Abs 2 richtlinienkonform zu interpretieren sei und damit die Rechtsprechung des EuGH auf das österreichische Recht übertragen.[73]) Jüngst hat er klargestellt, dass dies nur dann gelte, wenn der Sach-

---

[68]) EuGH C-404/06 *(„Quelle")*; s dazu zB *Jud,* (Kein) Nutzungsersatz beim Austauschanspruch, in FS ÖGEBAU (2008) 215; *Ofner,* Kein Nutzungsentgelt für den Verkäufer bei Austausch der nicht vertragsgemäßen Sache, ZfRV 2008/9, 57; *Wittwer,* EuGH: Unentgeltliche Verbesserung! ecolex 2008, 696; *Meyenburg,* EuGH: Gewährleistung und Austausch ohne Berücksichtigung der zwischenzeitigen Nutzung, RdW 2008/471, 512; *Schuster,* Verbrauchsgüterkauf: Keine Nutzungsersatzpflicht bei Nacherfüllung, Zak 2008/388, 226.

[69]) *Zöchling-Jud* in *Kletečka/Schauer,* ABGB-ON[1.01] § 932 Rz 11.

[70]) S dazu *I. Welser,* Der Erfüllungsort für Verbesserungspflichten des Unternehmers nach § 8 KSchG, ÖJZ 2001, 746.

[71]) *Faber,* ecolex 2009, 455 mit Nachweisen zur entsprechenden Diskussion in Deutschland; *Zöchling-Jud,* Offene Fragen des Austauschanspruchs gegen den Lieferanten von Baumaterial: Zugleich eine Besprechung des Vorlagebeschlusses des BGH vom 14. 1. 2009 – VBl ZR 70/08, in FS Straube (2009) 465 (473ff).

[72]) EuGH, verb Rs C-65/09 und C-87/09 *(„Gebr. Weber")*; s dazu zB *Perner/Zoppel,* EuGH: Umwälzung bei der Gewährleistung, RdW 2011/481, 447; *P. Bydlinski,* Weite verschuldensunabhängige Verkäuferhaftung nach Selbsteinbau durch den Käufer? ÖJZ 2011/93, 893; *Faber,* Zivilrecht und internationales Privatrecht, Schwerpunkt Verbraucherschutz, in *Eilmansberger/Herzig,* Jahrbuch Europarecht 2012, 425ff; *Eder,* Kann der Austausch vertragswidriger Ware „unverhältnismäßig" sein? JAP 2012/2013/8, 48; *Faber,* OGH erstmals zur Aus- und Einbaukostentragung durch den Verkäufer nach EuGH verb Rs C-65/09 und C-87/09 *(„Gebr. Weber")*, JBl 2013, 151ff; *Faber,* Aus- und Einbaukosten 1ff mwN; kritisch *Karner/Koziol,* Der Ersatz von Mangelfolgeschäden in Veräußerungsketten, JBl 2012, 141 (144ff); *Wilhelm,* EuGH weitet Gewährleistung aus: Machen wir mit? – Oder ist die Frage schon Ketzerei? ecolex 2011, 873.

[73]) OGH ecolex 2013/43 *(Wilhelm)* (dazu *Faber,* JBl 2013, 151). Zur Frage, ob das ABGB diesbezüglich richtlinienkonform interpretiert werden kann s *P. Bydlinski,* ÖJZ 2011/93, 899; *Faber,* Aus- und Einbaukosten 96ff; *Zöchling-Jud* in *Kletečka/Schauer,* ABGB-ON[1.01] § 932 Rz 13/1 mwN; für eine richtlinienkonforme Interpretation im An-

verhalt in den Anwendungsbereich der Verbrauchsgüterkauf-Richtlinie fällt (Verbraucherkaufvertrag über bewegliche Sachen) und sich damit für eine gespaltene Auslegung des Gewährleistungsrechts entschieden.[74])

345 Dem Übernehmer steht nach § 932 zwischen **Verbesserung** und **Austausch** das **Wahlrecht** zu.[75]) Der Übergeber kann dem gewählten Behelf allerdings entgegenhalten, dass die Verbesserung oder der Austausch **unmöglich** ist oder für ihn, verglichen mit der anderen Abhilfe, mit einem **unverhältnismäßig** hohen Aufwand verbunden wäre.[76])

Bei Prüfung der Unverhältnismäßigkeit ist der gesamte Aufwand mit anderen Umständen in Beziehung zu setzen. Das Gesetz nennt besonders den Wert der mangelfreien Sache, die Schwere des Mangels und die mit der anderen Abhilfe für den Übernehmer verbundenen Unannehmlichkeiten. Der Wert der Sache ist insofern relevant, als vor allem bei billigen Massenprodukten der Austausch im Vordergrund steht, bei teureren und hochwertigen aber die Verbesserung. Zu berücksichtigen sind nicht nur die „reinen Behebungskosten", also die Kosten der Tätigkeit, insbesondere der Arbeit, sondern alle Kosten, mit denen der Veräußerer durch die Maßnahme belastet wird. Daher sind zB Reise- und Transportkosten, die der Gewährleistungspflichtige aufgrund des Gesetzes zu tragen hat, in die Abwägung einzubeziehen. S auch § 8 KSchG (dazu unten Rz 395 ff).

346 Die Verbesserung (der Austausch) kann dem Gewährleistungsberechtigten, abgesehen von der Mangelbehebung, weitere **Vorteile** bringen, zB die Ersparnis von Reparaturkosten oder die längere Lebensdauer der gelieferten Sache. Solche Vorteile braucht sich der Berechtigte nicht anrechnen zu lassen.[77])

Zum Teil wurde die Ansicht vertreten, dass außergewöhnliche Vorteile, zB dass ein Werk nun durch eine Neukonstruktion mit verbesserter Technologie qualitativ

---

wendungsbereich des § 8 Abs 3 KSchG *Perner/Zoppel,* RdW 2011/481, 448; *Karner/Koziol,* JBl 2012, 145; *Karner/Koziol,* Mangelfolgeschäden 36.

[74]) OGH EvBl 2014/89 *(Perner)* = VbR 2014/114 *(Steurer)* = ZVB 2014/109 *(Kraus)* = ecolex 2015/2 *(Schoditsch);* VbR 2015/60; so schon *Faber,* Aus- und Einbaukosten 96 ff; dagegen *P. Bydlinski,* ÖJZ 2011/93, 895 ff; vgl auch *Perner,* EU-Richtlinien und Privatrecht (2012) 124 ff; *Reif,* Aus- und Einbau beim Austausch: Unterschiedliches Gewährleistungsrecht für Unternehmer und Verbraucher, RdW 2014/420, 383; *Reif,* Aus- und Einbau im Verbraucherrecht: Zum „Wahlrecht" zwischen Realvornahme und Kostenersatz, Zak 2014/735, 383; *P. Bydlinski,* Richtlinienkonforme „gesetzesübersteigende" Rechtsfindung und ihre Grenzen – eine methodische Vergewisserung anlässlich 20 Jahre EU-Mitgliedschaft, JBl 2015, 2.

[75]) *Jud,* Schadenersatz 177 ff; zum alten Recht *Welser,* Zwei Fragen des Gewährleistungsrechts, JBl 1982, 587.

[76]) *Welser/Jud,* Gewährleistung § 932 Rz 18 ff; *Zöchling-Jud* in *Kletečka/Schauer,* ABGB-ON[1.01] § 932 Rz 28 ff. Im Prozess muss der Übergeber die Einrede der Unverhältnismäßigkeit erheben; OGH JBl 2013, 654. Zur Unverhältnismäßigkeit im alten Recht OGH JBl 2003, 521.

[77]) OGH SZ 55/29; JBl 2003, 521; JBl 2005, 312 (Vorteil aus verspäteter Behebung des Mangels); *Krejci,* Reform 108 f; *Jud,* Vorteilsausgleich im Gewährleistungsrecht, JBl 2000, 6 ff. Nach *Fenyves,* Vorteilsausgleichung im Gewährleistungsrecht? JBl 1999, 11, kann das Verbesserungsbegehren rechtsmissbräuchlich sein, wenn die Verbesserung dem Gläubiger außergewöhnliche Vorteile bringt.

höherwertig ist oder eine besonders lange Lebensdauer hat, vom Berechtigten zu vergüten sind.[78]) Diese Ansicht scheint nunmehr aber mit der Entscheidung des EuGH in der Rechtssache *Quelle*[79]) in Widerspruch zu stehen.[80])

3. Voraussetzungen für die Geltendmachung der sekundären Behelfe

Der Vorrang von Verbesserung und Austausch vor den Rechten auf Preisminderung und Wandlung beruht auf der Überlegung, dem Übergeber eine zweite Chance zur Erfüllung seiner vertraglichen Verpflichtungen zu gewähren. Das Gesetz berücksichtigt aber unter bestimmten Voraussetzungen auch das Interesse des Übernehmers, sich vom Vertrag sofort lösen zu können oder den Preis zu mindern. Umgekehrt gibt es auch Fälle, in denen der Übergeber berechtigt ist, eine vom Übernehmer begehrte Verbesserung (Austausch) zu verweigern. Aus dieser gesetzlichen Interessenabwägung ergibt sich ein diffiziles Rangordnungssystem. 347

Die Verbesserung oder der Austausch kommen zunächst dann nicht in Betracht, wenn sie **faktisch** oder **rechtlich unmöglich** sind. Auf die von ihm selbst herbeigeführte Unmöglichkeit der Verbesserung kann sich aber der Übernehmer nicht berufen.[81]) 348

Ist nur die Verbesserung unmöglich, so bleibt dem Übernehmer der Austauschanspruch. Ist umgekehrt der Austausch unmöglich, so hat der Übernehmer zunächst nur Anspruch auf Verbesserung. Sind beide primären Abhilfen (Verbesserung und Austausch) unmöglich oder untunlich, so kann der Übergeber die Herstellung des vertragsgemäßen Zustandes überhaupt verweigern und den Übernehmer auf die sekundären Behelfe verweisen.

Nach § 932 Abs 4 kann der Übernehmer die sekundären Behelfe verlangen, wenn die Verbesserung und der Austausch mit einem **unverhältnismäßig** hohen **Aufwand** verbunden wären. Die Unverhältnismäßigkeit ist vom Übergeber einzuwenden und zu beweisen.[82]) 349

Unverhältnismäßigkeit ist nach der Rechtsprechung „absolut" zu beurteilen und dann gegeben, wenn der mit der Verbesserung (Austausch) verbundene Aufwand in keinem Verhältnis zur Bedeutung des Mangels für den Übernehmer steht.[83]) Besonders

---

[78]) So die Vorauflage; *Kurschel,* Gewährleistung 74ff mwN; *Welser,* Schadenersatz 16f. In diesem Sinne auch OGH EvBl 2008/180.

[79]) EuGH C-404/06 *(„Quelle")* (dazu *Jud* in FS ÖGEBAU 221f; *Ofner,* ZfRV 2008/9, 57; *Schuster,* Zak 2008/388, 226; *Meyenburg,* RdW 2008/471, 512).

[80]) *Jud* in FS ÖGEBAU 221f; *Ofner,* ZfRV 2008/9, 57; *Schuster,* Zak 2008/388, 226.

[81]) OGH SZ 2005/157 (dazu *Augenhofer,* Zum Vorrang der Verbesserung nach dem GewRÄG, JBl 2006, 437; *P. Bydlinski,* Gewährleistung am Beispiel eines Werkvertrags, Zak 2006/188, 105; *Jud,* ÖJZ 2007/1, 8f); ÖJZ 2012/24 (kritisch *Ring*). Unmöglich ist die Verbesserung, wenn sich der (Planungs-)Mangel bereits in der Funktionsuntüchtigkeit des geplanten Objekts realisiert hat; OGH EvBl 2013/179.

[82]) OGH JBl 2013, 654; s dazu *P. Bydlinski,* Zak 2013/490, 267.

[83]) OGH JBl 2007, 519 *(Faber);* ecolex 2008/180; JBl 2015, 45 *(Geroldinger)* = ecolex 2014/197 *(Riepl);* ebenso *Welser,* Neue Judikatur zum „europäisierten Gewährleistungsrecht", in FS ÖGEBAU (2008) 326f; aA (relative Unverhältnismäßigkeit) *Faber,* Anmerkung zu OGH, JBl 2007, 519 (522ff); *Faber,* Vorabentscheidungs-

schwere Mängel können auch einen über dem Kaufpreis oder Werklohn liegenden Aufwand rechtfertigen.[84])

Der EuGH hat in den Rechtssachen *Weber* und *Putz* allerdings entschieden, dass dann, wenn nur ein primärer Rechtsbehelf möglich ist, der Übergeber nach der Verbrauchsgüterkauf-Richtlinie nicht berechtigt ist, sich auf die Unverhältnismäßigkeit des damit verbundenen Aufwandes zu berufen.[85]) Um die damit für den Übergeber verbundene Härte – er müsste endlos viel investieren, um die Herstellung des vertragsgemäßen Zustandes zu bewerkstelligen – abzumildern, soll der Übernehmer nach Ansicht des EuGH im Einzelfall einen angemessenen Teil der Kosten tragen müssen, wenn er auf die Herstellung des vertragsgemäßen Zustandes besteht.

Angesichts des klaren Wortlauts des § 932 Abs 4 und des Umstands, dass die Entscheidung des EuGH in diesem Punkt unklar ist, kommt eine richtlinienkonforme Interpretation des ABGB nicht in Betracht.[86]) Gegebenenfalls muss der Gesetzgeber eine entsprechende Neuregelung schaffen. Der OGH hat jedenfalls auch nach der Entscheidung des EuGH den Einwand der Unverhältnismäßigkeit zugelassen, doch lag der Fall nicht im Anwendungsbereich der Verbrauchsgüterkauf-Richtlinie.[87])

350 Der Übernehmer ist ferner dann zur Geltendmachung der sekundären Rechtsbehelfe berechtigt, wenn der Übergeber die Verbesserung (den Austausch) **verweigert** oder nicht in **angemessener Frist** vornimmt. Das ist der Fall, wenn der Übergeber untätig bleibt,[88]) aber auch, wenn seine Bemühungen um Verbesserung fehlschlagen.[89])

Das Gesetz enthält keine genaueren Angaben über die Länge der Frist: Sie richtet sich nach den Umständen des Einzelfalles.[90]) Es bedarf keiner besonderen Fristsetzung durch den Übernehmer, der Übergeber muss nach dem Verbesserungsverlangen des Übernehmers von sich aus in angemessener Zeit Abhilfe schaffen.[91])

Hat der Übergeber die Verbesserung oder den Austausch zwar vorgenommen, dies aber nicht in einer angemessenen Frist oder ohne erhebliche Unannehmlichkeiten bewerkstelligt, kann der Übernehmer die Preisminderung oder die Wandlung nicht mehr begehren, da dies zu einer „doppelten Liquidation" des Mangels führen würde.[92])

351 Schließlich kann der Übernehmer die primären Abhilfen ablehnen, wenn sie für den Übernehmer mit **erheblichen Unannehmlichkeiten** ver-

---

ersuchen zum gewährleistungsrechtlichen Austauschanspruch, ecolex 2009, 453; *Zöchling-Jud* in *Kletečka/Schauer,* ABGB-ON[1.01] § 932 Rz 48.

[84]) OGH EvBl 2013/89 *(Reif)* = immolex 2013, 118 *(Faber)* = ZVB 2013/75 *(Oppel)* = ZRB 2013, 100 *(Seeber-Grimm/Seeber)* = wobl 2013, 181 *(Terlitza).*

[85]) EuGH verb Rs C-65/09 und C-87/09 *(„Gebr. Weber").*

[86]) So auch *P. Bydlinski,* ÖJZ 2011/93, 899f; *P. Bydlinski* in KBB[4] § 932 Rz 18; vgl aber *Faber,* Aus- und Einbaukosten 105ff mwN; *Perner,* EU-Richtlinien 106f.

[87]) OGH EvBl 2013/89 *(Reif)* = immolex 2013, 118 *(Faber)* = ZVB 2013/75 *(Oppel)* = ZRB 2013, 100 *(Seeber-Grimm/Seeber)* = wobl 2013, 181 *(Terlitza);* JBl 2015, 45 *(Geroldinger)* = ecolex 2014/197 *(Riepl).*

[88]) S dazu OGH Zak 2011/328.

[89]) Zur Beweislast OGH Zak 2011/327.

[90]) S dazu OGH ecolex 2006/422 *(Jud);* SZ 2005/157 (dazu *Augenhofer,* JBl 2006, 437; *P. Pydlinski,* Zak 2006/188, 105; *Jud,* ÖJZ 2007/1, 8f).

[91]) EB 422 BlgNR 21. GP 17; *Welser/Jud,* Gewährleistung § 932 Rz 24.

[92]) OGH ecolex 2008/74 *(Jud), Zöchling-Jud* in *Kletečka/Schauer,* ABGB-ON[1.01] § 932 Rz 59 mwN.

bunden wären[93]) oder wenn sie ihm aus **triftigen,** in der Person des Übergebers liegenden **Gründen unzumutbar** sind.[94])

Der Einwand der „erheblichen Unannehmlichkeiten“ steht dem Übernehmer nur zum Schutz vor krassen Unbilligkeiten zu.[95]) Beispiele: mit der Verbesserung oder dem Austausch verbundene Belastungen, zB umfangreiche Stemm- und Maurerarbeiten samt den damit einhergehenden Schmutz- und Lärmbelästigungen; erhebliche Unannehmlichkeiten entstehen für den Übernehmer auch dann, wenn die Verbesserung misslingt, also die Sache nicht „im ersten Anlauf“ repariert wird. Der Übergeber hat nur das Recht auf einen Verbesserungsversuch.[96]) Erhebliche Unannehmlichkeiten können aber auch darin bestehen, dass der Verkäufer seinen Sitz im schwer erreichbaren Ausland hat und ein Geldausgleich leichter abzuwickeln ist als eine Reparatur oder ein Austausch.[97]) Bei den in der Person des Übergebers liegenden Gründen geht es um Fälle, in denen es dem Übernehmer nicht zu verdenken ist, dass er sich nicht mehr auf die Verbesserung der Sache durch den Veräußerer einlassen will. Zu solchen „triftigen Gründen“ gehören zB sicherheitsrelevante Umstände (eine unzulängliche Reparatur an der Bremsanlage eines Kfz, die zu einem Bremsversagen geführt hat) und andere Fehler, die eine besondere Sorglosigkeit und Nachlässigkeit des Übergebers nahelegen[98]) wie zB die Tatsache, dass der Werkunternehmer trotz Rüge der vertragswidrigen Maßungenauigkeiten seine Arbeiten unverändert fortsetzt.[99])

Strittig ist, ob der Übernehmer die Verbesserung **selbst vornehmen** 352
(lassen) und vom gewährleistungspflichtigen Übergeber Ersatz verlangen kann. Die konkreten Kosten einer Verbesserung können jedenfalls nicht als Preisminderung begehrt werden.[100]) Nach manchen kann der Übernehmer vom Übergeber den Betrag, den dieser sich durch die Nichtvornahme der Verbesserung erspart hat, nach § 1042 verlangen[101]) oder seinen An-

---

[93]) S dazu OGH SZ 2005/157 (dazu *Augenhofer,* JBl 2006, 437; *P. Pydlinski,* Zak 2006/188; *Jud,* ÖJZ 2007/1, 8f); JBl 2006, 518 *(P. Bydlinski)* = ecolex 2006/311 *(Jud);* ecolex 2007/355 *(Jud).*

[94]) OGH ecolex 2006/311 *(Jud);* SZ 2005/157 (dazu *Augenhofer,* JBl 2006, 437; *P. Pydlinski,* Zak 2006/188, 105; *Jud,* ÖJZ 2007/1, 8f); ecolex 2009/37 *(Friedl);* ecolex 2010/194.

[95]) OGH 6 Ob 85/05a; 5 Ob 191/05g. Dazu *Jud,* Die Kaufrechts-RL und ihre Umsetzung in der österreichischen Rechtsprechung, GPR 2006, 72ff; *P. Bydlinski,* ZAK 2006/188, 105.

[96]) *Zöchling-Jud* in *Kletečka/Schauer,* ABGB-ON[1.01] § 932 Rz 55 mwN; s auch OGH EvBl 2007/166 = ecolex 2007/355 *(Jud).*

[97]) *Welser/Jud,* Gewährleistung § 932 Rz 32f.

[98]) EB 422 BlgNR 21. GP 18.

[99]) OGH ecolex 2010/194.

[100]) OGH JBl 2006, 518 *(P. Bydlinski)* = ecolex 2006/311 *(Jud); Welser/Jud,* Gewährleistung § 932 Rz 31; *Zöchling-Jud* in *Kletečka/Schauer,* ABGB-ON[1.01] § 932 Rz 44; *Augenhofer,* JBl 2006, 439; *P. Bydlinski,* Zak 2006/188, 106. Zur Wandlung s OGH ecolex 2014/235 (dazu kritisch *Krist,* Sekundäre Gewährleistungsbehelfe trotz Selbstverbesserung? ecolex 2014, 599); VbR 2015/11.

[101]) *Kletečka,* Gewährleistung neu, § 933a Rz 6; *Reischauer* in *Rummel*[3] § 932 Rz 13; *Reischauer,* JBl 2002, 151; *Holzinger,* Ansprüche im Falle voreiliger Selbstvornahme der Verbesserung durch den Übernehmer, RdW 2008/587, 636; vgl auch EB 422 BlgNR 21. GP 18; aA *Welser,* Die mangelhafte Erfüllung der Verbesserungspflicht, ZfRV 2007/2, 4 (8f); *Rummel,* Altes und Neues zu § 1042, JBl 2008, 432 (440ff).

spruch auf § 1097 Satz 2 stützen.[102]) Vorzuziehen ist eine analoge Anwendung des § 1168, nach dem sich ein Werkunternehmer bei Unterbleiben der Ausführung des Werkes dasjenige auf seinen Werklohnanspruch anrechnen lassen muss, was er sich „infolge Unterbleibens der Arbeit erspart“ hat.[103]) Zum schadenersatzrechtlichen Geldersatz s Rz 426ff.

4. Wandlung und Preisminderung

353 Auf „zweiter Ebene“ hat der Übernehmer die Rechte der Preisminderung und der Wandlung (§ 932 Abs 4).

354 Wandlung und Preisminderung sind **Gestaltungsrechte,** die gerichtlich durch **Klage oder Einrede** ausgeübt werden müssen (s unten Rz 374ff). Bei Einigung der Parteien erübrigt sich die gerichtliche Geltendmachung.

355 Der Gewährleistungsberechtigte kann zwischen Wandlung und Preisminderung **wählen.** Das Recht auf Wandlung besteht allerdings nur, wenn es sich „**nicht** um einen **geringfügigen Mangel** handelt“ (§ 932 Abs 4).

Fraglich ist, nach welchen Kriterien die Geringfügigkeit zu bestimmen ist.[104]) Der Begriff kann jedenfalls nicht mit dem des unerheblichen Mangels nach § 932 Abs 2 aF gleichgesetzt werden,[105]) da dieser überhaupt keine Gewährleistung ausgelöst hat,[106]) während bei einem geringfügigen Mangel nur das Recht auf die Wandlung ausgeschlossen ist. Ob ein die Wandlung ausschließender geringfügiger Mangel vorliegt, ist nach der Rechtsprechung im Rahmen einer die Umstände des Einzelfalls berücksichtigenden Interessenabwägung zu prüfen.[107]) Bei der Beurteilung ist auf den Zeitpunkt abzu-

---

[102]) *Reischauer,* Gewährleistung und verschuldensunabhängiger Verbesserungskostenersatz, Zak 2011/607, 323; vgl auch *Mokrejs,* Kostenersatz bei voreiliger Selbstverbesserung, JAP 2009/2010/9, 53 (56).

[103]) OGH SZ 2008/87 (dazu *Wilhelm,* Die ganz normale voreilige Selbstverbesserung, ecolex 2008, 881); *Bollenberger,* Das stellvertretende Commodum (1999) 225ff; *Jud,* Schadenersatz 119ff; *P. Bydlinski,* Neues zum neuen Gewährleistungsrecht, JBl 2005, 681 (684ff); *P. Bydlinski,* Anm zu OGH JBl 2006, 521; *Wilhelm,* Der ritterliche Vorrang der Verbesserung beim Wohnungskauf, ecolex 2006, 721; *Jud,* Anm zu OGH ecolex 2006/311, 746. Differenzierend *Karner,* Rechtsfolgen einer (voreiligen) Selbstverbesserung durch den Gewährleistungsberechtigten, ZVR 2009/64, 152; diesem folgend *Koziol* in KBB[4] § 1042 Rz 5; vgl auch *Baumgartner,* Kostenersatz bei voreiliger Selbstverbesserung? JAP 2006/2007/29, 179; *Welser* in FS ÖGEBAU 328f.

[104]) Zum Begriff des geringfügigen Mangels *Jud,* Die Rangordnung der Gewährleistungsbehelfe, in Jahrbuch der GesJZ (2001) 220ff; *Jud,* Schadenersatz 295ff; *Welser,* ecolex 2001, 424; *Krejci,* Zum neuen Gewährleistungsrecht, VersRdSch 2001, 201 (210f); *Apathy,* Reisevertragsrecht und Gewährleistungsreform, JBl 2001, 479; *Faber,* Handbuch 131ff; *Bollenberger,* Das neue Wahlrecht zwischen Wandlung und Minderung, RdW 2002/636, 715f; *Reischauer,* JBl 2002, 142; *Kletečka,* Der geringfügige Mangel, RdW 2003/537, 616; *P. Bydlinski,* JBl 2005, 687ff; *Welser* in FS ÖGEBAU 319ff mwN zur Rechtsprechung.

[105]) *Welser/Jud,* Reform 88; *Welser/Jud,* Gewährleistung § 932 Rz 37; EB 422 BlgNR 21. GP 19.

[106]) Vgl *Apathy,* Gewährleistung für bedungene Eigenschaften und den verabredeten Gebrauch, JBl 1975, 577; OGH SZ 52/23; EvBl 1993/148.

[107]) OGH EvBl 2005/181 (kritisch *Rabl*); RdW 2005/816; ZVR 2006/91 *(Kathrein/Bauer);* ecolex 2012/6 (dazu *Proschak,* Neues zum „geringfügigen Mangel“ nach § 932 Abs 4 ABGB, ÖJZ 2005, 900); EvBl 2014/37 *(Brenn);* JBl 2014, 803; *Wilhelm,* ecolex

stellen, in dem der Anspruch der „zweiten Ebene" entsteht.[108]) Das Wandlungsrecht steht dem Übernehmer nicht zu, wenn die Auflösung des Vertrages angesichts des geltend gemachten Mangels „unverhältnismäßig" wäre.[109])

Treten zB bei einem fabriksneuen Pkw Vibrationsgeräusche des Schaltknüppels ohne Funktionsbeeinträchtigung auf, ist dies ein geringfügiger Mangel, weil die Interessen des Käufers geringer wiegen als jene des Verkäufers, der durch eine Wandlung erhebliche wirtschaftliche Nachteile erleiden würde.[110]) Kein geringfügiger Mangel ist es hingegen, dass die Heizung eines Autos im Winter nicht mehr als 20 °C erreicht.[111]) Auch bei Fehlen ausdrücklich zugesagter Eigenschaften kann grundsätzlich nicht von einer Geringfügigkeit des Mangels ausgegangen werden.[112])

Die Preisminderung ist hingegen grundsätzlich auch dann zulässig, 356
wenn es sich um einen schweren Mangel handelt.[113]) In besonders schwerwiegenden Fällen, bei denen die Preisminderung dazu führen würde, dass der Übernehmer die Sache faktisch umsonst behalten dürfte **(Preisminderung gegen Null)** kann die Geltendmachung der Preisminderung aber rechtsmissbräuchlich und daher ausgeschlossen sein.[114])

Nach der Judikatur ist die Preisminderung in diesen Fällen nicht nach der relativen Berechnungsmethode (vgl unten Rz 362) vorzunehmen, vielmehr ist auf den bei einer anderen Nutzung erzielbaren objektiven Verkehrswert abzustellen.[115])

Durch die Wandlung (actio redhibitoria) wird der Vertrag **aufge-** 357
hoben.[116]) Sie wirkt wie ein Rücktritt schuldrechtlich ex tunc:[117]) Aufgrund des Vertrages vollzogene Übereignungsakte sind sachenrechtlich weiter wirksam, doch bestehen schuldrechtliche Ansprüche auf Rückübertragung (§ 1435).[118])

2006, 1; *Jud,* GPR 2006, 72ff; *Jud,* ÖJZ 2007/1, 9; *Faber,* Zur „geringfügigen Vertragswidrigkeit" nach Art. 3 Abs. 6 Verbrauchsgüterkauf-Richtlinie 1999/44/EG, ZEuP 2006, 676; *Bollenberger,* Zak 2005/39, 23f; *P. Bydlinski,* JBl 2005, 688f; *Schopper,* Ausschluss des Wandlungsrechts beim geringfügigen Mangel, JAP 2005/2006/21, 120. Darauf hinweisend, dass die Interessensabwägung nur anhand des Vertrages und nicht eine lösgelöste Würdigung der Interessen stattzufinden hat: *Welser,* Der „nicht geringfügige Mangel" in der Judikatur des OGH, in FS Binder (2010) 213 (218f).

[108]) OGH JBl 2014, 803.

[109]) *Welser/Jud,* Gewährleistung § 932 Rz 37; *Zöchling-Jud* in *Kletečka/Schauer,* ABGB-ON[1.01] § 932 Rz 65.

[110]) OGH EvBl 2005/181 (kritisch *Rabl*).

[111]) OGH RdW 2005/816.

[112]) OGH SZ 2006/17; ecolex 2008/75; s auch OGH ecolex 2007/363.

[113]) S zum alten Recht *Zöchling-Jud* in *Kletečka/Schauer,* ABGB-ON[1.01] § 932 Rz 69; OGH ecolex 2007/40 *(Jud);* jeweils mwN.

[114]) *Jud,* Schadenersatz 325ff; *Zöchling-Jud* in *Kletečka/Schauer,* ABGB-ON[1.01] § 932 Rz 70 mwN.

[115]) OGH ecolex 2007/40 *(Jud).*

[116]) Zum Problem des Wegfalls der Geschäftsgrundlage durch Wandlung s OGH ecolex 2000, 104 (dazu kritisch *Fischer-Czermak,* Wegfall der Geschäftsgrundlage beim Leasing, ecolex 2000, 97); *Harrich,* Das mangelhafte Leasingobjekt, Gewährleistung beim mittelbaren Finanzierungsleasing, Zak 2009/570, 347.

[117]) Für eine schuldrechtliche ex-nunc-Wirkung *Kerschner,* Rückabwicklung gegenseitiger Verträge, JBl 2001, 756 (764f).

[118]) *Gschnitzer* in *Klang*[2] IV/1, 538; OGH ÖBA 1995, 813 *(Iro).* Zur Rückabwicklung im Falle der Veräußerung einer fremden Sache vgl OGH EvBl 2009/97 *(Spitzer)* = Zak 2009/248 *(P. Bydlinski)* = ecolex 2009/139 *(Wilhelm).*

Schwierigkeiten ergeben sich, wenn die mangelhafte Sache nicht mehr zurückgegeben werden kann, weil sie zB veräußert, vernichtet oder verarbeitet worden ist. Hat der Übernehmer nach Kenntnis vom Mangel eine Verfügung vorgenommen, welche die Rückstellung unmöglich macht, oder die Rückstellung sonst schuldhaft vereitelt, so kann er zwar wandeln,[119]) muss aber Schadenersatz leisten. Zum zufälligen Untergang s unten Rz 1772ff.

358 Bei der Rückabwicklung ist nach bereicherungsrechtlichen Grundsätzen auch jener Vorteil zu berücksichtigen, der dem Gewährleistungsberechtigten bis zur Rückabwicklung aus der Nutzung der Sache zukommt **(Vorteilsausgleich).**[120])

359 Der Gewährleistungsberechtigte hat nach vollzogener Wandlung auch einen verschuldensunabhängigen Anspruch auf **Beseitigung** der mangelhaften Sache.[121])

360 Bei Mangelhaftigkeit eines Leistungsteils ist eine **Teilwandlung** möglich, wenn beide Partner auch über den mangelfreien Teil kontrahiert hätten (Analogie zu § 918 Abs 2 und § 920 Satz 2).[122])

361 Die **Preisminderung** (Klage auf Herabsetzung des Kaufpreises, actio quanti minoris) ist ebenfalls ein Gestaltungsrecht, führt jedoch nicht zur Aufhebung des Vertrages, sondern zur **Herabsetzung** des Entgelts und damit zu einer Änderung des Vertrages.[123]) Das Preisminderungsrecht ist kein Schadenersatzanspruch, sondern eher mit der Umgestaltung des Vertrags nach § 872 verwandt. Es geht durch Untergang oder Veräußerung der Sache nicht verloren.

362 Die Preisminderung ist nach der **„relativen Berechnungsmethode"** vorzunehmen,[124]) mit der das beim Vertragsabschluss zugrunde gelegte Wertverhältnis zwischen Leistung und Gegenleistung aufrechterhalten werden soll. Danach muss sich der vereinbarte Preis zum geminderten Preis so verhalten wie der objektive Wert der Sache[125]) ohne Mangel zum objektiven Wert der Sache mit Mangel.

---

[119]) OGH SZ 61/238; ecolex 2006/46; *Ostheim,* Zum Anspruch auf Vertragsaufhebung bei Unmöglichkeit der Naturalrestitution, in FS Wilburg (1975) 307; *Kerschner,* Der OGH auf dem Weg zur Saldotheorie? JBl 1988, 546f; dagegen *Mayrhofer,* Schuldrecht I 445; OGH SZ 42/180; HS 24.504; ecolex 1997, 344. Vgl auch *Bydlinski* in *Klang*[2] IV/2, 700; *Gschnitzer* in *Klang*[2] IV/1, 536f; *Harrer,* Rückabwicklungsprobleme beim fehlerhaften Kauf, JBl 1983, 247f; *Rabl,* Die Gefahrtragung beim Kauf (2002) 262ff.

[120]) S zur Berechnung OGH JBl 2007, 363; ecolex 2007/363 *(Wilhelm)* (dazu *Wilhelm,* Benützungsentgelt nach Wandlung, ecolex 2007, 821; *Meyenburg,* Zur „Neuen Gewährleistung" – Fragen aus der Praxis, Zak 2008/77, 43); JBl 2009, 584; ecolex 2010/228; JBl 2014, 455; vgl auch *Zöchling-Jud* in *Kletečka/Schauer,* ABGB-ON[1.01] § 932 Rz 72 mwN.

[121]) *Kurschel,* Gewährleistung 49f.

[122]) *Kurschel,* Gewährleistung 54ff.

[123]) S *Gschnitzer* in *Klang*[2] IV/1, 538.

[124]) *Gschnitzer* in *Klang*[2] IV/1, 538f; *Rabl,* Gefahrtragung, 194ff mwN; OGH SZ 26/120; JBl 1957, 454; SZ 54/88; SZ 62/185; JBl 2011, 40 *(P. Bydlinski)* = EvBl 2011/19 *(Kogler);* s aber OGH ecolex 2007/40; dagegen *Reischauer* in *Rummel*[3] § 932 Rz 8. Zu Reformüberlegungen *Welser/Jud,* Reform 121ff mwN.

[125]) Zu dessen Feststellung *Zöchling-Jud* in *Kletečka/Schauer,* ABGB-ON[1.01] § 932 Rz 37 mwN.

P:p = W:w 363

Die Preisminderung ergibt sich dann aus der Differenz zwischen P und p. 364

Kauft A ein Auto um € 120,– das mangelfrei € 100,– Wert ist, wegen des Mangels aber nur € 50,– Wert ist, kann A den Kaufpreis um € 60,– mindern. (120:p = 100:50; p = 60)

Die konkreten Kosten einer Verbesserung können nicht als Preis- 365
minderung begehrt werden (s oben Rz 352).

E. Maßgebender Zeitpunkt, Vermutung der Mangelhaftigkeit

Gewähr zu leisten ist nur für die bei der **Übergabe** (Ablieferung) der 366
Sache vorhandenen Mängel (§ 924 Satz 1). Für Mängel, die erst danach auftreten (und bei der Übergabe auch nicht angelegt sind), haftet der Übergeber nicht.[126]) Fällt der Übergang der Preisgefahr nicht mit der Ablieferung zusammen (zB beim Annahmeverzug), so ist der **Gefahrenübergang** maßgebend (§§ 1048 f).[127])

Weitet sich ein im Zeitpunkt der Übergabe bereits vorhandener Mangel später aus (zB wegen defekter Bremsen kommt es zu einem Unfall mit Totalschaden), ist auch für den „Weiterfressermangel" und nicht nur für den schon ursprünglichen Mangel gewährleistungsrechtlich einzustehen.[128])

Da der Schuldner Mängel bis zur Ablieferung beheben kann, gibt es 367
bis dahin kein Recht auf Gewährleistung. Eine Ausnahme besteht bei unbehebbaren Mängeln, weil bei ihnen das Zuwarten sinnlos wäre.[129])

Oft sind Mängel, die sich bald nach der Übergabe zeigen, auf einen 368
Fehler zurückzuführen, den die Sache schon bei der Übergabe hatte.[130]) Daran knüpft § 924 Satz 2 an: Es wird **vermutet,** dass ein Mangel schon bei der Übergabe vorhanden war, wenn er innerhalb von **sechs Monaten** nach der Übergabe hervorkommt.[131])

---

[126]) *Welser/Jud,* Gewährleistung § 924 Rz 3ff; OGH ecolex 2006/305; EvBl 2009/105 = Zak 2009/210 *(P. Bydlinski)* (dazu *Schauer,* Der relativ absolute Gewährleistungsausschluss, ÖJZ 2009, 733); EvBl-LS 2011/10.

[127]) *Gschnitzer* in *Klang*² IV/1, 511; *Rabl,* Gefahrtragung 232ff mwN; OGH JBl 1971, 305.

[128]) *Zöchling-Jud,* Weiterfresserschaden und Haftpflichtversicherung, in FS Fenyves (2013) 849; OGH Zak 2009/210 *(P. Bydlinski)* (dazu *Schauer,* Der relativ absolute Gewährleistungsausschluss, ÖJZ 2009/78, 733); JBl 2013, 654 (dazu *P. Bydlinski,* Gewährleistungsrechtlicher Austauschanspruch nach mangelbedingtem Totalschaden, Zak 2013/490, 267).

[129]) Vgl *Pisko,* Gewährleistungs-, Nichterfüllungs- und Irrtumsfolgen bei Lieferung mangelhafter Ware² (1926) 43ff; dagegen OGH Judikat 228 = GlUNF 7.446.

[130]) S OGH ecolex 1990, 543; JBl 1990, 655.

[131]) EB 422 BlgNR 21. GP 14; *Welser/Jud,* Gewährleistung § 924 Rz 6; *P. Bydlinski,* JBl 2005, 681f. Vgl aber *Leitner,* Zur Vermutung des § 924, ÖJZ 2009/54, 476f; *Reischauer,* Probleme der Beweislastregel des § 924, JBl 2010, 220f, die zwischen Mangelhaftigkeit der Leistung und Mangelhaftigkeit der Sache differenzieren; durch § 924 werde bei Mangelhaftigkeit der Sache die Mangelhaftigkeit der Leistung vermutet; offenlassend

Dem Übernehmer wird dadurch der oft – vor allem bei komplizierten technischen Geräten, wie Elektrogeräten, Kraftfahrzeugen und Computern – schwierige Beweis erspart, dass der Mangel bereits im Zeitpunkt der Übergabe bestanden hat. Dass überhaupt ein Mangel vorliegt, muss der Übernehmer aber nach allgemeinen Grundsätzen beweisen.[132]) S oben Rz 323.

369 Die Vermutung greift auch ein, wenn der Mangel erst nach Ablauf der sechs Monate, aber innerhalb der Gewährleistungsfrist gerichtlich geltend gemacht wird und bewiesen werden kann, dass er schon in den sechs Monaten nach der Übergabe aufgetreten ist.[133]) Der Beweis für das Hervorkommen in der Sechsmonatsfrist trifft den Übernehmer.[134]) Er wird daher im eigenen Interesse Mängel möglichst rasch nach ihrer Entdeckung dem Übergeber bekannt geben.

Bei Annahmeverzug beginnt die Frist mit dem Zeitpunkt der bedungenen Übergabe zu laufen,[135]) allerdings ist der Übergeber für das Vorliegen des Annahmeverzugs beweispflichtig und dies inkludiert den Beweis der Mangelfreiheit.[136])

370 Die **Vermutung** gilt allerdings **nicht,** wenn sie mit der **Art** der Sache oder des Mangels unvereinbar ist (§ 924 Satz 3).[137]) Damit sind Fehler gemeint, bei denen typisch anzunehmen ist, dass sie nicht bereits bei der Übergabe vorhanden waren, wie offenbare Gebrauchs- oder Abnützungserscheinungen.

Verkalkung eines Dampfbügeleisens, Abnützung von Bremsbelägen eines innerhalb kurzer Zeit intensiv benützten Pkws; Spuren einer offenkundigen Fehlbehandlung der Sache.[138])

Die Vermutung gilt an sich auch für gebrauchte Güter.[139]) Doch kann sie bei gebrauchten minderwertigen oder sehr kurzlebigen Waren mit der „Art der Sache“ unvereinbar sein.[140])

F. Besonderheiten bei Tier- und Viehmängeln

371 Für Viehmängel gilt eine besondere Gewährleistungsfrist von **sechs Wochen** (§ 933 Abs 2), **ferner bestehen Vermutungen über den Zeit-**

OGH JBl 2011, 506; s dazu *Foglar-Deinhardstein,* Die Vermutung der Mangelhaftigkeit gem § 924 ABGB, Zak 2011/228, 123.

[132]) RIS-Justiz RS0124354; vgl nunmehr auch EuGH C-497/13 *(„Faber“).*

[133]) *Jud,* ÖJZ 1997, 444; *Welser/Jud,* Reform 77; *Welser/Jud,* Gewährleistung § 924 Rz 7f; vgl EuGH C-497/13 *(„Faber“).*

[134]) *Welser/Jud,* Gewährleistung § 924 Rz 8 mwN.

[135]) OGH EvBl 2011/104 (dazu zustimmend *Foglar-Deinhardstein,* Zak 2011/228, 123; ablehnend *P. Bydlinski,* Gewährleistung und Annahmeverzug, in FS Kerschner (2013) 149 [151ff]).

[136]) *Reischauer,* JBl 2010, 217 (218); *Zöchling-Jud* in *Kletečka/Schauer,* ABGB-ON[1.01] § 924 Rz 5/1.

[137]) EB 422 BlgNR 21. GP 15; *Welser/Jud,* Gewährleistung § 924 Rz 9f; s dazu auch *Augenhofer,* Die Vermutung der Mangelhaftigkeit bei Übergabe in der OGH-Rechtsprechung, JBl 2007, 768.

[138]) EB 422 BlgNR 21. GP 15.

[139]) OGH ZVR 2006/155 *(Kathrein)* (dazu *P. Bydlinski,* Ein Gewährleistungsausschluss und seine Grenzen, Zak 2007/7; *Mendel,* Gewährleistung beim Gebrauchtwagenkauf, Zak 2006/458, 269); *Reischauer,* JBl 2010, 224.

[140]) S dazu OGH ecolex 2007/210 *(Jud).*

punkt des Vorliegens des Mangels (§§ 925–927).[141]) § 932a betrifft einstweilige Verfügungen über den gerichtlichen Verkauf von Tieren während des Rechtsstreites über die Aufhebung des Vertrages. Die Sondervorschriften für Tiermängel gelten aber nicht für alle Sachmängel eines Tieres, sondern nur für Krankheiten.[142])

Die Sechswochenfrist beginnt bei Mängeln, für die eine Vermutungsfrist besteht, erst nach deren Ablauf.[143])

Vieh iSd §§ 932a, 933 Abs 2 ist nur das, was iSd Landwirtschaft als 372
Vieh bezeichnet wird.[144]) Daher ist es kein Viehmangel, wenn der Hauskater Aljoscha eine armselige Stimme hat. Diese **Sondervorschriften** gelten nicht für Verbraucher, da die Verbrauchsgüterkauf-Richtlinie eine Einschränkung der Gewährleistungsrechte gegenüber Verbrauchern nicht zulässt (§ 9 KSchG).

Gemäß § 925 wird durch Verordnung bestimmt, inwiefern die **Ver-** 373
mutung eintritt, dass ein Tier schon **vor der Übergabe krank** war, wenn innerhalb bestimmter Fristen gewisse Krankheiten auftreten. Wenn also die in der Verordnung BGBl 1972/472 genannten Tiere innerhalb von Fristen, die zwischen 5 und 150 Tagen ab der Übergabe betragen, von bestimmten Krankheiten befallen wurden, so wird vermutet, dass sie schon vor der Übergabe krank waren. Das Auftreten einer Krankheit ist vom Erwerber sogleich dem Veräußerer anzuzeigen; allenfalls kann auch ein gerichtliches Beweissicherungsverfahren durchgeführt werden (§ 926).

Fraglich ist, ob neben §§ 925ff auch die allgemeine Vermutungsfrist des § 924 gilt.[145]) Für Krankheiten, die in der Verordnung BGBl 1972/492 angeführt sind, werden nur die §§ 925ff gelten. Bei allen anderen Krankheiten wäre an sich § 924 anzuwenden, doch ist hier die generelle Vermutungsfrist von sechs Monaten mit der „Art des Mangels“ unvereinbar.[146]) § 924 ist daher auf Tierkrankheiten nicht anzuwenden, sondern nur auf sonstige Mängel eines Tieres.[147])

G. Geltendmachung und Verjährung

Die Rechtsfolgen der Gewährleistung treten nicht schon mit dem 374
Vorhandensein des Mangels ein, sie müssen vom Erwerber innerhalb der Gewährleistungsfrist durch **Klage** oder **Einrede** geltend gemacht wer-

[141]) S dazu *Augenhofer,* JBl 2007, 774ff.

[142]) *Welser/Jud,* Gewährleistung § 925ff Rz 7 mwN.

[143]) *Welser/Jud,* Gewährleistung § 933 Rz 7; *Zöchling-Jud* in *Kletečka/Schauer,* ABGB-ON[1.01] § 933 Rz 6.

[144]) OGH EvBl 1962/284; EvBl 1979/113; aA *P. Bydlinski* in KBB[4] § 933 Rz 18; *Zöchling-Jud* in *Kletečka/Schauer,* ABGB-ON[1.01] § 933 Rz 6 jeweils mwN.

[145]) Dazu *Welser/Jud,* Gewährleistung §§ 925ff Rz 6ff; vgl auch *Reischauer,* JBl 2010, 222.

[146]) *Fischer-Czermak,* Zwei Fragen zur Gewährleistungsreform, in FS Krejci (2001) 1177.

[147]) Differenzierend OGH SZ 2007/11.

den.[148]) Einseitige außergerichtliche Erklärung reicht nicht aus, eine vertragliche Einigung macht aber die gerichtliche Durchsetzung überflüssig.

375 Die Gewährleistungsfrist beträgt bei beweglichen Sachen **zwei Jahre,** bei unbeweglichen Sachen **drei Jahre** und bei Viehmängeln **sechs Wochen** (§ 933).

Die Dreijahresfrist gilt, „wenn es unbewegliche Sachen betrifft",[149]) was nicht nur bei der Veräußerung, sondern auch bei Arbeiten an solchen Sachen der Fall ist,[150]) zB bei Maurer- oder Dachdeckerarbeiten, Verfliesungen, Installationen. Die Zweijahresfrist ist beim Kauf beweglicher Sachen auch dann anzuwenden, wenn sie dazu bestimmt sind, durch eine nicht mehr dem Veräußerer obliegende Tätigkeit Bestandteil einer unbeweglichen Sache zu werden,[151]) wie beim Kauf von Ziegeln. Sowohl beim Unternehmenskauf ieS (asset deal) als auch beim Anteilserwerb (share deal) beträgt die Gewährleistungsfrist zwei Jahre.[152])

376 Der Fristenlauf für Sachmängel beginnt mit der vollständigen[153]) **Ablieferung** der Sache. Auf den Zeitpunkt der Erkennbarkeit des Mangels kommt es nicht an.[154])

Das Gesetz hat den Ausdruck „Ablieferung" gewählt, um klarzustellen, dass nicht jede Übergabsart im Sinne der §§ 424ff den Lauf der Gewährleistungsfrist auslöst. Die Frist beginnt erst mit dem Zeitpunkt, in dem der Erwerber die Sache tatsächlich erhält.

Es gibt allerdings Mängel, die bei der Ablieferung schon ihrer Natur nach nicht erkennbar, also zu diesem Zeitpunkt von niemandem feststellbar sind. Handelt es sich dabei um das Vorhandensein bestimmter zugesicherter Eigenschaften, so wird meist angenommen, dass die Parteien den Beginn des Fristenlaufes stillschweigend auf den

---

[148]) *Welser/Jud,* Gewährleistung § 933 Rz 13f. OGH EvBl 1979/127. Nach OGH ecolex 1992, 628 *(Wilhelm)* genügt eine Feststellungsklage. S auch OGH JBl 1982, 38 *(Wilhelm);* JBl 1997, 791 = ecolex 1997, 919 *(Wilhelm);* ecolex 1997, 921; JBl 1999, 733 *(Riedler).* AA *Reischauer* in *Rummel*[3] § 933 Rz 1; *Reischauer,* Ein Plädoyer für die Möglichkeit der außergerichtlichen Wandlung und Minderung (§ 933 ABGB) sowie die Einführung einer allgemeinen Regelung für die Verjährung von Bereicherungsansprüchen (Vorschlag eines § 1490a in Anlehnung an § 1489 ABGB), in FS Welser (2004) 901; *Kogler,* Amtswegige Preisminderung bei Wandlungsbegehren? ecolex 2013, 1130. Zur Frage der Wahrung der Frist durch Feststellungsklagen *Frauenberger-Pfeiler,* Zur Feststellung „des Gewährleistungsanspruchs", ecolex 2008, 500.

[149]) Zur Problematik im Allgemeinen und zu Abgrenzungsfragen s *Welser,* JBl 1982, 588ff; *Kurschel,* Gewährleistung 95.

[150]) Vgl OGH JBl 1986, 448.

[151]) Vgl OGH SZ 47/118.

[152]) *Kogler,* Gewährleistungsfrist beim Unternehmenskauf, ecolex 2010, 239; *Zöchling-Jud* in *Kletečka/Schauer,* ABGB-ON[1.01] § 933 Rz 5; *Ofner* in *Schwimann/Kodek*[4] § 933 Rz 6; *P. Bydlinski* in KBB[3] § 933 Rz 2; aA noch die Vorauflage mwN; *Thierrichter,* Haftung des Verkäufers beim Anteilskauf, RdW 2012/341, 319 (320 FN 7). S dazu auch *Welser* in FS Reischauer 443ff.

[153]) S OGH JBl 1986, 245; JBl 1998, 577 *(Staudegger)* = ecolex 1998, 127 *(Wilhelm).*

[154]) *Welser/Jud,* Gewährleistung § 933 Rz 4; *Kurschel,* Gewährleistung 97ff; OGH JBl 1990, 648 *(Reischauer)* für unbewegliche Sachen (dazu *Iro,* Konkurrenz Gewährleistung – Erfüllungsinteresse beim Werkvertrag, RdW 1990, 146; *Kurschel,* Schadenersatz statt Gewährleistung, ecolex 1990, 276); ecolex 1991, 84 mwN (zustimmend *Wilhelm*); ecolex 1996, 853. AA *Mayrhofer,* Schuldrecht I 451; *Reischauer* in *Rummel*[3] § 933 Rz 3a; *P. Bydlinski,* Zum Beginn des Fristenlaufs im Gewährleistungsrecht, RdW 1986, 237ff.

Zeitpunkt der Erkennbarkeit des Mangels verlegt haben.[155]) Dies gilt zB für die Zusicherung der Zuchttauglichkeit eines jüngeren Hengstes.

Bei **Rechtsmängeln** beginnt die zwei- oder dreijährige Frist aller- 377
dings nicht mit der Ablieferung der Sache, sondern erst mit dem Tag, an dem der Mangel dem Übernehmer bekannt wird. Soweit der Rechtsmangel auf die von dritten Personen geltend gemachten Ansprüche gestützt wird, ist erforderlich, dass die Berechtigung des Dritten **unzweifelhaft** ist, der Erwerber also damit rechnen muss, dass der Dritte mit der Durchsetzung seines Anspruchs erfolgreich sein würde.[156])

Bei **Viehmängeln** beträgt die Frist 6 Wochen. Sie beginnt mit der 378
Ablieferung, bei Mängeln, für die eine Vermutungsfrist besteht (s oben Rz 371) erst nach deren Ablauf (§ 933 Abs 2).

Die Gewährleistungsfristen sind **Verjährungsfristen** (§ 933),[157]) sie 379
sind daher nicht von Amts wegen, sondern bloß auf Einrede wahrzunehmen[158]) und können gehemmt oder unterbrochen werden. Nach Ablauf der Frist bleibt eine Naturalobligation bestehen.[159]) Nach der Judikatur ist ein Verbesserungsversuch ein deklaratives Anerkenntnis, das die Verjährung unterbricht. Ebenso bewirken Vergleichsverhandlungen eine Ablaufshemmung der Gewährleistungsfristen.[160])

Nach § 1502 ist im Voraus weder ein **Verzicht** auf die Verjährung 380
noch ihre **Verlängerung** zulässig. § 933 Abs 1 letzter Satz bestimmt aber als lex specialis, dass die Gewährleistungsfrist auch verlängert werden kann, womit den praktischen Gegebenheiten Rechnung getragen werden soll.[161])

Dass außerhalb des Verbrauchergeschäftes die Gewährleistungsfrist innerhalb der Grenzen der §§ 864a und 879 auch verkürzt werden kann, versteht sich von selbst, doch hat das Gesetz auch dies ausdrücklich klargestellt (§ 933 Abs 1).

Wird ein Mangel nach der ursprünglichen Lieferung verbessert, be- 381
ginnt die Gewährleistungsfrist neu zu laufen.[162])

H. Rüge, außergerichtliche Anzeige des Mangels

Der Übernehmer ist auch dann berechtigt, die Gewährleistungs- 382
rechte geltend zu machen, wenn er den Mangel dem Übergeber nicht angezeigt hat. Im ABGB besteht also grundsätzlich **keine Rügepflicht.**[163])

---

155) *Ehrenzweig* II/1, 230ff; *Gschnitzer* in *Klang*² IV/1, 552f; *P. Bydlinski,* RdW 1986, 236f; OGH ZVB 2013/11 *(Oppel);* Zak 2015/430.

156) *Gschnitzer* in *Klang*² IV/1, 553; vgl OGH SZ 66/129.

157) Vor dem GewRÄG wurden die Gewährleistungsfristen als Präklusivfristen angesehen.

158) *Welser/Jud,* Gewährleistung § 933 Rz 18.

159) EB 422 BlgNR 21. GP 19. Zur Frage der Aufrechenbarkeit s *Welser/Jud,* Gewährleistung § 933 Rz 19.

160) OGH EvBl-LS 2011/140.

161) EB 422 BlgNR 21. GP 19; *Welser/Jud,* Gewährleistung § 933 Rz 12.

162) *Zöchling-Jud* in *Kletečka/Schauer,* ABGB-ON[1.01] § 933 Rz 18 mwN.

163) Zu den Gründen s *Welser/Jud,* Reform 151f; *Welser/Jud,* Gewährleistung § 933 Rz 20f.

Anderes gilt beim Reiseveranstaltungsvertrag (§ 31e Abs 2 KSchG), s Rz 1148. Eine Rügeobliegenheitsverletzung berührt aber nicht die Gewährleistungsrechte als solche, sondern kann nur als Mitverschulden des Reisenden im Schadenersatzrecht berücksichtigt werden (§ 1304).

383 Ist das Geschäft für beide Vertragsteile **unternehmensbezogen,**[164]) hat der Käufer in angemessener Frist jene Mängel zu rügen, die er bei Untersuchung der Ware festgestellt hat oder feststellen hätte müssen (**Mängelrüge,** § 377 Abs 1 UGB).[165]) Die Rügepflicht gilt auch bei der Aliudlieferung, sofern die Genehmigung durch den Käufer nicht als ausgeschlossen betrachtet werden muss, weil die gelieferte Ware von der Bestellung so erheblich abweicht (§ 378 UGB).

Die §§ 377f UGB finden auf Kaufverträge über Waren und Wertpapiere sowie auf Werk- und Tauschverträge über körperliche bewegliche Sachen Anwendung, nicht aber zB auf Unternehmenskaufverträge.[166]) Unterlässt der Käufer die Rüge, gilt die Ware als genehmigt und der Käufer verliert alle aus dem Mangel der Ware abgeleiteten Rechte,[167]) also seine Gewährleistungsrechte, Schadenersatzansprüche wegen dieses Mangels und Rechte aus einem Irrtum über die Mangelfreiheit der Sache (§ 377 Abs 2 UGB).[168]) Die Unterlassung der Mängelrüge schadet allerdings nicht, wenn der Verkäufer den Mangel vorsätzlich oder grob fahrlässig verschwiegen oder verschuldet hat.[169]) Dies umfasst auch den Fall, dass der Verkäufer die Mangelhaftigkeit seiner Ware grob schuldhaft nicht erkannt hat.[170])

384 Die **außergerichtliche Anzeige** des Mangels hat aber auch im ABGB eine gewisse Bedeutung. Nach § 933 bleibt nämlich dem Übernehmer die Geltendmachung des Mangels durch Einrede vorbehalten, wenn er ihn innerhalb der Gewährleistungsfrist dem Übergeber anzeigt. Der Übernehmer kann dann dem auf den Kaufpreis oder den Werklohn klagenden Übergeber immer die Einrede der Mangelhaftigkeit entgegenhalten, sie unterliegt nicht mehr der Befristung des § 933 Abs 1 **(Perpetuierung der Einrede).**[171])

Dies bedeutet, dass der Erwerber mit der Einrede bis zur Beseitigung des Mangels die Abweisung der Kaufpreisklage erreicht oder durch das Preisminderungs- oder Wandlungsbegehren eine Herabsetzung oder Aufhebung der noch nicht erfüllten Kaufpreiszahlungspflicht erreichen kann. Nicht vertretbar erscheint es, dem Käufer durch Erhebung der Einrede das Recht zu geben, nach Ablauf der Gewährleistungsfrist den bereits geleisteten Kaufpreis ganz oder teilweise zurückzuverlangen,[172]) weil dadurch das Erfordernis der gerichtlichen Geltendmachung in der Frist unterlaufen wird. Auch nach Ablauf der Gewährleistungsfrist muss der gesetzlich angeordnete Vorrang der

---

[164]) Vorbereitungsgeschäften iSd § 1 Abs 3 KSchG fallen nicht darunter; OGH EvBl 2003/151.

[165]) *Böhler,* Mängelrüge 216ff; *Zöchling-Jud* in *U. Torggler,* UGB §§ 377, 378 Rz 18f mwN.

[166]) OGH SZ 2002/38.

[167]) OGH ecolex 2004, 787; ecolex 2007/251; *Böhler,* Mängelrüge 228ff.

[168]) OGH SZ 48/56; SZ 2002/144.

[169]) OGH EvBl 2012/105.

[170]) OGH RdW 2013/519.

[171]) OGH ecolex 2003, 95.

[172]) So aber OGH SZ 67/187.

Verbesserung beachtet werden: Der Übernehmer, der während der Frist den Mangel außergerichtlich angezeigt hat, kann auch nach Ablauf der Frist einredeweise nicht sofort Preisminderung oder Wandlung begehren.[173])

I. Ausschluss der Gewährleistung

Fallen die Mängel einer Sache in die Augen oder sind die auf der Sache haftenden Lasten aus den öffentlichen Büchern zu ersehen, so findet keine Gewährleistung statt (§ 928). 385

„Öffentliches Buch" ist zB das Grundbuch, nicht aber der Altlastenatlas.[174])

Mängel, die in die Augen fallen (offene Mängel)[175]) werden gewöhnlich schon bei der Preisvereinbarung berücksichtigt,[176]) weshalb für sie nicht Gewähr zu leisten ist. Voraussetzung ist allerdings, dass der Erwerber die Sache besichtigt hat.[177]) Maßgebend für die Offenkundigkeit ist daher der Zeitpunkt des **Vertragsabschlusses.**[178]) Daraus folgt auch, dass § 928 nur auf den Spezieskauf, nicht aber auf den Gattungskauf, und schon gar nicht auf den Werkvertrag anwendbar ist.[179]) 386

Nur beim Spezieskauf haben die Parteien eine bestimmte Sache vor Augen, deren konkrete Beschaffenheit – einschließlich der offenkundigen Mangelhaftigkeit – den Preis bestimmt. Für das Vorliegen eines offenkundigen Mangels genügt es, dass die äußere Beschaffenheit des Objekts auf den Mangel schließen lässt, selbst wenn dessen Ursache und Wirkung für den Laien nicht erkennbar ist.[180])

Beim Gattungskauf hingegen hat der Verkäufer die Sache in der vereinbarten Qualität zu leisten, eine Offenkundigkeit konkreter Mängel kommt nicht in Betracht. Noch weniger gibt es „in die Augen fallende Mängel" beim Abschluss eines Werkvertrages, weil ja das Werk erst hergestellt werden muss, weshalb ein künftiger augenfälliger, noch nicht bekannter Mangel bei der Vertragsgestaltung nicht berücksichtigt werden kann.

Trotz Offenkundigkeit haftet der Verkäufer, wenn er die fehlende Eigenschaft **zugesichert**[181]) oder **arglistig** verschwiegen hat. 387

A verkauft B eine antike Vase. Während der Besichtigung versteht er es, den auffälligen Sprung der Vase mit der Hand abzudecken.

---

[173]) Dazu *Welser/Jud,* Gewährleistung § 933 Rz 16.

[174]) *Zankl,* „Altlastenatlas" und Gewährleistungsausschluß, ecolex 1990, 609; differenzierend *Berger/Onz,* Altlastenhaftung (1990) 55; *P. Madl,* Ansprüche des Käufers einer altlastenbehafteten Liegenschaft, ecolex 1995, 705; *Pilgerstorfer,* Aufklärungspflicht und Gewährleistungsausschluss beim Kauf kontaminierter Grundstücke, ÖJZ 2001, 373.

[175]) Zur Offenkundigkeit s OGH ecolex 1996, 247 *(Puck);* vgl auch *Puck,* Unternehmenskauf 101 ff; zu § 928 und Due-Diligence Prüfungen s *Thierrichter,* RdW 2012/341, 322 f; zur fehlenden Bebaubarkeit eines Grundstücks OGH bbl 2007/126.

[176]) OGH JBl 1992, 646.

[177]) *Zöchling-Jud* in *Kletečka/Schauer,* ABGB-ON[1.01] § 928 Rz 9 mwN.

[178]) *Zöchling-Jud* in *Kletečka/Schauer,* ABGB-ON[1.01] § 928 Rz 3 ff mwN.

[179]) *Welser/Jud,* Gewährleistung § 928 Rz 5 mwN; OGH Zak 2006/128; ecolex 2010/194.

[180]) OGH RdW 1998, 606; s auch *Zöchling-Jud* in *Kletečka/Schauer,* ABGB-ON[1.01] § 928 Rz 13.

[181]) Vgl OGH ecolex 1995, 173; NZ 1998, 402.

388 Argumentum a minori ad maius ist die Gewährleistung für Mängel auch ausgeschlossen, wenn der Mangel zwar nicht in die Augen fällt, aber dem Erwerber bei Vertragsabschluss **bekannt** ist.[182])

389 Auch wenn der Mangel in die Augen fällt, müssen **Schulden** und **Rückstände,** welche auf der Sache haften, stets vertreten werden.[183]) Unter Schulden sind zB Hypotheken und Pfandrechte an beweglichen Sachen, unter Rückständen Vermögensübertragungsgebühren und sonstige Steuern, Zölle und Einzelleistungen aus Reallasten und öffentlich-rechtliche Lasten, zB der Auftrag zur Sanierung einer Altlast,[184]) zu verstehen. Das ABGB vermutet, dass der Erwerber zwar mit Servituten und fortlaufenden Lasten einverstanden ist, mit Pfandrechten und rückständigen Leistungen aber selbst dann nicht, wenn er sie kennt, weil nach der Verkehrsübung der Veräußerer im Zweifel die Sache lastenfrei zu machen hat **(Depurierungspflicht).** Auch die Lastenfreiheit ist innerhalb der Frist des § 933 geltend zu machen.[185])

390 Bei Käufen **„in Pausch und Bogen",** wenn also Sachen so wie sie stehen und liegen erworben werden, ist die Gewährleistung stark eingeschränkt (§ 930).[186]) Der Verkäufer haftet nur bei Zusicherung bestimmter Eigenschaften oder bei Arglist. § 930 gilt auch für das Verbrauchergeschäft.

J. Verzicht auf die Gewährleistung

391 § 929 schließt die Gewährleistung aus, wenn der Übernehmer **wissentlich** eine fremde Sache kauft oder auf die Gewährleistung **verzichtet.**[187]) Damit stellt das Gesetz klar, dass die Gewährleistungsbestimmungen des ABGB dispositiv sind und grundsätzlich auch ein gänzlicher Ausschluss der Gewährleistung zulässig ist. Vereinbarungen über den Ausschluss der Gewährleistung unterliegen aber der allgemeinen Sittenwidrigkeitskontrolle des § 879 Abs 1; eine weitere Einschränkung folgt daraus, dass Gewährleistungsverzichte im Zweifel restriktiv auszulegen sind.[188])

---

[182]) Vgl *Welser/Jud,* Gewährleistung § 928 Rz 1; OGH EvBl 1955/292; zweifelnd *Reischauer* in *Rummel*[3] § 928 Rz 1.

[183]) S dazu *Reischauer,* Einstehenmüssen für Schulden und Rückstände (§ 928 ABGB letzter Satz), ÖJZ 2010/83, 787.

[184]) OGH RdW 1996, 307 = RdU 1996/91 *(W. Berger);* RdU 1997/59 *(Kerschner);* dazu *Wilhelm,* Über den Kauf altbelasteter Liegenschaften, ecolex 1997, 729.

[185]) *Reischauer,* ÖJZ 2010/83, 794; aA die hM: *Gschnitzer* in *Klang*[2] IV/1, 524; *Mayrhofer,* Schuldrecht I 432; vgl auch OGH SZ 53/107; JBl 1988, 445.

[186]) Dazu *Rabl,* Gefahrtragung 241 ff.

[187]) OGH EvBl 1976/20; JBl 1987, 383. Zu den Grenzen der Ausschlussklauseln *Kulka,* Die Gewährleistung als Mittel des Verbraucherschutzes, JBl 1974, 359ff; *P. Bydlinski,* Beschränkung und Ausschluß der Gewährleistung, JBl 1993, 559 und 631; *Welser,* Schadenersatz 75ff; *Pilgerstorfer,* ÖJZ 2001, 382; OGH ecolex 1998, 120 *(Wilhelm);* dazu *Urbanek,* Besichtigungsklauseln und Gewährleistungsverzicht, ecolex 1998, 119; *Brugger,* Ende des Gewährleistungsausschlusses? ecolex 2008, 803.

[188]) S zB OGH ZVR 2006/155 *(Kathrein)* (kritisch dazu *P. Bydlinski,* Zak 2007/7, 6 und *Mendel,* Zak 2006/458, 269); EvBl 2009/105 (kritisch dazu *Schauer,* Der relativ

So wird der Ausschluss jeglicher Gewährleistung in AGB von der Rechtsprechung für sittenwidrig erklärt (§ 879);[189]) ebenso, wenn sich der Ausschluss auch auf „massive Sachmängel“ bezieht.[190])

Eine Frage der Auslegung ist es hingegen, ob sich allgemeine Gewährleistungsverzichte auch auf versteckte Mängel beziehen, was idR zu bejahen ist,[191]) sofern eine bestimmte Eigenschaft nicht ausdrücklich oder schlüssig zugesichert wurde.[192]) Ein allgemeiner Gewährleistungsverzicht schließt im Zweifel auch die Geltendmachung von Mangelschäden aus,[193]) nicht aber von Mangelfolgeschäden.[194]) Auch die Irrtumsanfechtung ist nach der Rechtsprechung dann von einem generellen Gewährleistungsverzicht umfasst, wenn die Haftung für einen bestimmten Umstand ausgeschlossen wurde.[195])

Auch ein Verzicht auf einzelne Gewährleistungsbehelfe ist möglich. Wurde die Verbesserung jedoch vergeblich versucht oder verweigert oder ist eine solche unmöglich geworden, ist das Beharren auf einem Wandlungs- oder Preisminderungsverzicht sittenwidrig. Unbehebbare Mängel werden von solchen Verzichtserklärungen von vornherein nicht erfasst.[196])

Auch ein **nachträglicher** Verzicht auf Gewährleistung ist möglich. Er 392
kann uU in der Weiterbenützung einer Sache durch den Erwerber trotz Kenntnis eines Wandlungsgrundes liegen.[197])

K. Gewährleistung bei Verbraucherverträgen

1. Allgemeines

Die allgemeinen Bestimmungen über die Gewährleistung werden in 393
den §§ 8ff KSchG zugunsten des Verbrauchers modifiziert.

---

absolute Gewährleistungsausschluss, ÖJZ 2009, 733) = Zak 2009/210, 133 (kritisch *P. Bydlinski*); EvBl 2011/19 (aA *Kogler*); ZVR 2014/184.

[189]) Vgl OGH RdW 1999, 196. S zu Gewährleistungsklauseln beim Leasing *Fischer-Czermak,* Mobilienleasing 195ff; *Harrich,* Zak 2009/570, 347.

[190]) OGH ZVR 2006/155 *(Kathrein)* (dazu *P. Bydlinski,* Zak 2007/7, 6 und *Mendel,* Zak 2006/458, 269); ecolex 2008/36; *P. Bydlinski* in KBB[4] § 929 Rz 3; aA *Zöchling-Jud* in *Kletečka/Schauer,* ABGB-ON[1.01] § 929 Rz 13.

[191]) OGH ZVR 2006/155 *(Kathrein)* (dazu *P. Bydlinski,* Zak 2007/7, 6 und *Mendel,* Zak 2006/458, 269); ecolex 2008/36; EvBl 2011/19 (kritisch *Kogler*) = JBl 2011, 40 (kritisch *P. Bydlinski*), JBl 2011, 306 *(P. Bydlinski);* ZVR 2014/184.

[192]) OGH SZ 49/124; SZ 53/37; SZ 55/2; RdW 1999, 17; JBl 2010, 180; *Apathy,* Gewährleistung für bedungene Eigenschaften und den verabredeten Gebrauch, JBl 1975, 575; *P. Bydlinski,* Beschränkung und Ausschluß der Gewährleistung, JBl 1993, 559 (568f) mwN. Eine konkludente Zusicherung wird regelmäßig hinsichtlich der Fahrtüchtigkeit bei Gebrauchtwagen angenommen: S zB OGH ZVR 2006/155 *(Kathrein);* kritisch dazu *P. Bydlinski,* Zak 2007/7, 6 und *Mendel,* Zak 2006/458, 269); EvBl 2009/105 (kritisch dazu *Schauer,* ÖJZ 2009, 733) = Zak 2009/210, 133 *(P. Bydlinski);* s dazu auch *Liedermann,* Zak 2011/123, 63.

[193]) *Zöchling-Jud* in *Kletečka/Schauer,* ABGB-ON[1.01] § 929 Rz 11; aA *P. Bydlinski* in KBB[4] § 929 Rz 5.

[194]) OGH JBl 1987, 383; RdW 1996, 307.

[195]) OGH ecolex 2009/105; JBl 2010, 180; immolex 2011/93 *(Prader);* vgl auch *P. Bydlinski,* JBl 1993, 561ff.

[196]) OGH EvBl 2014/37; *Zöchling-Jud* in *Kletečka/Schauer,* ABGB-ON[1.01] § 929 Rz 16 mwN.

[197]) Vgl OGH SZ 64/15; ecolex 1991, 683.

Die Richtlinie RL 99/44/EG über den Verbrauchsgüterkauf wollte den gewährleistungsrechtlichen Schutz der Verbraucher verstärken. Die meisten Bestimmungen der Richtlinie wurden in Österreich allerdings als allgemeines Gewährleistungsrecht eingeführt. In das KSchG selbst wurden nur Bestimmungen aufgenommen, deren Einfügung in das ABGB systemwidrig oder sachlich nicht gerechtfertigt gewesen wäre. Dies gilt für § 8 KSchG (Erfüllungsort), § 9 KSchG (zwingender Charakter), § 9a KSchG (Gewährleistung bei Montage) und § 9b KSchG (vertragliche Garantie).

394 Am wichtigsten ist die Anordnung des KSchG, dass das ganze Gewährleistungsrecht des ABGB und die Sonderbestimmungen des KSchG zugunsten des Verbrauchers **zwingend** sind (§ 9 Abs 1 KSchG). Dies gilt nicht nur für Kaufverträge, sondern für alle entgeltlichen Verbrauchergeschäfte, vor allem für Werkverträge.

2. Erfüllungsort der Verbesserung, des Austauschs und des Nachtrags (§ 8 KSchG)

395 Ein Unternehmer, der zur Verbesserung (Nachtrag des Fehlenden) oder zum Austausch verpflichtet ist (§ 932), muss diese Pflicht gegenüber dem Verbraucher an dem Ort erfüllen, an dem die Sache übergeben worden ist **(Übergabsort).** Hat aber der Unternehmer die Sache vertragsgemäß nach einem im Inland gelegenen Ort befördert oder versendet, so tritt dieser Ort **(Bestimmungs- oder Destinationsort)** an die Stelle des Übergabsortes (§ 8 Abs 1 Z 1 KSchG).

396 Der Verbraucher kann aber stattdessen verlangen, dass der Unternehmer die Verbesserung (den Nachtrag) an dem inländischen Ort vornimmt, an dem sich die Sache gewöhnlich befindet **(Aufenthaltsort),** wenn dieser für den Unternehmer **nicht überraschend** sein musste **und** die **Beförderung der Sache zum Unternehmer wegen deren Beschaffenheit untunlich ist,** besonders, weil sie sperrig, gewichtig oder durch Einbau unbeweglich geworden ist (§ 8 Abs 1 Z 2 KSchG).

Die Bestimmung des gewöhnlichen Aufenthaltsortes ist besonders bei Sachen schwierig, deren Nutzung mit dauernden Ortsveränderungen verbunden ist, zB bei einem Kfz oder Sachen, die man ständig mit sich führt, wie Rasierapparate, Schreibgeräte oder Handys. Für solche Sachen wird der Ort maßgebend sein, an dem sie verwahrt, gewartet oder an den sie immer wieder zurückgebracht werden.[198])

397 Die „Überraschung" kann nicht Gegenstand einer subjektiven Überprüfung beim konkreten Unternehmer sein, das Kriterium dient nur der objektiven Umschreibung des örtlichen Haftungsbereiches, der sich an einem vernünftigen „gewährleistungsrechtlichen Einzugsgebiet" zu orientieren hat.[199])

398 Mit der Beförderung meint das Gesetz den Transport durch den Verbraucher selbst.

---

[198]) *I. Welser,* Der Erfüllungsort für Verbesserungspflichten des Unternehmers nach § 8 KSchG, ÖJZ 2001, 749; *Welser/Jud,* Gewährleistung § 8 KSchG Rz 4; vgl auch *Kosesnik-Wehrle* in *Kosesnik-Wehrle,* KSchG[4] § 8 Rz 6f.

[199]) *I. Welser,* ÖJZ 2001, 750; s auch *Kosesnik-Wehrle* in *Kosesnik-Wehrle,* KSchG[4] § 8 Rz 5.

399 Der Unternehmer kann verlangen, dass ihm der Verbraucher, wenn es für diesen tunlich ist, die Sache **übersendet.** Er hat jedoch die Kosten und die Gefahr der Übersendung zu tragen (§ 8 Abs 2 KSchG).

Der Unternehmer wird ein solches Versendungsbegehren meist dann stellen, wenn die Verbesserung am Destinationsort (§ 8 Abs 1 Z 1 KSchG) oder am Aufenthaltsort (§ 8 Abs 1 Z 2 KSchG) vorzunehmen ist.

400 Abs 3 beschäftigt sich mit der Kostentragung. Danach hat der Unternehmer die **notwendigen Kosten** der Verbesserung oder des Austauschs, insbesondere Versand-, Arbeits- und Materialkosten, zu tragen.

Dass den Unternehmer die mit der Durchführung der Verbesserung oder des Austauschs verbundenen Arbeits- und Materialkosten belasten, versteht sich von selbst und gilt auch außerhalb des 1. Hauptstücks des KSchG. Zur Verpflichtung des Unternehmers zur Tragung von Aus- und Einbaukosten s oben Rz 344.

Die Kosten der Versendung muss der Unternehmer nur dann tragen, wenn sich dies aus allgemeinen Grundsätzen oder aus § 8 Abs 1 Z 1 und 2 KSchG ergibt.[200]) Zunächst muss also der nach diesen Bestimmungen relevante Erfüllungsort festgelegt werden. Möchte der Unternehmer an einem anderen Ort verbessern, so kann er zwar die Übersendung der Sache an diesen Ort verlangen (§ 8 Abs 2 KSchG), muss jedoch hiefür die Kosten tragen (§ 8 Abs 3 KSchG). Hingegen darf aus § 8 Abs 3 KSchG nicht abgeleitet werden, dass der Konsument die Sache ohne Verlangen des Unternehmers oder gar gegen dessen Willen zum Unternehmer oder an einen dritten Ort bringen und dafür vom Unternehmer Kostenersatz fordern kann. Dies würde das System des § 8 KSchG zerstören, der mit der Bestimmung des Erfüllungsortes in Abs 1 Z 1 und 2 implizit auch eine Transportkostenregelung trifft.[201])

Nach § 932 Abs 2 kann der Übergeber dem Verbesserungs- oder Austauschbegehren entgegenhalten, dass diese Behelfe mit einem unverhältnismäßig hohen Aufwand verbunden wären (s oben Rz 345). Dieser Aufwand kann auch auf den mit der Verbesserung verbundenen Anreise- und Transportkosten beruhen, sodass diese bei der Beurteilung der Frage zu berücksichtigen sind, ob der Übernehmer überhaupt einen Anspruch auf Verbesserung oder Austausch hat oder ob er einen sekundären Rechtsbehelf wählen muss.[202])

401 Der Unternehmer muss die Verbesserung (den Austausch) am Erfüllungsort nicht persönlich vornehmen. Er kann **Erfüllungsgehilfen** (zB am Ort der Verbesserung ansässige Unternehmer) einsetzen, für die er allerdings gemäß § 1313a haftet.

3. Beschränkung der Gewährleistungsansprüche (§ 9 KSchG)

402 Gewährleistungsrechte des Verbrauchers (§§ 922–933) können **vor Kenntnis** des Mangels **weder eingeschränkt** noch ausgeschlossen werden. Damit hat das Gewährleistungsrecht beim Verbrauchergeschäft **zwingenden Charakter** (§ 9 KSchG).

---

[200]) Zum folgenden *Welser/Jud,* Gewährleistung § 8 KSchG Rz 12.

[201]) *Welser/Jud,* Gewährleistung § 8 KSchG Rz 12; diesen folgend *Kosesnik-Wehrle* in *Kosesnik-Wehrle,* KSchG[4] § 8 Rz 8d; aA *Kathrein,* ecolex 2001, 426; vgl auch *Faber,* Zur Richtlinie bezüglich Verbrauchsgüterkauf und Garantien für Verbrauchsgüter, JBl 1999, 427 FN 106; *Apathy* in *Schwimann/Kodek*[4] § 8 KSchG Rz 10.

[202]) *Welser/Jud,* Gewährleistung § 8 KSchG Rz 15; *I. Welser,* ÖJZ 2001, 747.

Bei vertraglicher Verlängerung der Gewährleistungsfrist ist § 9 KSchG auf den Verlängerungszeitraum nicht anzuwenden, sodass insoweit §§ 922ff nicht zwingend sind.

403 Nach Kenntnis des Mangels sind Vereinbarungen über die Gewährleistung sowie Verzichte auf Rechte aus der Gewährleistung zulässig. Allerdings sind an einen Verzicht strenge Anforderungen zu stellen.[203])

404 Vertragsparteien haben die Möglichkeit, Eigenschaften und Beschaffenheit der Sache oder des Werkes verbindlich zu umschreiben **(Leistungsbeschreibung).** Werden auf diese Weise geringe Anforderungen an die Qualität der Leistung oder das Ausmaß der Pflichten des Unternehmers gestellt, so können auch Gewährleistungsansprüche nur in einem beschränkten Umfang entstehen. Es besteht daher die Gefahr, dass Einschränkungen und Ausschlüsse der Gewährleistung in Leistungsbeschreibungen „versteckt" werden.[204]) Deshalb wirkt eine Leistungsbeschreibung nur dann „haftungsreduzierend", wenn sie die Beschaffenheit der Sache so offenlegt, dass der Verbraucher die Tragweite erkennt. Dies erfordert eine **konkrete** Beschreibung der Minderbeschaffenheit, allgemein gehaltene Klauseln genügen nicht.[205])

Daher sind allgemeine Vertragsklauseln, nach denen „bei den gekauften Waren mit Mängeln jeder Art zu rechnen ist", unwirksame Gewährleistungsausschlüsse.

405 Zwingend ist beim Verbrauchergeschäft auch die Gewährleistungsfrist des ABGB. Eine Ausnahme sieht § 9 Abs 1 Satz 2 KSchG für die Veräußerung **gebrauchter** beweglicher **Sachen** vor, bei welchen die Parteien die Gewährleistungsfrist auf **ein Jahr** verkürzen können, wenn sie dies im Einzelnen aushandeln (§ 6 Abs 2 KSchG).[206])

Die Ausnahme ist nicht auf den Erwerb von Kunstgegenständen, Antiquitäten udgl anzuwenden.[207]) Eine Sonderregelung gilt für gebrauchte Kraftfahrzeuge. Bei ihnen ist die Verkürzung der Gewährleistungsfrist auf ein Jahr nur wirksam, wenn seit dem Tag der ersten Zulassung mehr als ein Jahr vergangen ist (§ 9 Abs 1 Satz 3 KSchG).

4. Gewährleistung bei Montage (§ 9a KSchG)

406 Ein Unternehmer, der nach dem Vertrag zur Montage verpflichtet ist, haftet auch für einen dabei durch sein unsachgemäßes Verhalten **an der Sache** verursachten Mangel. Dasselbe gilt, wenn die Sache zur

[203]) S *Kathrein,* ecolex 2001, 427; vgl auch OGH ecolex 2010/194.

[204]) Vgl *Welser/Jud,* Gewährleistung § 8 KSchG Rz 15.

[205]) OGH SZ 2007/38; RdW 2007/678; ecolex 2013/345; RdW 2013/133; *Welser/Jud,* Gewährleistung § 9 KSchG Rz 2; vgl auch *Faber,* JBl 1999, 426; *Kathrein,* ecolex 2001, 428; zum mittelbaren Finanzierungsleasing s OGH ÖBA 2009/1578 *(Apathy);* ÖBA 2011/1748; *Zöchling-Jud* in *Kletečka/Schauer,* ABGB-ON[1.01] § 929 Rz 23 mwN.

[206]) Dazu *Welser/Jud,* Gewährleistung § 9 KSchG Rz 6ff.

[207]) S *Kathrein,* ecolex 2001, 428.

Montage durch den Verbraucher bestimmt war und die unsachgemäße Montage auf einem Fehler der **Montageanleitung** beruht.[208])

Die Gewährleistungspflicht des **Unternehmers** für eine mangelhafte Montage als solche ergibt sich schon aus allgemeinen Grundsätzen. Es handelt sich dabei um eine werkvertragliche Gewährleistungspflicht. Etwas anders liegt der Fall, wenn die verkaufte Sache übergeben und vom Verkäufer nachträglich montiert wird. Die Beschädigung einer bereits übergebenen Sache wäre nach allgemeinen Grundsätzen als Folge der mangelhaften Montage, also als **Mangelfolgeschaden** zu qualifizieren, dessen Ersatz im Allgemeinen ein Verschulden des Übergebers voraussetzt.[209]) Nach dem nunmehrigen Verbraucherrecht hat der Übergeber dafür verschuldensunabhängig einzustehen. 407

Über allgemeine Grundsätze hinaus geht auch die Haftung für Fehler der **Montageanleitung.** Gegenstand des Kaufvertrages über eine zusammenzusetzende Sache sind an sich nur bestimmte Bestandteile (zB Bretter und Schrauben), die erst durch den Verbraucher mithilfe einer Montageanleitung zusammengebaut werden. Mangelhaft ist nach § 9a KSchG nur die Montageanleitung. Dem Gesetz geht es jedoch um die Gewährleistung für Mängel an der erworbenen Sache als **Folge** der **unrichtigen Montageanleitung.** Sie können nach allgemeinen Grundsätzen nur als Mangelfolgeschaden oder Schäden aus der Verletzung vertraglicher Aufklärungs- und Informationspflichten angesehen werden, die zu einer Schadenersatzpflicht des Verkäufers führen. Die Richtlinie und in ihrer Umsetzung § 9a KSchG behandelt sie dennoch als Gewährleistungsfälle **(„IKEA-Klausel“).**[210]) 408

L. Der besondere Rückgriff in der Vertragskette[211])

Nach § 933b Abs 1 kann ein Unternehmer, der einem Verbraucher Gewähr geleistet hat, von seinem **Vormann** auch nach Ablauf der **Fristen** des § 933 die Gewährleistung fordern. Dasselbe gilt für frühere Übergeber im Verhältnis zu ihren Vormännern. Auch sie können nach Ablauf der Frist die Gewährleistung verlangen, wenn sie von ihrem Nachmann nach § 933b in Anspruch genommen wurden. Voraussetzung eines jeden 409

[208]) Dazu *Welser/Jud,* Gewährleistung § 9a KSchG Rz 1ff mwN; für eine analoge Anwendung auf das allgemeine Gewährleistungsrecht *Krejci,* Konsumentenschutz und Gewährleistung, in FS Mayer (2004) 133.

[209]) Zur Verpflichtung des Unternehmers zur Tragung von Aus- und Einbaukosten bei Selbsteinbau durch den Verbraucher s allerdings oben Rz 344.

[210]) *Welser/Jud,* Reform 69; *Kathrein,* ecolex 2001, 429.

[211]) *Jud,* Zum Händlerregress im Gewährleistungsrecht – Überlegungen zur Umsetzung des Art 4 der Richtlinie 1999/44/EG über den Verbrauchsgüterkauf, ÖJZ 2000, 661; *Welser/Jud,* Reform 158ff; *Welser/Jud,* Gewährleistung § 933b Rz 4ff; *Schmidt-Kessel,* Der Rückgriff des Letztverkäufers, ÖJZ 2000, 668; *Augenhofer,* Skizzen zum Händlerregreß und zur „Drittklage“, in FS Krejci (2001) 1021; *Jud,* Regressrecht des Letztverkäufers, ZfRV 2001, 201; *P. Bydlinski,* JBl 2005, 692ff; *Reischauer,* Gewährleistungsrückgriff mittels Anweisung, Zak 2012/209, 107.

Rückgriffs nach § 933b ist aber, dass das letzte Glied der Absatzkette **Verbraucher** und sein Vormann **Unternehmer** ist.

Innerhalb der Gewährleistungsfrist bleibt das Rechtsverhältnis zwischen den Gliedern der Absatzkette unverändert. Bei mangelhafter Erfüllung stehen jedem Vertragspartner gegen seinen Vormann die Gewährleistungsbehelfe der §§ 922ff zu. Bei Verschulden kann auch Schadenersatz statt Gewährleistung (s unten Rz 421ff) gefordert werden. Die Besonderheit des § 933b liegt nur darin, dass die Gewährleistungsbehelfe auch nach Ablauf der Frist geltend gemacht werden können.

410 Inhaltlich entspricht der besondere Rückgriff den Gewährleistungsrechten. Der Letztverkäufer kann daher die Verbesserung, den Austausch, die Preisminderung oder die Wandlung verlangen, wobei auch im Regressweg der Vorrang der Verbesserung (Austausch) zu beachten ist.[212]) Im Rückgriffsweg ist der **Anspruch** aber mit der Höhe des **eigenen Aufwandes** beschränkt.[213])

Wegen der Beschränkung auf die Gewährleistungsrechte, bekommt der Rückgriffsberechtigte nicht immer seinen ganzen Aufwand ersetzt.[214])

411 Der Rückgriff nach § 933b ist nicht zwingend, die Parteien können daher ihre Verhältnisse vertraglich anders regeln und das Regressrecht auch **ausschließen.**

412 Der Regressanspruch wird durch § 933b Abs 2 zeitlich beschränkt. Er ist innerhalb von **zwei Monaten** ab Erfüllung der eigenen Gewährleistungspflicht gerichtlich geltend zu machen. Darüber hinaus endet die Haftung eines Rückgriffspflichtigen jedenfalls **fünf Jahre** nach Erbringung seiner Leistung (zeitliche Limitierung).

413 Soweit der Rückgriff auf einem beiderseitig unternehmensbezogenen Geschäft beruht, ist die Rüge nach § 377 UGB (s Rz 382ff) Rückgriffsvoraussetzung.

M. Konkurrenz der Gewährleistung mit anderen Rechtsbehelfen

1. Irrtum

414 War die Sache schon beim Abschluss des Kaufvertrages mangelhaft, so kann ein Irrtum des Erwerbers darüber ein **Eigenschaftsirrtum** sein, der ihn unter den allgemeinen Voraussetzungen zur Anfechtung (§ 871) oder Anpassung (§ 872) berechtigt. Da Gewährleistung und Irrtum verschiedene Grundlagen haben (Äquivalenzstörung einerseits und Wil-

---

[212]) *Jud,* ZfRV 2001, 209.

[213]) *Welser/Jud,* Gewährleistung § 933b Rz 20 mwN.

[214]) *Welser/Jud,* Gewährleistung § 933b Rz 25; *Jud,* ZfRV 2001, 210ff; *Jud,* Vergütungsansprüche im Kfz-Handel an der Schnittstelle von Zivil-und Kartellrecht, ÖZW 2007, 62; aA *Wilhelm,* Der Händlerregress an der Schnittstelle von Privat- und Gemeinschaftsrecht, ecolex 2003, 231; *Faber,* Der Rückgriff des Letztverkäufers nach § 933b ABGB – Österreichisches Recht als Alternative für Exportgeschäfte? IHR 2004, 177; *Knöbl,* Neue Wege beim Kfz-Gewährleistungsregress, ecolex 2006, 638; *Knöbl,* Der Händlerregress (§ 933b ABGB) – eine rechtliche Missgeburt, RdW 2008/270, 321; *Faber,* Aus- und Einbaukosten 89; vgl auch *Karner/Koziol,* Mangelfolgeschäden 2ff.

lensmangel andererseits), hat der Käufer zwischen beiden Behelfen die **Wahl.**[215])

Praktisch kommt ein Eigenschaftsirrtum nur bei der Spezies in Betracht. Beim Gattungskauf steht beim Vertragsabschluss nicht fest, mit welcher konkreten Sache aus der Gattung erfüllt wird, weswegen eine Irrtumsanfechtung bei Lieferung einer mangelhaften Sache ausgeschlossen ist, wenn nicht über die ganze Gattung geirrt wird.[216]) Der Vorteil des Irrtumsrechts liegt vor allem in der längeren Frist zur Geltendmachung (§ 1487) und darin, dass sich der Käufer vielleicht auf den Irrtum berufen kann, wenn die Gewährleistung ausgeschlossen ist.[217]) Der gesetzlich angeordnete Vorrang der Verbesserung (oben Rz 334) kann über das Irrtumsrecht allerdings nicht unterlaufen werden, weil dem Übergeber das Recht zusteht, den Irrenden so zu stellen, wie er stünde, wenn seine irrige Vorstellung zutreffend gewesen wäre (Band I Rz 509), was im Ergebnis ein Verbesserungsrecht des Übergebers bedeutet.[218])

2. Nichterfüllung

Eine mangelhafte Leistung erfüllt gleichzeitig den Tatbestand des Schuldnerverzuges (oder der teilweisen Unmöglichkeit) und jenen der Gewährleistung. Dennoch hat der Erwerber zwischen diesen Behelfen kein Wahlrecht. Vielmehr können bis zur Annahme der Leistung **(Ablieferung)** nur die Nichterfüllungsansprüche (§§ 918 ff) und danach nur die Gewährleistungsansprüche (§§ 922 ff) geltend gemacht werden. S oben Rz 307 ff. Zur Ausnahme beim Aliud s Rz 310 ff. 415

3. Wucher, laesio enormis

Ob mit den Gewährleistungsansprüchen auch Ansprüche wegen Wuchers und wegen Verkürzung über die Hälfte konkurrieren können, ist umstritten, aber zu bejahen, weil sie an verschiedene Voraussetzungen geknüpft sind.[219]) 416

---

[215]) *Gschnitzer* in *Klang*² IV/1, 514 ff; *Mayrhofer*, Schuldrecht I 410; OGH EvBl 1965/302; SZ 48/56; SZ 49/56; SZ 54/88; SZ 55/51. AA *E. A. Kramer*, Die Abgrenzung von Gewährleistung und Irrtumsanfechtung beim Kauf nach schweizerischem, deutschem und österreichischem Recht, JBl 1971, 301; *Honsell*, Aktuelle Probleme der Sachmängelhaftung, JBl 1989, 205 ff. Gegen diesen *Kerschner*, Probleme der Sachmängelhaftung. Oder: Das ABGB ist tot – Es lebe das BGB! JBl 1989, 541 f. Rechtsvergleichend zum Problem *Flesch*, Mängelhaftung und Beschaffenheitsirrtum beim Kauf (1994).

[216]) OGH JBl 2003, 573.

[217]) Vgl zur Wirkung einer auf Irrtum gestützten Klage auf die Gewährleistungsfrist OGH SZ 68/152 = ecolex 1996, 15 *(Puck)*.

[218]) *Jud*, Schadenersatz 76 ff; *Jud*, Anm zu OGH ecolex 2006/311; aA *P. Bydlinki*, Anm zu OGH JBl 2006, 518.

[219]) *Zemen*, Kunstauktion und laesio enormis, ÖJZ 1997, 216; *Riedler*, Von laesio enormis, dinglich und obligatorisch wirkenden Vertragsaufhebungstatbeständen und Schadenersatzpflichten des Beklagten wegen eigener Prozessfehler des Klägers, JBl 2004, 219 ff; *Riedler*, Systemfragen zum Verhältnis von laesio enormis und Gewährleistung, JBl 2008, 359; *Riedler*, Keine laesio enormis nach Gewährleistung? JBl 2009, 467; *Perner* in *Schwimann/Kodek*⁴ § 934 Rz 11; OGH SZ 8/74; SZ 20/3; JBl 2004, 252; JBl 2007, 652 (kritisch *P. Bydlinksi*) = ZVR 2007/256 *(Ch. Huber)* (dazu *Riedler*, JBl 2008, 359; *Kossarz*, JAP 2007/2008/26, 239). AA *P. Bydlinski*, Die Stellung der laesio

Die Anfechtung des Vertrages wegen Wuchers setzt eine Reihe subjektiver und objektiver Tatbestandsmerkmale voraus, die Mangelhaftigkeit der Leistung gehört nicht notwendig dazu. S Bd I Rz 556f. Ähnliches gilt für die laesio enormis. Wie der Wucher verlangt sie – bezogen auf den Zeitpunkt des Vertragsabschlusses[220]) – ein Missverhältnis im Wert von Leistung und Gegenleistung. Dieses kann, muss aber nicht durch einen Mangel der Leistung begründet sein (s unten Rz 441 ff).

N. Gewährleistung und Schadenersatz

Literatur: *Jud,* Schadenersatz bei mangelhafter Leistung (2003); *Köpcke,* Typen der positiven Vertragsverletzung (1965); *E. A. Kramer,* Der Ersatz des Erfüllungsinteresses bei Sachmängelhaftung, RabelsZ 1972, 653; *Reischauer,* Das neue Gewährleistungsrecht und seine schadenersatzrechtlichen Folgen, JBl 2002, 137; *Reischauer,* Leistungsstörungen bei der Gewährleistung, in FS Fenyves (2013) 281; *Welser,* Gewährleistung und Schadenersatz: Vorrang und Kombination von Ansprüchen, Schadensberechnung, in FS Frotz (1993) 137; *Welser,* Schadenersatz statt Gewährleistung (1994).

1. Positive Vertragsverletzung

1. Der Verkäufer liefert verdorbenes Viehfutter, sodass die Tiere des Käufers verenden.

2. Der Werkunternehmer führt eine Reparatur fachgemäß durch, lässt aber sein Werkzeug fallen und verletzt den Besteller.

417 Der Schuldner handelt auch vertragswidrig, wenn er Schutz- und Sorgfaltspflichten verletzt und dadurch sonstige Güter des Gläubigers schädigt.[221]) Ein solches Verhalten wird **„positive Vertragsverletzung“** (positive Forderungsverletzung) genannt. Dazu oben Rz 18ff.

418 Der durch die positive Forderungsverletzung verursachte Schaden ist von jenem verschieden, der dem Gläubiger durch eine gänzliche oder teilweise Nichterbringung der Leistung oder ihre Unbrauchbarkeit entsteht.[222])

Der Wert des Viehfutters und damit der Schaden, der durch seine Nichtlieferung oder seine Wertlosigkeit entstünde, ist verschieden von dem Nachteil, der aus dem Verenden der Tiere erwächst. Der Schaden aus der Körperverletzung ist nicht mit dem Interesse identisch, das der Gläubiger an der Reparaturarbeit hat.

419 Die positive Vertragsverletzung besteht im Zuwiderhandeln gegen **„Schutzpflichten“,** welche die Rechtsgüter des Gläubigers vor Schäden bewahren sollen. Der Schaden an diesen Gütern kann dabei, wie im Beispiel 1, durch eine mangelhafte Leistung verursacht sein **(Mangelfolgeschaden),** er kann aber auch, wie im Beispiel 2, unter ordnungsgemäßer

---

enormis im Vertragsrecht, JBl 1983, 414ff; *P. Bydlinski,* Laesio enormis und Gewährleistung, RdW 2003/351, 430; *P. Bydlinski,* Ein letztes (?) Mal: Zum Anwendungsbereich der Laesio-enormis-Vorschriften, JBl 2008, 744; kritisch *Reischauer* in *Rummel*[3] § 934 Rz 15 in Hinblick auf die Umgehung der kürzeren Gewährleistungsfristen.

220) Vgl OGH ecolex 1999, 15.

221) OGH SZ 73/126.

222) S auch OGH SZ 64/9; SZ 67/146; SZ 67/211; EvBl 1997/2.

Erbringung der Hauptleistung, also durch eine reine Schutzpflichtverletzung, zugefügt werden **(Begleitschaden).**

Obwohl der Begriff der positiven Vertragsverletzung von manchen als unnötig abgelehnt wird,[223]) ist er sinnvoll, weil er Fälle zusammenfasst, die einer Ordnungsgruppe zugehören und sich von den sonstigen Vertragsverletzungen (Unmöglichkeit, Verzug) unterscheiden.[224])

Die Haftung wegen positiver Vertragsverletzung führt zu Scha- 420
denersatzansprüchen **aus Vertrag** (§ 1295). Sie setzt ein **Verschulden** voraus,[225]) der Schuldner haftet für seinen **Gehilfen** nach **§ 1313 a.**[226]) Weiters macht auch **fahrlässige Irreführung** haftbar.[227]) Die **Beweislastumkehr** nach § 1298 (s unten Rz 1423 ff) ist innerhalb der Zehnjahresfrist (s unten Rz 432) anzuwenden.

2. Ersatz des Mangelschadens

Jahrzehntelang war hM, dass der in der Mangelhaftigkeit einer Leis- 421
tung liegende Nachteil nur mit Gewährleistungs-, nicht aber mit Schadenersatzansprüchen geltend gemacht werden kann.[228]) Unter dem Einfluss der hier vertretenen Auffassung[229]) ging jedoch der OGH im Jahre 1990 hievon ab und folgt nun der Ansicht, dass **statt Gewährleistung** auch **Schadenersatz** verlangt werden kann.[230])

Die Begründung für die Konkurrenz von Gewährleistung und Schadenersatz ist einfach: Da der Übergeber zur ordnungsgemäßen Erfüllung verpflichtet ist, kann der Übernehmer bei schuldhafter Verletzung dieser Pflicht das Erfüllungsinteresse fordern. Er hat also zwischen den Rechten auf Gewährleistung und Schadenersatz die Wahl.[231]) Die Veräußerung der mangelhaften Sache an einen Dritten steht dem Schadenersatzanspruch des Übernehmers nicht entgegen.[232])

Durch das GewRÄG wurde die Konkurrenz von Gewährleistung 422
und Schadenersatz auch gesetzlich positiviert: § 933 a Abs 1 bestimmt,

---

223) *Gschnitzer* in *Klang*² IV/1, 472; *Wittwer,* Die positive Vertrags- oder Forderungsverletzung, ÖJZ 2004, 166 ff; vgl auch *Reischauer,* Entlastungsbeweis 147 ff, der sie in der Sache offensichtlich aber doch anerkennt; *Lukas* in FS 200 Jahre ABGB 1241 f.

224) OGH SZ 67/146.

225) Vgl dazu OGH JBl 1979, 34; JBl 1985, 625 *(Iro);* s aber MietSlg 34.139/19.

226) So auch OGH SZ 57/16; JBl 1986, 101; JBl 1987, 104.

227) Dazu OGH JBl 1991, 457.

228) Dazu *Welser,* Schadenersatz 1 ff.

229) S *Welser,* JBl 1976, 127.

230) *Welser,* JBl 1976, 127; *Welser,* Schadenersatz. Zum Werkvertrag OGH JBl 1990, 648 *(Reischauer)* = JAP 1990/91, 158 *(Grassl-Palten)* und dazu *Iro,* RdW 1990, 146; *Kurschel,* ecolex 1990, 276; zum Kauf OGH JBl 1990, 792 und dazu *Wilhelm,* Schadenersatz statt Gewährleistung auch beim Kauf, ecolex 1990, 461.

231) *Welser,* Natural- oder Geldersatz beim Werkvertrag, ecolex 1993, 233; OGH ecolex 1991, 609 *(Wilhelm);* JBl 1992, 245.

232) OGH SZ 67/139; ecolex 1999, 257; RdW 2001/161; vgl auch JBl 2005, 579 *(Leitner); Leitner,* Der verlagerte Mangelschaden, ecolex 2003, 392; zum deutschen Recht s *Jud,* Haftung bei Weiterveräußerung einer mangelhaften Sache, in FS U. Huber (2006) 365 ff.

dass der Gewährleistungsberechtigte **wegen** eines vom Übergeber verschuldeten **Mangels** auch Anspruch auf **Schadenersatz** hat.[233])

Die Wendung „Hat der Übergeber den Mangel verschuldet" verweist zwar auf das schadenersatzrechtliche Verschuldenserfordernis, doch darf dieses nicht zu eng gesehen werden. Es geht nicht nur um Mängel, die der Übergeber schuldhaft herbeigeführt hat, sondern auch um solche, deren Beseitigung er vor der Übergabe schuldhaft unterlassen hat.[234])

Beruht der Mangel auf einem Produktionsfehler, ist strittig, ob sich der Übergeber das Verschulden des Herstellers anrechnen lassen muss (§ 1313 a). Nach hA ist zu unterscheiden: Da der Verkäufer nur zur Lieferung, nicht aber zur Herstellung der Sache verpflichtet ist, scheidet die Zurechnung grundsätzlich aus, sofern er keine spezifischen Erfüllungspflichten übernommen hat.[235]) Der Werkunternehmer hat hingegen grundsätzlich auch für Dritte einzustehen (s unten Rz 1130).

423 Nach § 933 a Abs 2 kann der Übernehmer wegen des Mangels auch als Schadenersatz zunächst nur die **Verbesserung** oder den **Austausch** verlangen.[236]) Das Gesetz harmonisiert damit Gewährleistungs- und Schadenersatzansprüche: Der Vorrang der schadenersatzrechtlichen Naturalrestitution in Gestalt von Verbesserung und Austausch musste schon deshalb angeordnet werden, weil sonst der gewährleistungsrechtliche Vorrang der Verbesserung schadenersatzrechtlich leicht „unterlaufen" werden könnte.

Nach der alten Rechtslage folgte der Vorrang der Naturalrestitution nach richtiger Auffassung bereits aus § 1323. Demgegenüber gelangte die Rechtsprechung und ein Teil der Literatur zu einem ähnlichen Ergebnis über die Schadensminderungsobliegenheit: s dazu die 11. Auflage S 81 mwN.

424 Durch die Neuregelung erhält der Übergeber wie bei der Gewährleistung (§ 932 Abs 2) auch im Schadenersatzrecht eine **weitere Chance** zur Erfüllung seiner Pflichten. Beim Mangelschaden sind daher die primären Rechtsbehelfe des Übernehmers nicht davon abhängig, ob er sich auf die (verschuldensunabhängige) Gewährleistung oder auf den (verschuldensabhängigen) Schadenersatz beruft.[237])

425 Auch wenn der Übernehmer Schadenersatz verlangt, ist er berechtigt, zwischen **Verbesserung** und **Austausch** zu **wählen.** Die dem Übergeber dagegen zustehenden Einwände sind dieselben wie bei der Gewährleistung.

426 Ein Recht auf **Schadenersatz** in **Geld** steht dem Übernehmer wegen des Mangels an der Sache nur unter den Voraussetzungen zu, unter denen

[233]) Dieser umfasst gemäß § 933 a Abs 2 auch den Fall des Verbesserungsverzugs („einheitlicher Schadenersatzanspruch"); *Welser/Jud,* Gewährleistung § 933 a Rz 13, 33; aA *Reischauer* in FS Fenyves 283 f.

[234]) EB 422 BlgNR 21. GP 20; *Welser/Jud,* Gewährleistung § 933 a Rz 6; OGH JBl 2013, 510; 7 Ob 23/13 b.

[235]) OGH JBl 2007, 393; JBl 2008, 105; bbl 2010/189; NZ 2013/142; s auch *Zöchling-Jud* in *Kletečka/Schauer,* ABGB-ON[1.01] § 933 a Rz 4 mwN.

[236]) *Welser* in FS Krejci 1321 ff; s schon *Welser,* JBl 1976, 133 f. Mangelfolgeschäden sind hingegen nicht vom Vorrang der Verbesserung umfasst (OGH bbl 2009/54).

[237]) EB 422 BlgNR 21. GP 20; *Welser/Jud,* Gewährleistung § 933 a Rz 9.

er gewährleistungsrechtlich Preisminderung oder Wandlung verlangen kann, also wenn sowohl die Verbesserung als auch der Austausch unmöglich sind oder wenn der Übergeber zu Recht den Einwand des unverhältnismäßig hohen Aufwandes erhebt, wenn der Übergeber die Verbesserung oder den Austausch verweigert oder nicht in angemessener Frist vornimmt, wenn die Verbesserung und der Austausch für den Übernehmer mit erheblichen Unannehmlichkeiten verbunden wären oder wenn sie ihm aus triftigen, in der Person des Übergebers liegenden Gründen unzumutbar sind. S oben Rz 335ff. Zu ersetzen ist das **Erfüllungsinteresse.**[238])

Wenn ein ursprünglicher und unbehebbarer Mangel vorliegt, gebührt nur der Ersatz des Vertrauensschadens.[239]) Hingegen haftet auch der Verkäufer einer Spezies auf das positive Vertragsinteresse, wenn er die Sache zwischen Vertragsabschluss und Übergabe schuldhaft beschädigt oder einen ursprünglichen, behebbaren Mangel nicht vor der Übergabe beseitigt; ferner wenn der Verkäufer der Spezies ihre Beschaffenheit ausdrücklich oder stillschweigend garantiert hat.

Die Zusicherung eines Verkäufers, es handle sich bei dem verkauften Gemälde um ein Original, ist idR als bloße Eigenschaftszusicherung zu verstehen und nicht als Garantieerklärung, mit der eine Haftung auf das Erfüllungsinteresse übernommen wird.[240])

Das Erfüllungsinteresse in Geld kann entweder in Form des Ersatzes der **Mangelbehebungskosten**[241]) oder als **Wertdifferenz**[242]) (Differenz zwischen dem Wert der Leistung mit Mangel und ohne Mangel) oder durch **Rückerstattung** des Kaufpreises (Werklohnes) verlangt werden.[243]) 427

Ohne überzeugende Begründung hat der OGH früher die Mangelbehebungskosten auch „abstrakt“ zugesprochen, dh auch dann, wenn der Gewährleistungsberechtigte den Mangel gar nicht beheben lassen will („fiktive Verbesserungskosten“).[244])

---

[238]) Zur Berechnung *Jud,* Schadenersatz 222ff. S auch OGH ecolex 2008/335; OGH ZRB 2012, 51 *(Wenusch).*

[239]) *Welser,* JBl 1976, 134; OGH JBl 1980, 316; ecolex 1992, 628 *(Wilhelm);* RdW 1999, 17; RdW 2004/57 (Verjährung). AA *Jud,* Schadenersatz 117f mwN.

[240]) OGH SZ 2003/31.

[241]) Zu den Voraussetzungen im Einzelnen *Jud,* Schadenersatz 246ff mwN. Im Falle des nicht vollständigen Verbrauchs der (vorschussweise begehrten) Mangelbehebungskosten, ist der nicht verbrauchte Teil rückforderbar; OGH Zak 2013/772, 421; ZRB 2014, 182 *(Wenusch)* = ZVB 2014/65 *(Oppel).*

[242]) *Zöchling-Jud* in *Kletečka/Schauer,* ABGB-ON[1.01] § 933a Rz 29; dieser folgend OGH ecolex 2012/193, 470; s dazu *Przeszlowska,* Abgrenzung von Gewährleistung, Schadenersatz und Irrtum bei mangelhafter Ware, Zak 2012/333, 163.

[243]) *Welser,* Schadenersatz statt Gewährleistung 33ff; OGH ZVR 2010/81 *(Ch. Huber);* 7 Ob 23/13b; Zak 2014/504; aA *Jud,* Schadenersatz 274ff, nach der das Entgelt nur der Schadensberechnung im Rahmen einer Rentabilitätsvermutung zugrunde gelegt werden kann.

[244]) OGH ecolex 1993, 377 *(Welser);* JBl 1995, 791 = ecolex 1995, 551 *(Wilhelm);* JBl 1996, 392; ecolex 1996, 910 (dazu *Iro,* Gewährleistung und Schadenersatz beim Kauf von Geschäftsanteilen, RdW 1996, 513); vgl auch OGH RdU 1997/59 *(Kerschner).* Anders OGH SZ 67/101; JBl 2002, 796 (dazu kritisch *Schobel,* Hypothetische Verursachung, Aliud-Verbesserung und Schadensteilung, JBl 2002, 771ff). Ein abstrakter Mangelfolgeschaden (zB Verdienstentgang) wird in ecolex 2003, 514 (kritisch *Pilz*) jedoch nicht ersetzt.

Dies kann aber zu einer Bereicherung des Gewährleistungsberechtigten führen. Aus dem Begriff des Schadens folgt nämlich, dass der Ersatz der fiktiven Kosten mit der Differenz zwischen dem Wert der beschädigten und der unbeschädigten Sache begrenzt ist.[245]) Durch den Ersatz dieser Differenz wird der Geschädigte vermögensmäßig so gestellt, wie er stünde, wenn der Schuldner ordnungsgemäß erfüllt hätte. Die Rechtsprechung hat sich dieser Lehre nunmehr angeschlossen.[246])

Mit der Rückerstattung des Kaufpreises oder des Werklohnes erreicht der Gewährleistungsberechtigte eine Art „schadenersatzrechtliche Wandlung". Der Ersatzanspruch kann mit der Lehre vom frustrierten Aufwand begründet werden: der Verkäufer oder Werkunternehmer hat durch seine mangelhafte Leistung verursacht, dass der Kaufpreis oder Werklohn zu einem Vermögensnachteil, also zu einem Schaden wird.[247]) Der Anspruch ist ausgeschlossen, wenn der Mangel bloß geringfügig ist, weil andernfalls die Ratio des § 932 Abs 4 umgangen werden könnte. Der Übergeber ist bei geringfügigen Mängeln auf die Geltendmachung der Wertdifferenz beschränkt.[248])

428 Wie bei der Wandlung hat der Gewährleistungsberechtigte, auch beim Schadenersatz, einen Anspruch auf Beseitigung der mangelhaften Sache oder des mangelhaften Werkes.[249])

429 Die Konkurrenz von Gewährleistungs- und Schadenersatzansprüchen darf zu **keiner Bereicherung** des Erwerbers führen. Der in der Mangelhaftigkeit der Sache liegende Nachteil kann daher nicht zugleich durch Verbesserung und Ersatz des Nichterfüllungsschadens liquidiert werden.[250]) Die Rechtsprechung lässt eine Kombination von Preisminderung und Ersatz der Verbesserungskosten zu, wenn der Mangel nur teilweise behebbar ist.[251])

430 Der Schadenersatzanspruch des § 933 a muss innerhalb der allgemeinen **Verjährungsfrist** erhoben werden. Er verjährt daher in drei Jahren ab Kenntnis von Schaden und Schädiger, spätestens nach dreißig Jahren (§ 1489).

Die ständige Rechtsprechung des OGH, dass die Verjährung erst beginnen kann, wenn der Verkäufer oder Unternehmer die Verbesserung verweigert oder wenn ihr Misslingen feststeht,[252]) lässt sich nicht nachvollziehen. Der Schaden besteht bereits in der mangelhaften Leistung. Da Rechte ab dem Zeitpunkt verjähren, ab dem sie aus-

---

[245]) *Welser* in FS Krejci 1331 f; *Welser/Jud,* Gewährleistung § 933 a Rz 15; *Jud,* Schadenersatz 259 ff; *Zöchling-Jud* in *Kletečka/Schauer,* ABGB-ON[1.01] § 933 a Rz 19 mwN.

[246]) OGH EvBl 2008/180; ecolex 2009/360; ZVR 2010/81 *(Ch. Huber);* SZ 2011/45; ZVB 2013/11, 38 *(Oppel).*

[247]) OGH EvBl 2008/180; *Welser/Jud,* Reform 124 ff; *Welser/Jud,* Gewährleistung § 933 a Rz 20 mwN; aA *Jud,* Schadenersatz 274 ff, nach der der Kaufpreis der Schadensberechnung im Wege der Rentabilitätsvermutung zugrunde zu legen ist.

[248]) *Jud,* Schadenersatz 295.

[249]) *Kurschel,* Gewährleistung 48 ff; *Welser/Jud,* Gewährleistung § 933 a Rz 21 f mwN.

[250]) Dazu *Welser* in FS Frotz 141 ff.

[251]) OGH JBl 1995, 791 = ecolex 1995, 551 *(Wilhelm);* RdW 1998, 606; ecolex 2000, 422 (kritisch *Rabl*); JBl 2015, 45 *(Geroldinger)* = ecolex 2014/197 *(Riepl);* kritisch dazu *Rabl,* Der „teilweise behebbare" Qualitätsmangel, ecolex 2000, 270; *Jud,* Schadenersatz 165.

[252]) RIS-Justiz RS0022078; zuletzt OGH ZVB 2013/61 212 *(Michl);* JBl 2013, 461; Zak 2015/239.

geübt werden können (§ 1478) und sofort nach der Übergabe auch Schadenersatz statt Gewährleistung verlangt werden kann, muss ab diesem Zeitpunkt auch der Anspruch verjähren.[253]) Die gegenteilige Auffassung ist mit § 933a nicht vereinbar.[254])

In einem Verbesserungsversuch oder einer Verbesserungszusage des Übergebers kann ein nach § 1497 die Verjährung unterbrechendes Anerkenntnis liegen.[255]) S auch unten Rz 530ff.

Die lange Verjährungsfrist beginnt (ohne Rücksicht auf die Kenntnis vom Schaden) mit der Übergabe der Sache zu laufen, weil sie als **zeitliche Haftungsschranke** zugunsten des Schädigers anzusehen ist. Da aber ohnedies der Schaden des Käufers oder Bestellers schon in der Mangelhaftigkeit der Sache oder des Werkes liegt, kann der Fristenlauf auch dann nicht anders beginnen, wenn man hiefür den Eintritt des Schadens fordert.[256]) 431

Die Belastung des Verkäufers (Werkunternehmers) durch die lange Verjährungsfrist wird durch die Beweislastregeln abgeschwächt. § 933a Abs 3 **befristet** die Beweislastumkehr des **§ 1298:** die Vermutung des § 1298, dass ein durch eine Vertragsverletzung beim Partner verursachter Schaden auch verschuldet ist, endet zehn Jahre ab Lieferung der Sache oder der Übergabe des Werkes. Daher obliegt nach **zehn Jahren** dem Übernehmer der Beweis des Verschuldens des Übergebers, wenn er aus der mangelhaften Leistung Schadenersatzansprüche ableiten will. Die Regelung gilt nicht nur für den Ersatz wegen der Mangelhaftigkeit selbst, sondern auch für Mangelfolgeschäden. 432

VI. Rechtsgeschäftliche Garantie

A. Garantiezusagen des Verkäufers

Die Gewährleistungsvorschriften sind nachgiebiges Recht, sie werden oft durch die Parteien abgeändert. Dies geschieht auch durch die sog Garantie,[1]) deren Einzelheiten sich nach der Vereinbarung richten 433

---

[253]) *I. Welser,* Schadenersatz statt Gewährleistung: Verjährungsbeginn, ecolex 1992, 85; *Welser,* Schadenersatz 84ff; *Welser,* Entscheidung des verstärkten Senates und Reform des Gewährleistungsrechts, ÖJZ 1993, 754f; *Kletečka,* ecolex 1996, 235; *Welser/Jud,* Reform 149; *Zöchling-Jud* in *Kletečka/Schauer,* ABGB-ON[1.01] § 933a Rz 38ff; *P. Bydlinski* in KBB[4] § 933a Rz 13; OGH ecolex 1996, 615 *(Puck);* vgl aber *Bydlinski,* Schadensentstehung und Verjährungsbeginn im österreichischen Recht, in FS Steffen (1995) 74 FN 15.

[254]) *Welser* in FS Krejci 1326ff; *Welser/Jud,* Gewährleistung § 933a Rz 28ff mwN.

[255]) *I. Welser,* ecolex 1992, 85; *Welser,* Schadenersatz 86.

[256]) S dazu *Welser/Jud,* Gewährleistung § 933a Rz 37f mwN. Vgl auch *Rebhahn,* Zur neuen Regelung der Verjährung im BGB und zur langen Verjährung von Schadenersatzansprüchen, in FS Welser 849ff.

[1]) Hiezu *Reidinger,* Rechtsprobleme der Garantieabrede (1987) mwN; *Reidinger,* Zum Verhältnis Garantie – Ersatzanspruch wegen Mangelfolgeschäden; zu Beginn und Dauer der Frist zur Geltendmachung, wbl 1988, 34; *Reidinger,* Rechtsprobleme der Garantieabrede im Lichte des neuen Gewährleistungsrechtes, in FS Welser (2004) 889; *Wiedenbauer/Klauninger,* Eigenschaftszusagen & Garantien beim Unternehmenskauf, ecolex 2003, 397; vgl auch *P. Bydlinski,* Inhaltskontrolle von Drittgarantien? RdW

(„Garantiezusage", **unechte Garantie**). Sie kann sich auf die Verlängerung der gesetzlichen Fristen beschränken, aber auch inhaltlich über die Gewährleistung hinausgehen, zB wenn der Veräußerer dafür einsteht, dass innerhalb des Garantiezeitraumes **keine Mängel auftreten;** es kommt dann nicht darauf an, ob der Mangel schon bei der Ablieferung vorhanden war.[2]) Ein solcher Inhalt der Garantie ist aufgrund der Verkehrsüblichkeit im Zweifel anzunehmen.[3])

Ob eine bestimme Erklärung des Verkäufers (zB Zusicherung bestimmter Eigenschaften und ausdrückliche Übernahme der Haftung) überhaupt eine Garantieerklärung darstellt, ist durch Auslegung zu ermitteln.[4]) Dasselbe gilt für die Frage, wie sich die Garantiefrist zur allgemeinen Gewährleistungsfrist verhält, zB ob sie diese verlängert.[5])

B. Garantie des Herstellers

434 Von der „Garantiezusage" durch den Vertragspartner ist die echte Garantie (Garantievertrag, s Rz 682ff) zu unterscheiden, durch die sich ein **Dritter** (meist der Hersteller) verpflichtet, für die Mangelfreiheit einer Sache einzustehen.[6]) Art, Inhalt und Dauer dieser Garantie richten sich nach der Vereinbarung.[7]) Der Garantievertrag tritt **neben** das Veräußerungsgeschäft, daher besteht der Anspruch aus der Garantie auch neben der Gewährleistung. Die im Handel üblichen „Garantien" für Massenprodukte (Fernsehgeräte, Waschmaschinen, Kühlschränke, Kraftfahrzeuge) sind fast immer vom Erzeuger dieser Produkte abgegebene „echte Garantien".

435 Die Garantieerklärung findet sich meist auf der Verpackung der Ware oder auf einer eigenen Urkunde, die der Garant der Sache beilegt und die der letzte Verkäufer dem Käufer als Bote übermittelt. Sie wird vom Käufer idR stillschweigend angenommen, ein Zugang der Annahmeerklärung wird nach der Verkehrssitte nicht erwartet (§ 864). Aus der **selbständigen Garantie** begünstigt wird gewöhnlich nur der letzte Käufer, nicht aber die Zwischenhändler.

2008, 247; *Bollenberger,* Zur Unterscheidung von zwei- und dreipersonalen Garantien, insbesondere im Hinblick auf Regressfragen, in FS Jud (2012) 43.

[2]) OGH SZ 46/69; SZ 50/5; JBl 1991, 385; ecolex 2004/707.

[3]) Dazu *Reidinger,* Garantieabrede 32ff; *Bydlinski,* Vertragliche Qualitätsgarantie im österreichischen Recht, RIW/AWD 1981, 150.

[4]) OGH ZVB 2013/11 *(Oppel).*

[5]) Hiezu *Reidinger,* Garantieabrede 35ff; vgl OGH SZ 70/198.

[6]) S zur Abgrenzung auch OGH ÖBA 2007/1393 *(Koch).* Zu Leistungsstörungen bei der Herstellergarantie s *Kriegner,* Leistungsstörungen bei der Herstellergarantie, RdW 2008/92, 129; *Fenyves,* Leistungsstörung und Inhaltskontrolle bei der Herstellergarantie, in FS Koziol (2010) 109.

[7]) *Koziol,* Der Garantievertrag (1981) 3ff; *Reidinger,* Garantieabrede 54ff. OGH SZ 50/93; JBl 1986, 46 *(Reidinger);* ÖBA 1988, 615 *(Jabornegg);* wbl 1989, 345; JBl 1989, 37. Abweichend OGH SZ 53/107 und 164; SZ 54/81. Zur Verjährung von Garantieansprüchen OGH ÖBA 2007/1393 und 1394 *(Koch);* JBl 2009, 576.

Da der Anspruch aus dem Garantievertrag kein Gewährleistungsanspruch ist, bedarf es unter Unternehmern keiner Mängelrüge (§ 377 UGB).[8])

C. Garantie zugunsten von Verbrauchern (§ 9b KSchG)

Für Garantiezusagen, die vom Verkäufer oder Hersteller gegenüber einem Verbraucher abgegeben werden, gelten nach § 9b KSchG besondere Regeln. 436

Verpflichtet sich ein Unternehmer gegenüber einem Verbraucher für den Fall der Mangelhaftigkeit der Sache, diese zu verbessern, auszutauschen, den Kaufpreis zu erstatten oder sonst Abhilfe zu schaffen (Garantie), so hat er auch auf die **gesetzliche Gewährleistungspflicht** und darauf hinzuweisen, dass sie durch die Garantie nicht eingeschränkt wird (§ 9b Abs 1 KSchG).[9]) 437

Dadurch soll der Gefahr der Irreführung von Verbrauchern begegnet werden, die durch die Garantie den (falschen) Eindruck haben könnten, dass die Garantie die Haftung für mangelhafte Leistung erschöpfend regelt.

Der Unternehmer ist an die Zusage in der **Garantieerklärung** und an den in der **Werbung** bekannt gemachten Inhalt der Garantie gebunden. 438

Dies ist – wie beim gewährleistungsrechtlichen Mangelbegriff – so zu verstehen, dass die Werbeaussagen verbindlich sind, soweit sie dem Vertrag zwischen Garanten und Verbraucher stillschweigend zugrunde gelegt wurden.[10])

Eine vom Übergeber (Verkäufer) gewährte Garantie muss dem Verbraucher gegenüber der Gewährleistung einen Vorteil bringen, da sie sonst wertlos ist. Eine Schmälerung der Gewährleistungsrechte ist schon aufgrund des § 9 KSchG unzulässig. Bietet die Garantie des Übergebers weniger als die gesetzliche Gewährleistung, kann dies schadenersatzrechtliche Folgen haben (§ 9b Abs 4 KSchG). Soweit ein Dritter (zB der Hersteller) eine Garantieerklärung abgibt, kann er auch weniger bieten als die gesetzliche Gewährleistung, weil er ja dem Verbraucher gegenüber gewährleistungsrechtlich nicht verpflichtet ist.[11])

Die Garantieerklärung hat den Namen und die Anschrift des Garanten sowie in einfacher und verständlicher Form den Inhalt der Garantie, vor allem ihre Dauer und ihre räumliche Geltung und die sonstigen für ihre Inanspruchnahme nötigen Angaben zu enthalten (§ 9b Abs 2 KSchG). 439

Die Garantie ist dem Verbraucher auf sein Verlangen schriftlich oder auf einem anderen für ihn verfügbaren, dauerhaften Datenträger[12]) bekannt zu geben.

---

[8]) OGH SZ 47/138; *Böhler,* Mängelrüge 148f.

[9]) Vgl *Ofner,* Informationspflichten des Garanten gemäß Art 6 Abs 2 der Verbrauchsgüterkaufrichtlinie und § 9b KSchG, in FS Welser (2004) 790; *Zöchling-Jud,* Verbraucherschutz- und Wettbewerbsrecht, in FS Griss (2011) 821f mwN; vgl auch OGH ecolex 2011/128.

[10]) *Welser/Jud,* Gewährleistung § 9b KSchG Rz 5; vgl aber EB 422 BlgNR 21. GP 25; *Kathrein,* ecolex 2001, 429; *Kosesnik-Wehrle* in *Kosesnik-Wehrle,* KSchG[4] § 9b Rz 3.

[11]) *Welser/Jud,* Gewährleistung § 9b KSchG Rz 7; *Kriegner,* RdW 2208, 129ff.

[12]) Dazu *Kathrein,* ecolex 2001, 430; *Welser/Jud,* Gewährleistung § 9b KSchG Rz 11; *Zöchling-Jud* in *Kletečka/Schauer,* ABGB-ON[1.01] Vor §§ 922ff Rz 25 mwN.

440 Ein Verstoß des Garanten gegen § 9b KSchG berührt die **Gültigkeit** der Garantie **nicht.**

Wäre bei Verletzung einer Vorschrift die Garantie ungültig, würde sich dies zu Lasten des Verbrauchers auswirken.[13]) Der Garant haftet allerdings dem Verbraucher für den durch den Verstoß verschuldeten Schaden (§ 9b Abs 4 KSchG).[14])

Hat zB der Unternehmer auf das Bestehen der gesetzlichen Gewährleistung nicht hingewiesen und damit seine Informationspflicht verletzt, so hat er dem Verbraucher den Schaden zu ersetzen, der daraus entsteht, dass er mangels eigener Gesetzeskenntnis die Geltendmachung von Ansprüchen versäumt hat.

VII. Verkürzung über die Hälfte (laesio enormis)

Literatur: *P. Bydlinski,* Die Stellung der laesio enormis im Vertragsrecht, JBl 1983, 410; *P. Bydlinski,* Laesio enormis und Gewährleistung, RdW 2003/351, 429; *Riedler,* Von laesio enormis, dinglich und obligatorisch wirkenden Vertragsaufhebungstatbeständen und Schadenersatzpflichten des Beklagten wegen eigener Prozessfehler des Klägers, JBl 2004, 215; *Winner,* Wert und Preis im Zivilrecht (2008); *Zemen,* Kunstkauf und laesio enormis, ÖJZ 1989, 589; *Zemen,* Kunstauktion und laesio enormis, ÖJZ 1997, 213.

441 *Hat bei zweiseitig verbindlichen Geschäften ein Teil nicht einmal die Hälfte dessen, was er dem andern gegeben hat, von diesem an dem gemeinen Werte erhalten, so räumt das Gesetz dem verletzten Teil das Recht ein, die Aufhebung und die Herstellung in den vorigen Stand zu fordern (§ 934).*

442 Das Rechtsmittel der Verkürzung über die Hälfte beruht auf dem Gedanken der **objektiven Äquivalenz** von Leistung und Gegenleistung. Obwohl die Vertragsparteien Leistung und Entgelt frei bestimmen und so über die Werte allein urteilen (subjektive Äquivalenz), soll eine Aufhebung des Vertrages möglich sein, wenn die objektiven Werte der beiden Leistungen außergewöhnlich „auseinanderklaffen". Voraussetzung ist eine Verkürzung **über** die Hälfte, zB ein Wertverhältnis 49 zu 100, ein Verhältnis von 50 zu 100 genügt nicht.

443 Die Werte der Leistungen[1]) sind für den Zeitpunkt des **Vertragsabschlusses** festzustellen,[2]) weshalb die laesio enormis nicht zu den Leistungsstörungen im eigentlichen Sinn gehört. Nachträgliche Mängel sind nicht zu berücksichtigen.[3]) Sie können aber nach § 1048 relevant sein („nachträgliche laesio enormis"). Dazu unten Rz 761.

---

[13]) *Welser/Jud,* Reform 165.

[14]) Zur Sanktionierung nach dem UWG s *Zöchling-Jud* in FS Griss 822ff mwN.

[1]) Vgl zur Wertermittlung OGH HS 26.545; *Winner,* Wert und Preis 103ff. Beim Bestandvertrag ist das marktübliche Entgelt im Verhältnis zum Bestandzins maßgebend; OGH JBl 2006, 39.

[2]) Vgl OGH SZ 70/28; ecolex 1999, 15; JBl 2004, 252. Bei einer Option ist der Zeitpunkt der Ausübung des Optionsrechts maßgebend (OGH SZ 74/152; RdW 2003/353), im Falle des Vorvertrags ist auf den Zeitpunkt dessen Abschlusses abzustellen (OGH JBl 2011, 37).

[3]) OGH ecolex 1999, 15; JBl 2004, 252; dazu *Riedler,* JBl 2004, 215; kritisch *P. Bydlinski,* RdW 2003/351, 429ff; *Winner,* Wert und Preis 35ff, 47ff; *Zöchling-Jud* in *Kletečka/Schauer,* ABGB-ON[1.01] Vor §§ 922ff Rz 14.

Durch das Rechtsmittel der Verkürzung über die Hälfte soll ein „inhaltlich ungerechter Vertrag“ aufhebbar sein. Dafür relevant ist die Differenz zwischen den objektiven Werten von Leistung und Gegenleistung, **nicht** aber ihre **Gründe.** Sie kann entweder auf eine Fehlbewertung einer mangelfreien Leistung (Fehleinschätzung des Verkehrswertes) oder auf eine Fehleinschätzung der Beschaffenheit der Sache (Vorhandensein von Mängeln) zurückzuführen sein, die zu einer falschen Bewertung durch die Partei geführt hat. Für eine Verschiedenbehandlung der beiden Fälle besteht kein Grund.[4]) Der Irrtum über den Wert ist jedoch nicht Tatbestandsvoraussetzung und daher auch kein Beweisthema.[5]) 444

Die laesio enormis ist ein praktischer Behelf, da sie – anders als die Tatbestände des Wuchers oder der Willensmängel – nicht auf subjektiven Elementen aufbaut. 445

Die Aufhebung des Vertrages kann durch Parteienvereinbarung oder durch **gerichtliche** Entscheidung erfolgen.[6]) Die Aufhebung des Vertrages wirkt schuldrechtlich ex tunc,[7]) sachenrechtlich aber nur ex nunc.[8]) Die Rückabwicklung erfolgt nach bereicherungsrechtlichen Grundsätzen. 446

Macht der verkürzte Teil von der laesio enormis Gebrauch, hat der **verkürzende Teil** eine **facultas alternativa.** Er kann die Aufhebung des Vertrages dadurch abwenden, dass er dem Verkürzten die Differenz zwischen dem gemeinen Wert der von ihm und der vom Verkürzten erbrachten Leistung erbringt.[9]) 447

War die Leistung des verkürzenden Teiles 49 und jene des verkürzten Teiles 100 wert, so muss der Verkürzende 51 aufzahlen, um die Vertragsaufhebung abzuwenden.

Auf das Rechtsmittel der laesio enormis kann im Vorhinein **nicht verzichtet** werden (§ 935).[10]) Es findet allerdings keine Anwendung, wenn der Erwerber erklärt hat, die Sache zum vereinbarten Entgelt aus besonderer Vorliebe zu übernehmen,[11]) wenn er ihren wahren Wert gekannt hat,[12]) wenn die Parteien eine gemischte Schenkung schließen woll- 448

---

[4]) OGH JBl 2007, 652 *(P.* Bydlinski) = ZVR 2007, 412 *(Ch. Huber); Reischauer* in *Rummel*[3] § 934 Rz 15; aA *P. Bydlinski,* JBl 1983, 413 ff; *P. Bydlinski,* Beschränkung und Ausschluß der Gewährleistung, JBl 1993, 559 (563); *P. Bydlinski* in KBB[4] § 934 Rz 3.

[5]) Vgl *Reischauer* in *Rummel*[3] § 934 Rz 8.

[6]) *Gschnitzer* in *Klang*[2] IV/1, 561; OGH SZ 55/21; HS XXIV/7; JBl 1998, 41 *(Holzner).*

[7]) OGH SZ 59/155; JBl 1998, 41 *(Holzner).*

[8]) *Reischauer* in *Rummel*[3] § 934 Rz 8; OGH SZ 55/21; JBl 2004, 252; aA *P. Bydlinski,* JBl 1983, 412, 417; *P. Bydlinski,* RdW 2003/351, 429; *Riedler,* JBl 2004, 221 f.

[9]) OGH JBl 1993, 785; JBl 1994, 823; JBl 2004, 252. Dies ist auch nur hinsichtlich eines von mehreren von einem Kaufvertrag erfassten Grundstücken möglich (OGH JBl 2011, 37).

[10]) Dazu *Krejci,* KSchG und ABGB, in *Krejci,* Handbuch 181 ff; *Stölzle,* Die Neuregelung der laesio enormis durch das KSchG, AnwBl 1980, 66; *Mayer-Maly,* Renaissance der laesio enormis? in FS Larenz (1983) 398 f.

[11]) S dazu OGH JBl 1988, 449.

[12]) OGH EvBl 2002/1; SZ 74/123.

ten oder wenn die Sache in einer gerichtlichen Versteigerung erworben wurde.[13])

Der Ausschluss setzt Kenntnis des Verkürzten vom wahren Wert voraus. Die bloße Erklärung, ihn zu kennen, erfüllt den Tatbestand nicht.[14]) Die bewusste Einlassung auf ein Verlustgeschäft schließt die laesio enormis nicht aus, wenn sich nachträglich eine noch größere Abweichung vom wahren Wert herausstellt, die zur Verkürzung über die Hälfte führt.[15])

449 § 934 gilt zB auch für Bestandverträge,[16]) Gesellschaftsverträge[17]) und Erbteilungsübereinkommen, nicht aber für Glücksverträge (§ 1268)[18]) und Vergleiche (§ 1386). Leibrentenverträge unterliegen § 934, weil das aleatorische Element in den Hintergrund tritt (s unten Rz 1155 ff, 1169).[19]) Vereinbarungen nach § 55 a Abs 2 EheG können nicht nach § 934 angefochten werden.[20]) Seit Inkrafttreten des UGB kann die laesio enormis auch bei unternehmensbezogenen Geschäften geltend gemacht werden, § 351 UGB sieht aber die Möglichkeit vor, diese vertraglich auszuschließen. Gegenüber dem Erwerber eines Unternehmens, der noch nicht Unternehmer ist, kann die Geltendmachung der laesio enormis nicht ausgeschlossen werden (§ 343 Abs 3 UGB).[21])

450 Der Untergang der geleisteten Sache schließt das Rechtsmittel der Verkürzung über die Hälfte nicht aus.

451 Das Rechtsmittel der laesio enormis muss innerhalb von **drei Jahren** ab Vertragsabschluss gerichtlich geltend gemacht werden[22]) (§ 1487). Dies gilt auch im Falle einer aufschiebenden Bedingung, wenn diese später eintritt.[23])

5. Kapitel

Das Erlöschen der Schuld

I. Erfüllung

Literatur: *Gernhuber,* Die Erfüllung und ihre Surrogate (1983); *Henke,* Die Leistung (1991).

452 *Erfüllung (Zahlung) ist die Leistung des Geschuldeten (§ 1412).*

453 Damit die Erfüllung das Erlöschen der Schuld bewirkt, muss sie dem Vertrag oder dem Gesetz entsprechen. Der Gläubiger kann **nicht**

---

[13]) Vgl dazu *Reischauer* in *Rummel*³ § 935 Rz 3; *Thaler,* Vertragsschluß bei Online-Auktionen, ecolex 2000, 569; *Zemen,* ÖJZ 1997, 214 f. Zu Onlineauktionen s OGH ecolex 2007/388 *(Anderl).*

[14]) OGH immolex 2014/79 *(Hagen).*

[15]) OGH EvBl 2002/1; immolex 2014/79 *(Hagen).*

[16]) OGH SZ 59/155; SZ 64/183 mwN; JBl 1994, 823.

[17]) OGH GesRZ 1977, 23.

[18]) S dazu OGH SZ 50/144; SZ 74/123; *Mayrhofer,* Schuldrecht I 456; vgl aber *Dullinger,* Rechtliche Möglichkeiten bei Swap-Geschäften, ecolex 2014, 310 (313).

[19]) Vgl OGH RdW 2001/661.

[20]) OGH RZ 1985/40.

[21]) *Winner,* Wert und Preis 192 ff. *Thierrichter,* RdW 2012/341, 326 f.

[22]) OGH SZ 70/28.

[23]) OGH NZ 2013/118, 280.

gezwungen werden, etwas **anderes** anzunehmen, als er zu fordern hat (§ 1413).[1]) Er ist ohne besondere Vereinbarung grundsätzlich auch **nicht** zur Entgegennahme von **Teilleistungen** verpflichtet (§ 1415).

Nach dem Zweck dieser Regelung, dem Gläubiger die Mühen und Aufwendungen der Entgegennahme von Teilleistungen zu ersparen, ist ein Zurückweisungsrecht des Gläubigers zu verneinen, wenn mit der Annahme einer Teilleistung weder nennenswerte Mühen noch besondere Aufwendungen verbunden sind.[2]) Dies führt letztlich dazu, dass der Gläubiger zur Annahme der Teilzahlungen von Geldschulden im bargeldlosen Zahlungsverkehr verpflichtet ist.[3])

Die Erfüllung besteht oft in einem Rechtsgeschäft.[4]) So muss bei der Erfüllung des Kaufvertrages das Eigentum übertragen werden, was nur durch Verfügungsgeschäft geschehen kann. Soweit rechtsgeschäftliche Handlungen nötig sind, müssen die Parteien auch geschäftsfähig sein. In anderen Fällen, wie zB bei der Herstellung eines tatsächlichen Erfolges (zB Garten pflegen, Bäume schneiden) genügt ein „reales Verhalten“.[5])

Ist die Leistung nicht vertragsgemäß,[6]) so kann sie der Gläubiger **zurückweisen** und Ansprüche wegen Nichterfüllung erheben. Er kann aber eine mangelhafte Sache auch annehmen und Gewährleistungsrechte geltend machen. 454

Hat der Schuldner gegenüber demselben Gläubiger **mehrere Verbindlichkeiten,**[7]) so ist nach der **Tilgungsregel** des § 1415 jene als erfüllt anzusehen, die Gläubiger und Schuldner einvernehmlich bestimmen.[8]) Ist die Absicht des Schuldners unklar oder ist der Gläubiger mit ihr nicht einverstanden,[9]) so sind Zahlungen zuerst auf die Zinsen[10]) und dann auf das Kapital anzurechnen.[11]) Von mehreren Kapitalien hat das fällige den Vorrang, bei mehreren fälligen ist jene Verbindlichkeit zu tilgen, die dem Schuldner „am meisten beschwerlich fällt“, zB die höher verzinste oder die pfandgesicherte Schuld (§ 1416).[12]) Trifft keiner dieser Gesichtspunkte zu, sind alle Schulden verhältnismäßig zu tilgen. 455

---

[1]) Vgl OGH SZ 65/61; SZ 69/84.

[2]) *Reischauer* in *Rummel*[3] § 1415 Rz 6; OGH SZ 2006/48 = ecolex 2006, 825 *(Wilhelm);* aA *Heidinger* in *Schwimann*[3] § 1415 Rz 1.

[3]) OGH SZ 2006/48 = ecolex 2006, 825 *(Wilhelm);* ÖBA 2013/1935.

[4]) *Kretschmar,* Die Erfüllung (1906); *Boehmer,* Der Erfüllungswille (1910); vgl aber OGH ecolex 1994, 545; JBl 2006, 252 *(Dullinger)* = ecolex 2005, 442 *(Wilhelm).*

[5]) OGH RdW 1989, 364; vgl auch SZ 67/48.

[6]) OGH JBl 2011, 595 (anfechtungsgefährdete Leistung).

[7]) Zu Teilleistungen auf eine Forderung s OGH JBl 1986, 385; auf eine Forderung, die teilweise tituliert ist s OGH JBl 2013, 790 = ecolex 2013/391 *(Schmidl);* auf eine teilweise verjährte Forderung s OGH EvBl 1997/147.

[8]) Zur Unwirksamkeit einer Anrechnungsregelung in AGB s OGH JBl 1987, 247; ÖBA 2009/1576 *(Apathy);* ÖBA 2010/1614; vgl auch ÖBA 1996, 631 *(Rummel);* ÖBA 2014/2050.

[9]) OGH SZ 51/24; ZAS 1991/3 *(Marhold);* ÖBA 1995, 544.

[10]) Nicht jedoch auf bereits verjährte Zinsen; OGH SZ 66/142.

[11]) AA OGH ÖBA 1997, 214 im Anschluss an *Reischauer* in *Rummel*[3] § 1416 Rz 21, für den Fall, dass mehrere Zinsen und mehrere Kapitalien fällig sind.

[12]) Zu Regressfragen s OGH EvBl 1998/167. S zur Tilgungsregel bei Mietzinsrückständen OGH SZ 2004/28; bei vorprozessual geleisteten Teilzahlungen OGH SZ 2002/50.

Die Tilgungsregel ist nicht auf Unterhaltsforderungen anzuwenden.[13]) Hingegen gilt sie bei einer Aufrechnung gegen mehrere Forderungen.[14]) § 1416 unterstehen auch öffentlich-rechtliche Schuldverhältnisse.[15]) Die Widmung einer Zahlung durch die verpflichtete Partei im Exekutionsverfahren ist nicht möglich; das Geld ist nach §§ 283 ff EO zu verteilen.[16])

§ 1416 ist nicht anwendbar, wenn der Schuldner mehreren Gläubigern gegenübersteht und die Zahlung an einen gemeinsamen Empfänger leistet. Hier steht es dem Schuldner frei, zu entscheiden, welchen Gläubiger er befriedigen will. Fehlt eine derartige Widmung, so ist eine nach dem jeweiligen Schuldausmaß verhältnismäßige Tilgung vorzunehmen.[17])

456 Nach österreichischem Recht kann also der Schuldner nicht einseitig bestimmen, welche Schuld er zahlen will. Erfüllung ist die Leistung an den **Gläubiger** (§ 1424),[18]) an dessen **Vertreter** oder an Dritte, an die der Schuldner kraft Ermächtigung durch den Gläubiger leisten kann.[19])

Der Großhändler ermächtigt den Produzenten, direkt an den Einzelhändler zu liefern.

457 Ausnahmsweise wird ein **gutgläubig** leistender Schuldner auch durch Zahlung an einen Nichtgläubiger befreit (§§ 824, 1395).

458 Die Wirksamkeit der Erfüllung hängt ferner von der Geschäftsfähigkeit der Beteiligten ab: Die Zahlung **an** einen **Geschäftsunfähigen** ist nur soweit wirksam, als das Bezahlte noch vorhanden oder zum Nutzen des Empfängers verwendet worden ist (§ 1424).[20])

Gleiches gilt gemäß § 224, wenn eine nach §§ 204 ff mit der Obsorge eines Minderjährigen betraute Person – also weder die sonstigen gesetzlichen Vertreter (Eltern, Großeltern, Pflegeeltern) noch der Jugendwohlfahrtsträger (§ 210 Abs 1)[21]) – ohne Ermächtigung durch das Gericht eine € 10.000,– übersteigende Zahlung an den Minderjährigen annimmt.

459 Die Leistung **durch** einen **Geschäftsunfähigen** ist nur wirksam, wenn die Schuld tatsächlich bestand und fällig war, sonst ist der gesetzliche Vertreter zur Rückforderung berechtigt (§ 1421).

---

[13]) OGH RZ 1997, 250; SZ 73/100.

[14]) OGH JBl 2005, 515.

[15]) VwGH ZAS 1997, 58.

[16]) S dazu *Kepplinger/Duursma,* Möglichkeit zur Widmung einer Zahlung bei Einschreiten des Exekutors? ÖJZ 2000, 887.

[17]) OGH SZ 73/100; SZ 2006/44; iFamZ 2009/177 *(Fucik);* EvBl-LS 2009/118; RIS-Justiz RS0033523 (T2).

[18]) Vgl auch OGH SZ 54/47; wbl 1987, 345; SZ 68/114; EvBl 2001/28; *Eccher/ Hagen,* Erfüllungswirkung im Überweisungsverkehr, ÖBA 2000, 115.

[19]) Dazu *Müller-Laube,* Die Empfangszuständigkeit im Zivilrecht (1978); OGH RdA 1992, 210 *(Oberhofer/Grömmer);* SZ 68/114.

[20]) Dazu *Dullinger,* Die Geschäftsfähigkeit Minderjähriger, ÖJZ 1987, 38 ff; OGH SZ 60/119.

[21]) AA (noch) OGH SZ 2008/45 = EF-Z 2008/79 *(Gitschthaler)* (dazu kritisch *Holzner,* Pflegschaftsgerichtliche Genehmigung für Leistungen an die Eltern des minderjährigen Gläubigers? JBl 2009, 63); nun ausdrücklich gegenteilig OGH JBl 2013, 311 (zustimmend *Geroldinger* [auch für die Rechtslage nach dem KindNamRÄG 2013]) (dazu zustimmend *Schmaranzer,* Schuldbefreiende Leistung an minderjährige Gläubiger auch ohne pflegschaftsgerichtliche Ermächtigung? Zak 2012/623, 323).

Ist die Schuld höchstpersönlich, so muss auch der Schuldner persönlich leisten. Sonst kann er sich eines **Gehilfen** bedienen, dessen Leistung als solche des Schuldners gilt. Mit Zustimmung des Schuldners oder des Gläubigers können aber auch **Dritte** (im eigenen Namen) leisten (§ 1423).[22]) Gegen den Willen des Schuldners und des Gläubigers ist die Erfüllung durch einen Dritten nicht möglich. 460

Nur in einzelnen, gesetzlich geregelten Fällen hat der Gläubiger die Leistung von einem Außenstehenden auch dann anzunehmen, wenn dies weder seinem noch dem Willen des Schuldners entspricht (vgl das „ius offerendi", § 462).[23])

Die Leistung durch den Schuldner führt zur **Tilgung** der Forderung, dh zu ihrem **Untergang** (Erlöschen). Dasselbe gilt in der Regel bei Zahlung durch Dritte. In diesem Fall gibt es allerdings auch die Möglichkeit der **Einlösung,** dh des **Forderungsüberganges:** Durch die Zahlung des Dritten geht die Forderung nicht unter, sondern auf ihn über, er wird neuer Gläubiger. Wichtigster Fall einer solchen Einlösung ist die Legalzession des § 1358: Wer eine Schuld bezahlt, für die er persönlich oder mit bestimmten Vermögensstücken haftet, „tritt in die Rechte des Gläubigers", die bezahlte Forderung geht nicht unter, sondern auf ihn über. S unten Rz 570ff. In anderen Fällen bedarf es zumindest eines vor der Zahlung gestellten Abtretungsbegehrens (§ 1422). S unten Rz 571. Und schließlich kann sich der Gläubiger bereit erklären, die Forderung Zug um Zug dem zahlenden Dritten vertraglich abzutreten (§§ 1392ff). S unten Rz 535ff. 461

Neben der Eintreibung der übergegangenen Forderung hat der Drittzahler manchmal noch andere „Regresswege", zB den Anspruch aus einem Auftragsvertrag, aus einer Geschäftsführung ohne Auftrag oder aus § 1042.

Bei der Erfüllung entstehen gewisse **„Gegenverbindlichkeiten"** des Gläubigers. So ist er verpflichtet, Zug um Zug auf seine Kosten eine **Quittung,** das ist eine schriftliche Bestätigung über die Erfüllung der Verbindlichkeit, auszustellen.[24]) Sie kann auf der Rechnung oder auf einer anderen Urkunde gegeben werden. Ist ein **Schuldschein** vorhanden, so muss ihn der Gläubiger dem Schuldner zurückgeben (§ 1428). Teilzahlungen sind auf Verlangen des Schuldners auf dem Schuldschein zu vermerken. 462

Schuldschein und Quittung haben nur deklarative Bedeutung, können also durch den Beweis der Unrichtigkeit widerlegt werden.[25])

---

[22]) Vgl dazu OGH RdA 1981, 387 *(Spielbüchler);* MietSlg 38.235; ÖBA 1992, 743 *(Apathy); Zehetner,* Zessionsrecht (2007) 111f.

[23]) Dazu *P. Bydlinski,* Die Anfechtungs- und Auflösungsrechte des Zessionsschuldners, ÖJZ 1981, 456f; vgl auch OGH SZ 62/2.

[24]) *Reischauer,* Zwei Fragen zur Löschungsquittung bzw Löschungserklärung: Kostentragung und Zug-um-Zug-Prinzip (§§ 469, 1369 und 1426 ABGB, § 39 GBG [iVm § 1425 ABGB]), NZ 2001, 362.

[25]) OGH wbl 1989, 228; ÖBA 2001, 328 *(Apathy).*

Der Schuldner hat kein Recht auf eine „Saldoquittung", also eine Bestätigung darüber, dass der Gläubiger ihm gegenüber aus keinem anderen Rechtsgrund irgendeine Forderung hat.

II. Hinterlegung

Literatur: *Rabl,* Hinterlegung, Selbsthilfeverkauf und Preisgabe – Rechtsbehelfe im Annahmeverzug des Gläubigers, ÖJZ 1998, 688; *Reischauer,* Einige Gedanken zur Hinterlegung nach § 1425 ABGB, ÖJZ 2001, 453; *Reischauer,* Hinterlegung zu Gunsten mehrerer (potentieller) Gläubiger bzw Forderungspfandgläubiger, JBl 2001, 541 und 614.

463 *Ist der Schuldner an der Ablieferung der Leistung durch Umstände gehindert, die er nicht zu vertreten hat, so kann er die geschuldete Sache bei Gericht hinterlegen und wird dadurch von der Schuld befreit (§ 1425).*

S dazu auch Art XVIII EGJN, § 373 UGB und §§ 284 bis 343 und 350 Geo.

464 Der Schuldner ist zur Hinterlegung berechtigt,[1]) wenn der Gläubiger[2]) **unbekannt, abwesend** oder im **Annahmeverzug** ist[3]) oder wenn andere **wichtige Hinderungsgründe** für den Empfang der Leistung bestehen,[4]) die dem Gläubiger zuzurechnen sind.[5]) Der Erlag ohne hinreichenden Hinterlegungsgrund befreit den Schuldner nicht.[6]) Kein Erlagsgrund ist, dass der Schuldner nicht leisten will, weil er den Anspruch des Gläubigers bestreitet.[7])

Ist ein Haftpflichtversicherer mehreren geschädigten Dritten zugleich verantwortlich, so kann er sich seiner Pflicht zur Verteilung der Versicherungssumme gemäß § 156 Abs 3 VersVG nicht durch ihre Hinterlegung entziehen.[8])

465 Die Hinterlegung muss beim Gericht des **Erfüllungsortes** vorgenommen werden, doch kann kein Gericht erster Instanz die Übernahme wegen Unzuständigkeit verweigern (Art XVIII EGJN). Eignet sich der Leistungsgegenstand nicht zum Erlag beim Gericht, muss ein Verwahrer

---

[1]) Es trifft ihn keine Pflicht: OGH SZ 34/4; JBl 1966, 35; *Rabl,* ÖJZ 1998, 690f mwN. Zu den Ausnahmen *Reischauer* in *Rummel*[3] § 1425 Rz 12; vgl auch OGH JBl 2007, 790.

[2]) Zur Hinterlegung zugunsten mehrerer Gläubiger OGH NZ 2009/62.

[3]) Vgl auch OGH RdW 2002/269 (Auseinandersetzung über Annahmeverzug); RdW 2009/423 (kein Annahmeverzug bei Ablehnung der Zahlung durch Überweisung).

[4]) Zur Hinterlegung wegen mehrerer Forderungsprätendenten s OGH ÖBA 2010/1635 *(Artmann);* ÖBA 2012/185; ÖBA 2015/2094; vgl auch OGH SZ 74/121. S zu anderen Hinterlegungsgründen OGH wobl 2003/161 *(Call);* NZ 1989, 16; JBl 1987, 326; MietSlg 38.236; RdW 1997, 200; ecolex 2002, 245; SZ 2006/157; NZ 2008/15; NZ 2009/64 und immolex 2010/77 *(Limberg).*

[5]) S etwa OGH ÖBA 2015/2094.

[6]) *Reischauer,* ÖJZ 2001, 456ff; OGH SZ 65/61; HS XXV/8; RdW 1997, 200; ÖBA 2015/2094.

[7]) OGH NZ 2005, 15; vgl auch OGH RdW 2006/134.

[8]) OGH ZVR 1977/21; ZVR 1977/75; ZVR 1977/138; *Selb,* Abandon bei nicht ausreichender Haftpflichtversicherungssumme, VersRdSch 1981, 16ff. Vgl aber *Bauerreiss,* Befriedigungspflicht und Abandonrecht des Haftpflichtversicherers, VersRdSch 1977, 337.

bestellt werden.[9]) Die Hinterlegung muss, wenn möglich, dem Gläubiger bekannt gegeben werden.[10])

Da die gerechtfertigte Hinterlegung der Leistung den Schuldner befreit, geht mit dem Erlag auch die Gefahr auf den Gläubiger über; das Eigentum jedoch erst mit Übergabe der hinterlegten Leistung an ihn.[11])

Das Erlagsverfahren ist ein außerstreitiges Verfahren.[12]) Dem Erlagsgericht obliegt nur die Pflicht, die Schlüssigkeit des Erlagsantrags zu prüfen. Ob der Erlag gerechtfertigt war, muss notfalls im streitigen Verfahren geklärt werden.[13]) Der Schuldner kann die hinterlegte Leistung zurückverlangen, wenn er sich die Rücknahme vorbehalten hat[14]) oder wenn der Gläubiger zustimmt.[15]) Weigert sich der Gläubiger, so ist der Erlag mit Klage auf Zustimmung zur Ausfolgung des Gerichtserlages – ebenfalls – im streitigen Verfahren zurückzufordern, wobei das bessere Recht an der erlegten oder auf die erlegte Sache entscheidet.[16]) Sobald der Gläubiger die Sache zu den Bedingungen des Schuldners angenommen hat oder der Erlag durch Urteil für gerechtfertigt erklärt worden ist, kann die Sache nicht mehr zurückgefordert werden. Bei drohendem Verderben oder einer krassen Wertminderung der hinterlegten Sache hat das Gericht für ihre Verwertung (Versteigerung) zu sorgen.[17])

Von der Hinterlegung nach § 1425 ist die Hinterlegung beim Exekutionsgericht gemäß § 307 EO zu unterscheiden.[18])

III. Leistung an Zahlungs statt und zahlungshalber

Literatur: *Berndorff,* Die Annahme an Erfüllungsstatt (1904); *Harder,* Die Leistung an Erfüllungs Statt (1976).

Leistung an Zahlungs statt (datio in solutum) ist eine statt der vereinbarten Leistung einvernehmlich gegebene und genommene andere Leistung, die den Schuldner befreit. 466

Gegen seinen Willen kann weder der Gläubiger gezwungen werden, etwas anderes anzunehmen, als er zu fordern hat, noch der Schuldner, etwas anderes zu leisten, als er versprochen hat (§ 1413). Mit Einverständnis beider Seiten kann jedoch etwas anderes zur Erfüllung gegeben werden (§ 1414).[1]) 467

Bei der Leistung an Zahlungs statt wird die vertragliche **Hauptleistung** geändert. Zum Unterschied von der Novation ist aber diese Änderung mit der **gleichzeitigen** Leistung der anderen Sache verbunden. Mit den **Realverträgen** hat die Leistung an Zahlungs statt das Zusammenfal- 468

---

[9]) Vgl OGH RZ 2001/20 (Wohnung); JBl 2015, 313 (Liegenschaft) (dazu *Mair,* Liegenschaften als taugliche Hinterlegungsobjekte? Zak 2015/258, 148).

[10]) Dazu OGH SZ 51/42.

[11]) OGH ÖBA 2003, 456 *(Bollenberger).*

[12]) Zur Parteistellung und Rechtsmittellegitimation s *Reischauer,* ÖJZ 2001, 454ff; zum Kostenersatz OGH JBl 2015, 313.

[13]) Dazu OGH SZ 51/42; wbl 1987, 313; ÖBA 1988, 293; NZ 1992, 9; ÖBA 2004, 309; OGH SZ 2006/157; vgl auch OGH ÖBA 2012/1852; NZ 2015/59.

[14]) Vgl aber OGH SZ 24/261.

[15]) OGH ecolex 2003, 590; vgl OGH JBl 1992, 189.

[16]) Vgl etwa OGH wbl 1987, 157; JBl 1992, 189; JBl 1992, 592; EvBl 2006/120.

[17]) OGH SZ 72/30. Zu den Verwahrerpflichten vgl auch OGH ZVR 1997/95.

[18]) OGH EvBl 2004/171.

[1]) OGH RdW 2009/423 (Buchgeld statt Barzahlung).

len von Vereinbarung und Erfüllungshandlung gemeinsam, doch ist für die Leistung an Zahlungs statt die **Änderung** einer bereits vorher begründeten Verbindlichkeit wesentlich, die durch die Leistung an Zahlungs statt erlischt.[2])

§ 1414 kennt die Leistung an Zahlungs statt nicht bloß bei Einverständnis von Gläubiger und Schuldner, sondern auch, wenn „die Zahlung selbst unmöglich ist". Dies ist ein Verweis auf die nach früherem Recht gegebene Möglichkeit, in der Zwangsvollstreckung auf eine andere Sache zu greifen, wenn die geschuldete nicht vorhanden war. Das heutige Exekutionsrecht kennt einen vergleichbaren Anspruch nur noch bei der Überweisung einer Forderung an Zahlungs statt (§ 316 EO). § 1414 ist daher überholt; bei Unmöglichkeit der Leistung gelten die §§ 920, 1447.

469 Wegen der schuldbefreienden Wirkung gehen mit der Leistung nicht nur die Hauptverbindlichkeit, sondern auch die zu ihrer **Sicherung** bestehenden Rechte (Bürgschaften, Pfänder) unter. Leistet ein Bürge selbst an Zahlungs statt, so geht die ursprüngliche Forderung des Gläubigers nach § 1358 auf ihn über.[3])

470 § 1414 nennt die Leistung an Zahlungs statt ein **entgeltliches** Geschäft.[4])

Der Gläubiger gibt seine Forderung auf die ursprüngliche Leistung auf und erhält dafür die andere Leistung. Das Geschäft ist sogar dann entgeltlich, wenn auf diese Weise ein Schenkungsversprechen erfüllt wird. Die Schenkung selbst wird freilich dadurch nicht entgeltlich; sie kann zB weiterhin widerrufen (§ 901) oder wegen Motivirrtums angefochten werden (§§ 947 ff).

471 Daraus folgt vor allem, dass der Gläubiger die Rechtsbehelfe der **Gewährleistung** und der **laesio enormis** hat. Die Wandlung führt zum Aufleben der ursprünglichen Forderung.[5])

Ob bei einer durch Leistung an Zahlungs statt erfüllten Schenkung Gewähr geleistet werden muss, ist strittig.[6])

472 Von der Leistung an Zahlungs statt, die den Schuldner sofort befreit, ist die **Leistung zahlungshalber** zu unterscheiden. Die im Einvernehmen zwischen den Parteien erbrachte andere Leistung ist hier nicht die Erfüllung, sondern ermöglicht es nur dem Gläubiger, sich daraus zu befriedigen. Soweit der Gläubiger diese Befriedigung erlangt, erlischt die Schuld.[7]) Die **Abtretung** einer Forderung zu Tilgungszwecken kann sowohl an Zahlungs statt als auch zahlungshalber erfolgen.

---

[2]) Zu den Unterschieden vgl *Harder,* Leistung 113 ff. S aber auch *Reischauer* in *Rummel*³ § 1414 Rz 6 f.

[3]) OGH EvBl 1996/108; zur Sittenwidrigkeitsgrenze OGH JBl 2010, 498 *(Eliskases)* = ÖBA 2010/1640 *(P. Bydlinski)* = ecolex 2010/113 *(Th. Rabl).*

[4]) Dazu *Gschnitzer* in *Klang*² VI 376 f; kritisch *Harder,* Leistung 88 f.

[5]) OGH SZ 51/68; EFSlg 87.398.

[6]) Dafür *Gschnitzer* in *Klang*² VI 376; *Mayrhofer,* Schuldrecht I 578; dagegen *Ehrenzweig* II/1, 325 FN 6. Vgl ferner *Harder,* Leistung 39 ff, 181 ff.

[7]) Allfällige Überschüsse stehen dem Schuldner zu; *Reischauer* in *Rummel*³ § 1414 Rz 12; *Zehetner,* Zessionsrecht (2007) 30.

Der Schuldner A zahlt seinem Gläubiger B den geschuldeten Betrag von € 200,– nicht bar, sondern zediert dem B die ihm gegen den Dritten C zustehende Forderung von ebenfalls € 200,–. Ist dies eine Abtretung an Zahlungs statt, so wird A bereits mit der Zession frei und es kommt nicht darauf an, ob B bei C die Schuld eintreiben kann, weil dieser zB zahlungsunfähig ist. B ist auf Gewährleistungsrechte gegenüber A beschränkt (vgl Rz 553ff). Wurde hingegen bloß zahlungshalber zediert, so erlischt die Forderung des B gegen A nur insoweit, als B von C Zahlung erhält. Das Recht auf Verzugszinsen hat B erst dann, wenn feststeht, dass er sich aus der zahlungshalber gegebenen Leistung nicht befriedigen kann.[8])

Ob an Zahlungs statt oder zahlungshalber geleistet wurde, ist Auslegungsfrage; im Zweifel werden Wechsel und Scheck zahlungshalber,[9]) körperliche Sachen hingegen an Zahlungs statt gegeben.[10]) 473

IV. Die Aufrechnung (Kompensation)

Literatur: *Dullinger,* Handbuch der Aufrechnung (1995); *Kegel,* Probleme der Aufrechnung (1936); *Kerschner,* Aufrechnungsprobleme bei Bankgeschäften, ÖBA 1989, 254; *Koch,* Die Gegenseitigkeit und deren Nachbildung durch Aufrechnungsvertrag, JBl 1989, 222; *Reiterer,* Die Aufrechnung (1976); *Zimmermann,* Die Aufrechnung – Eine rechtsvergleichende Skizze zum Europäischen Vertragsrecht, in FS Medicus (1999) 707.

A schuldet B € 100,–, B schuldet aber seinerseits A € 100,–. Um ein unnötiges Hin- und Herschieben von Geld zu vermeiden, vereinbaren beide, dass sich die Forderungen gegenseitig aufheben.

1. Begriff und Zweck der Aufrechnung

Aufrechnung ist die Aufhebung einer Forderung durch eine Gegenforderung. 474

Die Aufrechnung wirkt als **Zahlung.** Beide Forderungen werden, soweit sie sich decken, getilgt. 475

Die Kompensation hat verschiedene Zwecke. Vor allem befreit sich der Aufrechnende von seiner eigenen Schuld **(Befreiungszweck),** gleichzeitig erhält er für seine eigene Forderung Befriedigung **(Befriedigungszweck).** 476

Daher der Satz: „Wer aufrechnet, hebt ein und zahlt."

Durch die Verwirklichung dieser Zwecke erspart man sich das Hin- und Herschieben von Leistung und Gegenleistung, man verrechnet nur **(Verrechnungszweck).** Und schließlich gibt die Möglichkeit einer Kompensation einem Gläubiger auch Sicherheit: Solange sein Schuldner gegen ihn eine Forderung hat, braucht er die Uneinbringlichkeit der eigenen Forderung nicht zu fürchten, weil er notfalls gegen die schuldnerische Forderung aufrechnen kann **(Sicherungszweck).** 477

---

[8]) OGH SZ 69/128.

[9]) OGH SZ 57/81; SZ 61/59; ÖBA 1991, 56 *(Gröll);* ÖBA 1995, 225; ÖBA 1998, 304; RdW 2000/450; ÖBA 2005, 59.

[10]) Dagegen *Koziol* in KBB[4] § 1414 Rz 5.

Wird gesagt, jemand rechne mit einer Forderung auf, so meint man die Forderung des Kompensierenden. Heißt es, es werde gegen eine Forderung aufgerechnet, so ist damit die Forderung des Aufrechnungsgegners, also die Schuld des Aufrechnenden gemeint.

2. Aufrechnungsvoraussetzungen

478 Erste Voraussetzung der Aufrechnung ist die **„Gegenseitigkeit"** der beteiligten Forderungen,[1]) dh dass der Aufrechnende zugleich Gläubiger und Schuldner des Aufrechnungsgegners sein muss.

A kann nicht seine Schuld bei B dadurch tilgen, dass er mit einer Forderung aufrechnet, die er gegen C hat.

Hievon gibt es allerdings Ausnahmen. So kann nach einer Zession der Schuldner (debitor cessus) gegen den Neugläubiger mit allen Forderungen aufrechnen, die ihm gegen den Altgläubiger bis zur Verständigung von der Abtretung dem Grunde nach entstanden sind,[2]) weil bei der Abtretung die Schuld inhaltlich gleich bleibt (vgl unten Rz 547). Der Benachrichtigungszeitpunkt ist maßgebend, weil bis dahin das Vertrauen des Schuldners, der im Hinblick auf den Sicherungsfonds dem Gläubiger kreditiert, schutzwürdig ist (Sicherungszweck). Bei der Zession künftiger Forderungen ist strittig, ob der Entstehungszeitpunkt der abgetretenen Forderung oder der Zeitpunkt der Verständigung des Schuldners von der Abtretung für dessen Aufrechnungsmöglichkeit maßgebend sein soll.[3])

479 Der **einvernehmlichen** Aufrechnung sind keine Grenzen gesetzt, soweit ihr nicht die zwingenden Normen wie jene über die Aufrechnung im Insolvenzverfahren (§§ 19, 20 IO) entgegenstehen:[4]) Die Parteien können beliebige Forderungen miteinander ausgleichen und so die gegenseitigen Verbindlichkeiten aufheben.[5])

---

[1]) *Dullinger,* Zur Aufrechnung beim Vertrag zugunsten Dritter, JBl 1988, 154f; *Kollhosser,* Drittaufrechnung und Aufrechnung in Treuhandfällen, in FS Lukes (1989) 72; *Kerschner,* ÖBA 1989, 265ff; s auch OGH wbl 1988, 87 *(Koch);* JBl 1996, 580; RdW 1997, 531; SZ 73/145. Zur Aufrechnung gegenüber einer Gesamthandgläubigerschaft s OGH JBl 2000, 511 *(Riedler).*

[2]) S dazu OGH SZ 53/1; SZ 56/190; *Lukas,* Zession und Synallagma (2000) 206ff.

[3]) Für den Entstehungszeitpunkt: OGH SZ 51/38; ÖBA 1988, 172 *(Griß-Reiterer);* ÖBA 1997, 560; ÖBA 1999, 382; ÖBA 2008/1494 *(Koch)* = ÖZW 2007, 114 (kritisch *Dullinger/Rummel*); *Koch,* Nochmals zur Aufrechnung bei Zession künftiger Forderungen, ÖBA 1989, 1160; dagegen *Kerschner,* Zur Aufrechnung bei Zession künftiger Forderungen, ÖBA 1989, 557, der auf den Verständigungszeitpunkt abstellt; *Kerschner,* Abermals: Zur Aufrechnung bei Zession künftiger Forderungen, ÖBA 1990, 524; *Dullinger,* Aufrechnung 9f; *Beig,* Die Aufrechnungsbefugnis des Abtretungsschuldners bei der Zession künftiger Forderungen, JBl 2006, 155; *Beig,* Die Zession künftiger Forderungen (2008) 59ff.

[4]) S OGH SZ 56/128; EvBl 1989/8; ecolex 1994, 677; SZ 67/169; SZ 69/236; ÖBA 1996, 487; ÖBA 1997, 548 *(Koziol);* ÖBA 1998, 798 *(Bollenberger);* JBl 1999, 815 *(Dullinger);* EvBl 2000/192; SZ 73/145; JBl 2002, 532; RdW 2002/552; ecolex 2007/145; ÖBA 2009/1532 = ecolex 2008/399 *(Friedl)* = immolex 2009/6 *(Edelhauser);* EvBl 2009/46 *(Konecny)* = ecolex 2009/40 *(Friedl)* (dazu *Nunner-Krautgasser,* Aufrechnung und Zwangsausgleich, ZIK 2009/7, 4).

[5]) Vgl OGH SZ 51/67; EvBl 1979/130; wbl 1988, 203; RdW 1997, 531; *Berger,* Der Aufrechnungsvertrag (1996).

Hingegen ist die **einseitige** Kompensation an eine Reihe von Voraussetzungen geknüpft: 480

Vor allem bedarf es einer **Aufrechnungserklärung:**[6]) Ein Teil muss 481 dem anderen kundtun, dass er die gegenseitigen Forderungen als ausgeglichen ansehen möchte. Er übt ein Gestaltungsrecht aus.

Eine „automatische Aufrechnung", die von selbst eintritt, wenn sich Forderung und Gegenforderung aufrechenbar gegenüberstehen, gibt es – entgegen dem von § 1438 erweckten Anschein – nach hM nicht,[7]) weil kein Grund besteht, den Parteien die Kompensation aufzuzwingen. Außerdem führte eine Aufrechnung ohne Erklärung zu Unsicherheiten.

Die Aufrechnungserklärung ist wirksam, wenn Forderung und Ge- 482 genforderung gültig, gleichartig und im Aufrechnungszeitpunkt fällig sind. Ferner darf kein besonderes Aufrechnungsverbot bestehen.

Die **Fälligkeit** richtet sich nach den allgemeinen Bestimmungen. 483

Die Forderung, gegen die aufgerechnet wird, muss daher nicht fällig sein, wenn der Aufrechnende zur vorzeitigen Zahlung berechtigt ist (so gemäß § 12a KSchG).[8]) Vgl auch § 14 Abs 2 IO.

Um bei einer Forderungsexekution gegen Forderungen des betreibenden Zessionars aufrechnen zu können, müssen die Gegenforderungen des Drittschuldners gegen den verpflichteten Zedenten diesen im Zeitpunkt der Pfändung der Forderung aufrechenbar gegenübergestanden sein.[9])

Gültig (richtig) heißt nicht bloß, dass die Forderungen wirksam ent- 484 standen sind, sondern auch, dass sie klagbar sind. Mit einer Forderung aus einer Naturalobligation kann der Gläubiger nicht aufrechnen.

Der Schuldner kann jedoch eine natürliche Verbindlichkeit durch Aufrechnung tilgen, weil Naturalobligationen zahlbar sind. Schuldet also A aus einer Wette dem B € 100,– und hat umgekehrt B dem A aus einem Kaufvertrag denselben Betrag zu zahlen, so kann A aufrechnen, B aber nicht.[10])

Gleichartig sind vor allem Geldschulden,[11]) aber auch sonstige 485 Schulden gleicher Gattung und Güte.[12])

Aufrechenbar sind also Forderungen auf Erdöl gegen Forderungen auf Erdöl derselben Art, Äpfel gegen gleichartige, nicht aber Äpfel gegen Erdöl. Mit der Forderung aus einem Sparbuch gegen eine Forderung der Bank kann nur bei Vorlage des Sparbuches aufgerechnet werden.[13]) Gleichartig sind auch Forderungen, die in ver-

[6]) Zur schlüssigen Erklärung OGH RdA 1989, 293 *(Eypeltauer);* wobl 1991, 251. Nach *Ehrenzweig* II/1, 341 f ist gerichtliche Geltendmachung nötig.

[7]) *Reiterer,* Aufrechnung 18ff; *Dullinger* in *Rummel*³ § 1438 Rz 11; OGH JBl 1962, 324; JBl 1978, 262; SZ 51/38. AA *Faistenberger,* Selbsttätige Aufrechnung oder Erfordernis einer Aufrechnungserklärung? in GedS Gschnitzer (1969) 129.

[8]) Ebenso OGH SZ 58/50.

[9]) OGH EvBl 2001/60.

[10]) OGH ecolex 1999, 260 *(Th. Rabl);* RdW 2001/17 (Zug-um-Zug-Forderung).

[11]) Zur fehlenden Aufrechenbarkeit einer Geldforderung gegen einen Räumungsanspruch OGH immolex 2008/137.

[12]) Vgl OGH SZ 54/153 und 169; JBl 1984, 204; RdA 1985, 37 *(A. Burgstaller).*

[13]) OGH ÖBA 1998, 44 *(Dullinger)* (dazu *Th. Rabl,* Zur Aufrechnung mit und gegen Sparguthaben, ecolex 1997, 745).

schiedenen Währungen ausgedrückt sind, es sei denn, dass es sich um effektive Fremdwährungsschulden (s Rz 160) handelt.[14]) In der Insolvenz werden alle Forderungen gegen die Masse zu Geld (§ 14 IO).

486 **Nicht** nötig ist, dass die Forderung und Gegenforderung aus demselben **Rechtsgrund** entstanden sind oder dass sie gleich hoch sind. Bei verschiedener Höhe wirkt die Kompensation soweit, als sich die Verbindlichkeiten decken. Ebenso wenig ist nach heutigem Recht die Liquidität ein Erfordernis der Kompensation.[15])

Liquidität heißt, dass für den Beweis der Forderung des Aufrechnenden kein umständlicheres Beweisverfahren nötig ist als für den Beweis der Gegenforderung.[16]) Die Liquidität hat allerdings eine gewisse Bedeutung im Prozess (vgl § 391 Abs 3 ZPO).

3. Aufrechnungshindernisse

487 Die Aufrechnung ist bei Vorliegen bestimmter Gründe unzulässig **(Aufrechnungsverbote).**[17]) So sind eigenmächtig oder listig **entzogene, entlehnte,** in **Verwahrung** oder in **Bestand** genommene Sachen kein Gegenstand der Kompensation (§ 1440 Satz 2).[18]) Das Aufrechnungsverbot gilt allerdings nur **einseitig:** für den Dieb, den Verwahrer usw.

Daher kann der Dieb dem Bestohlenen, wenn dieser das Geld zurückverlangt, nicht eine Darlehensforderung compensando einwenden; dagegen kann der Bestohlene mit Ansprüchen aus dem Diebstahl aufrechnen, wenn der Dieb einen vertraglichen Anspruch auf Zahlung geltend macht).[19])

Über den gesetzlichen Tatbestand hinaus kann die Aufrechnung im Einzelfall ausgeschlossen sein, wenn der Missbrauch des Aufrechnungsrechtes geradezu als Vertrauensbruch zu werten ist.[20]) So ist zB die Aufrechnung gegen den Rückforderungsanspruch einer nichtigen Kaution[21]) ebenso verboten wie gegen den Anspruch auf Rückzahlung einer verbotenen Ablöse iSd § 27 Abs 1 MRG[22]) oder einer zweckgewidmeten Akontozahlung.[23])

488 Gegen eine Forderung des Staates kann nur mit einer Forderung aufgerechnet werden, für die dieselbe Zahlstelle zuständig ist (§ 1441).[24]) Gegenüber **unpfändbaren** Forderungen ist in der Regel auch keine Aufrechnung zulässig, weil dadurch das Pfändungsverbot umgangen werden

[14]) OGH SZ 74/50; SZ 74/178.

[15]) OGH JBl 1978, 262; SZ 63/201.

[16]) *Ehrenzweig* II/1, 335.

[17]) *Dullinger,* Aufrechnung 103ff. Zur Aufrechnung bei Überweisung zur Einziehung s OGH JBl 1986, 51; JBl 1992, 722. Zu § 19 RAO s OGH JBl 2007, 721; Zak 2007/445; RdW 2007/554; zu Unterhaltsforderungen vgl *Gitschthaler,* Zur Rückforderbarkeit zu Unrecht bezahlter Unterhaltsbeiträge, ÖJZ 1995, 656ff; zum Mandats- und Treuhandvertrag OGH SZ 2003/146; ÖBA 2007/1423.

[18]) OGH SZ 62/45; JBl 2005, 316 *(Mader),* EvBl 2011/45 *(Dullinger);* ÖBA 2012/1826 *(Apathy).*

[19]) S OGH EvBl 1976/214.

[20]) OGH SZ 62/45; JBl 2005, 316 *(Mader).*

[21]) OGH wbl 1991, 362.

[22]) OGH SZ 69/192.

[23]) OGH EvBl 2011/45 *(Dullinger).*

[24]) *Dullinger,* Aufrechnung 239ff; OGH AnwBl 1991, 575 *(Arnold).*

könnte (vgl § 293 Abs 3 EO).[25]) Gegen eine Forderung, die zum Vermögen einer Gesellschaft bürgerlichen Rechts gehört (§ 1178 Abs 1), kann der Schuldner nicht mit einer ihm gegen einen einzelnen Gesellschafter zustehenden Forderung aufrechnen (§ 1178 Abs 2).

Weitere Beschränkungen bestehen bei der Forderungsabtretung. Wurde eine Forderung mehrfach zediert, so kann der Schuldner nur mit jenen Gegenforderungen aufrechnen, welche er zur Zeit der Verständigung[26]) von der Abtretung gegen den ersten Inhaber des Forderungsrechtes hatte, und mit jenen gegen den letzten Inhaber, nicht hingegen mit den Forderungen gegen die „Zwischeninhaber" (§ 1442).

Aufrechnungsverbote können auch **vereinbart** werden.[27]) 489

Beim Verbrauchergeschäft bestehen Einschränkungen: Ein dem Verbraucher auferlegtes Kompensationsverbot gilt nicht, soweit es für den Fall der Zahlungsunfähigkeit des Unternehmers gelten soll oder Forderungen betrifft, die im rechtlichen Zusammenhang mit der Verbindlichkeit des Verbrauchers stehen, die gerichtlich festgestellt oder vom Unternehmer anerkannt worden sind (§ 6 Abs 1 Z 8 KSchG).[28])

Eine weitere Einschränkung des Aufrechnungsrechts gibt es bei der Lösungsbefugnis (Alternativermächtigung, facultas alternativa) iSd § 410 ZPO: Lautet ein Klagebegehren auf die geschuldete Leistung oder – an dessen Stelle – auf Leistung eines Geldbetrages (= Lösungsbefugnis), kann der Beklagte gegen diesen Lösungsbetrag mit einer Gegenforderung aufrechnen.[29])

4. Rückwirkung der Aufrechnungserklärung

490 § 1438 erweckt den Eindruck, dass bei Vorliegen aller gesetzlichen Voraussetzungen die Kompensation von selbst eintritt („eo ipso"). Soweit sich die Forderungen ausgleichen, entstehe eine Aufhebung der Verbindlichkeiten, welche schon „für sich" die gegenseitige Zahlung bewirke. Die hM verlangt trotz dieses Gesetzeswortlauts eine Erklärung (s oben Rz 481). Wenn eine solche abgegeben wird, kommt es allerdings zu einer **Rückwirkung:** Die Kompensation wird auf den Zeitpunkt bezogen, in

---

[25]) Dazu *Krejci,* Zur Kompensation von Entgeltforderungen des Arbeitnehmers mit Arbeitgeberansprüchen auf Schadenersatz, ZAS 1980, 170 ff; OGH SZ 56/70; ZAS 1984/26 *(Mazal);* EvBl 1997/88; SZ 2002/121.

[26]) Vgl dazu *Beig,* Die Aufrechnungsbefugnis des Abtretungsschuldners bei der Zession künftiger Forderungen, JBl 2006, 157 ff; *Zehetner,* Zessionsrecht (2007) 17 ff.

[27]) Zum schlüssig vereinbarten Aufrechnungsverbot zu Lasten der Bank beim Girovertrag OGH SZ 69/236; *Iro,* Aufrechnungsverbot bei Girokonten? RdW 1987, 182; *Kerschner,* ÖBA 1989, 259 ff; *Apathy,* Aufrechnungsverbot bei Girokonten? ÖBA 1995, 99. Zur Aufrechnung mit Spareinlagen OGH ÖBA 1998, 44 *(Dullinger);* EvBl 2012/104 *(Borth-Böhler)* = ÖBA 2012/1826 *(Apathy); Th. Rabl,* ecolex 1997, 745. Zur Aufrechung gegen eine Garantie OGH ÖBA 1999, 558 = ecolex 1999, 320 *(Wilhelm).* Zur Reichweite eines vereinbarten Aufrechnungsverbotes iZm der Insolvenzeröffnung OGH EvBl 2009/46 *(Konecny)* = ecolex 2009/40 *(Friedl); Nunner-Krautgasser,* Aufrechnung und Zwangsausgleich, ZIK 2009/7, 4. Zur Auslegung einer Klausel in AGB OGH EvBl 2009/76 *(Dullinger);* OGH ÖBA 2006/1321; wobl 2012/64. Zum Aufrechnungsverbot nach § 32 AÖSp OGH ecolex 2014/8.

[28]) Zur analogen Anwendung *Dullinger,* Aufrechnung 142 f; OGH ecolex 1999, 760; ecolex 2004, 26.

[29]) OGH JBl 2011, 320 (unter Ablehnung von JBl 1969, 665); *Fucik* in *Fasching/Konecny*[2] § 410 ZPO Rz 2 ff.

dem Forderung und Gegenforderung einander zum ersten Mal aufrechenbar gegenübergestanden sind.[30])

Man kann auch sagen, die Kompensation erfolge „automatisch“ unter der Bedingung, dass sie nachträglich „erklärt“ werde.

491 Dies hat vor allem zur Folge, dass die Kompensationserklärung noch wirken kann, wenn bei ihrer Abgabe eine Forderung bereits **verjährt** ist.[31])

A hat bei B 2010 Installationsarbeiten verrichtet. Daraus ist ihm gegen B eine Forderung in der Höhe von € 100,– entstanden, die in 3 Jahren verjährt (§ 1486). Aus Vergesslichkeit hat A bisher ihre Geltendmachung unterlassen. Im Jahre 2011 nimmt er bei B ein Darlehen in der Höhe von € 150,– auf, das 2012 zurückzuzahlen ist. B verlangt die Rückzahlung jedoch erst im Jahre 2014. Obwohl die Forderung des A bereits 2013 verjährt ist (und daher im Aufrechnungszeitpunkt – 2014 – unklagbar wäre), kann er damit kompensieren, weil die Aufrechnung auf das Jahr 2012 zurückwirkt, in welchem sich Forderung und Gegenforderung zum ersten Mal aufrechenbar gegenübergestanden sind: „Ipso iure compensatur, id est ex tunc compensatur.“ A muss daher nur € 50,– zahlen.

492 Die übrigen **allgemeinen** Voraussetzungen der Kompensation müssen aber auch bei der Abgabe der Aufrechnungserklärung gegeben sein. So kann zB nicht kompensiert werden, wenn zu diesem Zeitpunkt die Forderung, mit welcher aufgerechnet werden soll, schon berichtigt ist oder dem Aufrechnenden sonst nicht mehr zusteht; ebenso wenig, wenn die Forderung, gegen welche aufgerechnet werden soll, schon getilgt ist.[32])

493 Ist unklar oder kommt keine Einigung darüber zustande, gegen welche von mehreren Forderungen aufgerechnet werden soll, so ist gemäß §§ 1415 f vorzugehen. S oben Rz 455.

5. Kontokorrent

494 Zum gegenseitigen Ausgleich von Forderungen führt auch das Kontokorrent.[33]) Dabei werden gegenseitige Ansprüche aus einer dauernden Geschäftsverbindung als unselbständige Posten einer **laufenden Rech-**

---

[30]) *Kerschner,* ÖBA 1989, 256; OGH SZ 28/76; SZ 55/121; JBl 1989, 171; ZVR 1987/96; MietSlg 38.241; JBl 1999, 815 *(Dullinger);* RdW 2000/239; ÖBA 2009/1532 = ecolex 2008/399 *(Friedl)* = immolex 2009/6 *(Edelhauser);* ÖBA 2014/2022 *(R. Madl)* = ZFR 2013/161 *(Lenz).* AA *Dullinger,* Aufrechnung 172 ff; *Schopper,* Aufrechnung bei Fremdwährungskrediten, VbR 2014/26, 43; *Vollmaier* in *Klang*[3] § 1451 Rz 10 mwN.

[31]) OGH JBl 1994, 181 *(Eypeltauer);* ecolex 2014/312 *(Schoditsch);* dagegen *P. Bydlinski,* Aufrechnung mit verjährten Forderungen, RZ 1991, 2; *P. Bydlinski,* Die Aufrechnung: Verjährung, Rückwirkung und § 414 Abs 3 HGB, RdW 1993, 238; *P. Bydlinski,* Die Aufrechnung mit verjährten Forderungen: Wirklich kein Änderungsbedarf? AcP 196, 276; *Eypeltauer,* Verjährung und Aufrechnung, JBl 1991, 137; *Dullinger,* Aufrechnung 183. Anderes gilt nach Ansicht des OGH bei Präklusion: JBl 1987, 127 *(P. Bydlinski);* RdW 1995, 476.

[32]) Ausnahmen bei *Dullinger* in *Rummel*[3] § 1438 Rz 15.

[33]) Dazu *Canaris,* Funktion und Rechtsnatur des Kontokorrents, in FS Hämmerle (1972) 55; *Apathy* in *Apathy/Iro/Koziol,* Bankvertragsrecht[2] II Rz 2/1 ff; *Dullinger,* Aufrechnung 265 ff; OGH SZ 51/38; SZ 59/226; ÖBA 1987, 420 *(Avancini);* ÖBA 1990, 720.

nung in regelmäßigen Zeitabschnitten abgerechnet (vgl § 355 UGB). Soweit sich die Summe der Forderungen auf der einen Seite mit der Summe der Forderungen auf der anderen Seite deckt, kommt es zur **Kompensation;** ein allfälliger Überschuss wird als **Saldo** bezeichnet. Bei einem beidseitig festgestellten Saldo handelt es sich um ein konstitutives Schuldanerkenntnis, das einen eigenständigen und einklagbaren Rechtsgrund bildet (§ 355 Abs 4 UGB).[34]) Die Aufrechnung findet nicht einzeln für die jeweiligen Forderungen und Gegenforderungen, sondern global zu den bestimmten **Abrechnungsterminen** statt. Bis dahin sind die wechselseitigen Forderungen **gestundet.** Ein Saldo wird auf die nächste Rechnungsperiode vorgetragen.

V. Vereinigung (Konfusion)

Sooft auf was immer für eine Art das Recht mit der Verbindlichkeit in einer Person vereinigt wird, erlöschen beide (§ 1445 Satz 1). 495

Niemand kann **gegen sich selbst** Forderungen haben und so sein eigener Schuldner sein. Vereinigen sich also Gläubiger- und Schuldnerstellung in einer Person, so geht die Forderung unter (§ 1445).[1]) Ausnahmen gibt es bei den **Inhaber-** und **Orderpapieren.** Befindet sich das Papier in der Hand des Schuldners, so „ruht" die Forderung. Begibt der Schuldner das Papier an einen Dritten, so erlangt die Forderung wieder ihre Kraft. 496

Zur Konfusion kommt es vor allem durch die **erbrechtliche Universalsukzession,** also wenn der Gläubiger den Schuldner beerbt und umgekehrt. 497

Soweit allerdings der Gläubiger die Möglichkeit hat, das vom Schuldner übernommene Vermögen von seinem eigenen zu trennen, kommt es zu keiner Konfusion und die gegenseitigen Verbindlichkeiten bleiben aufrecht. So hat ein Gläubiger als der Erbe seines Schuldners das Recht, eine Nachlassseparation zu verlangen (§ 812). Macht er davon Gebrauch, so kann er seine Forderung gegenüber dem Nachlass geltend machen. Damit soll verhindert werden, dass ein Erbe als Gläubiger schlechter gestellt ist als die anderen Gläubiger, die sich aus dem Nachlass befriedigen und ihn aufzehren können (s unten Rz 2430ff).

§ 1445 schließt die Konfusion aus, „wenn **Verhältnisse** von ganz **verschiedener Art** eintreten". So wird zB durch die Nachfolge des Schuldners in die **Verlassenschaft** seines Gläubigers an den Rechten der Erbschaftsgläubiger, der Miterben oder Legatare nichts geändert. 498

Das bedeutet, dass eine Forderung des Erblassers gegen den Erben zugunsten der Erbschaftsgläubiger in Anschlag gebracht wird.

Dass „durch die Beerbung des **Schuldners und Bürgen** in den Rechten des Gläubigers" keine Veränderung eintritt (§ 1445 Satz 2), ist so zu 499

[34]) Dazu *Schauer,* Handelsrechtsreform: Die Neuerungen im Vierten und Fünften Buch, ÖJZ 2006/7, 75.

[1]) OGH SZ 64/93 (Erwerb des Bestandgegenstandes durch den Mieter). Zur Zession an einen von mehreren Mitschuldnern s OGH SZ 73/207.

verstehen, dass ein Gläubiger, der durch Erbfolge sein eigener Schuldner geworden ist, weiter auf einen Bürgen greifen kann, der für den Erblasser Sicherheit geleistet hat, wenn der Nachlass nach bedingter Erbserklärung die Schuld nicht oder nicht vollständig deckt.[2])

Ein Untermietvertrag wird nicht dadurch hinfällig, dass der bisherige Hauptmieter und Untervermieter Eigentümer des Hauses oder der Eigentümer des Hauses Rechtsnachfolger des Hauptmieters wird. Dadurch endet zwar der Hauptmietvertrag, nicht aber das Untermietverhältnis.[3])

VI. Verzicht (Entsagung, Erlass)

Literatur: *Koziol,* „Rückstehungserklärungen" von Ausgleichsgläubigern, RdW 1988, 342; *Migsch,* Der sogenannte Verzicht des Arbeitnehmers auf Ansprüche aus dem Arbeitsverhältnis, in FS Strasser (1983) 255; *Reichel,* Der Einforderungsverzicht, JherJB 85, 1; *Schwarz,* Verzichtslehre und Wissenserklärung im Arbeitsrecht, RdA 1984, 1.

500 *Der Gläubiger kann durch Vereinbarung mit dem Schuldner auf sein Recht verzichten und dadurch dessen Verbindlichkeit aufheben (§ 1444).*[1])

501 Der Verzicht kann entgeltlich oder unentgeltlich sein.[2]) Auch bei **Unentgeltlichkeit** bedarf er der **Zustimmung** des Schuldners;[3]) eine einseitige Willenserklärung reicht nicht aus.

Dieser Auffassung ist zu folgen, weil der Verzicht eine Zuwendung an den Schuldner ist und nach dem ABGB auch unentgeltliche Zuwendungen der Zustimmung des Empfängers bedürfen (vgl §§ 882 Abs 1, 938). Außerhalb des Schuldrechts gibt es auch den einseitigen Rechtsverzicht, zB durch Dereliktion einer Sache.

502 Der Verzicht muss nicht in jener Form abgegeben werden, in der die Schuld begründet wurde **(kein contrarius actus).** Auch ein unentgeltlicher Schulderlass ist nicht formbedürftig.[4]) Er kann daher auch konkludent erfolgen;[5]) daran sind allerdings strenge Anforderungen zu stellen.[6]) Keinesfalls dürfen durch einen Verzicht Rechte Dritter beeinträchtigt werden.[7])

---

[2]) Zur Konfusion bei Treuhand des Bürgen: *Koziol,* Treuhänderischer Forderungserwerb durch den Bürgen, RdW 1987, 182.

[3]) OGH SZ 67/72 = ecolex 1994, 535 *(Hausmann);* ecolex 1995, 25.

[1]) Zur Unverzichtbarkeit im Arbeitsvertragsrecht s *Köck,* Grenzen der Zulässigkeit des Verzichts auf schon entstandene Arbeitnehmeransprüche, ZAS 1986, 73 mwN.

[2]) Zur Auslegung eines unentgeltlichen Verzichts nach § 915 s OGH JBl 1993, 583.

[3]) *Ehrenzweig* II/1, 354 f; *Welser,* Zur rechtlichen Zulässigkeit des „gespaltenen" Haftpflichttarifs, ZVR 1973, 313; OGH EvBl 1960/6; EvBl 1971/229; EvBl 2008/164. AA *Klang* in *Klang*[2] VI 529 f; *Reinl,* Bedarf der Verzicht der Annahme? ÖJZ 1970, 263. Differenzierend *Dullinger* in *Rummel*[3] § 1444 Rz 3; *Zollner,* Der Verzicht auf eine Begünstigtenstellung, in FS Delle Karth (2013) 1075 (1082).

[4]) OGH JBl 1975, 210; SZ 51/15; JBl 1981, 650; EFSlg 41.163; *Mayrhofer,* Schuldrecht I 626. Dagegen *Fenyves,* Die zivilrechtliche Anerkennung von Vereinbarungen zwischen Angehörigen, in *Ruppe,* Handbuch der Familienverträge[2] (1985) 77 f. Zweifelnd *Dullinger* in *Rummel*[3] § 1444 Rz 8.

[5]) Vgl OGH SZ 54/83; JBl 1982, 426; RdA 1988, 141 *(Kerschner);* JBl 1989, 114 und 115; ÖBA 1992, 384; ecolex 1995, 258; wobl 2014/29. Zum stillschweigenden Aufrechnungsverzicht s OGH wobl 1990, 143 *(Call).*

[6]) OGH SZ 74/201; ÖBA 2006/1374; ecolex 2014/390 *(Wilhelm)* = ZfRV-LS 2014/30 *(Ofner);* ecolex 2014/436 *(Wilhelm)* = immolex 2014/96 *(Pfiel).*

[7]) OGH SZ 68/222.

Verzichtbar sind nur Rechte,[8]) vor allem schuldrechtliche **Ansprüche.** 503
Unverzichtbar ist das Schuldverhältnis als Ganzes, weil es aus wechselseitigen Rechten und Pflichten besteht. Zu seiner Beseitigung bedarf es eines „Verzichts von beiden Seiten“, also einer Auflösungsvereinbarung.[9])

VII. Zeitablauf, Kündigung

Literatur: *Beitzke,* Nichtigkeit, Auflösung und Umgestaltung von Dauerrechtsverhältnissen (1948); *Gernhuber,* Hinausgeschobene Dauerschulden – Das Schuldverhältnis vor dem Anfangstermin, in FS Zöllner (1998) 1119; *Gschnitzer,* Die Kündigung nach deutschem und österreichischem Recht, JherJB 78, 1; *Oetker,* Das Dauerschuldverhältnis und seine Beendigung (1994).

Rechte und Verbindlichkeiten enden durch **Zeitablauf,** wenn sie auf 504
bestimmte Zeit beschränkt sind (§ 1449).

Ist ein Dauerschuldverhältnis nicht terminlich beschränkt, so kann 505
es von beiden Seiten durch **Kündigung** gelöst werden.

Die Kündigung ist eine einseitige, empfangsbedürftige Willenserklärung, die das Schuldverhältnis durch ihre rechtsgestaltende Wirkung auflöst.

Die Voraussetzungen der Kündigung (Gründe, Termine, Fristen) er- 506
geben sich aus dem Gesetz (zB dem MRG) oder aus der Vereinbarung.

Neben dieser „ordentlichen Kündigung“ gibt es die „außerordentliche Kündigung“, mit welcher jedes Dauerschuldverhältnis aus wichtigen Gründen mit sofortiger Wirkung aufgelöst wird. Hiezu oben Rz 33f.

VIII. Tod

Der Tod des **Schuldners** führt nur bei **höchstpersönlichen** Schulden 507
zum Erlöschen der Verbindlichkeit (zB bei der Vereinbarung von Dienstleistungen oder eines Auftragsverhältnisses). Bei anderen tritt der Erbe in die Leistungspflicht ein (§ 1448). Der Tod des **Gläubigers** berührt die Schuld nicht, die Forderung geht auf die Erben über. Auch hier gibt es jedoch aufgrund gesetzlicher Sonderregelung oder aufgrund einer von den Parteien getroffenen Vereinbarung Ausnahmen (vgl zB § 1022).

IX. Insolvenzverfahren

Literatur: *Dellinger/Oberhammer/Koller,* Insolvenzrecht³ (2014); *Deixler-Hübner,* Privatkonkurs² (1996); *Fink,* Der neue Privatkonkurs (1994); *Holzhammer,* Österreichisches Insolvenzrecht – Konkurs und Ausgleich⁴ (1995); *Mohr,* Privatkonkurs (1994); *Reich-Rohrwig/Zehetner,* Das neue Insolvenzrecht (1997).

Die **Insolvenz** befreit den Schuldner nicht von seinen Verbindlich- 508
keiten. Die Gläubiger können zur Befriedigung ihrer nicht berichtigten Forderungen weiterhin auf das zur freien Verfügung bleibende oder nach

[8]) Dazu *von Tuhr* II/1, 266ff.

[9]) Dazu OGH SZ 61/44.

der Konkursaufhebung erworbene Vermögen des Gemeinschuldners greifen (§ 60 Abs 1 IO).

509 Der rechtskräftig bestätigte **Sanierungsplan** führt hingegen zu einem teilweisen Erlöschen der Verbindlichkeiten. Der Schuldner braucht seinen Gläubigern den erlittenen Ausfall nicht zu ersetzen (§ 156 Abs 1 IO). Bestellte Sicherheiten Dritter (Pfänder, Bürgschaften) haften aber weiterhin.[1])

510 Die §§ 181 ff IO sehen darüber hinaus für **natürliche Personen** – auch für Unternehmer – Verfahren vor, die zu einer Schuldbefreiung führen **(Insolvenz- und Schuldenregulierungsverfahren; „Privatinsolvenz").**

6. Kapitel

Umänderung der Rechte und Verbindlichkeiten

511 Eine Umänderung von Schuldverhältnissen kann durch Änderung ihres Inhaltes oder durch personelle Änderungen geschehen. Zu **inhaltlichen** Änderungen kommt es bei der Novation, der Schuldänderung, beim Vergleich und beim Anerkenntnis; zu **personellen** bei der Zession, bei der Schuldübernahme und der Vertragsübernahme.

I. Die Novation

Literatur: *P. Bydlinski,* Weitere Gedanken zur Novation, ÖJZ 1983, 484; *Lukas,* Novation zugunsten des Bürgen? ÖZW 1995, 40; *Reischauer,* Gedanken zur Novation, JBl 1982, 393; *Reischauer,* Nochmals zur Novation, ÖJZ 1984, 365.

512 *Die Novation (der Neuerungsvertrag) ist die vertragliche Änderung des Rechtsgrundes oder des Hauptgegenstandes einer Schuld, sodass die alte Verbindlichkeit in eine neue übergeht (§ 1376).*[1])

513 Änderung des **Rechtsgrundes** bedeutet, dass dieselbe Leistung aus einem anderen Titel geschuldet wird; so wenn ein Verwahrungsvertrag in einen Darlehensvertrag (§ 959), eine Leihe in eine Miete oder eine Schenkung auf den Todesfall in einen Übergabsvertrag[2]) umgewandelt wird. Eine Änderung des **Hauptgegenstandes** liegt nur vor, wenn der primäre Leistungsinhalt und nicht bloß Nebenleistungspflichten geändert werden (§§ 1376, 1379).

Änderung des Rechtsgrundes: A soll dem B € 1.000,– als Kaufpreis für eine veräußerte Sache zahlen. Nach einiger Zeit vereinbaren die Parteien, dass A die € 1.000,– bis auf weiteres als Darlehen behalten soll. Das einem Unternehmer gewährte Darlehen wird in eine Kommanditeinlage umgewandelt.[3])

Änderung des Hauptgegenstandes: A ist verpflichtet, dem B aufgrund eines Kaufes eine Kücheneinrichtung zu liefern. Nach einiger Zeit vereinbaren die Parteien,

---

[1]) Hiezu OGH JBl 1991, 52.

[1]) S dazu OGH SZ 44/179; SZ 63/64; ÖBA 2006/1374.

[2]) OGH EvBl 1995/85.

[3]) S OGH QuHGZ 1975/137.

dass eine Schlafzimmereinrichtung geliefert werden soll. Ebenso liegt bei der Umwandlung eines Heimarbeitsvertrags in einen echten Arbeitsvertrag eine Novation vor.[4])

Von der Leistung an Zahlungs statt unterscheidet sich der Neuerungsvertrag dadurch, dass er nicht in einer Leistungshandlung besteht, sondern nur die Verpflichtung verändert, die später erfüllt werden muss. Oben Rz 466ff.

Durch die Novation wird die alte Verbindlichkeit unter **gleichzeitiger** Begründung einer neuen aufgehoben. Die neue Verbindlichkeit entsteht jedoch nur dann, wenn die alte tatsächlich **bestanden** hat (§ 1376); die Ungültigkeit der früheren ergreift daher auch die neue Verbindlichkeit. Umgekehrt erlischt die alte Schuld nur, wenn die neue gültig **entsteht.**[5]) Eine erfolgreiche Anfechtung des Neuerungsvertrages oder ein Rücktritt von diesem lässt die frühere Verbindlichkeit wieder aufleben.[6]) Die beiden Verbindlichkeiten sind also nicht vollkommen voneinander unabhängig. Das zeigt sich auch darin, dass die gegen die alte Forderung bestehenden **Einreden** (zB Stundung, Verjährung) auch gegen die neue erhoben werden können.[7]) Aus dem Entstehen einer neuen Verbindlichkeit folgt aber, dass die mit der alten Verbindlichkeit verknüpften **Bürgschaften** und **Pfänder erlöschen** (§ 1378). 514

Sowohl bezüglich der Einreden als auch bezüglich der Sicherheiten sind auch andere Vereinbarungen möglich, zu Lasten der Bürgen und Pfandbesteller jedoch nur mit ihrer Zustimmung.[8]) 515

Die „Vertragswiederholung“[9]) ist keine Novation, da es am Willen zur Umänderung der Verbindlichkeit fehlt.[10]) Sie dient nur zur schriftlichen Fixierung oder deutlicheren Formulierung des Vereinbarten. Weicht die Vertragswiederholung vom ursprünglichen Vertrag ab, so kommt es darauf an, ob die Parteien diese Änderung beabsichtigt haben. Nur wenn dies der Fall war, gilt der neue Wortlaut.

II. Die Schuldänderung

Die Schuldänderung ist die vertragliche Änderung von Nebenbestimmungen eines Schuldverhältnisses, das als solches aufrecht bleibt (§ 1379). 516

Das alte Schuldverhältnis **besteht** also **weiter,** es wird nur umgestaltet.[1]) 517

Schuldänderung ist vor allem die Änderung der Leistungszeit oder des Leistungsortes, der geschuldeten Quantität, der Höhe von Zinsen,[2]) die Vereinbarung eines Rücktrittsrechtes oder einer Konventionalstrafe. 518

---

[4]) OGH EvBl 2002/23.

[5]) OGH ecolex 1991, 17 *(Zankl)* mwN.

[6]) *Ertl* in *Rummel*[3] § 1377 Rz 2; OGH ecolex 1992, 231.

[7]) Zweifelnd *Neumayr* in KBB[4] § 1377 Rz 2.

[8]) Dazu *P. Bydlinski,* ÖJZ 1983, 488f; *P. Bydlinski,* Novation und Weiterhaftung – Versuch eines Resümees, JBl 1986, 298; *Reischauer,* ÖJZ 1984, 367; OGH ÖZW 1995, 55 (dazu *Lukas,* ÖZW 1995, 43ff). Vgl auch OGH ÖBA 1996, 471 *(P. Bydlinski).*

[9]) *Reischauer,* JBl 1982, 405; OGH RdA 1979, 122 *(Apathy).*

[10]) Allgemein zum animus novandi OGH wobl 1990, 100; ÖBA 2006/1374; wobl 2007/66 *(Schauer).*

[1]) OGH ÖBA 2006/1374; vgl auch OGH immolex 2008/101 *(Edelhauser).*

[2]) Vgl dazu OGH JBl 2005, 722.

Bestehen Zweifel, ob der Hauptgegenstand oder nur Nebenbestimmungen geändert werden, so ist der Fortbestand des alten Vertrages, also eine Schuldänderung, anzunehmen (§ 1379 letzter Satz).[3])

519 Weil das ursprüngliche Forderungsrecht erhalten bleibt, haften auch **Bürgen** und **Pfänder** weiter.[4])

Allerdings kann auch hier durch die Vertragsparteien die Position der Bürgen und Pfandbesteller ohne ihre Zustimmung nicht verschlechtert werden. Sie haften also nicht für mehr als vor der Schuldänderung.[5])

III. Der Vergleich

Literatur: *Bork,* Der Vergleich (1988); *P. Bydlinski/Pendl,* Der Vergleich mit einem Gesamtschuldner, JBl 2013, 545; *Ebel,* Berichtung, transactio und Vergleich (1978); *Ehmann,* Schuldanerkenntnis und Vergleich (2005); *Fucik,* Der Vergleich, ÖJZ 2008/79, 741; *Hruza,* Zur Lehre von der Novation nach österreichischem und gemeinem Recht (1881); *Oertmann,* Der Vergleich im gemeinen Civilrecht (1895); *Rietsch,* Der besondere Voraussetzungstatbestand beim Vergleich (1906); *Schnorr von Carolsfeld,* Beiträge zur Lehre vom Vergleich (1929); *Schumacher,* Der Rücktritt vom gerichtlichen Vergleich – Ein Beitrag zur Dogmatik des Vergleichs, JBl 1996, 627.

A schuldet dem B € 1.000,–. Im Laufe der Zeit hat er mit Zustimmung des Gläubigers (§ 1415) Teilzahlungen entrichtet, doch haben die Parteien über diese Zahlungen nur sehr nachlässig Buch geführt. A behauptet jetzt, er schulde nur noch € 300,–, während B glaubt, er bekomme noch € 500,–. In einem Vergleich einigen sie sich auf € 400,–.

520 *Vergleich ist die unter beiderseitigem Nachgeben einverständliche Neufestlegung strittiger oder zweifelhafter Rechte (§ 1380).*

521 Beiderseitiges Nachgeben bedeutet nicht, dass beide in Bezug auf das strittige oder zweifelhafte Recht etwas „nachlassen" müssen, sondern nur, dass beide von ihrem Standpunkt abrücken, indem sie sich zu einem Geben, Tun oder Unterlassen verpflichten. Da der Vergleich im beiderseitigen Nachgeben besteht, ist er ein **zweiseitig verbindlicher, entgeltlicher** Vertrag. Der Erlass einer Schuld (vgl § 1381) und das Anerkenntnis einer Schuld ohne Nachgeben der anderen Seite sind daher kein Vergleich.[1])

522 Es gibt strittige Rechtsverhältnisse, die aus Gründen des öffentlichen Interesses nicht durch einen Vergleich bereinigt werden können. So ist ein Vergleich über die Frage der Gültigkeit einer Ehe ungültig (§ 1382).

523 Ein Recht ist streitig (zweifelhaft), wenn die Parteien sich nicht darüber einigen können, ob oder wie weit es entstanden ist oder noch besteht. Durch den Vergleich wird diese Unsicherheit beseitigt; die Parteien stellen einvernehmlich fest, in welchem Umfang das Recht bestehen soll

---

[3]) S auch OGH SZ 44/179; wobl 2007/66 *(Schauer);* ÖBA 2009/1374, wonach ein Novationswille nicht vermutet wird.

[4]) Vgl OGH JBl 1992, 111; ÖBA 1994, 236; SZ 70/253; ÖBA 2002, 488 *(Hirsch);* JBl 2005, 722.

[5]) *Thöni* in *Klang*[3] § 1379 Rz 11.

[1]) Zur Beweislast s OGH ecolex 1998, 689.

(„Feststellungsvertrag").[2]) Der Vergleich schafft einen neuen Rechtsgrund, wirkt also, soweit die Feststellung von der wahren Rechtslage abweicht, **„konstitutiv".** Einwendungen gegen die bisherigen Forderungen können gegen die festgestellte Verbindlichkeit nicht mehr erhoben werden **(Bereinigungswirkung).**

Diese Wirkung tritt freilich nur für die vom Vergleich erfassten Punkte ein.[3]) Durch einen anlässlich der Auflösung eines Dauerschuldverhältnisses geschlossenen Vergleich werden aber im Zweifel alle damit zusammenhängenden Forderungen bereinigt, auch wenn keine Generalklausel aufgenommen wird.[4]) Allerdings umfasst nicht einmal ein Vergleich, der sich auf alle Streitigkeiten zwischen den Parteien erstrecken soll (Generalvergleich), Forderungen und Verbindlichkeiten, an welche die Parteien nicht denken können,[5]) aber auch nicht solche, die eine Seite der anderen geflissentlich verheimlicht hat (§ 1389).[6])

Da der Vergleich die bisherige Unsicherheit **endgültig** beseitigen soll, bleibt er auch gültig, wenn sich später die wahre Rechtslage herausstellt. 524

Es würde daher im vorigen Beispiel dem A nichts nützen, wenn er nach Vergleichsabschluss Quittungen auffände, die eindeutig belegen, dass er schon € 700,– bezahlt hat.

Daher kann der Vergleich wegen eines **Irrtums** über den streitigen Sachverhalt, also über die nun **„verglichenen Punkte"**, nicht angefochten werden (§ 1387). Ist eine Partei beim Vergleichsabschluss hingegen einem **Erklärungsirrtum** unterlegen, ist der Vergleich anfechtbar, weil dieser nicht einen erst bei seinem Abschluss unterlaufenem Irrtum ausschließen soll (vgl §§ 1385, 1388). 525

Ob und inwieweit darüber hinaus wegen Irrtums ein Vergleich angefochten werden kann, wird in der Lehre und Rechtsprechung verschieden beurteilt.[7]) Nach ständiger Rechtsprechung und einem Teil der Lehre berechtigt ein Irrtum über gewisse Umstände, die die Parteien beim Vergleichsabschluss als feststehend, unzweifelhaft und unstreitig angenommen haben **(Vergleichsgrundlage),** zur Anfechtung;[8]) insofern muss es sich also um einen gemeinsamen Irrtum handeln.[9]) Es gibt allerdings auch die Ansicht, dass ein einseitiger Irrtum, wenn die Voraussetzungen des 526

[2]) Vgl OGH JBl 1955, 500.

[3]) S OGH ZVR 2013/9 *(Ch. Huber).*

[4]) OGH wbl 2002, 474; ecolex 2003, 543; EvBl 2006/59; JBl 2007, 176.

[5]) Dazu *Kletečka,* Unerkennbare Ansprüche bei Schadensregulierung durch Abfindungsvergleich, ecolex 1991, 5; OGH EvBl 2003/107 = ecolex 2003, 518 *(Kletečka);* EvBl 2006/59; vgl auch OGH RdW 1997, 219; ecolex 2007/105.

[6]) S OGH MietSlg 35.262; JBl 1988, 380 und 396. Zur Umstandsklausel bei Unterhaltsvergleichen OGH RZ 1991/72 mwN.

[7]) Vgl *Kogler* in *Schwimann,* Taschenkommentar[3] § 1385 Rz 2.

[8]) *Pfersche,* Die Irrtumslehre (1891) 212f; *Reischauer,* Unterhalt für die Vergangenheit und materielle Rechtskraft, JBl 2000, 428; *Fucik* in *Klang*[3] § 1385 Rz 2f; OGH SZ 67/31; RdW 1997, 452; RdW 2001/190; JBl 2004, 658; JBl 2006, 331 = DRdA 2006/43 *(Kerschner).*

[9]) S zum gemeinsamen Irrtum Bd I Rz 499.

§ 871 vorliegen, zur Anfechung des Vergleichs berechtigt, sofern der Irrtum nicht einen verglichenen Punkt betrifft.[10])

527 **List** und **Drohung** berechtigen jedenfalls zur Anfechtung, also auch, wenn sie sich auf verglichene Punkte beziehen.[11])

528 Ein Vergleich kann zwar wegen **Wuchers,**[12]) **nicht** aber wegen **laesio enormis** angefochten werden (§ 1386). Weiters sind auf den Vergleich die §§ 917ff anwendbar, sodass auch der Rücktritt nach § 918 in Betracht kommt.[13])

529 § 1380 nennt den Vergleich einen Neuerungsvertrag,[14]) weshalb eigentlich Bürgschaften und Pfänder wie bei der Novation erlöschen müssten. Im Gegensatz hiezu bestimmt aber § 1390, dass diese Sicherungsrechte insoweit weiterbestehen, als die Vergleichsverbindlichkeit nicht über die frühere Schuld hinausgeht.

Zur Verjährung des strittigen oder zweifelhaften Rechts bei Vergleichsverhandlungen s Bd I Rz 735. Bei Einleitung eines Schlichtungsverfahrens vor einer zuständigen AS-Stelle ist nach § 18 AStG[15]) der Beginn und der Fortlauf der Verjährung des geltend gemachten Rechts gehemmt (Fortlaufshemmung).

Zum gerichtlichen Vergleich s § 204 ZPO; er zieht nicht nur materiellrechtliche, sondern auch prozessuale Wirkungen nach sich (doppelfunktionelle Prozesshandlung); wegen seiner Doppelnatur kann er als Prozesshandlung unwirksam, als Rechtsgeschäft aber materiell wirksam sein und umgekehrt. Zum prätorischen Vergleich s § 433 ZPO.

IV. Das Anerkenntnis

Literatur: *Apathy,* Das Saldoanerkenntnis nach österreichischem Recht, ÖBA 1999, 679; *Ehmann,* Schuldanerkenntnis und Vergleich (2005); *Kerschner,* Anerkenntnis im Dienstnehmerhaftpflichtrecht, in FS Strasser (1993) 203; *Schlesinger,* Über die Bedeutung des Schuldanerkenntnisses im österreichischen Zivilrecht, ZBl 1923, 321 und 449; *Unger,* Zur Lehre vom Anerkennungsvertrag, JherJB 8, 179.

530 *Das Anerkenntnis ist ein Feststellungsvertrag, mit dem Streitigkeiten oder Zweifel über den Bestand oder den Umfang eines Rechts durch einseitiges Nachgeben des Schuldners beseitigt werden.*

531 Das Anerkenntnis ist nicht besonders gesetzlich geregelt, doch ist es ein **Vertrag,** der als Unterart des Vergleiches angesehen und im Wesentlichen nach den für diesen bestehenden Regeln behandelt wird. Dies gilt vor allem für die Irrtumsanfechtung.[1])

532 Das Anerkenntnis unterscheidet sich vom Vergleich dadurch, dass nur eine Seite nachgibt.[2]) Es stellt allerdings wie der Vergleich einen

---

[10]) Vgl *Kogler* in *Schwimann,* Taschenkommentar³ § 1385 Rz 2.

[11]) So OGH EvBl 1961/248; SZ 48/14; JBl 1990, 333. Für das Anerkenntnis: OGH JBl 1975, 206; wbl 1990, 241.

[12]) OGH JBl 1993, 581.

[13]) OGH SZ 70/120; vgl auch OGH SZ 70/165.

[14]) S aber OGH EvBl 1984/75; HS 16.934/10; ÖBA 1989, 537 (Anerkenntnis).

[15]) BGBl I 2015/105.

[1]) *Ertl* in *Rummel*³ § 1385 Rz 3; vgl auch OGH EvBl 1979/45; ZVR 1980/44; JBl 1991, 791; wbl 1994, 310. Zur Anfechtbarkeit bei „Irrtumsvorbehalt" s OGH HS 10.708/13.

[2]) Vgl OGH ZVR 1986/111; NZ 1992, 153.

neuen, selbständigen Verpflichtungsgrund dar: Die anerkannte Forderung ist unabhängig davon, ob das früher zweifelhafte oder bestrittene Recht existiert hat **(konstitutive Wirkung).**[3])

Da nach österreichischem Recht abstrakte Geschäfte grundsätzlich unzulässig sind (s Bd I Rz 386ff), ist ein konstitutives Anerkenntnis nur wirksam, wenn dadurch ein Streit oder Zweifel über das Bestehen eines bestimmten Rechts bereinigt werden soll.[4]) ZB stellt die Zusage, einen Schaden „aus Kulanz" zu beheben, ein konstitutives Anerkenntnis dar,[5]) die Zusage der Weiterleitung der Rechnung über die Schadensbehebung an die Versicherung hingegen nicht.[6])

Vom echten **(konstitutiven)** Anerkenntnis unterscheidet sich das unechte **(deklarative)** Anerkenntnis, das eine bloße **Wissenserklärung**[7]) ist und keinen neuen Verpflichtungsgrund schafft. Der Schuldner gibt hier nur bekannt, dass das Recht des Gläubigers „seines Wissens" besteht.[8]) Das deklarative Anerkenntnis ist daher im Rechtsstreit nur ein Beweisumstand zugunsten des Bestehens der Forderung, es ist aber durch andere Beweise widerlegbar. 533

Für die **Unterbrechung der Verjährung** nach § 1497 genügt ein deklaratives Anerkenntnis.[9]) 534

V. Die Forderungsabtretung (Zession)

Literatur: *Apathy,* Die Forderungsabtretung, insbesondere zur Kreditsicherung im österreichischen Recht, in *Hadding/Schneider,* Die Forderungsabtretung (1999) 509; *Aydinonat,* Nichtabtretungsvereinbarungen und der neue § 1396a ABGB (2007); *Beig,* Die Zession künftiger Forderungen (2008); *P. Bydlinski/Vollmaier,* Die gesetzliche Entschärfung vertraglicher Abtretungsverbote, JBl 2006, 205; *Dörner,* Dynamische Relativität (1985); *Frießnegger,* Schutzverzicht des Zessionarschuldners (1999); *Holzner,* Weiterhin: Drittwirksamkeit vertraglicher „Abtretungsverbote", JBl 1998, 495; *Iro,* Probleme der „Haftung des Zedenten", JBl 1977, 449; *Kaller,* Sicherungszession von Buchforderungen unter besonderer Berücksichtigung der Publizität (2007); *Koziol,* Abtretung künftiger Forderungen und Konkurs des Zedenten, ÖBA 1998, 745; *Kundi,* Zession hypothekarisch gesicherter Forderungen (2003); *Lukas,* Zession und Synallagma (2000); *Rudolf,* Einheitsrecht für internationale Forderungsabtretungen (2006);

---

[3]) Vgl OGH JBl 1980, 39 *(Koziol);* RdA 1982, 298 *(Apathy);* VersRdSch 1988/128; ZVR 1993/10; JBl 1998, 643 *(Pfersmann);* ecolex 1998, 126 *(Urbanek);* EvBl 2005/76; *Schumacher,* Anerkenntnis des Versicherers: „Rechtliches Interesse" an der Haftungsfeststellung? ecolex 1998, 117; *Metzler,* Die Anerkennung des Erbrechts, ÖJZ 2006, 516.

[4]) *Schlesinger,* ZBl 1923, 449ff; OGH ÖBA 1992, 743 *(Apathy);* JBl 1998, 643 *(Pfersmann);* SZ 74/1; SZ 74/77 = ecolex 2001, 672 *(Wilhelm);* zur Wirkung eines Saldoanerkenntnisses bei einem Kontokorrentkredit OGH SZ 74/80 = ecolex 2001, 602 *(Wilhelm)* (Verst Senat); ÖBA 2001, 640 (Verst Senat); s auch Rz 494f. Vgl auch OGH ecolex 2002, 436.

[5]) OGH EvBl 2005/76.

[6]) OGH EvBl-LS 2010/53.

[7]) *Ehrenzweig* I/1, 359; *Larenz* II 487f; OGH EvBl 1979/45; NZ 1992, 153; ÖBA 2007/1401 *(Koziol);* ÖBA 2009/1580.

[8]) OGH JBl 2003, 310.

[9]) OGH RdW 1985, 219; SZ 58/114; JBl 1988, 779 *(Hoyer);* ecolex 2000, 649 *(Wilhelm);* ecolex 2002, 882.

Schwenzer, Zession und sekundäre Gläubigerrechte, AcP 182, 214; *Spitzer,* Sicherungszession und Drittschuldnerverständigung bei Personenidentität, ÖBA 2005, 885; *Spitzer,* Wirksamwerden der Sicherungszession bei Drittschuldnerverständigung, JBl 2005, 695; *E. Wagner,* Vertragliches Abtretungsverbot im System zivilrechtlicher Verfügungshindernisse (1994); *Wiesinger,* Kreditsicherung durch Forderungsabtretung (2010); *Zehetner,* Zessionsrecht (2007).

A. Allgemeines

535 *Zession ist die Übertragung einer Forderung vom bisherigen Gläubiger (Zedenten) auf einen neuen Gläubiger (Zessionar) unter Aufrechterhaltung ihres Inhaltes (§ 1392).*

536 Der Gläubigerwechsel verändert die **Rechtszuständigkeit,** während der Inhalt der Verpflichtung und der Schuldner gleich bleiben.

537 Auch **künftige Forderungen**[1]) sind zedierbar (Vorausabtretung), wenn sie bestimmt oder bestimmbar sind, was zumindest die Umschreibung des Rechtsgrundes, aus dem sie entstehen sollen, voraussetzt.[2]) Bei teilbaren Forderungen ist auch eine Teilabtretung zulässig.[3])

538 Keine Zession ist die Übertragung von **Sachenrechten,** zB des Eigentums. Sie folgt besonderen Regeln (§§ 424ff). Fraglich ist, ob einzelne aus einem Sachenrecht erwachsende Ansprüche zediert werden können, zB die rei vindicatio ohne das zugrunde liegende Eigentum, was aber wegen der untrennbaren Verbindung zwischen Recht und Anspruch zu verneinen ist.[4])

539 **Gestaltungsrechte** (zB Kündigungsrechte, Rücktrittsrechte) können gewöhnlich nur mit Hauptrechten des Schuldverhältnisses übertragen werden, doch gibt es Ausnahmen; zB ist die getrennte Abtretung von Gewährleistungsrechten oder des Rechts auf Auszahlung eines Kreditbetrages[5]) möglich.[6])

Andererseits sind manche Gestaltungsrechte mit Forderungsrechten so eng verbunden, dass sie mit diesen ohne ausdrückliche Vereinbarung auf den Zessionar übergehen.[7])

---

[1]) Zum Begriff *Beig,* Zession 4ff; *Wiesinger,* Kreditsicherung 14f.

[2]) *Strasser,* Die Abtretung künftiger Forderungsrechte, in FS Hämmerle (1972) 397; *Beig,* Vertragsänderung und Zession künftiger Forderungen, ÖBA 2004, 413; *Beig,* Zession 13ff, 43ff; *Wiesinger,* Kreditsicherung 15ff; *Zehetner,* Zessionsrecht 80ff; OGH JBl 1975, 654; SZ 55/32; SZ 61/47; ÖBA 1999, 382; ÖBA 2005, 284; ÖBA 2009/1566.

[3]) OGH SZ 60/46.

[4]) S auch Bd I Rz 857; dazu zuletzt unklar OGH JBl 2013, 436 (dazu zutreffend kritisch *Holzner,* Abtretbarkeit des dinglichen Herausgabeanspruchs bei eigenem Erwerbstitel des „Neugläubigers" gegenüber dem Eigentümer? JBl 2013, 552).

[5]) OGH ÖBA 2000, 806 *(Koziol).*

[6]) OGH EvBl 1980/140; JBl 1989, 241; JBl 1995, 525; *P. Bydlinski,* Die Übertragung von Gestaltungsrechten (1986) 32ff, 148ff; *Czermak,* Zur Abtretung der Gewährleistungsrechte des Leasinggebers an den Leasingnehmer, wbl 1989, 87; *Fischer-Czermak,* Mobilienleasing (1995) 200f.

[7]) S auch *Steinbeck,* Die Übertragbarkeit von Gestaltungsrechten (1994); *Lukas,* Zession 220ff; OGH wobl 1993, 137.

B. Rechtsgeschäftliche Abtretung

1. Zweiaktigkeit

Zur vertraglichen Abtretung bedarf es einer **Vereinbarung** zwischen dem Altgläubiger **(Zedenten)** und dem Neugläubiger **(Zessionar).** 540

Die Abtretung ist kein schuldrechtliches Grundgeschäft, sondern ein **kausales Verfügungsgeschäft,** das nur wirkt, wenn es auf einem gültigen **Titel** (Verpflichtungsgeschäft) beruht. Solche Verpflichtungsgeschäfte sind zB der Forderungskauf, die Forderungsschenkung oder eine Sicherungsabrede. 541

Aufgrund des Titelgeschäftes nehmen Zedent und Zessionar die Abtretung (das Verfügungsgeschäft) vor. Da sie – abgesehen von der Sicherungszession, unten Rz 561 ff – **keiner** bestimmten **Form** bedarf, fallen Titelgeschäft und Abtretung meist **untrennbar** zusammen. 542

Es bedarf also gewöhnlich auch keines Übertragungsaktes nach § 427 durch Übergabe der Urkunde. Diese Bestimmung ist auf die Übertragung von Forderungen zu beschränken, bei denen die Geltendmachung des Rechts an den Besitz der Urkunde gebunden ist (Inhaber- und Orderpapiere). Forderungen aus Rektapapieren können hingegen durch bloße Willenseinigung übertragen werden.[8])

Formbedürftig kann allerdings das Grundgeschäft sein. Daher ist zB die **Schenkung** einer Forderung nur gültig, wenn sie mit einer **„wirklichen Übergabe“** (§ 943) verbunden wird oder durch Notariatsakt geschieht.[9]) Da Forderungen nicht körperlich übergeben werden können, begnügen sich Lehre und Rechtsprechung mit der „symbolischen Übergabe“ (§ 427): Die Übergabe von Urkunden oder die Verständigung des debitor cessus genügen. 543

2. Verständigung des Schuldners

Die Zession bedarf weder der Verständigung noch der Zustimmung des Schuldners **(debitor cessus),** weil durch die Abtretung die Schuld inhaltlich **nicht verändert** wird, sodass der Schuldner daraus keine Nachteile haben kann (Verschlechterungsverbot; § 1394). 544

Geschützt ist allerdings nur die rechtliche Position des Schuldners; nur sie darf durch die Zession nicht beeinträchtigt werden. Dass der neue Gläubiger „mahnfreudiger“ ist oder keine Stundung gewährt, hält das Gesetz nicht für relevant.[10])

Allerdings besteht die Gefahr, dass der Schuldner an den Altgläubiger und damit an einen Nichtgläubiger leistet. Zu seinen Gunsten besteht daher eine **Gutglaubensschutzvorschrift:** Er kann so lange mit **schuld-** 545

---

[8]) *Avancini,* Das Sparbuch im österreichischen Recht (1973) 91ff; vgl auch *Roth,* Die Rechtsnatur des Sparbuchs nach neuem Recht, ÖBA 2001, 295; OGH EvBl 1976/24; SZ 54/51.

[9]) OGH JB 142 = GlUNF 650; SZ 52/176; SZ 54/51; EvBl 2003/135; ecolex 2009/156; vgl auch OGH JBl 2001, 313 (Übergabe durch Zeichen); s dazu *Karollus,* ÖBA 1998, 395ff; *Lukas,* ÖBA 1999, 662. Zur Zession unter Ehegatten OGH JBl 1994, 832.

[10]) S dazu *Markowetz,* Bereicherungsrechtliche Rückabwicklung im Rahmen der Forderungsabtretung, ÖJZ 2001, 587; *Zehetner,* Zessionsrecht 6.

befreiender Wirkung an den Zedenten zahlen, als ihm die Verständigung von der Abtretung nicht zugegangen ist (§§ 1395f).[11]) Die Benachrichtigung kann sowohl durch den Zedenten als auch den Zessionar erfolgen;[12]) im Zweifel muss der Schuldner Nachforschungen anstellen oder allenfalls die Leistung hinterlegen (§ 1425).[13])

Da der Zedent die Forderung abgetreten hat, ist eine Zahlung an ihn eine solche an einen Nichtgläubiger, sodass – ohne die Vertrauensschutzvorschrift – der Schuldner vom Zessionar nochmals in Anspruch genommen werden könnte. Ob der Schuldner im Nachhinein auf seinen Gutglaubensschutz „verzichten" und die Zahlung als rechtsgrundlos kondizieren kann, ist fraglich.[14])

546 Wurde die Forderung aus einem **beiderseitig unternehmensbezogenen** Geschäft trotz eines gültigen Abtretungsverbotes zediert, kann der Schuldner noch mit schuldbefreiender Wirkung an den Zedenten zahlen, wenn er zwar von der Zession verständigt wurde, von dieser aber leicht fahrlässig keine Kenntnis hat (§ 1396a Abs 1 Satz 2).[15]) S unten Rz 582f.

547 Ebenfalls aus Gründen des Vertrauensschutzes kann der Schuldner dem Neugläubiger alle **Einwendungen** entgegenhalten, die ihm bis zum Zeitpunkt seiner Verständigung von der Abtretung gegen den Altgläubiger (Zedenten) entstanden sind. Dies gilt auch für die Einrede der **Kompensation.** Zur Aufrechnung bei der Zession künftiger Forderungen s oben Rz 478.

Der Schuldner einer Forderung aus einem beiderseitig unternehmensbezogenen Geschäft kann allerdings nicht einwenden, dass die Zession gegen ein wirksames vertragliches Abtretungsverbot verstößt (§ 1396a Abs 2).

548 Der Schuldner wird auch geschützt, wenn er durch den Gläubiger fälschlich von einer Zession benachrichtigt wird, die gar nicht (gültig)

---

[11]) OGH EvBl 1979/189; SZ 53/33; EvBl 1983/26; ÖBA 1989, 1128; ÖBA 2002, 402.

[12]) OGH ecolex 2003, 752 (kritisch *Wilhelm*); *Ertl* in *Rummel*³ § 1395 Rz 2; *Spitzer,* ÖBA 2005, 888ff; *Wiesinger,* Sicherungszession und Drittschuldnerverständigung, ÖJZ 2009/44, 395; *Wiesinger,* Kreditsicherung 46ff; kritisch *Neumayr* in KBB⁴ §§ 1395–1396 Rz 2; *Wilhelm,* ecolex 2003, 752. Überhaupt auf die Kenntnis – wenn auch mittels Verständigung Dritter – abstellend *Zehetner,* Zessionsrecht 11.

[13]) OGH ÖBA 2002, 402; ÖBA 2005, 213; ecolex 2005, 207 *(Wilhelm); Zehetner,* Zessionsrecht 9; dagegen *P. Bydlinski,* Die Abtretungsanzeige des Zessionars nach deutschem und österreichischem Recht, in FS Canaris I (2007) 83 (89); *Thöni* in *Klang*³ § 1395 Rz 14.

[14]) Dafür *Karollus,* Eingeschränkter Schuldnerschutz bei Übertragung eines Handelsgeschäftes? ÖJZ 1989, 202 (210); *Beig,* Zession 140; vgl auch *Frießnegger,* Schutzverzicht 18ff; dagegen *Spielbücher,* Der Dritte im Schuldverhältnis (1973) 38 FN 41; *Reischauer,* Doppelzession, Bereicherung und unechte (angewandte) Geschäftsführung ohne Auftrag, ÖJZ 1987, 261ff; OGH EvBl 2009/143 (dazu *Aichberger-Beig,* Kann der Abtretungsschuldner auf den Vertrauensschutz bei unrichtiger Abtretungsanzeige verzichten? ÖJZ 2009/103).

[15]) EB 861 BlgNR 22. GP 7; *Lukas,* (Neu-)Regelung des Zessionsverbots, ÖBA 2005, 703 (708); kritisch *Grünzweig,* Neue Regeln für vertragliche Zessionsverbote, RdW 2005, 400.

stattgefunden hat (Putativzession). Er kann dann in analoger Anwendung des § 1395 schuldbefreiend an den vermeintlichen Neugläubiger zahlen.[16])

3. Verhältnis zwischen Zessionar und Schuldner

Da das Schuldverhältnis inhaltlich unverändert bleibt, kann der Schuldner (debitor cessus) dem Neugläubiger (Zessionar) gegenüber auch alle **Einwendungen** erheben, die ihm gegenüber dem Zedenten zustanden. Dies gilt auch für Rücktritts- und Anfechtungsrechte, die den Vertrag zwischen dem Schuldner und dem Zedenten betreffen.[17]) 549

Einwendungen aus dem Verhältnis zwischen Zedenten und Zessionar hat der Schuldner nur soweit, als damit die **Gläubigerstellung** des Zessionars infrage gestellt wird. Auch dies darf er aber nur, wenn er damit nicht ein bloß dem Zedenten zustehendes Recht ausübt. 550

Der Schuldner kann also einwenden, dass der Zession kein Titel zugrunde liegt,[18]) dass der Zedent den Vertrag wegen Irrtums angefochten hat oder dass die Zession bloß zum Schein vorgenommen wurde.[19]) Hingegen kann er sich nicht auf ein vom Zedenten noch nicht ausgeübtes Rücktritts- oder Anfechtungsrecht berufen,[20]) ebenso wenig auf eine bloß relative Nichtigkeit der Abtretung.[21]) Schließlich kann er nicht einwenden, dass die Zession gegen ein wirksames vertragliches Abtretungsverbot zwischen Unternehmern verstößt (§ 1396a Abs 2). Die Einwendungen, die dem Schuldner aus seinem Verhältnis zum Zessionar zustehen, bleiben unverändert.

Der debitor cessus verliert alle Einwendungen gegen den redlichen Zessionar, wenn er die Forderung ihm gegenüber **„für richtig erkannt"** (§ 1396 Satz 2),[22]) dh sie mit **konstitutiver Wirkung** anerkannt hat. 551

Dieser Ansicht[23]) ist zu folgen, weil es keinen Grund gibt, von der allgemeinen Regel abzugehen. Nach anderer Auffassung[24]) soll für die Anerkennung nach § 1396 Satz 2 ein deklaratives Anerkenntnis ausreichen, das aber nur dann zum Einredeausschluss führt, wenn der Zessionar im Vertrauen auf die Erklärung Dispositionen ge-

---

[16]) *Karollus,* Zum Schutz des Schuldners bei unrichtiger Abtretungsanzeige, ÖJZ 1992, 677; OGH SZ 71/140; EvBl 2009/143 (dazu *Aichberger-Beig,* Kann der Abtretungsschuldner auf den Vertrauensschutz bei unrichtiger Abtretungsanzeige verzichten? ÖJZ 2009/103, 973).

[17]) *P. Bydlinski,* Die Anfechtungs- und Auflösungsrechte des Zessionsschuldners, ÖJZ 1981, 421 und 453; seine Ansicht teilweise widerrufend *P. Bydlinski,* Die rechtsvernichtenden Gestaltungsrechte des Schuldners nach Abtretung, RdW 2002/267, 269; *Lukas,* Zession 154ff; OGH JBl 1977, 204; aA *Köhler,* Forderungsabtretung und Ausübung von Gestaltungsrechten, JZ 1986, 516.

[18]) OGH RdW 1983, 105; vgl aber *Ehrenzweig* II/1, 258; *Wolff* in *Klang*² VI 318.

[19]) OGH SZ 71/154.

[20]) So auch OGH ZVR 1985/88; JBl 1985, 297.

[21]) OGH EvBl 1986/91.

[22]) S dazu *Popp,* Das Schuldanerkenntnis des Schuldners gegenüber dem Zessionar (2001).

[23]) OGH ÖBA 1992, 69 *(Rummel).*

[24]) *Bydlinski* in *Klang*² IV/2, 398ff; *Hügel,* Drittschuldneranerkenntnis und Einwendungsausschluß im Zessionsrecht, in FS Frotz (1993) 67; *Karollus,* Aktuelle Probleme der Sicherungszession, ÖBA 1999, 327 (328ff); OGH SZ 70/24; ÖBA 1999, 382; SZ 71/154; SZ 2002/145; offen OGH ÖBA 1996, 69.

troffen hat.[25]) Es soll überdies nur Einreden erfassen, die dem Schuldner bei Abgabe der Erklärung schon bekannt waren.

552 Leistet der debitor cessus rechtsgrundlos an den Zessionar, erfolgt die Rückabwicklung nach bereicherungsrechtlichen Grundsätzen; Kondiktionsschuldner ist nach herrschender Lehre und Rechtsprechung der Zessionar;[26]) vgl unten Rz 1721.

4. Verhältnis zwischen Zedenten und Zessionar

553 Die Rechtsbeziehungen zwischen dem Zedenten und dem Zessionar richten sich nach dem zwischen ihnen bestehenden **Schuldverhältnis** (Kauf, Schenkung usw). Es bestehen allerdings besondere **Gewährleistungsregeln** (§§ 1397 ff), die den allgemeineren (§§ 922 ff) vorgehen, welche daher nur subsidiär anwendbar sind.

554 Auch die Gewährleistung bei der Zession ist **dispositiv.** Mangels anderer Vereinbarung haftet bei der unentgeltlichen Zession der Überträger nicht, bei **entgeltlicher** hingegen für die Richtigkeit und Einbringlichkeit der Forderung. Seine Haftung ist allerdings mit der Höhe des für die Forderung erhaltenen Entgelts beschränkt.

555 Haftung für die **Richtigkeit** bedeutet Einstehenmüssen für die im Titel vereinbarten rechtlichen Qualitäten der Forderung; die Haftung für die **Einbringlichkeit** ist eine solche für ihre tatsächliche Durchsetzbarkeit (va für die Zahlungsfähigkeit des Schuldners). Richtigkeit und Einbringlichkeit müssen bei der Abtretung gegeben sein, bei späterer Fälligkeit der Forderung im Fälligkeitszeitpunkt.[27])

556 Bei Verschulden des Zedenten können dem Zessionar auch **Schadenersatzansprüche** zustehen. Das Erfüllungsinteresse richtet sich nach dem Wert der abgetretenen Forderung, nicht nach dem Entgelt.[28])

557 Auf den Zessionar gehen auch ohne besondere Vereinbarung alle **Nebenrechte**[29]) über, die dem Zweck der Hauptforderung, ihrer Sicherung oder Durchsetzung dienen.[30])

Ansprüche aus einer Bankgarantie gehen nicht automatisch mit Zession der gesicherten Forderung über.[31]) Strittig ist, ob es bei Übertragung dinglicher Sicherungsrechte (Pfandrecht) eines Modus bedarf, oder ob die Übertragung eo ipso durch die Zession erfolgt.

---

[25]) *Hügel* in FS Frotz 89 ff; *Popp,* Das Schuldanerkenntnis des Schuldners gegenüber dem Zessionar, ÖBA 1999, 975 (980); vgl auch OGH JBl 1986, 175; SZ 70/24.

[26]) S zuletzt OGH JBl 2001, 527; ÖBA 2005, 902; OLG Wien ÖBA 2006/19 (kritisch *Zepke*); *Zehetner,* Zessionsrecht 7; anders jedoch OGH ÖBA 2001, 74 *(Lukas)* = ecolex 2000, 572 *(Spunda);* vgl dazu *Faber,* Ungerechtfertigte Inanspruchnahme einer Bankgarantie, ÖBA 2003, 353; *Markowetz,* ÖJZ 2001, 583 ff; *Spunda,* Kondiktionsschuldner bei zedierter Garantieforderung, ÖBA 2004, 374.

[27]) Genaueres bei *Iro,* JBl 1977, 449.

[28]) OGH SZ 64/178.

[29]) OGH RdW 2005/363 (Aufrechnungsverbot).

[30]) OGH SZ 60/46; RZ 1992/26.

[31]) OGH ÖBA 2015/2086. Vgl auch OGH ÖBA 2015/2075.

5. Gutgläubiger Erwerb von Forderungen

Der gutgläubige Erwerb einer dem Zedenten nicht zustehenden Forderung ist **unmöglich.**[32]) § 367 kommt nicht zur Anwendung,[33]) weil er sich nur auf körperliche Sachen bezieht.[34]) 558

Zu einem gutgläubigen Erwerb kann es allerdings nach § 916 Abs 2 kommen, wenn eine bestehende Forderung einem gutgläubigen Dritten zum Schein abgetreten wird;[35]) ebenso bei Zession einer getilgten, aber noch im Grundbuch eingetragenen **Hypothekarforderung**[36]) an einen gutgläubigen Dritten und schließlich nach **wertpapierrechtlichen** Regeln (vgl Bd I Rz 1038 ff, vgl auch Bd I Rz 1203 ff, 1230 ff). Zum gutgläubigen Erwerb vom Scheinerben s unten Rz 2460 ff und Bd I Rz 1051. 559

6. Doppelzession

Tritt der Gläubiger sein Recht **mehrmals** ab (Doppelzession, Mehrfachzession), so erwirbt es nur der erste Zessionar, weil niemand mehr Rechte übertragen kann, als er selbst hat (§ 442), somit den weiteren Zessionaren nichts mehr übertragen werden kann.[37]) Hat allerdings der Zedent den Schuldner nicht von der ersten, sondern von einer anderen Abtretung verständigt, so kann dieser an den ihm bekannt gegebenen Gläubiger mit schuldbefreiender Wirkung leisten (vgl § 1395: „sich mit ihm abfinden").[38]) Vgl auch oben Rz 548. 560

Der Erstzessionar, dessen Forderung durch die schuldbefreiende Zahlung erloschen ist, hat aber dann gegen den Zweitzessionar einen Bereicherungsanspruch nach § 1041[39]) und einen Schadenersatzanspruch, wenn den Zweitzessionar am Eingriff in das fremde Recht ein Verschulden trifft.[40])

---

[32]) OGH EvBl 1982/140.

[33]) *Ehrenzweig* II/1, 268; OGH GlUNF 4114; SZ 41/16; aA *Wellspacher,* Das Vertrauen auf äußere Tatbestände (1906) 196; *Löbl,* Studien zur Zessionslehre des österreichischen Rechts, ZBl 1929, 81 und 187.

[34]) *Karner,* Gutgläubiger Mobiliarerwerb (2006) 153 ff.

[35]) Dazu und zum Unterschied zur Abtretung einer nur zum Schein begründeten Forderung, einem Fall der Rechtsscheinhaftung, *Karner,* Mobiliarerwerb 153 ff; s auch Bd I Rz 465.

[36]) S dazu *Kundi,* Zession 86 ff.

[37]) S dazu OGH SZ 54/104; SZ 55/170; JBl 1986, 235 *(Czermak);* ÖBA 2006/1372; *Wiesinger,* Kreditsicherung 70 ff; *Zehetner,* Zessionsrecht 117 ff.

[38]) So auch OGH SZ 52/110; ecolex 2003, 752 *(Wilhelm);* vgl auch SZ 50/1.

[39]) *Welser/Czermak,* Zur Rechtsnatur des Factoring-Geschäftes, RdW 1985, 143 f; *Reischauer,* ÖJZ 1987, 257 ff; OGH JBl 1986, 235 *(Czermak);* ÖBA 1989, 188 *(Holzner);* aA OGH SZ 52/110. Vgl zur bereicherungsrechtlichen Rückabwicklung bei Zahlung auf ein Bankkonto des Zedenten OGH JBl 1996, 251 *(Apathy)* = ÖBA 1996, 135 *(Koziol);* SZ 72/66 = ecolex 1999, 539 *(Graf); Dullinger/Rummel,* Zum Bereicherungsausgleich bei der stillen Zession, ÖBA 1998, 593. S auch OGH ÖBA 2014/2014 *(Apathy)* (dazu *Perner/Spitzer,* Der Verwendungsanspruch gegen den Scheingläubiger, in FS Reich-Rohrwig [2014] 293; *Wilhelm,* Verwendungsanspruch – und die Magie der Konkludenz, ecolex 2014, 489).

[40]) *Reischauer,* Doppelzession und Schadenersatz, RZ 1987, 215 und 239; OGH JBl 2002, 182 (kritisch *Dullinger/Riedler*) = ÖBA 2001, 910 (kritisch *Karollus*) (dazu *Dullinger,* Bankhaftung bei Mehrfachzession, ÖBA 2003, 601).

7. Sonderformen der Zession

a) Die Sicherungszession

561 Die **Sicherungszession**[41]) ist eine Form der eigennützigen Treuhand (s Bd I Rz 691). Der Zessionar erwirbt die Forderung gegen den debitor cessus unter der obligatorischen Bindung, dass er sie nur bei Zahlungsverzug seines Schuldners (des Zedenten) einziehen und sich aus dem Erlös befriedigen soll.

Im Außenverhältnis steht dem Sicherungszessionar allerdings das Vollrecht zu, das auch keine Änderung durch die Insolvenz des Zedenten erfährt. Der Sicherungszessionar ist zur Geltendmachung der abgetretenen Forderung legitimiert; innerhalb des Insolvenzverfahrens hat er jedoch nur die Rechte eines Absonderungsgläubigers gemäß § 10 Abs 3 IO. Nach einer Rückzession der abgetretenen Forderung an den Sicherungszedenten zum Inkasso steht dem Sicherungszessionar in der Insolvenz des Zedenten allerdings ein Aussonderungsrecht zu.[42])

562 Da die Sicherungszession dieselben Zwecke wie eine Forderungsverpfändung verfolgt, sind zu ihrer Gültigkeit die Vorschriften der Pfandbestellung **(Publizität)** einzuhalten. Diese setzen die Verständigung des debitor cessus **(Drittschuldnerverständigung)** oder einen Vermerk in den Geschäftsbüchern des Sicherungszedenten **(Buchvermerk)** voraus. Zwischen diesen Publizitätsakten besteht bei buchführungspflichtigen Zedenten eine Wahlmöglichkeit.[43]) Ist der Zedent nicht buchführungspflichtig, bedarf es der Drittschuldnerverständigung.[44])

Die Publizität wird bei der Drittschuldnerverständigung durch den Zugang der Verständigung gewahrt.[45]) Nach einem Teil der Lehre soll der Zugang der Abtretungsanzeige nicht ausreichen, sondern die Sicherungszession erst mit Kenntnis des debitor

---

[41]) *Apathy* in *Hadding/Schneider,* Forderungsabtretung 509; *Karollus,* ÖBA 1999, 327; *Strasser/Grillberger,* Probleme des Zessionskredites (1976); *Wiesinger,* Kreditsicherung; *Zehetner,* Zessionsrecht 39ff. Zur Abgrenzung von der Zession zahlungshalber *Welser/Foglar-Deinhardstein,* Die Bedeutung von Sicherungszession, Kontokorrent und Anfechtung im Geschäftsverkehr der Banken, ÖZW 1976, 76f; *Grillberger,* Sicherungsabtretung und Abtretung zahlungshalber, JBl 1983, 574; *Kaller,* Sicherungszession 44ff; *Zehetner,* Zessionsrecht 54f; OGH JBl 1983, 595; ÖBA 1999, 382; ÖBA 2009/1582; ÖBA 2010/1669 *(Bollenberger)* = ecolex 2010/321 *(Wall).*

[42]) OGH ÖBA 2000, 1096 *(Apathy).*

[43]) OGH ÖBA 2007/1433 (kritisch *Riedler*); ÖBA 2008/1453 *(König);* ecolex 2014/309 *(Schodisch);* dazu *Karollus,* ÖBA 1998, 395ff; *Ertl,* Die Geheimpublizität der elektronischen Sicherungszession, JBl 2002, 197; *Spitzer,* ÖBA 2005, 886; *Spitzer,* JBl 2005, 696; *Riedler,* Sicherungszession: „Lichtblick" für den Inhalt des Buchvermerks? Zak 2006/76, 43; *Spitzer,* Konkursfestigkeit und Publizität der Sicherungszession, Zak 2007/69, 47; *Kaller,* Sicherungszession 140, 174f; *Wilhelm,* Wie publik muss/kann die Sicherungszession sein? ecolex 2007, 153; *Zehetner,* Zessionsrecht 47; *Apathy,* Neue Judikatur zum Kredisicherungsrecht, ÖJZ 2008/28, 253; *Beig,* Zession 87f; *Wiesinger,* ÖJZ 2009/44, 396; *Wiesinger,* Kreditsicherung 37; *Lukas* in *Kletečka/Schauer,* ABGB-ON[1.01] § 1392 Rz 15.

[44]) OGH SZ 71/154 (dazu *Karollus,* ÖBA 1999, 327); ÖBA 2005, 284; ecolex 2014/309 *(Schoditsch); Riedler,* Gedankensplitter zur aktuellen Judikatur rund um Sicherungszessionen, ÖBA 2000, 585f; *Wiesinger,* Sicherungszession 395.

[45]) Nw bei *Kaller,* Sicherungszession 153 FN 730.

cessus von der Abtretung wirksam werden.[46]) Auch eine vorweggenommene Drittschuldnerverständigung, also die Verständigung des künftigen Schuldners, ist nach hA ein wirksamer Publizitätsakt.[47])

Beim Buchvermerk können Dritte den Gläubigerwechsel bei einer Einsichtnahme in die Geschäftsbücher feststellen. Der Buchvermerk muss weder das Datum der Zessionsvereinbarung enthalten noch in einer bestimmten Formulierung vorgenommen werden,[48]) auch schadet es nicht, wenn ein in der Buchhaltung gesetzter Zessionsvermerk aufgrund des verwendeten Buchhaltungsprogramms ohne besonderen Aufwand spurlos gelöscht oder geändert werden kann, da erst die tatsächliche Änderung oder Löschung des Vermerks den Publizitätsakt und damit die Sicherungszession mit Wirkung ex nunc beseitigt.[49]) Problematisch ist der Buchvermerk bei der Sicherungszession künftiger Forderungen.[50]) Vgl auch Bd I Rz 1203.

Bei mehrfacher Sicherungszession ist jene wirksam, für die der **erste** 563
Publizitätsakt gesetzt wurde.[51])

b) Die Inkassozession

Bei der Inkassozession oder Abtretung zur Einziehung wird zwar 564
der Zessionar Gläubiger, er ist aber verpflichtet, die eingehobene Leistung an den Zedenten **abzuführen.** Es handelt sich also um die Übertragung eines Vollrechtes unter obligatorischen Beschränkungen, somit wieder um eine **Treuhand.**[52]) Dass damit die Forderung „wirtschaftlich" beim

[46]) *Spitzer,* JBl 2005, 695; *Wilhelm,* ecolex 2007, 153; *Wiesinger,* ÖJZ 2009/44, 396; *Wiesinger,* Kreditsicherung 38f; *Kaller,* Sicherungszession 153ff; offenlassend *Zehetner,* Zessionsrecht 47ff. S dazu auch OGH ecolex 2014/309 *(Schoditsch).*

[47]) OGH ÖBA 2008/1453 (kritisch *König*); ÖBA 2013/1880; vgl *Zepke,* Zur Abtretung zukünftiger Forderungen, ÖBA 1997, 984; *Karollus,* ÖBA 1999, 334; *Beig,* Die Publizität der Sicherungszession, ecolex 2008, 314; *Beig,* Zession 89f; *Rebering,* Anfechtungsfeste Sicherstellung durch Zession künftiger Forderungen? ZIK 2009/64, 44; *Wiesinger,* ÖJZ 2009/44, 395; *Wiesinger,* Kreditsicherung 44ff; *Kaller,* Sicherungszession 165ff; *Lukas* in *Kletečka/Schauer,* ABGB-ON[1.01] § 1392 Rz 20; kritisch *Spitzer,* Zak 2007/69, 47; aA *Iro,* Sicherungsglobalzession und Drittschuldnerverständigung, RdW 1989, 357.

[48]) OGH ÖBA 2006/1348 *(Riedler); Riedler,* Zak 2006/76, 43; *Beig,* ecolex 2008, 314; *Zehetner,* Zessionsrecht 51ff. Zu Form und Inhalt des Buchvermerkes *Kaller,* Sicherungszession 75ff; *Thöni* in *Klang*[3] § 1392 Rz 80ff; *Bollenberger,* Sicherungszession durch Buchvermerk und künftige Forderungen, in FS Iro (2013) 289 (297ff).

[49]) OGH JBl 2011, 508 *(Wiesinger)* = EvBl 2011/92 *(Koller)* = ÖBA 2011/1718 *(Wolkerstorfer)* = ecolex 2011/204 *(Scheuwimmer)* (dazu *Riedler,* Sicherungszession: 3 Ob 155/10f – Neue Leitentscheidung zum Inhalt des Buchvermerks, Zak 2011/266, 143; *Kaller-Pröll,* Endlich Klarheit beim Buchvermerk? Anmerkungen zu OGH 3 Ob 155/10f, ZIK 2011/123, 82; *Spitzer,* Aktuelle Entwicklungen im Kreditsicherungsrecht – Eigentumsvorbehalt, Hypotheken, Sicherungszession, ÖBA 2014, 172); OGH ÖBA 2012/1773.

[50]) OGH SZ 71/154; RdW 2003/158; *Zepke,* ÖBA 1997, 984; *Riedler,* Zak 2006/76, 43; *Kaller,* Sicherungszession 116ff; *Wiesinger,* Kreditsicherung 63ff; *Zehetner,* Zessionsrecht 22; kritisch *Iro,* RdW 1989, 357.

[51]) Zum Verwendungsanspruch des „Scheinzessionars" (Zweitzessionar) bei der Sicherungszession s OGH ÖBA 2004, 785 *(Koziol).*

[52]) OGH RZ 1991/66 mwN. Zur Zulässigkeit der Inkassozession SZ 68/114. Vgl auch *Hasberger,* Mehrwertdienste und das Inkasso der Netzbetreiber, ÖJZ 2003/52, 838.

Zedenten bleibt, wird von Lehre und Rechtsprechung in mehrfacher Hinsicht berücksichtigt. So bewirkt die Zahlung an den Zedenten nach Verständigung die Tilgung der Forderung und man lässt Einwendungen des Schuldners, die erst nach Verständigung von der Abtretung gegen den Zedenten entstehen, auch gegenüber dem Zessionar zu.[53]) Außerdem wird dem Zedenten in der Insolvenz des Treuhänders ein **Aussonderungsrecht** zuerkannt.[54])

Die Inkassozession wird manchmal missbräuchlich verwendet: Der Altgläubiger zediert an den Neugläubiger, um sich selbst im Prozess gegen den debitor cessus die Stellung eines Zeugen zu verschaffen; oder er zediert eine bestrittene Forderung an eine mittellose Person, welche die Forderung ohne Prozesskostenrisiko einklagt.[55])

c) *Die stille Zession*

565 Unter einer „stillen Zession" versteht man eine Abtretung, von welcher der Schuldner **nicht verständigt** wird,[56]) um Zweifeln an der wirtschaftlichen Leistungskraft des Zedenten vorzubeugen. Häufig kommen dabei die Parteien überein, dass der Zedent die Forderung im eigenen Namen einzuziehen hat.[57]) Solange der debitor cessus von der Abtretung nichts erfährt, ist dies auch rechtlich ohne Weiteres möglich, weil die Zahlung nach § 1395 letzter Satz schuldbefreiend wirkt. Hat allerdings der Schuldner von der Zession Kenntnis, so ist die Erfassung der Rechtsfigur schwierig.

Manche[58]) meinen, der Zedent übertrage die Forderung nur im Innenverhältnis, während er nach außen Gläubiger bleibt. Eine bloß relative Abtretung ist jedoch nicht möglich, da durch das Verfügungsgeschäft der Zessionar die volle Rechtszuständigkeit erwirbt.[59]) Fraglich ist, ob die Figur der „Einziehungsermächtigung" eine Erklärung bietet. Man versteht darunter die vom Gläubiger einem Dritten eingeräumte Befugnis, eine Forderung im eigenen Namen geltend zu machen. Sie wird aber als selbständiges Institut zu Recht abgelehnt,[60]) weil das Eintreibungsrecht das Wesen

---

[53]) *Thöni* in *Klang*³ § 1392 Rz 134 mwN.

[54]) *Klang* in *Klang*² II 134; OGH ÖBA 2000, 1096 *(Apathy)*.

[55]) Vgl OGH SZ 29/46; SZ 38/4; iFamZ 2009, 19; *Zehetner,* Zessionsrecht 129ff; zur Zulässigkeit iZm dem Verbot der gewillkürten Prozessstandschaft vgl OGH RdW 2003/317; ÖBA 2010/1624; ÖBA 2012/1855.

[56]) Der OGH spricht von einer „nicht verständigten Abtretung": SZ 48/40; SZ 68/36; ecolex 2010/83.

[57]) Vgl OGH SZ 45/82; SZ 48/40; RZ 1983/20; ÖBA 1990, 220 *(Grillberger);* ÖBA 2009/1557 (kritisch *Apathy*); ÖBA 2010/1624.

[58]) OGH JBl 1970, 474 *(Bydlinski); Mayrhofer,* Abtretung von Bestandrechten und Abtretungsverbot, ÖJZ 1973, 146 und 169 (149); vgl auch *Gschnitzer,* Schuldrecht AT 179f.

[59]) *Frotz,* Kreditsicherungsrecht 251; *Grillberger,* Zur Einziehung fremder Forderungen im eigenen Namen, ÖJZ 1978, 147f.

[60]) *Grillberger,* ÖJZ 1978, 141; *Grillberger,* ÖBA 1990, 221; *Apathy,* ÖBA 1987, 57; *Lukas,* Zession 110ff; aA *Frotz,* Kreditsicherungsrecht 250f; *Koziol,* Rechtsfragen beim Factoring-Geschäft, QuHGZ 1972, 322f; *Kastner,* Die Treuhand im österreichischen Recht, in FS Hämmerle (1972) 172f. Zum Verbot einer bloß abstrakten Übertragung der Prozessführungsbefugnis s auch OGH ÖBA 2010/1624; RIS-Justiz RS0032699.

des Anspruchs ausmacht und von diesem nicht getrennt werden kann. Bei der stillen Zession ist die Einziehungsermächtigung auch nach der neueren Rechtsprechung unzulässig.[61])

d) Eskontierung offener Buchforderungen

566 Der Begriff der Eskontierung offener Buchforderungen ist juristisch unergiebig. Man versteht darunter den Forderungskauf, also den Erwerb einer Forderung, dem als Titel ein **Kaufvertrag** zugrunde liegt, aber auch die **Sicherungsabtretung.** Zu dieser vgl Bd I Rz 1306 ff.

e) Die Globalzession

567 Oft werden viele Forderungen zugleich abgetreten. Eine solche „Globalzession" ist wirksam, wenn die zedierten Forderungen bestimmt, dh **individualisierbar** sind.[62]) Das ist zB der Fall, wenn **alle** Forderungen eines Unternehmers abgetreten werden oder der **Rechtsgrund** der abgetretenen Ansprüche eindeutig feststeht;[63]) zB „die Forderungen aus Warenlieferungen". Sofern die Globalzession nicht nur Befriedigungs- sondern auch Sicherungsfunktion hat, ist die Einhaltung des für die Verpfändung vorgeschriebenen Modus erforderlich.[64]) Eine Globalzession aller Forderungen kann allerdings wegen Sittenwidrigkeit ungültig sein, wenn sie dem Zedenten jede Dispositionsfreiheit über sein wesentliches Vermögen nimmt.

f) Mantelzession

568 Im Gegensatz zur Globalzession erhält der Zessionar durch die Mantelzessionsabrede bloß einen schuldrechtlichen Anspruch (Verpflichtungsgeschäft) auf künftige Einzelabtretungen;[65]) erst durch diese Verfügungsgeschäfte gehen die Forderungen über. Der Mantelzessionsvertrag muss die künftig abzutretenden Forderungen genau umschreiben (Art, Umfang, Gattung), um dem Bestimmtheitserfordernis zu genügen.[66])

---

[61]) OGH SZ 68/36 (dazu *Iro,* Abschied von der „stillen Zession"? RdW 1995, 375); ecolex 1996, 744; SZ 69/57; SZ 71/115; aA noch OGH ÖBA 1987, 55 *(Apathy).*

[62]) S zB OGH ecolex 2001, 907; *Wiesinger,* Kreditsicherung 19; *Zehetner,* Zessionsrecht 87.

[63]) *Fitz,* Globalzession als Kreditsicherung, ÖJZ 1973, 596f; *Koziol,* QuHGZ 1972, 319; OGH JBl 1975, 654; SZ 55/170; ÖBA 1988, 284 *(Hügel);* ÖBA 1997, 205 *(Koziol).* S ferner *Iro,* RdW 1989, 357; *Kaller,* Sicherungszession 48ff; *Wiesinger,* Kreditsicherung 19. Die Vorfinanzierung eines Prozesses kann nicht als Factoring angesehen werden; s dazu *E. Wagner,* Rechtsprobleme der Fremdfinanzierung von Prozessen, JBl 2001, 422f. Zur Globalzession als Sicherungszession s OGH SZ 2008/168

[64]) *Zehetner,* Zessionsrecht 85f; OGH ÖBA 2013/1880.

[65]) RIS-Justiz RS0032858; zB OGH JBl 2002, 182 *(Dullinger/Riedler)* = ÖBA 2001, 910 *(Karollus); Beig,* Zession 9; *Kaller,* Sicherungszession 50ff; *Zehetner,* Zessionsrecht 86.

[66]) OGH ecolex 2001, 900 (kritisch *Kajaba*).

g) *Factoring*

Literatur: *Binder-Degenschild/Schandor,* Factoring – Praxis und Rechtsnatur in Österreich (2003); *Czermak,* Zwei Rechtsfragen des Factoring, JBl 1984, 413; *Fischer-Czermak,* Factoring: Rechtsnatur und Konkursanfechtung, ecolex 1995, 89; *Iro,* Zur Kollision von Factoring und verlängertem Eigentumsvorbehalt, ÖBA 1990, 259; *Iro,* Zur Rechtsnatur des Factoring, RdW 1995, 52; *Jud,* Neuere Rechtsentwicklung im Factoring-Geschäft, QuHGZ 1981, 45; *Jud,* KSchG, Factoring und Leasing, in *Krejci* (Hrsg), Handbuch zum Konsumentenschutzgesetz (1981) 503; *Köck,* Erwerb von Kreditforderungen (nicht) konzessionspflichtig? ÖBA 2009, 589; *Koziol,* Rechtsfragen beim Factoring-Geschäft, QuHGZ 1972, 313; *Riss,* Der Konkurs des Zedenten beim Factoring, ÖBA 2006, 425; *Welser/Czermak,* Zur Rechtsnatur des Factoring-Geschäftes, RdW 1985, 130; *Wilhelm,* Zur Doppelzession bei Factoring und verlängertem Eigentumsvorbehalt, ecolex 1990, 739; *Zöchling-Jud/Kogler,* Anfechtungsrisiken beim Factoring – Zugleich ein Beitrag zur Rechtsnatur des Factoring, ÖBA 2012, 428; *Zöchling-Jud/Kogler,* Zwei Fragen zur Anfechtung beim Factoring, in *Hibler/Walenta,* Factoring (2012) 122.

569 Factoring ist die Zession der in einem Geschäftsbetrieb entstehenden Forderungen für Warenlieferungen und Dienstleistungen durch den Unternehmer an einen „Factor" (Zessionar). Nach der Ausgestaltung der Vereinbarung ist dies eine bloß treuhändige Abtretung **(Inkassozession),** die den Zweck hat, dem Unternehmer die Mahnung und Eintreibung der Forderungen abzunehmen, oder ein **Forderungskauf.**[67]) Übernimmt der Factor das Risiko der Zahlungsunfähigkeit des Schuldners (Delkredereübernahme), so spricht man auch vom **„echten Factoring"** *(non recourse factoring),* sonst vom „unechten Factoring" *(recourse factoring).* In beiden Fällen hat das Geschäft Finanzierungsfunktion, wenn der Factor vor der Leistung durch den Schuldner den Unternehmer befriedigt.

C. Gesetzliche und notwendige Zession

570 Manchmal geht eine Forderung[68]) auf einen neuen Gläubiger von Gesetzes wegen (ex lege) über, sodass es keiner besonderen Abtretung bedarf (gesetzliche Zession, cessio legis, **Legalzession**). Am wichtigsten sind die Fälle des § 1358:[69]) Wer eine fremde Schuld bezahlt, für die er **persönlich** (zB als Bürge) oder mit bestimmten **Vermögensstücken** (zB als Pfandbesteller) haftet, tritt ex lege in die Rechte des Gläubigers und kann die Forderung gegen den Schuldner geltend machen,[70]) ohne dass es einer Einlösungserklärung bedarf.[71]) S oben Rz 461.

---

[67]) *Kamper,* Factoring (1981) 51ff; *Welser/Czermak,* RdW 1985, 130; *Iro* in *Apathy/Iro/Koziol,* Bankvertragsrecht² II Rz 2/10ff; OGH ÖBA 1994, 810; ecolex 2000, 113 *(Jaksch);* SZ 2008/168.

[68]) Zum teilweisen Übergang s OGH SZ 64/178.

[69]) Vgl dazu auch *Kastner,* Ist § 1358 ABGB bei Regreßnahme eines Gesellschafters anwendbar, der die Schuld einer OHG bezahlt hat? GesRZ 1986, 1; *P. Bydlinski,* Rückgriff der Akkreditivbank kraft Legalzession (§ 1358), ÖBA 2002, 680; OGH EvBl 2003/2; EvBl 2004/71 (§ 35 MedG); JBl 2006, 592 = ecolex 2006/313 *(Baumgartner)* = ZVR 2006/156 *(Kathrein/Ch. Huber);* SZ 2006/15; ÖBA 2006/1386 = NZ 2006, 362 *(Hoyer);* ÖBA 2009/1550; ecolex 2009/401 *(Wilhelm);* vgl auch OGH JBl 2010, 456.

[70]) Der Anspruch umfasst auch die Zinsen: OGH SZ 48/101.

[71]) OGH ecolex 2001, 744 *(Wilhelm);* ÖBA 2006/1386 = NZ 2006, 362 *(Hoyer).*

Legalzessionsnormen finden sich auch im Versicherungsrecht, zB § 332 ASVG: Schädigt jemand eine sozialversicherte Person, so geht (im Schädigungszeitpunkt)[72]) die an sich dem Verletzten zustehende Ersatzforderung gegen den Schädiger auf den Sozialversicherungsträger über, soweit dieser Leistungen zu erbringen hat.[73]) Ähnlich § 67 VersVG: Ersatzansprüche[74]) des Versicherungsnehmers gegen einen Dritten gehen auf den Versicherer über, soweit dieser dem Versicherungsnehmer den Schaden ersetzt (Übergang im Zeitpunkt der Leistung).[75]) Analog zu diesen Normen geht der Anspruch gegen den Schädiger auf die Rechtsanwaltskammer über, wenn diese dem Kind eines getöteten Mitglieds Leistungen erbringt.[76])

Der Ersatzanspruch nach § 1358 schließt den Verwendungsanspruch gemäß § 1042 (Aufwand für einen anderen; s unten Rz 1742 ff) aus.[77])

Zwischen rechtsgeschäftlicher und gesetzlicher Abtretung steht die 571
notwendige Zession des § 1422: Wer die Schuld eines anderen, für die er nicht persönlich oder mit bestimmten Vermögensgegenständen haftet, bezahlt, kann vor oder bei der Zahlung vom Gläubiger die Abtretung seiner Rechte verlangen (Einlösungsbegehren),[78]) was auch konkludent geschehen kann.[79]) Hat er dies getan und hat der Gläubiger die Zahlung angenommen, so wirkt dies als **Einlösung** der Forderung (§ 1422).[80]) S oben Rz 461.

Bei der gesetzlichen und notwendigen[81]) Zession ist die **Gewähr-** 572
leistung eingeschränkt. Der Altgläubiger haftet für Richtigkeit und Ein-

---

[72]) OGH SZ 2002/143; ecolex 2004, 175; EvBl 2006/100; SZ 2007/178; aA *Resch,* Der Zeitpunkt des Forderungsübergangs bei einer Legalzession gemäß § 332 ASVG, JBl 2002, 341.

[73]) S dazu zB OGH ZVR 1990/50; ZVR 1990/132 *(Welser);* RdA 1996, 311 *(Grömmer/Oberhofer);* SZ 68/222; EvBl 1998/111; ZVR 1999/95; RdW 2001/16; JBl 2003, 312 (Verjährung); EvBl 2002/145; ecolex 2004, 175 (Familienhaftungsprivileg); SZ 2006/56 = ZVR 2007/4 *(Ch. Huber);* SZ 2009/71; ecolex 2009/15 *(Wilhelm); Krejci* in *Tomandl,* System des österreichischen Sozialversicherungsrechts idF 27. ErgLf (2014), 429 ff; *Apathy,* Drittschadensliquidation, JBl 2009, 72.

[74]) RIS-Justiz RS0080533.

[75]) Dazu *Schauer,* Das österreichische Versicherungsvertragsrecht[3] (1995) 324 ff; *Apathy,* JBl 2009, 72 ff; OGH ecolex 1995, 632 *(Kletečka);* JBl 1997, 100 *(Schauer);* ecolex 2003, 839; ZVR 2008/241 *(Ch. Huber).*

[76]) OGH RdW 2000/191 *(Iro).*

[77]) OGH SZ 74/44; zur Schadensverlagerung und § 1042 s *Perner/Spitzer,* Unterhaltserhöhung nach Körperverletzung und Regress – Kein Problem des Bereicherungsrechts, EF-Z 2006/22, 36 ff.

[78]) Dazu OGH JBl 1981, 93 *(Hoyer);* vgl auch RdW 1985, 179 *(Iro);* EvBl 1989/73; JBl 1995, 252; NZ 2007, 63 *(Hoyer); Zehetner,* Zessionsrecht 112 f. Zum Übergang einer Höchstbetragshypothek s OGH ÖBA 1986, 410; JBl 1986, 512; JBl 1988, 379; NZ 1995, 41 *(Hoyer);* NZ 1996, 157 *(Hoyer);* ÖBA 1996, 805 *(Karollus);* ÖBA 2009/1572; ÖBA 2010/1615 = immolex 2010/94 *(Neugebauer-Herl).*

[79]) OGH JBl 2001, 720; ÖBA 2002, 573 *(Arnold);* ÖBA 2002, 1006 *(Apathy).*

[80]) Zur Abgrenzung gegenüber der vertraglichen Zession: *Zawischa,* Haftungsprobleme bei Ankaufsfinanzierung durch Kreditinstitute, ÖZW 1979, 42 ff; *Tanzer/ Weilinger,* Zur rechtlichen Konstruktion der österreichischen „Telecom" – Anleihe; ein Anwendungsfall der Einlösung gem §§ 1422 f ABGB, wbl 1995, 440 f. OGH SZ 66/81; zur Verjährung OGH JBl 1996, 518; zur Verbücherung des Gläubigerwechsels OGH ecolex 2002, 349 *(Wilhelm)* = ÖBA 2002, 568 *(Koziol)* = NZ 2002, 212 *(Hoyer).*

[81]) Näheres bei *Zawischa,* ÖZW 1979, 46 ff; vgl auch *Koziol,* Mangelhafte Leistung eines Dritten, in FS Kramer (2004) 565. Zur Besonderheit bei der einvernehmlichen Einlösung OGH SZ 2007/62.

bringlichkeit der Forderung dem Neugläubiger **nur** im Falle des **Betruges** (§ 1423), zB wenn er das Bestehen des Anspruchs gegen den Schuldner arglistig vorspiegelt.

D. Gesetzliche Abtretungsverbote

1. Allgemeines

573 Gegenstand der Abtretung sind **veräußerliche Rechte,** höchstpersönliche Ansprüche können nicht zediert werden (§ 1393). Zu diesen gehören zB die Unterhaltsansprüche[82]) und im Zweifel die Rechte des Dienstgebers auf Arbeitsleistung (§ 1153).

574 Ferner sind aufgrund ausdrücklicher Bestimmung das Wiederkaufsrecht (§ 1070), das Rückverkaufsrecht (§ 1071) und das Vorkaufsrecht (§ 1074) auf die Lebenszeit des Berechtigten beschränkt und nicht abtretbar. Daneben bestehen bestimmte gesetzliche Abtretungsverbote, die eine Abtretung nicht generell, sondern nur in bestimmten Situationen untersagen.

2. Verbot der Gehaltsabtretung (§ 12 KSchG)

575 Lohn- und Gehaltsforderungen sind an sich wie andere Forderungen zedierbar. § 12 KSchG verbietet jedoch ihre Abtretung durch einen Verbraucher an einen Unternehmer zur **Sicherung oder Befriedigung** von dessen noch nicht fälligen Forderungen.

Das Gesetz erklärt nicht die Verpfändung,[83]) sondern nur die Sicherungszession für unzulässig, weil sie den Unternehmer ohne Weiteres zur Eintreibung der Forderung berechtigt, sodass der Verbraucher auf Rückforderungsansprüche verwiesen ist.

576 Ob allerdings die entgegen dem Verbot vorgenommenen Abtretungen ungültig sind, sagt das Gesetz nicht ausdrücklich. § 12 Abs 2 KSchG geht davon aus, dass die aufgrund der Zession vorgenommene Zahlung des Dienstgebers an den Unternehmer die Lohn- oder Gehaltsforderung zum Erlöschen bringen kann, und gibt für diesen Fall dem Verbraucher einen Rückforderungsanspruch gegenüber dem Unternehmer: Hat der Dienstgeber des Verbrauchers aufgrund einer verbotenen Abtretung an den Unternehmer mit der Wirkung gezahlt, dass er von der Lohnforderung des Verbrauchers **befreit** worden ist, so hat der Verbraucher gegen den Unternehmer den **Anspruch auf Erstattung.** Dieser entfällt, wenn der Verbraucher durch die Abtretung oder die Bezahlung der Lohnforderung von einer Schuld befreit worden ist, wofür allerdings den Unternehmer

[82]) OGH SZ 18/17. Anderes gilt für den Schadenersatzanspruch nach § 1327: OGH wbl 1989, 378.

[83]) Zur Analogie s OGH ecolex 1998, 24 *(Wilhelm).* Vgl auch ÖBA 1994, 807; ÖBA 2002, 63; *Koziol,* Analoge Anwendung des § 12 Abs 1 KSchG auf Gehaltsverpfändungen? ÖBA 1994, 92ff.

die Beweislast trifft. Wenn das Gesetz die Befreiung durch die Abtretung kennt, setzt es offenbar die **Gültigkeit** der Zession voraus.[84])

Die Konstruktion entspricht wohl am ehesten jener des § 11 KSchG: Die Sicherung durch Inhaber- oder Orderwechsel ist verboten, doch bleibt das Wertpapier im Interesse der Verkehrssicherheit gültig, während der Verbraucher einen Revalierungsanspruch gegen den Unternehmer erhält, wenn er das Papier einlöst.[85]) Bei der Sicherungszession besteht freilich kein gleichartiges Verkehrsschutzbedürfnis.

3. Andere Zessionsverbote

Nicht jede Forderung darf (in vollem Umfang) gerichtlich gepfän- 577
det werden (§§ 290ff EO). So sind Gehaltsforderungen grundsätzlich nur hinsichtlich den das Existenzminimum übersteigenden Teil pfändbar (§ 291a EO). Nach § 293 EO kann die Anwendung der **Pfändungsbeschränkungen** durch Vereinbarung zwischen dem Verpflichteten und dem Gläubiger weder ausgeschlossen noch beschränkt werden. Eine dem widersprechende Abtretung ist ohne rechtliche Wirkung (§ 293 Abs 2 EO).

Mietzinsforderungen aus Verträgen, die dem MRG unterliegen, sind 578
grundsätzlich nicht abtretbar (§ 42 Abs 2 MRG).[86]) Unzulässig ist auch die Abtretung der Honorarforderung eines Rechtsanwalts[87]) oder Wirtschaftstreuhänders[88]) ohne Zustimmung des Mandanten wegen Verstoßes gegen die Verschwiegenheitspflicht oder einer Kreditforderung durch eine Bank[89]) wegen Verstoßes gegen das Bankgeheimnis.

E. Vertragliche Abtretungsverbote

Ein vertragliches Zessionsverbot ist die Vereinbarung zwischen Gläu- 579
biger und Schuldner, dass eine Forderung nicht abgetreten werden darf.

Abtretungsverbote sind für den Gläubiger nachteilig, weil er die Forderungen nicht verkaufen oder zur Sicherung zedieren kann. Hingegen sind sie für den Schuldner günstig, weil er nicht mit neuen Gläubigern zu rechnen braucht, die ihm „lästiger“ fallen

---

[84]) *Welser,* Anmerkungen zum Konsumentenschutzgesetz, JBl 1979, 449 (459).

[85]) OGH RdW 1988, 90.

[86]) Dazu *Iro,* Die Abtretung der Hauptmietzinse nach § 42 Abs 2 MRG, ÖBA 1989, 1067.

[87]) OGH SZ 73/144; *E. Gruber,* Abtretbarkeit der Honorarforderung eines Rechtsanwalts, RdW 1994, 38. Vgl aber *Ertl,* Abtretung von Honorarforderungen und anwaltliche Schweigepflicht, in FS Welser (2004) 166; *Zöchling-Jud,* Die rechtsanwaltliche Verschwiegenheit – Recht und Pflicht des Rechtsanwalts, in *Heidinger/Zöchling-Jud,* Jahrbuch Anwaltsrecht 2011 (2011) 105 (112ff).

[88]) OGH SZ 2002/129; SZ 2005/64 = RWZ 2005/107 *(Wenger).*

[89]) OGH ÖBA 2013/1897 (kritisch *Apathy*) = EvBl 2013/74 (kritisch *Jurgutyte*) (zustimmend *Weiland,* Zession von Kreditforderungen unvereinbar mit dem Bankgeheimnis! ecolex 2013, 413; aA *Graf,* Abtretung von Kreditforderungen und Bankgeheimnis, in FS Posch [2011] 171). S dazu *Hirsch/Sommer* in *Dellinger* (Hrsg), BWG (2007) § 38 Rz 361; *Fellner/Jud,* Rechtliche Aspekte des Verkaufs notleidender Kredite, RdW 2009/650, 630 (633); *Apathy,* Abtretung von Bankforderungen und Bankgeheimnis, ÖBA 2006, 33; *Apathy,* Abtretung einer Kreditforderung und § 38 BWG, ÖBA 2013, 794.

könnten als der alte. Die heftig diskutierte Frage der Zulässigkeit von Zessionsverboten hat nun der Gesetzgeber zugunsten der Kreditwirtschaft entschieden, die seit Langem die Ungültigkeit von Zessionsverboten gefordert hat. Durch das ZessRÄG (BGBl I 2005/51)[90]) wurden daher die Gläubiger und die auf Zessionen als Sicherheit angewiesenen Kreditinstitute begünstigt.

1. Vereinbarung zwischen Unternehmern

580 Eine Vereinbarung, dass eine Geldforderung zwischen Unternehmern aus unternehmerischen Geschäften nicht abgetreten werden darf (Zessionsverbot zwischen Unternehmern), ist nur verbindlich, wenn sie im **Einzelnen ausgehandelt** worden ist und den Gläubiger unter Berücksichtigung aller Umstände des Falles **nicht gröblich benachteiligt** (Inhaltskontrolle; § 1396a Abs 1). Damit ist das vertragliche Zessionsverbot weitgehend bedeutungslos.

581 Die Ausnahmen sind an Tatbestandsvoraussetzungen geknüpft, die sonst nur zum Schutz von Verbrauchern eingesetzt werden, wie „im Einzelnen aushandeln" und „keine gröbliche Benachteiligung".[91]) Die Erfahrungen im Konsumentenschutzbereich zeigen, dass im täglichen Geschäftsverkehr das Aushandeln eine nicht einhaltbare Voraussetzung bildet und dass sich niemand auf das Merkmal der „nicht gröblichen Benachteiligung" verlassen will.

582 Die weitgehende Wirkungslosigkeit von Zessionsverboten wird durch § 1396a Abs 1 Satz 2 noch weiter gesichert. Sollte ein Zessionsverbot doch einmal gültig sein, wirkt es nämlich nur **„relativ":** Es steht der Wirksamkeit einer Abtretung nicht entgegen. Sobald die Abtretung und der Zessionar dem Schuldner bekannt gemacht worden sind, kann dieser nicht mehr mit schuldbefreiender Wirkung an den Zedenten leisten, „es sei denn, dass ihm dabei nur **leichte Fahrlässigkeit** zur Last fällt". Der debitor cessus kann daher dem Zessionar das gültige Abtretungsverbot nicht entgegenhalten, sondern ist auf Schadenersatzansprüche gegen den Zedenten oder ein Rücktrittsrecht aus wichtigem Grund beschränkt (§ 1396a Abs 2).

Die Materialien[92]) erklären den Zweck dieser Bestimmung so: „Für den Sonderfall einer entgegen einem inter partes verbindlichen Zessionsverbot vorgenommenen Abtretung soll jedoch nach dem letzten Halbsatz des Abs 1 eine nach erfolgter Verständigung vorgenommene (irrtümliche) Zahlung des Schuldners an den Zedenten doch schuldbefreiend wirken, wenn dem Schuldner dabei nur leichte Fahrlässigkeit zur Last fällt. Damit wird dem Umstand Rechnung getragen, daß ein Schuldner, der ein Zessionsverbot wirksam vereinbart hat, mit einer von seinem Vertragspartner vereinbarungswidrig vorgenommenen Abtretung nicht rechnen muß."

583 Ob das eine sachlich richtige Regelung ist, mag dahinstehen,[93]) dogmatisch ist sie nicht nachvollziehbar. Man denke: Ein Schuldner hat sich

---

[90]) S dazu *Lukas,* ÖBA 2005, 703; *Grünzweig,* RdW 2005, 398; *Beig,* Ende der absoluten Wirkung des Zessionsverbots bei Unternehmensgeschäften, ecolex 2005, 676; *P. Bydlinski/Vollmaier,* JBl 2006, 213ff.

[91]) Dazu *P. Bydlinski/Vollmaier,* JBl 2006, 222ff.

[92]) EB 861 BlgNR 22. GP 7.

[93]) Kritisch auch *P. Bydlinski/Vollmaier,* JBl 2006, 229ff.

an das Gesetz gehalten und so (mühsam) die Wirksamkeit des Abtretungsverbots erreicht. Dennoch zediert der treulose Gläubiger die Forderung und verständigt davon den Schuldner. Wenn dieser nun entsprechend der ihm gegenüber **wirksamen** Vereinbarung(!) an den vertragswidrig handelnden Gläubiger **zahlt,** soll geprüft werden, ob ihm (dem vertragsgemäß Handelnden) ein Verschulden zur Last gelegt werden kann.

Schon bei grober „Fahrlässigkeit" wird er verantwortlich (und muss an den Zessionar nochmals zahlen). Hingegen wird der im vollen Bewusstsein des Zahlungsverbots handelnde Dritte (Zessionar) durch Gesetz von jeder Verantwortung freigestellt: „Hat der Zessionar das Zessionsverbot gekannt, kann er nicht wegen Verletzung fremder Forderungsrechte belangt werden (§ 1396a Abs 2 Satz 2)".[94])

2. Andere Zessionsverbote

§ 1396a gilt nicht für Geschäfte zwischen Unternehmern und Verbrauchern und solchen unter Verbrauchern. Für diese Fälle ist daher nach wie vor strittig, wie Zessionsverbote wirken. Nach herrschender,[95]) aber umstrittener[96]) Meinung kommt Zessionsverboten **„absolute Wirkung"** zu: Eine damit im Widerspruch stehende Zession ist auch gegenüber dem Zessionar ungültig. 584

VI. Die Schuldübernahme

Literatur: *P. Bydlinski,* Die Übertragung von Gestaltungsrechten (1986); *Dörner,* Dynamische Relativität (1985); *Fenyves,* Erbenhaftung und Dauerschuldverhältnis (1982) 42ff; *Kohte,* Die Stellung des Schuldbeitritts zwischen Bürgschaft und Schuldübernahme, JZ 1990, 997; *Nörr,* Die Schuldübernahme, in *Nörr/Scheyhing/Pöggeler,* Sukzessionen (1999) 222ff; *Strohal,* Schuldübernahme, JherJB 57, 231.

Während bei der Zession der Gläubiger wechselt, vollzieht sich bei der Schuldübernahme die Änderung auf der **Schuldnerseite.** Beim Schuldeintritt tritt ein neuer Schuldner an die Stelle des alten („privative Schuldübernahme"), beim Schuldbeitritt tritt der neue Schuldner an die Seite des alten („kumulative Schuldübernahme"). 585

---

[94]) EB 861 BlgNR 22. GP 7; *Lukas,* ÖBA 2005, 708; dazu *P. Bydlinski/Vollmaier,* JBl 2006, 227ff. Vgl aber OGH JBl 2002, 182 (kritisch *Dullinger/Riedler*) = ÖBA 2001, 910 (kritisch *Karollus*); vgl dazu *Dullinger,* ÖBA 2003, 601.

[95]) OGH SZ 57/8 (Verst Senat) (dazu *Iro,* OGH: Absolute Wirkung des vertraglichen Abtretungsverbotes, RdW 1984, 103; *Wilhelm,* Das Abtretungsverbot in der Entscheidung des verstärkten Senats, JBl 1984, 304); *Bydlinski,* Zessionsverbot und Vertragsauslegung, in FS Kramer (2004) 131ff; *Holzner,* JBl 1998, 496ff; *Lukas,* Zession 54ff; *Mayrhofer,* ÖJZ 1973, 169ff.

[96]) Die Gegenmeinung vertreten *Aicher,* Zur Wirkung des vertraglichen Zessionsverbotes, ÖJZ 1972, 309; *Hofmann,* Absolute Wirkung des Zessionsverbotes? ÖBA 1995, 919; *Hoyer,* Absolute Wirkung eines vertraglichen Zessionsverbotes? JBl 1972, 511; *Koziol,* Das vertragliche Abtretungsverbot, JBl 1980, 113; *Raber,* Zum vertraglichen Abtretungsverbot, JBl 1971, 441; *Strasser/Grillberger,* Probleme des Zessionskredites (1976) 67.

A. Schuldeintritt (privative Schuldübernahme)

586 *Durch die befreiende (oder privative) Schuldübernahme (Schuldeintritt) scheidet der alte Schuldner aus, der neue tritt an seine Stelle (§ 1405).*

587 Ein solcher Schuldnerwechsel birgt für den Gläubiger Gefahren in sich, weil der neue Schuldner „schlechter" (unzuverlässiger, weniger zahlungskräftig) als der alte sein kann. Eine privative Schuldübernahme ist daher nur mit **Zustimmung des Gläubigers** möglich: Sie geschieht entweder durch Vertrag zwischen Altschuldner und Neuschuldner mit Einwilligung des Gläubigers[1]) oder durch Vertrag zwischen Neuschuldner und Gläubiger zugunsten des Altschuldners (§§ 1405, 1406 Abs 1). Die Zustimmung kann auch im Vorhinein erteilt werden.[2])

588 Die Veränderung bezieht sich nur auf die Person des Schuldners (§ 1407), während das Schuldverhältnis wie bei der Zession **inhaltlich gleich** bleibt. Daher kann ein Übernehmer dem Gläubiger neben seinen persönlichen Einwendungen auch alle **Einwendungen** des Altschuldners entgegensetzen.[3])

589 **Bürgen** und **Pfänder** haften nach einer befreienden Schuldübernahme nur weiter, wenn sie dem Schuldnerwechsel **zugestimmt** haben (§ 1407 Abs 2). Sie werden also durch den Eintritt des neuen Schuldners keinem höheren Haftungsrisiko ausgesetzt.

590 Wird nicht nur die Person des Schuldners ausgewechselt, sondern auch der **Hauptgegenstand** oder der **Rechtsgrund** der Forderung geändert, so treten gleichzeitig die Rechtsfolgen des Neuerungsvertrages ein (§ 1410), wodurch die Sicherheiten erlöschen.[4])

B. Schuldbeitritt (kumulative Schuldübernahme)

591 *Bei der kumulativen Schuldübernahme (Schuldbeitritt) tritt der neue Schuldner neben den alten, beide schulden nun solidarisch.*

592 Im Zweifel ist eine Schuldübernahme als Schuldbeitritt und nicht als Schuldeintritt zu verstehen (§ 1406 Abs 2).

593 Der Schuldbeitritt bringt für den Gläubiger keine Gefahren mit sich, er stellt ihn nur besser, weil ihm nun mehrere Personen zur Leistung verpflichtet sind. Deshalb braucht er der kumulativen Schuldübernahme **nicht zuzustimmen.**[5]) Sie erfolgt durch Vertrag zwischen dem Beitretenden und dem Altschuldner[6]) oder durch Vertrag zwischen Bei-

---

[1]) Vgl dazu *Voggenberger,* Die Überlegungsfrist des Gläubigers zur Einwilligung in die Schuldübernahme, JBl 1956, 1; OGH RdW 1988, 295.

[2]) OGH EVBl 2001/173.

[3]) Dazu OGH EvBl 1988/26.

[4]) S dazu OGH SZ 55/132.

[5]) Erfolgt der Schuldbeitritt durch einen solchen Schuldnervertrag, steht jedoch dem Gläubiger ein Ablehnungsrecht zu, OGH SZ 70/145.

[6]) Dies stellt nach Ansicht des OGH einen echten Vertrag zugunsten Dritter dar; vgl OGH SZ 70/145; SZ 2005/32 = ecolex 2006/22 *(Ch. Schumacher).*

tretendem und Gläubiger. Zur Abgrenzung von der Bürgschaft unten Rz 663.

Die **Formbedürftigkeit** des Schuldbeitritts ist **umstritten.** 594

Die ältere Rechtsprechung[7]) und Teile der Lehre[8]) bejahten die Formfreiheit, weil das Gesetz bewusst zwischen Bürgschaft und Schuldbeitritt unterscheide und hinsichtlich Letzterem keine Formvoraussetzungen normiere. Dies ist aber bedenklich, wenn der Schuldbeitritt (wie eine Bürgschaft) der Sicherstellung einer materiell fremden Verbindlichkeit dient („Sicherungs-Schuldbeitritt"). In diesem Fall wenden die Vertreter dieser Auffassung[9]) und jüngere Rechtsprechung[10]) aufgrund gleicher Schutzwürdigkeit von Bürgen und Beitretendem § 1346 Abs 2 (Schriftlichkeit der Verpflichtungserklärung des Bürgen) analog auf den Schuldbeitritt an. Nach anderer Ansicht sind solche Schuldbeitritte überhaupt als formbedürftige Bürgschaften anzusehen.[11])

C. Gesetzlicher Schuldbeitritt[12])

Manchmal erhält ein Gläubiger schon ex lege einen weiteren Schuldner. Der wichtigste Fall ist der gesetzliche Schuldbeitritt nach § 1409. 595

Der Erwerber[13]) *eines Vermögens oder Unternehmens*[14]) *haftet neben dem weiter haftenden Veräußerer für die zum Vermögen oder zum Unter-* 596

[7]) Vgl etwa OGH SZ 49/53; SZ 61/174 = ÖBA 1989, 432 *(P. Bydlinski);* JBl 1990, 322 *(P. Bydlinski)* = ÖBA 1990, 554 *(Apathy);* ÖBA 1993, 819 *(P. Bydlinski);* SZ 70/145.

[8]) *Ohmeyer/Klang* in *Klang*² VI 209; *Mayrhofer,* Schuldrecht I 114, 519.

[9]) *Koziol,* Über den Anwendungsbereich des Bürgschaftsrechts, JBl 1964, 312; *Ertl* in *Rummel*³ § 1405 Rz 4; *P. Bydlinski,* ÖBA 1989, 435 und JBl 1990, 326; *Schett,* Die Abgrenzung von Bürgschaft und Schuldbeitritt und ihre Bedeutung, JAP 1991/92, 201; *Mader/Faber* in *Schwimann*³ § 1347 Rz 2; *P. Bydlinski* in KBB⁴ § 1347 Rz 3ff; *Gamerith* in *Rummel*³ § 1347 Rz 3a; *G. Neumayer/Th. Rabl* in *Kletečka/Schauer,* ABGB-ON$^{1.02}$ § 1346 Rz 68.

[10]) OGH JBl 2010, 509 *(I. Faber, Lukas)* = ÖBA 2010/1650 *(Apathy)* (dazu *Bruchbacher,* Formpflicht für den sicherungsweisen Schuldbeitritt, Zak 2011/571, 303).

[11]) *Apathy,* ÖBA 1990, 557f; *P. Bydlinski,* ÖBA 1991, 212.

[12]) *Bucher,* Unternehmensübergang und Altlasten, ecolex 1997, 646; *Fenyves,* Zivilrechtliche Ordnungsfragen bei Unternehmensnachfolge: Haftung und Vertragsübernahme, in *Ruppe* (Hrsg), Rechtsprobleme der Unternehmenssanierung (1983) 149; *Fenyves,* Die Schuldenhaftung des Unternehmenserwerbers, ecolex 1990, 137; *Foitik,* Unternehmensnachfolge von Todes wegen und unter Lebenden aus zivilrechtlicher Sicht, in *Schweinhammer* (Hrsg), Unternehmensnachfolge und Unternehmensübergabe (2005) 33f; *Frotz,* Einbringung und gesetzlicher Schuldbeitritt, in FS Hempel (1997) 24; *Klang,* § 1409 ABGB in der Rechtsübung, JBl 1948, 437; *Schwarz,* Erwerberhaftung und Grenzwert des Erwerbes, JBl 1967, 113; *Steinwenter,* Vermögensübernahme und Vertragsübernahme, ZBl 1934, 406; *Wellacher,* Die Schuldenhaftung des Übernehmers beim Übergange von Vermögen und Unternehmungen (1951); *Wilburg,* Abschied von § 419 BGB, in FS Larenz (1973) 661.

[13]) Dazu *Kastner,* Schuldübernahme bei Rückstellung von Unternehmungen, ÖJZ 1948, 342; *Klang,* JBl 1948, 438f; *Nowotny,* Handels- und gesellschaftsrechtliche Probleme der Unternehmensteilung, RdA 1989, 99ff; OGH JBl 1977, 95.

[14]) Dazu *Riedler,* Der Vermögens- und Unternehmensbegriff des § 1409 ABGB, JBl 1992, 563 und 625; *Thöni* in *Klang*³ § 1409 Rz 45ff; OGH JBl 2002, 256 (Bauprojekt); ÖBA 2011/1681 *(Riedler)* = NZ 2013/53 *(Hoyer);* vgl auch *Aigner,* Unternehmenskauf – inwieweit gilt § 1409 ABGB für den Share-Deal, ecolex 2007, 16; *Aigner,* Unternehmenskauf – Besonderheiten der Erwerberhaftung des § 1409 ABGB beim Share-Deal, ecolex 2007, 93.

nehmen gehörigen Schulden,[15]) *die er bei der Übergabe kannte oder kennen musste.*[16]) *Die Haftung ist mit der Höhe der übernommenen Aktiven beschränkt (§ 1409).*

597 Ratio legis ist der Schutz der Gläubiger des Veräußerers gegen den Entzug ihres **Haftungsfonds.** Sie haben dem Schuldner im Vertrauen auf sein Vermögen oder auf das Vorhandensein des Unternehmens Kredit gewährt. § 1409 soll verhindern, dass sich diese Werte in Geld auflösen, das sich schneller verflüchtigt, sodass die Gefahr der Schädigung der Gläubiger besteht.

Man kann deshalb die Haftung nach § 1409 nicht schon verneinen, wenn der Veräußerer eine äquivalente Gegenleistung erhält.[17]) Manche wollen sie wenigstens dann ausschließen, wenn die Gegenleistung den Gläubigern des Veräußerers „dieselbe Sicherheit" bietet wie die aufgegebene Sache (Tausch von Grundstücken).[18]) Solche Einschränkungen führen jedoch zu zahlreichen Unsicherheiten und Abgrenzungsschwierigkeiten und haben im Gesetz keine Grundlage. Die Haftung entfällt aber dann, wenn mit dem Kaufpreis im Auftrag des Veräußerers dessen Gläubiger befriedigt oder vom Veräußerer selbst Schulden getilgt werden.[19])

Sind mehrere Gläubiger vorhanden, entscheidet bei der Berichtigung der übernommenen Schulden das Zuvorkommen.[20])

598 Wird nur ein Vermögensbruchteil, ein Sondervermögen oder ein Teilunternehmen veräußert, so haftet der Erwerber nach § 1409[21]) nur mit einem entsprechenden Anteil.[22])

Beim Kauf einer einzelnen Sache, insbesondere Liegenschaften,[23]) haftet der Erwerber analog zu § 1409 nur, wenn für ihn beim Vertragsabschluss[24]) die konkrete Gläubigerforderung erkennbar war[25]) und er wusste oder wissen musste, dass die Sache

---

[15]) Dazu *Koziol,* Welchen Schulden tritt der Übernehmer eines Vermögens, Unternehmens oder Handelsgeschäftes bei? JBl 1967, 550; *Krejci,* Betriebsübergang und Arbeitsvertrag (1972) 138ff; OGH JBl 1984, 439 *(Wilhelm);* SZ 59/163; SZ 64/3; SZ 68/18 (Haftung für deliktische Schadensersatzschulden); ÖBA 1995, 475 (Haftung für bei der Übergabe bedingte oder betagte Schulden). Die Unterbrechung der Verjährung der Forderung wirkt auch gegen den Erwerber, OGH EvBl 1997/160.

[16]) Vgl dazu OGH SZ 47/80; GesRZ 1982, 321; SZ 74/63.

[17]) So aber *Eisemann,* Die Haftung aus Vermögensübernahme, AcP 176, 514ff; *Koziol,* Die Beeinträchtigung fremder Forderungsrechte (1967) 96ff; *Koziol,* JBl 1967, 553f.

[18]) Vgl OGH ÖBA 2011/1681 *(Riedler)* = NZ 2013/53 *(Hoyer); Wilburg* in FS Larenz 665; *Riedler,* JBl 1992, 572.

[19]) OGH SZ 24/88; JBl 1984, 436 *(Koziol);* SZ 61/49 (dazu *Iro,* Die Haftung des Unternehmenserwerbers – einheitliche Rechtsprechung in Sicht? RdW 1988, 189); JBl 1994, 410; JBl 2000, 593. Vgl auch *Tiedtke,* Die Haftung des Vermögensübernehmers nach § 419 BGB, Jura 1986, 73.

[20]) OGH SZ 44/170; RdW 2001/440.

[21]) OGH JBl 1994, 410; ÖBA 1995, 475.

[22]) *Koziol,* Beeinträchtigung 94; *Ertl* in *Rummel*[3] § 1409 Rz 6. AA OGH SZ 25/266; SZ 44/170; vgl aber zuletzt RdA 2002, 315 *(Reissner)* = ZAS 2002, 146 (kritisch *Wagnest*).

[23]) OGH RdW 2003/59; ÖBA 2010/1627 *(Riedler)* = Zak 2009/668 *(Grüblinger).* Vgl *Aigner,* ecolex 2007, 17; *Aigner,* ecolex 2007, 93.

[24]) OGH JBl 1996, 589 *(Riedler)* mwN aus der gegenteiligen Vorjudikatur.

[25]) OGH ÖBA 2010/1627 *(Riedler)* = Zak 2009/668 *(Grüblinger).*

im Wesentlichen das Vermögen des Veräußerers darstellt.[26]) Den Erwerber treffen aber keine besonderen Nachforschungspflichten.[27])

Die Beschränkung der Haftung nach § 1409 ist nicht gegenständlich, sondern umfänglich (**Betragsbeschränkung,** Haftung „pro viribus" [s dazu Rz 40]). Für das Kennen oder Kennenmüssen ist der Zeitpunkt der tatsächlichen **Übergabe** maßgebend. 599

Ist der Übernehmer ein naher Angehöriger des Veräußerers (§ 32 IO), so tritt eine Umkehr der Beweislast ein: der Übernehmer muss beweisen, dass er die Schulden bei der Übergabe weder kannte noch kennen musste (§ 1409 Abs 2).

§ 1409 ist **zwingendes Recht** und kann daher durch Vereinbarung nicht abbedungen werden. 600

Eine vom Erwerber rechtsgeschäftlich übernommene Haftung für Schulden des Veräußerers wird gleich einer Zahlung haftungsmindernd angerechnet, wenn eine im Einverständnis mit dem Gläubiger erfolgte und den Veräußerer befreiende Schuldübernahme vorliegt.[28])

Im Unternehmensrecht gelten – unbeschadet der Haftung nach § 1409 – die **§§ 38 ff UGB.**[29]) 601

Wer ein unter Lebenden erworbenes Unternehmen unter Fortbestand der Unternehmensorganisation fortführt, übernimmt – sofern nichts anderes mit dem Veräußerer vereinbart wurde – alle unternehmensbezogenen Rechtsverhältnisse (mit Ausnahme der höchstpersönlichen) des Veräußerers. Die für unternehmensbezogene Verbindlichkeiten bestellten Sicherheiten bleiben aufrecht (§ 38 Abs 1 UGB), da ihre Übernahme von Gesetzes wegen stattfindet (Legalzession). Dem Dritten muss die Übernahme seines Vertragsverhältnisses mitgeteilt werden, er kann ihr jedoch binnen 3 Monaten widersprechen (§ 38 Abs 3 UGB).

Der Veräußerer haftet nur für jene Verbindlichkeiten, die innerhalb von 5 Jahren nach Unternehmensübergang fällig werden; sie verjähren binnen 3 Jahren (§ 39 UGB), weshalb der Veräußerer höchstens 8 Jahre lang in Anspruch genommen werden kann.

Wer ein Vermögen oder ein Unternehmen im Weg eines **Zwangsvollstreckungsverfahrens, eines Insolvenzverfahrens** oder einer Überwachung des Schuldners durch einen Treuhänder der Gläubiger erwirbt, haftet weder nach § 1409 noch nach den §§ 38 ff UGB (§ 1409 a; § 38 Abs 5 UGB). Die Annahme ist notwendig, weil sonst solche Unternehmen unveräußerbar wären. 602

---

[26]) OGH ÖBA 1991, 383; EFSlg 75.461; ÖBA 1995, 475; JBl 1996, 589 *(Riedler)*. ÖBA 2010/1627 *(Riedler)* = Zak 2009/668 *(Grüblinger)*. Vgl *Aigner,* ecolex 2007, 17; *Aigner,* ecolex 2007, 93.

[27]) *Riedler,* JBl 1992, 628; OGH JBl 1996, 589 *(Riedler);* ÖBA 2010/1627 *(Riedler)* = Zak 2009/668 *(Grüblinger)*.

[28]) OGH JBl 2000, 593.

[29]) *Krejci,* Unternehmensübergang, in *Krejci/Dehn,* Das neue UGB (2005) 45 ff; *Krejci,* § 38 UGB: Zurück ins Trockendock? ÖJZ 2007/73, 841; *Gehringer,* Die Vorschriften des Unternehmensgesetzbuchs über den Unternehmensübergang, NZ 2007/52; *Artmann,* Offene Fragen zum Unternehmensübergang nach §§ 38 f UGB, wbl 2007, 253; *Torggler,* §§ 38 f UGB: Unternehmenserwerb de lege lata et ferenda, JBl 2008, 137; *C. Rechberger,* UGB: Gravierende Änderungen beim Unternehmensübergang, RdW 2007/87, 71.

Die Haftung des Erwerbers für Abgabenverbindlichkeiten regelt § 14 BAO, jene für Sozialversicherungsbeiträge § 67 ASVG, jene für Arbeitnehmeransprüche § 6 AVRAG. Vgl ferner § 15 SpaltG, § 38 BSVG und § 25a BUAG.

D. Die „Hypothekenübernahme“

603 Der Erwerber einer mit einer Hypothek belasteten Liegenschaft wird jedenfalls **Realschuldner:** Er muss sich die Zwangsvollstreckung in die Liegenschaft gefallen lassen, wenn er die Forderung nicht bezahlen will **(Sachhaftung;** s dazu Rz 41).

604 Der Erwerber der Liegenschaft kann aber vertraglich auch die persönliche Haftung übernehmen. Soll der Veräußerer aus dem Schuldverhältnis ausscheiden (privative Schuldübernahme), so muss nach allgemeinen Regeln (s oben Rz 587) der Gläubiger zustimmen.

605 Sinn des § 1408 ist es, solche privative Schuldübernahmen durch Liegenschaftskäufer (Pfandrechtsübernehmer) zu fördern und die Zustimmung hiezu zu erleichtern. Hiezu vermutet das Gesetz erstens, dass schon die Pfandrechtsübernahme im Zweifel als Bereitschaft des Schuldners zur privativen Schuldübernahme zu verstehen ist. § 1408 Satz 1 ist also gesetzliche Auslegungsregel. Zweitens wird die an sich erforderliche Zustimmung des Gläubigers zu dieser Schuldübernahme erleichtert: Wenn der Veräußerer (nicht der Erwerber) nach vollzogener Übertragung des Eigentums den Gläubiger zur Annahme des neuen Schuldners schriftlich auffordert, so gilt seine Einwilligung als erteilt, wenn sie nicht binnen 6 Monaten verweigert wird (normierte Willenserklärung).[30]) Auf diese Wirkung muss allerdings in der Aufforderung ausdrücklich hingewiesen sein.

E. Erfüllungsübernahme

606 *Erfüllungsübernahme ist das von einem Dritten dem Schuldner gegebene Versprechen, die Leistung an den Gläubiger zu bewirken (§ 1404).*[31])

607 Der Dritte verspricht also dem Schuldner, für ihn an den Gläubiger zu leisten.

608 Die Erfüllungsübernahme ist ein Vertrag zwischen dem Schuldner und dem Dritten, sie wirkt nur „im Innenverhältnis“. Der Dritte haftet dem Schuldner dafür, dass ihn der Gläubiger nicht in Anspruch nimmt. Dem Gläubiger selbst erwachsen daraus keine Rechte.[32]) Er muss allerdings die Leistung des Dritten annehmen (§ 1423), sofern sie vertragsgemäß ist und die Forderung endültig zum Erlöschen bringt (s Rz 460), weil

[30]) Dazu OGH ÖBA 1988, 844.

[31]) Vgl OGH ecolex 1996, 912.

[32]) OGH ÖBA 1992, 743 *(Apathy);* EvBl 1995/151; vgl auch OGH RdW 1997, 719; SZ 2005/32 = ecolex 2006/22 *(Ch. Schumacher).* Zur Erfüllungsübernahme eines Prozessfinanzierungsunternehmens s *E. Wagner,* Rechtsprobleme der Fremdfinanzierung von Prozessen, JBl 2001, 422.

ja der Dritte zwar im eigenen Namen, aber mit Zustimmung des Schuldners leistet.

Nach einer Entscheidung kann der Schuldner dem Gläubiger den Anspruch gegen den Dritten (mangels eines Abtretungsverbots) zedieren.[33]) 609

Die Erfüllungsübernahme ist **nicht formbedürftig.**[34]) 610

Bei der befreienden Schuldübernahme haftet der Übernehmer, bis die Einwilligung des Gläubigers erfolgt oder, wenn sie verweigert wird, wie ein Erfüllungsübernehmer. 611

VII. Die Vertragsübernahme

Literatur: *Demelius,* Vertragsübernahme, JherJB 72, 241; *Gschnitzer,* Zur Vertragsübernahme, besonders beim Kreditverhältnis, in FS Wilburg (1965) 99; *Krejci,* Betriebsübergang und Arbeitsvertrag (1972); *Nörr/Scheyhing/Pöggeler,* Sukzessionen (1999); *Pieper,* Vertragsübernahme und Vertragsbeitritt (1963); *Reischauer,* Kreditnehmerwechsel und Höchstbetragshypothek, JBl 1979, 298; *K. Schmidt,* Übergang von Vertragsverhältnissen nach §§ 25, 28 HGB? in FS Medicus (1999) 555.

Das ABGB kennt nur die Übertragung von Forderungen (Zession) und die Übernahme von Schulden (Schuldübernahme), nicht aber die Übertragung eines Schuldverhältnisses als **Ganzes.** Sie ist jedoch **zulässig,** wenn alle Beteiligten zustimmen.[1]) Der Vertragsübernehmer übernimmt dabei alle **Verpflichtungen** und **Forderungen** und tritt in alle **Gestaltungsrechte** (zB Anfechtungsrechte, Kündigungsrechte) ohne Änderung des Schuldverhältnisses ein.[2]) 612

Manchmal gibt ein Gesetz einem Vertragsteil das Recht, sogar ohne Zustimmung des anderen den Vertrag zu übertragen. 613

Ein solches Recht hat nach § 12 MRG der Mieter, nach § 13 BausparkassenG die Bausparkasse.

Neben der rechtsgeschäftlichen Vertragsübernahme gibt es auch den **kraft Gesetzes** wirkenden **Eintritt** in ein Rechtsverhältnis. 614

Wichtigster Fall ist der Eintritt bestimmter naher Angehöriger in das Mietverhältnis nach dem Tode des Mieters (§ 14 MRG). In ähnlicher Weise tritt der Erwerber der versicherten Sache in das Versicherungsverhältnis ein (§§ 69f VersVG). § 12a MRG sieht eine Übernahme des Mietvertrages bei Veräußerung des in gemieteten Räumen geführten Unternehmens vor. Nach § 3 AVRAG tritt der Erwerber eines Unternehmens, Betriebes oder Betriebsteiles als Arbeitgeber mit allen Rechten und Pflichten in die bestehenden Arbeitsverhältnisse ein.[3])

---

[33]) OGH EvBl 2000/184.

[34]) OGH SZ 69/18.

[1]) Vgl die Nw bei *Krejci,* Betriebsübergang 178ff; *Koziol,* Die Übertragung der Rechte aus Kreditverträgen, in FS Ostheim (1990) 137; ferner OGH RdA 1982, 413 *(Bernat);* JBl 1986, 131 *(Krejci);* JBl 1988, 720; JBl 1990, 717; RdA 1991, 319 *(Geist);* wbl 1992, 231; ecolex 1994, 226; SZ 66/166; JBl 1995, 525; JBl 1997, 169; RdW 2000/113; SZ 2003/49; EvBl 2009/143.

[2]) OGH EVBl 2001/173; SZ 2003/49.

[3]) Dazu *Krejci,* Betriebsübertragung – Grundfragen des § 3 AVRAG (1996); *Kindel,* Betriebsübergang als Anwendungsproblem, ecolex 2002, 756; zur Regress-

Ein Qualifikationswechsel liegt vor, wenn der Übernehmer eines Vertrages grundsätzlich anderen gesetzlichen Regelungen untersteht, als der bisherige Vertragspartner (zB UGB statt KSchG).[4]) Tritt ein Unternehmer an die Stelle eines Verbrauchers, bleibt der Vertrag unverändert aufrecht. Das bedeutet, dass ursprünglich gegenüber dem Verbraucher unwirksame Bestimmungen nicht nachträglich gültig werden. Tritt hingegen ein Verbraucher in ein beiderseitiges Unternehmergeschäft ein, fällt der Vertrag dadurch in den Anwendungsbereich des KSchG.[5]) Das bedeutet, dass uU bisher gültige Vertragsklauseln ungültig werden.[6])

615 Beim **Vertragsbeitritt** ersetzt der Dritte den bisherigen Vertragspartner nicht, sondern übernimmt nur kumulativ alle Rechte und Pflichten. Der Beitritt bedarf der Zustimmung des Vertragspartners des bisherigen Vertragsteiles.[7])

7. Kapitel

Mehrheit von Berechtigten oder Verpflichteten

I. Gläubiger- und Schuldnermehrheit

Literatur: *P. Bydlinski,* Gesamtregress, Freistellungsansprüche und Legalzession unter Mitschuldner, ÖJZ 2007, 275; *Dörner,* Dynamische Relativität (1985); *Ehmann,* Die Gesamtschuld (1972); *Fritz/Potyka,* GesbR-Reform – Auswirkungen auf bestehende Gesellschaften, RdW 2015/85, 71; *Frotz,* Dogmatische Fortschritte im Verständnis der Regreßmethoden bei Schuldnermehrheit? JZ 1964, 665; *Oberhammer,* Die Gesellschaft nach bürgerlichem Recht – eine Gesamthandgesellschaft? JBl 1997, 624; *Perner,* Gemeinschaftliche Forderungen (2004); *Rabl,* Die Parallelschuld (Parallel Debt), ÖBA 2012, 674; *Riedler,* Gesamt- und Teilgläubigerschaft im österreichischen Recht (1998); *Rütten,* Mehrheit von Gläubigern (1989); *Selb,* Mehrheiten von Gläubigern und Schuldnern (1984); *Told,* Grundfragen der Gesellschaft bürgerlichen Rechts (2011); *Seeber,* Die Parallelschuld, ÖBA 2014, 592; *Told,* Zur Rechtsfähigkeit und Vermögensordnung der GesBR, GES 2011, 147; *U. Torggler,* Grundfragen der GesBR-Reform, GesBR 2012, 32; *Welser,* Die Gesellschaft bürgerlichen Rechts als Gläubiger und Schuldner, GesRZ 1978, 141 und GesRZ 1979, 15; *Welser,* Die Parallelschuld oder die Gesamtgläubigerschaft in einer Person – Anmerkungen eines Zweiflers, in FS Kerschner (2013) 267.

A. Begriffe

616 An einem Schuldverhältnis können sowohl auf Gläubiger- als auch auf Schuldnerseite mehrere Personen beteiligt sein. Dabei gibt es verschiedene Möglichkeiten. Die Rechte und Pflichten des Schuldverhältnisses können so geteilt sein, dass jeder nur einen Teil der ganzen Leistung zu erbringen hat oder nur einen Teil der ganzen Leistung fordern kann.

---

möglichkeit des Erwerbers gegen den früheren Betriebsinhaber OGH JBl 2009, 592; EvBl-LS 2009/150.

[4]) S dazu *Krejci* in *Rummel*³ § 1 KSchG Rz 36 ff; *Beig/Größ,* Sonderprivatrechtliche Anknüpfung bei Vertragsübernahmen, RdW 2004/458, 519 mwN.

[5]) OGH RdW 2002/71.

[6]) OGH SZ 2003/109.

[7]) *P. Bydlinski,* Die Übertragung von Gestaltungsrechten (1986) 102 f; *Larenz* I 619; *Pieper,* Vertragsübernahme 219.

Man spricht von einem **Teilschuldverhältnis** oder **geteilten Schuldverhältnis.** Es kann aber auch sein, dass jeder Schuldner die ganze Leistung schuldet oder jeder Gläubiger die ganze Leistung fordern darf. Dann erlischt die Verpflichtung aller Schuldner, wenn einer von ihnen erfüllt, und alle Gläubiger gelten als befriedigt, wenn einer von ihnen die Leistung erhält. Ein solches Verhältnis heißt bei Personenmehrheit auf Schuldnerseite **Solidarschuld** (Gesamtschuld), bei Mehrheit auf Gläubigerseite **Solidargläubigerschaft** (Gesamtgläubigerschaft).

Schließlich kann das Schuldverhältnis so gestaltet sein, dass alle 617 Schuldner durch gemeinsames Handeln zu leisten haben oder alle Gläubiger gemeinsam fordern müssen. Dann hat man es mit einer **Gesamthandschuld** oder einer **Gesamthandforderung** zu tun.

B. Geteiltes Schuldverhältnis

Ist die Leistung teilbar[1]) *und sind mehrere Gläubiger oder Schuldner* 618 *vorhanden, so entsteht mangels anderer Vereinbarung ein Teilschuldverhältnis (§§ 888 f).*[2])

Beim Teilschuldverhältnis oder geteiltem Schuldverhältnis haftet 619 jeder Schuldner nur für seinen **Anteil,** jeder Gläubiger kann nur seinen Anteil fordern. Die Teilschulden oder Teilforderungen können sich unabhängig voneinander verändern und selbständig erlöschen. Die einzelnen Schuldverhältnisse haben nur den **Entstehungsgrund** gemeinsam.

Meist entstehen Teilschuldverhältnisse dadurch, dass sich mehrere 620 Personen zur Zahlung einer bestimmten Summe verpflichten.

C. Gesamtschuldverhältnis (Solidarschuldverhältnis)

Bei der Gesamtschuld (Solidarschuld) schuldet jeder das Ganze, bei 621 *der Gesamtgläubigerschaft (Solidargläubigerschaft) kann jeder das Ganze fordern, insgesamt aber immer nur einmal.*

Eine **Gesamtschuld** entsteht, wenn mehrere Personen zur Leistung 622 einer unteilbaren Sache verpflichtet sind (§ 890 Satz 1),[3]) bei einem Schuldbeitritt (§ 1347), bei unbedingter Erbantrittserklärung mehrerer Erben (§ 820), in Fällen gemeinschaftlicher Schadenszufügung (§ 1302);[4]) ebenso haften die Gesellschafter einer OG und einer Gesellschaft bürgerlichen Rechts solidarisch (§ 128 UGB; § 1199 Abs 1). Bei teilbaren Leistungen muss die Solidarschuld besonders vereinbart werden (§ 891);[5]) nur wenn

[1]) Zum Kriterium der (Un-)Teilbarkeit *Perner,* Gemeinschaftliche Forderungen 55 ff.

[2]) Vgl dazu aber *Rummel,* Vertragsauslegung nach der Verkehrssitte (1972) 54 ff; OGH SZ 44/13; JBl 1981, 34; MietSlg 34.128; SZ 55/138; RZ 1985/44. Zur Teilgläubigerschaft *Riedler,* Gesamt- und Teilgläubigerschaft 233 ff.

[3]) S OGH wbl 1988, 29 und 164.

[4]) Die Grundsätze des § 1302 gelten auch für die Eingriffshaftung nach § 8 Abs 3 MRG; OGH JBl 2001, 662.

[5]) Vgl OGH ÖBA 2014/1987 (Zusatz-Kreditkarte).

sich mehrere Unternehmer gemeinschaftlich zu einer teilbaren Leistung verpflichten, haften sie im Zweifel als Solidarschuldner (§ 348 UGB).[6])

623 Bei der Solidarschuld bleibt es dem Gläubiger anheimgestellt, welchen Schuldner er in Anspruch nimmt.[7]) Wenn ein Schuldner leistet, werden die übrigen frei, der Gläubiger erhält also die Leistung nur einmal (§ 893).

Die Verbindlichkeit lebt aber wieder auf, wenn der Zahlende seine Leistung aus gerechtfertigten Gründen kondiziert.[8])

624 Die praktisch seltene **Gesamtgläubigerschaft** (Gesamtforderung, Solidargläubigerschaft) entsteht dadurch, dass der Schuldner die Leistung mehreren Personen derart zusagt, dass jeder allein forderungsberechtigt ist. Daher kann der Schuldner jedem Gläubiger die ganze Leistung allein erbringen. Wird der Schuldner von einem Gläubiger gerichtlich oder außergerichtlich[9]) belangt, so kann er nur noch diesem leisten (§ 892). Hat der Schuldner an einen Gläubiger gezahlt, so sind auch die übrigen befriedigt und können von ihm nichts mehr fordern.

Ein Fall einer vertraglich vereinbarten Gesamtgläubigerschaft ist das Gemeinschaftskonto („Oder-Konto"), bei dem jeder Kontoinhaber allein verfügungsberechtigt ist.[10])

625 Auch bei den Gesamtschuldverhältnissen besteht eine gewisse Unabhängigkeit der einzelnen Verpflichtungen. So wirken vertragliche Änderungen der Schuld in der Regel nur für und gegen die **Partner** der Vereinbarung, nicht aber für und gegen die anderen Mitschuldner oder Mitgläubiger (§ 894).[11]) Auch die Rechtsfolgen von Verschulden, Mahnung und Verzug treffen nur den schuldhaft Handelnden oder Säumigen, nicht aber die übrigen.[12])

Strittig ist, ob bei der Sicherungszession einer Forderung aus einem Gesamtschuldverhältnis nur die Forderung gegenüber den in der Abtretungserklärung genannten oder gegenüber allen Solidarschuldnern übergeht.[13])

---

[6]) Vgl dazu *Haberl,* Solidarische Haftung nur mehr bei unternehmerischen Schuldnern? RdW 2008/646, 695; OGH GesRZ 2012, 352 *(Haberl).*

[7]) Dazu OGH ÖBA 1988, 844.

[8]) OGH EvBl 1995/188.

[9]) S *Mayrhofer,* Schuldrecht I 96f; aA *Riedler,* Zahlungssperre der Bank bei Pfändung der Forderung eines Oder-Konten-Inhabers? ÖBA 1998, 511ff mwN; vgl OGH ÖBA 1998, 716 *(Riedler);* RdW 2003/384.

[10]) *Gamerith/Wendehorst* in *Rummel/Lukas*[4] § 892 Rz 1, 3; *Iro* in *Apathy/Iro/Koziol,* Bankvertragsrecht[2] II Rz 1/136; *Perner* in *Klang*[3] § 892 Rz 18ff.

[11]) *Welser/Graff,* Zum Rücktrittsrecht des Masseverwalters gem § 21 KO im Konkurs eines ARGE-Partners, GesRZ 1984, 121ff; OGH JBl 1987, 670.

[12]) *Perner,* Die Haftung von Mitschuldnern bei Verletzung vertraglicher Verbindlichkeiten, JBl 2005, 629ff; OGH SZ 57/120; ÖBA 1995, 392 (dazu *Iro,* Folgen des vertragswidrigen Entzuges des Leasingobjektes durch den Leasinggeber, RdW 1995, 249). Zu den Ausnahmen dieser subjektiven Wirkung s *Perner* in *Klang*[3] §§ 893, 894 Rz 18; *Gamerith/Wendehorst* in *Rummel/Lukas*[4] § 894 Rz 19ff mwN; OGH EvBl 2003/5.

[13]) Für eine Wirkung gegenüber allen Solidarschuldnern OGH ÖBA 2001, 653 (zustimmend *Böhler*); dagegen *Gschnitzer* in *Klang*[2] IV/1, 309; *P. Bydlinski* in KBB[4] § 891 Rz 3; *Wiesinger,* Sicherungszession und Drittschuldnerverständigung, ÖJZ 2009/44, 397; *Perner* in *Klang*[3] §§ 893, 894 Rz 14; zweifelnd *Mayrhofer,* Schuldrecht I 102.

Die Gesamtschuldverhältnisse **erlöschen** durch die Erfüllung, die gegen alle Gläubiger und für alle Schuldner wirkt. Der Erfüllung steht die Hinterlegung oder die Aufrechnung[14]) gleich. Wird einem Gesamtschuldner vom Gläubiger die Schuld erlassen, so gilt dies im Zweifel nur für diesen (§ 894).[15]) 626

Ein Schulderlass oder eine andere einem Schuldner vom Gläubiger eingeräumte Begünstigung (zB teilweiser Erlass, Stundung) wirkt nur im „Außenverhältnis", kann aber die Rechte seiner Mitschuldner nicht schmälern. Werden sie vom Gläubiger belangt, so können sie sich beim Begünstigten ohne Rücksicht auf dessen Vereinbarung mit dem Gläubiger regressieren (§ 896).[16])

Von der nachträglichen Befreiung ist die anfängliche Haftungsfreiheit zu unterscheiden. Ist ein Solidarschuldner aufgrund eines gesetzlichen Haftungsprivilegs (zB § 333 ASVG) oder einer vertraglichen Freizeichnung gegenüber dem Gläubiger von der Haftung von vornherein (ganz oder teilweise) befreit, ergibt sich aus dem konkreten Grund der Privilegierung, ob der verbliebene Schuldner dem Gläubiger Teilbefreiung einwenden kann, ob er nach Zahlung gegenüber dem „Privilegierten" rückgriffsberechtigt ist oder ob er die gesamte Schuld endgültig tragen muss.[17])

Aus den §§ 894, 896, 1360 und 1363 kann abgeleitet werden, dass dem Gläubiger der Eingriff in bestehende Rück- und Weitergriffslagen persönlich und dinglich Mithaftender verboten ist.[18])

Hat ein Gesamtgläubiger dem Schuldner die Schuld **erlassen,** so wirkt dieser Erlass nur gegenüber dem verzichtenden Gläubiger, **nicht** jedoch gegenüber den **anderen** Mitgläubigern.[19]) 627

Die **Verjährung,** ihre Hemmung oder Unterbrechung, wirken ebenfalls nur für und gegen den einzelnen Schuldner oder Gläubiger.[20]) 628

Hat bei der Gesamtschuld ein Schuldner die Leistung erbracht oder mehr als den von ihm im Innenverhältnis geschuldeten Teil bezahlt,[21]) so steht ihm der **Rückgriff** (Regress) gegen seine Mitschuldner zu. Das Regressrecht hat in § 896 eine selbständige Grundlage und verjährt in 629

---

[14]) OGH ecolex 2002, 436.

[15]) *Koziol,* „Rückstehungserklärungen" von Ausgleichsgläubigern, RdW 1988, 344; dazu auch OGH ZVR 1990/81.

[16]) OGH SZ 2008/181 = ecolex 2009/73 *(Rindler).* Ob der „entlassene" Schuldner seine Regressverpflichtung auf den Gläubiger überwälzen kann, ist durch Auslegung zu ermitteln: OGH ÖBA 1996, 651.

[17]) Dazu *Kletečka,* Solidarhaftung und Haftungsprivileg, ÖJZ 1993, 785 und 833; *Schoditsch,* Schädigermehrheit und gesetzliches Haftungsprivileg, JBl 2004, 557; *Messner,* Gesamtschuld und Regress bei Schädigung durch DN und Dritte, ÖJZ 2014/90, 584.

[18]) OGH ÖBA 1996, 805 *(Karollus);* JBl 2007, 309 *(Karner)* = ÖBA 2006/1376 *(Apathy); Hoyer,* Eingriff des Simultanhypothekargläubigers in die Rückgriffslage der Nachberechtigten macht haftbar, ecolex 1996, 158 mwN; s auch *Graf,* Überlegungen zum Schutz der nachrangigen Pfandgläubiger bei der Simultanhypothek, ÖBA 1989, 574ff; SZ 2005/94.

[19]) Zur potentiellen Schadenersatzpflicht des Gläubigers bei Vereitelung der Regressmöglichkeit OGH JBl 2007, 309 *(Karner)* = ÖBA 2006 *(Apathy).*

[20]) S OGH JBl 1979, 257; RdW 2004/409; *Perner* in *Klang*³ §§ 893, 894 Rz 15. Vgl aber den praktisch bedeutenden gesetzlichen Schuldbeitritt des Kraftfahrzeughaftpflichtversicherers und § 27 Abs 2 KHVG; dazu *Spitzer,* Neue Hemmung der Verjährung bei Verkehrsunfällen, ZVR 2005, 312ff.

[21]) OGH SZ 62/51; ÖBA 1999, 827 *(Riedler);* ecolex 2007/352.

dreißig Jahren nach der Zahlung;[22]) es ist im Allgemeinen kein Schadenersatzanspruch[23]) und besteht unabhängig davon, ob die Gesamtschuld auf einem gemeinsamen Rechtsgrund beruht.[24])

Nach anderer Ansicht[25]) beruht das Regressrecht auf § 1358. Soweit der Schuldner mehr gezahlt habe, als der eigenen Verbindlichkeit im Innenverhältnis entspricht, gehe die bezahlte Hauptforderung auf ihn über. Er könne sie innerhalb ihrer Verjährungszeit geltend machen.[26]) Gegen diese Meinung spricht, dass ein Solidarschuldner im Verhältnis zum Gläubiger keine fremde, sondern eine eigene Schuld bezahlt, sodass § 1358 nicht anwendbar ist.

630 Soweit Gesetz oder Vereinbarung nichts anderes bestimmen, trägt jeder Schuldner im Innenverhältnis die Schuld zu **gleichen Teilen** (§ 896).[27]) Der Regressberechtigte kann von den Mitschuldnern die auf sie entfallenden Anteile fordern.[28]) Sie haften nach hA im Regress nicht solidarisch.[29]) Sicherheiten (zB Pfandrechte) des Gläubigers gehen beim Rückgriff nach § 896 insoweit auf den zahlenden Mitschuldner über, als dieser über seinen internen Anteil hinaus leistet.[30])

631 Auch bei der Gesamtgläubigerschaft richtet sich das Verhältnis zwischen den Gläubigern nach dem Innenverhältnis. Im Zweifel gibt es aber unter ihnen keine Ausgleichspflicht (§ 895).[31])

D. Gesamthandschuldverhältnis

632 *Bei der Gesamthandschuld können nur alle Schuldner gemeinsam leisten, bei der Gesamthandgläubigerschaft nur alle Gläubiger gemeinsam fordern.*

---

[22]) OGH SZ 60/55 mwN; ecolex 1996, 668; ecolex 1996, 746; RdW 2004/409; ÖBA 2010/1589 *(Perner);* vgl aber *Wilhelm,* Umwelthaftung, „angehängte" und konkurrierende Ansprüche nach Zivilrecht, ecolex 2009, 653.

[23]) OGH SZ 38/182; SZ 60/55; ÖBA 2010/1589 *(Perner).*

[24]) OGH SZ 2004/81.

[25]) *Koziol,* Haftpflichtrecht I³ Rz 14/20ff; vgl dazu auch *Ch. Huber,* Der Ersatzanspruch des Regreßgläubigers für im Vorprozeß getätigte Aufwendungen, ZVR 1986, 33; OGH ecolex 1998, 307 mwN.

[26]) S auch *Pochmarski/Strauss,* Die Rechtsprechung des OGH zum Regress von Prozesskosten, JBl 2002, 353; *Gamerith/Wendehorst* in *Rummel/Lukas*⁴ § 896 Rz 23ff; OGH EvBl 1965/442; SZ 70/241; JBl 2000, 36; ecolex 2000, 32; ecolex 2000, 102 *(Thaler).* Vgl auch OGH ecolex 2001, 274 (Haftungsfreistellung im Innenverhältnis).

[27]) Vgl OGH SZ 66/162. Zur Anwendung des § 896 bei der Gefährdungshaftung OGH ecolex 1999, 14; zu solidarisch haftenden Geschäftsführern OGH RdW 2001/9; zur solidarischen Haftung mehrerer Verurteilter für die Kosten des Strafverfahrens OGH ecolex 2009/73 *(Rindler);* zu einem vollen Rückersatz vgl *Gamerith/Wendehorst* in *Rummel/Lukas*⁴ § 896 Rz 27; OGH ecolex 2000, 289 *(Zehetner)* = ÖBA 2000, 614 *(Koppensteiner);* zum Ausmaß der Regressmöglichkeit des Erwerbs bei der Haftung nach § 6 AVRAG OGH JBl 2009, 592; EvBl-LS 2009/150.

[28]) Vgl *Wilhelm,* ecolex 2009, 654f; zum Regress bei verschiedener Haftungshöhe gegenüber dem Geschädigten s OGH EvBl 1975/44; RdW 2004/52.

[29]) *Gschnitzer* in *Klang*² IV/1, 315; *Mayrhofer,* Schuldrecht I 109; *Riedler* in *Schwimann/Kodek*⁴ § 896 Rz 3; OGH SZ 27/35; aA *P. Bydlinski/Coors,* Gesamtregress, Legalzession und Freistellungsansprüche unter Mitschuldnern? ÖJZ 2007, 275 (277ff).

[30]) OGH SZ 68/29; JBl 2001, 647; ÖBA 2003, 59.

[31]) OGH SZ 67/129.

Eine **Gesamthandschuld** entsteht, wenn mehrere Personen eine nur **gemeinsam** erbringbare Leistung schulden oder wenn sie sich gegenüber dem Schuldner zur gemeinsamen Erbringung der Leistung verpflichten.[32]) 633

Eine **Gesamthandgläubigerschaft** entsteht durch die Vereinbarung, dass nur alle Gläubiger die Leistung gemeinsam verlangen können[33]) oder wenn mehreren Personen eine unteilbare Leistung geschuldet wird (§ 890 Satz 2).[34]) Ferner sind Forderungen einer Miteigentümergemeinschaft (§ 848)[35]) und einer Gesellschaft bürgerlichen Rechts Gesamthandforderungen (§ 1180). 634

Vom Schuldner kann nur die Leistung **an alle** Gläubiger oder die gerichtliche Hinterlegung zugunsten aller Gläubiger verlangt werden;[36]) zur Klage auf Leistung an alle ist allerdings jeder einzelne Gläubiger aktiv legitimiert (Einzelklagebefugnis).[37]) An den einzelnen Gläubiger braucht der Schuldner nur zu leisten, wenn die übrigen damit einverstanden sind oder wenn ihm der Gläubiger Sicherstellung leistet (§ 890).[38]) Auch Gestaltungsrechte müssen von allen gemeinsam ausgeübt werden, anderenfalls ist vom Einzelnen der Nachweis zu erbringen, dass er aufgrund einer Übereinkunft mit den anderen allein zur Ausübung des Rechts befugt ist.[39]) 635

II. Verträge zugunsten und zu Lasten Dritter

Literatur: *Bayer,* Der Vertrag zu Gunsten Dritter (1995); *Große-Sender,* Bereicherungsrechtliche Rückabwicklung beim Vertrag zugunsten Dritter, ÖJZ 1999, 88; *Habersack,* Vertragsfreiheit und Drittinteressen (1992); *Heilmann,* Der Vertrag zugunsten Dritter – ein schuldrechtliches Verfügungsgeschäft, ÖJZ 1970, 177; *Kletečka,* Gehilfenmitverschulden beim Vertrag mit Schutzwirkung zugunsten Dritter, ecolex

---

[32]) Vgl OGH SZ 46/101; ZAS 1983/18 *(Selb);* ecolex 2013/386 *(Benes).*

[33]) Vgl OGH JBl 1977, 317.

[34]) Dazu OGH JBl 1984, 204; MietSlg 35.072 und 38.078; bbl 1999, 155. Unklar OGH RZ 1983/2. S nun *Perner,* Gemeinschaftliche Forderungen; *Perner,* § 890 Satz 2 ABGB – ein Fall der Gesamthandforderung? JBl 2004, 609ff; vgl auch *Thoß,* Schadenersatzansprüche von Eigentümer und Anwartschaftsberechtigtem bei Verletzung des Vorbehaltsguts durch Dritte, JBl 2003, 277 (289ff).

[35]) OGH JBl 1986, 108 *(Selb);* JBl 1991, 643; NZ 1996, 180; EvBl 1997/137; JBl 2000, 511 *(Riedler);* SZ 72/191 (Erbengemeinschaft); aA *Riedler,* Gesamt- und Teilgläubigerschaft 247ff. Zu Miteigentümerforderungen vgl *Perner,* Gemeinschaftliche Forderungen 143ff; *Perner,* Zur Qualifikation von Forderungen einer Gesellschaft Bürgerlichen Rechts, NZ 2004, 101 (103ff); *Riedler,* Buchbesprechung, JBl 2006, 337; *Perner,* Glaubensfragen bei Gläubigermehrheit im ABGB, JBl 2006, 400; *Riedler,* Drei Rechtsfragen bei Gläubigermehrheiten im ABGB – eine Replik zu *Perner,* Glaubensfragen bei Gläubigermehrheiten im ABGB, JBl 2006, 400, JBl 2006, 743.

[36]) OGH JBl 1991, 379 (Aufrechnung mit einer Gesamthandforderung); Zak 2014/327 (Originalvertragsurkunde).

[37]) OGH Zak 2014/327; *Perner,* Gemeinschaftliche Forderungen 78ff; *Perner,* JBl 2004, 625f.

[38]) Zur Sicherstellung *Gschnitzer* in *Klang*² IV/1, 288f; *Mayrhofer,* Schuldrecht I 89f; *Perner,* JBl 2004, 613ff; OGH JBl 1977, 317; JBl 1980, 318; GesRZ 1987, 152; JBl 1990, 196; SZ 64/63.

[39]) OGH ecolex 2013/386 *(Benes).*

1995, 323; *Papanikolaou,* Schlechterfüllung beim Vertrag zugunsten Dritter (1977); *Parapatits,* Der Vertrag zugunsten Dritter (2011); *Raab,* Austauschverträge mit Drittbeteiligung (1999); *Schmaranzer,* Der Vertrag mit Schutzwirkung zugunsten Dritter (2006); *Welser,* Das Zivilrecht und das Dreiecksverhältnis zwischen Sozialversicherungsträger, Arzt und Patient, in *Tomandl,* Sozialversicherung: Grenzen der Leistungspflicht (1975) 101; *Welser,* Zur rechtlichen Zulässigkeit des „gespaltenen" Haftpflichttarifs, ZVR 1973, 306.

636 Dritte können vertragliche Rechte haben, obwohl sie nicht Vertragsparteien sind. Dies gilt für den echten und den unechten Vertrag zugunsten Dritter (Vertrag auf Leistung an Dritte) und den Vertrag mit Schutzwirkung zugunsten Dritter. Unmöglich ist es hingegen, andere durch „Verträge zu Lasten Dritter" zu verpflichten.

A. Verträge zugunsten Dritter

637 *Im Vertrag zugunsten Dritter verspricht der Schuldner dem Gläubiger (Versprechensempfänger), die Leistung einem Dritten (dem Begünstigten) zu erbringen (§ 881).*

638 Soll nur der Versprechensempfänger das Recht haben, die Leistung an den Dritten zu fordern, so spricht man von einem **unechten** Vertrag zugunsten Dritter;[1]) hat der Dritte selbst ein Forderungsrecht gegen den Versprechenden, so handelt es sich um einen **echten** Vertrag zugunsten Dritter.[2]) Welcher Fall vorliegt, hängt von der Vereinbarung und ihrer Auslegung ab.[3]) Im Zweifel ist ein echter Vertrag zugunsten Dritter anzunehmen, wenn die Leistung hauptsächlich ihm zum Vorteil gereichen soll (§ 881 Abs 2).[4]) Da sich niemand etwas zuwenden lassen muss, kann der Dritte das Forderungsrecht **zurückweisen** (§ 882).

Die Entstehung des Rechts bedarf aber weder einer Annahme durch den Dritten, noch seiner Benachrichtigung.[5]) Der begünstigte Dritte muss daher auch nicht geschäftsfähig sein.[6]) Nach der Rechtsprechung können die Vertragspartner eine Aufhebung ohne Zustimmung des begünstigten Dritten nur vereinbaren, wenn dieser seinen unmittelbaren Anspruch noch nicht erworben hat.[7])

639 Inhalt eines Vertrages zugunsten Dritter kann alles sein, was sich sonst für eine rechtsgeschäftliche Verpflichtung eignet, also auch die Verpflichtung zu einer Unterlassung.[8])

---

[1]) Zur Differenzierung *Parapatits,* Vertrag zugunsten Dritter 31ff; zur Erfüllungsübernahme als unechter Vertrag zugunsten Dritter: OGH JBl 1988, 518; JBl 1996, 580. Vgl auch OGH JBl 2002, 399 (Eigeninteresse eines Vertragspartners); ÖBA 2006/1351 (Überweisungsauftrag).

[2]) S OGH SZ 70/145 (Schuldbeitritt).

[3]) OGH ecolex 2003, 751.

[4]) Vgl OGH SZ 51/82; SZ 53/25; JBl 1987, 580. Zur Treuhand zugunsten Dritter s OGH RdW 1989, 327; SZ 66/121; HS XXVI/5.

[5]) OGH RdW 2000/49.

[6]) OGH ÖBA 2015/2048 = ecolex 2015/139 *(Fritzer).*

[7]) OGH EvBl 2015/106.

[8]) OGH SZ 66/121; OGH ecolex 2003, 751 *(Wilhelm).*

Begünstigungen Dritter sind besonders im Privatversicherungsrecht häufig.[9]) So kann die Schadensversicherung als Vertrag zugunsten Dritter geschlossen werden („Versicherung für fremde Rechnung"). Es ergibt sich dann eine Rollenspaltung: Der Versicherungsnehmer bleibt als Vertragspartner alleiniger Prämienschuldner, die Rechte aus dem Versicherungsvertrag stehen aber dem Versicherten zu. Eine Art des Vertrages zugunsten Dritter ist ferner die Einräumung einer Bezugsberechtigung in der Lebens- und Unfallversicherung (s unten Rz 1855 ff).

Auch der Geschäftsbesorgungsvertrag zwischen jener Bank, die einen Bankomaten aufstellt und der kontoführenden Bank des die Bankomatkarte nutzenden Kunden ist ein Vertrag zugunsten Dritter.[10])

Weil der Vertrag zugunsten Dritter „causa" der Leistung an den Dritten ist, erwirbt dieser die Begünstigung oder das Recht nur so, wie es sich aus dem Vertrag ergibt.[11]) Der Schuldner steht daher nicht schlechter, als wenn er an einen Vertragspartner zu leisten hätte.[12]) Er kann dem Dritten auch alle **Einwendungen** entgegensetzen, die ihm aus dem Vertrag mit seinem Vertragspartner zustehen, zB die Einrede der Zug-um-Zug-Leistung, des Irrtums oder der laesio enormis.[13]) 640

Eine **Aufrechnung** des Schuldners gegenüber dem Dritten ist allerdings nur mit Forderungen gegen ihn und solchen aus dem Vertrag möglich, gegenüber dem Versprechensempfänger überhaupt nur mit Forderungen aus dem Vertrag,[14]) weil aus dessen Zweck ein Verzicht auf weitere Kompensationsmöglichkeiten abgeleitet werden muss.[15]) 641

Auf das Verhältnis zwischen Versprechensempfänger und Drittem kann sich der Schuldner nicht berufen. 642

Weist der Dritte die Leistung nicht zurück, so muss er gegenüber dem Schuldner die **Schutzpflichten** wahrnehmen. 643

B. Verträge mit Schutzwirkung zugunsten Dritter

Beim Vertrag mit Schutzwirkung zugunsten Dritter bestehen zwar nicht die Leistungspflichten, wohl aber die Schutz- und Sorgfaltspflichten auch gegenüber Dritten.[16]) 644

---

[9]) Zur Berufshaftpflichtversicherung: OGH JBl 1987, 585; zur Transportversicherung: OGH SZ 64/140.

[10]) *Fellner,* Die Bankomatkarte (2003) 26 f.

[11]) OGH EvBl 2003/63.

[12]) Er ist daher auch an eine Schiedsklausel gebunden: OGH SZ 68/112 = ecolex 1995, 712 *(Feyl).*

[13]) Zu den Einwendungen gegenüber dem Begünstigten s *Parapatits,* Vertrag zugunsten Dritter 76 ff.

[14]) HM: *Dullinger,* Zur Aufrechnung beim Vertrag zugunsten Dritter, JBl 1998, 152 ff; *Parapatits,* Vertrag zugunsten Dritter 78; *Dullinger* in *Rummel/Lukas*[4] § 882 Rz 5; OGH NZ 1985, 15; wbl 1990, 55.

[15]) In diesem Sinne auch OGH SZ 69/95.

[16]) *Bydlinski,* Vertragliche Sorgfaltspflichten zugunsten Dritter, JBl 1960, 359; *Welser,* Die Haftung für Rat, Auskunft und Gutachten (1983); *Dahm,* Die dogmatischen Grundlagen und tatbestandlichen Voraussetzungen des Vertrages mit Schutzwirkung für Dritte (1988); *Keitel,* Rechtsgrundlage und systematische Stellung des Vertrages mit Schutzwirkung für Dritte (1988); *Urban,* „Vertrag" mit Schutzwirkungen zugunsten Dritter und Drittschadensliquidation (1989); *Wilhelm,* Verträge mit Schutz-

645 Solche **Schutzpflichten** treffen den Schuldner gegenüber Personen, die „der Erfüllung nahestehen", durch sie besonders gefährdet sind und der Interessensphäre eines Partners angehören.[17])

Ein Liegenschaftseigentümer schließt mit einem Bauunternehmer einen Vertrag über die Renovierung seines Hauses. Die Pflichten zu den Arbeiten am Haus bestehen nur gegenüber dem Hauseigentümer; nur dieser kann auf Leistung klagen. Wird aber bei den Arbeiten ein Familienmitglied des Eigentümers durch die Unvorsichtigkeit eines Gehilfen verletzt, so haftet der Bauunternehmer für das Verhalten dieses Gehilfen dem Geschädigten nicht bloß deliktisch, sondern aus Vertragsverletzung (§ 1313 a). Seine Haftung ist nicht anders, als wenn der Werkbesteller selbst geschädigt worden wäre; er kann daher dem Dritten auch das Mitverschulden des Bestellers entgegenhalten.[18])

646 Ein Vertrag mit Schutzwirkung zugunsten Dritter wird jedoch **nicht** angenommen, wenn der Dritte gegen **einen der beiden Vertragspartner** Ansprüche aus einem von ihm **selbst** geschlossenen Vertrag hat.[19]) Ebenso wird dem Dritten dann ein schutzwürdiges Interesse abgesprochen, wenn er Schadenersatzansprüche aus einer öffentlich-rechtlichen Sonderbeziehung hat.[20])

Daher entfaltet zB der Vertrag zwischen einem Generalunternehmer und seinem Subunternehmer keine Schutzwirkung zugunsten des Auftraggebers.[21])

647 Die im Gesetz nicht erwähnte Figur des Vertrages mit Schutzwirkung zugunsten Dritter wurde von der Lehre entwickelt und von der Rechtsprechung übernommen. Ähnlich wie das vorvertragliche Schuldverhältnis bezweckt sie eine Erweiterung **der vertraglichen Schadenersatzpflicht** über den Kreis der Vertragspartner hinaus, wobei es hauptsächlich um die Anwendung der für den Geschädigten günstigeren **Gehilfenhaftung** nach § 1313 a geht. Es wird nämlich als willkürlich empfunden, dass bei einer Verletzung des Werkbestellers durch einen Gehilfen der Werkunternehmer nach § 1313 a haftet, bei einer Schädigung des Kindes des Werkbestellers aber „nur" nach § 1315. Hauptursache der Konstruktion des Vertrages mit Schutzwirkung ist also die Unzulänglichkeit der Deliktshaftung.

---

wirkung zugunsten Dritter, ecolex 1991, 157; *Kaufmann,* Die Zurechnung fremden Verhaltens auf Geschädigtenseite beim Vertrag mit Schutzwirkung zugunsten Dritter, ÖJZ 2000, 546; *Schmaranzer,* Vertrag mit Schutzwirkung 79 ff.

[17]) OGH SZ 46/121; SZ 48/23; JBl 1977, 146 *(Rummel);* JBl 1978, 479; JBl 1979, 37; RdW 2004/118; ZVB 2011/111 *(Hiltz);* ZVR 2015/45.

[18]) OGH JBl 1985, 622; aA *Kletečka,* Mitverschulden durch Gehilfenverhalten (1991) 77 ff; *Kletečka,* ecolex 1995, 323; OGH ÖBA 1995, 314 (dazu *Wilhelm,* Eine falsche Überweisung und ihre Folgen, ecolex 1995, 313).

[19]) OGH RdW 1999, 468; ecolex 2002, 426; ecolex 2002, 810; ecolex 2003, 515 *(Rabl);* JBl 2005, 255 (dazu *Schmaranzer,* Ausschluss des Vertrages mit Schutzwirkung zugunsten Dritter durch unmittelbare vertragliche Ansprüche? JBl 2005, 267); Zak 2007/614; VR 2008/787; EvBl 2014/89 *(Perner);* EvBl 2014/155.

[20]) Vgl OGH JBl 2007, 389 *(Schmaranzer)* = FamZ 2007/41 *(Parapatits);* ecolex 2008/332. S auch *Schmaranzer,* Vertrag mit Schutzwirkung 98 ff.

[21]) OGH ecolex 1997, 663 mwN. Zur Haftung eines Subunternehmers gegenüber einem anderen Subunternehmer OGH ecolex 1994, 13 *(Wilhelm).*

Schon die Anwendung des § 1313a auf deliktische Verkehrssicherungspflichten würde daher den Vertrag mit Schutzwirkung für die meisten Anwendungsfälle überflüssig machen.

Der **Geschädigte** kann den vertraglichen Schadenersatz **selbst** geltend machen.[22]) Ihm kommt dabei die **Beweislastumkehr** des § 1298 zugute,[23]) er ist auch schon in der Vertragsanbahnungsphase **(culpa in contrahendo)** der potentiellen Vertragspartner geschützt.[24])Weil von der Schutzwirkung zugunsten Dritter hauptsächlich deliktisch geschützte Güter betroffen sind, wurde die Rechtsfigur später überhaupt auf den Schutz solcher Güter eingeschränkt und das **„bloße Vermögen"** ausgenommen.[25]) 648

Von dieser Ausnahme wurden aber wieder Gegenausnahmen gemacht, wenn die Hauptleistung „gerade einem Dritten zukommen soll, welcher der Interessensphäre des Vertragspartners angehört"[26]) oder „wenn die zu erbringende Leistung gerade dem Dritten zukommen soll",[27]) womit die Grenze zum echten und unechten Vertrag zugunsten Dritter vollends verschwimmt.

Anerkennt man überhaupt, dass vertragliche Schutzpflichten zugunsten der Güter eines Dritten wirken können, so besteht auch kein Grund, das **bloße Vermögen** hievon auszuschließen, weil sich vertragliche Pflichten auf alle Bereiche beziehen und daher auch das bloße Vermögen erfassen können.[28]) Tatsächlich hat die Rechtsprechung bei Abfassung von Bestätigungen oder Erstellung von Gutachten wiederholt Dritte geschützt.[29]) 649

Die Lehre von der Schutzwirkung ist einer Reihe von Einwänden ausgesetzt, zB dass sie allmählich alle Verträge zu solchen zugunsten Dritter mache und so zu einer – dem Deliktsrecht vorbehaltenen – **„Allwirkung"** komme; ferner dass sie Parteien, die keinen Drittschutz wollen oder an einen solchen zumindest nicht denken, den Willen hiezu einfach 650

---

[22]) Vgl OGH JBl 1997, 315; SZ 73/126.

[23]) OGH JBl 1990, 801; SZ 69/8; ecolex 1991, 241 *(Wilhelm);* ecolex 2010, 747; *Schmaranzer,* Vertrag mit Schutzwirkung 197ff.

[24]) OGH ecolex 2011/264 (dazu *Schmaranzer,* Vorvertragliche Schutzpflichten zugunsten Dritter, Zak 2011/396, 212).

[25]) *Koziol,* Haftpflichtrecht II[2] 87f; *Koziol,* Schadenersatz für reine Vermögensschäden, JBl 2004, 274; *Schmaranzer,* Vertrag mit Schutzwirkung 113ff; OGH SZ 51/169; JBl 1983, 205 *(Hügel);* ÖBA 1986, 301 *(Koziol);* SZ 61/64; JBl 1990, 801; JBl 2007, 518.

[26]) *Koziol,* Haftpflichtrecht II[2] 88; *Artmann,* Die Haftung des Abschlussprüfers für Schäden Dritter, JBl 2000, 628; *Schmaranzer,* Vertrag mit Schutzwirkung 117; OGH SZ 60/91 mwN; JBl 1991, 522; wbl 1993, 264. Zum Überweisungsauftrag OGH ÖBA 1991, 525 *(Canaris);* JBl 1992, 713 *(Iro);* SZ 69/229; ÖBA 1995, 314; SZ 72/89; zum Finanzierungsleasing OGH ecolex 1995, 799.

[27]) OGH SZ 43/236; RdW 1985, 306; SZ 60/2; JBl 2003, 379 = ecolex 2003, 169 *(Pilz);* RdW 2003/256; SZ 2003/90; vgl auch *Spitzer,* Haftungsfalle (Un-)Ehelichkeitsvermutung, NZ 2004, 163f.

[28]) *Welser,* Haftung 84ff; diesem folgend *Spitzer,* NZ 2004, 163; *Schmaranzer,* Vertrag mit Schutzwirkung 119f.

[29]) S dazu unten Rz 1521.

unterstelle[30]) und dass sie Vertragslücken sehe, wo keine sind, um sie mit dem gewünschten Ergebnis füllen zu können.[31])

651 Die **Abgrenzung** des geschützten Personenkreises[32]) ist nicht überzeugend; sie mutet oft sogar willkürlich an. Dennoch arbeitet die Rechtsprechung nach wie vor mit der zweifelhaften Rechtsfigur:

So wurden vom OGH Besucher und Begleitpersonen von Krankenhauspatienten das eine Mal in den Schutzbereich des Vertrages zwischen dem Patienten und dem Krankenhaus einbezogen,[33]) das andere Mal davon ausgeschlossen.[34]) Der Behandlungsvertrag entfaltet nach der Rechtsprechung jedenfalls dann Schutzwirkung zugunsten des Ehegatten der behandelten Person, wenn die Lebensgemeinschaft zwischen diesen noch aufrecht ist.[35]) Das Verhältnis zwischen Überweisungs- und Empfängerbank ist ein Vertrag mit Schutzwirkung zugunsten des Überweisenden und des Empfängers.[36]) Der Vertrag zwischen einem Rechtsanwalt und seinem Mandanten entfaltet Schutzwirkungen zugunsten seines Haftpflichtversicherers.[37]) Der Vertrag zwischen Abschlussprüfer und geprüfter Gesellschaft ist ebenfalls ein solcher mit Schutzwirkung zugunsten Dritter, der alle potentiellen Gläubiger (Anleger) der Gesellschaft erfasst.[38]) Der Vertrag einer Gemeinde mit einem Unternehmen zum Betrieb einer Müllsammelstelle ist ein Vertrag mit Schutzwirkung zugunsten der Gemeindebürger.[39]) Der Vertrag zwischen einem Bauunternehmen und einem Kranunternehmen bzgl Arbeiten an einem Firmengebäude entfaltet Schutzwirkungen zugunsten den in dem Firmengebäude tätigen Arbeitnehmern.[40]) Ein Vertrag zur Durchführung von Grabungsarbeiten entfaltet Schutzwirkungen zugunsten der Eigentümer von unterirdisch verlaufenden Versorgungsleitungen.[41]) Der Vertrag eines Vereins mit einem Ballonfahrunternehmen, der Tickets für eine Ballonfahrt verlost, entfaltet keine Schutzwirkung gegenüber unberechtigten Mitfahrern.[42]) Ein Vertrag, mit dem ein Wohnungsrecht eingeräumt wird, entfaltet Schutzwirkungen zugunsten des Pflegepersonals für die aus dem Wohnrecht Berechtigte.[43]) Der Untermieter wird als geschützter Dritter angesehen, wenn im Hauptmietvertrag zwischen Eigentümer und Mieter die Untervermietung ausdrücklich

---

[30]) *Lorenz,* Das Problem der Haftung für primäre Vermögensschäden bei der Erteilung einer unrichtigen Auskunft, in FS Larenz (1973) 592ff; *Honsell,* Probleme der Haftung für Auskunft und Gutachten, JuS 1976, 626.

[31]) Nw bei *Lorenz* in FS Larenz 616 FN 110.

[32]) Zu diesem *Bydlinski,* JBl 1960, 362; *Koziol,* Haftpflichtrecht II^2 86; *Nowotny,* Dritthaftung des Wirtschaftsprüfers, RdW 1998, 387; *Schlechtriem,* Schutzpflichten und geschützte Personen, in FS Medicus (1999) 529; OGH JBl 1985, 295; JBl 1986, 452; JBl 1987, 40; RZ 1990/102; SZ 64/15 und 76; RdA 1993, 314 *(Ritzberger-Moser);* SZ 67/40; ÖBA 1995, 983 *(Kletečka);* SZ 69/229; JBl 1997, 316; EvBl 1997/2; JBl 1998, 310; JBl 1998, 655 *(Dullinger);* RdW 1998, 456; JBl 1999, 461; ecolex 1999, 760; JBl 2001, 525.

[33]) OGH JBl 1985, 293.

[34]) OGH JBl 1986, 452.

[35]) OGH EvBl 2010/132.

[36]) *Karollus/Riedler,* Pflicht der Überweisungs-/Zwischen- bzw Empfängerbank zum Konkordanzabgleich im beleglosen mehrgliedrigen Überweisungsverkehr, JBl 2000, 345.

[37]) OGH JBl 2002, 585.

[38]) OGH ÖBA 2015/2079 und 2015/2080 *(Zahradnik/Schöller)* (dazu *Wilhelmer,* Abschlussprüferhaftung, Bestätigungsvermerk und Kausalitätsbeweis bei Anlegerschäden, RWZ 2014/70, 318); s auch die Nw in Rz 1517 FN 128.

[39]) OGH ZVR 2015/6.

[40]) OGH ZVB 2011/111 *(Hiltz).*

[41]) OGH wobl 2015/22.

[42]) OGH Zak 2014/639.

[43]) OGH JBl 2001, 524.

vorgesehen ist.[44]) Bei der Einbeziehung eines Lebensgefährten eines Mieters in den Schutzbereich des Mietvertrages differenziert die Rechtsprechung danach, ob dieser mit ihm in einer Wohnungsgemeinschaft lebt und somit zur Hausgemeinschaft gehört oder lediglich „Besucher" ist.[45]) Beim Vertrag zwischen dem Mieter und dem Hauseigentümer soll die Einbeziehung der Angehörigen und Gäste in den Schutzbereich davon abhängen, ob sie sich kurz, länger oder dauernd in der Wohnung aufhalten.[46]) Daher wurde ein Paketzusteller, der bei Glatteis im Hof des Hauses stürzte, vom vertraglichen Schutz ausgenommen,[47]) ebenso ein Patient.[48]) Auch der Begleiter (Mutter) einer Kursleiterin einer Turnlehrveranstaltung liegt nicht im Schutzbereich des von ihr abgeschlossenen Leih- oder Mietvertrages hinsichtlich des Turnsaales.[49]) Zuletzt wurde erwogen, Personen, die voraussehbar den Zugang zum Haus regelmäßig betreten werden und dazu auch verpflichtet sind (Post, Müllabfuhr), in den Schutzbereich einzubeziehen.[50]) In mittlerweile ständiger Rechtsprechung[51]) gehört der Nachbar zum geschützten Kreis: Der Schädiger haftet bei Emissionen (§ 364a) oder Grundstückssetzungen (§ 364b) neben dem Grundeigentümer.

Ein weiteres Problem besteht darin, dass bei vertraglicher Grundlage die Parteien leicht klarstellen können, dass sie den Schutz Dritter nicht wollen und ihn so **ausschließen.**[52]) 652

Haftungsausschlüsse zwischen den Parteien wurden ohne Weiteres auf den Dritten bezogen.[53]) Eigentlich bedarf es zum Ausschluss des Dritten nicht einmal einer Abbedingung der Haftung, weil sich ohne ausdrückliche oder stillschweigende Vereinbarung die vertraglichen Pflichten ohnehin nicht auf Dritte beziehen. Es genügt daher die Klarstellung durch die Parteien.

Heute wird deshalb die Haftung gegenüber dem Dritten vielfach auf eine **objektiv-rechtliche** Wirkung gestützt: Der Dritte wird von Gesetzes wegen in den Schutzbereich des Verpflichtungsverhältnisses einbezogen,[54]) ein Ausschluss solcher Pflichten wäre ein Vertrag zu Lasten Dritter. Der OGH ist dieser Auffassung gefolgt.[55]) 653

---

[44]) OGH SZ 72/89 (dazu *Oberhammer,* Vertrag mit Schutzwirkung zugunsten Dritter und Rechtskrafterstreckung, JBl 2000, 58).

[45]) OGH wobl 2009/110.

[46]) OGH JBl 1998, 655 *(Dullinger);* ecolex 2004, 174.

[47]) OGH JBl 1998, 655 *(Dullinger);* zum Umfang der vertraglichen Räumungs- und Streupflicht des Bestandgebers s OGH ecolex 2008/262 *(Friedl)* = ZVR 2008/240 *(Ch. Huber)* (dazu *Hoyer,* Apropos: Vertragliche Verkehrssicherungspflicht des Vermieters auf öffentlichen Verkehrsflächen? ecolex 2009, 309).

[48]) OGH immolex 2013/57 (kritisch *Neugebauer-Herl*) = ZVR 2013/202 *(Kathrein).*

[49]) OGH EvBl 2015/59.

[50]) OGH RdW 2005, 352; noch ablehnend OGH SZ 64/76.

[51]) Zuletzt OGH JBl 2008, 320 *(Haas/Stefula)* = RdU 2008/18 *(Schmaranzer);* vgl auch *Schmaranzer,* Vertrag mit Schutzwirkung 94f.

[52]) *Welser,* Haftung 86.

[53]) Vgl OGH SZ 51/169; ablehnend *Koziol,* Haftpflichtrecht II² 93f mwN.

[54]) So *Welser,* Haftung 87; vgl auch *Honsell,* Die Haftung für Gutachten und Auskunft unter besonderer Berücksichtigung von Drittinteressen, in FS Medicus (1999) 211; *Picker,* Gutachterhaftung – Außervertragliche Einstandspflicht als innergesetzliche Rechtsfortbildung, in FS Medicus (1999) 397; zuletzt für das Verhältnis zwischen Produzent und Endabnehmer *Karner/Koziol,* Der Ersatz von Mangelfolgeschäden in Veräußerungsketten von Unternehmern, JBl 2012, 153ff mwN; *Karner/Koziol,* Mangelfolgeschäden in Veräußerungsketten (2012) 65ff; kritisch *Reischauer* in *Rummel*³ § 1295 Rz 30e.

[55]) OGH SZ 69/258 (dazu *Harrer,* Aus aktuellem Anlaß [OGH JBl 1997, 524] – Über Bewertungsmethoden, Rechtsfortbildung und Probleme der Schadensermittlung,

654 Der Vertrag mit Schutzwirkung zugunsten Dritter wurde auch zur Begründung der **Produkthaftung** herangezogen. S unten Rz 1624f.

C. Verträge zu Lasten Dritter

655 Verträge zu Lasten Dritter sind **nicht wirksam,** weil niemand einen anderen ohne dessen Einverständnis verpflichten kann.

Der Dritte muss also selbst zustimmen oder zur Abgabe der Willenserklärung eine Vollmacht erteilen.

656 Die Zusage der Leistung eines Dritten ist allerdings nicht schlechthin ungültig. Sie gilt als „Zusage der **Verwendung** bei dem Dritten" (§ 880a), also als ein Versprechen, sich um das Einverständnis des Dritten zu bemühen **(Bemühungszusage).**

657 Hat der Versprechende auch erklärt, für den Erfolg der Bemühung einzustehen, so haftet er bei Nichterfüllung durch den Dritten auf „volle Genugtuung". Dann handelt es sich um einen Fall der Garantie.

III. Die Bürgschaft

Literatur: *P. Bydlinski,* Die Bürgschaft im österreichischen und deutschen Handels-, Gesellschafts- und Wertpapierrecht (1991); *P. Bydlinski,* Die Kreditbürgschaft im Spiegel von aktueller Judikatur und Formularpraxis (2003); *Th. Rabl,* Die Bürgschaft (2000); *Wühl,* Sicherungsmehrheit und Wegfall einzelner Kreditsicherungsmittel (2015).

A. Begriff

658 *Die Bürgschaft ist ein Vertrag zwischen dem Gläubiger und dem Bürgen, in welchem sich dieser verpflichtet, den Gläubiger zu befriedigen, wenn der Schuldner nicht zahlt (§§ 1346ff).*

659 Die Bürgschaft dient also der Sicherstellung einer Schuld. Weil sie zur unbegrenzten Haftung des Bürgen führt, ist sie eine **persönliche Sicherheit.**

660 Den Gläubiger treffen gegenüber dem Bürgen in contrahendo besondere **Sorgfaltspflichten.** Vor allem hat er ihn vor der Übernahme der Bürgschaft zu warnen, wenn er weiß, dass der Schuldner unmittelbar vor dem wirtschaftlichen Zusammenbruch steht, oder dass der zu besichernde Kredit nur zu einer Umschuldung verwendet werden soll.[1])

661 Da die Bürgschaft riskant ist, bedarf die Verpflichtungserklärung des Bürgen – nicht der ganze Bürgschaftsvertrag – zu seiner Warnung der **Schriftform** (§ 1346 Abs 2).[2]) Nach der jüngeren Rechtsprechung muss

---

JBl 1997, 674; *Rummel,* Zur Bedeutung des Sachwerts für den Verkehrswert, JBl 1997, 676).

[1]) RIS-Justiz RS0026805; OGH ÖBA 1995, 909; ÖBA 1996, 893; JBl 2003, 577 (Irrtumsanfechtung); ÖBA 2008/1526; *Burghardt,* Aufklärungspflichten des Bürgschaftsgläubigers (1985). S dazu auch *Blümel/Herndl,* Der Irrtum des Bürgen über die Vermögensverhältnisse des Hauptschuldners, RdW 2015/205, 220.

[2]) *Th. Rabl,* Bürgschaft 1ff; OGH JBl 1991, 193; ÖBA 1992, 83; ÖBA 1995, 390. Zur Unterfertigung eines Blanketts: OGH wbl 1989, 19 *(Wilhelm);* ÖBA 1989, 176

die unterschriebene Bürgschaftserklärung dem anderen nicht in dieser Form, also nicht im Original zugehen, sondern das Schriftformgebot ist auch dann erfüllt, wenn die unterfertigte Bürgschaftserklärung per Fax übermittelt wird.[3]) Für eine eingescannte unterschriebene Verpflichtungserklärung muss dasselbe gelten.

Die Schriftform kann auch durch eine sichere elektronische Signatur ersetzt werden, allerdings muss bei einer von einem Verbraucher abgegebenen Bürgschaft ein Notar oder ein Rechtsanwalt am Zustandekommen des Rechtsgeschäfts oder der Willenserklärung beratend beteiligt sein und eine entsprechende Erklärung mit seiner Berufssignatur dokumentieren (§ 4 Abs 2 Z 4 SigG).[4])

Die Formpflicht gilt grundsätzlich auch für Unternehmer, nur Kreditinstitute, die Bürgschaften im Rahmen ihres Geschäftsbetriebes übernehmen, sind ausgenommen (§ 1 Abs 6 BWG).

Zur analogen Anwendung der Formvorschrift des § 1346 Abs 2 auf den Schuldbeitritt s Rz 594 und auf die Garantie Rz 693.

Die Bürgschaftserklärung muss nicht den vollen Inhalt der Bürgenhaftung angeben, es genügt, wenn aus der Urkunde ihre wesentlichen Merkmale hervorgehen,[5]) insbesondere der Verpflichtungswille des Bürgen, persönlich für eine fremde Schuld einzustehen.[6])

Zum Schutz des Ehegatten-Bürgen (§ 25a KSchG) s unten Rz 946f, zur Sittenwidrigkeit einer Bürgschaft s unten Rz 700.

Bei der **Auslegung** von Bürgschaftsverpflichtungen ist neben den 662
§§ 914f auch § 1353 Satz 1 zu berücksichtigen, der bei Unklarheiten eine Auslegung zugunsten des Bürgen gebietet. Nach dieser Vorschrift darf die Bürgschaft nicht weiter ausgedehnt werden, als sich der Bürge ausdrücklich erklärt hat. Ist die Bürgschaft entgeltlich[7]) und hat sie der Bürge formuliert, so gerät diese Bestimmung zwar in Konflikt mit § 915 2. Halbsatz, geht ihr aber als *lex specialis* vor.[8]) Diese Auslegungsregel gilt auch

---

(Iro); ecolex 1999, 549 *(Wilhelm)* = ÖBA 1998, 807. Zu Überlegungen de lege ferenda s *P. Bydlinski/Bydlinski,* Gesetzliche Formgebote für Rechtsgeschäfte auf dem Prüfstand (2001) 68ff.

[3]) OGH JBl 2013, 663 (dazu ablehnend *Brenn,* Wie viel ist das Schriftformerfordernis noch wert? ÖJZ 2013/115, 989; *Wilhelm,* Juristische Erkenntnistheorie – Anwendung Telefax-Bürgschaft, ecolex 2013, 937); ÖBA 2014/1999 (Schuldbeitritt); aA (noch) OGH ÖBA 1996, 73 (kritisch *Rummel*). Trotz Berufung auf die allgemeinen Regeln der Rechtsgeschäftslehre anders bei schriftlicher Befristung nach § 29 MRG OGH wobl 2014/76 *(Tamerl/Berek)* = immolex 2014/30 *(Prader)* (Zugang in Schriftform erforderlich); unklar OGH EvBl 2015/31 *(Schneider).* S dazu auch *Ring,* Neues zur Schriftform? Zak 2014/385, 203; *G. Neumayer,* Der Form halber . . ., Zak 2015/8, 9.

[4]) S EB 1169 BlgNR 22. GP 40f.

[5]) OGH ecolex 2000, 103 (kritisch *Th. Rabl*) = ÖBA 2000, 524 *(Riedler);* ÖBA 2001, 477 *(P. Bydlinski);* ÖBA 2004, 481 *(P. Bydlinski); S. Haas,* Auslegung und (Bürgschafts-)Form: Die Andeutungstheorie im Wandel, ÖBA 2001, 875.

[6]) OGH ÖBA 2012/1788.

[7]) Dazu *Koziol,* Der Garantievertrag (1981) 43f; *Gamerith* in *Rummel*[3] § 1353 Rz 1; *Faber,* JBl 2012, 663.

[8]) *Gruber,* Umfang der Bürgenhaftung: Erstreckungsklausel und Globalbürgerschaft, ÖBA 2002, 889; *Faber,* JBl 2012, 664; aA *Gamerith* in *Rummel*[3] § 1353 Rz 1; OGH ÖBA 2011/1740 *(P. Bydlinski)* (dazu *Graf,* Aktuelle Entwicklungen im Recht der Bankgarantie, in FS Jud [2012] 110).

für die Frage, ob es sich bei einer Erklärung um eine (gemeine) Bürgschaft oder um eine andere persönliche Sicherheit handelt.[9])

B. Akzessorietät der Bürgschaftsverpflichtung

663 Da die Bürgschaft die **Einbringlichkeit** einer Hauptforderung sichern soll, ist sie von der Existenz dieser Forderung **abhängig** (akzessorisch).[10]) Ist die Hauptschuld nicht gültig entstanden oder erlischt sie, so ist auch die Bürgschaft unwirksam oder fällt dahin (§ 1351). Mangels abweichender Vereinbarung haftet der Bürge daher auch nicht für aus dem nicht zustande gekommenen Rechtsgeschäft erwachsende Rückabwicklungs- und Bereicherungsansprüche.[11])

Durch die dauernde Abhängigkeit von der Hauptschuld unterscheidet sich die Bürgschaft vom Schuldbeitritt, für welchen es genügt, dass die Hauptschuld beim Beitritt besteht.[12]) Manchmal ist fraglich, welches der beiden Geschäfte vorliegt. Im Zweifel ist Schuldbeitritt anzunehmen, wenn der Interzedent am Grundgeschäft ein eigenes wirtschaftliches Interesse hat oder wenn er von vornherein weiß, dass der Schuldner seine Verpflichtung nicht erfüllen kann.[13]) Ein ideelles oder moralisches Interesse reicht hingegen nicht aus.[14])

664 Von der Akzessorietät besteht eine Ausnahme: Wer sich für einen **geschäftsunfähigen Hauptschuldner** verbürgt, wird, auch wenn ihm die Geschäftsunfähigkeit unbekannt war, wie ein ungeteilter Mitschuldner verpflichtet (§ 1352).[15])

Dass der Bürge haftet, obwohl ihm die Geschäftsunfähigkeit des Hauptschuldners nicht bekannt war, ist bedenklich, weil damit der Schutz des Gläubigers auf Kosten des ebenso schutzwürdigen Bürgen verwirklicht wird. Nach dem Wortlaut des § 1352 haftet der Bürge sogar dann, wenn der Gläubiger von der Geschäftsunfähigkeit Kenntnis hatte.

665 Aus dem Akzessorietätsprinzip folgt, dass sich der Bürge nicht für mehr verbürgen kann, als der Hauptschuldner leisten muss, wohl aber für weniger (Verbürgung für einen Teil der Schuld; vgl § 1353).[16])

---

[9]) OGH ÖBA 2011/1740 *(P. Bydlinski).*

[10]) Teilweise anders bei Bürgschaft auf erstes Anfordern (dazu unten Rz 672).

[11]) OGH ÖBA 2010/1637.

[12]) *Koziol,* JBl 1964, 306; ihm folgend *Ertl* in *Rummel*³ § 1405 Rz 3; s auch *Kothe,* Die Stellung des Schuldbeitritts zwischen Bürgschaft und Schuldübernahme, JZ 1990, 997; OGH SZ 49/53; ÖBA 1991, 210 *(P. Bydlinski).*

[13]) Dazu OGH JBl 1990, 322 *(P. Bydlinski)* = ÖBA 1990, 554 *(Apathy);* ÖBA 1993, 819 *(P. Bydlinski);* ÖBA 2001, 922; *Th. Rabl,* Bürgschaft 22ff.

[14]) OGH ÖBA 2012/1788 (Hilfe eines Freundes).

[15]) Dazu auch *Koziol,* Die Rückabwicklung rechtsgrundloser Zahlungen eines Bürgen, ZBB 1989, 24.

[16]) *Gamerith,* Die Teilbürgschaft, ÖBA 1988, 760ff; OGH ÖBA 1995, 544; ÖBA 1997, 862. Im Zweifel keine Haftung für Nebengebühren: OGH ÖBA 1990, 217. Zur Anwendbarkeit des § 1416 auf Teilzahlungen des Hauptschuldners im Rahmen der Teilbürgschaft OGH ÖBA 2007/1419; ecolex 2007/317 *(Th. Rabl).* Zur nachträglichen Erweiterung der Hauptschuld und Teilleistung des Hauptschuldners OGH ÖBA 2009/1569 *(Schwartze);* zur Sittenwidrigkeitsgrenze vgl OGH JBl 2010, 498 *(Eliskases)* = ÖBA 2010/1640 *(P. Bydlinski)* = ecolex 2010/113 *(Th. Rabl).*

Auch mehrere Teilbürgschaften für verschiedene, gegeneinander abgrenzbare Teile der Hauptschuld sind möglich.[17])

Da der Bürge nicht anders haftet als der Hauptschuldner, kann er dem Gläubiger alle **Einwendungen** des Schuldners entgegensetzen.[18]) Darin liegt eine Ausnahme vom Prinzip der Gegenseitigkeit bei der Kompensation (s oben Rz 478). 666

C. Arten der Bürgschaft

Da sich der Bürge nur für den Fall verpflichtet, dass der Hauptschuldner nicht leistet, ist die Bürgschaftsschuld **subsidiär.** Deshalb kann der **gemeine** (gewöhnliche) **Bürge** gewöhnlich erst in Anspruch genommen werden, wenn der Gläubiger den Hauptschuldner **gemahnt** hat und dieser dennoch nicht in angemessener Frist leistet.[19]) 667

Die Mahnung entfällt, wenn über den Hauptschuldner das Insolvenzverfahren eröffnet wurde,[20]) da in solchen Fällen die Nichterfüllung schon feststeht, oder wenn der Schuldner unbekannten Aufenthaltes ist[21]) und daher nicht gemahnt werden kann (§ 1356). Dem Gläubiger darf dabei allerdings keine Nachlässigkeit, zB Säumigkeit bei der Eintreibung gegenüber dem Hauptschuldner, zur Last fallen.

Keiner Mahnung bedarf es, wenn sich jemand nicht als „gemeiner" Bürge, sondern als **„Bürge und Zahler"** (Solidarbürge) verpflichtet (§ 1357).[22]) 668

Der **Schadlosbürge** (Ausfallsbürge)[23]) verpflichtet sich nur für den Fall, dass der Gläubiger die Erfüllung durch den Hauptschuldner auch zwangsweise (durch Exekution) nicht durchsetzen kann.[24]) Er haftet für den „Ausfall". 669

Die Vertragsparteien können die Voraussetzungen für die Inanspruchnahme eines Ausfallbürgen auch abweichend vereinbaren.[25]) Zur Ausfallsbürgschaft geschiedener Ehegatten gemäß § 98 EheG s Bd I Rz 1627.

---

[17]) OGH EvBl 2004/99.

[18]) *P. Bydlinski,* Einreden des Bürgen, ÖBA 1987, 690; *Th. Rabl,* Bürgschaft 97 ff; OGH ÖBA 1992, 660 *(P. Bydlinski);* JBl 1993, 456; ÖBA 1996, 721; SZ 69/85.

[19]) Dazu OGH SZ 63/177.

[20]) Ebenso beim Sanierungsplan: *G. Neumayer/Th. Rabl* in *Kletečka/Schauer,* ABGB-ON[1.02] § 1356 Rz 5; aA *Ohmeyer/Klang* in *Klang*[2] VI 224. Zur Rechtstellung des Bürgen in der Insolvenz s *P. Bydlinski,* Der Bürge im Konkurs, ÖBA 2005, 97. Auch im Falle der Abweisung des Schuldenregulierungsverfahrens mangels Kostendeckung kann sofort auf den Gläubiger gegriffen werden; OGH EvBl 2012/132 *(Konecny).*

[21]) OGH JBl 2013, 376 mwN.

[22]) Vgl dazu *Ohmeyer,* Der Bürge und Zahler, GZ 1927, 33; OGH EvBl 1990/51; ÖBA 1995, 723. Zur Abgrenzung von der Garantie: OGH ÖBA 1998, 225 *(Apathy);* ecolex 1998, 547. Zur rechtsmissbräuchlichen Inanspruchnahme des Bürgen und Zahlers statt des Schuldners: OGH ÖBA 1992, 78 *(Mader).*

[23]) Dazu OGH ÖBA 1989, 183; SZ 68/219.

[24]) Zur Aussichtslosigkeit von Eintreibungsmaßnahmen OGH SZ 66/99; SZ 66/107; SZ 68/219.

[25]) OGH SZ 68/219; JBl 2006, 384.

670 Der **Nachbürge** (Überbürge) verbürgt sich dem Gläubiger gegenüber für den Bürgen.[26]) Er haftet, wenn der Bürge nicht leistet, der im Verhältnis zu ihm Hauptschuldner ist.

671 Der **Rück-** oder **Entschädigungsbürge** verpflichtet sich gegenüber dem Bürgen, allen Schaden zu ersetzen, den dieser durch die Bürgschaft erleidet (§ 1348). Der Bürge kann jedoch vom Entschädigungsbürgen keinen Ersatz verlangen, wenn er sich den Schaden durch eigenes Verschulden zugezogen, zB mit dem Rückgriff gegenüber dem Schuldner zu lange gezögert hat (§ 1362).

672 Bei der **Bürgschaft auf erstes Anfordern** ist es dem Bürgen verwehrt, gegen seine Inanspruchnahme Einwendungen aus dem Hauptschuldverhältnis zu erheben. Von der Garantie unterscheidet sie sich dadurch, dass die Akzessorietät insofern nicht aufgehoben ist, als der Bürge bei fehlendem Grundverhältnis die Leistung wieder zurückfordern kann („zuerst zahlen, dann prozessieren").[27]) Sie ist also eine Zwischenform von akzessorischer Bürgschaft und abstrakter Garantie.

D. Rückgriff[28])

673 Gewöhnlich steht der Bürge zum Hauptschuldner in einer schuldrechtlichen Beziehung (Innenverhältnis), zB in einem **Auftragsverhältnis,** aufgrund dessen der Schuldner dem Bürgen zum Ersatz des Gezahlten und sonstiger Aufwendungen (Kosten,[29]) Zinsen) verpflichtet ist (§ 1014). Fehlt eine solche Vereinbarung, können die Regeln der **Geschäftsführung ohne Auftrag** anwendbar sein.

Zahlt der Bürge ohne das Einverständnis des Hauptschuldners, so kann dieser dem Aufwandersatzanspruch entgegenhalten, dass ihm gegen den Gläubiger Einwendungen zugestanden wären (§ 1361).

674 Das Gesetz eröffnet aber dem Bürgen noch einen weiteren Regressweg: Da er eine fremde Schuld bezahlt, für die er persönlich haftet, tritt er aufgrund der **Legalzession** des **§ 1358** in die Rechte des Gläubigers und kann vom Schuldner die Erfüllung fordern, s oben Rz 461 und 570ff. Die Zahlung des Bürgen bewirkt also nicht die Tilgung, sondern die **Einlösung** der Forderung. Der Gläubiger muss dem Bürgen alle vorhandenen Rechtsbehelfe[30]) und Sicherungsmittel (zB Pfänder) herausge-

---

[26]) Zur Besicherung der Bürgschaftsschuld durch Pfand: OGH SZ 60/75.

[27]) *P. Bydlinski,* Moderne Kreditsicherheiten und zwingendes Recht, AcP 190, 168 (168ff) mwN; *Gamerith* in *Rummel*[3] ABGB § 1346 Rz 3a; OGH ÖBA 1996, 221; vgl auch *Weth,* Bürgschaft und Garantie auf erstes Anfordern, AcP 189, 319ff; *Hadding,* Zum Rückforderungsanspruch bei einer „Bürgschaft auf erstes Anfordern", in FS Welser (2004) 253ff.

[28]) *Baier,* Das Rückgriffsrecht des Bürgen und seine hypothekarische Sicherung, ÖJZ 1967, 538; *Koban,* Regreß des Bürgen und Pfandeigentümers (1904).

[29]) Vgl dazu *Ch. Huber,* Der Ersatzanspruch des Regreßgläubigers für im Vorprozeß getätigte Aufwendungen, ZVR 1986, 33.

[30]) Dazu OGH SZ 57/29; RZ 1987/2; ÖBA 1988, 390 *(P. Bydlinski).*

ben[31]) und ist zur Auskunft verpflichtet.[32]) Der Regress kann durch Vereinbarung zwischen Bürgen und Schuldner ausgeschlossen oder hinausgeschoben sein; der Anspruch nach § 1358 besteht unabhängig davon, ob die Bürgschaft mit Willen des Schuldners zustande gekommen ist.[33]) Bürge und Gläubiger können von § 1358 abweichende Vereinbarungen treffen, zB dass Forderung und Sicherungsrechte erst mit der vollständigen Befriedigung des Gläubigers übergehen.[34])

Der Rückgriff nach § 1358 steht dem Bürgen auch zu, wenn sich der Gläubiger bei ihm durch Exekution befriedigt hat.[35])

Eine Minderung seines Rückgriffs erleidet der Bürge im Falle eines Sanierungsplanes. Obwohl der Schuldner hiedurch von einem Teil seiner Schuld befreit wird (§ 156 Abs 1 IO), haftet der Bürge weiter für den vollen Betrag. Er muss daher zwar den Gläubigern den Ausfall zahlen, hat aber für diesen keinen Rückgriffsanspruch (§ 156 Abs 2 IO). In der Insolvenz des Schuldners behält hingegen der Bürge sein Rückgriffsrecht, da die Insolvenz den Schuldner von seinen Verbindlichkeiten nicht befreit (s oben Rz 508).

E. Sicherstellungsansprüche gegen den Hauptschuldner

Hat der Bürge die Bürgschaft mit Einwilligung des Schuldners über- 675
nommen **(Einverständnisbürge)** und zahlt der Schuldner nach **Fälligkeit** nicht, so kann der Bürge von ihm Sicherstellung seines Rückgriffsanspruches verlangen (§ 1364).

Wenn gegen den Schuldner die begründete Besorgnis der **Zahlungs-** 676
unfähigkeit oder der Entfernung aus dem Inland vorliegt, kann der Bürge auch dann die Sicherstellung der verbürgten Schuld fordern, wenn er die Bürgschaft ohne Einwilligung des Schuldners übernommen hat (§ 1365).[36])

F. Mehrheit von Sicherungsrechten

Haben sich für dieselbe Schuld mehrere Personen verbürgt, so haf- 677
ten sie dem Gläubiger **solidarisch** (§ 1359). Hat ein Mitbürge den Gläubiger befriedigt, so steht ihm das Rückgriffsrecht gegen den Hauptschuldner zu. Hat er mehr gezahlt, als er nach dem Innenverhältnis musste, so kann er – statt auf den Schuldner zu greifen – den Mehrbetrag von seinen **Mitbürgen** verlangen, auf die insoweit die durch Zahlung an den Gläubiger eingelöste Forderung gegen den Hauptschuldner übergeht (§§ 1359,

---

[31]) OGH EvBl 2006/135 mwN; vgl auch OGH ÖBA 2014/2029. Zum Übergang der Sicherungsrechte bei der Wechselbürgschaft OGH SZ 2003/140; zum Übergang des iZm einer Vinkulierung eingeräumten Bezugsrechtes OGH SZ 2006/92.

[32]) S dazu *Avancini,* Der Auskunftsanspruch des Bürgen gegenüber dem Gläubiger, JBl 1985, 193; vgl auch OGH SZ 59/74 mwN.

[33]) OGH EvBl 2000/105.

[34]) S OGH SZ 70/135; dazu *Th. Rabl,* Bürgschaft 139ff mwN.

[35]) Vgl OGH SZ 69/40 mwN.

[36]) So auch *Kerschner,* Irrtumsanfechtung insbesondere beim unentgeltlichen Geschäft (1984) 57f; aA *P. Bydlinski,* Die Übertragung von Gestaltungsrechten (1986) 93 FN 199; *Gamerith* in *Rummel*[3] § 1365 Rz 3.

896).[37]) Diesen Regress hat der zahlende Bürge auch dann, wenn der Mitbürge vom Gläubiger entlassen wurde, weil ein solcher Verzicht gegenüber den anderen Mitbürgen nicht wirkt (§ 1363).[38])

678 Haftet für die Schuld neben dem Bürgen auch ein von einem Dritten gegebenes **Pfand,** so hat der Bürge nach älterer Auffassung ein Rückgriffsrecht in voller Höhe gegen den Pfandbesteller, während dem zahlenden Pfandbesteller gegenüber dem Bürgen kein Regress zusteht.[39]) Nach der neueren Ansicht ist § 1359 analog anzuwenden (im Zweifel Haftung auf die Hälfte).[40])

Der Pfandbesteller ist allerdings dann einem vollen und nicht bloß anteiligen Regressanspruch der anderen Interzedenten ausgesetzt, wenn er deshalb in die Position eines Realschuldners gekommen ist, weil er die vom Hauptschuldner mit einem Pfandrecht belastete Sache erworben hat.[41])

Ob der Gläubiger den Bürgen oder den Pfandbesteller belangt und auf welchen von mehreren Bürgen er greift, steht in seinem Belieben.

G. Erlöschen der Bürgschaft

679 Die Bürgschaft erlischt wegen ihrer Akzessorietät mit der **Verbindlichkeit** (§ 1363);[42]) ferner mit dem Ablauf der **Zeit,** für die sich der Bürge verpflichtet hat, sowie mit der **Entlassung** des Bürgen durch den Gläubi-

---

[37]) OGH RdW 1998, 14. Zum Innenverhältnis bei mehreren Teilbürgschaften: *Gamerith,* ÖBA 1988, 769 ff; *Mader,* Zum Rückgriffsanspruch nach § 1359 ABGB, JBl 1988, 287 ff; *Reidinger,* Die Berechnung des internen Ausgleichs zwischen zwei Bestellern von Teilsicherheiten, JBl 1990, 73 ff; *Graf,* Der interne Ausgleich zwischen mehreren Sicherungsgebern, ÖBA 1993, 356; *Bacher,* Ausgleichsansprüche zwischen mehreren Sicherern einer fremden Schuld (1994); OGH ÖBA 1988, 390 *(P. Bydlinski);* NZ 1994, 130; HS 26.493; ÖBA 1999, 154 *(Bacher);* ÖBA 1999, 827 *(Riedler)* (dazu *Th. Rabl,* Ausgleich unter Mitbürgen – Gläubigerwillkür oder Gleichbehandlung? ecolex 1999, 532); ÖBA 1999, 827 *(Riedler);* ÖBA 2007/1406 *(P. Bydlinski).*

[38]) *Hoyer,* Der Rückgriffsanspruch zwischen Bürgen und Pfandbestellern, JBl 1987, 766; vgl auch OGH SZ 56/21; ÖBA 1999, 154 *(Bacher);* ÖBA 2007/1406 *(P. Bydlinski);* zur nach dem Verbürgungszeitpunkt begründeten zusätzlichen Sicherung OGH ÖBA 2007/1407; zur Schadenersatzpflicht des Gläubigers bei Vereitelung der Regressmöglichkeit durch Verzicht auf eine dingliche Haftung OGH JBl 2007, 309 *(Karner)* = ÖBA 2006 *(Apathy);* vgl auch OGH ÖBA 2007/1418 *(Riss)* = JBl 2007, 237 *(Huemer)* = RWZ 2006/87 *(Wenger);* ÖBA 2014/2050.

[39]) *Ehrenzweig* I/2, 514; *Koban,* Regreß 207 ff; *Larenz* II 480 f; OGH ÖBA 1988, 719 *(Iro).*

[40]) *Bydlinski/Koziol,* Les sûretés personelles III 368 f; *Mader,* JBl 1988, 293 f; *Schlechtriem,* Ausgleich zwischen mehreren Sicherern fremder Schuld, in FS von Caemmerer (1978) 1013; *Schulz,* Rückgriff und Weitergriff (1907) 62 ff; ebenso nun OGH SZ 57/114; SZ 60/266; SZ 61/91. Zur direkten Anwendung: *Hoyer,* JBl 1987, 768; *Reidinger,* JBl 1990, 79 f.

[41]) OGH ÖBA 2009/1587 *(Riedler).*

[42]) Zum Erlöschen bei Verjährung der Hauptschuld OGH ecolex 1998, 470 (kritisch *Th. Rabl* und *P. Bydlinski,* Verwirrendes zur Bürgschaftsverjährung, RdW 1999, 61). Zum Wiederaufleben *Koziol,* Treuhänderischer Forderungserwerb durch den Bürgen, RdW 1987, 182. Vgl auch OGH SZ 58/114. Vgl zur Bürgenkündigung *P. Bydlinski,* Wirksamkeit, Reichweite und Beendigung der Bürgenhaftung: Neue Entwicklungen in Österreich? Zugleich ein erster Versuch über die Bürgenkündigung, ÖBA 1999, 93; OGH RdW 1999, 463.

ger.[43]) Außerdem endet sie **drei Jahre** nach dem Tode des Bürgen, wenn der Gläubiger innerhalb dieser Frist den Erben nicht gemahnt hat (§ 1367).

War die Schuld beim Tod des Bürgen nicht fällig, so läuft die Frist ab dem Fälligkeitstag. Die Dreijahresfrist gilt nicht, wenn die Bürgschaft durch Pfand gesichert ist (§ 1367).

Die Bürgschaftsverpflichtung kann aber auch durch Verjährung untergehen,[44]) ferner wenn – bei Übernahme auf unbestimmte Zeit – der Bürgschaftsvertrag gekündigt wird[45]) oder wenn der Bürge den Gläubiger befriedigt. 680

Die Bürgschaftsschuld verjährt innerhalb von **30 Jahren.** Verjährt allerdings die einer kürzeren Frist unterliegende Hauptschuld, erlischt die Bürgschaftsschuld mit dieser.[46]) 681

Ist der Gläubiger mit der Eintreibung säumig,[47]) so erlischt zwar die Bürgschaftsverpflichtung nicht, doch wird der Gläubiger ersatzpflichtig, wenn der Bürge dadurch eine Beeinträchtigung seines Rückgriffs erleidet, zB weil der Schuldner inzwischen zahlungsunfähig wird (§ 1364);[48]) mit diesem Ersatzanspruch kann der Bürge gegen die Hauptforderung aufrechnen.[49]) Dies gilt auch für den Wechselbürgen und den Bürgen und Zahler.[50])

IV. Der Garantievertrag

Literatur: *Dohm,* Bankgarantien im internationalen Handel (1985); *Kleiner,* Bankgarantie[4] (1990); *Koziol,* Der Garantievertrag (1981); *Mader,* Zur Rückabwicklung bei der Bankgarantie, in FS Koziol (2010) 1041; *Müller,* Die Bankgarantie im internationalen Wirtschaftsverkehr (1988); *Rabl,* Die Garantiehaftung der Republik Österreich auf Grund des Unternehmensliquiditätsstärkungsgesetzes, ÖBA 2015, 165; *Zöchling-Jud,* Die Bankgarantie im österreichischen Recht, in *Graf von Westphalen/Zöchling-Jud,* Die Bankgarantie im internationalen Handelsverkehr[4] (2014) 466.

Im Garantievertrag übernimmt der Garant gegenüber dem Begünstigten die Haftung für den noch ungewissen Erfolg eines Unternehmens oder für den durch ein Unternehmen entstehenden Schaden.[1]) 682

---

[43]) Vgl dazu OGH ÖBA 1998, 641.

[44]) Dazu OGH SZ 54/82; *P. Bydlinski,* Verjährung und Abtretbarkeit von Bürgschaftsansprüchen, ZIP 1989, 953 ff; *Mayrhofer,* Schuldrecht I 137.

[45]) OGH ÖBA 1994, 239; ÖBA 1999, 822 *(Bydlinski)* = ecolex 1999, 619 *(Th. Rabl); P. Bydlinski,* Wirksamkeit, Reichweite und Beendigung der Bürgenhaftung: Neue Entwicklungen in Österreich, ÖBA 1999, 104 ff; *P. Bydlinski,* Die Kündigung der Bürgschaft, in FS Schimansky (1999) 299.

[46]) *Gamerith* in *Rummel*[3] § 1363 Rz 3 mwN; OGH SZ 54/82; ÖBA 1989, 622 *(P. Bydlinski).*

[47]) Vgl hiezu auch *Fitz,* Zur Haftung und Information des Bürgen bei Kreditprolongation, ÖBA 1994, 207, sowie OGH ÖBA 1994, 236 und 239; RdW 2004/597.

[48]) Zur Beweislastverteilung OGH ÖBA 2007/1408.

[49]) Vgl OGH ÖBA 2015/2097 *(P. Bydlinski/Wühl).*

[50]) *Zawischa,* Zur Sorgfaltspflicht des Gläubigers bei Schuldbeitritt und Bürgschaft, AnwBl 1978, 153; OGH ÖBA 1987, 924; ÖBA 1990, 224; SZ 70/182; ÖBA 2015/2097 mwN; aA noch OGH SZ 26/170.

[1]) *Graf* in *Kletečka/Schauer,* ABGB-ON[1.02] § 880 a Rz 6; *Dullinger* in *Rummel/Lukas*[4] § 880 a Rz 4; OGH SZ 47/138; SZ 50/93; JBl 1989, 37; ÖBA 1999, 484 *(Rummel)* = ecolex 1999, 318 *(Wilhelm).*

683 Das ABGB kennt als Garantie nur die Zusage der Leistung eines Dritten (§ 880a), der Anwendungsbereich der Garantie ist aber viel weiter.

Ein Rechtsanwalt verpflichtet sich, die Einverleibung einer Hypothek im 1. Rang zu erreichen.[2]) Einem Interessenten wird garantiert, dass ein zu errichtendes Unternehmen jährlich einen bestimmten Gewinn abwirft.[3])

684 Wenn die Parteien nichts anderes vereinbaren, haftet der Garant bei Nichteintritt des garantierten Erfolges für **volle Genugtuung** (§ 880a); er muss also den erlittenen Schaden und den entgangenen Gewinn ersetzen (§ 1323), wenn der garantierte Erfolg nicht eintritt.[4]) Dagegen kann von ihm die Erfüllung von Sach- oder Werkleistungsverpflichtungen nicht begehrt werden.

685 Vereitelt der Begünstigte schuldhaft den Eintritt des Erfolges, so haftet der Garant nicht (§ 1362 per analogiam).[5])

A. Zweipersonale Garantie

686 Die Garantie ist **zweipersonal,** wenn die Verpflichtung des Garanten gegenüber dem Begünstigten ihren Grund allein in der Beziehung zwischen diesen Personen hat.

Der Hersteller garantiert dem Endabnehmer die Mangelfreiheit des Erzeugnisses. Eine Gemeinde garantiert einem Arzt, der sich in ihrem Gebiet niederlassen will, ein bestimmtes Einkommen.[6]) Keine echte Garantie ist hingegen die vertragliche Änderung der Gewährleistungsrechte; s dazu oben Rz 433 ff.

B. Dreipersonale Garantie (Bankgarantie)

687 Die Garantie ist **dreipersonal,** wenn die Verpflichtung des Garanten gegenüber dem Begünstigten ihren Grund in der Beziehung des Garanten zu einem Dritten (Garantieauftraggeber) hat, das ist etwa der Fall, wenn ein **Garant,** zB eine Bank (Bankgarantie)[7]) dafür Gewähr leistet, dass ein Garantiebegünstigter die Leistung erhält, die ihm ein Dritter (Garantieauftraggeber) schuldet.[8]) Das Verhältnis zwischen **Garantieauftraggeber** und **Garantiebegünstigtem** heißt Valutaverhältnis; der Inhalt der in diesem Verhältnis geschuldeten Leistung kann beliebig sein (zB Geld, Lieferung, Werkherstellung). Die Bank verpflichtet sich gegenüber dem Garantieauftraggeber (Deckungsverhältnis) mit dem Begünstigten

---

[2]) OGH ÖBA 1997, 636 *(Bollenberger).*

[3]) Zur seinerzeitigen „Scheckkarten-Garantie" OGH SZ 53/36; ÖBA 1995, 64; ÖBA 1996, 391.

[4]) Vgl OGH JBl 1986, 46 *(Reidinger);* JBl 1989, 37; EvBl 1990/7; SZ 2009/2.

[5]) *Ohmeyer/Klang* in *Klang*[2] VI 203; OGH SZ 26/81; NZ 1978, 158.

[6]) *Ohmeyer/Klang* in *Klang*[2] VI 203.

[7]) S OGH SZ 54/189; ÖBA 1995, 632; ÖBA 1996, 717 *(Koziol);* ÖBA 1999, 484 *(Rummel)* = ecolex 1999, 318 *(Wilhelm).*

[8]) *Koziol* in *Apathy/Iro/Koziol,* Bankvertragsrecht[2] V Rz 3/1; *Zöchling-Jud* in *Graf von Westphalen/Zöchling-Jud,* Bankgarantie[4], 467; zur Bankgarantie als „wirkliche Einlösung" iSd § 1075 ABGB s OGH EvBl 2008/126.

einen Garantievertrag abzuschließen; aus diesem schuldet sie dem Begünstigten allerdings idR nur die Zahlung von Geld.

Die dreipersonale Garantie ist regelmäßig **abstrakt,** sodass der Garant selbst dann zur Leistung verpflichtet ist, wenn die Grundverhältnisse (Valutaverhältnis und Deckungsverhältnis) nicht gültig sind.[9]) Diese Abstraktheit bedeutet, dass der Garant gegenüber dem Begünstigten nur Einwendungen aus dem Garantievertrag (zB Nichteintritt des Garantiefalls oder Ungültigkeit der Garantie mangels Nichteintritts einer aufschiebenden Bedingung)[10]) und solche erheben kann, die ihm gegen den Begünstigten persönlich zustehen.[11]) Wegen der Abstraktheit der Garantie darf der Garant die **Berechtigung** des **Anspruches** des Begünstigten gegen den Auftraggeber **nicht prüfen,**[12]) sondern muss „auf erstes Anfordern zahlen".[13]) Er kann allerdings den Einwand des Rechtsmissbrauchs erheben, wenn die Inanspruchnahme durch den Begünstigten ganz offensichtlich jeder rechtlichen Grundlage entbehrt.[14]) 688

So ist zB der Abruf eines Haftrücklasses für einen anderen als den vereinbarten Sicherungszweck rechtsmissbräuchlich;[15]) nicht jedoch der Abruf einer noch nicht fälligen Bankgarantie, wenn mit dem Eintritt der Fälligkeit in absehbarer Zeit zu rechnen ist.[16]) Kein Rechtsmissbrauch liegt vor, wenn sich der Begünstigte aus vertretbaren Gründen für berechtigt hält, die Garantie abzurufen.[17])

---

[9]) *Zöchling-Jud* in *Graf von Westphalen/Zöchling-Jud,* Bankgarantie^4, 467, 480ff; *Koziol,* Garantievertrag 21ff; OGH SZ 54/189; SZ 61/63; ÖBA 1988, 390 *(P. Bydlinski);* ÖBA 1988, 615 *(Jabornegg);* ÖBA 1997, 482; ÖBA 1999, 484 *(Rummel)* = ecolex 1999, 318 *(Wilhelm);* ecolex 1999, 320 *(Wilhelm);* ecolex 2000, 715; vgl auch *Koziol,* Zur Zulässigkeit abstrakter Rückgarantien nach österreichischem Recht, ÖBA 1986, 443; OGH ÖBA 1988, 1230; JBl 1995, 651 *(Mader).* Zur Rückforderung bei Wegfall der garantierten Hauptschuld nach Zahlung s OGH JBl 2003, 579.

[10]) OGH ÖBA 1994, 320; ÖBA 1998, 229; RdW 2000/52; ÖBA 2006/1328; ÖBA 2015/2127 (Valutierungsklausel).

[11]) RIS-Justiz RS0017236; zuletzt OGH ÖBA 2013/1892.

[12]) Vgl OGH ÖBA 2008/1480; ÖBA 2010/1600.

[13]) Dazu *Diwok,* Der Abruf von Bankgarantien auf erstes Anfordern, in FS Frotz (1993) 483.

[14]) OGH SZ 50/66; ÖBA 1992, 573 *(Koziol);* SZ 66/140; ÖBA 1996, 64 *(Avancini);* ÖBA 1997, 482; ÖBA 1998, 876 *(Riedler);* ecolex 2000, 101 *(Th. Rabl);* ÖBA 2003, 956; ÖBA 2004, 136; ÖBA 2005, 212; ecolex 2005, 686; ÖBA 2005, 902; ZRB 2014, 172 *(Wenusch);* ÖBA 2015/2119; *Mülbert,* Mißbrauch von Bankgarantien und einstweiliger Rechtsschutz (1985); *Canaris,* Einwendungsausschluß und Einwendungsdurchgriff bei Dokumentenakkreditiven und Außenhandelsgarantien, ÖBA 1987, 775ff; *Wilhelm,* Betrachtungen zur sogenannten Abstraktheit der Bankgarantie, ecolex 1997, 477; *Zöchling-Jud* in *Graf von Westphalen/Zöchling-Jud,* Bankgarantie^4, 482; *Koziol* in *Apathy/Iro/Koziol,* Bankvertragsrecht^2 II Rz 3/106f; *Mader* in FS Koziol 1046ff. S dazu auch OGH ÖBA 2015/2075 (Abtretung der Ansprüche aus der Garantie) (dazu *Graf,* Abtretung der Ansprüche aus einer Garantie, Rechtsmissbrauch und Pflichten des Zessionars, ZFR 2015/103, 203). Zum Anspruch des Garantieauftraggebers gegen den Begünstigten auf Unterlassung und Widerruf des Abrufs einer Bankgarantie OGH ÖBA 2006/1320; ÖBA 2007/1445.

[15]) OGH ÖBA 2005, 212.

[16]) OGH SZ 66/140.

[17]) RIS-Justiz RS0017997 OGH ÖBA 2008/1499; ÖBA 2015/2093 (dazu *Graf,* ZFR 2015/103, 203).

689 Die Garantie verfolgt einerseits den Zweck, dem Begünstigten den Erhalt der Leistung des Dritten zu sichern **(Sicherungsfunktion).** Andererseits folgt aus ihrer Abstraktheit, dass der Begünstigte sofort Zahlung erhält, wenn er sie fordert. Allfällige Streitigkeiten über das Bestehen des Anspruchs können erst im Nachhinein ausgetragen werden. Die Garantie hat damit **„Bargeldfunktion"**, weil der Begünstigte – wie bei der Zahlung mit Bargeld – die Leistung sofort erhält. So ist zB der Vermieter, der statt einer Bar-Kaution mit einer Bankgarantie einverstanden ist, wirtschaftlich gesehen in einer vergleichbaren Stellung. Häufig wird auch der Betrag, den ein Werkbesteller zur Sicherung seiner Gewährleistungsansprüche vom Werklohn einbehält (Haftrücklass) durch eine vom Werkunternehmer beigebrachte Bankgarantie ersetzt.

690 Wenn dem Garanten Umstände bekannt werden, die dem Auftraggeber eine verständige Disposition eröffnen, ob er seinen Auftrag an den Garanten aufrecht halten oder widerrufen will, ist er zur Aufklärung darüber verpflichtet.[18])

691 Die **Auslegung** des Garantievertrags nach den §§ 914f steht in einem gewissen Spannungsverhältnis zum Grundsatz der „formellen Garantiestrenge", nach welchem für die Auslegung nur der Text der Garantieerklärung maßgebend ist und andere Umstände nicht zu deren Auslegung herangezogen werden dürfen.[19])

Die formelle Garantiestrenge ist aber nicht Selbstzweck, sondern reicht nur soweit, als dies dem Willen der Vertragsparteien entspricht.[20]) Enthält eine Bankgarantie eine (Effektiv-)Klausel, wonach Zahlung nur dann zu leisten ist, wenn eine vom Garantieauftraggeber erteilte Bestätigung des Baufortschrittes vorgelegt wird, so kann der Begünstigte auch dann Zahlung aus der Garantie verlangen, wenn die Erteilung der Bestätigung zu Unrecht verweigert wird und sich die zu bestätigenden Tatsachen aus einem rechtskräftigen Urteil ergeben.[21])

[18]) OGH ÖBA 2011/1692 (Haftung der Bank als Garantin, weil sie der im Finanzierungsgeschäft involvierte Treuhänder über die Unmöglichkeit der Abwicklung des Grundgeschäfts informierte und sie dies dem Garantieauftraggeber nicht mitteilte).

[19]) *Zöchling-Jud* in *Graf von Westphalen/Zöchling-Jud,* Bankgarantie[4], 474; *Graf* in *Kletečka/Schauer,* ABGB-ON[1.02] § 880a Rz 29ff; *Rummel,* Auslegung von Bankgarantien, ÖBA 2000, 210. RIS-Justiz RS0045922, insbesondere ÖBA 2000, 322 *(Rummel);* RIS-Justiz RS0033002, insbesondere ecolex 2001, 904 *(Helmich);* ecolex 2004, 361 *(Wilhelm);* ecolex 2005, 762 *(Friedl);* weiters OGH ecolex 2000, 423 *(Thaler)* = ÖBA 2001, 402 *(Rummel);* ÖBA 2000, 1099 *(Koch);* ÖBA 2006/1328; SZ 2006/168 (dazu *Fössl/Kurat,* Auslegung, Verständigungspflichten und Zinsenlauf bei abweichenden Garantieabruferklärungen, ecolex 2007, 332); EvBl 2009/54 = ecolex 2009/72 *(Rindler);* ÖBA 2010/1632; ÖBA 2011/1686 *(P. Bydlinski)* (Verlust der Original-Garantieurkunde) (dazu *Graf,* Aktuelle Entwicklungen im Recht der Bankgarantie, in FS Jud [2012] 110f); ÖBA 2013/1878.

[20]) OGH EvBl 2006/35 (dazu *Schumacher,* Zur Rückstellung von Garantieurkunden, ÖBA 2006, 411); ÖBA 2010/1600; RIS-Justiz RS0033002; *Fössl/Kurat,* ecolex 2007, 332; *P. Bydlinski* in KBB[4] § 880a Rz 4.

[21]) OGH ÖBA 2006/1327 = ecolex 2005/352 *(Friedl).* Zur Einschränkung der formellen Garantiestrenge OGH JBl 2011, 36; *Graf* in *Kletečka/Schauer,* ABGB-ON[1.02] § 880a Rz 29.

Eine Garantie darf auch nicht so ausgelegt werden, dass sie keinen vernünftigen Sinn mehr ergibt und völlig wertlos wäre. Hat zB eine GmbH & Co KG als Werkunternehmerin einen Werkvertrag geschlossen, ist aber in einer damit im Zusammenhang stehenden Garantie bloß die Komplementärs-GmbH als Auftraggeberin genannt, so kann der Garant die Leistung nicht unter Berufung auf die Garantiestrenge verweigern.[22])

Zum Unterschied von einer Bürgschaft ist der dreipersonale Garantievertrag **nicht akzessorisch,** sondern abstrakt;[23]) insofern ist die Rechtsstellung des Begünstigten im Vergleich zur Bürgschaft stärker.[24]) 692

Nach Ansicht des OGH ist wegen der Verwandtschaft der Sicherungsgarantie mit der Bürgschaft die Bürgschaftsform (§ 1346 Abs 2) analog anzuwenden, sodass die Verpflichtungserklärung des Garanten schriftlich sein muss.[25]) 693

Ob eine **Patronatserklärung** eine unverbindliche Erklärung, eine Bürgschaft oder eine Bankgarantie ist, ist durch Vertragsauslegung zu klären.[26]) 694

Von der angenommenen **Anweisung** (s dazu unten Rz 721) unterscheidet sich die Garantie durch ihren Zweck. Sie dient der Sicherung, die Anweisung hingegen der Erfüllung einer Verbindlichkeit.[27]) 695

Hat der Garant die Leistung eines Schuldners garantiert und an den begünstigten Gläubiger gezahlt, so kann er bei Bestehen eines Auftrags im Deckungsverhältnis Aufwandersatz nach § 1014 fordern;[28]) sonst hat er einen Regressanspruch nach § 1358 gegen den Garantieauftraggeber.[29]) Zur bereicherungsrechtlichen Rückabwicklung bei einer dreipersonalen Garantie s unten Rz 1720. 696

V. Schutz von Interzedenten

Literatur: *Apathy,* Neue Judikatur zum Kreditsicherungsrecht, ÖJZ 2008/28, 253; *Bollenberger,* Drittpfandbestellung und Verbraucherschutz nach §§ 25c und 25d KSchG, ÖBA 2008, 650; *Eigner,* Zur Anwendung der Inhaltskontrolle von Haftungs-

---

[22]) OGH ÖBA 2011/1735.

[23]) *Koziol,* Garantievertrag 7ff mwN; *St. Müller,* Bankgarantie 44ff; OGH SZ 50/32 und 66; ÖBA 1991, 822 *(P. Bydlinski);* JBl 1995, 651 *(Mader);* ÖBA 2000, 322 *(Rummel);* ecolex 2001, 526. Zu Abstufungen s OGH ÖBA 1993, 985; ÖBA 1997, 191 *(Rummel)* = ecolex 1997, 157 *(Th. Rabl);* ÖBA 2002, 249 *(Bollenberger).*

[24]) OGH ÖBA 2001, 477 *(P. Bydlinski).*

[25]) OGH ÖBA 1993, 146 *(Apathy);* ÖBA 1995, 59 *(Schumacher);* JBl 1995, 651 *(Mader);* ecolex 2000, 715; aA *Wilhelm,* Die neue Form der Garantie, ecolex 1993, 14.

[26]) OGH JBl 1986, 173; *Avancini,* Rechtsprobleme bei Patronatserklärungen, ÖJZ 1983, 546; *Heiss/St. Müller,* Rechtsgrundlagen der Haftung aus Patronatserklärungen, RdW 1989, 290; *Hoffmann,* Die Patronatserklärung im deutschen und österreichischen Recht (1989); *S. Leitner,* Die Patronatserklärung, ÖBA 2002, 517; *Rummel,* Rechtsprobleme der Patronatserklärung, in FS Doralt (2004) 493.

[27]) *Canaris,* Bankvertragsrecht[3] (1988) Rz 1102; *Koziol* in *Apathy/Iro/Koziol,* Bankvertragsrecht[2] V Rz 3/50.

[28]) Vgl dazu OGH SZ 2002/58; ÖBA 2005, 649; *Zöchling-Jud* in *Graf von Westphalen/Zöchling-Jud,* Bankgarantie[4], 469f.

[29]) *Koziol,* Garantievertrag 74f; OGH ÖBA 1997, 941 mwN.

verträgen und des Mäßigungsrechts nach § 25 d KSchG bei Drittpfandbestellung, ÖBA 2003, 909; *Faber,* Das Mäßigungsrecht gemäß § 25 d KSchG, ÖBA 2004, 527; *Graf,* Gegenüber welchen Mitschuldnern gelten die §§ 25 c und 25 d KSchG? ZFR 2012/95, 165; *S. Haas,* Zur Aufklärung des Interzedenten über die wirtschaftliche Lage des Hauptschuldners nach § 25 c KSchG, JBl 2002, 538; *Heinrich,* Die Interzedentenwarnung nach § 25 c KSchG, JBl 2012, 359; *Wallner,* Interzession von Verbrauchern, ÖBA 2007, 339; *Wallner,* Das Mysterium der echten Mitschuld, ÖBA 2013, 575; *Weissel,* Zur Aufklärungsobliegenheit nach § 25 c KSchG, ÖBA 2008, 496; s auch Literatur zu III.

A. Allgemeines

697 *Interzession ist die rechtsgeschäftliche Sicherung materiell fremder Schulden durch Übernahme persönlicher Haftung.*

698 Zur Interzession gehören vor allem die Bürgschaft, die Garantie, der Schuldbeitritt, die Schuldübernahme, aber auch das gemeinsame Eingehen einer Verbindlichkeit aus Gründen der Sicherstellung. Wer die **Sicherheit leistet,** heißt **Interzedent.**

699 Dem Interzedenten ist oft das Haftungsrisiko nicht voll bewusst. Besonders wenn der Hauptschuldner ein naher Angehöriger ist, werden unbedacht und unter einem gewissem Druck Zusicherungen gemacht, die später nicht erfüllt werden können, weil dem Interzedenten die entsprechende wirtschaftliche Leistungsfähigkeit fehlt. Dieser Problematik haben sich in den letzten Jahren sowohl die Rechtsprechung als auch die Gesetzgebung angenommen.

B. Sittenwidrigkeit von Interzessionen mit Familienbezug[1])

700 Nach dem Vorbild des deutschen BGH[2]) vertritt der OGH in ständiger Rechtsprechung die Ansicht, dass Bürgschaften und Garantien, aber auch solidarische Haftungen als Mitschuldner,[3]) die von nahen Angehörigen des Schuldners übernommen werden, bei krasser finanzieller („ruinöser") Überforderung des Interzedenten sittenwidrig sein können.[4]) In sinngemäßer Anwendung der Wuchervoraussetzungen nach § 879 Abs 2 Z 4[5]) ist die Interzession – uU teilweise[6]) – **unwirksam,** wenn der Interzedent durch die übernommene Mithaftung **„überfordert"** wurde (krasses

[1]) *P. Bydlinski,* Die Sittenwidrigkeit von Haftungsverpflichtungen, ZIK 1995, 135; *Graf,* Verbesserter Schutz vor riskanten Bürgschaften, ÖBA 1995, 776; *Marwan-Schlosser,* Sittenwidrigkeit der Haftungsübernahme durch mittellose Angehörige, RdW 1995, 373; *Rehbein,* Bürgschaften mittelloser Angehöriger, ÖBA 1996, 25; *Th. Rabl,* Sittenwidrige Bürgschaften vermögensschwacher Angehöriger, ecolex 1998, 8.

[2]) Ausgelöst durch die Entscheidung BVerfG NJW 1994, 36 = WuB I F 1 a – 4.94 *(P. Bydlinski)* = ZIP 1993, 1775 *(Löwe)* (dazu *Thoß,* BGH zur Angehörigenbürgschaft – Neues für Österreich? ÖBA 2003, 793).

[3]) OGH ecolex 2001, 199 *(Th. Rabl).*

[4]) Erstmals OGH JBl 1995, 651 *(Mader);* weiters ÖBA 1998, 967 *(Graf);* ecolex 1999, 263 und 460 *(Th. Rabl);* ecolex 2000, 100 (Haftung eines Minderjährigen) uva (Nw bei *Th. Rabl,* Die Bürgschaft [2000] 60 FN 4). S auch Bd I Rz 564 ff.

[5]) Dazu vor allem *Graf,* ÖBA 1995, 778 ff; kritisch *Th. Rabl,* ecolex 1998, 9 f; *Th. Rabl,* Bürgschaft 80 ff.

[6]) OGH SZ 73/79; ecolex 2000, 869.

Missverhältnis von Haftungsumfang und wirtschaftlicher Leistungsfähigkeit),[7]) die Umstände bei Zustandekommen der Haftungsvereinbarung zB wegen einer psychischen Zwangslage des Bürgen oder Verharmlosung des Haftungsrisikos durch den Gläubiger zu **missbilligen** sind (Ausbeutungstatbestand)[8]) und beides dem Gläubiger **erkennbar** war.[9]) 2 3

Die wirtschaftliche Überforderung allein reicht für die Sittenwidrigkeit nicht aus;[10]) diese ist nur dann gegeben, wenn alle drei Tatbestandselemente, also Überforderung, Missbilligung und Erkennbarkeit, erfüllt sind.[11])

Dieser „Sittenwidrigkeitskontrolle" unterliegen nicht nur Geschäfte 701
mit Unternehmerbeteiligung, sondern auch solche unter Privaten.[12])

C. Gesetzlicher Verbraucherschutz

Parallel zur Entwicklung in der Judikatur hat der Gesetzgeber auf 702
die Gefahr ruinöser Sicherungszusagen reagiert. In das KSchG wurden eine besondere Aufklärungspflicht des unternehmerischen Gläubigers (§ 25c KSchG) und ein richterliches Mäßigungsrecht (§ 25d KSchG) aufgenommen (BGBl 1997/6). Sie gelten für Verbrauchergeschäfte (s unten Rz 1174).

1. Begriff des Interzedenten

Wer als Interdezent in den Genuss der gesetzlichen Schutzvorschrif- 703
ten kommt, ist im Detail umstritten.

Im Zentrum steht die Sicherung einer materiell fremden Schuld. Die ältere Rechtsprechung hat daher die Interzedenteneigenschaft verneint, wenn ein Eigeninteresse des Interzedenten besteht,[13]) etwa zur Finanzierung eines Hauses, das Kreditnehmer und Interzedent gemeinsam bewohnen,[14]) zur Anschaffung von Möbeln für die gemeinsame Ehewohnung und zur Reparatur des PKW der Mithaftenden[15]) oder zur Finanzierung der gemeinsamen Lebenshaltungskosten.[16])

Unter Verweis auf § 25d Abs 2 Z 3 KSchG, der im Hinblick auf das richterliche Mäßigungsrecht zugunsten des Interzedenten auf dessen Nutzen aus der Leistung des Gläubigers abstellt, sieht die herrschende Lehre hingegen im Bestehen eines Eigeninteresses des Mithaftenden an der Kreditierung keinen Grund für die Verweigerung der

---

[7]) OGH ecolex 2000, 712; ÖBA 2014/2013.

[8]) OGH JBl 1995, 651 *(Mader);* JBl 1998, 36 und 778. S zu weiteren Kriterien iS eines beweglichen Systems *Graf,* ÖBA 1995, 778ff; *Th. Rabl,* Bürgschaft 62ff mwN.

[9]) Zur Erkennbarkeit s OGH ÖBA 1999, 647 mwN.

[10]) OGH ecolex 2000, 198 *(Th. Rabl)* = ÖBA 2000, 619 (kritisch *Graf*).

[11]) OGH ecolex 2000, 281; ÖBA 2000, 922 und 924; ecolex 2003/101; ÖBA 2010/1611.

[12]) Vgl OGH ÖBA 1999, 830 = ecolex 1999, 460 *(Th. Rabl).*

[13]) OGH ÖBA 2005/1246; ÖBA 2005/1247 (kritisch *P. Bydlinski*); ÖBA 2005/1316; ÖBA 2007/1415; ÖBA 2010/1590; ÖBA 2010/1591 (zu letzteren beiden *Kellner*); ÖBA 2011/1683 (mit Überblick über die Judikaturentwicklung).

[14]) OGH ÖBA 2005/1247 (kritisch *P. Bydlinski*).

[15]) OGH ÖBA 2005/1316.

[16]) OGH ÖBA 2010/1590 (dazu *Kellner,* ÖBA 2010/1591, 58; *Kellner,* Zum Interzessionsbegriff des § 25c KSchG, Zak 2009/320, 207).

Qualifizierung als Interzedent iSd § 25c KSchG.[17]) Dem hat sich die jüngste Rechtsprechung angeschlossen und sieht als ausschlaggebendes Merkmal der Schutzbedürftigkeit des Interzedenten den Umstand, dass dieser damit rechnen kann, die Schuld aufgrund eines Regressanspruchs materiell gesehen letztlich nicht tragen zu müssen.[18]) Dies gilt aber nur dann, wenn dieser Verwendungszweck dem Gläubiger bei Eingehen der Verbindlichkeit bekannt war.[19])

Nach Absicht des Gesetzgebers sollen allerdings Fälle, „in denen mehrere Personen gemeinsam und im gemeinsamen Interesse eine Verbindlichkeit (als ‚echte Mitschuldner') eingehen", von den Interzessionsregeln nicht erfasst werden.[20]) Trotzdem bejahen manche[21]) eine Teilinterzession: Nehmen etwa zwei Personen für ein gemeinsames Vorhaben (zB Autokauf, Haussanierung) als „echte Mitschuldner" einen Kredit auf und haften sie im Innenverhältnis je zur Hälfte, dann interzedieren sie zugleich je zur Hälfte für eine materiell fremde Schuld, weil sie sich bei Inanspruchnahme durch den Kreditgeber beim jeweils anderen regressieren könnten. Wegen dieses Regressanspruchs seien auf die fremde Hälfte die Interzessionsregeln anwendbar (auf die eigene freilich nicht). Der OGH sieht allerdings bei einem derartigen Verständnis keinen Raum mehr für die Nichtanwendbarkeit der Interzessionsregeln bei „echten Mitschuldnern", weshalb er eine Aufteilung eines für gemeinsame Zwecke eingegangenen Kredits auf einzelne Haftende als nicht zwingend ansieht.[22])

Ob und unter welchen Voraussetzungen Gesellschafter und Geschäftsführer von unternehmerisch tätigen Gesellschaften als Unternehmer zu behandeln sind, wird in Lehre und Rechtsprechung verschieden beantwortet).[23]) Lehnte man ihre Unternehmereigenschaft ab, kämen sie bei Übernahme einer persönlichen Besicherung für „ihre" Gesellschaft in den Genuss der §§ 25b ff KSchG. Das liefe in einigen Fällen dem Grundgedanken des KSchG zuwider, das bloß eine Ungleichgewichtslage zwischen Unternehmern und (unerfahrenen) Verbrauchern ausgleichen will.[24]) Aus diesem Grund sprach der OGH aus, dass eine teleologische Reduktion einzelner Bestimmungen des KSchG infrage komme, sodass sich zB jemand, der (zusammen mit seinem Bruder) die

---

[17]) *P. Bydlinski,* ÖBA 2005/1247, 52; *P. Bydlinski,* ÖBA 2006/1331, 209; *Wallner,* ÖBA 2007, 340ff; *Kellner,* Zak 2009/320, 207; *Kellner,* ÖBA 2010/1591, 58; *I. Faber,* JBl 2010, 515; *Apathy* in *Schwimann/Kodek*[4] § 25c KSchG Rz 1; *Kathrein/Schoditsch* in KBB[4] § 25c KSchG Rz 3; vgl auch *Graf,* ÖBA 1995, 786; *Kolba* in *Kosesnik-Wehrle,* KSchG[4] § 25c Rz 5f.

[18]) OGH JBl 2009, 253 *(P. Bydlinski);* JBl 2010, 509 *(I. Faber, Lukas)* = ÖBA 2010/1650 *(Apathy);* ÖBA 2010/1591 *(Kellner);* ÖBA 2011/1738; JBl 2012, 308; ÖBA 2012/1819 *(Heinrich).*

[19]) OGH ÖBA 2010/1591 *(Kellner);* vgl auch OGH ÖBA 2006/1396; JBl 2009, 253 *(P. Bydlinski);* ÖBA 2012/1863; ÖBA 2014/2025.

[20]) EB 311 BlgNR 20. GP 26.

[21]) *P. Bydlinski,* ÖBA 2005, 53; diesem folgend OGH JBl 2009, 253 *(P. Bydlinski);* ÖBA 2010/1591 (zustimmend *Kellner*); zustimmend auch *Heinrich,* JBl 2012, 363f; *Graf,* ZFR 2012/95, 170; aA *Wallner,* ÖBA 2013, 575.

[22]) OGH ÖBA 2012/1819 (kritisch *E. Heinrich*); EF-Z 2014/78; vgl auch *Graf,* ZFR 2012/95, 166.

[23]) Siehe dazu nur OGH ÖBA 2013/1937 *(Weber)* = ecolex 2013/392 *(Wilhelm)* (dazu *Harrer,* Gesellschafter als Bürgen: Unternehmer oder Verbraucher? Zak 2013/436, 227); ÖBA 2015/2132; *Kosesnik-Wehrle* in *Kosesnik-Wehrle,* KSchG[4] § 1 Rz 9a ff; jeweils mit ausführlicher Darstellung der Lehre und Rechtsprechung. Vgl auch OGH GesRZ 2014, 193 *(Hackl)* (dazu *Kraus,* Korrespondenz zu „Gesellschaftsrechtliche Streitigkeiten im Schiedsverfahren [OGH 16. 12. 2013, 6 Ob 43/13m]", JBl 2014, 608; *Czernich,* Anwendbares Recht zur Bestimmung der Verbrauchereigenschaft im Schiedsverfahren, RdW 2014/274, 251; *Schumacher,* OGH zu Schiedsvereinbarungen mit Verbrauchern, ÖJZ 2014/58, 381; *Nueber,* OGH 16. 12. 2013, 6 Ob 43/13m: Cui bono? wbl 2014, 194; *Liebscher/Zeiler,* Der OGH und § 617 ZPO, ecolex 2014, 425).

[24]) Vgl dazu unten Rz 1170.

Geschäfte führte und zur Erhaltung des unternehmerischen Betriebes eine Bürgschaft übernommen hat, nicht auf § 25c KSchG berufen kann.[25]) Wird ein Verbraucher nach Übernahme der Haftung für eine fremde Schuld Unternehmer, verhindert dies nicht, dass er in den Genuss der §§ 25b ff KSchG kommt.[26])

Der Begriff der Interzession wird durch den wirtschaftlichen Zweck gekennzeichnet, maßgeblich ist die Besicherung einer materiell fremden Schuld. Auf die Ausgestaltung der Übernahme der Verpflichtung kommt es nicht an. Die Interzessionsschutznormen sind daher auch auf jene Fälle (analog) anzuwenden, in denen mit Wissen des Kreditgebers die eigentlich kreditbedürftige Person als Sicherer und der eigentlich schutzwürdige Sicherer als Kreditnehmer fungiert (Rollentauschfälle).[27])

Die Pfandbestellung ist nach der Rechtsprechung keine Interzession und erlaubt auch keine analoge Anwendung der §§ 25c und 25d KSchG.[28])

2. Aufklärungspflichten (§ 25c KSchG)

Tritt ein Verbraucher einer materiell fremden Verbindlichkeit als 704
Mitschuldner, Bürge oder Garant bei, so treffen einen Gläubiger, der Unternehmer ist, gewisse **Aufklärungspflichten:** Er hat den Interzedenten auf die **wirtschaftliche Lage** des Schuldners hinzuweisen, wenn er erkennt oder erkennen muss, dass dieser seine Verbindlichkeit nicht oder nicht vollständig erfüllen wird (§ 25c KSchG).[29])

Grundsätzlich muss der Gläubiger den Interzedenten auch dann aufklären, wenn dieser an sich über die finanzielle Situation des Hauptschuldners Bescheid weiß.[30]) Die Aufklärungspflicht entfällt nur, wenn der Interzedent zur Gänze über die Finanzlage

---

[25]) OGH ÖBA 2013/1937 *(Weber)* = ecolex 2013/392 *(Wilhelm)* (dazu *Harrer,* Zak 2013/436, 227).

[26]) Vgl OGH ÖBA 2014/2027.

[27]) OGH ÖBA 2006/1396; JBl 2009, 253 *(P. Bydlinski); Kathrein/Schoditsch* in KBB[4] § 25c KSchG Rz 3; vgl auch *Wallner,* ÖBA 2007, 342; *Heinrich,* JBl 2012, 363. Zum Interzedentschutz für den Alleinkreditnehmer OGH ÖBA 2007/1396; kritisch *P. Bydlinski,* Interzessionsschutz für den Alleinkreditnehmer? in FS H.P. Westermann (2008) 125; *P. Bydlinski,* JBl 2009, 259; diesem zustimmend *Bollenberger,* ÖBA 2012/1871, 846.

[28]) OGH JBl 2003, 47 (kritisch *Apathy*) = ÖBA 2002, 730 (kritisch *P. Bydlinski*); ÖBA 2007/1426; ÖBA 2007/1429 *(P. Bydlinski);* ÖBA 2008/1457 = ecolex 2007/316 *(Th. Rabl)* = AnwBl 2008, 11 *(Bisanz);* ÖBA 2010/1631; vgl aber OGH ÖBA 2000, 811; ÖBA 2003, 217; *Eigner,* ÖBA 2003, 911ff; *Jud,* Konsumentenschutz in der Rechtsprechung, ÖJZ 2004, 247ff; *Mayrhofer* in *Klang*[3] § 25c KSchG Rz 22; *Wallner,* ÖBA 2007, 343ff; *Apathy,* ÖJZ 2008/28, 253; *Apathy* in *Schwimann/Kodek*[4] § 25c KSchG Rz 1; *Heinrich,* JBl 2012, 360ff; *Wallner,* ÖBA 2013, 582; vermittelnd *Bollenberger,* ÖBA 2008, 656f. Zum Diskontvertrag OGH ecolex 2000, 279 *(Thaler)* = ÖBA 2000, 914 *(Fitz); Fruhstorfer,* Aufklärungspflichten von Banken beim Wechseldiskont, ÖBA 2000, 871.

[29]) *Graf,* ÖBA 1995, 781f; *S. Haas,* JBl 2002, 538; *Jud,* ÖJZ 2004, 248; *Wallner,* ÖBA 2007, 345ff; *Weissel,* ÖBA 2008, 501ff; *Bollenberger,* ÖBA 2008, 653ff; OGH ecolex 2002, 170 und 246; ÖBA 2002, 501 *(Graf);* SZ 2006/11 = ÖBA 2006, 598 *(P. Bydlinski)* = ecolex 2006/203 *(Th. Rabl).* Zur Beweislast des Interzedenten OGH JBl 2006, 384; ÖBA 2006/1397; ÖBA 2007/1415; RdW 2008/477; *Kathrein/Schoditsch* in KBB[4] § 25c KSchG Rz 7; *Wallner,* ÖBA 2007, 350ff; *Heinrich,* JBl 2012, 367. Zur Aufklärungspflicht gegenüber Erben OGH JBl 2013, 321.

[30]) OGH ÖBA 2001, 166 *(G. Graf);* ÖBA 2003, 620 *(P. Bydlinski);* JBl 2006, 384; *Kathrein/Schoditsch* in KBB[4] § 25c KSchG Rz 5.

des Hauptschuldners unterrichtet ist und der Hinweis von Seiten des Gläubigers keine Warnfunktion mehr bewirken kann.[31])

Eine bloß formularmäßige Erklärung, dass der Bürge über die wirtschaftliche Situation des Kreditnehmers aufgeklärt wurde, reicht nicht aus. Um der Warnfunktion des § 25c KSchG gerecht zu werden, hat der Kreditgeber konkrete Informationen über die wirtschaftliche Lage des Kreditnehmers darzulegen, etwa dessen Einkommen oder seine anderweitigen Belastungen.[32])

705 **Verletzt** der Unternehmer seine **Aufklärungspflicht,**[33]) haftet der Verbraucher nur dann aus seiner Sicherstellungsverpflichtung, wenn er seine Verpflichtung – wenn auch nur in einem geringeren Umfang[34]) – auch nach vollständiger Information **übernommen hätte.**[35]) Trifft dies nicht zu, kann der Interzedent eine bereits erbrachte Leistung gemäß § 1431 **zurückfordern.**[36]) Die unterlassene Information ist außerdem eine Verwaltungsübertretung nach § 32 Abs 1 Z 1 lit d KSchG.

Wird der Kreditgeber selbst aktiv, um die Einbeziehung des Interzedenten in das Schuldverhältnis zu bewirken, so deutet dies nach ständiger Rechtsprechung prima facie darauf hin, dass er die Hauptschuld als nicht gesichert ansieht.[37]) Diese Annahme ist aber nur für die nachträgliche Einbeziehung in ein Schuldverhältnis gerechtfertigt.[38])

Zur Informationspflicht über die Säumigkeit des Hauptschuldners (§ 25b Abs 2 KSchG) s unten Rz 944.

3. Mäßigungsrecht (§ 25d KSchG)

706 Ist die Interzession wirksam, so hat der Richter nach § 25d KSchG ein **Mäßigungsrecht** bis zum Erlass der Schuld, wenn diese unter Berücksichtigung aller Umstände in einem unbilligen **Missverhältnis** zur **Leistungsfähigkeit** des Interzedenten steht[39]) und dem Gläubiger bei Begründung der Verbindlichkeit die Tatsache, dass der Verbraucher bloß Interzedent ist, und die Umstände, die das Missverhältnis begründet oder herbeigeführt haben, **erkennbar** waren.[40])

---

[31]) OGH ÖBA 2006/1331 *(P. Bydlinski)* = ecolex 2005/433 *(Wilhelm);* ÖBA 2007/1409; ecolex 2013/167; zur Warnfunktion s *Wallner,* ÖBA 2007, 345 ff; OGH ÖBA 2012/1871 (zustimmend *Bollenberger*).

[32]) OGH ÖBA 2006, 598 *(P. Bydlinski)* = ecolex 2006/203 *(Th. Rabl); Weissel,* ÖBA 2008, 501 ff; zur Warnfunktion des § 25c KSchG *Bollenberger,* ÖBA 2008, 653 f.

[33]) Zum Bankgeheimnis vgl *Graf,* ÖBA 1995, 782; *Goriany,* Aufklärungspflicht bei Interzessionen, JAP 2004/2005, 54 (55).

[34]) OGH ecolex 2001, 44 (kritisch *Wilhelm*) = ÖBA 2001, 166 *(Graf).*

[35]) OGH ÖBA 2001, 166 *(Graf);* RdW 2002/76; JBl 2006, 384.

[36]) *Apathy* in *Schwimann/Kodek*[4] § 25c Rz 7; vgl auch *Graf,* ÖBA 1995, 782 ff.

[37]) OGH ÖBA 2003, 620 *(P. Bydlinski);* ecolex 2004/116 (kritisch *Kletečka*).

[38]) OGH EvBl 2004/99; offenlassend OGH ecolex 2004/116 (kritisch *Kletečka*).

[39]) Dabei sind auch Umstände nach Vertragsschluss zu berücksichtigen; *P. Bydlinski,* ZIK 1995, 140; OGH ecolex 2013/167; aA *Th. Rabl,* Bürgschaft 68 f mwN; *Th. Rabl,* Verbraucherbürgschaft: Der OGH erstmals zu den §§ 25c, d KSchG, ecolex 2000, 271; differenzierend OGH ÖBA 2008/1490. S dazu auch *Mayrhofer* in *Klang*[3] § 25d KSchG Rz 24 ff.

[40]) OGH ÖBA 2000, 527; JBl 2000, 794; ÖBA 2010/1617; ÖBA 2013/1978; ÖBA 2014/2012; ÖBA 2014/2013.

Solche Umstände sind beispielsweise: Interesse des Gläubigers an der Sicherstellung; Verschulden des Interzedenten am Entstehen des Missverhältnisses; Nutzen der Leistung des Gläubigers für den Interzedenten; Leichtsinn, Zwangslage, Unerfahrenheit, Gemütsaufregung oder Abhängigkeit des Interzedenten vom Schuldner bei der Begründung der Verbindlichkeit.

§ 25d KSchG soll „unerträgliche Einzelfälle" erfassen (langfristiger 707 wirtschaftlicher Ruin des Interzedenten), Interzessionen von wirtschaftlich leistungsschwachen Personen oder nahen Angehörigen aber nicht generell verhindern.

VI. Die Anweisung (Assignation)

Literatur: *K. Adler,* Das Anweisungsrecht des ABGB, GrünhutsZ 40, 189; *Fink,* Anweisung auf Schuld und Anfechtung, ÖJZ 1985, 433; *Koziol,* Streckengeschäft und Anweisung, JBl 1977, 617; *Koziol,* Anweisung und Gläubigeranfechtung im Konkurs des Anweisenden, JBl 1985, 586; *Spielbüchler,* Der Dritte im Schuldverhältnis (1973); *Spielbüchler,* Anweisung und Rechtsgrund, ÖBA 2002, 423; *Spielbüchler,* Die Verpflichtung aus der Annahme einer Anweisung, JBl 2003, 825.

A schuldet dem C € 1.000,–. Er weist seinen Geschäftsfreund B an, C diesen Betrag zu zahlen.

A. Wesen der Anweisung

Durch die Anweisung ermächtigt der Anweisende den Angewiesenen, 708 *auf seine (des Anweisenden) Rechnung an den Anweisungsempfänger zu leisten.*

Die Anweisung ist ein dreipersonales Schuldverhältnis. Die beteilig- 709 ten Personen heißen **Anweisender** oder Assignant (im Beispiel A), **Angewiesener** oder Assignat (im Beispiel B) und **Anweisungsempfänger** oder Assignatar (im Beispiel C).

Die Anweisung enthält eine **doppelte Ermächtigung.**[1]) Einerseits 710 wird der Angewiesene ermächtigt, an den Anweisungsempfänger **zu leisten.** Der Angewiesene handelt hiebei zwar auf Rechnung des Anweisenden, jedoch im **eigenen Namen,** also nicht als direkter Stellvertreter.

Ermächtigung bedeutet, dass der Angewiesene auf Rechnung des Anweisenden handeln darf. Eine Verpflichtung entsteht nur bei der Anweisung auf Schuld.

Andererseits liegt in der Anweisung die Ermächtigung an den An- 711 weisungsempfänger, die Leistung beim Angewiesenen als solche des Anweisenden, also auf dessen Rechnung, aber im eigenen Namen, **zu empfangen.**

Die Anweisung ist ein **doppelter Auftrag,** wenn sich gegenüber dem 712 Anweisenden der Angewiesene zur Leistung und der Anweisungsempfänger zur Geltendmachung der Anweisung verpflichtet.

Wegen der doppelten Ermächtigung werden durch die Erfüllung 713 **zwei Leistungsakte** gesetzt: 1. Der Angewiesene erbringt mit der Zahlung an den Anweisungsempfänger eine Leistung an den Anweisenden.

---

[1]) Dazu OGH ÖBA 1988, 926; JBl 1996, 51; ÖBA 1999, 650; ÖBA 2006/1351.

2. Der Anweisende leistet durch den Angewiesenen an den Anweisungsempfänger.

Die Rechtsfigur der Anweisung liegt einer Reihe von bekannten Rechtsfiguren zugrunde. So sind Wechsel, Scheck und kaufmännische Anweisung besondere Formen der Anweisung. Auch das Kreditkartengeschäft beruht auf einer Anweisung.[2])

714 Die Anweisung kann jeden beliebigen Inhalt haben, lautet aber meist auf Geld oder andere vertretbare Sachen.

B. Deckungsverhältnis – Valutaverhältnis – Einlösungsverhältnis

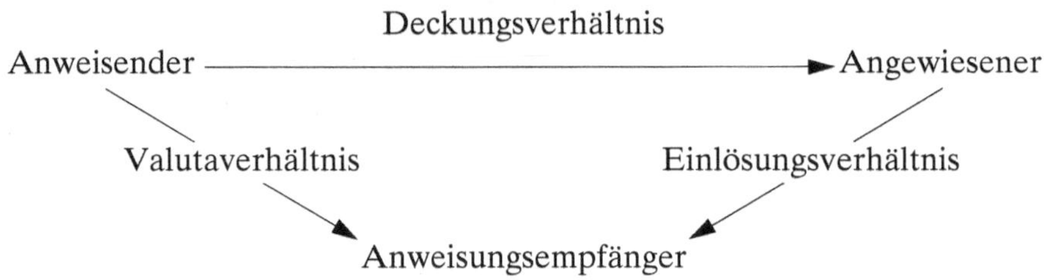

715 Das Verhältnis zwischen Anweisendem und Angewiesenem heißt Deckungsverhältnis, jenes zwischen Anweisendem und Anweisungsempfänger Valutaverhältnis. Das Verhältnis zwischen Angewiesenem und Empfänger wird Einlösungsverhältnis genannt.

716 Das **Deckungsverhältnis** rechtfertigt die Leistung des Angewiesenen gegenüber dem Anweisenden. Der Grund hiefür kann darin liegen, dass der Angewiesene dem Anweisenden die zu erbringende Leistung schon schuldet (Anweisung **auf Schuld**). Dann ist der Angewiesene gegenüber dem Anweisenden verpflichtet, der Anweisung Folge zu leisten (§ 1401).[3]) Hingegen muss er auch die Anweisung auf Schuld nicht gegenüber dem Anweisungsempfänger annehmen. Selbst wenn er eine Annahmeerklärung abgibt, wird er nicht schon dadurch von seiner Schuld gegenüber dem Anweisenden befreit, sondern erst durch seine Leistung. Die „Deckung" muss aber nicht eine Schuld des Angewiesenen sein, sie kann auch in einer Schenkung des Angewiesenen an den Anweisenden oder in einer Kreditgewährung an ihn liegen (Anweisung **auf Kredit**). Besteht kein anderes Schuldverhältnis, so gelten zwischen Anweisendem und Angewiesenem die Vorschriften über den Auftrag. Es hängt also vom Deckungsverhältnis ab, ob der Angewiesene nach Zahlung einen Anspruch auf Vergütung (Revalierungsanspruch) gegen den Anweisenden hat.[4])

---

[2]) Dazu OGH ÖBA 2006/1341 *(Vogel)* = ecolex 2006/43 *(Leitner);* SZ 2006/89; ÖBA 2008/1456 = ecolex 2007/290 *(Friedl);* ÖBA 2015/2010; kritisch *Mendel,* Zur Rechtsnatur des Kreditkartengeschäfts, Zak 2007/401, 223.

[3]) Zur Frage, ob der Angewiesene Änderungen seiner Verpflichtung dulden muss: *Koziol,* Das vertragliche Abtretungsverbot, JBl 1980, 122.

[4]) Vgl OGH EvBl 1978/91.

Das **Valutaverhältnis** rechtfertigt die Leistung im Verhältnis zwischen Anweisendem und Anweisungsempfänger. Dieses Verhältnis ist überhaupt der Grund der Anweisung. Meist hat das Valutaverhältnis eine Schuld des Anweisenden gegenüber dem Empfänger zur Grundlage (Anweisung **zur Zahlung**). Die Anweisung wirkt jedoch im Zweifel nur **zahlungshalber;** dh dass der Anweisungsempfänger erst befriedigt wird, wenn er die Leistung erhält (§ 1401 Abs 3). Das Valutaverhältnis kann allerdings auch eine Kreditgewährung, zB die Einräumung eines Darlehens, zum Gegenstand haben. Die einzelnen Rechte und Pflichten der Parteien folgen dann aus diesem Grundverhältnis. 717

Bei einer mit Einverständnis des **Anweisungsempfängers** gemachten Anweisung treffen diesen gegenüber dem Anweisenden verschiedene **Pflichten:** Soll mit der Leistung eine Schuld bei ihm getilgt werden, so ist er verpflichtet, den Angewiesenen zur Leistung **aufzufordern** (§ 1401 Abs 1). Er muss überdies dem Anweisenden ohne Verzug **Mitteilung** machen, wenn er von der Anweisung keinen Gebrauch machen will oder wenn der Angewiesene ihm gegenüber die Annahme oder die Leistung **verweigert** (§ 1401 Abs 2). 718

Der Anweisungsempfänger hat kein Rückgriffsrecht gegen den Anweisenden, wenn der Angewiesene die Leistung verweigert. Erfolgt aber – wie gewöhnlich – die Anweisung nur zahlungshalber, so kann der Anweisungsempfänger ohnedies weiterhin seine Forderung aus dem Valutaverhältnis geltend machen.[5]) 719

Vgl allerdings zum Rückgriff im Wechsel- und Scheckrecht die Art 43ff WechselG und die Art 40ff ScheckG.

Zwischen dem Angewiesenen und dem Anweisungsempfänger besteht an sich kein besonderes Schuldverhältnis. Sie werden nur durch den Einlösungsvorgang, das sog **Einlösungsverhältnis** (Abwicklungsverhältnis, Liquidationsverhältnis) miteinander verbunden. Der Angewiesene erbringt nur dem Anweisenden eine Leistung, indem er für ihn beim Anweisungsempfänger erfüllt. Dem Anweisungsempfänger wird nur vom Anweisenden geleistet, indem der Angewiesene für diesen und auf dessen Rechnung zahlt. 720

C. Annahme der Anweisung

Durch die Anweisung wird zwar der Angewiesene ermächtigt, an den Empfänger zu leisten; eine Pflicht zur Leistung besteht nur bei der Anweisung auf Schuld (§ 1401 Abs 1) und nur gegenüber dem Anweisenden. 721

Durch die Anweisung erhält der Anweisungsempfänger keinen Anspruch gegen den Angewiesenen. Ein solcher entsteht allerdings mit der **Annahme der Anweisung** durch den Angewiesenen und deren Zugang an den Anweisungsempfänger (§ 1400). 722

[5]) Dazu auch *Bichler,* Rechtliche Aspekte des Kreditkartengeschäftes, ÖBA 1986, 600.

723 Annahme der Anweisung oder Akzept ist das **einseitige Versprechen** des Angewiesenen, dem Anweisungsempfänger Zahlung zu leisten. Die Annahme ist bis zu ihrem Zugang an den Empfänger widerruflich.

724 Der Angewiesene ist zur Annahme der Anweisung **nicht verpflichtet.** Nimmt er sie jedoch an, so führt dies zu einem weitgehenden Einredenausschluss im Verhältnis zum Empfänger. Er kann ihm dann nur Einwendungen entgegensetzen, welche 1. die **Gültigkeit** der Annahme betreffen, 2. sich aus dem **Inhalt** der Anweisung oder 3. aus seinen **persönlichen Beziehungen** zum Empfänger ergeben (§ 1402). Einwendungen aus dem Deckungsverhältnis oder Valutaverhältnis stehen ihm nicht zu. Die Annahme erzeugt insoweit eine **„abstrakte Schuld“.**[6])

Der Angewiesene kann also einwenden, dass die Annahmeerklärung gefälscht oder dass er sie im Zustand der Geschäftsunfähigkeit abgegeben habe. Ein Einwand aus dem Inhalt der Anweisung ist zB, dass die Leistung nach der Anweisung selbst noch nicht fällig ist. Lautet die Anweisung „Zahlen Sie den Betrag, den ich dem C (Anweisungsempfänger) aus dem Kaufvertrag mit ihm schulde“ (sog titulierte Anweisung), so kann sich der Angewiesene darauf berufen, dass das Grundgeschäft (Kaufvertrag) ungültig ist. Aus dem persönlichen Verhältnis zum Empfänger kann der Angewiesene zB eine Forderung compensando einwenden.

Hingegen kann der Angewiesene dem Empfänger nicht entgegenhalten, dass er dem Anweisenden nichts schulde, dass dieser schon selbst an den Empfänger gezahlt habe oder dass der Empfänger dem Anweisenden schlechte Ware geliefert habe, weshalb ein Recht auf Wandlung oder Preisminderung besteht.

725 Die Annahme ist **unwirksam,** wenn ihr keine gültige Anweisung zugrunde liegt.[7])

726 Trotz Annahme der Anweisung gegenüber dem Empfänger kann der Angewiesene die Leistung verweigern, wenn weder ein gültiges Deckungsverhältnis noch ein gültiges Valutaverhältnis besteht.[8])

Meist wird dann auch die Anweisung ungültig sein. Soweit dies nicht der Fall ist, stünde dem Angewiesenen (auch) der Einwand der rechtsmissbräuchlichen Inanspruchnahme zu.

Zur bereicherungsrechtlichen Rückabwicklung s unten Rz 1712 ff.

D. Erlöschen der Anweisung

727 Die Anweisung erlischt durch den **Widerruf.**[9]) Dieser ist allerdings gegenüber dem **Angewiesenen** unwirksam, sobald er die Anweisung gegenüber dem Empfänger angenommen oder ausgeführt hat (§ 1403

[6]) Vgl dazu *Spielbüchler,* JBl 2003, 825; OGH JBl 2007, 455 *(Dullinger).*

[7]) Unstreitig: *Pisko,* Lehrbuch des Österreichischen Handelsrechts (1923) 315 f, 336; *Wolff* in *Klang*² VI 332; *Wilburg* in *Klang*² VI 451; OGH SZ 38/218.

[8]) *Spielbüchler,* Der Dritte im Schuldverhältnis 49 ff; vgl auch *Mayrhofer,* Schuldrecht I 547 f.

[9]) Dazu OGH ÖBA 1988, 935 *(St. Frotz); Koziol* in *Apathy/Iro/Koziol,* Bankvertragsrecht² III Rz 1/41 ff. Zur Wirkung der Eröffnung eines Insolvenzverfahrens *Koziol* in *Apathy/Iro/Koziol,* Bankvertragsrecht² III Rz 1/154 ff; *Wilhelm,* Banküberweisung nach Konkurseröffnung, ecolex 1997, 834; OGH ÖBA 1997, 829 *(Koziol);* JBl 1996, 51.

Abs 1).[10]) Leistet der Angewiesene trotz Widerrufs, so kann er Ansprüche auf Aufwandersatz gegenüber dem Anweisenden nicht mehr auf die Ermächtigung stützen, uU aber auf § 1042.

Ob der Anweisende die Ermächtigung gegenüber dem **Empfänger** 728
widerrufen kann, richtet sich nach dem Valutaverhältnis. War nach diesem der Widerruf zulässig und macht der Empfänger trotz des Widerrufs durch den Anweisenden von der Anweisung Gebrauch, so haftet er dem Anweisenden. Bei Unzulässigkeit des Widerrufs wird der Anweisende dem Empfänger verantwortlich, wenn die Leistung an ihn ausbleibt.

E. Akkreditiv und Kassalieferschein

Die Leistung des Angewiesenen kann von einer Gegenleistung des 729
Anweisungsempfängers abhängig gemacht werden. Erhält der Empfänger die Leistung vom Angewiesenen erst, wenn er die Erbringung seiner eigenen **Leistung nachweist,** so nennt man die Anweisung **„Akkreditiv".**[11])

A weist die ausländische Bank B an, C den Kaufpreis auszuzahlen, sobald dieser durch das Frachtbrief-Doppel nachweist, dass er die Ware an A abgesendet hat.

Während beim Akkreditiv der Angewiesene Geld zu leisten hat, 730
stellt der **Kassalieferschein** eine bedingte Warenanweisung dar. Der Angewiesene soll die Ware an den Empfänger nur unter der Bedingung ausfolgen, dass dieser zahlt.

Der Großhändler A weist seinen Lieferanten B an, 100.000 l Heizöl gegen Bezahlung des Kaufpreises („gegen Kassa") unmittelbar an den Abnehmer C auszuliefern.

F. Die Giroüberweisung

Die Giroüberweisung ist ein **Sonderfall der Anweisung.**[12]) Auch sie 731
besteht in einer doppelten Ermächtigung. Die erste Ermächtigung erteilt der Überweisende seiner **Bank,** die zweite dem **Anweisungsempfänger.**

Dem Anweisungsempfänger wird die Ermächtigung von seiner eigenen Bank übermittelt, welche insoweit die Stellung eines Boten hat.[13])

Die Besonderheit der Giroüberweisung liegt darin, dass die angewiesene Bank keine Zahlung an den Empfänger leisten, sondern ihm durch die Gutschrift auf seinem Konto bloß eine Forderung (Buchgeld)

---

[10]) Vgl OGH ÖBA 1988, 293; JBl 1994, 689; SZ 70/264. Zur daraus folgenden Unwiderruflichkeit der Zahlungspflicht der Kreditkartengesellschaft gegenüber dem Vertragsunternehmen nach Unterzeichnung des Rechnungsbeleges vonseiten des Karteninhabers OGH SZ 2006/89.

[11]) Zu diesem *Apathy* in *Apathy/Iro/Koziol,* Bankvertragsrecht[2] V Rz 1/1 ff; OGH ÖBA 1996, 962; RdW 1998, 264. Vgl auch *Diwok,* Kondiktion der Akkreditivzahlung bei Dokumentenfälschung, ÖBA 2001, 360; *P. Bydlinski,* Rückgriff der Akkreditivbank kraft Legalzession (§ 1358), ÖBA 2002, 680; *Apathy,* Aktuelle Fragen des Dokumentenakkreditivs, ÖBA 2009, 199.

[12]) OGH ÖBA 1986, 301 *(Koziol);* JBl 1994, 689; ÖBA 2006/1351; *Ertl* in *Rummel*[3] § 1400 Rz 5; *Koziol* in *Apathy/Iro/Koziol,* Bankvertragsrecht[2] III Rz 1/6 ff.

[13]) OGH ÖBA 2001, 472 *(Koch).*

verschaffen soll.[14]) Die Gutschrift ist als Annahme der Anweisung zu verstehen, die eine abstrakte Verpflichtung begründet.[15]) Dieses abstrakte Schuldversprechen wird spätestens mit Zugang an den Kunden wirksam.[16]) Die Unwiderruflichkeit ist daher gegeben, wenn der Kunde den Kontostand in Erfahrung bringen und über das eingelangte Geld verfügen kann.[17])

[14]) OGH ÖBA 1990, 726; ÖBA 2004/1199 *(Bollenberger); Eccher/Hagen,* Erfüllungswirkung im Überweisungsverkehr, ÖBA 2000, 115.

[15]) Dazu OGH SZ 68/59 = ÖBA 1995, 900 *(Klicka).* Noch keine Selbstverpflichtung im Einlösungsverhältnis hingegen bewirkt in der Regel die bloße Bestätigung eines erhaltenen Überweisungsauftrags, OGH ÖBA 2006/1351; ÖBA 2007/1446 *(Dullinger);* vgl auch ÖBA 2007/1401 *(Koziol).* Zur Ausnahme bei der Erteilung eines unwiderruflichen Überweisungsauftrages OGH ÖBA 2009/1539 *(Rummel).*

[16]) OGH SZ 2002/62 = ecolex 2002, 741 *(Helmich);* ÖBA 2006/1351.

[17]) OGH SZ 2004/51.

2. Teil

Schuldrecht, Besonderer Teil

1. Kapitel

Einleitung

Der besondere Teil des Schuldrechts behandelt die **vertraglichen** und die **gesetzlichen** Schuldverhältnisse. 732

Die vertraglichen Schuldverhältnisse lassen sich nach verschiedenen Gesichtspunkten unterteilen. Vor allem gibt es die Einteilung nach den einzelnen **Typen von Verträgen** (Kauf, Tausch, Schenkung, Werkvertrag, Dienstvertrag usw), wobei sich diese wieder zu Gruppen zusammenfassen lassen. 733

Bei den **Veräußerungsverträgen** wird eine Sache einem anderen endgültig überlassen, wozu Kauf, Tausch und Schenkung gehören. Bei den **Gebrauchsüberlassungsverträgen** wird hingegen nur die Nutzung einer Sache auf Zeit überlassen. Dazu gehören Miete, Pacht und Leihe, aber auch das Darlehen und der Kreditvertrag, bei denen die Sache oder der Wert der Valuta auf Zeit hingegeben werden. 734

Eine Gruppe bilden die **Arbeitsverträge** im weitesten Sinn, bei denen eine Tätigkeit geschuldet wird. Der Arbeitsvertrag im engeren Sinn zeichnet sich durch die abhängige Stellung des Dienstnehmers aus. Beim Werkvertrag besteht nicht nur eine Pflicht zur Erbringung einer Arbeitsleistung, sondern auch zur Herstellung eines Erfolges. Beim freien Dienstvertrag wird zwar nur eine Tätigkeit geschuldet, doch ist der Dienstnehmer nicht an Weisungen gebunden. 735

Eine Mittelstellung zwischen den Gebrauchsüberlassungsverträgen und den Arbeitsverträgen nimmt der **Verwahrungsvertrag** ein (Überlassung von Raum für die Sache, Obhutspflichten). Inhalt des **Auftrages** ist eine rechtsgeschäftliche Tätigkeit. Die **Gesellschaftsverträge** zeichnen sich durch die Verfolgung eines gemeinsamen Zwecks durch alle Parteien aus. Zu einer einheitlichen Kategorie können auch die **Glücksverträge** zusammengefasst werden, zB Spiel, Wette und Leibrentenvertrag. 736

Die ausführliche Darstellung des Dienstvertrages wird dem Arbeitsrecht, jene des Gesellschaftsvertrages dem Gesellschaftsrecht überlassen.

Die vertraglichen Schuldverhältnisse können aber auch nach den **beteiligten Personen** unterschieden werden. So können an einem Vertrag (nur) Privatpersonen, (nur) Unternehmer („B2B") oder ein Unternehmer und eine Privatperson (Verbraucher, Konsument, „B2C") beteiligt sein. Man spricht dann von einem **Verbrauchergeschäft.** S dazu unten Rz 1174 ff. 737

Für Verträge zwischen zwei Privatpersonen kommen vor allem die Bestimmungen des ABGB zur Anwendung. Die Besonderheiten für ein- oder beiderseitige Unternehmergeschäfte werden im Unternehmensrecht dargestellt. Für Verbrauchergeschäfte gelten die einschlägigen Sondergesetze (KSchG, FAGG, VKrG, TNG, FernFinG usw).

Neuere Bestimmungen tragen spezifischen Vertragsabschlussformen, wie zB dem E-Commerce, dem Fernabsatz oder den außerhalb von Geschäftsräumen abgeschlossenen Verträgen, Rechnung. Vertragliche Schuldverhältnisse lassen sich daher auch nach der Art der **Vertriebsform** unterteilen.

738 Zu den **gesetzlichen** (außervertraglichen) **Schuldverhältnissen** gehören die **Geschäftsführung ohne Auftrag,** die **Rechtsgemeinschaft** ohne vertragliche Grundlage (communio incidens), das Schuldverhältnis aus der **Gastaufnahme,** die **Gläubigeranfechtung** und als besonders wichtige Gruppen das **Schadenersatzrecht** und das **Bereicherungsrecht.**

Die Miteigentumsgemeinschaft wird in Bd I Rz 917 ff erörtert.

2. Kapitel

Der Kauf (§§ 1053 ff)

Literatur: *K. Adler,* Kaufrechtliche Untersuchungen, GrünhutsZ 39, 510; *Mayer-Maly,* Dogmatik und Interessenwertung im Kaufrecht, ÖJZ 1973, 197; *Rabel,* Das Recht des Warenkaufs I (1936), II (1958); *Rabl,* Die Gefahrtragung beim Kauf (2002); *Riedler,* Modernisierungsbedarf des ABGB in den besonderen Bestimmungen über vertragliche Schuldverhältnisse! in *Fischer-Czermak/Hopf/Kathrein/Schauer,* ABGB 2011 – Chancen und Möglichkeiten einer Zivilrechtsreform (2008) 73; *Riedler,* Reformbedarf bei Tausch-, Kauf- und Dienstleistungsverträgen? ÖJZ 2008/99, 934; *G. Walter,* Kaufrecht (1987).

I. Begriff

739 *Durch den Kaufvertrag verpflichtet sich der Verkäufer zur Übereignung und tatsächlichen Übergabe einer Sache und der Käufer zur Zahlung des Kaufpreises (§§ 1053, 1061 f).*

740 Im Kaufvertrag vereinbaren die Parteien **„Ware gegen Preis“.** Der Kaufvertrag ist ein bloßes Verpflichtungsgeschäft, also nur der Rechtsgrund **(Titel)** für die Übereignung. Der Käufer erwirbt zunächst nur ein Forderungsrecht auf die **Übertragung** des **Eigentums** und des **Besitzes.** Die Übereignung selbst setzt die Übergabe der Sache (§§ 380, 1053), bei Liegenschaften die Einverleibung im Grundbuch voraus (§ 431). Der Abschluss des Kaufvertrages und seine Erfüllung sind also auseinanderzuhalten. Beim **„Handkauf“** (zB beim Ladenkauf) fallen allerdings Kaufvertrag und Erfüllung praktisch zusammen. Daher haben hier manche Vorschriften, wie die Verzugsregeln, keinen Anwendungsbereich. Liegt äußerlich das Bild eines Handkaufs vor, so streitet die Vermutung auch für die beiderseitige Erfüllung, sodass beweispflichtig ist, wer die Nichterfüllung behauptet.

741 Der Kaufvertrag kommt durch Einigung über **Ware** und **Preis** zustande.[1]) Weitere Vereinbarungen sind an sich nicht notwendig, weil das

[1]) Dazu OGH SZ 59/108; kritisch *Mayer-Maly,* ÖJZ 1973, 197; vgl auch OGH JBl 1978, 424; MietSlg 33.131; SZ 62/9; NZ 2006/56; Zak 2014/61.

nachgiebige Recht eingreift. Andererseits reicht die bloße Festlegung des Vertragsinhaltes nicht aus, zum Zustandekommen des Vertrages ist auch der beiderseitige Abschlusswille erforderlich.[2]) Dieser fehlt zB, wenn die Parteien einen Vertragspunkt der späteren Vereinbarung vorbehalten haben.[3]) Der Kaufvertrag unterliegt nur ausnahmsweise einer bestimmten **Form.**

So sind zB Kaufverträge unter Ehegatten oder eingetragenen Partnern notariatsaktspflichtig (§ 1 Abs 1 lit b NotAktsG; § 43 Abs 1 lit 11 EPG),[4]) s Bd I Rz 579. Der Erbschaftskauf bedarf zu seiner Gültigkeit eines Notariatsaktes oder eines gerichtlichen Protokolls (§ 1278 Abs 2), unten Rz 2444. Der Kauf von Geschäftsanteilen einer GmbH bedarf eines Notariatsaktes (§ 76 Abs 2 GmbHG).[5]) Von der Formbedürftigkeit des Titelgeschäftes sind die grundbücherlichen Formerfordernisse zu unterscheiden. So ist zur Einverleibung des Käufers eine verbücherungsfähige Urkunde nötig (s Bd I Rz 1130).

Gegenstand des Kaufes kann **jede Sache** sein; neben beweglichen 742
und unbeweglichen körperlichen Sachen[6]) auch unkörperliche wie Forderungen und sonstige Rechte. Die Elektrizität wird zu den körperlichen Sachen gerechnet (vgl § 15 Abs 1 KSchG).[7]) Auch Sachgesamtheiten können zum Inhalt eines Kaufes werden.[8]) Allerdings darf nicht immer Kauf angenommen werden, wenn eine Sache im Sinne des § 285 gegen Geld getauscht wird, weil sonst anderen Vertragstypen der Anwendungsbereich entzogen würde. So ist der Austausch von Geld und Handlungen ein Dienst- oder Werkvertrag, die entgeltliche Überlassung des Gebrauches einer Sache Miete oder Pacht. In der Regel bezieht sich der Kaufvertrag auf körperliche Sachen, wobei Genus und Spezies in Betracht kommen (s zur Unterscheidung oben Rz 114ff).

Kauf ist auch die dauerhafte Überlassung einer auf Datenträgern verkörperten Standardsoftware gegen Zahlung eines einmaligen Entgelts.[9]) Bei klassischen Online-Auktionen, bei denen der Anbieter lediglich eine Plattform zur Verfügung stellt, kommt ein Kaufvertrag direkt zwischen dem Einlieferer und dem erfolgreichen Bieter

---

[2]) Vgl OGH JBl 1974, 146; SZ 54/112.

[3]) OGH JBl 1976, 41; SZ 61/136; Zak 2012/102; Zak 2014/61.

[4]) Dazu OGH GesRZ 2013, 353 *(Umlauft).*

[5]) Dazu *Walch,* Zur Notariatsaktpflicht der Geschäftsanteilsübertragung bei zeitlichem Auseinanderfallen von Verpflichtungs- und Verfügungsgeschäft, NZ 2015/45, 126.

[6]) Zur Überlassung fertiger Standardsoftware: OGH JBl 1998, 577 *(Staudegger)* = ecolex 1998, 127 *(Wilhelm); Staudegger,* Rechtsfragen bei Individualsoftware (1995); *Staudegger,* Zur Qualifikation von Verträgen, die der Überlassung von Computersoftware dienen, JBl 1998, 604; vgl auch OGH JBl 1997, 458 *(Staudegger).*

[7]) Dazu *Bydlinski,* Energielieferung und Kaufrecht, in FS Hämmerle (1972) 31; *G. Plöchl,* Die elektrische Energie im Handelsrecht, in FS Demelius (1973) 415. S auch Bd I Rz 766.

[8]) Zum Unternehmen: *Stainer,* Die Gewährleistung beim Unternehmenskauf (1993) 4ff; *Puck,* Der Unternehmenskauf (1995); *Oberlechner,* Wann ist ein Unternehmen mangelhaft? ecolex 2006, 628; *Kogler,* Gewährleistungsfrist beim Unternehmenskauf, ecolex 2010, 239; OGH ecolex 1996, 15 *(Puck);* ecolex 1996, 247 *(Puck);* RdW 1998, 539; RdW 2003/201.

[9]) OGH SZ 70/202; EuGH C-128/11 („Used Soft"). *Staudegger,* Rechtsfragen beim Erwerb von IT-Systemen, in *Jahnel/Mader/Staudegger,* IT-Recht[3], 135 (141ff).

zustande.[10]) Beim App-Kauf kommt der Kaufvertrag zwischen dem App-Anbieter und dem Account Inhaber zustande.[11])

Auch künftige Sachen können verkauft werden, weil der Titel nicht mit der Übereignung zusammenfallen muss. Der Verkäufer einer Sache muss auch nicht ihr Eigentümer sein. Er kann sich das Recht daran später verschaffen oder vom Eigentümer eine Verfügungsermächtigung erhalten, wodurch er berechtigt wird, die fremde Sache im eigenen Namen zu übereignen (s unten Rz 154). Kann der Verkäufer dem Erwerber das Eigentum nicht verschaffen, so wird er gewährleistungspflichtig (oben Rz 328 ff), bei Verschulden hat er auch Schadenersatz zu leisten.

Auch der Kauf vom Dieb ist gültig, wenn der Käufer vom Diebstahl nichts weiß. Der Vertrag zwischen Dieb und Hehler verstößt allerdings gegen das Strafgesetz (§ 164 StGB) und ist daher nichtig (§ 879).[12])

743 Nach dem Gesetz muss der Kaufpreis in **„barem Gelde"** bestehen (§ 1054), was allerdings nicht zu eng verstanden werden darf. Auch unbare Zahlung **(Buchgeld)** wird nach der Verkehrsauffassung meist als hinreichend angesehen, ebenso steht die einvernehmliche Zahlung durch Wechsel oder in ausländischem Geld mit dem Wesen des Kaufvertrages nicht im Widerspruch.[13])

744 Nach § 6a KSchG hat der Unternehmer dem Verbraucher für die Erfüllung von dessen Geldschulden ein verkehrsübliches Bankkonto bekannt zu geben, damit dieser seine Zahlungspflicht mittels Banküberweisung erfüllen kann.[14]) Dies gilt allerdings nach Abs 1 nicht, wenn eine Barzahlung nach der Natur des Vertragsverhältnisses verkehrsüblich ist (zB Zug-um-Zug-Geschäft). Vgl zur Geldschuld oben Rz 154 ff.

745 Besteht die Gegenleistung allerdings nicht in Geld, sondern anderen Sachen, so liegt nicht Kauf, sondern Tausch vor.

746 Der Kaufpreis muss **bestimmt** oder objektiv **bestimmbar** sein (§ 1054).[15])

Bestimmbarkeit[16]) ist gegeben, wenn die Parteien zum Markt- oder Börsepreis abschließen, von einem orts- oder geschäftsüblichen („kundenüblichen") Preis ausgehen oder seine Bestimmung dem „billigen" Ermessen eines Dritten überlassen (§§ 1056, 1058). Wird von diesem in der bedungenen Zeit nichts festgesetzt oder will – wenn keine Zeit bedungen ist – ein Teil vor der Preisbestimmung zurücktreten, so wird

---

[10]) OGH ecolex 2007/388 *(Anderl)* = jusIT 2008/6 *(Mader)*.

[11]) *Burkowski/Schamberger*, App-Einkäufe durch Minderjährige, EF-Z 2015/4, 9.

[12]) *Bydlinski* in *Klang*² IV/2, 123; vgl auch *Ehrenzweig* II/1, 161 und OGH SZ 25/212.

[13]) *Wahle* in *Klang*² IV/2, 23 ff; *Mayer-Maly* in *Klang*² IV/2, 237 f. Zur Banküberweisung s § 907 a, oben Rz 157 f.

[14]) Vgl *Leupold* in *Kosesnik-Wehrle*, KSchG⁴ § 6a Rz 3.

[15]) OGH SZ 60/178; zur Bestimmbarkeit des Kaufpreises bei unklarer Vereinbarung hinsichtlich der Übernahme bücherlicher Lasten s OGH JBl 2008, 109 *(Rummel)* = wobl 2008/10 *(Call)*. Zur Frage eines Gesamtpreises bei Verkauf mehrerer Liegenschaften s OGH JBl 2005, 587 *(Holzner)* = NZ 2007/40 *(Hoyer)* (dazu *Bittner*, Gibt es einen eigenen Kaufvertrag für Grundbuchszwecke? NZ 2006/3, 16); gegenteilig OGH NZ 2006, 250 = AGS 653 *(Hoyer)* (dazu zustimmend *Bittner*, Der ABGB-Kaufvertrag gilt doch für Grundbuchszwecke, NZ 2006/25, 138). S zu unternehmensbezogenen Geschäften § 354 Abs 1 UGB.

[16]) Dazu *Mayer-Maly* in *Klang*² IV/2, 226 ff, 249 ff; vgl auch OGH SZ 60/178; NZ 1991, 40 *(Hofmeister)*; JBl 1991, 127; NZ 1998, 85 (zum Kaufobjekt).

im Zweifel der Kaufvertrag als nicht geschlossen angesehen (§ 1056).[17]) Das Preisbestimmungsrecht des Dritten (eines „Schiedsmannes“) ist ein Gestaltungsrecht.[18]) Die Ermächtigung des Dritten darf allerdings nicht als Recht zur Willkür verstanden werden; er hat einen „billigen Preis“ festzulegen.[19]) Innerhalb dieser Grenze kann die Preisbestimmung auch einem Vertragsteil überlassen werden (vgl schon oben Rz 112).[20])

Im Zweifel ist ein vereinbarter Preis so zu verstehen, dass er auch die 747 **Umsatzsteuer** umfasst.[21])

Der Käufer hat neben dem vereinbarten Kaufpreis die Umsatzsteuer nur zu bezahlen, wenn dies ausdrücklich vereinbart wurde oder wenn es einem Handelsbrauch entspricht.[22])

Bei Verstößen gegen gesetzliche Höchst- oder Mindestpreise ist die 748 davon abweichende Vereinbarung ungültig. Es gilt der gesetzliche Preis (§ 917 a), der Restvertrag bleibt aufrecht.

Wer **im Zweifel** die **Kosten** der Übergabe zu tragen hat, regelt 749 § 1063 a. Der Verkäufer hat demnach die Kosten der Übergabe der verkauften Ware, insbesondere die Kosten des Messens und Wägens zu tragen, während dem Käufer die Kosten der Abnahme und der Versendung der Sache an einen anderen Ort als den Erfüllungsort zur Last fallen.

II. Rechte und Pflichten aus dem Kaufvertrag

Der Verkäufer hat die Sache bis zur Zeit der Übergabe sorgfältig zu 750 *verwahren und sie dem Käufer der Vereinbarung gemäß mit ihren Bestandteilen und mit allem Zugehöre zu rechter Zeit, am gehörigen Ort und in dem Zustand, in welchem sie sich beim Abschluss des Vertrages befunden hat, zum freien Besitz zu übertragen (§§ 1061, 1047).*

Die Verpflichtung umfasst die Übertragung des Besitzes und des 751 Eigentums. Der Käufer leistet dafür den Kaufpreis.

Aus der Vereinbarung oder der Verkehrssitte können sich **Neben-** 752 **pflichten** ergeben, zB zur Erteilung von Auskünften, insbesondere von Gebrauchsanweisungen,[1]) zum Hinweis auf Gefahren,[2]) zur Übergabe

---

[17]) § 1056 ist auf andere Fälle der Leistungsbestimmung durch Dritte analog anzuwenden; OGH SZ 64/92.

[18]) *Welser,* Widerrufsvorbehalt und Teilkündigungsvereinbarung bei entgeltwerten Leistungen des Arbeitgebers, RdA 1991, 5 f; OGH RdA 1988, 235 *(Mayer-Maly).*

[19]) Vgl OGH JBl 1980, 151 *(Bydlinski);* JBl 1994, 252 *(Holzner);* SZ 69/168; *Welser,* RdA 1991, 5 f.

[20]) *Gschnitzer,* Schuldrecht BT², 30; *Mayer-Maly* in *Klang*² IV/2, 257 f; OGH SZ 64/92; ecolex 2007/51 *(Schanda);* vgl auch *Bürge,* Preisbestimmung durch einen Vertragspartner und die Tagespreisklausel, JBl 1989, 687; *Faber,* Zulässigkeit formularmäßiger Preisanpassungsklauseln in Kauf- und Werklieferungsverträgen im Spiegel aktueller Judikatur, Zak 2007/469, 267.

[21]) OGH JBl 1993, 107; HS 27.561; vgl aber auch OGH wobl 1991, 139 *(Würth).*

[22]) OGH SZ 48/30; SZ 60/50.

[1]) Vgl OGH SZ 43/220; HS 25.380.

[2]) S OGH SZ 52/74; JBl 1984, 41; HS 25.545; SZ 67/211; SZ 68/105; vgl auch *Pilgerstorfer,* Aufklärungspflicht und Gewährleistungsausschluss beim Kauf kontaminierter Grundstücke, ÖJZ 2001, 373.

von Urkunden (zB von Autopapieren beim Autokauf), die Pflicht zur Verpackung und Versendung oder zur Abgabe von Erklärungen vor Behörden. S oben Rz 14ff.

Insbesondere beim Verkauf einer schwierig zu handhabenden Maschine gilt die Nebenpflicht auf Ausfolgung einer Bedienungsanleitung als stillschweigend vereinbart. Der Verkäufer einer solchen Maschine hat gemäß § 1299 die für deren Bedienung und Wartung erforderlichen Kenntnisse zu besitzen und den Käufer entsprechend zu belehren. Diesbezüglich haftet er auch ohne die Voraussetzungen des § 1300 für eine etwaige Schädigung des Käufers.[3])

753 **Sukzessivlieferungsverträge** sind trotz ihrer Zugehörigkeit zu Dauerschuldverhältnissen inhaltlich oft Kaufverträge, und zwar unabhängig davon, ob die Teilleistungen insgesamt eine Einheit bilden (Kauf eines Kommentars in Lieferungen) oder eine gewisse Selbständigkeit aufweisen (Zeitungsabonnement). Ähnliches gilt für die **Zuleitungs-** und **Bezugsverträge,** zB solche über Wasser, Gas und Elektrizität.[4]) Sie sind oft mit der Nebenpflicht verknüpft, die Zuleitungswege instand zu halten und die Produktion weiter zu sichern. Der Kunde kann Zeitpunkt und Ausmaß der Leistung bestimmen (Recht auf Abruf).[5]) Auch sie sind also keine Ziel-, sondern Dauerschuldverhältnisse und damit „atypische Kaufverträge" (vgl oben Rz 32).

754 Den **Kauf auf Abruf** gibt es allerdings auch sonst. Man bezeichnet damit Kaufverträge, bei welchen der Käufer das Recht hat, (innerhalb eines gewissen Zeitraumes) die Sachleistung fällig zu stellen. Ruft er nicht rechtzeitig ab, so wird dies als Annahmeverzug behandelt.[6])

755 Die Pflicht des Verkäufers, dem Käufer bei der Übergabe das Eigentum zu verschaffen, wird bei Vereinbarung eines **Eigentumsvorbehalts** durchbrochen, wie er bei Kreditgeschäften üblich ist.[7]) Der Käufer erwirbt dann durch die Kaufpreiszahlung aufschiebend bedingtes Eigentum (s Bd I Rz 1311ff).

Der Eigentumsvorbehalt dient der Sicherung der Kaufpreisforderung. Der Verkäufer kann aufgrund seines dinglichen Rechtes die verkaufte Sache auch in der Insolvenz des Käufers herausverlangen (Aussonderung),[8]) s Bd I Rz 1316.

756 Ware und Preis sind im Zweifel **Zug um Zug** zu leisten (§ 1052).

757 Während beim Kreditkauf der Verkäufer vorleistet, tut dies beim **Vorauszahlungskauf** (Pränumerationskauf) der Käufer. Insofern ist auch der Pränumerationskauf ein „Kreditkauf".

758 Entgegen § 1062 hat der Verkäufer kein Recht auf Abnahme, es sei denn, dass durch die Abnahme der gekauften Sache ein anderweitiges

---

[3]) OGH SZ 43/220.

[4]) Dazu *Bydlinski,* Energielieferung und Kaufrecht, in FS Hämmerle (1972) 31.

[5]) Dazu OGH SZ 51/99.

[6]) *Ehrenzweig* II/1, 410; *Gschnitzer* in *Klang*[2] IV/1, 354.

[7]) Für eine (dispositive) gesetzliche Verankerung des Eigentumsvorbehalts bei Kreditgeschäften: *Riedler,* ÖJZ 2008/99, 937. Zum Mietkauf s OGH ÖBA 2013/1928.

[8]) Vgl *Schoditsch,* Eigentumsvorbehalt und Insolvenz (2009) 8.

Recht des Verkäufers verwirklicht werden soll, wie beim Kauf eines Bauwerks auf Abbruch.[9]) S oben Rz 278ff.

III. Die Preisgefahr[1])

Die Preisgefahr regelt das wirtschaftliche Risiko eines zufälligen Unterganges der verkauften Sache zwischen Vertragsabschluss und Übergabe. 759

Die **Preisgefahr** beim Kauf wird nach den schon dargestellten Regeln verteilt (s oben Rz 222f): Zäsur ist der Zeitpunkt der **bedungenen Übergabe** (Fälligkeit), und wenn kein solcher Zeitpunkt vereinbart ist, jener der tatsächlichen Übergabe (§§ 1064, 1048–1051). Vor der Übergabe trägt also der Verkäufer die Preisgefahr, danach der Käufer. 760

Dass der Verkäufer die Preisgefahr trägt, heißt, dass er wegen des Verlustes seiner Sache auch keinen Anspruch auf den Kaufpreis hat. Dass der Käufer die Preisgefahr trägt, heißt, dass er den Kaufpreis zahlen muss, ohne die Leistung zu erhalten.

§ 1048 stellt dem tatsächlichen Untergang den Fall gleich, dass die Sache **mehr als die Hälfte** an Wert einbüßt oder durch Gesetz „außer Verkehr gesetzt“ wird: „nachträgliche laesio enormis“.[2]) 761

Beim **Schuldnerverzug** bleibt die Gefahr weiter beim Verkäufer; beim **Annahmeverzug** geht sie – weil er ja mit dem Zeitpunkt der bedungenen Übergabe eintritt – auf den Käufer über. Für den Versendungskauf gelten die Sondervorschriften der §§ 429, 905 Abs 3 und 7b KSchG; vgl oben Rz 119 und Bd I Rz 857/1ff. 762

Bei Gattungssachen setzt der Gefahrenübergang die **Konzentration** voraus. S dazu oben Rz 119f. 763

Der Zeitpunkt der Übergabe ist auch beim Kauf unter Eigentumsvorbehalt für den Gefahrenübergang maßgebend.[3]) Bei Liegenschaften kommt es für den Übergang der Gefahr nicht auf die bücherliche Eintragung, sondern auf die tatsächliche Übergabe an.[4]) 764

Insgesamt beruht die Verteilung der Preisgefahr auf dem Gedanken, dass das wirtschaftliche Risiko denjenigen treffen soll, der wegen der tatsächlichen Innehabung den **Nutzen** aus der Sache hat (§ 1050) und sie wegen seines Naheverhältnisses vor **Gefahren schützen** kann.[5]) 765

Daher ist fraglich, ob die Gefahr übergeht, wenn die Sache durch Besitzkonstitut übertragen wird.[6])

---

[9]) OGH JB (PlB) 179; SZ 43/6 uva.

[1]) Dazu *Schilcher,* Die Preisgefahr beim Kauf, JBl 1964, 395; *Graf,* Vertrag und Vernunft (1997) 157ff; *Rabl,* Gefahrtragung 1ff.

[2]) Vgl OGH JBl 1981, 652; SZ 68/119; SZ 69/181. Nach *Rabl,* Gefahrtragung 185ff, liegt materielle Derogation dieser Bestimmung vor.

[3]) *Bydlinski* in *Klang*[2] IV/2, 496ff; *Frotz,* Kreditsicherungsrecht (1970) 162; *Rabl,* Gefahrtragung 90ff mwN.

[4]) *Wahle* in *Klang*[2] IV/2, 52f.

[5]) Vgl dazu *Schilcher,* JBl 1964, 399ff; *Graf,* Vertrag und Vernunft 157ff; kritisch *Rabl,* Gefahrtragung 62ff.

[6]) Vgl dazu *Ehrenzweig* II/1, 413; *Schilcher,* JBl 1964, 406f; *Rabl,* Gefahrtragung 99ff; OGH JBl 1949, 69.

IV. Nebenvereinbarungen

766 Kaufverträge werden oft durch Nebenvereinbarungen (Nebenabreden) ergänzt. Das Gesetz selbst regelt einige öfter vorkommende Nebenverträge (§§ 1067 ff): das Recht des Wiederkaufes, des Rückverkaufes, des Vorkaufes, des Kaufes auf die Probe und des Verkaufes mit Vorbehalt eines besseren Käufers.

A. Das Wiederkaufsrecht

767 *Das Wiederkaufsrecht (§§ 1068–1070) ist das dem Verkäufer*[1]) *eingeräumte Recht, die Sache zu einem bestimmten Preis*[2]) *zurückzukaufen.*[3]) *Es kann nur bei Liegenschaftskäufen vereinbart werden.*

768 Das Wiederkaufsrecht ist ein höchstpersönliches Recht,[4]) das nicht vererblich,[5]) nicht übertragbar[6]) und nicht pfändbar ist.[7])

Unternehmen werden für das Wiederkaufsrecht als unbeweglich behandelt.[8]) Von den beweglichen Sachen ist nach hM[9]) vom Wiederkaufsrecht nur die Spezies auszunehmen (§ 1068: „eine verkaufte Sache"), bei der Gattungsschuld ist die Vereinbarung eines Wiederkaufsrechts zulässig, weil dadurch keine bestimmte Sache in ihrer Verkehrsfähigkeit beschränkt wird. An Rechten kann kein Wiederkaufsrecht begründet werden.[10])

769 Das Wiederkaufsrecht muss nicht im Kaufvertrag selbst, es kann auch nachträglich vereinbart werden.[11]) Das Wiederkaufsrecht wird vom Berechtigten durch die **Erklärung** ausgeübt, die Sache wieder zu kaufen. Nach hM tritt schon dadurch der Kaufvertrag in Wirksamkeit, weshalb das Wiederkaufsrecht als **Gestaltungsrecht** angesehen wird.[12])

Das Wiederkaufsrecht wirkt an sich nur gegenüber dem Vertragspartner und seinen Gesamtrechtsnachfolgern. Es kann allerdings durch Eintragung im Grundbuch

---

[1]) Einräumung an einen Dritten: OGH SZ 2004/24. Zu Übergabsverträgen s OGH ecolex 2008/261.

[2]) Zur Frage der Aufwertung OGH JBl 1979, 651; SZ 60/37. Zur Gefahrtragung *Rabl,* Gefahrtragung 321 ff mwN.

[3]) Zur Einräumung des Wiederkaufsrechts an eine juristische Person: *Thöni,* Die juristische Person als Wiederkaufsberechtigter, JBl 1989, 162; OGH SZ 60/37; JBl 1988, 35 mwN.

[4]) Vgl aber OGH ecolex 2008/261 (Ausübung durch den Sachwalter des Berechtigten).

[5]) OGH JBl 2003, 854.

[6]) Für Veräußerlichkeit in bestimmten Grenzen *P. Bydlinski,* Die Übertragung von Gestaltungsrechten (1986) 228 ff.

[7]) OGH NZ 1973, 100.

[8]) OGH SZ 28/144; *Aumüllner,* Wiederkaufsrechte in Unternehmenstransaktionen, RdW 2014/354, 315 und RdW 2014/422, 392.

[9]) *Ehrenzweig* II/1, 417; *Mayer-Maly* in *Klang*[2] IV/2, 736; OGH SZ 68/119; aA *Gschnitzer,* Schuldrecht BT[2] 58.

[10]) OGH NZ 2000, 333.

[11]) OGH SZ 44/166.

[12]) Vgl *Ehrenzweig* II/1, 415 f; *Mayer-Maly* in *Klang*[2] IV/2, 720 ff; *P. Bydlinski,* Übertragung 222; *Hubmer,* Einverleibung des Liegenschaftskäufers trotz ausgelöstem Wiederkaufsfall? JBl 2002, 224; OGH NZ 1973, 100; SZ 2002/159.

verdinglicht werden. Bei Ausübung des Wiederkaufsrechts kann dann die Liegenschaft auch von dritten Personen herausverlangt werden.

Belastungen eines Wohnungseigentumsbewerbers mit Wiederkaufs- 770
rechten sind unwirksam (§ 38 Abs 1 Z 3 WEG; s auch § 21 WGG).[13])

B. Das Rückverkaufsrecht

Das Rückverkaufsrecht ist das vom Käufer ausbedungene Recht, die 771
Sache dem Verkäufer wieder zurückzuverkaufen (§ 1071).

Auch dieses Recht ist unvererblich und nicht übertragbar, es kann 772
sich nur auf Liegenschaften beziehen.

Lehre und Rechtsprechung tendieren dazu, die gesetzliche Beschränkung auf unbewegliche Sachen zu ignorieren, weil das Rückverkaufsrecht zu keiner Beschränkung der Verkehrsfähigkeit führe. Daher ist die Vereinbarung eines sog Flascheneinsatzes (unerklärlicherweise „Flaschenpfand" genannt) am besten als Rückverkaufsrecht zu verstehen.[14]) Sogar bei der Speziesschuld wird ein Rückverkaufsrecht für möglich gehalten.[15]) Eine Eintragung im Grundbuch scheidet nach § 9 GBG aus.

C. Das Vorkaufsrecht

Wer eine Sache mit der Bedingung verkauft, dass ihm der Käufer, 773
wenn er sie wieder verkaufen will, die Einlösung anbieten muss, der hat das Vorkaufsrecht (§§ 1072–1079).[16])

Das **Vorkaufsrecht** kann nicht nur als Nebenabrede zu einem Kauf- 774
vertrag, sondern auch **selbständig** ausbedungen werden;[17]) es kann aber auch eine Nebenabrede zu einem anderen Vertrag bilden, wie einem Miet- oder Pachtvertrag.[18])

Im Zweifel erlischt es dann mit Ablauf des Bestandverhältnisses.[19])

Auch das Vorkaufsrecht ist unvererblich[20]) und nicht übertragbar 775
(§ 1074), kann sich aber auch auf **bewegliche** Sachen beziehen.

---

[13]) Hiezu *Welser,* Das Wohnungseigentumsgesetz 1975, NZ 1975, 158f; s auch OGH NZ 1987, 106 *(Hofmeister);* wobl 2000/6 *(Call).*

[14]) Dazu *Zankl,* Zur Rechtsnatur des „Flaschenpfandes", JBl 1986, 493; vgl auch *Kosch,* Insolvenz und Flaschenpfandrecht, ZIK 1996, 49.

[15]) *Zankl,* JBl 1986, 497 FN 34; *P. Bydlinski,* Übertragung 223, 232; *Czermak,* Das Besitzkonstitut beim Sale-and-Lease-back-Verfahren, ÖBA 1987, 247; OGH SZ 68/119; SZ 69/181.

[16]) Dazu *Faistenberger,* Das Vorkaufsrecht (1972); *Schurig,* Das Vorkaufsrecht im Privatrecht (1975).

[17]) Die selbständige und unentgeltliche Einräumung eines Vorkaufsrechtes ist keine Schenkung und damit nicht notariatsaktspflichtig; s OGH SZ 2004/97; NZ 2011/24 *(Hoyer)* mwN.

[18]) Dazu *Faistenberger,* Vorkaufsrecht 15ff; OGH EvBl 1991/88.

[19]) OGH JBl 1974, 204 *(Rummel);* vgl auch OGH wobl 1997/17; HS 26.631; EvBl-LS 2014/60.

[20]) Eine Überbindung auf den Rechtsnachfolger des Vorkaufsbelasteten ist hingegen zulässig; s hiezu OGH JBl 2002, 458. Ein Vorkaufsrecht zugunsten einer juristischen Person erlischt mit deren Untergang: NZ 1996, 251 (Verschmelzung; dazu kritisch *Hoyer,* NZ 1996, 220; *Grünwald,* Zum Schicksal kaufvertraglicher Nebenabreden bei Verschmelzungen, RdW 1996, 518).

776 Vorkaufsrechte können nicht bloß vertraglich begründet werden, sondern auch aufgrund eines Gesetzes entstehen.[21])

777 Der das Vorkaufsrecht auslösende **Vorkaufsfall** ist jedenfalls der Abschluss eines Kaufvertrages mit einem Dritten; ob auch die Offerte eines Dritten, ist strittig, im Zweifel aber eher zu bejahen.[22])

Ein nichtiger oder mit Wirkung *ex tunc* angefochtener Vertrag bewirkt keinen Vorkaufsfall.[23]) Der freihändige Verkauf einer mit einem bücherlichen Vorkaufsrecht belasteten Liegenschaft in der Insolvenz stellt keinen Vorkaufsfall dar.[24]) Der Abschluss eines aufschiebend bedingten Kaufvertrages löst den Vorkaufsfall nicht aus, die Pflicht zum Einlösungsanbot entsteht erst mit Eintritt der aufschiebenden Bedingung.[25]) Der Erbschaftskauf löst das Vorkaufsrecht nicht aus.[26]) Eine neben der grundbehördlichen Genehmigung bestehende aufschiebende Bedingung, dass der Vertrag (zum Drittkäufer) nur bei Nichtausübung des Vorkaufsrechts rechtskräftig werden soll, ist für den Eintritt des Vorkaufsfalls bedeutungslos.[27])

778 Tritt der Vorkaufsfall ein, so muss der Belastete dem Berechtigten die Einlösung anbieten, der dann bei beweglichen Sachen binnen 24 Stunden, bei Liegenschaften binnen 30 Tagen die Sache **wirklich einlösen** kann.[28]) Die Einlösung besteht in der Erklärung, die Sache zu kaufen bei gleichzeitigem realen Anbieten der Leistung (§§ 1075, 1077).[29])

Mit dieser Erklärung übt der Berechtigte ein Gestaltungsrecht aus. Anzubieten ist der vereinbarte Vorkaufspreis[30]) oder – wenn kein solcher vereinbart ist – die vom Dritten gebotene Leistung.

Aber auch wenn der Verpflichtete die Einlösung nicht angeboten hat, kann der Berechtigte von ihm die Erfüllung verlangen, wenn sie noch möglich ist.[31])

---

[21]) Vgl hiezu *Korinek/Frotz/Wimmer,* Rechtsfragen der Stadterneuerung (1974); *Brauner,* Das Stadterneuerungs- und das Bodenbeschaffungsgesetz (1974); *Aicher,* Das Bodenbeschaffungsgesetz (1975) 26ff; *Bydlinski* in *Klang*² IV/2, 804ff.

[22]) Dafür *Ehrenzweig* II/1, 419; OGH SZ 56/96; wobl 1992, 31; EvBl 2008/79; dagegen *Gschnitzer,* Schuldrecht BT² 61; *Faistenberger,* Vorkaufsrecht 46ff; gegen diesen *Welser,* ZfRV 1971, 314.

[23]) Vgl *Aicher* in *Rummel*³ § 1072 Rz 15ff.

[24]) OGH NZ 2007, 62 = ASG 671 *(Hoyer).*

[25]) OGH immolex 2011/40 *(Limberg).*

[26]) OGH NZ 2011/47; *Jud,* Der Erbschaftskauf (1998) 28ff mwN.

[27]) OGH JBl 2013, 723 = immolex 2013/111 *(Cerha).*

[28]) Zum Beginn des Fristenlaufs: OGH SZ 56/25; RdW 2000/111; NZ 2011/93; immolex 2011/40 *(Limberg).* Dem nichtverständigten Vorkaufsberechtigten, dem vorschriftswidrig der Einverleibungsbeschluss nicht zugestellt wurde, steht eine 30-jährige Rekursfrist für die Anfechtung der Einverleibung zur Verfügung; s OGH ecolex 2008/396.

[29]) Dazu OGH SZ 53/177; JBl 1983, 203; SZ 55/121; HS XXVI/2; EvBl 2008/126 (Bankgarantie als wirkliche Einlösung); JBl 2013, 723 = immolex 2013/111 *(Cerha).* Vgl auch *Mayerhausen,* Bedingter Vertragsabschluß zufolge des Vorkaufsrechtes? NZ 1981, 68.

[30]) Zur Berechnung des Einlösungspreises beim Vorkaufsrecht an Teilen einer Liegenschaft s OGH JBl 2010, 186 = immolex 2010/65 *(Cerha).*

[31]) *Ehrenzweig* II/1, 420ff; *Faistenberger,* Vorkaufsrecht 159ff; OGH JBl 1977, 94; SZ 59/54. Zum Anspruch gegen den Dritten: OGH JBl 1987, 318. Die ältere Judikatur gab bei Unterlassung der Einlösung einen Anspruch nur bei Verdinglichung: OGH SZ 1/54; JBl 1974, 204 *(Rummel);* EvBl 1986/148.

Übt der Berechtigte das Vorkaufsrecht aus, so entsteht zwischen ihm und dem Verpflichteten ein **Kaufvertrag,** der inhaltlich dem Vertrag des Verpflichteten mit dem Dritten entspricht.[32]) 779

Da der Verkäufer somit aus zwei Kaufverträgen verpflichtet wäre, würde er einem der Käufer schadenersatzpflichtig. Er muss deshalb den Vertrag mit dem Dritten unter der Bedingung schließen, dass der Vorkaufsberechtigte sein Gestaltungsrecht nicht ausübt.[33]) Ohne eine solche Vereinbarung gilt § 430, wonach jener Eigentümer wird, dem die Sache übergeben wird; der andere ist auf Schadenersatzansprüche gegen den Verkäufer beschränkt. Gegen den anderen Käufer kann er nur bei Beeinträchtigung seines Forderungsrechtes vorgehen.[34])

Auch das Vorkaufsrecht kann durch Eintragung ins Grundbuch **verdinglicht** werden (§ 1073). 780

Bei Ausübung des Vorkaufsrechts kann dann die Sache auch vom Dritten herausverlangt werden, dem der Verpflichtete die Liegenschaft schon verkauft und übereignet hat (§ 1079). Da ein dingliches Vorkaufsrecht grundbücherlich als amtswegig zu beachtendes Veräußerungsverbot anzusehen ist,[35]) hat dieses „Abforderungsrecht" nur Bedeutung, wenn das Grundbuchsgericht einen Fehler macht.

Das Vorkaufsrecht kann materiell auch für einzelne Grundstücke[36]) oder Grundstücksteile[37]) einer Liegenschaft vereinbart werden. Die Belastung ist aber auf dem ganzen Grundbuchskörper einzuverleiben. Wird die gesamte Liegenschaft veräußert, ist der Vorkaufsfall an den mit dem Vorkaufsrecht belasteten Grundstücken ausgelöst, weil es dem Vorkaufsverpflichteten nicht ermöglicht werden darf, das Vorkaufsrecht durch eine bestimmte Vertragsgestaltung mit dem Drittkäufer zu umgehen.[38])

Der Vorkaufsberechtigte muss auch die vom Dritten gebotenen **Nebenleistungen,**[39]) zB Dienstleistungen, erbringen. Ist er hiezu nicht imstande, so muss er ihren Schätzwert vergüten, wenn dieser Ausgleich dem Verkäufer zumutbar ist; anderenfalls kann das Vorkaufsrecht nicht ausgeübt werden (§ 1077). 781

Überwiegen auf Seite des Erwerbers die nicht in Geld bestehenden Leistungen,[40]) so tritt der Vorkaufsfall nicht ein. Verträge und Vertragsbestimmungen, die lediglich zu

---

[32]) S dazu auch OGH SZ 64/24.

[33]) Nach *Mayer-Maly,* Bedingte und anfechtbare Vorkaufsfälle, in FS Wagner (1987) 287, genügt der bloße Hinweis auf die Existenz eines Vorkaufsrechts.

[34]) OGH JBl 1995, 526 *(Rummel).* Der Erstkäufer kann vom Zweitkäufer auch Naturalrestitution in Form der Übertragung des Eigentum begehren; s OGH JBl 2014, 113.

[35]) OGH JB 68 = GlU 3.896; EvBl 1991/88; SZ 67/44. Dagegen *Faistenberger,* Vorkaufsrecht 223ff.

[36]) OGH NZ 2007, 60 = AGS 668 *(Hoyer).*

[37]) OGH JBl 2009, 445 = ecolex 2009/74 *(Friedl).*

[38]) OGH immolex 2010/65 *(Cerha);* vgl dagegen OGH JBl 2009, 445 = ecolex 2009/74 *(Friedl).*

[39]) Muss der Drittkäufer die Kosten der Vertragserrichtung tragen, so gilt für den Vorkaufsberechtigten dasselbe: OGH SZ 73/120; vgl auch OGH RdW 2000/713 (Einlösungserklärung bei Schätzwert); EvBl 2009/114 *(Parapatits)* = ecolex 2009/359 *(Friedl)* (dazu zustimmend *Riedler,* Ersatz der Drittvertragskosten zur wirksamen Ausübung des Vorkaufsrechts erforderlich? Zak 2009/378, 243).

[40]) Dazu OGH RdW 2004/668; vgl auch *Hees,* Die vertragstypologische Bestimmung des Vorkaufsfalles (1991) 11ff.

dem Zweck vereinbart werden, einem Vorkaufsberechtigten die Ausübung seines Rechts unmöglich zu machen, sind sittenwidrig und damit nichtig.[41])

782 Ohne besondere Verabredung lässt sich das Vorkaufsrecht auf **andere Veräußerungsarten,** zB Schenkungen,[42]) nicht ausdehnen (§ 1078).[43])

Eine Schenkung berechtigt zur Einlösung, wenn für diesen Fall ein bestimmter oder bestimmbarer Vorkaufspreis vereinbart ist.[44])

Eine Sacheinlage in eine Gesellschaft gegen die Gewährung von Anteilsrechten stellt eine andere Veräußerungsart iSd § 1078 ABGB dar.[45]) Es wird allerdings vertreten, dass eine Umgehung des Vorkaufsrechts dann vorliegt, wenn die belastete Sache zum Zwecke der Veräußerung in eine Gesellschaft eingebracht wird. Derartige Einbringungen sollen daher nicht als andere Veräußerungsarten angesehen werden und demzufolge den Vorkaufsfall ohne besondere Vereinbarung auslösen.[46])

Auch der Abschluss eines Umgehungsgeschäfts löst den Vorkaufsfall aus.[47])

783 Vereinbarungen von Vorkaufsrechten zwischen Wohnungseigentumsorganisatoren und Wohnungseigentumsbewerbern, welche diese belasten, sind unwirksam (§ 38 Abs 1 Z 3 WEG; s auch § 21 WGG).[48])

784 Auf ein Vormietrecht oder Vorpachtrecht sind die §§ 1072ff analog anzuwenden.[49])

D. Kauf auf Probe, zur Probe, nach Probe und mit Umtauschvorbehalt

785 Der **Kauf auf Probe** ist ein Kaufvertrag, der unter der Bedingung der Genehmigung der Ware durch den Käufer geschlossen wird (§§ 1080–1082).[50]) Ob der Käufer genehmigt, steht in seinem Belieben (Wollensbedingung). Im Zweifel ist die Bedingung aufschiebend. Erteilt der Käufer bis zum Ablauf der Probezeit die Genehmigung nicht, so kommt der Vertrag nicht zustande. Ist allerdings die Sache schon dem Käufer übergeben, so gilt das Stillschweigen als Genehmigung (normierte Willenserklärung).[51])

---

[41]) OGH ecolex 2001, 742 *(Wilhelm);* JBl 2014, 456.

[42]) Vgl OGH SZ 49/46; EvBl 1991/23.

[43]) Dazu *Faistenberger,* Vorkaufsrecht 100ff; OGH EvBl 1992/112; NZ 1995, 304 *(Hoyer);* SZ 70/50; SZ 71/60; ecolex 2001, 527 *(Thaler).* Die gesetzliche Erbfolge stellt keine andere Veräußerungsart iSd § 1078 dar, s OGH EF-Z 2007/70 *(Höllwerth)* = AnwBl 2007/8098 *(Giesinger);* ebenso wenig löst der Erbschaftskauf den Vorkaufsfall aus, solange kein Umgehungsgeschäft vorliegt, s OGH NZ 2011/47.

[44]) OGH SZ 55/57; NZ 1994, 192; ecolex 2008/396; s auch *Umlauft,* Die Preisbestimmung beim Vorkaufsrecht für alle Veräußerungsarten, in GedS Hofmeister (1996) 663ff.

[45]) OGH NZ 2012/44.

[46]) *Karollus,* Umgehung von Vorkaufsrechten durch Einbringung der belasteten Sache, JBl 2012, 559.

[47]) OGH JBl 2014, 644.

[48]) Hiezu *Welser,* NZ 1975, 158ff.

[49]) OGH MietSlg 24.110 (Vormietrecht); JBl 1994, 115; JBl 1996, 782 *(Mader)* (Vorpachtrecht).

[50]) Zu Anwendungsfällen s *Beck-Mannagetta,* Der Prüfungskauf, ÖJZ 1984, 427; *Csoklich,* Können die Btx-Teilnahmebedingungen einen „Kauf auf Probe" verordnen? RdW 1986, 34; OGH RdW 1994, 76.

[51]) Dazu OGH RdW 1994, 76. S auch Bd I Rz 341.

Wurde beim Kauf keine Probezeit vereinbart, kann der Verkäufer dem Käufer eine angemessene Frist als Probezeit setzen (§ 1082).

Der **Kauf zur Probe** löst keine besonderen Rechtsfolgen aus. Er ist 786
ein gewöhnlicher (unbedingter) Kaufvertrag, bei dem der Käufer unverbindlich in Aussicht stellt, bei Eignung der Ware eine weitere Quantität abzunehmen.

Beim **Kauf nach Probe** wird vereinbart, dass die jetzt verkaufte 787
Ware „probegemäß“ sei, dh qualitätsmäßig einer früher gekauften Sache entsprechen muss. Bei Abweichung von dieser Beschaffenheit entstehen Nichterfüllungs- oder Gewährleistungsansprüche.[52])

Der **Kauf mit Umtauschvorbehalt**[53]) ist zwar ein unbedingter Kauf, 788
doch hat der Käufer das Recht, die Sache zurückzugeben und dafür eine andere zu erhalten. In der Regel ist die Wahl auf ein Sortiment oder eine Warengattung beschränkt.

E. Verkauf mit Vorbehalt eines besseren Käufers

Beim Verkauf mit Vorbehalt eines besseren Käufers (§§ 1083–1085) 789
wird der Kaufvertrag unter der **Bedingung** geschlossen, dass sich innerhalb einer bestimmten Frist **kein besserer** Käufer findet.

Die Bedingung ist aufschiebend, wenn die Sache dem Käufer nicht 790
übergeben wird, sonst auflösend. Ob ein anderer Käufer „besser ist“, entscheidet allein der Verkäufer.

V. Besondere Arten des Kaufes

A. Der Kreditkauf[1])

Beim Kreditkauf (Kauf auf Borg) leistet der Verkäufer vor. Er über- 791
gibt die Sache, überträgt das Eigentum daran und kreditiert dem Käufer den Kaufpreis (§ 1063).

Häufig behält sich allerdings der kreditierende Verkäufer das Eigentum an der Sache bis zur vollständigen Bezahlung vor (s oben Rz 755).

Die Kreditierung kann ausdrücklich oder stillschweigend geschehen. 792
Die bloße Hingabe der Sache, zB in der Erwartung, die Gegenleistung werde unverzüglich erfolgen (§ 1052), ist aber noch keine Kreditierung.[2]) Auch das Eigentum geht in solchen Fällen noch nicht über, weil nach der Absicht der Parteien (§ 914f) das Übereignungsgeschäft (Modus) durch

---

[52]) Vgl OGH SZ 63/197; EvBl 1996/60.

[53]) Dazu *Mayrhofer,* Der Kauf mit Umtauschvorbehalt des Käufers, JBl 1972, 445; *Mendel,* Weihnachtsgeschäft: Umtausch und Gutscheine, Zak 2006/732, 432; vgl auch OGH RdW 2008/537; *Grüblinger,* Die Rückgabe und der Umtausch von Geschenken, Zak 2009/690, 423.

[1]) Dazu *Barta,* „Stillschweigender“ Kauf auf Borg? in FS Herdlitczka (1972) 11ff; *Graf/Schett,* Das Schicksal des Eigentumsvorbehalts beim Scheck-/Wechselverfahren, wbl 1997, 189ff.

[2]) AA zT *Barta* in FS Herdlitczka 11ff.

die unverzügliche Entrichtung des Kaufpreises bedingt ist **(kurzfristiger Eigentumsvorbehalt).**[3])

Allerdings kann nach den Umständen in der vorbehaltlosen Hingabe der Sache auch eine nachfolgende Kreditabrede liegen, insbesondere wenn ein solches Ersuchen des Käufers vorausgegangen ist.

793 Wesentliches Merkmal des Kreditkaufes ist das **Abgehen** vom **Zug-um-Zug-Prinzip** und damit die Vorausleistung des Verkäufers. Dieser hat daher nicht die Einrede des nicht erfüllten Vertrages (§§ 1052, 1062) und der Käufer kann vor Eintritt der Kaufpreisfälligkeit nicht in Verzug geraten. Trotz Kreditierung der Gegenleistung kann der Verkäufer allerdings seine Leistung zurückhalten, wenn ihm die „Unsicherheitseinrede" (§ 1052 Satz 2) zusteht. Hiezu oben Rz 189 ff.

794 Der zwischen einem Unternehmer und einem Verbraucher vereinbarte Kreditkauf ist als entgeltlicher Zahlungsaufschub iSd § 25 VKrG zu qualifizieren, wenn der Verbraucher für die Kreditierung ein Entgelt leistet, also zB einen höheren Kaufpreis schuldet, als bei sofortiger Bezahlung.[4]) Sofern die allgemeinen Anwendungsvoraussetzungen gegeben sind (§ 4 VKrG), finden die Bestimmungen des 2. Abschnitts des VKrG Anwendung (s unten Rz 932 ff).

B. Der drittfinanzierte Kauf[5])

1. Begriff

795 *Beim drittfinanzierten Kauf wird der Kaufpreis dem Käufer nicht vom Verkäufer, sondern von einem mit diesem zusammenarbeitenden Dritten kreditiert.*

796 Die Verkäufer sind selbst oft wirtschaftlich nicht in der Lage, dem Käufer den Preis zu kreditieren, weshalb es zur Beteiligung Dritter kommt. Allerdings muss deshalb nicht immer ein „drittfinanzierter Kauf"

---

[3]) *Bydlinski,* Überflüssiger Eigentumsvorbehalt und schlüssige Argumentation, JBl 1977, 332; gegen diesen *Spielbüchler,* Überflüssiger Eigentumsvorbehalt? JBl 1977, 296; *Holzner,* Dinglicher Vertrag im ABGB? JBl 2010, 674 (676); *Schoditsch,* Eigentumsvorbehalt 153 ff.

[4]) *Zöchling-Jud* in *Wendehorst/Zöchling-Jud,* VKrG § 25 Rz 4 ff; *Apathy,* Der Rücktritt des Verbrauchers vom Abzahlungsgeschäft, in FS Fenyves (2013) 3 (8 ff); *Rabl,* Verbraucherkreditgesetz und Kurrentiengeschäft – über den nachträglichen Zahlungsaufschub, ÖBA 2014, 187. S auch LG Innsbruck JBl 2012, 795 *(Kogler).*

[5]) Dazu *Koziol,* Einwendungsmöglichkeiten und Rückabwicklung bei Drittfinanzierung mit Einlösung der Kaufpreisforderung, ÖBA 1989, 207; *Iro,* Die Übertragung des vorbehaltenen Eigentums beim drittfinanzierten Kauf und beim Factoring, in FS Frotz (1993) 101; *F. Hoyer,* Der Einwendungsdurchgriff beim drittfinanzierten Kauf (1999); *Lukas,* Verbundene Kreditverträge nach dem neuen Verbraucherkreditgesetz, in FS Reischauer (2010) 313; *Kletečka,* Verbundene Verträge, in *Dullinger/Kaindl,* Jahrbuch Bank- und Kapitalmarktrecht 2010/2011 (2011) 71; *Reidinger,* Drittfinanzierung – Die Lösung eines Rechtsproblems im Stammgesetz oder durch Sondernormen? in FS 200 Jahre ABGB (2011) 553; *Apathy,* Der Rücktritt vom verbundenen Kreditvertrag, in FS Posch (2011) 1; *Bollenberger* in *Apathy/Iro/Koziol,* Bankvertragsrecht[2] IV Rz 1/209 ff; *Haidmayer,* Verbundene Kreditverträge (2013).

vorliegen. So hat ein Käufer die Möglichkeit, für die Entrichtung des Kaufpreises bei einem Dritten ein Darlehen aufzunehmen, ohne dass er dies dem Verkäufer überhaupt sagt. Darlehensvertrag und Kaufvertrag sind **voneinander unabhängig,** der Kaufvertrag ist kein Kreditgeschäft.

Für den eigentlichen „drittfinanzierten Kauf" ist es notwendig, dass 797
Kreditgeber („Finanzierer") und Verkäufer miteinander **in Verbindung** stehen. In der Praxis kommen zwei Arten der Drittfinanzierung vor: die Abtretungskonstruktion (Absatzfinanzierung) und die Darlehenskonstruktion (Konsumfinanzierung).

Bei der **Abtretungskonstruktion** (Absatzfinanzierung) ist Kredit- 798
nehmer der **Verkäufer.** Er zediert aufgrund einer Rahmenvereinbarung dem Kreditgeber Zug um Zug gegen Auszahlung des kreditierten Betrages („Kaufpreises") die Kaufpreisforderung[6]) und überträgt ihm das vorbehaltene Eigentum an der verkauften Sache.[7]) Rechtsgrund der Zession ist eine Sicherungsabrede im Rahmen der Kreditgewährung des Finanzierers an den Verkäufer oder ein Kaufvertrag über die Forderung. Anstelle dieser rechtsgeschäftlichen Zession kommt auch die Einlösung (§ 1422) infrage. Der Käufer wird von der Abtretung verständigt und kann somit nur noch wirksam an den Finanzierer zahlen, zu dem er im Verhältnis eines debitor cessus steht.

Bei der **Darlehenskonstruktion** (Konsumfinanzierung) ist Kredit- 799
nehmer der **Käufer.** Der Verkäufer verweist ihn an den Finanzierer, der dem Käufer den für die Bezahlung des Kaufpreises nötigen Kredit gewährt. Der Abschluss der Kreditvereinbarung zwischen dem **Käufer** und dem **Finanzierer** ist meist Bedingung oder zumindest Geschäftsgrundlage des Kaufvertrages.[8]) Der Käufer erklärt sich damit einverstanden, dass der Verkäufer die Kaufpreisforderung an den Finanzierer abtritt und ihm das vorbehaltene Eigentum an der verkauften Sache überlässt, der Drittfinanzierer zahlt direkt an den Verkäufer.

Nach hM liegt zwischen Drittfinanzierer und Käufer kein klassischer Darlehensvertrag vor, weil der Käufer durch die Zahlung an den Verkäufer von seiner Kaufpreisschuld nicht befreit werden soll.[9]) Um die Kaufpreisforderung und damit auch den Eigentumsvorbehalt für den Dritten zu erhalten, nimmt man an, dass der Dritte die Kaufpreisforderung im Auftrag des Käufers einlöst (§ 1422), sodass dem Dritten gegen den Käufer ein Aufwandersatzanspruch nach § 1014 zusteht. Dieser wird dem Käufer vereinbarungsgemäß kreditiert.[10])

---

[6]) Zum Übergang des Rücktrittsrechtes wegen Verzugs *P. Bydlinski,* Die Übertragung von Gestaltungsrechten (1986) 141ff; *Czermak,* Zwei Rechtsfragen des Factoring, JBl 1984, 418ff.

[7]) Zur causa *Iro* in FS Frotz 101.

[8]) *Bydlinski* in *Klang*² IV/2, 386; *Apathy* in KBB⁴ § 1063 Rz 21 (Bedingung); OGH ÖBA 1991, 759; JBl 1996, 518.

[9]) *Bydlinski* in *Klang*² IV/2, 420f; *Lukas* in FS Reischauer 314f; *Apathy* in FS Posch 5f; *Bollenberger* in *Apathy/Iro/Koziol,* Bankvertragsrecht² IV Rz 1/238; vgl aber *Haidmayer,* Verbundene Kreditverträge 43.

[10]) OGH ÖBA 1993, 916; ecolex 2001, 526 *(Wilhelm);* ÖBA 2008/1455; *Koziol,* ÖBA 1989, 209ff; *Wendehorst* in *Wendehorst/Zöchling-Jud,* VKrG § 13 Rz 5; *Lukas*

2. Aufspaltungsrisiko

800 Die Drittfinanzierung führt zu einer Art **„Spaltung"** des Vertragsverhältnisses. Der Käufer hat die aus dem Kaufvertrag folgenden Rechte gegenüber dem Verkäufer, muss aber den „Kaufpreis", dh den zu dessen Berichtigung eingeräumten Kredit, an den Finanzierer zurückzahlen. Damit besteht die Gefahr, dass der Käufer Einreden, die er gegenüber einem – den Kaufpreis kreditierenden – Verkäufer hätte, gegen den Finanzierer nicht erheben kann. Dies gilt vor allem für die Darlehenskonstruktion, wenn sich der Finanzierer nicht auf die abgetretene Kaufpreisforderung, sondern auf die Forderung **aus** dem **Kreditvertrag** stützt.

Bei Anwendung der Abtretungskonstruktion oder wenn sich sonst der Kreditgeber auf die abgetretene Kaufpreisforderung beruft, hat der Käufer als debitor cessus ohnedies alle Einwendungen, die ihm gegen den Zedenten aus dem schon bei der Verständigung von der Abtretung bestehenden Grundverhältnis entstanden sind. Dementsprechend hat kein Problem mit dem „Einwendungsdurchgriff", wer eine selbständige Darlehensforderung des Finanzierers gegen den Käufer überhaupt leugnet und ihn auf die abgetretene (modifizierte) Kaufpreisforderung beschränkt.[11])

3. Einwendungsdurchgriff

801 Um dieses Aufspaltungsrisiko zu vermeiden, bestimmt § 13 Abs 2 VKrG, dass der Verbraucher die **Befriedigung** des Kreditgebers **verweigern** darf, soweit ihm Einwendungen aus dem Rechtsverhältnis zum Lieferanten oder Dienstleistungserbringer zustehen.

Der Einwendungsdurchgriff war bis zum Inkrafttreten des VKrG in den §§ 18 und 26c KSchG geregelt.[12]) Zum Anwendungsbereich des VKrG s unten Rz 933f.

802 Voraussetzung ist das Vorliegen eines **verbundenen Kreditvertrages,** also eines Kreditvertrags, der ganz oder teilweise der Finanzierung eines Kauf- oder Dienstleistungsvertrages dient[13]) und der mit dem finanzierten Vertrag objektiv eine **wirtschaftliche Einheit** bildet (§ 13 Abs 1 VKrG).

---

in FS Reischauer 314f; *Apathy* in FS Posch 6; *Bollenberger* in *Apathy/Iro/Koziol,* Bankvertragsrecht² IV Rz 1/238; aA *F. Hoyer,* Einwendungsdurchgriff 21ff; *Reidinger* in FS 200 Jahre ABGB 563. Zur Frage einer Einlösungsverpflichtung der finanzierenden Bank bei Bestätigung des Überweisungsauftrags gegenüber dem Verkäufer s OGH ÖBA 2006/1351.

[11]) So *Bydlinski* in *Klang*² IV/2, 420ff; *Reidinger* in FS 200 Jahre ABGB 562ff; vgl auch OGH RZ 1979/68; SZ 61/166.

[12]) S dazu *Stabentheiner,* Das Verbraucherkreditgesetz, ÖJZ 2010/69, 639; *Wendehorst,* Einwendungsdurchgriff, ecolex 2010, 529. Einen Vergleich zur alten Rechtslage geben *Bollenberger,* Neue Verbraucherkredit-Richtlinie: Drittfinanzierung und Einwendungsdurchgriff, ÖBA 2008, 782; *Lukas* in FS Reischauer 316ff; *Haidmayer,* Verbundene Kreditverträge 47ff.

[13]) Vgl *Lukas* in FS Reischauer 322ff; *Kletečka* in *Dullinger/Kaindl,* Jahrbuch Bank- und Kapitalmarktrecht 2010/2011, 72ff; *Haidmayer,* Verbundene Kreditverträge 52ff mwN.

Das Vorliegen einer wirtschaftlichen Einheit wird nach § 13 Abs 1 Z 2 VKrG vermutet,[14]) wenn der Kredit dem Verbraucher vom Verkäufer oder Dienstleistungserbringer selbst gewährt wird (lit a), wenn sich der Kreditgeber bei der Vorbereitung oder dem Abschluss des Kreditvertrags der Mitwirkung des Verkäufers oder Dienstleistungserbringers bedient (lit b), wenn im Kreditvertrag ausdrücklich die spezifische Ware oder Dienstleistung angegeben ist (lit c) oder wenn der Kreditgeber und der Verkäufer oder Dienstleistungserbringer im Rahmen dieser Finanzierung zueinander in eine vertragliche Beziehung treten oder miteinander wegen derartiger Finanzierungen in ständiger Geschäftsverbindung stehen (lit d).

Das Leistungsverweigerungsrecht gegenüber dem Kreditgeber besteht grundsätzlich bei allen **Einwendungen,** die dem Verbraucher aus dem Rechtsverhältnis zum Lieferanten oder Dienstleistungserbringer gegen diesen zustehen. 803

In Betracht kommen vor allem die Einreden aus der Gewährleistung und sonstige Einreden aus Nicht- oder Schlechterfüllung, aber auch die Irrtumsanfechtung[15]) sowie sonstige, aus dem Kauf- oder Dienstleistungsvertrag selbst resultierende Einwendungen.[16])

Der Einwendungsdurchgriff setzt voraus, dass der Verbraucher die Einwendung gegen den Verkäufer oder Dienstleister **erfolglos geltend gemacht** hat. Der Verbraucher muss also zunächst an den Verkäufer herantreten und seine Rechte (außergerichtlich) geltend machen.[17]) Erfolglose Geltendmachung liegt vor, wenn die Ansprüche des Verbrauchers nicht in angemessener Frist vollständig erfüllt werden.[18]) 804

§ 13 Abs 2 VKrG ist grundsätzlich **analogiefähig.**[19]) Eine analoge Anwendung kommt insbesondere bei verbundenen Kreditverträgen von 805

---

[14]) Vgl dazu *Bollenberger,* ÖBA 2008, 791f; *Jud,* Die neue Verbraucherkreditrichtlinie, ÖJZ 2009/96, 895; *Zöchling-Jud,* Die neue Verbraucherkreditrichtlinie und die geplante Umsetzung in Österreich, in *Dullinger/Kaindl,* Jahrbuch Bank- und Kapitalmarktrecht 2009/2010 (2010) 1 (37); *Stabentheiner/Dimmel,* Die Umsetzung der neuen Verbraucherkreditrichtlinie in Österreich, ÖBA 2009, 696 (708); *Stabentheiner,* ÖJZ 2010/69, 639f; *Wendehorst* in *Wendehorst/Zöchling-Jud,* VKrG § 13 Rz 8ff; *Bollenberger* in *Apathy/Iro/Koziol,* Bankvertragsrecht[2] IV Rz 1/222; *Dehn* in *Apathy/Iro/Koziol,* Bankvertragsrecht[2] IV Rz 2/142ff. Bedenken gegen eine widerlegliche Vermutung hegt *Lukas* in FS Reischauer 333 in Anschluss an *Wendehorst,* ecolex 2010, 531; so auch *Kletečka* in *Dullinger/Kaindl,* Jahrbuch Bank- und Kapitalmarktrecht 2010/2011, 74; *Haidmayer,* Verbundene Kreditverträge 68.

[15]) EB 650 BlgNR 24. GP 24; *Stabentheiner,* ÖJZ 2010/69, 641; *Wendehorst,* ecolex 2010, 532; *Lukas* in FS Reischauer 346f; *Wendehorst* in *Wendehorst/Zöchling-Jud,* Verbraucherkreditrecht § 13 Rz 31; *Dehn* in *Apathy/Iro/Koziol,* Bankvertragsrecht[2] IV Rz 2/161; *Apathy,* Die Rückabwicklung verbundener Verträge, VbR 2013/25, 40; vgl aber zur alten Rechtslage OGH SZ 2004/57.

[16]) Zum Mangelfolgeschaden s *Wendehorst,* ecolex 2010, 532. Dagegen OGH KRES 1 g/30; dafür *Lehofer* in *Kosesnik-Wehrle,* KSchG[2] § 18 Rz 33; *Kathrein* in KBB[2] § 18 KSchG Rz 5; *Haidmayer,* Verbundene Kreditverträge 97.

[17]) Vgl *Wendehorst,* ecolex 2010, 532; *Lukas* in FS Reischauer 347f; *Apathy* in FS Posch 2; *Haidmayer,* Verbundene Kreditverträge 98f.

[18]) EB 650 BlgNR 24. GP 24.

[19]) EB 650 BlgNR 24. GP 23.

Unternehmern in Betracht,[20]) aber auch bei anderen als Waren- oder Dienstleistungsverträgen, zB bei (reinen) Werk- oder Ausbildungsverträgen,[21]) uU sogar bei Liegenschaftskäufen.[22])

Außerhalb des Verbrauchergeschäftes kann der Einwendungsdurchgriff zwischen Finanzierer und Käufer vertraglich ausgeschlossen werden.[23])

4. Rücktritt vom finanzierten Vertrag

806 Tritt der Verbraucher vom finanzierten Vertrag (Kauf- oder Dienstleistungsvertrag) zurück, dann gilt dieser Rücktritt nach § 13 Abs 3 VKrG auch für einen damit verbundenen Kreditvertrag.[24]) Dies gilt aber nur, wenn das Rücktrittsrecht des Verbrauchers „nach verbraucherschutzrechtlichen Vorschriften" besteht, also etwa nach den §§ 3, 3 a, 30 a KSchG oder § 5 c VersVG, wohl aber auch bei Wandlung nach § 932 Abs 4, weil es keinen Unterschied machen kann, ob der Gesetzgeber den Anwendungsbereich einer europäischen Verbraucherschutz-Richtlinie wie der Verbrauchsgüterkauf-Richtlinie autonom erweitert.[25])

807 Entsprechende Bestimmungen für akzessorische Verträge enthalten § 17 FAGG, § 8 FernFinG und § 13 TNG.

---

[20]) So *Zöchling-Jud* in *Dullinger/Kaindl,* Jahrbuch Bank- und Kapitalmarktrecht 2009/2010, 38 f; *Zöchling-Jud,* Die Zukunft des Kreditvertrages, in Vienna Law Inauguration Lectures – Antrittsvorlesungen an der Rechtswissenschaftlichen Fakultät der Universität Wien Band II (2010) 75 (88); *Wendehorst* in *Wendehorst/Zöchling-Jud,* VKrG § 13 Rz 37; *Kletečka* in *Dullinger/Kaindl,* Jahrbuch Bank- und Kapitalmarktrecht 2010/2011, 71; *Haidmayer,* Verbundene Kreditverträge 87 ff; s hingegen *Bollenberger* in *Apathy/Iro/Koziol,* Bankvertragsrecht² IV Rz 1/231; *Verschraegen* in *Kletečka/Schauer,* ABGB-ON[1.03] § 1063 Rz 49; vgl zur alten Rechtslage bereits dafür OGH JBl 1986, 307 *(Reidinger);* ecolex 1993, 662 *(Koch); Welser,* Anmerkungen zum Konsumentenschutzgesetz, JBl 1979, 460; *P. Bydlinski,* Drittfinanzierte Vermögensbeteiligung: „Trennungsklausel" wirksam? RdW 1990, 401 (402); *Reidinger,* Weitere Rechtsfragen drittfinanzierter Verträge, JBl 1987 357; *Wilhelm,* Allgemeiner Einwendungsdurchgriff beim finanzierten Kauf, ecolex 1994, 83 und 380; *Lehofer* in *Kosesnik-Wehrle,* KSchG² § 18 Rz 42; dagegen *Koziol,* ÖBA 1989, 208 f; *Koziol,* Allgemeiner Einwendungsdurchgriff beim finanzierten Kauf, RdW 1994, 139; *Aicher* in *Rummel*³ § 1063 Rz 17 a.

[21]) OGH HS 10.987/4; SZ 60/129; *Reidinger,* JBl 1987, 357.

[22]) *Wendehorst* in *Wendehorst/Zöchling-Jud,* VKrG § 13 Rz 11 ff; *Reidinger* in FS 200 Jahre ABGB 576; *Bollenberger* in *Apathy/Iro/Koziol,* Bankvertragsrecht² IV Rz 1/226 verlangt eine Geschäftsgrundlagenverbindung; vgl zur alten Rechtslage OGH RdW 2004/50.

[23]) *Aicher* in *Rummel*³ § 1063 Rz 17 b; s ferner *P. Bydlinski,* RdW 1990, 401; aA OGH SZ 61/166 und *F. Hoyer,* Einwendungsdurchgriff 76 ff.

[24]) Zur Rückabwicklung *Stabentheiner,* ÖJZ 2010/69, 641 ff; *Wendehorst* in *Wendehorst/Zöchling-Jud,* VKrG § 13 Rz 48 ff; *Lukas* in FS Reischauer 343; *Dehn* in *Apathy/Iro/Koziol,* Bankvertragsrecht² IV Rz 2/164 f; *Apathy* in FS Posch 3 f; *Apathy,* VbR 2013/25, 40 ff.

[25]) *Stabentheiner,* ÖJZ 2010/69, 642; aA *Wendehorst* in *Wendehorst/Zöchling-Jud,* VKrG § 13 Rz 43; *Lukas* in FS Reischauer 338 ff; *Haidmayer,* Verbundene Kreditverträge 115.

C. Der Spezifikationskauf[26])

Spezifikationskauf ist der Kauf einer beweglichen Sache, bei welchem dem Käufer die nähere Bestimmung der Form, des Maßes oder ähnlicher Verhältnisse der Kaufsache vorbehalten ist (§ 1063 b). 808

Ein Teil der Lehre sieht in der Spezifikation eine besondere Art des Kaufvertrages,[27]) doch handelt es sich einfach um einen Unterfall der **Wahlschuld** mit Wahlrecht des Käufers. Das Wahlrecht bezieht sich auf die Ware selbst, immer muss jedoch wenigstens die zu spezifizierende Menge oder deren Preis bestimmt sein. 809

Von anderen Kaufverträgen mit Wahlrecht unterscheidet sich der Spezifikationskauf dadurch, dass bereits bei Vertragsabschluss ein Kaufgegenstand vereinbart ist, der Käufer also nicht die Wahl zwischen mehreren verschiedenen Waren oder Warengattungen hat.[28]) Die Abgrenzung zum Gattungskauf liegt darin, dass bei diesem alle Merkmale der geschuldeten Sache bei Vertragsabschluss festgelegt sind.

Im Geschäftsverkehr kommen vor allem Formen- und Sortenspezifikationen vor. Die Ware ist jeweils nach Grundstoff und Menge bestimmt; der Käufer kann aber bei der Formenspezifikation die Formen, Abmessungen, Farben und ähnliche Eigenschaften festlegen; bei der Sortenspezifikation hat er die Wahl aus mehreren Sorten einer Gattung.

Die Preisvereinbarung geht manchmal dahin, dass auf einen festgelegten Grundpreis je nach gewählter Form oder Sorte eine bestimmte Aufzahlung zu leisten ist. Möglich sind aber auch ein einheitlicher Gesamtpreis oder mehrere Preise im Hinblick auf die Spezifikationsvarianten.

Spezifiziert der Käufer nicht rechtzeitig, so geriete er nach allgemeinen Regeln bloß in Annahmeverzug, womit dem Verkäufer jedoch nicht geholfen wäre, weil er mangels Bestimmtheit seine Leistung nicht hinterlegen und den Kaufpreis nicht fordern könnte. § 906 Abs 2 verpflichtet deshalb den Käufer zur Spezifikation; der Verzug mit der Bestimmung wird zugleich als Schuldnerverzug behandelt. 810

Der Verkäufer hat demnach die Wahl, unter Fristbestimmung selbst zu **spezifizieren** oder nach Setzung einer Nachfrist (die wohl mit der Spezifikationsfrist identisch sein kann) vom Vertrag **zurückzutreten.** Bei Verschulden des Käufers hat der Verkäufer daneben das Recht auf **Schadenersatz.** Soweit der Kauf als Fixgeschäft zu qualifizieren ist (§ 919), entfällt sowohl für die Spezifikation als auch für die Auflösung des Vertrages die Nachfristsetzung. Wegen der Sonderregelung des § 906 Abs 2 wird ein klagbarer Anspruch des Verkäufers auf Vornahme der Spezifikation durch den Käufer zu verneinen sein.[29]) 811

---

[26]) Dazu *Gschnitzer* in *Klang*² IV/1, 371; *Wünsch,* Probleme des Spezifikationskaufes, in GedS Gschnitzer (1969) 477; *Nitsche,* Der Bestimmungsverzug beim Spezifikationskauf, in Wertung und Interessenausgleich im Recht (1975) 147; *Bydlinski* in *Klang*² IV/2, 164; *E. Bydlinski,* Erfüllungsklage beim Spezifikationsverzug? ÖJZ 1990, 440.

[27]) *Wünsch* in GedS Gschnitzer 484.

[28]) Vgl dazu OGH JBl 1979, 94.

[29]) Zur früheren (identischen) Regelung des § 375 Abs 2 HGB s *Wünsch* in GedS Gschnitzer 488f; *Nitsche* in Wertung und Interessenausgleich im Recht 159ff; *E. Bydlinski,* ÖJZ 1990, 444ff.

812 Will der Verkäufer selbst **spezifizieren,** so hat er die von ihm getroffene Bestimmung dem Käufer mitzuteilen und ihm zugleich eine angemessene Frist für eine andere Bestimmung zu setzen. Nimmt er sie nicht rechtzeitig vor, so ist die vom Verkäufer getroffene Bestimmung maßgebend. Der Verkäufer kann die Spezifikation nach freiem Ermessen treffen,[30]) doch ist eine für den Käufer offensichtlich unbrauchbare Auswahl unzulässig.[31])

D. Der Hoffnungskauf (§ 1276)

813 Der Hoffnungskauf (emptio spei) ist ein **Glücksgeschäft.** Der Käufer übernimmt dabei die künftigen Nutzungen einer Sache in Pausch und Bogen. Es gebühren ihm alle ordentlich erzielten künftigen Nutzungen dieser Sache, er trägt aber auch die Gefahr der ganz vereitelten Erwartung und das Risiko einer minderen Quantität oder Qualität. Die laesio enormis ist ausgeschlossen (§ 1268).

Im Gegensatz zum Hoffnungskauf ist der Kauf einer erhofften Sache (emptio rei speratae; § 1275) ein normaler Kaufvertrag: Der Käufer erhält vom künftigen Ertrag ein festgelegtes Maß an Sachen zu einem bestimmten Preis.

E. Erbschaftskauf, gerichtlicher Verkauf

814 Zum Erbschaftskauf s unten Rz 2444ff. Zu den gerichtlichen Verkäufen s § 1089 sowie die §§ 133ff, 242ff, 264ff, 318, 332, 349 Abs 2 EO und § 119 IO.

VI. Das UN-Kaufrecht

Literatur: *Bucher,* Wiener Kaufrecht (1991); *Czerwenka,* Rechtsanwendungsprobleme im internationalen Kaufrecht (1988); *Doralt,* Das UNCITRAL-Kaufrecht im Vergleich zum österreichischen Recht (1985); *Ebenroth,* Internationale Vertragsgestaltung im Spannungsverhältnis zwischen ABGB, IPR-Gesetz und UN-Kaufrecht, JBl 1986, 681; *Enderlein/Maskow/Strohbach,* Internationales Kaufrecht (1991); *Ferrari/Kieninger/Mankowski/Otte/Saenger/Staudinger,* Internationales Vertragsrecht² (2012); *Herber/Czerwenka,* Internationales Kaufrecht (1991); *Honsell,* Kommentar zum UN-Kaufrecht² (2010); *Hoyer/Posch,* Das Einheitliche Wiener Kaufrecht (1992); *Karner/Koziol,* Zur Anwendbarkeit des UN-Kaufrechts bei Werk- und Dienstleistungen (2015); *Karollus,* UN-Kaufrecht (1991); *Köhler,* Das UN-Kaufrecht (CISG) und sein Anwendungsausschluss (2007); *Loewe,* Internationales Kaufrecht (1989); *Magnus,* Aktuelle Fragen des UN-Kaufrechts, ZEuP 1993, 79; *Magnus* in *Staudinger,* Wiener UN-Kaufrecht (2013); *Omlor/Beckhaus,* Vermeintliche und tatsächliche Lücken im UN-Kaufrecht, IHR 2013, 237; *Piltz,* Internationales Kaufrecht² (2008); *Posch,* Fünfundzwanzig Jahre einheitliches internationales Warenkaufrecht in Österreich, ZfRV 2014/9, 76; *Schlechtriem/Schroeter,* Internationales UN-Kaufrecht⁵ (2013); *Schlechtriem/Schwenzer,* Kommentar zum Einheitlichen UN-Kaufrecht⁶ (2013); *Siehr,* Der internationale Anwendungsbereich des UN-Kaufrechts, RabelsZ 1988, 587; *Welser/*

---

[30]) *Wünsch* in GedS Gschnitzer 487; *Nitsche* in Wertung und Interessenausgleich im Recht 153.

[31]) *E. Bydlinski,* ÖJZ 1990, 447f.

I. Welser, Legal remedies in breach of the Contract by the seller under CISG, Türk-Avusturya Hukuk Haftasi, Özel Sayisi, Ikü Hukuk Fakültesi Dergisi (2006) 125; *Wilhelm,* UN-Kaufrecht (1993).

A. Allgemeines

Das Übereinkommen der Vereinten Nationen über Verträge über den internationalen Warenkauf wurde 1980 auf einer Konferenz in Wien geschlossen **(„Wiener Kaufrechtsabkommen“).** Es ist am 1. 1. 1989 für Österreich in Kraft getreten (BGBl 1988/96). Neben Österreich haben 80 Staaten das Abkommen übernommen.[1]) 815

Das UN-Kaufrecht schafft selbst **materielles** Recht[2]) und verweist nicht bloß – wie das Kollisionsrecht – auf nationales Recht. Das Übereinkommen enthält **dispositives** Recht und kann daher von den Parteien abbedungen werden (Art 6).[3]) 816

B. Anwendungsbereich

Nach Art 1 Abs 1 lit a gilt das Übereinkommen für alle Kaufverträge[4]) über Waren zwischen Vertragsparteien, die ihre Niederlassung in **verschiedenen Vertragsstaaten** haben. Unter „Waren“ sind **bewegliche Sachen** zu verstehen. Ob nur körperliche Sachen darunterfallen oder etwa auch Software, ist strittig.[5]) 817

Das Abkommen findet aber auch dann Anwendung, wenn die Regeln des IPR auf das Recht eines Vertragsstaates verweisen (Vorschaltlösung gemäß Art 1 Abs 1 lit b)[6]) oder die Vertragsparteien (mittels Rechtswahl) die Anwendbarkeit des Rechts

---

[1]) Der jeweils aktuelle Stand der Vertragsstaaten kann unter http://www.uncitral.org/uncitral/en/uncitral_texts/sale_goods/1980CISG_status.html abgerufen werden.

[2]) OGH SZ 72/109; RdW 2000/379. Zur Auslegung und Lückenfüllung nach Art 7 vgl *E. A. Kramer,* Uniforme Interpretation von Einheitsprivatrecht – mit besonderer Berücksichtigung von Art 7 UNKR, JBl 1996, 137ff; *Himmen,* Die Lückenfüllung anhand allgemeiner Grundsätze im UN-Kaufrecht (Art. 7 Abs. 2 CISG) (2007).

[3]) Dazu *Karollus,* UN-Kaufrecht: Hinweise für die Vertragspraxis, JBl 1993, 26ff; *Czernich,* UN-Kaufrecht: Gestaltungsmöglichkeiten in der Vertragspraxis durch nachträgliche Rechtswahl, wbl 1997, 234ff; vgl auch *Meyer,* UN-Kaufrecht in der österreichischen Anwaltspraxis, ÖJZ 2008/84, 792ff; zum stillschweigenden Ausschluss des UN-Kaufrechts s OGH ecolex 2007/363 *(Wilhelm)* = Zak 2008/77 *(Meyenburg); Posch* in *Schwimann/Kodek*[4] Art 6 CISG Rz 1.

[4]) Zur Anwendbarkeit auf Kompensationsgeschäfte s *Lurger,* Die Anwendung des Wiener UNCITRAL-Kaufrechtsübereinkommens 1980 auf den internationalen Tauschvertrag und sonstige Gegengeschäfte, ZfRV 1991, 415.

[5]) Für Ersteres *Hoyer,* Der Anwendungsbereich des UNCITRAL-Einheitsrechts, wbl 1988, 71; für Letzteres *Karollus,* UN-Kaufrecht 21; *Diedrich,* Anwendbarkeit des Wiener Kaufrechts auf Softwareüberlassungsverträge, RIW 1993, 441; vgl auch *E. A. Kramer,* JBl 1996, 145.

[6]) S OGH SZ 69/26 (dazu *Karollus,* OGH: Vertragsabschluss, Nichtlieferung und Schadenersatz nach dem UN-Kaufrecht, RdW 1996, 197); JBl 1999, 54 *(Karollus)* = ecolex 1998, 692 *(Wilhelm)* = ZfRV 1999, 65 *(Posch);* vgl aber auch OGH ZfRV 1996, 161 (kritisch *Hoyer*). Dazu *Posch* in *Schwimann/Kodek*[4] Art 1 CISG Rz 18ff.

eines Vertragsstaates vereinbaren.[7]) Hat ein Vertragspartner mehrere Niederlassungen, so ist jene mit der engsten Beziehung zum Vertrag und zu seiner Erfüllung entscheidend (Art 10 lit a). Falls eine Partei keine Niederlassung hat, ist ihr gewöhnlicher Aufenthalt maßgebend (Art 10 lit b).

818 Nach dem UN-Kaufrecht kommt es nicht darauf an, ob die Parteien Kaufleute sind (Art 1 Abs 3). Allerdings unterliegt der Ankauf von Waren für den **privaten** Gebrauch (persönlicher Gebrauch, Gebrauch in der Familie oder im Haushalt) **nicht** dem Übereinkommen (Art 2 lit a). Ausdrücklich ausgenommen ist ua auch der Erwerb von Wertpapieren, Zahlungsmitteln und elektrischer Energie (genauer Art 2 lit b–f).

Art 3 grenzt den Werklieferungsvertrag (zu diesem unten Rz 1106), der unter das Abkommen fällt, vom Werkvertrag ab. Danach findet das UN-Kaufrecht keine Anwendung, wenn der Besteller einen wesentlichen Teil des Stoffes zur Verfügung stellt. Ebenso sind vom Übereinkommen Verträge ausgenommen, bei denen die Ausführung von Arbeiten oder anderen Dienstleistungen die Warenlieferung überwiegt.[8]) Typengemischte Verträge unterliegen dann nicht dem Anwendungsbereich des UN-Kaufrechts, wenn der Anteil der kauffremden Vertragspflichten wertmäßig oder nach dem Parteiinteresse deutlich überwiegt.[9])

819 Das UN-Kaufrecht regelt nur den **Abschluss** von Kaufverträgen und die daraus entstehenden **Rechte** und **Pflichten** des Verkäufers und des Käufers.[10]) Die Gültigkeit des Vertrages und seine Wirkung auf das Eigentum der verkauften Ware unterliegen hingegen weiterhin dem – kollisionsrechtlich berufenen – nationalen Recht (vgl Art 4). Nach diesem sind daher Geschäftsfähigkeit, Irrtumsfolgen,[11]) Vertretungsmängel[12]) und Erlaubtheit des Vertrages zu beurteilen.[13])

Auch Formvorschriften können die Gültigkeit eines Rechtsgeschäftes beeinflussen; Art 11 bestimmt aber, dass die dem Abkommen unterliegenden Verträge formfrei sind. Die Vertragsstaaten können allerdings die Anwendung dieser Bestimmung ausschließen (Art 12), sodass sich dann die Form nach nationalem Recht richtet.

---

[7]) OGH SZ 74/178; SZ 2003/175; aA *Lurger,* Die neuere Rechtsprechungsentwicklung zum UN-Kaufrechtsübereinkommen, JBl 2002, 750 (752) mwN.

[8]) Vgl OGH ZfRV 1995, 159; *Karner/Koziol,* Anwendbarkeit des UN-Kaufrechts 12ff.

[9]) OGH EvBl 2006/28; *Karner/Koziol,* Anwendbarkeit des UN-Kaufrechts 15ff.

[10]) S OGH ZfRV 1997, 156. Vgl zu den gegenseitigen Aufklärungspflichten *Benedick,* Die Informationspflichten im UN-Kaufrecht (CISG) und ihre Verletzung (2008).

[11]) Auch in Konkurrenz zu den Leistungsstörungsregeln des UN-Kaufrechts: *Lessiak,* UNCITRAL-Kaufrechtsabkommen und Irrtumsanfechtung, JBl 1989, 487; *Neumayer,* Offene Fragen zur Anwendung des Abkommens der Vereinten Nationen über den internationalen Warenkauf, RIW 1994, 101f; dagegen *Flesch,* Mängelhaftung und Beschaffenheitsirrtum beim Kauf (1994) 127ff mwN; *Heilmann,* Mängelgewährleistung im UN-Kaufrecht (1994) 146f; differenzierend *Gstoehl,* Das Verhältnis von Gewährleistung nach UN-Kaufrecht und Irrtumsanfechtung nach nationalem Recht, ZfRV 1998, 8f.

[12]) OGH SZ 74/177 = ZfRV 2003/4 (kritisch *Petz*).

[13]) *Bydlinski,* Das allgemeine Vertragsrecht, in *Doralt,* UNCITRAL-Kaufrecht 84f. Der Begriff der Gültigkeit selbst ist jedenfalls nach nationalem Recht zu beurteilen: *Lessiak,* JBl 1989, 491ff.

C. Vertragsabschluss[14])

820 Die Vorschriften über den Abschluss des Kaufvertrages stimmen weitgehend mit jenen des ABGB überein (s Bd I Rz 399ff).[15]) Das Angebot kann allerdings nicht bloß bis zum Zugang, sondern bis zur Absendung der Annahmeerklärung des Empfängers **widerrufen** werden. Die Rücknahme ist ausgeschlossen, wenn im Offert dessen Unwiderruflichkeit zum Ausdruck kommt oder der Empfänger vernünftigerweise darauf vertrauen konnte und dementsprechend gehandelt hat (Art 16).

821 Enthält die Annahme **unwesentliche** Ergänzungen oder Abweichungen zum Anbot, kommt der Vertrag zustande, wenn der Anbietende das Fehlen der Übereinstimmung nicht **unverzüglich** beanstandet (Art 19 Abs 2). Ergänzungen oder Abweichungen, die Preis, Bezahlung, Qualität und Menge der Ware, Ort und Zeit der Lieferung, Umfang der Haftung oder die Beilegung von Streitigkeiten betreffen, werden aber als wesentlich angesehen (Art 19 Abs 3).[16])

Nach Art 21 Abs 1 ist eine verspätete Annahme wirksam, wenn der Offerent unverzüglich den Annehmenden in diesem Sinne mündlich oder schriftlich unterrichtet. Nach dem ABGB wäre hingegen eine verspätete Annahme als Anbot zu werten, sodass der Vertrag erst mit Zugang der zweiten Erklärung des ursprünglichen Offerenten zustande käme. Art 21 Abs 2 enthält eine dem § 862a ABGB vergleichbare Regelung.

D. Materielles Kaufrecht

1. Vertragsverletzung

822 Das UN-Kaufrecht kennt nicht die Unterscheidung zwischen ursprünglicher und nachträglicher Unmöglichkeit der Leistung, Verzug, Gewährleistung und positiver Forderungsverletzung, sondern nur einen einheitlichen Begriff der **Vertragsverletzung.**[17]) Bestimmte Rechtsbehelfe stehen einer Partei nur zu, wenn eine **wesentliche** Vertragsverlet-

[14]) Dazu *Bydlinski* in *Doralt,* UNCITRAL-Kaufrecht 60ff; *Stern,* Erklärungen im UNCITRAL-Kaufrecht (1990) 15ff. Zur Bestimmbarkeit des Preises: OGH JBl 1995, 253 (*Karollus;* kritisch zu dieser Entscheidung *Rummel,* Probleme des Dissenses beim Vertragsschluß, RZ 1996, 3f); vgl dazu auch *Hofmann,* Zur Auslegung des § 273 ZPO, RZ 1996, 9; zur Verwendung von AGB s OGH SZ 2003/175; dazu auch *Janssen,* Kollidierende Allgemeine Geschäftsbedingungen im internationalen Kaufrecht, wbl 2002, 453; hiezu sowie zur Preisbestimmtheit und dem Schweigen auf ein abweichendes kaufmännisches Bestätigungsschreiben vgl *Kramer,* Konsensprobleme im Rahmen des UN-Kaufrechts, in FS Welser (2004) 539ff.

[15]) S dazu *Bucher,* Preisvereinbarung als Voraussetzung der Vertragsgültigkeit beim Kauf, Melanges Riotet (1990) 371. Zum Vertragsschluss mittels Zustimmungsäußerung s OGH EvBl-LS 2013/78.

[16]) Art 19 Abs 3 stellt nach hA eine widerlegbare Auslegungsregel dar: OGH JBl 1997, 592 = ecolex 1997, 656 *(Wilhelm);* vgl *Posch* in *Schwimann/Kodek*⁴ Art 19 CISG Rz 5.

[17]) *Welser,* Die Vertragsverletzung des Verkäufers und ihre Sanktion, in *Doralt,* UNCITRAL-Kaufrecht 116; *Honsell,* Die Vertragsverletzung des Verkäufers nach dem Wiener Kaufrecht, SJZ 1992, 345; *Petrikic,* Das Nacherfüllungsrecht im UN-Kaufrecht (1999) 15f.

zung vorliegt. Wesentlich ist eine Vertragsverletzung, wenn sie dazu führt, dass die Durchführung des Vertrages für den Gläubiger **nicht mehr von Interesse** ist und dies entweder von der vertragsbrüchigen Partei vorausgesehen wurde oder für eine vernünftige Partei **vorhersehbar** war (Art 25).[18]) Eine wesentliche Vertragsverletzung ist zB der Verzug bei einem Fixgeschäft.[19]) Zur Frage, ob die Beurteilung der Wesentlichkeit von der Möglichkeit einer bestehenden Nacherfüllung abhängt, vertritt der OGH die Auffassung, dass es auf eine Gesamtschau der Umstände des Einzelfalls nach objektiven Kriterien ankommen soll.[20])

Wenn schon vor Fälligkeit der Leistung offensichtlich ist, dass eine Partei eine wesentliche Vertragsverletzung begehen wird, kann die andere den Vertrag aufheben. Unabhängig von der Wesentlichkeit der Vertragsverletzung gibt Art 71 einer Partei das Recht, die eigene Leistung zurückzuhalten, wenn sich nach Vertragsabschluss herausstellt, dass die Erfüllung der Gegenleistung unsicher ist.

2. Pflichten des Verkäufers

823 Der Verkäufer ist nach Art 30 verpflichtet, die Ware samt den sie betreffenden Dokumenten zu **liefern** und dem Käufer **Eigentum** zu verschaffen. Art 31 regelt den Erfüllungsort, Art 33 die Erfüllungszeit. Ergibt sich aus dem Vertrag weder ein Zeitpunkt noch ein Zeitraum für die Lieferung, hat der Verkäufer innerhalb **angemessener** Frist nach Vertragsabschluss zu leisten; zum Unterschied vom ABGB bedarf es zur Herbeiführung der Fälligkeit keiner Mahnung.[21]) S oben Rz 137f.

824 Der Verkäufer muss **vertragsgemäße** Ware liefern.[22]) Mangels vertraglicher Leistungsbeschreibung hat die Ware den in Art 35 Abs 2 genannten Anforderungen entsprechend dem Standard des Exportlandes zu entsprechen.[23]) Dazu gehört auch, dass sie hinsichtlich Verpackung und Behältnis den Anforderungen des Vertrages entspricht (Art 35 Abs 1). Nach Art 35 Abs 3 haftet der Verkäufer aber nicht, wenn der Käufer bei Vertragsabschluss die Vertragswidrigkeit kannte oder darüber nicht in Unkenntnis sein konnte (zur vergleichbaren Bestimmung des § 928 ABGB s oben Rz 386).[24]) Besteht ein internationaler Handelsbrauch in Bezug auf bestimmte Eigenschaften, stellt dieser den Mindest-

---

[18]) Hiezu *Schroeter* in *Schlechtriem/Schwenzer*⁶ Art 25 Rz 13ff; *Musger*, Die wesentliche Vertragsverletzung (1989); *Aicher* in *Hoyer/Posch*, Wiener Kaufrecht 123ff; *Wilhelm*, UN-Kaufrecht 18ff; *Petrikic*, Nacherfüllungsrecht 17ff; zur Vertragsverletzung durch Nichteinhaltung öffentlich-rechtlicher Vorschriften s *Lurger*, JBl 2002, 757.

[19]) OGH EvBl-LS 2013/61; RdW 2013/61; *Schroeter* in *Schlechtriem/Schwenzer*[6] Art 25 Rz 39; *U. Huber*, Die Haftung des Verkäufers für Verzug und Sachmängel nach dem Wiener Kaufrechtsübereinkommen, JBl 1989, 276.

[20]) OGH JBl 2012, 313 (dazu *Schäfer*, Wesentliche Vertragsverletzung und Behebbarkeit einer Vertragswidrigkeit iRd Art 25 CISG, ecolex 2012, 864).

[21]) *Welser* in *Doralt*, UNCITRAL-Kaufrecht 108.

[22]) Hiezu *Heilmann*, Mängelgewährleistung 166ff.

[23]) OGH SZ 73/70; ecolex 2006/281.

[24]) Zur Auslegung des Art 35 Abs 3: *Welser* in *Doralt*, UNCITRAL-Kaufrecht 109; *Schwenzer* in *Schlechtriem/Schwenzer*[6] Art 35 Rz 34ff.

standard dar.[25]) Die vertragsgemäße Beschaffenheit der Ware ist gemäß Art 36 Abs 1 für den Zeitpunkt des **Gefahrenüberganges** zu beurteilen.[26]) Der Verkäufer hat auch dafür einzustehen, dass die Ware von **Rechten Dritter** frei ist (Art 41 f).[27])

Wird die Ware nach dem Gefahrenübergang beschädigt oder zerstört, muss der Käufer den Kaufpreis zahlen, es sei denn, die Beschädigung oder der Untergang ist auf ein Verhalten des Verkäufers zurückzuführen (Art 66). Im Einzelnen enthalten die Art 67–69 genauere Regelungen über den Zeitpunkt des Gefahrenüberganges,[28]) die im Wesentlichen dem österreichischen Recht entsprechen.[29])

Bei Vertragsverletzung des Verkäufers kann der Käufer **Erfüllung** 825
verlangen oder **Vertragsaufhebung**[30]) begehren (Art 46 bis 52). Als Unterfälle des Erfüllungsanspruches kennt das UN-Kaufrecht das Recht auf Ersatzlieferung und auf Nachbesserung, wenn die Ware nicht vertragsgemäß ist (Art 46 Abs 2 und 3).[31]) Sowohl das Recht auf Aufhebung als auch jenes auf Ersatzlieferung setzen grundsätzlich eine **wesentliche** Vertragsverletzung[32]) voraus (Art 49 Abs 1 lit a; Art 46 Abs 2). Gemäß Art 82 Abs 1 verliert der Käufer das Recht auf Vertragsaufhebung oder Ersatzlieferung, wenn es ihm nicht möglich ist, die Ware im Wesentlichen in dem Zustand zurückzugeben, in dem er sie erhalten hat. Im Fall einer teilbaren Leistung beschränkt sich diese Rechtsfolge auf jenen Teil, der nicht in diesem Zustand zurückgestellt werden kann.[33])

Bei an sich unwesentlicher Vertragsverletzung kommt aber eine Vertragsaufhebung wegen Nichtlieferung in Betracht, wobei der Käufer dem Verkäufer hier allerdings eine angemessene Nachfrist setzen muss, außer dieser weigert sich, den Vertrag zu erfüllen (Art 49 Abs 1 lit b).[34])

---

[25]) S hiezu OGH RdW 2003/424; vgl auch *Omlor/Beckhaus,* IHR 2013, 237; *Posch* in *Schwimann/Kodek*[4] Art 35 CISG Rz 2 ff.

[26]) Den Beweis, dass die Sache im maßgebenden Zeitpunkt fehlerhaft war, muss nach der Übergabe der Käufer führen: *Welser* in *Doralt,* UNCITRAL-Kaufrecht 110; *Magnus* in *Staudinger* Art 36 Rz 25; s auch *Schwenzer* in *Schlechtriem/Schwenzer*[6] Art 35 Rz 49 ff; aA *Karollus,* UN-Kaufrecht 121.

[27]) Hiezu *Langenecker,* UN-Einheitskaufrecht und Immaterialgüterrechte (1993); zur Verkäuferhaftung für Belastung der Ware mit Schutzrechten Dritter s OGH ecolex 2007/88 *(Weikinger).*

[28]) Dazu *Geist,* Die Gefahrtragung nach dem UN-Übereinkommen über den internationalen Warenkauf, wbl 1988, 350 ff; *Welling,* Gefahrtragung im UN-Kaufrecht und deren Beeinflussung durch die INCOTERMS 2000; wbl 2001, 397; *Heilmann,* Mängelgewährleistung 220 ff; *Lindacher* in *Hoyer/Posch,* Wiener Kaufrecht 168 ff; *Posch* in *Doralt,* UNCITRAL-Kaufrecht 165 ff; *Rabl,* Gefahrtragung 105 ff.

[29]) *Posch* in *Doralt,* UNCITRAL-Kaufrecht 171 f.

[30]) Zu den Rechtsfolgen der einvernehmlichen Vertragsaufhebung s OGH SZ 72/109; zur Formfreiheit der Aufhebungserklärung s OGH ZfRV 2002/17.

[31]) Dazu *Petrikic,* Nacherfüllungsrecht 54 ff.

[32]) Dazu auch *Karollus,* UN-Kaufrecht: Vertragsaufhebung und Nacherfüllung bei Lieferung mangelhafter Ware, ZIP 1993, 490; OGH JBl 2012, 313 (dazu *Schäfer,* ecolex 2012, 864).

[33]) OGH EvBl 2011/25 *(Lehner).*

[34]) S etwa *Schlechtriem,* Fristsetzungen bei Leistungsstörungen im Einheitlichen UN-Kaufrecht (CISG) und der Einfluß des § 326 BGB, in FS Trinkner (1995) 321 ff.

826 Wegen vertragswidriger Beschaffenheit der Ware oder zu geringer Quantität kann der Käufer auch den **Preis herabsetzen** (Art 50). Die Minderung erfolgt wie im österreichischen Recht nach der relativen Berechnungsmethode, wobei der Zeitpunkt der Lieferung maßgebend und eine Kaufpreisminderung auf Null möglich ist.[35])

827 Konkurrierend zu den Rechtsbehelfen der Art 46–52 kann der Käufer **Schadenersatz** verlangen (Art 74–77). Wie im österreichischen Recht beseitigt daher die Aufhebung des Vertrages nicht den Anspruch auf das Erfüllungsinteresse. Der Käufer kann aber selbstverständlich einen Nachteil nicht „doppelt liquidieren".[36])

828 Bei vertragswidriger Leistung, also bei Rechts- oder Sachmängeln, aber auch bei Aliud- oder Minderlieferung,[37]) läuft eine **relative Frist**[38]) zur Geltendmachung (Art 39 Abs 1, Art 43 Abs 1): Die Vertragswidrigkeit muss dem Verkäufer innerhalb angemessener Frist[39]) ab tatsächlicher oder möglicher Feststellung angezeigt werden.[40]) Hat der Käufer für die Unterlassung der Rüge aber eine „vernünftige Entschuldigung",[41]) bleibt ihm das Recht auf Preisminderung und Ersatz des positiven Schadens (Art 44). Ein Sachmangel kann überdies nur geltend gemacht werden, wenn ihn der Käufer spätestens **zwei Jahre** nach Übergabe anzeigt, es sei denn, dass eine andere Frist vereinbart wurde (Art 39 Abs 2).[42])

Da nach Art 38 eine Untersuchungsobliegenheit des Käufers besteht, hat die Zweijahresfrist im Ergebnis nur für verborgene Mängel Bedeutung.[43])

In welchem Ausmaß der Käufer die Ware im Rahmen seiner Untersuchungsobliegenheit zu prüfen hat, richtet sich in erster Linie nach der vertraglichen Vereinbarung, sonst ist auf die Handelsbräuche und Gepflogenheiten abzustellen. Die Anforderungen dürfen jedenfalls nicht überspannt werden.[44])

Auf die Untersuchungs- und Rügepflicht des Käufers kann sich der Verkäufer jedoch nicht berufen, wenn die Vertragswidrigkeit der Ware auf Tatsachen beruht, die er kannte oder kennen musste, aber dem Käufer nicht offenbart hat.[45])

---

35) *Welser* in *Doralt,* UNCITRAL-Kaufrecht 123; *Schlechtriem/Schroeter,* Internationales UN-Kaufrecht[5] Rz 494 ff; OGH ecolex 2005, 768 *(Wilhelm);* RdW 2005/817 (Leistungsverweigerung bei teilweiser Lieferung).

36) *Welser* in *Doralt,* UNCITRAL-Kaufrecht 116.

37) *Welser* in *Doralt,* UNCITRAL-Kaufrecht 111.

38) S dazu OGH RdW 2000/10; *Lurger,* JBl 2002, 754 mwN.

39) In EvBl 2011/25 *(Lehner)* hielt der OGH eine Untersuchungs- und Rügefrist von 14 Tagen für angemessen. Vgl auch *Posch* in *Schwimann/Kodek*[4] Art 39 CISG Rz 6.

40) Hiezu *Heilmann,* Mängelgewährleistung 284 ff; *Resch,* Zur Rüge bei Sachmängeln nach UN-Kaufrecht, ÖJZ 1992, 470; *Lurger,* JBl 2002, 756; OGH JBl 1999, 318 *(Karollus);* SZ 2002/1; zur Formfreiheit der Mängelrüge s OGH ZfRV 2002/17. Der Käufer muss die Rüge rechtzeitig absenden, das Verlustrisiko trägt der Verkäufer: OGH RdW 2005/610.

41) S hiezu OGH ecolex 2002, 588 *(Wilhelm).*

42) Vgl hiezu *Rudolf,* Aktuelle Rechtsprechung zum UN-Kaufrecht, ecolex 2000, 565 (566); *Ferrari* in *Ferrari/Kieninger/Mankowski/Otte/Saenger/Staudinger*[2] Art 39 Rz 34 ff.

43) OGH SZ 2007/208.

44) OGH ecolex 2012/393; *Schwenzer* in *Schlechtriem/Schwenzer*[6] Art 38 Rz 11.

45) OGH ecolex 2003, 676; ecolex 2007/72; zur Beweislastverleihung s OGH JBl 2012, 669.

3. Pflichten des Käufers

Der Käufer ist verpflichtet, den **Kaufpreis** zu zahlen und die Ware **anzunehmen** (Art 53).[46]) Wenn die Parteien nichts anderes vereinbaren, gilt das **Zug-um-Zug-Prinzip** (Art 58),[47]) doch muss der Käufer nicht zahlen, bevor er Gelegenheit hatte, die Ware zu untersuchen (Art 58 Abs 3). 829

Der Verkäufer kann bei einer Vertragsverletzung des Käufers nach Art 62–65 vorgehen und **Erfüllung** verlangen oder den Vertrag **aufheben.** Diese Rechtsbehelfe entsprechen jenen des Käufers. Darüber hinaus kann der Verkäufer den Käufer auch auf Abnahme klagen, während nach hA zum österreichischen Recht die Annahme eine nicht erzwingbare Obliegenheit ist (s oben Rz 282f). Wie der Käufer kann der Verkäufer konkurrierend mit diesen Rechten Schadenersatz verlangen (Art 61 Abs 2). 830

Bei einem Spezifikationskauf kann der Verkäufer auch die Spezifikation selbst vornehmen. Art 65 enthält diesbezüglich eine dem § 1063b vergleichbare Regelung (s oben Rz 808ff).

4. Schadenersatz[48])

Das UN-Kaufrecht regelt nur die Ersatzpflicht für Sach- und Vermögensschäden wegen Vertragsverletzung, **nicht** aber für **Personenschäden** (Art 5). Der Schadenersatzanspruch nach dem UN-Kaufrecht ist **verschuldensunabhängig** („Garantiehaftung"), was aber durch die **Befreiungsgründe** des Art 79 gemildert wird. Der vertragswidrig handelnde Teil haftet nicht, wenn er beweist, dass die Nichterfüllung auf einem **außerhalb seines Einflussbereiches** liegenden Grund beruht, den er bei Vertragsabschluss vernünftigerweise nicht in Betracht ziehen, nicht vermeiden oder überwinden konnte. Bedient sich jemand zur Vertragserfüllung eines Dritten, müssen die Entlastungsvoraussetzungen sowohl bei diesem als auch bei der Vertragspartei selbst vorliegen.[49]) 831

In die Organisation des Schuldners eingegliederte Hilfspersonen sind keine „Dritten" im Sinne des Art 79. Dem Schuldner steht hier nur der Befreiungsbeweis nach Abs 1 offen, der ihm aber kaum gelingen wird, weil es sich hier typischerweise um seinen Einflussbereich handelt.[50])

---

[46]) Zum Zurückweisungsrecht bei mangelhafter Ware s *Mohs* in *Schlechtriem/Schwenzer*[6] Art 60 Rz 15; *Rudolf,* UN-Kaufrecht: Zurückweisung mangelhafter Ware? ecolex 1993, 149.

[47]) OGH SZ 2005/162; *Posch* in *Doralt,* UNCITRAL-Kaufrecht 157; *Mankowski* in *Ferrari/Kieninger/Mankowski/Otte/Saenger/Staudinger*[2] Art 58 Rz 1ff; *Mohs* in *Schlechtriem/Schwenzer*[6] Art 58 Rz 7ff.

[48]) Dazu *Welser* in *Doralt,* UNCITRAL-Kaufrecht 126ff; *Rummel* in *Hoyer/Posch,* Wiener Kaufrecht 177ff; *Ryffel,* Die Schadenersatzhaftung des Verkäufers nach dem Wiener Übereinkommen über internationale Warenkaufverträge (1992); *Keil,* Die Haftungsbefreiung des Schuldners im UN-Kaufrecht (1993); *Heilmann,* Mängelgewährleistung 549ff; *Czernich,* wbl 1997, 231f.

[49]) *Welser* in *Doralt,* UNCITRAL-Kaufrecht 130f; *Keil,* Haftungsbefreiung 148ff; *Rummel* in *Hoyer/Posch,* Wiener Kaufrecht 190.

[50]) *Welser* in *Doralt,* UNCITRAL-Kaufrecht 130f; *Schlechtriem/Schroeter,* Internationales UN-Kaufrecht[5] Rz 665; *Rummel* in *Hoyer/Posch,* Wiener Kaufrecht 189ff.

832 Nach Art 74 ist der gesamte Schaden, einschließlich des entgangenen Gewinns, zu ersetzen.[51]) Allerdings hat die vertragsbrüchige Partei nur für den Schaden aufzukommen, den sie bei Vertragsabschluss als Folge der Vertragsverletzung **voraussehen** musste.[52]) Die Einschränkung auf den voraussehbaren Schaden führt zu einer Art von Begrenzung der Schadenersatzpflicht, die dem österreichischen Recht fremd ist. In vielen Fällen wird man aber wegen der Voraussetzung der Adäquanz und des Rechtswidrigkeitszusammenhanges zum selben Ergebnis gelangen.[53]) Art 77 bestimmt eine Schadensminderungspflicht des Geschädigten.[54]) Kommt er ihr nicht nach, so verliert er den Anspruch auf den nicht verhinderten Schaden (vgl § 1304).

833 Eine Vertragspartei, die mit der Zahlung eines Geldbetrages in Verzug gerät, hat gemäß Art 78 als Mindestersatz **Zinsen** zu zahlen; dies selbst dann, wenn die Befreiungsgründe des Art 79 vorliegen. Die Höhe der Verzugszinsen richtet sich nach nationalem Recht.[55])

3. Kapitel

Der Tausch (§§ 1045 ff)

Literatur: *Lurger,* Handbuch der internationalen Tausch- und Gegengeschäftsverträge (1992); *Riedler,* Modernisierungsbedarf des ABGB in den besonderen Bestimmungen über vertragliche Schuldverhältnisse! in *Fischer-Czermak/Hopf/Kathrein/Schauer,* ABGB 2011 – Chancen und Möglichkeiten einer Zivilrechtsreform (2008) 73; *Riedler,* Reformbedarf bei Tausch-, Kauf- und Dienstleistungsverträgen? ÖJZ 2008/99, 934.

Durch den Tauschvertrag verpflichten sich die Parteien, eine Sache gegen eine andere, also entgeltlich, zu überlassen (§ 1045).

834 Da das Geld unter den Sachbegriff fällt, wäre auch die Überlassung einer Sache gegen Geld ein Tausch; doch liegt dann Kauf vor (§§ 1046, 1053).

835 Der Kauf ist also nur eine Sonderform des Tausches. Daher gelten für **Kauf** und **Tausch** die **gleichen** Regeln.[1]) Auch der Tausch ist ein **Konsensualvertrag,** der mit der Einigung zwischen den Parteien zustande kommt.

---

[51]) Zur Schadensberechnung s OGH RdW 2000/379 (ohne Vertragsaufhebungserklärung); SZ 73/75; SZ 2002/1 (Schadenersatz bei Mängelbehebung durch den Käufer). Zum Ersatz eines Deckungskaufes und darüber hinausgehender Schäden s OGH EvBl-LS 2013/61.

[52]) OGH EvBl-LS 2013/61.

[53]) *Posch* in *Doralt,* UNCITRAL-Kaufrecht 181; *Rummel* in *Hoyer/Posch,* Wiener Kaufrecht 181 f; vgl OGH JBl 1986, 98, 101, 103 *(Koziol);* JBl 1989, 177 *(Wilhelm); Stoll,* Haftungsfolgen im bürgerlichen Recht (1993) 7 ff.

[54]) Vgl *Omlor/Beckhaus,* IHR 2013, 242 ff.

[55]) *Schlechtriem/Schroeter,* Internationales UN-Kaufrecht[5] 325 ff Rz 752 ff; *Magnus* in *Staudinger* Art 78 Rz 12 ff mwN; vgl auch *Lukits,* Zinsenberechnung im österreichischen Zivilrecht, ÖJZ 2010/32, 293 (294); aA *Corterier,* Zinsen in einheitlicher Rechtsanwendung, ZfRV 2003, 43.

[1]) *Riedler,* ÖJZ 2008/99, 934 ff.

Die wirkliche Übergabe ist nicht zu seiner Errichtung, sondern nur zu seiner Erfüllung und zum Erwerb des Eigentums notwendig (§ 1045).[2])

Es bestehen allerdings gewisse Unterschiede. So kommt zB bei Mängeln einer eingetauschten Sache keine Preisminderung in Betracht. Der Veräußerer der mangelhaften Sache ist stattdessen zu einer angemessenen Aufzahlung zu verhalten. Ferner kann ein Vorkaufsberechtigter im Zweifel sein Gestaltungsrecht nicht ausüben, wenn die Sache nicht verkauft, sondern getauscht wird (§ 1078; s oben Rz 781 f).

Manche Verträge sind aus **Elementen** von Kauf und Tausch zusammengesetzt: Eine Partei gibt eine Sache und erhält als Gegenleistung eine andere Sache und Geld. Dann ist mangels anderer Vereinbarung Kaufrecht anzuwenden, wenn innerhalb der zusammengesetzten Leistung der Wert des Geldes den Wert der Sache übersteigt oder diesem doch gleichkommt (§ 1055).[3]) Ist der Sachwert höher als der Geldwert, so gilt das Recht des Tausches **(Absorptionsprinzip).** S oben Rz 57. 836

Bei Neuanschaffungen gibt oft der Käufer dem Verkäufer eine gebrauchte Sache **„in Zahlung":** Ein Neuwagen wird gegen Geld und einen Gebrauchtwagen erworben. Ähnliche Vereinbarungen finden sich manchmal beim Erwerb von Haushaltsgeräten und Maschinen. In Lehre und Rechtsprechung wird diskutiert, ob in solchen Fällen ein einziges Geschäft (Kauf, Tausch) oder zwei Kaufverträge mit gegenseitiger Verrechnung der Preise („Doppelkauf", „uneigentliches Baratto") anzunehmen ist.[4]) 837

Dies ist vor allem deshalb wichtig, weil sich im synallagmatischen Vertrag die Fehlerhaftigkeit einer Leistung direkt auf das ganze Schuldverhältnis auswirkt. S oben Rz 13. Nimmt man zwei Verträge an, so können Störungen in einem Verhältnis im anderen nur soweit Rechtsfolgen auslösen, als die Verträge durch Bedingungen oder eine gemeinsame Geschäftsgrundlage verknüpft sind.

Ob einheitliches Geschäft oder Doppelkauf anzunehmen ist, hängt vom Inhalt der Vereinbarungen ab und ist notfalls durch Auslegung (§§ 914 f) zu klären. **Doppelkauf** wird nur vorliegen, wenn die Parteien mit jeder der beiden Veräußerungen einen besonderen Umsatzzweck, eine für sich sinnvolle Absatzfunktion verbinden; andernfalls ist die Vereinbarung ein einheitlicher Kauf oder Tausch (§ 1055).[5]) Bei der üblichen „Inzahlungnahme" gebrauchter Sachen ist im Zweifel **ein Geschäft** anzunehmen, wenn ein einheitliches Umsatzziel angestrebt wird: Die eine Veräußerung ist mit der anderen eng verknüpft und ohne sie nicht gewollt, sodass die Annahme zweier Verträge gekünstelt wäre.[6]) 838

---

[2]) Zur Verbücherung eines Liegenschaftstausches s OGH EvBl 2006/160.

[3]) Zur analogen Anwendung des § 1055 auf eine aus Geld und Arbeit bestehende Leistung vgl OGH SZ 54/112.

[4]) *Wahle* in *Klang*² IV/2, 21; zum deutschen Recht: *Behr,* Die Inzahlungnahme von Gebrauchtwagen als Beispiel der Entstehung eigenen Rechts für verkehrstypische Verträge, AcP 185, 401 mwN. Vgl im Übrigen die folgenden FN.

[5]) *Oertmann,* Ehrenbergs Handbuch des gesamten Handelsrechts IV/2 (1918) 334 f; *Bettelheim* in *Klang* II/2, 942 f; vgl auch *Herbst,* Zur Inzahlungnahme von Gebrauchtwagen, ÖJZ 1982, 480 f.

[6]) *Mayer-Maly,* Dogmatik und Interessenwertung im Kaufrecht, ÖJZ 1973, 198 f; OGH JBl 1987, 318; SZ 70/234; aM *Mayer-Maly* in *Klang*² IV/2, 245 ff.

4. Kapitel

Die Schenkung (§§ 938 ff)

Literatur: *Giller/Binder,* Die wirkliche Übergabe geschenkter Liegenschaften – steht eine Judikaturwende bevor? EF-Z 2015/58, 105 und 2015/86, 153; *Kletečka,* Schenkungen und gemeinsame Gewahrsame, NZ 2015/60, 161; *Kogler,* Der Erbverzicht (2013); *Kulka,* Unentgeltlichkeit und Freigebigkeit, ÖJZ 1969, 477; *Liedermann,* Die „wirkliche Übergabe" im Schenkungsrecht, NZ 2011/108, 321; *Obermayer,* Die Schenkung unter Auflage, NZ 1969, 178; *Rabl,* Schenkungen im gemeinsamen Haushalt, NZ 2015/61, 169; *Riedler,* Modernisierungsbedarf des ABGB in den besonderen Bestimmungen über vertragliche Schuldverhältnisse! in *Fischer-Czermak/Hopf/Kathrein/Schauer,* ABGB 2011 – Chancen und Möglichkeiten einer Zivilrechtsreform (2008) 73; *Riedler,* Reformbedarf bei Schenkungs-, Verwahrungs-, Leih- und Darlehensvertrag? ÖJZ 2008/65, 624; *Rummel,* Schenkungen unter Ehegatten und Scheidung, JBl 1976, 626; *Scheffknecht,* Fragen um das negotium mixtum cum donatione, NZ 1956, 136; *Welser,* Zivilrechtliche Formgebote und Notariatsakt, in *Rechberger,* Formpflicht und Gestaltungsfreiheit (2002) 1; *Zöchling-Jud,* Schenkung und „wirkliche Übergabe", NZ 2015/62, 177.

I. Begriff

839 *Die Schenkung ist ein Vertrag, durch den sich jemand verpflichtet, einem anderen eine Sache unentgeltlich zu überlassen (§ 938).*

840 Als Vertrag bedarf die Schenkung der Zustimmung des Beschenkten, weil sich niemand Zuwendungen aufdrängen lassen muss.

841 Das gegenwärtige Vermögen kann zur Gänze verschenkt werden. Ein Vertrag, in dem das künftige Vermögen[1]) verschenkt wird, besteht aber nur insoweit, als er dessen Hälfte nicht übersteigt (§ 944). Die Veräußerbarkeit des ganzen künftigen Vermögens würde den Veräußerer „knebeln".

842 „Sache" ist im weiten Sinn des § 285 zu verstehen. Daher können zB auch Forderungen verschenkt werden. Die Regeln des Schenkungsvertrages sind allerdings unanwendbar, soweit für unentgeltliche Zuwendungen **besondere Vertragstypen** bestehen.

Die unentgeltliche Überlassung unvertretbarer Sachen zum Gebrauch ist eine Leihe, die Überlassung vertretbarer Sachen zum Gebrauch ein Darlehen;[2]) Aufträge und Dienstverträge können unentgeltlich sein, sind aber deshalb noch nicht Schenkung. Der Schenkungsvertrag ist also der „Prototyp" des unentgeltlichen Geschäfts, aber nicht dessen einziger Fall.

Abgrenzungsschwierigkeiten können auch zu anderen Geschäften entstehen, zB zu den Ehepakten.[3])

843 Der Grund der Schenkung (ihre „causa") liegt nicht im eigennützigen Austausch von Leistungen, sondern in der **Freigebigkeit** des Schenkenden.[4]) Diese „Schenkungsabsicht" wird auch nicht dadurch ausge-

[1]) Vgl OGH SZ 52/156.

[2]) Vgl OGH JBl 1998, 367 *(Mandl).*

[3]) Dazu OGH JBl 1973, 32 *(Bydlinski);* zu den Kriterien eines Ehepakts im Übrigen *Welser*, Ehepakt, Erwerbsgesellschaft bürgerlichen Rechts und Formzwang, GesRZ 1976, 34.

[4]) S dazu auch *Pfersmann,* JBl 1986, 526; OGH NZ 1991, 10; NZ 2014/85.

schlossen, dass die Zuwendung eine Belohnung sein soll oder aus sittlicher Pflicht gemacht wird.

Die Rechtsprechung hat bei unentgeltlichen Zuwendungen aus sittlicher Pflicht den Schenkungscharakter geleugnet;[5]) offensichtlich deshalb, um die Unwirksamkeit solcher Versprechen mangels Form zu verhindern. Das ABGB kennt aber selbst Schenkungen aus sittlicher Pflicht (§ 785 Abs 3), weshalb ihre Ausklammerung aus dem Begriff der Schenkung unzulässig ist.[6])

Eine bloß erhoffte Gegenleistung als Motiv für die Schenkung 844
schließt den Schenkungscharakter nicht aus.[7])

Manchmal wird bei einem **entgeltlichen** Geschäft von einer Seite 845
ohne Zwang die Leistung nachträglich **erhöht.**

Ein Dienstgeber ändert nachträglich den Lohn oder erbringt freiwillige „Sozialleistungen".

In solchen Fällen handelt es sich meist nicht um eine unentgeltliche 846
Zuwendung, sondern um eine Änderung der Gegenleistung, die im Austauschverhältnis steht.[8])

II. Formpflicht (Schenkungen ohne wirkliche Übergabe)

Schenkungen, die sofort erfüllt werden, sind nicht formbedürftig. Hin- 847
gegen bedarf das bloße „Schenkungsversprechen", das ist ein Schenkungsvertrag,[1]) bei dem die Sache nicht sofort übergeben wird – Schenkung **ohne wirkliche Übergabe** (§ 943) – des Notariatsaktes (§ 1 Abs 1 lit d NotAktsG). Damit sollen unüberlegte Schenkungsversprechen verhindert werden (Warnungszweck).[2]) Das Geschäft bedarf als Ganzes des Notariatsakts.[3])

Die Gefahr leichtfertigen Schenkens ist geringer, wenn die Sache aus der Hand gegeben und damit der Vermögensverlust für den Schenkenden sofort offenbar wird. Deshalb kann er die Sache auch nicht zurückfordern, wenn er das formungültige Schenkungsversprechen später erfüllt (§ 1432). Die Heilung setzt ein weiteres aktives Tun des unwirksam Verpflichteten, nämlich das Erbringen der zugesagten Leistung, voraus.[4])

---

[5]) OGH JBl 1966, 620; ecolex 1993, 86 *(Wilhelm);* ebenso *Stanzl* in *Klang*[2] IV/1, 588. Vgl dazu auch *Migsch,* Die sogenannte Pflichtschenkung, AcP 173, 46.

[6]) Zur Frage der Formlosigkeit solcher Zuwendungen *Bydlinski,* JBl 1978, 648; für eine legistische Klarstellung *Riedler,* ÖJZ 2008/65, 625; *Bollenberger* in KBB[4] § 938 Rz 4 mwN; *Riedler* in *Fischer-Czermak/Hopf/Kathrein/Schauer,* ABGB 2011, 84.

[7]) OGH JBl 2010, 502.

[8]) Vgl *Welser,* Widerrufsvorbehalt und Teilkündigungsvereinbarung bei entgeltwerten Leistungen des Arbeitgebers, RdA 1991, 1.

[1]) Formpflicht nur für die Willenserklärung des Schenkenden: *P. Bydlinski,* Die Formpflicht bei der Schenkung ohne wirkliche Übergabe (§ 1 Abs 1 lit d NZwG), NZ 1991, 166; *Riedler,* ÖJZ 2008/65, 625; *Dehn,* Formnichtige Rechtsgeschäfte und ihre Erfüllung (1998) 60. Vgl dazu auch *Ertl* in *Klang*[3] § 943 Rz 6 ff.

[2]) *Frankl,* Die Formerfordernisse der Schenkung (1883); *P. Bydlinski,* NZ 1991, 166; *Liedermann,* NZ 2011/108, 323 ff.

[3]) *Welser* in *Rechberger,* Formpflicht und Gestaltungsfreiheit 13 ff; ebenso *P. Bydlinski/Bydlinski,* Gesetzliche Formgebote für Rechtsgeschäfte auf dem Prüfstand (2001) 82; aA OGH NZ 2001/489 *(Hoyer).*

[4]) OGH SZ 2005/12 (dazu *Giller/Binder,* EF-Z 2015/58, 105); RdW 2009/420; Zak 2014/824; ecolex 2015/171 *(Fritzer);* s aber OGH NZ 2013/46. Zur Heilung bei Nicht-

848 Die Formpflicht gilt aber nur für die „obligatorische“ (verpflichtende), nicht aber für die „liberatorische“ (befreiende) Schenkung,[5]) weshalb der unentgeltliche **Schulderlass keiner Form** bedarf.

849 Die „wirkliche Übergabe“ ist ein sinnfälliger, nach außen hin **erkennbarer Akt,** aus dem der ernstliche Wille des Schenkenden hervorgeht, die Sache sofort und vorbehaltlos in den Besitz des Beschenkten zu übertragen.[6]) Diese Voraussetzungen erfüllen die körperliche Übergabe, die Übergabe kurzer Hand und die Besitzanweisung,[7]) nicht aber das Besitzkonstitut, da es keine äußere Veränderung bewirkt.[8])

Nach einigen Entscheidungen[9]) soll eine Schenkung ohne wirkliche Übergabe jedoch dann wirksam sein, wenn die Sache mittels Besitzkonstitut übergeben wurde und sich aus anderen Umständen (spätere Bekräftigung durch den vermeintlichen Geschenkgeber) ergebe, dass es sich hiebei um den wahren Willen des Geschenkgebers handle. Für eine solche Auslegung fehlt im Gesetz jedoch jeglicher Anhaltspunkt.[10])

Sachen, die in gemeinsamer Gewahrsame von Geschenkgeber und Beschenkten stehen, können weder durch Besitzkonstitut noch durch Übergabe kurzer Hand wirklich übergeben werden.[11])

Die körperliche Übergabe reicht auch bei der Schenkung von Liegenschaften und Liegenschaftsanteilen aus.[12]) Sie erfolgt idR durch gemeinsames Begehen der Liegenschaft, Übergabe der Schlüssel und/oder Verwaltungsunterlagen.[13]) Formlose Schenkungsversprechen werden durch Einverleibung geheilt.[14])

---

einhaltung der Form im dreipersonalen Verhältnis (Valutaverhältnis) s *Parapatits,* Der Vertrag zugunsten Dritter (2011) 79ff.

[5]) Vgl SpR 15 alt; s oben Rz 502.

[6]) OGH JB 142 = GlUNF 650; ÖBA 1992, 746; wbl 1993, 95; EFSlg 75.382; SZ 70/194; ecolex 2002, 881 (Wertpapierdepot); JBl 2005, 648 (im Ergebnis zustimmend *Wagner*) (Mitzeichnungsbefugnis bei Wertpapierdepot) = ÖBA 2006/1326 (ablehnend *P. Bydlinski*); *Ertl* in *Klang*[3] § 943 Rz 7ff; vgl aber auch *Liedermann,* NZ 2011/108, 321; *Giller/Binder,* EF-Z 2015/86, 153.

[7]) OGH EvBl 1982/137; SZ 54/51; JBl 1985, 672; SZ 70/194; EvBl 1995/148. Vgl auch *Schauer,* Zur Formpflicht der Vollmacht bei der Schenkung, NZ 1984, 189; zur Formpflicht im dreipersonalen Verhältnis *Parapatits,* Vertrag zugunsten Dritter 81ff.

[8]) *Stanzl* in *Klang*[2] IV/1, 612; *Liedermann,* NZ 2011/108, 321f; *Zöchling-Jud,* NZ 2015/62, 186, 189; aA *Rabl,* NZ 2015/61, 169. Dazu OGH JBl 2003, 512 *(Wagner);* Zak 2005/56, 36.

[9]) OGH JBl 1992, 792 (zustimmend *Schwimann*) = NZ 1992, 230 (ablehnend *Hofmeister*) = ecolex 1992, 161 (kritisch *Puck*); JBl 1992, 791; SZ 65/137; JBl 2002, 451 (ablehnend *Wagner*).

[10]) *Welser/Rabl,* Der Fall Klimt (2005) 75ff; *Liedermann,* NZ 2011/108, 328f; *Zöchling-Jud,* NZ 2015/62, 177; *Kletečka,* NZ 2015/60, 161; aA nunmehr *Rabl,* NZ 2015/61, 169.

[11]) *Zöchling-Jud,* NZ 2015/62, 186f; *Kletečka,* NZ 2015/60, 161; aA *Rabl,* NZ 2015/61, 169 jeweils mwN aus der Rechtsprechung.

[12]) OGH NZ 1991, 11 und 109; JBl 1993, 312; NZ 1994, 284; SZ 70/194; NZ 2004, 245; SZ 2005/12. Dazu auch *Bittner,* Der Mythos von der wirklichen Übergabe von Liegenschaften, in GedS Hofmeister (1996) 74ff.

[13]) OGH JBl 1993, 312; EFSlg 90.072; NZ 2013/46; zur körperlichen Übergabe bei Vorbehalt des Wohnungsrechts s OGH SZ 2005/12; JBl 2015, 106.

[14]) OGH NZ 1982, 94; JBl 1999, 45 *(Hoyer);* vgl aber OGH Zak 2014/824; *Giller/Binder,* EF-Z 2015/86, 153.

Die Schenkung von **Forderungen** bedarf einer Übergabe durch Zeichen (zB Übergabe von Urkunden, Verständigung des Schuldners.[15]) 850

III. Willensmängel, Leistungsstörungen

Die Gültigkeit von Schenkungen richtet sich im Allgemeinen nach den für Verträge überhaupt geltenden Bestimmungen. Allerdings können Schenkungen wegen **Motivirrtums** angefochten werden (§ 901);[1]) s Bd I Rz 488ff. 851

Die Vorschriften über Verzug, schuldhafte Nichterfüllung und Gewährleistung (§§ 918ff) sind nicht direkt anwendbar, da sie die Entgeltlichkeit des Vertrages voraussetzen (§ 917). 852

Bei **wissentlicher** Schenkung einer fremden Sache wird allerdings der Geschenkgeber ersatzpflichtig (§ 945). Gerät er schuldhaft in Verzug oder macht er die Erfüllung durch sein Verschulden unmöglich, so muss er dafür nach allgemeinen Regeln Ersatz leisten. Gewöhnlich wird allerdings angenommen, dass die Parteien die Haftung des Schenkenden für **leicht fahrlässiges** Verhalten ausschließen (§ 915).[2]) Diese Einschränkung gilt aber nicht für positive Forderungsverletzungen.[3]) Die Haftung aus Delikt bleibt überhaupt unberührt. 853

IV. Widerruf von Schenkungen

Ebenso wie entgeltliche Verträge dürfen auch Schenkungen idR nicht widerrufen werden (§ 946). Das Gesetz macht eine Ausnahme für einige nach Vertragsabschluss eintretende Gründe.[1]) Aus ihrer besonderen Regelung muss geschlossen werden, dass auch bei der Schenkung „Motivirrtümer über Zukünftiges" nicht allgemein beachtlich sind.[2]) 854

Eine Schenkung kann wegen nachträglicher **„Dürftigkeit"** des Geschenkgebers widerrufen werden (§ 947).[3]) Mit Dürftigkeit ist gemeint, 855

---

[15]) Diese muss aufgrund des Warnzwecks des § 943 der Altgläubiger vornehmen; *Karollus,* ÖBA 1998, 395ff; *Lukas,* ÖBA 1999, 662; *Spitzer,* Sicherungszession und Drittschuldnerverständigung bei Wissenszurechnung, ÖBA 2005, 890. Zur Übergabe einer im Sparbuch verbrieften Forderung: OGH ÖBA 1992, 746; wbl 1993, 95 (dazu *Puck,* ecolex 1993, 18); EvBl 1995/148; EFSlg 87.307; JBl 2001, 313 (wirkliche Übergabe im Treuhandverhältnis); vgl aber OGH JBl 1999, 126 (Übergabe des Bausparbriefs).

[1]) Vgl hiezu *Stefula/Thunhart,* Der Motivirrtum beim Rechtsgeschäft unter Lebenden, NZ 2002, 193; ferner *Bollenberger,* Grundfragen des Irrtumsrechts, in FS 200 Jahre ABGB (2011) 895.

[2]) Vgl *Stanzl* in *Klang*[2] IV/1, 618.

[3]) So auch OGH SZ 50/137; *Walch,* Sorgfalt und Haftung im Gefälligkeitsverhältnis, SPRW 2014, 153 (165).

[1]) *Scheffknecht,* Der Widerruf im Schenkungsvertrag, NZ 1958, 129.

[2]) Dazu *Kerschner,* Irrtumsanfechtung insbesondere beim unentgeltlichen Geschäft (1984) 154ff.

[3]) Vgl hiezu *Umlauft,* Schenkungswiderruf wegen Dürftigkeit gemäß § 947 ABGB im Zusammenhang mit geleisteter Sozialhilfe, in FS Weißmann (2003) 963; *Riedler,* ÖJZ 2008/65, 626 mwN; *Bollenberger* in KBB[4] § 947 Rz 1; OGH SZ 2006/172.

dass dem Geschenkgeber der nötige Unterhalt abgeht. Er hat dann im Wesentlichen das Recht auf die „gesetzlichen Zinsen“ vom geschenkten Betrag, doch bestehen gewisse weitere Einschränkungen. Ein ähnliches Recht haben nachgeborene Kinder des Geschenkgebers (§ 954).

856 Die Schenkung kann ferner widerrufen werden, wenn sich der Beschenkte gegen seinen Wohltäter „eines **groben Undankes** schuldig macht“. Darunter ist eine gerichtlich strafbare Verletzung an Leib, Ehre, Freiheit oder Vermögen zu verstehen (§ 948).[4])

„Gegen seinen Wohltäter“ wird weit interpretiert, sodass Angriffe auf die Gefühlssphäre eingeschlossen sind.[5]) Daher berechtigt zB die Verletzung naher Familienangehöriger zum Widerruf.[6]) Andererseits meint aber § 948 nicht jede strafbare Handlung, sondern nur eine solche, die einen Mangel an dankbarer Gesinnung bekundet.[7])

857 Schon der Undank – und nicht erst der Widerruf der Schenkung – macht den Beschenkten zum unredlichen Besitzer (§ 949).[8]) Er hat deshalb für seine Aufwendungen kein Zurückbehaltungsrecht.[9])

858 Der exekutiven Durchsetzung des *ex lege* entstandenen Rückgabeanspruchs steht nicht ein Veräußerungs- und Belastungsverbot gemäß § 364c entgegen.[10]) Das Widerrufsrecht verjährt in 3 Jahren (§ 1487).[11])

859 Widerrufsrechte **dritter** Personen bestehen, wenn durch eine Schenkung **Unterhaltsansprüche** uneinbringlich werden (§ 950).[12])

860 Zum Schenkungswiderruf wegen **Verkürzung des Pflichtteils** s unten Rz 2354ff.

861 Schenkungen eines Verlobten an den anderen Teil oder Schenkungen Dritter im Hinblick auf die **künftige Ehe/oder eingetragene Partnerschaft** sind widerruflich, wenn die Ehe/oder eingetragene Partnerschaft ohne Verschulden des Geschenkgebers nicht zustande kommt (§ 1247). Für Schenkungen unter Ehegatten/oder eingetragenen Partnern gilt bei Auflösung der Ehe § 1266 analog.[13])

862 Zum Herausgabeanspruch gegen den Beschenkten bei (erbrechtlicher) Schenkungsanrechnung s Rz 2368ff.

---

[4]) Dazu OGH NZ 1988, 13. Zum Widerruf einer Nachstiftung s OGH ecolex 2014/134 *(Rizzi).*

[5]) *Ehrenzweig* II/1, 371f; OGH EFSlg 81.414; aA *Stanzl* in *Klang*[2] IV/1, 621f.

[6]) Ebenso *Schubert* in *Rummel*[3] § 948 Rz 1; aA *Kerschner,* Irrtumsanfechtung 154ff.

[7]) *Stanzl* in *Klang*[2] IV/1, 620f, 623; OGH EvBl 1974/39; EvBl 1976/33; JBl 1976, 262; NZ 1988, 13; EFSlg 75.386; EFSlg 75.388; EFSlg 78.460; EFSlg 81.412.

[8]) OGH EvBl 1977/231.

[9]) OGH JBl 1976, 262.

[10]) OGH JBl 2011, 382.

[11]) S OGH SZ 51/25 (dazu *P. Bydlinski,* Ausübung und Verjährung des Schenkungswiderrufsrechts, ÖJZ 1982, 515).

[12]) Dazu OGH JBl 1993, 314.

[13]) *Rummel,* Schenkungen unter Ehegatten und Scheidung, JBl 1976, 629f; OGH EvBl 1986/22; NZ 1994, 61; NZ 1996, 65; NZ 1996, 268; vgl auch *Graf,* Im Hinblick auf den Fortbestand der Ehe gemachte Schenkung – Ist das Recht zum Widerruf vererblich? NZ 2007/73; aA *Deixler-Hübner,* Auswirkungen der Scheidung auf Schenkungen zwischen Ehegatten, EF-Z 2008/131, 213.

V. Gemischte Schenkung, entgeltsfremde Geschäfte

Häufig kommen auch gemischte Schenkungen vor. Sie setzen voraus, dass die Parteien einen Teil der Leistung als geschenkt ansehen wollen (§ 935).[1]) Es muss also die Zuwendung aus Freigebigkeit von beiden Seiten gewollt sein. Dass die Leistung der einen Partei weniger Wert hat als die Leistung der anderen Partei, rechtfertigt für sich allein nicht die Annahme einer gemischten Schenkung. Ein objektives Missverhältnis im Wert von Leistung und Gegenleistung kann jedoch das Vorliegen einer gemischten Schenkung indizieren.[2]) 863

Da das Gesetz die gemischte Schenkung mit Ausnahme des Ausschlusses der laesio enormis nicht regelt, fragt es sich, welche Vorschriften im Einzelnen darauf anzuwenden sind (vgl zum gemischten Vertrag schon oben Rz 57). Das Geschäft bildet meist eine untrennbare Einheit,[3]) sodass man es nicht in einen Kauf und in eine Schenkung zerlegen kann. Vielmehr muss für jedes Problem die angemessenste Lösung gefunden werden: So wird meist die Schenkungsform anzuwenden sein, weil der Formzweck auch auf die teilweise Unentgeltlichkeit zutrifft.[4]) Bei Mangelhaftigkeit der Leistung ist Preisminderung nur soweit zuzulassen, als der Minderungsbetrag den geschenkten Teil übersteigt.[5]) Liegen Schenkungswiderrufsgründe vor, so erfasst zwar der Widerruf das ganze Geschäft, doch kann der Beschenkte die Aufhebung des Geschäftes dadurch abwenden, dass er für den Schenkungsteil ein angemessenes Entgelt anbietet (facultas alternativa, analog zu § 934).[6])

Von den unentgeltlichen Geschäften unterscheiden sich die **„entgeltsfremden Geschäfte“**,[7]) die ebenfalls eine Mittelstellung zwischen den entgeltlichen und unentgeltlichen Geschäften einnehmen. Zum Unterschied von der gemischten Schenkung ist aber nicht ein Teil entgeltlich und ein anderer unentgeltlich, vielmehr ist das ganze (einheitliche) Geschäft so beschaffen, dass weder die Regeln der einen noch die Regeln der anderen Geschäftskategorie ihrem Zweck gerecht werden. Es muss daher im Einzelfall geprüft werden, welche Vorschriften anzuwenden sind. Zu den entgeltsfremden Verträgen gehören vor allem die **Sicherungsgeschäfte** (Bürgschaft, Pfandvertrag). 864

Zur Schenkung unter Auflage Bd I Rz 619; zur Schenkung auf den Todesfall unten Rz 2267 ff; zur Schenkungsanrechnung im Pflichtteilsrecht unten Rz 2354 ff.

---

[1]) Vgl OGH EvBl 1986/106; SZ 59/6; NZ 1989, 98; NZ 1995, 209; EvBl 1997/47; NZ 2014/85; *Ertl* in *Klang*³ § 938 Rz 38.

[2]) OGH SZ 70/107; ÖBA 2002/1063 *(Bollenberger);* vgl aber OGH NZ 2014/85.

[3]) Das verkennt die Trennungstheorie, nach der Kaufrecht anzuwenden ist, soweit Entgeltlichkeit gegeben ist, und Schenkungsrecht für den unentgeltlichen Teil gelten soll: *Stanzl* in *Klang*² IV/1, 591 f; OGH SZ 24/26; anders bereits OGH SZ 52/36.

[4]) Ebenso *W. Berger,* Gesetzliche Formvorschriften für Rechtsgeschäfte nach österreichischem Recht, in Gutachten für die Fachveranstaltungen des 3. Österr. Notariatskongresses 1986 „175 Jahre ABGB“ (1986) 64; OGH SZ 65/137. Nach *Ehrenzweig* II/1, 367 ist die Schenkungsform nur erforderlich, wenn das Geschäft überwiegend unentgeltlich ist; ebenso OGH SZ 50/101.

[5]) *Ehrenzweig* II/1, 367.

[6]) *Ehrenzweig* II/1, 367 f; so auch OGH SZ 49/75; SZ 52/36.

[7]) S insbesondere *Gschnitzer* in *Klang*² IV/1, 435 ff; vgl aber *Kulka,* ÖJZ 1969, 477; *Kerschner,* Irrtumsanfechtung 97 ff.

5. Kapitel

Der Verwahrungsvertrag (§§ 957ff)

Literatur: *Edlbacher,* Der Gastwirtsbegriff des § 970 ABGB im Fremdenverkehr heute, ÖJZ 1967, 1; *Riedler,* Modernisierungsbedarf des ABGB in den besonderen Bestimmungen über vertragliche Schuldverhältnisse! in *Fischer-Czermak/Hopf/Kathrein/Schauer,* ABGB 2011 – Chancen und Möglichkeiten einer Zivilrechtsreform (2008) 73; *Riedler,* Reformbedarf bei Schenkungs-, Verwahrungs-, Leih- und Darlehensvertrag? ÖJZ 2008/65, 624; *Sedlacek,* Über den Hinterlegungsvertrag, ZBl 1914, 488, 550 und 655; *Voggenberger,* Die Haftung des Schlafwagenunternehmers, JBl 1955, 209 und 239.

I. Die Verwahrung im engeren Sinn

A. Begriff des Verwahrungsvertrages

865 *Verwahrung ist die Übernahme einer fremden Sache in Obsorge (§ 957).*

866 Der Verwahrungsvertrag ist ein **Realvertrag,** der erst durch die tatsächliche Übergabe der Sache zustandekommt (s Bd I Rz 572). Das Versprechen, eine dem Verwahrer noch nicht übergebene Sache zu verwahren, ist daher kein Verwahrungsvertrag, sondern ein Vorvertrag (§ 936).[1]) Die Verwahrung kann sich auf **bewegliche** oder **unbewegliche** Sachen beziehen und ist **entgeltlich** oder **unentgeltlich** (§ 969). Die Entgeltlichkeit kann sich auch aus der Art des Geschäftsbetriebes des Verwahrers ergeben. Unter den Verwahrungsvertrag fällt auch die Beaufsichtigung und Pflege eines anvertrauten Tieres.[2])

867 Da die Obsorge für eine – bestimmte oder unbestimmte – Zeit übernommen wird, begründet der Verwahrungsvertrag ein **Dauerschuldverhältnis.**

868 Werden später die für den Verwahrungsvertrag charakteristischen Punkte geändert, so geht er in einen anderen Vertragstyp, zB in eine Leihe oder ein Darlehen, über (§ 959; **Novation**). Dazu oben Rz 512ff.

B. Rechte und Pflichten des Verwahrers

869 Der Verwahrer hat die Sache so sorgfältig **aufzubewahren,** dass sie weder Schaden erleidet noch verloren geht (§ 961). Da er hiefür alle nötigen Maßnahmen setzen muss, stecken im Verwahrungsvertrag auch Elemente eines Arbeitsvertrages. Das bloße Überlassen von Raum begründet keine Verwahrung, sondern Miete oder Leihe.[3])

870 Der Verwahrer haftet dem Hinterleger für jede **schuldhafte Verletzung** seiner Obsorgepflicht,[4]) nicht aber für Zufall,[5]) und zwar selbst dann

[1]) Ebenso zB *Schubert* in *Rummel*³ § 957 Rz 1; *Karner* in *Kletečka/Schauer,* ABGB-ON¹·⁰² § 957 Rz 1; aA *Reischauer* in *Rummel*³ § 936 Rz 1.

[2]) OGH JBl 1974, 622; EvBl 1995/8; *G. Neumayer,* Der Pferdeeinstellvertrag und die Haftung des Stallbetreibers, Zak 2010/535, 307.

[3]) Vgl OGH RZ 2000/10.

[4]) Dies führt nach OGH EvBl 1995/8 zum Verlust des Entgelts. Zum Verwahrer nach § 259 EO s OGH JBl 2014, 187.

[5]) Vgl zur Beweislast OGH JBl 2012, 592.

nicht, wenn er die verwahrte Sache unter Aufopferung seiner eigenen hätte retten können (§ 964). Hat der Verwahrer allerdings die Sache in Gebrauch genommen oder ohne Not und ohne Erlaubnis des Hinterlegers einem Dritten in Verwahrung gegeben oder die Rückstellung verzögert, so haftet er auch für jeden zufälligen Schaden, der **sonst nicht** eingetreten wäre (**casus mixtus;** § 965).

Der Anspruch wird durch ein Mitverschulden des Hinterlegers gemindert (§ 1304); zB bei Unterlassung der Aufklärung über den besonderen Wert der Sache, wenn dieser dem Verwahrer nicht erkennbar war.[6]) Hat der Hinterleger den Verwahrer nicht darauf hingewiesen, dass sich in der Sache, zB einem Mantel, ungewöhnliche, wertvolle Dinge befinden, so entfällt der Anspruch ganz, weil im Zweifel nur die in einer Sache üblicherweise „enthaltenen" Gegenstände von der Verwahrung erfasst sind.[7])

Der Verwahrer hat kein Recht zur Innehabung der Sache und zum 871
Gebrauch, er ist daher nicht Rechtsbesitzer, sondern nur **Sachinhaber.**

C. Rechte und Pflichten des Hinterlegers

Der Hinterleger hat dem Verwahrer ein Entgelt zu zahlen, wenn ein 872
solches vereinbart ist. Ferner muss er die auf die Sache gemachten nötigen und nützlichen Aufwendungen ersetzen (§§ 967, 969)[8]) und für jeden von ihm verschuldeten **Schaden** Ersatz leisten.

Der Hinterleger hat das Recht auf sorgfältige Verwahrung (oben B.) 873
und das Recht auf Auskünfte über Umstände, die sich auf die Sache beziehen.

D. Dauer und Ende des Verwahrungsverhältnisses, Rückstellung

Die Verwahrung endet mit der **vereinbarten** oder der sich aus den 874
Umständen ergebenden Zeit. Fehlt eine Vereinbarung, so kann die Verwahrung von beiden Teilen nach Belieben **aufgekündigt** werden (§ 963).[9])

Nach Ablauf der Verwahrungszeit ist die Sache vom Verwahrer in 875
dem Zustand, in dem er sie übernommen hat, und mit allem Zuwachs **zurückzustellen** (§ 961). Ein Recht auf vorzeitige Rückgabe hat er nur, wenn er die Sache wegen eines unvorhergesehenen Umstands nicht mehr sicher oder ohne seinen Nachteil verwahren kann. Der Hinterleger hat hingegen allgemein das Recht auf vorzeitige Rücknahme, muss aber dem Verwahrer einen dadurch verursachten Schaden ersetzen (§ 962).

Der Verwahrer hat bei einer für mehrere Monate vereinbarten Aufbewahrung die Sache in seinem Lagerhaus „zu unterst" verwahrt und muss nun andere Verwahrstücke wegräumen.

---

[6]) OGH EvBl 1977/264.

[7]) OGH JBl 1992, 713 *(Iro).*

[8]) Dazu *Schubert* in *Rummel*[3] § 967 Rz 2. Auch bei schuldhaft vereitelter Rückstellung: OGH EvBl 1995/8.

[9]) Zum Tod einer Vertragspartei vgl *Fenyves,* Erbenhaftung und Dauerschuldverhältnis (1982) 322 ff; zum Pferdeeinstellvertrag s *Neumayer,* Zak 2010/535, 307.

876 Die wechselseitigen Forderungen des Verwahrers und Hinterlegers einer beweglichen Sache können aber nur binnen **30 Tagen** von der Zeit der Rückstellung geltend gemacht werden (Präklusion).

E. Besondere Arten der Verwahrung

877 Oft bestehen Verwahrungspflichten aufgrund besonderer Vereinbarung (auch aufgrund ergänzender Vertragsauslegung) oder aus gesetzlicher Anordnung als **Nebenpflichten** auch bei anderen Vertragstypen,[10]) zB beim Kaufvertrag oder beim Werkvertrag, zB weil der Besteller dem Unternehmer Material übergibt, aus dem das Werk angefertigt werden soll. Dabei handelt es sich aber um keine besonderen Verwahrungsverträge.

878 Eine Sonderform des Verwahrungsvertrages ist hingegen der **Schrankfachvertrag** (Safevertrag), in welchem die Bank die Beistellung eines Raumes (Schrankfach) und seine Bewachung verspricht. Er ist daher ein gemischter Vertrag, bei dem allerdings die Elemente der Miete überwiegen.[11])

879 **Vertretbare** Sachen, insbesondere Geld oder Wertpapiere, können auf verschiedene Weise in Verwahrung gegeben werden. Wenn sie sich in einem verschlossenen Behältnis (Umschlag, Schachtel) befinden, ist dies ein gewöhnlicher Verwahrungsvertrag (**reguläres Depot,** depositum regulare). Daneben gibt es aber weitere Verwahrungsarten, die für Wertpapiere gesondert im DepotG 1969 idF BGBl I 2011/53 geregelt sind:[12]) Beim **Summendepot** (§ 7 DepotG) muss der Verwahrer die hinterlegten Stücke gesondert aufbewahren, darf sie aber jederzeit durch andere derselben Art ersetzen, an denen der Hinterleger sofort Eigentum erlangt. Ist der Verwahrer berechtigt, Sachen derselben Art verschiedener Hinterleger zusammen aufzubewahren, so spricht man von **Sammelverwahrung** (§ 4 DepotG). Die Hinterleger sind Miteigentümer des Sammelbestandes. Mit dem Sammeldepot wird eine Gefahrenstreuung erreicht. Beim **unregelmäßigen Depot** (depositum irregulare)[13]) geht das Eigentum an den Wertpapieren oder an dem Geldbetrag auf den Verwahrer über; der Hinterleger hat nur ein obligatorisches Rückforderungsrecht. Das unregelmäßige Depot ist kein reiner Verwahrungsvertrag, sondern dem Darlehen ähnlich, mit dem es zT überhaupt gleichgesetzt wird.[14]) Nach dem DepotG (§ 8 Abs 2) ist es als Darlehen anzusehen, sobald der Verwahrer Eigentum an den Wertpapieren erwirbt.

---

[10]) S OGH SZ 49/37; SZ 52/70; SZ 64/62; OLG Innsbruck ZVR 2013/103.

[11]) *Ehrenzweig* II/1, 377; *Gschnitzer* in *Klang*² IV/1, 18; *Koziol* in *Apathy/Iro/Koziol,* Bankvertragsrecht² II Rz 5/2f; vgl auch OGH SZ 50/25; SZ 57/102.

[12]) Dazu *Kastner/Mayer,* Zum neuen Depotgesetz, JBl 1970, 22; *Dullinger/Rummel,* Zur Zulässigkeit von Entgeltsvereinbarungen für die Ausfolgerung oder Übertragung von Depotwerten, wbl 2007, 301; *Iro,* Drittverwahrung von Wertpapieren: Regelungskonflikt zwischen §§ 29ff WAG und DepG? ÖBA 2009, 253; *Iro* in *Apathy/Iro/Koziol,* Bankvertragsrecht² II Rz 4/1ff.

[13]) Vgl zu rechtshistorischen Aspekten *Pieler,* Offene Verwahrung fremden Geldes und Zinsenzahlung, in FS Welser (2004) 797.

[14]) *Gschnitzer* in *Klang*² IV/1, 640f; aA *Ehrenzweig* II/1, 383f; *Stanzl* in *Klang*² IV/1, 706f.

Ob unregelmäßige Verwahrung oder Darlehen anzunehmen ist, hängt davon ab, ob für den Vertrag das Geldbedürfnis des Empfängers oder das Verwahrungsinteresse des Gebers den Ausschlag gibt. Bei der Verwahrung bestimmt der Kunde, wieviel er einzahlt und kann das Hinterlegte jederzeit zurückfordern. Weitere Unterschiede in den Rechtsfolgen ergeben sich zB aus § 1440 (Aufrechnungsverbot für den Verwahrer) und aus § 1 Abs 1 lit b NotAktsG sowie § 43 Abs 1 Z 11 EPG (Notariatsaktspflicht für Darlehensverträge unter Ehegatten oder eingetragenen Partnern).

II. Einbringung von Sachen bei Gastwirten (§§ 970 ff)

A. Wesen der Gastwirtehaftung

Gastwirte, die Fremde beherbergen, haften als Verwahrer für die von den aufgenommenen Gästen eingebrachten Sachen, sofern sie nicht beweisen, dass der Schaden weder durch sie oder einen ihrer Leute verschuldet noch durch fremde, in dem Hause aus- und eingehende Personen verursacht ist (§ 970 Abs 1). 880

Die Gastwirtehaftung der §§ 970 ff geht über die deliktische Haftung hinaus und ist teilweise sogar strenger als die Vertragshaftung. Sie wird mit der **„Gefahr des offenen Hauses"** begründet; dh dass eine große Zahl von Menschen ständig unkontrollierbar aus- und eingeht. Weil der Gast die Organisation des Betriebes nicht durchschauen kann, ist es für ihn schwierig, den Verursacher zu finden. 881

Die Gastwirtehaftung knüpft an die **Einbringung** von Sachen an und setzt nach heute hM keinen Vertrag mit dem Wirt voraus.[1]) 882

Haftung als Verwahrer bedeutet, dass der Unternehmer unabhängig vom Abschluss eines Verwahrungsvertrages nach den für diesen geltenden Regeln haftet.[2])

Es ist also eine Haftung unmittelbar aufgrund des **Gesetzes** (§ 859).[3]) Insofern besteht eine Verwandtschaft mit dem vorvertraglichen Schuldverhältnis. Die Ersatzpflicht beruht teilweise auf Verschulden, jedoch mit umgekehrter Beweislast, teilweise auf Gefährdung. 883

Die §§ 970 ff verdrängen allerdings die **Vertragshaftung** nicht. Da außerdem eine **Deliktshaftung** nach § 1316 infrage kommt,[4]) kann sich der Gast uU auf drei Anspruchsgrundlagen stützen. Die Vertragshaftung und Deliktshaftung setzen allerdings Verschulden voraus, während dies für die Schadenersatzpflicht nach den §§ 970 ff nur eingeschränkt gilt. 884

B. Beherbergungsbetriebe

Die Haftung trifft Gastwirte, die Fremde **beherbergen;** daher nicht Speiserestaurants und Kaffeehäuser.[5]) 885

---

[1]) *Ehrenzweig* II/1, 385; *Gschnitzer* in *Klang*[2] IV/1, 660 f; OGH EvBl 1976/21.

[2]) OGH EvBl 1976/21; EvBl 1982/171.

[3]) OGH SZ 48/97.

[4]) Zum Verhältnis zwischen den §§ 970 ff und 1316 vgl *Schubert* in *Rummel*[3] § 970 Rz 14 mwN; vgl *Riedler*, ÖJZ 2008/65, 626 f.

[5]) Ebensowenig Krankenanstalten; s OGH SZ 47/11.

Die Inhaber solcher Betriebe werden allerdings vertraglich schadenersatzpflichtig, wenn sie mit dem Gast einen Verwahrungsvertrag schließen und die daraus folgenden Obsorgepflichten schuldhaft verletzen. In Betracht kommt zB das Abgeben von Kleidern an einer Garderobe. Das bloße Anbringen einer Kleiderablage kann gewöhnlich nicht als Anbot zum Abschluss eines Verwahrungsvertrages gewertet werden.[6]) Zur Vermeidung von Streitigkeiten wird darauf oft auch ausdrücklich hingewiesen („Für Garderobe keine Haftung"). Eingebracht sind auch Sachen (zB ein Auto), die der Gast an eine vom Wirt oder dessen Leuten bezeichnete Stelle bringt, sofern diese in unmittelbarem Zusammenhang mit dem Gastgewerbebetrieb steht (Platz mit Aufschrift: „Parken nur für Gäste").[7])

886 Den Beherbergungswirten werden die Besitzer von **Badeanstalten** bezüglich der üblicherweise eingebrachten Sachen von Badegästen gleichgehalten (§ 970 Abs 3). Auf die Schlafwagenbetriebsgesellschaften sind die Vorschriften der §§ 970 ff analog anzuwenden;[8]) ebenso auf Privatzimmervermieter, die über eine größere Anzahl von Betten verfügen,[9]) nicht jedoch auf Reiseveranstalter, weil diese keine Fremden beherbergen oder eine solche Beherbergung zumindest in den Hintergrund tritt.[10])

887 Unternehmer, die Stallungen und Aufbewahrungsräume **(Garagen)**[11]) halten, haften wie Gastwirte für die bei ihnen eingestellten Tiere und Fahrzeuge und die auf diesen befindlichen Sachen (§ 970 Abs 2 letzter Satz).

Ein Aufbewahrungsraum setzt abgeschlossene räumliche Verhältnisse voraus, die Schutz gegen Außeneinwirkungen bieten. Ein bewachter Parkplatz ist deshalb kein Aufbewahrungsraum.[12]) Aber auch Parkgaragen (Parkhäuser) sind keine Aufbewahrungsräume iSd § 970 Abs 2. Der Garagen-Kurzparkvertrag ist daher ein reiner Mietvertrag über die Benützung des Abstellplatzes.[13])

C. Eingebrachte Sachen

888 „Eingebracht" sind Sachen, die dem Wirt oder einem seiner Leute **übergeben** oder an einen von ihnen angewiesenen oder hiezu **bestimmten Ort**[14]) gebracht werden. Die Haftung erstreckt sich auch auf Sachen, die

[6]) Vgl OGH SZ 41/14; EvBl 1980/91; *Gschnitzer* in *Klang*² IV/1, 644; *Ertl* in *Klang*³ § 957 Rz 9; s aber auch OGH SZ 37/151; EvBl 1969/197.

[7]) OGH RdW 1998, 332.

[8]) Dazu *Voggenberger,* JBl 1955, 209 und 239; aA *Edlbacher,* ÖJZ 1967, 4 f.

[9]) OGH SZ 51/158.

[10]) OGH EvBl 2002/50; *Wukoschitz,* Der Reiseveranstalter als „Gastwirt"? Überlegungen zur direkten oder analogen Anwendung der Haftungsbestimmungen der §§ 970 ff ABGB, RdW 1997, 708.

[11]) OGH SZ 52/54; SZ 54/181; SZ 55/52; ZVR 1999/12; ecolex 2013/19.

[12]) Im Einzelnen vgl OGH SZ 43/84; SZ 68/79 (Kurzparkgarage) = wobl 1995/105 *(Binder);* zur Frage auch EvBl 1976/21; SZ 54/181; SZ 55/52.

[13]) OGH SZ 68/79 = wobl 1995/105 *(Binder);* immolex 2000/99 *(Pfiel);* ZVR 2008/58 *(Kathrein); Sprung/König,* Rechtsnatur des Garagen-Kurzparkvertrags, RdW 1985, 235; *Sprung/König,* Bestimmbarkeit der Bestandsache und Garagen-Kurzparkvertrag, RdW 1986, 200.

[14]) Vgl dazu OGH SZ 56/24; ZVR 1999/12; Zak 2012/150; *Ertl* in *Klang*³ §§ 970, 970 a Rz 28 ff.

zwar vom Gast eingebracht werden, ihm aber nicht gehören.[15]) Der Gast hat den Anspruch des geschädigten Eigentümers gegen den Wirt geltend zu machen (Drittschadensliquidation).

Keine Haftung besteht für die Beschädigung und das Verschwinden von Sachen, die der Gast am Leibe trägt (Kleider, Brieftasche, Feuerzeug, Schlüssel).[16]) Die Verantwortlichkeit setzt aber ein, wenn sich der Gast von den Gegenständen trennt, sie zB in einen Schrank oder auf das Nachtkästchen legt.[17])

Die Haftung des Wirtes beginnt mit der Einbringung und endet mit 889
dem Wegbringen der Sachen.[18])

D. Aufgenommene Gäste

Dass die Sachen von „aufgenommenen Gästen" eingebracht sein 890
müssen, wird weit ausgelegt. Die hM lässt auch für Schäden während der **Aufnahmeverhandlungen** einstehen.[19]) Dieser Bereich ist an sich auch vom vorvertraglichen Schuldverhältnis erfasst, doch sind die §§ 970ff leges speciales.

E. Haftungsausschluss, Schuldbegrenzungen

Die Gastwirte können sich von ihrer Schadenersatzpflicht nur be- 891
freien, wenn sie beweisen, dass der Schaden weder durch sie noch durch einen ihrer Leute **verschuldet** noch durch fremde, im Hause aus- und eingehende Personen **verursacht** wurde. Die Haftung für die eigenen Leute ist also eine Verschuldenshaftung, jene für fremde Personen eine Verursachungshaftung. In beiden Fällen trägt der Wirt die Beweislast.[20])

Unter den aus- und eingehenden Personen werden die Gäste und die Lieferanten des Wirtes sowie Einschleicher (zB Diebe) verstanden, nicht aber Räuber und Einbrecher.[21]) Ob auch „Einsteiger" zu den aus- und eingehenden Personen gehören, ist strittig.[22]) Auch für die Besucher des geschädigten Gastes ist der Wirt nicht verantwortlich. Naturkatastrophen, Brände usw sind nicht von den Personen des § 970 verursacht.

Da es für die Schadenersatzpflicht des Gastwirts auf die Art des 892
Gehilfen nicht ankommt (§ 1313a oder § 1315), spricht man von einer **„Leutehaftung"**.

---

[15]) *Ehrenzweig* II/1, 388; *Gschnitzer* in *Klang*² IV/1, 664; OGH SZ 20/173; JBl 1962, 321.

[16]) Ebenso *Schubert* in *Rummel*³ § 970 Rz 5; aA *Ehrenzweig* II/1, 388; *Gschnitzer* in *Klang*² IV/1, 666; OGH SZ 8/50.

[17]) *Schubert* in *Rummel*³ § 970 Rz 5.

[18]) Vgl den Fall in OGH SZ 45/88.

[19]) *Gschnitzer* in *Klang*² IV/1, 664; *Schubert* in *Rummel*³ § 970 Rz 4; OGH SZ 22/70; vgl auch OGH GlU 5.189; GlU 5.931.

[20]) Vgl aber OGH SZ 56/24; SZ 57/20.

[21]) Vgl auch OGH SZ 21/94; EvBl 1968/56; SZ 49/10; SZ 55/64.

[22]) Dafür: OGH EvBl 1968/56; SZ 48/97; *Schubert* in *Rummel*³ § 970 Rz 8. Dagegen: *Koziol,* Haftpflichtrecht II² 371.

893 Hat bei der Entstehung des Schadens ein Verschulden des Beschädigten **mitgewirkt,** so hat der Richter nach den Umständen zu entscheiden, ob und in welcher Höhe ein Ersatz gebührt (§§ 970 Abs 1, 1304).[23])

894 Die **Ablehnung** der Haftung durch **Anschlag** ist wirkungslos (§ 970 a). Nach dem OGH ist es allerdings zulässig, dass der Gastwirt zur Hinterlegung von Wertgegenständen auffordert und für nicht abgegebene Sachen die Haftung ablehnt.[24])

895 Für die gesetzliche Haftung bestehen komplizierte Schuldbegrenzungen.

896 **Keine Haftungsschranke** gibt es, wenn der Schaden vom Gastwirt oder seinen Leuten verschuldet ist oder die Sachen dem Wirt (sonstigem Unternehmer) zur Aufbewahrung übergeben worden sind.[25]) Im Übrigen ist die **Haftung** mit € 1.100,– **beschränkt** (BGBl 1921/638 idF BGBl I 2001/98).

Diese Beschränkung gilt jedoch nicht für die Haftung von Unternehmern, die Stallungen und Aufbewahrungsräume halten, für die bei ihnen eingestellten Tiere und Fahrzeuge und für die auf diesen befindlichen Sachen. Eine vertragliche Beschränkung ist allerdings auch hier zulässig.[26])

897 Für **Kostbarkeiten,** Geld und Wertpapiere haftet der Gastwirt nur bis zum Betrag von € 550,–, es sei denn, dass er sie in Kenntnis ihrer Beschaffenheit zur Aufbewahrung übernommen hat oder dass der Schaden von ihm selbst oder seinen Leuten verschuldet ist (§ 970 a).

F. Präklusion, Zurückbehaltungsrecht

898 Für Gastwirte gelten zweierlei Präklusivfristen:

899 Da sie gemäß § 970 „als Verwahrer" haften, müssen Forderungen wegen Beschädigung der Sache innerhalb der Präklusivfrist von **30 Tagen** ab Zurückstellung geltend gemacht werden (§ 967).

Die Dreißigtagefrist gilt nicht für Schadenersatzansprüche wegen verschuldetem Untergang oder verschuldeter Beschädigung.[27])

900 Nach § 970 b erlischt überdies der Ersatzanspruch aus der Gastaufnahme, wenn der Beschädigte nach Kenntnis vom Schaden dem Wirt nicht **unverzüglich Anzeige** erstattet,[28]) es sei denn, dass die Sachen vom Wirt zur Aufbewahrung übernommen waren.

---

[23]) Dazu OGH SZ 51/158.

[24]) OGH EvBl 1977/245; vgl auch OGH EvBl 2002/50.

[25]) Vgl OGH SZ 55/7; ZVR 1999/12; RdW 2011/628.

[26]) So auch *Schubert* in *Rummel*³ § 970 a Rz 2; *W. Doralt,* Der Garagierungsvertrag in der Umsatzsteuer, RdW 1984, 387; OGH SZ 54/181; SZ 55/52; ZVR 1999/12; aA OGH SZ 52/54.

[27]) OGH SZ 69/245; EvBl 1927/34.

[28]) Der Rechtsverlust tritt jedoch nur bei schuldhafter Verzögerung ein, OGH SZ 54/181.

Trotz Einhaltung der Präklusivfristen müssen allerdings Schadenersatzansprüche innerhalb der Verjährungsfrist des § 1489 gerichtlich geltend gemacht werden. 901

Zum Ausgleich für die strenge Haftung steht den Personen des § 970 das Recht zu, zur Sicherung ihrer Forderungen aus Beherbergung und Verpflegung sowie ihrer Auslagen für die Gäste die eingebrachten Sachen zurückzuhalten (§ 970c).[29]) Dieses **Zurückbehaltungsrecht,** das kein Pfandrecht ist, wird auch auf jene Sachen erstreckt, die nicht dem Gast gehören.[30]) 902

6. Kapitel

Die Leihe (§§ 971ff)

Literatur: *Mayrhofer,* Zur Rechtsnatur der „Dauerleihe" an Museen und ähnliche Einrichtungen, NZ 1975, 86; *Riedler,* Modernisierungsbedarf des ABGB in den besonderen Bestimmungen über vertragliche Schuldverhältnisse! in *Fischer-Czermak/Hopf/Kathrein/Schauer,* ABGB 2011 – Chancen und Möglichkeiten einer Zivilrechtsreform (2008) 73; *Riedler,* Reformbedarf bei Schenkungs-, Verwahrungs-, Leih- und Darlehensvertrag? ÖJZ 2008/65, 624; *Walch,* Sorgfalt und Haftung im Gefälligkeitsverhältnis, SPRW 2014, 153.

I. Begriff des Leihvertrages

Leihe ist die unentgeltliche Überlassung des Gebrauches einer unvertretbaren (unverbrauchbaren) Sache (§ 971). 903

Die Leihe ist, wie der Verwahrungsvertrag, ein **Realvertrag.** Die Sache muss also dem Entlehner übergeben werden, sonst kommt höchstens ein Vorvertrag zustande (§ 936).[1]) S Bd I Rz 454ff. Die verliehene Sache kann beweglich oder unbeweglich sein, sie muss auch nicht dem Verleiher gehören, im Eigentumsrecht tritt keine Veränderung ein. 904

Selbst Liegenschaftsteile (Wohn- und Geschäftsräume, Höfe, Gärten) können Gegenstände einer Leihe sein.[2]) Ein Leihvertrag über eine Wohnung setzt voraus, dass die Wohnung auf bestimmte (iSv erschließbare) Zeit überlassen wird.[3])

Der Entlehner ist zum vertraglich bedungenen oder ordentlichen **Gebrauch** der Sache **befugt;** dieser ist ja gerade Zweck des Vertrages. Er muss sie aber nach Ablauf der Zeit dem Verleiher zurückgeben. Die Überlassung **vertretbarer** Sachen „zum Gebrauch" (mit Rückstel- 905

---

[29]) Dazu *Jabornegg,* Zurückbehaltungsrecht und Einrede des nicht erfüllten Vertrages (1982) 196ff; *G. Neumayer,* Zak 2010/535, 309f; *Schubert* in *Rummel*³ § 970c Rz 1.

[30]) *Schubert* in *Rummel*³ § 970c Rz 2; OGH SZ 35/126; ecolex 2013/19. Kritisch dazu *Rummel,* Gutgläubiger Erwerb von Retentionsrechten? JBl 1977, 526f; ablehnend *Jabornegg,* Zurückbehaltungsrecht 203f.

[1]) Vgl *Ertl* in *Klang*³ § 971 Rz 4; *Perner* in *Schwimann/Kodek*⁴ § 936 Rz 3.

[2]) OGH EvBl 1980/113; EvBl 1987/134.

[3]) OGH NZ 2008/84.

lungsverpflichtung) ist keine Leihe, sondern ein Darlehen oder Kreditvertrag. Von der **Miete** unterscheidet sich die Leihe durch die Unentgeltlichkeit.

Nach der Judikatur steht es der Unentgeltlichkeit gleich, wenn nur ein Anerkennungszins oder ein so niedriges Entgelt zu entrichten ist, dass es gegenüber dem Wert der Benützung praktisch nicht ins Gewicht fällt.[4]) Der Anerkennungszins wird nur zur Anerkennung des Eigentums des Verleihers entrichtet und verhindert so eine Ersitzung durch einen gutgläubigen Benützer. Er muss jedoch im Verhältnis zum ortsüblichen Zins sehr niedrig sein, sonst können die bestandrechtlichen Regeln, insbesondere die zwingenden Bestimmungen des MRG, zur Anwendung kommen (Umgehungsgeschäft, vgl Bd I Rz 466 und Rz 559 f).

Erhaltungskosten, die der Entlehner nach § 981 zu tragen hat, sind kein Entgelt.[5])

906 Die Leihe ist ein **Dauerschuldverhältnis,** der Entlehner hat wegen seines Gebrauchsrechtes **Rechtsbesitz** und genießt daher Besitzschutz.[6])

II. Bittleihe (Prekarium)

907 Hat der Entlehner kein festes Gebrauchsrecht, sondern ist der Verleiher **jederzeit** berechtigt, die Sache **zurückzufordern,** so entsteht eine Abart der Leihe, die Bittleihe (Prekarium).[1]) Auch sie ist entgegen dem Wortlaut des § 974 ein Vertrag,[2]) weil zwischen den Parteien über den Gebrauch der Sache Einvernehmen herrscht und aus der Vertragsverletzung Ersatzansprüche entstehen können.[3]) Daher finden auf das Prekarium auch weitgehend die Vorschriften der Leihe Anwendung. Der Prekarist ist aber wegen der jederzeitigen Widerruflichkeit des Gebrauchs **kein Rechtsbesitzer.** Die Bittleihe darf auch nicht dazu benützt werden, die zwingenden Bestimmungen des Mietrechts (zB den Kündigungsschutz) zu umgehen. Wird daher eine Wohnung gegen übliches Entgelt als „Prekarium" überlassen, so sind die zwingenden Vorschriften des MRG anzuwenden.[4])

Bittleihe ist nur anzunehmen, wenn Räume auf jederzeitigen Widerruf und unentgeltlich oder gegen ein gegenüber dem Wert der Benützung nicht ins Gewicht fallendes Entgelt (Anerkennungszins) überlassen worden sind. Die Vermutung spricht – außer bei freiwilliger Aufnahme Obdachloser auf deren Bitte[5]) – nicht für Bittleihe, sondern für Miete.[6])

---

[4]) OGH SZ 69/99; MietSlg 40.099.

[5]) Vgl OGH SZ 63/31; wobl 2006/103 *(Prader);* wobl 2009/50 *(Garai)* = immolex 2009/31 *(Prader).*

[6]) Vgl dazu *Schubert* in *Rummel*[3] § 972 Rz 2 mwN.

[1]) Dazu *Schubert* in *Rummel*[3] § 974 Rz 1 ff; *Parapatits* in *Schwimann/Kodek*[4] § 974 Rz 1 ff mwN; OGH ecolex 1994, 14.

[2]) So auch der OGH SZ 54/43 mwN; wobl 1988, 17; JBl 1999, 47.

[3]) § 1313 a ist aber auf den Prekaristen nicht anzuwenden: OGH JBl 1999, 244.

[4]) So zum MG *Stanzl* in *Klang*[2] IV/1, 685; OGH MietSlg 2186, 8563; EvBl 1962/508; vgl auch OGH MietSlg 33.145.

[5]) OGH EvBl 1947/441.

[6]) OGH MietSlg 25.106; zur Beweislast s OGH immolex 2014/101 *(Cerha).*

Ein Prekarium liegt auch vor, wenn eine Wohnung dem Benützer mit der Erklärung überlassen wird, er könne dort wohnen, bis die Wohnung veräußert oder vermietet wird oder bis er einen Job gefunden habe.[7])

III. Rechte und Pflichten der Parteien

908 Wegen der Unentgeltlichkeit des Verhältnisses hat der Verleiher **nicht Gewähr** zu leisten, doch haftet er dem Entlehner unter denselben Voraussetzungen wie ein Geschenkgeber,[1]) wird also bei wissentlicher unberechtigter Überlassung der Sache schadenersatzpflichtig. Wie der Geschenkgeber haftet allerdings auch der Verleiher für **positive Vertragsverletzung.** S oben Rz 853.

909 Der **Entlehner** hat dem Verleiher jeden durch sein **Verschulden** verursachten Schaden zu ersetzen.[2]) Hat er die Sache an einen Dritten weitergegeben, nicht rechtzeitig zurückgestellt oder sonst vertragswidrig[3]) gebraucht, haftet er „wie ein Verwahrer" auch für den zufälligen Untergang der Sache, wenn der Schaden bei vertragsgemäßem Gebrauch nicht eingetreten wäre (§ 979). Überdies kann der Verleiher die Sache bei vertragswidrigem Gebrauch sofort zurückfordern (§§ 978 f).

Wer von der vom Eigentümer eines Kfz eingeräumten Befugnis, das Fahrzeug kurzfristig zu verleihen, Gebrauch macht, hat mit der erforderlichen Sorgfalt vorzugehen, die Interessen des Eigentümers zu achten und diesen vor allfälligen Schädigungen zu bewahren. Er hat das Fahrzeug somit zurückzufordern, wenn der Entlehner es nicht ordentlich gebraucht. Unterlässt er die Rückforderung, so hat er objektiv eine Vertragsverletzung zu vertreten und gemäß § 1298 zu beweisen, dass ihn daran kein Verschulden trifft.[4])

910 Der Entlehner haftet dem Verleiher unabhängig davon, ob dieser auch Eigentümer der Sache ist.[5]) Hat der Entlehner für ein verloren gegangenes Leihstück Ersatz geleistet und kommt es später wieder zum Vorschein, so muss er es dem Eigentümer herausgeben, wenn dieser bereit ist, den Ersatzbetrag zurückzuerstatten (§ 980).

911 Die mit dem Gebrauch der Sache verbundenen **gewöhnlichen Aufwendungen** trägt mangels anderer Vereinbarung der Entlehner. Der Aufwand, der auch ohne Leihe entstünde (zB die Grundsteuer), gehört jedoch nicht dazu.[6]) Die Zahlung der auf eine Wohnung entfallenden Betriebskosten ist für sich allein noch kein Entgelt, sodass die Gebrauchs-

---

[7]) OGH MietSlg 59.109.

[1]) S dazu *Schubert* in *Rummel*[3] § 971 Rz 6; *Parapatits* in *Schwimann/Kodek*[4] § 971 Rz 27; OGH SZ 50/137; vgl auch *Walch,* SPRW 2014, 165.

[2]) Zur Haftung für Schäden an einem Ersatzfahrzeug oder Vorführwagen vgl OGH EvBl 2003/136 mwN. Im konkreten Fall bestand aber wohl kein Leihvertrag; das Fahrzeug wurde vom Kaufinteressenten Probe gefahren, die Überlassung fand in contrahendo statt.

[3]) Lenken des entliehenen Kfz in alkoholisiertem Zustand ist kein ordentlicher Gebrauch: OGH SZ 61/259.

[4]) OGH SZ 61/259.

[5]) OGH SZ 60/157.

[6]) OGH JBl 1987, 320.

überlassung Leihe bleibt und nicht zur Miete wird.[7]) Werden **außerordentliche** Aufwendungen erforderlich, so kann der Entlehner die Sache hiezu dem Verleiher zurückstellen. Will er es nicht oder ist die zeitweilige Rückstellung unmöglich, so muss er zwar die Kosten vorläufig tragen, sie werden ihm jedoch wie einem redlichen Besitzer ersetzt (§ 981).[8])

Wird ein Kraftfahrzeug für mehrere Monate verliehen, so muss der Entlehner zB die Kosten für Benzin, Ölwechsel und ein gewöhnliches Service aus eigenem tragen. Hingegen geht eine durch das Alter des Fahrzeuges notwendig gewordene Erneuerung der Kupplung oder des Motors zu Lasten des Verleihers.

IV. Dauer und Beendigung des Leihverhältnisses

912 Die Dauer der Leihe wird entweder ausdrücklich oder stillschweigend vereinbart oder sie ergibt sich aus Natur und Zweck des Vertrages, zB dem Bedarf des Entlehners.[1])

913 Während der Vertragsdauer kann der Verleiher die Sache mangels anderer Vereinbarung **nicht** einmal dann **zurückfordern,** wenn er sie selbst dringend benötigt (§ 976).[2]) Der Entlehner ist zwar zur vorzeitigen **Rückstellung berechtigt,** doch kann der Verleiher die Rücknahme ablehnen, wenn sie für ihn nachteilig ist, zB Verwahrungskosten verursacht (§ 977).

914 Die Ansprüche des Verleihers wegen Missbrauchs oder Beschädigung der Sache oder wegen übertriebener Abnützung sowie jene des Entlehners wegen außerordentlicher Kosten müssen binnen **30 Tagen** ab Rückgabe geltend gemacht werden, sonst ist das Recht erloschen (Präklusion). Der vertragliche Anspruch auf Rückgabe der Sache verjährt in 30 Jahren.

7. Kapitel

Kreditgeschäfte

Literatur: *P. Bydlinski,* Das neue ABGB-Darlehensrecht – Überblick und erste Einschätzung, ecolex 2010, 520; *Dehn,* Das neue Darlehens- und Verbraucherkreditrecht, ecolex 2010, 516; *Jud,* Die neue Verbraucherkreditrichtlinie, ÖJZ 2009/96, 887; *Pesek,* Der Verbraucherkreditvertrag (2012); *Stabentheiner,* Das Verbraucherkreditgesetz, ÖJZ 2010/59, 531, ÖJZ 2010/69, 636 und ÖJZ 2010/79, 743; *Stabentheiner,* Das neue Darlehensrecht des ABGB, ÖJZ 2010/98, 935; *Stabentheiner/Dimmel,* Die Umsetzung der neuen Verbraucherkreditrichtlinie in Österreich, ÖBA 2009, 696; *Wendehorst,* Die neue Verbraucherkreditrichtlinie: Rücktritt, Kündigung, vorzeitige Rückzahlungen, ÖBA 2009, 30; *Zöchling-Jud,* Die Zukunft des Kreditvertrages, in Vienna Law Inauguration Lectures – Antrittsvorlesungen an der Rechtswissenschaftlichen Fakultät der Universität Wien Band II (2010) 75; *Zöchling-Jud,* Die neue Verbraucherkredit-

[7]) OGH JBl 1986, 187.

[8]) Vgl dazu *Schubert* in *Rummel*³ § 981 Rz 1; OGH JBl 1987, 320.

[1]) OGH MietSlg 18.035; JBl 1991, 381. Zum Tod einer Vertragspartei vgl *Fenyves,* Erbenhaftung und Dauerschuldverhältnis (1982) 327f.

[2]) Einschränkend *Fenyves,* Erbenhaftung 257f.

richtlinie und die geplante Umsetzung in Österreich, in *Dullinger/Kaindl,* Jahrbuch Bank- und Kapitalmarktrecht 2009/2010 (2010) 1.

I. Allgemeines

Das Recht der Kreditgeschäfte wurde durch das DaKRÄG 2010 (BGBl I 2010/28) umfassend novelliert. Zum einen wurden die Bestimmungen über Darlehens- und Kreditverträge im ABGB neu gefasst, zum anderen wurde in Umsetzung der Verbraucherkredit-Richtlinie[1]) das VKrG neu geschaffen. Zahlreiche Verbraucherschutzbestimmungen, die bis dahin im KSchG verankert waren, wurden aufgehoben oder ins VKrG überführt, manche wurden aber ergänzend im KSchG beibehalten. 915

Weder das ABGB noch das VKrG enthalten eine allgemeine Definition der Kreditgeschäfte. Geregelt werden das Darlehen (§§ 983 ff), Kredit- und Krediteröffnungsverträge (§§ 988 ff) und der Kauf auf Borg (§ 1063). Das VKrG enthält Sondernormen für Verbraucherkredite, die aber zT (in modifizierter Form) auch für Überziehungsmöglichkeiten (§§ 18 ff VKrG), Überschreitungen (§§ 23 f VKrG), Zahlungsaufschübe und sonstige Finanzierungshilfen (§ 25 VKrG) sowie für Verbraucherleasingverträge (§ 26 VKrG) gelten. 916

Systematisch weicht das VKrG von der Verbraucherkredit-Richtlinie ab: Nach der Richtlinie sind alle erwähnten Erscheinungsformen eines Kreditgeschäftes ein Verbraucherkreditvertrag, nach dem VKrG hingegen nur Kreditverträge iSd § 988, weshalb für die sonstigen Erscheinungsformen Zusatzregelungen geschaffen werden mussten.[2])

Die Gemeinsamkeit aller Kreditgeschäfte liegt darin, dass sie auf die Verschaffung von Kapital (Kaufkraft) gerichtet sind.[3]) 917

II. Darlehens- und Kreditvertrag

A. Begriff

Im Darlehensvertrag verpflichtet sich der Darlehensgeber, dem Darlehensnehmer vertretbare Sachen mit der Bestimmung zu übergeben, dass der Darlehensnehmer über sie nach seinem Belieben verfügen kann. Der Darlehensnehmer ist verpflichtet, dem Darlehensgeber spätestens nach Vertragsende ebenso viele Sachen derselben Gattung und Güte zurückzugeben (§ 983). 918

Seit dem DaKRÄG 2010 ist der Darlehensvertrag als **Konsensualvertrag** konzipiert, der bereits durch die Willenseinigung der Parteien zu- 919

---

[1]) Richtlinie 2008/48/EG des Europäischen Parlaments und des Rates vom 23. April 2008 über Verbraucherkreditverträge, ABl L 2008/133, 66.

[2]) OGH ÖBA 2015/2117; *Stabentheiner/Dimmel,* ÖBA 2009, 700; *Wendehorst* in *Wendehorst/Zöchling-Jud,* VKrG § 1 Rz 3 ff; *Zöchling-Jud,* Neuregelung für Verbraucherleasingverträge, in FS Reischauer (2010) 461 (463 f); *Heinrich* in *Schwimann/Kodek*[4] § 1 VKrG Rz 14.

[3]) *Bollenberger* in *Apathy/Iro/Koziol,* Bankvertragsrecht[2] IV Rz 1/1.

stande kommt.[1]) Darlehensverträge sind **Dauerschuldverhältnisse.**[2]) Die Valuta besteht in **vertretbaren Sachen.**[3])

920 Ein Unterfall des Darlehens ist der **Kreditvertrag.**

921 *Ein Kreditvertrag ist ein entgeltlicher Darlehensvertrag über Geld (§ 988). Auch ein Vertrag, mit dem ein Geldbetrag auf Abruf zur Verfügung gestellt wird, ist ein Kreditvertrag (Krediteröffnungsvertrag).*

§ 988 wurde durch das DaKRÄG 2010 in das ABGB eingefügt und kodifiziert die zum alten Recht entwickelte hM.[4]) Die allgemeinen Bestimmungen über Darlehensverträge (§§ 983ff) finden auch auf Kreditverträge Anwendung. Die §§ 988ff enthalten spezielle, für den Kreditvertrag geltende Vorschriften, die sich allerdings zT mit den §§ 983ff überschneiden.

922 Da der Darlehensnehmer an den übergebenen Sachen (an der Valuta) **Eigentum** erwirbt, kann er über sie nach Belieben verfügen, trägt aber auch das **Risiko** des Verlustes oder des Unterganges.[5]) Nach Ablauf der Zeit hat der Empfänger dieselbe Menge, Gattung und Güte („tantundem eiusdem generis") **zurückzugeben.** Zur vorzeitigen Rückzahlung hat er kein Recht (§ 1413).[6])

Zur davon abweichenden Regelung bei Verbraucherkrediten s unten Rz 940.

B. Entgelt

923 Das Darlehen kann entgeltlich oder unentgeltlich sein. Im Zweifel ist von einem entgeltlichen Darlehensvertrag auszugehen (§ 984 Abs 1 Satz 2). Für den Kreditvertrag ist die Entgeltlichkeit aber typusbildendes Merkmal.[7])

Ob die Zweifelsregel des § 984 Abs 1 Satz 2 beim Sachdarlehen gerechtfertigt ist, ist fraglich. Nach den Gesetzesmaterialien soll sie bei Sachdarlehen über geringfügige Vermögenswerte und für Darlehen unter nahen Angehörigen nicht eingreifen,[8]) was allerdings im Gesetzeswortlaut keine Stütze findet.[9])

924 Worin das Entgelt beim Darlehen besteht, sagt § 984 nicht. Nur für Kreditverträge bestimmt § 988, dass das Entgelt in der Regel in den vom

---

[1]) EB 650 BlgNR 24. GP 7.

[2]) OGH JBl 1984, 380; *Schubert* in *Rummel*[3] Vor § 983 Rz 1; *P. Bydlinski,* ecolex 2010, 522; *Stabentheiner,* ÖJZ 2010/98, 936; *Wendehorst* in *Wendehorst/Zöchling-Jud,* VKrG § 983 ABGB Rz 17; aA *Fenyves,* Erbenhaftung und Dauerschuldverhältnis (1982) 134ff.

[3]) EB 650 BlgNR 24. GP 7.

[4]) *Bollenberger* in *Apathy/Iro/Koziol,* Bankvertragsrecht[2] IV Rz 1/4.

[5]) Dazu *Stabentheiner,* ÖJZ 2010/98, 937; *Wendehorst* in *Wendehorst/Zöchling-Jud,* VKrG § 983 ABGB Rz 24; *Ertl* in *Klang*[3] § 983 Rz 20ff.

[6]) OGH SZ 51/103; s auch *Stabentheiner/Dimmel,* ÖBA 2009, 702f.

[7]) EB 650 BlgNR 24. GP 11; zu „Negativzinsen" s *Zöchling-Jud,* Zum Einfluss von negativen Referenzwerten auf Kreditzinsen, ÖBA 2015, 318; *Leupold,* Negativzinsen beim Kreditvertrag, VbR 2015/53, 318.

[8]) EB 650 BlgNR 24. GP 8; vgl auch *Stabentheiner,* ÖJZ 2010/98, 938f; *Ertl* in *Klang*[3] § 984 Rz 8.

[9]) Kritisch daher *Wendehorst* in *Wendehorst/Zöchling-Jud,* VKrG § 984 ABGB Rz 11.

Kreditnehmer zu zahlenden **Zinsen** besteht und verweist – mangels anderer Vereinbarung – auf die gesetzlichen Zinsen in Höhe von 4% (§ 1000 Abs 1).

Fraglich ist, ob § 988 auf Sachdarlehen analog anzuwenden ist, also auch hier im Zweifel die gesetzlichen Zinsen zu leisten sind, oder ob mangels Vereinbarung ein angemessenes Entgelt gebührt.[10])

Mangels anderer Vereinbarung hat der Darlehensnehmer den 925
Nennbetrag zurückzugeben, also einen in der Zwischenzeit eingetretenen **Wertverlust** nicht auszugleichen. Eine **Wertsteigerung** führt umgekehrt auch nicht zur Minderung seiner Rückgabepflicht (§ 985).[11])

§ 985 ist dispositiv, es kann davon also durch Vereinbarung einer Wertsicherungsklausel abgewichen werden. Von Wertsicherungsklauseln, die den Wert der zurückzugebenden Darlehensvaluta an die Geldentwertung anpassen, sind Zinsanpassungs- und Zinsgleitklauseln zu unterscheiden. Solche Klauseln passen das Entgelt für die Darlehensvaluta, also idR die Zinsen, an veränderte Umstände an.[12]) Bei Verbrauchergeschäften sind die Vorgaben des § 6 Abs 1 Z 5 KSchG zu beachten (dazu unten Rz 1225). Zu den Informationspflichten bei Änderung des Sollzinssatzes bei Verbraucherkrediten s § 11 VKrG.

C. Form

Der Darlehensvertrag ist grundsätzlich **formfrei.** § 984 Abs 2 be- 926
stimmt jedoch, dass ein **unentgeltlicher Darlehensvertrag** ohne Übergabe der Sachen[13]) nur wirksam ist, wenn der Darlehensgeber seine Vertragserklärung **schriftlich** abgibt. Damit soll der Darlehensgeber vor der vorschnellen Zusage der Darlehensgewährung abgehalten werden (Übereilungsschutz).[14])

Wie bei der Bürgschaft (§ 1346 Abs 2) unterliegt nicht der Darlehensvertrag, sondern nur die Verpflichtungserklärung des Darlehensgebers der Schriftform. Darlehensverträge zwischen Ehegatten oder eingetragenen Partnern, nicht aber zwischen Lebensgefährten,[15]) sind notariatsaktpflichtig (§ 1 Abs 1 lit b NotAktsG; § 43 Abs 1 Z 11 EPG).

D. Dauer und Auflösung des Darlehensvertrags

Darlehensverträge können befristet oder unbefristet abgeschlossen 927
werden (§ 986). Eine Befristung kann ausdrücklich, zB durch datumsmäßige Festsetzung eines Endtermins, oder konkludent vereinbart wer-

---

[10]) S dazu *P. Bydlinski,* ecolex 2010, 521 f; *Ertl* in *Klang*³ § 984 Rz 8; *Aichberger-Beig* in *Kletečka/Schauer,* ABGB-ON¹·⁰² § 984 Rz 5.

[11]) EB 650 BlgNR 24. GP 9.

[12]) Dazu OGH ecolex 2001, 202; ÖBA 2012/1844 *(Butschek);* RdW 2012/551; ÖBA 2015/2076; s auch *Fenyves,* Der Einfluß geänderter Verhältnisse auf Langzeitverträge, Gutachten für den 13. ÖJT II/1 (1997) 109; *Fenyves/Rubin,* Vereinbarung von Preisänderungen bei Dauerschuldverhältnissen und KSchG, ÖBA 2004, 347.

[13]) *Stabentheiner,* ÖJZ 2010/98, 939 verweist in diesem Zusammenhang auf die „wirkliche Übergabe" bei Schenkungen.

[14]) EB 650 BlgNR 24. GP 9.

[15]) OGH ÖBA 2015/2113.

den. Eine konkludente Befristung kann sich zB aus dem Zweck des Darlehens oder der Art der Rückzahlung ergeben (vgl § 989).[16])

928 Befristete Darlehensverträge enden durch **Zeitablauf** (§ 986 Abs 3), allerdings können die Parteien auch eine Kündigungsmöglichkeit vereinbaren.[17]) Für Kreditverträge bestimmt aber § 990, dass Vereinbarungen, die dem Kreditgeber ein an nicht sachlich gerechtfertigte Gründe geknüpftes Kündigungsrecht einräumen, nicht wirksam sind.

§ 990 will den Kreditnehmer vor einer Willkür des Kreditgebers bewahren. Er findet aber nur dann Anwendung, wenn der Kreditgeber seinerseits den Kreditvertrag schon erfüllt, also die Kreditvaluta ausgezahlt hat. Sachlich nicht gerechtfertigte Gründe sind insbesondere solche, die keinen Bezug zum konkreten Vertrag haben oder einen dem konkreten Vertrag fremden Zweck verfolgen.[18]) Bei Verbraucherkreditverträgen ist das Kündigungsrecht des Kreditgebers in § 14 VKrG abschließend geregelt:[19]) Ein ordentliches Kündigungsrecht des Kreditgebers bei befristeten Verträgen kann auch bei Vorliegen sachlich gerechtfertigter Gründe nicht vereinbart werden.[20])

929 Unbefristete Darlehensverträge enden durch **ordentliche Kündigung,** wobei § 986 Abs 2 für jeden Vertragsteil eine einmonatige Kündigungsfrist vorsieht.

§ 986 Abs 2 ist dispositiv, sodass die Kündigungsfristen vertraglich verlängert oder verkürzt werden können. Ein völliger Ausschluss der ordentlichen Kündigung bei unbefristeten Verträgen ist aber sittenwidrig.[21])

930 Befristete und unbefristete Darlehensverträge können darüber hinaus jederzeit ohne Einhaltung einer Frist gekündigt werden, wenn einem Vertragsteil die Aufrechterhaltung des Vertrages aus wichtigen Gründen nicht zumutbar ist **(außerordentliche Kündigung).** § 987 kodifiziert die allgemeinen Grundsätze über die Auflösung von Dauerschuldverhältnissen aus wichtigem Grund.[22])

Wichtige Gründe sind nach der zur alten Rechtslage ergangenen, weiterhin maßgebenden Rechtsprechung[23]) zB die Nichtbestellung der versprochenen Sicherheit, Verschlechterung der Vermögensverhältnisse (vgl aber § 991 für den Kreditvertrag)[24])

---

[16]) EB 650 BlgNR 24. GP 11; *P. Bydlinski,* ecolex 2010, 522; *Stabentheiner,* ÖJZ 2010/98, 942f; *Wendehorst* in *Wendehorst/Zöchling-Jud,* VKrG § 986 ABGB Rz 8ff.

[17]) *Stabentheiner,* ÖJZ 2010/98, 940.

[18]) Dazu OGH JBl 2014, 177; *P. Bydlinski,* ecolex 2010, 523f; *Stabentheiner,* ÖJZ 2010/98, 943f; *Wendehorst* in *Wendehorst/Zöchling-Jud,* VKrG § 990 ABGB Rz 11.

[19]) *Wendehorst* in *Wendehorst/Zöchling-Jud,* VKrG § 987 ABGB Rz 4, § 990 ABGB Rz 2; *Ertl* in *Klang*³ § 990 Rz 6; aA *Stabentheiner,* ÖJZ 2010/69, 645; *Aichberger-Beig* in *Kletečka/Schauer,* ABGB-ON[1.02] § 987 Rz 8, § 990 Rz 6.

[20]) *Wendehorst* in *Wendehorst/Zöchling-Jud,* VKrG § 14 Rz 18.

[21]) *Wendehorst* in *Wendehorst/Zöchling-Jud,* VKrG § 986 ABGB Rz 3; *Ertl* in *Klang*³ § 986 Rz 4.

[22]) EB 650 BlgNR 24. GP 10.

[23]) EB 650 BlgNR 24. GP 10. So auch *Wendehorst* in *Wendehorst/Zöchling-Jud,* VKrG § 987 ABGB Rz 6; *Bollenberger* in *Apathy/Iro/Koziol,* Bankvertragsrecht² IV Rz 1/100.

[24]) OGH HS 6.474; NZ 1983, 91; ÖBA 2006/1388; ÖBA 2014/2028; ÖBA 2015/2104; *J. Gruber,* Die deutsche Rechtsprechung zur Kündigung des Darlehensvertrages aus wichtigem Grund, ÖBA 1992, 1105f.

und die wiederholte Nichteinhaltung von Zahlungsverpflichtungen.[25]) Kein wichtiger Grund liegt vor, wenn der Kreditnehmer – möglicherweise unberechtigterweise – Schadenersatzansprüche gegen die kreditgewährende Bank erhebt.[26])

Für Kreditverträge normiert § 991 schließlich eine besondere **Unsicherheitseinrede:** Danach kann der Kreditgeber die Auszahlung des Kredits verweigern, wenn sich nach Vertragsabschluss Umstände ergeben, die eine Verschlechterung der Vermögenslage des Kreditnehmers oder eine Entwertung bedungener Sicherheiten in einem solchen Ausmaß erweisen, dass die Rückzahlung des Kredits (samt Zinsen) selbst bei Verwertung der Sicherheiten gefährdet ist. 931

Bei Verbraucherkreditverträgen besteht nach § 14 Abs 2 VKrG die Unsicherheitseinrede nicht; die Parteien können aber ein an sachlich gerechtfertigte Gründe gebundenes Auszahlungsverweigerungsrecht vereinbaren.[27])

III. Verbraucherkreditverträge

A. Allgemeines

In Umsetzung der Verbraucherkredit-Richtlinie trat am 11. Juni 2010 das Verbraucherkreditgesetz (VKrG, BGBl I 2010/28) in Kraft, das zwingende Schutzvorschriften zugunsten des Verbrauchers enthält (§ 3 VKrG). 932

Verbraucherkreditverträge sind nach § 4 VKrG **Kreditverträge** iSd § 988, an denen ein Unternehmer als Kreditgeber[1]) und ein Verbraucher als Kreditnehmer beteiligt sind. Sie werden im 2. Abschnitt des VKrG (§§ 4–18) geregelt. 933

Vom Anwendungsbereich ausgenommen sind Kreditverträge mit einem Gesamtbetrag unter € 200,– (§ 4 Abs 1 VKrG) sowie kurzfristige Kreditierungen mit geringen Kosten,[2]) Pfandleihkredite, Kredite im Rahmen eines Arbeitsverhältnisses mit marktunüblich niedrigen Zinsen und Kreditierungen im Rahmen eines gerichtlichen Vergleichs (§ 4 Abs 2 VKrG).

Das VKrG findet auch auf **Überziehungsmöglichkeiten** (§§ 18 ff VKrG),[3]) **Überschreitungen** (§§ 23 f VKrG),[4]) **Zahlungsaufschübe**[5]) und 934

---

[25]) OGH ÖBA 1995, 994; vgl auch *Koziol* in *Avancini/Iro/Koziol,* Bankvertragsrecht I Rz 1/162.

[26]) OGH VbR 2014/31.

[27]) Vgl dazu *Stabentheiner,* ÖJZ 2010/69, 645; *Aichberger-Beig* in *Kletečka/Schauer,* ABGB-ON[1.02] § 991 Rz 5.

[1]) Vgl OGH JBl 2015, 108.

[2]) Zum entgeltlichen Zahlungsaufschub s OGH ÖBA 2015/2117 (Vorabentscheidungsersuchen).

[3]) *Stabentheiner,* ÖJZ 2010/79, 743 ff.

[4]) *Dullinger,* Kreditgewährung durch Kontoüberziehung und Kontoüberschreitung, JBl 2010, 690; *Koch,* Schnitt- und Reibungsflächen von ZaDiG und VKrG, ÖBA 2011, 228.

[5]) *Rabl,* Verbraucherkreditgesetz und Kurrentiengeschäft – über den nachträglichen Zahlungsaufschub, ÖBA 2014, 187. S auch LG Innsbruck JBl 2012, 795 *(Kogler);* OGH VbR 2014/115 *(Haghofer); Graf,* Die Mär von der unentgeltlichen Stundung,

sonstige **Finanzierungshilfen** (§ 25 VKrG) sowie auf **Verbraucherleasingverträge** (§ 26 VKrG)[6]) Anwendung, wobei hier die für Verbraucherkredite geltenden Bestimmungen teilweise ausgeschlossen oder modifiziert werden.

B. Informationspflichten

935 Allgemeinen Grundsätzen entsprechend, wird auch im VKrG der Verbraucherschutz zunächst durch umfangreiche Informationspflichten des Kreditgebers bewerkstelligt. Informationspflichten sind bereits in der **Werbung** (§ 5 VKrG),[7]) **vor Vertragsabschluss** (§ 6 VKrG), im **Kreditvertrag** (§ 9 VKrG) und während der **Laufzeit** des Kredites (§§ 10f VKrG) zu erfüllen.

Besonderer Stellenwert kommt den umfangreichen vorvertraglichen Informationspflichten des § 6 VKrG zu, zu denen uA die Art des Kredits, Identität und Anschrift des Kreditgebers, der Gesamtkreditbetrag, die Laufzeit, der Sollzinssatz, der effektive Jahreszins, allfällige Sicherheiten, sonstige Kosten und Rechtsbelehrungen gehören, wie zB über das Bestehen oder Nichtbestehen eines Rücktrittsrechts, die Folgen bei Zahlungsverzug oder das Recht auf vorzeitige Rückzahlung. Diese Informationspflichten sollen dem Verbraucher eine fundierte Entscheidung über den Abschluss des Vertrages ermöglichen. Die obligatorische Verwendung eines im Anhang II des VKrG enthaltenen Formblattes („Europäische Standardinformationen für Kreditierungen nach dem VKrG") soll dem Verbraucher auch den Vergleich verschiedener Angebote erleichtern.[8])

Der Abschluss des Kreditvertrages selbst bedarf keiner Form, kann also auch mündlich erfolgen. Allerdings hat der Kreditgeber – unbeschadet der Wirksamkeit des Rechtsgeschäfts – den Vertrag auf Papier oder einem anderen dauerhaften Datenträger zu erstellen und dem Verbraucher eine Ausfertigung unverzüglich nach Vertragsabschluss zur Verfügung zu stellen.[9]) Der Kreditvertrag hat im Wesentlichen dieselben Informationen zu enthalten, die bereits vor Vertragsabschluss zu erteilen sind.[10])

936 Nach § 7 VKrG hat der Kreditgeber vor Abschluss des Kreditvertrages die Kreditwürdigkeit des Verbrauchers zu überprüfen **(Bonitätsprüfung)**[11]) und bei erheblichen Zweifeln an der Fähigkeit des Verbrauchers,

---

VbR 2014/81, 138; *Kellner,* Faktisches Verbot des Zahlungsaufschubs? VbR 2014/82, 139.

[6]) OGH ÖBA 2015/2088 *(Schopper)* („Restwert Leasing"); VbR 2015/86; *Zöchling/Jud* in FS Reischauer 461.

[7]) Vgl OGH ÖBA 2015/2088 *(Schopper); Zemann,* Transparenz bei Verbraucherkrediten, ecolex 2014, 932.

[8]) Vgl *Zöchling-Jud* in *Dullinger/Kaindl,* Jahrbuch Bank- und Kapitalmarktrecht 2009/2010 12f; *Zöchling-Jud* in *Wendehorst/Zöchling-Jud* § 6 VKrG Rz 1.

[9]) EB 650 BlgNR 24. GP 10; vgl auch *Koch,* ÖBA 2011, 230.

[10]) Vgl *Zöchling-Jud* in *Wendehorst/Zöchling-Jud* § 9 VKrG Rz 13.

[11]) Dazu *Zöchling-Jud,* Die neue Bonitätsprüfung nach § 7 VKrG, in *Dullinger/Kaindl,* Jahrbuch Bank- und Kapitalmarktrecht 2010/2011 (2011) 46ff; *Zöchling-Jud,* Prüfung der Kreditwürdigkeit des Verbrauchers, ecolex 2010, 525; *Zöchling-Jud* in *Wendehorst/Zöchling-Jud,* VKrG § 7 Rz 1ff; s auch *Koch,* Bonitätsprüfung nach der neuen Verbraucherkreditrichtlinie – Replik zu *Jud,* ÖJZ 2009/96, ÖJZ 2010/7, 45; *Weissel,* Die Rolle von Sicherheiten bei der Prüfung nach § 7 VKrG, ecolex 2012, 198; *Weissel,* Zur Anwendung von § 7 VKrG, ÖBA 2012, 302; *Foglar-Deinhardstein,* Zur Anwendbarkeit des § 7 VKrG auf Gründungsgeschäfte, ÖJZ 2013/82, 762; *Pesek,*

seine Pflichten aus dem Kreditvertag vollständig zu erfüllen, diesen auf diese Bedenken hinzuweisen.

Eine Verpflichtung des Kreditgebers, den Abschluss des Vertrages bei fehlender Bonität des Verbrauchers zu unterlassen, ist gesetzlich nicht normiert.[12])

Die Verletzung von Informationspflichten ist grundsätzlich mit Verwaltungsstrafe sanktioniert (§ 28 VKrG), darüber hinaus kommen aber bei Vorliegen der jeweiligen Voraussetzungen auch allgemeine zivilrechtliche Sanktionen in Betracht, wie zB die Haftung aus culpa in contrahendo oder das Irrtumsrecht (§ 871 Abs 2).[13]) 937

C. Auflösung des Verbraucherkreditvertrages

Nach § 12 VKrG kann der Verbraucher von einem Kreditvertrag innerhalb von 14 Tagen ohne Angabe von Gründen zurücktreten **(Rücktrittsrecht).** Die Frist läuft ab Abschluss des Vertrages. Hat der Verbraucher die Ausfertigung des Kreditvertrages (§ 9 VKrG) erst später erhalten, ab dem Zeitpunkt des Erhalts.[14]) Das Rücktrittsrecht besteht nicht bei hypothekarisch gesicherten Krediten (§ 12 Abs 5 VKrG). 938

Fraglich ist, welche Auswirkungen ein unvollständiger Kreditvertrag auf den Fristenlauf hat. Jedenfalls bewirkt die Verletzung der Informationspflicht über das Rücktrittsrecht, dass die Frist nicht zu laufen beginnt.[15]) Eine „absolute" Frist („Höchstfrist") ist gesetzlich nicht vorgesehen (vgl aber zum FAGG unten Rz 1291).

Übt der Verbraucher das Rücktrittsrecht aus, hat er unverzüglich, spätestens aber binnen 30 Kalendertagen, die Kreditvaluta samt bisher aufgelaufenen Zinsen zurückzuzahlen (§ 12 Abs 3 VKrG).

Der Rücktritt vom Kreditvertrag gilt nach § 12 Abs 4 VKrG auch für Nebenleistungen, die vom Kreditgeber oder aufgrund einer Vereinbarung mit dem Kreditgeber von einem Dritten erbracht werden. Solche Nebenleistungen sind va eine Restschuldversicherung, aber auch Vereinbarungen über die Führung eines Kontos oder der Vertrag mit einem Tilgungsträger.[16]) Nach § 13 Abs 4 VKrG kann der Verbraucher bei

---

Rechtsfolgen der mangelhaften Bonitätsprüfung, VbR 2014/3, 4; *Weissel,* § 7 VKrG und seine Sanktionierung, ÖBA 2014, 189; *Heinrich,* Anforderungen an die Kreditwürdigkeitsprüfung im Verbraucherrecht, JBl 2014, 363; *Weissel,* § 7 VKrG: Über Groß- und Kleinbanken, ecolex 2015, 99. S weiterführend *Pesek,* Verbraucherkreditvertrag 113f; *Foglar-Deinhardstein,* Die Bonitätsprüfung beim Verbraucherkredit (2013); *Heinrich,* Bonitätsprüfung im Verbraucherkreditrecht (2014). Zur Beweislastverteilung s EuGH C-449/13.

[12]) Vgl *Zöchling-Jud* in *Wendehorst/Zöchling-Jud,* VKrG § 7 Rz 32; *Foglar-Deinhardstein,* Bonitätsprüfung Rz 329; *Heinrich* in *Schwimann/Kodek*⁴ § 7 VKrG Rz 27.

[13]) *Jud,* ÖJZ 2009/96, 887; *Zöchling-Jud* in *Wendehorst/Zöchling-Jud,* VKrG § 7 Rz 35, § 28 Rz 2. S auch *Foglar-Deinhardstein,* Bonitätsprüfung Rz 369ff; *Heinrich,* Bonitätsprüfung 155ff; *Pesek,* VbR 2014/3, 4. Vgl aber *Koch,* ÖJZ 2010/7, 45; *Weissel,* ÖBA 2014, 189.

[14]) Vgl *Stabentheiner,* ÖJZ 2010/69, 637; *Dehn,* ecolex 2010, 518 FN 16; *Apathy,* Der Rücktritt des Verbrauchers vom Abzahlungsgeschäft, in FS Fenyves (2013) 3 (6).

[15]) Dazu *Jud,* ÖJZ 2009/96, 893; *Wendehorst,* ÖBA 2009, 33; *Dehn,* ecolex 2010, 518; *Wendehorst* in *Wendehorst/Zöchling-Jud,* VKrG § 14 Rz 1ff; *Pesek,* Verbraucherkreditvertrag 224ff.

[16]) Vgl *Stabentheiner,* ÖJZ 2010/69, 638; *Lukas,* Verbundene Kreditverträge nach dem neuen Verbraucherkreditgesetz, in FS Reischauer (2010) 313 (334ff).

verbundenen Kreditverträgen (dazu oben Rz 801 ff) binnen einer Woche ab Abgabe der Rücktrittserklärung auch den Rücktritt vom finanzierten Vertrag erklären.

939 Die §§ 14, 15 VKrG modifizieren die allgemeinen Bestimmungen über die **Kündigung** von Kreditverträgen (§§ 986 f, 990). Der Kreditgeber kann abweichend von § 986 Abs 2 einen unbefristeten Kreditvertrag nur kündigen, wenn dieses Recht mit dem Verbraucher vereinbart worden ist und eine zumindest zweimonatige Kündigungsfrist eingehalten wird.[17]) Der Verbraucher kann unbefristete Verträge umgekehrt jederzeit und kostenlos kündigen;[18]) eine Kündigungsfrist ist nur einzuhalten, wenn dies vereinbart wurde und die Frist einen Monat nicht übersteigt.

940 Darüber hinaus ist der Verbraucher nach § 16 VKrG zur teilweisen oder gänzlichen **vorzeitigen Rückzahlung** berechtigt. Die vorzeitige Rückzahlung des gesamten Kreditbetrages samt Zinsen gilt als Kündigung des Kreditvertrages.[19])

Die vom Kreditnehmer zu zahlenden Zinsen verringern sich bei vorzeitiger Kreditrückzahlung entsprechend dem dadurch verminderten Außenstand und gegebenenfalls entsprechend der dadurch verkürzten Vertragsdauer; laufzeitabhängige Kosten verringern sich verhältnismäßig. Der Kreditgeber ist unter bestimmten Voraussetzungen (§ 16 Abs 2 VKrG) berechtigt, eine Vorfälligkeitsentschädigung zu verlangen.[20]) Diese beträgt pauschal 1% des vorzeitig zurückbezahlten Betrages, bei einer Rückzahlung binnen eines Jahres vor dem vereinbarten Vertragsende 0,5%, und soll dem Kreditgeber seinen entgangenen Gewinn, die Frustration seiner Refinanzierungskosten und den damit verbundenen Verwaltungsaufwand pauschal abdecken.[21]) Für hypothekarisch gesicherte Kredite sieht § 16 Abs 4 VKrG Sonderregelungen vor.

941 Schließlich besteht nach § 14 Abs 3 VKrG die Möglichkeit zur Vereinbarung eines **Terminsverlusts.** Hat sich der Kreditgeber das Recht vorbehalten, bei Zahlungsverzug die sofortige Entrichtung der gesamten noch offenen Schuld zu fordern, darf er dies nur, wenn er selbst seine Leistungen bereits erbracht hat, zumindest eine rückständige Leistung des Verbrauchers seit mindestens sechs Wochen fällig ist sowie der Kreditgeber den Verbraucher unter Androhung des Terminsverlustes und unter Setzung einer Nachfrist von mindestens zwei Wochen erfolglos gemahnt hat.[22])

Der Terminsverlust war vor Inkrafttreten des DaKRÄG in § 13 KSchG aF normiert und fand auf alle Verbraucherverträge über wiederkehrende Leistungen Anwen-

---

[17]) Vgl EB 650 BlgNR 24. GP 27; *Koch,* ÖBA 2011, 235.

[18]) OGH ÖBA 2014/2062 *(Kriegner);* zum Verhältnis zur Vorfälligkeitsentschädigung *Wendehorst* in *Wendehorst/Zöchling-Jud,* VKrG § 15 Rz 8 ff.

[19]) EB 650 BlgNR 24. GP 28; *Stabentheiner,* ÖJZ 2010/69, 647; *Wendehorst* in *Wendehorst/Zöchling-Jud,* VKrG § 14 Rz 8.

[20]) Vgl OGH ÖBA 2014/2062 *(Kriegner).*

[21]) EB 650 BlgNR 24. GP 29; s auch *Wendehorst* in *Wendehorst/Zöchling-Jud,* VKrG § 16 Rz 19.

[22]) Vgl EB 650 BlgNR 24. GP 27; vgl dazu *Wendehorst* in *Wendehorst/Zöchling-Jud,* VKrG § 14 Rz 1 ff; *Dehn* in *Apathy/Iro/Koziol,* Bankvertragsrecht[2] IV Rz 2/180 ff.

dung.[23]) Die zu § 13 KSchG aF ergangene Rechtsprechung kann auf § 14 Abs 3 VKrG übertragen werden.[24])

IV. Verbraucherschutz im KSchG

Neben den im VKrG kodifizierten Verbraucherrechten bei Kreditverträgen finden sich ergänzende Schutzvorschriften im KSchG. 942

Verpflichtet sich ein Verbraucher gegenüber einem Unternehmer als **Solidarschuldner** für eine Kreditverbindlichkeit, so hat der Gläubiger jede Mahnung und sonstige Erklärung wegen einer **Säumigkeit** eines anderen Solidarschuldners auch dem Verbraucher zuzustellen (§ 25 b Abs 1 KSchG). Zuwiderhandeln wird mit einer Verwaltungsstrafe sanktioniert (§ 32 KSchG). 943

Der Unternehmer ist aber auch dann zur Verständigung über die Säumigkeit des Schuldners verpflichtet, wenn sich ein Verbraucher für eine Kreditschuld **verbürgt** oder deren Erfüllung **garantiert.**[1]) Unterlässt der Unternehmer die Verständigung, so haftet der Verbraucher nicht für die Zinsen und Kosten, die ab der Kenntnis des Gläubigers von der Säumigkeit des Hauptschuldners bis zu einem allfälligen eigenen Verzug des nicht verständigten Verbrauchers entstehen (§ 25b Abs 2 KSchG). 944

Zu den Verbraucherschutzbestimmungen bei Krediten zur Finanzierung bestimmter Geschäfte (Drittfinanzierung) s oben Rz 806 und unten Rz 1307. 945

Gegenüber Ehegatten,[2]) die als Verbraucher **gemeinsam** einen Kredit aufnehmen, treffen Unternehmer, deren Unternehmensgegenstand die Gewährung oder Vermittlung von Krediten ist, besondere **Informationspflichten** (§ 25 a KSchG). Auf eingetragene Partnerschaften ist § 25 a KSchG entsprechend anzuwenden (§ 43 Abs 1 Z 9 EPG). 946

Die Belehrungspflicht besteht nicht gegenüber Lebensgefährten, doch soll eine analoge Anwendung geboten sein, wenn die Bank von einer Absicht zur Eheschließung Kenntnis hat.[3])

Der Kreditgeber hat die Ehegatten/eingetragenen Partner durch Übergabe einer besonderen Urkunde zu belehren, dass bei solidarischer Haftung von jedem Schuldner in beliebiger Reihenfolge die volle Schuldtilgung verlangt werden kann, dass die Haftung auch bei Auflösung der Ehe/eingetragenen Partnerschaft aufrecht bleibt und dass das Gericht bei Scheidung oder Auflösung der eingetragenen Partnerschaft die Haftung auf eine Ausfallsbürgschaft beschränken kann, was innerhalb eines Jahres nach der Scheidung/Auflösung beantragt werden muss.

---

[23]) Vgl OGH ÖBA 2010/1608.

[24]) *Dehn* in *Apathy/Iro/Koziol,* Bankvertragsrecht² IV Rz 2/181.

[1]) Vgl *Mayrhofer* in *Klang*³ § 25 b KSchG Rz 19 ff; *Kolba* in *Kosesnik-Wehrle,* KSchG⁴ § 25 b Rz 6 ff.

[2]) Dazu *Gamerith,* Die Auswirkungen des § 31 a Abs 2 und 3 KSchG auf die Solidarschuldner- und Bürgenhaftung, ÖBA 1988, 545; *Gruber,* Kredithaftung von Ehegatten, ÖBA 1991, 560; *Bollenberger* in *Apathy/Iro/Koziol,* Bankvertragsrecht² IV Rz 1/283.

[3]) Vgl *Unger,* Rechtliche Unterschiede bei Aufnahme von Krediten durch Ehegatten und Lebensgefährten, ÖBA 2004, 680 (683); *Bollenberger* in *Apathy/Iro/Koziol,* Bankvertragsrecht² IV Rz 1/283.

947 Da die Belehrung der Information und nicht der Warnung dient,[4]) führt ihre Unterlassung nicht zur Unwirksamkeit des Kreditvertrages, sondern nur zu einer Verwaltungsstrafe (§ 32 Abs 1 Z 1 lit c KSchG).

948 Zur Haftung für Kredite bei Scheidung (§ 98 EheG) s Bd I Rz 1627.

949 Gehen die Ehegatten die Verbindlichkeit **nicht** im **gemeinsamen Interesse** ein, ist also für einen der beiden die Schuld eine materiell **fremde Verbindlichkeit,** so kommen die Schutzbestimmungen für Interzedenten zur Anwendung. Dazu oben Rz 697ff.

8. Kapitel

Der Auftrag (§§ 1002ff)

Literatur: *Dullinger,* Die Substitution gemäß § 1010 ABGB im Lichte des § 1313a ABGB, in FS 200 Jahre ABGB (2011) 906; *Riedler,* Modernisierungsbedarf des ABGB in den besonderen Bestimmungen über vertragliche Schuldverhältnisse! in *Fischer-Czermak/Hopf/Kathrein/Schauer,* ABGB 2011 – Chancen und Möglichkeiten einer Zivilrechtsreform (2008) 73; *Riedler,* Reformbedarf beim Bevollmächtigungsvertrag (Ermächtigung, Auftrag, Vollmacht)? ÖJZ 2008/69, 667.

I. Auftrag, Vollmacht, Ermächtigung

950 *Der Auftrag ist ein Vertrag, durch den sich jemand verpflichtet, Geschäfte eines anderen auf dessen Rechnung zu besorgen (§§ 1002ff).*

951 Die Geschäftsbesorgung ist eine solche im engeren Sinn, sie besteht in der Vornahme von **Rechtsgeschäften** oder **Rechtshandlungen** (zB Vertragsverhandlungen, Verwaltung eines Vermögens). Ein gesetzwidriges Geschäft kann allerdings nicht Inhalt eines gültigen Auftrages sein.[1]) Tatsächliche Handlungen (Reinigung des Gehsteiges, Beförderung von Sachen) fallen nicht unter den Begriff des Auftrages, weil für sie besondere Vertragstypen bestehen, meist unterliegen sie dem Werkvertragsrecht. Wenn allerdings mit der tatsächlichen Tätigkeit eine rechtsgeschäftliche verbunden ist, müssen die Vorschriften über den Auftragsvertrag beachtet werden (§ 1151 Abs 2).[2])

---

[4]) *Koziol* in *Avancini/Iro/Koziol,* Bankvertragsrecht II Rz 1/79ff; *Bollenberger* in *Apathy/Iro/Koziol,* Bankvertragsrecht[2] IV Rz 1/285; abweichend *Apathy* in *Schwimann/Kodek*[4] § 25a KSchG Rz 3; *Gruber,* ÖBA 1991, 561; *Thunhart,* Informations- und Warnpflichten beim Konsumentenkredit in Österreich und den USA, ÖBA 2001, 843; *Kolba* in *Kosesnik-Wehrle,* KSchG[4] § 25a Rz 3.

[1]) Vgl auch OGH RdW 2005/451.

[2]) *Ehrenzweig* II/1, 554. Zur Abgrenzung von anderen Vertragstypen vgl *Strasser* in *Rummel*[3] § 1002 Rz 15ff; zum Rechtsanwaltsvertrag OGH ecolex 2009/108; zum Vermögensverwaltungsvertrag *Schopper,* Haftung für Veranlagungsentscheidungen bei Portfolioverwaltung auf Einzelkundenbasis, ÖBA 2013, 17; zum Depotvertrag *Iro,* Tätigkeitsbereich und Aufklärungspflichten einer Depotbank, ÖBA 2013, 343; zur Rechtsnatur von Unternehmensberaterverträgen OGH JBl 2000, 441 *(Staudegger);* zu den Vertretungsbefugnissen des Unternehmensberaters OGH RdW 2003/618.

Der Auftrag bedarf keiner bestimmten Form. Er führt – je nachdem, worauf er gerichtet ist – zu einem Ziel- oder Dauerschuldverhältnis. 952

Im ABGB sind Auftrag und **Vollmacht** in einem einheitlichen Vertragstyp, dem „Bevollmächtigungsvertrag" geregelt (§§ 1002 ff).[3]) Obwohl Vollmacht und Auftrag oft miteinander verbunden werden (der Beauftragte ist gleichzeitig bevollmächtigt), hält die hM beides auseinander: Der Auftrag begründet (im Innenverhältnis) die **Verpflichtung** des Beauftragten, für den Auftraggeber tätig zu werden, weshalb er seiner Zustimmung bedarf (Vertragsnatur des Auftrages). Hingegen betrifft die Vollmacht nur das Außenverhältnis zu Dritten, also die Frage, ob der Bevollmächtigte (Vertreter) für den Machtgeber (Vertretenen) durch Auftreten in dessen Namen unmittelbar rechtsgeschäftliche Wirkungen herbeiführen kann. Da die **Bevollmächtigung** nur eine Macht (ein **„Können"**) des Machthabers bewirkt, ihn aber nicht zum Handeln verpflichtet, kann sie durch **einseitige** Erklärung, also ohne Zustimmung des Bevollmächtigten, erteilt werden. Das rechtsgeschäftliche Handeln des Bevollmächtigten bindet den Vertretenen prinzipiell auch dann, wenn der Machthaber dem Auftrag zuwidergehandelt hat („Abstraktheit der Vollmacht"). 953

Mit Auftrag und Vollmacht eng verwandt ist die gesetzlich nicht geregelte **Ermächtigung.** Sie betrifft nur das Innenverhältnis zwischen Machtgeber und Machthaber und bewirkt, dass dieser im eigenen Namen für den Machtgeber tätig werden darf, ohne hiezu verpflichtet zu sein. Daher kommt die Ermächtigung schon durch **einseitige** Willenserklärung zustande. Sie ist die Erlaubnis, im eigenen Namen für fremde Rechnung zu handeln. Ein wichtiger Fall ist die **Verfügungsermächtigung** (Veräußerungsermächtigung). Macht der Ermächtigte davon Gebrauch, so treten beim Ermächtigenden sogar unmittelbar Rechtswirkungen ein, obwohl nicht in seinem Namen gehandelt wurde (vgl hiezu Bd I Rz 1015). 954

Das Gesetz bezeichnet den Auftraggeber (Vollmachtgeber) als Machtgeber, den Beauftragten (Bevollmächtigten) als Machthaber. 955

Gemäß § 1003 sind Personen, die zur Besorgung bestimmter Geschäfte **öffentlich bestellt** sind (zB Rechtsanwälte, Ziviltechniker) zwar nicht verpflichtet, einen Auftrag, der sich auf ihren Geschäftsbereich bezieht, zu übernehmen, sie müssen aber ohne schuldhafte Verzögerung **antworten,** ob sie ihm entsprechen wollen oder nicht, widrigenfalls sie dem Auftraggeber den durch die Verzögerung entstandenen Schaden ersetzen müssen.[4]) 956

Übernahmepflichten, die nach anderen Gesetzen bestehen, bleiben unberührt. Vgl zB die §§ 33 ff NO.

---

[3]) Vgl zu Reformüberlegungen *Riedler* in *Fischer-Czermak/Hopf/Kathrein/Schauer,* ABGB 2011, 73; *Riedler,* ÖJZ 2008/69, 667.

[4]) OGH JBl 2013, 247; *Rubin,* Die Antwortpflicht für Geschäftsbesorgungsunternehmer nach § 1003 ABGB, RdW 2008/7, 35.

II. Pflichten des Beauftragten

957 Der Beauftragte hat das Geschäft dem Auftrag entsprechend **sorgfältig** auszuführen, dabei immer die **Interessen** des Auftraggebers zu wahren (§ 1009)[1]) und nötigenfalls dessen **Weisungen** einzuholen.[2])

958 Den Beauftragten treffen somit gegenüber dem Auftraggeber umfassende Pflichten, die mit Schlagworten wie Geschäftsbesorgung, Interessenwahrung, Gehorsam, Treue und Verschwiegenheit[3]) zusammengefasst werden. Diese Pflichten können uU auch nach Beendigung des Auftragsverhältnisses bestehen.[4])

959 Der Beauftragte hat den Auftrag **persönlich** auszuführen und darf ihn nur ausnahmsweise weitergeben.[5]) Eine solche **„Substitution"** ist zulässig, wenn sie der Auftragnehmer **gestattet** oder wenn sie durch die Umstände **unvermeidlich** wird (§ 1010).[6]) Bei erlaubter Substitution haftet der Beauftragte nur für ein Verschulden bei der Auswahl;[7]) bei unerlaubter Weitergabe wird er für jeden Schaden verantwortlich, der sonst nicht eingetreten wäre (*casus-mixtus*-Haftung).[8])

Substitution ist die gänzliche Weitergabe des Auftrags.[9]) Der Erstbeauftragte löst sich damit aus seiner Verpflichtung und kann dem neuen Beauftragten keine Weisun-

---

[1]) Zu Sonderfällen solcher Pflichten zB *Fenyves,* Die Haftung des Immobilienverwalters, wobl 1992, 213; *Kothbauer,* Zu den Pflichten des Immobilienverwalters bei rechtsgeschäftlicher Beendigung des Verwaltungsverhältnisses, wobl 2009, 137. Vgl auch OGH EvBl 1988/5; ÖBA 1991, 666 *(Avancini);* ÖBA 2011/1760; RdW 2012/107; immolex 2011/27 *(Prader);* zu den Aufklärungs- und Informationspflichten des Notars OGH RdW 2001/301; RdW 2003/204; *Krejci,* Zur Treuhänderhaftung des Notars bei drohender Bankinsolvenz, in FS Woschnak (2010) 297; zu jenen des Rechtsanwaltes OGH AnwBl 1991, 51 *(Pritz);* RdW 2001/430; RdW 2002/342; JBl 2002, 585; JBl 2010, 582; NZ 2013/89; NZ 2013/121; Zak 2014/99; zu den Pflichten der Bank im Überweisungsverkehr OGH ÖBA 2001, 960 *(Koch);* RdW 2003/252; ÖBA 2007/1425; ecolex 2011/2 *(Friedl);* zur Interessenwahrungspflicht des Treuhänders beim mehrseitigen Treuhandverhältnis OGH immolex 2011/39 *(Cerha);* zu Rückvergütungen im Wertpapiergeschäft *Leupold,* Zivilrechtliche Folgen der Verletzung von Offenlegungspflichten über Rückvergütungen, Zak 2010/665, 387; zu den Sorgfalts- und Interessenwahrungspflichten der Depotbank *Schopper,* ÖBA 2013, 19ff; *Iro,* Tätigkeitsbereich und Aufklärungspflichten einer Depotbank, ÖBA 2013, 343 (348ff).

[2]) Vgl OGH RdW 1983, 106; wbl 1987, 212.

[3]) Vgl *Zöchling-Jud,* Die rechtsanwaltliche Verschwiegenheit – Recht und Pflicht des Rechtsanwalts, in Jahrbuch Anwaltsrecht 2011, 105: *Urban,* Die Verschwiegenheitspflicht von Rechtsanwälten und Wirtschaftstreuhändern, RdW 2013/260, 248. S auch *Rubin* in *Kletečka/Schauer,* ABGB-ON[1.01] § 1009 Rz 55ff.

[4]) *Schopper,* Nachvertragliche Pflichten des Beraters, NZ 2009/28, 105ff; *Schopper,* Nachvertragliche Pflichten (2010) 506ff.

[5]) Vgl *Popp,* Das Heranziehen Dritter zur Erfüllung von Bankaufträgen, ÖBA 2003, 589. S auch OGH ÖBA 2007/1444 *(Apathy).*

[6]) Dazu *W. Hofer,* Substitution und Untervertretung, JBl 1980, 625; *Dullinger* in FS 200 Jahre ABGB 906f.

[7]) Dazu OGH AnwBl 1991, 116.

[8]) S OGH SZ 69/115.

[9]) Vgl dazu *Stanzl* in *Klang*[2] IV/1, 825ff; *W. Hofer,* JBl 1980, 635f, 638f; *Dullinger* in FS 200 Jahre ABGB 901; aA OGH SZ 69/115; *Strasser* in *Rummel*[3] § 1010 Rz 4 (zur Abgrenzung vgl Rz 2ff). Für Verbrauchergeschäfte beachte § 6 Abs 2 Z 2 KSchG.

gen erteilen.[10]) Davon unterscheidet sich der Einsatz eines Erfüllungsgehilfen, der den Weisungen des Geschäftsherrn untersteht.[11]) Er ist dem Beauftragten mangels anderer Vereinbarung erlaubt.[12]) Dieser haftet aber dem Auftraggeber für jedes Verschulden des Gehilfen (§ 1313a).[13])

Insichgeschäft und **Doppelvertretung** sind gewöhnlich unzulässig, 960
s Bd I Rz 677ff.

Der Beauftragte **haftet,** wenn er die Ausführung des Geschäftes 961
schuldhaft vereitelt[14]) oder sonst seine **Pflichten** schuldhaft verletzt. Insbesondere wird er schadenersatzpflichtig, wenn er den Auftrag überschreitet oder von Weisungen abweicht (§ 1012).[15]) Auch bei Unentgeltlichkeit des Auftrags ist im Zweifel für jedes Verschulden einzustehen.[16])

Der Beauftragte muss, da er auf Rechnung des Auftraggebers han- 962
delt, diesem jeden Vorteil **herausgeben**[17]) (§ 1009) und ihm zur gehörigen Zeit **Rechnung** legen (§ 1012).[18])

Der Beauftragte darf ohne Willen des Auftraggebers in Rücksicht 963
auf die Geschäftsverwaltung von Dritten keine Geschenke annehmen.[19]) Sie werden zugunsten der öffentlichen Fürsorge eingezogen (§ 1013).

Zur Frage der analogen Anwendbarkeit des Aufrechnungsverbots 964
nach § 1440 Satz 2 auf das Auftragsverhältnis s oben Rz 487.

III. Pflichten des Auftraggebers

A. Entgelt, Aufwand, Vorschuss

Der Auftraggeber ist verpflichtet, dem Beauftragten das ausdrück- 965
lich oder stillschweigend – zB nach dem Stand des Beauftragten[1]) – vereinbarte (§ 1004) oder das gesetzlich gebührende (zB § 354 Abs 1 UGB)[2])

---

[10]) Vgl OGH ÖBA 2003, 381; *Dullinger* in FS 200 Jahre ABGB 904f.

[11]) Vgl dazu *Dullinger* in FS 200 Jahre ABGB 904f.

[12]) Vgl OGH RdW 1998, 398.

[13]) Vgl OGH ÖBA 2001, 328 *(Apathy).*

[14]) Vgl OGH JBl 1997, 244. Zur Gewährleistung vgl *Reischauer* in *Rummel*[3] §§ 922, 923 Rz 2; *Rubin* in *Kletečka/Schauer,* ABGB-ON[1.01] § 1009 Rz 63ff; *P. Bydlinski* in KBB[4] § 1009 Rz 5.

[15]) Zur Verjährung s OGH NZ 2007/27.

[16]) *Stanzl* in *Klang*[2] IV/1, 837.

[17]) S OGH MietSlg 28.097; RdW 1984, 40; JBl 1987, 248; vgl auch OGH JBl 1997, 244; RdW 2000/642; EvBl 2014/113.

[18]) OGH JBl 1982, 330; JBl 1987, 174 *(Call);* RdW 1988, 385; RdW 2000/712 (Fälligkeit mit objektiv möglicher Rechnungslegung); RdW 2002/70 (Inkassogesellschaft). Zum Gebäudeverwalter s OGH JBl 1987, 176; wobl 1992, 39 *(Call);* wobl 2007/20 *(Call);* ecolex 2008/181 *(Friedl)* = wobl 2008/63 *(Call)* = immolex 2008/118 *(Prader);* zum Rechtsanwalt NZ 2015/25; zum Arbeitgeber gegenüber der Pensionskasse ÖBA 2013/1940.

[19]) Dazu *Krejci/Ruppe/Schick,* Unerlaubte Provisionen, Zuwendungen und Vorteile im Straf-, Privat- und Steuerrecht (1982) 54ff, 64ff.

[1]) OGH AnwBl 1992, 326 *(Pritz)* und 678; NZ 2001, 378.

[2]) Vgl OGH RdW 1985, 245; RdW 2014/282.

Entgelt (Honorar) zu zahlen,[3]) ihm die zur Besorgung des Geschäftes gemachten notwendigen und nützlichen **Aufwendungen**[4]) zu ersetzen sowie einen **Vorschuss** zur Bestreitung der Barauslagen zu leisten (§ 1014).[5]) Der Aufwandersatz, nicht jedoch das Honorar,[6]) gebührt auch dann, wenn der Auftrag ohne Verschulden des Beauftragten erfolglos geblieben ist. Bei vorzeitiger Beendigung des Verhältnisses durch Widerruf oder Zufall ist ein entsprechender Teil des Entgelts zu leisten. S unten IV.

B. Schadenersatzpflichten

966 Der Auftraggeber haftet nach allgemeinen Regeln für den durch eine **schuldhafte** Vertragsverletzung dem Beauftragten zugefügten Schaden. Darüber hinaus muss er dem Beauftragten allen mit der Erfüllung des Auftrags verbundenen Schaden vergüten (§ 1014).

Jemand übernimmt es, mit bekannt gefährlichen Geschäftspartnern zu verhandeln und wird dabei verletzt.

967 Die hM versteht diese Ersatzpflicht als **verschuldensunabhängige Risikohaftung**[7]) für typische Gefahren des aufgetragenen Geschäftes, die so eng mit dem aufgetragenen Geschäft an sich verknüpft sind, dass sie der Auftraggeber tragen soll.

Der in § 1014 zum Ausdruck kommende Gedanke wird vielfach auf Fälle angewendet, in denen jemand seine Güter in fremdem Interesse Gefahren aussetzt.[8]) So stützt die Rechtsprechung auf § 1014 auch die Ersatzansprüche von Arbeitnehmern gegen den Arbeitgeber[9]) aus der zufälligen Beschädigung des eigenen, im Dienst verwendeten Kfz. Zur Anwendung bei der Geschäftsführung ohne Auftrag s unten Rz 1786.

ZT wurde § 1014 auch bei Bankgeschäften herangezogen, zB beim Bankomatkartenmissbrauch oder bei missbräuchlichen Kontoführungen.[10]) Die Haf-

---

[3]) Zur Fälligkeit s OGH JBl 1991, 654; ecolex 2001/46; EvBl 2012/59 *(Schmögl);* RdW 2014/282. Vgl auch *Strasser* in *Rummel*[3] § 1004 Rz 10.

[4]) Vgl OGH JBl 1976, 588; SZ 63/92. S auch OGH RdA 1991, 145 *(Egger);* ÖBA 2012/1800. Zur analogen Anwendung auf den Dienstvertrag s OGH RdA 2007/44 *(Naderhirn);* s auch *Kemetter,* Der Aufwandersatz im Arbeits-, Sozial- und Steuerrecht, ecolex 2008, 254.

[5]) S auch OGH SZ 58/158; SZ 64/70.

[6]) Dazu OGH SZ 2002/46; zur Rückforderung des Honorars s OGH JBl 2000, 590 *(Rummel).*

[7]) *Fitz,* Risikozurechnung bei Tätigkeit im fremden Interesse (1985); *Bydlinski,* Die Risikohaftung des Arbeitgebers (1986); *Faber,* Risikohaftung im Auftrags- und Arbeitsrecht (2001).

[8]) So zB OGH ecolex 2010/265. Zum Kommissionsgeschäft s OGH EvBl 2014/146.

[9]) OGH RdA 1996, 402 *(Kerschner);* ZAS 1997/12 *(Tomandl);* wbl 2004, 390. S weiters mwN *Fitz,* Risikozurechnung bei Tätigkeit im fremden Interesse (1985) 162 ff; *Bydlinski,* Risikohaftung; *Tomandl,* Grundlagen und Grenzen der verschuldensunabhängigen Arbeitgeberhaftung, ZAS 1991, 40 ff; *Windisch-Graetz,* Arbeitsrecht[8] II (2013) 232 ff. Zur Frage, wann dem Arbeitnehmer Ersatz für Körperschäden gebührt (vgl § 333 ASVG), s unten Rz 1550 ff.

[10]) Dazu OGH ÖBA 2003/1090; SZ 2007/29; JBl 2011, 713; *Iro/Koziol,* Risikotragung bei gefälschten Aufträgen an die Bank, ÖBA 2003, 129; *Apathy,* Die neuen ABB auf dem Prüfstand – Anmerkung zu OGH 4 Ob 179/02 f, ÖBA 2003, 177; *Graf,* Wer haftet beim Bankomatkartenmißbrauch? ÖBA 2007, 531 (533 f); *Gerhartinger,* Schadens-

tung für solche nicht autorisierte Zahlungsvorgänge ist nunmehr in § 44 ZaDiG geregelt.[11])

Die Risikohaftung des § 1014 ist allerdings auf „auftragstypische Zufälle“ beschränkt. Erleidet der Gewalthaber sonst zufällige, also **atypische** Schäden, so hat er nur beim unentgeltlichen Auftrag einen Ersatzanspruch. Dieser ist mit der Höhe des Betrages begrenzt, der ihm bei einem entgeltlichen Vertrag als Vergütung gebührt hätte (§ 1015). 968

IV. Beendigung

Der Auftrag kann jederzeit durch **Widerruf** des Auftraggebers beendet werden (§ 1020), wenn er nicht unwiderruflich erteilt ist. Bei Widerruf vor Ausführung des Auftrages muss der Auftraggeber dem Beauftragten die in der Zwischenzeit entstandenen Kosten und den erlittenen Schaden ersetzen und einen entsprechenden Teil des Honorars entrichten. 969

Da der Auftrag ein Vertrauensverhältnis voraussetzt, ist ein Widerruf **aus wichtigem Grund** sogar bei vereinbarter Unwiderruflichkeit jederzeit möglich.[1]) Zur Unwiderruflichkeit s Bd I Rz 663. 970

Der Beauftragte kann das Verhältnis jederzeit **kündigen** (§ 1021); er muss aber unaufschiebbare Geschäfte weiterführen, bis vom Machtgeber eine andere Verfügung getroffen werden kann (§ 1025)[2]) und den durch die vorzeitige Auflösung entstandenen Schaden ersetzen. 971

Der Auftrag erlischt weiters, wenn die Vollendung des Geschäfts durch **Zufall vereitelt** wird. Dem Beauftragten gebührt dann Ersatz wie bei vorzeitigem Widerruf. 972

In der Regel wird der Auftrag durch den **Tod** des Auftraggebers oder des Beauftragten beendet (§ 1022). Wurden zwei Rechtsanwälte gemeinsam beauftragt, so beendet der Tod des einen mangels entsprechender Vereinbarung nicht den Auftrag des anderen,[3]) s auch unten Rz 1847. Beim Tod des Auftraggebers muss der Beauftragte unaufschiebbare Geschäfte weiterführen. Der Auftrag erlischt nicht durch den Tod des Auftraggebers, wenn sich die Vollmacht auch auf seinen Tod erstreckt[4]) oder wenn sich das angefangene Geschäft ohne offenbaren Nachteil der Erben nicht unterbrechen lässt. 973

---

tragung bei missbräuchlichen Kontoverfügungen: Gibt es (noch) eine verschuldensunabhängige Haftung des Bankkunden? ÖBA 2008, 329; *Graf,* Der gefälschte Verkaufsauftrag beim Wertpapierdepot und seine Rechtsfolgen, ZFR 2012/6, 18.

[11]) Vgl *Koch,* Der Zahlungsverkehr nach dem Zahlungsdienstegesetz – Ein Überblick, ÖBA 2009, 869 (881); *Haghofer* in *Weilinger,* ZaDiG § 44 Rz 30ff.

[1]) Vgl *Stanzl* in *Klang*[2] IV/1, 868; *Strasser* in *Rummel*[3] §§ 1020ff Rz 4 mwN. Vgl auch oben Rz 33. Zum Widerruf des Zahlungsauftrages s § 40 ZaDiG.

[2]) Vgl dazu *Schopper,* Nachvertragliche Pflichten (2010) 408ff.

[3]) OGH SZ 71/95.

[4]) Dazu OGH JBl 1991, 244; SZ 64/13; ebenso, wenn der Auftrag nach dem Vertrag eindeutig über den Tod des Auftraggebers fortdauern soll; s OGH RdW 2002/535.

974 Der Auftrag erlischt durch Eröffnung des **Insolvenzverfahrens** über das Vermögen des Auftraggebers (§ 1024 Satz 1; § 26 Abs 1 IO),[5]) ob auch durch jenes des Beauftragten (§ 1024 Satz 2), ist strittig.[6])

Für einige Arten des Auftrages gelten besondere Regeln. Vgl insbesondere die Regelungen zum Handelsvertreter und Handelsmakler im HandelsvertreterG.

9. Kapitel

Der Trödelvertrag (§§ 1086ff)

Literatur: *Pollak,* Rechtsfragen des Verkaufsauftrages (§§ 1086–1088 ABGB), JBl 1985, 646; *Riedler,* Reformbedarf bei Tausch-, Kauf- und Dienstleistungsverträgen? ÖJZ 2008/99, 934.

Beim Trödelvertrag (Verkaufsauftrag) übergibt der Eigentümer eine bewegliche Sache dem Übernehmer (Trödler), der sie innerhalb einer bestimmten Frist zurückzugeben oder für sie den im Voraus bestimmten Kaufpreis zu zahlen hat (§ 1086).

975 Der Verkaufsauftrag ist ein **Realvertrag,** er kommt mit Übergabe der Sache zustande. S Bd I Rz 572.

976 Nach Verstreichen der Frist hat der Trödler kein Wahlrecht mehr, er wird **Eigentümer** und muss den **Kaufpreis** entrichten. Mit diesem Zeitpunkt oder dem früheren Eigentumserwerb eines Dritten geht auch die Preisgefahr über. Vorher trägt sie der Übergeber, sodass der Trödler den Preis nicht zu zahlen braucht, wenn die Sache durch Zufall untergeht.[1])

977 Betrifft die Vereinbarung eine unbewegliche Sache oder ist der Preis oder die Zahlungsfrist nicht bestimmt, so liegt kein Trödelvertrag, sondern ein Auftrag vor (§ 1088).[2])

978 Der Trödler ist berechtigt, die Sache im **eigenen Namen** und auf **eigene Rechnung** zu veräußern. Der Dritte erwirbt also Eigentum, obwohl der Trödler (vor Ablauf der gesetzten Frist) selbst nicht Eigentümer ist. Dies ist eine oft zitierte Ausnahme von dem Grundsatz (§ 442), dass niemand mehr Rechte übertragen kann, als er selber hat („Nemo plus iuris transferre potest, quam ipse habet"). Die Verschaffung des Eigentums durch den Trödler beruht auf einer mit dem Verkaufsauftrag verbundenen **Verfügungsermächtigung.** S oben Rz 742, 954.

---

[5]) Vgl dazu auch *Koziol,* Der Überweisungsauftrag im Konkurs des Überweisenden, in GedS Schönherr (1986) 305; OGH RdW 2002/506.

[6]) Dazu *Rabl,* § 1026 ABGB und Konkurs des Machthabers, NZ 1997, 309f.

[1]) Zweifelnd *Rabl,* Die Gefahrtragung beim Kauf (2002) 330f mwN.

[2]) Zum Verhältnis § 1088 – Bevollmächtigungsvertrag vgl OGH EvBl 1975/194; RdW 1994, 102; JBl 1994, 617 = ecolex 1994, 13 *(Wilhelm); Pollak,* JBl 1985, 655f. Zur Abgrenzung vom Maklervertrag s OGH RdW 2006/514 (dazu *Feil,* Verkaufsauftrag statt Maklervertrag, GesRZ 2006, XXI).

Es ist daher irreführend, wenn § 1088 für den Eigentumserwerb des Dritten § 367 zitiert. Dieser hat nur dann Bedeutung, wenn der Trödler keine Verfügungsermächtigung erhalten hat oder sie überschreitet.[3])

Während des Laufes der Zeit ist der Übergeber an den Vertrag gebunden, er kann die Sache nicht zurückfordern. Der Trödler ist im Zweifel vor Ablauf der Frist nicht nur zur Weiterveräußerung, sondern auch zum „Selbsteintritt" berechtigt, den er durch Erklärung gegenüber dem Übergeber vollzieht.[4]) 979

Vom Auftrag und vom Kommissionsgeschäft nach den §§ 383ff UGB unterscheidet sich der Trödelvertrag dadurch, dass der Trödler mangels anderer Vereinbarung den Preis ohne Rücksicht darauf abzuliefern hat, ob er vom Dritten mehr oder weniger erhält oder gar nicht weiterverkauft.[5]) 980

10. Kapitel

Der Bestandvertrag (§§ 1090ff)

Literatur: *Fischer,* Miet- und Wohnrecht für die Praxis (2006); *Gruber,* Mietrecht in Österreich (2007); *Kothbauer/Malloth,* Mietrecht (2010); *Kuprian,* Der Mietvertrag[3] (2014); *Kuprian/Prader,* Der Mietvertrag[2] (2008); *Pittl,* Grundzüge des Miet- und Wohnungseigentumsrechts[2] (2011); *Prader,* Mietrechtsgesetz und ABGB-Mietrecht[4] (2013); *Rainer,* Verbotene Klauseln in Mietverträgen (2011); *Rainer,* Handbuch des Miet- und Wohnrechts (22. Erg-Lfg 2013); *Stabentheiner,* Mietrecht[3] (2010); *Worthing-Smith,* Unzulässige Klauseln in Mietverträgen (2009); *Würth/Zingher/Kovanyi,* Miet- und Wohnrecht I[23] (2015).

I. Begriffe und Abgrenzungen

Das ABGB fasst **Miete** und **Pacht** unter dem Begriff Bestandvertrag zusammen. Charakteristischer Geschäftsinhalt ist die **„Gebrauchsüberlassung gegen Entgelt"** (§ 1090). Als Konsensualvertrag kommt der Bestandvertrag, unabhängig von der Übergabe der Sache, durch Einigung über die Bestandsache und den Zins zustande (§ 1094). Gegenstand sind unverbrauchbare, bewegliche oder unbewegliche, körperliche oder unkörperliche Sachen (§ 1093), zB Autos, Bücher („Leihbücherei"), ganze Unternehmen, Jagd- und Fischereirechte; aber auch unselbständige Bestandteile, zB Wohnungen, Autoabstellplätze[1]) oder Mauerflächen (zB für Werbezwecke). Der Zins muss wie der Kaufpreis bestimmbar sein (§ 1092). 981

[3]) S dazu *Bydlinski,* Der Inhalt des guten Glaubens beim Erwerb vom Vertrauensmann des Eigentümers, JBl 1967, 356ff; *Frotz,* Aktuelle Probleme des Kreditsicherungsrechts, Gutachten für den 4. ÖJT, Bd I/3 (1970) 43ff.

[4]) *Pollak,* JBl 1985, 652f; vgl aber OGH SZ 2/128.

[5]) S OGH JBl 1994, 617 = ecolex 1994, 13 *(Wilhelm).*

[1]) *Sprung/König,* Bestimmbarkeit der Bestandsache und Garagen-Kurzparkvertrag, RdW 1986, 200; OGH SZ 68/79; immolex 2000/99; ZVR 2008/58 *(Kathrein).*

Das Entgelt besteht allerdings nicht notwendigerweise in Geld. So wird bei der „Dienst-“ oder „Naturalwohnung“ für die Gebrauchsüberlassung (auch) Arbeitskraft geleistet.[2]) S auch §§ 1 Abs 2 Z 2, 28 MRG.

982 *Miete ist die entgeltliche Überlassung einer Sache zum bloßen Gebrauch; Pacht die entgeltliche Überlassung einer Sache zu Gebrauch und Fruchtbezug (Nutzung).*

983 Diese Grenzziehung liegt auch dem ABGB zugrunde, obwohl sie dort nur unzulänglich zum Ausdruck kommt (s § 1091). Das ABGB behandelt **Miete** und **Pacht** meist gleich und sieht nur wenige Unterschiede vor: Nur bei Miete unbeweglicher Sachen ist die Zinsbefreiung wegen Unbrauchbarkeit unabdingbar (§ 1096 Abs 1; s unten Rz 999); bei der Miete wird die Tragung von Lasten anders verteilt als bei der Pacht (§ 1099); vgl auch §§ 1101 und 1115. Weitaus wichtiger ist die Unterscheidung zwischen Miete und Pacht für die Anwendung der bestandrechtlichen Sondergesetze, insbesondere des MRG, weil diesem Gesetz nur Mietverträge, aber keine Pachtverträge unterliegen (dazu unten Rz 987 ff).

Miete ist die Überlassung einer Wohnung, eines Fernsehgerätes, eines PKW; Pacht hingegen die Überlassung eines Unternehmens, eines Bauernhofes oder einer Arztpraxis. Weist ein Vertrag Elemente beider Typen auf, so entscheidet das Überwiegen (§ 1091 letzter Satz); es handelt sich dabei um einen Anwendungsfall der Absorptionstheorie (dazu oben Rz 57). Ein Vertrag kann auch die Elemente eines Bestandvertrags und eines anderen Vertragstypus aufweisen. So enthält beispielsweise der Mobilfunkvertrag die Elemente eines freien Dienstvertrags und eines Mietvertrags (hinsichtlich der Nutzung des Mobilfunknetzes).[3])

984 Von der **Leihe** unterscheidet sich die Miete durch die Entgeltlichkeit;[4]) ferner ist die Leihe ein Realvertrag. Ein unentgeltliches Gegenstück zur Pacht kennt das ABGB nicht; bei solchen Verträgen müssen neben den Regeln über die Pacht auch die Grundgedanken unentgeltlicher Geschäfte (Schenkung, Leihe) beachtet werden.

Strittig ist die Rechtsnatur der sog Abbauverträge, zB der entgeltlichen Überlassung von Grundstücken zur Gewinnung von Steinen, Schotter, Sand uä. Sie können nicht eindeutig den Bestandverhältnissen zugezählt werden, weil sie sich nicht auf Gebrauch oder Fruchterwerb beschränken, sondern im Laufe der Zeit zu einer Verminderung der Substanz der Liegenschaft führen. Es handelt sich um einen gemischten Vertrag, der ein Dauerschuldverhältnis erzeugt, auf welches je nach der zu beurteilenden Frage die pacht- oder die kaufrechtlichen Regeln anzuwenden sind.[5])

Wenn mehrere Miteigentümer einer Sache den Gebrauch „verteilen“, liegt gewöhnlich eine Benützungsvereinbarung vor (s Bd I Rz 920 ff), doch kann ein Miteigentümer die gemeinsame Sache auch ganz oder teilweise mieten.[6])

---

[2]) Zur Abgrenzung zwischen Dienstvertrag und Miete *Pesek* in *Schwimann/Kodek*[4] § 1090 Rz 51 ff; *Würth* in *Rummel*[3] § 1090 Rz 10 ff, §§ 1092–1094 Rz 17.

[3]) OGH JBl 2005, 735; vgl auch *Zankl,* Qualifikation und Dauer von Mobilfunkverträgen, ecolex 2005, 29.

[4]) Vgl dazu *Pesek* in *Schwimann/Kodek*[4] § 1090 Rz 32 ff; *Würth* in *Rummel*[3] § 1090 Rz 9.

[5]) OGH JBl 1975, 145 *(Bydlinski);* MietSlg 48.150; EvBl 2008/104; MietSlg 60.121.

[6]) OGH SZ 69/90; JBl 2012, 597; zur Abgrenzung *Pesek* in *Schwimann/Kodek*[4] § 1090 Rz 14 ff; vgl auch *Hoyer,* Aufkündigung von Bestandverhältnissen bei Miteigentum, wobl 1991, 152 f mwN.

zwecken dient, vermietet wird,[15]) soweit nicht die wirtschaftliche Bedeutung des Gebäudes deutlich nachrangig ist (wie zB bei einer Wärterhütte auf einem Parkplatz).[16]) Auf die reine Flächenmiete (Miete eines unbebauten Grundstücks) ist das MRG nicht anwendbar. Wird jedoch ein Grundstück zur Errichtung eines Wohn- oder Geschäftsraumsuperädifikates gemietet, so gilt das MRG analog.[17])

Räume, die zur Ausübung einer Freizeitbeschäftigung gemietet werden („Hobbyräume"), sind weder Wohnung noch Geschäftsräumlichkeiten; ihre Miete unterliegt nicht dem MRG.[18])

Die Unterscheidung von Geschäftsraum- und Wohnungsmiete hat vor allem für die Mietzinsobergrenzen, die Zulässigkeit von Befristungen und den Kündigungsschutz Bedeutung (vgl §§ 16, 29, 30, auch 10 und 12–14 MRG); sie richtet sich nach dem Zweck des Vertrages, also der Parteiabsicht beim Vertragsabschluss.[19])

Über eine Reihe von Rechten aus dem MRG ist im **Außerstreitverfahren** zu entscheiden (§ 37 MRG).[20]) In manchen Gemeinden kann es zur Entlastung der Gerichte vor ihrer Anrufung zur Entscheidung durch **„Schlichtungsstellen"** kommen (§§ 39f MRG).[21]) 990

2. Ausnahmen

§ 1 Abs 2 MRG nimmt einige **Mietverhältnisse** von der **Anwendung des MRG ganz aus.** Dazu zählen vor allem Vermietungen durch Beherbergungsbetriebe, Garagierungsunternehmen und Studentenwohnheime, weiters die Vermietung von Dienstwohnungen sowie bestimmte Mietverträge, deren Befristung ein halbes Jahr nicht übersteigt. 991

Bestimmte Mietgegenstände fallen in den **Teilanwendungsbereich** des MRG, dh, dass im Wesentlichen nur die §§ 29–36 (Bestandschutz), § 16b (Kaution) und § 14 (Mietrecht im Todesfall) Anwendung finden, 992

---

[15]) OGH JBl 1985, 363; MietSlg 39.206; MietSlg 43.128.

[16]) Vgl OGH wobl 1993, 54 *(Call).*

[17]) RIS-Justiz RS0069261; zuletzt OGH Zak 2015/432; vgl *Bydlinski,* Superädifikate und Kündigungsschutz, JBl 1984, 241ff; aA *Holzner,* Gutgläubiger Rechtserwerb an Nebensachen, JBl 1994, 600ff; *Kletečka,* Die Analogie zum MRG beim Superädifikat, wobl 2001, 129; *Rechberger/Oberhammer,* Das Superädifikat, in *Kletečka/Rechberger/Zitta,* Bauten auf fremdem Grund² (2004) Rz 60; *Rechberger/C. Graf,* Das Superädifikat, immolex 2004, 261ff; *Pletzer,* Dauerbrenner: Superädifikat und Mietrecht, immolex 2005, 114ff; *Hausmann,* Wieviel MRG verträgt ein Superädifikat? wobl 2013, 101.

[18]) OGH JBl 1990, 48; wobl 1999, 157 *(Prader).*

[19]) Zur Abgrenzung *Würth/Zingher/Kovanyi,* Miet- und Wohnrecht²³ § 1 MRG Rz 34ff.

[20]) *Stabentheiner,* Das Wohnrechtliche Außerstreitbegleitgesetz, wobl 2004, 1ff und 33ff; *Würth,* Was ist neu am neuen wohnrechtlichen Außerstreitverfahren? wobl 2004, 319ff; *Domej,* Das wohnrechtliche Außerstreitverfahren nach der Außerstreitreform, wobl 2004, 327ff; *Lovrek,* Einige Fragen zur Parteistellung im Verfahren nach § 37 MRG, wobl 2012, 279; vgl auch *Klicka* in *Hausmann/Vonkilch,* Wohnrecht³ § 37 MRG Rz 1ff.

[21]) Vgl dazu *Mayr,* Die Entwicklung der wohnrechtlichen Schlichtungsstellen, wobl 2003, 349ff.

somit insbesondere nicht die Zinsregelungen. Darunter fallen nach § 1 Abs 4 MRG Mietgegenstände, die ohne öffentliche Mittel aufgrund einer nach dem 30. 6. 1953 erteilten Baubewilligung neu errichtet wurden; die in bestimmten, neu errichteten Dachbodenausbauten oder Zubauten gelegen sind (Z 2 und 2a);[22]) ferner Mietgegenstände, die im Wohnungseigentum stehen und in Gebäuden liegen, die aufgrund einer nach dem 8. 5. 1945 erteilten Baubewilligung neu errichtet wurden. Eine ähnliche Regelung enthält § 1 Abs 5 MRG für sog Wirtschaftsparks.[23])

3. Haupt- und Untermiete

993 Die Bestimmungen des MRG gelten zum größten Teil nur für den **Hauptmieter.**

Hauptmieten sind die Verträge mit dem Eigentümer[24]) oder Fruchtnießer der Liegenschaft,[25]) dem Mieter oder Pächter des ganzen Hauses und dem Wohnungseigentümer. Hauptmiete, und zwar mit allen Liegenschaftseigentümern, entsteht auch bei Vermietung durch einen Wohnungseigentumsbewerber; doch geht mit der Begründung von Wohnungseigentum am Mietgegenstand die Rechtsstellung des Vermieters auf den Wohnungseigentümer über (§ 2 Abs 1 MRG; § 4 WEG).[26]) In sonstigen Fällen begründet die Weitergabe des Gebrauches nur Untermiete (§ 2 Abs 2 MRG).

994 Gewisse Bestimmungen gelten sowohl für die **Haupt- als auch** für die **Untermiete,** zB § 27 MRG (verbotene Abreden). Bestandschutz (§§ 29ff MRG) genießt der Untermieter mit der Einschränkung, dass Untermietverträge in bestimmten Fällen erleichtert gekündigt werden können (vgl § 30 Abs 2 Z 12 MRG).

Überdies kann die Kündigung des Hauptmieters unmittelbar gegen den Untermieter vollstreckt werden (§ 568 ZPO). Dem Untermietzins setzt § 26 MRG eine großzügigere Obergrenze. Vermietet der Hauseigentümer einen Teil seiner eigenen Wohnung, so gilt dies zwar als Hauptmiete, doch ist die erweiterte Kündigungsmöglichkeit bei Untermiete nach § 30 Abs 2 Z 12 MRG anzuwenden („wirtschaftliche Untermiete").[27])

995 § 2 Abs 3 MRG sichert den Hauptmieter gegen **Umgehung** ab:[28]) Der Untermieter kann vom Vermieter verlangen, als Hauptmieter aner-

---

[22]) Näher *Stabentheiner,* Die miet- und wohnungseigentumsrechtlichen Teile der Wohnrechtsnovelle 2006, wobl 2006, 241 (245f).

[23]) OGH RdW 1999, 654; immolex 2008/112 *(Prader); Dirnbacher,* Gedanken zum Wirtschaftspark, wobl 1995, 78.

[24]) Zur Vermietung durch Miteigentümer s RIS-Justiz RS0020276; zuletzt OGH wobl 2010/53; *Hoyer,* Aufkündigung von Bestandverhältnissen bei Miteigentum, wobl 1991, 155ff.

[25]) Der Fruchtnießer einer Wohnung begründet hingegen nur Untermiete; vgl RIS-Justiz RS0069539; zuletzt OGH wobl 2010/53; s auch *Iro,* Die Hauptmiete nach dem 3. WÄG, wobl 1994, 126ff; *Iro,* Vermietung durch den Leasingnehmer: Haupt- oder Untermiete? RdW 1996, 397.

[26]) Zu den Rechtsfolgen des Vertragsübergangs s *Vonkilch* in *Hausmann/Vonkilch,* Wohnrecht[3] § 4 WEG Rz 6ff.

[27]) *Würth* in *Rummel*[3] § 30 MRG Rz 43 mwN; *Hausmann* in *Hausmann/Vonkilch,* Wohnrecht[3] § 30 MRG Rz 94.

[28]) Dazu *Würth* in *Rummel*[3] § 2 MRG Rz 9ff.

kannt zu werden, wenn der Hauptmietvertrag nur zum Zweck der Untervermietung durch den Hauptmieter und zur Umgehung der einem Hauptmieter nach dem MRG zustehenden Rechte geschlossen wurde.

III. Rechte und Pflichten der Parteien

A. Art und Umfang des Gebrauches

Der Mieter oder Pächter ist berechtigt, die Sache dem **Vertrag gemäß** zu gebrauchen (§ 1098); er muss jeden vertragswidrigen Gebrauch unterlassen und darf die übrigen Mieter nicht stören. Der Umfang des Gebrauchsrechtes richtet sich zunächst nach dem Vertrag und dessen Zweck, subsidiär nach dem Ortsgebrauch.[1]) 996

Bei vertragswidrigem Gebrauch kann der Vermieter jedenfalls Unterlassung, bei Verschulden auch Schadenersatz (§ 1111) begehren. Zur Vertragsaufhebung ist er jedoch nur bei erheblich nachteiligem Gebrauch berechtigt (§ 1118; § 30 Abs 2 Z 3 MRG).

Auch nach dem **MRG** ist der Hauptmieter berechtigt, den Mietgegenstand dem Vertrag gemäß zu gebrauchen und zu benützen (§ 8 Abs 1 MRG). Überdies muss der Vermieter eine beabsichtigte **Änderung** am Mietgegenstand dulden, wenn sie dem Stand der Technik und der Übung des Verkehrs entspricht, einem wichtigen Interesse des Mieters dient, ihre einwandfreie Durchführung gewährleistet ist, der Mieter die Kosten trägt, keine Gefahr der Beeinträchtigung schutzwürdiger Interessen des Vermieters und anderer Mieter oder für die Sicherheit von Personen und Sachen besteht und keine Schädigung des Hauses erfolgt.[2]) 997

Änderungen, die der Übung des Verkehrs entsprechen und wichtigen Interessen des Mieters dienen, sind nach § 9 Abs 2 MRG jedenfalls die Errichtung von Versorgungsleitungen sowie von Beheizungs- oder Sanitäranlagen, Maßnahmen zur Senkung des Energieverbrauches, Verbesserungen, die von einer Gebietskörperschaft aus öffentlichen Mitteln gefördert werden, Einleitung eines Fernsprechanschlusses und Anbringung von notwendigen Antennen. Bei anderen Änderungen kann der Vermieter seine Zustimmung von der Verpflichtung des Mieters, bei Vertragsbeendigung den früheren Zustand wiederherzustellen, abhängig machen (§ 9 Abs 3 MRG).

B. Übergabe und Instandhaltung der Bestandsache

1. ABGB

Der Vermieter oder Verpächter ist verpflichtet, die Sache dem Bestandnehmer in **brauchbarem Zustand** zu **übergeben**[3]) und in diesem 998

---

[1]) RIS-Justiz RS0020944 (T8); zuletzt OGH wobl 2010/37 *(Vonkilch).*

[2]) *Vonkilch* in *Hausmann/Vonkilch,* Wohnrecht³ § 9 MRG Rz 20ff; *Prader,* Zur Verkehrsüblichkeit von Änderungen in Mietwohnungen, immolex 2005, 262.

[3]) Dazu RIS-Justiz RS0020926; zuletzt OGH EvBl 2015/96 *(Staudegger);* vgl auch OGH wobl 2002, 224 *(Dirnbacher)* zur Pflicht des Vermieters zur Ausfolgung eines zweiten Haustorschlüssels.

Zustand zu **erhalten.** Die Brauchbarkeit richtet sich nach dem Vertrag. Der Bestandgeber darf überdies den Bestandnehmer in der Ausübung seines Rechtes **nicht stören** (§ 1096 Abs 1 Satz 1) und hat auch Störungen durch Dritte zu unterbinden.[4])

Von der Erhaltungspflicht des Vermieters sind im Allgemeinen keine Modernisierungen oder laufenden Anpassungen an die geänderte Verkehrsauffassung oder Rechtslage umfasst.[5]) Außerdem braucht der Bestandgeber keinen Aufwand zu tätigen, der objektiv unvernünftig und wirtschaftlich sinnlos ist.[6]) Kleinere Reparaturen und übliche Wartungen sind nach der Verkehrssitte ohnehin vom Bestandnehmer durchzuführen.[7])

999 Bei nicht gehöriger Erfüllung dieser Pflichten wird der Bestandnehmer **ex lege** ganz oder teilweise von seiner Pflicht zur **Zinszahlung befreit** (§ 1096 Abs 1 Satz 2).[8]) Auf diese Befreiung kann bei der Miete unbeweglicher Sachen im Voraus nicht verzichtet werden (§ 1096 Abs 1 letzter Satz).

Da die Zinsminderung eine Sondergewährleistungsnorm ist, würde bei Verbrauchergeschäften ein vertraglicher Ausschluss überdies gegen § 9 KSchG verstoßen.[9])

1000 Der Bestandnehmer muss sich freilich nicht mit der Zinsbefreiung (Zinsminderung) begnügen, sondern kann auch **Vertragserfüllung** begehren (zB Herstellung eines gebrauchsfähigen Zustandes der Sache; Verschaffung behördlicher Bewilligungen;[10]) Unterlassung von Störungen) oder den **Vertrag auflösen** (§ 1117). Bei Verschulden wird der Bestandgeber auch **schadenersatzpflichtig.**[11]) Das Recht auf Mietzinsminderung

---

[4]) RIS-Justiz RS0020975; zuletzt OGH immolex 2010/119 *(Stadlmann);* näher *Pesek* in *Schwimann/Kodek*[4] § 1096 Rz 81ff; vgl auch *Riss,* Die Erhaltungspflicht des Vermieters (2005); *Vonkilch,* Erhaltungspflichten im Mietrecht: Wo steht die Judikatur? wobl 2009, 209; *Pletzer,* Erhaltungspflicht im Mietrecht – zum aktuellen Stand der Diskussion, bbl 2010, 131.

[5]) OGH immolex 2009/4 *(Edelhauser)* = wobl 2010/36 *(Vonkilch).*

[6]) RIS-Justiz RS0034063; zuletzt OGH immolex 2009/57.

[7]) RIS-Justiz RS0020909; zuletzt OGH immolex 2013/45 *(Pfiel).*

[8]) RIS-Justiz RS0021326; zuletzt OGH EvBl 2015/96 *(Staudegger);* so auch bei vertragswidriger Eröffnung eines Konkurrenzunternehmens im Einzugsgebiet des Bestandobjekts; s OGH SZ 2002/13 = wobl 2003, 243 *(Prader)* (Verst Senat); Beispiele aus der umfangreichen Judikatur bei *Pesek* in *Schwimann/Kodek*[4] § 1096 Rz 145; *Würth,* § 1096 ABGB und MRG, wobl 2008, 71; *Lindinger,* Mietzinsminderung (2011) 17; *Lindinger,* Marktkonforme Mietzinsminderung – § 273 ZPO versus Sachverständigengutachten – ein Beitrag zur Objektivierung der Mietzinsminderungsberechnung, in FS Würth (2014) 91.

[9]) Vgl *Apathy* in *Schwimann/Kodek*[4] § 9 KSchG Rz 1f; *Riss,* Zur Abdingbarkeit der Erhaltungspflicht des Vermieters im Verbrauchergeschäft, wobl 2002, 347f; *Würth,* Gedanken zur Gewährleistung im Wohnrecht, in FS Welser (2004) 1217; *Böhm/Graf,* Miete und Konsumentenschutz, immolex 2007, 102; *Rosifka,* Erhaltungspflicht des Bestandgebers gemäß § 1096 ABGB und ihre vertragliche Abdingbarkeit, ecolex 2008, 720; *Holzapfel,* Mietrecht und Konsumentenschutz – Parallelwelten oder kommunizierende Gefäße? in FS Würth (2014) 55.

[10]) OGH wobl 1991, 164.

[11]) RIS-Justiz RS0021199; zuletzt OGH EvBl 2015/96 *(Staudegger).*

erlischt jedoch, wenn der Bestandnehmer die Behebung der Mängel durch den Bestandgeber verhindert.[12])

Werden **Ausbesserungen** nötig, die dem Bestandgeber obliegen, so ist der Bestandnehmer bei sonstiger Haftung verpflichtet, dies ohne Verzug **anzuzeigen** (§ 1097).[13]) Wenn der Bestandnehmer einen dem Bestandgeber obliegenden oder einen nützlichen Aufwand macht, so steht ihm nach den Regeln der Geschäftsführung ohne Auftrag Ersatz zu („angewandte Geschäftsführung"; vgl unten Rz 1795 ff).[14]) Der Anspruch unterliegt einer Präklusivfrist von 6 Monaten ab Zurückstellung des Bestandgegenstandes (§ 1097). 1001

Von der (zwingenden) Zinsminderung zu unterscheiden ist die Frage, ob die **Erhaltungspflicht** des Vermieters auf den Mieter (zumindest teilweise) **vertraglich überwälzt** werden kann. Dies wurde vom OGH bei Verbrauchergeschäften zunächst unter Verweis auf § 9 KSchG verneint.[15]) Dagegen wurde vorgebracht, dass die Erhaltungspflicht des Vermieters keine Gewährleistung, sondern primäre Erfüllungspflicht sei, sodass § 9 KSchG gar nicht Anwendung finde.[16]) Die jüngere Rechtsprechung trägt dieser Kritik Rechnung, qualifiziert aber Klauseln, welche die Erhaltungspflicht ohne Gegenleistung generell auf den Mieter überwälzen, als gröblich benachteiligend iSd § 879 Abs 3.[17]) Dies gilt nicht nur für Verbrauchergeschäfte. 1002

---

[12]) OGH wobl 2001, 150 *(Prader);* wobl 2005, 97 *(Prader); Kothbauer,* Zu den Duldungspflichten der Mieter bei Sanierungsarbeiten, immolex 2011, 352.

[13]) Nach OGH immolex 2011/48 *(Pletzer/Prader)* = wobl 2011/66 *(Vonkilch)* = EvBl 2011/109 *(Cerha);* immolex 2011/88 *(Pletzer/Prader)* = wobl 2012/32 *(Vonkilch)* soll die Zinsminderung erst ab Mangelanzeige bestehen; dazu *Cerha,* Hin und Her? Der OGH und §§ 1096 f ABGB, ÖJZ 2012/5, 46.

[14]) *Fidler,* Aufwendungen des Mieters zur Mangelbeseitigung, wobl 2013, 307.

[15]) RIS-Justiz RS0122135; zuletzt OGH immolex 2015/14 *(Prader/Böhm); Lovrek,* Mietvertragsklauseln im Vollanwendungsbereich des MRG, Zak 2007/371, 203; *Prader/Kuprian,* Verwirrung um das Ausmalen im Mietrecht nach den beiden Klauselentscheidungen, RdW 2007/477, 458; *Prader,* Verwirrung um Erhaltungsfragen und Aufwandersatzansprüche nach den beiden Klauselentscheidungen, immolex 2007, 271; *Böhm,* Erhaltung des Mietgegenstandes: alles neu? immolex 2007, 262; *Pletzer,* Die aktuelle mietrechtliche „Erhaltungsjudikatur" im Überblick, Zak 2009/591, 363.

[16]) *Riss,* Mietvertragsklauseln auf dem Prüfstand des Verbraucherrechts, wobl 2007, 62 (79 f); *Vonkilch,* Mietverträge im Fokus des Verbraucherrechts, wobl 2007, 185 (192 ff); *Vonkilch,* Die gesetzliche Ausgestaltung der mietvertraglichen Erhaltungspflicht und die Grenzen ihrer Disponibilität, wobl 2008, 309 (310); *Iro* in KBB^4 § 1096 Rz 4; *Riss,* Erhaltungspflicht 86, 280; aA *Faber,* Auswirkungen des Gewährleistungsrechts-Änderungsgesetzes auf Bestandverhältnisse, immolex 2001, 251; *Böhm,* immolex 2007, 265.

[17]) OGH JBl 2011, 175 *(Mayrhofer)* = immolex 2011/25 (*Prader* und *Böhm*); wobl 2012/131 (*Vonkilch* und *Riss*); ecolex 2013/92 *(Oberhammer)* = ecolex 2013/238 *(Wilhelm);* immolex 2015/29; *Riss,* Mietrecht, Verbraucherrecht und Verbandsklageverfahren, wobl 2011, 98 (99 f); *Vonkilch,* Mietvertragliche Erhaltungs- und Endrenovierungspflichten nach der 4. „Klausel-Entscheidung", wobl 2011, 93 (95); *Vonkilch,* Zur Kontrollfähigkeit von Vereinbarungen über mietrechtliche Hauptleistungspflichten, insbesondere Erhaltungspflichten, gemäß § 879 Abs 3 ABGB, wobl 2012, 215; kritisch dagegen *Riss* in *Kletečka/Schauer,* ABGB-ON$^{1.01}$ § 1096 Rz 9.

2. MRG

1003 Auch nach dem MRG ist der Vermieter zur Übergabe des Mietobjekts in brauchbarem Zustand, zur Erhaltung und zur Unterlassung von Störungen verpflichtet. Die Pflichtverletzung löst dieselben Rechtsfolgen aus wie im ABGB (Zinsminderung, Verbesserung, Vertragsauflösung, Schadenersatz, oben Rz 999ff).

1004 Die Besonderheit des MRG liegt vor allem darin, dass die **Erhaltungspflicht** des Vermieters abweichend geregelt wird. Der Vermieter hat nach § 3 MRG dafür zu sorgen, dass der **ortsübliche Standard** erhalten bleibt und erhebliche Gefahren für die **Gesundheit** der Bewohner beseitigt werden.[18]) Er hat deshalb Arbeiten, die zur Erhaltung der **allgemeinen Teile** des Hauses und der gemeinsam benutzten Anlagen (zentrale Wärmeversorgung, Personenaufzüge, Waschküchen) erforderlich sind, vorzunehmen; ferner Umgestaltungen oder Neueinführungen aufgrund öffentlich-rechtlicher Verpflichtungen, zB den Anschluss an die Kanalisierung; er hat weiters Maßnahmen zur Senkung des Energieverbrauches zu setzen.

1005 Die **einzelnen Mietgegenstände,** also insbesondere die Wohn- oder Geschäftsräume, muss der Vermieter nach dem MRG jedoch nur so weit erhalten, als es zur Behebung **ernster Schäden** des Hauses,[19]) zur Beseitigung einer vom Mietgegenstand ausgehenden erheblichen Gesundheitsgefährdung oder zur Übergabe einer zu vermietenden Sache in brauchbarem Zustand erforderlich ist. Seit 1. 1. 2015 umfasst die Erhaltungspflicht auch die erforderlichen Arbeiten zur Erhaltung von mitvermieteten Heizthermen (§ 3 Abs 1 Z 2a MRG).[20])

---

[18]) Vgl *Hausmann/Riss* in *Hausmann/Vonkilch,* Wohnrecht[3] § 3 MRG Rz 8ff mwN; zur Erweiterung durch die WRN 2006 *Stabentheiner,* Die miet- und wohnungseigentumsrechtlichen Teile der Wohnrechtsnovelle 2006, wobl 2006, 249ff; *Prader/Kuprian,* Erhaltungspflichten (Aufwandersatz) im MRG/WEG nach der WRN 2006, immolex 2006, 271; *Etzersdorfer,* Erhaltung und nützliche Verbesserung im MRG, WEG und WGG (2007); *Riss,* Dynamischer Erhaltungsbegriff und Verbesserungspflicht des Vermieters im MRG, wobl 2007, 237; *Rosifka,* Erhaltungspflicht des Vermieters nach § 1096 ABGB und das MRG, immolex 2008, 720; *Würth,* § 1096 ABGB und das MRG, wobl 2008, 71; *Rosifka,* Neues zur Erhaltungspflicht des Vermieters nach § 1096 ABGB und § 3 MRG, immolex 2008, 166; *Kothbauer,* Erhaltungspflichten am Beispiel Schimmel, immolex 2013, 352; *Grieb,* Zur Durchsetzung von Erhaltungspflichten durch den Mieter von Wohnungseigentum – Eine Fortführung der Gedanken von Würth, Der Mieter des Wohnungseigentümers, in FS Würth (2014) 29.

[19]) Beispiele aus der Rechtsprechung bei *Hausmann/Riss* in *Hausmann/Vonkilch,* Wohnrecht[3] § 3 MRG Rz 16ff; *Prader/Kuprian,* Erhaltungspflichten im Mietobjekt, immolex 2002, 9.

[20]) Dazu *Kothbauer,* WRN 2015: Neue Erhaltungspflicht für Heizthermen und Boiler, immolex 2014, 367; *Stabentheiner,* Tausche Kellerabteil gegen Heiztherme – die Wohnrechtsnovelle 2015, ÖJZ 2015/7, 53; *Böhm,* „Wärmebereitungsgerät" – das juristische Unwort des Jahres 2014! immolex 2015, 10; *Kothbauer,* Nochmals zu den Wärmebereitungsgeräten: Wartungsfragen, immolex 2015, 32; *Prader,* WWW – Wartung von Wärmebereitungsgeräten nach der WRN 2015, wobl 2015, 95.

1006 Die Erhaltungspflicht des Vermieters ist also nach § 3 MRG im Verhältnis zur umfassenden Erhaltungspflicht nach § 1096 eingeschränkt und abschließend geregelt und verdrängt insofern § 1096 Abs 1 Satz 1.[21]) § 3 MRG ist aber **zwingend,** kann also vertraglich nicht abbedungen werden.[22]) Dies gilt für Heizthermen auch im Teilanwendungsbereich des MRG.[23])

1007 Gemäß § 4 MRG hat der Vermieter auch taxativ aufgezählte **nützliche Verbesserungen** durchzuführen, wenn sie im Hinblick auf den allgemeinen Erhaltungszustand des Hauses zweckmäßig erscheinen und ihre Kosten gedeckt sind.

Die Erhaltungs- und Verbesserungsarbeiten sind aus den Mietzinsreserven der letzten 10 Jahre einschließlich allfälliger gewährter Zuschüsse zu decken (§§ 3 Abs 3, 4 Abs 3 MRG). Die §§ 18ff MRG ermöglichen unter bestimmten Voraussetzungen eine vorübergehende Mietzinserhöhung.

1008 Unterlässt der Vermieter die ihm obliegenden Arbeiten, so kann ihm auf Antrag eines Hauptmieters oder der Gemeinde vom Gericht **der Auftrag zu deren Durchführung** erteilt werden (§ 6 MRG). Die Nichtbefolgung kann gerichtlich strafbar sein (§ 27 Abs 6 MRG, „Absiedelungsterror“).

1009 Gemäß § 8 Abs 1 MRG hat der **Mieter** den Mietgegenstand und die für diesen bestimmten Einrichtungen, wie zB Versorgungsleitungen oder Beheizungs- und Sanitäranlagen, so zu **warten** und – soweit es nicht um die vom Vermieter zu behebenden ernsten Schäden des Hauses oder um die Beseitigung einer erheblichen Gesundheitsgefährdung geht – so **instand zu halten,** dass dem Vermieter und den anderen Mietern keine Nachteile drohen.[24])

1010 § 10 MRG gewährt dem Hauptmieter einer Wohnung, ohne weitergehende Ansprüche nach § 1097 auszuschließen, bei Vertragsbeendigung einen im Voraus nicht verzichtbaren **Ersatzanspruch** für bestimmte, im Gesetz taxativ aufgezählte Aufwendungen.

C. Mietzins

1. ABGB

1011 Den Bestandnehmer trifft die Pflicht, die **Gegenleistung** für die Gebrauchsüberlassung, den „Zins“, zu zahlen. Nach dem ABGB unterliegen Zinsvereinbarungen nur den allgemeinen Beschränkungen (§§ 934, 879

[21]) Grundlegend OGH wobl 2009/79 *(Riss)* = immolex 2009/80 *(Prader)* (dazu *Prader,* OGH: Klarstellung der Erhaltungspflichten im Vollanwendungsbereich des MRG, RdW 2009/349, 391; *Leupold,* Zusammenspiel der Erhaltungspflichten in MRG und ABGB, ÖJZ 2009/84, 783; *Böhm,* Ein Pyrrhussieg für die Vermieter! immolex 2009, 198; *Rosifka,* Konsequenzen und Kritik, immolex 2009, 206); s auch RIS-Justiz RS0124632; zuletzt OGH immolex 2013/87 *(Prader).*

[22]) RIS-Justiz RS0069928; zuletzt OGH immolex 2013, 278 *(Prader).*

[23]) Art 4 § 1 WRN 2015 BGBl I 2015/100.

[24]) *Vonkilch* in *Hausmann/Vonkilch,* Wohnrecht³ § 8 MRG Rz 6ff.

Abs 2 Z 4).[25]) Der Mietzins ist nach § 1100 bei mindestens einjähriger Bestandzeit halbjährlich, bei kürzeren Bestandzeiten nach deren Ablauf zu entrichten. Bei der Raummiete ist er monatlich, jeweils am Fünften, zu entrichten.[26])

1012 Nach § 1099 hat der Vermieter mangels anderer Vereinbarung alle Lasten und Abgaben zu tragen, wozu insbesondere auch die Betriebskosten gehören.[27])

2. MRG

1013 Der vom Mieter zu entrichtende Mietzins für die Überlassung eines Mietgegenstandes in Hauptmiete besteht nach § 15 Abs 1 MRG aus dem **Hauptmietzins,** einem verhältnismäßigen Anteil an den **Betriebskosten** (§§ 21, 24 MRG), den laufenden **öffentlichen Abgaben** und den **Kosten für Gemeinschaftsanlagen** („besondere Aufwendungen", zB Aufzüge). Der Vermieter ist ferner berechtigt, vom Mieter die gesetzliche Umsatzsteuer zu begehren (§ 15 Abs 2 MRG).

1014 Sofern kein späterer Zahlungstermin vereinbart ist, hat der Mieter den Zins am Fünften eines Kalendermonats im Voraus zu entrichten. Der Vermieter hat ihm dafür ein verkehrsübliches Bankkonto bekannt zu geben (§ 15 Abs 3 MRG; vgl auch § 6a Abs 1 KSchG, dazu oben Rz 158, 164).

1015 Das MRG schützt den Hauptmieter stärker als das ABGB: In den von § 16 Abs 1 MRG aufgezählten Fällen kann nur der nach Größe, Lage, Ausstattung usw **angemessene Hauptmietzins** vereinbart werden; er entspricht im Wesentlichen dem durchschnittlichen Marktpreis für das betreffende Mietobjekt.[28])

Unter diese Regel fallen alle Vermietungen zu Geschäftszwecken. Ferner gilt sie für Wohnungen, die aufgrund einer nach dem 8. 5. 1945 erteilten Baubewilligung neu geschaffen wurden, die in Gebäuden liegen, an deren Erhaltung aus Gründen des Denkmalschutzes ein öffentliches Interesse besteht und für die der Vermieter nach dem 8. 5. 1945 erhebliche Eigenmittel aufgewendet hat[29]) sowie für Wohnungen der Ausstattungskategorie A oder B (vgl § 15a Abs 1 MRG) mit einer Nutzfläche von über 130 m² bei Neuvermietung innerhalb von sechs Monaten. Ein Jahr nach der Übergabe des Mietgegenstandes kann bei allen unbefristeten Verträgen ein angemessener Zins schriftlich vereinbart werden.

---

[25]) Zur Anwendung des § 934 auf Bestandverträge s RIS-Justiz RS0018917; zuletzt OGH JBl 2009, 178.

[26]) *Pesek,* Die Regierungsvorlage des Zahlungsverzugsgesetzes aus mietvertraglicher Perspektive, wobl 2013, 36; *Pesek,* Zahlungsverzugsgesetz in Kraft, wobl 2013, 78; *Stabentheiner,* Mietrechtliche Implikationen des Zahlungsverzugsgesetzes, immolex 2013, 102; *Stabentheiner/Meinl,* Das neue Zahlungsverzugsgesetz im Überblick, ÖJZ 2013/46, 437.

[27]) RIS-Justiz RS0123383; zuletzt OGH wobl 2009, 348 *(Vonkilch).*

[28]) Genaueres bei *Hausmann* in *Hausmann/Vonkilch,* Wohnrecht[3] § 16 MRG Rz 18ff; vgl auch *Würth/Zingher/Kovanyi,* Miet- und Wohnrecht[23] § 16 Rz 10f.

[29]) OGH JBl 1985, 359 und 360; EvBl 1985/68; wobl 1992, 202; wobl 2002, 48 *(Thunhart);* immolex 2009/28; vgl dazu *Hausmann* in *Hausmann/Vonkilch,* Wohnrecht[3] § 16 MRG Rz 34.

Für andere als die in § 16 Abs 1 MRG genannten Mietverhältnisse, also besonders für „Altbauwohnungen", ist der Mietzins nach dem sogenannten **Richtwertsystem** zu vereinbaren:[30]) Der BM für Justiz legt für jedes Bundesland unter Berücksichtigung der Bau- und Grundkosten den Richtwert je m² der „Normwohnung" fest (§§ 1, 3 RichtWG). Dies ist eine fiktive Wohnung in bestimmter Lage und mit Ausstattungsmerkmalen, die etwa jenen der Kategorie A entsprechen (vgl § 2 RichtWG und § 15a Abs 1 MRG). Der für eine konkrete Vermietung zulässige Zins ergibt sich aus Zu- und Abschlägen vom Richtwert, die durch einen Vergleich der Lage und Ausstattung der Wohnung mit dem Standard der Normwohnung bemessen werden (§ 16 Abs 2 MRG). 1016

Als Richtwerte sind derzeit beispielsweise für Wien € 5,39, für Vorarlberg € 8,28 und für das Burgenland € 4,92 je m² festgelegt.[31]) Für Wohnungen der Kategorie D („Substandardwohnungen"; vgl § 15a Abs 1 Z 4 MRG) sieht § 16 Abs 5 und 6 MRG weiterhin einen festen Betrag von € 0,86 je m² vor (bei Benützbarkeit € 1,71), der nach dem Verbraucherpreisindex valorisiert wird. Die in § 15a Abs 3 MRG angeführten Kategoriebeträge haben sonst vorwiegend nur noch für vor dem 1. 3. 1994 geschlossene Verträge Bedeutung.

Soweit Zinsvereinbarungen die Obergrenzen überschreiten, tritt **Teilunwirksamkeit** ein (vgl auch § 917a), die binnen 3 Jahren geltend zu machen ist.[32]) Bei befristeten Mietverträgen endet die Frist frühestens sechs Monate nach Auflösung des Mietverhältnisses (§§ 16 Abs 8, 26 Abs 4 MRG). Überhöhte Zahlungen können zurückgefordert werden; die Verjährungsfrist beträgt drei Jahre (§ 27 Abs 3 MRG); bei befristeten Mietverhältnissen zehn Jahre (§ 16 Abs 8 MRG). 1017

Unternehmer können bei der Geschäftsraummiete eine Überschreitung des angemessenen Zinses nur geltend machen, wenn sie diese unverzüglich, spätestens aber bei Übergabe des Mietgegenstandes rügen.

Für **Untermietverhältnisse** bestimmt § 26 MRG, dass der Untermietzins den Hauptmietzins nicht um mehr als die Hälfte übersteigen darf. 1018

D. Sicherungsrechte

Zur Sicherung des Bestandzinses hat der Vermieter einer unbeweglichen Sache ein **gesetzliches Pfandrecht** (s Bd I Rz 1224) an den Sachen, die in das Bestandobjekt eingebracht wurden und dem Mieter oder den mit ihm lebenden Familienmitgliedern gehören; ebenso der Verpächter am Vieh, den Wirtschaftsgeräten und Früchten, die sich auf dem Pachtgut befinden (§ 1101).[33]) Das Pfandrecht entsteht schon mit der Einbringung 1019

[30]) Zu diesem *Stabentheiner,* Das Richtwertsystem, wobl 1994, 81; *Böhm,* Das Richtwertsystem – juristische Analyse und Bewertung (2003).

[31]) Kundmachung des BMJ, BGBl II 2014/55.

[32]) Zu den entsprechenden Regeln in § 12a Abs 2 letzter Satz MRG und in § 16 Abs 9 MRG vgl *Stabentheiner,* wobl 2006, 263.

[33]) *Reckenzaun,* Das gesetzliche Bestandgeberpfandrecht (1989); *Wolkerstorfer,* Das Pfandrecht des Unternehmers (2012).

der Sachen und bedarf keines rechtsgeschäftlichen Begründungsaktes. Es erlischt, wenn die Sachen vor ihrer gerichtlichen Pfändung aus dem Bestandobjekt entfernt werden. Der Bestandgeber kann zwar die Wegschaffung der eingebrachten Stücke verhindern (sog Sperr- oder Perklusionsrecht); er muss sie aber wieder freigeben, wenn er nicht binnen drei Tagen um ihre gerichtliche Pfändung ansucht.

§ 1101 gilt für Mietverträge, die dem MRG unterliegen, mangels Sondernorm in gleicher Weise.

1020 Für die dem Vermieter künftig aus dem Mietvertrag entstehenden Ansprüche gegen den Mieter können die Parteien nach § 16 b MRG die Übergabe einer **Kaution** an den Vermieter vereinbaren. Die Kaution dient der Sicherung des Mietzinses, aber auch aller sonstiger Ansprüche des Vermieters. Sie kann entweder als Sparbuch oder als Geldbetrag übergeben werden. Dieser ist auf einem Sparbuch fruchtbringend zu veranlagen und nach Ende des Vertrages unverzüglich zurückzustellen, sofern die Kaution nicht zur Tilgung von entstandenen Forderungen herangezogen wird (§ 16 b Abs 2 MRG).

E. Ablöse

1021 Zum Schutz des Mieters erklärt § 27 MRG Abreden für **ungültig,** die eine Leistung des Mieters für die Aufgabe des Mietgegenstandes durch den früheren Mieter **(„Ablöse")** oder sonst ohne gleichwertige Gegenleistung,[34]) für den Verzicht des Vermieters auf die Geltendmachung eines Kündigungsgrundes oder solche Leistungen vorsehen, die gegen die guten Sitten verstoßen und mit dem Mietvertrag in keinem unmittelbaren Zusammenhang stehen;[35]) der Restvertrag ist wirksam,[36]) vgl Bd I Rz 566. Ferner sind Vereinbarungen von Provisionen für die Auftragsvermittlung an Professionisten oder eines offenbar übermäßigen Entgeltes für die Vermittlung einer Miete unwirksam. Verbotswidrig geleistete Zahlungen können, so wie die nach §§ 15–26 MRG unzulässigen Zahlungen (vor allem überhöhte Mieten), samt gesetzlichen Zinsen zurückgefordert werden (§ 27 Abs 3 MRG).[37])

Eine Vorauszahlung des Mietzinses ist keine verbotene Ablöse im Sinne des § 27 MRG, sofern die Zulässigkeit der Zinshöhe (§ 16 MRG) überprüft werden kann, also der Zeitraum feststeht, für den die Vorauszahlung erfolgt.[38])

---

[34]) Beispiele bei *Hausmann* in *Hausmann/Vonkilch,* Wohnrecht³ § 27 MRG Rz 20 ff; *Würth* in *Rummel*³ § 27 MRG Rz 3 ff. Zur Analogie des § 27 MRG im Kleingartengesetz s OGH SZ 69/82.

[35]) OGH SZ 68/148; wobl 2007/118.

[36]) OGH wobl 1990/41 (zustimmend *Würth*); immolex 1999/147 (kritisch *Iby*).

[37]) Zum Verhältnis zu anderen Kondiktionsansprüchen *Hausmann* in *Hausmann/Vonkilch,* Wohnrecht³ § 27 MRG Rz 49 ff; vgl auch *Würth/Zingher/Kovanyi,* Miet- und Wohnrecht²³ § 27 MRG Rz 17.

[38]) RIS-Justiz RS0070211; zuletzt OGH wobl 2013/94.

F. Weitergabe des Gebrauches

Mieter und Pächter sind berechtigt, die Bestandstücke in Unterbestand (Afterbestand) zu geben, wenn dies ohne Nachteile des Eigentümers geschehen kann und im Vertrag nicht ausdrücklich untersagt worden ist (§ 1098). Es entsteht ein **Untermiet- oder Unterpachtverhältnis.** 1022

Der Unterbestand begründet nur zwischen dem Hauptbestandnehmer und dem Unterbestandnehmer, nicht aber zwischen diesem und dem Hauptbestandgeber ein Rechtsverhältnis. Wird das Hauptbestandverhältnis aufgelöst, so wirkt der **Räumungstitel** auch gegen den Untermieter (§ 568 ZPO). 1023

Mit dem Hauptmietverhältnis endet jedoch nicht notwendig das Untermietverhältnis.[39]) Insbesondere können dem Untermieter gegen den Hauptmieter Ersatzansprüche wegen Nichterfüllung des Vertrages zustehen.

Hat der Hauptmieter den Bestandgegenstand **unzulässig untervermietet,** so kann der Vermieter nach ständiger – aber unrichtiger – Rechtsprechung nicht direkt gegen den Untermieter vorgehen, sondern nur vom Hauptmieter seine Entfernung und allenfalls Schadenersatz verlangen.[40]) S dazu Bd I Rz 1085. Macht allerdings der Untermieter von der Bestandsache einen erheblich nachteiligen Gebrauch, kann der Vermieter dem Hauptmieter kündigen (§ 1118; § 30 Abs 2 Z 3 MRG). 1024

Während im ABGB das Recht des Bestandnehmers zur Untervermietung oder -verpachtung vertraglich ausgeschlossen werden kann, beschränkt § 11 MRG die Wirksamkeit vertraglicher **Untermietverbote.** Auf ein vertraglich vereinbartes Verbot der Untervermietung kann sich der Vermieter nur berufen, wenn ein wichtiger Grund vorliegt, wie zB, wenn der Mietgegenstand zur Gänze untervermietet werden soll oder der Untermietzins im Vergleich zum Hauptmietzins unverhältnismäßig hoch ist. 1025

Das Recht des **Hauptmieters eines Geschäftsraumes,** das in diesem betriebene **Unternehmen zu verpachten,** ist allerdings **unverzichtbar** (§ 12a Abs 5 MRG). 1026

G. Vertragsübernahme und Zinsanhebung

1. ABGB

Ohne Zustimmung des Vermieters kann ein Dritter den Mietvertrag nicht übernehmen, s oben Rz 612. Eine Besonderheit besteht hingegen 1027

---

[39]) RIS-Justiz RS0020641; zuletzt OGH MietSlg 64.147; aA RIS-Justiz RS0062380; *Pesek* in *Schwimann/Kodek*[4] § 1098 Rz 122ff; *Fenyves* in *Korinek/Krejci*, Handbuch zum Mietrechtsgesetz (1985) 276f mwN; *Würth* in *Rummel*[3] § 1112 Rz 8; *Spitzer,* das Verhältnis Eigentümer – Untermieter, ÖJZ 2010/3, 10.

[40]) RIS-Justiz RS0010416; zuletzt OGH MietSlg 63.047; vgl auch *Ehrenzweig* II/1, 444; *Klang* in *Klang*[2] V 59; dagegen *Wilburg,* Die Abwehr unzulässiger Untermiete, ZBl 1936, 524; *Spielbüchler,* Der Dritte im Schuldverhältnis (1973) 206ff. Zur Möglichkeit eines Verwendungsanspruchs s RIS-Justiz RS0010250.

für unternehmensbezogene Mietverträge: Wird ein **Unternehmen** unter Lebenden **veräußert,** so gehen die unternehmensbezogenen, nicht höchstpersönlichen Rechtsverhältnisse des Veräußerers auf den Erwerber über. Der Dritte kann den Vertragsübergang jedoch durch einen Widerspruch binnen dreier Monate nach Mitteilung abwenden (näher §§ 38 f UGB). Diese allgemeine Regel ist auch auf unternehmensbezogene Mietverträge, zB auf die Miete eines Kraftfahrzeugs oder eines Geschäftslokals,[41]) anzuwenden.

Für die Geschäftsraummiete gelten die §§ 38 f UGB jedoch nur, wenn nicht § 12 a MRG auf den Vertrag anzuwenden ist (dazu Rz 1030 ff).

2. MRG

a) Wohnraummiete

1028 Gemäß § 12 Abs 1 MRG kann der Hauptmieter, der die Wohnung verlässt, sein Mietrecht an **nahe Angehörige** (nicht den Lebensgefährten) abtreten, die mit ihm eine gewisse Zeit in dieser Wohnung im gemeinsamen Haushalt gewohnt haben.[42])

Die Angehörigen treten in das Mietverhältnis ein und sind, auch wenn dem Vermieter die Abtretung pflichtwidrig nicht angezeigt wird, zur Zahlung des Mietzinses verpflichtet (§ 12 Abs 2 MRG).[43]) Der Gesetzgeber ordnet also nicht bloß eine Zession des Mietrechts, sondern eine Übernahme des gesamten Vertragsverhältnisses an.[44])

1029 Der Hauptmieter einer Wohnung hat gemäß § 13 MRG nach mindestens fünfjähriger Vertragsdauer das Recht, im selben Gemeindegebiet mit einem Dritten die Wohnung zu **tauschen,** wenn dafür wichtige Gründe vorliegen und der Tausch dem Vermieter zumutbar ist.

Zum gesetzlichen Eintritt nach § 14 MRG bei Tod des Hauptmieters einer Wohnung s unten Rz 1058 ff. Zur Regelung der Mietrechte an der Ehewohnung nach Scheidung, Aufhebung oder Nichtigerklärung der Ehe vgl die §§ 87 f EheG und dazu Bd I Rz 1636 f.

b) Geschäftsraummiete

1030 Wenn der Hauptmieter einer Geschäftsräumlichkeit sein Unternehmen zur Fortführung **veräußert,** tritt der Erwerber nach § 12 a Abs 1 MRG ex lege in das Mietverhältnis ein;[45]) der Vermieter darf jedoch den

---

[41]) Dazu *Beig,* Wohnrechtliche Aspekte des neuen Unternehmensgesetzbuchs, wobl 2006, 39 ff.

[42]) Zur Beteiligung eines Minderjährigen OGH wobl 1998, 299 *(Dullinger);* JBl 2003, 53.

[43]) RIS-Justiz RS0069526; zuletzt OGH wobl 2011/156.

[44]) *Vonkilch* in *Hausmann/Vonkilch,* Wohnrecht[3] § 12 MRG Rz 18 ff; vgl bereits *Iro,* Die Übertragung des Mietrechts an Wohnungen, RZ 1983, 213.

[45]) *Ostheim,* Unternehmensveräußerung und Mietzinserhöhung im 3. WÄG, wobl 1993, 200 ff; *Schauer,* Geschäftsraummiete und Unternehmensübertragung, GesRZ 1994, 28 f; *Reich-Rohrwig,* Mietzinserhöhung bei Geschäftsraum-Hauptmiete (1994) 35 ff; *B. Wagner,* Die Mietzinshaftung bei Unternehmensübergang, immolex 2011, 106.

Mietzins auf den angemessenen Betrag erhöhen. Unter der Veräußerung ist die endgültige Überlassung im Wege der Singularsukzession zu verstehen.[46])

Veräußerer und Erwerber müssen zwar dem Vermieter die Unternehmensveräußerung anzeigen, doch berechtigt schon die Veräußerung den Vermieter zur Anhebung des Mietzinses, allerdings nur unter Berücksichtigung der Art der im Mietgegenstand ausgeübten Geschäftstätigkeit.[47]) Diese Einschränkung gilt nicht, wenn der Unternehmenserwerber die Art der Geschäftstätigkeit ändert (§ 12a Abs 2 MRG). Die Anhebung erfolgt nur schrittweise, wenn der Unternehmenserwerber zum Kreis der gesetzlichen Erben des Veräußerers zählt (§ 12a Abs 4 MRG). 1031

Der Vermieter kann den Zins auch dann auf den angemessenen Betrag erhöhen, wenn der Hauptmieter des Geschäftsraumes eine juristische Person oder eine unternehmerisch tätige, eingetragene Personengesellschaft (OG, KG) ist und sich in ihr die rechtlichen oder wirtschaftlichen Einflussmöglichkeiten, etwa durch Veräußerung der Mehrheit der Anteile, **entscheidend ändern** (§ 12a Abs 3 MRG).[48]) Ferner ist eine Erhöhung des Mietzinses möglich, wenn der Mieter sein in den gemieteten Geschäftsräumlichkeiten betriebenes Unternehmen **verpachtet;**[49]) die Mietzinserhöhung wirkt dann aber nur für die Dauer der Verpachtung (§ 12a Abs 5 MRG). 1032

Beabsichtigt der Hauptmieter die Veräußerung oder die Verpachtung des Unternehmens, so kann er die Bestimmung des Hauptmietzinses durch das Gericht (die Gemeinde) beantragen. Die Entscheidung bindet alle Beteiligten, wenn die Veräußerung oder Verpachtung innerhalb eines Jahres ab ihrer Rechtskraft stattfindet (§ 12a Abs 8 MRG).

§ 12a MRG ist nach Ansicht der Rechtsprechung auf Mietverträge gemäß § 1 Abs 4 MRG nicht – auch nicht analog – anzuwenden.[50])

---

[46]) OGH wobl 2000, 169 *(Würth)* (Verst Senat) mwN; wobl 2005, 232; vgl auch *Vonkilch* in *Hausmann/Vonkilch,* Wohnrecht[3] § 12a MRG Rz 21ff.

[47]) RIS-Justiz RS0107999; zuletzt OGH wobl 2015/25; dazu *Vonkilch* in *Hausmann/Vonkilch,* Wohnrecht[3] § 12a MRG Rz 76ff; *Würth/Zingher/Kovanyi,* Miet- und Wohnrecht[23] § 12a MRG Rz 27.

[48]) RIS-Justiz RS0107077; zuletzt OGH wobl 2010/126 *(Vonkilch)* = immolex 2010/85 *(Limberg); Vonkilch,* Mietzinsanhebung nach § 12a Abs 3 MRG: 5. Senat bricht mit herrschender Rechtsprechung! GesRZ 2004, 121; *Schauer,* § 12a Abs 3 MRG revisited: Alles zurück zum Start? wobl 2004, 229; *Schauer,* Neues zu § 12a Abs 3 MRG – Land unter in der Judikatur des 5. Senats, ecolex 2005, 26; *Winkler/Vaclavek,* Gesellschafterwechsel und Mietzinsanhebung – Neues vom OGH? RdW 2005, 149ff und 208ff; *Gruber,* Die entscheidende Änderung der „rechtlichen und wirtschaftlichen Einflussmöglichkeiten" (§ 12a Abs 3 MRG) bei Personengesellschaften, wobl 2005, 149ff; *Schauer,* Die Anwendungsfälle des § 12a MRG bei der GmbH & Co KG, in GedS Arnold (2011) 203.

[49]) Vgl dazu *Vonkilch,* Zweifelsfragen rund um die Mietzinsanhebung bei Unternehmensverpachtung, wobl 2003, 257ff.

[50]) OGH SZ 74/36 = wobl 2001, 137 *(Vonkilch);* immolex-LS 2008/58; aA *Vonkilch* in *Hausmann/Vonkilch,* Wohnrecht[3] § 12a MRG Rz 2; *Vonkilch,* Nochmals: Zur Lückenhaftigkeit von § 1 Abs 4 MRG im Hinblick auf die Anwendbarkeit von

H. Rückstellung des Bestandgegenstandes

1033 Bei Beendigung des Bestandverhältnisses hat der Bestandnehmer die Sache in dem **Zustand,** in dem er sie **erhalten** hat, dem Bestandgeber zurückzustellen (§ 1109).[51])

Hat der Bestandnehmer Veränderungen vorgenommen, so trifft ihn die Pflicht zur Wiederherstellung des früheren Zustandes, die jedoch abbedungen werden kann.[52])

1034 Verschlechterungen, die auf eine **gewöhnliche Abnützung** zurückzuführen sind, müssen nicht behoben werden. Für eine übermäßige Abnützung[53]) und für sonstige schuldhafte Beschädigungen der Sache hat der Bestandnehmer Ersatz zu leisten, wobei er auch für das Verschulden des Afterbestandnehmers haftet (§ 1111).

Der Anspruch unterliegt einer Präklusivfrist von einem Jahr ab Rückstellung der Bestandsache.[54])

1035 Benützt der Bestandnehmer das Objekt nach der Vertragsbeendigung weiter, so hat er diesen Vorteil dem Bestandgeber zu vergüten.[55])

IV. Gefahrtragung

1036 Der Preisgefahr beim Kauf entspricht im Bestandrecht die Frage, wer das Risiko der **zufälligen Unbenützbarkeit** der Sache trägt. Sie ist so zu beantworten, dass jeder Vertragspartner jene Nachteile trägt, die sich aus seiner **Sphäre** ergeben: Wird die Bestandsache ganz oder teilweise unbenutzbar, so trifft dies den Bestandgeber; er verliert ganz oder teilweise den Anspruch auf den Zins (§§ 1104, 1105 Satz 1, 1096). Ist hingegen der Bestandnehmer verhindert, die benutzbare Sache zu gebrauchen, trägt er das Risiko und hat auch den Zins zu entrichten (§ 1107).

Hierher gehören zB berufliche Versetzung, Krankheit oder Freiheitsstrafe des Mieters. Auch bei Umsatzeinbußen aufgrund von Verkehrseinschränkungen oder stärkerer Konkurrenz bleibt der Bestandnehmer voll zahlungspflichtig.[1])

---

§ 12a MRG im „Teilanwendungsbereich", immolex 2001, 106ff; *Kletečka,* Die Analogie zu § 12a MRG im Teilanwendungsbereich, ecolex 2001, 33ff; *Böhm,* Miete und Zeit (gleiches Mietrecht für alle?), wobl 2001, 29ff.

[51]) *Rosifka,* Die Rückstellung des Bestandgegenstands, immolex 2008, 70 und immolex 2011, 198.

[52]) RIS-Justiz RS0020737; zuletzt OGH Zak 2014/468; zum Wegnahmerecht des Bestandnehmers s OGH SZ 69/201; Zak 2014/468.

[53]) Dazu OGH SZ 43/142; MietSlg 34.236; wobl 2010, 81 *(Vonkilch);* immolex 2010, 214 *(Cerha).*

[54]) RIS-Justiz RS0020785; zuletzt OGH immolex 2014, 189 *(Pfiel).*

[55]) RIS-Justiz RS0030282; zuletzt OGH ecolex 2014/193 *(Benes); Kerschner,* Zur Höhe des Benützungsentgelts bei Nichtrückstellung der Bestandsache nach Vertragsende, JBl 1978, 411; *Vonkilch,* Verspätete Räumung, Drittnutzung des Bestandobjekts und Benützungsentgelt, wobl 2008, 352. Zu einer Schadenersatzpflicht bei Räumungsverzug s OGH wobl 2004, 64.

[1]) Vgl OGH JBl 1989, 381; SZ 2002/132.

Die Gefahr des **Ertrages einer Pachtsache** trägt jedoch nach § 1105 überwiegend der Pächter: Er kann eine Minderung des Pachtzinses nur verlangen, wenn bei höchstens einjähriger Pacht die Erträgnisse durch außerordentliche Zufälle um mehr als die Hälfte ihres gewöhnlichen Ausmaßes gefallen sind. Das Gesetz nimmt an, dass sich bei länger dauernden Vertragsverhältnissen gute und schlechte Ernten ausgleichen. 1037

V. Beendigung des Bestandverhältnisses

A. Befristete Bestandverhältnisse

1. ABGB

Bestandverträge können so befristet werden, dass sie durch bloßen **Zeitablauf** enden (§ 1113), ohne dass es einer Erklärung bedarf (unbedingter Endtermin). Es kann aber auch die Abgabe einer Kündigungserklärung vor Zeitablauf vereinbart werden (bedingter Endtermin). Eine einvernehmliche Erneuerung ist selbstverständlich möglich. Zu einer **stillschweigenden Erneuerung** („relocatio tacita") kommt es bei bedingtem Endtermin, wenn die Kündigung unterlassen wird; bei unbedingtem Endtermin, wenn der Bestandnehmer nach Fristablauf mit dem Gebrauch der Sache fortfährt und es der Bestandgeber dabei bewenden lässt (§ 1114, s Bd I Rz 339ff). Der Vertrag wird im Zweifel zu den bisherigen Bedingungen erneuert, jedoch nur auf eine gewisse Zeit (§ 1115).[1]) 1038

Vor Ablauf der Zeit kann das befristete Bestandverhältnis nur durch Abstehen vom Vertrag aus wichtigem Grund beendet werden **(„außerordentliche Kündigung").** Die Gründe der §§ 1117f ermöglichen die sofortige, dh fristlose Kündigung des Vertrages: Der **Bestandnehmer** kann den Vertrag auflösen, wenn der Bestandgegenstand zum bedungenen Gebrauch untauglich ist;[2]) wenn ein beträchtlicher Teil durch Zufall auf eine längere Zeit entzogen oder unbrauchbar wird; ferner wenn der gemietete Wohnraum gesundheitsschädlich ist.[3]) Bei leicht behebbarer Gebrauchsverhinderung ist die sofortige Vertragsauflösung allerdings unzulässig.[4]) Der **Bestandgeber** kann nach § 1118 den Mietvertrag vorzeitig außergerichtlich auflösen, wenn der Bestandnehmer einen erheblich nachteiligen Gebrauch von der Sache macht,[5]) wenn er den Zins trotz Einmahnung[6]) bis zum nächsten Zinstermin nicht zahlt oder wenn das vermietete Gebäude neu aufgeführt werden muss. 1039

---

[1]) Zur berichtigenden Auslegung von § 1115 Satz 3 Halbsatz 2 vgl OGH JBl 1993, 584 *(Watzl);* wobl 2010/75; *Binder/Pesek* in *Schwimann/Kodek*[4] § 1115 Rz 5; *Iro* in KBB[4] §§ 1113–1115 Rz 4.

[2]) Überblick bei *Pesek* in *Schwimann/Kodek*[4] § 1117 Rz 17.

[3]) Zu Schimmelbefall vgl OGH wobl 1990, 12; immolex 2000/7 *(Kovanyi).*

[4]) RIS-Justiz RS0020854; zuletzt OGH immolex 2002/23; *Klang* in *Klang*[2] V 120; *Würth* in *Rummel*[3] § 1117 Rz 3.

[5]) Beispiele aus der Rechtsprechung bei *Binder/Pesek* in *Schwimann/Kodek*[4] § 1118 Rz 49ff.

[6]) Zu dieser s *Binder/Pesek* in *Schwimann/Kodek*[4] § 1118 Rz 101f mwN.

2. MRG

1040 Das MRG beschränkt in § 29 die **Zulässigkeit von Befristungen.** Diese Schranken greifen auch im Teilanwendungsbereich des MRG und unabhängig davon ein, ob es sich um eine Haupt- oder Untermiete, eine Wohn- oder Geschäftsraummiete handelt.[7])

Ist die Befristung nicht länger als ein halbes Jahr, unterliegt der Mietvertrag nicht dem MRG (§ 1 Abs 2 Z 3 MRG), sodass auch keine weiteren Voraussetzungen zu beachten sind.

1041 Zunächst müssen Befristungen in **Schriftform** vereinbart werden. Dies gilt sowohl für den erstmaligen Abschluss als auch für eine Verlängerung auf bestimmte Zeit.[8]) Die Vereinbarung muss einen **unbedingten Endtermin** vorsehen, also das automatische Erlöschen des Mietvertrages zu einem bestimmten Datum. Während es für die Geschäftsraummiete keine zeitlichen Schranken gibt, ist bei der Wohnungsmiete eine **Mindestfrist von drei Jahren** zu vereinbaren. Höchstfristen bestehen auch bei der Wohnungsmiete nicht. Die Mindestfrist gilt auch für jede Verlängerung des Mietvertrages auf bestimmte Zeit.

Die Befristung bringt für den Vermieter den Nachteil mit sich, dass sich der höchstzulässige Mietzins um 25% vermindert (§§ 16 Abs 7 und 26 Abs 3 MRG).

1042 Liegt eine wirksame Befristung vor, erlischt das Mietverhältnis automatisch durch **Ablauf der vereinbarten Vertragsdauer** (§ 29 Abs 1 Z 3 MRG). Davor kann der Vertrag nur aus **wichtigem Grund** aufgelöst werden: Der Mieter kann vom Vertrag aus den Gründen des § 1117 (oben Rz 1039) abstehen, der Vermieter wegen erheblichen nachteiligen Gebrauchs oder Säumnis bei der Bezahlung des Mietzinses (§ 29 Abs 1 Z 4 und Z 5 MRG). Darüber hinaus steht dem Wohnungsmieter das **Recht zur vorzeitigen Vertragsauflösung** zu: Nach § 29 Abs 2 MRG hat der Wohnungsmieter auch bei wirksamen Befristungen nach Ablauf eines Jahres das unverzichtbare und unbeschränkbare Recht, das Mietverhältnis vor Ablauf der bedungenen Zeit zum Monatsletzten unter Einhaltung einer dreimonatigen Kündigungsfrist zu kündigen.[9])

1043 Die Parteien haben die Möglichkeit, befristete Mietverträge beliebig zu verlängern und damit die Auflösung zum vereinbarten Endtermin zu verhindern (§ 29 Abs 4 MRG). Soll auch der verlängerte Vertrag befristet sein, sind die Voraussetzungen des § 29 Abs 1 Z 3 MRG zu beachten.

1044 Wird das Mietverhältnis nach Ablauf der bedungenen Zeit fortgesetzt, ohne dass eine Verlängerungsvereinbarung getroffen wird (Weiterbenützung durch den Mieter und Unterlassung der Erhebung der Räu-

---

[7]) *Vonkilch* in *Hausmann/Vonkilch,* Wohnrecht[3] § 29 MRG Rz 5.

[8]) RIS-Justiz RS0070306 (T1); zuletzt OGH immolex 2006/49 *(Prader); Häublein,* Die Textform als notwendige Alternative zur Schriftform auch im Miet- und Wohnungseigentumsrecht, in FS Würth (2014) 45.

[9]) *Prader/Kuprian,* Zeitmietverträge und Kündigung nach der WRN 2006, immolex 2006, 307; *Fenyves,* Zur analogen Anwendung des § 29 Abs 2 MRG auf unbefristete Verträge mit Kündigungsverzicht des Mieters, wobl 2008, 260.

mungsklage durch den Vermieter), kommt es nach § 29 Abs 3 lit b MRG zu einer **stillschweigenden Erneuerung** des Mietverhältnisses auf drei Jahre. Der Mieter hat aber das unverzichtbare und unbeschränkbare Recht, den erneuerten Mietvertrag zum Monatsletzten unter Einhaltung einer dreimonatigen Kündigungsfrist zu kündigen. Anders als bei vereinbarten Befristungen (oben Rz 1038) kann der stillschweigend erneuerte Vertrag also auch schon vor Ablauf eines Jahres gekündigt werden.

Zu einer stillschweigenden Erneuerung auf drei Jahre kommt es nur einmal; wird der Mietvertrag danach ein weiteres Mal nicht aufgelöst, gilt er als auf unbestimmte Zeit erneuert (§ 29 Abs 3 lit b) MRG.[10])

Wurde ein Mietvertrag oder seine Erneuerung **nicht wirksam befristet** (zB Verletzung des Schriftformgebotes), gilt er nach § 29 Abs 3 lit b MRG als auf unbestimmte Zeit geschlossen oder erneuert.[11]) Die (formlose) Vereinbarung der Befristung ist aber dennoch nicht ohne rechtliche Konsequenzen, weil darin ein Verzicht auf das Recht zur ordentlichen Kündigung des Mietverhältnisses gesehen wird. Der Vertrag kann also bis zum Ablauf der (unwirksamen) Frist nur bei Vorliegen eines wichtigen Grundes (§ 29 Abs 1 Z 4 und Z 5) gekündigt werden.[12]) 1045

B. Unbefristete Bestandverhältnisse

1. ABGB

Auch das unbefristete Bestandverhältnis kann aus wichtigem Grund fristlos durch außerordentliche Kündigung aufgelöst werden (§§ 1117f, s oben Rz 1039). Sonst wird es durch die **ordentliche** Kündigung beendet, die weder aufseiten des Bestandgebers noch des Bestandnehmers besondere Kündigungsgründe, jedoch die Einhaltung von **Fristen** zwischen Kündigungserklärung und Vertragsaufhebung voraussetzt. Überdies kann die Kündigung nur zu bestimmten **Terminen** erfolgen. Diese Fristen und Termine können von den Parteien festgelegt werden; ist das nicht der Fall, so sind sie in § 560 ZPO geregelt, der insofern § 1116 abgeändert hat.[13]) 1046

2. MRG

Nach § 30 Abs 1 MRG kann der Vermieter nur aus **wichtigem Grund** kündigen.[14]) Diese Gründe zählt **§ 30 Abs 2** zwar nur demonstrativ 1047

---

[10]) Dazu *Stabentheiner,* Die miet- und wohnungseigentumsrechtlichen Teile der Wohnrechtsnovelle 2006, wobl 2006, 261.

[11]) RIS-Justiz RS0070306 (T1); zuletzt OGH immolex 2006/49 *(Prader).*

[12]) Vgl OGH wobl 1991, 136 *(Call); Vonkilch* in *Hausmann/Vonkilch,* Wohnrecht[3] § 29 Rz 42, 62ff.

[13]) *Reiber/Liehl,* Die Kündigung im Mietrecht (2001); *Reiber,* Der konkludente Kündigungsverzicht, immolex 2003, 10; *Bresich/Klingenbrunner,* Die Zulässigkeit des mietrechtlichen Kündigungsverzichts, RdW 2008, 375; *Markl,* Zur Kündigung eines Bestandverhältnisses aus wirtschaftlichen Gründen, wobl 2010, 265.

[14]) *Hausmann* in *Hausmann/Vonkilch,* Wohnrecht[3] § 30 MRG Rz 3ff.

auf, doch ist bei Heranziehung der Generalklausel des § 30 Abs 1 MRG größte Vorsicht geboten: Fehlende Tatbestandselemente des § 30 Abs 2 MRG dürfen nur durch gleichgewichtige Gründe ersetzt werden.[15]) Vereinbarungen, die dem Vermieter ein über § 30 MRG hinausgehendes Kündigungsrecht einräumen, sind unwirksam (§ 30 Abs 3 MRG).

1048 § 30 Abs 2 Z 1–3 und 7 MRG betreffen **Vertragsverletzungen** des Mieters.

Dem Mieter kann gekündigt werden, wenn er mit der Bezahlung des Mietzinses in qualifizierten Rückstand gerät (s aber zur Möglichkeit der Aufhebung der Kündigung durch Nachzahlung § 33 Abs 2 MRG),[16]) wenn er Dienstleistungen verweigert, die als Mietzins zu erbringen sind, wenn er vom Mietgegenstand einen erheblich nachteiligen Gebrauch macht,[17]) durch grob ungehöriges Verhalten den Mitbewohnern das Zusammenleben verleidet oder sich gegenüber dem Vermieter oder einer im Haus wohnenden Person bestimmter strafbarer Handlungen schuldig macht. Das Verhalten der Mitbewohner steht jenem des Mieters gleich, wenn dieser die mögliche Abhilfe unterlässt.[18]) Zum nachteiligen Gebrauch s auch oben Rz 1024.

Im Anwendungsbereich des MRG stehen dem Vermieter die außergerichtliche Auflösung nach § 1118 Fall 1 und 2 und die gerichtliche Kündigung nach § 30 Abs 2 Z 1 und 3 wahlweise zur Verfügung. Die Notwendigkeit der Neuaufführung des Gebäudes berechtigt hingegen nur nach § 30 Abs 2 Z 14 oder 15 MRG zur Kündigung unter Ersatzbeschaffung.[19])

Dem Geschäftsraummieter kann überdies gekündigt werden, wenn die Räume nicht zu der vertraglich bedungenen oder einer gleichwertigen geschäftlichen Betätigung verwendet werden, es sei denn, der Mieter ist bloß wegen Urlaubs, Krankheit oder Kur abwesend (Z 7). Der Unterfall der völlig fehlenden Geschäftstätigkeit betrifft den mangelnden Bedarf des Mieters.

1049 Die Z 4–6 handeln vom **mangelnden Bedarf** des Mieters.

Dem Wohnungsmieter kann gekündigt werden, wenn er die Wohnung zur Gänze weitergegeben hat und sie offenbar in naher Zeit weder für sich noch für eintrittsberechtigte Personen (§ 14 Abs 3 MRG) dringend benötigt (Z 4 Fall 1);[20]) wenn die Wohnung nach dem Tod des bisherigen Mieters nicht mehr einem dringenden Wohnbedürfnis eintrittsberechtigter Personen dient (Z 5); wenn die Wohnung nicht regelmäßig zur Befriedigung des dringenden Wohnbedürfnisses des Mieters oder der Eintrittsberechtigten verwendet wird und der Mieter nicht bloß zu Berufs-, Kur- oder Unterrichtszwecken abwesend ist (Z 6).[21])

Wohnungs- und Geschäftsraummieter können gekündigt werden, wenn sie den Mietgegenstand durch gänzliche oder teilweise Überlassung an einen Dritten zu einem unverhältnismäßig hohen Entgelt verwerten (Z 4 Fall 2).

Dem Geschäftsraummieter kann nach Z 4 Fall 1 nur gekündigt werden, wenn bei der Weitergabe die Verwertung des Bestandgegenstandes, nicht des in diesem betriebenen Unternehmens, im Vordergrund steht.[22])

---

[15]) RIS-Justiz RS0070192; zuletzt OGH immolex 2011/24 *(Limberg);* näher *Hausmann* in *Hausmann/Vonkilch,* Wohnrecht³ § 30 MRG Rz 13; vgl auch *Würth/Zingher/Kovanyi,* Miet- und Wohnrecht²³ § 30 MRG Rz 6; OGH SZ 63/31.

[16]) *Hausmann* in *Hausmann/Vonkilch,* Wohnrecht³ § 33 MRG Rz 34 ff.

[17]) *Lindinger,* Substanzgefährdung durch Duschkabineneinbau, immolex 2012, 70.

[18]) Vgl zu allem *Würth* in *Rummel*³ § 30 MRG Rz 19.

[19]) Vgl OGH SZ 62/36.

[20]) Dazu *Hausmann* in *Hausmann/Vonkilch,* Wohnrecht³ § 30 MRG Rz 39 ff.

[21]) *Reiber,* Der Kündigungsgrund der Nichtbenutzung, immolex 2012, 40.

[22]) Dazu gehört auch die Untervermietung, s RIS-Justiz RS0070650 (T3); zuletzt OGH immolex 2014/13 *(Reiber).*

Die Z 8–11 betreffen den **Eigenbedarf** des Vermieters. 1050

Der Vermieter kann kündigen, wenn er oder einer seiner Nachkommen am Mietgegenstand einen dringenden Eigenbedarf hat – wofür die Judikatur zum Teil bis in die jüngste Zeit eine Notstandslage verlangte[23]) – und ihm aus der Aufrechterhaltung des Mietverhältnisses ein unverhältnismäßig größerer Nachteil erwüchse als dem Mieter aus der Kündigung. Diese strenge Interessenabwägung entfällt bei Einfamilienhäusern oder bereits begründetem Wohnungseigentum (Z 8) und auch dann, wenn dem Mieter Ersatz beschafft wird (Z 9). Hat der Vermieter das Miethaus[24]) durch Rechtsgeschäft unter Lebenden erworben, so kann er ohne Ersatzbeschaffung nur dann kündigen, wenn der Erwerb bereits zehn Jahre zurückliegt (§ 30 Abs 3 MRG).[25]) Dies gilt allerdings nicht, wenn schon der Veräußerer wegen Eigenbedarfs des Erwerbers (seines Nachkommen) kündigen hätte können.

Eine Bedarfskündigung ist auch für Wohnungen vorgesehen, die als Dienstwohnung benötigt werden (Z 10);[26]) weiters, jedoch nur bei Ersatzbeschaffung, für Mietgegenstände, die für die öffentliche Verwaltung verwendet werden sollen (Z 11).

Nach Z 13 kann der Vermieter kündigen, wenn ein schriftlich als 1051
Kündigungsgrund **vereinbarter Umstand** eintritt, der für ihn als wichtig und bedeutsam anzusehen ist.[27])

Verabredeter Kündigungsgrund können zB die Verehelichung eines Kindes, die künftige Geschäftsausweitung[28]) oder der beabsichtigte Verkauf des Hauses sein.[29]) Die Eröffnung des Konkurses über das Vermögen des Mieters kann hingegen idR nicht wirksam als Kündigungsgrund vereinbart werden.[30])

Die weiteren Kündigungsgründe der Z 14–16 setzen jeweils eine 1052
Ersatzbeschaffung voraus.

Der Vermieter kann kündigen, wenn das Haus abbruchreif ist (Z 14); wenn es abgetragen oder umgebaut werden soll und die Bezirksverwaltungsbehörde erkannt hat, dass der Neu- oder Umbau selbst unter Berücksichtigung schutzwürdiger Interessen der Mieter im öffentlichen Interesse liegt (Z 15); wenn der Hauptmieter einer Kategorie D-Wohnung eine Standardverbesserung verweigert (Z 16; s aber auch § 33 Abs 3 MRG).

Wenn die Kündigung eine Ersatzbeschaffung erfordert, hat der Ver- 1053
mieter bei Geschäftsräumen einen nach Lage und Beschaffenheit ange-

---

[23]) RIS-Justiz RS0070482 (T24); zuletzt OGH wobl 2011/5; kritisch *Hausmann* in *Hausmann/Vonkilch,* Wohnrecht[3] § 30 MRG Rz 70ff; *Würth* in *Rummel*[3] § 30 MRG Rz 35; vgl auch *Gimpel-Hinteregger,* „Notstand" und „Existenzgefährdung" – Die Rechtsprechung des OGH zum Kündigungsgrund des dringenden Eigenbedarfes nach § 30 Abs 2 Z 8 und 9 MRG, JBl 1988, 16ff.

[24]) Zur Anwendbarkeit beim Erwerb von Eigentumswohnungen vgl RIS-Justiz RS0070796; zuletzt immolex OGH 2008/146 *(Schäfer).*

[25]) Anders, wenn die Wohnung erst nach dem Erwerb vermietet wird: OGH wobl 2003, 138; oder wenn der Rechtsvorgänger des Kündigenden bereits die Kündigung hätte geltend machen können: RIS-Justiz RS0118679; zuletzt OGH SZ 2007/79.

[26]) RIS-Justiz RS0068236; zuletzt OGH immolex 2013/68 *(Cerha).*

[27]) Vgl die Übersicht über die Rechtsprechung bei *Hausmann* in *Hausmann/Vonkilch,* Wohnrecht[3] § 30 MRG Rz 102.

[28]) OGH wobl 1992, 21.

[29]) Einzelfallbeurteilung notwendig: s RIS-Justiz RS0070742; zuletzt OGH wobl 2010/68 *(Würth/Riss)* = immolex 2010/35 *(Rosifka/Böhm).*

[30]) RIS-Justiz RS0064123; zuletzt OGH RdW 2013/26.

messenen Ersatz, bei Wohnungen zwei entsprechende Wohnungen zur Auswahl anzubieten (§ 32 MRG).

1054 **Untermietverhältnisse** können darüber hinaus gekündigt werden, wenn ihre Fortsetzung **wichtige Interessen des Untervermieters** verletzen würde, besonders wenn er den Mietgegenstand dringend benötigt oder ihm die Wohnungsgemeinschaft mit dem Untermieter nicht mehr zugemutet werden kann (Z 12).[31])

Im Falle des Eigenbedarfes ist die Kündigung gegenüber jener eines Hauptmietverhältnisses erleichtert, weil keine Interessenabwägung vorzunehmen ist und auch kein Ersatz beschafft werden muss.

1055 Gemäß § 33 Abs 1 MRG können Mietverträge vom Vermieter nur **gerichtlich** gekündigt werden. Für ihn gilt überdies die **Eventualmaxime:** In der Aufkündigung nicht angeführte Gründe können nicht mehr geltend gemacht werden. Der Mieter kann wahlweise **gerichtlich** oder **durch außergerichtliche schriftliche Erklärung** kündigen.[32]) Geht dem Vermieter die schriftliche Kündigung jedoch erst nach Beginn der für den darin enthaltenen Kündigungstermin vorgesehenen Frist zu, gilt sie für den nächstmöglichen Termin.[33])

Auflösungsvereinbarungen können, sofern der Mieter nicht unter Druck steht, freilich auch außergerichtlich getroffen werden.[34]) Eine außergerichtliche Kündigungserklärung führt daher bei Annahme durch den anderen Teil zur Vertragsaufhebung.[35])

C. Allgemeine Endigungsgründe

1056 Nach § 1112 wird der Bestandvertrag aufgelöst, wenn die **Bestandsache zugrunde geht,** es sei denn, die Wiederherstellung ist möglich und der Bestandgeber dazu verpflichtet.[36])

1057 Wenn der Bestandgegenstand nicht physisch zerstört ist, ist das Verhältnis von § 1112 (eo-ipso-Auflösung) zu § 1118 (Aufhebungsmöglichkeit bei Neuaufführung des Gebäudes) fraglich.[37]) Ein verwaltungsbehördlicher Demolierungsauftrag bewirkt die Auflösung nach § 1112 nur dann, wenn feststeht, dass die Baugebrechen nicht beseitigt werden können oder vom Bestandgeber nicht beseitigt werden müssen.[38])

Im MRG führt der Untergang der Bestandsache nur dann zur Auflösung des Mietvertrages, wenn der Vermieter nicht zur Wiederherstellung nach § 7 MRG verpflichtet ist (§ 29 Abs 1 Z 2 MRG).

---

[31]) RIS-Justiz RS0070689; zuletzt OGH immolex 2013/34 *(Ruckenbauer).*

[32]) Dazu *Stabentheiner,* wobl 2006, 264; *Fidler,* Der Räumungsprozess als Auseinandersetzung zwischen Eigentümer und Besitzer, wobl 2012, 309.

[33]) *Riepl,* Die „neue" Rechtzeitigkeit von gerichtlichen Aufkündigungen im Voll- und Teilanwendungsbereich nach der WRN 2006, immolex 2007, 40.

[34]) *Pesek* in *Schwimann/Kodek*[4] Vor § 1112 Rz 9.

[35]) *Pesek* in *Schwimann/Kodek*[4] vor § 1112 Rz 12.

[36]) RIS-Justiz RS0020732; zuletzt OGH MietSlg 63.804.

[37]) Dazu *Binder/Pesek* in *Schwimann/Kodek*[4] § 1118 Rz 118; vgl auch *Ehrenzweig* II/1, 474; *Klang* in *Klang*[2] V 125 f.

[38]) RIS-Justiz RS0027764; zuletzt OGH wobl 2015/13.

Durch den Tod eines Vertragspartners wird der Bestandvertrag nicht aufgehoben (§ 1116a; § 14 Abs 1 MRG). Beim **Tod des Mieters** einer Wohnung haben aber die Erben des Mieters und der Vermieter das Recht, den Vertrag ohne Rücksicht auf die vereinbarte Dauer unter Einhaltung der gesetzlichen Fristen zu kündigen (§ 1116 a).[39]) 1058

Gemäß § 14 Abs 2 MRG treten jedoch beim Tod des Hauptmieters einer Wohnung mit Ausschluss anderer zur Erbfolge berufener Personen bestimmte Angehörige ein, wenn sie nicht dem Vermieter binnen 14 Tagen die **Unterlassung** des **Eintrittes** bekanntgeben.[40]) Ein Verzicht auf das Eintrittsrecht vor dem Tod des Mieters ist nichtig.[41]) Der Eintritt des Angehörigen kann den Vermieter zur Mietzinserhöhung berechtigen (§ 46 MRG). 1059

Nach der taxativen Aufzählung des § 14 Abs 3 MRG[42]) sind der Ehegatte, der Lebensgefährte, Verwandte in gerader Linie und die Geschwister des bisherigen Mieters eintrittsberechtigt, sofern sie ein dringendes Wohnbedürfnis haben und schon bisher im gemeinsamen Haushalt[43]) mit dem Mieter in der Wohnung gewohnt haben. Hinsichtlich des Eintrittsrechts besteht keine Rangordnung: Sind mehrere Eintrittsberechtigte vorhanden, treten sie gemeinsam in den Mietvertrag ein.[44]) Bei sogenannten „Seniorenwohnungen" ist in bestimmten Fällen das Eintrittsrecht von Verwandten in absteigender Linie einschließlich der Wahlkinder ausgeschlossen.[45]) Lebensgefährte ist, wer mit dem Mieter bis zu dessen Tod seit mindestens 3 Jahren oder seit dem gemeinsamen Bezug der Wohnung in einer wirtschaftlich gleich einer Ehe eingerichteten Haushaltsgemeinschaft gelebt hat (§ 14 Abs 3 MRG).[46]) Unter Lebensgefährten sind im Anschluss an die Judikatur des Europäischen Gerichtshofes für Menschenrechte[47]) auch gleichgeschlechtliche Lebensgefährten zu verstehen.[48])

Kommt es zu keinem Eintritt nach § 14 Abs 2 MRG, kann der Wohnungsvermieter der Verlassenschaft (den Erben) nach § 30 Abs 2 Z 5 MRG kündigen. Bei Geschäftsräumen berechtigt der Tod des Mieters den Vermieter dann zur Kündigung, wenn die Räume nicht zu einer gleichwertigen Geschäftstätigkeit weiterverwendet werden (vgl § 30 Abs 2 Z 7 MRG).

---

[39]) RIS-Justiz RS0021281; zuletzt OGH wobl 2009/111.

[40]) *Kothbauer,* Zum Mietrecht im Todesfall, immolex 2010, 164; *Aichberger-Beig,* Die Ehewohnung im Todesfall, EF-Z 2011, 44; zur Judikatur s *Reiber,* Eintrittsrecht nach dem Tod des Mieters, immolex 2009, 42.

[41]) Vgl *Würth* in *Rummel*³ § 14 MRG Rz 3 mwN.

[42]) OGH EvBl 1994/167.

[43]) Dazu *Vonkilch* in *Hausmann/Vonkilch,* Wohnrecht³ § 14 MRG Rz 16ff.

[44]) OGH SZ 68/169.

[45]) Dazu *Stabentheiner,* wobl 2006, 255; *Stabentheiner,* Die Wohnrechtsnovelle 2006: Änderungen im Mietrecht, immolex 2006, 262.

[46]) Näher *Würth* in *Rummel*³ § 14 MRG Rz 7; *Schinnagl,* Die nichteheliche Lebensgemeinschaft und die gemeinsame Mietwohnung, in FS Würth (2014) 139.

[47]) EGMR BSW 40016/98 *(Karner gegen Österreich).*

[48]) So auch OGH EF-Z 2006, 92; s dazu *Rainer,* Änderung der Rechtsprechung des OGH zum Lebensgefährten, immolex 2006, 225; *Pittl/Sander,* Zum Eintrittsrecht des homosexuellen Lebensgefährten in den Mietvertrag, wobl 2007, 33; *Stabentheiner,* Zum Eintrittsrecht des gleichgeschlechtlichen Lebensgefährten gemäß § 14 Abs 3 MRG, wobl 2007, 182; *Schoditsch,* Zum Eintrittsrecht des (homosexuellen) Lebensgefährten gemäß § 14 Abs 3 MRG, ÖJZ 2007, 347; *Stabentheiner,* Delogierungsprävention – Eigentümervertreter – Mietrechtsreform, in FS Hopf (2007) 179.

1060 Beim Vermächtnis des Bestandrechts hat der Legatar nur einen Anspruch auf Übertragung gegen den Erben. Er tritt daher auch nicht ohne Zustimmung des Bestandgebers unmittelbar gemäß § 14 Abs 1 MRG in das Mietverhältnis ein[49]) (s unten Rz 1952).

1061 Die Parteien können das Mietverhältnis ohne Rücksicht auf die vereinbarte Dauer **einvernehmlich** auflösen (Dissolutionsvereinbarung). S dazu auch oben Rz 58.

VI. Das Verhältnis des Bestandnehmers zu Dritten

1062 Der Bestandnehmer ist Rechtsbesitzer und kann daher gegen Dritte mit der **Besitzstörungs-** und der **Besitzentziehungsklage** vorgehen.

Der Bestandgeber bleibt Sachbesitzer und genießt als solcher Besitzschutz. Bei Konkurrenz zwischen Sachbesitz und Rechtsbesitz gebührt Letzterem der Vorrang, vgl Bd I Rz 821.

1063 Unabhängig von seinen Befugnissen als Besitzer hat der Bestandnehmer das Recht, bei Störungen durch Außenstehende **vom Bestandgeber** Abhilfe zu verlangen, der aus dem Vertrag verpflichtet ist, gegen den Dritten vorzugehen (vgl § 1096 und dazu oben Rz 998).

1064 Zu den Unterlassungs-, Schadenersatz- und Bereicherungsansprüchen des Bestandnehmers **gegen Dritte** s Bd I Rz 886.

1065 **Veräußert** der Bestandgeber die Sache, die der Bestandnehmer bereits **innehat,** so geht das Bestandverhältnis zwar auf den Erwerber über,[1]) doch kann es dieser nach dem ABGB ohne Rücksicht auf eine vertragliche zeitliche Bindung innerhalb der gesetzlichen Frist aufkündigen (§ 1120):[2]) Durch die Veräußerung der Bestandsache werden die Verträge auf bestimmte Zeit in solche auf unbestimmte Zeit mit gesetzlicher Kündigungsfrist umgewandelt.[3]) Erfolgt keine Aufkündigung, so bleibt der Erwerber an den bisherigen Vertrag samt Nebenabreden gebunden.[4])

Entsprechendes gilt für den Ersteher bei Zwangsversteigerung des Bestandgegenstandes (§ 1121)[5]) sowie für den Eigentümer bei Beendigung des Fruchtgenusses,

---

[49]) OGH MietSlg 41.113/30; ecolex 1991, 386 *(Reich-Rohrwig); Wilhelm,* Übergang des Bestandverhältnisses durch Vermächtnis? JBl 1972, 79; *Wilhelm,* Übergang des Bestandverhältnisses durch Vermächtnis – noch immer? JBl 1984, 610.

[1]) Zum Zeitpunkt der Vertragsübernahme *Binder/Pesek* in *Schwimann/Kodek*[4] § 1120 Rz 23ff.

[2]) RIS-Justiz RS0020899; zuletzt OGH wobl 2001, 93 *(Vonkilch); Apathy,* Der Schutz der Miete gegenüber Dritten, in FS 200 Jahre ABGB (2011) 801.

[3]) RIS-Justiz RS0021133; zuletzt OGH wobl 2007/139, vgl *Klang* in *Klang*[2] V 129f; *Würth* in *Rummel*[3] § 1120 Rz 5; *Hoyer,* Aufkündigung von Bestandverhältnissen bei Miteigentum, wobl 1991, 152 (154); aA *P. Bydlinski,* Die Übertragung von Gestaltungsrechten (1986) 183ff.

[4]) RIS-Justiz RS0021133 (T1); zuletzt OGH immolex 2003/72; *Binder/Pesek* in *Schwimann/Kodek*[4] § 1120 Rz 37; *Würth* in *Rummel*[3] § 1120 Rz 6.

[5]) RIS-Justiz RS0105725; zuletzt OGH MietSlg 64.794; *Schaar,* Rechte und Pflichten des Erstehers bei exekutivem Liegenschaftserwerb (1993) 66ff.

wenn der Fruchtnießer die Sache vermietet hatte (§ 1120 analog).[6]) Auf Fälle der Universalsukzession kommt § 1120 hingegen nicht zur Anwendung.[7])

Gemäß § 1095, § 9 GBG kann ein Bestandvertrag als Belastung der überlassenen Liegenschaft **im Grundbuch einverleibt** werden. § 1095 nennt ein solches Bestandrecht ein „dingliches Recht", doch erschöpfen sich seine Wirkungen darin, dass ein neuer Eigentümer der Liegenschaft das Mietrecht gegen sich gelten lassen muss, also wegen des Eigentumswechsels kein besonderes Kündigungsrecht erhält (§ 1120),[8]) und dass das Bestandrecht bei einer Versteigerung der belasteten Liegenschaft wie eine Dienstbarkeit zu behandeln ist (§ 1121; vgl § 150 EO). Nach der Judikatur ist allerdings (arg § 1095: „auf die noch übrige Zeit gefallen lassen") die Verbücherung **unbefristeter** Bestandrechte **unzulässig.**[9]) Die Eintragung von Bestandrechten auf unbestimmte Dauer ist aber dann möglich, wenn der Vermieter für eine bestimmte Zeit auf die Kündigung verzichtet hat.[10]) 1066

Auch Mietzinsvorauszahlungen, die für mehr als eine Zinszahlungsperiode hinaus geleistet wurden, können einem Erwerber oder einem Hypothekargläubiger nur entgegengehalten werden, wenn sie im Grundbuch ersichtlich gemacht worden sind (§ 1095).

Wurde hingegen das Bestandobjekt dem Mieter noch **nicht übergeben,** so entsteht zwischen ihm und dem Erwerber kein Rechtsverhältnis (arg „Bestandinhaber" in § 1120).[11]) 1067

Nach § 2 Abs 1 MRG sind ab der Übergabe des Mietgegenstandes alle Rechtsnachfolger des Vermieters an Hauptmietverträge auch dann gebunden, wenn diese nicht im Grundbuch eingetragen sind. Ungewöhnliche Nebenabreden des Mietvertrages gelten für den neuen Eigentümer aber nur dann, wenn er sie kannte oder kennen musste.[12]) Diese Regelung bedeutet im Ergebnis einen Vertragseintritt des neuen Eigentümers und führt gemeinsam mit dem Kündigungsschutz (§ 30 MRG) zu einer dauerhaften Bindung des Erwerbers an den vom Veräußerer geschlossenen Vertrag. 1068

---

[6]) Vgl *Binder/Pesek* in *Schwimann/Kodek*[4] § 1120 Rz 15ff.

[7]) *Würth* in *Rummel*[3] § 1120 Rz 2; vgl auch *Binder/Pesek* in *Schwimann/Kodek*[4] § 1120 Rz 11.

[8]) RIS-Justiz RS0020428; zuletzt OGH wobl 2013/128; *Apathy* in FS 200 Jahre ABGB 802.

[9]) RIS-Justiz RS0020445; zuletzt OGH SZ 70/193; aA *Dengler,* Der Bestandvertrag auf unbestimmte Dauer im Grundbuch, NZ 1950, 56.

[10]) RIS-Justiz RS0020445 (T 4); zuletzt OGH wobl 2007/138 *(Bittner)* = NZ 2007, 116 *(Hoyer); Schauer,* Zur Verbücherung von Bestandverträgen auf unbestimmte Zeit, in GedS Hofmeister (1996) 638f.

[11]) RIS-Justiz RS0021134; zuletzt OGH NZ 2003, 52; *Klang* in *Klang*[2] V 128; vgl auch *Binder/Pesek* in *Schwimann/Kodek*[4] § 1120 Rz 1ff.

[12]) RIS-Justiz RS0069562; zuletzt OGH Zak 2015/164; vgl auch *Fenyves* in *Hausmann/Vonkilch,* Wohnrecht[3] § 2 MRG Rz 30ff.

Ein Bestandvertrag, der zur Entwertung einer in Exekution gezogenen Liegenschaft geschlossen wurde, kann sittenwidrig sein, sodass der Ersteher nicht an ihn gebunden ist.[13])

1069 Nach alldem ist die Frage, ob im österreichischen Recht der Grundsatz **„Kauf bricht Miete"** gilt, verschieden zu beantworten. In allen Fällen kommt es darauf an, ob der Bestandgegenstand vor Abschluss des Kaufvertrages schon **übergeben** wurde. Ist dies nicht der Fall, so hat der Bestandnehmer von vornherein kein Recht gegen den Erwerber, sodass insofern der Mietvertrag „gebrochen wird". Bei Veräußerung nach Übergabe tritt zwar nach dem ABGB der Erwerber in den Vertrag ein, doch erhält er (außer bei verbücherten Verträgen) eine vorzeitige Kündigungsmöglichkeit, sodass die Bindung in seinem Belieben steht. Im Bereich des MRG ist nach Übergabe ein Wechsel des Bestandgebers hingegen kaum von Bedeutung. Kommt es zu einem „Bruch der Miete" durch den Kauf, so stehen dem Mieter Schadenersatzansprüche wegen Vertragsverletzung gegen den Veräußerer zu (vgl § 1120 Satz 2).[14])

11. Kapitel

Das Leasing

Literatur: *Egger/Krejci,* Das Leasinggeschäft (1987); *Fischer-Czermak,* Mobilienleasing (1995); *Jud,* KSchG, Factoring und Leasing, in *Krejci,* Handbuch zum Konsumentenschutzgesetz (1981) 503; *Nitsche,* Zur Rechtsnatur des Leasing, ÖJZ 1974, 29; *Stabentheiner,* Das Verbraucherkreditgesetz, ÖJZ 2010/79, 743; *Güblinger,* Der Kfz-Leasingvertrag im Lichte der Verbandsklage und des Verbraucherkreditgesetzes, ZVR 2010/227, 482; *Ramharter,* Verbraucherkredit- und Leasingverträge, Abzahlungsgeschäfte, Drittfinanzierung, Kontoüberziehungen und -überschreitungen, RZ 2011, 156; *Zöchling-Jud,* Neuregelung für Verbraucherleasingverträge, in FS Reischauer (2010) 461.

I. Begriff und Arten

1070 *Leasinggeschäfte sind Verträge, die auf Überlassung des Gebrauchs und der Nutzung an Konsum- oder Investitionsgütern, zB Kraftfahrzeugen oder Maschinen, gerichtet sind, wodurch der mit dem Ankauf solcher Güter verbundene „Kapitalaufwand" entbehrlich werden soll.*

1071 Das Leasing ist eine Form der Investitionsfinanzierung, bei dem an die Stelle des Eigentumserwerbes an den Anlagegütern die bloße Gebrauchsüberlassung tritt.

[13]) Vgl OGH ÖBA 1993, 665; JBl 1994, 683; immolex 2000/145; ÖBA 2004, 488; *Reidinger,* Inbestandgabe zur Erschwerung von Liegenschaftsexekutionen, wobl 1991, 217; *Reidinger,* Inbestandgabe zur Erschwerung von Liegenschaftsexekutionen – aktuelle Rechtsprechung, wobl 1994, 110.

[14]) Vgl *Binder/Pesek* in *Schwimann/Kodek*[4] § 1120 Rz 54 ff; *Würth* in *Rummel*[3] § 1120 Rz 9.

Im Einzelnen sind die – im ABGB nicht geregelten – Leasingverträge verschieden ausgestaltet.[1]) Beim **unmittelbaren** Leasing nimmt der Produzent oder Händler der Ware selbst das Leasinggeschäft vor, beim **mittelbaren** Leasing kauft eine eigene Leasinggesellschaft die Sache vom Produzenten und schließt mit dem Interessenten das Leasinggeschäft. Beim **Sale-and-lease-back**-Geschäft verkauft der Leasingnehmer ein ihm gehörendes Wirtschaftsgut an den Leasinggeber, um es sogleich wieder von diesem zu leasen.[2]) Eine Variante davon, bei der zumeist aus steuerlichen Gründen ein Gut an einen ausländischen Investor veräußert und von diesem zurückgeleast wird, ist das **Cross-Border-Leasing.** Bei beweglichen Sachen spricht man von **Mobilienleasing,** bei unbeweglichen von **Immobilienleasing.**[3]) 1072

Während das sog **Operatingleasing** eine Miete im herkömmlichen Sinn ist,[4]) kommt beim **Finanzierungsleasing** dem Leasinggeber wirtschaftlich die Funktion eines Kreditgebers zu.[5]) Der Leasinggeber trägt die Kosten der Anschaffung des Leasinggutes, an dem er aber selbst kein Interesse hat, und bekommt diese samt den dabei auflaufenden Spesen, Gebühren, Refinanzierungskosten und einem Gewinnzuschlag vom Leasingnehmer entsprechend der Vereinbarung zur Gänze vergütet. 1073

Innerhalb der Finanzierungsleasingverträge unterscheidet man Voll- und Teilamortisationsverträge (Restwertleasing). Während beim **Vollamortisationsvertrag** die vereinbarte Nutzungszeit idR der wirtschaftlichen Lebensdauer des Leasinggutes nahekommt (bis zu 90%) und schon das Leasingentgelt die Anschaffungs- sowie Finanzierungskosten und einen Gewinn des Leasinggebers abdeckt, wird beim **Teilamortisationsvertrag** der Gebrauchswert des Gutes durch die zeitlich relativ kurz bemessene Nutzung nicht annähernd ausgeschöpft und die Summe der Leasingraten ist geringer. Der Leasingnehmer hat hier idR dafür einzu- 1074

---

[1]) Dazu *Nitsche,* ÖJZ 1974, 29ff; *Krejci,* Zivilrechtsfragen zum Leasingvertrag, in *Egger/Krejci,* Leasinggeschäft 23ff; *Fischer-Czermak,* Mobilienleasing 71ff.

[2]) OGH SZ 61/70; EvBl 1992/90; RdW 2003/546; ÖBA 2007/1405; *Czermak,* Das Besitzkonstitut beim Sale-and-lease-back-Verfahren, ÖBA 1987, 232 mwN; *Fischer-Czermak,* Mobilienleasing 153ff.

[3]) OGH ÖBA 1987, 196 *(Iro);* immolex 2000/1; NZ 2014/20; zur Umgehung der MRG-Bestimmungen s OGH immolex 2012/56 *(Cerha).* S auch *Würth* in *Rummel*[3] § 1090 Rz 34f; *Csaky,* Der Immobilienleasingvertrag (1992); *Rainer,* Der Immobilienleasingvertrag, immolex 2005, 166ff; *Hofmeister,* Zivilrechtliche Fragen des Immobilienleasing, in *Egger/Krejci,* Leasinggeschäft 325; vgl auch *Pittl/Ess,* Zur Zulässigkeit des Räumungsbegehrens beim Immobilienleasing, wobl 2005, 185ff.

[4]) OGH ÖBA 1987, 196 *(Iro);* ÖBA 1992, 924; SZ 69/171; *Frotz,* Leasing in Österreich und seine Rechtsfragen, in FS Hämmerle (1972) 97 (104); *Nitsche,* ÖJZ 1974, 34; *Schuhmacher,* Kfz-Leasing und KonsumentenschutzG, ZVR 1979, 290.

[5]) Vgl OGH SZ 55/75; RdW 1985, 150; ÖBA 1987, 196 *(Iro)* und ÖBA 1989, 316 *(Iro);* EDV 1989, 50; SZ 64/73; vgl auch OGH ecolex 1996, 254 *(Fischer-Czermak)* = ÖBA 1996, 639 *(Iro);* ÖBA 2009/1576 *(Apathy);* VbR 2015/86; *Canaris,* Interessenlage, Grundprinzipien und Rechtsnatur des Finanzierungsleasing, AcP 190, 410.

stehen, dass das Leasingobjekt zum vereinbarten Restwert verwertet werden kann.[6])

II. Gefahrtragung und Gewährleistung

1075 Der Leasinggeber ist verpflichtet, dem Leasingnehmer (erstmalig) die **ordnungsgemäße Nutzungsmöglichkeit** am Leasingobjekt einzuräumen.[1]) Diese Pflicht kann – auch gegenüber Unternehmern[2]) – vertraglich nicht ausgeschlossen werden.[3]) Nach der Übergabe trägt beim Finanzierungsleasing typischerweise der Leasingnehmer die **Gefahr des zufälligen Untergangs** der Sache.[4]) Das kommt darin zum Ausdruck, dass der Leasingnehmer auch bei zufälliger Beschädigung der Sache die Leasingraten weiterzahlen und für die Reparaturkosten aufkommen muss.[5])

1076 Beim Finanzierungsleasing werden in der Praxis die **Gewährleistungsrechte** des Leasingnehmers gegen den Leasinggeber zwar ausgeschlossen,[6]) doch wird dem Leasingnehmer das Recht eingeräumt, die dem Leasinggeber gegen den Lieferanten zustehenden Gewährleistungsrechte geltend zu machen.[7])

Der Ausschluss der Gewährleistungsrechte des Leasingnehmers gegen den Leasinggeber ist nach der Rechtsprechung trotz § 9 KSchG grundsätzlich auch im Verbrauchergeschäft zulässig.[8]) Dies steht in gewissem Widerspruch zur (unabdingbaren) Pflicht des Leasinggebers zur mangelfreien Übergabe des Leasingobjekts.[9]) Voraussetzung für die Wirksamkeit ist aber, dass der Leasinggeber seine Ansprüche gegen den Lieferanten abtritt und dass dem Verbraucher dadurch zumindest die Rechte eines Käufers zustehen.[10])

---

[6]) *Schuhmacher,* ZVR 1979, 289; *Krejci* in *Egger/Krejci,* Leasinggeschäft 16ff; *Czermak,* ÖBA 1987, 236; *Czermak,* Restwertabsicherung durch den Leasingnehmer bei vorzeitiger Vertragsauflösung, wbl 1987, 83; vgl auch OGH wbl 1987, 93; ecolex 1991, 242 *(Fischer-Czermak).*

[1]) RIS-Justiz RS0020735; zuletzt OGH ZVR 2012/92 *(Kathrein).* Vgl auch *Krejci,* Zur Lieferpflicht des Leasinggebers, GesRZ 1988, 1.

[2]) OGH ÖBA 1996, 639 *(Iro).*

[3]) RIS-Justiz RS0020735 (T11).

[4]) OGH JBl 1980, 259 *(Wilhelm);* SZ 64/73; ÖBA 2009/1576 *(Apathy);* zur Gefahrtragung vor Übergabe OGH RdW 1985, 371; ÖBA 1989, 316 *(Iro);* ecolex 1995, 629 *(Fischer-Czermak).*

[5]) *Schuhmacher,* ZVR 1979, 297f; *Czermak,* ÖBA 1987, 240f; *Krejci,* Zur Gefahrtragung beim Leasinggeschäft, ÖJZ 1988, 129; *Fischer-Czermak,* Mobilienleasing 195; zu den Reparaturkosten s OGH ÖBA 2009/1575; zum Zurückbehaltungsrecht s OGH ecolex 1994, 618 *(Heid);* ZVR 2013/173 *(Ch. Huber);* ZVR 2014/207 *(Kathrein)* = ecolex 2014/269 *(Wilhelm).*

[6]) Zum Inhalt der Gewährleistungsrechte *Vonkilch,* JBl 2008, 104f; *Krejci,* Zur Gewährleistungspflicht des Leasinggebers, JBl 1988, 490.

[7]) *P. Bydlinski,* Übertragung 170ff; *Czermak,* Zur Abtretung der Gewährleistungsrechte des Leasinggebers an den Leasingnehmer, wbl 1989, 87; *Fischer-Czermak,* Mobilienleasing 206ff mwN.

[8]) RIS-Justiz RS0016641.

[9]) *Harrich,* Das mangelhafte Leasingobjekt – Gewährleistung beim mittelbaren Finanzierungsleasing, Zak 2009/570, 347; *Parapatits,* AGB-Kontrolle beim Finanzierungsleasing, ZFR 2010/94, 151.

[10]) OGH JBl 2008, 102 *(Vonkilch);* ÖBA 2009/1576 *(Apathy);* ÖBA 2010/1614; EvBl 2010/46 *(Parapatits);* ÖBA 2011/1709; ÖBA 2010/1658.

Gewährleistungsansprüche des Verbrauchers dürfen daher nicht von einer Rüge (§ 377 UGB) abhängen[11]) oder inhaltlich beschränkt werden (zB Ausschluss der Wandlung). Im Hinblick auf das Transparenzgebot (§ 6 Abs 3 KSchG) verlangt die Rechtsprechung überdies, dass der Leasinggeber die Rechte des Verbrauchers genau umschreibt.[12]) Schließlich muss der Lieferant im Vertrag namentlich genannt werden (§ 6 Abs 2 Z 2 KSchG).

Überwiegend wird angenommen, dass die Wandlung des Kaufvertrages zwischen Lieferanten und Leasinggeber auch den Leasingvertrag beendet, weil damit dessen Geschäftsgrundlage wegfällt.[13])

Beim mittelbaren Finanzierungsleasing entfaltet der Vertrag zwischen Produzent (Händler) und Leasinggeber auch Schutzwirkungen zugunsten des Leasingnehmers.[14]) Die jüngere Rechtsprechung bejaht nun auch deliktische Schadenersatzansprüche des Leasingnehmers, weil ein Fall bloßer Schadensüberwälzung (s unten Rz 1462 ff) vorliege.[15])

III. Verbraucherleasing und VKrG

Nach § 26 VKrG gelten bestimmte Arten von Verbraucherleasingverträgen als sonstige Finanzierungsgeschäfte iSd § 25 Abs 1 VKrG. Sie werden also – abgesehen von einigen Sondernormen und Modifikationen – grundsätzlich dem für Verbraucherkreditverträge geltenden Regime unterstellt (dazu oben Rz 932 ff).[1]) 1077

Verbraucherleasingverträge iSd § 26 VKrG sind einerseits durch die entgeltliche **Gebrauchsüberlassung,** andererseits durch ein **Erwerbselement** gekennzeichnet. Erfasst werden also Finanzierungsleasingverträge. 1078

Das Erwerbselement ist nach § 26 Abs 1 VKrG gegeben, wenn der Verbraucher zum Erwerb der Sache verpflichtet ist (Z 1), der Unternehmer vom Verbraucher den Erwerb der Sache verlangen kann (Z 2), der Verbraucher das Recht hat, die Sache zu einem bestimmten Preis zu erwerben (Z 3), oder der Verbraucher bei Vertragsende für einen bestimmten Wert der Sache („Restwertrisiko") einzustehen hat (Z 4).[2])

---

[11]) OGH ÖBA 2009/1576 *(Apathy);* ÖBA 2010/1614.

[12]) OGH ÖBA 2009/1575; ÖBA 2010/1614

[13]) Zuletzt OGH ÖBA 2009/1576 *(Apathy);* dazu (kritisch zur dogmatischen Begründung) *Fischer-Czermak,* Gewährleistung und Wegfall der Geschäftsgrundlage beim Leasing, ecolex 1995, 619; *Fischer-Czermak,* Wegfall der Geschäftsgrundlage beim Leasing, ecolex 2000, 97.

[14]) Zur Einbeziehung des bloßen Vermögens in den Schutzbereich s OGH SZ 64/15; ecolex 1995, 799.

[15]) OGH JBl 1996, 114 *(Lukas);* ZVR 2010/183 *(Ch. Huber);* dazu *Fischer-Czermak,* Schadenersatz nach Verkehrsunfällen mit Leasingfahrzeugen, ZVR 1997, 38; *Ch. Huber,* Beiträge zum Verkehrsunfallrecht in der „Festschrift 200 Jahre ABGB" (FN 1), ZVR 2012/145 (293).

[1]) *Zöchling-Jud* in *Wendehorst/Zöchling-Jud,* VKrG § 26 Rz 1 ff, 17; *Zöchling-Jud,* Neuregelung für Verbraucherleasingverträge, in FS Reischauer (2010) 461 (467); *Stabentheiner/Dimmel,* Die Umsetzung der neuen Verbraucherkreditrichtlinie in Österreich, ÖBA 2009, 696; *Reinking,* Die Änderungen des Kreditvertragsrechts und ihre Auswirkungen auf die Finanzierung und das Leasing von Kraftfahrzeugen, DAR 2010, 252; *Stabentheiner,* ÖJZ 2010/79, 743 (748); *Güblinger,* ZVR 2010/227, 482 ff; *Ramharter,* RZ 2011, 156 (162); OGH ÖBA 2015/2088 *(Schopper)* = EvBl-LS 2014/127 *(Brenn)* (dazu *Zemann,* Transparenz bei Verbraucherkrediten, ecolex 2014, 932).

[2]) Hat der Leasingnehmer dafür einzustehen, dass das geleaste Kfz zu Vertragsende einen vereinbarten Höchstkilometerstand nicht überschreitet, ist das VKrG analog anwendbar; s dazu OGH VbR 2015/86.

12. Kapitel

Der Bauträgervertrag

Literatur: *Aufner/S. Bydlinski,* Bauträgervertragsgesetz² (2008); *Engin-Deniz,* Bauträgervertragsgesetz² (1999); *Gartner,* Unzulässige Klauseln in Bauträgerverträgen, wobl 2008, 1; *Gartner,* Bauträgervertragsgesetz² (2013); *Kothbauer,* Die BTVG-Novelle 2008, immolex 2008, 96 und 128; *Pittl,* Bauträgervertragsgesetz² (2015); *Vögerl,* Das neue Bauträgervertragsrecht aus rechtsökonomischer Sicht, immolex 2008, 235; *Vonkilch,* Das Bauträgervertragsrecht nach der BTVG-Novelle 2008, wobl 2008, 203.

1079 Ein **Bauträgervertrag** ist ein Vertrag über den Erwerb des Eigentums, des Wohnungseigentums, des Baurechts, des Bestandrechts oder eines sonstigen Nutzungsrechts einschließlich Leasing an **zu errichtenden** oder **durchgreifend zu erneuernden**[1]) Gebäuden, Wohnungen oder Geschäftsräumen (§ 2 Abs 1 BTVG). Bauträger ist, wer sich verpflichtet, dem Erwerber diese Rechte einzuräumen. Ein Bauträgervertrag liegt aber auch dann vor, wenn der Erwerber sein Recht zwar von einem Dritten erwirbt, dieser Vertrag aber mit der Errichtung oder durchgreifenden Erneuerung des Objekts eine wirtschaftliche Einheit bildet (§ 2 Abs 4 BTVG).[2])

Das BTVG ist auf Bauträgerverträge anzuwenden, bei denen der Erwerber vor der Fertigstellung Zahlungen von mehr als € 150,– pro m² Nutzfläche an den Bauträger oder an Dritte zu leisten hat. Dabei sind auch Sonder- oder Zusatzleistungen zu berücksichtigen. Die Vorschriften des BTVG können nicht zum Nachteil des Erwerbers abbedungen werden, wenn dieser Verbraucher iSd KSchG ist. Für den Erwerber günstigere Vorschriften (vgl zB § 37 Abs 1 WEG) bleiben unberührt (§ 1 BTVG).

1080 Wesentlicher Bestandteil des BTVG ist die Verpflichtung des Bauträgers, den Erwerber gegen den **Verlust** der von ihm aufgrund des Bauträgervertrages geleisteten **Zahlungen** zu sichern, wenn die Fertigstellung des Objekts aus welchen Gründen auch immer unterbleibt. Die Möglichkeiten einer ausreichenden Sicherung bestimmt das Gesetz (vgl §§ 7 ff BTVG). Der Erwerb des Eigentums, Wohnungseigentums oder Baurechts kann auch durch eine bücherliche Sicherstellung in Verbindung mit der Zahlung des vereinbarten Preises in Raten nach einem gesetzlich bestimmten Ratenplan gesichert werden (§§ 9 iVm 10 BTVG). Die Sicherungspflicht endet mit der tatsächlichen Übergabe des fertiggestellten Vertragsgegenstandes und der Sicherung der Erlangung der vereinbarten Rechtsstellung (§ 7 Abs 5 BTVG).

1081 Das BTVG bestimmt weiters die inhaltlichen **Mindesterfordernisse** eines Bauträgervertrages (vgl § 4 BTVG). Dieser bedarf der Schriftform, doch kann sich der Erwerber auf einen Formmangel nur bis zum Ende der Sicherungspflicht berufen (§ 3 BTVG). Dem Erwerber werden wei-

[1]) Zur durchgreifenden Erneuerung OGH wobl 2006, 59 *(Pittl);* ecolex 2005/317 *(Friedl);* zuletzt OGH immolex-LS 2014/8.

[2]) OGH immolex 2013/17 *(Neugebauer-Herl)* = ZVB 2012/26 *(Michl)* (dazu *Gartner,* Die „wirtschaftliche Einheit" zwischen Liegenschaftskaufvertrag und Errichtungsvertrag gemäß § 2 Abs 4 BTVG, immolex 2014, 140).

ters besondere gesetzliche Rücktrittsrechte eingeräumt, während die Zulässigkeit der Vereinbarung und Ausübung vertraglich vereinbarter Rücktrittsrechte des Bauträgers beschränkt wird (vgl §§ 5 und 6 BTVG).

Darüber hinaus ist der Bauträger in der Regel verpflichtet, spätestens bei Unterfertigung des Bauträgervertrages einen **Treuhänder** (zwingend ein Rechtsanwalt oder Notar) zu bestellen, der insbesondere die Pflicht hat, den Erwerber über das Geschäft rechtlich zu belehren und die Erfüllung der Sicherungspflicht des Bauträgers zu überwachen (vgl § 12 BTVG).

13. Kapitel

Der Dienstvertrag (§§ 1151 ff)

Literatur: *Brodil,* Civiles im Arbeitsrecht (2012); *Ettmayer,* Die Anrechnung des zu erwerben absichtlich Versäumten nach § 1155 ABGB, JBl 2006, 295; *Riedler,* Modernisierungsbedarf des ABGB in den besonderen Bestimmungen über vertragliche Schuldverhältnisse! in *Fischer-Czermak/Hopf/Kathrein/Schauer,* ABGB 2011 – Chancen und Möglichkeiten einer Zivilrechtsreform (2008) 73; *Riedler,* Reformbedarf bei Tausch-, Kauf- und Dienstleistungsverträgen? ÖJZ 2008/99, 934; *Tomandl,* Wesensmerkmale des Arbeitsvertrages (1971).

I. Begriff des Dienstvertrages

Die Bestimmungen des ABGB über den Dienstvertrag (§§ 1151 ff) haben an Bedeutung verloren, weil die meisten Dienstverträge durch arbeitsrechtliche Sondergesetze geregelt sind. Auf das ABGB muss zurückgegriffen werden, wenn besondere Vorschriften fehlen. Darüber hinaus legt das ABGB fest, wer Arbeitnehmer ist und bestimmt so den Anwendungsbereich der arbeitsrechtlichen Sondergesetze.[1]) Im Folgenden werden nur einige Grundsätze des Dienstvertragsrechts dargestellt, seine ausführliche Erörterung bleibt dem Arbeitsrecht überlassen.

Im Dienstvertrag verpflichtet sich jemand einem anderen gegenüber auf bestimmte oder unbestimmte Zeit zu Arbeitsleistungen. 1082

Der Dienstnehmer schuldet Arbeit, aber **keinen Erfolg.**[2]) Der Dienstgeber **bestimmt** das **Verhalten** des Leistenden, der regelmäßig in das Unternehmen des Leistungsempfängers **eingegliedert** wird. Das wirtschaftliche Risiko für die Nützlichkeit der Arbeit trägt der Dienstgeber. 1083

Die Dienste können verschieden sein. Sowohl die Verkäuferin im Schuhgeschäft als auch der Generaldirektor eines großen Unternehmens[3]) sind Dienstnehmer. 1084

---

[1]) *Schrammel* in *Klang*[3] § 1151 Rz 7.

[2]) OGH ZAS 1988/14 *(Schnorr);* RdA 1992, 49 *(Eypeltauer);* ZAS 1994/12 *(Reissner);* vgl auch *Kietaibl,* Arbeitsrecht[8] I 37; *Schrammel* in *Klang*[3] § 1151 Rz 16 ff.

[3]) Vgl hiezu *Heidinger/Holzer,* Die Rechtsstellung der leitenden Angestellten, RdW 1985, 77 mwN; *Schrammel,* Bestellung und Abberufung von GmbH-Geschäftsführern aus arbeitsrechtlicher Sicht, ecolex 1990, 697; *Weigl,* Organpersonen im Arbeitsrecht, in *Achatz/Jabornegg/Karollus,* Aktuelle Probleme im Grenzbereich von Arbeits-, Unternehmens- und Steuerrecht (1998) 66 ff; *Korenjak,* Das Vorstandsmitglied als arbeitnehmerähnliche Person, RdW 2009/451, 475. S auch OGH wbl 2014, 219 (Arbeitnehmereigenschaft eines GmbH-Geschäftsführers); RdW 2014/175 (Arbeitneh-

1085 Die Tätigkeiten des Dienstnehmers sind meist **tatsächlicher** Natur. Soweit damit eine Geschäftsbesorgung verbunden ist, gelten die Vorschriften über den Bevollmächtigungsvertrag (§ 1151 Abs 2).

1086 Charakteristisch für den Dienstvertrag ist die Arbeit in **persönlicher Abhängigkeit.**[4]) Persönlich abhängig ist, wer die versprochene Arbeit selbst zu verrichten hat,[5]) ohne Arbeitsort, Arbeitszeit und arbeitsbezogenes Verhalten frei bestimmen zu können, vielmehr unter der Leitung und Aufsicht des Dienstgebers steht, dessen Weisungen er befolgen muss. Unzulässig ist, die (einheitliche) Tätigkeit des Arbeitnehmers in einen abhängigen und einen selbstständigen Teil zu zerlegen, und damit arbeitsrechtliche Schutzbestimmungen zu umgehen.[6])

1087 Zahlreiche arbeitsrechtliche Schutzbestimmungen versuchen, die **wirtschaftliche Schwäche** des persönlich abhängigen Arbeitnehmers gegenüber dem Arbeitgeber auszugleichen.

1088 Eine Sonderstellung nimmt der **freie Dienstvertrag**[7]) ein. Auch der „freie“ Dienstnehmer schuldet keinen Erfolg, er ist aber in die fremde Betriebsorganisation nur locker eingegliedert und erbringt seine Leistung **„inhaltlich unabhängig“**, also ohne diesbezüglich an die Weisungen des Dienstgebers gebunden zu sein.

Freie Dienstverhältnisse[8]) begründen zB die Verträge mit einem gelegentlich ordinierenden Betriebsarzt, mit einem zur Betreuung von Hotelgästen eingesetzten Arzt, mit einem Fleischbeschau-Tierarzt, einer frei agierenden Zeitungsreporterin, mit einer Grafikerin[9]) und mit einem Reiseleiter.[10]) Auch der Anstellungsvertrag des Vorstandsmitglieds einer AG ist meist ein freier Dienstvertrag.[11])

---

mereigenschaft von Pflegeeltern); ZAS 2013/55 *(Körber-Risak)* (Arbeitnehmereigenschaft von Praktikanten und Voluntären).

[4]) Dazu *Tomandl,* Wesensmerkmale 190; *M. Reiner,* Zur Konstruktion des Arbeitnehmerbegriffs durch Referenzrahmen am Beispiel der Natur der Tätigkeit: Eine Gefahr für das dogmatische Erbe von Hugo Sinzheime, JBl 2010, 549 ff; *Mazal,* Zur Abgrenzung Dienstvertrag und Werkvertrag, ecolex 2012, 565; *Schauer,* Die Wesensgrenzen des Arbeitsvertrags, in *Brodil,* Civiles im Arbeitsrecht 32 ff; *Schrammel* in *Klang*[3] § 1151 Rz 24 ff; OGH RdA 1981, 230 *(Schrammel);* RdA 1990, 353 *(Runggaldier);* RdW 1991, 300; ArbSlg 11.293; wbl 1997, 481; SZ 2003/145; JBl 2004, 465; ecolex 2007/267; ecolex 2008/167; ecolex 2008/386 (dazu *Peschek/Unterrieder,* Gibt es noch freie Dienstnehmer? ecolex 2008, 989); ecolex 2015/56.

[5]) Vgl dazu *Rebhahn,* Dienstnehmerbegriff und persönliche Abhängigkeit bei Vertretungsbefugnis, wbl 1998, 277 ff mwN.

[6]) OGH EvBl-LS 2004/57.

[7]) *Strasser,* Abhängiger Arbeitsvertrag oder freier Dienstvertrag, RdA 1992, 93; *Schrammel,* Freier Dienstvertrag ohne Zukunft, ecolex 1997, 274; *Mazal,* Freier Dienstvertrag oder Werkvertrag? ecolex 1997, 277; *Schrammel,* Arbeitsvertrag versus freier Dienstvertrag, in FS Bauer/Maier/Petrag (2004) 25; *Peschek/Unterrieder,* ecolex 2008, 989; *Schrammel* in *Klang*[3] § 1151 Rz 60 ff.

[8]) Beispiele von *Spielbüchler* in *Floretta/Spielbüchler/Strasser,* Arbeitsrecht[4] I 54.

[9]) OGH RdA 2014, 143.

[10]) Zum Notarzt RdA 1992, 294 *(Löschnigg);* zum Regisseur OGH MR 1991, 242; zum Journalisten OGH wbl 1996, 207; zum Präsidenten einer Arbeiterkammer OGH wbl 1997, 32; zum Steuerberater OGH SZ 68/21; zum Sprachlehrer OGH RdW 1999, 673.

[11]) OGH wbl 2010/117 *(Grillberger); Schrammel* in *Klang*[3] § 1151 Rz 68.

Soweit arbeitsrechtliche Normen nicht vom persönlichen Abhängigkeitsverhältnis des Arbeitnehmers ausgehen oder den Schutz des sozial Schwächeren verfolgen (zB § 1154b), sind sie auch auf freie Dienstverträge anwendbar.[12]) Die Bestimmungen über den Werkvertrag können auf den freien Dienstvertrag nicht generell angewendet werden, weil bei diesem kein Erfolg geschuldet wird; uU ist aber eine ergänzende Heranziehung möglich.[13]) 1089

Für den Abschluss des Dienstvertrages ist **keine Form** vorgeschrieben; es gilt der Grundsatz der Formfreiheit (§ 883).[14]) 1090

Allerdings sehen arbeitsrechtliche Sondernormen vor, dass Arbeitnehmer ein Schriftstück mit Angaben über die wesentlichen Bedingungen des Vertrages erhalten sollen (Arbeitsvertrag, „Dienstzettel"). Dies gilt auch für freie Dienstverträge (§ 1164a).[15])

Hingegen ist die **Gestaltungsfreiheit** der Vertragspartner **eingeschränkt,** da zum Schutz des Arbeitnehmers gesetzliche Vorschriften bestehen, die zu seinem Nachteil nicht abgeändert werden können (vgl zB § 1164). Außerdem sehen die zwischen Arbeitgeber- und Arbeitnehmerverbänden vereinbarten Kollektivverträge zwingende Minimalbedingungen vor; die Parteien können im Einzelfall nur für den Dienstnehmer günstigere Vereinbarungen treffen **(„relativ zwingendes Recht").** 1091

Ausnahmsweise ist nicht nur die Inhaltsfreiheit, sondern auch die Abschlussfreiheit eingeschränkt (s zB das BehinderteneinstellungsG und das BerufsausbildungsG).

Der Dienstnehmer ist zur Erbringung der vereinbarten Dienste verpflichtet. Er hat diese Dienstleistung grundsätzlich **selbst** zu erbringen, kann sie also nicht einer anderen Person übertragen.[16]) Das Recht des Dienstgebers auf Erbringung der Arbeitsleistung ist nur mit Zustimmung des Dienstnehmers übertragbar (§ 1153).[17])

Gemäß § 1153 ist der Dienstnehmer im Zweifel zur Erbringung der nach den Umständen angemessenen Leistung verpflichtet. Entspricht die tatsächliche Arbeit weder dem Versprechen noch der individuellen Leistungsfähigkeit des Arbeitnehmers, so stehen dem Dienstgeber arbeitsrechtliche Sanktionen zu (Entlassung, Kündigung).[18]) Das Gewährleistungsrecht des ABGB ist auf das Arbeitsverhältnis nicht direkt anwendbar. Bei grob fahrlässig erbrachten Minderleistungen ist jedoch eine Lohnkürzung als Alternative zur Entlassung zulässig.[19])

---

[12]) Vgl aber OGH wbl 2010/117 *(Grillberger)* (analoge Anwendung von relativ zwingenden gesetzlichen Kündigungsfristen).

[13]) *Wachter,* Der sogenannte freie Dienstvertrag, RdA 1984, 405ff. S auch OGH JBl 1992, 520 *(Apathy).*

[14]) Vgl *Risak,* Schriftformgebote im Arbeitsrecht, ZAS 2013/10, 52.

[15]) S hiezu *Risak,* Dienstzettelpflicht auch für freie Dienstnehmer, ZAS 2004, 201.

[16]) Vgl zur Vertretbarkeit *Rebhahn,* wbl 1998, 277ff.

[17]) Zur Übertragbarkeit des Weisungsrechtes *P. Bydlinski,* Die Übertragung von Gestaltungsrechten (1986) 269ff.

[18]) Hiezu *Schrammel,* „Gewährleistung" für schlechte Dienste? in FS Welser (2004) 990ff.

[19]) So *Schrammel* in FS Welser (2004) 995.

II. Entgelt

1092 Der Dienstvertrag kann entgeltlich oder unentgeltlich sein,[1]) doch ist im Zweifel ein **angemessenes Entgelt** geschuldet (§ 1152).[2]) Es ist, wenn nichts anderes vereinbart wird, im Nachhinein zu leisten (§ 1154). Der Anspruch auf das Entgelt bleibt für einige Zeit selbst dann bestehen, wenn der Dienstnehmer wegen Krankheit oder sonstiger unverschuldeter Umstände seine Leistung nicht erbringen kann (§ 1154b; sog **Lohnfortzahlung;** Entgeltfortzahlung).[3])

Da der Dienstvertrag ein gegenseitiger Vertrag ist, hätte der Dienstnehmer in diesen Fällen eigentlich keinen Anspruch auf Entgelt, doch ist hier aus sozialen Gründen das Gegenseitigkeitsprinzip durchbrochen.[4])

1093 Der Entgeltanspruch besteht ferner (§ 1155), wenn der Dienstnehmer zur Leistung bereit ist, der Dienstgeber jedoch auf sie verzichtet[5]) oder sie aus anderen Gründen, die in seiner **Sphäre** liegen, nicht erbracht werden kann.[6])

---

[1]) S dazu *Wilhelm,* Entgeltliche und unentgeltliche Arbeitsverhältnisse, in *Tomandl,* Entgeltsprobleme aus arbeitsrechtlicher Sicht (1979) 1; *Burgstaller/Schorn,* Entgelt nicht gleich Entgelt, ZAS 2013/18, 99.

[2]) S OGH ZAS 1991/2 *(Zeiler);* ZAS 1993/6 *(Andexlinger);* ArbSlg 11.388. Zum Entgeltanspruch für Wegzeiten zwischen zwei Arbeitsorten s *Gerhartl,* Entgelt für Wegzeiten bei geteilten Diensten, RdW 2012/581, 530f; OGH RdW 2012/445; vgl auch *Schrammel* in *Klang*[3] § 1152 Rz 52ff. Zu Entgeltansprüchen eines vermeintlich Selbständigen: OGH EvBl 2013/36 *(Risak); Kietaibl,* Arbeitsvertragliche Folgen bei Verkennung der Arbeitnehmereigenschaft durch die Vertragsparteien, JBl 2004, 626; *Kietaibl,* Arbeitsvertragliche Rückabwicklung bei aufgedeckter Scheinselbständigkeit, wbl 2006, 207; *Risak,* Arbeitsrechtliche Folgen des falschen Status eines Mitarbeiters bzw einer Mitarbeiterin, ZAS 2013/21, 131; *Tomandl,* Entgeltansprüche bei vermeintlich Selbständigen, ZAS 2013/26, 159.

[3]) RIS-Justiz RS0109426; OGH EvBl 2011/43; *Risak,* Dienstverhinderung aufgrund psychischer und physischer Krankheit, ZAS 2012/23, 118; *G. Schima,* Vulkanausbrüche, Naturkatastrohen und andere Fälle höherer Gewalt – arbeitsrechtliche Auswirkungen, ZAS 2012/25, 131; *Gerhartl,* Entgeltfortzahlung bei einvernehmlicher Auflösung im Krankenstand, ecolex 2012, 511; *Wiesinger,* Arbeitsunfähigkeit infolge von Fasten, RdW 2013/223, 219; zur Unzulässigkeit von „Anwesenheitsprämien" im Krankheitsfall s OGH JBl 2006, 126; *Schimanko,* Zur Grenze der Entgeltfortzahlung nach dem EFZG, RdW 2011/104, 98; zur Entgeltfortzahlung bei Katastrophen s *Aichberger-Beig,* Entgeltfortzahlung bei Katastrophen – neue Rechtslage, ecolex 2013, 899; *Spitzl,* Katastrophen im Entgeltfortzahlungsrecht, ZAS 2014/3, 12.

[4]) *Schrammel* in *Klang*[3] § 1152 Rz 1ff.

[5]) *Holzer,* Verschuldeter Annahmeverzug des Arbeitgebers und Anrechnung anderweitig absichtlich versäumten Verdienstes, RdA 1983, 10ff; *Schnitzer,* Gibt es nicht dennoch ein „Recht" auf Beschäftigung? wbl 1989, 360; OGH RdW 1994, 255; RdW 1995, 269; vgl auch OGH RdA 1999/49 *(Löschnigg);* RdA 2007/49 *(Brodil);* s dazu *Laimer,* Beschäftigungsrecht von Berufsfußballern, ecolex 2007, 418.

[6]) *Binder,* Die Beendigung arbeitsvertraglicher Bindungen bei Eintritt dauernder Leistungsunmöglichkeit, in FS Strasser (1983) 271ff; *Schnorr,* Entgeltsansprüche bei Nichtleistung der Arbeit, in *Tomandl,* Entgeltsprobleme aus arbeitsrechtlicher Sicht (1979) 21; *Rebhahn,* Zur Überwälzung des Wirtschaftsrisikos auf den Arbeitnehmer bei Arbeit auf Abruf, in FS Schnorr (1988) 225; *Picker,* Betriebsstillstand und Lohngefahrtragung, in GedS Hofmeister (1996) 549; *Ettmayer,* JBl 2006, 295; *Gerhartl,* Anrechnung

Dies ist auch dann der Fall, wenn die Leistung wegen Streiks anderer Arbeitnehmer[7]) oder der Witterung am Arbeitsort[8]) nicht erbracht werden kann.

Der Dienstnehmer muss sich jedoch anrechnen lassen, was er sich dadurch erspart oder durch anderweitige Verwendung erworben oder zu erwerben absichtlich versäumt hat.[9]) 1094

III. Wechselseitige Nebenpflichten

Neben der Pflicht zur Zahlung des Entgeltes treffen den **Dienstgeber** eine Reihe von **Fürsorgepflichten** (§ 1157; ArbeitnehmerschutzG 1994).[1]) Er hat darauf zu achten, dass Leben und Gesundheit des Dienstnehmers, seine Persönlichkeitsrechte und in gewisser Weise auch sein Vermögen soweit wie möglich geschützt werden. Zum Vermögen gehören nach neuerer Rechtsprechung auch Schadenersatzansprüche zwischen Dienstnehmern, weshalb der Dienstgeber einem Dienstnehmer, der bei einem Arbeitsunfall verletzt wurde, Auskunft darüber geben muss, welcher Arbeitskollege möglicherweise für Schäden haftet.[2]) Außerdem hat der Dienstgeber für ein angenehmes Betriebsklima zu sorgen und Mobbing zu verhindern.[3]) Das Dienstverhältnis erschöpft sich also nicht in der Erbringung von Arbeitsleistungen und der Zahlung des Entgelts, sondern enthält auch **personenrechtliche** Elemente. 1095

Nach hA haftet der Dienstgeber in analoger Anwendung des § 1014 für den Sachschaden am Vermögen des Dienstnehmers, den dieser in Erfül- 1096

bei Entgeltfortzahlung wegen Arbeitsausfall aus Umständen in der Arbeitgebersphäre, wbl 2007, 14; s auch OGH SZ 53/93; ZAS 1988/21 *(Schnorr);* RdA 1999/22 *(Löschnigg).*

[7]) Dazu OGH ZAS 2006/27 *(Tomandl)* = RdA 2007/9 *(Jabornegg);* RdW 2006/232; RdW 2006/233; *Drs,* Streik: Entgeltfortzahlungsanspruch arbeitswilliger Arbeitnehmer, RdW 2006/230, 230; OGH JBl 2012, 670 (zur Zurückbehaltung der Arbeitsleistung wegen Lohnrückständen).

[8]) Dazu *Wiesinger,* Witterungsbedingter Arbeitsentfall, ecolex 2013, 368.

[9]) Dazu OGH JBl 1976, 49; ZAS 1983/5 *(Schrammel);* RdW 1988, 357; RdW 1994, 255; ecolex 1994, 560 (Annahmeverzug); SZ 2010/116; EvBl-LS 2014/25 (Beweislast trägt der Dienstgeber) ecolex 2014/182; *Binder,* Vorteilsanrechnung im Arbeitsverhältnis, in FS Schwarz (1991) 35; *Ettmayer,* JBl 2006, 295. Einschränkend OGH ZAS 1997/19 *(Risak);* differenzierend wbl 2011/56 (rechtsmissbräuchlicher Einwand des Arbeitgebers).

[1]) Dazu OGH RdA 1991, 130 *(Apathy);* RdA 1992, 141 *(Löschnigg);* EvBl 1993/97; ZAS 1995/9 *(Aigner)* = RdA 1995, 491 *(Schwarz);* RdA 1996, 388 *(Jabornegg);* SZ 68/39 = AnwBl 1996, 248 *(Ziehensack);* RdM 1998/1; zum BauKG s OGH SZ 2010/18; *Kissich,* Passivrauchen am Arbeitsplatz – Unterlassung und Schadenersatz, Zak 2006/77, 46; zum Nachwirken der Fürsorgepflichten nach Beendigung des Dienstverhältnisses OGH JBl 2008, 734; *Schrammel* in *Klang*[3] § 1157 Rz 1 ff.

[2]) OGH JBl 2010, 67 (dazu *Gerhartl,* Auskunftspflicht des Arbeitgebers nach Arbeitsunfall, RdW 2009/829, 855 sowie *Kernbichler,* Haftungsprivileg des DG und des DN – ein unlösbarer Widerspruch? ÖJZ 2010/6, 43).

[3]) OGH JBl 2014, 460 *(Mosler)* = ZAS 2013/46 *(Pirker);* vgl *Gerhartl,* Konsequenzen von Mobbing am Arbeitsplatz, RdA 2012, 527 ff; *Hopf,* Mobbingverbot – was nun? ÖJZ 2014/137, 897. Zu einem daraus folgenden Amtshaftungsanspruch eines Beamten s OGH JBl 2013, 331.

lung seiner Arbeitspflicht erleidet (verschuldensunabhängige **Risikohaftung** wegen **typischer** Gefährlichkeit der Tätigkeit). Dazu oben Rz 967 f.

1097 Auch dem **Dienstnehmer** obliegen eine Reihe von **Pflichten,** besonders **Treuepflichten.**[4]) Er muss zB Betriebsgeheimnisse wahren (Verschwiegenheitspflicht)[5]) und Schädigungen des Betriebes verhindern.[6])

IV. Beendigung des Dienstverhältnisses

1098 Das Dienstverhältnis endet wie alle Dauerschuldverhältnisse mit Ablauf der vereinbarten **Zeit,** sonst durch **Kündigung,**[1]) **vorzeitige Auflösung**[2]) (Austritt des Dienstnehmers oder Entlassung durch den Dienstgeber) oder **Tod** des Arbeitnehmers. Arbeitsrechtliche Sondergesetze haben die Möglichkeit willkürlicher Kündigung des Arbeitnehmers durch den Arbeitgeber eingeschränkt (vgl besonders die Regeln des allgemeinen und besonderen **Kündigungs- und Entlassungsschutzes** des ArbeitsverfassungsG).

1099 Anders als die Kündigung bedarf die vorzeitige Auflösung des Arbeitsverhältnisses (Entlassung) **wichtiger Gründe** (§ 1162), wie zB schwere, schuldhafte Verletzung der Dienstpflichten oder Arbeitsunfähigkeit. Die unbegründete oder schuldhafte Herbeiführung eines Auflösungsgrundes kann Schadenersatzansprüche auslösen. Pauschalierung des Ersatzes (Konventionalstrafe) ist innerhalb gewisser Grenzen möglich.[3])

---

[4]) Dazu *E. A. Kramer,* Arbeitsvertragliche Verbindlichkeiten neben Lohnzahlung und Dienstleistung (1975); *Schwarz/Holzer,* Die Treuepflicht des Arbeitnehmers und ihre künftige Gestaltung (1976); *Tomandl,* Treue- und Fürsorgepflicht im Arbeitsrecht (1975); *Rath,* Aufklärungspflicht des Arbeitnehmers bei anzeigepflichtiger Krankheit? ecolex 2007, 273 (274 ff); *Gerhartl,* Korrektes Arbeitnehmerverhalten auch während der Freizeit? RdW 2011/513, 483; *Wiesinger,* RdW 2013/223, 218. Vgl auch OGH RdW 1994, 316 *(Drs)* = RdA 1994, 508 *(Holzner)* = wbl 1994, 408 *(Grillberger);* ZAS 1996/23 *(Drs);* RdA 1997, 379 *(B. Schwarz);* ecolex 2014/464; zur Bekanntgabe unbedingt erforderlicher Informationen im Krankenstand s OGH RdA 2014/22 *(Weiß)* = ecolex 2014/142 *(Celar); Gerhartl,* Arbeitnehmerpflichten im Krankenstand, ecolex 2014, 550.

[5]) Dazu OGH ÖBl 1992, 231; RdW 1993, 252; vgl auch RdA 1999/18 *(D. Weiß);* ecolex 2015/123; aus der Literatur vgl *Artmann,* Verschwiegenheitspflicht ausgeschiedener Arbeitnehmer, in *Achatz/Jabornegg/Karollus,* Aktuelle Probleme im Grenzbereich von Arbeits-, Unternehmens- und Steuerrecht (1998) 51.

[6]) Dazu OGH wbl 1991, 263; RdA 1994, 56 *(Riedler).*

[1]) Zu den Kündigungsmöglichkeiten bei Insolvenz des Arbeitgebers s § 25 IO.

[2]) S *Wachter,* Die einvernehmliche Auflösung des Arbeitsverhältnisses, in FS Floretta (1983) 433 ff; *Eichinger,* Gedanken zur vorzeitigen Auflösung des Arbeitsverhältnisses aus wichtigem Grund, in FS 100 Jahre WU-Wien (1998) 375 ff; *Kern/Schweiger,* Die Bedeutung von Social Media im Entlassungsrecht, ZAS 2013/51, 302; OGH SZ 71/14; RdW 1999, 216; SZ 2010/54; ecolex 2011/184; ZAS-LS 2013/95; ecolex 2015/90; ecolex 2015/123; RdW 2015/229; ZAS-LS 2014/101. Zur ex-lege Beendigung des Lehrverhältnisses durch Zurücklegung des Fortbetriebsrecht s OGH EvBl 2013/78 *(Otenhajmer);* zur Kündigungsmöglichkeit im befristeten Arbeitsverhältnis s OGH ZAS-LS 2013/118; ecolex 2014/419; *Gerhartl,* Kündigung trotz Befristung, ecolex 2015, 142.

[3]) OGH ZAS 1984/15 *(Kohlmaier);* RdA 1984, 150 *(Steinbauer).*

Ein Entlassungsgrund muss unverzüglich geltend gemacht werden.[4]) Auch die unrechtmäßige Entlassung löst das Dienstverhältnis mit sofortiger Wirkung auf. Dem Dienstnehmer ist jedoch Schadenersatz zu leisten (Schadenersatzprinzip).[5])

V. Arbeitskräfteüberlassung

Die von der Praxis ausgebildete **Arbeitskräfteüberlassung**[1]) ist seit 1100
1988 im AÜG geregelt.[2]) Dabei verpflichtet sich ein Dienstnehmer seinem Dienstgeber („Überlasser", § 3 Abs 2 AÜG) gegenüber zur **Dienstleistung an Dritte** („Beschäftiger", § 3 Abs 3 AÜG), durch die jedoch das Dienstverhältnis zum Dienstgeber in seinem Bestand unberührt bleibt. Der Dienstnehmer wird dem **„Beschäftiger"** zur Arbeitsleistung überlassen, dessen **Weisungsrecht** unterstellt und zumindest organisatorisch in dessen Betrieb eingegliedert.

14. Kapitel

Der Werkvertrag (§§ 1165ff)

Literatur: *Gauch,* Der Werkvertrag[5] (2011); *Karasek,* ÖNORM B 2110[2] (2009); *Kurschel,* Die Gewährleistung beim Werkvertrag (1989); *Krejci,* Einige Fragen zur Auflösung des Werkvertrages gemäß § 1168 Abs 2 ABGB, in FS Posch (2011) 381; *Müller-Foell,* Die Mitwirkung des Bestellers beim Werkvertrag (1982); *A. Schopf,* Wichtige Rechtsfragen der Bauwirtschaft (2000); *U. Schwartz,* Haftungsfragen aus dem Bauvertragsrecht (1994).

I. Begriff

Durch den Werkvertrag verpflichtet sich der Werkunternehmer gegen- 1101
über dem Werkbesteller zur Herstellung eines bestimmten Erfolges (§ 1151 Abs 1).

---

[4]) OGH RdA 1984, 233 *(Apathy);* RdA 1988, 456 *(Grassl-Palten);* RdA 1989, 114 *(Dirschmied);* RdW 1996, 178; RdW 1997, 296; RdW 1998, 26; ecolex 1999, 486; ecolex 2011/296; JBl 2014, 669; *Grassl-Palten,* Der Untergang des Entlassungsrechts, ZAS 1989, 1; *Gerlach,* Beweislastverteilung bei verspäteter Entlassung, RdW 1998, 469.

[5]) S *Grillberger* in *Floretta/Spielbüchler/Strasser,* Arbeitsrecht[4] I 417; *Holzer,* Irrtumsanfechtung bei zeitwidriger Kündigung im Arbeitsverhältnis, JBl 1985, 82; aA *Marhold,* Die Wirkung ungerechtfertigter Entlassungen – Eine Kritik des sogenannten Schadenersatzprinzips, ZAS 1978, 5; *Windisch-Graetz,* Arbeitsrecht[8] II 261 ff.

[1]) Dazu *Tomandl,* Arbeitskräfteüberlassung[2] (2014).

[2]) Nicht im AÜG geregelt ist die Subüberlassung, die der OGH jedoch auch für zulässig erachtet; dazu und zur Haftung des Erstüberlassers für das Entgelt des Arbeitnehmers SZ 2008/100. Zum Anpassungsbedarf des AÜG an die 2008 erlassene LeiharbeitsRL 2008/104/EG *Grünanger,* Die Auswirkungen der Leiharbeitsrichtlinie auf das AÜG, ecolex 2009, 424. Vgl zur personalen Auswirkung von Ausgliederungen öffentlicher Aufgaben von Gebietskörperschaften an juristische Personen des privaten oder öffentlichen Rechts *Goricnik,* Zur Entmythologisierung der „Arbeitskräfteüberlassung" bei Ausgliederungen aus dem öffentlichen Bereich, wbl 2011, 74. Zur Arbeitskräfteüberlassung aus dem EWR s OGH RdW 2012/174.

1102 Der **Erfolg** kann sehr verschieden sein, er kann sich auf bewegliche und unbewegliche Sachen beziehen und körperlicher oder unkörperlicher Art sein.

Werkvertrag ist zB die Errichtung eines Gebäudes,[1]) die Herstellung von Druckwerken,[2]) die Reparatur einer Sache, das Verfassen eines Dramas, ein Bühnenauftritt,[3]) die Erstellung einer Bilanz,[4]) die Erstellung eines Datenverarbeitungs-[5]) oder „Corporate-Identity-Programms",[6]) der Transport von Personen oder Gütern,[7]) ein Theaterbesuchsvertrag,[8]) die Lieferung von Individualsoftware[9]) oder die Organisation einer Reise (hiezu unten Rz 1143 ff).

1103 Der vom Werkunternehmer geschuldete Erfolg und die damit verbundenen Handlungen sind allerdings **tatsächlicher** Natur. Rechtshandlungen sind Inhalt eines Auftrages (oben Rz 950 ff).

Der Unterschied ist vor allem für die Beendigung des Rechtsverhältnisses bedeutungsvoll. Der Auftrag zur Geschäftsbesorgung kann jederzeit widerrufen werden (§ 1020), während bei Abbestellung des Werkes der Unternehmer den Entgeltanspruch behält (§ 1168). Es gibt auch aus beiden Typen gemischte Verträge, dazu gehören manchmal die Verträge mit Architekten.

1104 Der Werkvertrag begründet ein **Zielschuldverhältnis,** doch gibt es auch Dauerschuldverhältnisse mit werkvertragsähnlichem Inhalt, zB Wartungsverträge.[10])

1105 Vor allem die Pflicht zur Herstellung eines Erfolges unterscheidet den Werkvertrag vom **Dienstvertrag.** Anders als ein Dienstnehmer schuldet der Werkunternehmer nicht nur eine Bemühung, sondern ein Ergebnis.[11]) Die damit verbundene Arbeitsleistung ist ein bloßes Mittel und geht im Werkvertrag auf.

---

[1]) OGH ZRB 2012, 199; ZRB 2014, 182. Zum Bauwerkvertrag vgl *Wenusch,* Überlegungen zum Schuldinhalt des Bauwerkvertrages mit Leistungsverzeichnis, in FS 30 Jahre ÖGEBAU (2008) 331; *Müller,* Vorvertragliche Pflichten beim Bauwerkvertrag, in FS 30 Jahre ÖGEBAU (2008) 261; *Gölles,* Bauvertrag: Anordnungsrecht des Bestellers beim funktionalen Bauvertrag? ecolex 2014, 767; *Gölles,* Übernahme beim Bauvertrag – Vornahme oder Verweigerung? ecolex 2014, 1037. S auch *Wenusch,* Der Werkbegriff im Bauwesen, ZRB 2014, 59.

[2]) Dazu *Hartl/Reich-Rohrwig/Schlosser,* Der Druckvertrag im österreichischen Recht (1987).

[3]) OGH SZ 66/174.

[4]) OGH SZ 68/21.

[5]) OGH EvBl 1985/79; *Staudegger,* Rechtsfragen bei Individualsoftware (1995) 36 ff; *I. Welser,* Y2K (1999) 16 mwN.

[6]) OGH wbl 1993, 301.

[7]) Vgl OGH SZ 64/9; ZVR 1996/78.

[8]) Vgl *Zöllner,* Opernregietheater und Vertragserfüllung, in FS Welser (2004) 1261; *Zechner,* Zur Aufklärungspflicht des Opernveranstalters, JBl 2005, 341 mwN.

[9]) OGH EvBl-LS 2013/28.

[10]) Vgl auch OGH EvBl 1987/176. Ein Mobilfunkvertrag ist kein Werkvertrag, sondern ein Mischvertrag sui generis: s OGH JBl 2005, 735; zur Rechtsnatur des Providervertrages vgl HG Wien RdW 2006/204; dazu *Philapitsch,* Rechtsnatur des Access-Providervertrages und Verrechnung von Traffic-Limit-Überschreitungen, RdW 2006/203, 206 (Dauerschuldverhältnis mit Elementen eines Miet-, Werk- und Dienstvertrages).

[11]) *Tomandl,* Wesensmerkmale des Arbeitsvertrages (1971) 112 ff. Vgl auch OGH SZ 47/47; EvBl 1976/179; wbl 1988, 91; ÖBl 1998, 22. Vgl auch *Mazal,* Freier

Die Grenze zum **Kaufvertrag** ist mitunter zweifelhaft, weil beide Vertragstypen auf „Lieferung“ einer Sache gerichtet sein können. Schuldet jemand nur die Herstellung aus einem vom anderen beigestellten Material, so liegt ein Werkvertrag vor. Die Abgrenzung wird schwieriger, wenn der Hersteller auch das Material zur Verfügung stellt („Werklieferungsvertrag“). Nach § 1166 ist dann im Zweifel ein Kaufvertrag anzunehmen. Ist aber die Sache gerade für die **Bedürfnisse des Bestellers** und entsprechend seinen Wünschen anzufertigen, liegt das Schwergewicht auf der Herstellung, sodass der Vertrag zweifellos (§ 1166) ein Werkvertrag ist.[12]) 1106

Das deutsche BGB unterstellt in § 651 BGB alle Verträge über die Lieferung noch herzustellender oder zu erzeugender beweglicher Sachen dem Kaufrecht, und zwar unabhängig davon, ob der Unternehmer den Stoff für das Werk zu beschaffen hat, ob der Inhalt seiner Leistungspflicht einen dem Werkvertrag zuzuordnenden Erfolg darstellt und ob es sich bei der herzustellenden Sache um eine vertretbare oder nicht vertretbare Sache handelt. In Österreich muss die Entscheidung weiterhin anhand der genannten Kriterien zwischen Werkvertrag und Kauf getroffen werden. Im Handelsrecht gilt Besonderes: Gemäß § 381 Abs 2 UGB finden die Vorschriften über den Handelskauf auch Anwendung, wenn aus einem von dem Unternehmer zu beschaffenden Stoff eine nicht vertretbare bewegliche Sache herzustellen ist;[13]) vgl zum UN-Kaufrecht oben Rz 818.

Stellt der Werkbesteller den Stoff bei, so bleibt er nach dem Zweck des Vertrages trotz dessen Verarbeitung sein Eigentümer.[14]) Stammt der Stoff vom Unternehmer, so bedarf es bei der Ablieferung des Werkes einer **Eigentumsübertragung,** wenn das Material nicht ohnedies unselbständiger Bestandteil einer dem Besteller gehörenden Sache wurde (§§ 416f).[15]) 1107

Strittig ist, ob zum Wesen des Werkvertrages die **Entgeltlichkeit** gehört. Die hM[16]) neigt zu dieser Auffassung und beruft sich auf § 1151 („gegen Entgelt“). § 1151 hat aber nur den typischen Fall vor Augen. Wer für den Werkvertrag Entgeltlichkeit verlangt, muss die unentgeltliche Herstellung tatsächlicher Erfolge zum Auftrag rechnen und Vorschriften anwenden, die an sich auf die Geschäftsbesorgung zugeschnitten sind (s oben Rz 950ff). Richtiger ist es wohl, die §§ 1165ff soweit wie möglich auch auf unentgeltliche Werkverträge anzuwenden. 1108

Dienstvertrag oder Werkvertrag? ecolex 1997, 277; *Mazal,* Zur Abgrenzung Dienstvertrag und Werkvertrag, ecolex 2012, 565.

[12]) OGH EvBl 1992/155; EvBl 1993/178; *Rebhahn/Kietaibl* in *Schwimann/Kodek*[4] § 1166 Rz 2; zur Individualsoftware s OGH JBl 2006, 174 *(Staudegger);* EvBl-LS 2013/28; sowie *Staudegger,* Software-Erstellung: Vertragstyp und Quellcodeherausgabe, JBl 2006, 195.

[13]) Vgl OGH wbl 1991, 270; RdW 2002/134.

[14]) *Ehrenzweig* I/2, 214; *Klang* in *Klang*[2] II 284; OGH GlUNF 2.488; EvBl 1966/335. Vgl aber *Holzner,* Zur Anwendbarkeit der gesetzlichen Verarbeitungsregeln auf den Werkvertrag, JBl 2009, 684ff, nach dem bis zum Zeitpunkt der Übergabe des Werks an den Besteller die gesetzlichen Verarbeitungsregeln (§§ 415ff) zur Anwendung kommen.

[15]) Vgl OGH EvBl 1992/155; RdW 2000/186 (Aufzugsanlage) = ecolex 2000/142 *(Thaler);* JBl 2001, 250.

[16]) *Adler/Höller* in *Klang*[2] V 167f; *Ehrenzweig* II/1, 516; *Gschnitzer,* Schuldrecht BT 88, 98; *Krejci* in *Rummel*[3] §§ 1165f Rz 100; OGH JBl 1974, 624; anders *Gschnitzer,* Schuldrecht BT[2] 231.

1109 Die Bestimmungen über die **Schutzpflichten** des Dienstgebers (§ 1157) gelten sinngemäß für den Werkvertrag (§ 1169).[17])

II. Herstellungspflicht des Werkunternehmers

1110 Der Werkunternehmer ist verpflichtet, das Werk persönlich auszuführen oder unter seiner **persönlichen Verantwortung** ausführen zu lassen (§ 1165). Er kann also zur Herstellung Erfüllungsgehilfen einsetzen, deren Fehler ihm allerdings zugerechnet werden (§ 1313a), und zwar ohne Rücksicht darauf, ob die Gehilfen seine Dienstnehmer oder wirtschaftlich selbständig und weisungsfrei[1]) sind. Nur bei besonderer Vereinbarung ist der Werkunternehmer zur höchstpersönlichen Herstellung verpflichtet, was idR bei künstlerischen Leistungen der Fall ist. Auch dann können aber einzelne Hilfsarbeiten von Gehilfen vorgenommen werden.

1111 Mit der Herstellung größerer Werke werden oft **„Generalunternehmer“** betraut.[2]) Sie übernehmen gegenüber dem Besteller die Herstellung des ganzen Werks im eigenen Namen, bedienen sich aber zur Erfüllung aller oder einzelner Tätigkeiten weiterer Unternehmer **(„Subunternehmer“),** die sich dem Generalunternehmer gegenüber zur Leistung verpflichten, gegenüber dem Besteller aber Gehilfen des Generalunternehmers (§ 1313a) sind.[3])

III. Werklohnzahlungspflicht des Bestellers

A. Bedungenes oder angemessenes Entgelt, Fälligkeit

1112 Der Besteller hat das **bedungene** oder, wenn nichts anderes vereinbart ist, ein **angemessenes** Entgelt zu leisten (§ 1152).[1]) Unentgeltlichkeit muss ausdrücklich vereinbart sein.

---

[17]) Dazu OGH SZ 50/100; JBl 1986, 113; ecolex 2009/362; ZRB 2012, 95; EvBl 2014/11; ZRB 2014, 92 *(Wenusch);* Zak 2014/826; immolex 2015/19 *(Cerha)* = ZRB 2015, 15 *(Hagen). Iro,* Haftung des Bauherrn wegen Verletzung seiner werkvertraglichen Fürsorgepflichten, RdW 1997, 263. Zur Haftung des Generalunternehmers bei Verletzung eines Arbeitnehmers des Subunternehmers auf der Baustelle s OGH RdA 2008/50 *(Albert);* immolex 2015/19 *(Cerha)* = ZRB 2015, 15 *(Hagen).*

[1]) OGH JBl 2004, 648 *(Lukas)* = ecolex 2004, 287 *(Wilhelm); Reischauer* in *Rummel*[3] § 1313a Rz 9.

[2]) *Frotz,* Der Generalunternehmervertrag, in *Aicher/Korinek,* Rechtsfragen des nationalen und internationalen Industrieanlagenbaus (1991) 153.

[3]) OGH JBl 1990, 587; ecolex 1990, 406 *(Wilhelm);* s auch ecolex 1994, 314. Zum Verhältnis zwischen General- und Subunternehmerverträgen s OGH ecolex 2005, 907. Zu Gewährleistungspflichten des Subunternehmers gegenüber dem Werkbesteller bei Insolvenz des Generalunternehmers *Kriegner,* Gewährleistungs- bzw Schadenersatzansprüche des Auftraggebers gegenüber Subunternehmern seines Vertragspartners? RdW 2006/320, 327. Zu Regressansprüchen des Generalunternehmers gegen den Subunternehmer s OGH wobl 2008/23.

[1]) Zum angemessenen Werklohn bei nachträglich vereinbarten Mehrarbeiten s OGH RdW 2000/188. Zum Rechtsanwaltshonorar s OGH AnwBl 2009, 470. Zum Schiedsrichtervertrag s OGH JBl 2014, 663; *Klicka/Rechberger,* Aktuelle Fragen der

Der Werklohn ist im Zweifel erst **nach Vollendung** des Werkes und dessen Prüfung[2]) zu zahlen (§ 1170), doch wird oft von dieser Regel abgewichen. Wenn Kreditierung nicht besonders vereinbart ist, müssen die Parteien Zug um Zug leisten (§ 1052).[3]) Wird das Werk in „Abteilungen" verrichtet oder sind Auslagen damit verbunden, die der Unternehmer nicht auf sich genommen hat, so kann er schon von Gesetzes wegen einen verhältnismäßigen Teil des Entgelts und den Ersatz der gemachten Auslagen vor Vollendung des Werkes fordern (§ 1170 Satz 2). 1113

Verrichtung nach „gewissen Abteilungen" liegt aber nicht vor, wenn Teilrechnungen nach prozentuellem Baufortschritt oder einem Zahlungsplan geregelt werden.[4]) Es handelt sich dabei um einen Vorschuss.[5])

Steht der Werklohn nicht von vornherein fest (wie dies bei einer Pauschalierung der Fall ist), wird er erst mit Zugang der **Rechnung** an den Besteller fällig.[6]) Allerdings beginnt die Werklohnforderung in jenem Zeitpunkt zu verjähren, in welchem dem Werkunternehmer die Rechnungslegung **möglich** ist (vgl § 1478: „an sich schon hätte ausgeübt werden können").[7]) Hält der Besteller gemäß § 1052 das Entgelt zurück,[8]) so verjährt der Werklohnanspruch ab dem Zeitpunkt, ab dem die Mängelbehebung objektiv möglich gewesen wäre.[9]) 1114

Dies gilt jedoch nicht, wenn der Unternehmer mangelfreie Leistung behauptet und seinen (vermeintlichen) Werklohnanspruch im Prozess durchzusetzen versucht. Stellt sich dabei die Mangelhaftigkeit heraus, so muss der Unternehmer zwar binnen angemessener Frist verbessern, kann aber danach seinen Werklohnanspruch geltend machen,[10]) ohne dem Verjährungseinwand ausgesetzt zu sein. Hält der Besteller den

---

Schiedsrichterhaftung im österreichischen Recht, ÖJZ 2015/56, 437; zum Schiedsgutachtervertrag s *Krejci,* Zum Rücktritt vom Bauschiedsgutachtervertrag während des Erstellungsverfahrens, ZRB 2013, 65. Den Werkunternehmer trifft keine Aufklärungspflicht über die Höhe des angemessenen Werklohns s OGH ecolex 2011/310.

[2]) OGH EvBl 2002/130.

[3]) Für den Verbrauchervertrag s *Kriegner,* Vorleistungspflicht und abstrakte Bankgarantie im Bauvertragsrecht gegenüber Verbrauchern, RdW 2006/251, 264.

[4]) OGH EvBl 2004/186; ecolex 2009/109 *(Friedl);* ZRB 2012, 155.

[5]) OGH ecolex 2010/233 *(Friedl)* = JBl 2010, 580; ZRB 2014, 95 *(Wenusch)* = JBl 2014, 651.

[6]) Vgl OGH EvBl 1974/158; SZ 54/35; RdW 1994, 311 (Rechtsanwalt); bbl 1999, 199 *(Egglmeier);* JBl 2004, 714; ZVB 2012/25 *(Parusel);* RdW 2012/627; ZRB 2013, 201 *(Wenusch);* ZRB 2015, 17 *(Stibi).* Vgl zur Fälligkeit *Schwebisch,* Die gesetzlichen Fälligkeitskonzepte des ABGB (2015) 66 ff.

[7]) So auch OGH EvBl 1981/157; s ferner wbl 1988, 205; HS 27.601; HS 27.607; EvBl 1998/168; ecolex 2002, 582 (Verjährung bei Abbestellung).

[8]) Dazu *Karollus/Lukas,* Das sogenannte Zurückbehaltungsrecht des Werkbestellers, JBl 2001, 677 und 766; OGH RdW 2005/681; ecolex 2012/124; ZRB 2012, 45; ZRB 2012, 47 (*Walch;* zum Erlöschen des Leistungsverweigerungsrechts); immolex 2014/49 *(Prader)* = ZVB 2014/108 *(Oppel);* ZVB 2015/51 *(Wagner)* = ecolex 2015/143 *(Schoditsch).*

[9]) OGH SZ 54/35; RdW 1996, 357; HS 27.607; EvBl 1982/182; ZRB 2013, 48 *(Längle); Karollus/Lukas,* JBl 2001, 680; *N. Brandstätter,* Verjährung beim Werkvertrag – ein besonderes Risiko für den Werkunternehmer? RdW 2015/203, 215; *Rebhahn/Kietaibl* in *Schwimann/Kodek*[4] § 1170 Rz 15.

[10]) So ausdrücklich OGH JBl 2004, 714. Vgl aber OGH ecolex 2002, 510.

Werklohn unberechtigt zurück, so verjährt der Anspruch ab dem Zeitpunkt, ab welchem dem Werkunternehmer die fehlende Berechtigung erkennbar ist.

1115 Verspricht der Unternehmer die Herstellung des Werkes zu einem bestimmten Gesamtpreis **(Pauschale),**[11]) so muss er es ohne Rücksicht auf die notwendigen Arbeiten und Auslagen ausführen. Er trägt also die Gefahr des Mehraufwandes, hat aber auch den Vorteil, wenn der Aufwand hinter dem Preis zurückbleibt.

1116 Der Werkunternehmer hat für seine Entgeltforderung **kein gesetzliches Pfandrecht** an der hergestellten Sache, doch kann er die Einrede des nicht erfüllten Vertrages erheben (§ 1052) und hat an dem vom Werkbesteller beigestellten Material das Zurückbehaltungsrecht nach § 471, dem das Verbot des § 1440 nicht entgegensteht.[12])

B. Kostenvoranschlag

1117 Ein Kostenvoranschlag ist eine **Aufstellung** der mit der Herstellung des Werkes verbundenen und vom Werkbesteller zu zahlenden Kosten (Materialien, Arbeitsaufwand). Mit einem Kostenvoranschlag ist meist die Bereitschaft verbunden, das Werk zu den angeführten Bedingungen herzustellen.

Angebote (Offerte) müssen nicht besonders honoriert werden. Hat aber der Kostenvoranschlag nicht ausschließlich Offertcharakter, so ist er im Zweifel entgeltlich, wenn er mit Vorarbeiten verbunden ist.[13])

1118 Ein Verbraucher hat allerdings für die Herstellung eines Kostenvoranschlages[14]) nur dann ein Entgelt zu zahlen, wenn er vorher auf die Zahlungspflicht hingewiesen worden ist (§ 5 Abs 1 KSchG).

1119 Hat der Unternehmer für die Richtigkeit eines Voranschlages Gewähr geleistet **(„Kostenvoranschlag unter Garantie"),** so kann er auch bei unvorhergesehener Größe oder Kostspieligkeit der veranschlagten Arbeiten keine Erhöhung des Entgelts fordern (§ 1170a Abs 1). Bleibt der Aufwand aber hinter dem Preis zurück, so muss der Werkunternehmer das Entgelt anders als beim Pauschalpreis wohl herabsetzen.[15])

---

[11]) Dazu OGH EvBl 1987/175 mwN; JBl 2005, 378 (Kalkulationsirrtum); ecolex 2015/142 (Vertragskündigung). S auch *Karasek,* Die Pauschalpreisvereinbarung in der Baupraxis, ecolex 1991, 235; *P. Längle,* Das Entgelt beim Bauvertrag (1999) 47ff; *Kerschner,* Vergütungsanspruch wegen Mehraufwandes beim Werkvertrag, in FS Welser (2004) 446ff; *Hussian,* Das Vollständigkeits- und Mengenrisiko beim Pauschalvertrag, in FS 30 Jahre ÖGEBAU (2008) 203; *Thiery,* Die Pauschalhonorarvereinbarung, AnwBl 2006, 431.

[12]) Dazu *Wilhelm,* ecolex 1997, 641; *Jud,* Zur Einfügung einer Bestimmung über die „Bauhandwerkersicherung" in das ABGB, RdW 1998, 248ff mwN.

[13]) Vgl OGH SZ 30/63; *Hutter,* Der Kostenvoranschlag (1996) 22ff.

[14]) Zur Verrechnung von Inspektionskosten ohne anschließenden Reparaturauftrag s OGH RdW 2007/486.

[15]) *Iro,* Die Höhe des Werklohnanspruchs bei Unterschreitung eines garantierten Kostenvoranschlages, RdW 1995, 291f. Anders allerdings zB *Hutter,* Kostenvoranschlag 133ff mwN.

Ob der Werkunternehmer auch bei einem Kostenvoranschlag unter Garantie die Abgeltung jener Mehrkosten begehren kann, die auf Umstände in der Bestellersphäre zurückzuführen sind (§ 1168), ist strittig.[16])

Beim **Kostenvoranschlag ohne Gewähr** muss der Besteller geringfügige Überschreitungen des Voranschlages hinnehmen, wenn sie unvermeidlich sind.[17]) Wird eine **beträchtliche** Überschreitung unvermeidlich, so muss dies der Unternehmer dem Werkbesteller **anzeigen,** widrigenfalls er jeden Anspruch wegen der Mehrarbeiten verliert.[18]) Auf die Gründe der Überschreitung kommt es nicht an.[19]) Auch wenn der Besteller ihre Notwendigkeit vermuten kann, darf er bis zur Anzeige des Unternehmers annehmen, dass sich dieser an seinen Voranschlag gebunden erachtet.[20]) 1120

Zeigt der Unternehmer die drohende Überschreitung an, so hat der Besteller ein Wahlrecht. Er kann sich mit den Mehrkosten **einverstanden** erklären oder vom Vertrag **zurücktreten,** muss allerdings dem Unternehmer die bisher geleistete Arbeit vergüten (§ 1170a Abs 2).[21]) § 1170a ist auf den Auftragsvertrag analog anzuwenden.[22])

Im Zweifel ist anzunehmen, dass ein Voranschlag ohne Gewähr gegeben wird („Kostenvoranschlag ohne Garantie").[23]) 1121

Genau umgekehrt ist die Rechtslage beim **Verbrauchergeschäft:** Die Richtigkeit eines Kostenvoranschlages des Unternehmers gilt als gewährleistet, wenn das Gegenteil nicht ausdrücklich erklärt ist **(§ 5 Abs 2 KSchG).**[24]) 1122

---

[16]) Dafür *Krejci* in *Rummel*³ § 1170a Rz 7; *Krejci,* Bauvertrag 90ff; OGH SZ 58/41; wbl 1987, 219; vgl auch OGH EvBl 1997/200; *Kletečka* in *Kletečka/Schauer,* ABGB-ON[1.02] § 1170a Rz 12 u § 1168 Rz 43. Dagegen OGH EvBl 1987/176; *Rummel,* Das „Baugrundrisiko", ein neuer Rechtsbegriff? in FS Strasser (1993) 309 (319ff); *Rebhahn/Kietaibl* in *Schwimann/Kodek*⁴ § 1168 Rz 46f; *Hutter,* Kostenvoranschlag 112ff. Differenzierend *Kerschner* in FS Welser 446ff (Kalkulationsirrtum als Risiko des Werkunternehmers, es sei denn, es liegt ein „Irrtum über die Vergleichsgrundlage" vor). Zum Kalkulationsirrtum als Geschäftsirrtum (§ 871) vgl OGH JBl 2005, 378 mwN.

[17]) Dazu OGH JBl 1994, 179; *Karasek,* ÖNORM B 2110², 631f; *Wenusch,* Zum „unverbindlichen" Kostenvoranschlag, ZRB 2012, 37.

[18]) Dazu OGH EvBl 1983/100; SZ 55/83; JBl 1992, 387; AnwBl 1993, 190; bbl 1999/132; JBl 2002, 108 (Schätzungsanschlag); ecolex 2014/431 (Regiepreis); EvBl-LS 2014/169; *Kerschner* in FS Welser 448. Einschränkend auf den Verlust der beträchtlichen, nicht aber der unbeträchtlichen Mehrkosten: *Hutter,* Kostenvoranschlag 152ff; diesem folgend *Rebhahn/Kietaibl* in *Schwimann/Kodek*⁴ § 1170a Rz 12; *Iro,* Entgeltshöhe bei Überschreitung der Kostenschätzung, RdW 1999, 57.

[19]) Einschränkend OGH SZ 58/41; vgl auch *Wenusch,* ZRB 2012, 37.

[20]) OGH JBl 1975, 322.

[21]) Zum Verhältnis von § 1168 Abs 1 (Sphärentheorie) zu § 1170a Abs 2 s *M. Bydlinski* in KBB⁴ § 1170a Rz 9.

[22]) So OGH JBl 2010, 298 (Kostenschätzung eines Rechtsanwaltes); vgl auch OGH ecolex 2010/187 (hier aber Schätzungsanschlag verneint).

[23]) *Adler/Höller* in *Klang*² V 421; *Ehrenzweig* II/1, 524; *Hutter,* Kostenvoranschlag 43ff mwN.

[24]) „Vorläufige Auftragssumme" bedeutet keine Richtigkeitsgarantie: OGH RdW 2005/450.

C. Sicherstellung bei Bauverträgen

1123 Zur Verkleinerung der Insolvenzrisiken im Bau- und Baunebengewerbe sieht § 1170b eine **zwingende Sicherstellungspflicht** des Werkbestellers vor.[25])

1124 Ein Unternehmer, der die Herstellung oder Bearbeitung eines Bauwerkes, Bauwerkteiles oder einer Außenanlage zu einem Bauwerk übernommen hat, hat gemäß § 1170b Abs 1 das Recht, vom Besteller eine Sicherstellung von höchstens 20% des vereinbarten Entgelts zu fordern. Bei innerhalb von drei Monaten zu erfüllenden Verträgen beträgt die Sicherstellung 40%.

Sicherstellung kann nur bei Werkverträgen verlangt werden (zB Errichtung, Planung oder Renovierung eines Hauses, Installations-, Grabungsarbeiten, nach den Gesetzesmaterialien aber auch bei der Bearbeitung eines Bauwerks, zB für Malerarbeiten oder die Planung einer Heizungsanlage). Bei gemischten Verträgen muss das werkvertragliche Element überwiegen.

1125 Sicherheitsleistungen sind nur die im Gesetz genannten Vermögenswerte (Bargeld, Bareinlagen, Sparbücher, Bankgarantien und Versicherungen), die eine einfache und rasche Verwertung ermöglichen sollen.

Die Auswahl obliegt dem Sicherungsgeber, die Kosten der Sicherstellung hat der Sicherungsnehmer zu tragen, wodurch eine mutwillige Einforderung verhindert werden soll. Da der Besteller jedoch auf die Modalitäten der Sicherstellung keinen Einfluss hat, ist seine Kostenersatzpflicht mit jährlich 2% der Sicherungssumme beschränkt. Die Kostenersatzpflicht endet, wenn die Sicherstellung nur wegen nicht gerechtfertigter Einwendungen gegen den Entgeltanspruch aufrechterhalten werden muss.

1126 Die Sicherstellung ist binnen angemessener Frist zu leisten, widrigenfalls dem Werkunternehmer ein sofortiges Leistungsverweigerungsrecht zusteht. Darüber hinaus kann er unter Setzung einer Nachfrist den Vertrag aufheben (§ 1170b Abs 2, § 1168 Abs 2). Der Werkunternehmer behält seinen Entgeltanspruch (§ 1168 Abs 2), muss sich aber alles anrechnen lassen, was er sich erspart hat (vgl § 1168 Abs 1).

Keine Sicherstellung gebührt dem Werkunternehmer, wenn sein Vertragspartner eine juristische Person des öffentlichen Rechts oder ein Verbraucher ist.

---

[25]) Vgl hiezu schon *Jud,* Zur Einführung einer Bestimmung über die „Bauhandwerkersicherung" in das ABGB, RdW 1998, 248; *Jud,* Sicherstellung bei Bauverträgen, ecolex 2004, 12. *Bollenberger,* Zum Inhalt der Sicherstellung des Bauunternehmers nach § 1170b neu ABGB: Muss der Besteller faktisch ein Vorleistungsrisiko tragen? RdW 2006/200, 199; *Schauer,* Handelsrechtsreform: Die Neuerungen im Vierten und Fünften Buch, ÖJZ 2006/7, 79; *Schopper,* Sicherstellung bei Bauverträgen – der neue § 1170b ABGB, JAP 2006/2007/9, 53; *Wiesinger,* Sicherstellung bei Bauverträgen – § 1170b ABGB, bbl 2007, 1; *Maier-Hülle,* § 1170b ABGB – Sinn und Zweck einer zwingenden Sicherstellung für Werkunternehmer bei Bauverträgen, immolex 2007, 230; *Högl/Wiesinger,* Offene Fragen zu § 1170b ABGB, JBl 2009, 155; *Gelter,* Generalunternehmerschaft und Versionsanspruch im vertraglichen Nutzenkalkül, JBl 2009, 541 (548ff); *Hartlieb-Lamprechter,* Sicherstellung gem § 1170b ABGB, ecolex 2010, 22; *Skarics,* Die Zulässigkeit vertraglicher Vereinbarungen zu § 1170b ABGB, ZRB 2013, 3.

IV. Gewährleistung und Schadenersatz

A. Allgemeines

Für die Gewährleistung und den Schadenersatz statt Gewährleistung 1127
verweist § 1167 auf die allgemeinen Bestimmungen der **§§ 922–933b.** Auch für die Umschreibung der Eigenschaften des Werkes gelten die §§ 922f. Da der Werkunternehmer einen bestimmten **Erfolg** schuldet, kann er sich zB zur Abwendung seiner Gewährleistungspflicht nicht darauf berufen, dass er bei der Herstellung die Regeln der Technik eingehalten hat.[1])

Hat der Werkbesteller vertraglich bestimmte Mitwirkungspflichten übernommen, so wird der Werkunternehmer nur gewährleistungspflichtig, wenn feststeht, dass der Werkbesteller alle geforderten Maßnahmen gesetzt hat oder deren teilweise Unterlassung für die Mangelhaftigkeit nicht kausal war.[2])

Eine Besonderheit der werkvertraglichen Gewährleistung sind die 1128
Sowiesokosten. Dabei geht es darum, ob der Werkunternehmer Ersatz der mit einer gewährleistungsrechtlichen Verbesserung verbundenen Mehrkosten verlangen kann, wenn die Herstellung eines mangelfreien Werks diese Kosten (Mehrkosten) von vornherein erfordert hätte.[3])

An und für sich ist der Unternehmer zur Lieferung eines mangelfreien Werkes verpflichtet, weshalb er bei Notwendigkeit einer Verbesserung auch kein zusätzliches Entgelt verlangen kann. Ob bei Vereinbarung eines Pauschalpreises für einen genau beschriebenen, aber minderwertigen Erfolg die Verbesserung zu einem qualitativ besseren Werk ohne Erstattung von Sowiesokosten vom Werkunternehmer vorgenommen werden muss, ist strittig.[4]) Dies ist wohl unter folgenden Voraussetzungen zu bejahen: Es gibt Fälle, in denen die Verbesserung bei Beibehaltung des grundsätzlichen Charakters des bestellten Werkes nicht möglich ist, der Mangel also unbehebbar wäre. Etwa in jenen Fällen wo die Vertragsauslegung ergibt, dass sowohl die Leistungsbeschreibung als auch die Gebrauchstauglichkeit Vertragsinhalt wurden (widersprüchlicher Vertrag). Dann kann eine Verbesserung innerhalb der vertraglichen Grenzen nicht bewerkstel-

---

[1]) *Kurschel,* Gewährleistung 23ff; *Wilhelm,* Von widersprüchlichen Werkverträgen, falschen Regeln der Technik, Behebung unbehebbarer Mängel und Sowiesokosten, in FS Ostheim (1990) 228f; *Bydlinski,* Vertragsrechtliche Grundfragen des Industrieanlagenbaus, in *Aicher/Korinek,* Rechtsfragen des nationalen und internationalen Industrieanlagenbaus (1991) 76ff mwN; *I. Welser,* Y2K (1999) 21ff; OGH wbl 1989, 307 *(Wilhelm);* bbl 1998/130.

[2]) OGH ecolex 2001, 666.

[3]) Vgl dazu *Kurschel,* Gewährleistung 72ff; *Wilhelm* in FS Ostheim 233ff; *Wilhelm,* Behebung von Baumängeln gegen Ersatz der „Sowiesokosten“, ecolex 1990, 402; *Wilhelm,* Vergütung von Zusatzleistungen zur Baumängelbehebung bei ÖNORMEN-Vertrag, ecolex 1990, 404; *I. Welser,* Y2K 56f; OGH ecolex 1992, 316 *(Wilhelm);* JBl 1994, 174 *(Gruber)* = ecolex 1993, 518 *(Wilhelm);* bbl 1998/126 *(Egglmeier);* Zak 2014/677. S auch *Kletečka* in *Kletečka/Schauer,* ABGB-ON[1.02] §§ 1165, 1166 Rz 52ff; *Rebhahn/Kietaibl* in *Schwimann/Kodek*[4] § 1165 Rz 35ff. Zur Abgrenzung der Sowiesokosten vom Vorteilsausgleich *Jud,* Vorteilsausgleich im Gewährleistungsrecht, JBl 2000, 6f.

[4]) Dafür *Kurschel,* Gewährleistung 73f; dagegen *Wilhelm,* ecolex 1990, 403; *Wenusch,* Nochmals: Sowiesokosten, ecolex 2011, 991, der diese Kosten als Entgelt für außerhalb des Vertrages liegende Leistungen ansieht; vgl auch *Rebhahn/Kietaibl* in *Schwimann/Kodek*[4] § 1165 Rz 35, 37; differenzierend *Reischauer* in *Rummel*[3] § 932 Rz 201ff.

ligt werden. Will der Werkbesteller dennoch die Änderung, so verlangt er eine Umgestaltung des Vertrages. Dies kann er nach § 872 verlangen, wenn eine der Voraussetzungen des § 871 Abs 1 vorliegt. Soweit für eine solche Vertragsänderung schon ursprünglich mehr zu bezahlen gewesen wäre, muss der Käufer auch jetzt eine entsprechende Vergütung („Sowiesokosten") leisten. Ebenso hat der Werkbesteller die „Sowiesokosten" zu tragen wenn er – allenfalls über Warnung durch den Werkunternehmer – für bestimmte Vorrichtungen zu sorgen hatte und diese erst bei einer Mängelbehebung durch den Werkunternehmer vorgenommen werden.[5])

B. Warnpflichten des Werkunternehmers

1129 Oft stammt der für ein Werk benötigte **Stoff** vom Werkbesteller. Ebenso kommt es vor, dass der Werkbesteller dem Unternehmer **Anweisungen** erteilt. Ist der Stoff untauglich oder sind die Anweisungen falsch, so kann sich das auf die Beschaffenheit des Werkes auswirken. Wer diese „nachteiligen Wirkungen" zu tragen hat, hängt davon ab, ob der Werkunternehmer seine Warnpflicht verletzt hat.[6])

1130 Den Werkunternehmer trifft die Pflicht, den Besteller[7]) zu warnen, wenn der zu bearbeitende Stoff offenbar **untauglich** ist oder Anweisungen des Bestellers offenbar **unrichtig** sind (§ 1168a).[8]) Dies gilt nach herrschender Rechtsprechung auch gegenüber einem sachkundigen Besteller,[9]) den aber ein Mitverschulden treffen kann.[10])

Ein Mitverschulden des Werkbestellers kommt dann in Betracht, wenn dieser die ihm auferlegten Pflichten oder Obliegenheiten verletzt („qualifizierte vertragliche Mit-

[5]) OGH ecolex 2001, 745.

[6]) Dazu *I. Welser,* Mängel von Baustoff und Baugrund – „Jolly Joker" jedes Bauprozesses, in *Koller,* 7. St. Gallener Baurechtstagung, Tagungsbeiträge (2006) 1ff; OGH ecolex 2011/261 (Abgrenzung zu den vertraglichen Sorgfalts- und Aufklärungspflichten).

[7]) S hiezu OGH RdW 2004/463 (Warnungsadressat); ecolex 2011/196 (keine Warnpflicht des Subunternehmers gegenüber dem Werkbesteller); vgl auch *I. Welser* in *Koller,* 7. St. Gallener Baurechtstagung 1ff.

[8]) Dazu *Iro,* Die Warnpflicht des Werkunternehmers, ÖJZ 1983, 505ff; *Wilhelm* in FS Ostheim 229ff; *Schachinger,* Die Bauverzögerung (1999) 100ff; *Wilhelm,* Eine Studie zu Gefahr und Warnpflicht beim Werkmangel, in FS Welser (2004) 1185ff; *Kletečka,* Warnpflichtverletzung und Mitverschulden beim Werkvertrag, ecolex 2014, 11; *Gölles,* Warnpflicht des Bauunternehmers beim Bauvertrag, ecolex 2014, 1032; aus der Judikatur vgl RIS-Justiz RS0021744; RS0022086. Zur Abgrenzung von Anweisung und bloßer Beschreibung des herzustellenden Werks: *Kurschel,* Gewährleistung 21f; OGH RdW 1999, 137.

[9]) *Welser,* Schadenersatz statt Gewährleistung (1994) 45. OGH SZ 58/7; wbl 1987, 120; HS 24.610; Zak 2014/598; vgl aber OGH SZ 45/75; RZ 1984/15.

[10]) OGH JBl 1992, 114 *(Karollus);* JBl 1993, 521 *(Iro);* HS 25.592; ecolex 1995, 714; ecolex 1999, 393 (kritisch *Spunda*); ecolex 1999, 823 *(Wilhelm);* ecolex 2002, 190 *(Wilhelm);* ecolex 2005, 37; ZVB 2012/37 *(Zörer)* (Zurechnung eines Planverfassers); ZVB 2013/102 *(Michl);* ecolex 2013/387 *(Wilhelm)* = ZRB 2013, 128 *(Wenusch); Dullinger,* Mitverschulden von Gehilfen, JBl 1990, 95f; *Welser,* Schadenersatz 44ff; *Schachinger,* Bauverzögerung 120f; *Sturm,* Anweisungsfehler und Bestellermitverschulden im Werkvertragsrecht, wbl 2000, 29; kritisch *Kletečka,* Mitverschulden durch Gehilfenverhalten (1991) 70ff; *Kletečka* in *Kletečka/Schauer,* ABGB-ON[1.02] § 1168a Rz 61f; ablehnend *Wilhelm,* Nachtrag zur Warnpflicht bei sachverständig beratenem Werkbesteller, ecolex 1998, 822; *Wilhelm* in FS Welser 1195; *Kletečka,* ecolex 2014, 11.

wirkungspflichten").[11]) Treffen den Werkbesteller qualifizierte vertragliche Mitwirkungspflichten, muss er sich nach § 1313a auch Fehler jener fachkundigen Vorunternehmer anrechnen lassen, die ihm untauglichen Stoff oder unrichtige Pläne und Gutachten geliefert haben.[12])

Ist das herzustellende Werk für den vom Werkbesteller beabsichtigten und dem Werkunternehmer bekannten Zweck offenbar untauglich (so wenn in einer Hoteleingangshalle ein Parkettboden verlegt wird, der hoher Beanspruchung nicht gewachsen ist), muss der Werkunternehmer den Besteller warnen.[13])

Beschäftigt der Werkbesteller mehrere selbständige Werkunternehmer (wie bei der Errichtung eines Gebäudes), so ist er diesen gegenüber verpflichtet, die einzelnen Leistungen zu koordinieren und aufeinander abzustimmen.[14]) Überantwortet er diese Aufgabe einem Dritten (zB Architekten), so muss er sich dessen Verschulden (zB Planungsfehler) nach § 1313a zurechnen lassen.[15]) Anders bei Verletzung der Bauaufsicht, da diese lediglich im Interesse des Werkbestellers erfolgt, weshalb der Werkunternehmer bei ihrer Verletzung mangels Rechtswidrigkeitszusammenhanges kein seine Haftung minderndes Mitverschulden geltend machen kann.[16]) Weitere Pflichten werden Bauherrn durch das Bauarbeitenkoordinationsgesetz (BauKG, BGBl I 1999/37) auferlegt.[17])

Die Warnpflicht kann eine vorvertragliche Pflicht darstellen,[18]) besteht aber auch dann, wenn sich die Mangelhaftigkeit des Stoffes erst während der Arbeit herausstellt.[19]) 1131

Der Unternehmer darf jedoch als Abhilfe nur solche Herstellungsmethoden anbieten, die für den vom Besteller beigestellten Stoff tauglich sind.[20]) Der Umfang der Warnpflicht richtet sich zwar nach den Umständen des Einzelfalles; stets muss aber dem Besteller vor Augen geführt werden, welche Folgen die Nichtbefolgung nach sich ziehen könnte.[21])

---

[11]) OGH ecolex 2013/387 *(Wilhelm)* = ZRB 2013, 128 *(Wenusch)*. Dazu *Kletečka*, ecolex 2014, 11.

[12]) OGH ecolex 2013/387 *(Wilhelm)* = ZRB 2013, 128 *(Wenusch)*. Kritisch zur Herleitung der „qualifizierten vertraglichen Mitwirkungspflichten" *Kletečka*, ecolex 2014, 11.

[13]) OGH SZ 73/109; *Karasek*, Rechtsfolgen bei Verletzung der Prüf- und Warnpflicht, ecolex 2000, 620 (622); *Wenusch*, Nochmals: Der Schuldinhalt bei einem Werkvertrag mit Leistungsverzeichnis, ecolex 2010, 841; zur Irrtumsanfechtung vgl auch *Wilhelm* in FS Welser 1193.

[14]) OGH SZ 57/18; JBl 1992, 114; RdW 1997, 528; RdW 1999, 459; *Welser*, Schadenersatz 48ff; vgl auch OGH ecolex 2000, 794 *(Thaler)*; ablehnend *Seebacher*, Zur angeblichen Koordinierungspflicht des Bauherrn, bbl 2001, 217.

[15]) S OGH RdW 1999, 459; ecolex 2013/387 *(Wilhelm)* = ZRB 2013, 128 *(Wenusch)*.

[16]) OGH RdW 1998, 67; ecolex 1998, 689; bbl 1999/46; RdW 1999, 459; ecolex 2000, 794 *(Thaler)*; ecolex 2003, 238; ecolex 2004, 174; RdW 2010/577; s auch *Vollmaier*, Mitverschulden bei Warnpflichtverletzung – Zurechnung von Dritten, RdW 2010/77, 67.

[17]) *Egglmeier-Schmolke*, Das Bauarbeitenkoordinationsgesetz, bbl 2000, 47; *Lukas/Resch*, Haftung für Arbeitsunfälle am Bau (2001). OGH SZ 2003/158; EvBl 2014/11.

[18]) OGH JBl 1987, 662; RdW 2000/108; Zak 2014/677.

[19]) Dazu OGH EvBl 1974/195; SZ 52/15.

[20]) *Kurschel*, Gewährleistung 21 FN 27; *Wilhelm* in FS Ostheim 229; aA OGH JBl 1982, 603.

[21]) OGH ecolex 2005, 37 (kritisch *Friedl*); *I. Welser* in *Koller*, 7. St. Gallener Baurechtstagung 15.

1132 Unterlässt der Unternehmer schuldhaft die gebotene Warnung, so haftet er für den dem Werkbesteller verursachten **Schaden.**[22])

1133 Kann der Unternehmer trotz eines entsprechenden Fachwissens nicht erkennen, dass der vom Besteller gelieferte Stoff für eine der mehreren Arbeitsmethoden ungeeignet ist, so ist die Wahl der ungeeigneten Methode das Risiko des Werkbestellers.[23]) Der Unternehmer hat keinen Ersatz zu leisten.

1134 Darüber hinaus hat der Besteller auch **keinen Gewährleistungsanspruch,** wenn der von ihm beigestellte Stoff oder die von ihm erteilten Anweisungen zwar ungeeignet waren, aber der Werkunternehmer keine Warnpflicht verletzt hat.[24]) Somit ist in solchen Fällen nicht nur der Schadenersatzanspruch, sondern auch der Gewährleistungsanspruch von einem **Verschulden** des Unternehmers abhängig. Hat nicht nur der Unternehmer die Warnpflicht verletzt, sondern trifft auch den Besteller an der Beistellung des untauglichen Stoffes oder an den unrichtigen Anweisungen ein Verschulden, so ist er im Gewährleistungsfall selbst beitragspflichtig **(„geteilte Gewährleistung“).**[25])

V. Preisgefahr

1135 Beim Werkvertrag stellt sich das Problem der Preisgefahr **zweifach.** Erstens ist zu klären, wer den wirtschaftlichen Nachteil trägt, wenn die Ausführung des Werkes durch **Zufall** unterbleibt. Bei jenen Verträgen, die auf einen realen Erfolg gerichtet sind, geht es zweitens darum, wen der zufällige Untergang des bereits hergestellten Werkes belastet.

1136 Für die Zuordnung der Gefahr aus **Vereitelung** (Unterbleiben) der Ausführung entscheidet mangels anderer Vereinbarung[1]) die Herkunft des Hindernisses (§ 1168, Sphärentheorie): Wurde die Ausführung durch Umstände verhindert, die auf **Seite des Bestellers** liegen[2]) oder lehnt der

---

[22]) *Wilhelm* in FS Welser 1190.

[23]) OGH SZ 54/128; vgl auch SZ 57/197; SZ 58/7; RdW 1996, 305; ecolex 1998, 626.

[24]) Dazu *I. Welser* in *Koller,* 7. St. Gallener Baurechtstagung 20. OGH EvBl 1982/2; SZ 58/7; wbl 1989, 307 *(Wilhelm);* SZ 73/109; ecolex 2003, 672 (Gewährleistung für Mängel, die nicht auf die Fehlerhaftigkeit der Anweisung des Bestellers zurückgehen, kritisch hiezu *Wilhelm*); *Wilhelm* in FS Ostheim 229ff.

[25]) *Iro,* ÖJZ 1983, 542; *Kurschel,* Gewährleistung 18ff; *I. Welser* in *Straube/Aicher* II 7.8.3.1. Gegen die Berücksichtigung eines Mitverschuldens OGH RdW 1997, 528; RdW 1999, 137; *Wilhelm* in FS Welser 1196, nach dem die Warnpflichtverletzung lediglich schadenersatzrechtliche (sowie uU irrtumsrechtliche) Folgen nach sich zieht; *Rebhahn/Kietaibl* in *Schwimann/Kodek*[4] § 1168a Rz 34.

[1]) S OGH SZ 74/107; SZ 71/142.

[2]) Hiezu *Wilhelm,* Eine Studie zu Gefahr und Warnpflicht beim Werkmangel, in FS Welser (2004) 1185 (1190); *Wenusch,* Gefahrtragung beim Werkvertrag nach der ÖNORM B 2110, ZRB 2013, 115; OGH SZ 47/149; SZ 60/220; JBl 1989, 650 *(Dullinger);* ecolex 1990, 212; HS 25.588; JBl 1995, 658 *(Karollus-Bruner);* ecolex 1998, 626; SZ 72/55; bbl 2000/171 (kritisch *Egglmeier-Schmolke*).

Besteller die Werkausführung ab („Abbestellung“),[3]) so **behält** der Unternehmer den Anspruch auf das **Entgelt;** der Besteller trägt also die Preisgefahr. Der Unternehmer muss sich jedoch anrechnen lassen, was er sich wegen des Unterbleibens der Leistung erspart oder was er durch andere Verwendung erworben oder zu erwerben absichtlich versäumt hat.[4]) Die Beweislast dafür, dass sich der Werkunternehmer etwas anrechnen lassen muss, trägt der Besteller.

Nach § 27a KSchG hat aber der Unternehmer den Verbraucher über die Umstände zu informieren, denen zufolge er sich auf das vereinbarte Entgelt nichts anrechnen lassen muss. § 27a KSchG bringt daher für den Verbraucher eine Beweislasterleichterung, bewirkt aber keine Beweislastumkehr.[5])

Bei **Erschwerung** der Ausführung durch Umstände auf Seite des Bestellers hat der Unternehmer das Recht auf verhältnismäßige Erhöhung des Werklohns.[6]) 1137

Der Besteller muss den Werklohn zahlen, wenn sich beim Erscheinen des zur Behebung der Rohrverstopfung herbeigerufenen Installateurs herausstellt, dass sich die Verstopfung von selbst behoben hat.

Wer für den nächsten Tag einen Bergführer bestellt hat, muss diesen entlohnen, wenn er wegen Erkrankung oder Vorverlegung der Abreise den Berg nicht besteigen kann oder lieber zu Hause bleibt. Dasselbe gilt, wenn der Besteller sonstige Mitwirkungshandlungen unterlässt.

Wird hingegen das Werk durch Umstände vereitelt, die **nicht** auf **Seite des Bestellers** liegen, so verliert der Werkunternehmer seinen Entgeltanspruch.[7]) Weil er den Erfolg schuldet, gilt dies auch, wenn der hindernde Umstand zu einer „dritten Sphäre“ gehört. 1138

Fällt der Schiunterricht wegen Erkrankung des Schilehrers aus, so erhält er kein Entgelt. Ebenso wenig ist der Werklohn zu entrichten, wenn der Schihang wegen eines Tauwetters oder wegen Lawinengefahr unbenützbar ist. Ein Unternehmer, der für die

---

[3]) Dazu OGH SZ 64/71; wbl 1993, 301; HS 26.664; RdW 1999, 134; ecolex 2002, 810; SZ 2004/20 (Stornogebühr); EvBl-LS 2012/42 (Abbestellung erfolgt nicht zulasten des Bestellers, wenn sie durch ein rechtswidriges und schuldhaftes Verhalten auf Seiten des Unternehmers gerechtfertigt war); dazu auch *Gossi,* Der Entgeltsanspruch bei Leistungsabweichungen nach allgemeinem Zivilrecht, immolex 2010, 178 (181); *Wenusch,* Probleme der Teilabbestellung beim Werkvertrag, ZRB 2014, 168.

[4]) Dazu OGH HS 14.854; SZ 64/71. Zur Anwendbarkeit dieser Regel bei Gläubigerverzug: OGH JBl 1981, 594 *(Wilhelm);* ecolex 2000, 645 *(Wilhelm);* bei Vereitelung der Verbesserung: OGH EvBl 1989/101; bei Selbstvornahme der Verbesserung JBl 2008, 780 (dazu *Wilhelm,* Die ganz normale voreilige Selbstverbesserung, ecolex 2008, 881; *Holzinger,* Ansprüche im Falle voreiliger Selbstvornahme der Verbesserung durch den Übernehmer, RdW 2008/587, 63).

[5]) EB 311 BlgNR 20. GP 31; *Eccher* in *Klang*[3] § 27a Rz 2.

[6]) OGH HS 25.589; RdW 1998, 66; ZVR 1999/56; ZRB 2013, 27; vgl auch *Krejci,* Die bauvertragliche Pflicht zur Baugrundrisikotragung, wbl 1988, 425; *Krejci,* Baugrundrisiko und Bauvertrag, in FS Fasching 311 (324f); *Thaler,* Rechtsprechungsübersicht Baugrundrisiko, ecolex 2001, 192 mwN.

[7]) Vgl OGH EvBl 1985/79; JBl 1986, 321; ecolex 2005, 528 (Nichteintreten zugesicherter Umstände); ecolex 2012/127 (finanzieller Engpass); Zak 2014/556 (Warnpflichtverletzung).

Herstellung des Werkes auf elektrische Kraft angewiesen ist, trägt die Preisgefahr, wenn der Strom ausfällt, sodass das Werk bis zum vereinbarten Zeitpunkt nicht fertiggestellt werden kann.[8])

1139 Die Gefahr für ein bereits **hergestelltes** Werk wird wie beim Kaufvertrag verteilt: Sie trifft bis zum Zeitpunkt der **bedungenen Übergabe** den Unternehmer, danach den Besteller. Ist kein Übergabszeitpunkt vereinbart, so entscheidet die tatsächliche Ablieferung; Annahmeverzug hat jedenfalls den Gefahrenübergang zur Folge. Geht das Werk vorher zugrunde, so verliert der Unternehmer den Entgeltanspruch; ein späterer Untergang befreit den Besteller nicht von seiner Pflicht zur Zahlung des Werklohns.

1140 Diese Regeln erfahren eine gewisse Modifikation durch jene über den Untergang des beigestellten Stoffes und die Warnpflicht des Unternehmers. Den zufälligen Verlust des **Stoffes** trägt prinzipiell jener Teil, der ihn beigestellt hat (§ 1168 a). Der Besteller trägt die Preisgefahr für das ganze Werk, wenn es wegen der Mangelhaftigkeit des von ihm beigestellten Stoffes oder wegen seiner unrichtigen Anweisungen untergegangen ist, und ihn der Unternehmer erfolglos vor der Ausführung gewarnt hat (s oben Rz 1129 f).

VI. Beendigung

1141 Der Werkvertrag begründet in der Regel ein Zielschuldverhältnis (oben Rz 1104) und endet daher mit der **Erfüllung** (Herstellung des Werkes). Der **Tod** des Bestellers hat an sich auf die gegenseitigen Verbindlichkeiten keinen Einfluss, doch gilt § 1168 (oben Rz 1136), wenn dadurch das Werk sinnlos geworden ist (Vereinbarung einer Ausbildung, eines Operationstermines). Der Tod des Unternehmers beendet den Vertrag, wenn es sich um höchstpersönliche Leistungen, zB die Anfertigung eines Gemäldes, handelt (§ 1171).

1142 § 1168 Abs 2 gewährt dem Werkunternehmer ein besonderes Rücktrittsrecht:[1]) Unterbleibt eine zur Ausführung des Werkes erforderliche **Mitwirkung des Bestellers,** so ist der Unternehmer berechtigt, ihm zur Nachholung eine angemessene Frist zu setzen mit der Erklärung, dass nach ihrem fruchtlosen Verstreichen der Vertrag als aufgehoben gelte.[2])

Der Besteller erscheint nicht zu dem vereinbarten Fototermin. Der Werkbesteller bringt die Sache nicht zur vereinbarten Reparatur.

---

[8]) *Welser,* Haftungsprobleme der Wintersportausübung, in *Sprung/König,* Das österreichische Schirecht (1977) 434 f.

[1]) Für ein Kündigungsrecht *(ex-nunc) Krejci,* Einige Fragen zur Auflösung des Werkvertrages gem § 1166 Abs 2 ABGB, in FS Posch (2011) 381 (385); *Apathy,* Schadenersatz und Rücktritt bei Annahmeverzug, JBl 1982, 561 (568); *Rebhahn/Kietaibl* in *Schwimann/Kodek*[4] § 1168 Rz 49 ff; *Kletečka* in *Kletečka/Schauer,* ABGB-ON[1.02] § 1168 Rz 47.

[2]) Vgl *Krejci* in FS Posch 381 ff.

15. Kapitel

Der Reiseveranstaltungsvertrag

Literatur: *Bläumauer,* Reiserecht für die Praxis[2] (2010); *Graziani/Weiss,* Reiserecht in Österreich (1995); *Keiler/Stangl/Pezenka,* Reiserecht (2008); *Kietaibl,* Pauschalreiserecht (2007); *Lindinger/Scheibenpflug,* Reiserechtsprozess (2006); *Saria,* Reise ins Ungewisse (2005); *Schuster,* Praxisfragen des Reiserechts in Österreich (2009); *Weiss,* Pauschalreisevertrag (1987); *Zechner,* Reisevertragsrecht (1989).

Im Reiseveranstaltungsvertrag wird eine Gesamtheit von „Reiseleistungen" gegen ein einheitliches Entgelt zugesagt. 1143

Da der Veranstalter nicht nur die Erbringung eines Werkes (Beförderung), sondern auch Dienstleistungen (Verpflegung, Betreuung, Führungen) und die Besorgung von Geschäften (Vermittlung von Leistungen anderer Unternehmer) verspricht, handelt es sich um einen **gemischten Vertrag,**[1]) bei dem die Elemente des Werkvertrags im Vordergrund stehen.[2]) Der Veranstalter verpflichtet sich selbst, die Leistungen zu erbringen.[3]) Bedient er sich dabei anderer Unternehmer, so hat er für sie als Erfüllungsgehilfen gemäß § 1313 a einzustehen.[4]) 1144

In der Pflicht zur eigenverantwortlichen Erbringung liegt der Unterschied zum Reisevermittlungsvertrag. Der Vermittler hat nur für die Auswahl der Leistenden und für die nötige Information des Reisenden zu sorgen.[5]) Ob ein Reisebüro Veranstalter oder Vermittler ist, hängt davon ab, wie ein redlicher Kunde sein Auftreten beim Vertragsabschluss verstehen kann,[6]) wofür auch die Werbeaussagen (zB ein „Prospekt") Bedeutung haben.

Der Reiseveranstaltungsvertrag ist in den **§§ 31b–31f KSchG** geregelt. Sie enthalten zwingende Bestimmungen zugunsten des Reisenden und gelten **nicht nur für Verbraucherverträge;** sie sind zB auch auf Geschäftsreisen anzuwenden. 1145

Die Bestimmungen des ABGB finden Anwendung, sofern die §§ 31 b ff KSchG keine Regelung enthalten oder nicht anwendbar sind. Auf Reiseveranstaltungsverträge finden überdies § 6 Abs 1 Z 9 und § 9 KSchG Anwendung, und zwar auch dann, wenn kein Verbrauchervertrag vorliegt (§ 31 f Abs 1 KSchG).[7]) Reiseverträge fallen grund-

---

[1]) *Weiss,* Pauschalreisevertrag 10.

[2]) HM, dazu *Fischer-Czermak,* Leistungsstörungen beim Reiseveranstaltungsvertrag JBl 1997, 274 (275) mwN.

[3]) *Krejci* in *Rummel*[3] §§ 1165, 1166 Rz 55; *Hammerl* in *Kosesnik-Wehrle,* KSchG[4] § 31 b Rz 8; OGH SZ 55/71; SZ 66/69. Auch den Reisenden treffen uU Pflichten; dazu *Lindinger,* Obliegenheitsverpflichtungen des Reisenden, ZVR 2007/138, 224 ff.

[4]) Vgl OGH SZ 66/69; ZVR 1997/34; JBl 1998, 511; EvBl 2002/50; RdW 2011/627. Zu am Urlaubsort gebuchten Zusatzleistungen OGH VbR 2015/66; vgl bereits *Jud,* Haftung für am Urlaubsort gebuchte Zusatzleistungen, ecolex 2008, 704.

[5]) Vgl OGH RdW 1995, 382. Zum Reisevermittlungsvertrag als echter Vertrag zugunsten Dritter (Mitreisender) s OGH RdW 2011/488.

[6]) OGH SZ 55/71; ZVR 1991/105; ecolex 1993, 670; SZ 66/69; RdW 2005/685 (Reisebüro als Erfüllungsgehilfe des Reiseveranstalters); *Fischer-Czermak,* JBl 1997, 275.

[7]) OGH SZ 2002/153. Kritisch zur Richtlinienkonformität *Karollus,* Entgangene Urlaubsfreude und Reisen „à la carte" – Zwei EuGH Entscheidungen zur Pauschalreise-Richtlinie, JBl 2002, 566 (575).

sätzlich nicht in den Anwendungsbereich des FAGG (§ 1 Abs 2 Z 8 FAGG), ausgenommen § 8 FAGG über die besonderen Erfordernisse bei elektronisch geschlossenen Verträgen (dazu unten Rz 1283 ff). Darüber hinaus sind die Verordnung über Ausübungsvorschriften für das Reisebürogewerbe (BGBl II 1998/401)[8]) und die Reisebürosicherungs-Verordnung (BGBl II 1993/316) zu beachten.

1146 Die §§ 31 b ff KSchG erfassen Verträge, in denen mindestens **zwei** der aufgezählten Dienstleistungen (Beförderung; Unterbringung; andere touristische Dienstleistungen, die nicht bloß Nebenleistungen sind) zu einem **Gesamtentgelt** angeboten oder nach den Vorstellungen des Kunden zusammengestellt werden **(Pauschalreise).**[9]) Veranstalter im Sinne des Gesetzes ist, wer nicht nur gelegentlich im eigenen Namen von ihm organisierte Reisen anbietet.[10])

1147 Durch § 31 c KSchG werden die Möglichkeiten des Veranstalters, sich bei Vertragsabschluss ein Recht auf spätere **Preisänderung**[11]) auszubedingen, eingeschränkt. Ist der Veranstalter befugt, vor der Abreise wesentliche Bestandteile des Vertrages[12]) zu ändern, so kann der Reisende wählen, ob er mit der Vertragsänderung einverstanden ist oder ob er ohne Zahlung einer Vertragsstrafe oder eines Reugeldes vom Vertrag zurücktreten will (§ 31 c Abs 2 KSchG). Tritt er zurück, so kann er statt der Rückabwicklung des Vertrages die Teilnahme an einer gleichwertigen Reise verlangen (§ 31 d KSchG).[13]) Der Reisende kann, wenn er am Antritt der Reise gehindert ist, das Vertragsverhältnis auf einen Dritten **übertragen,**[14]) wenn dieser alle Bedingungen für die Teilnahme erfüllt. Die Übertragung muss dem Reiseveranstalter binnen angemessener Frist vor der Abreise mitgeteilt werden. Reisender und Dritter haften solidarisch für Entgelt und Mehrkosten (§ 31 c Abs 3 KSchG).

1148 Die **Gewährleistungsbehelfe** des Reisenden richten sich nach § 932, der durch die Sondergewährleistungsvorschrift des § 31 e KSchG ergänzt

[8]) Dazu *Augenhofer,* (Vor)vertragliche Informationspflichten nach der Pauschalreise-RL und im sonstigen (europäischen) Recht, in *Keiler/Stangl/Pezenka,* Reiserecht 53 ff; s auch OGH ZVR 2010/67 *(Hinteregger);* dazu *Liedermann,* Verletzung vorvertraglicher Aufklärungspflichten im Reiserecht, Zak 2010/218, 127; *Lindinger,* Aufklärungsverpflichtungen des Reisebüros, ZVR 2013/121, 224. Zu den Aufklärungspflichten des Vermittlers vgl OGH RdW 1993, 106.

[9]) Vgl hiezu EuGH C-400/00; *Karollus,* JBl 2002, 568; zur Busreise *Lindinger,* Busreise – Beförderungsvertrag – Reiseveranstaltung oder Pauschalreise, ZVR 2008/146, 322 ff; zur Sprachreise *Lindinger,* Sprachreise – Gastschulaufenthalt – Pauschalreise, ZVR 2009/118, 229 (239); zu Sonderfragen bei Winterpauschalreisen *Lindinger,* Winterpauschalreise, ZVR 2006/121, 358.

[10]) Dazu *Apathy,* Das neue Reisevertragsrecht, RdW 1994, 234; *Graziani/Weiss,* Reiserecht 69 f; *Fischer-Czermak,* JBl 1997, 275; *Kietaibl,* Pauschalreiserecht Rz 173.

[11]) Vgl OGH EvBl 2005/189; s auch *Lindinger/Grobe,* Kerosinzuschläge, RdW 2004/590, 646 mwN; *Bläumauer,* Kampf gegen den Kerosinzuschlag, RdW 2006/5, 11.

[12]) Hiezu OGH RdW 2001/369 (Einzelfallbeurteilung).

[13]) Vgl dazu *Mayrhofer,* Anmerkungen zur Umsetzung der EG-Pauschalreiserichtlinie in das KSchG, ZfRV 1995, 229 (233); *Graziani/Weiss,* Reiserecht 106 ff; *Fischer-Czermak,* JBl 1997, 277 ff.

[14]) Vgl dazu *Keiler,* Das Recht auf Übertragung eines Pauschalreisevertrages (2013).

wird.[15]) Nach § 31e Abs 1 KSchG muss der Veranstalter auch bei unbehebbaren Mängeln „angemessene Vorkehrungen" treffen, sich also um eine Ersatzlösung bemühen oder für die Abreise sorgen, wenn die Ersatzlösung vom Reisenden aus triftigen Gründen nicht akzeptiert wird.[16]) Nach § 31e Abs 2 KSchG trifft den Reisenden eine **Rügeobliegenheit:** Er muss – wenn ihn der Veranstalter schriftlich auf diese Obliegenheit hingewiesen hat – auftretende Mängel einem Vertreter des Veranstalters unverzüglich mitteilen. Die Unterlassung der Mitteilung wird dem Reisenden als Mitverschulden angerechnet.[17])

Die Besonderheit bei Reisemängeln liegt darin, dass eine Verbes- 1149
serung nach Ende der Reise regelmäßig nicht mehr in Betracht kommt.[18]) Der Reisende kann aber auch dann, wenn er die Verbesserung eines Mangels während der Reise nicht verlangt hat, seinem Vertragspartner somit keine „zweite Chance" eingeräumt hat (oben Rz 333f), nach dem Ende der Reise sofort die **Preisminderung**[19]) oder **Wandlung**[20]) fordern. Forderte man nämlich vom Reisenden unter Berufung auf den Vorrang der Verbesserung nach § 932 Abs 2, dass er dem Veranstalter eine zweite Chance einräumen müsse, so liefe dies im Ergebnis auf eine allgemeine Rügeobliegenheit hinaus, was § 31e Abs 2 KSchG widerspräche.[21])

[15]) *Fischer-Czermak,* JBl 1997, 281; *Jud,* Gewährleistung beim Reiseveranstaltungsvertrag, ecolex 2001, 430; *Bläumauer,* Reiserecht², 81ff. Vgl auch *Lintschinger,* Zum rechtlichen Nachspiel in der Reisebranche auf Grund des Vulkanausbruchs in Island, wbl 2010, 321 (326ff).

[16]) Dazu *Fischer-Czermak,* JBl 1997, 282f.

[17]) *Mayrhofer,* ZfRV 1995, 241; *Graziani/Weiss,* Reiserecht 91ff; *Fischer-Czermak,* JBl 1997, 283f.

[18]) Dazu *Jud,* ecolex 2001, 431; *Welser/Jud,* Die neue Gewährleistung (2001) § 932 Rz 46.

[19]) Zur Berechnung *A. Schmidt,* Die aktuelle reiserechtliche Rechtsprechung des HG Wien unter besonderer Berücksichtigung des Ersatzes der entgangenen Urlaubsfreude, in *Saria,* Reise ins Ungewisse 162; OGH ZVR 2006/123 (dazu *Bläumauer,* Kein Abschied von der Frankfurter Tabelle, RdW 2006/202, 205; *Wukoschitz,* Reisepreisminderungsmythos „Frankfurter Tabelle", RdW 2006/444, 488; *Michitsch,* Die Frankfurter Tabelle zur Reisepreisminderung und ihre Anwendbarkeit im österreichischen Recht, ZVR 2006/118, 341); LG Innsbruck ZVR 2006/128 *(Danzl);* zur „Wiener Liste" *Lindinger/Scheibenpflug,* Reiserechtsprozess 157ff; *Lindinger,* ZVR 2007/138, 228; *Lindinger,* Wiener Liste – Update, ZVR 2008/145, 316; ZVR 2009/117, 224; ZVR 2010/94, 188; ZVR 2011/136, 220; ZVR 2012/121, 220; ZVR 2013/120, 220; ZVR 2014/127, 220; *Lindinger,* Zak-Reisepreisminderungstabelle, Zak 2006/457, 263; *A. Schmidt,* Fallbeispiele zur Reisepreisminderung – Rechtsmittelentscheidungen des HG Wien, Zak 2008/497, 283; *A. Schmidt,* Konkretisierung des Geschuldeten als Maßstab für die Reisepreisminderung, Zak 2008/498, 287. Zur Preisminderung trotz Hotelwechsels OGH EvBl 2015/24 = ecolex 2015/41 *(Schoditsch); Lindinger,* Vorbringen und Anspruch – Stolpersteine im Reiserechtprozess, ÖJZ 2015/24, 189.

[20]) Zum Wandlungsrecht bei Kumulierung von Reisemängeln s OGH JBl 2005, 581; OGH SZ 2007/10 (Tsunamikatastrophe); dazu *Michitsch,* Reiseabbruch wegen Tsunami, ZVR 2007/140, 232.

[21]) *Jud,* ecolex 2001, 431f; *Welser/Jud,* Gewährleistung § 932 Rz 47; aA *Apathy,* Rügepflicht bei behebbaren Reisemängeln, RdW 2002/2, 2; hiezu sowie zur zeitlichen

1150 Der Reiseveranstalter hat nach § 31 f Abs 1 KSchG die Möglichkeit, die **Verjährungsfrist** für Schadenersatz- und Gewährleistungsansprüche wegen Mängeln, die während der Reise festgestellt worden sind (vgl § 31 e Abs 2 KSchG), auf ein Jahr zu verkürzen, sofern er dies mit dem Reisenden im Einzelnen ausgehandelt hat.

1151 Nach dem durch das ZivRÄG 2004 (BGBl I 2003/91) eingeführten **§ 31 e Abs 3 KSchG** – der sich allerdings nur auf **Pauschalreisen**[22]) bezieht – hat der Reisende, wenn der Reiseveranstalter einen erheblichen Teil[23]) der vertraglich vereinbarten Leistung nicht erbracht hat und dies auf einem dem Reiseveranstalter zurechenbaren Verschulden beruht,[24]) einen Anspruch auf angemessenen **Ersatz der entgangenen Urlaubsfreude.** Dabei handelt es sich um einen Ersatzanspruch für **immaterielle Schäden** (unten Rz 1353).

§ 31 e KSchG wurde durch das ZivRÄG 2004 (BGBl I 2003/91) eingefügt, um der Rechtsprechung des EuGH[25]) zu Art 5 der Pauschalreise-Richtlinie zu entsprechen.[26])

Der Veranstalter hat einen erheblichen Teil der vertraglichen Leistung dann nicht erbracht, wenn die Reise entweder überhaupt nicht stattgefunden hat (zB infolge Überbuchung) oder wenn erhebliche Reisemängel aufgetreten sind[27]) und der Veranstalter oder seine ihm zurechenbaren Erfüllungsgehilfen (§ 1313 a) dies zumindest leicht fahrlässig verschuldet haben. Auch die Verletzung vorvertraglicher Aufklärungspflichten (Hurrikansaison) kann einen Ersatzanspruch begründen.[28]) Fälle von höherer Gewalt (vgl § 31 d Abs 2 Z 2 KSchG) fallen somit nicht in den Anwendungsbereich des § 31 e Abs 3 KSchG. Ein allfälliges Mitverschulden des Reisenden ist gemäß § 1304 entsprechend zu würdigen.

1152 Die **Höhe** des Ersatzes richtet sich nach der Dauer und Schwere des Mangels, dem Grad des Verschuldens, dem vereinbarten Zweck der Reise und der Höhe des Reisepreises.[29])

Beschränkung der Geltendmachung von Reisemängeln *Wukoschitz,* Gewährleistungsreform und Reiserecht, RdW 2001, 646.

[22]) Kritisch *Jud,* Schadenersatz für entgangene Urlaubsfreude, ecolex 2002, 307 (309); *P. Bydlinski,* Geld statt Urlaubsfreude nun auch in Österreich – zwei Fragen zum neuen § 31 e Abs 3 KSchG, JBl 2004, 66 (67). Eine analoge Anwendung auf Fälle der deliktischen Haftung (hier entgangene Reisefreuden durch Schiunfall) kommt nach der Rechtsprechung nicht in Betracht, s OLG Innsbruck ZVR 2006/203 *(Kathrein).*

[23]) Kritisch bezüglich der Richtlinienkonformität der Einschränkung auf erhebliche Mängel *Karollus,* JBl 2002, 575; *Wukoschitz,* Schadenersatz wegen entgangener Urlaubsfreude, ecolex 2003, 893; *Michitsch,* ZVR 2004, 226.

[24]) Kritisch hiezu *Wukoschitz,* Der Ersatz für entgangene Urlaubsfreude nach § 31 e KSchG, in *Saria,* Reise ins Ungewisse 150.

[25]) Vgl EuGH C-168/00 *(„Leitner“).*

[26]) Zur richtlinienkonformen Interpretation vor Erlass des § 31 e Abs 3 KSchG s LG Linz JBl 2002, 600; OGH ZVR 2007/142 *(Michitsch);* SZ 2004/168; ZVR 2006/123; *Karner,* Verpatzter Urlaub und der EuGH, RdW 2002, 271; *Jud,* ecolex 2002, 307; *Jud,* Reiserecht als Teil des Europäischen Privatrechts, in *Keiler/Stangl/Pezenka,* Reiserecht 14 f; *Karollus,* JBl 2002, 569; *Cornides,* Immaterieller Schaden im Gemeinschaftsrecht, ÖJZ 2002, 821.

[27]) EB 173 BlgNR 22. GP 23. Vgl hiezu *P. Bydlinski,* JBl 2004, 66; *Riedler,* Änderungen des KSchG durch das ZRÄG 2004, RZ 2003, 266 (272).

[28]) OGH ZVR 2010/148 *(Hinteregger);* vgl auch Vgl auch *Augenhofer* in *Keiler/Stangl/Pezenka,* Reiserecht 53 ff.

[29]) Vgl hiezu EB 173 BglNR 22. GP 23; *Karner,* RdW 2002, 206; OGH ZVR 2007/80 *(Michitsch);* ZVR 2007/142 *(Michitsch)* und ZVR 2007/143 (Erheblichkeitsschwelle); EvBl 2010/29 *(Lindinger)* = Zak 2009/639, 397 *(Keiler)* = ZVR 2010/96 *(Hinteregger);*

§ 31 f KSchG bestimmt, dass § 6 Abs 1 Z 9 sowie § 9 KSchG auch im Pauschalreiserecht anwendbar sind, dh dass die Zulässigkeit von **Haftungsausschlüssen** beschränkt wird. 1153

Entsteht im Reisegebiet nach Vertragsschluss aufgrund von Unruhen oder Terroranschlägen eine Gefahr, die eine Reise **nicht zumutbar** erscheinen lässt, kann sich der Reisende auf den Wegfall der Geschäftsgrundlage berufen (s zu dieser Bd I Rz 510 ff),[30]) wobei primär, so dies möglich ist, eine Anpassung des Reisevertrages (beispielsweise Umbuchung auf ein anderes Land) anzustreben ist.[31]) 1154

16. Kapitel

Glücksverträge

I. Wette und Spiel (§§ 1270 ff)

A. Allgemeines

Wette und Spiel gehören zu den Glücksverträgen (§§ 1267, 1269). Vertragsgegenstand ist die **Übernahme eines Risikos;** das Gesetz spricht vom Versprechen und Annehmen der „Hoffnung eines noch ungewissen Vorteiles“. 1155

Spiel[1]) und Wette werden als Glücksverträge im eigentlichen Sinne bezeichnet; bei ihnen ist der wirtschaftliche Zweck die Eingehung des Wagnisses.[2]) Ein solches liegt

---

JBl 2011, 47. Vgl auch *Mair/Stanke,* Schadenersatz wegen entgangener Urlaubsfreude in der Rsp, ecolex 2008, 708; *Kolmasch,* Schadenersatz für entgangene Urlaubsfreude, Zak 2008/499, 289; *Hinteregger,* Schadenersatz für entgangene Urlaubsfreude, ZVR 2010/225, 468; *Kietaibl,* Pauschalreiserecht Rz 432 ff; *Schuster,* Praxisfragen des Reiserechts 92 ff. Zur „Linzer Orientierungsliste“ *Riedler,* Bemessung des Schadenersatzes für entgangene Urlaubsfreude unter Berücksichtigung der Preisminderung für Reisemängel, ZVR 2008/199, 408 (417 f) (Berechnungsvorschlag: „Reisepreis/Reisedauer x voll vertane Urlaubstage x Minderungsquote“). Zum Verhältnis zur Preisminderung s OGH JBl 2011, 49.

[30]) Vgl OGH SZ 72/95 (Terroranschläge); JBl 2005, 253 (9/11); RdW 2005/108 (Luftbeförderungsverträge); *Zechner,* Reisevertragsrecht Rz 343; *Wukoschitz,* Bombenterror auf Tourismusziele – Allgemeines Lebensrisiko des Reisenden oder Wegfall der Geschäftsgrundlage? RdW 1996, 399; *Pilz,* SARS: Rücktritt vom Pauschalreisevertrag, ecolex 2003, 327; *Jaksch-Ratajczak,* Zwischen Terror und SARS: Neues zum Wegfall der Geschäftsgrundlage im österreichischen Reiserecht, in *Saria,* Reise ins Ungewisse 129.

[31]) OGH RdW 2002/198 (Terroranschläge).

[1]) Zum Spielbegriff beim Automatenglücksspiel *P. Bydlinski,* Zivilrechtsfragen des „kleinen“ Automatenglücksspiels, ÖJZ 2008/73, 697 (698). Zum Glücksspielscharakter von Immobilienverlosungen („Traumhaus um 99 Euro“) s *G. Fuchs,* Die Immobilienverlosung, ecolex 2009, 118 (121 f); *Bamberger/Hauptmann,* Zivilrechtliche Aspekte der Immobilienverlosung, immolex 2009, 70; aus Sicht des GSpG vgl auch *Streit,* Das Haus aus der Lotterie: Yes we can? immolex 2009, 72 f, nach dem Hausverlosungen iaR nicht unter das Glücksspielmonopol des Bundes fallen; aA *P. Graf,* (Un-)zulässige Hausverlosung? immolex 2009, 76 f.

[2]) *Wolff* in *Klang*[2] V 982. Vgl auch OGH ÖBA 1992, 944; SZ 2006/187; zum Swap-Geschäft: *Karollus,* Aufklärungspflichten über den anfänglichen negativen

allerdings nicht vor, wenn eine Sache in der Hoffnung gekauft wird, sie mit Gewinn weiterzuveräußern.[3]) Zu den Glücksverträgen im weiteren Sinne zählt § 1269 auch die Leibrenten- und Versicherungsverträge; sie verfolgen andere wirtschaftliche Zwecke, nämlich Versorgung und Risikostreuung. Obwohl bei Internetauktionen anfänglich weder der Einlieferer noch der Bieter wissen, ob sie ein günstiges Geschäft machen werden, sind sie keine Glücksverträge, weil der Bieter während einer laufenden Auktion sein Gebot beliebig nachbessern oder aus der Auktion aussteigen kann und daher seine Leistungsverpflichtung schon im Vorhinein kennt, wodurch der Wagnischarakter auf Seite des Bieters völlig in den Hintergrund tritt.[4])

1156 *Wette ist die Zusage einer Leistung für den Fall, dass sich eine Behauptung über ein beiden Parteien noch unbekanntes Ereignis als richtig* erweist *(§ 1270).*

1157 Nach § 1272 ist auch jedes **Spiel** eine Wette. Eine Unterscheidung zwischen Wette und Spiel ist tatsächlich nur schwer möglich[5]) und überdies meist bedeutungslos, weil auf beide Vertragstypen die gleichen Vorschriften anzuwenden sind.[6])

Bei der Wette haben die Parteien keinen Einfluss darauf, ob sich ihre Behauptungen als wahr erweisen. Beim Spiel ist ein Einfluss auf den Erfolg nicht ausgeschlossen; er hängt zT vom Können und von der Geschicklichkeit des Spielers ab. Setzen also zwei Engländer je eine mitgebrachte Schnecke auf den Tisch und soll jener gewinnen, dessen „Renntier" zuerst am anderen Ende der Tischplatte anlangt, so ist es ein Spiel, weil jeder durch die Beschaffenheit seiner Schnecke zum Ausgang der Sache beiträgt, von der Möglichkeit des „Anfeuerns" durch Zurufe ganz abgesehen. Hingegen ist der Vertrag, den Canning mit dem Herzog schloss, dass derjenige vom anderen 100 Pfund erhalten sollte, dem auf einem bestimmten Wege die meisten Katzen begegneten, eine Wette.[7]) Beim Spiel geht es also um die Befriedigung des Spieltriebs in der Hoffnung auf Gewinn, während bei der Wette die Bestätigung des Rechthabens in der Hoffnung auf Gewinn ausschlaggebend ist.[8])

1158 Spiel und Wette können entgeltlich oder unentgeltlich sein (§ 1267), je nachdem, ob beide Partner oder nur ein Teil eine Leistung verspricht[9]) **(„ungleiche Wette").**

Auch die Abgrenzung von Wette und Spiel zu anderen Verträgen ist schwierig. Der OGH hat das Versprechen von S 10.000,– für den Nachweis, dass ein bestimmtes Fernsehgerät bei einem anderen Verkäufer am Ort billiger zu erwerben sei, als Werkvertrag qualifiziert,[10]) obwohl eine Verpflichtung zu Nachforschungen fehlte. Wahrscheinlich lag eher eine „negative Auslobung" vor. Die Zusage von € 100.000,– gegen

---

Marktwert bei strukturierten Finanzprodukten? ÖBA 2013, 306 (307f); *Dullinger,* Rechtliche Möglichkeiten bei Swap-Geschäften, ecolex 2014, 310 (311).

[3]) Dazu *Palten,* Ist die Regelung der Glücksverträge im ABGB noch zeitgemäß? in FS 200 Jahre ABGB (2011) 1291 (1293).

[4]) Daher kann ein über ebay abgeschlossener Kaufvertrag gemäß § 934 angefochten werden; OGH ecolex 2007/388 *(Anderl)* = jusIT 2008/6 *(Mader).*

[5]) Vgl dazu *W. Schwartz,* Strukturfragen und ausgewählte Probleme des österreichischen Glücksspielrechts (1998) 91 ff mwN.

[6]) Dies gilt aber jedenfalls nur für das ABGB. Zum Glücksspielgesetz vgl *W. Schwartz,* Strukturfragen 91 f. Vgl *Palten* in FS 200 Jahre ABGB 1303 f.

[7]) Beispiele von *Thöl,* Verkehr mit Staatspapieren 270.

[8]) *Palten* in FS 200 Jahre ABGB (2011) 1302.

[9]) *Wolff* in *Klang*[2] V 985.

[10]) OGH SZ 47/42.

Vorlage eines Geldscheines mit einer bestimmten Seriennummer wurde – trotz Abhängigkeit des Erreichens des Spielzieles vom Zufall – nicht als Glücksspiel, sondern als Auslobung qualifiziert.[11])

B. Rechtsfolgen

Soweit Spiel und Wette überhaupt **erlaubt** sind, begründen sie nur dann eine vollständige Verpflichtung, wenn der bedungene Preis nicht nur versprochen, sondern auch hinterlegt worden ist (§ 1271).[12]) Ohne Hinterlegung entsteht nur eine **Naturalobligation** (§ 1271).[13]) Wird also der Preis gezahlt, so kann er nicht zurückverlangt werden (§§ 1271, 1432). Haben die Parteien den „bedungenen Preis" bei einem Dritten hinterlegt, so kann ihn der Gewinner auch gerichtlich fordern. Das zu einem erlaubten Spiel gegebene Darlehen ist rückforderbar.[14]) 1159

§ 1271 ist auch auf Termingeschäfte anzuwenden, bei denen die erkennbare Absicht der Parteien nicht auf tatsächliche Erfüllung des Vertrages, sondern nur auf die Erzielung der Differenz zwischen dem vereinbarten und dem am Stichtag tatsächlich geltenden Markt- oder Börsepreis gerichtet ist.[15]) Der Einwand der Unklagbarkeit wird als „Differenzeinwand" bezeichnet. Dieser ist nach neuerer Rechtsprechung jedoch unzulässig, wenn das Differenzgeschäft wirtschaftlich begründet ist.[16]) Die praktische Bedeutung des § 1271 für Termingeschäfte ist jedoch weggefallen, weil die Unzulässigkeit des Differenzeinwandes für Börse- und Bankgeschäfte nunmehr gesetzlich angeordnet ist (§ 28 BörseG und § 1 Abs 5 BWG).[17])

Verbotene Spiele sind **ungültig** (§ 879) und erzeugen daher nicht einmal eine natürliche Verbindlichkeit,[18]) sodass § 1432 nicht angewendet werden kann. Die gezahlte Wett- oder Spielschuld kann deshalb vom 1160

---

[11]) Der versprochene Betrag war daher einklagbar; OGH EvBl 2007/135 („Ö3 Mehrscheinchenspiel").

[12]) Vgl dazu *Palten* in FS 200 Jahre ABGB 1295.

[13]) S OGH SZ 53/74; SZ 58/184; SZ 59/173; EvBl 2014/66; vgl hiezu und zum folgenden *Grassl-Palten,* Zum Anwendungsbereich des § 1271 ABGB, in FS Bydlinski (2002) 153 ff.

[14]) OGH ecolex 1999, 819 mwN.

[15]) OGH SZ 56/77; SZ 69/261 (dazu *Hammerer,* Der Differenzeinwand bei Spekulationsgeschäften, ÖBA 1997, 415). S ferner *Honsell,* Der Differenzeinwand im Börsenterminhandel, in FS Ostheim (1990) 263; *Oppitz,* Der Differenzeinwand bei Swapverträgen, ÖBA 1991, 782; *Göth,* ÖTOB-Indexoptionsgeschäfte aus der Sicht des § 33 TP 17 GebG. Zugleich ein Beitrag zur zivilrechtlichen Natur des Differenzgeschäftes, ÖBA 1992, 701.

[16]) OGH SZ 71/138; vgl bereits SZ 69/261 (dazu *Iro,* OGH: Wirtschaftlich begründete Differenzgeschäfte doch klagbar? RdW 1997, 123); s auch *H. Gruber,* Der Differenzeinwand – Neues vom OGH und vom Gesetzgeber, ÖBA 1999, 851 und *Oppitz,* Haftung und Risken bei Geschäften mit (OTC-)Derivaten, ÖBA 1999, 951 f.

[17]) Hiezu *Koch,* Der Differenzeinwand nach dem neuen Börsegesetz, ÖBA 1990, 24; *H. Gruber,* ÖBA 1999, 851.

[18]) S OGH EvBl 2014/66. Vgl auch *Binder,* Privatrechtliche Aspekte der Spielsucht, ÖJZ 1998, 179 mwN; *Kletečka,* Glücksspielmonopol und Rückforderungsansprüche, ecolex 2013, 17.

Verlierer wieder zurückgefordert werden.[19]) Dies allein entspricht auch dem Verbotszweck, Vermögensnachteile durch das Spiel zu verhindern.

Der Rückforderung steht § 1174 Abs 1 nicht entgegen, weil die Leistung nicht „zur Bewirkung" der unerlaubten Handlung, sondern als „Einsatz" gegeben wurde. Unten Rz 1702. Ein zum Zweck eines verbotenen Spiels gegebenes Darlehen kann hingegen nicht zurückverlangt werden (§ 1174 Abs 2); vgl dazu unten Rz 1708.

1161 Gewinne in den Staatslotterien (Klassenlotterie, Zahlenlotto) sind einklagbar (§ 1274; GlücksspielG 1989).

Buchmacherwetten aus Anlass sportlicher Veranstaltungen, die aufgrund einer Bewilligung der Landesregierung zur gewerbsmäßigen Vermittlung derartiger Wetten abgeschlossen werden, sind „Staatslotterien" im Sinne des § 1274.[20]) Gleiches gilt für Totalisateure, die solche Wetten nicht wie Buchmacher abschließen, sondern bloß vermitteln.[21])

1162 Nach § 1268 ist bei allen Glücksverträgen das Rechtsmittel der **laesio enormis ausgeschlossen,** weil Risiken für den Glücksvertrag charakteristisch sind und von den Parteien bewusst übernommen werden.[22]) Hingegen ist die Berufung auf Wucher möglich.[23])

II. Der Leibrentenvertrag (§§ 1284 ff)

1163 *Im Leibrentenvertrag verspricht ein Teil eine Leistung gegen die Zusage einer Rente auf Lebensdauer (§ 1284).*

1164 Der Leibrentenvertrag ist ein **entgeltliches** Geschäft.[1]) Unentgeltliche Leibrenten sind Schenkungen und unterliegen den dafür geltenden Bestimmungen.[2])

Vom Leibrentenvertrag ist das Ausgedinge zu unterscheiden. Vgl dazu in Bd I Rz 1381 f.

1165 Der Leibrentenvertrag ist ein **Glücksvertrag**[3]) im weiteren Sinne (§ 1269), da beide Teile das Risiko auf sich nehmen, keine entsprechende Gegenleistung zu erhalten.

---

[19]) *Wolff* in *Klang*² V 992 f; *Binder,* ÖJZ 1998, 180; OGH SZ 69/69 (Pyramidenspiel); dazu *Iro,* Pyramidenspiele sind verbotene Glücksspiele! RdW 1996, 297 und *Battlogg,* Die zivilrechtlichen Aspekte des Pyramidenspiels, ÖJZ 1998, 548 ff. Zu Kettenspielen („Schenkkreise", „Herzkreise", „Herzfrauen") *Tangl,* Zur Rückforderung des Spieleinsatzes bei Schenkkreisen, Zak 2008/416, 243.

[20]) OGH JBl 1999, 117 = ecolex 1999, 13 *(Wilhelm)* = JAP 1999/2000, 33 *(Reidinger)* (Verst Senat). Anders noch OGH SZ 69/268 und SZ 70/187.

[21]) OGH ecolex 2008/7.

[22]) Vgl hiezu OGH SZ 74/123; *Palten* in FS 200 Jahre ABGB 1316, tritt *de lege ferenda* für eine *laesio enormis* in jenen Fällen ein, wo von vornherein feststeht, dass das objektive Wertverhältnis der beiden Leistungen aufgrund eines Wertirrtums die Verkürzungsgrenze überschreitet. Zu Internetauktionen s OGH ecolex 2007/388 *(Anderl)* = jusIT 2008/6 *(Mader).*

[23]) OGH JBl 1990, 802 *(Buchegger);* SZ 67/123.

[1]) Vgl auch OGH JBl 1972, 39; JBl 1988, 108; EvBl 1996/64; Zak 2012/487.

[2]) *Ehrenzweig* II/1, 567.

[3]) Dazu OGH ecolex 1991, 386 *(Reich-Rohrwig); Palten* in FS 200 Jahre ABGB 1308.

A übergibt seinen Grundbesitz und bedingt sich dafür eine monatliche Leibrente von € 1.500,– aus, stirbt aber schon nach 2 Monaten. Die achtzigjährige kränkliche B bedingt sich gegen Zahlung von € 60.000,– eine Leibrente von monatlich € 800,– aus; sie wird hundert Jahre alt.

Der Umfang der Rente muss **bestimmt** sein. Richtet sich die Höhe 1166
nach dem Bedarf des Berechtigten, so spricht man von einem Unterhaltsvertrag.

Die Unterscheidung ist für die Frage der Berücksichtigung einer Geldentwertung bedeutsam; vgl oben Rz 165f.

Die **Dauer** der Rente kann sich nach dem Leben des Berechtigten, 1167
des Verpflichteten oder eines Dritten richten (§ 1285). Im Zweifel ist aber die Lebenszeit des Rentenempfängers maßgebend.[4])

Die Rente kann auch für einen Dritten (zB die Witwe) ausbedungen 1168
werden; dann liegt ein Vertrag zugunsten Dritter vor.

Nach der jüngeren Judikatur ist trotz § 1268 eine Berufung auf die 1169
laesio enormis möglich, wenn schon beim Vertragsabschluss feststeht, dass der Berechtigte aufgrund seines Alters weniger als die Hälfte des Wertes seiner Leistung vergütet erhalten wird.[5])

17. Kapitel

Verbraucherverträge

Literatur: *P. Bydlinski/Lurger,* Die Richtlinie über die Rechte der Verbraucher (2012); *Deixler-Hübner/Kolba,* Handbuch Verbraucherrecht (2015); *Eidenmüller/Faust/Grigoleit/Jansen/Wagner/Zimmermann,* Revision des Verbraucher-acquis (2011); *Gelbmann/Jungwirth/Kolba,* Konsumentenrecht und Banken (2011); *Jud/Wendehorst,* Neuordnung des Verbraucherprivatrechts in Europa? (2009); *Keiler/Klauser,* Österreichisches und Europäisches Verbraucherrecht (2015); *Koziol,* Verbraucherschutz als Selbstzweck oder als Mittel sachgerechter Interessenwahrung? in FS Mayrhofer (2002) 101; *Krejci,* Handbuch zum Konsumentenschutzgesetz (1981); *Krejci,* Konsumentenschutzgesetz (1986); *Krejci,* Ist das Verbraucherrecht ein Rechtsgebiet? in FS Mayrhofer (2002) 121; *Kosesnik-Wehrle,* Konsumentenschutzgesetz (KSchG) und Fern- und AuswärtsgeschäfteG[4] (2015); *Lurger,* Integration des Verbraucherrechts in das ABGB? in *Fischer-Czermak/Hopf/Schauer,* Das ABGB auf dem Weg in das 3. Jahrtausend (2003) 111; *Lurger/Augenhofer,* Österreichisches und Europäisches Konsumentenschutzrecht[2] (2008); *Schuhmacher,* Verbraucherschutz in Österreich und in der EG (1992); *Stabentheiner,* Das Verbraucherrechte-Richtlinie-Umsetzungsgesetz, VbR 2014/45, 68; *Welser,* Anmerkungen zum Konsumentenschutzgesetz, JBl 1979, 449; *Welser,* Die Beschränkung der Vertragsfreiheit beim Konsumentengeschäft, JBl 1980, 1 und 72; *Welser,* Konsumentenschutz in Zentral- und Osteuropa (2010); *Wendehorst,* Die neue Richtlinie über Rechte der Verbraucher, in FS Griss (2011) 717; *Zöchling-Jud,* Verbraucherschutz und Wettbewerbsrecht, in FS Griss (2011); *Zöchling-Jud,* Acquis-Revision, CESL und Verbraucherrechterichtlinie, AcP 212 (2012) 550ff.

---

[4]) *Ehrenzweig* II/1, 564.

[5]) Dazu OGH NZ 1994, 206; SZ 67/99; HS 26.685; EFSlg 84.397; ecolex 1997, 924 *(Urbanek);* SZ 71/59; ecolex 1999, 621 *(Urbanek);* RdW 2001/661; kritisch *Pfersmann,* Bemerkenswertes aus der SZ 67/I, ÖJZ 1997, 57; vgl aber OGH RdW 1995, 298.

I. Allgemeines

A. Regelungsziel

1170 Ziel des Verbraucherprivatrechts ist es, dem Verbraucher gegenüber dem Unternehmer besonderen Schutz zu gewähren.[1]) Es entspricht damit einem gerechtfertigten Bedürfnis. Zwar billigt die Rechtsordnung grundsätzlich jedem das gleiche Maß an Privatautonomie zu, sodass es theoretisch Sache des Verbrauchers ist, wenn er sich mit ungünstigen Vertragsbestimmungen einverstanden erklärt. Doch führen mangelnde Rechtskenntnisse, wirtschaftliche Unterlegenheit, psychologische Hindernisse und das unübersehbare Warenangebot dazu, dass ein Verbraucher (Konsument) seine Interessen nicht genügend wahrnehmen und daher die Vertragsfreiheit nicht richtig nützen kann. Zwischen Unternehmer und Verbraucher besteht also eine gewisse **„Ungleichgewichtslage“,**[2]) ein Macht- und Informationsgefälle,[3]) welches durch das Verbraucherprivatrecht ausgeglichen werden soll.

B. Typische Schutzinstrumente

1171 Im Laufe der Jahrzehnte wurden bestimmte **Schutzinstrumente** entwickelt, die vom Gesetzgeber typischerweise zur Verwirklichung des Verbraucherschutzes eingesetzt werden. Dazu gehört zunächst einmal die Einschränkung der Vertragsfreiheit: Verbraucherschutzrecht ist idR **relativ zwingendes Recht,** kann also zum Nachteil des Verbrauchers nicht abbedungen werden. Das Informationsgefälle wird durch umfangreiche **Informationspflichten** des Unternehmers ausgeglichen, die den Verbraucher in die Lage versetzen sollen, eine informierte Entscheidung über den Abschluss oder das Festhalten am Vertrag treffen zu können, und ihm Kenntnis über seine Rechte verschaffen sollen[4]). Für bestimmte Vertragsarten oder Arten von Vertragsabschlüssen wird dem Verbraucher ein **Rücktrittsrecht** gewährt, also das Recht, ohne Angabe von Gründen von einem geschlossenen Vertrag zurückzutreten. Schließlich nimmt das Verbraucherprivatrecht auch Einfluss auf den Inhalt und die Abwicklung von Verträgen, vor allem durch eine strenge **Inhaltskontrolle** Allgemeiner Geschäftsbedingungen und die **Zwingendstellung** allgemeiner Rechtsbehelfe, wie zB der §§ 922ff.

C. Rechtsquellen

1172 In Österreich wurde das Verbraucherprivatrecht Ende der 70er-Jahre kodifiziert.[5]) Das Konsumentenschutzgesetz (**KSchG,** BGBl 1979/

---

[1]) S dazu *Schuhmacher,* Der Konsumentenschutzgedanke in der österreichischen Rechtsordnung, in *Krejci,* Handbuch 1ff.

[2]) Dazu *Welser,* JBl 1980, 1f.

[3]) *Lurger/Augenhofer,* Konsumentenschutzrecht^2, 9.

[4]) Dazu *Grigoleit,* Die Aufklärungspflichten des acquis, in *Eidenmüller/Faust/Grigoleit/Jansen/Wagner/Zimmermann,* Revision 223ff.

[5]) Vgl *Reindl,* Entstehung und Konzeption des KSchG, in *Krejci,* Handbuch 71ff.

140) ist am 1. Oktober 1979 in Kraft getreten und wurde seither 27 Mal novelliert. Zahlreiche dieser Novellen waren zur Umsetzung verschiedener Verbraucherschutzrichtlinien der EU erforderlich.

So wurde zB durch die Novelle 1997 (BGBl I 1997/6) vor allem die Vertragsklausel-Richtlinie 93/13/EWG, mit der Novelle 1999 (BGBl I 1999/185) die Fernabsatz-Richtlinie 97/7/EG und mit dem GewRÄG 2001 (BGBl I 2001/48) die Verbrauchsgüterkauf-Richtlinie 99/44/EG (auch) im KSchG umgesetzt. Die letzten umfassenden Novellen erfolgten durch das DaKRÄG 2010 (BGBl I 2010/28), mit welchem die Verbraucherkredit-Richtlinie 2008/48/EG, und das VRUG (BGBl I 2014/33), mit welchem die Verbraucherrechte-Richtlinie 2011/83/EU umgesetzt wurden.

In letzter Zeit entschied sich der österreichische Gesetzgeber oft 1173
dafür, Verbraucherschutzrichtlinien der EU (auch) in Sondergesetzen umzusetzen. Dies gilt zB für das **FernFinG** (BGBl I 2004/62), das **VKrG** (BGBl I 2010/28; dazu oben Rz 932ff), das **TNG** (BGBl I 2011/8, dazu oben Rz 1308ff) und das **FAGG** (BGBl I 2014/33).

Das ursprüngliche Anliegen des KSchG, das Verbrauchervertragsrecht umfassend zu regeln, wird durch diese Gesetzgebungspraxis konterkariert. Hinzu kommt, dass durch die verschiedenen Novellen auch die klare Struktur und das klare Konzept des KSchG selbst verloren gegangen sind. Die Literatur fordert daher eine umfassende Neukodifikation dieses Sonderprivatrechts.[6])

Die Rechtszersplitterung besteht aber nicht nur in Österreich, sondern auch auf Europäischer Ebene. Die verschiedenen Richtlinien der EU, die sich mit spezifischen Aspekten des Verbraucherprivatrechts und des Verbraucherschutzes befassen, regeln nur ausgewählte Fragen, es besteht aber kein umfassendes (systematisiertes) „Europäisches Verbraucherprivatrecht". Hinzu kommt, dass es dem acquis communautaire auch an inhaltlicher Kohärenz mangelt, die sich in den nationalen Rechtsordnungen wiederfindet.[7]) Bestrebungen der Kommission, das Europäische Verbraucherprivatrecht neu zu ordnen,[8]) haben letztlich nur teilweise zum Erfolg geführt.[9])

II. Das Verbrauchergeschäft

Die besonderen Schutzvorschriften des I. Hauptstücks des KSchG 1174
(zum Aufbau unten Rz 1182) und der anderen Verbraucherschutzgesetze greifen ein, wenn ein Verbrauchergeschäft vorliegt. Dieses wird in § 1 KSchG definiert. Die übrigen Gesetze des Verbraucherprivatrechts verweisen auf diese Bestimmung (vgl § 1 FernFinG, § 1 Abs 1 TNG, § 2 Abs 1 und 2 VKrG, § 1 Abs 1 FAGG). In Österreich besteht somit eine **einheitliche Definition** des Verbrauchergeschäfts.[1])

[6]) *Wendehorst,* Auf dem Weg zu einem zeitgemäßen Verbraucherprivatrecht: Umsetzungskonzepte, in *Jud/Wendehorst,* Neuordnung 153ff; *Wendehorst,* Verbraucherprivatrecht in Österreich – Plädoyer für eine Reform, in *Welser,* Reformen im Österreichischen und im türkischen Recht (2010) 101ff mwN.

[7]) *Zöchling-Jud,* AcP 212 (2012) 551ff mwN.

[8]) Dazu *Jud/Wendehorst,* Neuordnung des Verbraucherprivatrechts in Europa? (2009).

[9]) Zur letztlich verabschiedeten Verbraucherrechte-Richtlinie *Kolba/Leupold,* Das neue Verbraucherrecht (2014) 1ff mwN.

[1]) Zu den verschiedenen Definitionen auf europäischer Ebene *Faber,* Elemente verschiedener Verbraucherbegriffe in EG-Richtlinien, zwischenstaatlichen Übereinkommen und nationalem Zivil- und Kollisionsrecht, ZEuP 1998, 854.

1175 *Verbraucherverträge (Konsumentenverträge) sind Rechtsgeschäfte zwischen jemandem, für den das Geschäft zum Betrieb seines Unternehmens gehört (Unternehmer), und jemandem, auf den das nicht zutrifft (Verbraucher) (§ 1 Abs 1 KSchG).*[2])

1176 Zum Begriff des Verbrauchergeschäftes gehört also, dass auf der einen Seite ein Unternehmer und auf der anderen Seite ein Nichtunternehmer Partei[3]) ist. Geschäfte zwischen Unternehmern[4]) und solche zwischen Nichtunternehmern sind nicht erfasst.

Maßgebend für die Beurteilung als Verbrauchergeschäft ist der Vertragsabschluss. Ein zwischen Unternehmern abgeschlossenes Rechtsgeschäft bleibt daher auch dann vom Anwendungsbereich des KSchG ausgeschlossen, wenn ein Vertragsteil in der Folge seine Unternehmenstätigkeit einstellt[5]). Anderes soll nach dem OGH aber im Fall der Vertragsübernahme oder des Vertragseintritts gelten: Wird ein Vertrag zwischen Unternehmern (Verbrauchern) geschlossen und in der Folge auf einer Seite von einem Verbraucher (Unternehmer) übernommen, so gelten nach dem OGH ab der Vertragsübernahme die Regeln des KSchG[6]). Führt die Vertragsübernahme umgekehrt dazu, dass kein Verbrauchergeschäft mehr vorliegt, soll das KSchG nicht mehr gelten und zunächst unwirksame Vertragsbestandteile wieder „aufleben“[7]). Richtigerweise wird aber der Vertrag mit dem gleichen Inhalt übernommen, den er vor dem Eintritt der neuen Partei hatte[8]).

1177 Da es nur auf die „Eigenschaften“ als „Unternehmer“ und „Nichtunternehmer“ ankommt, verwirklicht das Gesetz seinen Schutz **schematisch:** auf die individuellen wirtschaftlichen Gegebenheiten oder Fähigkeiten der Beteiligten kommt es nicht an.[9]) So finden die Schutzbestimmungen keine Anwendung, wenn dem übermächtigen Weltkonzern der unbeholfene kleine Detaillist gegenübersteht. Der Rechtsanwalt wird als Konsument geschützt, wenn er in privaten Angelegenheiten mit einem rechtsunkundigen Kleinunternehmer kontrahiert. Das KSchG findet auch dann Anwendung, wenn der Konsument beim Vertragsabschluss mit dem Unternehmer anwaltlich vertreten ist.[10])

Unter bestimmten Voraussetzungen wird aber eine teleologische Reduktion einzelner Verbraucherschutzbestimmungen befürwortet, wenn zwar der persönliche An-

---

[2]) Dazu *Schilcher,* Die Regeln über das Verbrauchergeschäft und das ABGB, in *Krejci/Schilcher/Steininger,* Konsumentenschutzgesetz (1978) 58ff; *Welser,* JBl 1980, 1ff.

[3]) S OGH JBl 1982, 313 *(Iro);* EvBl 1992/51.

[4]) *Welser,* Zum Geltungsbereich des I. Hauptstückes des KSchG, in *Krejci,* Handbuch 196; ihm folgend OGH SZ 55/51.

[5]) OGH RdW 2005/755; OGH JBl 2011, 108. Zu den verschiedenen Fallkonstellationen *Mayrhofer/Nemeth* in *Klang*³ § 1 KSchG Rz 82ff.

[6]) OGH RdW 2002/74; SZ 2003/109; dazu *Beig/Größ,* Sonderprivatrechtliche Anknüpfung bei Vertragsübernahmen, RdW 2004/458.

[7]) OGH ecolex 2007/181 (kritisch *Friedl*) = wobl 2007/140 (kritisch *Beig*).

[8]) *Krejci* in *Rummel*³ § 1 Rz 37; vgl auch *Friedl,* ecolex 2007/181, 436.

[9]) So *Welser,* JBl 1980, 2; *Krejci,* Grundfragen zum Geltungsbereich des I. Hauptstückes des KSchG, in *Krejci,* Handbuch 226ff; OGH SZ 55/51; SZ 56/159; JBl 2002, 123 (Gründungsgeschäfte ehemaliger Unternehmer); EvBl 2001/28; *M. Lukas,* Schutz unterlegener Unternehmer nach Verbrauchermaßstäben? JBl 2011, 772.

[10]) *Welser,* JBl 1980, 3; ihm folgend OGH JBl 1982, 313 *(Iro);* SZ 56/159.

wendungsbereich erfüllt, der verwirklichte Fall aber vom geregelten Typ gänzlich verschieden ist (zB bei Interzessionen von Gesellschaftern, s oben Rz 703).

Auch Verträge über Liegenschaften können dem KSchG unterliegen.[11])

Gesetzlich definiert wird nur das **Unternehmen.** Es ist jede auf Dauer angelegte, organisierte, selbständige wirtschaftliche Tätigkeit, mag sie auch nicht auf Gewinn gerichtet sein. Juristische Personen des öffentlichen Rechts gelten immer als Unternehmer (§ 1 Abs 2 letzter Satz KSchG).[12]) 1178

Der Unternehmensbegriff des KSchG entspricht jenem des UGB (s aber Rz 1180 [Vorbereitungsgeschäfte]). Unternehmer sind zB auch Rechtsanwälte,[13]) Land- und Forstwirte,[14]) Finanzberater,[15]) ja uU sogar Eigentümer von Miethäusern[16]) und Wohnungseigentümergemeinschaften, wenn sie professionell organisiert sind und in Ausübung wirtschaftlicher Tätigkeit Dritten auf dem Markt Leistungen anbieten.[17]) Trotzdem gibt es in Österreich keinen einheitlichen Unternehmerbegriff; so entspricht der haftpflichtige „Unternehmer“ im PHG nicht dem Begriff des KSchG.[18])

Schließt jemand einen Vertrag sowohl zu beruflichen als auch zu privaten Zwecken **(„dual use“),** ist er nur dann Verbraucher, wenn der berufliche Zweck so nebensächlich ist, dass er im Gesamtzusammenhang nur eine ganz untergeordnete Rolle spielt.[19]) Die **Zugehörigkeit** eines Rechtsgeschäfts zum Betrieb des Unternehmens ist zu vermuten (§ 344 UGB analog).[20]) 1179

Geschäfte, die natürliche Personen[21]) vor Aufnahme des Betriebes ihres Unternehmens zur Schaffung der Voraussetzungen dafür tätigen, sind noch nicht betriebszugehörig (§ 1 Abs 3 KSchG, **„Vorbereitungsgeschäfte“**).[22]) 1180

Gedacht ist daran, dass der künftige Unternehmer Geschäftsräume mietet, Maschinen und sonstige Betriebsmittel anschafft oder ein Unternehmen pachtet. Die

---

[11]) Dazu *Fischer-Czermak,* Das Konsumentenschutzgesetz und der Liegenschaftsverkehr, NZ 1991, 115; OGH EvBl 2005/132.

[12]) Dazu OGH EvBl 1992/51.

[13]) OGH SZ 54/74.

[14]) OGH SZ 55/157; SZ 63/134.

[15]) OGH EvBl 1989/116.

[16]) OGH SZ 53/103; JBl 1992, 796.

[17]) OGH wobl 2003/183 *(Schauer); Schauer,* Wohnungseigentümergemeinschaft und KSchG, wobl 2000, 220; aA *Prader,* Wohnungseigentümergemeinschaft – Verbraucher oder Unternehmer? RdW 2000/234, 264; *Freiberger,* KSchG: Eigentümergemeinschaft nach WEG: Verbraucher oder Unternehmer? RdW 2004/103, 130; *Palten,* Von Missverständnissen und Fehlinterpretationen, Abermals: Wohnungseigentümergemeinschaft Unternehmer oder Verbraucher? VR 2011 H 12, 28.

[18]) *Welser/Rabl,* PHG² § 1 Rz 7; *Spitzer,* Der Unternehmer im PHG, JBl 2003, 414.

[19]) OGH VbR 2015/60; vgl auch EuGH C-464/1 *(„Gruber“).*

[20]) OGH SZ 63/134.

[21]) Gesellschaften kommt dieses Privileg bereits nach dem Wortlaut des § 1 Abs 3 KSchG nicht zu, s OGH ecolex 1998, 691 (GmbH); ÖBA 2003, 948 *(Apathy)* (OG).

[22]) Näheres bei *Welser,* JBl 1980, 3ff; *Längle,* Gründungsgeschäfte werdender Unternehmer im Spannungsfeld zwischen HGB und KSchG, in FS Krejci (2001) 227. Vgl auch OGH SZ 68/66; JBl 1998, 60; ecolex 2002, 880; EvBl 2003/151; ÖBA 2013/1950.

Sonderregelung für Vorbereitungsgeschäfte ist dem europäischen Verbraucherbegriff fremd; die Einbeziehung von Unternehmern im Gründungsstadium in den Schutzbereich des KSchG wird – aus verschiedenen Gründen – für richtlinienkonform erachtet.

1181 Vom Anwendungsbereich des KSchG ausgenommen sind Verträge zwischen **Arbeitnehmern** und **Arbeitgebern** (§ 1 Abs 4 KSchG),[23]) sie unterliegen dem Arbeitsrecht.

Nach § 1 Abs 5 KSchG finden die Bestimmungen des I. und II. Hauptstückes auch auf den Beitritt zu und die **Mitgliedschaft bei Vereinen** Anwendung, wenn diese von ihren Mitgliedern Beiträge verlangen, ihnen aber nur eingeschränkte Mitgliedschaftsrechte einräumen.[24]) Beitritte und Mitgliedschaften zu Vereinen, die rein geschäftlichen Zwecken dienen, sind nicht erfasst.

III. Allgemeiner Verbraucherschutz

A. Das Konsumentenschutzgesetz

1182 Das allgemeine Verbraucherschutzrecht ist im KSchG geregelt. Dieses ist in drei Hauptstücke unterteilt. Während das I. Hauptstück den eigentlichen Kern der Verbraucherschutzvorschriften enthält, befasst sich das II. Hauptstück mit dem kollektiven Rechtsschutz (Verbandsklage). Das III. Hauptstück enthält ergänzende Bestimmungen, die zT unabhängig vom Vorliegen eines Verbrauchergeschäftes Anwendung finden. Dies gilt zB für den Reiseveranstaltungsvertrag (oben Rz 1143 ff).

1183 Von den Bestimmungen des I. Hauptstücks kann zum Nachteil des Verbrauchers nicht abgewichen werden (§ 2 Abs 2 KSchG). Es handelt sich also um **relativ zwingendes Recht.**

Manche in das KSchG aufgenommenen Rechtssätze gehen auf die Judikatur zu § 879 und anderen Bestimmungen des ABGB zurück. Zur Vermeidung der Gefahr, dass die Rechtsprechung aus der Aufnahme einer Regel in das I. Hauptstück des KSchG den Schluss zieht, dass außerhalb des Rechts der Verbraucherverträge etwas anderes gilt, bestimmt § 2 Abs 1 KSchG, dass das Hauptstück über das Verbrauchergeschäft Regelungen unberührt lässt, nach denen die hier vorgesehenen Rechtsfolgen in anderen Fällen eintreten. Dies versteht sich aber von selbst, § 2 Abs 1 KSchG ist daher irreführend.

1184 Zahlreiche Bestimmungen des I. Hauptstückes ergänzen oder modifizieren nur die Bestimmungen des ABGB, zT beschränken sie sich darauf, bestimmte Bestimmungen des ABGB für Verbraucher zwingend zu stellen. Diese Bestimmungen werden im Zusammenhang mit den allgemeinen Regelungen dargestellt, vgl zu § 5 KSchG (Kostenvoranschläge, oben Rz 1122), § 6a KSchG (Geldschuld, oben Rz 158, 164), § 7 KSchG (Angeld und Reugeld, oben Rz 84, 88), § 7a (Fälligkeit von Warenlieferungen, oben Rz 138), § 7b (Gefahrtragung, oben Rz 226), die §§ 8ff KSchG (Gewährleistung, oben Rz 393 ff), § 12 KSchG (Verbot der Ge-

---

[23]) Dazu *Binder,* Der arbeitsrechtliche Bezug des Konsumentenschutzgesetzes, in FS Mayrhofer (2002) 17.

[24]) *Saria,* Vereinsmitgliedschaft und KSchG, RdW 2000/183, 199; OGH SZ 2006/50.

haltsabtretung, oben Rz 575f), § 25a (Kreditgeschäfte von Ehegatten, oben Rz 946), die §§ 25b ff KSchG (Interzessionen, oben Rz 943f) oder § 27a KSchG (Werkvertrag, oben Rz 1136).

B. Das Rücktrittsrecht[1])

1. Allgemeines

Das Recht des Verbrauchers, ohne Angabe von Gründen von einem 1185 Vertrag zurückzutreten, stellt ein klassisches Instrument des Verbraucherschutzes dar. Dennoch kennt die Rechtsordnung **kein generelles Rücktrittsrecht** für Verbraucher. Es bestehen vielmehr viele verschiedene Arten von Rücktrittsrechten, die entweder einer bestimmten Vertragsabschlusssituation (zB Haustür- oder Auswärtsgeschäft, Fernabsatzgeschäft) Rechnung tragen oder auf bestimmte Vertragstypen (zB Verbraucherkreditvertrag, oben Rz 938; Teilzeitnutzungsvertrag, unten Rz 1315) beschränkt sind. Das KSchG regelt das Rücktrittsrecht bei Haustürgeschäften (§ 3 KSchG), das Rücktrittsrecht wegen Nichteintritts maßgebender Umstände (§ 3a KSchG) und das Rücktrittsrecht von Immobiliengeschäften (§ 30a KSchG).

2. Rücktritt beim Haustürgeschäft

Hat der Verbraucher seine auf den Vertragsabschluss[2]) *gerichtete* 1186 *Erklärung nicht in den vom Unternehmer für seine geschäftlichen Zwecke dauernd benützten Räumen abgegeben, kann er von seiner Erklärung oder dem Vertrag zurücktreten (§ 3 Abs 1 KSchG).*

Die praktische Bedeutung von § 3 KSchG ist im Hinblick auf das Rücktrittsrecht nach § 11 FAGG (dazu unten Rz 1288ff) gesunken. § 3 KSchG wurde zur Vermeidung von Schutzlücken aufgrund der zahlreichen Ausnahmen im FAGG als subsidiärer Auffangtatbestand beibehalten[3]). Das Rücktrittsrecht nach § 3 KSchG steht dem Verbraucher bei Verträgen, die dem FAGG unterliegen, nicht zu (§ 3 Abs 3 Z 4 KSchG). Dasselbe gilt bei Verbraucherkreditverträgen, wenn der Verbraucher zum Vertragsrücktritt nach § 12 Abs 1 VKrG berechtigt ist (§ 12 Abs 5 VKrG).

Das Rücktrittsrecht ist ein Ausgleich dafür, dass der Verbraucher oft 1187 den „Überredungskünsten" und dem „psychologischen Druck" des Partners ausgeliefert ist.

---

[1]) *Kalss/Lurger,* Rücktrittsrechte (2001); *Zimmermann,* Die Rückabwicklung nach Widerruf von Verbraucherverträgen, JBl 2010, 205; *Kolba/Kosesnik-Wehrle,* Leitfaden Rücktrittsrechte im Kern des Konsumentenschutzes, VbR 2014/46, 78; *Stabentheiner,* Die miet- und wohnrechtlich relevanten Teile des Verbraucherrechte-Richtlinie-Umsetzungsgesetzes, immolex 2014, 170; *Wendehorst,* Verlängerte Rücktrittsmöglichkeiten VbR 2014/110, 176; *Brandl/Toman,* Das neue Rücktrittsrecht – vom gedrängten Gesetzgeber, ecolex 2014, 915.

[2]) Zum Rücktritt von der Auflösung eines Mietverhältnisses OGH JBl 2012, 667.

[3]) EB 89 BlgNR 25. GP 13; s auch *Leupold,* Die Verbraucherrechte-Richtlinie aus der Sicht des VKI, in *Welser,* Die Umsetzung der Verbraucherrechte-Richtlinie in den Staaten Zentral- und Osteuropas (2015) 83 (108ff).

In den Geschäftsräumen des Unternehmers ist die Gefahr unüberlegter Abschlüsse geringer, weil der Verbraucher nicht von unerwarteten Anträgen überrascht wird und er vor dem Besuch beim Unternehmer die Möglichkeit hat, andere Warenangebote zu prüfen.[4]) Den dauernd benützten Geschäftsräumen werden die auf einer Messe oder einem Markt benützten Stände gleichgestellt. Umgekehrt nimmt das Gesetz wieder die psychologische Ausnahmesituation an, wenn der Unternehmer den Verbraucher durch Werbe- oder Ausflugsfahrten[5]) oder durch „persönliches, individuelles Ansprechen auf der Straße“ in seine Geschäftsräume gebracht hat (§ 3 Abs 2 KSchG).

1188 Der Rücktritt ist **ausgeschlossen,** wenn der Verbraucher selbst die geschäftliche Verbindung **angebahnt hat,**[6]) oder wenn dem Zustandekommen des Vertrages **keine Besprechungen** vorausgegangen sind (§ 3 Abs 3 Z 1 und 2 KSchG).

Der Verbraucher bahnt die geschäftliche Verbindung an, wenn er eine vorgedruckte Karte absendet, die durch eine Postwurfsendung an ihn gelangt ist und in der um den Besuch eines Vertreters gebeten wird; ferner bahnt er das Geschäft an, wenn er auf eine Annonce des Unternehmers reagiert,[7]) selbst ein Inserat aufgibt,[8]) in einem allgemein gehaltenen Anruf des Unternehmers von sich aus Interesse an einem ganz bestimmten Geschäft bekundet[9]) oder neugierig in einer Hotelhalle ausgestellte Waren näher betrachtet, auch wenn der Unternehmer zuerst das Wort an ihn richtet und das zum Verkauf führende Gespräch einleitet.[10])

Auch die Anbahnung durch den Verbraucher führt nur dann zum Ausschluss des Rücktritts, wenn der tatsächlich abgeschlossene Vertrag noch jenen Geschäftszwecken zugeordnet werden kann, derentwegen die Anbahnung erfolgte und der Vertragspartner derselbe ist.[11]) So besteht das Rücktrittsrecht, wenn der zum Kauf eines Gebrauchtwagens herbeigerufene Verkäufer den Kauf eines Neuwagens vermittelt.[12])

1189 Aus anderen Gründen – **Üblichkeit** und **Geringfügigkeit** des Geschäftes – ist der Rücktritt bei sofort zu erfüllenden Geschäften ausgeschlossen, die üblicherweise außerhalb von Geschäftsräumen geschlossen werden und bei denen das Entgelt € 25,– nicht übersteigt. Dasselbe gilt, wenn das Unternehmen seiner Natur nach nicht in ständigen Geschäftsräumen betrieben wird und das Entgelt nicht mehr als € 50,– beträgt (§ 3 Abs 3 Z 3 KSchG).

---

[4]) Im Liegenschaftsverkehr gilt dies in Analogie zu § 3 Halbsatz 1 KSchG auch für Kanzleiräume des Anwalts, des Notars und des Immobilienmaklers, OGH ÖBA 2008/1486; OGH ÖBA 2011/1739. Zu den Geschäftsräumen des Vertreters oder Geschäftspartners des Unternehmers s *Koch,* ÖBA 2008, 475.

[5]) Dazu OGH RdW 1994, 104.

[6]) Dazu OGH SZ 44/163; SZ 55/96 und 183; EvBl 1984/98; JBl 1985, 354; SZ 57/152; ecolex 1996, 93; EvBl 1998/205; ecolex 1999, 14.

[7]) OGH RZ 1967, 74; SZ 55/183.

[8]) *Fischer-Czermak,* Das Konsumentenschutzgesetz und der Liegenschaftsverkehr, NZ 1991, 115 (118); anders OGH JBl 2001, 389.

[9]) OGH EvBl 2002/132.

[10]) OGH SZ 71/125; kritisch hiezu *Pfersmann,* Bemerkenswertes aus der SZ 71/II, ÖJZ 2001, 241 (244).

[11]) Vgl OGH EvBl 2005/132.

[12]) Zur kongruenten Anbahnung s OGH RdW 2009/659; *Klausberger* in *Keiler/Klauser,* Vebraucherrecht § 3 KSchG Rz 34ff mwN.

Beispiele: Kauf einer Zeitung auf der Straße, Abschluss eines Vertrages mit einem Taxiunternehmer.

Das Rücktrittsrecht ist ferner dann ausgeschlossen, wenn der Verbraucher die Vertragserklärung in **körperlicher Abwesenheit** des Unternehmers abgegeben hat (§ 3 Abs 3 Z 5 KSchG). Auch hier besteht typischerweise keine Überrumpelungsgefahr. Anderes gilt aber dann, wenn der Verbraucher vom Unternehmer gedrängt wurde, zB per Fax ein Angebot über ein wirtschaftlich bedeutsames Geschäft mit kurzer Annahmefrist erhält.[13]) Durch diese **Gegenausnahme** wird das Rücktrittsrecht auch auf andere als Haustürgeschäfte erstreckt, bei denen für den Verbraucher eine Drucksituation besteht.[14]) 1190

Hat der Unternehmer gegen bestimmte **gewerberechtliche Vorschriften** (§§ 54, 57 und 59 GewO 1994) verstoßen, steht dem Verbraucher das Rücktrittsrecht auch dann zu, wenn es nach § 3 Abs 3 Z 1–3 KSchG ausgeschlossen wäre (§ 3 Abs 5 KSchG). 1191

3. Rücktrittsrecht wegen Nichteintritts „maßgeblicher Umstände“

Der Verbraucher kann von seiner Offerte oder dem Vertrag zurücktreten, wenn maßgebliche Umstände, die der Unternehmer als wahrscheinlich dargestellt hat, nicht eintreten (§ 3a KSchG). 1192

§ 3a KSchG gewährt dem Verbraucher unabhängig vom Vorliegen eines Haustürgeschäfts ein Rücktrittsrecht, wenn für seine Einwilligung maßgebliche Umstände **nicht** oder nur in erheblich geringerem Ausmaß **eintreten.** Voraussetzung ist aber, dass der Unternehmer diese Umstände im Zuge der Vertragsverhandlungen als **wahrscheinlich dargestellt** hat[15]) und der Verbraucher ihren Entfall nicht selbst veranlasst hat (Abs 1). 1193

Nach der **abschließenden** Aufzählung[16]) des § 3a Abs 2 KSchG berechtigt aber nicht jede enttäuschte Hoffnung zum Rücktritt. In Betracht kommen nur eine notwendige Mitwirkung oder Zustimmung eines Dritten (Z 1), steuerliche Vorteile (Z 2), öffentliche Förderungen (Z 3)[17]) und die Aussicht auf einen Kredit (Z 4). Vgl auch Bd I Rz 469. 1194

Mit § 3a KSchG werden bestimmte Motivirrtümer des Verbrauchers auch dann erfasst, wenn eine Vertragsaufhebung wegen Fehlens oder Wegfalls der Geschäftsgrundlage (zu dieser Bd I Rz 510ff) nicht möglich ist.[18]) Handelt es sich um ein Haustürgeschäft, kann der Konsument zwischen dem Rücktritt nach § 3 KSchG und jenem nach § 3a KSchG wählen.[19]) Maßgeblich sind nur solche Umstände, die für die Erklä-

---

[13]) Dazu *Stabentheiner,* VbR 2014/45, 71; kritisch *Brandl/Toman,* ecolex 2014, 915ff.

[14]) EB 89 BlgNR 25. GP 14.

[15]) Bloße Hinweise reichen nicht aus, s OGH RdW 2005/365; vgl auch *Klausberger* in *Keiler/Klauser,* Vebraucherrecht § 3a KSchG Rz 8.

[16]) EB 311 BlgNR 20. GP 18.

[17]) Vgl *Kalss/Lurger,* JBl 1998, 159.

[18]) EB 311 BlgNR 20. GP 17f.

[19]) *Mottl,* Änderungen des Konsumentenschutzgesetzes – Auswirkungen auf den Immobilienbereich, immolex 1997, 142; *Apathy* in *Schwimann/Kodek*[4] § 3a KSchG Rz 2.

rung des Konsumenten kausal waren.[20]) Der teilweise Nichteintritt eines Vorteils ist erheblich, wenn er zu einer Erhöhung des Preises um ca 10% führt.[21])

1195 Der Rücktritt ist bei **Kenntnis** oder **fahrlässiger Unkenntnis** des Verbrauchers vom Nichteintritt der „maßgeblichen Umstände" ausgeschlossen (§ 3a Abs 4 Z 1 KSchG).[22]) Das Rücktrittsrecht kann auch vorweg abbedungen werden, wenn der Ausschluss im Einzelnen ausgehandelt wird (Z 2). Ferner kann der Unternehmer den Rücktritt dadurch abwenden, dass er dem Verbraucher eine angemessene **Vertragsanpassung** anbietet (Z 3).

4. Rücktrittsrecht beim Immobiliengeschäft

1196 § 30a KSchG gewährt dem Verbraucher bei Immobiliengeschäften ein über die §§ 3ff KSchG hinausgehendes **Rücktrittsrecht,** wenn er sein Anbot oder seine Annahme am Tag der **erstmaligen Besichtigung**[23]) abgegeben hat. § 30a KSchG erfasst alle Verträge, die auf den Erwerb des Bestand-, Gebrauchs-, Nutzungs- oder Eigentumsrechts an einer Wohnung, einem Einfamilienwohnhaus oder einer Liegenschaft, die zum Bau eines Einfamilienwohnhauses geeignet ist, gerichtet sind.

1197 Voraussetzung des Rücktritts ist, dass der Erwerb der Deckung eines **dringenden Wohnbedürfnisses** des Verbrauchers oder eines nahen Angehörigen[24]) dienen soll (Abs 1). Das Rücktrittsrecht bezweckt den Schutz vor Übereilung.[25]) Da es in das III. Hauptstück des KSchG aufgenommen wurde, kommt es auch dann zum Tragen, wenn das Geschäft zwischen zwei Verbrauchern abgeschlossen wird.[26]) Anders als nach § 3 KSchG schadet es auch nicht, wenn der Erwerber den Vertrag selbst angebahnt hat. Der Verbraucher kann auch von einem im Zusammenhang mit dem Immobiliengeschäft geschlossenen **Maklervertrag** zurücktreten.

1198 Das Rücktrittsrecht nach § 30a KSchG lässt Rücktrittsrechte nach anderen Bestimmungen, insbesondere nach den §§ 11ff FAGG (Rz 1288ff) unberührt.

5. Rücktrittsfrist und Ausübung des Rücktrittsrechts

1199 Hat der Verbraucher das **Angebot** gestellt, so kann er den Rücktritt nach § 3 Abs 1 KSchG – in Abweichung von den Regeln über die Bindungswirkung – bis zum Zustandekommen des Vertrages oder nach Ver-

---

[20]) *Mottl,* immolex 1997, 142; *Kalss/Lurger,* JBl 1998, 159.

[21]) EB 311 BlgNR 20. GP 18.

[22]) Zum Sorgfaltsmaßstab s OGH RdW 2007/94.

[23]) S dazu OGH EvBl 2003/3 (Besichtigung durch den präsumptiven Erwerber); OGH JBl 2009, 719 (Vertragsabschluss am Tag nach der Besichtigung); dazu *Kothbauer,* Zum Rücktritt vom Immobiliengeschäft nach § 30a KSchG, immolex 2009, 260; vgl auch *Kolba* in *Kosesnik-Wehrle,* KSchG[4] § 30a Rz 11ff.

[24]) Vgl § 14 Abs 3 MRG; EB 2 BlgNR 20. GP 37f.

[25]) OGH immolex 2012, 248 *(Leitner).*

[26]) *Mottl,* immolex 1997, 181; *Apathy,* Liegenschaftskauf- und Konsumentenschutz, in FS Aicher (2012) 1 (10f).

tragsabschluss binnen **14 Tagen** erklären. Die Frist beginnt mit der Ausfolgung einer Urkunde, die zumindest den Namen und die Anschrift des Unternehmers, die zur Identifizierung des Vertrags notwendigen Angaben sowie eine Belehrung[27]) über das Rücktrittsrecht, die Rücktrittsfrist und die Vorgangsweise für die Ausübung des Rücktrittsrechts enthält. Die Frist beginnt jedoch frühestens mit dem Zustandekommen des Vertrages, bei Kaufverträgen über Waren mit dem Tag, an dem der Verbraucher den Besitz an der Ware erlangt. Wurde keine Urkunde übergeben, steht dem Verbraucher das Rücktrittsrecht für eine Frist von **12 Monaten und 14 Tagen** ab Vertragsabschluss oder Warenlieferung zu.

Folgt der Unternehmer die Urkunde innerhalb der verlängerten Rücktrittsfrist aus, so endet diese 14 Tage nach Ausfolgung der Urkunde. Bei Versicherungsverträgen endet die Rücktrittsfrist spätestens einen Monat nach dem Zustandekommen des Vertrags (§ 3 Abs 1 KSchG).[28])

Die Frist für den Rücktritt wegen Nichteintritts maßgeblicher Umstände beträgt nach § 3 a Abs 3 KSchG **eine Woche** und beginnt zu laufen, sobald für den Verbraucher der Nichteintritt der Umstände erkennbar wird und er über das Rücktrittsrecht schriftlich belehrt wurde. Dieses erlischt aber jedenfalls **einen Monat** nach vollständiger beiderseitiger Erfüllung des Vertrages, bei Bank- und Versicherungsverträgen mit einer ein Jahr übersteigenden Vertragsdauer spätestens einen Monat nach Vertragsabschluss (§ 3 a Abs 3 KSchG). 1200

Die Frist für das Rücktrittsrecht beim Immobiliengeschäft beträgt ebenfalls eine Woche und erlischt jedenfalls einen Monat nach dem Tag der erstmaligen Besichtigung. Der Beginn der einwöchigen Frist ist hier daran geknüpft, dass der Verbraucher eine „Zweitschrift" seiner Erklärung und eine schriftliche Belehrung über das Rücktrittsrecht erhalten hat (§ 30 a Abs 3 KSchG). 1201

Die Rücktrittserklärung ist an **keine** bestimmte **Form** gebunden (§§ 3 Abs 4, 3 a Abs 5, § 30 a Abs 2 KSchG). 1202

Die (jeweilige) Frist ist gewahrt, wenn die Rücktrittserklärung innerhalb der Frist **abgesendet** wird (§§ 3 Abs 4, 3 a Abs 5, § 30 a Abs 2 KSchG). Nach der allgemeinen Regel (vgl § 862 a) wäre der Zugang entscheidend. 1203

6. Folgen des Rücktritts[29])

Die Folgen des Rücktritts regelt § 4 KSchG. Der Unternehmer hat die empfangene **Leistung** samt gesetzlichen Zinsen **zurückzuerstatten** und dem Verbraucher die auf die Sache gemachten notwendigen und 1204

[27]) Dazu OGH SZ 54/132; ÖBl 1983, 132.

[28]) Dazu *Riedler,* Änderungen des KSchG durch das ZRÄG 2004, RZ 2003, 266 mwN; zur (teilweisen) Rückwirkung dieser Rechtsänderung s *Vonkilch,* Rücktritt nach § 3 KSchG beim Fernabsatz von Finanzdienstleistungen? RdW 2004/664, 710.

[29]) Dazu *Welser,* JBl 1979, 454 f; *Rummel,* Bereicherungsrechtliche Probleme des KSchG, in *Krejci,* Handbuch 315; *Schilcher* in *Krejci,* Handbuch 297 ff.

nützlichen **Aufwendungen** zu ersetzen. Der Verbraucher hat seinerseits Zug um Zug die empfangenen Leistungen zurückzustellen und ein angemessenes **Benützungsentgelt**[30]) zu zahlen, das auch eine Entschädigung für die Wertminderung der Sache enthält. Ist die Rückstellung der Sache unmöglich oder untunlich, so hat der Verbraucher ihren Wert nur soweit zu vergüten, als er einen klaren und überwiegenden Vorteil erlangt hat.

Diese Rücktrittsfolgen weichen von den Bestimmungen des FAGG (unten Rz 1294ff), aber auch von den allgemeinen Regeln ab. Nach § 331 hätte selbst der redliche Besitzer den Anspruch auf Ersatz der Aufwendungen nur nach ihrem „gegenwärtigen Wert". § 4 KSchG differenziert aber darüber hinaus überhaupt nicht zwischen redlichen und unredlichen Verbrauchern, was sich auch für den Ersatzanspruch bei Unmöglichkeit oder Untunlichkeit der Rückgabe auswirkt[31]). Die vom Gesetz vorgenommene Beschränkung auf den subjektiven Vorteil ist sachlich nur beim redlichen Besitzer gerechtfertigt. Das KSchG räumt dem Verbraucher so überdies die Möglichkeit ein, das Risiko des zufälligen Unterganges der Sache willkürlich auf den Unternehmer zu überwälzen, indem er nach ihrem Untergang den Rücktritt erklärt.

1205 Neben diesen Rückabwicklungsansprüchen kommen Schadenersatzansprüche in Betracht, zB wegen schuldhafter Herbeiführung der Unmöglichkeit der Rückgabe der Sache oder ihrer Beschädigung (vgl oben Rz 270ff, 357).

C. Allgemeine Informationspflichten des Unternehmers[32])

1206 Nach § 5a Abs 1 KSchG ist der Unternehmer unabhängig von der Vertriebsform, also ganz grundsätzlich verpflichtet, dem Verbraucher vor Vertragsabschluss oder vor einer Bindung des Verbrauchers an seine Vertragserklärung bestimmte Informationen zu erteilen. Die Informationen sind in **„klarer und verständlicher Weise"** zu geben, ein bestimmtes **Formerfordernis** besteht **nicht.** Sie können daher mündlich oder schriftlich, durch Aushang im Geschäftslokal,[33]) in Werbekatalogen oder auf einer Website gegeben werden.

§ 5a Abs 2 KSchG nimmt zahlreiche Verträge aus, zB Verträge über Geschäfte des täglichen Lebens, die sofort erfüllt werden, aber auch Verträge, die dem FAGG unterliegen. Für diese gelten zT abweichende Informationspflichten; s unten Rz ■. § 5a KSchG dient der Umsetzung von Art 5 Verbraucherrechte-Richtlinie 2011/83/EU.

1207 Der Unternehmer hat den Verbraucher über die wesentlichen **Eigenschaften** der Ware (Z 1), seine **Kontaktdaten** (Z 2), den **Gesamtpreis** der Ware (inkl Steuern und Abgaben, gegebenenfalls auch Fracht-, Lie-

---

[30]) *Welser,* JBl 1979, 454; *Rummel* in *Krejci,* Handbuch 319ff.

[31]) Dazu *Klausberger* in *Keiler/Klauser,* Vebraucherrecht § 4 KSchG Rz 12ff.

[32]) *Dehn,* Allgemeine Informationspflichten nach Art 5 des Vorschlags für die Richtlinie über die Rechte der Verbraucher, in *Jud/Wendehorst,* Neuordnung 41; *Schwarzenegger,* Informationspflichten, in *Bydlinski/Lurger,* Richtlinie über die Rechte der Verbraucher 25; *Tamm,* Informationspflichten nach dem Umsetzungsgesetz zur Verbraucherrechterichtlinie, VuR 2014, 9; *Kolba/Leupold,* Verbraucherrecht 176ff; *Illibauer,* Das VRUG – Neuerungen und Altbewährtes im Hinblick auf § 5a Abs 1 KSchG neu? ecolex 2014, 1045.

[33]) EB 89 BlgNR 25. GP 14.

fer- oder Versandkosten, Z 3), die **Zahlungs-, Liefer- und Leistungsbedingungen** (Z 4), das Bestehen von **Gewährleistungsrechten,** uU auch über Kundendienstleistungen und Garantien (Z 5), die **Laufzeit** und Kündigung des Vertrages (Z 5), über die Funktionsweise **digitaler Inhalte** (Z 6) sowie deren Interoperabilität mit Hard- und Software (Z 8) zu informieren.

Die Informationspflicht **entfällt** allerdings, wenn sich die Informatio- 1208
nen bereits unmittelbar aus den Umständen ergeben (zB keine Informationspflicht des Unternehmers über die Eigenschaften der Ware, wenn sich diese bereits aus der Produktbeschreibung des Herstellers auf der Verpackung ergeben).[34]) Umgekehrt bleiben **weitergehende** Informationspflichten nach allgemeinen Grundsätzen von § 5 a KSchG unberührt.

Verletzt der Unternehmer seine **Informationspflichten,** kann der 1209
Verbraucher den Vertrag nach irrtumsrechtlichen Grundsätzen anpassen oder aufheben (§ 871 Abs 2) und bei Verschulden auch Schadenersatz wegen culpa in contrahendo fordern. Darüber hinaus droht eine Verwaltungsstrafe (§ 32 Abs 1 Z 1 lit a KSchG).

D. „Cold Calling"

Unter „Cold Calling" versteht man **unerbetene Anrufe** eines Unter- 1210
nehmers bei einem Verbraucher zu Werbe- oder Akquisitionszwecken.[35]) Solche Anrufe sind ohne Einwilligung des Teilnehmers unzulässig (§ 107 Abs 1 TKG 2003) und stellen eine aggressive Geschäftspraxis iSd §§ 1, 1 a UWG dar.[36])

§ 5 b KSchG bestimmt, dass **Verträge,** die während eines vom Unter- 1211
nehmer eingeleiteten Anrufs im Zusammenhang mit Gewinnzusagen oder Wett- und Lotteriedienstleistungen geschlossen werden, **nichtig** sind.

Erfasst werden nicht nur unzulässige Anrufe iSd TKG, sondern alle Verträge, die bei einem vom Unternehmer eingeleiteten Anruf ausgehandelt werden. Damit sollen dem Verbraucher Beweisprobleme über die Unzulässigkeit des Anrufs abgenommen werden.[37])

Auf die **Nichtigkeit** kann sich nur der **Verbraucher berufen;** er kann 1212
bereits erbrachte Leistungen bereicherungsrechtlich zurückfordern. Der Unternehmer kann umgekehrt auch für bereits erbrachte Leistungen weder ein Entgelt noch eine Wertminderung fordern.

Das KSchG idF BGBl I 2011/22 hatte noch weitreichende Bestimmungen für Cold-Calling-Verträge vorgesehen.[38]) Diese konnten aber angesichts der (insofern voll-

---

[34]) *Kolba/Leupold,* Verbraucherrecht 177.
[35]) EB 1007 BlgNR 24. GP 2.
[36]) OGH SZ 56/156.
[37]) *Stabentheiner,* VbR 2014/45, 73.
[38]) *Bauer,* Neuerungen bei der unerwünschten Telefonwerbung, MR 2011, 115; *Cap,* „Cold Calling" – Das KSchRÄG 2011, ÖJZ 2011/46, 433; *Cap,* „Cold Calling" – Neue gesetzliche Maßnahmen gegen unerbetene Telefonwerbung im KSchG und TKG

harmonisierenden) Verbraucherrechte-Richtlinie 2011/83/EU nicht beibehalten werden. § 5a KSchG beschränkt sich daher auf Verträge im Zusammenhang mit Gewinnzusagen oder Wett- und Lotteriedienstleistungen, die von der Richtlinie ausgenommen sind.[39])

E. Gewinnzusagen

1213 Unternehmer, die Gewinnzusagen oder andere vergleichbare Mitteilungen an bestimmte Verbraucher senden und durch die Gestaltung der Zusendung den Eindruck erwecken, dass der Verbraucher einen **Preis** gewonnen habe, haben diesen Preis zu leisten (§ 5c KSchG).[40])

Maßstab für die Beurteilung der Mitteilung ist der verständige Durchschnittsverbraucher; es reicht aus, wenn er bei durchschnittlicher Aufmerksamkeit einen Gewinn ernstlich für möglich hält,[41]) auch wenn er noch keine konkrete Vorstellung über Art und Höhe des Gewinnes hat.[42]) Entscheidend ist die abstrakte Eignung zur Irreführung; das subjektive Verständnis eines konkreten Verbrauchers[43]) schadet ebenso wenig wie die nach akribischer Prüfung später gewonnene Erkenntnis[44]) oder nachträgliche Aufklärung über den wahren Erklärungswert der „Gewinnzusage".[45])

1214 Der Preis kann **gerichtlich gefordert** werden,[46]) die Verknüpfung der Gewinnzusage mit einer Warenbestellung oder der Anbahnung eines Warenkaufes ist nicht Voraussetzung für die Klagbarkeit des Gewinns.[47])

2003, ZaK 2011, 225; *Zankl,* IT Update 3.0, ecolex 2011, 896; *Radler,* Wenn das Glück den Verbraucher kalt erwischt – Cold Calling im KSchG, ecolex 2012, 677; *Pirker,* Geschäfte an den Grenzen des Verwaltungsstrafrechts. Grenzüberschreitende Werbefahrten, „Cold Calling" und Internet-„Abzocke", wbl 2012, 361.

[39]) *Stabentheiner,* VbR 2014/45, 73; vgl aber *Leupold/Kolba,* Verbraucherrecht 186f, die auf einen Überschneidungsbereich mit dem FAGG hinweisen.

[40]) Zur Gewinnzusage unter fremdem Namen s OGH ecolex 2014/353 *(Wilhelm).* Zur Verfassungskonformität s ua OGH ecolex 2003/673; wbl 2003/336; RdW 2005/818; VfGH RdW 2005/686; vgl auch *Klauser* in *Keiler/Klauser,* Verbraucherrecht § 5c KSchG Rz 38ff.

[41]) OGH SZ 74/103; SZ 2003/20; ecolex 2002/224 *(Klauser);* wbl 2003/336; *Faber,* Gewinnzusagen und verständige Verbraucher, wbl 2003, 553.

[42]) OGH ecolex 2004/241; RdW 2004/184; vgl auch RdW 2004/474.

[43]) S *Faber,* wbl 2003, 560. Vgl auch OGH RdW 2005/549; OGH ecolex 2006/48.

[44]) OGH SZ 2003/20; SZ 2003/75; vgl auch ecolex 2004, 531; RdW 2004/184.

[45]) OGH ecolex 2003/371.

[46]) Zur Rechtsnatur des Anspruchs s *Fenyves,* § 5j KSchG im System des Zivilrechts, ÖJZ 2008/33; *Klauser,* Rechtsnatur von Gewinnzusagen, ecolex 2008, 997; *Klauser* in *Keiler/Klauser,* Vebraucherrecht § 5c KSchG Rz 73ff mwN; OGH SZ 2008/93 = ecolex 2008/375 *(Beneder);* dazu *Brenn,* Endgültig kein Verbrauchergerichtsstand bei irreführenden Gewinnzusagen nach 5j KSchG ohne Warenbestellung, ÖJZ 2009/92, 846; *Ertl,* Rechtsschutzversicherung und windige Gewinnzusagen, ecolex 2010, 18; OGH JBl 2010, 802; dazu *Klauser,* Kauft Kuckucksuhren! ecolex 2010, 941; *Leupold,* Zur internationalen Zuständigkeit bei irreführenden Gewinnzusagen, Zak 2011/39, 23; und zuletzt OGH ecolex 2012/57 *(Slonina).*

[47]) OGH ecolex 2002/224 *(Klauser);* SZ 2003/75; ecolex 2003/371. Zum Erfordernis der Warenbestellung für die internationale Zuständigkeit *Brenn,* Irreführende Gewinnzusagen – Kein Verbrauchergerichtsstand ohne Bestellung? ÖJZ 2005, 698; *McGuire,* Internationale Zuständigkeit für „isolierte Gewinnzusagen", ecolex 2005, 489; *Brenn,* ÖJZ 2009/92, 846; *Klauser,* Der Anspruch gemäß § 5j KSchG nach Ilsinger, ecolex 2009, 641; OGH JBl 2010, 802. Zur Qualifikation als Eingriffsnorm OGH SZ

Zweck der Klagbarkeit solcher Zusagen ist es, einer Praxis entgegenzuwirken, bei der Verbraucher in persönlich an sie adressierten Zusendungen von „Gewinnen“ verständigt werden, bei denen sich später herausstellt, dass der Gewinn noch von weiteren Voraussetzungen abhängt (zB Kauf von Waren)[48]) oder viel geringer ist, als es scheint.

F. Unzulässige Vertragsbestandteile[49])

1. Allgemeines

Von zentraler Bedeutung ist der Katalog des § 6 KSchG über unzulässige Vertragsbestandteile **(Klauselkatalog).** Er unterscheidet zwei Arten von Klauseln: Abs 1 enthält eine demonstrative Aufzählung (arg „besonders“) von Klauseln, die im Sinne des § 879 **jedenfalls ungültig** sind, also unabhängig davon, ob sie in Allgemeinen Geschäftsbedingungen (AGB) oder individuell vereinbart werden. Bei den in Abs 2 angeführten Klauseln kann der Unternehmer beweisen, dass sie im Einzelnen **„ausgehandelt** worden sind“, und dadurch ihre Ungültigkeit abwenden. Auch die Aufzählung des Abs 2 ist bloß demonstrativ. § 6 Abs 3 KSchG erklärt schließlich Vertragsbestimmungen, die in AGB oder Vertragsformblättern enthalten sind, für unwirksam, wenn sie unklar oder unverständlich abgefasst sind **(„Transparenzgebot“).** 1215

§ 6 KSchG entspricht zT dem Klauselkatalog der Klausel-Richtlinie 93/13/EWG, geht aber über diesen zugunsten des Verbrauchers hinaus. § 6 Abs 3 KSchG dient der (klaren) Umsetzung des Art 5 Satz 1 der Klausel-Richtlinie.

Die primäre Rechtsfolge bei Verstoß gegen § 6 KSchG besteht in der **Unwirksamkeit** der betroffenen Klausel,[50]) die von Amts wegen zu prüfen ist.[51]) Der übrige Vertrag bleibt gültig. Die Verwendung unwirksamer Klauseln kann auch **Schadenersatzansprüche** nach sich ziehen. 1216

Nach heute hM kommt eine **geltungserhaltende Reduktion** (Bd I Rz 569f) unwirksamer Klauseln nicht in Betracht, und zwar weder im Verbands- noch im Individualprozess.[52]) Strittig ist aber, ob bei Wegfall 1217

2006/41; *Schwartze,* Die Bestimmungen des auf grenzüberschreitende Gewinnzusagen anwendbaren Rechts nach Rom I und Rom II, in FS Koziol (2010) 407.

[48]) Vgl OGH SZ 2008/93; ecolex 2014/353 *(Wilhelm).*

[49]) *Bydlinski,* Die Kontrolle allgemeiner Geschäftsbedingungen nach dem österreichischen Konsumentenschutzgesetz, in FS Meier-Hayoz (1982) 65; *Kiendl,* Unfaire Klauseln in Verbraucherverträgen (1997); *Graf,* Jetzt schlägts aber (fast) 13! ecolex-script 2003/24; *Iro,* OGH: Unwirksame Klauseln in den Allgemeinen Geschäftsbedingungen der Banken, RdW 2003/50, 66; *Knyrim/Leitner/Perner/Riss,* Aktuelles AGB-Recht (2008); *Grau,* Gestaltung von Allgemeinen Geschäftsbedingungen, RdW 2009/794, 826; *Docekal/Ecker,* AGB-Kontrolle des VKI, ecolex 2009, 300.

[50]) Zur Abgrenzung einer unwirksamen Klausel von anderen Vertragsbestimmungen OGH JBl 2007, 247 *(Leitner);* ÖBA 2009, 744.

[51]) EuGH C-618/10 *(„Banco Español de Crédito“)* JBl 2012, 434 *(Lukas).*

[52]) EuGH C-618/10 *(„Banco Español de Crédito“)* JBl 2012, 434 *(Lukas);* diesem folgend OGH SZ 2013/8; JBl 2014, 596 = ZVR 2015/37 *(Ch. Huber);* dazu *Schauer,* Der EuGH und die ergänzende Vertragsauslegung: Konsequenzen der Entscheidung C-618/10; *Banesto,* RdW 2012/673, 639; *Geroldinger,* Ergänzende Auslegung von Verbraucherverträgen trotz Verbots der geltungserhaltenden Reduktion? ÖBA 2013, 27ff; *Prader/Walzel von Wiesentreu,* Verbot der geltungserhaltenden Reduktion, Zulässig-

einer Klausel nach § 6 KSchG auch die **ergänzende Vertragsauslegung** (Bd I Rz 351) unzulässig ist. Richtiger Ansicht nach ist sie trotz § 6 Abs 3 KSchG zulässig, sofern darin nicht eine Umgehung des Verbots der geltungserhaltenden Reduktion liegt.[53])

1218 § 6 Abs 1 KSchG hat über die Verbraucherverträge hinaus Bedeutung, weil er erkennen lässt, welche Regelungen der Gesetzgeber für ungültig erachtet, wenn ungleich starke Vertragspartner einander gegenüberstehen. Die Bestimmung liefert daher ganz allgemein Anhaltspunkte für die Auslegung des Begriffes der „guten Sitten".[54])

Außerhalb von Verbrauchergeschäften führt aber nicht jeder Verstoß gegen § 6 Abs 1 KSchG automatisch zur Nichtigkeit der Klausel. Vielmehr ist im Einzelfall zu prüfen, ob zB eine dem Verbrauchergeschäft vergleichbare Ungleichgewichtslage vorliegt.

1219 Umgekehrt kann eine Vertragsbestimmung nach § 879 sittenwidrig sein, obwohl die Vorgaben des § 6 KSchG eingehalten wurden.[55])

2. Die Vertragsbestimmungen des § 6 Abs 1 KSchG

1220 *Die in § 6 Abs 1 KSchG aufgezählten Vertragsbestimmungen sind für den Verbraucher im Sinne des § 879 nicht verbindlich.*

1221 Besonders in § 6 Abs 1 KSchG zeigt sich der Ansatzpunkt des Gesetzgebers, dass beim Verbrauchervertrag die **übermächtige Position** des Unternehmers typisch die Freiheit des Willensentschlusses beim Verbraucher beschränkt. Deshalb erklärt § 6 Abs 1 KSchG ohne weitere Interessenabwägungen bestimmte Vertragsklauseln schlechthin für **ungültig.**

1222 Unwirksam sind Vertragsbestimmungen, nach denen sich der Unternehmer eine unangemessen lange oder unbestimmte **Frist** ausbedingt, während der er einen **Vertragsantrag** des Verbrauchers annehmen oder

---

keit der ergänzenden Vertragsauslegung oder wie? RdW 2013/396, 383 (384); vgl bereits *Leitner,* Das Transparenzgebot (2005) 109ff; s auch EuGH C-488/11 *(„Asbeek Brusse")* ÖBA 2014/55 *(Geroldinger).*

[53]) So auch *Schauer,* RdW 2012/673, 639ff; *Geroldinger,* ÖBA 2013, 27ff; *Kathrein* in KBB[4] § 6 KSchG Rz 4; *Konwitschka,* Pro ergänzende Vertragsauslegung bei missbräuchlichen Klauseln, VbR 2014/106, 170; *Rabl,* Zur aktuellen Judikatur über die ergänzende Vertragsauslegung bei nichtigen Klauseln, ÖBA 2015, 246; aA *Lukas,* JBl 2012, 434; *Prader/Walzel von Wiesentreu,* RdW 2013/396, 383ff; *Vonkilch,* Richterliche Vertragsergänzung versus Vertragstransparenz, in FS Kerschner (2013) 105 (116ff); *Leupold/Ramharter,* Die ergänzende Auslegung von Verbraucherverträgen im Lichte des Europarechts, ÖBA 2015, 16ff; vgl auch *Fidler,* Unionsrechtliche Entwicklung bei der richterlichen Vertragsergänzung, JBl 2014, 693; zuletzt (letztlich) offenlassend OGH ÖBA 2014/2042 *(Kietaibl);* vgl auch OGH ÖBA 2015/2098 = VbR 2015/8 *(Fiedler);* vgl zur Klauselersetzung durch dispositives Recht EuGH C-26-13 *(„Kásler");* verb Rs C-482/13, C-484/13, C-485/13 und C-487/13 *(„Unicaja Banco")* VbR 2015/30 *(Kurz).*

[54]) So auch OGH SZ 53/103.

[55]) OGH ÖBA 2013/1973 *(Koch);* ÖBA 2013/1974 *(Bollenberger)* = VbR 2013/29 *(Kolba).*

ablehnen kann oder während der der Verbraucher an den **Vertrag gebunden** ist **(Z 1).** Vgl Bd I Rz 411.

Diese Bestimmung erfasst nicht nur die Vereinbarung einer langen oder unbestimmten Bindung des Verbrauchers an seinen Antrag – diese Deutung könnte der Wortlaut („ausbedingt") nahelegen –, sondern auch den Fall, dass der Unternehmer bloß eine Offerte entgegennimmt.[56]) Ebenso umfasst sind unangemessen lange Leistungsfristen des Unternehmers.[57]) Beschränkt wird ferner die Möglichkeit einer langfristigen Bindung an Verträge, wobei zur Beurteilung der Unangemessenheit alle wesentlichen Vertragsbestandteile zu berücksichtigen sind.[58]) Bei Dauerschuldverhältnissen muss der Ausschluss des ordentlichen Kündigungsrechtes am Maßstab des § 6 Abs 1 Z 1 geprüft werden,[59]) eine Auflösung aus wichtigen Gründen ist unabhängig davon jederzeit möglich.[60]) § 15 KSchG sieht für Verträge über wiederkehrende Leistungen noch weitere Auflösungsmöglichkeiten vor.[61])

Nach **Z 2** sind Vereinbarungen ungültig, nach denen ein bestimmtes 1223
Verhalten des Verbrauchers als Abgabe oder Nichtabgabe einer Erklärung gilt **(Erklärungsfiktion),** außer der Verbraucher wird bei Fristbeginn auf die Bedeutung seines Verhaltens besonders hingewiesen und hat eine angemessene Frist zur Abgabe einer ausdrücklichen Erklärung.[62])

Vom Verbot werden Klauseln nicht erfasst, die einem Verhalten des Verbrauchers nur jene Bedeutung beilegen, die ihm nach dem Gesetz, zB nach den §§ 863f, 1114, ohnehin zukommt.[63]) Die von Z 2 betroffenen Vereinbarungen sind nur dann gültig, wenn sich der Unternehmer durch sie zugleich verpflichtet, den Verbraucher rechtzeitig hinzuweisen; das bloß tatsächliche Hinweisen reicht nicht aus.[64]) Durch die bloße Vereinbarung einer bestimmten Vertragsdauer mit anschließender Widerrufsmöglichkeit des Verbrauchers bei sonstiger Vertragsverlängerung wird das Erfordernis einer Fristsetzung nach § 6 Abs 1 Z 2 KSchG nicht erfüllt.[65])

---

[56]) Dazu *Welser,* JBl 1980, 9f; vgl auch OGH ÖBA 2007/1450 *(Rummel)* = ecolex 2007/252 *(Wilhelm);* ÖBA 2010/1620.

[57]) So schon EB 744 BlgNR 14. GP 22; vgl auch *Krejci* in *Rummel*[3] § 6 KSchG Rz 21; *Mayrhofer,* Überlange rechtsgeschäftliche Bindungen des Verbrauchers, in FS Welser (2004) 695 (696); OGH SZ 2007/38.

[58]) Zum Mobilfunkvertrag mit „Gratishandy" OGH SZ 2006/82; dazu *Pichler,* Erneut unzulässige AGB in Mobilfunkverträgen, ecolex 2008, 1001; zum Fitnessstudiovertrag OGH ecolex 2012, 966; dazu *Graf,* Festlegung der Vertragsdauer – AGB oder individuelle Vereinbarung, ecolex 2012, 965; zum Timesharing OGH EvBl 2009/113; vgl dazu *Rubin,* Konsequenzen überlanger Vertragsdauer und Timesharing, ecolex 2001, 730; zum Grabpflegevertrag OGH EvBl 2011/87.

[59]) Vgl dazu OGH ÖBA 2006/1362; OGH ecolex 2010/3 *(Friedl).*

[60]) Vgl OGH RdW 1999, 22.

[61]) Zum Verhältnis von § 6 Abs 1 Z 1 KSchG zu § 15 KSchG s *Mayrhofer* in FS Welser 695.

[62]) Dazu OGH ImmZ 1992, 170. Zur analogen Anwendung des § 6 Abs 1 Z 2 KSchG s *Jabornegg/Geist,* Verbraucherschutz bei Verlängerungsverträgen und in der Kraftfahrzeughaftpflichtversicherung, VersRdSch 1993, 285; *Grassl,* Verlängerungsklauseln in AVB und Konsumentenschutz, RdW 1998, 241.

[63]) *Welser,* JBl 1980, 73; OGH JBl 1982, 313 *(Iro).* Vgl auch *Bernat,* Gilt § 6 Abs 1 Z 2 KSchG für Vergleichsanbote des Versicherers? VersRdSch 1982, 155.

[64]) *Welser,* JBl 1980, 73f; OGH EvBl 1987/107; aA *Ch. Nowotny,* Versicherungsdauer und Konsumentenschutzgesetz, RdW 1987, 364; *Krejci* in *Rummel* § 6 KSchG Rz 44; differenzierend *Geist,* Verlängerungsklauseln in Konsumentenversicherungsverträgen, RdW 1988, 189.

[65]) OGH EvBl 1987/107.

Nach Ansicht des OGH sind Erklärungsfiktionsklauseln, welche die Anforderungen des § 6 Abs 1 Z 2 KSchG erfüllen, zusätzlich am Maßstab des § 879 Abs 3 und § 6 Abs 3 KSchG zu messen.[66]) Aus diesem Grund erklärte er eine Klausel in einem Dauerschuldverhältnis, nach welcher der Unternehmer Änderungen des Entgelts oder des Leistungsumfangs mittels Zustimmungsfiktionsklausel vornehmen konnte, für intransparent und gröblich benachteiligend.[67])

1224 Nach **Z 3** kann nicht vereinbart werden, dass eine für den Verbraucher bedeutsame Erklärung des Unternehmers als zugegangen gilt, obwohl sie nicht zugegangen ist **(Zugangsfiktion).**[68]) Ferner darf dem Verbraucher für Erklärungen oder Anzeigen an den Unternehmer keine strengere **Form** als die Schriftform auferlegt werden;[69]) die Vereinbarung besonderer **Zugangserfordernisse** zu seinen Lasten ist ungültig **(Z 4).**[70])

1225 Eine Vereinbarung, wonach der Unternehmer für seine Leistung ein **höheres** als das bei Vertragsabschluss bestimmte **Entgelt** begehren kann, ist nach **Z 5** nur dann wirksam, wenn die für die Erhöhung maßgebenden Umstände im Vertrag umschrieben und sachlich gerechtfertigt sind, ihr Eintritt nicht vom Willen des Unternehmers abhängt und der Vertrag unter den für die Entgeltänderung vereinbarten Voraussetzungen auch eine Verpflichtung zur Entgeltsenkung vorsieht (Gebot der Zweiseitigkeit).[71])

Aus § 6 Abs 2 Z 4 KSchG muss allerdings geschlossen werden, dass Preiserhöhungen innerhalb der ersten zwei Monate nach Vertragsabschluss überdies nur dann möglich sind, wenn sie im Einzelnen ausgehandelt wurden. Sie können also nicht – auch nicht innerhalb der Grenzen des § 6 Abs 1 Z 5 KSchG – in AGB oder Formularverträgen vorgesehen werden.

---

[66]) OGH ÖBA 2013/1973 *(Koch);* ÖBA 2013/1974 *(Bollenberger)* = VbR 2013/29 *(Kolba).*

[67]) Dazu *Koch,* Erklärungsf(r)iktionen, ÖBA 2013, 898; *Dullinger,* Zur Zulässigkeit von Vertragsänderungen durch Zustimmungsfiktion in AGB, JBl 2013, 609; *Weiland,* OGH stellt Grenzen für Zustimmungsfiktionen in AGB auf, Zak 2013/603, 330; *Ccoklich/Foglar-Deinhardstein,* Die Inhaltskontrolle von Fiktionsklauseln in Verbraucherverträgen, JBl 2013, 629; *Palma,* Unzulässige AGB-Änderungen, VbR 2014/47, 84; *Haghofer,* Änderung der Hauptleistungen im Wege der Zustimmungsfiktion, ecolex 2014, 504; *Riss,* Mechanismen der Vertragsanpassung im Massengeschäft mit Verbrauchern, ÖBA 2014, 419.

[68]) Dazu OGH SZ 69/280; ecolex 2001, 202; SZ 2002/153 (kritisch *Iro,* RdW 2003, 68); ÖBA 2009/1533 (zustimmend *Iro*). Zur Vertragsänderung mittels Schalteraushang s OGH ÖBA 2006/1336 (kritisch *Iro*) = JBl 2006, 313 *(Dullinger);* OGH JBl 2012, 310 (kritisch *P. Bydlinski*) = ÖBA 2012/1797 (kritisch *Koziol*).

[69]) Hiezu OGH ImmZ 1992, 170; zum Zugang von E-Mails an die vom Verbraucher bekannt gegebene Adresse s *Tichy,* Zugang elektronischer Willenserklärungen, Verbraucherschutz und E-Commerce-Gesetz, RdW 2001, 518; *Vonkilch,* Zum wirksamen Zugang von sicher signierten E-Mails, RdW 2001, 599.

[70]) Dazu zählen auch Vereinbarungen, wonach der Verbraucher seine Erklärungen an bestimmte Stellen im Unternehmen adressieren muss, OGH SZ 2007/2; ÖBA 2009/1533 (zustimmend *Iro*).

[71]) Aus der umfangreichen Literatur s grundlegend *Fenyves/Rubin,* Vereinbarung von Preisänderungen bei Dauerschuldverhältnissen und KSchG, ÖBA 2004, 347; *Graf,* Welche Preisänderungsklauseln sind in Verbraucherverträgen wirksam? wbl 2005, 197; *Iro,* Zur Wirksamkeit formularmäßiger Änderungsvorbehalte, in FS Koziol (2010) 147.

§ 6 Abs 1 Z 5 KSchG ist neben Preisgleitklauseln auch auf Zinsengleit- und Zinsenanpassungsklauseln anwendbar und hat in diesem Zusammenhang besondere Bedeutung erlangt.[72]) Dies gilt vor allem für das Gebot der Zweiseitigkeit, aus dem zB die Unwirksamkeit von Rundungsklauseln gefolgert wird.[73]) Ein Verstoß gegen § 6 Abs 1 Z 5 KSchG führt zur Nichtigkeit der Klausel, doch kann es nach der Rechtsprechung zu einer ergänzenden Vertragsauslegung kommen, die zu einer hypothetischen Anpassungsklausel führt.[74]) Dies wird vor allem bei variablen Zinsen bejaht (zur Frage der Zulässigkeit s oben Rz 1217). Entgelte (Zinsen), die auf einer nichtigen Klausel beruhen, können bereicherungsrechtlich zurückgefordert werden. Der Rückforderungsanspruch zu viel gezahlter Zinsen verjährt innerhalb von drei Jahren,[75]) doch beginnt die Frist erst mit Tilgung aller Rückzahlungsansprüche zu laufen.[76]) Die schuldhafte Verwendung einer Z 5 widersprechenden Klausel kann den Unternehmer auch schadenersatzpflichtig machen.[77])

Nach **Z 6 und 7** können das Leistungsverweigerungsrecht gemäß 1226
§ 1052 und sonstige nach dem Gesetz bestehende **Zurückbehaltungsrechte** des Verbrauchers weder ausgeschlossen noch eingeschränkt werden.[78])

Zulässig ist jedoch die Vereinbarung, dass der Verbraucher zur Vorleistung verpflichtet ist.[79])

---

[72]) Nachweise aus der umfangreichen Literatur und Rechtsprechung bei *Apathy* in *Schwimann/Kodek*⁴ § 6 KSchG Rz 22ff. Vgl *Koitz/Arko,* Zinsgleitklauseln bei Verbraucherkrediten, ÖBA 1998, 10. OGH ecolex 2003/102 (kritisch *Leitner*); ÖBA 2003/1108 (kritisch *Iro*) = ecolex 2003/136 *(Leitner);* RdW 2005/182; ÖBA 2005/1260. Zu den Rechtsfolgen (Vertragsergänzung) nach Wegfall der ungültigen Zinsenklausel s OGH ecolex 2005/432 *(Klauser);* ecolex 2005/432; aA OGH JBl 2006, 658; ÖBA 2006/1345; ÖBA 2006/1357; ÖBA 2006/1383; gegenläufig zur Vertragsanpassung aber EuGH C-618/10 *(„Banco Español de Crédito")* JBl 2012, 434 *(Lukas).*

[73]) RS0117240; vgl *Iro,* OGH: Auch einseitige Rundungsklauseln ohne Kumulierungseffekt unwirksam? RdW 2005/294, 262; *Madl,* Aufrundung des gleitenden Zinssatzes stets unzulässig? ÖBA 2005, 163.

[74]) OGH JBl 2004, 50; ÖBA 2005/1296 *(Graf);* ÖBA 2006/1383; kritisch *Vonkilch,* Ist der hypothetische Parteiwille „im Vertrag umschrieben" (§ 6 Abs 1 Z 5 KSchG), RdW 2003, 690ff; *Vonkilch,* Zum Verhältnis von kleinem Transparenzgebot, Teilnichtigkeit und ergänzender Vertragsauslegung, RdW 2005/441, 405; *Vonkilch,* Zinsenstreit: OGH bekräftigt Erfordernis einer ergänzenden Vertragsauslegung bei unwirksamen Zinsanpassungsklauseln, RdW 2006/72, 78.

[75]) OGH SZ 2003/73; RS0117773; *Vonkilch,* Wann verjähren bei Langzeitverträgen Rückforderungsansprüche wegen überhöhten Entgelts? wobl 2003, 161ff; *Vonkilch,* Nochmals: Zur Verjährung von Rückforderungsansprüchen bei überhöhter Entgeltsleistung in Langzeitverträgen, wobl 2004, 115ff.

[76]) OGH SZ 2005/10; RS0119813.

[77]) OGH JBl 2005, 443 (kritisch *Lukas*) = ÖBA 2005, 554 (kritisch *Apathy*); ÖBA 2005/1307; ÖBA 2006/1345 *(Rummel);* JBl 2006, 658; ÖBA 2008/1516 *(Koziol); Leitner,* Schadenersatz im Zinsenstreit, ÖJZ 2005, 321; *Rummel,* Schadenersatz aus culpa in contrahendo wegen Verwendung unerlaubter Allgemeiner Geschäftsbedingungen, in FS Canaris (2007) 1149; zur Verjährung *Dullinger,* Zur Verjährung der Rückforderung überhöhter Kreditzinsen, in FS Welser (2004) 133; *Riss,* Zur Verjährung schadenersatzrechtlicher Ansprüche auf Rückzahlung überhöhter Kreditzinsen, ÖBA 2005, 790; *Wilhelm,* Zum Beginn der Schadenersatz-Verjährung, ecolex 2005, 417.

[78]) Dazu OGH JBl 1999, 802; *Karollus/Lukas,* Das sogenannte Zurückbehaltungsrecht des Werkbestellers, JBl 2001, 691.

[79]) Dazu *Welser,* JBl 1980, 75f; zur wirksamen Vereinbarung einer Vorausleistungspflicht bei Internetauktionen OGH JBl 2009/638; dazu *Spitzer,* Leistung an Dritte und Insolvenz des Vertragspartners – ein Fall für den Durchgriff? ZIK 2009/228, 148.

1227 **Z 8** erklärt Verbote für unzulässig, mit denen die **Aufrechnungsmöglichkeit** des Verbrauchers für den Fall der Zahlungsunfähigkeit des Unternehmers eingeschränkt oder ausgeschlossen werden soll.[80]) Der Aufrechnungsausschluss ist außerdem für Gegenforderungen unwirksam, die im rechtlichen Zusammenhang mit der Verbindlichkeit des Verbrauchers stehen, die gerichtlich festgestellt oder die vom Unternehmer anerkannt worden sind.

1228 Nach **Z 9** ist der **Ausschluss** oder die **Einschränkung**[81]) der **Schadenersatzpflicht** des Unternehmers für **Personenschäden** überhaupt **ungültig;**[82]) bei sonstigen Schäden ist der Ausschluss oder die Beschränkung[83]) der Haftung für **grob schuldhaftes** Verhalten unzulässig.[84])

Die Haftungsfreizeichnung für Personenschäden ist auch gegenüber Unternehmern unzulässig.[85])

Aus § 6 Abs 1 Z 9 KSchG kann nicht die generelle Zulässigkeit einer Haftungsfreizeichnung für leicht fahrlässig zugefügte Vermögensschäden gefolgert werden. Solche Haftungsfreizeichnungen können gröblich benachteiligend iSd § 879 Abs 3 und damit unwirksam sein.[86])

Zum Verhältnis der Z 9 zu § 6 Abs 2 Z 5 KSchG unten Rz 1239.

1229 Unwirksam ist ferner die Vereinbarung, mit der der Unternehmer selbst oder eine seinem Einflussbereich unterliegende Person ermächtigt wird, darüber zu **entscheiden,** ob seine Leistungen der Vereinbarung entsprechen **(Z 10).**

1230 Nach **Z 11** kann die gesetzliche **Beweislastverteilung** zulasten des Verbrauchers nicht verschoben werden.[87])

1231 Klauseln, nach denen eine Sache, die der Unternehmer zur Bearbeitung übernommen hat, in unangemessen kurzer Frist **verfällt,** sind unwirksam **(Z 12).**

---

[80]) OGH ecolex 1999/32; ecolex 2002/297 (allgemeines Aufrechnungsverbot). Zur analogen Anwendung im bürgerlichen Recht s auch *Dullinger* in *Rummel*³ § 1440 Rz 31; *Dullinger,* Handbuch der Aufrechnung (1995) 142f mwN; vgl auch OGH ecolex 2004, 26.

[81]) Dazu zählt auch die Verkürzung der Verjährungsfrist, OGH JBl 2011, 108.

[82]) OGH ZVR 1999/37; SZ 2003/115; *Wukoschitz,* RdW 1997, 265; vgl auch *Kiendl,* Haftungsfreizeichnung für Personenschäden in Verbraucherverträgen, ZfRV 1994, 138; *Kiendl,* Unfaire Klauseln 205ff; *Kocholl,* Die Haftungsfreizeichnung bei Personenschäden, ZVR 2006/218, 512.

[83]) Dies wurde durch BGBl I 1997/6 klargestellt; so schon *Welser* in *Krejci,* Handbuch 364; *Krejci* in *Rummel*³ § 6 KSchG Rz 129ff; aA noch OGH RdW 1995, 297. Kritisch dazu *Koziol,* Unwirksamkeit von Haftungsbeschränkungen nach KSchG: Gefährdung des „Spalttarifs", RdW 1997, 117.

[84]) Vgl zB OGH ecolex 1996, 167; vgl auch *Reischauer,* Vertraglicher Haftungsausschluss für schuldhaftes Verhalten, insbesondere für grobe Fahrlässigkeit, ÖJZ 2009/114, 1037.

[85]) OGH SZ 71/58; RS0109752.

[86]) OGH SZ 2002/153 (zustimmend *Graf,* ecolex-script 2003/24, 4).

[87]) Zur (analogen) Anwendung auf Wissenserklärungen OGH ÖBA 2009/1576 *(Apathy); Reischauer,* Beweislastvereinbarung zulasten des Verbrauchers (§ 6 Abs 1 Z 11 KSchG) und Quittung (§§ 1426f und 924 ABGB), Zak 2010/68, 43; *Aigner,* Die unzulässige Beweislastverteilung des § 6 Abs 1 Z 11 KSchG, ÖJZ 2011/47, 437 mwN.

Die Bestimmung ist vor allem wegen des daraus zu ziehenden Umkehrschlusses bedenklich: Offenbar ist – auch in AGB – die Vereinbarung zulässig, dass Sachen in angemessener Zeit verfallen.

Z 13 schützt den Verbraucher vor unverhältnismäßig hohen Ver- 1232
zugszinsen. Die für den Fall des Verzugs des Verbrauchers vereinbarten Zinsen dürfen den bei vertragsgemäßer Zahlung vereinbarten **Zinssatz nicht um mehr als fünf Prozentpunkte** pro Jahr übersteigen. Damit soll ein angemessenes Verhältnis zwischen den Verzugszinsen und den Vertragszinsen erreicht werden. Eine absolute Höchstgrenze für Verzugszinsen ist aber nicht vorgesehen.

Die Bestimmung setzt voraus, dass die Parteien für den Fall der vertragsgemäßen Zahlung einen Zinssatz vereinbart haben, wie zB bei einem Kreditvertrag. Ein Verstoß gegen Z 13 führt zur Teilunwirksamkeit der Verzugszinsenvereinbarung; nur die Vereinbarung des „überschießenden Teiles" ist ungültig.[88])

Z 14 erklärt einen im Vorhinein vereinbarten **Verzicht** auf die Gel- 1233
tendmachung eines **Irrtums** (§ 871) oder des Fehlens oder Wegfalls der **Geschäftsgrundlage** für unzulässig.[89])

Z 15 wendet sich gegen Missbräuche bei der Eintreibung von Forde- 1234
rungen. Die vom Schuldner als Folge seines Verzugs zu tragenden Kosten des Gläubigers, wie zB Mahnspesen oder die Kosten eines Rechtsanwaltes oder Inkassobüros, sollen zu der betriebenen Forderung in einem angemessenen Verhältnis stehen. Daher sind Vereinbarungen ungültig, nach denen sich der Verbraucher nach Eintritt des Verzugs zur Zahlung von **Betreibungs-** oder **Einbringungskosten** verpflichtet, sofern diese Kosten in der Vereinbarung nicht gesondert und **aufgeschlüsselt** ausgewiesen sind oder soweit sie zur zweckentsprechenden Betreibung oder Eintreibung der Forderung **nicht notwendig** waren (vgl § 41 Abs 1 ZPO).

3. Die Vertragsbestimmungen des § 6 Abs 2 KSchG

Die in § 6 Abs 2 KSchG aufgezählten Vertragsbestimmungen sind für 1235
den Verbraucher nicht verbindlich, wenn der Unternehmer nicht beweist, dass sie im Einzelnen ausgehandelt worden sind.

Die Vorschrift betrifft Klauseln, deren sachliche Unangemessenheit 1236
für sich allein nicht zur Ungültigkeit führt. Eine Klausel ist nur dann ungültig, wenn sie nicht **im Einzelnen** ausgehandelt worden ist, womit vor allem Bestimmungen in AGB oder Formularen gemeint sind.

Der Begriff des „Aushandelns" bereitet Schwierigkeiten. Nötig ist wohl, dass die einzelnen Bedingungen erörtert wurden und der Verbraucher auf die Formulierung

[88]) EB 311 BlgNR 20. GP 20.

[89]) Zu Einwendungen gegen Mehrwertdienste-Anbieter OGH SZ 2003/60; ecolex 2005/425.

Einfluss nehmen konnte. Das ist nur der Fall, wenn der Unternehmer zu einer Änderung des von ihm verwendeten Textes erkennbar bereit war.[90])

1237 Unwirksam sind nach § 6 Abs 2 KSchG Bestimmungen, nach denen der Unternehmer ohne sachliche Rechtfertigung[91]) vom Vertrag **zurücktreten** kann **(Z 1)** oder ihm das Recht eingeräumt wird, seine **Pflichten** oder den gesamten Vertrag mit schuldbefreiender Wirkung einem Dritten, der im Vertrag nicht namentlich genannt ist,[92]) zu **überbinden (Z 2).**

Die Vereinbarung einer Substitutionsmöglichkeit ist jedoch zulässig, wenn sie durch gesetzliche Bestimmungen gedeckt ist; vgl § 1010 Fall 2 und § 14 RAO.[93])

1238 Ungültig sind ferner Klauseln, die es dem Unternehmer gestatten, seine Leistung einseitig **zu ändern** – außer dies ist dem Verbraucher zumutbar – **(Z 3)**[94]) oder für seine innerhalb von zwei Monaten nach Vertragsabschluss zu erbringende Leistung ein **höheres** als das vertraglich bestimmte Entgelt zu fordern **(Z 4).**[95])

Für Leistungen, die innerhalb von zwei Monaten nach Vertragsabschluss zu erbringen sind, muss also die Erhöhungsmöglichkeit, die auch hier nur im Rahmen des § 6 Abs 1 Z 5 KSchG zulässig ist, individuell ausgehandelt worden sein, für später fällige Leistungen sind hingegen nur die Voraussetzungen des § 6 Abs 1 Z 5 KSchG zu beachten.

1239 Der besonderen Vereinbarung bedarf es weiters, wenn die Pflicht des Unternehmers zum Ersatz eines Schadens **an einer Sache,** die er zur **Bearbeitung** übernommen hat, ausgeschlossen oder beschränkt wird **(Z 5).**

Das Verhältnis dieser Vorschrift zu § 6 Abs 1 Z 9 KSchG ist relativ unklar, doch ist Folgendes gemeint: Die Schadenersatzpflicht für grobes Verschulden ist zwingendes Recht, sie kann unter keinen Umständen ausgeschlossen werden (§ 6 Abs 1 Z 9 KSchG). Die Haftung für leichte Fahrlässigkeit kann der Unternehmer im Allgemeinen sogar in AGB abbedingen (außer für Personenschäden). Er braucht es nicht „auszuhandeln". Dies gilt jedoch nicht für die Beschädigung von Sachen, die der Unternehmer zur Bearbeitung übernommen hat. Die Haftung für leichte Fahrlässigkeit kann in die-

---

[90]) Dazu *Welser,* JBl 1980, 8; OGH ÖBA 2013/1918; dazu *Holly,* Unzulässige Konvertierung eines Fremdwährungskredits: Für welchen Schaden haftet die Bank? ecolex 2013, 503; *Kellner,* Konvertierungsklauseln und -orders beim Fremdwährungskredit, ÖBA 2014, 920; *Kolba,* Fremdwährungskredit – Judikaturüberblick und aktuelle Fragen, VbR 2015/28, 48; vgl auch *Docekal/Kiendl-Wendner* in *Keiler/Klauser,* Vebraucherrecht § 6 KSchG Rz 124.

[91]) Vgl OGH SZ 2002/154; ecolex 2002/35 *(Leitner);* ÖBA 2007/1450 *(Rummel)* = RdW 2008/10 (kritisch *Gehringer).*

[92]) Eine Gattungsbezeichnung („österreichische Kreditinstitute") reicht nicht aus, s OGH ÖBA 2008/1505; vgl auch OGH RdW 2012/87.

[93]) Dazu *Hofer,* Substitution und Untervertretung, JBl 1980, 625; *Welser,* JBl 1980, 77 f. S auch OGH SZ 2002/153 (kritisch *Iro,* RdW 2003, 69).

[94]) Vgl dazu *Koziol,* Zur Wirksamkeit der „Fakultativklausel", RdW 1986, 327; s auch OGH RdW 1988, 289; ecolex 1995, 26; SZ 72/12; JBl 2002, 178; zur Wirksamkeit von Zinsanpassungsklauseln bei Spareinlagen erstmals OGH JBl 2006, 313 (kritisch *Dullinger*) = ÖBA 2006/1336 *(Iro)* (dazu *Wilhelm,* Zinsenstreit erreicht Sparbuch, ecolex 2006, 177).

[95]) Vgl *Faber,* Zulässigkeit formularmäßiger Preisanpassungsklauseln in Kauf- und Werklieferungsverträgen im Spiegel aktueller Judikatur, Zak 2007/469, 267.

sem Fall nur durch ausgehandelte Vertragsbestimmungen beseitigt oder beschränkt werden (§ 6 Abs 2 Z 5 KSchG).[96])

Z 6 betrifft Vertragsbestimmungen, mit denen Ansprüche des Verbrauchers auf ein **Angeld** (§ 908) **eingeschränkt** oder ausgeschlossen werden. Will also der Unternehmer seine Verpflichtung zur Rückgabe des doppelten Angeldes bei schuldhafter Nichterfüllung abbedingen, so muss er dies einzeln aushandeln. 1240

Gemäß **Z 7** müssen **Schiedsklauseln,** nach denen ein Rechtsstreit zwischen einem Unternehmer und einem Verbraucher durch einen oder mehrere Schiedsrichter entschieden werden soll, mit dem Verbraucher einzeln ausgehandelt werden.[97]) 1241

Im Hinblick auf den durch das SchiedsRÄG 2006 (BGBl I 2006/7) neu geschaffenen § 617 ZPO dürfte § 6 Abs 2 Z 7 KSchG keinen praktischen Anwendungsbereich mehr haben. Danach können Schiedsvereinbarungen zwischen einem Unternehmer und einem Verbraucher nur für **bereits entstandene Streitigkeiten** wirksam vereinbart werden und sie müssen in einem vom Verbraucher eigenhändig unterzeichneten Dokument enthalten sein, in dem sich keine anderen Vereinbarungen als solche, die sich auf das Schiedsverfahren beziehen, befinden dürfen. Weiters ist dem Verbraucher vor Abschluss der Schiedsvereinbarung eine schriftliche Belehrung über die wesentlichen Unterschiede zwischen einem Schiedsverfahren und einem Gerichtsverfahren zu erteilen.[98])

4. Das Transparenzgebot des § 6 Abs 3 KSchG[99])

Eine in AGB oder Vertragsformblättern enthaltene Vertragsbestimmung ist unwirksam, wenn sie unklar oder unverständlich abgefasst ist (§ 6 Abs 3 KSchG). 1242

Das **„Transparenzgebot“** wurde in Umsetzung der Richtlinie 93/13/ EWG über missbräuchliche Vertragsklauseln ins österreichische Recht eingeführt.[100]) Es geht dabei nicht um die Angemessenheit des Inhaltes von AGB (zB § 879 Abs 3), der Kunde soll vielmehr durch die Gestaltung in die Lage versetzt werden, den Inhalt der Bedingungen möglichst leicht zu erfassen (Informationsmodell).[101]) 1243

Unverständliche Klauseln nach § 6 Abs 3 KSchG sind nicht mit unverständlichen Verträgen iSd § 869 gleichzusetzen. „Unverständlich“ im 1244

---

[96]) Vgl auch OGH SZ 69/245.

[97]) S EB 173 BlgNR 22. GP 17; *Riedler,* RZ 2003, 268.

[98]) Dazu *Hausmaninger* in *Fasching/Konecny,* Zivilprozessgesetze² § 617 Rz 24ff; *Stippl* in *Liebscher/Oberhammer/Rechberger,* Schiedsverfahrensrecht I (2011) Rz 4/ 50ff.

[99]) *St. Korinek,* Das Transparenzgebot des § 6 Abs 3 KSchG, JBl 1999, 150; *Leitner,* Das Transparenzgebot (2005); *Krejci,* Das Transparenzgebot im Verbraucherrecht, VR 2007, 25; *E. Wagner,* Gedanken zum Transparenzgebot – Besteht die Gefahr der Ausuferung? in FS Reischauer (2010) 599; *P. Bydlinski,* Thesen zur praktischen Handhabung des Transparenzgebotes, JBl 2011, 141; *Fenyves,* Überlegungen zum Transparenzgebot, in FS 200 Jahre ABGB (2011) 915; *Leitner,* Transparenzgebot, Privatautonomie und Auslegung, JBl 2011, 428.

[100]) EB 311 BlgNR 20. GP 24.

[101]) Dazu *Leitner,* Transparenzgebot 26ff mwN.

Sinne des § 869 ist eine Vertragsbestimmung nur dann, wenn ihr mit den Regeln der Auslegung kein Inhalt zugemessen werden kann. „Unklar und unverständlich" im Sinne von § 6 Abs 3 KSchG ist eine Klausel bereits, wenn der typische Durchschnittskunde Inhalt und Tragweite der Klausel nicht „durchschauen" kann.[102]) Während § 869 „absolut unverständliche" Bestimmungen meint, hat § 6 Abs 3 KSchG „schwer verständliche" Klauseln vor Augen. Zum Verhältnis des § 6 Abs 3 KSchG zu § 915 ABGB s Bd I Rz 352ff.

1245 § 6 Abs 3 KSchG soll intransparent gestalteten AGB entgegenwirken. Er untersagt aber nicht komplizierte AGB-Inhalte schlechthin, sondern stellt lediglich Anforderungen an die Darstellungen des Inhalts. Eine Klausel, die zwar kompliziert ist, aber nicht besser dargestellt werden kann, widerspricht daher nicht § 6 Abs 3 KSchG.[103])

Die Intransparenz kann sich aus Verweisungen,[104]) mangelhafter Gliederung und unübersichtlichem Aufbau, Unleserlichkeit,[105]) Unbestimmtheit für den Kunden, der Verwendung von Abkürzungen, Fremd- und Fachsprachen[106]) oder der sonstigen komplizierten Darstellung ergeben.[107]) Auch sprachlich verständliche Klauseln können intransparent sein, wenn sie ihre konkreten Rechtsfolgen und ihre wirtschaftliche Tragweite verschleiern.[108])

Entgegen dem Wortlaut des § 6 Abs 3 KSchG bleiben intransparente Klauseln aufrecht, die den Kunden im Vergleich zum dispositiven Recht begünstigen.[109]) Sie können aber einen Schadenersatzanspruch wegen Verletzung von vertraglichen Schutz- und Sorgfaltspflichten auslösen (vgl § 9b Abs 4 KSchG).

Klauseln, mit denen Unternehmer ihre Rechte „soweit gesetzlich zulässig" ausdehnen, widersprechen dem Transparenzgebot ebenso wie die geltungserhaltende Reduktion unzulässiger Klauseln (s Bd I Rz 569f), weil sie den Verbrauchern den Inhalt und die Tragweite der Klausel nicht erkennen lassen.

---

[102]) RIS-Justiz RS0037107 T6; RS0115219 T12; s auch *Fenyves* in FS 200 Jahre ABGB 917ff.

[103]) *Leitner,* Transparenzgebot 52f, 71; OGH SZ 2007/38; ÖBA 2011/1679 *(Koch);* ÖBA 2011/1680 *(Koch);* vgl auch *P. Bydlinski,* JBl 2011, 143f.

[104]) OGH ecolex 2002/35 *(Leitner);* SZ 2007/38; ÖBA 2012/1825 (dazu *Ertl,* Schriftform, Totalschaden und Transparenz, ecolex 2012, 769); VbR 2015/54.

[105]) Zum Schriftbild *Bitriol/Docekal,* Mikrokosmos AGB, ecolex 2006, 280; *E. Wagner* in FS Reischauer 606f; s auch OLG Wien 1 R 66/10y.

[106]) S dazu *Machold,* Fremdsprachige AGB, in *Knyrim/Leitner/Perner/Riss,* Aktuelles AGB-Recht 65 (73ff).

[107]) Vgl zu den einzelnen Fallgruppen: *Leitner,* Erscheinungsformen intransparenter AGB-Gestaltung, RdW 2003, 125; *Leitner,* Transparenzgebot 87 ff; *Kathrein/ Schoditsch* in KBB[4] § 6 KSchG Rz 33; *Docekal/Kiendl-Wendner* in *Keiler/Klauser,* Vebraucherrecht § 6 KSchG Rz 145ff mwN.

[108]) *St. Korinek,* JBl 1999, 162; *Leitner,* Transparenzgebot 75ff, 92f; OGH ÖBA 2001/977 *(Koziol)* = ecolex 2001/147 *(Th. Rabl);* ÖBA 2003/1090; JBl 2007, 42; ecolex 2011/87 *(Achleitner);* JBl 2013, 436. Zur sich aus dem Transparenzgebot ergebenden Aufklärungspflicht s *Graf,* Sechs Jahre § 6 Abs 3 KSchG, in FS Mayer (2004) 15 (22f); *E. Wagner* in FS Reischauer 616ff; kritisch *Koziol* in FS Mayrhofer 110; OGH JBl 2010, 498 *(Eliskases)* = ÖBA 2010/1640 *(P. Bydlinski)* = ecolex 2010/113 *(Th. Rabl).*

[109]) *Graf,* ecolex 1999, 9 FN 8; *Welser/Jud,* Gewährleistung § 9b KSchG Rz 12; *Leitner,* ecolex 2002, 13; *Leitner,* Transparenzgebot 55, 96ff; vgl auch *Koziol,* Auslegung und Beurteilung der Sittenwidrigkeit von AGB-Klauseln im Verbandsprozess, RdW 2011/70, 67 (69).

G. Kosten für Kundenhotlines

1246 Unternehmer, die einen Telefonanschluss eingerichtet haben, um im Zusammenhang mit **geschlossenen Verbraucherverträgen** den Verbrauchern eine telefonische Kontaktaufnahme zu ermöglichen, dürfen nach § 6 b KSchG dafür **kein Entgelt** verlangen. Es soll verhindert werden, dass Unternehmer Servicenummern oder Kundenhotlines zB für Nachfragen zum Vertragsinhalt, die Geltendmachung von Gewährleistungsrechten oder zur Erklärung eines Rücktritts unter einer **Mehrwertnummer** (zB 09-Rufnummern) einrichtet.[110]) Damit soll einerseits Preistransparenz geschaffen, andererseits sichergestellt werden, dass Verbraucher ihre Rechte effektiv durchsetzen können.[111])

Diese Entgeltfreiheit gilt nicht für Hotlines, die nur Kaufinteressenten beraten oder die Verbrauchern eine eigenständige, nicht mit dem geschlossenen Vertrag im Zusammenhang stehende Leistung (Supportlines) anbieten.

1247 § 6b Satz 2 stellt klar, dass das Recht des Telekommunikationsanbieters, Entgelte für **„eigentliche Kommunikationsdienstleistungen"** zu verlangen, davon unberührt bleibt. Darunter ist jener Tarif zu verstehen, den der Verbraucher im Allgemeinen auch zu bezahlen hat („Grundtarif").[112])

1248 Bei **Verstoß gegen § 6b KSchG** ist der Verbraucher berechtigt, das Entgelt sowohl vom Unternehmer als auch vom Telekommunikationsdienstleister nach bereicherungsrechtlichen Grundsätzen zurückzuverlangen; sie haften als Gesamtschuldner.

H. Vereinbarungen über Zusatzleistungen

1249 Eine Vereinbarung, mit der sich der Verbraucher neben der Zahlung des Entgelts für die Hauptleistung zu weiteren Zahlungen für Zusatzleistungen[113]) (Versicherung, Sitzplatzreservierung bei einer Flugreise) verpflichtet, ist nur wirksam, wenn der Verbraucher **ausdrücklich zustimmt** (§ 6c KSchG). Darunter ist – abweichend von § 863 – ein aktives Tätigwerden des Verbrauchers und eine von der sonstigen Vertragserklärung getrennte Zustimmung zu verstehen (zB Anklicken eines eigenen Kästchens beim Onlinekauf). Keine ausdrückliche Zustimmung liegt vor, wenn der Verbraucher einer vom Unternehmer vorformulierten Erklärung zustimmt.

---

[110]) EB 89 BlgNR 25. GP 16f.

[111]) *Wendehorst,* VRUG – Neuerungen in §§ 6b und 6c KSchG, in *Leupold,* Jahrbuch Verbraucherrecht 2015 (2015) 23 (24); vgl auch *Kolba/Leupold,* Verbraucherrecht 190; *Schoditsch,* Kosten telefonischer Kundendienste und Zusatzleistungen, VbR 2015/3, 4.

[112]) Dazu *Wendehorst* in *Leupold,* Jahrbuch Verbraucherrecht 2015, 26f mwN; *Docekal* in *Keiler/Klauser,* Vebraucherrecht § 6b KSchG Rz 8ff.

[113]) Zur Frage der (analogen) Anwendung auf unselbständige Nebenleistungen und Zusatzentgelte für die Hauptleistung s *Wendehorst* in *Leupold,* Jahrbuch Verbraucherrecht 2015, 28ff.

§ 6c Abs 1 KSchG nennt beispielsweise den in der Praxis üblichen Fall, dass der Verbraucher zur Vermeidung einer Vertragserklärung eine vom Unternehmer vorgenommene Voreinstellung ablehnen müsste.

I. Umfang der Vertretungsmacht, Wirksamkeit mündlicher Erklärungen

1250 Die von einem Unternehmer erteilte **Vollmacht** erstreckt sich im Verkehr mit Verbrauchern auf alle Rechtshandlungen, die derartige Geschäfte **gewöhnlich** mit sich bringen (§ 10 Abs 1 KSchG).[114]) Besondere gesetzliche Regeln über den Umfang der Vollmacht (zB jene über die Prokura) bleiben unberührt.[115])

1251 Eine **Beschränkung** der Vertretungsmacht ist dem Verbraucher gegenüber nur wirksam, wenn sie ihm beim Vertragsabschluss **bewusst** war. War dem Verbraucher die Beschränkung der Vollmacht **grob fahrlässig** nicht bekannt, so kommt der Vertrag zustande, doch kann der Unternehmer unverzüglich nach Kenntnis von der Überschreitung und den Umständen, aus denen die grobe Fahrlässigkeit abzuleiten ist, vom Vertrag **zurücktreten** (§ 10 KSchG).

§ 10 KSchG bricht mit den Grundsätzen des Vertrauensschutzes im Vollmachtsrecht. Nach diesen wird nur ein gutgläubiger Vertragspartner geschützt, sodass dem Vertrauenden schon leichte Fahrlässigkeit schadet: das Geschäft ist wegen Vollmachtsmangels nichtig. Nach § 10 KSchG wird hingegen der Vertrauenstatbestand nur durch ein positives Wissen des Verbrauchers vom Vollmachtsmangel zerstört. Diese Systemwidrigkeit macht § 10 Abs 2 KSchG auf einem Umweg teilweise wieder rückgängig: Die grobe Fahrlässigkeit des Verbrauchers steht zwar dem Vertragsabschluss nicht entgegen, führt aber zu einem Rücktrittsrecht des Unternehmers.

§ 10 KSchG schützt nur das Vertrauen auf den Umfang einer bestehenden Vollmacht, hilft dem Verbraucher also bloß bei Vollmachtsüberschreitung, nicht aber bei Handeln (eines Gehilfen) ohne Vollmacht.[116])

1252 Nach § 10 Abs 3 KSchG kann die Gültigkeit **formloser Erklärungen** des Unternehmers oder seiner Vertreter zum Nachteil des Verbrauchers vertraglich nicht ausgeschlossen werden. Die Vertragsklausel „mündliche oder telefonische Absprachen haben keine Gültigkeit“ widerspricht daher § 10 Abs 3 KSchG.[117])

Soweit es sich um die mündlichen Erklärungen des Unternehmers handelt, stimmt § 10 Abs 3 KSchG mit den allgemeinen Grundsätzen überein (Bd I S 586). Hinsichtlich der formlosen Erklärungen der Vertreter ist sie hingegen problematisch: Wird einem Vertreter nur gestattet, schriftliche Vereinbarungen zu treffen, so liegt darin eine Beschränkung der Vollmacht (Bd I Rz 592). Sollten nach § 10 Abs 3 KSchG die mündlichen Erklärungen des Vertreters selbst dann gültig sein, wenn der Verbraucher weiß, dass der Vertreter zu ihrer Abgabe nicht befugt ist, so würde dies nicht nur den Bestim-

---

[114]) Vgl hiezu OGH JBl 2005, 50.

[115]) Vgl OGH wbl 1989, 160; SZ 62/121; ecolex 2000/343 *(Wilhelm);* RdW 2009/292.

[116]) S OGH EvBl 1982/85; zur Verhandlungsvollmacht s OGH ecolex 1996, 451.

[117]) OGH EvBl 1987/107; dem gleichzuhalten sind Klauseln, wonach Vertragsänderungen zu ihrer Wirksamkeit der schriftlichen Zustimmung des Unternehmers bedürfen, OGH JBl 2007, 42. Zu formlosen Erklärungen des Verbrauchers s OGH SZ 2002/153; dazu *Iro,* RdW 2003, 67; kritisch *Graf,* ecolex-script 2003/24, 3.

mungen des ABGB, sondern auch § 10 Abs 1 und 2 KSchG widersprechen. Nach hM ist § 10 Abs 3 KSchG nur auf jene Fälle anzuwenden, in denen die Zusagen des Vertreters sachlich von seiner Vollmacht gedeckt sind und nur die Schriftform fehlt.[118])

J. Verträge über wiederkehrende Leistungen[119])

Bei Verträgen über wiederkehrende Leistungen besteht gemäß § 15 KSchG zugunsten des Verbrauchers eine – verglichen mit den allgemeinen Regeln – erweiterte **Kündigungsmöglichkeit.** Sie erfasst alle auf **unbestimmte** Zeit oder für länger als **ein Jahr** geschlossenen Verträge, durch die sich der Unternehmer zu wiederkehrenden Lieferungen beweglicher körperlicher Sachen (einschließlich Energie) oder zu wiederholten Werkleistungen[120]) und der Verbraucher zu **wiederholten Geldzahlungen**[121]) verpflichtet. 1253

Bei gemischten Verträgen besteht ein Kündigungsrecht nach § 15 KSchG nur, wenn werk- oder kaufvertragliche Elemente eine nicht bloß untergeordnete Rolle spielen. Auf andere Dauerschuldverhältnisse wie Verwaltungsverträge,[122]) Timesharing-Verträge,[123]) Mobilfunkverträge[124]) und freie Dienstverträge[125]) ist § 15 KSchG nicht (analog) anwendbar.

Der Verbraucher kann solche Rechtsverhältnisse unter Einhaltung einer zweimonatigen Frist zum Ablauf des ersten Jahres, danach zum Ablauf eines jeden Halbjahres kündigen. 1254

Unter § 15 KSchG fallen also nicht nur Dauer-, sondern auch **Zielschuldverhältnisse,** bei denen die Partner die Leistungen in Teilen zu erbringen haben, wie zB bei der allmählichen Lieferung eines Kommentars in mehreren Bänden. 1255

In diesem Fall ist die besondere Kündigungsmöglichkeit fragwürdig, weil für den Veräußerer der Rest der unteilbaren Leistung meist wertlos wird, er jedoch für diesen Teil der Leistung nichts erhält. Überdies beruhen günstige Bezugsbedingungen oft auf der langfristigen Bindung. Bei Lieferung von Sachen, die in ihrer Gesamtheit eine unteilbare Leistung bilden und deren Umfang und Preis schon bei Vertragsabschluss bestimmt sind, kann zumindest der erste Kündigungstermin bis zum Ablauf des zweiten Jahres hinausgeschoben und die Kündigungsfrist auf höchstens sechs Monate verlängert werden (§ 15 Abs 2 KSchG).

---

[118]) *Welser,* JBl 1979, 459; *Fenyves,* Die Auswirkungen des KSchG auf das Recht der Vertragsversicherung, VersRdSch 1979, 336 (356); *Rummel,* Probleme der gewillkürten Schriftform, JBl 1980, 244f.

[119]) *Mayrhofer,* Die besonderen Vertragsarten des I. Hauptstückes des KSchG, in *Krejci,* Handbuch 469ff.

[120]) Dazu zählen auch Internetdienste, die über den bloßen Transport von Signalen hinausgehen, OGH EvBl-LS 2009/110 (SMS via Internet).

[121]) Wiederholte Geldzahlungen liegen auch nicht vor, wenn der Verbraucher einen Geldgesamtbetrag an einen Treuhänder zur wiederholten Leistung von Teilzahlungen an den Unternehmer übergibt, OGH EvBl 2011/87.

[122]) OGH RdW 2001/159.

[123]) OGH RdW 2002/75.

[124]) Dazu *Zankl,* Qualifikation und Dauer von Mobilfunkverträgen, ecolex 2005, 29.

[125]) OGH JBl 2005, 735 mwN.

1256 Erfordert die Erfüllung eines Schuldverhältnisses erhebliche **Aufwendungen** des Unternehmers und hat er dies dem Verbraucher spätestens beim Vertragsabschluss konkret[126]) **bekannt gegeben,** so können abweichend von diesen Regeln für die Kündigung angemessene Termine und Fristen vereinbart werden (§ 15 Abs 3 KSchG).

Aufwendungen für die Zuleitung von elektrischer Energie oder von Gas in Erwartung eines langfristigen Bezuges.

K. Vorauszahlungskäufe[127])

1257 Ein Vorauszahlungskauf ist ein Vertrag über die Lieferung einer beweglichen körperlichen Sache, bei dem der Verbraucher verpflichtet ist, den Kaufpreis in Teilbeträgen vorauszuzahlen, und er die Sache erst nach vollständiger Entrichtung des Preises erhält. Solange ein solcher Vertrag nicht beidseitig vollständig erfüllt ist, kann der Käufer jederzeit **zurücktreten,** wenn die Ware bloß durch Erklärung der Vertragspartner bestimmbar oder der Preis nicht nach den Preisverhältnissen beim Vertragsabschluss festgelegt ist.[128]) Für die Zurückstellung bereits erbrachter Leistungen gilt § 4 KSchG.

Die Schutzbedürftigkeit des Verbrauchers liegt darin, dass Vorauszahlungskäufer oft nicht zum Erwerb eines bestimmten Einzelstückes geschlossen werden, sondern es um das „Ansparen" von Beträgen geht, die letztlich in Waren umgesetzt werden (zB zum Ankauf einer „Ausstattung"). Der Käufer hat noch gar keinen konkreten Bedarf oder doch keine genaue Vorstellung von dem, was er künftig erwerben soll. Er erhält daher oft Dinge, die er nicht verwenden kann. Die Kalkulation des Verbrauchers wird erschwert, wenn der Preis der Sache erst mit dem Ende der Ansparzeit feststeht. Solchen Bedenken hat das KSchG Rechnung getragen.

L. Heimverträge

1258 Die durch das Heimvertragsgesetz (BGBl I 2004/12) in das KSchG eingefügten §§ 27b–27i KSchG[129]) regeln bestimmte Aspekte der Verträge zwischen den Trägern und den Bewohnern von Altersheimen, Pflegeheimen und anderen Einrichtungen, deren Hauptzweck die dauernde oder auch nur vorübergehende Unterkunft, Betreuung und Pflege von Menschen ist (§ 27b KSchG). Ziel der Regelungen ist einerseits die Schaffung klarer und transparenter Rechtsverhältnisse, andererseits die Verbesserung des rechtlichen Schutzes der Bewohner vor benachteiligenden Vertragsgestaltungen.

---

[126]) Bloße Globalhinweise sind nicht ausreichend, s OGH JBl 2003, 936; SZ 2004/66; *Rainer,* Energielieferverträge – Kündigung durch Verbraucher, immolex 2005, 161.

[127]) *Mayrhofer* in *Krejci,* Handbuch 499ff; *Limberg,* §§ 26ff und § 27 – Stiefkinder des KSchG, ecolex 2009, 752.

[128]) Dazu OGH SZ 73/147.

[129]) S hiezu EB 202 BlgNR 22. GP; *Barth/Engel,* Heimrecht (2004); *Barth/Engel,* Das neue Heimvertragsrecht, ÖJZ 2004, 581; *Laimer/Russegger/Thiele,* Heimvertrags- und Heimaufenthaltsgesetz (2004); *Kathrein,* Heimverträge, in FS Welser (2004) 425; *M. Huber,* Das neue Heimvertragsrecht und seine Auswirkungen auf die Praxis, iFamZ 2007, 239; *Ganner,* Vier Jahre Heimvertragsgesetz, iFamZ 2008, 316.

So sind Informationspflichten des Heimträgers über ihr Leistungsspektrum (§ 27c KSchG) und der zwingende Mindestinhalt des schriftlichen Heimvertrages (§ 27d KSchG) festgelegt, um sicherzustellen, dass die Heimbewohner und ihre Angehörigen beim Abschluss des Heimvertrages über ihre Rechte und die Ausstattung des Heimes informiert sind (§§ 27c ff KSchG). Leistungsbeschreibungen durch bloße Verweise auf gesetzliche Bestimmungen oder sonstige Regelungen genügen diesen Anforderungen nicht.[130]) Der Heimbewohner hat das Recht, jederzeit eine Vertrauensperson namhaft zu machen, die der Heimträger in wichtigen zivilrechtlichen Angelegenheiten zu verständigen hat (§ 27e KSchG). Bei Mängeln der Leistungen des Heimträgers sowie bei einer länger als drei Tage dauernden Abwesenheit des Heimbewohners (zB Krankenhaus, Urlaub mit Angehörigen) ist das Entgelt entsprechend zu mindern (§ 27f KSchG). Nach den Materialien führen nur solche Beeinträchtigungen der Leistung zu einem gewährleistungsrechtlichen (und damit verschuldensunabhängigen) Anspruch auf Preisminderung, die über längere Zeit oder mehrfach vorkommen oder schon einmalig zu einer schweren Beeinträchtigung des Bewohners führen.[131]) Ablösezahlungen, unangemessene Verfallsklauseln und überhöhte Kautionen sind unzulässig (§ 27g KSchG). Die Kündigung des Vertrages durch den Heimträger ist nur aus wichtigen Gründen zulässig (§ 27i KSchG). § 27i Abs 1 Z 2 KSchG (Änderung des Gesundheitszustandes als wichtiger Kündigungsgrund für den Heimträgers) ist verfassungskonform.[132])

Auf Verträge über die Pflege und Erziehung von Minderjährigen in Heimen und anderen Einrichtungen sind die Bestimmungen ebenso wenig anzuwenden wie auf Verträge über die Aufnahme, Pflege und Betreuung von Pfleglingen in Krankenanstalten.[133])

IV. Fernabsatz- und Auswärtsgeschäfte

Literatur: *Cap,* Umsetzung der Verbraucherrechte-Richtlinie – Das neue Fern- und Auswärtsgeschäfts-Gesetz, ÖJZ 2014/110, 707; *Kathrein,* Verbraucherrechte-Richtlinie-Umsetzungsgesetz – VRUG, ZVR 2014/104, 184; *Kolba/Leupold,* Das neue Verbraucherrecht (2014); *Reif,* Neuerungen durch das Verbraucherrechte-Richtlinie-Umsetzungsgesetz, RdW 2014/493, 443; *Stabentheiner,* Das neue Fern- und Auswärtsgeschäfte-Gesetz, VbR 2014/68, 108; *Schoditsch,* Neues im Konsumentenschutzrecht – Die Umsetzung der RL über die Verbraucher in Österreich, RZ 2014, 214; *Welser,* Die Umsetzung der Verbraucherrechte-Richtlinie in den Staaten Zentral- und Osteuropas (2015).

A. Allgemeines

In Umsetzung der Verbraucherrechte-Richtlinie 2011/83/EU wurde durch das VRUG (BGBl I 2014/33) das Fernabsatz- und Auswärtsgeschäfte-Gesetz (FAGG) erlassen. Es enthält spezifische Verbraucherschutzbestimmungen für Fernabsatz- und Auswärtsgeschäfte, die zugunsten des Verbrauchers zwingend sind (§ 2 FAGG). 1259

Die früher in den §§ 5a ff KSchG enthaltenen Bestimmungen über Vertragsabschlüsse im Fernabsatz[1]) wurden durch das VRUG ersatzlos aufgehoben; für Finanz-

---

[130]) OGH JBl 2009, 651.

[131]) EB 202 BlgNR 22. GP.

[132]) OGH RdW 2010/150.

[133]) Vgl § 27b KSchG; bei Abschluss eines unbefristeten Heimvertrages durch den Sachwalter muss idR eine pflegschaftsbehördliche Genehmigung eingeholt werden, OGH SZ 2006/171.

[1]) S dazu die Vorauflage S 410ff.

dienstleistungen gilt das FernFinG. Außerhalb von Geschäftsräumen abgeschlossene Verträge sind zum einen im KSchG (Haustürgeschäft, § 3 KSchG), zum anderen im FAGG geregelt, wobei die Bestimmungen des KSchG nur einen subsidiären Auffangtatbestand bilden, also nur zur Anwendung kommen, wenn Verträge nicht dem FAGG unterstehen (§ 3 Abs 3 Z 4 KSchG, oben Rz 1186).

1260 Der Verbraucherschutz bei Fernabsatz- und Auswärtsgeschäften wird zum einen durch umfangreiche **Informationspflichten** des Unternehmers, zum anderen durch ein **Rücktrittsrecht** des Verbrauchers bewerkstelligt.[2]) Grundsätzlich gelten für Fernabsatz- und Auswärtsgeschäfte dieselben Bestimmungen.

B. Anwendungsbereich und Begriffe

1261 Das FAGG findet auf **Verbrauchergeschäfte** iSd § 1 KSchG (§ 1 Abs 1 FAGG) Anwendung, die im Fernabsatz oder als Auswärtsgeschäft geschlossen werden.

1262 *Ein Auswärtsgeschäft ist ein Vertrag, der bei gleichzeitiger körperlicher Anwesenheit des Unternehmers und des Verbrauchers an einem Ort geschlossen wird, der kein Geschäftsraum des Unternehmers ist (§ 3 Z 1 FAGG).*

Es geht also va um Vertragsabschlüsse in der Privatwohnung oder am Arbeitsplatz des Verbrauchers, aber auch auf öffentlichen Verkehrsflächen (Straße, Restaurant), in Krankenhäusern oder Seniorenheimen.[3])

1263 Anders als nach § 3 KSchG kommt es **nicht** darauf an, dass der Verbraucher das Geschäft nicht selbst **angebahnt** hat,[4]) der Verbraucher genießt also auch dann den Schutz des FAGG, wenn er den Unternehmer selbst zu sich eingeladen hat, um einen Vertrag zu schließen. Erforderlich ist aber die gleichzeitige körperliche Anwesenheit von Unternehmer und Verbraucher, weil sonst von einer Überrumpelungssituation nicht mehr gesprochen werden kann.

Macht also ein Verbraucher einem Unternehmer ein Angebot von zu Hause aus (telefonisch, per E-Mail oder Fax) ohne körperlicher Anwesenheit des Unternehmers, liegt uU ein Fernabsatzgeschäft (dazu unten Rz 1266), aber kein Auswärtsgeschäft vor.

1264 Auswärtsgeschäfte liegen auch dann vor, wenn nur der Verbraucher das **verbindliche Angebot** bei gleichzeitiger körperlicher Anwesenheit außerhalb der Geschäftsräume abgegeben hat, der Unternehmer dieses aber in seinen Geschäftsräumen angenommen hat (§ 3 Z 1 lit b FAGG), das Geschäft zwar in den Geschäftsräumen geschlossen wird, aber unmittelbar nachdem der Verbraucher vom Unternehmer außerhalb der Ge-

---

[2]) *Dehn* in *Schwimann/Kodek*[4] § 1 FAGG Rz 2.

[3]) *Kolba/Leupold,* Verbraucherrecht 36.

[4]) *Stabentheiner,* VbR 2014, 110; zur Richtlinie *Cap,* Grundsätzliches zur Verbraucherrechte-Richtlinie: Entstehung, Anwendungsbereich, Zentralbegriffe, Harmonisierungsgrad, in *Bydlinski/Lurger,* Richtlinie über die Rechte der Verbraucher 1ff; kritisch *Zöchling-Jud,* Das neue Regime für außerhalb von Geschäftsräumen geschlossenen Verträgen, in *Welser,* Umsetzung der Verbraucherrechte-Richtlinie 269 (271).

schäftsräume **persönlich und individuell angesprochen** wurde (§ 3 Z 1 lit c FAGG) oder der Vertrag auf einem Ausflug geschlossen wird, der vom Unternehmer in der Absicht oder mit dem Ergebnis organisiert wurde, Waren zu bewerben und Verträge abzuschließen (**„Kaffeefahrt“**, § 3 Z 1 lit d FAGG).

Geschäftsräume sind nach § 3 Z 3 FAGG unbewegliche Gewerberäume, in denen der Unternehmer seine Tätigkeit dauerhaft ausübt (zB Geschäftslokal), oder bewegliche Gewerberäume, in denen der Unternehmer seine Tätigkeit für gewöhnlich ausübt (zB Markt- oder Messestände,[5]) Würstelstand, Verkaufsbuden am Strand).[6]) Eine gewisse räumliche Abgrenzung ist erforderlich (arg Geschäftsraum).[7]) 1265

Ein Fernabsatzvertrag ist ein Vertrag, der ohne gleichzeitige körperliche Anwesenheit des Unternehmers und des Verbrauchers im Rahmen eines für den Fernabsatz organisierten Vertriebs- oder Dienstleistungssystems geschlossen wird, wobei bis zum Zustandekommen des Vertrages ausschließlich Fernkommunikationsmittel verwendet werden (§ 3 Z 2 FAGG). 1266

Abgrenzungsprobleme bestehen dann, wenn es zwischen Unternehmer und Verbraucher zwar einen persönlichen Kontakt gegeben hat, der Vertragsabschluss aber im Fernabsatz erfolgt. Hat sich der Verbraucher in den Geschäftsräumen nur Informationen beschafft, hindert dies nicht die Qualifikation als Fernabsatzvertrag; wurde der Vertrag hingegen in den Geschäftsräumen bereits ausverhandelt und erfolgt nur der Vertragsabschluss im Fernabsatz, liegt kein Fernabsatzgeschäft iSd § 3 Z 3 FAGG vor.[8])

Ein für den Fernabsatz organisiertes Vertriebs- und Dienstleistungssystem liegt zB vor, wenn der Unternehmer eine Website mit Bestellfunktion betreibt (Onlineshop), Kataloge mit Bestellkarten versendet, aber zB auch beim Teleshopping oder einer organisierten telefonischen Bestellmöglichkeit.[9]) Nicht ausreichend ist das bloße Vorliegen einer Website, die Informationen über den Unternehmer, die Waren und den Kontakt enthält.[10])

§ 1 Abs 2 FAGG nimmt bestimmte Verträge vom **Anwendungsbereich** des FAGG **aus.** Dazu gehören zB Bagatellgeschäfte (unter € 50,–), doch greift diese Ausnahme nur bei Auswärts-, nicht aber bei Fernabsatzgeschäften; ferner Verträge über soziale Dienstleistungen (zB Kinderbetreuung, häusliche Pflege), Gesundheitsdienstleistungen (zB Hausbesuch des Arztes), Glücksspiele, Finanzdienstleistungen, Verträge über den Erwerb oder die Vermietung einer Immobilie,[11]) über den Bau neuer Ge- 1267

---

[5]) EB 89 BlgNR 25. GP 25f; vgl auch Erwägungsgrund 22 Verbraucherrechte-Richtlinie; kritisch *Zöchling-Jud* in *Welser,* Umsetzung der Verbraucherrechte-Richtlinie 271f.

[6]) *Kolba/Leupold,* Verbraucherrecht 39.

[7]) *Dehn* in *Schwimann/Kodek*[4] § 3 FAGG Rz 17.

[8]) Erwägungsgrund 20 Verbraucherrechte-Richtlinie; vgl *Stabentheiner,* VbR 2014/68, 110; *Dehn* in *Schwimann/Kodek*[4] § 3 FAGG Rz 11.

[9]) *Dehn* in *Schwimann/Kodek*[4] § 3 FAGG Rz 12.

[10]) *Kolba/Leupold,* Verbraucherrecht 41.

[11]) Dazu *Stabentheiner,* Die miet- und wohnrechtlich relevanten Teile des Verbraucherrechte-Richtlinie-Umsetzungsgesetzes, immolex 2014, 170; *Pesek,* Auswirkun-

bäude oder erhebliche Umbaumaßnahmen in bestehenden Gebäuden, Pauschalreise- und Timesharing-Verträge oder Verträge über Lieferungen von Lebensmitteln, Getränken und Haushaltsgegenständen des täglichen Bedarfs.

Die von § 1 Abs 2 FAGG ausgenommenen Verträge fallen aber uU unter das Regime für Haustürgeschäfte iSd § 3 KSchG.

C. Informationspflichten

1. Inhalt

1268 Ähnlich wie § 5a KSchG (oben Rz 1206ff) verpflichtet auch § 4 FAGG den Unternehmer zu einer umfassenden vorvertraglichen Information des Verbrauchers.[12]) Dadurch soll eine **fundierte Entscheidung** des Verbrauchers ermöglicht und **Markttransparenz** geschaffen werden.[13]) Die Informationsinhalte sind für Fernabsatz- und Auswärtsgeschäfte gleich und gehen weit über jene des § 5a KSchG hinaus. Insbesondere bestehen sie auch dann, wenn sich die Informationen ohnehin aus den Umständen ergeben; eine § 5a Abs 1 KSchG entsprechende Einschränkung (oben Rz 1208) fehlt in § 4 FAGG.[14])

1269 Die Informationspflichten nach § 4 Abs 1 FAGG lassen sich in Gruppen unterteilen:[15])

Informationen über die **finanzielle Belastung des Verbrauchers** (Z 4 und 5 Gesamtpreis der Ware einschließlich Steuern und Abgaben und ggf Fracht- Liefer- und Versandkosten, Z 6 Kosten für den Einsatz der Fernkommunikationsmittel, Z 9 Kosten der Rücksendung der Ware im Fall des Rücktritts, Z 10 Pflicht zur Zahlung eines anteiligen Betrages für bereits vor dem Rücktritt erbrachte Leistungen, Z 16 Pflicht zur Leistung einer Sicherheit); Informationen über die **Leistungspflicht des Unternehmers** (Z 1 wesentliche Eigenschaften der Ware oder Dienstleistung, Z 17 Funktionsweise digitaler Inhalte, Z 18 Interoperabilität digitaler Inhalte mit Hard- und Software); Informationen über den **Unternehmer** (Z 2 Name, Firma, Anschrift, Z 3 ggf Telefonnummer, Fax, E-Mail); Informationen über die **Rechte des Verbrauchers** (Z 8 Bestehen des Rücktrittsrechts, Z 11 Nichtbestehen des Rücktrittsrechts, Z 12 Hinweis auf die gesetzliche Gewährleistungspflicht, ggf Kundendienst und Garantien, Z 19 ggf außergerichtliches Beschwerdeverfahren) sowie Informationen über sonstige **Vertragsbedingungen** (Z 7 Zahlungs-, Liefer- und Leistungsbedingungen, Z 14 Laufzeit des Vertrages und Kündigung, Z 15 Mindestlaufzeit).

---

gen des VRUG auf das Wohn- und Immobilienrecht, wobl 2014, 185. Zur Anwendbarkeit des FAGG auf Immobilienmaklerverträge s *Stabentheiner,* immolex 2014, 172; *Holzapfel,* Die Verbraucherrechte-Richtlinie und ihre Auswirkung auf den Maklervertrag, immolex 2014, 181ff; *Pesek,* wobl 2014, 196ff; *Prader,* Auswirkungen des VRUG/FAGG auf Miet- und Immobilienmaklerrecht, RdW 2014/494, 448ff.

[12]) S zur Verbraucherrechte-Richtlinie *Schwarzenegger,* Informationspflichten, in *Bydlinski/Lurger,* Richtlinie über die Rechte der Verbraucher 25; vgl auch *Dehn,* Allgemeine Informationspflichten nach Art 5 des Vorschlags für eine Richtlinie über die Rechte der Verbraucher, in *Jud/Wendehorst,* Neuordnung 41; *Leupold,* Die Verbraucherrechte-Richtlinie aus der Sicht des VKI, in *Welser,* Umsetzung der Verbraucherrechte-Richtlinie 83.

[13]) *Kolba/Leupold,* Verbraucherrecht 52.

[14]) Dennoch differenzierend *Dehn* in *Schwimann/Kodek*[4] § 4 FAGG Rz 2.

[15]) Vgl *Kolba/Leupold,* Verbraucherrecht 51.

Die Informationen sind zu erteilen, **bevor der Verbraucher** an den Vertrag oder an seine Vertragserklärung **gebunden** ist; sie müssen **transparent** („in klarer und verständlicher Weise") erteilt werden.[16]) Allgemeinen Grundsätzen entsprechend, trifft den Unternehmer die **Beweislast** für die ordnungsgemäße Erfüllung der Informationspflichten.[17]) 1270

Besondere Bedeutung nimmt die Informationspflicht über das **Rücktrittsrecht** des Verbrauchers (und seine Rechtsfolgen) ein. § 4 Abs 1 Z 8 FAGG verpflichtet den Unternehmer daher, dem Verbraucher das in Anhang I Teil B enthaltene **Muster-Widerrufsformular** zur Verfügung zu stellen; § 4 Abs 3 FAGG ermöglicht dem Unternehmer, seine Informationspflichten nach Z 8 bis 10 mittels der in Anhang I Teil A enthaltenen **Muster-Widerrufsbelehrung** zu erfüllen. Die Verwendung der Musterwiderrufs-Belehrung ist für den Unternehmer fakultativ, bewirkt aber die unwiderlegbare Vermutung, dass der Unternehmer seinen Informationspflichten nachgekommen ist, sofern das Formular richtig und vollständig ausgefüllt übermittelt wurde.[18]) 1271

2. Form der Informationserteilung

Hinsichtlich der Form der Informationserteilung differenziert das FAGG zwischen Auswärts- und Fernabsatzgeschäften. 1272

Bei **Auswärtsgeschäften** sind die Informationen nach § 4 Abs 1 FAGG dem Verbraucher vor Vertragsabschluss oder bindender Vertragserklärung des Verbrauchers auf **Papier** oder – wenn der Verbraucher zustimmt – auf einem **dauerhaften Datenträger** bereitzustellen (§ 5 Abs 1 FAGG). Bereitstellen bedeutet, dass sie dem Verbraucher zur Kenntnis zu bringen sind, es kommt also auf den Zugang beim Verbraucher an.[19]) 1273

Der dauerhafte Datenträger wird – entsprechend anderer Verbraucher-Richtlinie und deren Umsetzungsbestimmungen – in § 3 Z 5 FAGG definiert. Dazu gehören neben Papier zB USB-Sticks, CD-Roms, DVDs, Speicherkarten oder E-Mails.[20]) Informationen auf gewöhnlichen Websites sind keine auf einem dauerhaften Datenträger, sog fortgeschrittene Websites (zB Zwangsdownload, eigener Speicherbereich für Nutzer) können hingegen die Anforderungen eines dauerhaften Datenträgers erfüllen.[21])

Bei **Fernabsatzgeschäften** müssen die Informationen in einer dem verwendeten **Fernkommunikationsmittel angepassten Art und Weise** bereitgestellt werden (§ 7 Abs 1 FAGG). Die Informationserteilung muss also mit dem Vertriebssystem abgestimmt sein, zB mündliche Informati- 1274

---

16) Zum Empfängermaßstab *Dehn* in *Schwimann/Kodek*⁴ § 4 FAGG Rz 5.

17) *Kolba/Leupold,* Verbraucherrecht 52.

18) *Dehn* in *Schwimann/Kodek*⁴ § 4 FAGG Rz 45; *Zöchling-Jud* in *Welser,* Umsetzung der Verbraucherrechte-Richtlinie 273.

19) *Dehn* in *Schwimann/Kodek*⁴ § 5 FAGG Rz 4.

20) *Leupold* in *Welser,* Umsetzung der Verbraucherrechte-Richtlinie 90f.

21) *Kolba/Leupold,* Verbraucherrecht 42f; *Dehn* in *Schwimann/Kodek*⁴ § 3 FAGG Rz 27.

onserteilung bei Telefonverträgen, Informationserteilung auf der Website bei Onlineverträgen. Der Unternehmer kann – unabhängig von der Zustimmung des Verbrauchers – die Informationen auf einem dauerhaften Datenträger erteilen, er trägt aber das Risiko der Lesbarkeit.

Bei manchen Fernkommunikationsmitteln ist eine umfassende Informationserteilung faktisch unmöglich, zB wenn der Unternehmer dem Verbraucher ein Angebot per SMS oder in einem Werbespot im Fernsehen macht. Diesem Umstand trägt § 7 Abs 2 FAGG Rechnung. Steht bei Verwendung eines Fernkommunikationsmittels nur begrenzter Raum oder begrenzte Zeit zur Verfügung, kann sich der Unternehmer auf Erteilung bestimmter Informationen („Grundinformationen") beschränken und die übrigen Informationen auf andere „geeignete Weise" erteilen, zB durch Verweis auf seine Website.

1275 § 5 Abs 1 und § 7 Abs 1 FAGG verstärken das bereits in § 4 Abs 1 FAGG enthaltene **Transparenzgebot:** Die Informationen müssen auch hinsichtlich der Darstellung (Schriftart und -größe, Gestaltung) lesbar, klar und verständlich sein.

3. Rechtsfolgen bei Informationspflichtverletzung

1276 Die Verletzung der Informationspflichten (Nichterteilen, nicht vollständige Erteilung, Falschinformation, Erteilung nicht in der gehörigen Form) führt zunächst einmal zu einer **Verwaltungsstrafe** nach § 19 Z 1 und Z 2 FAGG.

1277 Für **bestimmte Informationspflichten** nach § 4 Abs 1 FAGG sieht das Gesetz **besondere Rechtsfolgen** vor: Hat der Unternehmer den Verbraucher nicht über zusätzliche Kosten (Z 4) oder die Kosten der Rücksendung der Ware bei Vertragsrücktritt (Z 9) informiert, hat der Verbraucher solche Kosten auch nicht zu tragen (§ 4 Abs 5 FAGG). Informationspflichtverletzungen über das Rücktrittsrecht führen zu einer Verlängerung der Rücktrittsfrist (unten Rz 1291), Informationspflichtverletzungen über die Folgen des Rücktritts uU zum (teilweisen) Entfall der Entgeltpflicht (unten Rz 1300) oder der Verpflichtung zur Kostentragung (unten Rz 1296).

1278 Eine „besondere Rechtsfolge" ordnet § 4 Abs 4 FAGG an: Danach werden die dem Verbraucher nach Abs 1 erteilten Informationen **Vertragsbestandteil.** Änderungen müssen ausdrücklich vereinbart werden.

1279 Schließlich kann eine Informationspflichtverletzung auch Rechtsfolgen nach allgemeinen zivilrechtlichen Grundsätzen auslösen, wie zB die Irrtumsanfechtung (§ 871 Abs 2) oder die Haftung des Unternehmers wegen culpa in contrahendo.

4. Vertragsbestätigung

1280 Fernabsatz- und Auswärtsgeschäfte können formfrei abgeschlossen werden. Allerdings ist der Unternehmer nach § 5 Abs 2 und § 7 Abs 3 FAGG verpflichtet, dem Verbraucher nach Vertragsschluss eine Bestätigung des geschlossenen Vertrages zu übermitteln. Dies geschieht bei Auswärtsgeschäften durch Bereitstellung einer Ausfertigung des unterzeichneten Vertragsdokuments oder einer Bestätigung des geschlossenen Vertrages auf Papier oder – bei Zustimmung des Verbrauchers – auf einem anderen dauerhaften Datenträger, bei Fernabsatzgeschäften durch Zurverfügungstellung einer Bestätigung des geschlossenen Vertrages auf einem dauerhaften Datenträger.

Eine Verletzung dieser Pflicht führt zu einer Verwaltungsstrafe (§ 19 Z 3 FAGG).

5. Handwerkerverträge

Für bestimmte Handwerkerverträge sieht § 6 FAGG eine verein- 1281
fachte Informationserteilung vor. Sie greift bei Auswärtsgeschäften über **Reparatur- und Instandhaltungsarbeiten** ein, bei denen der Verbraucher das Kommen des Unternehmers **ausdrücklich angefordert** hat, das Entgelt **€ 200,–** nicht übersteigt und beide Vertragsteile ihre Verpflichtungen **sofort erfüllen.**

Mit dem Erfordernis der beiderseitigen sofortigen Vertragserfüllung hätte es der Verbraucher in der Hand, durch nicht sofortige Bezahlung des Handwerkers, die in § 6 FAGG vorgesehene Erleichterung zugunsten des Unternehmers zu unterlaufen. Daher ist eine ex ante Beurteilung vorzunehmen. Ex post auftretende Gründe dafür, dass der Vertrag nicht beiderseits sofort vollständig erfüllbar ist (zB Ersatzteile nicht verfügbar, kein Bargeld im Haus), schaden daher nicht.[22])

Vor Vertragsabschluss treffen den Handwerker nur eingeschränkte 1282
Informationspflichten, nämlich über seine **Kontaktdaten,** die **Höhe des Entgelts,** die wesentlichen **Eigenschaften** der Dienstleistung und das Bestehen des **Rücktrittsrechts.** Die Informationen über seine Kontaktdaten und das Entgelt sind auf Papier oder – bei Zustimmung des Verbrauchers – auf einem anderen dauerhaften Datenträger zu erteilen, die Informationen über die Eigenschaften der Dienstleistung und das (Nicht-) Bestehen des Rücktrittsrechts können auch formlos (zB mündlich) erteilt werden, allerdings nur, wenn der Verbraucher ausdrücklich zustimmt[23]).

Die bereitzustellende Vertragsausfertigung oder Bestätigung des geschlossenen Vertrages (vgl § 5 Abs 2 FAGG) hat allerdings wieder alle Informationen nach § 4 Abs 1 FAGG zu enthalten (§ 6 Abs 2 FAGG). Ob dies auch dann gilt, wenn der Verbraucher bereits sämtliche Informationen vor Vertragsschluss auf einem dauerhaften Datenträger erhalten hat, ist fraglich.[24])

6. Elektronisch geschlossene Verträge[25])

Für bestimmte elektronische Verträge, nämlich solche, die „nicht 1283
ausschließlich im Wege elektronischer Post oder eines damit vergleichba-

[22]) *Dehn* in *Schwimann/Kodek*⁴ § 6 FAGG Rz 2.

[23]) *Zöchling-Jud* in *Welser,* Umsetzung der Verbraucherrechte-Richtlinie 274.

[24]) Dafür *Dehn* in *Schwimann/Kodek*⁴ § 6 FAGG Rz 7; dagegen *Kolba/Leupold,* Verbraucherrecht 77.

[25]) *Handig,* Aus einem Fass ohne Boden – Mehr Informationspflichten für Webshops, ecolex 2014, 411.

ren individuellen elektronischen Kommunikationsmittels“ im Fernabsatz geschlossen werden, sieht § 8 FAGG besondere Informationspflichten vor. Sie greifen vor allem bei Webshops **(Online-Shops),** wo die Bestellung des Verbrauchers (über eine entsprechende App) interaktiv auf der Homepage des Unternehmers oder über eine automatisch generierte Mail erfolgt, nicht aber zB bei Bestell-Hotlines oder individuellem Kontakt per E-Mail oder SMS.

§ 8 FAGG will den besonderen Gefahren bei Bestellungen im Internet vorbeugen, die darin liegen, dass durch die leichte Zugänglichkeit der Produktpräsentation, das Fehlen zwischenmenschlicher Kommunikation und die Einfachheit des Bestellvorganges (nur wenige Klicks) Verbraucher zum Kauf verleitet werden.

1284 Nach § 8 Abs 1 FAGG muss der Unternehmer den Verbraucher zeitlich und räumlich unmittelbar vor Abgabe seiner Vertragserklärung auf die **zentralen Vertragspunkte** hinweisen, nämlich die wesentlichen Eigenschaften der Ware oder Dienstleistung, den Gesamtpreis samt Zusatzkosten sowie die Vertragslaufzeit einschließlich der Kündigungsbedingungen. Diese Informationspflichten treten zu den allgemeinen Informationspflichten nach § 4 Abs 1 FAGG hinzu;[26]) dem Verbraucher soll **nochmals Gelegenheit** gegeben werden, sich der Hauptpunkte des Vertrages bewusst zu werden, bevor er eine verbindliche Bestellung abgibt.[27])

Die Verletzung dieser Hinweispflicht ist mit Verwaltungsstrafe sanktioniert (§ 19 Z 4 FAGG); es kommen aber auch allgemeine zivilrechtliche Sanktionen wie die Irrtumsanfechtung oder die Haftung wegen culpa in contrahendo in Betracht.

1285 Weiters hat der Unternehmer nach § 8 Abs 2 Satz 1 FAGG dafür zu sorgen, dass der Verbraucher bei seiner Bestellung ausdrücklich bestätigt, dass seine Bestellung mit einer Zahlungsverpflichtung verbunden ist. Erfolgt die Bestellung über Aktivierung einer Schaltfläche, muss diese nach Satz 2 mit **„zahlungspflichtig bestellen“** oder einer gleichartigen, eindeutigen Formulierung gekennzeichnet sein **(„Button-Lösung“).** Verletzt der Unternehmer diese Pflichten, ist der Verbraucher nach Satz 3 an den Vertrag oder seine Vertragserklärung nicht gebunden.

Der Verbraucher muss also nicht zahlen und kann bereits erfolgte Zahlungen zurückfordern. Ob der Unternehmer seinerseits zur „Gratisleistung“ verpflichtet ist, sagt das Gesetz nicht ausdrücklich. Nach den Gesetzesmaterialien führt ein Verstoß gegen § 8 Abs 2 FAGG zur schwebenden Unwirksamkeit des Vertrages,[28]) auf die sich nur der Verbraucher berufen kann. Tut er dies, ist der Vertrag gescheitert und auch der Unternehmer von seiner Leistungspflicht befreit, im umgekehrten Fall muss der Verbraucher das Entgelt leisten.

---

[26]) *Dehn* in *Schwimann/Kodek*⁴ § 8 FAGG Rz 10; differenzierend *Kolba/Leupold,* Verbraucherrecht 87.

[27]) *Dehn* in *Schwimann/Kodek*⁴ § 8 FAGG Rz 10.

[28]) EB 89 BlgNR 25. GP 31.

7. Telefonisch geschlossene Verträge[29])

Nach § 9 Abs 1 FAGG hat der Unternehmer dem Verbraucher zu 1286
Beginn eines Telefongesprächs, das auf den Abschluss eines Fernabsatzgeschäftes zielt, seinen Namen, seine Firma und den geschäftlichen Zweck des Anrufs mitzuteilen. Voraussetzung ist das (mögliche) Vorliegen eines Fernabsatzgeschäftes, das seinerseits das organisierte Vertriebs- oder Dienstleistungssystem voraussetzt (Rz 1266).

Wird während eines vom Unternehmer eingeleiteten Anrufs ein 1287
Fernabsatzvertrag über eine Dienstleistung ausgehandelt, ist der Unternehmer nach § 9 Abs 2 FAGG verpflichtet, dem Verbraucher eine Bestätigung über sein Angebot auf einem dauerhaften Datenträger zur Verfügung zu stellen. Der Verbraucher ist an den Vertrag erst gebunden, wenn er nach Erhalt dieses Datenträgers dem Unternehmer ein schriftliches Einverständnis übermittelt **(„Bestätigungslösung“)**.[30])

D. Rücktritt[31])

1. Rücktrittsrecht und Ausnahmen

Gemäß § 11 Abs 1 FAGG kann der Verbraucher von einem Fern- 1288
absatz- oder Auswärtsgeschäft binnen 14 Tagen **ohne Angabe von Gründen** zurücktreten[32]). Bei bestimmten Verträgen ist das Rücktrittsrecht nach § 18 Abs 1 FAGG ausgeschlossen.

Dazu gehören zB Verträge über Waren oder Dienstleistungen, deren Preis von Schwankungen am Finanzmarkt abhängt (zB Rohstoffe, die an der Börse gehandelt werden, Z 2), Waren, die nach Kundenspezifikationen angefertigt werden (Z 3), schnell verderbliche Waren (Z 4), versiegelte Waren, die aus Gesundheits- oder Hygienegründen nicht zur Rückgabe geeignet sind (Z 5), Waren, die nach ihrer Lieferung aufgrund ihrer Beschaffenheit mit anderen Gütern vermischt wurden (Z 6),[33]) Zeitschriften (Z 9) oder Beherbergungsverträge und Autovermietung (Z 10). Zu Dienstleistungen und digitalen Inhalten s Rz 1301 ff, 1305 f.

---

[29]) *Kehrer,* Das VRUG in der Praxis: Telefonbestellungen, ecolex 2014, 769.

[30]) Dazu *Stabentheiner,* VbR 2014/68, 116; rechtspolitisch kritisch *Wendehorst,* VbR 2014/110, 179 f.

[31]) *Anderl,* Neuerungen beim Rücktrittsrecht im Fernabsatz, ZIR 2014, 286; *Apathy,* Rücktritt nach § 11 FAGG trotz Unmöglichkeit der Rückstellung der Ware, ÖJZ 2014/111, 719; *Kolba/Kosesnik-Wehrle,* Leitfaden Rücktrittsrechte im Kern des Konsumentenschutzes, VbR 2014/46, 78; *Leupold,* Das Rücktrittsrecht nach §§ 11 ff FAGG – Überblick und ausgewählte Fragen, wbl 2014, 481; *Wendehorst,* Verlängerte Rücktrittsmöglichkeit, VbR 2014/110, 176. S zur Verbraucherrechte-Richtlinie *Lurger,* Widerrufsrechte, in *Bydlinski/Lurger,* Richtlinie über die Rechte der Verbraucher 53.

[32]) Zur ökonomischen Rechtfertigung eines zwingenden Rücktrittsrechts s *G. Wagner,* Zwingendes Vertragsrecht, in *Eidenmüller/Faust/Grigoleit/Jansen/Wagner/Zimmermann,* Revision 1 (15 ff); vgl auch *Eidenmüller,* Widerrufsrechte, in *Eidenmüller/Faust/Grigoleit/Jansen/Wagner/Zimmermann,* Revision 109 (126 ff).

[33]) *Kehrer,* Rücktrittsausschluss bei Vermischung – § 18 Abs 1 Z 6 FAGG, VbR 2015/4, 8.

1289 Nach § 18 Abs 2 FAGG besteht bei Verträgen über dringende Reparatur- oder Instandhaltungsarbeiten, bei denen der Verbraucher den Unternehmer ausdrücklich zu einem Besuch aufgefordert hat, kein Rücktrittsrecht.

2. Frist

1290 Die Rücktrittsfrist beträgt grundsätzlich **14 Tage.** Sie beginnt nach § 11 Abs 2 FAGG bei Dienstleistungen und bei Verträgen über die Lieferung von Wasser, Gas, Strom oder Fernwärme mit dem Tag des **Vertragsabschlusses** (Z 1, Z 3), bei Warenkaufverträgen mit dem Tag, an dem der **Verbraucher Besitz an der Ware erlangt** (Z 2 lit a). Werden im Rahmen einer einheitlichen Bestellung mehrere Waren geliefert oder werden Waren in Teilsendungen geliefert, beginnt die Frist mit dem Tag, an dem der Verbraucher Besitz an der letzten (Teil-)Lieferung erlangt (Z 2 lit b und c), bei regelmäßiger Lieferung von Waren „über einen festgelegten Zeitraum hinweg" (Abo-Verträge) kommt es auf die zuerst gelieferte Ware an (Z 2 lit d).

1291 Hat der Unternehmer seine Informationspflicht über das Rücktrittsrecht (§ 4 Abs 1 Z 8 FAGG) nicht erfüllt, **verlängert sich die Frist um 12 Monate,** sie beträgt also längstens 12 Monate und 14 Tage (§ 12 Abs 1 FAGG).[34])

Holt der Unternehmer seine Informationspflicht innerhalb von 12 Monaten nach, endet die Rücktrittsfrist 14 Tage, nachdem der Verbraucher die Information erhalten hat (§ 12 Abs 2 FAGG).

3. Ausübung des Rücktrittsrechts

1292 Die Ausübung des Rücktritts ist grundsätzlich an **keine Form** gebunden. Die Frist ist gewahrt, wenn der Verbraucher die Rücktrittserklärung innerhalb der Frist **absendet** (§ 13 Abs 1 FAGG).[35])

1293 Der Verbraucher kann zur Ausübung des Rücktritts das Muster-Widerrufsformular nach Anhang I Teil B verwenden. Ermöglicht ihm der Unternehmer dieses **Formular** oder eine andere formulierte Rücktrittserklärung elektronisch auszufüllen und abzuschicken, ist der Unternehmer nach § 13 Abs 2 FAGG verpflichtet, unverzüglich den Eingang der Rücktrittserklärung auf einem dauerhaften Datenträger zu bestätigen.

4. Rechtsfolgen

1294 Die Rechtsfolgen des Rücktritts werden in §§ 14f FAGG geregelt. § 16 FAGG enthält ergänzende Bestimmungen für Verträge über Dienstleistungen, Energie- und Wasserlieferungen sowie digitale Inhalte.

[34]) *Stabentheiner,* VbR 2014/68, 118; zur Frage, ob dies auch bei nicht formgerechter Belehrung gilt, s *Wendehorst,* VbR 2014/110, 176; *Leupold* in *Welser,* Umsetzung der Verbraucherrechte-Richtlinie 97.

[35]) *Stabentheiner,* VbR 2014/68, 119.

Zunächst einmal führt der Rücktritt zur **Rückabwicklung des Vertrages,** dh der Unternehmer hat das Entgelt (einschließlich Lieferkosten) und der Verbraucher die erhaltene Ware unverzüglich, spätestens binnen 14 Tage nach Zugang bzw Absenden der Rücktrittserklärung zurückzustellen (§ 14 Abs 1, § 15 Abs 1 FAGG). Der Unternehmer hat für die Rückzahlung grundsätzlich **dasselbe Zahlungsmittel** zu verwenden, dessen sich der Verbraucher für die Zahlung bedient hat. 1295

Im Gesetz nicht geregelt und dementsprechend strittig ist, ob dem Verbraucher ein Anspruch auf die gesetzlichen Zinsen zusteht, was vor allem dann von Relevanz ist, wenn die Rücktrittsfrist verlängert ist.[36])

Die unmittelbaren **Kosten der Rücksendung** hat der Verbraucher zu tragen, sofern nicht anderes vereinbart wurde oder es der Unternehmer unterlassen hat, den Verbraucher auf diese Kostentragungspflicht hinzuweisen (§ 15 Abs 2 FAGG, vgl auch § 4 Abs 1 Z 9, Abs 5 FAGG). 1296

Hat sich der Unternehmer bereit erklärt, die Ware beim Verbraucher abzuholen, genügt die Bereitstellung durch den Verbraucher, er hat folglich keine Kosten der Rücksendung zu tragen (vgl § 15 Abs 1 FAGG). Dasselbe gilt bei Auswärtsgeschäften, bei denen die Ware zum Zeitpunkt des Vertragsabschlusses zum Verbraucher geliefert wurde und die Ware aufgrund ihrer Beschaffenheit üblicherweise nicht auf dem Postweg versendet werden kann (§ 15 Abs 3 FAGG).

Die Rückstellung der Ware ist Folge, nicht aber Voraussetzung des Rücktrittsrechts, dh der Verbraucher kann den Rücktritt auch dann erklären, wenn die **Rückstellung der Ware** (zB wegen Verlusts, Verbrauchs oder Weiterveräußerung) **unmöglich** ist. UU ist der Verbraucher zum Wertersatz verpflichtet (unten Rz 1299).[37]) Die **Gefahr für Verlust oder Beschädigung** der Ware am Rücktransport trägt aber der Unternehmer.[38]) 1297

Nach § 14 Abs 3 FAGG steht dem Unternehmer hinsichtlich des Entgelts ein **Zurückbehaltungsrecht** bis zum Erhalt der Ware oder bis der Verbraucher den Nachweis über die Rücksendung der Ware (zB Postaufgabeschein) erbracht hat, zu. Abweichend von allgemeinen Grundsätzen erfolgt die Rückabwicklung somit nicht Zug-um-Zug. 1298

Der Verbraucher hat dem Unternehmer nach § 15 Abs 4 FAGG weiters den **Wertverlust der Ware** zu ersetzen, der auf einen zur Prüfung der Beschaffenheit, der Eigenschaften und der Funktionsweise der Ware nicht notwendigen Umgang mit derselben zurückzuführen ist. Dasselbe gilt bei Verbrauch oder im Fall der Weiterveräußerung der Ware durch den Verbraucher.[39]) 1299

---

[36]) Dafür *Kolba/Leupold,* Verbraucherrecht 118; *Leupold,* wbl 2014, 489; dagegen *Schwarzenegger* in *Schwimann/Kodek*⁴ § 14 FAGG Rz 9.

[37]) *Apathy,* ÖJZ 2014/111, 719ff.

[38]) *Kolba/Leupold,* Verbraucherrecht 123f; *Apathy,* ÖJZ 2014/111, 720ff; *Schwarzenegger* in *Schwimann/Kodek*⁴ § 15 FAGG Rz 28; *Leupold* in *Welser,* Umsetzung der Verbraucherrechte-Richtlinie 103ff; aA *Cap,* ÖJZ 2014/110, 717.

[39]) *Apathy,* ÖJZ 2014/111, 719ff; *Schwarzenegger* in *Schwimann/Kodek*⁴ § 15 FAGG Rz 15.

Der Verbraucher darf ein Kleidungsstück anprobieren, nicht aber tragen; elektronische Geräte dürfen getestet (und zu diesem Zweck auch ausgepackt und entsiegelt), nicht aber verwendet werden (Probefotos mit einer Kamera dürfen geschossen werden, nicht aber alle Urlaubsfotos) usw. Vergleichsmaßstab ist, welche Möglichkeiten ein Verbraucher im Geschäft zur Prüfung der Ware einschließlich Beratungs-, Vergleichs- und Vorführmöglichkeiten hätte.[40])

1300 Hat es der Unternehmer verabsäumt, den Verbraucher über sein Rücktrittsrecht zu belehren, haftet der Verbraucher nach § 15 Abs 4 Satz 2 FAGG in **keinem Fall für einen Wertverlust** der Ware. Der Unternehmer ist also zur **„Gratisleistung"** verpflichtet. Ob diese Sanktion dem Grundsatz der Verhältnismäßigkeit entspricht, ist fraglich.[41])

5. Besonderheiten bei Dienstleistungs- und Bezugsverträgen

1301 Bei Verträgen über **Dienstleistungen** und die Lieferung von (mengenmäßig nicht begrenztem) **Wasser, Strom, Gas** oder von **Fernwärme** scheidet eine Rückabwicklung ieS naturgemäß aus. Diesem Umstand trägt das FAGG in mehrfacher Hinsicht Rechnung.[42])

1302 Zunächst einmal bestimmt § 11 Abs 2 Z 3 FAGG, dass die 14-tägige **Rücktrittsfrist** mit dem Tag des **Vertragsabschlusses** zu laufen beginnt. Das Problem der Rückabwicklung stellt sich also nur dann, wenn mit der **Vertragserfüllung vor Ablauf der Frist** begonnen wird. Wünscht der Verbraucher, dass der Unternehmer mit der Vertragserfüllung sofort beginnt, hat der Unternehmer ihn nach § 10 FAGG aufzufordern, ausdrücklich ein darauf gerichtetes Verlangen zu stellen. Bei Auswärtsgeschäften muss das ausdrückliche Verlangen auf einem dauerhaften Datenträger erklärt werden.

1303 Hat der Verbraucher ein entsprechendes Verlangen gestellt, trifft ihn im Fall des Rücktritts nach § 16 Abs 1 FAGG für bis dahin erbrachte Leistungen des Unternehmers eine **anteilige Zahlungspflicht.** Dies gilt allerdings nur, wenn er über das Rücktrittsrecht und die anteilige Zahlungspflicht nach § 4 Abs 1 Z 8 und 10 FAGG **vorvertraglich informiert** wurde (§ 16 Abs 2 FAGG); andernfalls kommt es zur verfassungsmäßig fragwürdigen Gratisleistung (oben Rz 1300).

1304 Bei **Dienstleistungen,** die der Unternehmer aufgrund eines ausdrücklichen Verlangens des Verbrauchers (§ 10 FAGG) vor Ablauf der Rücktrittsfrist bereits vollständig erbracht hat, besteht **kein Rücktritts-**

---

[40]) Erwägungsgrund 47 der Verbraucherrechte-Richtlinie; vgl *Kolba/Leupold,* Verbraucherrecht 126; *Stabentheiner,* VbR 2014/68, 121; *Zöchling-Jud* in *Welser,* Umsetzung der Verbraucherrechte-Richtlinie 278.

[41]) *Wendehorst,* VbR 2014/110, 177; *Wendehorst,* Ist das neue Verbraucherrecht noch zu retten? – Zur möglichen Grundrechtswidrigkeit der Verbraucherrechterichtlinie, GPR 2015, 55; *Berka,* Verbraucherschutz ohne Grenzen? Zur Grundrechtskonformität der Rechtsfolgen eines Rücktritts nach dem FAGG, wbl 2015, 181.

[42]) Vgl *Reiter,* Der Einfluss des FAGG auf das Energierecht, VbR 2015/24, 36 und 2015/50, 72.

recht, wenn der Verbraucher Kenntnis vom Verlust des Rücktrittsrechts hatte und dies dem Unternehmer bestätigt (§ 19 Abs 1 Z 1 FAGG).[43])

6. Besonderheiten bei Verträgen über digitale Inhalte

Bei Verträgen über die Lieferung digitaler Inhalte, die nicht auf einem körperlichen Datenträger gespeichert sind (zB Downloads von Computerprogrammen), besteht unter den Voraussetzungen des § 18 Abs 1 Z 11 FAGG **kein Rücktrittsrecht:** Der Verbraucher muss ein ausdrückliches Verlangen nach Vertragserfüllung vor Ablauf der Rücktrittsfrist gestellt haben, Kenntnis vom Verlust des Rücktrittsrechts haben und seine entsprechende Zustimmung und Kenntnisnahme bestätigen. 1305

Sind diese Voraussetzungen nicht erfüllt, steht dem Verbraucher das Rücktrittsrecht zu und er hat für bereits erbrachte Leistungen keine Zahlungen zu erbringen (§ 16 Abs 3 FAGG). Der Ausschluss der Zahlungspflicht beruht auf der Überlegung, dass bei solchen Verträgen die Leistung idR uno actu erbracht wird und daher eine anteilige Zahlungspflicht nicht in Betracht kommt.[44]) 1306

7. Auswirkung auf akzessorische Verträge

Ein Rücktritt vom Vertrag gilt nach § 17 FAGG auch als Rücktritt von einem akzessorischen Vertrag (vgl § 3 Z 7 FAGG). Dem Verbraucher dürfen auch hier keine zusätzlichen Zahlungspflichten auferlegt werden. 1307

V. Das Timesharing (Teilzeitnutzungsverträge)

Literatur: *Stabentheiner,* Das neue Teilzeitnutzungsgesetz, ÖJZ 2011/26, 245; *Jesser-Huß,* Verbesserter Verbraucherschutz beim Timesharing: Das Teilzeitnutzungsgesetz 2011, wobl 2011, 349.

„Timesharing" sind spezielle Vermarktungs- und Verwertungsformen für Ferienwohnungen, Ferienanlagen und Hotels. Der Kunde erwirbt das Recht, eine Ferienwohnung oder auch nur ein Hotelzimmer immer wieder für eine bestimmte Zeit ausschließlich zu benützen. 1308

„Timesharing" kann in **verschiedenen** Erscheinungsformen auftreten, zB als Miteigentum oder Fruchtgenuss[1]) an einer Liegenschaft, Erwerb von Aktien an einem Unternehmen, das Eigentümer der Ferienimmobilien ist, Vereinssysteme und Treuhandmodelle oder auch Miet- oder Beherbergungsverträge. 1309

Rechtsgrundlage ist das **Teilzeitnutzungsgesetz** (TNG 2011, BGBl I 2008/11), das in Umsetzung der Timesharing-Richtlinie 2008/122/EG er- 1310

---

[43]) *Geiger,* FAGG: Dienstleistungen in der Rücktrittsfrist, ecolex 2014, 597; *Leupold,* wbl 2014, 481.

[44]) *Stabentheiner,* VbR 2014/68, 122.

[1]) Vgl OGH SZ 2008/145.

lassen wurde. Das TNG 2011 trat am 23. 2. 2011 in Kraft und ersetzt das bisherige TNG BGBl I 1997/32.

1311 Das TNG gilt für Teilzeitnutzungs-, Nutzungsvergünstigungs-, Tauschsystem- und Vermittlungsverträge, die zwischen einem **Unternehmer** und einem **Verbraucher** iSd § 1 KSchG angebahnt oder abgeschlossen werden (§ 1 Abs 1 TNG). Die Bestimmungen des TNG sind zugunsten des Verbrauchers relativ zwingend (§ 1 Abs 2 TNG).

1312 Ein Teilzeitnutzungsrecht ist das gegen ein Gesamtentgelt für eine Dauer von **mehr** als **einem Jahr** eingeräumte dingliche oder obligatorische Recht, ein oder mehrere Nutzungsobjekte **wiederkehrend** für einen **begrenzten** Zeitraum zu nutzen (§ 2 Abs 1 Z 1 TNG).

1313 Die für den Erwerb und das Recht gewählte Rechtsform, die Rechtsform des Veräußerers und die das Nutzungsobjekt betreffenden Rechtsverhältnisse sind unerheblich (§ 2 Abs 1 Z 1 TNG).

1314 Nutzungsobjekt kann eine zu Wohn- oder Beherbergungszwecken dienende bewegliche oder unbewegliche Sache oder ein Teil derselben sein (§ 2 Abs 1 Z 5 TNG). Das Teilzeitnutzungsrecht kann entweder an einem bestimmten oder an mehreren Nutzungsobjekten eingeräumt werden, aus denen der Berechtigte (immer wieder) ein Nutzungsobjekt auswählen kann („mittelbares“ Time-Sharing).

1315 Das TNG regelt das Timesharing **nicht umfassend.** Es enthält auch keine Bestimmungen über die zivilrechtliche Einordnung von Timesharing-Verträgen oder über deren Zulässigkeit. Vielmehr wird der Schutz der Verbraucher vor möglichen Missbräuchen durch eine umfassende **Informationspflicht** des Unternehmers (§§ 3–5 TNG), durch **Formvorschriften** (§ 6 TNG) und durch die Einräumung besonderer **Rücktrittsrechte** (§ 8ff TNG) gewährleistet.

VI. Kollisionsrechtlicher Verbraucherschutz

1316 Bei **Verbraucherverträgen mit Auslandsbezug** werden Verbraucher auch durch besondere kollisionsrechtliche Mechanismen geschützt. Nach **Art 6** Abs 1 **Rom I-VO** kommt unter bestimmten Voraussetzungen das Recht des Staates zur Anwendung, in dem der Verbraucher seinen gewöhnlichen Aufenthalt hat. Art 6 Abs 2 Rom I-VO beschränkt die Möglichkeit einer Rechtswahl dahingehend, dass die Rechtswahl nicht dazu führen darf, dass dem Verbraucher der Schutz entzogen wird, den ihm das bei objektiver Anknüpfung anwendbare Recht zwingend gewährt.

1317 Diese Bestimmungen werden durch **§ 13a Abs 1 KSchG** dahingehend ergänzt, dass die **Rechtswahl** zugunsten des Rechts eines Staates, das nicht Vertragsstaat des EWR ist, für die Beurteilung bestimmter Fragen insoweit unbeachtlich ist, als das gewählte Recht für den Verbraucher nachteiliger ist als das Recht, das ohne Rechtswahl maßgebend wäre.

1318 § 13 Abs 2 KSchG bestimmt weiters, dass § 6 KSchG sowie die §§ 864a und 879 Abs 3 **Eingriffsnormen** sind, also auch dann Anwendung finden, wenn ein Vertrag sonst einer anderen Rechtsordnung unterliegt.

VII. Kollektiver Verbraucherschutz (Verbandsklage)[1])

Wesentliche Bedeutung für die praktische Durchsetzung des Verbraucherschutzrechts kommt der Verbandsklage zu.[2]) Sie ermöglicht bestimmten, in § 29 KSchG aufgezählten Verbänden, zu denen insbesondere der **Verein für Konsumenteninformation** (VKI) und die Bundesarbeiterkammer gehören, gesetz- oder sittenwidrige Vertragsbestimmungen „aus dem Verkehr zu ziehen" und gesetzwidrige Verhaltensweisen im geschäftlichen Verkehr zu unterbinden.[3]) Dadurch wird dem einzelnen Verbraucher das Risiko eines Individualprozesses abgenommen; die Verbandsklage liegt damit (auch) im öffentlichen Interesse. 1319

Nach § 28 Abs 1 KSchG kann ein Unternehmer, der im geschäftlichen Verkehr gesetz- oder sittenwidrige Vertragsbestimmungen in AGB oder Vertragsformblättern verwendet, auf **Unterlassung** geklagt werden. Die **Empfehlung** gesetz- oder sittenwidriger Vertragsbestimmungen, zB durch Berufsverbände, wird der Verwendung gleichgestellt. Das Verbot der Verwendung unwirksamer Klauseln schließt auch das Verbot ein, sich auf eine unwirksame Klausel **zu berufen.**[4]) 1320

Dies gilt aber nur, soweit die Klausel unzulässiger Weise vereinbart wurde. Damit soll dem Verbraucher die Möglichkeit einer für ihn günstigeren Auslegung erhalten bleiben, auch wenn die Verwendung der Klausel im Verbandsprozess untersagt wurde.[5])

Maßstab zur Beurteilung der Gesetz- oder Sittenwidrigkeit ist im Verbandsprozess die für den Kunden **ungünstigste mögliche Auslegung.**[6]) 1321

Voraussetzung der Unterlassungsklage ist das Bestehen einer **Wiederholungsgefahr,**[7]) wobei die ernste Besorgnis weiterer Eingriffe aus- 1322

---

[1]) *Jelinek,* Die Verbandsklage, in *Krejci,* Handbuch zum Konsumentenschutzgesetz (1981) 785; *Kühnberg,* Die konsumentenschutzrechtliche Verbandsklage (2006); *K. Binder/Keiler,* Verbandsklage, in *Keiler/Klauser,* Österreichisches und Europäisches Verbraucherrecht (2015).

[2]) EB 744 BlgNR 14. GP 14; OGH wobl 2012/131 (*Vonkilch* und *Riss*); *Zöchling-Jud* in FS Griss 828.

[3]) *Kathrein* in KBB[4] § 28 KSchG Rz 1; *K. Binder/Keiler* in *Keiler/Klauser,* Verbraucherrecht Rz 7.

[4]) ZB durch Saldoziehung, s OGH ÖBA 2003/1108 *(Iro);* s auch *Iro/Koziol,* Berufung auf unwirksame Zinsanpassungsklausel durch Saldoziehung, ÖBA 2002, 267.

[5]) EB 311 BlgNR 20. GP 31.

[6]) EB 311 BlgNR 20. GP 31 f; RIS-Justiz RS0016590; OGH SZ 2010/41; wobl 2012/131 (*Vonkilch* und *Riss*); VbR 2015/92; *Kellner,* Rechtsbegriff der allgemeinen Geschäftsbedingungen 38; *Langer* in *Kosesnik-Wehrle,* KSchG[4] § 28–30 Rz 16.

[7]) RIS-Justiz RS0119007; RS0125395; RS0128187; OGH wobl 2012/131 (*Vonkilch* und *Riss*); ÖBA 2013/1948 *(Bollenberger);* VbR 2014/113; *Bollenberger,* Die gefahrlose Wiederholungsgefahr nach § 28 Abs 2 KSchG, ÖBA 2010, 304; *Bollenberger,* Wiederholungsgefahr nach § 28 KSchG vor Entscheidung des verstärkten Senats, RdW 2012/413, 385; *Iro,* Verstärkter Senat zur Wiederholungsgefahr bei KSchG-Verbandsklagen – causa finita? RdW 2012/739, 703; *Klicka,* Die große Schlacht ist geschlagen. Verstärkter Senat zur Wiederholungsgefahr im Abmahnungsverfahren nach § 28 KSchG, ecolex 2013, 126; *Hutzl/Schifko/Thon,* § 28 KSchG: Wiederholungsgefahr bei Unterlassungserklärung mit Ersatzklauseln, ecolex 2012, 593.

reicht.[8]) Wird ein Unternehmer von einem nach § 29 KSchG befugten Verband abgemahnt, kann er die Wiederholungsgefahr und damit eine Unterlassungsklage nur durch vollständige Unterwerfung beseitigen; seine Unterlassungserklärung ist mit einer Konventionalstrafe abzusichern (§ 28 Abs 2 KSchG).

1323 In Umsetzung der Unterlassungsklagen-Richtlinie 98/237/EG erstreckt § 28a KSchG die Verbandsklage auf sämtliche rechtswidrige Geschäftspraktiken im geschäftlichen Verkehr mit Verbrauchern, die in den Schutzbereich verschiedener Verbraucherschutz-Richtlinie fallen. Voraussetzung ist, dass die rechtswidrige Praxis geeignet ist, die allgemeinen Interessen der Verbraucher zu beeinträchtigen.

Im Zuge der Umsetzung der Zahlungsverzugs-Richtlinie durch das ZVG (BGBl I 2013/13) wurde in § 460 UGB eine eigene Verbandsklage mit einem Unterlassungsanspruch gegen grob nachteilige Vertragsbestimmungen oder Geschäftspraktiken iSd § 459 UGB eingeführt. Außerdem wird in § 14 Abs 1 UWG die Klagebefugnis von Verbänden in Wettbewerbssachen normiert.

18. Kapitel

Das Schadenersatzrecht

Literatur: *Apathy,* Aufwendungen zur Schadensbeseitigung (1979); *Bydlinski,* Probleme der Schadensverursachung (1964); *Harrer,* Schadenersatzrecht (1999); *Harrer,* Die Entwicklung des Haftpflichtrechts, in FS 200 Jahre ABGB (2011) 381; *Ch. Huber,* Fragen der Schadensberechnung² (1995); *Karollus,* Funktion und Dogmatik der Haftung aus Schutzgesetzverletzung (1992); *Kathrein,* Reform des Schadenersatzrechts, in FS Reischauer (2010) 245; *Kötz/Wagner,* Deliktsrecht¹² (2013); *Koziol,* Österreichisches Haftpflichtrecht I³ (1997), II² (1984); *Koziol,* Grundfragen des Schadenersatzrechts (2010); *Koziol,* Begrenzte Gestaltungskraft von Kodifikationen? in FS 200 Jahre ABGB (2011) 469; *Koziol/Apathy/Koch,* Österreichisches Haftpflichtrecht III³ (2014); *Reischauer/Spielbüchler/Welser,* Reform des Schadenersatzrechts Band II. Zum Entwurf einer Arbeitsgruppe (2006); *A. Reich-Rohrwig,* Aufklärungspflichten vor Vertragsabschluss (2015); *B. Steininger,* Verschärfung der Verschuldenshaftung (2007); *Stoll,* Haftungsfolgen im bürgerlichen Recht (1993); *Welser,* Vertretung ohne Vollmacht (1970); *Welser,* Die Haftung für Rat, Auskunft und Gutachten (1983); *Welser,* Schadenersatz statt Gewährleistung (1994); *Wilburg,* Die Elemente des Schadensrechts (1941).

1. A und B geraten im Wirtshaus in Streit; der erboste A sticht mit einem Messer auf B ein und verletzt ihn schwer. B muss in Spitalsbehandlung, kann längere Zeit nicht arbeiten und leidet unter starken Schmerzen.

2. A überprüft vor Antritt einer Fahrt gewissenhaft sein Auto; auf der Autobahn platzt ein Reifen, A verliert trotz schnellen Reagierens die Herrschaft über den Wagen und stößt mit dem Auto des B zusammen, das schwer beschädigt wird.

3. A kommt beim Wandern in ein schweres Schneegestöber und droht zu erfrieren. Um sich in Sicherheit zu bringen, bricht er in die Schihütte des B ein. Dabei beschädigt A ein Fenster.

---

[8]) *Apathy* in *Schwimann/Kodek*⁴ §§ 28–30 KSchG Rz 14; *Langer* in *Kosesnik-Wehrle,* KSchG⁴ § 28–30 Rz 13f.

I. Allgemeiner Teil

A. Einleitung

Das Schadenersatzrecht (Haftpflichtrecht) regelt, unter welchen Voraussetzungen ein Geschädigter von jemand anderem Ersatz verlangen kann. 1324

Der einmal eingetretene Schaden lässt sich als Verlust oder Nachteil als solcher nicht mehr ungeschehen machen. Er muss sich letztlich beim Geschädigten oder jemand anderem auswirken. Das Schadenersatzrecht beantwortet die Frage nach der Überwälzbarkeit des Schadens, es regelt die **Schadenstragung.** 1325

Ein Schaden trifft an sich denjenigen, in dessen Vermögen oder Person er sich **ereignet** (§ 1311 Satz 1; „casum sentit dominus"). Soll ihn ein anderer „tragen", ihn „ersetzen", so müssen dafür besondere **Gründe** vorliegen, die man auch „Zurechnungsgründe" nennt.[1]) 1326

Neben einem **Schaden** setzt eine Ersatzpflicht vor allem voraus, dass der Haftpflichtige mit dem schädigenden Ereignis in einem gewissen Zusammenhang steht: der Schaden muss von ihm oder von einer Person oder von einer Sache, für die er einzustehen hat, **verursacht** sein. 1327

Gewöhnlich muss hinzukommen, dass der Schädiger sich nicht so verhalten hat, wie er sich hätte verhalten sollen und können. Der Verursacher muss also **rechtswidrig** und **schuldhaft,** dh persönlich vorwerfbar gehandelt haben. Er haftet also für sein Verschulden, weshalb man von **Verschuldenshaftung** spricht (Beispiel 1). Genauer gesagt kann es zur Verschuldenshaftung kommen, wenn jemand ein **Delikt** begeht, dh allgemein bestehenden Pflichten zuwiderhandelt (zB der Pflicht, fremdes Eigentum zu achten) oder wenn er einen **Vertrag verletzt,** wodurch er seinem Vertragspartner ersatzpflichtig werden kann. Zu diesen beiden Kategorien (Deliktshaftung und Vertragshaftung) s ausführlich unten Rz 1343 ff. 1328

An die Stelle des Verschuldens tritt bei einer anderen Art der Haftung, der **Gefährdungshaftung,** die mit einer Tätigkeit, die das Gesetz erlauben will, verbundene besondere Gefahr (Beispiel 2).[2]) Hier spielt der Gedanke eine Rolle, dass derjenige, der sich zu seinem Nutzen einer gefährlichen Sache bedient, zum Ausgleich dafür auch die durch die Verwirklichung der Gefahr entstehenden Schäden tragen soll. Das geläufigste Beispiel ist die Verantwortlichkeit des Halters eines Kraftfahrzeuges für dessen Betriebsgefahr. 1329

Es gibt Fälle, in denen das Gesetz das für die Haftung erforderliche Verschulden eines Schadensverursachers „vermutet", sodass er der Ersatzpflicht nur entgeht, wenn er beweist, dass ihn kein Verschulden trifft (Beweislastumkehr).[3]) Diese Tatbestände

---

[1]) So zB *Wilburg,* Elemente 1 ff.

[2]) Vgl zu den Übergangsbereichen zwischen Verschuldens- und Gefährungshaftung *B. Steininger,* Verschuldenshaftung.

[3]) „Kombination der Elemente Mangel und Gefährlichkeit": *Wilburg,* Elemente 29, 38.

nehmen eine Mittelstellung zwischen der einfachen Verschuldenshaftung und der Gefährdungshaftung ein. So haftet der Besitzer eines Gebäudes oder der Halter eines Tieres wegen der Gefährlichkeit dieser Sachen schon für bloß vermutetes Verschulden (§§ 1319, 1320). Entsprechendes gilt zB für den Gastwirt, der für die Gefahr des offenen Hauses einzustehen hat (§ 970), und den Halter eines Radionuklids (§ 9 Abs 2 AtomHG 1999).

1330 Mit der Gefährdungshaftung ist die **Eingriffshaftung** verwandt,[4]) die zB bei Schädigung in rechtfertigendem Notstand (§ 1306 a) und durch genehmigte Betriebe (§ 364 a, s Bd I Rz 902 ff) zum Tragen kommt. Hier wird zwar dem Schädiger der Eingriff in fremde Güter gestattet, doch hat er für die verursachten Nachteile Ersatz zu leisten (Beispiel 3). Der Unterschied zur Gefährdungshaftung liegt darin, dass bei dieser nur eine abstrakte Gefährdung, nicht jedoch ein bewusst für den anderen nachteiliger Eingriff erlaubt ist.

1331 Ausnahmsweise spielt für die Ersatzpflicht auch das Moment der wirtschaftlichen **Zumutbarkeit,** das heißt der finanziellen Tragfähigkeit, eine Rolle, so in § 1310 und § 1306 a.

1332 Eine Verpflichtung zum Schadenersatz kann sich schließlich daraus ergeben, dass jemand **verspricht,** einem anderen einen Schaden zu ersetzen, der auf was immer für eine Weise eintritt. Dies ist zB bei der **Vertragsversicherung** der Fall. Der Versicherer übernimmt es gegen Zahlung einer Prämie, dem Versicherungsnehmer gewisse Schäden zu ersetzen, die vielleicht eintreten. Der Schadenersatz folgt hier aus der rechtsgeschäftlichen Risikoübernahme und ist Leistung aus einem Vertrag.[5])

1333 Primärer Zweck des Schadenersatzrechtes ist es, dem Geschädigten durch einen Ersatzanspruch einen Ausgleich für die erlittene Einbuße zu verschaffen. Diese **Ausgleichsfunktion**[6]) ist dem Haftungsrecht gemeinsam, gleichgültig auf welchen Gründen die Haftung beruht, zB auf Verschulden oder Gefährdung.

1334 Neben dieser Funktion erfüllt das Schadenersatzrecht manchmal noch andere Aufgaben: So ist der Gedanke der **Prävention**[7]) bedeutsam. Durch die Androhung einer Ersatzpflicht soll ein Anreiz ausgeübt werden, durch sorgfältiges Verhalten Schädigungen zu vermeiden.

1335 Dem Schadenersatzrecht ist schließlich auch eine gewisse **Sanktionsfunktion** inhärent, denn nach § 1324 ist die Ersatzpflicht nach dem Grad

---

[4]) Zu dieser *Rummel,* Ersatzansprüche bei summierten Immissionen (1969) 76ff; *Rummel/Kerschner,* Umwelthaftung im Privatrecht (1991) 9f; *Koziol/Apathy/Koch,* Haftpflichtrecht III³, 515 ff.

[5]) Vgl auch *Ertl,* Zum Verhältnis zwischen Versicherungsrecht und Schadenersatzrecht, ecolex 2002, 868.

[6]) Dazu *Mertens,* Der Begriff des Vermögensschadens im bürgerlichen Recht (1967) 95 ff; *Stoll,* Haftungsfolgen 147 ff; *Koziol,* Grundfragen Rz 3/1 ff.

[7]) *Bydlinski,* Schadensverursachung 18; *Stoll,* Haftungsfolgen 209 ff; *Kletečka,* Punitive damages – Der vergessene Reformpunkt? ÖJZ 2008/83, 785 (791); *Koziol,* Grundfragen Rz 3/4 ff.

des Verschuldens abgestuft.[8]) Ein über den tatsächlichen Schaden hinausgehender Strafschadenersatz („punitive damages“) ist aber im Allgemeinen nicht zu leisten.[9])

Im Folgenden werden in einem allgemeinen Teil Fragen erörtert, die für das ganze Schadenersatzrecht oder doch große Teile davon gelten, zB was unter **„Schaden“** zu verstehen ist; von grundsätzlicher Bedeutung ist, wie schon erwähnt, die **Verursachung,** da zwischen dem haftbar machenden Ereignis und dem Schaden regelmäßig ein ursächlicher Zusammenhang bestehen muss. Für das größte Gebiet des Schadenersatzrechtes, nämlich die Verschuldenshaftung, sind ferner die Begriffe **Rechtswidrigkeit** und **Verschulden** zu klären; beide Elemente spielen für die Gefährdungshaftung keine Rolle, da es dort auf die Gefährlichkeit ankommt. Wiederum für alle Gebiete bedeutsam sind **Art und Umfang** des Schadenersatzes. Die einzelnen Haftungstatbestände werden im besonderen Teil behandelt. 1336

Seit einigen Jahren Zeit gibt es Bestrebungen zu einer Reform des Schadenersatzrechts.[10]) 2005 hat eine Arbeitsgruppe einen Entwurf eines neuen österreichischen Schadenersatzrechts vorgestellt,[11]) der eine breite Diskussion ausgelöst[12]) und auch viel Widerspruch[13]) erfahren hat. So wurde ein Arbeitskreis ins Leben gerufen, der sich kritisch mit diesem 1337

[8]) *Reischauer* in *Rummel*³ § 1293 Rz 1c; *Kletečka,* ÖJZ 2008/83, 785; *Koziol,* Grundfragen Rz 2/55ff.

[9]) *Wilburg,* Elemente 1ff; *Bydlinski,* System 185ff.

[10]) Vgl dazu im Überblick *Kathrein* in FS Reischauer 245.

[11]) Vgl *Griss/Kathrein/Koziol,* Entwurf eines neuen österreichischen Schadenersatzrechts (2006); dazu ua *Koziol,* Die außervertragliche Unternehmerhaftung im Diskussionsentwurf eines neuen österreichischen Schadenersatzrechts, JBl 2006, 18; *Koziol,* Schaden, Verursachung und Verschulden im Entwurf eines neuen österreichischen Schadenersatzrechts – Zugleich ein neuerlicher Versuch der Klarstellung der Idee des beweglichen Systems, JBl 2006, 768; *Danzl,* „Haftung für Verkehrsmittel“ – Überlegungen (Erläuterungen) zum Entwurf der Schadenersatzreformkommission, ZVR 2006/9, 40; *Apathy,* Die Reform des österreichischen Schadenersatzrechts, VR 2006, 187; *Apathy,* Schadenersatzreform – Gefährdungshaftung und Unternehmerhaftung, JBl 2007, 205; *Wagner,* Reform des Schadensersatzrechts, JBl 2008, 2.

[12]) *Fischer-Czermak,* Der Entwurf einer allgemeinen Gefährdungshaftung, NZ 2006/1, 1; *Ch. Huber,* Die Reform des österreichischen Schadenersatzrechts – Blickwinkel des deutschen Rechts, Umfang des Ersatzes und Nebengesetze, ZVR 2006/188, 472; *Harrer/Neumayer,* Die Haftung des Unternehmers für Gehilfen, wbl 2006, 493; *Harrer,* Auskunft, Vertrauen und Haftung, Zak 2006/699, 403; *Schauer,* Die Reduktionsklausel im Entwurf des österreichischen Schadenersatzrechts, NZ 2007/36, 129; *Christandl/Hinghofer-Szalkay,* Sinn und Funktion einer gesetzlichen Erheblichkeitsschwelle im Nichtvermögensschadensrecht, JBl 2009, 284;

[13]) Zur Kritik s *Spielbüchler,* Dankt der Gesetzgeber ab? Gegen das Abschieben der Entscheidung, JBl 2006, 341 (348ff); *Reischauer,* Reform des Schadenersatzrechts? Stellungnahme zu einem Arbeitsgruppenentwurf (§§ 1293ff ABGB, AtomHG, EKHG usw), ÖJZ 2006/24, 391; *Kathrein* in FS Reischauer 245. Aufgrund der zahlreich geäußerten Bedenken und Stellungnahmen wurde der Arbeitsgruppenentwurf erheblich überarbeitet. Die vorläufige Endfassung (Ende Juni 2007) ist in JBl 2008, 365ff sowie ZVR 2008/71, 168ff abgedruckt.

Entwurf auseinandergesetzt[14]) und 2008 eine Alternative vorgelegt hat.[15]) Zuletzt wurde 2011 vom BMJ ein weiterer Entwurf zur Reform des Schadenersatzrechts vorgelegt („Schattenentwurf").[16]) Auch eine „Europäisierung des Schadenersatzrechts"[17]) wird diskutiert.

B. Schadenersatzanspruch – Unterlassungsanspruch – Beseitigungsanspruch

1338 **Schadenersatzansprüche** können ihrem Wesen nach erst mit dem Eintritt des Schadens entstehen. Wem ein Schaden erst **droht,** ist allerdings nicht schutzlos: ihm stehen **Unterlassungsansprüche** gegen Personen zu, die ihn rechtswidrig gefährden; auf ein schuldhaftes Verhalten kommt es hier nicht an (s oben Rz 106f).

Dass der Unterlassungsanspruch im Gegensatz zum Schadenersatzanspruch kein Verschulden voraussetzt, erklärt sich daraus, dass er den möglichen Schadensverursacher weitaus weniger belastet als eine Ersatzpflicht.[18])

Unterlassungsansprüche setzen eine drohende Rechtsverletzung oder eine Wiederholungsgefahr voraus.

1339 Sowohl vom Unterlassungs- als auch vom Schadenersatzanspruch unterscheidet sich der **Beseitigungsanspruch,** der auf die Rückgängigmachung der rechtswidrigen Inanspruchnahme einer fremden Rechts-

---

[14]) S die Beiträge in *Reischauer/Spielbüchler/Welser,* Reform des Schadenersatzrechts Band II.

[15]) *Reischauer/Spielbüchler/Welser,* Reform des Schadenersatzrechts Band III. Vorschläge eines Arbeitskreises (2008); kritisch *Koziol,* Schadenersatzreform: Der Gegenentwurf eines Arbeitskreises, JBl 2008, 438; dazu wiederum *Reischauer,* Schadenersatzreform – Verständnis und Missverständnisse – Eine Antwort auf Koziol (JBl 2008, 348), JBl 2009, 405 und 484. Eine Gegenüberstellung der beiden Entwürfe ist abgedruckt bei *Reischauer,* JBl 2009, 484 (495ff); s dazu auch *Schauer,* Zu den Vorschlägen des Arbeitskreises zur Reform des Schadenersatzrechts: Die Perspektive von außen, VR 2008 H 7–8, 40; *Kathrein* in FS Reischauer 245. Zu beiden Entwürfen aus deutscher Sicht s *Taupitz/Pfeiffer,* Der Entwurf und der Gegenentwurf für ein österreichisches Schadensersatzrecht – eine kritische Analyse, JBl 2010, 88; kritisch dazu *Reischauer,* Österreichische Schadenersatzreform mit deutschen Schiedsrichtern? JBl 2010, 401; zum Vergleich beider Entwürfe mit gesamteuropäischen Entwürfen s *Koch,* Die österreichische Schadenersatzreform im europäischen Kontext, in FS Koziol (2010) 721.

[16]) Abgedruckt in BMJ, 200 Jahre ABGB – RichterInnenwoche in Lochau (2012) Band 151, 277; dazu *Kathrein,* Zur Reform des Schadenersatzrechts – Eine Skizze aus dem Schattenreich, in BMJ, 200 Jahre ABGB 237; *Neumayr,* Zur Reform des Schadenersatzrechts, in BMJ, 200 Jahre ABGB 257; *Reischauer,* Zum Schattenentwurf eines neuen Schadenersatzrechts, JBl 2013, 69

[17]) Vgl *Koziol,* Ein europäisches Schadenersatzrecht – Wirklichkeit und Traum, JBl 2001, 29; *Schmidt-Kessel,* Reform des Schadenersatzrechts Band I. Europäische Vorgaben und Vorbilder (2006) mwN. Zur Reform in Deutschland durch das 2. Schadensersatzrechtsänderungsgesetz s *Ch. Huber,* Schadensersatzrecht.

[18]) *Henckel,* Vorbeugender Rechtsschutz im Zivilrecht, AcP 174, 113; OGH ecolex 1998, 124 *(Rubin); Hirsch,* Ist der Unterlassungsanspruch wirklich verschuldensunabhängig? JBl 1998, 541; *E. Wagner,* Gesetzliche Unterlassungsansprüche im Zivilrecht (2006) 225ff.

sphäre gerichtet ist.[19]) Das österreichische Recht enthält keine allgemeine Vorschrift über Beseitigungsansprüche, anerkennt sie aber in einer Reihe von Einzelbestimmungen (§§ 339, 364, 523; §§ 82ff UrhG; § 148 PatG; § 15 UWG).

Der Beseitigungsanspruch ist kein Unterlassungsanspruch,[20]) weil er auf ein **positives** Verhalten gerichtet ist: Der Grundeigentümer begehrt die Entfernung des von Dritten abgelagerten Schutts; der in seinem Namensrecht Verletzte verlangt die Vernichtung der unerlaubt angefertigten Visitenkarten. Zwar setzt sowohl der Schadenersatzanspruch als auch der Beseitigungsanspruch in der Regel einen rechtswidrigen Eingriff voraus, doch bestehen zwischen beiden auch wichtige Unterschiede: So ist der Beseitigungsanspruch von einem Verschulden des Störers unabhängig[21]) und richtet sich nicht auf den Ausgleich des ganzen durch eine Störung verursachten Nachteils, sondern nur auf die **Rückgängigmachung** eines Zustandes und damit die Ausschaltung der Störungsquelle.[22]) 1340

Auch wenn schadenersatzrechtliche Naturalrestitution gebührt (§ 1323), unterscheidet sich der Schadenersatzanspruch vom Beseitigungsanspruch. Wurde zB Schutt auf fremdem Grund abgelagert, so kann mit dem Beseitigungsanspruch nur dessen Entfernung, mit dem Schadenersatzanspruch auch die Wiederherstellung des beschädigten Bodens verlangt werden. Soweit die Voraussetzungen beider Ansprüche gegeben sind, konkurrieren sie miteinander, sodass der Berechtigte zwischen ihnen wählen kann.

C. Generalklausel

Nach der Generalklausel des § 1295 Abs 1 ist „**jedermann berechtigt,** vom Beschädiger den Ersatz des Schadens zu fordern, welchen ihm dieser aus Verschulden zugefügt hat“. 1341

---

19) Dazu *Aicher,* Umweltschutz und Privatrecht, JBl 1979, 236; *Jabornegg,* Bürgerliches Recht und Umweltschutz (1985) 54ff; *Jabornegg/Strasser* und *Rummel* in *Strasser,* Privatrecht und Umweltschutz (1976) 47ff, 157f; *Jabornegg/Strasser,* Nachbarrechtliche Ansprüche als Instrument des Umweltschutzes (1978) 67ff; *Picker,* Der negatorische Beseitigungsanspruch (1972); *Picker,* Zur Beseitigungshaftung nach § 1004 BGB – eine Apologie, in FS Gernhuber (1993) 315; *E. Wagner,* Unterlassungsansprüche 235ff; *Koziol,* Gedanken zum privatrechtlichen System des Rechtsgüterschutzes, FS Canaris (2007) 631; *Koziol,* Grundfragen Rz 2/15.

20) *Henckel,* AcP 174, 99ff; s auch OGH JBl 1997, 186; SZ 74/153. Vgl hingegen § 15 UWG sowie OGH SZ 22/197; JBl 1990, 119. Eine analoge Anwendung des § 15 UWG (Beseitigungspflicht bei Unterlassungsanspruch) auf Unterlassungspflichten iVm § 1330 wird von der Rechtsprechung abgelehnt; s OGH SZ 2002/178 = MR 2003, 82 *(Rechberger);* RdW 2004/477; dazu *Klicka,* Zum Umfang der Unterlassungsexekution nach § 355 EO, wbl 2003, 260; *E. Wagner,* Unterlassungsansprüche 257ff; *Koziol,* Grundfragen Rz 2/15.

21) *Rummel,* ÖBA 1987, 419; *Kerschner,* Privatrechtlicher Umweltschutz bei sogenannten „Altlasten“, RZ 1990, 28; *Reidinger,* Inbestandgabe zur Erschwerung von Liegenschaftsexekutionen, wobl 1994, 110. AA *Gschnitzer/Faistenberger/Barta/Call/Eccher,* Sachenrecht[2] (1985) 145; OGH SZ 59/206; wobl 1990/71; SZ 73/40; vgl auch ÖBA 1994, 886 *(Karollus);* offenlassend OGH ÖBA 1991, 213.

22) *Wilburg,* Elemente 263; *Jabornegg/Strasser,* Umweltschutz 150ff; *Rummel,* RdA 1980, 359.

1342 § 1295 ist aber zu weit gefasst. Ein Schädiger kann nicht den Schaden jedes Geschädigten ersetzen, den er schuldhaft verursacht hat, weil sonst die aus einem schädigenden Verhalten folgenden Ersatzpflichten endlos würden. Lehre und Rechtsprechung legen daher § 1295 Abs 1 einschränkend aus. Hiezu dienen zB die Beschränkung des Ersatzes auf Schäden an absolut geschützten Gütern und deren Folgen und der weitgehende Ausschluss der primären (bloßen oder reinen) Vermögensschäden (oft auch als mittelbare Schäden bezeichnet). Weitere Einschränkungen erfolgen durch die Adäquanztheorie und die Schutzzwecklehre (dem „Rechtswidrigkeitszusammenhang“). Dazu Rz 1373f, 1407ff.

Bei der Umschreibung der Schadenersatzpflichten geht es ganz allgemein um eine Entscheidung im Spannungsfeld zwischen Handlungsfreiheit und Güterschutz.[23]) Auf der einen Seite müssen Rechtsgüter wie Leben, Gesundheit, Eigentum usw umfassend gegen Verletzungen geschützt werden. Auf der anderen Seite trägt aber jede Handlung oder Unterlassung die Eignung zu irgendeiner Schädigung in sich, weshalb sich die dem einzelnen auferlegten Sorgfalts- und Schadenersatzpflichten in Grenzen halten müssen. Wären sie zu streng, hätte also der Handelnde bei jeder Fahrlässigkeit mit Schadenersatzansprüchen zu rechnen, die seinen wirtschaftlichen Ruin zur Folge haben könnten, würde dies seine Handlungsfreiheit in untragbarer Weise beschränken.

D. Vertragshaftung und Deliktshaftung

1343 Seit Jahrhunderten werden Haftung aus **Vertrag (ex contractu)** und Haftung aus **Delikt (ex delicto)** unterschieden. Deliktshaftung ist die Haftung, die sich aus der Verletzung einer Verhaltenspflicht ergibt, die für **jedermann** und gegenüber jedermann besteht. **Vertragshaftung** bedeutet, dass ein Vertragspartner für die Vertragsverletzung dem **anderen Teil** Ersatz leisten muss.

1344 Obwohl § 1295 Abs 1 diese überkommene Unterscheidung für bedeutungslos erklärt, ist sie auch im ABGB wichtig. Bei Vertragsverletzungen trifft jeden Partner die besondere **Gehilfenhaftung** (§ 1313a statt § 1315, vgl unten Rz 1522ff), und der vertragsbrüchige Teil muss auch Schäden im **bloßen Vermögen** ersetzen. Schließlich gibt es Unterschiede in der **Beweislastverteilung:** Während der deliktisch Geschädigte das Verschulden des Schädigers beweisen muss (§ 1296), hat der vertragsbrüchige Schuldner zu beweisen, dass ihn an der Vertragsverletzung kein Verschulden trifft (§ 1298).[24]) S unten Rz 1423ff.

Die vertragliche Haftung ist daher für den Geschädigten wesentlich günstiger als die deliktische. Dies ist durch die engere Beziehung gerechtfertigt, die zwischen Vertragspartnern besteht, durch das gegenseitige Vertrauen der Parteien zueinander und dadurch, dass der vertragliche Kontakt letztlich von jeder Seite aus eigenem Interesse geknüpft wird:[25]) Ein Teil nimmt den anderen zur Verfolgung eigener Interessen in Anspruch, er zieht aus dem Schuldverhältnis Vorteile. Außerdem kommt ein Vertrags-

[23]) *Welser,* Vertretung 75.

[24]) Dazu *Reischauer,* Entlastungsbeweis; *Reischauer,* Verschulden und Beweislast, ZVR 1978, 97 und 129; *Reischauer,* Neuere Rechtsprechung und Lehre zu § 1298 ABGB, JBl 1998, 473 und 560.

[25]) *Welser,* Vertretung 75ff.

partner im Rahmen des Schuldverhältnisses zu den Gütern des anderen öfter in ein Verhältnis, das für diese Güter gefährlich sein kann. All dies rechtfertigt gesteigerte Pflichten und eine gesteigerte Verantwortung.

Da diese Erwägungen weitgehend auch auf das vorvertragliche Schuldverhältnis zutreffen, gelten auch für dieses die Regeln der Vertragshaftung.[26])

E. Der Schaden

Jemand beschädigt die einem Unternehmer gehörende Maschine, sodass sie repariert werden muss. Deshalb kommt es zu einem Produktionsausfall.

1. Vermögensschäden (positiver Schaden – entgangener Gewinn)

Schade heißt jeder Nachteil, welcher jemandem an Vermögen, Rech- 1345 *ten oder seiner Person zugefügt wird. Davon unterscheidet sich der Entgang des Gewinnes, den jemand nach dem gewöhnlichen Lauf der Dinge zu erwarten hat (§ 1293).*

Vermögensschäden sind Nachteile an **geldwerten Gütern,** sie sind 1346 „in Geld messbar".

Die tatsächliche Veränderung am Vermögensgut selbst, zB der 1347 Bruch eines Bolzens einer Maschine, die Delle an einem Auto, wird als **realer Schaden** bezeichnet.[27]) Dieser Begriff wird vor allem bedeutsam, wenn der Schädiger Naturalherstellung schuldet, also den ohne die Schädigung bestehenden Zustand wiederherstellen muss. Dazu unten Rz 1426ff. Der reale Schaden ist gewöhnlich in Geld messbar und daher eine Art des Vermögensschadens.

Dem ABGB liegt ein weiter Schadensbegriff zugrunde. § 1293 um- 1348 schreibt den Schaden als Nachteil, der jemandem „an Vermögen, Rechten oder seiner Person zugefügt worden ist" und unterscheidet davon den „Entgang des Gewinns", den jemand nach dem gewöhnlichen Lauf der Dinge zu erwarten hat. § 1323 führt diese Unterscheidung fort: Betrifft der Ersatz nur „den erlittenen Schaden", so heißt er **eigentliche Schadloshaltung,** erfasst er auch den entgangenen Gewinn, wird er **volle Genugtuung** genannt.

Mit der erlittenen Beschädigung, die man auch **positiven Schaden** 1349 nennt, meint man im Wesentlichen die Beschädigung oder Zerstörung eines schon vorhandenen Gutes. Man rechnet es aber auch zum positiven Schaden, wenn der Geschädigte wegen des schädigenden Ereignisses einen Aufwand tätigen muss oder mit Verbindlichkeiten belastet wird.[28])

---

[26]) *Welser,* Vertretung 73ff; *Welser,* Das Verschulden beim Vertragsabschluß im österreichischen bürgerlichen Recht, ÖJZ 1973, 281 (283ff). „Mischformen" zwischen Vertragshaftung und Deliktshaftung: *Koziol,* Delikt, Verletzung von Schuldverhältnissen und Zwischenbereich, JBl 1994, 209; *Koziol,* Schadenersatz für reine Vermögensschäden, JBl 2004, 273.

[27]) S etwa OGH ÖBA 2009/1528 *(P. Bydlinski);* ecolex 2011/7.

[28]) Dazu *Apathy,* Aufwendungen 66; *Oberhofer,* Die entstandene Ersatzverpflichtung als Schadensbild, ÖJZ 1995, 180; OGH ZVR 1972/193; JBl 1973, 85 *(Bydlinski);* ZVR 1973/35; SZ 53/107; ZVR 1982/137; JBl 1987, 723; wobl 1999, 26 *(Dirnbacher)* = ImmZ 1998, 398 *(Meinhart);* RdW 2002/401 (Kostenersatz); SZ 2004/36

1350 **Entgangener Gewinn** liegt hingegen vor, wenn eine Vermögensvermehrung verhindert, also eine Erwerbschance vernichtet wird. So führt der durch die Beschädigung einer Maschine verursachte Produktionsausfall zu einer Umsatzminderung; der gewinnbringende Verkauf einer Sache wird durch ihre Zerstörung verhindert.

1351 Positiver Schaden und entgangener Gewinn bilden zusammen das **„Interesse“.** Ob nur der positive Schaden ersetzt wird (eigentliche Schadloshaltung) oder auch der entgangene Gewinn, also das Interesse (volle Genugtuung), hängt nach § 1324 vom Verschuldensgrad beim Schädiger ab. Dieser ursprünglich als richtig empfundene „gegliederte Schadensbegriff“ wird nach heutigen Vorstellungen dem Schadensausgleich nicht mehr gerecht. Daher gewährt zB das deutsche BGB dem Geschädigten ohne Rücksicht auf den Verschuldensgrad den vollen Ersatz („Alles-oder-Nichts-Prinzip“). Unter dem Einfluss dieser Entwicklung hat auch der OGH die §§ 1323f einschränkend ausgelegt: Schon die Vereitelung einer Erwerbschance, deren Verwirklichung im Verkehr als gesichert angesehen wird, stellt einen positiven Schaden dar. Nach hM[29]) kommt es für das Vorliegen eines positiven Schadens auch nicht darauf an, ob eine rechtlich gesicherte Position beeinträchtigt wurde,[30]) sondern nur darauf, ob der Gewinn im Verkehr schon als sicher angesehen wurde.

Der Entgang einer Alterspension wegen Nichtanmeldung zur Sozialversicherung durch den Arbeitgeber wurde als positiver Schaden angesehen;[31]) ebenso der Verlust einer zu erwartenden Prämienherabsetzung („Bonusverlust“).[32]) Ein positiver Schaden liegt auch vor, wenn der Pfandschuldner durch den Verzicht des Gläubigers auf eine andere Pfandhaftung sein Regressrecht verliert.[33]) Wird das Kraftfahrzeug eines Geschäftsmannes beschädigt, so ist nicht nur der Schaden am Fahrzeug, sondern auch der durch die Betriebsstörung entstandene Nachteil positiver Schaden, weil er im Verkehr bereits als selbständiger Wert angesehen wird.[34]) Ebenso ist der durch Beeinträchtigung der Arbeitskraft hervorgerufene Verdienstausfall positiver Schaden: Die Erwerbsfähigkeit ist ein selbständiges, gegenwärtiges Gut. Auch die künftigen Früchte einer Sache sind ein selbständiger Vermögenswert (§ 305).[35])

1352 Von einem **bloßen (reinen, primären) Vermögensschaden** spricht man dann, wenn beim Geschädigten eine nachteilige Veränderung im

(Domain-Grabbing-Streitbeilegungsverfahren); SZ 71/108 (Vermögensschaden eines Vermögenslosen). Zur verschlechterten Einbringlichkeit einer Forderung s OGH NZ 2012/81.

[29]) OGH JBl 1993, 399; ÖBA 1996, 549 *(Rebhahn)* = ecolex 1996, 168 *(Graf)*; ecolex 1996, 357 *(Wilhelm)*; SZ 68/191; ecolex 1998, 392 *(Wilhelm)* = wbl 1999, 97 *(Honsell)*; JBl 2004, 793 (Geldanlagegewinn); ecolex 2006/392; vgl aber JBl 1992, 392.

[30]) So aber *Koziol,* Haftpflichtrecht I³ Rz 2/38.

[31]) OGH SZ 50/29.

[32]) *Welser,* Aktuelle Fragen der zivilrechtlichen Haftung aus Verkehrsunfällen, ZVR 1978, Sonderheft, 39.

[33]) OGH ÖBA 1996, 805 *(Karollus)*.

[34]) OGH SZ 29/43; ZVR 1980/15.

[35]) Strittig, wie hier *Ehrenzweig* II/1, 67; *Mayrhofer,* Schuldrecht I 317; OGH EvBl 1978/190.

Vermögen eintritt, ohne dass er aus der Verletzung eines absolut geschützten Rechtsgutes dieses Geschädigten folgt (s dazu unten Rz 1397 f).

2. Vermögensschaden und ideeller Schaden

1353 Nicht jeder Schaden schlägt sich in einer Vermögensminderung nieder. Wenn eine Körperverletzung mit Schmerzen verbunden ist (§ 1325) oder eine Sache zerstört wird, zu der der Eigentümer eine besondere Beziehung hat (§ 1331), kann ein „nachteiliges Gefühl", ein „Gefühlsschaden" entstehen, der nicht in Geld messbar ist und der ideeller oder **immaterieller Schaden** genannt wird.[36])

1354 Die Rechtsordnung anerkennt in verschiedenen Bestimmungen die Ersatzfähigkeit ideeller Schäden, zB § 1325 (Schmerzengeld, Rz 1482 ff), § 1326 (Verhinderung des besseren Fortkommens, Rz 1487), § 1328 (Verletzung der geschlechtlichen Selbstbestimmung, Rz 1493), § 1328 a (Verletzung der Privatsphäre, Rz 1494 ff), § 1329 (Freiheitsentziehung, Rz 1497 ff), § 1331 (Wert der besonderen Vorliebe, Rz 1515) und § 31 e Abs 3 KSchG (entgangene Urlaubsfreude, Rz 1151 f). Abgesehen von diesen ausdrücklich geregelten Fällen werden ideelle Schäden nur ausnahmsweise ersetzt (zB Trauerschaden, Rz 1472).

1355 Bei manchen Schäden ist strittig, ob sie dem materiellen oder dem immateriellen Bereich zuzuordnen sind. Dies gilt zB für die **fiktiven Mietwagenkosten.** Wird ein Kfz beschädigt und benötigt[37]) der Eigentümer während der Reparatur einen Ersatzwagen, so kann er die hiefür getätigten Aufwendungen als Vermögensschaden geltend machen. Nimmt er keinen Mietwagen in Anspruch, so ist ihm zwar keine nachweisbare Vermögensminderung entstanden, er konnte aber seine Sache während der Reparaturzeit nicht gebrauchen. UU hat er sich auch „anders beholfen", was ihn Anstrengungen gekostet hat (Benützung eines Fahrrades, zu Fuß gehen). Manche geben ihm einen Anspruch auf „fiktive Mietwagenkosten",[38]) weil die Gebrauchsmöglichkeit einen Vermögenswert darstelle und es den Schädiger nichts angehe, dass der Geschädigte sein Recht auf Beistellung eines Ersatzwagens nicht genützt habe; oder weil ihm An-

---

[36]) Zu diesem *Strasser,* Der immaterielle Schaden im österreichischen Recht (1964); *Bydlinski,* Der Ersatz ideellen Schadens als sachliches und methodisches Problem, JBl 1965, 173 und 237; *Bydlinski,* Der immaterielle Schaden in der österreichischen Rechtsentwicklung, in FS von Caemmerer (1978) 785; *Karner,* Der Ersatz ideeller Schäden bei Körperverletzung (1999); *Karner/Koziol,* Der Ersatz ideellen Schadens im österreichischen Recht und seine Reform, 15. ÖJT, Band II/1 (2003); *Bydlinski,* Die „Umrechnung" immaterieller Schäden in Geld, Liber Amicorum Pierre Widmer (2003) 27; *Koziol,* Grundfragen Rz 5/8 ff; vgl zur Reformbedürftigkeit *Schwartze,* Ersatz für immaterielle Schäden bei Vertragsverletzungen – Rechtsvergleichende Überlegungen zum Vorschlag eines § 1316 Abs. 4 ABGB im Entwurf eines neuen österreichischen Schadenersatzrechtes, in FS Barta (2009) 191.

[37]) Dazu OGH ZVR 1979/304.

[38]) BGH BGHZ 40, 345; BGHZ 98, 212; VersR 2008, 1086; NJW 2008, 915; dazu *Hadding,* Keine Nutzungsausfallentschädigung bei fiktiver Kraftfahrzeug-Schadensberechnung? in FS Koziol (2010) 649.

nehmlichkeiten entgangen seien.[39]) Nach der in Österreich hM[40]) ist hingegen die Gebrauchsmöglichkeit neben dem Substanzwert des Eigentums kein selbständiger Vermögenswert, sodass er auch nicht besonders zu ersetzen ist. Der Entgang von Annehmlichkeiten wiederum sei bloß ein ideeller Schaden.

In der Praxis stellt sich das Problem der (fiktiven) Mietwagenkosten eher selten, weil Privatpersonen meist beim Abschluss einer Kfz-Haftpflichtversicherung auf den Ersatz von Mietwagenkosten verzichten (Spalttarif; Verzicht im Voraus zugunsten Dritter).[41])

1356 Der Eigentümer erhält allerdings den Ersatz jener Aufwendungen, die durch den Ausfall des Kfz während der Reparaturzeit für diese Zeitspanne nutzlos geworden sind (Steuer, Versicherung, Garagenmiete): Ersatz **frustrierter Aufwendungen.**[42]) Es wurde diskutiert, ob solche „frustrierten Aufwendungen" zu ersetzen sind, dabei geht es um Folgendes: Ein Geschädigter hat bestimmte Aufwendungen getätigt, damit er eine Sache bestimmungsgemäß gebrauchen kann. Nach der späteren Beschädigung oder Zerstörung der Sache durch einen Schädiger sind auch diese Aufwendungen wertlos geworden. Der Schädiger wendet gegen das Ersatzbegehren die mangelnde Kausalität seines Verhaltens ein. Der Aufwand wurde ja schon vor dem schädigenden Verhalten getätigt und nicht erst durch dieses ausgelöst, daher ist dieses für die getätigten Ausgaben nicht kausal. Nach der hM sind allerdings auch solche „frustrierten Aufwendungen" zu ersetzen, weil sie ab der Schädigung keinen Nutzen mehr stiften, was tatsächlich durch den Schädiger verursacht worden ist (Verursachung der Nutzlosigkeit). Das schädigende Ereignis hat zwar diese Aufwendungen nicht verursacht (sie wurden schon vorher gemacht), es hat aber deren Nutzlosigkeit herbeigeführt, was ebenfalls eine Schadensverursachung darstellt oder einer solchen zumindest gleichzuhalten ist.

Der Schädiger hat zwar den Geschädigten nicht zur Zahlung der Steuer, der Versicherung oder der Garagenmiete veranlasst, er hat aber verursacht, dass diese Zahlungen (für einen bestimmten Zeitraum) für den Geschädigten wertlos sind, was die Annahme eines Schadens rechtfertigt.[43])

---

[39]) *Wiese,* Der Ersatz des immateriellen Schadens (1964) 19; *E. A. Kramer,* Gebrauchsentbehrung und Verwendungsanspruch, ÖJZ 1972, 90. Vgl aber auch *Raber,* Gebrauchsentgang und gemeiner Wert, in FS Hämmerle (1972) 269.

[40]) *Bydlinski,* Der unbekannte objektive Schaden, JBl 1966, 440; *Mayer-Maly,* Schadenersatz für Gebrauchsentbehrung? ZVR 1967, 281; *Koziol,* Grundfragen Rz 5/24; *Hinteregger,* Die Berechnung des KfZ-Schadens aus juristischer Perspektive, ZVR 2014/245, 480 (486); OGH SZ 41/177; JBl 1994, 121; ecolex 1999, 463; immolex 2007/45.

[41]) Dazu *Welser,* Zur rechtlichen Zulässigkeit des „gespaltenen" Haftpflichttarifs, ZVR 1973, 306; OGH SZ 48/22.

[42]) *Koziol,* Haftpflichtrecht I³ Rz 2/119 ff; *Larenz,* Nutzlos gewordene Aufwendungen als erstattungsfähige Schäden, Festgabe Oftinger (1969) 151; *Schobel,* Der Ersatz frustrierter Aufwendungen (2003); *Koziol,* Grundfragen Rz 5/29 ff; OGH SZ 59/8; aA *Bernat/Schwarzenegger,* Schadenersatz für „frustrierte Aufwendungen" auf dem Prüfstand des OGH – Kritik und Antikritik, in FS Fenyves (2013) 15.

[43]) *Welser,* Schadenersatz 36.

In anderen Fällen ist die Judikatur allerdings inkonsequenterweise sehr restriktiv. So soll zB – wegen Vorliegens eines ideellen Schadens – kein Ersatz gebühren, wenn der Geschädigte wegen seiner Verletzung das gemietete Campingfahrzeug nicht nützen kann, aber weiter Miete zahlen muss.[44]) In einer jüngeren E ist der OGH von dieser restriktiven Linie wieder abgegangen und hat der bei einem Schiunfall Geschädigten Ersatz der Stornogebühren für eine bereits gebuchte Reise zugesprochen, die infolge des Unfalls nicht angetreten werden konnte.[45])

3. „Wrongful birth", „wrongful life" und „wrongful conception"

Literatur: *Bernat,* Unerwünschtes Leben, unerwünschte Geburt und Arzthaftung: der österreichische „case of first impression" vor dem Hintergrund der angloamerikanischen Rechtsentwicklung, in FS Krejci (2001) 1041; *Cornides,* Zur Haftung des Arztes bei fehlerhafter pränataler Diagnose, JBl 2007, 137; *Engel,* Haftung Dritter für die unerwünschte Geburt eines Kindes, ÖJZ 1999, 621; *Bydlinski,* Das Kind als Schadensursache im Österreichischen Recht, European Tort Law – Liber amicorum for Helmut Koziol (2000) 29; *Griss,* Unerwünschte Geburt – Ein Fall für die Gerichte? in FS Koziol (2010) 639; *Harrer,* Zivilrechtliche Haftung für durchkreuzte Familienplanung (1989); *Hirsch,* Arzthaftung bei fehlgeschlagener Familienplanung (2002); *Kletečka,* Wrongful birth, wrongful conception, JBl 2011, 749; *Kletečka,* Aktuelle Fragen der Medizinhaftung, in FS Iro (2013) 46f; *Koziol/Karner/B. Steininger,* Keine Schadenersatzansprüche wegen der Geburt eines Kindes? JBl 2011, 132; *Rebhahn,* Schadenersatz wegen der Geburt eines nicht gewünschten Kindes? JBl 2000, 265; *Schauer,* „Wrongful birth" in der Grundsatzentscheidung des OGH – Eine rechtsethische Betrachtung, RdM 2004, 18; *Schwarzenegger,* (Keine) Haftung bei wrongful birth? in FS Posch (2011) 709; *Wilhelm,* Die versäumte Abtreibung und die Grenzen des juristischen Denkens, ecolex 1999, 593.

Mit dem Ausdruck „wrongful birth" bezeichnet man die uner- 1357
wünschte Geburt eines Kindes und die daran anknüpfende Frage, ob, wem und unter welchen Voraussetzungen Schadenersatz gegen denjenigen gebührt, der die unerwünschte Geburt „zu verantworten" hat (zB Krankenhäuser, Ärzte, Apotheker).

Fehlschlagen von Sterilisationen;[46]) misslungene Abtreibungen;[47]) irrtümliche Aushändigung eines Magenmittels statt der Antibabypille durch den Apotheker.[48])

Einigkeit besteht darin, dass das **Kind** selbst **niemals** einen **Nachteil** 1358
darstellt („wrongful life"), und zwar auch dann nicht, wenn es behindert ist. In Betracht kommt allenfalls ein Schadenersatzanspruch für den damit verbundenen Unterhaltsaufwand, wobei die Rechtsprechung differenziert: bei Täuschung der Frau gegenüber dem Mann über die Empfängnismöglichkeit wird ein Ersatzanspruch abgelehnt;[49]) bei fehlender

[44]) OGH SZ 60/102.

[45]) OGH ZVR 2010/157 *(Ch. Huber);* dazu kritisch *Karner,* Rechtsprechungswende beim Ersatz frustrierter Aufwendungen, ÖJZ 2010/86, 830.

[46]) OGH RdM 1995, 69 *(Bernat).*

[47]) OGH EF-Z 2006, 53 *(Bernat)* = FamZ 2006/31 *(Neumayr);* RdM 2008/38 *(Kopetzki)* = ecolex 2008/109 *(Wilhelm).*

[48]) OLG Celle JZ 1978, 528; vgl auch den Fall OGH JBl 1991, 316 = JAP 1990/91, 232 *(Bernat):* medikamentöse Behandlung führt zu einer Verschiebung der Regelblutung.

[49]) OGH SZ 67/17 (dazu *Lanczmann,* Unerwünschte Vaterschaft und Schadenersatz für Unterhaltsaufwand, JAP 1994/95, 192).

Aufklärung über die Behinderung eines Kindes wird der Ersatzanspruch hingegen bejaht, und zwar nach der jüngeren Rechtsprechung nicht nur für den durch die Behinderung verursachten Mehraufwand,[50]) sondern für den gesamten Unterhalt.[51])

1359 Auch für die Ablehnung des Ersatzes[52]) bei Geburt eines gesunden, aber unerwünschten Kindes gibt es eine Reihe von Beispielen, zB für die Ablehnung des Ersatzes bei misslungener Sterilisation[53]) oder wenn eine fehlerhafte In-Vitro-Fertilisation zur unerwünschten Geburt von (gesunden) Drillingen anstatt von Zwillingen führt.[54]) Von der Ablehnung des Ersatzes bei Geburt gesunder Kinder macht allerdings die Rechtsprechung dann eine Ausnahme, wenn die mit dem gesunden Kind verbundene Unterhaltsbelastung eine „**ungewöhnliche** und geradezu **existenzielle Erschwerung** wegen der zu gering verfügbaren Unterhaltsmittel" zur Folge hätte.[55])

1360 In der Lehre wird die Unterscheidung zwischen der Geburt eines gesunden und eines behinderten Kindes überwiegend als diskriminierend abgelehnt[56]) und zu Recht eine gesetzliche Regelung der Problematik ge-

---

[50]) So die ältere Rechtsprechung, vgl OGH RdM 1999/23 *(Kopetzki);* JBl 2004, 311 *(Bernat)* = RdM 2004, 50 *(Kletečka);* dazu *Hirsch,* Arzthaftung infolge ungewünschter Geburt eines Kindes, RdM 1999, 163; *Rebhahn,* JBl 2000, 265; *Bydlinski,* Liber amicorum for Helmut Koziol 29; *Schauer,* RdM 2004, 18.

[51]) OGH EF-Z 2006/27 *(Bernat)* = FamZ 2006/31 *(Neumayr);* RdM 2008/38 *(Kopetzki)* = ecolex 2008/109 *(Wilhelm).* Zum durch die Geburt des Kindes verursachten Verdienstentgang eines Elternteils s OGH RdM 2015/43 *(Bernat).* Vgl dazu *Rebhahn,* Ersatz des vollen Unterhalts bei „wrongful birth"! Zak 2006, 206; *B. Steininger,* Verpflichtung zu paternalistischer ärztlicher Aufklärung statt eigenverantwortlicher Patientenentscheidungen? JBl 2007, 198; *Pletzer,* „Recht auf kein Kind?" JBl 2008, 490; *Hinghofer-Szalkay/Hirsch,* Die Ersatzfähigkeit immaterieller Schäden bei Geburt eines unvorhergesehen behinderten Kindes, RdM 2008/100, 136; *Hinghofer-Szalkay/Hirsch,* Wrongful birth/wrongful conception quo vadis? ÖJZ 2007/43, 519; *Hinghofer-Szalkay/Hirsch,* Wrongful birth – wrongful conception: Die Diskussion geht in die Verlängerung, iFamZ 2008, 120; *Koziol/B. Steininger,* Schadenersatz bei ungeplanter Geburt eines Kindes, RZ 2008, 138; *Leitner,* Das Untätigbleiben des Gesetzgebers als Auslegungsmaxime, ecolex 2008, 417. Zu Kausalitätsüberlegungen *Cornides,* JBl 2007, 144f; zum Rechtswidrigkeitszusammenhang *Pletzer,* JBl 2008, 493.

[52]) OGH EvBl 2006/17 *(B. Steininger)* = EF-Z 2006/79 *(Leitner)* = FamZ 2006/70 *(Neumayr)* = RdM 2007/23 *(Ch. Huber)* = ecolex 2006/389 *(Wilhelm);* EF-Z 2007/56 = ecolex 2007/69 *(Wilhelm);* RdM 2015/110 *(Bernat).*

[53]) OGH RdM 1995, 69 *(Bernat).*

[54]) OGH ecolex 2008/397, 1117 (kritisch *Friedl)* = Zak 2008/578, 336 (kritisch *Kletečka*) = RdM-LS 2009/5, 20 (kritisch *Leischer*); kritisch auch *Karner,* Unerwünschte Zeugung und unerwünschte Geburt – (k)eine Rechtsprechungsdivergenz? EF-Z 2009/69, 91ff. Dazu und zu den früheren Entscheidungen *Griss* in FS Koziol 639; *Kletečka* in FS Iro 46f.

[55]) OGH EvBl 2006/171 *(B. Steininger)* = EF-Z 2006/79 *(Leitner)* = FamZ 2006/70 *(Neumayr)* = RdM 2007/23 *(Ch. Huber)* = ecolex 2006/389 *(Wilhelm);* ecolex 2007/69 *(Wilhelm);* RdM 2015/110 *(Bernat)* (dazu kritisch *Schwarzenegger,* Der OGH, ein unerwünschtes Kind und die Einheitstheorie, EF-Z 2015/88, 166). Vgl auch *Kletečka,* Erste Entscheidung des OGH zu „wrongful conception", Zak 2006/599, 343; *Koziol/B. Steininger,* RZ 2008, 138.

[56]) S *Kletečka,* JBl 2011, 750f mwN.

fordert. Ein entsprechender Ministerialentwurf des Bundesministeriums für Justiz liegt seit 2011 vor.[57])

4. Nichterfüllungs- und Vertrauensschaden

Nur auf die vertragliche und die vertragsähnliche Haftung bezieht 1361
sich die Unterscheidung zwischen Nichterfüllungsschaden **(positivem Interesse)** und Vertrauensschaden **(negativem Interesse).**[58])

Wer wegen Nichterfüllung einer vertraglichen Leistungsverpflich- 1362
tung Ersatz zu leisten hat, muss den Zustand herstellen, der im Vermögen des Gläubigers bei **gehöriger Erfüllung** des Vertrages bestünde. Zu ersetzen ist also der aufgrund der ausgebliebenen Leistung entstandene Nichterfüllungsschaden,[59]) das **positive** Vertragsinteresse.

Wer hingegen einen anderen dafür zu entschädigen hat, dass dieser 1363
(unrichtig) auf die Gültigkeit einer abgegebenen Erklärung oder auf das Zustandekommen eines Vertrages vertraut hat, muss den anderen so stellen, wie er **ohne das Vertrauen** (ohne den Irrtum) stünde. Typische Vertrauensschäden[60]) sind nutzlose Aufwendungen für die Vorbereitung oder Abwicklung eines dann nicht oder nicht gültig zustande gekommenen Vertrages wie Kosten und Spesen für die Vertragserrichtung, die für die Vertragsverhandlungen aufgelaufenen Reisekosten sowie die Kosten für die Vorbereitung der eigenen Leistung. Man spricht vom Ersatz des **negativen** Vertragsinteresses. Vertrauensschäden sind grundsätzlich nur bis zur Höhe des hypothetischen Erfüllungsinteresses zu ersetzen.[61])

Zum Vertrauensschaden gehören aber auch Nachteile wegen Versäumung anderer Abschlussgelegenheiten:[62]) A kauft bei B eine Maschine und schlägt daher ein Angebot des C aus, der ihm eine vergleichbare Maschine zu einem günstigeren Preis verkaufen will. Da sich später die Ungültigkeit des Vertrages zwischen A und B herausstellt, möchte A die Maschine des C kaufen, doch ist diese nicht mehr verfügbar, sodass sich A bei D wesentlich teurer eindecken muss. A erleidet also aus der Versäumung des Geschäftes mit C einen Schaden, der an sich über das Erfüllungsinteresse sogar hinausgehen kann, doch wird hier die Begrenzung durch das hypothetische Erfüllungsinteresse wirksam.

---

[57]) ME SchRÄG 2011, 255/ME 24. GP. Vgl dazu *Koziol/Karner/B. Steininger,* JBl 2011, 132; *Kletečka,* JBl 2011, 749.

[58]) Dazu *Welser,* Vertretung 127ff; *Welser,* Vorvertragliche Pflichten in der Rechtsprechung des OGH, in FS Wagner (1987) 380f; *Koziol,* Ersatz der getätigten Aufwendungen statt des Nichterfüllungsschadens? RdW 1993, 354; *Rabl,* Schadenersatz wegen Nichterfüllung (1998) 3ff; *Koziol,* Von der rechtsgeschäftlichen Bindung zur Vertrauenshaftung, in FS Iro (2013) 81; OGH EvBl 1977/228; JBl 1981, 537 *(Koziol);* JBl 1993, 516; SZ 70/166; RdW 1999, 336 (dazu *Schobel,* Kausalität contra Begrifflichkeit, RdW 1999, 325); SZ 2007/62.

[59]) Vgl dazu *Rabl,* Schadenersatz wegen Nichterfüllung 15ff und 69ff; *Jud,* Schadenersatz bei mangelhafter Leistung (2003). Zum Ersatz des Nichterfüllungsschaden im Vergaberecht vgl nunmehr § 338 BVerG 2006; s oben Rz 74.

[60]) *Welser,* Vertretung 129f; *Welser* in FS Wagner 380.

[61]) Vgl *Welser,* Vertretung 138ff; *Welser,* ÖJZ 1973, 287ff; *Koziol,* RdW 1993, 354; aA *Gschnitzer* in *Klang*² IV/1, 176; *Gschnitzer,* Schuldrecht AT 9.

[62]) *Welser,* Vertretung 129ff; OGH SZ 62/187; EvBl 1991/101.

1364 Sowohl für den Ersatz des Vertrauens- als auch des Nichterfüllungsschadens gilt die Unterscheidung zwischen **erlittener Beschädigung** und **voller Genugtuung.** Daher ist in beiden Fällen ein entgangener Gewinn nur bei grobem Verschulden zu ersetzen.[63]) S unten Rz 1431 ff.

F. Die Verursachung (Kausalität)

Literatur: *Apathy,* Zur Haftung bei überholender Kausalität, in FS Koziol (2010) 515; *Bydlinski,* Zum gegenwärtigen Stand der Kausalitätstheorie im Schadensrecht, JBl 1958, 1; *von Caemmerer,* Das Problem des Kausalzusammenhangs im Privatrecht (1956); *Heinrich,* Haftung bei alternativer Kausalität mit Zufall – Arzthaftung bei unaufklärbarem Kausalverlauf (2010); *Heinrich,* Teilhaftung bei alternativer Kausalität mit Zufall, JBl 2011, 277; *Rebhahn,* Staatshaftung wegen mangelnder Gefahrenabwehr (1997); *Traeger,* Der Kausalbegriff im Straf- und Zivilrecht (Neudruck 1929); *Welser,* Zur solidarischen Schadenshaftung bei ungeklärter Verursachung im deutschen Recht, ZfRV 1968, 38.

1. Bedingungstheorie (Äquivalenztheorie)

1365 Die Verursachung ist – neben dem Schaden – die erste Haftungsvoraussetzung. Es ist zu prüfen, ob der potenziell Haftpflichtige den Schaden durch eigenes Verhalten (Handlung oder Unterlassung) verursacht hat oder ob Sachen oder Personen, für die er einstehen muss, ursächlich waren. Ein positives Verhalten (ein Umstand) ist für einen Erfolg ursächlich, wenn es ihn herbeigeführt, ihn bewirkt hat. Eine Unterlassung (die an sich im naturgesetzlichen Sinne nichts bewirkt) sieht man als ursächlich an, wenn ein entsprechendes positives Verhalten den eingetretenen Erfolg vermieden hätte. Daher ist jedes Verhalten oder jeder Umstand ursächlich, der für den Eintritt des Erfolgs (seine Vermeidung) notwendig war (gewesen wäre). Auf die Art des Umstandes kommt es nicht an, alle Bedingungen des Erfolgs sind „gleichwertig" (äquivalent), es gilt die **Äquivalenz-** oder **Bedingungstheorie,** die Lehre von der Gleichwertigkeit aller notwendigen Bedingungen: jede davon ist Ursache, vor allem wird zwischen Anlass und Ursache nicht unterschieden.

1366 Die Rechtswissenschaft bedient sich zur Feststellung der Kausalität der Formel von der **conditio sine qua non.**[64]) Sie fragt nicht, ob ein Tun oder Unterlassen den Erfolg bewirkt hat, sondern umgekehrt, ob der Erfolg (Schaden) auch **ohne** das zu prüfende Verhalten eingetreten wäre:

1367 *Ein Verhalten ist ursächlich für einen Erfolg, wenn es nicht weggedacht werden kann, ohne dass dann der Erfolg entfiele.*

1368 Somit gilt nach der Formel von der conditio sine qua non (Bedingungstheorie): Steht die Kausalität eines positiven Tuns infrage, so wird geprüft, ob der Schaden entfällt, wenn man sich dieses Tun **wegdenkt.** Kommt eine Schädigung durch Unterlassen in Betracht, so ist zu fragen, ob der Schaden auch eingetreten wäre, wenn man sich das pflichtgemäße

[63]) *Welser,* Vertretung 131 f; *Mayrhofer,* Schuldrecht I 257.

[64]) *Bydlinski,* Schadensverursachung 7 ff; *Rebhahn,* Staatshaftung 566 ff. Kritisch *Burgstaller,* Das Fahrlässigkeitsdelikt im Strafrecht (1974) 81 ff.

Verhalten **hinzudenkt.**[65]) Wäre der Schaden dann ausgeblieben, ist die Unterlassung ursächlich.

Jemand wirft einen Stein in eine Fensterscheibe. Denkt man sich seine Handlung weg, so wäre die Scheibe noch ganz. Die Handlung ist also ursächlich für den Schaden. Der Verkäufer liefert eine Sache, von der er weiß, dass sie feuergefährlich ist. Er unterlässt es aber, den Käufer zu warnen. Bei Benützung der Sache erleidet der Käufer einen Brandschaden. Wäre der Brand unterblieben, wenn der Verkäufer den Käufer gewarnt hätte, ist der Verkäufer für den eingetretenen Schaden ursächlich. Wie gerade dargelegt, sind allerdings die Fragen nur zu beantworten, wenn man schon weiß, ob die Zerstörung der Scheibe auf dem Steinwurf beruht und ob der Käufer bei entsprechender Warnung das Feuer vermieden hätte.

Der Vorteil der Formel liegt darin, dass sie für Tun und Unterlassen 1369
einen einheitlichen Prüfungsvorgang erlaubt.

Der Nutzen dieser Formel ist allerdings höchst bescheiden. Sie stellt nämlich nicht die Verursachung fest, sondern setzt ihre Kenntnis voraus. Daher nützt sie nur dem etwas, der das zu Beweisende, nämlich die Ursächlichkeit einer bestimmten Person oder eines bestimmten Ereignisses, schon kennt. Ob A den B durch ein Getränk vergiftet hat und so für den Tod des B ursächlich ist, hängt nach der Formel von der conditio sine qua non davon ab, ob B auch dann tot umgefallen wäre, wenn ihm A kein Getränk gereicht hätte. Um diese Frage beantworten zu können, muss man aber schon wissen, ob Gift im Getränk war und ob es im Körper des B tödliche Wirkungen entfaltet hat. Wer aber das weiß, der weiß auch, dass A ursächlich war, er braucht keine Formel. Wer es aber nicht weiß, dem hilft auch die Formel nichts: er kann nicht sagen, ob B auch ohne das Verhalten des A tot wäre.

Nicht verursacht sind in der Regel die **„Vorhaltekosten“**, das sind 1370
Aufwendungen zur Verhinderung eines Schadens. Zu ersetzen sind nur die durch einen konkreten Täter verursachten Folgekosten.

Ein Warenhausinhaber installiert Fernsehüberwachungsanlagen und engagiert Detektive, die Ladendiebe erwischen sollen.[66]) Die Kosten wären dem Geschädigten auch ohne das rechtswidrige Verhalten eines bestimmten Täters entstanden und sind daher von ihm nicht verursacht. Soweit allerdings gerade er durch sein Verhalten Kosten verursacht hat (Beobachtung, Verfolgung), hat er auch Ersatz zu leisten.[67]) Nach der Rechtsprechung sind auch die Kosten von Abwehr- und Sicherungsmaßnahmen ersatzfähig, die in Reaktion auf die Drohung vorsorglich in Auftrag gegeben wurden (Personenschutz). Zu ersetzen sind nur unbedingt notwendige und angemessene Aufwendungen.[68])

Umstritten ist auch der Ersatz von Kosten einer **„Reservehaltung“**. 1371
Um bei Ausfall eines Wagens Ersatz bereit zu haben, halten Verkehrsunternehmen oft Reservefahrzeuge. Kommt es nun wegen der Beschädi-

---

[65]) OGH SZ 56/181; JBl 1994, 338; RdW 2004/174; SZ 74/159; vgl auch RdW 2003/305; ecolex 2007/261; SZ 2005/130; EvBl 2012/95 *(Rassi)* = NZ 2014/79 *(Hoyer);* NZ 2013/31; vgl dazu *Koziol,* Wegdenken und Hinzudenken bei der Kausalitätsprüfung, RdW 2007/14, 12.

[66]) *Welser,* Zur Ersetzbarkeit der Detektivkosten beim Warenhausdiebstahl, ÖJZ 1977, 645; *Thiele,* Ersatz von Detektivkosten, RdW 1999, 769; s auch OGH JBl 1999, 49 *(Apathy).*

[67]) Zu den Kosten der Überwachung eines Ehestörers s RIS-Justiz RS0022943, zuletzt OGH iFamZ 2014/193 *(Deixler-Hübner);* vgl dazu *Ondreasova,* Detektivkosten: Schadenersatz im Fall des Ehebruchs auch gegen den Dritten? Zak 2012/287, 143.

[68]) OGH ecolex 2014/434 *(Schoditsch).*

gung eines Fahrzeuges durch einen bestimmten Schädiger zum Einsatz des „Reservewagens“, so fragt es sich, ob der Schädiger die Kosten der Reservehaltung ersetzen muss. Er hat zwar nicht die Anschaffung, aber den Einsatz des Fahrzeuges verursacht. Nach der Judikatur hat er dem Verkehrsunternehmen die auf die Zeit des Einsatzes entfallenden „aliquoten Kosten“ aus dem Titel der Geschäftsführung ohne Auftrag zu ersetzen.[69])

1372 Mit einem Kausalitätsproblem ist auch der Ersatz von **frustrierten Aufwendungen** behaftet (s oben Rz 1356).

2. Adäquanztheorie

1373 Die Bedingungstheorie (Äquivalenztheorie) zieht die äußerste Grenze der Ursächlichkeit. Fehlt der „Bedingungszusammenhang“, so kommt keine Ersatzpflicht in Betracht. Lehre und Rechtsprechung schränken aber die „juristische Kausalität“ weiter ein. Der Schädiger soll nur für Schäden haften, die er adäquat herbeigeführt hat **(Adäquanztheorie).**[70]) Adäquanz (Adäquität) liegt vor, wenn die Ursache ihrer **allgemeinen Natur** nach für die Herbeiführung eines Erfolges wie des eingetretenen noch geeignet erscheint und der Erfolg nicht nur wegen einer ganz außergewöhnlichen Verkettung von Umständen eingetreten ist. Die Voraussetzung der Adäquanz dient der Haftungsbegrenzung (s oben Rz 1342).

Die Rechtsprechung hat vielfach zur Frage der Adäquität Stellung genommen: Kein adäquater Kausalzusammenhang besteht zwischen der Beschädigung eines Strommastes durch ein Auto (dem dadurch ausgelösten Kurzschluss) und einem deshalb im Elektrizitätswerk wegen einer nicht einwandfrei funktionierenden Sicherung auftretenden Brand.[71]) Genauso wenig kann ein Arbeitgeber die Kosten einer Videoüberwachung auf eine Angestellte überwälzen, die bei einer rechtswidrigen Handlung ertappt wird, wenn die Überwachung an sich nicht auf ihr Verhalten zurückzuführen war.[72])

---

[69]) OGH JBl 1973, 476 *(Koziol);* SZ 59/95; SZ 60/65; ZVR 1995/129; ecolex 1997, 81; *Koziol,* Die Schadensminderungspflicht, JBl 1972, 234; *Apathy,* Der Ersatz von Kosten eines Reservefahrzeuges, ZVR 1989, 257; *Hinteregger,* ZVR 2014/245, 484; für eine schadenersatzrechtliche Lösung hingegen *Koziol,* Haftpflichtrecht I³ Rz 3/21; *Ch. Huber,* Betriebsreservekosten – Einordnung in das Schadenersatzrecht, ecolex 1997, 77 ff; vgl bereits *Ch. Huber,* Schadensberechnung 200 ff; *Fötschl,* Reservehaltungskosten und Geschäftsführung ohne Auftrag, ZVR 2003, 220. Für die Anwendung des § 1042 *Reischauer* in *Rummel*³ § 1323 Rz 11 a.

[70]) *Traeger,* Kausalbegriff; *Bydlinski,* Schadensverursachung 58 ff; *Welser,* Der OGH und der Rechtswidrigkeitszusammenhang, ÖJZ 1975, 1 und 37 (43); *Welser,* Schutzgesetzverletzung, Verschulden und Beweislast, ZVR 1976, 1 (8f); *E. A. Kramer,* Schutzgesetze und adäquate Kausalität, JZ 1976, 338; *Kocholl,* Adäquanz – Anforderungen an die Vorhersehbarkeit – Adäquanzschwellen-Matrix statt Pseudofilter, ÖJZ 2009/65, 583; OGH SZ 57/16; ZVR 1986/37; JBl 1986, 103; SZ 60/49; JBl 1989, 175 *(Humel);* ZVR 1989/130; SZ 68/191; 70/11; ZVR 1998/50; JBl 1999, 533; ZVR 2001/4; JBl 2001, 656; SZ 74/179 (dazu *Rummel,* Adäquanz bei Eingreifen eines Dritten in den Kausalverlauf, JBl 2002, 335); EvBl 2005/149; ÖBA 2006/1340; ZVR 2008/225 *(Kathrein)* (Auffahrunfall); ZVR 2011/66; OLG Wien ZVR 2010/86.

[71]) OGH SZ 58/128.

[72]) OGH ecolex 2007/37 *(Rubin)* = RdA 2007/35 *(Goricni).*

Hingegen besteht ein adäquater Kausalzusammenhang zwischen dem unbeaufsichtigten Stehenlassen eines geladenen Gewehrs und den Schäden durch dessen unbefugte Benutzung;[73]) zwischen einem Oberschenkelbruch und einem auf die eingeschränkte Bewegungsfreiheit zurückzuführenden Sturz;[74]) zwischen der Gefährdung eines Kindes und der Verletzung des eingreifenden Retters;[75]) zwischen einer schweren Verletzung mit Dauerfolgen und einem deshalb im Depressionszustand verübten Selbstmord;[76]) zwischen einer schweren Verletzung mit Dauerfolgen und einer daraus resultierenden Drogenabhängigkeit;[77]) zwischen einer Querschnittslähmung und dem selbstbestimmten Tod durch Behandlungsverweigerung;[78]) zwischen dem auf einer Autobahn verursachten Unfall und der von einem anderen Fahrzeuglenker verschuldeten Verletzung der zu Hilfe gekommenen Personen;[79]) zwischen sexuellem Missbrauch und erst später durch den familiären Umgang mit dem Vorfall verursachten psychischen Beeinträchtigungen.[80])

Die Adäquanztheorie ist eigentlich keine Kausalitätsformel, sondern ein zusätzliches Kriterium der Haftungsbegrenzung. Die innere Rechtfertigung der Adäquanz liegt darin, dass vollkommen unvorhersehbare Folgen vernünftigerweise nicht mehr als vom Menschen **beherrscht gedacht** werden können, weshalb sie auch einem Verursacher nicht mehr zugerechnet werden sollen.[81]) 1374

3. Alternative, kumulative und überholende Kausalität

a) Alternative Kausalität

Bei einer Treibjagd wird ein Treiber durch einen Schuss schwer verletzt. Zwei Jäger hatten auf einen hinter dem Treiber laufenden Hasen geschossen. Es ist nicht feststellbar, welcher Jäger den Treiber getroffen und welcher knapp an ihm vorbeigeschossen hat.

Bei der alternativen Kausalität geht es darum, dass nur **einer** von mehreren Tätern den Erfolg verursacht haben kann, aber nicht feststellbar ist, ob es der eine („alter") oder der andere („alter") war. Um den Geschädigten trotz Bekanntseins aller möglichen Verursacher nicht – wegen Unbeweisbarkeit der Ursächlichkeit eines von ihnen – leer ausgehen zu lassen, nimmt die hM analog zu § 1302 eine **Solidarhaftung** der Täter an, wenn sie rechtswidrig, schuldhaft und „konkret" gefährlich gehandelt haben[82]) und deshalb qualifiziert tatverdächtig sind. Dass den Erfolg 1375

[73]) OGH SZ 25/14.
[74]) OGH EvBl 1961/379.
[75]) OGH ZVR 1968/87.
[76]) OGH JBl 1992, 255.
[77]) OGH ZVR 1995/73.
[78]) OGH ZVR 2004/37.
[79]) OGH EvBl 2008/135.
[80]) OGH ZVR 2010/43 *(Danzl)*.
[81]) *Larenz,* Hegels Zurechnungslehre und der Begriff der objektiven Zurechnung (1927); *Bydlinski,* Schadensverursachung 60f.
[82]) *Bydlinski,* Haftung bei alternativer Kausalität, JBl 1959, 1; *Welser,* ZfRV 1968, 38; *Rummel,* Ersatzansprüche 24f; *Bydlinski,* Aktuelle Streitfragen um die alternative Kausalität, in FS Beitzke (1979) 3; *Rebhahn,* Staatshaftung 606ff; OGH EvBl 1982/188; JBl 1986, 576 *(Deutsch);* SZ 63/185; EvBl 1994/13. AA *Wolff* in *Klang*[2] VI 56; vgl auch

einer von mehreren Tätern verursacht hat, reicht also für die solidarische Haftung aller aus.[83]) Es steht aber jedem der möglichen Verursacher der Beweis frei, dass sein Verhalten den Schaden nicht verursacht hat.[84])

1376 Ein Haftpflichtiger, der den Schaden ersetzt, kann gegen die übrigen **Rückgriff** nehmen. Ist auch er nicht in der Lage, einem bestimmten Täter die Kausalität nachzuweisen, haften alle Beteiligten nach Köpfen.

1377 Die Lehre von der alternativen Kausalität beruht auf Billigkeitserwägungen, weil an sich für die Haftung die Ursächlichkeit eines Täters bewiesen sein muss. Die Lehre von der alternativen Kausalität sieht es aber als inakzeptabel an, dass ein Geschädigter, der alle möglichen Täter vor sich hat, leer ausgehen soll, weil er die Kausalität eines Einzelnen von ihnen nicht beweisen kann. Daher soll die Beweislast für die Kausalität des wirklichen Täters auf die mehreren möglichen Verursacher verlagert werden.

1378 Ein Teil der Lehre wendet die Regeln über die alternative Kausalität auch dann an, wenn es nicht um die Ursächlichkeit mehrerer (qualifiziert handelnder) Täter geht, sondern nicht festgestellt werden kann, ob ein Erfolg von einem rechtswidrig und schuldhaft handelnden **Täter** oder von einem **zufälligen Ereignis** herbeigeführt wurde (alternative Kausalität mit Zufall).[85])

Es lässt sich nicht aufklären, ob ein Spitalspatient wegen Unterlassung einer gebotenen Heilmaßnahme oder an einem nicht verhinderbaren Herzversagen gestorben ist.

1379 Der Täter soll dann für einen Teil des Schadens haften, welcher der Wahrscheinlichkeit seiner Verursachung entspricht. Dieser Ansicht ist nicht zu folgen, weil sie das Haftungserfordernis der Kausalität generell auflöst.[86]) Wann immer nämlich die Kausalität eines Täters nicht fest-

---

OGH JBl 1986, 787 *(Apathy); Reischauer,* Die Haftung wegen möglicher Kausalität am Beispiel eines Auffahrunfalles (§ 1302 ABGB), VersRdSch 1987, 208.

[83]) Zur analogen Anwendung der Grundsätze der alternativen Kausalität im Bereich der Gefährdungshaftung s OGH JBl 1997, 529 *(Dullinger);* SZ 54/63; SZ 57/25; ecolex 2012/386.

[84]) OGH ZVR 2002/37 (Raufhandel).

[85]) *Bydlinski,* Schadensverursachung 87f; *Welser,* ZfRV 1968, 38ff; *Bydlinski,* Haftungsgrund und Zufall als alternativ mögliche Schadensursachen, in FS Frotz (1993) 3; *Koziol,* Haftpflichtrecht I[13] Rz 3/36ff; *Apathy* in FS Koziol 515; *Heinrich,* Haftung bei alternativer Kausalität mit Zufall 33ff, 112; *Heinrich,* JBl 2011, 277; OGH JBl 1990, 924 *(Holzer);* EvBl 1994/13; SZ 68/207; vgl aber auch JBl 1992, 522; JBl 1994, 540 *(Bollenberger);* JBl 1997, 392 *(Lukas);* EvBl 2012/45 *(Karner)* = ZVR 2012/33 *(Ch. Huber)* = Zak 2011/670 *(Kletečka).* Vgl auch *Engel,* Dogmatische Überlegungen zur Schadensteilung bei alternativer Kausalität mit Zufall, ÖJZ 2013/31, 293.

[86]) *Welser,* ZfRV 1968, 38ff; *Welser* in *Reischauer/Spielbüchler/Welser,* Reform des Schadenersatzrechts II 14; s auch *Reischauer* in *Rummel*[3] § 1302 Rz 12; *Lukas,* JBl 1997, 396; *Kletečka,* Alternative Verursachungskonkurrenz mit dem Zufall – Die Wahrscheinlichkeit als Haftungsgrund? JBl 2009, 137 (139ff); *Harrer,* Zufall und Wahrscheinlichkeit im Haftungsrecht, ZVR 2012/237, 440; *Häusler,* Halber Schadenersatz bei „halbem" Kausalitätsbeweis? ecolex 2012, 17; nunmehr auch *Kletečka* in FS Iro 40f.

steht, ist der Zufall als zweiter möglicher (alternativer) Verursacher im Spiel. Daher müsste in **jedem** Fall, in dem die Verursachung durch einen Täter nur möglich, aber nicht sicher ist, diesem ein Ersatz entsprechend der Wahrscheinlichkeit seiner Verursachung auferlegt werden, was mit dem allgemein geltenden Verursachungsprinzip (§ 1294) nicht in Einklang zu bringen ist.

b) Kumulative Kausalität

Der Fabrikant A will eine neue Gewebeart herstellen. Zur Produktion braucht er eine Maschine, die er bei B, und Rohmaterial, das er bei C bestellt hat. Die Produktion kann zum vorgesehenen Termin nicht aufgenommen werden, weil weder B noch C ihrer Lieferverpflichtung nachkommen. A erleidet dadurch einen Verdienstausfall. Gegen seinen Schadenersatzanspruch wendet B ein, derselbe Schaden wäre auch eingetreten, wenn er die Maschine rechtzeitig geliefert hätte, weil ja auch C säumig gewesen sei. C beruft sich für seine mangelnde Ursächlichkeit in gleicher Weise auf den Verzug des B.

Das Beispiel steht für Fälle, in denen mehrere Handlungen (oder 1380
Unterlassungen) gesetzt wurden, von denen **jede** einzelne den schädigenden Erfolg herbeigeführt hätte. Wendet man die Formel von der conditio sine qua non an, so wäre keiner der Handelnden für den Erfolg ursächlich, da dieser ja auch „ohne sein Verhalten" eingetreten wäre. Um dieses Ergebnis zu vermeiden, setzt sich die hM über die Lehre von der conditio sine qua non hinweg und lässt alle Täter **solidarisch** haften.[87])

c) Überholende Kausalität

1. B stiehlt in der Villa des A ein Gemälde, vernichtet es aber später aus Angst vor Entdeckung. Kurz nach dem Diebstahl bricht in der Villa ein von C gelegter Brand aus, durch den die ganze Einrichtung vernichtet wird.

2. B fügt A schuldhaft eine Körperverletzung zu, die eine dauernde Knochenkrankheit (Arthrose) zur Folge hat. Wegen der persönlichen Veranlagung des A (Arthritis) wäre dieselbe Krankheit einige Zeit später auch ohne die Verletzung ausgebrochen.

In beiden Beispielen berufen sich die Schädiger auf die hypothetische spätere Ursache („Reserveursache"), um ihre eigene Ursächlichkeit zu bestreiten: Der Schaden wäre jeweils „auch sonst" eingetreten.

In den Fällen überholender Kausalität führt ein Ereignis (reale Ur- 1381
sache) einen Schaden (wirklich) herbei, den später ein anderes Ereignis ebenfalls verursacht hätte.[88]) Der Schaden wäre daher „auch sonst" eingetreten, weil die **„hypothetische Ursache"** („Reserveursache") zum Tragen gekommen wäre. Es handelt sich um eine „zeitlich gedehnte kumulative Kausalität".

Rechtsvergleichend *Oliphant,* Alternative Causation: A Comparative Analysis of Austrian and English Law, in FS Koziol (2010) 795.

[87]) *Bydlinski,* Schadensverursachung 15ff; *Welser,* ZfRV 1968, 44; RIS-Justiz RS0022729; zuletzt auch *Leitner,* Kumulative Kausalität und Zufall – Kritik an 6 Ob 163/05x, ecolex 2006, 278.

[88]) Zu Fallgruppen *Kleewein,* Anmerkungen zum Problem der hypothetischen Kausalität, JAP 1991/92, 142.

1382 Die Formel von der conditio sine qua non verdeckt, dass die in Betracht kommenden Ursachen nicht gleichwertig sind. Denn die frühere Ursache hat den Schaden wirklich **herbeigeführt,** während ihn die spätere nur herbeigeführt **hätte,** wenn er nicht schon eingetreten gewesen wäre. Das spätere Ereignis konnte das Rechtsgut gar nicht mehr beeinträchtigen, weil es nicht mehr vorhanden oder doch schon beschädigt war.

1383 Es ist daher der Auffassung zu folgen, dass jener haftet, der die nachteilige Veränderung real **herbeigeführt** hat.[89]) In der Lehre wird zum Teil zwischen objektiver Schadensberechnung (Unerheblichkeit der Reserveursache) und Interesseersatz unterschieden[90]) und bei Letzterem meist in Anlehnung an die Lösung bei der kumulativen Kausalität eine solidarische Haftung beider Täter angenommen.[91])

1384 Bei Vorhandensein einer Schadensanlage, wie im Beispiel 2 **(„Anlageschäden"),** hat der Täter nur den durch die Vorverlegung des Schadenseintrittes entstehenden Nachteil zu ersetzen.[92])

G. Die Rechtswidrigkeit

Literatur: *H. A. Fischer,* Die Rechtswidrigkeit (1911); *Koziol,* Rechtswidrigkeit, bewegliches System und Rechtsangleichung, JBl 1998, 619; *Münzberg,* Verhalten und Erfolg als Grundlagen der Rechtswidrigkeit und Haftung (1966); *Reischauer,* Der Entlastungsbeweis des Schuldners (§ 1298) (1975); *Welser,* Haftungsprobleme der Wintersportausübung, in *Sprung/König,* Das österreichische Schirecht (1977) 385; *Welser,* Die Haftung für Rat, Auskunft und Gutachten (1983).

1. Begriff

1385 *Ein Verhalten (Handlung oder Unterlassung) ist rechtswidrig, wenn es gegen Gebote oder Verbote der Rechtsordnung oder gegen die guten Sitten verstößt. Für die Haftung aus Vertrag ist das vertragswidrige Verhalten rechtswidrig (§ 1295).*

---

[89]) Vgl OGH SZ 10/272; EvBl 1959/244; SZ 39/172; JBl 1993, 663 *(Kleewein);* vgl auch OGH ecolex 2002/309 *(Urbanek/Urbanek);* JBl 2009, 247 *(Bumberger); Reischauer* in *Rummel*[3] § 1302 Rz 14; differenzierend dazu *Riss,* Hypothetische Kausalität, objektive Berechnung bloßer Vermögensschäden und Ersatz verlorener Prozesschancen, JBl 2004, 423; vgl aber OGH SZ 57/51.

[90]) *Bydlinski,* Schadensverursachung 26ff, 32ff; vgl auch *von Caemmerer,* Das Problem der überholenden Kausalität im Schadensersatzrecht (1962) 7; *Kleewein,* Hypothetische Kausalität und Schadensberechnung (1993) 87ff, 120f. *Apathy* in FS Koziol 520ff.

[91]) S vor allem *Bydlinski,* Schadensverursachung 65ff, 74f; *Koziol,* Haftpflichtrecht I[3] Rz 3/74ff; *Schobel,* Hypothetische Verursachung, Aliud-Verbesserung und Schadensteilung, JBl 2002, 771 (zu OGH JBl 2002, 796); *Riss,* JBl 2004, 423.

[92]) *Bydlinski,* Vergleichsverhandlungen und Verjährung; Anlageschäden und überholende Kausalität, JBl 1967, 135ff; *Bydlinski,* Schadensverursachung 99ff; *Ch. Huber,* JBl 1990, 721. OGH JBl 1974, 318; ZVR 1978/165; ZVR 1979/99; SZ 69/199; JBl 1999, 246 *(Bumberger);* s auch OGH JBl 1988, 649; JBl 2002, 720; JBl 2009, 247 *(Bumberger);* JBl 2014, 804; Zak 2015/393. Zu summierten Einwirkungen OGH SZ 2008/80 = Zak 2008/541 *(Kletečka);* Zak 2012/422; RdU 2012/138 *(Lang)* = immolex 2012/100 *(Hagen)* = ZVB 2012/143 *(Oppel);* ZVB 2013/61 *(Michl);* EvBl 2015/82 *(Pehm)* = ZVR 2015/47 *(Ch. Huber)* = Zak 2014/718 *(Kletečka).*

1386 Nach hM in Österreich bezieht sich das Urteil der Rechtswidrigkeit stets auf ein Verhalten und nicht auf den nachteiligen Erfolg. Es gilt also die Verhaltens- und nicht die Erfolgsunrechtslehre.[93]) Die **Verhaltensunrechtslehre** beruht auf der Überlegung, dass die Gebote und Verbote der Rechtsordnung stets das menschliche Verhalten regeln und Rechtswidrigkeit nichts anderes bedeute als die Feststellung, dass ein Normverstoß vorliegt. Ein bestimmter Erfolg (zB Schaden an einer Sache) ist nicht per se rechtswidrig, nur das Verhalten, das diesen unerwünschten Erfolg herbeigeführt hat.[94]) Nach der **Erfolgsunrechtslehre** ist demgegenüber die Verletzung eines absolut geschützten Rechtsgutes (Leben, Gesundheit, Freiheit, Eigentum) rechtswidrig, sofern kein Rechtfertigungsgrund (Rz 1399 ff) vorliegt.[95])

1387 Richtig ist, dass nur Rechtssubjekte Normadressaten sind und daher Naturereignisse ebenso wenig rechtswidrig sind, wie das Verhalten von Tieren.

Frisst die Kuh Bella den Garten des Nachbarn kahl, so ist dies kein rechtswidriges Verhalten Bellas. Rechtswidrig kann aber der Eigentümer („Halter" der Kuh) handeln, wenn er ihre Beaufsichtigung unterlässt.

1388 Dennoch ist der unerwünschte Erfolg auch bei der Rechtswidrigkeit von Bedeutung. Aus der Verletzung eines absolut geschützen Rechtsgutes oder einer vertraglichen Pflicht kann zumeist abgeleitet werden, dass der Verursacher auch rechtswidrig gehandelt hat. Zumindest indiziert sie die Rechtswidrigkeit des Verhaltens, das zu diesem Erfolg geführt hat.[96]) Außerdem ist der unerwünschte Erfolg für vorbeugende Unterlassungsansprüche und für die Abwehrrechte (Notwehr, Rz 1400) von Bedeutung. Im Ergebnis bestehen zwischen Verhaltens- und Erfolgsunrechtslehre wenig Unterschiede: wer die Rechtswidrigkeit an den unerwünschten Erfolg knüpft, kann Umstände wie zB, dass der Schädiger trotz Einhaltung der gebotenen Sorgfalt den Schaden verursacht hat, auf der Ebene des **Verschuldens** berücksichtigen.

2. Fälle der Rechtswidrigkeit

1389 Die Rechtswidrigkeit des schädigenden Verhaltens (§ 1294) ist nach der Verursachung die zweite Voraussetzung der Verschuldenshaftung. Ein Tun oder Unterlassen kann aus verschiedenen Gründen rechtswidrig sein.

1390 Bei der Vertragshaftung besteht die Rechtswidrigkeit stets in der Nichterfüllung einer **vertraglichen** (vor- oder auch nachvertraglichen) **Pflicht.**

---

93) Dazu *Münzberg,* Verhalten 53 ff.

94) *Koziol,* Grundfragen Rz 6/3.

95) *Reischauer* in *Rummel*³ § 1294 Rz 7 ff.

96) *Münzberg,* Verhalten 262 f, 327 ff; OGH JBl 1992, 44; ZVR 1992/177; JBl 1995, 658 *(Karollus-Brunner);* JBl 2000, 588.

1391 Bei der Deliktshaftung sind verschiedene Fälle zu unterscheiden:

a) Schutzgesetzverletzung

1392 Gewisse Verhaltensweisen sind so gefährlich oder werden so häufig gesetzt, dass sie der Gesetzgeber genauer umschreibt und verbietet. Dies geschieht durch die sog **Schutzgesetze,** die ein Verhalten ohne Rücksicht darauf verbieten, ob es in einem konkreten Fall nach den gerade vorliegenden Umständen gefährlich ist, sie sind also **abstrakte Gefährdungsverbote.**[97]) So wird zB in der Straßenverkehrsordnung das Rechtsfahren vorgeschrieben, Linksfahren ist daher rechtswidrig, auch wenn im Einzelfall dadurch niemand bedroht ist.

1393 Die gesetzliche Regelung findet sich in **§ 1311 Satz 2.** Danach haftet jemand, der ein Gesetz übertritt, das zufälligen Beschädigungen vorzubeugen sucht, für jeden Nachteil, der sonst nicht eingetreten wäre. Die Haftung nach § 1311 setzt jedenfalls Verschulden voraus,[98]) doch muss es sich nicht auf den schädigenden Erfolg (Vorhersehbarkeit des „Eingriffs"), sondern nur auf die Übertretung der Norm beziehen.[99]) Ein typisches „Schutzgesetz" ist die StVO, die genaue Verhaltensnormen (Gebots- oder Verbotsnormen) aufstellt, um eine Schädigung von Verkehrsteilnehmern zu verhindern. Schutzgesetze können nicht nur Gesetze im formellen Sinn sein, sondern auch Verordnungen; ob auch Bescheide, ist strittig.[100])

b) Verletzung absolut geschützter Güter

1394 Das Gesetz enthält jedoch keinen Katalog von Schutzgesetzen und der daraus folgenden Verhaltensnormen. Gebote und Verbote sind aus der gesamten Rechtsordnung abzuleiten. Generellen Schutz genießen jedenfalls die **absoluten Rechte,**[101]) vor allem das Leben, die Gesundheit, die Freiheit und das Eigentum. Jeder hat sich so zu verhalten, dass möglichst keine Verletzung dieser absolut geschützten Güter eintritt. Welches Verhalten dabei noch erlaubt oder wegen seiner Gefährlichkeit schon

---

[97]) *Welser,* ZVR 1976, 3f; *Welser* in *Sprung/König,* Das österreichische Schirecht 421; *Karollus,* Schutzgesetzverletzung 91ff mwN.

[98]) *Welser,* ZVR 1976, 2ff; OGH ZVR 1976/292; ZVR 1985, 153; ZVR 2000/23. Dagegen *Brunner,* Die Zurechnung der Schadenersatzpflicht bei Verletzung eines „Schutzgesetzes" gem § 1311 ABGB, ÖJZ 1972, 117ff.

[99]) *Welser* in *Sprung/König,* Das österreichische Schirecht 421; *Welser,* ZVR 1976, 2ff; *Karollus,* Schutzgesetzverletzung 263ff; *Karollus,* Praktische Probleme der Schutzgesetzhaftung, insbesondere im Verkehrshaftpflichtrecht, ZVR 1994, 129f mwN; *Bollenberger,* Zivilrechtliche Folgen einer strafrechtlichen Verurteilung, ÖJZ 2008/54, 515 (519ff).

[100]) Dafür *Welser* in *Sprung/König,* Das österreichische Schirecht 422f; *Karollus,* Schutzgesetzverletzung 94ff mwN. Eine interne Arbeitsanweisung ist keine Schutznorm iSd § 1311: OGH EvBl 2000/41. Zu Bauauflagen s OGH SZ 2003/154; zu Betriebsvorschriften s OGH Zak 2011/101; ecolex 2014/432 *(Schoditsch).*

[101]) *Welser* in *Sprung/König,* Das österreichische Schirecht 420f; *Welser,* Vertretung 49.

verboten ist, richtet sich in erster Linie nach der **Verkehrsüblichkeit** und der allgemeinen sozialen **Erfahrung.**

Daher ist das Schifahren auf Pisten,[102]) Eislaufen,[103]) Fußballspielen,[104]) oder die Ausübung anderer Sportarten,[105]) ja selbst die Ausübung von Kampfsportarten,[106]) trotz der Gefährlichkeit für andere Personen nicht unbedingt rechtswidrig, sondern nur, wenn die aufgrund der Erfahrung übliche Sorgfalt außer Acht gelassen wurde.[107])

Die Unterlassung der Abwendung eines Schadens macht nur ersatzpflichtig, wenn eine solche Tätigkeit nach den §§ 94 und 95 StGB geboten gewesen wäre oder wenn der Unterlassende sonst aufgrund besonderer gesetzlicher oder vertraglicher Pflichten hätte handeln müssen.[108])

Eine Typisierung und Verstärkung des Schutzes absoluter Güter 1395
erfolgt durch die **Verkehrssicherungspflichten:**[109]) Jeder, der einen Verkehr eröffnet (zB auf Wegen oder in Gebäuden), muss im Rahmen des Zumutbaren[110]) die Verkehrsteilnehmer schützen und vor Gefahren warnen.[111]) Darüber hinaus hat überhaupt jeder, der eine **Gefahrenquelle schafft** oder in seinem Bereich bestehen lässt, dafür zu sorgen, dass sie niemanden schädigt (Ingerenzprinzip).[112])

---

[102]) *Welser* in *Sprung/König,* Das österreichische Schirecht 439ff; *J. Pichler/Holzer,* Handbuch des österreichischen Skirechts (1987) 133ff; *Thöny,* Skirennen und Pistenbetrieb, ZVR 1996, 260; *Gschöpf,* Haftung bei Verstoß gegen Sportregeln (2000) 108ff; vgl OGH JBl 1984, 673; ZVR 1986/135; SZ 68/141; JBl 1998, 450; EvBl 2003/76.

[103]) OGH JBl 2006, 249 *(Resch).*

[104]) S etwa OGH SZ 60/176; JBl 1996, 786 *(Sprung);* Zak 2007/85; Zak 2013/184; s dazu *Häckel,* Schadenersatz für Verletzungen infolge Foulspiels beim Fußball, Zak 2008/327, 183.

[105]) OGH JBl 1988, 114 (Eishockey); JBl 1997, 734 *(Apathy)* (Straßenrennen); SZ 72/2 („parallele Sportausübung“); ZVR 2001/95 (Balgerei); JBl 2003, 862 (Rollenspiel); JBl 2005, 380 (Gerangel); ZVR 2006/42 *(Danzl)* (Paragleiten); JBl 2006, 249 *(Resch)* (Eislaufen); ZVR 2006/222 *(Ch. Huber)* und Zak 2013/23 (Rodeln); ZVR 2007/147 *(Ch. Huber)* (Volleyballspiel); Zak 2008/548 (Radrennen); ZVR 2009/221 *(Kathrein)* (Krampuslauf); Zak 2010/767 (Snowboarden); EvBl 2013/23 *(Denk)* (Klettern).

[106]) OGH JBl 2005, 313 (Judo).

[107]) *Gschöpf,* Sportregeln 85ff; *Kletečka,* Sport und Haftungsrecht in Studiengesellschaft für Wirtschaft und Recht, Sport und Recht (2005) 105; *Hinteregger/Reissner,* Sport und Haftung (2006); *Höllwerth,* „Hals- und Beinbruch“ beim Sporttraining – Zur Haftung von Trainingspartnern und Trainern für Körperverletzungen im Sport, JBl 2006, 568ff; *Gschöpf,* Sportrisiko und vertragliche Aufklärungspflicht, ZVR 2008/90, 247; *Kocholl,* Nutzungs- und Haftungsfragen bei Wegen, Klettersteigen und Kletterrouten, ZVR 2011/270, 487; *Kocholl,* Mitnahme in die Kletterhalle kann Haftung begründen, ZVR 2013/123, 234; *Kind,* Vorsicht: Klettern nicht auf eigene Gefahr – Haftungsfallen in Kletterhallen und anderswo; ZVR 2013/124, 241.

[108]) Dazu OGH SZ 50/100; wbl 1994, 210; JBl 2000, 113 (§ 286 StGB als Schutzgesetz).

[109]) *Scheffenacker,* Die Verkehrssicherungspflicht, ZVR 1972, 97. Zum deutschen Recht *von Bar,* Verkehrspflichten (1980).

[110]) OGH RdW 2002/137; wobl 2010/36 *(Vonkilch)* = immolex 2009/4 *(Edelhauser);* Zak 2010/648; ecolex 2011/385; EvBl 2014/46 *(Karner)* = ecolex 2014/6 *(Wilhelm)* = ZRB 2014/58 *(Seeber).*

[111]) RIS-Justiz RS0023801; RS0023355; RS0098750 (Veranstalter von Sportwettbewerben).

[112]) RIS-Justiz RS0022778; *Koziol,* Haftpflichtrecht I³ Rz 6/2; *Reischauer* in *Rummel*³ § 1294 Rz 64.

Die Bedeutung der Verkehrssicherungspflichten liegt darin, dass einerseits die Unterlassung von Maßnahmen zur Schadensabwendung rechtswidrig ist, und andererseits schon Handlungen verboten werden, die bloß eine abstrakte Gefährdung fremder Güter mit sich bringen. Beispiele: Öffentliche Straßen müssen in ordnungsgemäßem Zustand gehalten werden (§ 1319a) und daher bei Glätte gestreut werden;[113]) Schipisten müssen von ungewöhnlichen Hindernissen befreit werden;[114]) Gänge und Treppen eines Gebäudes müssen in gefahrlosem Zustand erhalten werden;[115]) bei Fitnessanlagen müssen bei bestimmungsgemäßer Benützung Gefahren ausgeschaltet sein;[116]) ein Kletterturm in einer Sportanlage muss eine Fallschutz bietende Mattensicherung aufweisen;[117]) ein Bahnübergang muss bei Schnee geräumt werden.[118])

c) Vorsätzlich sittenwidrige Schädigung

1396 Die Rechtswidrigkeit eines Verhaltens und damit die Ersatzpflicht kann sich noch aus einer weiteren allgemeinen Bestimmung ergeben, nämlich aus **§ 1295 Abs 2:**[119]) „Auch wer in einer gegen die **guten Sitten** verstoßenden Weise **absichtlich Schaden** zufügt, ist dafür verantwort-

---

[113]) RIS-Justiz RS0023277; s dazu auch *Kienast,* Haftungsfragen bei mangelnder Gehsteigräumung, ZVR 2009/167, 316. Zur Übertragung von Streupflichten OGH ZVR 2008/5 *(Ch. Huber);* Zak 2009/141 *(Kletečka)* = ZVR 2009/173 *(Ch. Huber)*= ecolex 2009/179 *(Friedl).* Zum Verhältnis der allgemeinen Verkehrssicherungspflichten zu § 1319a s OGH EvBl 2015/59. Innerhalb einer WE-Anlage besteht aber keine Räum- und Streupflicht „rund um die Uhr", s OGH immolex 2014/67 *(Hagen)* = ZVR 2015/5 *(Kathrein).*

[114]) RIS-Justiz RS0023417. Zur Pistensicherungspflicht s RIS-Justiz RS0023326; RS0023499; RS0023509; RS0108741; *Welser* in *Sprung/König,* Das österreichische Schirecht 388ff; *König,* Pistensicherung jenseits des Pistenrands, ZVR 1986, 2; *Dittrich/ Reindl/Stabentheiner,* Bergbeförderung, Pistenbetreuung, Wintersport – Verhaltenspflichten und Handlungsmöglichkeiten des Seilbahnunternehmers, ZVR 1996, 195; *J. Pichler,* Im Spannungsfeld zwischen Sicherungspflicht des Pistenerhalters und Eigenverantwortlichkeit des Pistenbenützers, in FS Dittrich (2000) 619; *Reischauer,* Pistenrand- bzw Pistenumfeldsicherung – Sorgfaltsverletzung und Beweislast (§ 1298 ABGB), JBl 2001, 131; *Reindl/Stabentheiner,* Aussteigstellen von Schleppliften – Sicherungspflicht gegenüber „Pistenrückkehrern" und Variantenfahrern? ZVR 2002, 146; *Reindl/ Stabentheiner/Dittrich,* Bergbeförderung, Pistenbetreuung, Wintersport – Verhaltenspflichten und Handlungsmöglichkeiten des Seilbahnunternehmers – 25 Jahre Seilbahnsymposium, ZVR 2006/238, 549; *Obermeier,* Schifahren im Recht (2007) 42ff; *Reindl/ Stabentheiner,* Tarifverbund – Vermeidung einer Haftungsgemeinschaft; Verantwortlichkeit für Renn- und Trainingsstrecken, ZVR 2008/30, 98; *Weber,* Einsatz von Pistengeräten während des Liftbetriebs, ZVR 2012/4, 15; *Stabentheiner,* Der Pistenrand als Einfahrtshindernis für Variantenfahrer und „Pistenrückkehrer" – Haftung des Pistenhalters für Dritte? ZVR 2012/212, 389; *Stabentheiner,* Einsatz von Pistengeräten bei geöffneter Piste, ZVR 2013/218, 388; *Gschöpf,* Spezialfälle der Haftung des Betreibers beim Wintersport, ZVR 2013/252, 472; *Stabentheiner,* Entwidmung und Sperre von Schipisten und Schirouten, ZVR 2014/216, 384 (387f).

[115]) OGH EvBl 1974/248; ecolex 2004, 174; EvBl 2012/23.

[116]) OGH JBl 1980, 590; ZVR 2002/49 (Fitnesscenter).

[117]) OGH JBl 2008, 114 *(Egartner).*

[118]) OGH ZVR 2007/31 *(Kathrein/Mesecke).*

[119]) Dazu *Mader,* Rechtsmißbrauch und unzulässige Rechtsausübung (1994) 160ff; *Mader,* Neuere Judikatur zum Rechtsmißbrauch, JBl 1998, 677; *Bydlinski,* Skizzen zum Verbot des Rechtsmißbrauchs im österreichischen Privatrecht, in FS Krejci (2001) 1079; *D. Ennöckl/N. Raschauer,* Rechtsmissbrauch im öffentlichen Umweltrecht, ÖJZ 2007/39, 443.

lich." Bei vorsätzlicher sittenwidriger Schädigung kommt es auf das betroffene Rechtsgut nicht an. Zu ersetzen ist jeder wie immer eingetretene, vom Vorsatz umfasste Schaden. Die Ersatzpflicht tritt auch bei schikanöser Rechtsausübung ein, dh wenn jemand sein Recht offenkundig nur zu dem Zweck ausübt, um andere zu schädigen.[120])

Nach der neueren Judikatur liegt allerdings Schikane nicht nur dann vor, wenn die Schädigungsabsicht den einzigen Grund der Rechtsausübung bildet, sondern schon dann, wenn zwischen den vom Handelnden verfolgten und den beeinträchtigten Interessen eines anderen ein krasses Missverhältnis besteht.[121]) Diese Auffassung ist abzulehnen, weil Rechte uneingeschränkt gewährt oder begründet werden und nicht in jedem Einzelfall einer „Interessenbewertung" unterzogen werden dürfen. Die neue Formel „relativiert" unzulässig den Inhalt des subjektiven Rechts, weil sie seine Ausübbarkeit von einer Abwägung von Umständen im Einzelfall abhängig macht.

d) Primäre (bloße, reine) Vermögensschäden

Bei allen Arten des Schadenersatzes spielt der Begriff des **primären (bloßen oder reinen) Vermögensschadens** eine entscheidende Rolle. Es kann nämlich nicht jeder beliebige, von einem Schädiger rechtswidrig verursachte Schaden ersetzt werden, weil dadurch die Ersatzpflichten unendlich würden. Auch § 1295 Abs 1 ist daher zu weit gefasst und bedarf einer einschränkenden Auslegung. Neben der Adäquanz setzten solche Schranken vor allem die Lehre vom Rechtswidrigkeitszusammenhang (unten Rz 1407 ff) und der Ausschluss des Ersatzes von „mittelbaren" Schäden oder primären (bloßen, reinen) Vermögensschäden. Es sind dies nachteilige Veränderungen des Vermögens, die bei einem Geschädigten eintreten, ohne dass sie Folge der Verletzung eines absolut geschützten Rechtsgutes dieses Geschädigten sind. Weil also ein solches Gut beim Geschädigten nicht verletzt ist, sondern die Schäden sofort im Gesamtvermögen eintreten, nennt man sie primäre (bloße, reine) Vermögensschäden. 1397

Hat ein körperlich Verletzter einen Verdienstausfall, ist dieser Schaden eine Folge der Verletzung seines absolut geschützten Rechtsguts „Leben" (also kein primärer Vermögensschaden) und daher zu ersetzen. Entsprechendes gilt, wenn wegen eines fahrlässig herbeigeführten Brandes die Fabrikshalle eines Unternehmers zerstört wird und durch den damit verbundenen Produktionsausfall ein Gewinnentgang eintritt. Diese Schäden sind zwar Folgeschäden, aber ohne Weiteres zu ersetzen. Werden jedoch bei einem Straßenverkehrsunfall Arbeiter eines Unternehmers verletzt, der nun verschiedene Werkverträge nicht rechtzeitig erfüllen kann, so ist sowohl der Schaden

[120]) Vgl OGH EF-Z 2012/53 *(Gitschthaler).*

[121]) OGH JBl 1990, 248 *(Rebhahn);* SZ 63/49; RdA 1994, 47 *(Binder);* RdW 1994, 102; JBl 1994, 471; SZ 70/137; JBl 1997, 452; JBl 2004, 239 *(Rummel);* vgl auch OGH iFamZ 2008/51 *(Tschugguel)* (Pflichtteilsverzicht); JBl 2008, 329; immolex 2010/19 *(Neugebauer-Herl);* aA OGH ÖBA 1987, 413 *(Koziol);* JBl 1987, 240; zur Beweislast OGH JBl 2003, 375; EvBl 2004/19. Vgl auch *Merz,* Vom Schikaneverbot zum Rechtsmißbrauch, ZfRV 1977, 162; *Koziol,* Die Grenzen des Zurückbehaltungsrechts bei nicht gehöriger Erfüllung, ÖJZ 1985, 741; *Wilhelm,* Baumängel: Das Zurückbehaltungsrecht bleibt eine scharfe Waffe, wbl 1987, 34; *Fenyves,* Vorteilsausgleich im Gewährleistungsrecht, JBl 1999, 11 f.

des Unternehmers als auch der Schaden seiner Kunden ein primärer (reiner, bloßer) Vermögensschaden. Dasselbe gilt für den Gewinnentgang eines Gastwirts, bei dem die verletzten Arbeiter sonst täglich ihr Mittagessen einnehmen.

1398 Solche primären (reinen, bloßen) Vermögensschäden werden nur ausnahmsweise ersetzt.[122]) So verbieten manchmal **Schutzgesetze** (§ 1311) die Zufügung dieser Schäden;[123]) überdies wird für sie ein Schädiger bei **vorsätzlich sittenwidrigem Verhalten** ersatzpflichtig (§ 1295 Abs 2). Zum Ersatz primärer (reiner, bloßer) Vermögensschäden kommt es auch bei der Schadensverlagerung auf einen Dritten (Drittschadenersatz, s unten Rz 1462ff). Weiters ist im Rahmen der **Vertragshaftung** und bei Verletzung sonstiger schuldrechtlicher Sonderbeziehungen auch für solche Schäden zu haften,[124]) schließlich bei bewusster Irreführung (§ 874), wissentlicher Erteilung eines falschen Rates (§ 1300) und mutwilliger Prozessführung (§ 408 ZPO).

3. Rechtfertigungsgründe

1399 Ein an sich (seinem Tatbild nach) rechtswidriges Verhalten ist rechtmäßig, wenn dafür Rechtfertigungsgründe vorliegen.

a) Notwehr

1400 Der wichtigste Rechtfertigungsgrund ist die Notwehr (§ 19). Man versteht darunter die **Abwehr** eines gegenwärtigen oder unmittelbar drohenden rechtswidrigen Angriffs auf eigene oder fremde Rechtsgüter

---

[122]) Dazu *Welser,* Vertretung 48ff; *Welser,* Haftung 13ff; *Koziol,* Schadenersatz für reine Vermögensschäden, JBl 2004, 273; *Koziol,* Beeinträchtigung des Eigentümers ohne Beschädigung oder Entziehung der Sache: Eigentumsverletzung oder reiner Vermögensschaden? in FS Fenyves (2013) 241; OGH JBl 1993, 788; ÖBA 1994, 73 und 400; SZ 69/229; ÖBA 1996, 213.

[123]) *Welser,* Schutzgesetzverletzung, Verschulden und Beweislast, ZVR 1976, 1. S OGH SZ 69/148; SZ 70/126. Zu § 25 GSpG: OGH SZ 72/4 = ecolex 1999, 468 *(Spunda);* SZ 2002/125; ecolex 2005, 204 *(Leitner); Riss,* Schadenersatz bei Spielsucht – Nicht immer gewinnt die Bank, RdW 2005/2, 7; *Vonkilch,* Rückforderung von Glücksspielverlusten nach dem „Ausspielungsbesteuerungsgesetz“, ÖJZ 2006, 487. Zu kartellrechtlichen Verbotsbestimmungen: OGH SZ 2012/14 = ecolex 2012/170 *(Wilhelm);* EvBl 2013/17 *(P. N. Csoklich)* = ecolex 2012/387 *(Wilhelm)* = ÖZK 2013, 34 *(Keznickl/Kronegger);* bbl 2013/61; *Weiland,* Schadenersatzanspruch indirekter Abnehmer gegen Kartellanten, ecolex 2012, 110; *Wollmann,* Europarechtliches zu BGH Selbstdurchschreibepapier, ecolex 2012, 113; vgl aber nunmehr § 37a KartG (BGBl I 2013/13). Zu § 48d Abs 1 BörseG: OGH ÖBA 2012/1828; ÖBA 2013/1922; VbR 2015/91 *(F. Schuhmacher); Kalss/Opitz/Zollner,* Kapitalmarktrecht[2] (2015) § 16 Rz 99; *Rüffler,* Kapitalmarktrechtliche Informations- und Verhaltenspflichten als Schutzgesetz? GeS 2010, 113 (116); aA *Enzinger,* Grundlagen und Voraussetzungen der Haftung für Erklärungen an die Öffentlichkeit, insbesondere im Kapitalmarktrecht, in FS Straube (2009) 19 (33ff); *Harrer,* Zivilrechtliche Irritationen im Kapitalmarkrecht, ZFR 2011/3, 9; „erhebliche Zweifel“ äußert auch *Schopper,* Ad-hoc-Meldepflicht als Schutzgesetz, ÖBA 2014, 495 (497).

[124]) *Welser,* Haftung 27f; OGH SZ 57/196; JBl 1985, 38.

(Leben, Gesundheit, Freiheit, Eigentum) im erforderlichen Ausmaß (§ 3 StGB).[125])

Eine Frau wehrt sich gegen einen Handtaschenräuber und fügt ihm mit einer Spray-Dose Augenverletzungen zu. Jemand schießt auf einen Fremden, der versucht, mit Gewalt in das Haus einzudringen.[126])

b) Notstand

Im Notstand[127]) (§ 1306a) handelt hingegen, wer zur Abwehr einer unmittelbar drohenden Gefahr in die Rechtsgüter eines **unbeteiligten Dritten** eingreift, die Notstandshandlung richtet sich also nicht gegen einen Angreifer, sondern gegen Dritte, sie setzt nicht einmal notwendig einen Angriff voraus. 1401

Jemand rettet sich vor einem wild gewordenen Hund auf das Auto eines Dritten, das dabei beschädigt wird. Ein dem Erfrieren naher Bergsteiger bricht in eine Almhütte ein.

Die Notstandshandlung ist allerdings rechtmäßig,[128]) wenn die Interessen des im Notstand Befindlichen jene des Geschädigten überwiegen. Andernfalls schließt der Notstand höchstens das Verschulden des Schädigers aus. 1402

Wer in Notwehr Schaden zufügt, wird nicht ersatzpflichtig. Bei Schädigungen im Notstand kommt es zu einer Billigkeitshaftung; unten Rz 1564f. 1403

c) Selbsthilfe

Auch die Selbsthilfe kann ein sonst unzulässiges Verhalten rechtfertigen, wenn sie zur Durchsetzung eines eigenen Rechtes erfolgt und die behördliche Hilfe zu spät käme (vgl §§ 19, 344).[129]) 1404

d) Einwilligung des Verletzten

Ein Verhalten, das fremde Güter gefährdet oder verletzt und deshalb rechtswidrig wäre, kann durch die Einwilligung des Verletzten gerechtfertigt sein, wenn er über das **Gut verfügen** kann.[130]) 1405

---

[125]) Dazu *Fuchs,* Grundfragen der Notwehr (1986); *Lewisch,* Altes und Neues zur Notwehr, JBl 1990, 772; *Piskernigg,* Die Selbsthilferegelung des ABGB (1999) 101ff; OGH JBl 1990, 104; SZ 62/132; OLG Graz ZVR 2009/42. Zur Notwehrüberschreitung zB OGH Zak 2010/448.

[126]) Vgl auch OGH EvBl 1974/148.

[127]) Dazu *Hohenecker,* Die Notstandsregelung des ABGB, JBl 1993, 363 und 440; OGH SZ 61/270; SZ 74/168 (rechtfertigender Beweisnotstand).

[128]) AA *Hohenecker,* JBl 1993, 364ff.

[129]) Dazu OGH SZ 64/137; SZ 69/214; immolex 2011/17 *(Prader); Piskernigg,* Selbsthilferegelung 211ff.

[130]) *Burgstaller,* Fahrlässigkeitsdelikt 158ff; *Zipf,* Einwilligung und Risikoübernahme im Strafrecht (1970) 22, 32ff; *Resch,* Die Einwilligung des Geschädigten (1997). Vgl auch OGH EvBl 1982/192.

Rechtfertigt die Einwilligung das Verhalten des Schädigers nicht, so kann sie doch den Ersatzanspruch nach § 1304 mindern, weil der Geschädigte selbst an der Schädigung mitgewirkt hat.[131])

1406 Durch den Verzichtenden frei verfügbar sind die Vermögensrechte (vgl § 354). Hingegen ist das Recht auf Leben unverzichtbar (s § 77 StGB). Eine Einwilligung in die Gefährdung des Lebens hat rechtfertigende Wirkung, wenn dadurch ein anderer, schwerer und wahrscheinlicher Nachteil abgewendet werden soll; dies gilt besonders für riskante ärztliche Eingriffe (s § 110 StGB). Zu diesen unten Rz 1473 ff. Die Einwilligung in eine Körperverletzung schließt nach § 90 Abs 1 StGB die Rechtswidrigkeit nur dann aus, wenn die Verletzung oder Gefährdung nicht gegen die guten Sitten verstößt.

Die Rechtsnatur der Einwilligung ist strittig. Da sie die Verfügung über ein Rechtsgut ist, halten sie viele für einen rechtsgeschäftlichen Akt,[132]) sodass zB der Einwilligende geschäftsfähig sein muss.

H. Schutzzweck der Norm (Rechtswidrigkeitszusammenhang)

1407 Wenn eine Norm ein Verhalten verbietet, sollen damit bestimmte Gefahren **verhindert** werden. Man spricht vom „Schutzzweck der Norm". Übertritt jemand die Verbotsnorm und verursacht er dadurch einen Schaden, so wird er ersatzpflichtig, wenn sich die dem Verbot zugrunde liegende **Gefahr realisiert** hat, nicht aber, wenn ein ganz anderer Schaden eingetreten ist, der **außerhalb** dieses **Schutzbereichs** der Norm liegt. Man sagt auch, es fehle der Zusammenhang zwischen der Rechtswidrigkeit und dem Schaden, der sog **„Rechtswidrigkeitszusammenhang".** Die Lehre vom Rechtswidrigkeitszusammenhang hat besondere Bedeutung bei den Schutzgesetzverletzungen (s oben Rz 1392 f).

Die Vorschrift, die das Lenken von Kraftfahrzeugen von einer Berechtigung („Führerschein") abhängig macht, hat den Zweck, die Gefährdung von Personen und Sachen durch nicht geeignete Lenker zu verhindern. Lenkt A ein Fahrzeug „ohne Führerschein" und verursacht er durch seine Ungeschicklichkeit einen Unfall, so tritt ein Schaden ein, den die Verbotsnorm verhindern will.[133]) Wird hingegen der Unfall während der Fahrt des Unbefugten durch einen Steinschlag oder einen Erdrutsch verursacht, so liegt der Schaden nicht im Schutzbereich der verletzten Norm. Ebenso haben zB die Vorschriften über die behördliche Zulassung von Kfz nur den Zweck, Schäden durch Mängel des Fahrzeuges zu verhindern, nicht aber Schädigungen durch das Autofahren überhaupt.[134])

---

[131]) Vgl auch OGH ecolex 2011/426; RdA 1980, 27 *(Koziol); Resch,* Einwilligung 181 ff.

[132]) *Kohte,* Die rechtfertigende Einwilligung, AcP 185, 105 mwN; *Resch,* Einwilligung 30 ff; vgl auch OGH SZ 50/161. Dagegen *Arzt,* Willensmängel bei der Einwilligung (1971); *Edlbacher,* Körperliche, besonders ärztliche Eingriffe an Minderjährigen aus zivilrechtlicher Sicht, ÖJZ 1982, 367; vgl auch *Engljähringer,* Ärztliche Aufklärungspflicht vor medizinischen Eingriffen (1996) 140 ff; *Prutsch,* Die ärztliche Aufklärung (2004) 72 ff.

[133]) S OGH ZVR 1957/58; ZVR 1966/151; JBl 1989, 177 *(Wilhelm).*

[134]) OGH SZ 56/80.

Aufgrund eines rechtswidrigen Verhaltens ist also nur für jene Schäden zu haften, welche die übertretene Verhaltensnorm nach ihrem **Schutzzweck** verhindern wollte.[135]) Vom Schutzzweck erfasst sind meist auch die Folgeschäden.[136]) Überhaupt darf der Schutzzweck nicht zu eng verstanden werden. Es genügt allgemein, dass die übertretene Norm **auch** vor den eingetretenen Schäden schützen wollte.[137]) 1408

Der Schutzzweck hat auch in der Vertragshaftung Bedeutung, hier entscheidet der Zweck der **vertraglichen Pflichten** über den Umfang der zu ersetzenden Schäden.[138]) Wieweit der Normzweck (Rechtswidrigkeitszusammenhang) reicht, ist **Auslegungsfrage** im Einzelfall,[139]) sodass generelle Aussagen nur schwer möglich sind. So ist zB streitig, ob Gewinne, die vom Verletzten durch eine verbotene Tätigkeit erzielt worden wären, zu ersetzen sind.[140]) 1409

Der Schutzzweck der verletzten Norm ist ein selbständiges Abgrenzungskriterium neben der Kausalität und der Rechtswidrigkeit. In den obigen Beispielen ist zwar der Autolenker jeweils ursächlich, weil der Erfolg nicht eingetreten wäre, wenn man sich sein Verhalten (Fahren auf der Straße) wegdenkt. Der eingetretene Erfolg ist auch adäquat verursacht, weil entsprechende Schäden keine ganz außergewöhnlichen Folgen der ursächlichen Handlungen sind.[141]) Schließlich hat sich der Lenker auch rechtswidrig verhalten. Die übertretene Norm war aber nicht dazu bestimmt, den eingetretenen Schaden zu verhindern.

Der Schutzzweck der Norm kann auch darüber entscheiden, **wessen** Schäden zu ersetzen sind, wenn auch diesbezüglich aus einzelnen Normen meist keine zuverlässigen Schlüsse gezogen werden können. Gewöhnlich sind nur jene Personen **ersatzberechtigt,** deren absolut geschützte Güter verletzt wurden, Personen, deren Schutz von einer konkreten Verhaltensnorm bezweckt wird oder denen gegenüber die verletzte Verpflichtung bestand. 1410

---

[135]) *Bydlinski,* Schadensverursachung 63f; *Welser,* ÖJZ 1975, 2; *Welser,* ZVR 1976, 1; *Karollus,* Schutzgesetzverletzung 337ff; *Rebhahn,* Staatshaftung 245ff. OGH in ständiger Rechtsprechung JBl 1987, 720; ZVR 1990/119 und 129; JBl 1993, 788; ZVR 1995/110; EvBl 1996/92; SZ 70/113; JBl 1998, 113; JBl 1999, 325 *(Pfersmann);* ZVR 2000/5; SZ 2002/158; EvBl 2003/63; SZ 2003/16 (kein Schmerzengeld für psychische Schäden wegen Ehebruchs); ecolex 2004, 607.

[136]) So auch OGH SZ 64/87.

[137]) *Welser,* ÖJZ 1975, 43ff.

[138]) *Rabel,* Das Recht des Warenkaufs I (1936) 495ff. OGH JBl 1986, 98 und 101 *(Koziol);* JBl 1993, 394 und 396; RdW 1999, 584; *Reischauer* in *Rummel*[3] § 1295 Rz 8ff.

[139]) Dazu die Beispiele bei *Welser,* ÖJZ 1975, 4ff. OGH ZVR 1991/130 und ZVR 1992/7 (StVO); ÖBA 1993, 410 (Sperrung einer Spareinlage).

[140]) Dazu *Bydlinski,* Privatrechtliches „Überwälzungsverbot" für Vermögensstrafen und Strafverfahrenskosten, in FS Niederländer (1991) 243; *Bydlinski,* Unerlaubte Vorteile als Schaden, in FS Deutsch (1999) 63; *Schauer,* Geheimnisbruch und Steuerschaden, RdW 2004/297, 324; *Krejci/Brandstätter,* Verlust verbotener Vorteile als ersatzfähiger Schaden? ecolex 2004, 520; *Schobel,* Verletzung von Geheimhaltungspflichten durch Banken, ÖBA 2004, 8 (10).

[141]) Zum Verhältnis zwischen Rechtswidrigkeitszusammenhang und Adäquanz vgl *Welser,* ZVR 1976, 8f; OGH JBl 1998, 114.

Die Einbeziehung Dritter wurde zB in den „Stromkabelfällen“ diskutiert:[142]) Der Täter beschädigt eine Stromleitung, die im Eigentum eines Versorgungsunternehmens steht; durch die Unterbrechung der Stromzufuhr erleidet ein Abnehmer Nachteile. Es ist davon auszugehen, dass jene Normen, die das Eigentum schützen, nicht auch jene Personen mitschützen wollen, die bloß in schuldrechtlichen Beziehungen zum Eigentümer stehen. Dies folgt schon aus dem Ausschluss des Ersatzes primärer Vermögensschäden.

Problematisch ist der Rechtswidrigkeitszusammenhang auch bei den „Verfolgungsschäden“. Ein Polizist stürzt bei der Verfolgung eines Einbrechers und verletzt sich.[143]) Nach verbreiteter Meinung[144]) liegen die Schäden, die ein Retter bei der Beseitigung einer rechtswidrig geschaffenen Gefahrensituation erleidet, noch im Schutzbereich der verletzten Norm.

1411 Eine besondere Problematik innerhalb der Lehre vom Schutzzweck bilden die Fälle des **rechtmäßigen Alternativverhaltens.**[145]) Es geht darum, ob ein rechtswidrig handelnder Täter auch dann für den verursachten Schaden zu haften hat, wenn dieser auch bei rechtmäßigem Verhalten eingetreten wäre, wenn also die „Kausalität der Pflichtwidrigkeit“ (Rechtswidrigkeit des Verhaltens) fehlt.[146]) Die Ersatzpflicht wird überwiegend verneint.[147])

Fährt A mit überhöhter Geschwindigkeit und torkelt ihm unvorhersehbar ein Betrunkener vor das Auto, so haftet er nicht, wenn er beweisen kann,[148]) dass sich der Unfall bei Einhaltung der zulässigen Geschwindigkeit ebenso ereignet hätte. Die Lehre vom Verhaltensunrecht müsste hier eigentlich schon die Rechtswidrigkeit des Verhaltens verneinen.

Nach manchen[149]) befreit allerdings die Berufung auf ein rechtmäßiges Alternativverhalten nicht von der Ersatzpflicht, wenn die verletzte Norm gerade die Einhal-

---

142) *Posch,* Der ungeschützte Strombezieher als Fall des „mittelbaren Schadens“ in der Rechtsprechung des OGH, JBl 1973, 564; *Welser,* ÖJZ 1975, 41 ff; *Taupitz,* Haftung für Energieleitungsstörungen durch Dritte (1981); *Bürge,* Die Kabelbruchfälle, JBl 1981, 57; *E. A. Kramer,* „Reine Vermögensschäden“ als Folge von Stromkabelbeschädigungen, recht 1984, 128, *Danzl,* Mittelbare Schäden im Schadenersatzrecht, ZVR 2002, 366 ff. OGH JBl 1973, 579 und 581; SZ 49/96; SZ 50/34; ZVR 1979/93; RZ 1982/68.

143) Dazu *F. Wagner,* Zur Haftung aus Verfolgungsjagden, JBl 1984, 525; OGH SZ 60/105.

144) *Burgstaller,* Fahrlässigkeitsdelikt 114 f; *Welser,* ÖJZ 1975, 6; *Koziol,* Haftpflichtrecht I³ Rz 4/55, 8/42; *Reischauer* in *Rummel*³ § 1295 Rz 10. OGH JBl 1979, 597; SZ 69/214; vgl auch ecolex 2000/347 *(Wilhelm)* = SZ 73/82; EvBl 2005/149.

145) *Hanau,* Die Kausalität der Pflichtwidrigkeit (1971); *Welser,* ÖJZ 1975, 43 ff; *Gotzler,* Rechtmäßiges Alternativverhalten im haftungsbegründenden Zurechnungszusammenhang (1977); *Burgstaller,* Fahrlässigkeitsdelikt 78 f, 129 ff; *P. Bydlinski,* Schadenersatzrechtliche Überlegungen anläßlich eines Verkehrsunfalls, ZVR 1984, 194 ff und *Karollus,* Schutzgesetzverletzung 391 ff nehmen ein eigenständiges Zurechnungsproblem an.

146) Zu Unterlassungen OGH JBl 2009, 247 *(Bumberger).*

147) *Welser,* ÖJZ 1975, 43 ff. Für eine Schadensteilung *Koziol,* Rechtmäßiges Alternativverhalten – Auflockerung starrer Lösungsansätze, in FS Deutsch (1999) 179.

148) Zu dieser Beweislastumkehr vgl *Welser,* ZVR 1976, 7 f; OGH JBl 1985, 548; VersRdSch 1990/219; JBl 1992, 391; SZ 68/205; ZVR 1999/97.

149) *Von Caemmerer,* Problem der überholenden Kausalität 31 f; *Karollus,* Schutzgesetzverletzung 391 ff; *Koziol,* Haftpflichtrecht I³ Rz 8/65 ff; *Reischauer* in *Rummel*³ § 1295 Rz 1 b. Dagegen *Gotzler,* Alternativverhalten 94 f, 121 ff; *P. Bydlinski,* ZVR

tung eines mit besonderen Sicherheitsgarantien ausgestatteten Verfahrens erzwingen wollte. Danach hat zB der Bund selbst dann zu haften, wenn Polizeibeamte jemanden ohne Haftbefehl festnehmen, obwohl die Haft jedoch auch vom zuständigen Richter verhängt worden wäre.[150])

I. Das Verschulden

1. Der Begriff

Verschulden ist die Vorwerfbarkeit eines rechtswidrigen Verhaltens. 1412

Im Bereich der Verschuldenshaftung muss über die Rechtswidrigkeit des Verhaltens hinaus ein Verschulden des Täters vorliegen (vgl § 1295). Das Urteil der **Rechtswidrigkeit** bezieht sich auf ein Verhalten als solches, es ist ein Urteil über die Tat, aber nicht über den Täter. Dieses erfolgt erst im Rahmen der Verschuldensprüfung. Hier ist zu fragen, ob dem Täter das verbotene Verhalten auch **persönlich vorwerfbar** ist. 1413

Weil das Verschulden auf die Eigenart des Täters abstellt, kann diesem nur ein Vorwurf gemacht werden, wenn er nach seinen subjektiven Fähigkeiten[151]) in der Lage war, die Rechtswidrigkeit seines Verhaltens **einzusehen** und dieser Einsicht gemäß zu **handeln.** Er muss also verschuldensfähig **(deliktsfähig)** sein. Die Deliktsfähigkeit tritt erst mit dem 14. Lebensjahr ein (§ 153). Der Deliktsfähige muss aber den Mangel der **durchschnittlichen** Sorgfalt vertreten, er wird ihm als Verschulden angerechnet: Nach § 1297 wird vermutet, dass jeder, der den Verstandesgebrauch besitzt, eines solchen Grades des Fleißes und der Aufmerksamkeit fähig sei, welcher bei gewöhnlichen Fähigkeiten angewendet werden kann. S unten Rz 1420. Zur Deliktsfähigkeit s Bd I Rz 229f. Ausnahmsweise können nach § 1310 auch Deliktsunfähige haftbar werden. 1414

2. Arten des Verschuldens (Verschuldensformen)

Die Verschuldensformen sind **Vorsatz** und **Fahrlässigkeit.** Das ABGB nennt den Vorsatz „böse Absicht" und die Fahrlässigkeit „Versehen" (§ 1294). 1415

Vorsatz ist das bewusste und gewollte Herbeiführen eines Erfolges im Bewusstsein der Rechtswidrigkeit. 1416

Wesentlich ist also, dass der Schaden „mit **Wissen** und **Willen**" herbeigeführt wird (§ 1294). Aber auch das Bewusstsein der Rechtswidrigkeit gehört im Zivilrecht zum Begriff des Vorsatzes **(„Vorsatztheorie").** 1417

1984, 196. OGH SZ 64/23; s auch OGH RZ 1995/55; JBl 1999, 672; SZ 72/129; SZ 72/184; SZ 73/103; SZ 2010/21.

[150]) So auch OGH SZ 54/108; SZ 59/141; RZ 1996/51; zur Unterbringung in einer geschlossenen Anstalt OGH SZ 74/32 = RdM 2001/20 *(Kopetzki);* zum Amtshaftungsprozess OGH Zak 2015/324 (dazu *Harrer,* Der Einwand des rechtmäßigen Alternativverhaltens bei Verfahrensfehlern, Zak 2015/415, 224).

[151]) OGH EvBl 1970/294; JBl 1971, 249; SZ 49/47. Dagegen *E. A. Kramer,* Das Prinzip der objektiven Zurechnung im Delikts- und Vertragsrecht, AcP 171, 422; vgl auch *Lewisch,* Sorgfaltsmaßstäbe im Schadenersatz- und Strafrecht, ÖJZ 2000, 489.

1418 Es gibt zwar mehrere Arten des Vorsatzes, doch lösen sie dieselben Rechtsfolgen aus: Der Täter kann in der Absicht handeln, den Erfolg herbeizuführen (**dolus directus,** dolus specialis), er kann mit dem sicheren Wissen handeln, dass der Erfolg eintreten wird **(dolus principalis),** er kann den Erfolg nur für möglich halten und sich mit der möglichen Verwirklichung abfinden **(dolus eventualis).** Relevant ist allerdings ein „gefärbter Vorsatz" im Fall des § 1331 (s unten Rz 1515). Die bewusste Fahrlässigkeit unterscheidet sich vom dolus eventualis dadurch, dass der fahrlässig handelnde Täter den Erfolg zwar für möglich hält, aber darauf vertraut, dass er nicht eintreten werde.

1419 **Fahrlässigkeit** ist die **Außerachtlassung** der gehörigen **Sorgfalt.**

1420 Der Schaden wird hier „aus schuldbarer Unwissenheit oder aus Mangel der gehörigen Aufmerksamkeit oder des gehörigen Fleißes verursacht" (§ 1294). Das Gesetz vermutet, dass jeder, der den Verstandesgebrauch besitzt, eines solchen Grades des Fleißes und der Aufmerksamkeit fähig ist, welcher bei gewöhnlichen Fähigkeiten angewendet werden kann. Wer diesen Grad des Fleißes oder der Aufmerksamkeit unterlässt, macht sich eines Versehens schuldig (§ 1297). Für Deliktsfähige gilt also prinzipiell ein objektiver Maßstab. S oben Rz 1414.

Fahrlässig handelt also, wer ein Verhalten für erlaubt hält, das erkennbar rechtswidrig ist; zB wer bei gehöriger Aufmerksamkeit den Eintritt des Schadens voraussehen hätte können usw.[152])

1421 Nach dem Grad der Sorglosigkeit wird grobe und leichte Fahrlässigkeit unterschieden. Das Verhalten ist **leicht fahrlässig,** wenn es auf einem Fehler beruht, der **gelegentlich** auch einem sorgfältigen Menschen unterläuft. **Grobe Fahrlässigkeit** – nach der Terminologie des ABGB auch „auffallende Sorglosigkeit" – liegt hingegen vor, wenn die Sorgfaltswidrigkeit so schwer ist, dass sie einem ordentlichen Menschen **keinesfalls** unterläuft.[153]) Zur Bedeutung der Unterscheidung s unten Rz 1431 ff.

1422 Vorsatz und grobe Fahrlässigkeit werden grobes Verschulden genannt, die leichte Fahrlässigkeit leichtes Verschulden. Bei der Dienstnehmerhaftung gibt es auch den Begriff der „entschuldbaren Fehlleistung" (culpa levissima), die eine besonders leichte Fahrlässigkeit darstellt. S unten Rz 1546.

3. Beweislast

1423 Der Beweis des Verschuldens obliegt nach § 1296 dem **Geschädigten.** Fügt jedoch ein Schuldner seinem Gläubiger durch Verletzung einer ver-

---

[152]) Voraussehbarkeit als Verschuldensmerkmal und Adäquanz: OGH EvBl 2000/41.

[153]) Vgl *Mayrhofer,* Schuldrecht I 297; OGH JBl 1977, 648; RdA 1984, 227 *(Migsch);* SZ 56/166; JBl 1992, 648.

traglichen[154]) oder gesetzlichen[155]) Verbindlichkeit (§ 859) – also durch Verletzung bereits bestehender schuldrechtlicher **Sonderbeziehungen**[156]) – einen Schaden zu, so muss gemäß § 1298 der Schädiger beweisen, dass ihn daran **kein Verschulden** trifft **(Beweislastumkehr).** Der Beweis der Kausalität obliegt aber auch hier dem Geschädigten;[157]) strittig ist, ob § 1298 auch die Beweislast für die objektive Sorgfaltswidrigkeit (als Grundlage des rechtswidrigen Verhaltens) umkehrt, was zu verneinen ist.[158])

Durch eine Novelle[159]) des § 1298 (BGBl I 1997/6) hat der Gesetzgeber die strittige Frage[160]) entschieden, ob sich die Beweislastumkehr nur auf das leichte oder auch auf das grobe Verschulden bezieht. Wie schon nach der bisherigen Judikatur gilt auch nach der neuen Fassung des § 1298 die Beweislastumkehr an sich nur für das leichte Verschulden, während die grobe Fahrlässigkeit (und den Vorsatz) weiterhin der Kläger beweisen muss. Nur wenn die Parteien die Haftung für leichtes Verschulden ausgeschlossen haben, muss der Schädiger den Mangel des (groben) Verschuldens beweisen.[161])

Überwiegend wird anerkannt, dass die Beweislastumkehr nicht nur 1424 für die vertraglichen, sondern auch für die **vertragsähnlichen** Pflichten gilt, also auch für die Schutz- und Sorgfaltspflichten („positive Forderungsverletzungen") und die Pflichten in contrahendo.[162])

Manche meinen, die Beweislastumkehr des § 1298 gelte nur für „Erfolgsverbindlichkeiten", wenn der geschuldete Erfolg ausbleibe,[163]) nicht aber bei Sorgfaltsverbindlichkeiten, für welche § 1296 zur Anwendung komme.

---

[154]) OGH JBl 2000, 249 *(Stefula):* auch bei unentgeltlichen Geschäften; aA *Reischauer,* Die Anwendbarkeit des § 1298 ABGB bei Verletzungen von Neben(leistungs)-, Schutz- und Sorgfaltspflichten, aufgezeigt anhand der Flugunfallentscheidung 2 Ob 300/97z, ÖJZ 2000, 543f.

[155]) S dazu OGH ÖBA 1987, 925 *(Avancini).*

[156]) *Welser,* ZVR 1976, 9f; *Welser,* Vertretung 264ff; *Welser,* Schadenersatz 63ff; *Reischauer,* Der Entlastungsbeweis; *Reischauer,* JBl 1998, 473 und 560; *Reischauer* in *Rummel*³ § 1298 Rz 3.

[157]) OGH NZ 1987, 42; JBl 1993, 316; JBl 1997, 587; ecolex 2001/8; RdW 2005/545; ecolex 2005/202 = ÖBA 2006/1319 *(B. Steininger);* unklar OGH JBl 1997, 585 (kritisch *Koziol*); bei ärztlichen Behandlungsfehlern abweichend SZ 63/90; JBl 1992, 522; ecolex 2000/348; s dazu auch *Hofmann,* Qualitätsmangel bei der medizinischen Behandlung als Tatbestand der Rechtssprechung, RZ 1999, 82; *Juen,* Arzthaftungsrecht² 236ff.

[158]) *Welser,* Schadenersatz 63ff, 73; *Binder,* Zur Beweislast bei Vertragsverletzung, JBl 1990, 815. AA *Reischauer,* Entlastungsbeweis 116ff; *Reischauer* in *Rummel*³ § 1298 Rz 2; *Koziol,* Haftpflichtrecht I³ Rz 16/28.

[159]) Dazu *Jud,* Neuregelung der Beweislast in § 1298 ABGB – eine „halbe Lösung"? ecolex 1997, 569.

[160]) Dazu *Welser,* Vertretung 270f; OGH SZ 5/53; SZ 62/107; SZ 66/89; JBl 1995, 248 *(Apathy);* JBl 1996, 536; JBl 1997, 390; *Reischauer,* Entlastungsbeweis 196f.

[161]) Dazu *Rubin,* Das Ausmaß der Beweislastumkehr nach § 1298 (Diss Wien 2001).

[162]) *Raape,* Die Beweislast bei positiver Vertragsverletzung, AcP 147, 217; *Welser,* Schadenersatz 65f; OGH JBl 1987, 104; JBl 1991, 453; JBl 1993, 389 *(Dullinger);* JBl 1993, 396; ÖBA 1993, 987; SZ 69/8. ZT anders *Bydlinski,* Zur Haftung der Dienstleistungsberufe in Österreich und nach dem EG-Richtlinienvorschlag, JBl 1992, 341 (347ff) (objektiver Mangel in der Sphäre des Schädigers). OGH ecolex 1993, 733 *(Wilhelm);* wohl auch OGH SZ 67/9; wobl 1995, 8 *(Call).*

[163]) *Reischauer* in *Rummel*³ § 1298 Rz 2ff; *Reischauer,* Entlastungsbeweis 154ff; *Reischauer,* JBl 1998, 560; *Reischauer,* ÖJZ 2000, 534; ihm folgend *Lukas,* Anwaltshaf-

1425 § 1298 wird auch bei der Verletzung von **Schutzgesetzen** (§ 1311) herangezogen.[164])

J. Art des Schadenersatzes

1426 Nach § 1323 gilt der „Primat der **Naturalrestitution**“, das Prinzip der Herstellung in Natur (Zurückversetzung in den vorigen Stand). Der Geschädigte ist „in Natur“ so zu stellen, wie er ohne das schädigende Ereignis stünde. Diese reale Wiederherstellung wird vom Gesetz bevorzugt, weil sie am besten dem Ersatzgedanken entspricht.[165]) Der Geschädigte kann sich nichts anderes wünschen als den Zustand ohne das schädigende Ereignis.

Eine gestohlene Sache muss zurückgegeben, eine beschädigte Instand gesetzt werden (Reparatur eines Kraftfahrzeugs). Für zerstörte Sachen sind gleichartige und gleichwertige anzuschaffen (Lieferung des verbrannten Öls in gleicher Qualität). Man begnügt sich daher oft mit der Herstellung eines im Wesentlichen gleichartigen und gleichwertigen Zustandes.[166])

1427 Nur wenn die Naturalherstellung nicht möglich oder **„nicht tunlich“** ist, muss **Geldersatz** geleistet werden. Untunlichkeit ist vor allem gegeben, wenn die Wiederherstellung wegen der hohen Kosten unwirtschaftlich wäre. Bei Kfz-Schäden wird diesem Gedanken mit der Grenze des **„Totalschadens“** Rechnung getragen: die Reparatur kann nicht verlangt werden, wenn ihre Kosten den Wert, den die Sache im Schädigungszeitpunkt hatte („Zeitwert“), erheblich übersteigen.[167])

1428 Die Rechtsprechung ist in den letzten Jahrzehnten mit dem Zuspruch von **Geldersatz** wegen Untunlichkeit der Naturalrestitution überaus **großzügig,**[168]) was auch allgemein als vernünftig angesehen wird, weshalb bei einer Schadenersatzreform wahrscheinlich der Primat der Naturalrestitution stark eingeschränkt, vielleicht sogar durch ein Wahlrecht des Geschädigten zwischen Herstellung und Geldersatz ersetzt werden sollte. Derzeit besteht allerdings ein solches Wahlrecht nicht, sodass es

---

tung und Beweislast, JBl 1994, 62 mwN. Ebenso OGH JBl 1990, 723 (dazu *Binder,* JBl 1990, 814; *Wilhelm,* Verwirrung um die Beweislastumkehr des § 1298 ABGB, ecolex 1990, 733); JBl 1994, 829; vgl auch OGH JBl 2001, 104 *(J. Pichler)* = ZVR 2000/95 *(König)* (dazu *Reischauer,* JBl 2001, 131; *Reindl,* Der übersehene Pistenrand, ZVR 2002, 2); RdA 2003/40 *(Reischauer).* Vgl aber *Welser,* Schadenersatz 55ff; OGH ÖBA 2001/960 *(Koch).*

[164]) *Welser,* ZVR 1976, 9f; *Fucik,* Die (objektive) Beweislast, RZ 1990, 59; dagegen *Reischauer,* Entlastungsbeweis 188ff. Vgl auch OGH JBl 1991, 580 *(Kerschner);* JBl 1993, 730; ÖBA 1996/540 *(Graf);* SZ 69/147; ZVR 1998/3; ZVR 1999/99; RdW 2000/577; ZVR 2001/17; NZ 2007/14 *(Bittner)* = AnwBl 2006, 402 *(Schwarzmayr-Lindinger).*

[165]) OGH SZ 68/101; *Ch. Huber,* Schadensberechnung 141ff.

[166]) Vgl OGH SZ 49/139; NZ 2005/60.

[167]) RIS-Justiz RS0030559; dazu *Ch. Huber,* Die richtige Ermittlung des Fahrzeugwertes, ZVR 2010/170, 352; *Karner,* Sachschadenersatz in Österreich, ZVR 2010/226, 474; *Ofner,* Bewertung von Autowracks im Rahmen der Schadensberechnung – ein Überblick, in FS Aicher (2012) 515 mwN.

[168]) Vgl OGH EvBl 2000/104 mwN.

bedenklich ist, Untunlichkeit des Naturalersatzes schon dann anzunehmen, wenn der Geschädigte Geldersatz will. Wäre dies im Sinne des Gesetzes, hätte es nicht den Vorrang der Naturalrestitution anordnen müssen. Zum Sonderfall des Schadenersatzes statt Gewährleistung (§ 933a) s oben Rz 417ff.

Wird ein Tier verletzt, so gebühren die Kosten der (versuchten) Heilung auch dann, wenn sie den **Wert des Tieres** übersteigen, soweit sie auch ein verständiger Tierhalter in der Lage des Geschädigten aufgewendet hätte (§ 1332a).[169]) 1429

Bei Liegenschaften soll die Totalschadensgrenze höher liegen als bei beweglichen Sachen, weshalb die Naturalrestitution nur dann untunlich sei, wenn ein vernünftiger Mensch den Aufwand zur Schadensbehebung nicht getätigt hätte.[170])

Ist die Wiederherstellung an sich möglich und nur durch den Schädiger untunlich, so sind dem Geschädigten die zur Naturalrestitution nötigen Aufwendungen zu ersetzen,[171]) was wiederum zum Geldersatz führt. 1430

K. Umfang des Ersatzes

1. Eigentliche Schadloshaltung – volle Genugtuung

§ 1323 unterscheidet zwischen der eigentlichen Schadloshaltung und der vollen Genugtuung. Bei der eigentlichen Schadloshaltung wird nur der erlittene Schaden **(positiver Schaden)** ersetzt, während die **volle Genugtuung auch** den **entgangenen Gewinn** umfasst (Interesseersatz). S schon oben Rz 1345ff. Dem ABGB liegt daher ein „gegliederter Schadensbegriff" zugrunde.[172]) Der Umfang des Ersatzes richtet sich nach dem Verschulden des Schädigers (§ 1324). S oben Rz 1412ff und Rz 1432ff. 1431

Für unternehmensbezogene Geschäfte bestimmt § 349 UGB, dass unter Unternehmern bei jeder Art von Verschulden auch der entgangene Gewinn, also das Interesse, zu ersetzen ist.

---

[169]) Dazu *P. Bydlinski,* Das Tier, (k)eine Sache? RdW 1988, 158f; *Gimpel/Hinteregger,* Das Tier als Sache und Ersatz der Heilungskosten für ein verletztes Tier, ÖJZ 1989, 66ff; *Graf,* Tierschutz durch Zivilrecht, in *Harrer/Graf,* Tierschutz durch Recht (1994) 77ff; *Saria,* Tiere als Güter, ÖJZ 2001, 161. OGH SZ 71/156; LG Krems Zak 2013/65.

[170]) OGH SZ 68/101; ecolex 2009/38 *(Friedl);* wobl 2012/144 (dem Geschädigten seien auch die Vorfinanzierungskosten, also die Kosten, mit denen er durch die vorgezogene Neuerrichtung des Gebäudes zusätzlich belastet wird, zuzusprechen).

[171]) *Apathy,* Aufwendungen 46ff; *Apathy,* Fragen des Ersatzes von Reparaturkosten nach der Beschädigung von Kraftfahrzeugen, ZVR 1981, 261f; *Ch. Huber,* Schadensberechnung 137ff; *Ch. Huber,* Aktuelle Fragen des Sachschadens, ÖJZ 2005, 161 und 211; weitergehend *Reischauer,* Erfüllung oder Zurückversetzung in den vorigen Stand, JBl 1995, 754f; vgl auch OGH JBl 1985, 41 *(Apathy);* JBl 1988, 249 und 319; EvBl 1989/103; JBl 1990, 718 *(Ch. Huber);* JBl 1990, 721; RdW 1997, 12; Zak 2012/671 (dazu *Ondreasova,* Schadensbehebung durch den Geschädigten und Sorgfaltspflichten bei Computerreparaturen, Zak 2013/308, 168).

[172]) Für eine Abkehr vom gegliederten Schadensbegriff *Welser,* Reform des österreichischen Leistungsstörungsrechts in *Fischer-Czermak/Hopf/Schauer,* Das ABGB auf dem Weg in das 3. Jahrtausend (2003) 75f.

2. Ersatz des positiven Schadens (erlittene Beschädigung)

1432 Bei **leichtem Verschulden** (leichter Fahrlässigkeit) ist nur die **erlittene Beschädigung** (positiver Schaden) zu ersetzen.

1433 Wird eine **Sache** zerstört, so ist der positive Schaden gemäß § 1332 nach ihrem gemeinen Wert zu bemessen.[173]) Es kommt also nicht auf den Wert an, den die Sache gerade für den Geschädigten hat (subjektive Berechnung), sondern auf ihren Verkehrswert: abstrakte oder **objektive Schadensberechnung.**[174]) Ausführlich unten Rz 1513 ff.

Der Schadenersatzanspruch tritt sozusagen an die Stelle des zerstörten Guts, das im Verkehr mit dem gemeinen Wert bemessen wird.

Zerstört A leicht fahrlässig die barocke Standuhr des B, so hat er deren objektiven (Markt-)Wert zu ersetzen. Dass B die Uhr am Tag darauf um den doppelten Betrag einem Liebhaber hätte verkaufen können, spielt keine Rolle. Auch dass B mehr als den objektiven Wert für den Ankauf der Uhr verwendet hat, bleibt außer Betracht.

1434 Liegt hingegen der Nachteil im Entstehen eines **Aufwandes** oder einer Verbindlichkeit, kann man sich nicht am Sachwert orientieren, weshalb der dem Geschädigten entstandene konkrete Nachteil zu ersetzen ist.[175])

3. Volle Genugtuung (Interesseersatz)

1435 Bei **grobem Verschulden** (Vorsatz oder grober Fahrlässigkeit) ist **volle Genugtuung** zu leisten. Der Schädiger hat also nicht nur die erlittene Beschädigung, sondern auch den entgangenen Gewinn zu ersetzen. Dies wird allgemein dahin verstanden, dass der Geschädigte unter Berücksichtigung seines **Gesamtvermögens** so zu stellen ist, wie er ohne das schädigende Ereignis stünde. Da somit die subjektiven Verhältnisse des Geschädigten maßgebend sind, spricht man auch von **subjektiver** oder **konkreter Schadensberechnung.** Der konkrete Schaden, das **„Interesse"**, wird mithilfe der **Differenzmethode** errechnet. Es besteht im Unterschied zwischen dem Vermögen des Geschädigten, wie es jetzt ist und wie es **ohne** das schädigende **Ereignis** wäre.[176])

---

[173]) Zu den Bewertungsmethoden bei Grundstücken s das LiegenschaftsbewertungsG 1992.

[174]) *Fröhlich,* Schadensbemessung und Schadensüberwälzung, ZBl 1931, 536; *Neuner,* Interesse und Vermögensschaden, AcP 133, 277; *Bydlinski,* Schadensverursachung 24 ff; *Karner,* Fragen der objektiv-abstrakten Schadensberechnung, in FS Fenyves (2013) 189; OGH ZVR 1988/104; SZ 70/240. Für den Ersatz eines darüber hinausgehenden positiven Schadens OGH ecolex 1993, 452.

[175]) Vgl *Apathy,* Aufwendungen 93 ff; OGH ZVR 1983/189; wobl 1999, 26 *(Dirnbacher); Ch. Huber,* Schadensberechnung 194 ff, 200 f, 247 ff.

[176]) *Mommsen,* Zur Lehre von dem Interesse (1855) 11 ff; *Roussos,* Schaden und Folgeschaden (1992) 169 ff; *Koziol,* Haftpflichtrecht I[3] Rz 10/30 ff; OGH EvBl 1967/85; SZ 53/107; SZ 55/29; ÖBA 1996, 549 *(Rebhahn)* = ecolex 1996, 168 *(Graf);* SZ 69/11; JBl 2004, 114; JBl 2010, 713 *(P. Bydlinski);* ÖBA 2013/1894; ÖBA 2014/2003; ÖBA 2014/2015 *(Oppitz).*

Ein Gemälde hat einen Verkehrswert von € 8.000,–. Im Vermögen des Geschädigten ist es aber € 20.000,– wert, weil es Bestandteil einer Sammlung ist, die als Ganzes einen höheren Wert hat als die Summe der Einzelstücke.

A besitzt ein Pferd, dessen Marktpreis € 7.000,– beträgt. Das Tier hat aber im Vermögen des A einen Wert von € 10.000,–, weil der Pferdeliebhaber B bindend erklärt hat, diesen Preis zu zahlen.

Da der Vorwurf groben Verschuldens auch die leichte Fahrlässigkeit 1436 in sich schließt, kann der Geschädigte statt des Interesses auch den Sachwert (eigentliche Schadloshaltung, damnum emergens) fordern.[177])

4. Merkantiler Minderwert

Vor allem bei Kraftfahrzeugen besteht die Problematik des sog 1437 **„merkantilen Minderwertes“:** Auch bei vollständiger Reparatur einer beschädigten Sache wird bei ihrem Verkauf oft ein im Vergleich zu unbeschädigten Sachen geringerer Wert erzielt, weil „der Verkehr“ der Wiederinstandsetzung „misstraut“ (Möglichkeit eines zurückgebliebenen Defektes). Reparierte Sachen werden deshalb zu niedrigerem Preis gehandelt, sie haben einen **merkantilen Minderwert.**[178]) Die Rechtsprechung gesteht neben den Reparaturkosten auch für den merkantilen Minderwert Ersatz zu, wenn die Sache (zB das Kfz) bei der Beschädigung noch relativ neu war. Er wird „abstrakt“, dh ohne Rücksicht darauf vergütet, ob der Eigentümer die Sache verkaufen will. Auch bei Liegenschaften und Gebäuden wird die merkantile Wertminderung bejaht.[179])

5. Neu für alt

Bei der Zerstörung gebrauchter Sachen besteht das Problem **„neu** 1438 **für alt“,** wenn sich der Geschädigte keine gleichartige Sache beschaffen kann, sondern eine neue anschaffen muss, deren Wert meist höher ist als jener der vernichteten Sache.[180])

---

[177]) *Fröhlich,* ZBl 1931, 545; *Wilburg,* JherJB 82, 127; *Bydlinski,* Schadensverursachung 29; OGH SZ 31/75.

[178]) Dazu *Reindl,* Der Ersatz des merkantilen Minderwertes, ZVR 1978 Sonderheft 70 mwN; *Apathy,* Merkantile Wertminderung unter besonderer Berücksichtigung der Bagatellschäden, ZVR 1988, 289; *Ch. Huber,* Der merkantile Minderwert beim Kfz-Schaden – ein vernachlässigbarer oder vernachlässigter Schadensposten? in FS Welser (2004) 303; *Ch. Huber,* Der merkantile Minderwert – das Ausmaß des Ersatzes im österreichischen und deutschen Recht, ZVR 2006/14, 62; RIS-Justiz RS0031205.

[179]) RIS-Justiz RS0109556; dazu *Rassi,* Der merkantile Minderwert bei Liegenschaften, RZ 2009, 162 mwN.

[180]) Dazu *Koziol,* Naturalersatz und Schadensberechnung beim Problem „neu für alt“, JBl 1965, 337. Vgl auch *Hirmann,* Entschädigungsausmessung bei Enteignung von Baulichkeiten unter Beachtung des Problems „neu für alt“, RZ 1986, 154; OGH SZ 54/65; SZ 56/54 und 126; JBl 1987, 325; ecolex 2001/211 *(Helmich);* RdW 2002/272; SZ 74/184; ZVR 2006/104 *(Kathrein);* ZVR 2007/52 *(Kathrein);* ZVB 2010/25 *(Hiltz).* Zur Beweislast s OGH ZVR 2010/180 *(Ch. Huber)* = RdU 2011/20 *(Berger).*

Ein dem zerstörten, abgenützten Gebiss entsprechendes „gebrauchtes Gebiss“ ist nicht erhältlich; zumindest ist seine Verwendung dem Geschädigten nicht zumutbar. Ähnliches gilt zB für die Zerstörung gebrauchter Kleider.

1439 Ersetzt man dem Geschädigten die vollen Kosten der Neuanschaffung, so bekommt er eigentlich mehr, als er verloren hat. Ersetzt man ihm nur den Wert der alten Sache, muss er selbst die Differenz zum Neuwert aufbringen. Zur Lösung dieses Dilemmas wurden verschiedene Vorschläge gemacht. Bei nicht wertvollen Gebrauchsgegenständen des täglichen Lebens wird die Problematik von der Judikatur zu Recht vernachlässigt und der Neuwert zuerkannt. Bei erheblichem Wert der Sache muss sich der Geschädigte aber von den Neuanschaffungskosten einen verhältnismäßigen Betrag abziehen lassen, wenn die neue Sache eine längere Lebensdauer hat und daher mehr wert ist als die zerstörte alte. Werden bei der Reparatur beschädigter Sachen neue Ersatzteile verwendet (zB neue Felgen für ein Kfz), so ist dies zu berücksichtigen, wenn dadurch der **Gesamtwert** der Sache (zB des Kfz) gestiegen ist. S auch unten Rz 1514.

6. Tilgung der verursachten Beleidigung

1440 Nach § 1323 umfasst die „volle Genugtuung“ nicht nur den Ersatz des erlittenen Schadens (positives Interesse) und des entgangenen Gewinns, sondern auch die „Tilgung der verursachten Beleidigung“.[181]) Nach hM ist dies aber **nicht** als generelle Anordnung des Ersatzes **immaterieller Schäden** zu verstehen.[182]) Dieser ist nur in Ausnahmefällen, nämlich bei besonderer gesetzlicher Anordnung, zu ersetzen.[183]) S dazu oben Rz 1353 f.

L. Die Haftung mehrerer Schädiger[184])

1. A und B beschließen, C zu verprügeln; C wird schwer verletzt.
2. A und B leiten unabhängig voneinander die giftigen Abwässer ihrer beiden Fabriken in den benachbarten Fluss, in dem ein großes Fischsterben einsetzt.

1441 Führen mehrere Personen **gemeinschaftlich und vorsätzlich** einen Schaden herbei – zB durch Zusammenwirken bei der Ausführung der Tat oder durch Anstiftung (§ 1301) –, so sind sie Mittäter und haften **solidarisch** (§ 1302).[185])

---

[181]) Zum Begriff *Strasser,* Immaterieller Schaden 41 ff.

[182]) So aber zB *Bydlinski,* JBl 1965, 173 und 237.

[183]) OGH JBl 1952, 465; EvBl 1962/161. S auch *Braschos,* Der Ersatz immaterieller Schäden im Vertragsrecht (1979).

[184]) Dazu *Bydlinski,* Mittäterschaft im Schadensrecht, AcP 158, 410; *Rummel,* Ersatzansprüche 17 ff; *Kletečka,* Solidarhaftung und Haftungsprivileg, ÖJZ 1993, 785 und 833; *Schoditsch,* Schädigermehrheit und gesetzliches Haftungsprivileg, JBl 2004, 557; vgl auch *Perner,* Die Haftung von Mitschuldnern bei Verletzung vertraglicher Verbindlichkeiten, JBl 2005, 629; *B. Steininger,* Gemeinsames Zündeln als gemeinschaftliche Schadenszufügung iSd § 1301 ABGB? ÖJZ 2011/76, 741.

[185]) S OGH SZ 72/156 (Schwarzfahrt); EvBl 2004/58 (Aufpasser im Fluchtauto); SZ 2012/14 (Kartellanten) = ecolex 2012/170 *(Wilhelm).*

Haben die Schädiger unabhängig voneinander oder nur **fahrlässig** gehandelt, so haftet, wenn die **Anteile sich bestimmen** lassen, jeder nur für den von ihm verursachten Schaden.[186]) Bei Unbestimmbarkeit der Anteile haftet jeder mit dem anderen solidarisch für das Ganze (§ 1302).[187]) Ein Anteil lässt sich auch dann nicht bestimmen, wenn das Verhalten eines Täters Ursache (notwendige Bedingung) für den ganzen Schaden war.[188]) Das Gesetz begnügt sich also bei Unbestimmtheit der Verursachungsanteile mit der **Mitwirkung** an der Herbeiführung des **Gesamtschadens.** 1442

Weitere Vorschriften für die Haftung Mehrerer finden sich in Sondergesetzen. S § 5 Abs 2 und § 8 Abs 1 EKHG; § 18 AtomHG 1999; §§ 84, 99 AktG.

Hat ein Schädiger den Schaden ersetzt, so steht ihm nach § 896 ein – dem Aufwandersatzanspruch des § 1042 ähnliches[189]) – **Regressrecht** gegen die Mithaftenden zu.[190]) Der interne Ausgleich richtet sich nach der Kausalität (wenn sie geklärt ist) und der Schwere des Verschuldens[191]) (§ 1304; § 11 Abs 1 EKHG und § 19 AtomHG 1999). Im Zweifel ist nach Köpfen zu teilen.[192]) 1443

Der Rückgriffsanspruch nach § 896 erfasst nach der Rechtsprechung allerdings nicht die Prozesskosten und die Verzugszinsen;[193]) ist der Regressschuldner dem Vorprozess trotz Streitverkündigung nicht beigetreten, hat der Regressberechtigte für Kosten und Zinsen einen Anspruch aus nützlicher Geschäftsführung ohne Auftrag (§ 1037).[194]) In einer jüngeren E hat der OGH einen (anteiligen) Anspruch des Regressgläubigers aus nützlicher Geschäftsführung ohne Auftrag (§ 1037) auch dann bejaht, wenn der Regressgläubiger dem Regressschuldner im Vorprozess den Streit verkündet hat und jener dem Vorprozess als Nebenintervenient beigetreten ist, auch wenn sich

---

[186]) OGH ZVB 2011/123 *(Hiltz);* ZRB 2012, 146 *(Wenusch)* = bbl 2013/20 *(Christandl);* dazu *P. Bydlinski,* Die Regresskriterien bei der Schadenersatz-Gesamtschuld. Zugleich ein neuerliches Plädoyer gegen die Rechtssatz-Judikatur, RZ 2013, 57.

[187]) S hiezu OGH JBl 1986, 579; JBl 1986, 787 *(Apathy);* SZ 60/55 und 91; ecolex 1995, 174 und 714; JBl 2009, 644 = Zak 2009/273 *(Kletečka)* („summierte Einwirkungen"); zum Regress nach § 67 VersVG vgl OGH ZVR 1997/14; zur kumulativen Haftung mehrerer Werkunternehmer vgl OGH ZVB 2013/102 *(Michl).*

[188]) OGH JBl 1989, 578; JBl 1997, 245 *(Dullinger).*

[189]) S auch OGH ecolex 1993, 85 *(Wilhelm).*

[190]) *Selb,* Schadensbegriff und Regreßmethoden (1963); OGH SZ 26/18; SZ 39/25; ZVR 1966/300; ecolex 2000/204; ecolex 2000/282 *(Thaler);* ecolex 2005/426; Zak 2015/138. Für die Ableitung aus § 1358: *Koziol,* Über den Anwendungsbereich des Bürgschaftsrechts, JBl 1964, 310f.

[191]) OGH SZ 72/35.

[192]) Für eine analoge Anwendung des § 896 *Till/Zwettler,* Regress nach erfolgter Adhäsion, SPRW 2014, 532 (540f).

[193]) OGH EvBl 1975/44; ZVR 1983/72; JBl 1990, 44; SZ 68/186; dazu kritisch *Ch. Huber,* Der Ersatzanspruch des Regreßgläubigers für im Vorprozeß getätigte Aufwendungen, ZVR 1986, 33.

[194]) OGH SZ 70/241; SZ 74/6; ecolex 2001/234; vgl auch ecolex 2000/35 (*Thaler,* vor Streitverkündigung); JBl 2001, 172 (§ 1041); RdW 2003/206. Zum Schadenersatz als Rechtsgrundlage s *Pochmarski/Strauss,* Die Rechtsprechung des OGH zum Regress von Prozesskosten, JBl 2002, 353; *Fötschl,* Zur Ausgleichsfähigkeit von Kosten eines Vorprozesses, ÖJZ 2004, 781; *Perner,* Ersatz der Kosten eines Vorprozesses beim Solidarschuldnerregress, RdW 2008/9, 49.

schließlich herausstellt, dass der Regressschuldner den Schaden endgültig zu tragen hat.[195])

M. Mitverantwortung des Geschädigten

Literatur: *Apathy,* Pensionsschaden – Zeitpunkt des Schadenseintritts, Verjährung und Verletzung der Schadensminderungspflicht, JBl 2011, 541; *Häusler,* Zum Mitverschulden bei Beratungsdienstleistungen, ÖJZ 2014/113, 746; *Ch. Huber,* Zurechnung des Fehlverhaltens eines Bewahrungsgehilfen im Rahmen des Mitverschuldens nach § 1315 ABGB, ZVR 2010/8, 22; *Jabornegg,* Probleme des Mitverschuldens bei Verkehrsunfällen, ZVR 1983, 196; *Karner,* Gehilfenzurechnung auf Seiten des Geschädigten, ZVR 2010/3, 9; *Kletečka,* Mitverschulden durch Gehilfenverhalten (1991); *Kletečka,* Die Mitverantwortlichkeit des Geschädigten: Spiegelbild- oder Differenzierungsthese? in FS Deutsch (2009) 781; *Koziol,* Die Schadensminderungspflicht, JBl 1972, 225; *Koziol,* Die Zurechnung des Gehilfenverhaltens im Rahmen des § 1304 ABGB, JBl 1997, 201; *Resch,* Schadenersatz und Mitverschulden des Dienstnehmers bei Nichtanmeldung zur Sozialversicherung, JBl 1995, 24; *Rother,* Haftungsbeschränkung im Schadensrecht (1965); *Venzmer,* Mitverursachung und Mitverschulden im Schadensersatzrecht (1960); *Welser,* Schadenersatzrechtliche Grundfragen bei Berechnung des entgangenen Unterhaltes, JBl 1968, 342.

1. A und B tragen den Fernsehapparat des B. Da sie sich angeregt unterhalten, stolpern sie, der Apparat fällt zu Boden und wird beschädigt.

2. Ein Bauführer sichert eine tiefe Baugrube nur mit einem Band ab. B geht telefonierend auf der Straße und fällt in die Grube, wobei er sich schwer verletzt.

1444 *Wenn bei einer Beschädigung zugleich ein Verschulden von Seiten des Beschädigten mitwirkt, so trägt er mit dem Beschädiger den Schaden verhältnismäßig, und wenn sich das Verhältnis nicht bestimmen lässt, zu gleichen Teilen (§ 1304).*

1445 Hat nicht bloß der Schädiger, sondern auch der Beschädigte schuldhaft eine Bedingung für den Schadenseintritt gesetzt,[196]) so gebührt ihm kein voller Ersatz; er muss einen Teil des Schadens **selbst** tragen (§ 1304). Dieser Teil richtet sich nach dem **Verhältnis** des Verschuldens des Schädigers zu dem des Geschädigten.[197])

Kindern und Unmündigen kann analog zu § 1310 ein Mitverschulden anzulasten sein.[198])

---

[195]) OGH EvBl 2012/160 (kritisch *Schneider*) = ZVR 2014/51 (kritisch *Ch. Huber*) mwN.

[196]) Dazu OGH JBl 1993, 389 *(Dullinger);* ZVR 1993/122; EvBl 1998/24; RdW 2003/304 (fehlende Kausalität); zur Beweislastverteilung s SZ 72/8. Zur Helmpflicht OGH ZVR 2006/33 *(Schoditsch/Griehsner);* Zak 2012/352; ZVR 2014/218 *(Karner); Fluch,* Helmpflicht beim Sport – ein Rechtsupdate, Zak 2014/811, 428; *Ganner,* Obliegenheit des Helmtragens bei sportlicher Betätigung, SpuRt 2015, 19; *Kaltenegger,* Frisurendrücker oder Lebensretter? ZVR 2015/68, 148; *Pepelnik,* Nicht mehr Radhelme bringen Sicherheit, sondern mehr Radfahrer! ZVR 2015/69, 149; *M. Kraus,* Helmpflicht für Rad(renn)fahrer? ZVR 2015/103, 190.

[197]) Vgl OGH ZVR 1975/162; JBl 1987, 583; ZVR 1991/38; ZVR 1995/110. Zur Aufteilung bei Tätermehrheit OGH JBl 1979, 263; ecolex 2001/71; ZVR 2001/70; *Wimmer,* Schadensverteilung in Nebentäterfällen bei mitwirkender Schadensverantwortlichkeit des Geschädigten, ZVR 2000, 182.

[198]) Ständige Rechtsprechung, vgl OGH SZ 60/224; ZVR 1991/76; JBl 1993, 660; ZVR 2001/5; EvBl 2009/61 *(Apathy);* Zak 2011/214; ZVR 2012/213 *(Pronebner).*

Bei gleichteiligem Verschulden oder wenn sich die Anteile nicht bestimmen lassen, verantworten Schädiger und Beschädigter den Schaden zu **gleichen Teilen.** Trifft den Schädiger ein sehr schweres Verschulden, so bleibt ein leichtes Verschulden des Verletzten außer Betracht.[199]) 1446

Wenn die Rechtsprechung manchmal auf die Wichtigkeit der verletzten Vorschrift abstellt,[200]) so meint sie wohl auch damit die Schwere des Verschuldens; die Rechtswidrigkeit ist nach heute hM nicht abstufbar.[201])

Das Mitverschulden ist **kein echtes** Verschulden, weil dieses ein rechtswidriges Verhalten voraussetzt, der sorglose Umgang mit eigenen Gütern jedoch nicht verboten ist.[202]) Das Mitverschulden ist eine bloße **Obliegenheitsverletzung:** Wer in eigenen Belangen sorglos ist, muss den daraus folgenden Nachteil tragen. S oben Rz 25 und Bd I Rz 169. 1447

Von der Teilung des Schadens wegen eines Mitverschuldens ist die Kulpakompensation zu unterscheiden, die zu einem totalen Wegfall des Ersatzanspruchs führt. S dazu Bd I Rz 544. 1448

Bei der Vertragshaftung hat sich der Geschädigte das Mitverschulden eines Gehilfen nach § 1313a analog zurechnen zu lassen.[203]) Die Zurechnung von Gehilfenverhalten im deliktischen Bereich ist strittig. Während sich der Geschädigte nach überwiegender und wohl richtiger Ansicht auch im Deliktsbereich jedes Gehilfenverschulden nach § 1313a zurechnen lassen muss,[204]) ist nach anderer Meinung – gleichsam spiegelbildlich zum Schädiger – die Zurechnung nach § 1315 vorzunehmen,[205]) sodass es nur zu einer Kürzung der Ansprüche wegen Mitverschuldens kommt, wenn sich der Geschädigte eines untüchtigen oder wissentlich eines gefährlichen Gehilfen bedient hat. Dieser Ansicht ist jüngst auch der OGH gefolgt.[206]) 1449

---

[199]) ZB OGH ZVR 1985/21; VersRdSch 1990/211; ZVR 1994/118.

[200]) So zB OGH ZVR 1990/106; ZVR 1990/133; ZVR 1995/110.

[201]) *Jabornegg,* ZVR 1983/196; aA *Koziol,* Haftpflichtrecht I[3] Rz 4/18 mwN.

[202]) OGH ZVR 1978/111; SZ 51/188; JBl 1981, 265; ZVR 1984/122; SZ 60/190; RZ 1989/75; SZ 64/126; JBl 2000, 732. Zur Schutzgesetzverletzung durch den Geschädigten OGH JBl 2013, 249.

[203]) OGH JBl 2009, 644 = Zak 2009/273 *(Kletečka);* dazu *Karner,* ZVR 2010/3, 10.

[204]) OGH JBl 1992, 523; SZ 64/140; *Reischauer,* Probleme der Dienstnehmerhaftung, DRdA 1978, 193 (197); *Dullinger,* JBl 1990, 27 und 91; *Koziol,* JBl 1997, 201; *Reischauer* in *Rummel*[3] § 1304 Rz 7d; *Karner,* ZVR 2010/3, 11f; *Koziol,* Grundfragen Rz 6/21ff; *Ch. Huber,* ZVR 2010/8, 22ff; *Karner* in KBB[4] § 1304 Rz 7.

[205]) *Kletečka,* Mitverschulden 28ff, 47f; *Karollus,* Gleichbehandlung von Schädiger und Geschädigtem bei der Zurechnung von Gehilfenverhalten, ÖJZ 1994, 257; *F. Bydlinski,* Gehilfenmitverschulden beim Arbeitgeber und betriebliche Hierachie, in FS Tomandl (1998) 45.

[206]) OGH ecolex 2009/110 *(Kletečka)* = ZVR 2010/8 *(Ch. Huber)* = Zak 2009/140 *(Leitner)* = SpuRt 2009, 152 *(Stadler)* = ÖZW 2009, 75 *(Sagerer)* = HAVE/REAS 2009, 389 *(Küppers)* = ZVR 2010/43 *(Danzl);* ZVR 2013/205 *(Ch. Huber);* ÖZW 2013, 104 *(Sagerer-Foric);* dazu *Kletečka,* Mitverschulden durch Gehilfenverhalten im Lichte der neueren Rechtsprechung – OGH schließt sich der Gleichbehandlungsthese an, SV 2009, 57; *Karner,* ZVR 2010/3, 9; *Schörghofer,* Gehilfenzurechnung auf Geschädigtenseite, Zak 2009/379, 246.

1450 S auch § 7 Abs 2 EKHG; § 1a RHG; § 15 AtomHG; § 161 LuftFahrtG.

1451 Von einem Mitverschulden kann eigentlich nicht gesprochen werden, wenn die Haftung des Schädigers keine Verschuldens-, sondern eine Gefährdungshaftung darstellt. Hier steht Gefährdung gegen Verschulden. Dennoch wird auch in diesen Fällen die Mitverantwortung des Geschädigten berücksichtigt. Es wird die Größe der **Gefährdung** gegen das **Mitverschulden** des Geschädigten abgewogen.[207]) S § 7 EKHG[208]) und § 11 PHG.

Das Nichtanlegen von Sicherheitsgurten in einem Kfz stellt – soweit hiezu eine gesetzliche Verpflichtung besteht – ein Mitverschulden an jenem Schaden dar, der durch das Anlegen vermieden worden wäre.[209]) Kraft besonderer gesetzlicher Anordnung (BGBl 1976/352) werden jedoch bei Missachtung der Gurtenanlegungspflicht nur Ansprüche auf das Schmerzengeld, nicht aber jene auf Ersatz der Heilungskosten, des Verdienstentganges und sonstiger Vermögensschäden gemindert.[210])

1452 Auf § 1304 wird auch die **Schadensminderungspflicht** gestützt.[211]) Darunter versteht man die Pflicht des Geschädigten, wenn möglich, dem unmittelbar drohenden Eintritt des Schadens oder seiner Vergrößerung entgegenzuwirken.

Löschen eines Brandes, ärztliche Behandlung nach Verletzung;[212]) Absicherung eines beschädigten Hauses; Annahme einer zumutbaren Berufstätigkeit durch die Frau des getöteten Mannes (§ 1327), die bisher ausschließlich den Haushalt besorgt hat;[213]) Ergreifen eines Rechtsmittels, das geeignet ist, den Schaden abzuwenden oder Führung eines Prozesses.[214]) So ist etwa die Verweigerung von Bluttransfusionen zwar rechtmäßig, wird aber als Verletzung der Schadensminderungspflicht angesehen.[215])

---

[207]) Vgl OGH ZVR 1991/52; Zak 2012/673.

[208]) Vgl die Übersicht bei *Apathy,* EKHG (1992) § 7 Rz 24ff; *Danzl,* Das Eisenbahn- und Kraftfahrzeughaftpflichtgesetz (EKHG)[9] (2013) § 7 E 1ff.

[209]) Dazu *Lorenz/Liburnau,* Die Gurtenanlegepflicht, VersRdSch 1976, 301; *Messiner,* Schadensteilung bei Nichtbeachtung der Gurtenanlegepflicht, ZVR 1978, 140; *Welser,* Aktuelle Fragen der zivilrechtlichen Haftung aus Verkehrsunfällen, ZVR 1978 Sonderheft 30 (31ff); OGH SZ 51/104; ZVR 1988/154; ZVR 1991/44; Zak 2006/680; ZVR 2009/9; ecolex 2014/89 (dazu kritisch *Ertl,* Das beredte Schweigen des Gesetzgebers zur Gurtenpflicht, ecolex 2014, 219).

[210]) Dazu auch *Apathy,* Zivilrechtliche Folgen der Nichtverwendung von Sicherheitsgurten, JBl 1985, 641.

[211]) Vgl dazu *Welser,* JBl 1968, 346ff; *Koziol,* JBl 1972, 225; *Migsch,* Die Schadensminderung als Zurechnungsproblem, ZVR 1975, 1; *Korinek/Vonkilch,* Gewissen contra Schadensminderungspflicht, JBl 1997, 756; OGH SZ 55/104; JBl 1990, 587; EvBl 1999/125; ZVR 1999/109; EvBl 2001/91; ZVR 2002/5; RdW 2005/541, Zak 2011/211; zur Beweislast EvBl 2009/142 *(C. Steininger)* = ZVR 2010/82 *(Kathrein);* JBl 2015, 252.

[212]) Dazu OGH ZVR 1976/205; ZVR 1982/113; RdW 1990, 385; RdA 1993, 32 *(Oberbauer).*

[213]) *Welser,* JBl 1968, 354. Anders OGH ZVR 1959/10; SZ 53/155.

[214]) OGH EvBl 2007/68 (mit Hinweis auf die andere Rechtslage nach § 2 Abs 2 AHG).

[215]) OGH JBl 2012, 251 *(Kalb)* = EvBl 2011/152 *(Steiniger)* = RdM 2011/168 *(Leischner)* = ZVR 2012/44 *(Ch. Huber).*

Auch die Schadensminderungspflicht ist keine echte Rechtspflicht, sondern eine Obliegenheit, deren Verletzung zur Einschränkung des Ersatzes führt. 1453

N. Vorteilsausgleich und Drittschaden

1. Das Problem des Vorteilsausgleichs

1. Der Reiter A überanstrengt entgegen dem Verbot des Eigentümers B dessen Rennpferd; B gewinnt zwar dadurch einen Preis, das Pferd geht jedoch ein.

2. A fügt dem B schuldhaft eine schwere Körperverletzung zu, sodass er mehrere Monate in Spitalspflege verbringen muss. B erspart sich dadurch erhebliche Kosten in der eigenen Haushaltsführung (Nahrungsmittel, Kosten für Beheizung und elektrischen Strom).

3. Der von A schwer verletzte B erhält von seinem reichen Freund C „zum Trost" € 10.000,–.

4. Der von A verletzte B erhält die Heilungskosten von der Sozialversicherung ersetzt.

Aufgabe des Schadenersatzrechts ist es, dem Geschädigten einen Ausgleich zu verschaffen. Er soll nicht mehr und nicht weniger als die erlittenen Nachteile ersetzt erhalten. Nun kommt es aber vor, dass dasselbe Ereignis dem Geschädigten neben Nachteilen auch **Vorteile** bringt (vgl §§ 1191 und 1312). 1454

Wird der Schaden **subjektiv-konkret berechnet,** so ist die Berücksichtigung der Vorteile (Vorteilsausgleich, Vorteilsanrechnung) an sich **selbstverständlich.** Mit der Differenzmethode wird ja die gesamte Vermögensentwicklung beim Geschädigten erfasst und damit nicht nur negative Posten (Schäden), sondern auch die positiven (Vorteile) berücksichtigt.[216]) Die „Differenz" besteht aus jener Summe, die sich durch Abzug des gegenwärtigen Vermögensstandes vom hypothetischen Vermögensstand ergibt (s oben Rz 1435). 1455

Hingegen ist der Vorteilsausgleich nach herrschender, allerdings fragwürdiger Ansicht ausgeschlossen, wenn der Schaden **objektiv-abstrakt** berechnet wird, weil dann der gemeine Wert des verletzten Gutes zu ersetzen sei, ohne dass es auf die übrigen Vermögensverhältnisse des Geschädigten ankäme.[217]) 1456

Demnach würde im Beispiel 1 beim Interesseersatz der Schadenersatzanspruch des Verletzten um das Preisgeld vermindert, nicht aber, wenn nur der Wert des Pferdes

[216]) *Oertmann,* Die Vorteilsausgleichung (1901) 59f; OGH SZ 50/50; ZVR 1987/101; ZVR 1990/50. AA *Thiele,* Gedanken zur Vorteilsausgleichung, AcP 167, 197ff. Vgl *Henke,* Die Vorteilsausgleichung, in FS Hagen (1999) 371ff. Die Vorteilsausgleichung ist auf materielle Schäden (Vermögensschäden) zugeschnitten; immaterielle Vorteile sind gegenüber einem Verdienstentgeltanspruch nicht anrechenbar; s OGH ZVR 2009/206 *(Ch. Huber);* ZVR 2010/43; EF-Z 2013/116 *(Schwarzenegger).*

[217]) *Wilburg,* JherJB 82, 125ff; *Fröhlich,* ZBl 1931, 548ff; *Krejci,* Grundsatzfragen des Haftpflicht- und Regreßsystems im Recht der sozialen Sicherheit, in Reformen des Rechts, in FS zur 200-Jahr-Feier der Rechtswissenschaftlichen Fakultät der Universität Graz (1979) 414; OGH RdA 1980, 27 *(Koziol);* SZ 72/55 = ecolex 1999, 824 *(Spunda);* unklar ZVR 2008/241 *(Ch. Huber).* AA *Reischauer* in *Rummel*[3] § 1312 Rz 7.

ersetzt wird („objektive Schadensberechnung"). Ob diese nur aus begrifflichen Umschreibungen abgeleitete Verschiedenbehandlung auch inhaltlich gerechtfertigt ist, mag man allerdings bezweifeln, weil der Geschädigte auch bei „objektiver Berechnung" genauso in den Genuss des Vorteils gekommen ist wie beim Interessenersatz.

1457 Die Vorteilsanrechnung entlastet den Schädiger. In vielen Fällen ist es jedoch sachlich **nicht gerechtfertigt,** dass eine durch die schädigende Handlung ausgelöste Vermögensmehrung die Ersatzpflicht aufhebt oder mindert und so dem Schädiger zugute kommt.

Verletzt zB ein unvorsichtiger Autofahrer ein Kind, so wäre es unbillig, wenn er sich seiner Ersatzpflicht durch den Verweis auf die durch den Unfall ausgelösten besonderen Unterhaltsleistungen der Eltern (Vorteil des Kindes) entziehen könnte.[218]) Wird ein Arbeitnehmer verletzt, so wäre es nicht gerechtfertigt, wenn sich der Schädiger darauf berufen könnte, dass der Verletzte keinen Verdienstausfall habe, weil der Arbeitgeber ohnedies den Lohn weiterzahlen müsse (sog Lohnfortzahlung, vgl § 1154b und das EntgeltfortzahlungsG 1974). Ebenso wenig würde man es als billig empfinden, wenn freigiebige Zahlungen Dritter aus Anlass des Schadensfalles (Beispiel 3) den Täter entlasteten.

1458 Die hM[219]) ist deshalb der Auffassung, dass nicht alle von der schädigenden Handlung verursachten Vorteile („mechanisch") zugunsten des Schädigers berücksichtigt werden dürfen, sondern die Anrechnung mancher Vorteile auszuschließen ist **(verhinderter Vorteilsausgleich).**

Welche Vorteile anrechenbar sind und welche nicht, ist umstritten. Eine allgemeingültige Formel gibt es nicht. Die Berücksichtigung von Vorteilen kommt jedenfalls nur gegenüber sachlich und zeitlich kongruenten Schadenersatzansprüchen in Betracht.[220]) Bei Zuwendungen von dritter Seite ist jeweils auf deren Sinn und Zweck abzustellen. Es ist zu fragen, wer durch sie begünstigt werden soll.[221])

1459 Manche Vorteile sollen den **Geschädigten** besonders **begünstigen.** Der Verletzte soll dann sowohl den Vorteil als auch den Ersatz erhalten (Beispiel 3). In anderen Fällen ist aber mit einer Zuwendung nicht bezweckt, dass der Geschädigte mehr als seinen Schaden ersetzt bekommt. Dann wird eine Bereicherung des Verletzten meist dadurch verhindert, dass sein Anspruch gegen den Schädiger auf den Drittzahler **übergeht,** soweit dieser den Schaden deckt.

1460 Beispiele bieten die Legalzessionsnormen des **§ 332 ASVG** und des **§ 67 VersVG** (hiezu oben Rz 570). Diese und ähnliche Vorschriften gehen zunächst von einer Verhinderung des Vorteilsausgleiches aus.[222]) Der

[218]) Vgl OGH ZVR 1977/9; RZ 1984/1; ZVR 1987/9; vgl auch ZVR 2001/2.

[219]) *Wilburg,* JherJB 82, 76ff; *Cantzler,* Die Vorteilsausgleichung beim Schadensersatzanspruch, AcP 156, 56ff; *Selb,* Schadensbegriff; *Selb,* Individualschaden und soziale Sicherung im Bereiche des ABGB und DBGB, ZfRV 1964, 195; *Eckmann,* Anrechnung von Drittleistungen beim Schadenersatz, ÖJZ 1986, 609; s auch OGH JBl 1993, 725 *(Rummel).* Zum Vorteilsausgleich bei Mitverschulden des Geschädigten insbesondere *Welser,* JBl 1968, 346ff.

[220]) OGH EvBl 2001/56 (Umschulungskosten).

[221]) *Wilburg,* JherJB 82, 76ff. OGH JBl 1991, 653; ZVR 1995/133; ZVR 1998/42.

[222]) OGH EvBl 1993/68; SZ 68/222; SZ 2007/178 (Pflegegeld und Invaliditätspension); ZVR 2008/56 *(Kathrein)* (Kinderbetreuungsgeld); ecolex 2009/365 (Familienbeihilfe); SZ 2011/123 (Sozialhilfe).

dadurch erhalten gebliebene Ersatzanspruch wird gesetzlich auf den Dritten (Versicherer) übergeleitet.

Würde das Gesetz Vorteilsausgleich annehmen, so hätte der Geschädigte nach der Drittzahlung gegenüber dem Schädiger keine Forderung mehr, sodass auch die Legalzession ins Leere ginge.

Nicht alle Fälle des verhinderten Vorteilsausgleichs sind gesetzlich 1461
so deutlich geregelt. Ausdrückliche Vorschriften fehlen zB für die **Unterhaltspflicht** und die **Lohnfortzahlung,** soweit nicht § 10 EntgeltfortzahlungsG eingreift.[223]) § 332 ASVG, § 67 VersVG und ähnliche Bestimmungen können aber immerhin als Argument für die Verhinderung des Ausgleichs ins Treffen geführt werden. Schwieriger ist es, in den gesetzlich nicht ausdrücklich geregelten Fällen den Ersatzanspruch auf den Drittzahler (Unterhaltspflichtigen, Dienstgeber) überzuleiten.[224])

Hiefür wird von manchen § 1358 herangezogen,[225]) weil der Schädiger wirtschaftlich den Nachteil zu tragen hatte und der Anspruch gegen den Unterhaltspflichtigen oder Dienstgeber nur der Sicherung des Geschädigten diente.[226]) Andere nehmen an, der Drittzahler sei nur dann zur Leistung verpflichtet, wenn ihm der Geschädigte die erhalten gebliebene Forderung gegen den Schädiger rechtsgeschäftlich zediert.[227])

2. Das Drittschadensproblem

1. A zerstört schuldhaft die EDV-Anlage des B, die dieser schon an C verkauft, aber noch nicht übereignet hatte. Zur Zeit der Beschädigung war C im Annahmeverzug und hatte daher schon die Preisgefahr zu tragen.
2. B kauft als indirekter Stellvertreter des C bei A eine Maschine, der aber seine Leistungspflicht nicht erfüllt, sodass C einen Schaden erleidet.

Grundsätzlich sind nur Schäden an absolut geschützten Gütern und 1462
daraus beim selben Geschädigten eintretende Folgeschäden zu ersetzen, während bei anderen Personen eintretende primäre (bloße, reine) Vermögensschäden nicht ersetzt werden. Man spricht auch von einem **„mittelbaren Schaden“** und „mittelbar Geschädigten“[228]) (s oben Rz 1352, 1397 f).

[223]) Zu diesem *Krejci,* Haftpflicht- und Regreßprobleme des neuen Entgeltfortzahlungsrechts, VersRdSch 1974, 192.

[224]) Dazu *Schuhmacher,* Schadenersatz und soziale Sicherheit, ÖJZ 1976, 477; vgl auch *Welser,* ÖJZ 1975, 37 ff; *Ch. Huber,* Regreßprobleme bei irrtümlicher oder freiwilliger Leistung des Privat- bzw Sozialversicherers, VersRdSch 1986, 321 und 405; *M. Mohr,* Entgeltsfortzahlung und Drittschadensliquidation, ecolex 1993, 398; *Perner/Spitzer,* Unterhaltserhöhung nach Körperverletzung und Regress – kein Problem des Bereicherungsrechts, EF-Z 2006/22, 36. Vgl auch OGH JBl 1997, 100 (kritisch *Schauer*).

[225]) *Steininger,* Schadenersatz bei Lohnfortzahlung, JBl 1959, 469. S weitere Nw unten Rz 1466.

[226]) *Perner/Spitzer,* EF-Z 2006/22, 36.

[227]) *Selb,* ZfRV 1964, 205.

[228]) Dazu *Welser,* ÖJZ 1975, 37 ff; *Danzl,* ZVR 2002, 363; *Thoss,* Schadenersatzansprüche von Eigentümer und Anwartschaftsberechtigtem bei Verletzung des Vorbehaltsguts durch Dritte, JBl 2003, 277; *Apathy,* Drittschadensliquidation, JBl 2009, 69; OGH JBl 1968, 35; JBl 1977, 649; JBl 1984, 262; JBl 1985, 231 *(Apathy);* ZVR 2004/47.

In den zwei Beispielen ist B unmittelbar verletzt, da sein Eigentumsrecht (Fall 1) und die ihm als Vertragspartner zustehenden Rechte (Fall 2) beeinträchtigt wurden. C ist stets im reinen Vermögen geschädigt und daher mittelbar Geschädigter.

1463 Wie oben dargelegt, kann für primäre (reine, bloße) Vermögensschäden (**mittelbarere** Schäden) allerdings in besonderen Fällen Ersatz verlangt werden. Diese Ausnahmen wurden oben dargelegt (s oben Rz 1398). Aber auch in einer noch nicht erwähnten Konstellation wird es als merkwürdig empfunden, dass nur dem unmittelbar Geschädigten Ersatzansprüche zustehen sollen. Diese Fälle werden unter der Bezeichnung **Drittschadensproblem** zusammengefasst. Vor allem wenn das wirtschaftliche **Risiko** für eine Sache oder für eine Leistung nicht beim unmittelbar Angegriffenen liegt, sondern durch gesetzliche oder vertragliche Regelung auf einen Dritten **überwälzt** ist, käme es zu einer unbegründeten Befreiung des Schädigers: Dem unmittelbar Geschädigten stünde zwar der Ersatzanspruch zu, doch hat er keinen Schaden, weil das Risiko eben der Dritte trägt. Dieser erleidet zwar den Schaden, hätte aber als mittelbar Geschädigter keinen Anspruch.

Im Beispiel 1 trägt C das Risiko, da ihn die Preisgefahr trifft; im Beispiel 2 trifft C der Nachteil der Nichterfüllung, da B auf Rechnung und damit auf Risiko des C handelt.

1464 Das Problem wird teilweise entschärft, wenn man der Ansicht folgt, dass ein Geschädigter stets den **objektiv** berechneten Schaden ersetzt verlangen kann, da bei einer solchen Berechnung das sonstige Vermögen des Geschädigten und daher auch die Entlastung durch die Risikoregelung außer Betracht bleibt.[229]) Oben Rz 1436.

1465 Eine Entlastung des Schädigers wäre jedoch auch sonst nicht sachgerecht, weil die Risikoverlagerung nur das Verhältnis zwischen den Vertragsparteien betrifft, aber nicht dazu bestimmt ist, einen möglichen Schädiger zu entlasten. Der dem mittelbar Geschädigten eingetretene Nachteil führt auch nicht zur Uferlosigkeit der Ersatzansprüche, es ist ja im Prinzip nur jener Nachteil, der ohne Risikoverlagerung beim unmittelbar Geschädigten selbst eingetreten wäre. Deshalb ist nach hL[230]) bei bloßer **Schadensüberwälzung** (Schadensverlagerung) der Schaden des mittelbar Verletzten zu ersetzen.[231])

---

[229]) *Fröhlich,* ZBl 1931, 548ff; *Wilburg,* JherJB 82, 125ff; *Koziol,* Eigentumsvorbehalt und Schadenersatz wegen Sachbeschädigung, JBl 1968, 500; *Hagen,* Die Drittschadensliquidation im Wandel der Rechtsdogmatik (1971) 185ff; *Bollenberger,* Drittschaden bei obligatorischer Gefahrverlagerung, JBl 1997, 284 (295f); s auch OGH ZVR 1997/104. AA *Reischauer* in *Rummel*[3] § 1295 Rz 28; *Lukas,* Vom liquidierbaren Drittschaden, anzurechnenden Vorteilen und unechten Gesamtschulden, JBl 1996, 481 und 567 (489).

[230]) *Von Caemmerer,* Das Problem des Drittschadenersatzes, ZHR 127, 254ff; *Wilburg,* JherJB 82, 55ff; *Tägert,* Die Geltendmachung des Drittschadens (1938) 35ff; *Lukas,* JBl 1996, 481 und 567; *Bollenberger,* JBl 1997, 284. Vgl aber *Peters,* Zum Problem der Drittschadensliquidation, AcP 180, 329; *Urban,* „Vertrag" mit Schutzwirkung zugunsten Dritter und Drittschadensliquidation (1989) 45ff; *Apathy,* JBl 2009, 69.

[231]) Zur Höhe des Ersatzes s *Bollenberger,* JBl 1997, 284 (diesem folgend *Koziol,* Haftpflichtrecht I[3] Rz 13/26) einerseits und *Lukas,* JBl 1996, 567ff andererseits jeweils mwN.

Die Rechtsprechung folgt dieser Auffassung in den Fällen des Überganges der **Preisgefahr,**[232]) der **mittelbaren Stellvertretung,**[233]) vertraglicher **Schadenstragungsregelungen**[234]) und **„Lohnfortzahlungsfällen".**[235]) Muss bei einer durch Körperverletzung eingetretenen Arbeitsunfähigkeit des Dienstnehmers der Dienstgeber den Lohn weiterzahlen (§ 1154b; § 8 AngG), so hat der Schädiger den auf den Dienstgeber überwälzten Schaden des Dienstnehmers zu ersetzen, dessen Ersatzanspruch durch Legalzession (analog § 1358; § 10 EntgeltfortzahlungsG; § 67 VersVG) auf den Dienstgeber übergeleitet wird. Dasselbe gilt, wenn der durch eine Schädigung verursachte Pflegeaufwand (Heilungskosten iSd § 1325) von einem Unterhaltspflichtigen (Eltern, Ehegatten) gedeckt wird.[236]) 1466

In der Literatur wird teilweise auch die Auffassung vertreten, dass in allen oder manchen Drittschadensfällen der primäre (im absoluten Gut) Geschädigte (der aber selbst keinen Nachteil hat), den Schaden des Dritten (mittelbar, im reinen Vermögen Geschädigten) liquidieren muss.

II. Besonderer Teil

A. Haftung bei Verletzung der Person

Literatur: *Beisteiner,* Angehörigenschmerzengeld (2009); *Danzl,* Die (psychische) Gesundheit als geschütztes Rechtsgut des § 1325 ABGB, ZVR 1990, 1; *Danzl,* Der Ersatz ideeller Schäden in Europa und im ABGB am Beispiel des Angehörigenschmerzengeldes, in FS 200 Jahre ABGB (2011) 1633; *Danzl/Gutiérrez-Lobos/Müller,* Das Schmerzengeld in medizinischer und juristischer Sicht[10] (2013); *Ch. Huber,* Das Ausmaß des Schadenersatzanspruchs bei Pflege durch Angehörige rund um die Uhr, ÖJZ 2007/53, 625; *Karner,* Ersatz ideeller Schäden bei Körperverletzung (1999); *Karner,* Schmerzengeld für Angehörige, ecolex 2001, 37; *Karner/Koziol,* Der Ersatz ideellen Schadens im österreichischen Recht und seine Reform, 15. ÖJT, Band II/1; *Karner,* Trauerschmerz und Schockschäden in der aktuellen Judikatur, ZVR 2008/18, 44; *Kindel,* Besonderheiten und Rechtsfolgen des ärztlichen Behandlungsvertrages (2009); *Kramer,* Schockschäden mit Krankheitswert – noch offene Fragen? in FS Koziol (2010) 743; *Welser,* Der OGH und der Rechtswidrigkeitszusammenhang, ÖJZ 1975, 37.

1. Körperverletzung

a) Allgemeines

Wer jemanden an seinem Körper verletzt, bestreitet die Heilungskosten des Verletzten, ersetzt ihm den entgangenen und künftig entgehenden Verdienst und bezahlt ihm ein angemessenes Schmerzengeld (§ 1325). 1467

---

[232]) OGH SZ 51/164; JBl 2003, 379.

[233]) OGH SZ 46/31; SZ 69/266 (dazu *Csoklich,* Zur Anspruchsberechtigung im Straßengüterverkehr, RdW 1997, 188); RdW 2002/451; SZ 2011/54.

[234]) OGH JBl 1986, 468; JBl 2007, 309 *(Karner)* = ÖBA 2006/1376 *(Apathy).*

[235]) RIS-Justiz RS004328; dazu *Sturm,* Anmerkung zur Judikaturänderung des OGH in den Lohnfortzahlungsfällen, RdW 1994, 302; *Hohenecker,* Die Ersatzfähigkeit der Lohnfortzahlung und ihre Grenzen, ecolex 1996, 446; *Ch. Huber,* Die Wende beim Lohnfortzahlungsschaden – Analyse und Ausblick, in FS Dittrich (2000) 411. AA noch OGH JBl 1978, 209

[236]) RIS-Justiz RS0022789. Dazu *Perner/Spitzer,* EF-Z 2006/22, 36; *Veith,* Pflege von Verletzten durch Familienangehörige, ZVR 2014/66, 112 mwN.

1468 Die körperliche Integrität ist als absolutes Recht umfassend geschützt. § 1325 regelt vor allem den **Umfang** des Ersatzes. Er gilt nicht nur bei Schadenersatz aus Delikt, sondern auch, wenn die Körperverletzung aus einem vertragswidrigen Verhalten entstanden ist.

1469 **Körperverletzung** ist jede Beeinträchtigung der körperlichen oder geistigen Unversehrtheit (Gesundheit).

1470 Da auch die geistige Gesundheit geschützt ist, ist die Herbeiführung einer psychischen Störung mit Krankheitswert eine Körperverletzung.[1])

1471 Besondere Bedeutung haben solche Schäden, wenn durch die Tötung oder „schwerste Verletzung"[2]) eines Menschen bei dessen Angehörigen eine psychische Reaktion mit dem Wert einer Krankheit (zB eine Depression) herbeigeführt wird **(Schockschaden).**[3]) Ihnen gebührt Ersatz nach § 1325, wenn der Schädiger im Hinblick auf die geistige Gesundheit des Hinterbliebenen gefährlich gehandelt hat. Ob das der Fall ist, ist eine schwer begründbare Wertungsentscheidung.[4]) Es ist unerheblich, ob der Schockschaden durch das Miterleben des Todes, der schwersten Verletzung oder durch den Erhalt der Unfallnachricht verursacht wurde.[5]) Die Rechtsprechung bezieht auch den Lebensgefährten in den Kreis der nahen Angehörigen ein.[6]) Ersetzt wurde sogar ein Schockschaden, der durch das Miterleben des Todes eines fremden Unfallgegners ausgelöst wurde.[7])

1472 Von den Schockschäden zu unterscheiden ist der Ersatz bloßer **Trauerschäden,** bei denen die Hinterbliebenen, zu denen auch Lebensgefährten[8]) und Geschwister zu zählen sind, soweit sie im gemeinsamen Haushalt leben,[9]) keine krankhafte psychische Beeinträchtigung, sondern „normale" Trauer erleiden.[10]) Es handelt sich hiebei nicht um eine Kör-

---

[1]) OGH ZVR 1995/46; ZVR 1997/75. Dazu *Welser,* ÖJZ 1975, 40f; *Karner,* ZVR 1998, 182; *Karner,* Ersatz ideeller Schäden 101ff; *Karner/Koziol,* Ideeller Schaden 74ff.

[2]) OGH SZ 2007/96; ZVR 2010/120 *(Kathrein);* ZVR 2012/204 *(Karner);* vgl auch OGH ZVR 2006/178 *(Karner);* VbR 2015/57 („Schockschaden zweiten Grades").

[3]) *Karner,* ecolex 2001, 37; *Karner,* Rechtsprechungswende bei Schock- und Fernwirkungsschäden Dritter? ZVR 1998, 182; *Karner,* ZVR 2008/18, 44; *Beisteiner,* Angehörigenschmerzengeld (2009); *Beisteiner,* Geteiltes Leid ist halbes Leid? ZVR 2010/2, 4. Zu den verschiedenen Fallgruppen s *Kramer* in FS Koziol 743; *Danzl* in FS 200 Jahre ABGB 1633.

[4]) *Welser,* ÖJZ 1975, 41.

[5]) OGH SZ 74/24 = ZVR 2001/52 *(Karner);* ZVR 2001/72; JBl 2004, 111; JBl 2004, 448; ZVR 2005/109 *(Danzl).* Zum Schmerzengeld für Schockschäden aufgrund der Nachricht von der (schwersten) Verletzung eines Angehörigen s OGH EvBl 2013/3 *(Spitzer)* = ZVR 2012/204 *(Karner);* AnwBl 2014, 98.

[6]) OGH ZVR 2002/96 *(Karner);* Zak 2006/235.

[7]) OGH JBl 2004, 176.

[8]) OGH Zak 2006/235.

[9]) OGH ZVR 2005/73 *(Karner);* ZVR 2005/89 *(Danzl);* ZVR 2010/119 *(Ch. Huber).*

[10]) Dazu *Karner,* ZVR 1998, 182; *Karner,* Ersatz ideeller Schäden 101ff; *Karner/Koziol,* Ideeller Schaden 81 FN 375; *Ch. Huber,* Antithesen zum Schmerzengeld ohne Schmerzen, ZVR 2000, 218; *Schobel,* Ersatzfähigkeit reiner Trauerschäden – Generelle Rechtsprechungswende bei immateriellen Schäden? RdW 2002/195, 206. *Hinghofer-Szalkay,* Gefühlsschäden nach schwerster Verletzung naher Angehöriger: pro und contra Ersatzfähigkeit, Zak 2007/293, 166; *Hinghofer-Szalkay,* Schwerste Verletzung

perverletzung beim Beschädigten, sondern um den Ersatz **immaterieller Schäden** der betroffenen Personen (s oben Rz 1353 ff). Der OGH spricht einen solchen Ersatz nur bei **grobem Verschulden** des Schädigers zu.[11]) Der Zuspruch erfolgt als Kapitalbetrag; eine Rente kommt nicht in Betracht.[12]) Bei leichter Fahrlässigkeit und im Fall bloßer Gefährdungshaftung fehlt es laut OGH an der „erforderlichen Schwere der Zurechnungsgründe".[13]) Die Berechtigung der für den Ersatz von Trauerschäden vom OGH herangezogenen Analogie zu den §§ 1328, 1329, 1331 und § 213a ASVG ist zweifelhaft.

b) Ärztliche Behandlung als Verletzung

Die ärztliche Behandlung wird als rechtswidriger Eingriff in die körperliche Unversehrtheit angesehen, wenn sie ohne **Einwilligung** des Kranken oder Verletzten geschieht und auch nicht durch einen **Notfall** geboten ist (§ 110 StGB).[14]) Eingriffe können Körperverletzungen sein, wenn sie fehlerhaft durchgeführt wurden **(Kunstfehler),** sodass sie den Gesundheitszustand des Patienten verschlechtern,[15]) also die Behandlung fehlschlägt oder negative Nebenerscheinungen bewirkt. Außer für solche Kunstfehler können Ärzte und Krankenhäuser wegen eines **Aufklärungsfehlers** haftbar werden.[16]) 1473

Ein **Kunstfehler** (Behandlungsfehler)[17]) ist es, wenn der Arzt den Eingriff nicht nach den anerkannten Regeln der Medizin durchführt oder 1474

---

eines Angehörigen: Fortentwicklung des „Trauerschmerzengeldes"? ZVR 2008/213, 444; *Konrad/Nitsch,* Trauerschaden des Vaters bei Tod des Kindes während des Geburtsvorgangs, ÖJZ 2014/76, 447.

[11]) RIS Justiz RS0115189; vgl auch OGH ecolex 2007/144 *(Prisching).*

[12]) OGH ZVR 2010/58 *(Ch. Huber).*

[13]) OGH ZVR 2001/73 *(Karner)* = ecolex 2001, 668 *(Helmich);* zu den Bemessungskriterien JBl 2004, 792; ZVR 2008/59 *(Ch. Huber).* Für einen Ersatz auch bei leichter Fahrlässigkeit *Reischauer* in *Rummel*³ § 1325 Rz 5a; *Hinghofer-Szalkay/Prisching,* ZVR 2008/213, 446.

[14]) Zur Einwilligung *Kletečka* in *Aigner/Kletečka/Kletečka-Pulker/Memmer,* Handbuch Medizinrecht für die Praxis (Loseblatt, ab 2003) I.4; *Kopetzki,* Einleitung und Abbruch der medizinischen Behandlung beim einwilligungsunfähigen Patienten, iFamZ 2007, 197. Zu Minderjährigen s §§ 163, 173; *J. W. Steiner,* Geschäftsfähigkeit und Heilbehandlung, RdM 1994, 7; *Resch,* Einwilligung 120 ff; OGH SZ 69/199. Zu behinderten Personen s § 283; *D. Haider,* Einwilligung in eine Heilbehandlung nach altem und neuem Recht, iFamZ 2007, 138. Zu eigenmächtigen Eingriffen s § 173 Abs 3; OGH JBl 1988, 238; *Zankl,* Eigenmächtige Heilbehandlung und Gefährdung des Kindeswohls, ÖJZ 1989, 299; *Barth,* Hat der Patient bei eigenmächtigen medizinischen Eingriffen Anspruch auf Ersatz seines Körper- und Gesundheitsschadens? RdM 1999, 110. Vgl § 8 Abs 3 KAKuG.

[15]) OGH EvBl 1965/217.

[16]) Dazu *Welser,* Die Ärztehaftung im österreichischen Recht, Festvortrag anläßlich der 20. Österreichischen Orthopädentagung (1991); *Kletečka* in *Aigner ua,* Handbuch Medizinrecht II/12 ff. Vgl auch *Bernat,* Die Haftung des Krankenanstaltenträgers und des Arztes für das Verschulden von Erfüllungsgehilfen (§ 1313a ABGB) – eine Bestandsaufnahme, in FS Posch (2011) 59.

[17]) S hiezu *Holzer* in *Holzer/Posch/Schick,* Arzt- und Arzneimittelhaftung (1992) 41 ff; *Voppichler,* Die Rechtsgrundlage zur Durchsetzung schadenersatzrechtlicher An-

die erforderliche Behandlung überhaupt unterlässt.[18]) An den vom Patienten zu erbringenden Kausalitätsbeweis stellt der OGH geringere Anforderungen[19]) als an sonstige Verursachungsbeweise. Dies gilt besonders, wenn die Kausalität einer Unterlassung infrage steht.

1475 Ein **Aufklärungsfehler** liegt vor, wenn der Arzt (das Krankenhaus) den Patienten nicht über Art und Folgen des ärztlichen Eingriffs und der Erkrankung, die Folgen der Unterlassung einer Behandlung und ihre Alternativen aufklärt.[20]) Nach hA[21]) muss die Aufklärung so rechtzeitig vor dem Eingriff erfolgen, dass der Patient ohne Entscheidungsdruck und noch im Besitz seiner geistigen Kräfte eine Abwägung, ob er einer Behandlung zustimmen will oder nicht, vornehmen kann. Die Unterlassung der Aufklärung hat wichtige schadenersatzrechtliche Konsequenzen, weil der OGH annimmt, dass der Patient **ohne** vollständige **Aufklärung keine** gültige **Zustimmung** zum ärztlichen Eingriff erteilen kann.[22]) Ohne sie

---

sprüche der Patienten auf Grund ärztlicher Fehlbehandlung, ÖJZ 1997, 93; *Stellamor/Steiner,* Handbuch des österreichischen Arztrechtes I (1999) 106; *Hofmann,* Qualitätsmängel bei der medizinischen Behandlung als Tatbestand in der Rechtsprechung, RZ 1999, 82; *Kindel,* Ärztlicher Behandlungsvertrag 115; OGH JBl 1987, 104; SZ 62/53; JBl 1992, 520 *(Apathy);* SZ 69/198.

[18]) Vgl OGH JBl 1992, 522 und hiezu *Kleewein,* Zurechnungszusammenhang und Normadäquanz in der Arzthaftung, ÖJZ 1993, 161.

[19]) S OGH JBl 1994, 540 *(Bollenberger);* JBl 1996, 181; JBl 1999, 246 *(Bumberger)* mwN; RIS-Justiz RS0026412. Dazu *Koziol,* Die Arzthaftung im geltenden und künftigen Recht, in *Barta ua,* Haftungsrechtliche Perspektiven der ärztlichen Behandlung (1997) 25f; *Reischauer,* Ärztehaftung in der Rechtsprechung, VR 1997, 44; *Juen,* Arzthaftungsrecht[2] (2005) 236ff. Zur Reformbedürftigkeit der Medizinhaftung und für eine verschuldensunabhängige Patientenentschädigung s *Kalchschmid,* Brauchen wir eine Medizinhaftung? in FS Barta (2009) 285.

[20]) *J. W. Steiner,* Die ärztliche Aufklärungspflicht nach österreichischem Recht, JBl 1982, 169; *Holzer* in *Holzer/Posch/Schick,* Arzthaftung 25ff; *Engljähringer,* Ärztlicher Behandlungsvertrag, ÖJZ 1993, 488 (498ff); *Engljähringer,* Ärztliche Aufklärungspflicht vor medizinischen Eingriffen (1996) 15ff; *Pitzl/G. Huber,* Behandlungsaufklärung – Risikoaufklärung – Aufklärungsbögen, RdM 1996, 113; *Resch,* Zur Rechtsgrundlage der ärztlichen Aufklärungspflicht, RdM 1996, 170; *Dullinger,* Zur Beweislast für Verletzung/Erfüllung der ärztlichen Aufklärungspflicht, JBl 1998, 2; *Hofmann,* Die Aufklärungspflicht des Arztes im Lichte der Rechtsprechung des OGH, RZ 1998, 80; *Reischauer,* Ärztliche Aufklärungspflicht – Stellungnahme zur Rechtsprechung des OGH, RZ 1998, 266; *Prutsch,* Die ärztliche Aufklärung (2004); *Brezinka,* Medizinische Aufklärung aus der Perspektive des Arztes, Zak 2009/237, 143; *Nigl,* Neuere Judikatur zur Arzthaftung, Zak 2009/239, 148; *Gerhartl,* Reichweite der ärtzlichen Aufklärungspflicht, Zak 2014/621, 328. Zur Beweislast OGH SZ 72/183 = JBl 2000, 657 (kritisch *Jabornegg*); SZ 2007/122; RdM 2009/111; EvBl 2010/9; Zak 2010/726.

[21]) S etwa OGH Zak 2012/67; *Schacherreiter* in *Kletečka/Schauer,* ABGB-ON[1.01] § 1299 Rz 16; *Karner* in KBB[4] § 1299 Rz 6; vgl *Ofner,* Wann ist eine ärztliche Aufklärung rechtzeitig? in FS Fenyves (2013) 271.

[22]) Zum Umfang der Aufklärungspflicht s OGH JBl 1991, 316; SZ 62/154; SZ 63/152; RdM 1994/20; RdM 1994, 27 *(Kopetzki);* RdM 1995/1 *(Kopetzki);* JBl 1995, 453 *(J. W. Steiner)* = RdM 1995/15 *(Kopetzki);* RdM 1996/11; SZ 69/199; RdM 1999/11 *(Kletečka);* JBl 2000, 169; Zak 2012/68; RdM 2012/85 *(Lenzhofer);* RdM 2013/51; Zak 2013/102; RdM 2013/102 *(Leischner-Lenzhofer);* RdM-LS 2014/60 *(Leischner-Lenzhofer);* RdM-LS 2015/4 *(Leischner-Lenzhofer).* Zur Aufklärungspflicht bei Wechsel des vereinbarten Operateurs s OGH SZ 2003/112; JBl 2006, 254 *(Pfersmann);*

bleibt aber der Eingriff rechtswidrig (§ 110 StGB),[23]) weshalb der Arzt (die Krankenanstalt) für alle daraus resultierenden Schäden ersatzpflichtig wird, also auch dann haftet, wenn ihm **kein Kunstfehler** unterlaufen ist und sich nur das „Operationsrisiko" (Zufallsrisiko) verwirklicht hat.[24])

Zu den Pflichten des Arztes gehört es auch, Aufklärung und Be- 1476
handlung zu **dokumentieren** (§ 10 KAKuG und § 51 ÄrzteG).[25]) Die Verletzung dieser Pflicht führt nach der Rechtsprechung zu einer weiteren **Beweiserleichterung** für den Geschädigten: ist eine Maßnahme nicht dokumentiert, so wird vermutet, dass sie auch nicht gesetzt worden ist.[26])

Die Frage der Zustimmung des Patienten zu medizinischen Behand- 1477
lungen und Eingriffen in seinen Körper betrifft auch das mit 1. 6. 2006 in Kraft getretene Patientenverfügungs-Gesetz (PatVG, BGBl I 2006/55). Es sieht erstmals klare Voraussetzungen für Willenserklärungen vor, mit denen jemand im Vorhinein medizinische Behandlungen für den Fall ablehnen kann, dass er nicht mehr in der Lage ist, darüber zu entscheiden (zB Beatmung, künstliche Ernährung). Das Gesetz unterscheidet **verbindliche Patientenverfügungen,** an die sich der Arzt halten muss, und **beachtliche,** die als eine Orientierungshilfe bei der Ermittlung des Willens des Patienten zu berücksichtigen sind. Verbindliche Patientenverfügungen dürfen nur nach umfassender ärztlicher Beratung vor einem Rechtsanwalt, Notar oder einem rechtskundigen Mitarbeiter der Patientenvertretungen errichtet werden und sind höchstens fünf Jahre gültig.[27])

EvBl-LS 2015/45. Zur Aufklärungspflicht bei Urlaubsvertretung s OGH JBl 2008, 654 *(Dullinger).* Zur Aufklärungspflicht bei Impfungen s OGH iFamZ 2009/117 = RdM-LS 2009/21 *(Leischner);* Zak 2012/314; *Wilhelm,* Zur Aufklärungspflicht bei der Schweinegrippe-Impfung, ecolex 2009, 1021; *Edelmann,* Schadenersatz bei Unterlassung ärztlicher Aufklärung vor Schulimpfungen, Zak 2012/314, 157; *Kletečka/Neumayer,* Die Grenzen der ärztlichen Aufklärungspflicht, insbesondere bei Schulimpfaktionen, RdM 2012/31, 44. Zur Aufklärungspflicht über Erfahrungen mit einer bestimmen Operationstechnik s OGH EvBl 2009/90 *(Hinghofer-Szalkay)* = RdM 2009/128 *(Leischner).* Zur Aufklärung über die Folgen einer Sterilisation s OGH EF-Z 2007/81 *(Höllwerth).* Zur Operationserweiterung während des Eingriffs OGH SZ 2007/10. Zu fremdsprachigen Patienten *Leischner-Lenzhofer,* Die ärztliche Aufklärung bei fremdsprachigen Patienten, RdM 2013/4, 12; *Stadler,* Der fremdsprachige Patient – Besonderheiten bei der ärztlichen Aufklärung, Zak 2013/457, 247.

[23]) OGH EvBl 1987/31; JBl 1983, 373 *(Holzer);* JBl 1992, 520 *(Apathy); Giesen,* Arzthaftungsrecht[4] (1995) 171 ff und 176 ff.

[24]) Vgl OGH SZ 62/18; JBl 1995, 453 *(J. W. Steiner);* RdM 1999/11 *(Kletečka);* JBl 2000, 657 *(Jabornegg); Karner,* Der Ersatz ideeller Schäden bei Körperverletzung (1999) 109 ff; aA *Harrer* in *Schwimann*[3] § 1300 Rz 63.

[25]) OGH SZ 2004/122. Zur Pflicht des Arztes, die elektronische Gesundheitsakte einzusehen s *Perner,* Ärztliche Nachforschungspflichten und ELGA, ÖJZ 2013/123, 1052.

[26]) OGH SZ 67/9; SZ 68/207; RdM 1998/7; RdM 1999/12; SZ 2004/122 mwN; vgl aber JBl 2011, 253.

[27]) Dazu *Aigner,* Die Patientenverfügung, FamZ 2006, 66; *Barth,* Die Patientenverfügung und ihre praktischen Folgen für den behandelnden Arzt, FamZ 2006, 72; *Bernat,* Planungssicherheit am Lebensende? EF-Z 2006/23, 43 und EF-Z 2006/41, 74; *Kathrein,* Das Patientenverfügungs-Gesetz, ÖJZ 2006/34, 555; *Memmer,* Patientenverfügungen, FamZ 2006, 69; *Pogacar,* Wann ist eine Patientenverfügung verbindlich? Zak

c) Heilungskosten

1478 Heilungskosten[28]) sind alle Kosten zur **Besserung** des Gesundheitszustandes des Verletzten, auch wenn sie keinen Erfolg haben. Es sind dies die Kosten der ärztlichen Behandlung, eines Krankenhaus- oder Kuraufenthaltes, Transportkosten, eine Operation, der Aufwand für Medikamente und andere Heilbehelfe, aber auch die Kosten für Besuche der nächsten Verwandten[29]) und der Pflegeaufwand. Jeder objektiv sinnvolle Aufwand ist zu ersetzen.

Oft wird ein Großteil der Pflegeleistungen von unterhaltspflichtigen Angehörigen (zB aufgrund der §§ 90, 231) erbracht. Diese Leistungen entlasten den Schädiger nicht (kein Vorteilsausgleich), der Unterhaltspflichtige hat Anspruch auf Ersatz.[30]) Nach der Rechtsprechung richtet sich die Höhe des Ersatzanspruchs nach den fiktiven Bruttolohnkosten des sonst erforderlichen Pflegepersonals.[31])

1479 Ebenso muss der Schädiger den durch **vermehrte Bedürfnisse** (Rollstuhl, Behindertenfahrzeug uä) verursachten Aufwand tragen.[32]) Der Geschädigte kann zur Beseitigung der Folgen seiner Verletzung auch eine kosmetische Operation durchführen lassen,[33]) doch sind ihm die Kosten hiefür nur zu ersetzen, wenn sie wirklich angefallen sind.

Der OGH sprach früher „abstrakte“ oder „fiktive“ Heilungskosten zu,[34]) ist aber nun davon abgegangen,[35]) sodass zB der Geschädigte die Kosten einer nicht durchgeführten kosmetischen Operation nicht mehr ersetzt erhält. Er kann allerdings einen Vorschuss auf die Heilungskosten begehren, wenn er die Behandlung ernstlich beabsichtigt.[36])

2006/391, 223; *Kunz/Gepart,* Aufgaben der bei der Errichtung einer Patientenverfügung mitwirkenden Juristen am Beispiel des Rechtsanwalts, FamZ 2006, 81.

[28]) Dazu *Ch. Huber,* Schadensberechnung 260ff mwN; OGH JBl 1986, 580; JBl 1989, 587 *(Reich-Rohrwig).* Zu den Pflegekosten OGH ZVR 1988/14; ZVR 1989/129; ZVR 1998/128; SZ 71/146; ZVR 1999/109; ZVR 2001/106; ZVR 2001/108; ZVR 2003/47 ua. Zum Ersatz privater Krankenbehandlungen OGH ZVR 2004/38; RZ-EÜ 2005/164. Zum Ersatz der Kosten einer in der Schulmedizin nicht anerkannten Behandlung OGH ZVR 2010/45 *(Kathrein)* (Delfintherapie); OLG Innsbruck ZVR 2011/223 *(Ch. Huber)* (therapeutisches Reiten und Schwimmen).

[29]) S OGH SZ 62/116; EFSlg 81.523; ZVR 1998/42; EvBl 2002/190 (Lebensgefährtin); JBl 2003, 650 (Telefonkosten).

[30]) *Perner/Spitzer,* EF-Z 2006, 36; OGH EvBl 2005/273 = EF-Z 2006/9 *(Beclin).*

[31]) OGH ZVR 2007/12 *(Ch. Huber);* RdM-LS 2010/38; s dazu *Ch. Huber,* ÖJZ 2007/53, 625; *Schmaranzer,* Zur fiktiven Berechnung von Pflegekosten, Zak 2010/427, 248.

[32]) Dazu *Ch. Huber,* Schadensberechnung 309ff; OGH ZVR 1991/109; ZVR 1997/114; ZVR 1998/128; ZVR 2002/12 (behindertengerechter Kleinbus); JBl 2003, 650 (Anschaffung eines Computers); ZVR 2006/45 (Taxikosten); EvBl 2015/82 *(Pehm)* = ZVR 2015/47 *(Ch. Huber)* = Zak 2014/718 *(Kletečka)* (Treppenlift).

[33]) OGH ZVR 1994/22; ZVR 2005/47 *(Karner)* (Facelifting).

[34]) OGH ZVR 1988/71; RZ 1992/35 mwN; kritisch hiezu schon *Apathy,* Fiktive Operationskosten, RZ 1986, 265; *Ch. Huber,* Schadensberechnung 266ff; *Reischauer,* Ersatz fiktiver Heilungskosten (§ 1325 ABGB)? VersRdSch 1992, 72.

[35]) OGH SZ 70/220 (Verst Senat); dazu *Ch. Huber,* Abkehr von der Zuerkennung fiktiver Heilungskosten, ZVR 1998, 74.

[36]) OGH SZ 70/220; ZVR 2011/241 *(Ch. Huber);* s dazu *Schwarzenegger/Thunhart,* Was kommt nach den fiktiven Heilungskosten? ÖJZ 2001, 673.

d) *Verdienstentgang*

Verdienstentgang[37]) gebührt für die **Vergangenheit** (seit der Verletzung) und für die **Zukunft.** Der Ersatz umfasst jeden Vermögensnachteil aus der Verringerung oder dem Entfall von Einkünften, auch aus dem Verlust beruflicher Aufstiegschancen. Obwohl es sich dabei im weiteren Sinn um einen „entgangenen Gewinn" handelt (§ 1293), genügt nach § 1325 **leichtes Verschulden** des Schädigers. Ersatz gebührt auch dafür, dass der Verletzte seine bisherige Tätigkeit im Haushalt nicht mehr ausüben kann und dafür Ersatzkräfte einstellen muss, auch wenn er dies im konkreten Fall nicht tut.[38]) Der Ersatz ist nach dem OGH sogar dann zu leisten, wenn der Verletzte schon bisher die Haushaltstätigkeit durch eine Hilfskraft besorgen hat lassen.[39]) 1480

Der Verdienstentgang wird durch wiederkehrende Zahlungen, sog **Renten,** ersetzt;[40]) nur aus wichtigen Gründen kann Abfindung in Kapital verlangt werden. Hiebei wird der Entgang gewöhnlich **konkret** berechnet, nämlich als wirklich eingetretenes oder künftiges Vermögensminus. Daneben kennt die Judikatur[41]) auch eine **„abstrakte Rente",**[42]) dh eine solche, die von einem nachweisbaren Verdienstentgang beim Verletzten unabhängig ist.[43]) 1481

Die abstrakte Rente soll die Minderung der Erwerbsfähigkeit „an sich" ausgleichen. Sie soll den Verletzten dafür entschädigen, dass er sich zur Erzielung des bisheri-

---

[37]) Dazu OGH SZ 50/77; SZ 52/77; SZ 54/70; SZ 55/167; ZVR 1985/47; JBl 1987, 575; ZVR 1989/16; ZVR 2001/2; ZVR 2002/103; ZVR 2004/36; zu fiktiven Ersatzkraftkosten ZVR 1995/45; zum Ersatz unerlaubter Vorteile JBl 1999, 465; SZ 72/54 (dazu *Ch. Huber,* Der Erwerbsschaden des Schwarzarbeiters, ZVR 2000, 290); zur Verzögerung des Studiums JBl 2000, 729; zu den Mehrkosten aus der Weitergabe der Werkausführung ZVR 2004/48; zum Trinkgeldentgang ZVR 2006/86; zum Verlust einer Steuergutschrift bei Verlustbeteiligung als atypisch stiller Gesellschafter ZVR 2013/129 *(Ch. Huber);* zur Schadensminderungspflicht bei „beruflicher Neuorientierung" EvBl 2009/142 *(B. Steininger)* = ZVR 2010/82 *(Kathrein).*

[38]) OGH ZVR 1984/322 mwN; ZVR 2003/45; ZVR 2011/145 *(Ch. Huber); Karner,* Fragen der objektiv-abstrakten Schadensberechnung, in FS Fenyves (2013) 189 (203). Zum Ersatz der Kosten einer fiktiven Ersatzkraft bei Verletzung eines mitarbeitenden Gesellschafters einer Personengesellschaft OGH ZVR 2008/239 (dazu *Ch. Huber,* Auslandsunfall eines deutschen Ehepaars in Österreich, ZVR 2008/237, 484).

[39]) OGH ZVR 1999/1; kritisch *Wilhelm,* Der objektiv-konkrete Wert der Arbeit – Fragmente einer Rechtsprechungsübersicht, ecolex 1999, 73; s auch OGH ZVR 2008/228 *(Ch. Huber).*

[40]) Zur nachträglichen Änderung der Verhältnisse OGH SZ 2004/184.

[41]) Ständige Rechtsprechung, zB JBl 1964, 90; JBl 1966, 567; EvBl 1969/303; SZ 2003/106; ZVR 2010/46 *(Ch. Huber)* (arbeitsloser Geschädigter). Vgl aber auch ZVR 1976/17; ZVR 1988/56, JBl 2003, 242 *(Faber);* kritisch *Reischauer* in *Rummel*[3] § 1325 Rz 30ff; *Harrer* in *Schwimann/Kodek*[4] § 1325 Rz 58.

[42]) Dazu *Steininger,* Minderung der Erwerbsfähigkeit ohne Verdienstentgang, in FS Wilburg (1965) 186ff; *Schuhmacher,* Die Beeinträchtigung der Erwerbsfähigkeit als Problem des Schadensbegriffs, ZAS 1977, 43; *Welser,* ZVR 1978 Sonderheft 34ff; *Wittwer,* Zum Comeback einer Rechtsfigur – Die abstrakte Rente lebt weiter! ZVR 2004, 51. Ablehnend *Reischauer* in *Rummel*[3] § 1325 Rz 36.

[43]) S aber OGH ZVR 1977/232.

gen Einkommens „mehr anstrengen muss" und dass er bei einer künftigen Verschlechterung des Arbeitsmarktes Wettbewerbsnachteile hat.[44]) Abstrakte Renten sind gewöhnlich sehr niedrig. Der Verletzte hat die Wahl, ob er den Schaden abstrakt oder konkret berechnen will.[45]) Eine Kumulierung ist nicht möglich.[46]) Wie bei abstrakten Berechnungen überhaupt, kommt es auch bei der „abstrakten Rente" zu einem Schadenersatz ohne nachweisbaren Vermögensschaden. Bei Erhalt einer abstrakten Rente ist es dem Geschädigten allerdings verwehrt, später den konkreten – höheren – Verdienstentgang zu fordern.[47])

e) Schmerzengeld

1482 Das Schmerzengeld ist der wichtigste Fall des Ersatzes **immateriellen Schadens.** Es soll eine „Genugtuung für alles Ungemach" sein, das der Verletzte in seiner Gefühlssphäre erlitten hat, den Gesamtkomplex der Schmerzen abgelten, die dadurch entstandenen Unlustgefühle ausgleichen und den Verletzten in die Lage versetzen, sich als Ausgleich für die Leiden und die ihm entzogene Lebensfreude auf **andere Weise** gewisse **Annehmlichkeiten** und Erleichterungen zu verschaffen.[48])

1483 Nach neuerer, allerdings sehr problematischer Auffassung soll Schmerzengeld auch dann geleistet werden, wenn der Verletzte gar **keine Schmerzen** mehr empfinden konnte.[49]) Es ist danach nicht nötig, dass er sie „mit klarem Bewusstsein erlebt und rational verarbeitet hat". Andererseits soll sich eine Verkürzung der Schmerzperioden oder eine Milderung der Schmerzstärke aufgrund von Schmerzmitteln anspruchsmindernd auswirken, weil die Bemessung des Schmerzengeldes nach den tatsächlich erlittenen Schmerzen zu erfolgen hat.[50])

1484 In der Praxis werden die Schmerzen durch **„Tagessätze"** abgegolten, die leichte, mittlere und schwere Schmerzen unterscheiden, und zT in den

---

[44]) Vgl OGH ZVR 1975/167; ZVR 1993/165.

[45]) OGH ZVR 1990/121. Dagegen OGH EvBl 1971/179; ZVR 1982/140; ZVR 1983/284; ZVR 1985/11; ZVR 1987/81.

[46]) OGH ZVR 1990/121; SZ 70/93; s auch EvBl 2010/53 *(Ondreasova)* = ZVR 2011/36 *(Ch. Huber).*

[47]) OGH SZ 2003/106; ZVR 2007/32 *(Danzl);* ZVR 2010/119 *(Ch. Huber);* EvBl 2010/53 *(Ondreasova).* S auch *Wittwer,* ZVR 2004, 51; *Karner* in FS Fenyves 201 ff

[48]) Dazu OGH ZVR 1989/90, 104 und 121; ZVR 1990/118 und 158; ZVR 1992/99; ZVR 2004/43. Vgl auch *Fucik/Hartl,* Schmerzengeld für seelische Schmerzen, RZ 1994, 148; *Danzl,* Schmerzengeldansprüche für Angehörige der Opfer des Unglücks von Kaprun? ZVR 2000, 398; *Kath,* Schmerzengeld (2005); vgl auch *v. Bar,* Schmerzengeld in Europa, in FS Deutsch (1999) 27; *Reischauer,* Schmerzengeld wegen Beeinträchtigung der Eltern-Kind-Beziehung, ehewidrigen Verhaltens und Sachbeschädigung (§§ 145b, 1293ff, 1325, 1311 ABGB und Art 8 MRK), EF-Z 2011/38, 63; *Kerschner,* Schmerzengeld (2013); *Danzl/Gutiérrez-Lobos/Müller,* Schmerzengeld[10], 66ff und 141.

[49]) OGH ZVR 1993/150; RdM 1995/22; ZVR 2000/54; RS0031232; dazu *Karner,* Ersatz ideeller Schäden 123ff; *Danzl/Gutiérrez-Lobos/Müller,* Schmerzengeld[10], 126ff; *Ch. Huber,* Antithesen zum Schmerzengeld ohne Schmerzen. Bemerkungen zur objektiv-abstrakten und subjektiv-konkreten Schadensberechnung, ZVR 2000, 218.

[50]) OGH ZVR 2010/7 *(Ch. Huber);* zustimmend *Karner,* Schmerzengeldbemessung, vermindertes Schmerzempfinden und Schmerztherapie, ZVR 2010/130, 280.

Oberlandesgerichtssprengeln in verschiedener Höhe zugesprochen werden.[51]) Als Schmerzengeld wird ein Abfindungsbetrag geleistet,[52]) nur ausnahmsweise kann eine Rente zugesprochen werden.[53])

Schmerzengeldansprüche sind nach neuerer Rechtsprechung sofort abtretbar, pfändbar und **vererblich,** sie müssen nicht vorher anerkannt oder gerichtlich geltend gemacht worden sein.[54]) 1485

Die Ausgleichsfunktion des Schmerzengeldes endet mit dem Tod, daher gebührt kein (vererbliches) Schmerzengeld für ein „verkürztes Leben".[55]) 1486

f) Verunstaltungsentschädigung

Ist der Geschädigte durch die Verletzung auf Dauer verunstaltet worden, sodass dadurch sein **besseres Fortkommen** verhindert werden kann, so gebührt ihm dafür ein besonderer Ersatz (§ 1326; § 13 Z 5 EKHG).[56]) Dieser umfasst den **Vermögensschaden,** ob auch ein ideeller Schaden berücksichtigt werden kann, ist strittig.[57]) Die Höhe der Entschädigung richtet sich nach Art und Umfang der Verunstaltung und der zu erwartenden Behinderung.[58]) 1487

---

[51]) Kritisch *Kossak,* „Schmerzengeld nach Tagessätzen", ZVR 2001, 227; zum bisher höchsten Zuspruch von € 220.000 s OLG Linz ZVR 2015/94 *(Danzl).* Ob bei „ersparten Schmerzen" eine Vorteilsanrechnung in Betracht kommt ist strittig. Dazu OGH ZVR 2002/94; ecolex 2004, 444 *(Helmich);* dafür *Reischauer* in *Rummel*[3] § 1325 Rz 55; dagegen *Harrer* in *Schwimann/Kodek*[4] § 1325 Rz 84f; s auch *Pletzer,* Vorteilsausgleich beim Schmerzengeld? JBl 2007, 409 (428, 433). Vgl auch die „Schmerzengeldsätze in Österreich" von *Hartl,* zuletzt RZ 2015, 179, die allerding keine Berechnungsmethode, sondern eine Berechnungshilfe darstellen. Zur aktuellen Bemessungsjudikatur s *Danzl/Gutiérrez-Lobos/Müller,* CD-ROM Schmerzengeld (Stand 1/2015).

[52]) Zur (ausnahmsweisen) Zulässigkeit einer Nachklage s OGH SZ 74/135.

[53]) RIS Justiz RS0031369; *Danzl/Gutiérrez-Lobos/Müller,* Schmerzengeld[10], 266ff.

[54]) OGH ecolex 1996, 913 *(Wilhelm)* = SZ 69/217. S auch Rz 1852; so schon OGH ZVR 1977/166 *(Moser);* anders noch OGH JB 204; ZVR 1982/111; ZVR 1983/327; SZ 54/25; SZ 61/144; *Wolff* in *Klang*[2] VI 136f; *F. Berger,* Die Vererblichkeit des Schmerzengeldanspruches, ZVR 1961, 121.

[55]) OGH ZVR 2005/61 *(Karner);* JBl 2006, 464; vgl *Koziol,* Die Tötung im Schadenersatzrecht, Liber Amicorum Pierre Widmer (2003) 203.

[56]) *Holzer,* Bemerkungen zu § 1326 ABGB, JBl 1981, 239; *Apathy,* Historisches und Dogmatisches zur Entschädigung für die Verhinderung des besseren Fortkommens (§ 1326 ABGB, § 13 Z 5 AtomHG, § 13 Z 5 EKHG), in FS Strasser (1993) 1; OGH ZVR 1989/74; RZ 1992/32; SZ 69/156 und 199; ZVR 1997/115; ZVR 1999/2; ZVR 2001/25; ZVR 2004/39; ZVR 2007/148 *(Ch. Huber);* OLG Innsbruck in ZVR 2008/46; OLG Graz ZVR 2008/191 *(Ch. Huber);* OLG Wien ZVR 2012/60. Zur Konkurrenz mit § 1325 s OGH ZVR 2007/148 *(Ch. Huber).*

[57]) Dafür *Strasser,* Zum schadenersatzrechtlichen Schutz der Geschlechtssphäre, JBl 1965, 573; *Holzer,* JBl 1981, 241; *Karner,* Ersatz ideeller Schäden 219ff; dagegen OGH ZVR 1963/20; ZVR 1972/82; EFSlg 72.197, der vom Ersatz eines „besonderen" Vermögensschadens spricht.

[58]) RIS Justiz RS0031311.

2. Tötung[59])

1488 *Erfolgt aus einer körperlichen Verletzung der Tod, so müssen nicht nur alle Kosten, sondern auch den Hinterbliebenen, für deren Unterhalt der Getötete nach dem Gesetze zu sorgen hatte, das, was ihnen dadurch entgangen ist, ersetzt werden (§ 1327).*

1489 Bei der Tötung eines Menschen müssen die Kosten einer versuchten Heilung und alle mit dem Tod verbundenen **Auslagen** ersetzt werden. Dazu gehört auch der Aufwand für das **Begräbnis** und die Errichtung eines Grabes.[60]) Den Ersatzanspruch für die Bestattungskosten hat jener, der sie tatsächlich getragen hat. Den nächsten Angehörigen gebührt auch Ersatz für die Trauerkleidung.[61])

1490 Auch das Recht der Hinterbliebenen auf Ersatz des **entgangenen Unterhaltes** ist ein Schadenersatz- und kein Unterhaltsanspruch und verjährt daher in drei Jahren ab Kenntnis von Schaden und Schädiger (§ 1489).[62]) Anspruch haben nur die **gesetzlich** Unterhaltsberechtigten.[63]) Zu vergüten sind aber auch Leistungen, die der Verstorbene nicht in Geld, sondern in natura erbracht hat, zB durch die Haushaltsführung oder die Kindererziehung.[64]) Der Ersatz wird in Form einer **Rente** geleistet. Voraussetzung ist ein gesetzliches Verhältnis, kraft dessen der Getötete einmal unterhaltspflichtig werden konnte, nicht aber, dass er es bei seinem Tod schon war. Berechtigt sind zB die Kinder, der Ehegatte[65]) und eingetragene Partner (§ 12 EPG) sowie die unterhaltsberechtigten Eltern. Keinen Anspruch haben Geschwister oder Lebensgefährten, und zwar auch dann nicht, wenn ihnen der Verstorbene die Unterhaltsleistung vertraglich zugesagt hatte,[66]) weil er für sie nicht gesetzlich zum Unterhalt verpflichtet war.

1491 Zu ersetzen ist, was den Berechtigten „**dadurch entgangen** ist", also die tatsächliche Unterhaltsleistung, und zwar auch dann, wenn sie über

---

[59]) Dazu *Koch,* Der Preis des Tötens, in FS Barta (2009) 171; *Ch. Huber,* Das Ausmaß des Ersatzes bei Tötung des Unterhaltsschuldners im Spannungsfeld zwischen tatsächlich Entgangenem und gesetzlich Geschuldetem (§ 1327 ABGB, § 12 Abs 2 EKHG), in FS Reischauer (2010) 153; *Ch. Huber,* Zentrale Fragen der Berechnung des Unterhaltsersatzanspruches nach§ 1327 ABGB, ZVR 2015/70, 150.

[60]) OGH ZVR 1970/54; OLG Wien ZVR 2010/35 *(Ch. Huber).*

[61]) OGH ZVR 1999/126.

[62]) OGH SZ 31/31; JBl 1998, 454.

[63]) Da den Hinterbliebenen der Anspruch ausdrücklich vom Gesetz eingeräumt wird, sind sie nach *E. A. Kramer,* Noch einmal: Zum Problem des „mittelbaren" Schadens, ZVR 1974, 131, unmittelbar Geschädigte. Dazu *Welser,* ÖJZ 1975, 45; *Welser,* JBl 1968, 346 ff.

[64]) Zur Bewertung sowie zu den ersatzfähigen Kosten s OGH ecolex 2000, 282; ZVR 2000/33; ZVR 2002/62; ZVR 2003/79; ZVR 2009/99; Zak 2013/666; ZVR 2015/104 *(Ch. Huber).*

[65]) OGH JBl 1990, 723; EvBl 1993/65; ZVR 1994/67; ecolex 1998, 551 *(Wilhelm).*

[66]) OGH JBl 1992, 44; SZ 2002/110; Zak 2012/642; EvBl 2014/138 *(Windisch);* dazu *Ch. Huber,* ZVR 2015/70, 150; *Ch. Huber* in FS Reischauer 153.

den gesetzlichen Unterhaltsanspruch (in einem angemessen Verhältnis)[67]) hinausgehen.[68]) Hat der Getötete tatsächlich weniger oder gar keinen Unterhalt geleistet, bildet die Untergrenze als Mindestanspruch der gesetzliche Unterhaltsanspruch.[69])

Der Anspruch der Unterhaltsberechtigten nach § 1327 wird allgemein als gesetzliche **Ausnahme** davon angesehen, dass **mittelbar Geschädigten** kein Ersatz gebührt. S oben Rz 1462 ff. Das Recht der Hinterbliebenen entsteht „originär", wird also nicht vom Verstorbenen auf sie übergeleitet,[70]) weil dieser ein solches Recht gar nicht hatte, sondern selbst zur Unterhaltsleistung verpflichtet war. Doch wird der Ersatzanspruch nach **§ 1304** gemindert, wenn den Getöteten an seinem Tod ein Mitverschulden trifft,[71]) weil mit diesem eher der Unterhaltsberechtigte als der Schädiger zu belasten ist (s § 7 EKHG). 1492

3. Verletzung der geschlechtlichen Selbstbestimmung

Wer jemanden durch eine strafbare Handlung oder sonst durch Hinterlist, Drohung oder Missbrauch eines Abhängigkeits- oder Autoritätsverhältnisses geschlechtlich missbraucht, hat nach § 1328[72]) nicht nur den dadurch verursachten **Vermögensschaden,** sondern auch den **immateriellen Schaden** zu ersetzen.[73]) 1493

4. Verletzung der Privatsphäre

Das Recht auf Achtung der Privatsphäre ist ein absolut geschütztes Persönlichkeitsrecht (§ 16).[74]) Gegen (drohende) Eingriffe stehen daher Unterlassungs- und Beseitigungsansprüche zu.[75]) 1494

---

[67]) RIS-Justiz RS0031410.

[68]) OGH ZVR 2001/23; JBl 2010, 447. Anders bei der Gefährdungshaftung, s unten Rz 1608.

[69]) OGH JBl 2000, 115 *(Karollus-Bruner);* ZVR 2000/40; JBl 2010, 447.

[70]) So auch OGH ZVR 1978/79; ZVR 1994/90; EF 78.555; vgl auch ZVR 2003/26.

[71]) *Kletečka,* Mitverschulden 83 f; OGH JBl 1957, 645; SZ 36/133; ZVR 1988/156.

[72]) OGH SZ 72/7; ZVR 200/44; iFamZ 2010/58; Zak 2012/69; *Beclin,* Zur Reform des Schadenersatzes beim sexuellen Mißbrauch (§ 1328 ABGB), JAP 1997/98, 191; *Karner,* Die Neuregelung des Ersatzes ideeller Schäden bei geschlechtlichem Mißbrauch, JBl 1997, 685; *Karner,* Ersatz ideeller Schäden 161 ff. Zum B-GlBG und GlBG *H. Hopf,* Belästigungsschutz neu, RdW 2004/548, 601.

[73]) Zum Umfang des Ersatzes OGH EF-Z 2007/129; zum Verjährungsbeginn OGH JBl 2013, 730; dazu *Leitner,* Zur kurzen Verjährungsfrist des § 1489 ABGB, ÖJZ 2014/5, 45.

[74]) *Karner,* Menschenrecht und Schutz der Persönlichkeit im Zivilrecht, ÖJZ 2013/106, 906.

[75]) Zum Auskunftsanspruch, den Auftraggeber einer rechtsverletzenden Maßnahme bekannt zu geben, s OGH EvBl 2014/106 = jusIT 2014/64, 140 *(Thiele);* dazu kritisch *P. Bydlinski,* Verbotene Überwachung durch einen Detektiv: Nur Unterlassungs- oder auch Auskunftspflichten? ÖJZ 2014/112, 744; *Wilhelm,* Der Detektiv und sein Hintermann, ecolex 2015, 257.

1495 Wer rechtswidrig und schuldhaft in die Privatsphäre eines Menschen **eingreift** oder Umstände, die die privaten Verhältnisse einer Person betreffen, **offenbart** oder **verwertet,** hat daher nach § 1328a auch den dadurch entstandenen Schaden zu ersetzen.[76])

1496 Bei erheblicher Verletzung umfasst der Ersatzanspruch auch **immaterielle Schäden.** Sonderbestimmungen, wie §§ 7ff MedienG, § 33 DatenschutzG und §§ 77, 78, 87 Abs 2 UrhG,[77]) gehen als leges speciales gemäß § 1328a Abs 2 vor.[78])

Anwendungsfälle sind zB illegale Telefonüberwachung, Öffnen fremder Post, Eindringen in private Computer oder Fotografieren von Personen.[79])

5. Freiheitsberaubung

1497 § 1329 regelt die Ersatzansprüche, wenn jemand durch gewaltsame Entführung, durch Privatgefangennehmung oder vorsätzlich durch einen widerrechtlichen Arrest seiner Freiheit beraubt wird. Da aber die Freiheit ein absolut geschütztes Rechtsgut ist, sind auch **andere,** von § 1329 nicht aufgezählte **Verletzungen der Freiheit** rechtswidrig[80]) und verpflichten den Schädiger bei jedem Grad des Verschuldens zum Ersatz.[81])

Wird der Arrest allerdings durch eine nicht öffentliche Anzeige an die Behörden herbeigeführt, so tritt die Ersatzpflicht gemäß § 1330 Abs 2 nur bei Vorsatz ein.[82])

1498 Der Ersatzanspruch richtet sich auf die **Wiedergewährung** der Freiheit, wenn sie noch nicht erlangt wurde. Daneben ist bei leichter Fahrlässigkeit der positive Schaden zu ersetzen, zu dem vor allem der Verdienstentgang gehört. Hat der Schädiger grob fahrlässig oder vorsätzlich gehan-

---

[76]) *Helmich,* Schadenersatz bei Eingriffen in die Privatsphäre, ecolex 2003, 888; *Lukas,* Schadenersatz bei Verletzung der Privatsphäre, RZ 2004, 33; *Hinteregger,* Der Schutz der Privatsphäre durch das österreichische Schadenersatzrecht – de lege lata et de lege ferenda, Liber Amicorum Pierre Widmer (2003) 143; *Karner/Koziol,* Ideeller Schaden 101ff; *Markowetz/B. Steininger,* Die Bestimmung des § 1328a ABGB kurz gefasst, JAP 2007/2008/8, 56.

[77]) Der OGH bejaht nunmehr auch einen postmortalen Bildnisschutz der nahen Angehörigen nach §§ 77f UrhG, s OGH ÖBl 2014/39, 184 *(Grama)* = ecolex 2014/192 *(Wilhelm)* = jusIT 2014/47, 92 *(Thiele)* = MR 2014, 140 *(Lanzinger-Twardosz);* ÖBl-LS 2014/43.

[78]) Vgl auch den durch das StRÄG 2006 (BGBl I 2006/56) geschaffene, mit 1. 7. 2006 in Kraft getretenen § 382g EO („Anti-Stalking-Gesetz"), der den Anspruch auf Unterlassung von Eingriffen in die Privatsphäre regelt; dazu ua *Wolfrum/Dimmel,* Das „Anti-Stalking-Gesetz" – Neuerungen im Straf- und Zivilrecht zum Schutz vor „Stalking", ÖJZ 2006/29, 475; *C. Graf,* Die einstweiligen Verfügungen nach § 382g EO zum Schutz vor Eingriffen in die Privatsphäre („Stalking"), Zak 2006/521, 303.

[79]) Zur ungewollten Bildaufnahme s OGH EvBl 2013/104 *(Karner)* = ecolex 2013/222 *(Hofmarcher)* = ÖBl 2013/56 *(Büchele); Thiele,* Unbefugte Bildaufnahme und ihre Verbreitung im Internet – Braucht Österreich einen eigenen Paparazzi-Paragraphen? RZ 2007, 2.

[80]) OGH JBl 1981, 206.

[81]) So auch OGH JBl 1990, 794.

[82]) OGH ZAS 1980/1 *(P. Böhm);* RdW 1987, 50.

delt – wovon § 1329 ausgeht – so besteht Anspruch auf volle Genugtuung, die hier auch den **ideellen Schaden** umfasst.[83])

Nach hM kann der durch **hoheitliches Handeln** in seiner Freiheit Verletzte seine Ansprüche direkt auf Art 5 Abs 5 MRK stützen, der auch für **immaterielle** Schäden einen **verschuldensunabhängigen** Ersatzanspruch gewährt.[84]) Wird jemand rechtswidrig **festgenommen** oder angehalten, hat er auch gemäß Art 7 BVG über den Schutz der persönlichen Freiheit (BGBl 1988/684) einen – ebenfalls verschuldensunabhängigen – Anspruch auf volle Genugtuung einschließlich des Ersatzes für ideelle Schäden.[85]) 1499

Nach dem **Strafrechtlichen Entschädigungsgesetz** 2005 (StEG 2005, BGBl I 2004/125)[86]) haftet der Bund verschuldensunabhängig für Schäden durch den Entzug der persönlichen Freiheit zum Zwecke der Strafrechtspflege oder durch eine strafgerichtliche Verurteilung bei gesetzwidriger oder ungerechtfertigter Haft. Nach § 5 Abs 2 StEG sind auch ideelle Schäden zu ersetzen. 1500

6. Ehrenbeleidigung und Kreditschädigung

§ 1330 enthält zwei Tatbestände: die Ehrenbeleidigung und die Rufschädigung. 1501

Die **Ehrenbeleidigung (§ 1330 Abs 1)** ist ein Angriff auf die **Würde** eines Menschen,[87]) zB durch Beschimpfung, Kränkung und Verspottung. 1502

„Er ist ein Esel.“ „Er hat einen miesen Charakter.“

Aufgrund von Autoaufklebern mit der Aufschrift „Wenn Schweine fliegen könnten, brauchten Bullen keine Hubschrauber.“ oder „Helfen Sie der Polizei, verprügeln Sie sich selbst.“ ist aber kein bestimmter Polizeibeamter als beleidigt anzusehen.[88])

---

[83]) *Bydlinski,* JBl 1965, 251; *Bydlinski,* Der immaterielle Schaden in der österreichischen Rechtsentwicklung, in FS von Caemmerer 1978, 785 (796ff); *W. Berger,* Die zivilrechtlichen Folgen von Grundrechtsverletzungen in Österreich, EuGRZ 1983, 238ff; *W. Berger,* Auswirkungen der Europäischen Menschenrechtskonvention auf das österreichische Zivilrecht, JBl 1985, 147ff; nach OGH JBl 1975, 645 *(Strasser)* nur bei Vorsatz; JBl 1980, 372 *(Koziol)* = RdA 1980, 387 *(Apathy);* JBl 1982, 263; JBl 1990, 456 und 794.

[84]) *B. Binder,* Der Haftentschädigungsanspruch, ZfV 1977, 124; OGH SZ 55/18; SZ 63/223; SZ 68/102; RZ 1996/51; SZ 70/243; SZ 73/103; RZ 2005/23.

[85]) Zum Mitverschulden OGH JBl 2010, 794.

[86]) S *Lukasch/Schwab,* (Zuviel?) Neues zum StEG, RZ 2003, 147; *Felnhofer-Luksch,* Bemerkungen zum Entwurf für ein StEG 2004, ÖJZ 2003, 410; *Schantl,* Gesetzwidrige Haft ohne Anspruch auf Haftentschädigung? JBl 2005, 289; *Felnhofer-Luksch,* Bemerkungen zu Gernot Schantl, Gesetzwidrige Haft ohne Anspruch auf Haftentschädigung? JBl 2005, 400.

[87]) Zur Anwendung auf juristische Personen s OGH ecolex 1997, 493 *(Wilhelm);* ÖBA 2004, 52; EvBl-LS 2007/27. Zur Kollektivbeleidigung s OGH SZ 72/39; SZ 73/117; JBl 2007, 574 *(Koziol); Helmich,* Richter der Schiedsrichter, ecolex 2001, 838. Zum Schutz der Ehre als postmortales Persönlichkeitsrecht s OGH SZ 2002/107.

[88]) Bay ObLG 22. 12. 1989, Rreg 1 St 193/89; JZ 1990, 348.

Zwar ist für die Ehrenbeleidigung keine Namensnennung erforderlich, wohl aber die Identifizierbarkeit der Person.[89])

1503 Da es sich um eine herabsetzende Bewertung handelt, kann die Ehrenbeleidigung nicht durch einen „Wahrheitsbeweis" gerechtfertigt werden. Zulässig ist eine angemessene **Kritik,** insbesondere eine solche an Künstlern und Kunstwerken.

Erlaubt ist zB die sorgfältig begründete Äußerung eines Theaterkritikers, eine bestimmte Sängerin gehöre von ihren stimmlichen Fähigkeiten her nicht auf die Opernbühne, sondern an die Kasse eines Selbstbedienungsladens.[90])

1504 Ebenso ist eine sachliche Kritik an Politikern keine Ehrenbeleidigung. Die Grenze zwischen Kritik und Beleidigung ist allerdings oft fließend. Bei der Kritik an Politikern ist die Grenze der Zulässigkeit weiter als bei Privatpersonen.[91])

Bringt allerdings eine Zeitung zum Ausdruck, dass sich ein Politiker und die Justiz zusammen wie Schweine verhalten, so ist der Tatbestand der Beleidigung erfüllt.[92])

1505 Wegen der Ehrenbeleidigung gebührt der Ersatz des **Vermögensschadens** (des positiven Schadens und des entgangenen Gewinnes), jedoch kein Ersatz ideeller Schäden.

1506 Der Tatbestand der **Kreditschädigung** (Rufschädigung) liegt vor **(§ 1330 Abs 2),** wenn jemand **unwahre** Tatsachen[93]) verbreitet, die den Kredit, den Erwerb oder das Fortkommen eines anderen gefährden.[94]) Hier handelt es sich also nicht um Werturteile wie nach § 1330 Abs 1, sondern um Umstände, die einem **Beweis** zugänglich sind, über deren Wahrheit oder Unwahrheit gestritten werden kann. Dass sie auch ehrenrührig sind, ist nicht erforderlich. Die Weitergabe wahrer Tatsachen ist zulässig, wenn keine besondere Schweigepflicht besteht.[95])

---

[89]) OLG Wien MR 2011, 364; OGH MR 2012, 16. Zur Anrede in „Du"-Form, s LG Innsbruck 4 C 130/07 y; dazu *List,* Bist DU ein Tiroler oder sind SIE ein Wiener? Das Problem der Ehrenbeleidigung in der Anrede, ecolex 2008, 521.

[90]) OGH JBl 1996, 111. Zum Verhältnis zwischen Ehrenbeleidigung und freier Meinungsäußerung s auch OGH JBl 2007, 574 *(Koziol);* dazu *Thiele,* Der Holocaust auf Ihrem Teller – Wanderausstellung macht Station beim österreichischen Höchstgericht, wbl 2007, 263.

[91]) RIS Justiz RS0082182; OGH SZ 74/117.

[92]) Hanseat. OLG Hamburg, 17. 1. 1985, NJW 1985, 1654.

[93]) Zu diesem Begriff OGH MR 1990, 183 *(Korn);* SZ 64/182; JBl 1993, 518 *(Koziol);* EvBl 1993/134; JBl 1994, 258; MR 1995, 97 *(Korn);* ecolex 1996, 254; MR 1998, 269 *(Korn)* (s *Iro,* Massentierhaltung: Vergleich „Tier-KZ" zulässig! RdW 1998, 525); ecolex 1998, 626 (zur Retorsionskritik); SZ 72/118; JBl 2000, 664; RdW 2005/206; MR 2004, 327; bbl 2010/155.

[94]) Vgl dazu auch *Ostheim,* Kreditschädigung und Presserecht, ÖJZ 1974, 1; *Zeiler,* Persönlichkeitsschutz (1998) 13 ff; OGH SZ 63/1; MR 1993, 144 *(Neumayer);* vgl *Tichy,* Shitstorm, ecolex 2013, 396.

[95]) Vgl *Haybäck,* Können wahre Tatsachenbehauptungen Ehrenbeleidigungen iS des § 1330 Abs 1 ABGB sein? JBl 1994, 667 und 732; OGH RdW 2000/339; SZ 74/204; zum Vorwurf einer bereits abgetanen gerichtlich strafbaren Handlung s § 113 StGB; OGH SZ 73/181; MR 2004, 325.

Einen „wirtschaftlichen Ruf“ hat nicht nur eine physische Person, sondern auch eine juristische, ja sogar eine politische Partei.[96]) Haftbar wird nicht nur, wer die unwahre Tatsache „erfindet“, sondern auch, wer sie nur berichtet.[97]) Voraussetzung ist jedoch immer ein Verschulden, also dass der Verbreiter der Tatsache ihre Unwahrheit **kannte** oder **kennen musste.** Für das Kennenmüssen genügt nach hM leichte Fahrlässigkeit.[98]) 1507

Auch nach Abs 2 kann nur der Ersatz des **Vermögensschadens** verlangt werden. Daneben hat der Geschädigte auch das Recht auf den **Widerruf**[99]) und auf seine **Veröffentlichung.** 1508

Neben § 1330 Abs 2 gewähren Lehre und Rechtsprechung bei Wiederholungsgefahr und unmittelbar drohender Verletzung wegen unwahrer Tatsachenbehauptungen einen vom Verschulden unabhängigen Unterlassungsanspruch[100]) (oben Rz 1338).

Strittig ist, ob Unterlassungsansprüche auch dann zustehen, wenn ein Organ „in Vollziehung der Gesetze“ eine kreditschädigende Tatsache verbreitet (hoheitliche Kreditgefährdung). Der OGH verneint den Unterlassungsanspruch gegen das Organ nach § 1 Abs 1 Satz 2, § 9 Abs 5 AHG und gegen den Rechtsträger, weil nach § 1 Abs 1 Satz 3 AHG nur Geldersatz gebührt.[101]) Dies stellt eine problematische Rechtsschutzlücke dar.[102])

In manchen Fällen sind die Voraussetzungen der Ehrenbeleidigung (Abs 1) und der Kreditschädigung (Abs 2) zugleich erfüllt, zB wenn jemand einen anderen wegen einer – in Wirklichkeit nicht stattgefundenen – bestimmten Äußerung als „Lügner“ bezeichnet.[103]) Dann kann der Geschädigte zwischen den Rechtsfolgen beider Tatbestände wählen.[104]) 1509

Die **Beweislast** trifft bei der Kreditschädigung nach allgemeinen Regeln den Kläger. Er muss nicht nur beweisen, dass der Beklagte die Äußerung gemacht hat, sondern auch, dass sie unwahr ist. Nur wenn gleichzeitig eine Ehrenbeleidigung vorliegt (Abs 1) oder gegen ein Strafgesetz verstoßen wurde, muss sich der Täter „entlasten“.[105]) 1510

---

[96]) OGH JBl 1988, 174.

[97]) Vgl OGH SZ 72/144; zur Verbreitung im Internet: OGH ecolex 2001, 437; EvBl 2004/156; ecolex 2004/319 *(Zankl);* ecolex 2004/240; MR 2004, 97; MR 2007, 79 *(Thiele).*

[98]) EvBl 1978/99; SZ 60/93 und 138; SZ 61/205; JBl 1991, 796; *Wolff* in *Klang*[2] VI 64; *Ostheim,* ÖJZ 1974, 3. Anders noch SZ 44/45.

[99]) Dazu OGH MR 1997, 85 *(Korn);* SZ 70/267; SZ 2002/178 (zu § 15 UWG s Rz 1340 FN 20); zur Verpflichtung des ORF, einen Widerruf zu veröffentlichen: OGH EvBl 2015/88 *(Kissich)* = ecolex 2015/121 *(Hofmarcher)* = ZIR 2015, 219 *(Höhne).*

[100]) OGH ecolex 1995, 405 *(Rudolf);* SZ 69/28.

[101]) OGH ecolex 1990, 608 *(Kletečka);* ecolex 1996, 98 *(Wilhelm);* ecolex 1996, 597 *(Kletečka);* RdW 1998, 263; SZ 70/160; JBl 2000, 179 *(Kalb);* SZ 2004/54; EvBl 2009/110; wbl 2011/148 *(Csaky/Graf)* = ÖBl 2011/55 *(Gamerith)* = ecolex 2011/406 *(Tonninger);* JBl 2011, 648.

[102]) Dazu *Kletečka,* Schutz gegen „hoheitliche Kreditgefährdung“? ecolex 1993, 441; *Cohen,* Amtshaftung bei schlichter Hoheitsverwaltung, JBl 2014, 163 und 228.

[103]) OGH JBl 1991, 724.

[104]) OGH JBl 1991, 724; EvBl 1991/61; ecolex 1992, 696 *(Kletečka);* SZ 69/12; aA noch OGH SZ 50/86; MR 1987, 131 *(Korn).*

[105]) OGH JBl 1991, 724; wbl 1992, 377; wbl 1993, 97; JBl 1994, 258; ecolex 1995, 407 *(Rudolf);* MR 2004, 101 *(Korn);* MR 2008, 11; aA SZ 74/204. Zur Beweislastvertei-

1511 Von der Verantwortung für Kreditschädigung besteht eine wesentliche **Ausnahme** (§ 1330 Abs 2, letzter Satz): Für eine **nicht öffentlich**[106]) vorgebrachte Mitteilung, deren Unwahrheit der Mitteilende **nicht** positiv **kennt,** haftet er nicht, wenn er oder der Empfänger an ihr ein berechtigtes Interesse hatte.[107]) Die Ersatzpflicht setzt also hier das Wissen von der Unwahrheit der mitgeteilten Tatsache voraus.

Ein berechtigtes Interesse haben die Gläubiger, zB die Banken, an der Entwicklung der Vermögensverhältnisse ihres Schuldners; oder die Dienstnehmer an gewissen Vorkommnissen im Betrieb; oder die Vatikanische Glaubenskongregation an den Äußerungen des Leiters eines Seelsorgeamtes.[108])

1512 Lehre und Rechtsprechung sehen in dieser Ausnahme einen **Rechtfertigungsgrund,** der auf den berechtigten Interessen des Mitteilenden oder des Empfängers beruht und auf andere Fälle analog angewendet werden kann. Daher sollen zB auch gegen bestimmte Personen gerichtete, im Gemeinderat gemachte kreditschädigende Äußerungen eines Redners diesen nur bei Wissentlichkeit haftbar machen.[109])

In Nebengesetzen wird auch Geldersatz für ideelle Schäden (zB erlittene Kränkungen) gewährt (vgl § 16 Abs 2 UWG).[110]) Den Inhaber von Massenmedien trifft wegen unrichtiger Veröffentlichungen sogar eine verschuldensunabhängige Haftung für die ideellen Nachteile (§§ 6, 7 MedienG).[111])

B. Haftung für Sachschäden

1513 Wenn bei der Zerstörung oder Beschädigung von Sachen nicht Natural-, sondern Geldersatz zu leisten ist, so gebührt ihr **gemeiner Wert** zur Zeit der Schädigung (§ 1332). Ebenso ist für die Wertminderung der Zeitpunkt der Schadenszufügung maßgebend. Bei grobem Verschulden (Vorsatz oder grober Fahrlässigkeit) ist auch der entgangene Gewinn, also das **Interesse,** zu ersetzen.

---

lung allgemein *Kletečka,* Kreditschädigung und Wahrheitsbeweis, ecolex 1991, 310f; *Korn,* Die „zivilrechtliche“ Ehrenbeleidigung, MR 1991, 141f.

106) OGH SZ 69/12 (dazu *Bammer,* Beleidigung und Privatsphäre, MR 1997, 199); EvBl 1997/159; MR 2002, 92; ecolex 2009/340 *(Egermann);* RdW 2007/410.

107) Zur Rechtfertigung bei Mandatsausübung OGH JBl 1989, 245 und 246 *(Schmoller);* SZ 62/186; SZ 73/60; vgl auch SZ 67/10; *Kopetzki,* Berufliche Immunität und zivilrechtliche Haftung, in FS Winkler (1989) 91. Zum Rechtfertigungsgrund des § 6 Abs 2 Z 4 MedG *Berka* in *Berka/Heindl/Höhne/Noll,* MedienG[3] (2012) § 6 Rz 45ff mwN.

108) OGH SZ 60/138.

109) OGH JBl 1990, 378 = MR 1990, 20 *(Korn).*

110) Auch für juristische Personen OGH wbl 1991, 136; SZ 68/177.

111) *Hanusch,* Kommentar zum Mediengesetz (1998) § 6 Rz 1; *Korn,* Das Entschädigungssystem, in *Mayer,* Persönlichkeitsschutz und Medienrecht (1999) 47ff; *Ch. Schumacher,* Medienberichterstattung und Schutz der Persönlichkeitsrechte (2001) 58ff und 140ff; *Matscher,* Medienfreiheit und Persönlichkeitsschutz iSd EMRK, RZ 2001, 238; *Anderl,* Das neue Mediengesetz, ecolex 2005, 701; *Berka/Heindl/Höhne/Noll,* MedienG[3] (2012); zur Analogiefähigkeit dieser Regelung *Koziol,* Die Haftung für kreditschädigende Berichte in Massenmedien, JBl 1993, 613.

Der gemeine Wert ist meist der **Wiederbeschaffungswert,**[112]) uU der Verkaufswert.[113]) War die Sache bei ihrer Zerstörung schon verkauft, so ist der Ersatz nach dem (höheren) Kaufpreis zu bemessen, weil die Kaufpreisforderung im Verkehr schon als gesicherter Wert anzusehen war (positiver Schaden, oben Rz 1349). Hat eine Sache keinen Verkehrswert, so sind gewöhnlich die Kosten ihrer Neuherstellung zu ersetzen;[114]) allerdings abzüglich eines Selbstbehalts wegen ihres Alters oder ihrer Abnutzung. So zB bei Zerstörung einer alten Straßenbrücke[115]) oder einer alten Zahnbrücke[116]) (s auch oben bei „Neu für alt", Rz 1438f). 1514

Wurde der Schaden mit **qualifiziertem Vorsatz** (dolus coloratus), nämlich durch eine strafbare Handlung, aus Mutwillen oder Schadenfreude herbeigeführt, so ist der Wert der **besonderen Vorliebe** (Affektionsinteresse, Liebhaberwert) zu ersetzen (§ 1331). Dies ist einer der Fälle, in denen kraft gesetzlicher Anordnung immaterieller Schaden vergütet wird. S oben Rz 1354. Das Affektionsinteresse liegt in der besonderen Gefühlsbeziehung des Geschädigten zur Sache, zB in seiner Liebe zu alten Familienfotos, während der Wert, den eine Sache in gewissen Kreisen, zB in Sammlerkreisen hat („Sammlerwert"), zum gemeinen Wert gehört. 1515

C. Haftung des Sachverständigen

Literatur: *Welser,* Die Haftung für Rat, Auskunft und Gutachten (1983); *Welser,* Sachverständigenhaftung und Insolvenzverfahren, NZ 1984, 92.

Wer sich zu einem Amt, zu einer Kunst, zu einem Gewerbe oder Handwerk, also zu einer Tätigkeit als Sachverständiger, öffentlich bekennt, gibt dadurch zu erkennen, dass er sich den nötigen Fleiß und besondere Kenntnisse zutraut und muss daher ihren Mangel vertreten (§ 1299). 1516

Für Sachverständige gilt – im Vergleich zum allgemeinen Verschuldensmaßstab des § 1297 – ein **strengerer Maßstab.** Sie müssen die **durchschnittlichen** Fähigkeiten ihres **Berufsstandes** haben, den Leistungsstandard der Berufsgruppe,[117]) allerdings keine außergewöhnlichen Fähigkeiten innerhalb der Gruppe. Der Kreis der „Sachverständigen" ist überaus weit. Es gehören alle Tätigkeiten dazu, die ein besonderes Können oder Fachwissen voraussetzen. 1517

---

[112]) OGH SZ 35/87; SZ 37/165; ZVR 1987/94; EvBl 1987/79; aA *Ch. Huber,* Schadensberechnung 157ff; *Harrer* in *Schwimann/Kodek*[4] § 1332 Rz 2; OGH ZVR 1976/230.

[113]) *Koziol,* Grundfragen Rz 10/15.

[114]) *Koziol,* Haftpflichtrecht I[3] Rz 10/18 mwN; OGH JBl 2004, 657 = ecolex 2004, 855 *(Leitner).*

[115]) OGH JBl 1987, 325.

[116]) OGH SZ 56/54.

[117]) Vgl zB OGH SZ 54/13; vgl auch OGH JBl 2004, 327.

Daher sind zB Sachverständige: Ärzte,[118]) Rechtsanwälte,[119]) Notare,[120]) Steuerberater,[121]) Wirtschaftstreuhänder,[122]) Insolvenzverwalter,[123]) Apotheker, Architekten, Baumeister,[124]) Bergführer,[125]) Realitätenvermittler,[126]) Unternehmensberater,[127]) Abschlussprüfer,[128]) Anlageberater (s dazu unten Rz 1590), Immobilienmakler,[129]) Vorstandsmitglieder,[130]) Sachwalter,[131]) Reitlehrer,[132]) Werbeagenturen,[133]) Schiffsführer,[134]) Mediatoren und Schiedsrichter,[135]) Bonitätsauskunfteien,[136]) alle Arten von Professionisten usw. Auch an Autofahrer wird der Maßstab des § 1299 angelegt.

---

[118]) RIS-Justiz RS0038202; vgl auch *Juen,* Arzthaftungsrecht[2] (2005); *Kletečka,* Aktuelle Fragen der Medizinhaftung, in FS Iro (2013) 35.

[119]) ZB OGH RdW 2001/430; NZ 2001, 304; RdW 2005/366; ecolex 2008/107; SZ 2011/105; NZ 2013/57; NZ 2013/121; AnwBl 2014, 355; EvBl 2014/95 *(Rassi)* = NZ 2014/79 *(Hoyer); F. Graf,* Anwaltshaftung (1991) 134f; *Iro,* Anwaltshaftung und Falschinformation durch den Klienten, RdW 1997, 520; *Spitzer,* Haftungsfalle (Un-)Ehelichkeitsvermutung, NZ 2004, 161; *Benn-Ibler,* Anwaltshaftung, Verjährung, in FS Welser (2004) 55; *Foglar-Deinhardstein,* Anwaltshaftung bei Prozessführung, Zak 2010/103, 63; *Ziller,* Aufklärungspflichten des Rechtsanwalts über Prozessrisiken (2012).

[120]) ZB OGH ecolex 1995, 172; RdW 2001/301; RdW 2003/204; RdW 2005/753; JBl 2007, 309 *(Karner);* zur Haftung des Vertragsverfassers OGH NZ 2000, 236; NZ 2012/82; NZ 2012/121 *(Egglmeier-Schmolke);* NZ 2015/42.

[121]) RIS-Justiz RS0037133; *Iro,* Sorgfaltspflichten des Steuerberaters, RdW 1997, 587; *Völkl/Völkl,* Haftung der Wirtschaftstreuhänder und Steuerberater, ÖJZ 2009/17, 161.

[122]) ZB OGH JBl 2011, 384; *Jud,* Rechtsberatung durch Wirtschaftstreuhänder und mögliche Haftungsfolgen, AnwBl 2008, 433; *Völkl/Völkl,* ÖJZ 2009/17, 161.

[123]) ZB OGH SZ 59/196; RdW 2003/31; OGH ÖBA 2007/1433 *(Riedler); Welser,* NZ 1984, 92; *Shamiyeh,* Die zivilrechtliche Haftung des Masseverwalters (1995) 153ff.

[124]) ZB OGH SZ 37/141.

[125]) RIS-Justiz RS0026579; zB OGH ZVR 1994/125; zum Bergführer aus Gefälligkeit s OGH JBl 2000, 305; *Stabentheiner,* Zum Tourenführer aus Gefälligkeit, JBl 2000, 273.

[126]) ZB OGH EvBl 2002/168; immolex 2009/131 *(Neugebauer-Herl).*

[127]) RIS-Justiz RS0112733; zB OGH JBl 2000, 441 *(Staudegger); Völkl/Posch,* Neues zur Haftung des Unternehmensberaters? Zak 2006/289, 166; *Schilling,* Haftung für Unternehmensberatung, RdW 2008/273, 327.

[128]) Zur Haftung des Abschlussprüfers (gegenüber Dritten) s § 275 UGB; OGH ÖBA 2002, 820 *(Walter Doralt);* SZ 73/157; ÖBA 2005, 355 *(Bartlmä);* wbl 2007/107; GesRZ 2013, 52 *(Artmann);* ÖBA 2013/1934; EvBl 2013/132; ÖBA 2014/2010 = ecolex 2014/85 *(Wilhelm);* ÖBA 2014/2018 = ÖBA 2015/2079 und 2080 *(Zahradnik/Schöller).* Dazu *Walter Doralt,* Haftung der Abschlussprüfer (2005) mwN.

[129]) RIS-Justiz RS0109996; *Völkl/Völkl,* Judikatur des OGH zur Haftung von Maklern, immolex 2006, 11.

[130]) *Riss,* Welche Sorgfalt schuldet der Genossenschaftsvorstand? RdW 2008/712, 76; *P. Doralt/W. Doralt,* Rechtsvergleichung und Rezeption in der Managerhaftung, in FS Koziol (2010) 565.

[131]) OLG Wien iFamZ 2008/100; dazu *Parapatits,* Die Haftung des Sachwalters für nicht beantragte Sozialleistungen, iFamZ 2008, 180 (183f); vgl auch OGH iFamZ 2010/190 *(Parapatits).*

[132]) Dazu *Zappl,* Praxishandbuch Pferderecht (2010) 37ff.

[133]) OGH MR 2013, 188.

[134]) OGH ZVR 2006/126.

[135]) *C. Völkl/Perner,* Die Haftung von Schiedsrichtern und Mediatoren, NZ 2006/24, 129 (133); *Völkl/Völkl,* ÖJZ 2012/107, 937 mwN.

[136]) *Welser,* Haftung 22ff; *Welser,* Zur Haftung der Banken für Bonitätsauskünfte, ÖBA 1982, 117; *Malainer/Staribacher,* Umfang der Haftung von Wirtschaftsauskunfteien für erteilte Auskünfte, ecolex 2014, 939; OGH ÖBA 2012/1811 *(Heinrich).*

Inhalt des § 1299 ist die Anhebung des **Verschuldensmaßstabes,**[137]) was zwar zu einer Steigerung der Pflichten führt, doch im Übrigen die Haftung nicht über die allgemeinen Grundsätze hinaus erweitert. § 1299 begründet daher – was in der älteren Rechtsprechung manchmal übersehen wurde[138]) – auch **keine** Haftung des Sachverständigen gegenüber **jedermann.** Vielmehr wird der Sachverständige den Geschädigten nur nach allgemeinen Regeln, also nur bei Verletzung vertraglicher oder deliktischer Pflichten, schadenersatzpflichtig. 1518

Ein Sachverständiger wird nach § 1300 auch verantwortlich, wenn er in Angelegenheiten seiner Kunst oder Wissenschaft „gegen Belohnung" fahrlässig einen nachteiligen **Rat** erteilt. Dem Rat wird die **Auskunft** gleichgestellt,[139]) ebenso Gutachten, Expertisen, Stellungnahmen uä.[140]) Die Worte „gegen Belohnung" werden von der hA sehr weit, nämlich als „im Rahmen eines Schuldverhältnisses" ausgelegt. Von der Haftung für leichte Fahrlässigkeit ausgeschlossen sind also die Ratschläge und Auskünfte, die aus **„reiner Gefälligkeit"**, dh außerhalb eines Verpflichtungsverhältnisses erteilt werden.[141]) Die hA führt letztlich zu dem auch aus allgemeinen Grundsätzen folgenden Ergebnis, dass innerhalb **schuldrechtlicher Sonderbeziehungen** jede Partei – ohne Rücksicht auf die Sachverständigeneigenschaft und ein Entgelt[142]) – schon für fahrlässige Auskünfte, Mitteilungen und Ratschläge einstehen muss.[143]) Bei unentgeltlichen Verträgen kann allerdings eine Haftungsminderung eingreifen.[144]) 1519

Daher wird für jedes Verschulden gehaftet, wenn die Raterteilung als Haupt- oder Nebenleistung im Rahmen eines Schuldverhältnisses[145]) erfolgt, das nicht nur auf einem Vertrag, sondern auch direkt auf dem Gesetz beruhen kann, wie das vorvertrag-

---

[137]) *Welser,* Haftung 23ff mwN; *Koziol,* JBl 1988, 411. OGH JBl 1985, 625 *(Iro);* JBl 1993, 389; JBl 1997, 245 *(Dullinger);* JBl 1998, 652; *Karner,* Haftung für Rat und Auskunft zwischen Vertrag und Delikt, in FS Koziol (2010) 695.

[138]) S zB OGH SZ 16/143; JBl 1937, 58; ÖBA 1962, 400. Richtig hingegen SZ 9/76; JBl 1936, 300; JBl 1965, 319; SZ 43/236.

[139]) *Welser,* Haftung 11f mwN; *Zöchling-Jud,* Haftung für Rat, Auskunft und Gutachten, in *Welser* (im Erscheinen).

[140]) Zur Haftung von Ratingagenturen s *Karner,* Zur Haftung von Rating-Agenturen, ÖBA 2010, 587; *Graf,* Unautorisierte Eigenwerbung mit fehlerhaften Ratings, JBl 2012, 210; *Malainer/Staribacher,* ecolex 2014, 939; *Gass,* Schadenersatzansprüche bei fehlerhaftem Rating (2014).

[141]) Vgl aber OGH JBl 2011, 443 *(Dullinger);* dazu kritisch *Machold,* zur Haftung eines Sachverständigen nach § 1300 S 1 ABGB, Zak 2010/636, 371; *Dullinger,* Zur Eigenverantwortung von Gehilfen für fehlerhafte Beratung, in FS Reischauer (2010) 101.

[142]) OGH SZ 68/60 mwN; differenzierend *C. Völkl,* § 1300 Satz 1 ABGB als Grundlage einer allgemeinen zivilrechtlichen Informationshaftung, ÖJZ 2006/8, 97.

[143]) *Karner* in FS Koziol 697ff.

[144]) *Welser,* Haftung 36; *Honsell,* Probleme der Haftung für Auskunft und Gutachten, JuS 1976, 621 (626).

[145]) *Koziol,* Zur Haftung wegen fahrlässiger Anstiftung durch unrichtige Auskünfte, JBl 1988, 409; OGH JBl 1991, 249 *(Kerschner);* ecolex 1995, 402; ecolex 1995, 403 *(Wilhelm).*

liche Schuldverhältnis[146]) oder jenes, das aufgrund des geschäftlichen Kontakts bei Erteilung einer Bankauskunft entsteht.[147]) Auch sonstige rechtliche Sonderbeziehungen führen zur Haftung, zB jene aus einem öffentlich-rechtlichen Schuldverhältnis, weshalb auch Gerichte, Verwaltungsbehörden, Sozialversicherungsträger und gerichtlich bestellte Sachverständige verantwortlich werden können.[148])

1520 Bei Erteilung von Rat und Auskunft außerhalb eines Schuldverhältnisses – also im „Deliktsbereich" – haftet der Rat- oder Auskunftgeber nur für den Schaden, den er **wissentlich** durch die Erteilung des Rates oder der Auskunft herbeiführt (§ 1300 Satz 2), also nicht schon für fahrlässiges Verhalten. Nach hA gilt diese – im Vergleich zur allgemeinen Regel (§ 1294) – Einschränkung der Haftung nur für **reine Vermögensschäden.**[149]) Sie ist Ausdruck des Grundsatzes, dass das bloße Vermögen nicht allgemein gegen Angriffe geschützt ist. S oben Rz 1397 f. Wird hingegen durch den Rat oder die Auskunft ein absolut geschütztes Gut geschädigt, so ist bei jeder Art von Verschulden, also auch bei leichter Fahrlässigkeit, Ersatz zu leisten.[150])

1521 Bei Auskünften, besonders bei Gutachten von Sachverständigen, spielt der Schutz **Dritter**[151]) eine besondere Rolle, weil sie oft durch die von anderen in Auftrag gegebenen Stellungnahmen zu einem Verhalten veranlasst werden sollen. Der OGH hat ihnen bei Unrichtigkeit des Gutachtens ursprünglich unter den Voraussetzungen des Vertrages mit **Schutzwirkung** zugunsten Dritter Ersatz gewährt. Zuletzt wurde aber die Haftung richtiger auf die Verletzung **objektiv-rechtlicher,** vertragsähnlicher Pflichten gestützt. S oben Rz 653.

D. Haftung für Gehilfen

Literatur: *Kletečka,* Der Anscheinserfüllungsgehilfe, JBl 1996, 87; *Ondreasova,* Die Gehilfenhaftung (2013); *Reischauer,* Zur Ratio der Erfüllungsgehilfenhaftung (§ 1313 a), VersRdSch 1990, 46; *Spiro,* Die Haftung für Erfüllungsgehilfen (1984); *Spiro,* Die Haftung für Erfüllungsgehilfen, JBl 1987, 341; *Spitzer,* Neuordnung der Deliktshaftung der juristischen Person? in FS Iro (2013) 207; *E. Wagner,* Gehilfenhaftung im Deliktsbereich de lege lata und de lage ferenda, ÖJZ 2007/65, 755; *M. Wilburg,* Haftung für Gehilfen, ZBl 1930, 650.

1522 Jeder hat grundsätzlich für das **eigene,** nicht aber für das fremde Verhalten einzustehen. Hievon bestehen jedoch wichtige Ausnahmen.

---

[146]) *Welser,* Haftung 33 ff; OGH JBl 1981, 319 *(Koziol);* SZ 57/122 und 184; JBl 1985, 38; ÖBA 1988, 615 *(Jabornegg);* SZ 66/129; ÖBA 1998, 891; JBl 2008, 249 *(Rummel);* JBl 2008, 450. Vgl aber *Reischauer,* ZAS 1988, 78 ff.

[147]) *Welser,* ÖBA 1982, 117.

[148]) *Welser,* Haftung 77; *Welser,* NZ 1984, 92 ff; OGH JBl 2003, 449 *(Grillberger)* (Arbeiterkammer).

[149]) *Welser,* Haftung 17 f.

[150]) Dazu *Welser,* Vertretung 48 f; *Welser,* Haftung 10.

[151]) *Welser,* Haftung 80 ff; *Welser,* ÖBA 1982, 117; *Kletečka,* Die Haftung von Gutachtern gegenüber Dritten, in FS Reischauer (2010) 287; OGH ÖBA 2001, 922 (dazu *Karner,* ÖBA 2001, 893); RIS-Justiz RS0026319; RS0026360 (Gerichtssachverständiger).

In den §§ 1313a und 1315 regelt das Gesetz die Haftung des Geschäftsherrn für seine Gehilfen. Sie hat große Bedeutung, weil Unternehmer meistens Gehilfen einsetzen und der Geschädigte bessere Chancen hat, einen Schadenersatzanspruch gegen den – wirtschaftlich stärkeren – Geschäftsherrn durchzusetzen als gegen den Gehilfen. Die Haftung des Geschäftsherrn geht verschieden weit, je nachdem, ob der unmittelbare Schädiger sein Erfüllungsgehilfe (§ 1313a) oder sein Besorgungsgehilfe war (§ 1315). 1523

1. Erfüllungsgehilfen

Wer einem andern zu einer Leistung verpflichtet ist, haftet ihm für das Verschulden seines gesetzlichen Vertreters sowie der Personen, deren er sich zur Erfüllung bedient, wie für sein eigenes (§ 1313a). 1524

Der Erfüllungsgehilfe wird vom Geschäftsherrn zur Erfüllung eines bereits bestehenden **Schuldverhältnisses** eingesetzt.[152]) 1525

Meistens kommen Erfüllungsgehilfen bei der Erfüllung von Verträgen vor, doch gibt es auch andere Fälle. So ist auch Erfüllungsgehilfe, wer für seinen Geschäftsherrn einen Geschäftsabschluss vorbereitet.[153]) Die besonderen Verbindlichkeiten ergeben sich hier aus dem – schon aufgrund des Gesetzes bestehenden – vorvertraglichen Schuldverhältnis (oben Rz 68ff). § 1313a ist auch dann anwendbar, wenn eine öffentlich-rechtliche Sonderbeziehung zum Geschädigten, zB dem zu einer Amtshandlung Vorgeladenen, besteht.[154]) Das Vollzugsorgan ist jedoch nicht Erfüllungsgehilfe des betreibenden Gläubigers.[155])

Auch **selbständige Unternehmer** und aufgrund ihrer Sachkunde selbständig arbeitende Personen können Erfüllungsgehilfen sein.[156]) Ob die Haftung für Erfüllungsgehilfen ein Weisungsrecht des Geschäftsherrn voraussetzt, ist strittig.[157]) 1526

---

[152]) *M. Wilburg,* ZBl 1930, 650f; *Kletečka,* JBl 1996, 87ff; OGH JBl 1983, 255; JBl 1986, 789; SZ 68/106; JBl 1998, 718 *(Kleewein);* ZVR 2002/23.

[153]) *Welser,* Vertretung 80ff, 97, 99ff, 102ff; *Bydlinski,* Zur Haftung für Erfüllungsgehilfen im Vorbereitungsstadium, JBl 1995, 477 und 558; *Kletečka,* JBl 1996, 186ff. OGH SZ 51/111; JBl 1991, 586; SZ 70/15; wbl 2002, 577.

[154]) *Welser,* Haftung 77ff; OGH JBl 1991, 479; RdM 2010, 149 *(Bernat)* = Zak 2010, 276 *(Kletečka).* Zur Frage, ob § 21 ScheckG eine entsprechende Sonderbeziehung begründet, OGH ÖBA 1999, 300 *(Iro).*

[155]) OGH JBl 1997, 386.

[156]) OGH SZ 63/201; SZ 65/16; RdW 2001/366 (Subunternehmer); ÖBA 2001, 328 *(Apathy);* EvBl 2002/50 (Hotelbetreiber als Erfüllungsgehilfe des Reiseveranstalters); EvBl 2014/46 *(Karner)* = ecolex 2014/6 *(Wilhelm)* = ZRB 2014/58 *(Seeber).* S auch *Wilhelm,* Subunternehmer schädigt Subunternehmer, ecolex 2008, 510; *Ondreasova,* Gehilfenhaftung 50ff mwN.

[157]) Dafür OGH SZ 65/16; SZ 69/115; JBl 2006, 653 *(Haas);* vgl auch OGH JBl 1996, 183 *(Kletečka);* dagegen *Reischauer* in *Rummel*³ § 1313a Rz 9; *Bydlinski,* JBl 1995, 556f; *Markl/Pittl,* Ausgewählte Fragen der Erfüllungsgehilfenhaftung beim ärztlichen Behandlungsvertrag, ÖJZ 1997, 774f; OGH RdM 2000/8 *(Kopetzki)* (vgl zur Haftung des Belegarztes auch OGH SZ 72/164); JBl 2004, 648 *(Lukas)* = ecolex 2004, 608 *(Wilhelm);* SZ 2007/1; ZVR 2008/44 *(Kathrein);* JBl 2008, 654 *(Dullinger).* Vgl auch *Dullinger,* Die Substitution gemäß § 1010 ABGB im Lichte des § 1313a ABGB, in FS 200 Jahre ABGB (2011) 899 (904f); *Ondreasova,* Gehilfenhaftung 50ff mwN.

Auch der Werkunternehmer ist nicht verpflichtet, alle Rohstoffe oder alle Bestandteile selbst herzustellen. Eine Haftung des Werkunternehmers kommt nur infrage, wenn er den von einem Dritten gelieferten Teil nicht ausreichend kontrolliert oder den Zulieferer nicht sorgfältig auswählt hat. Für das Verschulden der Zulieferer haftet der Werkunternehmer nur dann nach § 1313a, wenn er gegenüber dem Werkbesteller selbst die Pflicht zur Herstellung der zugekauften Teile übernommen hat. Ob dies der Fall ist, richtet sich nach dem Vertrag, hilfsweise nach der ergänzenden Vertragsauslegung. Herstellungspflichten werden zu verneinen sein, wenn es in dem zu beurteilenden Fall üblich ist, Bestandteile nicht selbst herzustellen, sondern zuzukaufen.[158])

1527 In letzter Zeit hat sich die Ansicht durchgesetzt, dass der Geschäftsherr auch für jene Personen einzustehen hat, für die nur der Anschein der Gehilfenstellung besteht, also für **Anscheinserfüllungsgehilfen.**[159]) Dies setzt allerdings voraus, dass der Anschein seine Grundlage im Verhalten des Geschäftsherrn hat.

1528 Dem Erfüllungsgehilfen wird von § 1313a der **gesetzliche Vertreter** eines nicht Geschäftsfähigen gleichgestellt.

1529 Da den Gehilfen selbst nicht die Pflichten aus dem Schuldverhältnis zwischen Geschäftsherrn und Geschädigtem treffen, ist unter dem Verschulden des Erfüllungsgehilfen ein Verhalten zu verstehen, das schuldhaft wäre, wenn es der Geschäftsherr selbst gesetzt hätte.[160])

1530 Die Haftung des Geschäftsherrn ist damit zu **rechtfertigen,**[161]) dass jener, der durch den Einsatz von Gehilfen seinen geschäftlichen Aktionsradius erweitert und somit Vorteile hat, auch in vollem Umfang das damit verbundene Risiko tragen muss. Der Gläubiger darf nicht dadurch schlechter gestellt werden, dass der Schuldner die Leistung nicht selbst, sondern durch einen Gehilfen erbringt.

1531 Der Geschäftsherr haftet allerdings nur für schädigende Handlungen, die mit der Erfüllung in einem **inneren Zusammenhang** stehen:[162]) Schäden **durch** die Erfüllung (Verletzung der Hauptleistungspflicht, Nebenpflicht oder Schutzpflicht). Hat der Gehilfe dem Gläubiger sonst (**„anlässlich“** der Erfüllung) Nachteile zugefügt, so wird der Geschäftsherr nicht nach § 1313a, sondern höchstens nach § 1315 verantwortlich.

---

[158]) OGH JBl 2004, 648 *(Lukas)* = ecolex 2004, 608 *(Wilhelm);* JBl 2006, 653 *(Haas);* JBl 2007, 393; Zak 2008/167; NZ 2013/142. S dazu *Welser,* Schadenersatz 42f; *Haas/Thunhart,* Die Haftung für Hersteller und Lieferanten, ÖJZ 2012/75, 697.

[159]) *Kletečka,* JBl 1996, 84; OGH ecolex 1997, 151 *(Wilhelm);* ÖBA 1998, 556 *(Iro);* RdW 2005/757.

[160]) OGH JBl 1992, 43; SZ 73/151 = ecolex 2001, 41 *(Wilhelm);* vgl auch SZ 2003/161. S zur Zurechnung eines GesBR-Gesellschafters OGH NZ 2014/113 = RWZ 2014/26 *(Wenger).*

[161]) Dazu *Welser,* Vertretung 79; *Welser,* Selbstverschuldensprinzip und Repräsentantenhaftung, in FS Ostheim (1990) 622f; *Reischauer,* VersRdSch 1990, 46; OGH VersRdSch 1987/90; SZ 60/133; JBl 1990, 656 *(Dullinger);* wobl 1995, 8 *(Call);* JBl 2008, 107.

[162]) Dazu *Ehrenzweig* II/1, 296; *Wilburg,* ZBl 1930, 660ff; *Koziol,* Zurechnung untreuer Bank-Mitarbeiter (2004) 35ff; OGH SZ 51/55 und 108; JBl 1986, 101; JBl 1988, 650; EvBl 1991/44; SZ 63/201; ZVR 2000/102 (vorsätzliche unerlaubte Handlungen); JBl 2005, 256 *(Rummel)* = ZVR 2005/45 *(Hauenschild);* ÖBA 2007/1435 *(Koziol);* JBl 2008, 654 *(Dullinger);* ecolex 2011/2 *(Friedl).*

Hat der Schuldner S die Reparatur eines Spiegels übernommen und lässt ihn der Gehilfe bei der Arbeit daran aus Versehen fallen, so haftet der Schuldner dem Gläubiger für das Verschulden des Gehilfen: Die sorgfältige Behandlung des Spiegels war Bestandteil der Schuldnerverpflichtung. Benutzt hingegen der Gehilfe die Ablieferung des Spiegels, um eine „alte Rechnung" zu begleichen und den Gläubiger zu verprügeln, so verletzt er damit keine Pflichten aus dem Werkvertrag. S haftet nicht nach § 1313a. Auch ein Gastwirt, dessen Kellner dem Gast, der seine Rechnung nicht bezahlt hat, auf die Straße nachläuft und ihm Faustschläge und Fußtritte vesetzt, haftet nicht gemäß § 1313a.[163])

Bedient sich ein Erfüllungsgehilfe des Schuldners seinerseits eines Erfüllungsgehilfen **(Erfüllungsgehilfenkette),** so haftet der Schuldner auch für dessen Verschulden, wenn er mit der Betrauung eines weiteren Erfüllungsgehilfen einverstanden war.[164]) Hat der Erfüllungsgehilfe ohne Einverständnis des Schuldners und eigenmächtig einen ungeeigneten Dritten beigezogen, haftet er dem Geschäftsherrn ebenfalls nach § 1313a.[165]) 1532

2. Besorgungsgehilfe (Verrichtungsgehilfe)

Wer sich einer untüchtigen oder wissentlich einer gefährlichen Person zur Besorgung seiner Angelegenheiten bedient, haftet für den Schaden, den sie in dieser Eigenschaft einem Dritten zufügt (§ 1315). 1533

Besorgungsgehilfe ist jeder, dessen sich ein Geschäftsherr zur Besorgung irgendwelcher **Angelegenheiten** bedient. Die Haftung für den Besorgungsgehilfen setzt daher **kein Schuldverhältnis** zwischen dem Geschäftsherrn und dem Geschädigten voraus. Die Verantwortlichkeit des Geschäftsherrn ist gegenüber Dritten geringer, weil sie mit ihm in keiner rechtsgeschäftlichen Beziehung stehen, die der Förderung seiner Interessen dient. Der Geschäftsherr haftet daher nicht für jedes Verschulden, sondern nur, wenn er sich einer untüchtigen oder wissentlich einer gefährlichen Person bedient. 1534

Der Gehilfe ist **untüchtig,** wenn er zu der Tätigkeit, für die er eingesetzt ist, **überhaupt nicht** geeignet ist.[166]) Es genügt also nicht, wenn er bei seiner Tätigkeit irgendeinen Fehler macht. Die Untüchtigkeit muss **„habituell"** sein (mangelnde Ausbildung, Veranlagung). Aus einem mehrmaligen gleichartigen Versagen ist meist auf die Untüchtigkeit zu schließen, doch kann sie auch schon durch einmaliges schweres Fehlverhalten erwiesen werden. Das Gesetz verlangt hier keinen Nachweis des Verschuldens des Geschäftsherrn, weil es davon ausgeht, dass er die Untüchtigkeit jederzeit feststellen kann, weshalb man von einem „erstarrten Auswahlverschulden"[167]) spricht. 1535

[163]) OGH Zak 2008/129.

[164]) OGH SZ 28/61; JBl 1973, 151; JBl 1986, 248; JBl 1979, 254; SZ 66/69; zuletzt EvBl 2014/4; *Bydlinski,* JBl 1995, 477 (478).

[165]) OGH JBl 2007, 102.

[166]) OGH SZ 22/110; EvBl 1974/109. Zur Beweislast s OGH ZVR 2009/173 *(Ch. Huber)* = ecolex 2009/179 *(Friedl)* = Zak 2009/141 *(Kletečka).*

[167]) OGH SZ 22/110; SZ 25/84; JBl 1971, 308; JBl 1978, 91 *(Koziol);* SZ 54/21; JBl 1986, 520. „Erstarrte culpa": *Gschnitzer,* Schuldrecht BT 185; OGH ZVR 1970/70.

1536 Während die Eigenschaft der Tüchtigkeit auf jene Angelegenheiten zu beziehen ist, die der Gehilfe besorgen soll, betrifft die **„Gefährlichkeit“** seine allgemeinen menschlichen Qualitäten.

Gefährlich ist der Installateurgehilfe, der stiehlt; der Malergehilfe, der Brände legt.

1537 Der Geschäftsherr haftet nur, wenn ihm gerade die gefährlichen Eigenschaften des Gehilfen bekannt waren („wissentlich“). Das **Wissen** des Geschäftsherrn braucht aber nur diese **Gefährlichkeit** zu umfassen, nicht die konkrete Möglichkeit eines Schadenseintrittes. Hat der Geschäftsherr die Gefährlichkeit nicht gekannt, so haftet er nur, wenn ihn an der Schädigung selbst ein Verschulden trifft.

1538 Die Haftung des Geschäftsherrn setzt aber voraus, dass sich gerade jene **Gefährlichkeit realisiert** hat, von welcher er Kenntnis hatte.[168]) Er haftet daher nicht, wenn er einen vorbestraften Sprengstoffattentäter einstellt und dieser einen Diebstahl begeht.

Der Erzeuger von Chemikalien lässt den vom Apotheker bestellten Säureballon durch einen Gehilfen liefern. Dieser transportiert den Ballon ungeschickt und lässt ihn in der Apotheke fallen, sodass der Fußboden beschädigt wird. Der Lieferant haftet dem Apotheker, weil dieser sein Vertragspartner ist, gemäß § 1313a. Steckt der Gehilfe in einem unbeobachteten Augenblick in der Apotheke Kosmetika ein, so wird sein Geschäftsherr dem Apotheker nur nach § 1315 (2. Fall) haftbar, wenn ihm bekannt war, dass der Gehilfe kleptomanisch veranlagt ist.

1539 Die engen Haftungsvoraussetzungen des § 1315 sind allerdings durch andere gesetzliche Bestimmungen vielfach **durchbrochen.**[169]) So bestimmt § 1319a, dass der Halter eines Weges dessen Benützern für jedes grobe Verschulden seiner Gehilfen einzustehen hat. S Rz 1575ff. Ferner sehen neuere Gesetze über Gefährdungshaftungen eine erweiterte Gehilfenhaftung vor: der Inhaber der gefährlichen Sache haftet dem Geschädigten für jedes Verschulden seiner Gehilfen (§ 19 Abs 2 EKHG; § 17 AtomHG 1999; § 56 ForstG 1975; § 10 RohrleitungsG 1975). Nach dem älteren § 2 RHG muss der Unternehmer nur für das Verschulden leitender Personen einstehen.

1540 Eine über § 1315 hinausgehende Haftung besteht ferner bei **juristischen Personen,** die deliktisch für sogenannte **Machthaber** einzustehen haben (s Bd I Rz 253). In letzter Zeit wird erwogen, diese „Repräsentantenhaftung“ auf natürliche Personen zu erstrecken.[170])

---

[168]) Vgl *Wilburg,* ZBl 1930, 724; OGH JBl 1954, 201; ZVR 1985/44.

[169]) Zu Überlegungen de lege ferenda *Harrer,* JBl 1996, 23f.

[170]) OGH JBl 1998, 613; SZ 2002/116; ecolex 2004, 442; *Bydlinski,* System 217f; vgl auch *Jabornegg,* GesRZ 1989, 16; *Reischauer* in *Rummel*[3] § 1315 Rz 2b. Nach der Rechtsprechung ist die „Repräsentantenhaftung“ auf natürliche Personen anzuwenden, die in ihrem Unternehmen Leitungsfunktionen von anderen Personen wahrnehmen lassen; s OGH JBl 2013, 252 *(Kepplinger);* vgl auch OGH ZVR 2013/221 *(Ch. Huber)* = immolex 2012/110 *(Limberg).*

3. Eigene Haftung des Gehilfen

Die Haftung des Geschäftsherrn nach den §§ 1313 a, 1315 für die von Gehilfen verursachten Schäden schließt eine eigene Haftung des Gehilfen gegenüber dem Geschädigten nicht aus. Allerdings obliegen in den Fällen des § 1313 a die Pflichten aus dem Schuldverhältnis nur dem Geschäftsherrn, nicht jedoch dem Gehilfen. 1541

Der Vertrag zwischen dem Geschäftsherrn und dem Gehilfen entfaltet auch keine Schutzwirkung zugunsten des Gläubigers des Geschäftsherrn.[171])

Da also zwischen dem Gehilfen und dem Gläubiger des Geschäftsherrn keine schuldrechtliche Beziehung besteht, haftet ihm der Gehilfe nur, wenn sein Verhalten unabhängig von den Pflichten aus dem Schuldverhältnis rechtswidrig ist, etwa wegen Verletzung eines absoluten Rechts des Geschädigten, zB seiner Gesundheit oder seines Eigentums. Der Geschäftsherr haftet also vertraglich, der Gehilfe nur **deliktisch.**[172]) 1542

4. Regress

Hat der Geschäftsherr den Schaden ersetzt, so kann er vom Gehilfen **Rückersatz** verlangen, wenn dieser durch die Schädigung seinen Vertrag mit dem Geschäftsherrn schuldhaft verletzt hat (§ 1313). Im Anwendungsbereich des DHG gelten allerdings besondere Regressregeln, welche die Haftung des Dienstnehmers einschränken. 1543

E. Dienstnehmerhaftung

Literatur: *Binder,* Arbeitnehmerhaftung und Versicherung, in FS Reischauer (2010) 481; *Dirschmied,* Dienstnehmerhaftpflichtgesetz (1992); *Kerschner,* Außenhaftung des Dienstnehmers und Regreß, in FS Tomandl (1998) 187; *Kerschner,* Dienstnehmerhaftpflichtgesetz² (2004); *Kerschner,* Schadenersatzreform und Dienstnehmerhaftung, insbesondere zu Grundproblemen der Gehilfenhaftung und Beweislast, in FS Reischauer (2010) 267; *Oberhofer,* Der sachliche Anwendungsbereich des Sonderhaftungsrechts nach dem Dienstnehmerhaftpflichtgesetz, in FS Schnorr (1988) 177; *Oberhofer,* Außenhaftung des Arbeitnehmers (1996); *Schrammel,* Haftungsmilderung „bei" Erbringung der Dienstleistung, ZAS 1985, 203.

1. Dienstnehmerhaftpflichtgesetz

Das DHG 1965 behandelt den Ersatz von Schäden, die ein Dienstnehmer bei Ausführung seiner Arbeitsleistung[173]) dem **Dienstgeber**[174]) 1544

---

[171]) OGH SZ 62/173; JBl 1994, 331 *(Karollus);* ecolex 1997, 663; ZVR 1999/98; ecolex 2002, 426; s aber SZ 64/144; *Stefula,* Haftung des Erfüllungsgehilfen nach vertraglichen Grundsätzen? RZ 2001, 216. Vgl oben Rz 646.

[172]) Vgl OGH JBl 1980, 39 *(Koziol);* SZ 51/97; JBl 1990, 376; JBl 1992, 323; ZVR 1992/177; RdW 2004/466; JBl 2005, 256 *(Rummel)* = ZVR 2005/45 *(Hauenschild);* RdW 2005/361. Vgl auch *Harrer/Neumayr,* Haftung des Unternehmers und Eigenhaftung im Zivilrecht und im Lauterkeitsrecht, in FS Griss (2011) 297.

[173]) Dazu OGH RdA 1984, 227 *(Migsch);* RdW 1988, 206; VersRdSch 1990/197; JBl 1995, 471 *(Kerschner);* ecolex 1997, 597; ecolex 1997, 598; ecolex 2007/406.

[174]) Zu diesem Begriff OGH ZAS 1978/24 *(Koziol);* RdA 1993, 307 *(Oberhofer); Schrammel,* ZAS 1985, 208 ff; zur Abgrenzung zwischen Drittschaden und Eigenscha-

oder einem **Dritten** zufügt. Es verdrängt die allgemeinen Vorschriften des ABGB.

Das DHG geht davon aus, dass es bei Tätigkeiten im Betrieb immer wieder zu Schäden kommen kann, die insgesamt unvermeidlich sind und dass wegen der fortschreitenden Technisierung die Gefahrenquellen immer mehr wachsen und schon als Folge geringer Fehlleistungen Schäden eintreten können. Ihre Abdeckung ist aber dem Dienstnehmer in der Regel ganz oder teilweise unzumutbar, während der Unternehmer eher in der Lage ist, das Risiko zu tragen, zumal er aus dem Einsatz des Dienstnehmers den verhältnismäßig größeren Vorteil zieht.[175])

Das DHG gilt nur für die Schlechterfüllung, nicht aber für die Nichterfüllung arbeitsvertraglicher Pflichten.[176])

1545 Die Vorschriften des DHG sind auf **wirtschaftlich** unselbständige Personen anzuwenden, gleichgültig, ob sie in einem privatrechtlichen oder in einem öffentlich-rechtlichen Dienstverhältnis stehen. Ausgeschlossen sind allerdings Dienstnehmer, die als Organe handeln, also Hoheitsgewalt ausüben (§ 1 DHG). Für sie gelten das AHG und das OrgHG. Dazu unten Rz 1650 ff.

1546 Die Haftung des Dienstnehmers für die bei Erbringung seiner Dienstleistung dem **Dienstgeber** zugefügten Schäden ist wesentlich eingeschränkt. So haftet der Dienstnehmer für eine **entschuldbare Fehlleistung** (culpa levissima) überhaupt nicht (§ 2 Abs 3 DHG).

Eine entschuldbare Fehlleistung ist „kein nennenswertes Verschulden“, es ist der leichteste Grad von Fahrlässigkeit, für den nach den allgemeinen Vorschriften noch einzustehen wäre.[177])

1547 Bei einem über eine entschuldbare Fehlleistung hinausgehenden **Versehen** (leichte oder grobe Fahrlässigkeit) kann das Gericht aus Gründen der Billigkeit und mit Rücksicht auf die besonderen Umstände den Ersatz **mäßigen.**[178]) Bei einem minderen Grad des Versehens (leichter Fahrlässigkeit) ist auch ein vollständiger **Erlass** möglich (§ 2 Abs 1 DHG idF BGBl 1983/169).

§ 2 Abs 2 DHG zählt die Gründe auf, die für eine Herabsetzung oder einen Entfall der Schadenersatzpflicht zu berücksichtigen sind: Grad der Ausbildung des Dienstnehmers, Ausmaß der mit der Tätigkeit verbundenen Verantwortung, Berücksichtigung des besonderen Wagnisses im Lohn, Schwere der Vorwerfbarkeit, Wahrscheinlichkeit eines Schadens („Schadensgeneigtheit“ der Tätigkeit).[179])

---

den des Dienstgebers s OGH ecolex 2003, 910. Zur Dienstnehmerhaftung bei Beteiligung eines Dritten s OGH JBl 2013, 57 *(Kerschner)* = EvBl 2013/15 *(Schoditsch)* = DRdA 2013/25 *(Niksova);* dazu *Messner,* Gesamtschuld und Regress bei Schädigung durch DN und Dritte, ÖJZ 2014/90, 584.

[175]) *Kerschner,* DHG² Einleitung und § 1 Rz 1 ff.

[176]) OGH SZ 67/121; *Kerschner,* DHG² § 1 Rz 23 f.

[177]) Vgl dazu *Mayer-Maly,* Die Wiederkehr der culpa levissima, AcP 163, 114; OGH ZVR 1974/24; RdA 1986, 227.

[178]) *F. Adamovic,* Methodisches zur Mäßigung nach dem DHG sowie zur Anwendung des Beweglichen Systems, ÖJZ 1996, 695; *Födermayr,* Richterliches Mäßigungsrecht im DHG bei hohen Schadenssummen, ÖJZ 2013/34, 341.

[179]) S OGH ZAS 1990/2 *(Andexlinger);* RdA 1993, 281 *(Kerschner);* RdW 1995, 110.

Schädigt der Dienstnehmer einen **Dritten** und haftet dafür der Dienstgeber nach den §§ 1313a–1316, so **entfällt** nach § 4 DHG (idF BGBl 1983/169)[180]) der Rückgriffsanspruch des Dienstgebers gegen den Dienstnehmer überhaupt, wenn dieser den Schaden durch eine **entschuldbare Fehlleistung** verursacht hat. Hat der Dienstnehmer den Schaden **fahrlässig** zugefügt, so kann der Richter den Ersatz **mäßigen,** bei leichter Fahrlässigkeit auch ganz erlassen. 1548

Hat der Dienstnehmer selbst dem Dritten den Schaden ersetzt, so kann er vom **Dienstgeber** Rückersatz fordern, wenn er nach den eben dargelegten Regeln vom Verschuldensgrad her dem Dienstgeber selbst einen solchen Schaden nicht ersetzen müsste (§ 3 DHG). 1549

2. Besondere Haftungsvorschriften im ASVG

a) Schädigung des Dienstnehmers durch den Dienstgeber[181])

Wird ein Dienstnehmer durch einen Arbeitsunfall oder eine Berufskrankheit geschädigt, die der Dienstgeber verursacht hat, so haftet dieser für **Körperschäden** nur bei Vorsatz (§ 333 Abs 1 ASVG).[182]) Sachschäden sind nach allgemeinen Regeln bei jedem Verschulden zu ersetzen. 1550

Ist der Dienstgeber eine juristische Person, eine OG oder KG, so ist das Verhalten der geschäftsführenden Organe oder der unbeschränkt haftenden Gesellschafter maßgebend (§ 335 Abs 1 ASVG idF BGBl I 2010/102).

Die Einschränkung der Haftung für Körperschäden, die **„Haftungsprivileg"** des Dienstgebers genannt wird, beruht darauf, dass der Dienstgeber für die **Sozialversicherung** des Dienstnehmers **Beiträge** zu leisten hat und die gesetzliche Unfallversicherung als „Ablöse" der Unternehmerhaftpflicht gedacht ist.[183]) Bei grobem Verschulden muss der Dienstgeber allerdings dem Sozialversicherungsträger alle von diesem dem Verletzten erbrachten Leistungen vergüten (§ 334 Abs 1 ASVG).[184]) 1551

---

[180]) *Rainer,* Die Regreßansprüche im DHG, JBl 1980, 469; *Auckenthaler,* Der Regreß bei der Dienstnehmerhaftung, ZAS 1981, 174 und 208; OGH RdA 1985, 307 *(Ch. Huber);* JBl 1987, 670; ZAS 1997, 111 *(Tomandl);* SZ 71/63.

[181]) *Bodendorfer,* Probleme des Dienstgeberhaftungsprivilegs, ZAS 1985, 43; *Holzer,* Dienstgeberhaftungsprivileg (§ 333 ASVG) und den Arbeitsunfällen gleichgestellte Unfälle (§ 176 ASVG), JBl 1982, 348; *Koziol,* Probleme aus dem Grenzbereich von Schadenersatz- und Sozialversicherungsrecht, RdA 1980, 371; *Lukas/Resch,* Haftung für Arbeitsunfälle am Bau (2001) 51ff; *Oberhofer,* Arbeitskollegen und Regreßhaftung gegenüber dem Sozialversicherungsträger als „Risikoschaden", DRdA 1995, 1.

[182]) Zum Umfang s OGH EvBl 2005/88; zu Schmerzengeldansprüchen von Hinterbliebenen s OGH ZVR 2005/110 *(Kathrein).*

[183]) Dazu *Gitter,* Schadensausgleich im Arbeitsunfallrecht (1969) 38ff, 238ff; *Schoditsch,* JBl 2004, 570ff. Zur Unionsrechtskonformität RIS-Justiz RS0112351; RS0117845. *Harrer,* Arbeitsunfall und Gehilfenhaftung, Zak 2006/290, 170; zur analogen Anwendung auf andere Dienstgeber OGH ZVR 2006/154 *(Kathrein).*

[184]) Dazu OGH SZ 62/206; RdW 2002/227.

1552 Die Haftungsbegünstigung kommt auch dem Vertreter des Unternehmers und dem **Aufseher im Betrieb** zu (§ 333 Abs 4 ASVG).[185])

Aufseher ist eine Person, der eine gewisse Selbständigkeit und Verantwortlichkeit für das Zusammenspiel persönlicher und technischer Kräfte übertragen ist.[186]) Hingegen kommt es für die Eigenschaft als Aufseher nicht darauf an, ob sich ein Dienstnehmer, zB als Kranführer, in einer örtlich höheren Position befindet.[187])

1553 Die Haftungsbefreiung tritt auch bei der verschuldensunabhängigen Risikohaftung des Arbeitgebers ein, welche durch analoge Anwendung der auftragsrechtlichen Risikohaftung (§ 1014) begründet wird (s Rz 966 ff).

1554 Besonderes gilt für Arbeitsunfälle mit Verkehrsmitteln,[188]) für deren Betrieb eine erhöhte Haftpflicht besteht. Dies ist vor allem bei Kraftfahrzeugen der Fall: Die Haftungsbefreiung gemäß § 333 Abs 1 ASVG entfällt, wenn der Personenschaden des Arbeitnehmers durch die Kfz-Haftpflichtversicherung gedeckt ist (§ 333 Abs 3 ASVG).[189])

Besondere Schwierigkeiten bereitet dabei der Haftungsausschluss nach § 3 Z 3 EKHG, nach dem das EKHG nicht für beim Betrieb des Kraftfahrzeugs tätige Personen gilt. Nach jüngerer Rechtsprechung ist § 3 Z 3 EKHG allerdings teleologisch dahin zu reduzieren, dass die Gefährdungshaftung des Dienstgebers als Halter eines Kfz gegenüber einem bei dessen Betrieb tätigen Dienstnehmer für Risiken, die Ersterer zu tragen hat, nicht entfällt.[190]) Ob diese sich auf § 1014 berufen können, sodass verschuldensunabhängig gehaftet wird, ist strittig.[191])

Der Dienstgeber haftet nach § 333 Abs 3 ASVG außer bei Vorsatz maximal bis zur Höhe der zur Verfügung stehenden Versicherungssumme.

§ 333 Abs 3 ASVG ist generell auf den Aufseher im Betrieb analog anzuwenden[192]) und nicht nur, wenn dieser der Halter des Kraftfahrzeuges ist.[193])

---

[185]) OGH ZVR 2014/139 *(Ch. Huber);* ecolex 2015/5 *(Schoditsch)* (Feuerwehrkommandant).

[186]) OGH SZ 52/66; RdW 1986, 88; vgl auch SZ 70/236.

[187]) OGH ARD 4141/10/90. Auch einem Lehrling kann die Qualifikation als Aufseher im Betrieb zukommen; OGH ecolex 2010/218.

[188]) OGH ZVR 2013/176 *(Ch. Huber);* dazu *Kath,* Sozialversicherungsrechtliches Haftungsprivileg des Dienstgebers, Pflichtversicherung von Anhängern und der Begriff des „Verkehrsmittels", das erhöhter Haftpflicht unterliegt, ÖJZ 2012/66, 620.

[189]) Dazu *Mazal,* Schmerzengeld für Dienstnehmer trotz Haftungsprivileg, ecolex 1990, 302; *Messiner,* Die Haftung des Kfz-Haftpflichtversicherers nach Arbeitsunfällen gem § 333 ASVG, ZVR 1990, 38; OGH RdA 1994, 140 *(Apathy);* ZVR 1994/142; ZVR 1995/122; vgl auch EvBl 2005/111; ZVR 2009/207 *(Ch. Huber).*

[190]) OGH ZVR 2007/123 *(Vonkilch)* = ZAS 2007/6 *(Kissich);* ZVR 2009/204; ZVR 2013/31 *(Ch. Huber).*

[191]) Bejahend OGH ZVR 2004/16; ablehnend OGH SZ 2002/180; offenlassend OGH ZVR 2007/123 *(Vonkilch); Faber,* Haftung für Personenschäden eines als Kfz-Lenker eingesetzten Arbeitnehmers auf Grund § 1014 ABGB? JBl 2003, 669; *Helmich,* Arbeitsunfälle mit Kraftfahrzeugen, ecolex 2003, 901; *Vonkilch,* Haftpflicht für Kfz-Schäden von Dienstnehmern, Arbeitgeberprivileg und Haftpflichtversicherung nach der 48. ASVG-Novelle, ZVR 2004, 40; *Apathy,* Risikohaftung des Arbeitgebers für Personenschäden? JBl 2004, 746; *Kissich,* Risikohaftung des Arbeitgebers analog § 1014 ABGB auch für Personenschäden, ZVR 2005, 184.

[192]) OGH RdW 1996, 174; JBl 2005, 114; *Neumayr* in *Schwimann*[3] § 333 ASVG Rz 59 mwN.

[193]) So aber OGH SZ 66/110.

Den Dienstgebern sind die Träger von Einrichtungen gleichgestellt, in denen eine Ausbildung (Schulen, Universitäten) oder eine Rehabilitation oder eine Gesundheitsvorsorge erfolgt (§ 335 Abs 3 ASVG).[194]) 1555

b) Schädigung eines Dienstnehmers durch einen Arbeitskollegen[195])

Bei Schädigung eines Dienstnehmers durch einen anderen Dienstnehmer (außer durch einen „Aufseher im Betrieb“) sind die allgemeinen Regeln anzuwenden. Besonderes gilt aber in den Fällen der **Legalzession.** Nach § 332 Abs 5 ASVG kann der **Sozialversicherungsträger** einen auf ihn übergegangenen Schadenersatzanspruch (§ 332 Abs 1 bis 4 ASVG) gegen einen Dienstnehmer, der zur Zeit der Schädigung im selben Betrieb wie der Verletzte beschäftigt war, nur geltend machen, wenn entweder der Dienstnehmer **grob schuldhaft** gehandelt hat oder der Versicherungsfall durch ein **Fahrzeug** verursacht wurde, für das eine Gefährdungshaftung besteht. 1556

Soweit die Ansprüche des verletzten Dienstnehmers auf die Sozialversicherung übergehen, führt demnach die Einschränkung des Rückgriffs des Versicherungsträgers gegen den schädigenden Dienstnehmer zu dessen endgültiger **Haftungsbefreiung.** Dies gilt aber nicht für die von der Sozialversicherung ungedeckten Schäden: für Sachschäden und Schmerzengeld haftet der Schädiger dem Arbeitskollegen auch bei leichter Fahrlässigkeit.[196]) 1557

F. Haftung für schuldloses Verhalten

Literatur: *Fluch,* Die Haftung des unmündigen Minderjährigen im Wintersport, Zak 2014/451, 243; *Hohensinn,* Eltern haften für ihre Kinder! Eine rechtsvergleichende Untersuchung im Hinblick auf die Reform des Schadenersatzrechts (2009); *Kath,* Haftpflicht- und versicherungsrechtliche Aspekte von Schadensereignissen mit Beteiligung von „Kindern“, ZVR 2014/237, 431; *Koziol,* Kinder als Täter und Opfer: Kernfragen rechtsvergleichend betrachtet, in *Weber,* Personen-Schaden-Forum 2014 (2014) 1; *Krahofer,* Mein Kind schädigt einen Dritten – wer haftet? ZVR 2014/236, 426; *Nademleinsky,* Aufsichtspflicht^2 (2012); *Rubin,* Billigkeitshaftung Deliktsunfähiger und Versicherungsschutz, in *Koban/Rubin/Vonkilch,* Aktuelle Entwicklungen im Versicherungsrecht (2005) 85.

1. Deliktsunfähige

Unmündige (§ 170) und **Geisteskranke** haften grundsätzlich nicht für den von ihnen verursachten Schaden, da sie nicht die nötige Einsicht haben und ihnen daher **kein Verschulden** zur Last gelegt werden kann. 1558

[194]) Vgl hiezu OGH ZAS 1985/24 *(Koziol).*

[195]) *Barta/Eccher,* Einige Fragen der Arbeitskollegenhaftung, ZAS 1977, 8; *Fabschitz,* Rechtspolitische Überlegungen zum Arbeitskameradenhaftungsprivileg, RdW 1990, 17; *Grillberger,* Die Haftung bei Arbeitsunfällen unter Arbeitskollegen, RdA 1974, 256; *Marhold,* Arbeitskollegenhaftung als Aufwandersatz, RdW 1990, 159; *Oberhofer,* DRdA 1995, 1.

[196]) OGH wbl 1991, 263.

Für den Ersatz von Schäden, die von Deliktsunfähigen verursacht worden sind, gilt vielmehr folgende gesetzliche Regelung:

1559 Ein Schadenersatzanspruch besteht überhaupt nicht, wenn die Deliktsunfähigen jemanden schädigen, der durch irgendein Verschulden hierzu selbst Veranlassung gegeben hat (§ 1308).

1560 In den übrigen Fällen werden anstelle des Deliktsunfähigen jene Personen haftbar, die ihre Aufsichtspflicht gegenüber den ihnen anvertrauten deliktsunfähigen Personen vernachlässigt haben (§ 1309).

Der Schaden muss allerdings auf eine schuldhafte Unterlassung der nötigen Obsorge[197]) zurückzuführen sein. Unrichtig ist daher die auf Warnschildern aufgestellte Behauptung, dass „Eltern" (schlechthin) „für ihre Kinder haften".

1561 Erhält der Geschädigte von den Aufsichtspersonen keinen Ersatz (zB weil sie kein Verschulden trifft oder weil sie zahlungsunfähig sind),[198]) so kann ausnahmsweise dem Deliktsunfähigen selbst eine Ersatzpflicht in Form einer **Billigkeitshaftung gemäß § 1310** auferlegt werden,[199]) die von drei Faktoren abhängig ist, welche in die Gesamtabwägung über die Ersatzpflicht einzubeziehen sind: ob dem Beschädiger nicht dennoch ein **Verschulden** zur Last gelegt werden kann (auch Kinder sind in der Lage, gewisse Gefahren zu begreifen),[200]) ob der Beschädigte aus Rücksicht auf den Beschädiger die **Verteidigung** seiner Güter unterlassen hat, und schließlich, ob der Beschädiger oder der Beschädigte nach seinem **Vermögen** leichter imstande ist, den Schaden zu tragen (Tragfähigkeit).[201]) Der Richter hat alle Kriterien gemeinsam zu würdigen und kann auch Teilersatz anordnen.[202])

1562 Dem Geschädigten stehen – in Abweichung von § 1304 – weder gegen die Aufsichtspflichtigen noch gegen den Deliktsunfähigen Ersatzansprüche zu, wenn er das schädigende Verhalten geradezu **herausgefordert** hat (§ 1308).[203])

---

[197]) OGH EvBl 1978/52; ZVR 1984/324; ZVR 1997/35; ZVR 2007/55 *(Kathrein);* Zak 2008/166; EvBl 2014/97 *(A.-Z. Steiner)* ua.

[198]) OGH SZ 68/110.

[199]) Zur Solidarität der Haftung OGH EvBl 2013/119 *(Loacker);* ecolex 2013/314 mwN; aA *Reischauer* in *Rummel*³ § 1310 Rz 2.

[200]) Vgl OGH ZVR 1976/14; RZ 1982/67; ZVR 1983/215; ZVR 2000/4; ZVR 2001/5; JBl 2013, 251; OLG Wien ZVR 2001/66. Zum „Mitverschulden" Deliktsunfähiger *Hirtler,* Kinder als „Täter" und „Opfer" im Straßenverkehr, FamZ 2006, 196 (197); *Hohensinn,* Eltern haften für ihre Kinder! 216ff.

[201]) Dazu *Kerschner,* Freiwillige Haftpflichtversicherung als „Vermögen" iS des § 1310 ABGB? ÖJZ 1979, 282; *Rubin* in *Koban/Rubin/Vonkilch,* Versicherungsrecht 85; *Koziol,* Grundfragen Rz 6/178; *Kerschner,* Vermögen und Haftung – unter besonderer Berücksichtigung des Versicherungsschutzes, in FS Fenyves (2013) 225 (233ff). OGH SZ 52/168; JBl 1982, 375; VersRdSch 1991, 385; SZ 69/156; JBl 1999, 604; JBl 1999, 807; ZVR 2001/82 (Subsidiarität der Tragfähigkeit); JBl 2010, 303.

[202]) Zur Verjährung *Nademleinsky,* Wann beginnt die Verjährungsfrist in den Fällen des § 1310 ABGB? EF-Z 2008/29, 52.

[203]) OGH ZVR 1994/149.

2. Notstand

Schädigung im Notstand ist ein durch die Notlage bedingter Eingriff in die Rechtsgüter eines unbeteiligten **Dritten.** Oben Rz 1403. Personen, die im Notstand handeln, trifft **kein Verschulden.** 1563

§ 1306a sieht jedoch für Schädigungen im Notstand eine **Billigkeitshaftung** vor:[204]) Der Richter hat unter Berücksichtigung des Umstandes, ob der Beschädigte die **Abwehr** aus Rücksicht auf die dem anderen drohende Gefahr unterlassen hat („Unterlassung der Notstandskehrung"), des Verhältnisses der Größe der **Beschädigung** zu dieser **Gefahr** und des Verhältnisses des **Vermögens** des Schädigers zu jenem des Beschädigten zu entscheiden, ob und in welchem Umfang Schadenersatz gebührt.[205]) 1564

Die drei Kriterien sind gleichzeitig zu würdigen. Die Unterlassung der Abwehr rechtfertigt den Ersatz, weil der Geschädigte dadurch freiwillig den Schädiger geschont hat. Die „Tragfähigkeit" („Verkraftbarkeit" des Schadens aufgrund der Vermögenslage) ist nach dem ABGB nur ausnahmsweise relevant (vgl aber schon oben 1.).

Kein Ersatz ist in den Fällen der **Sachwehr** zu leisten:[206]) Die Abwehrhandlung richtet sich hier gegen jene Sache, von der die Notstandslage hervorgerufen wird. Dadurch ist die Notstandshandlung gerechtfertigt, solange nicht wesentlich höherwertige Güter als die zu rettenden verletzt werden. 1565

Wird jemand von einem Hund angefallen und tötet er ihn, so gebührt für die Tötung kein Ersatz. Es handelt sich allerdings nicht um Notwehr, weil sich das Tier nicht rechtswidrig verhalten kann.

G. Haftung für Räume, Bauwerke, Wege, Tiere

1. Haftung des Wohnungsinhabers

Wird jemand durch das Herabfallen einer gefährlich aufgehängten oder gestellten Sache, oder durch Herauswerfen oder Herausgießen aus einer Wohnung beschädigt, so haftet der Wohnungsinhaber für den Schaden (§ 1318). 1566

Die Haftung des Wohnungsinhabers[207]) ist von einem **Verschulden unabhängig,**[208]) sie trifft ihn, weil er die Gefahr hätte verhindern können und der Geschädigte den Schädiger nicht leicht feststellen kann.[209]) Woh- 1567

[204]) *Hohenecker,* Die Notstandsregelung des ABGB, JBl 1993, 363 und 440; *Korinek/Vonkilch,* Gewissen contra Schadensminderungspflicht, JBl 1997, 756.

[205]) Dazu OGH ZVR 1980/277; SZ 61/270.

[206]) *Hohenecker,* JBl 1993, 377f.

[207]) S dazu OGH SZ 51/116; vgl auch JBl 1986, 180; MietSlg 47.148.

[208]) OGH JBl 1989, 40; EvBl 1989/48; *Koziol,* Haftpflichtrecht II², 392.

[209]) OGH JBl 1989, 40; vgl auch SZ 73/118; aA *Reischauer* in *Rummel*³ § 1318 Rz 2.

nungsinhaber im Sinne des § 1318 ist, wer über den Raum die tatsächliche Verfügungsmacht hat, auf die Natur seiner Berechtigung kommt es nicht an.

1568 **Wohnung** ist im weitesten Sinn zu verstehen, es kommen auch andere Räume, zB Lagerräume, Geschäftslokale und Garagen, in Betracht, nicht aber solche, die allgemein zugänglich und daher nicht beherrschbar sind, wie Passagen, öffentlich zugängliche Stiegenhäuser uä.

1569 Die **aufgehängte** oder **aufgestellte** Sache muss sich nicht im Raum befinden. Daher wird zB auch für außen angebrachte Geschäftsschilder und Blumenkörbe gehaftet, ob auch für Fensterflügel, ist fraglich (s unten Rz 1574).

1570 Das **Hinauswerfen** oder **Hinausgießen** einer Sache setzt nicht unbedingt menschliches Verhalten voraus.

Wirft daher ein in der Wohnung befindlicher Affe die Hauskatze zum Fenster hinaus, so haftet der Wohnungsinhaber,[210]) weil gemäß § 285a auf Tiere mangels anderer gesetzlicher Regelung die für Sachen geltenden Vorschriften anzuwenden sind. Hingegen haftet der Wohnungsinhaber nicht, wenn ein Mensch aus dem Fenster springt oder aus dem Fenster geworfen wird, weil ein Mensch keine Sache ist.

1571 Seit Langem wird § 1318 von der Judikatur analog auf die in der Wohnung befindlichen Flüssigkeiten, vor allem **Wasser,** angewendet. Der Wohnungsinhaber haftet daher verschuldensunabhängig, wenn wegen des Überlaufens einer Badewanne oder eines Defektes in den Armaturen Wasser in die Nachbarwohnung eindringt.

Ein Wasserrohrbruch macht den Wohnungsinhaber aber nicht ohne Weiteres für den dadurch verursachten Schaden haftbar. Die Haftung setzt vielmehr bestimmte Umstände voraus, die auf die mögliche Gefahr eines Wasseraustritts hinweisen.[211])

2. Haftung für Bauwerke[212])

1572 *Wird durch Einsturz oder Ablösung von Teilen eines Gebäudes (Werkes) ein Schaden verursacht, so ist der Besitzer des Gebäudes zum Ersatz verpflichtet, wenn der Schaden die Folge der mangelhaften Beschaffenheit des Gebäudes ist und er nicht beweist, dass er alle zur Abwendung der Gefahr erforderliche Sorgfalt angewendet hat (§ 1319).*

---

[210]) *Wolff* in *Klang*² VI 105.

[211]) Vgl hiezu OGH MietSlg 36.213; JBl 1989, 40; RZ 1992/29; MietSlg 47.148; EvBl 1999/105; ZVR 1999/23; immolex 2007/76; wobl 2011/143; wobl 2012/129 *(Etzersdorfer)* = RdU 2012/49 *(E. Wagner);* wobl 2015/24.

[212]) *Terlitza,* Die Bauwerkehaftung (§ 1319 ABGB) (2000); *Terlitza,* Aktuelle Rechtsprechung zur Bauwerkehaftung (§ 1319 ABGB), immolex 2001, 150 und 184; *Karner,* Schutz vor Naturgefahren und Haftung, ZVR 2011/60, 112; *B. Steininger,* Verschärfung der Verschuldenshaftung (2007) 91 ff.

§ 1319 legt dem Besitzer[213]) eines Bauwerkes eine Haftung für Schäden auf, die durch Einsturz oder Ablösung[214]) entstanden sind. **„Werk“** wird sehr weit verstanden, es ist darunter jeder künstliche Aufbau, aber auch eine „Grube“ zu verstehen. Das Werk muss auch nicht gemauert sein. 1573

Daher fallen unter § 1319 ein Baugerüst, ein Sendemast, ein Zaun, eine Friedhofsgruft,[215]) eine Schrankenanlage,[216]) ein versenkbarer Sperrpfosten,[217]) ja sogar Bäume,[218]) und Mistgruben,[219]) jedoch kein abgestelltes Luftfahrzeug.[220])

Der Besitzer kann sich nur von der Haftung befreien, wenn er beweist, dass er alle notwendigen Vorkehrungen getroffen hat. Dies bedeutet im Verhältnis zur allgemeinen Regel des § 1296 eine Haftungsverschärfung durch **Beweislastumkehr.** Ob man dies als Verschuldenshaftung mit umgekehrter Beweislast[221]) oder als Gefährdungshaftung bezeichnet,[222]) ist von sekundärer Bedeutung. 1574

Die Grenzziehung zu § 1318 ist schwierig, jedoch wegen der verschiedenen Haftpflichtigen (Besitzer des Werkes – Wohnungsinhaber) notwendig.[223]) Herabgefallene Gesimsteile, Verputz und Dachziegel werden unter § 1319 subsumiert,[224]) Geschäftsschilder unter § 1318,[225]) die Zuordnung von Fensterflügeln und Fensterscheiben ist fraglich.[226])

Auf Schädigung durch Dachlawinen ist nach der Lehre[227]) § 1319 analog anzuwenden; auch die Judikatur scheint sich diesem Standpunkt anzuschließen.[228])

---

213) Dazu zuletzt etwa OGH ZVR 1997/124; SZ 70/71; NZ 2001, 188; NZ 2003, 115; JBl 2005, 49; immolex 2007/41 *(Prader);* JBl 2009, 786; JBl 2010, 59; JBl 2012, 120; ecolex 2013/163.

214) OGH ZVR 1997/147; JBl 2002, 463 = ecolex 2002, 348 *(Helmich).*

215) OGH JBl 2010, 59.

216) OGH ZVR 2002/9; ZVR 2005/117.

217) OGH JBl 2012, 120; ZVR 2014/137 *(Ch. Huber)* = ZRB 2014, 64 *(Seeber-Grimm/Seeber).*

218) OGH SZ 59/121; SZ 74/78 (zum ForstG 1975 als lex specialis); ZVR 2002/21; ZVR 2011/46 *(Schürz);* NZ 2012/66 *(Hoyer); Gaisbauer,* Zur Haftung für Baumschäden durch Bruch gesunder Bäume und Äste, ZVR 1999, 220.

219) OGH ZVR 1978/111; SZ 53/143; JBl 1986, 523; EvBl 1994/8 (Stützmauer); ZVR 1997/124 (Imbissstand); ZVR 1997/147 (Kanaldeckel); RdW 2000/378 (Kamera auf Stativ); ZVR 2003/20 (Absperrkette); RdW 2005/446 (Müllcontainer).

220) OGH JBl 2011, 515.

221) So OGH EvBl 1983/63; SZ 61/132; vgl auch RdW 1999, 715; JBl 2000, 592; RdW 2000/378; RdW 2005/446; RIS-Justiz RS0023525.

222) *Ehrenzweig* II/1, 682; *Reischauer* in *Rummel*[3] § 1319 Rz 15; *Koziol,* Haftpflichtrecht II[2], 400; vgl ferner *Terlitza,* Bauwerkehaftung 279ff; *B. Steininger,* Verschuldenshaftung 94; *Karner,* ZVR 2011/60, 112 (115). OGH SZ 2002/87.

223) Zu Abgrenzungsfragen *Terlitza,* Bauwerkehaftung 142ff und 298ff.

224) OGH GlUNF 5.956; GlUNF 6.123; SZ 37/145; EvBl 1968/192; MietSlg 34.289.

225) OGH GlUNF 5.192; SZ 14/235.

226) Dazu *Reischauer* in *Rummel*[3] § 1318 Rz 12 mwN.

227) *Jabornegg,* Die Dachlawine als Haftungsproblem, ZVR 1974, 321; *Ostheim,* JBl 1973, 578f; *Koziol,* Haftpflichtrecht II[2], 396; *Terlitza,* Bauwerkehaftung 286f.

228) OGH JBl 1978, 543; vgl auch schon SZ 45/32; dagegen früher JBl 1965, 469.

3. Wegehalterhaftung[229])

1575 *Der Halter eines Weges haftet den Benützern,*[230]) wenn durch den mangelhaften Zustand dieses Weges ein Schaden herbeigeführt wird und der Halter selbst oder einer seiner Leute den Mangel vorsätzlich oder grob fahrlässig verschuldet hat (§ 1319a).[231])

1576 § 1319a betrifft einen wichtigen Fall der Verletzung von Verkehrssicherungspflichten. Er weicht jedoch stark von den allgemeinen Grundsätzen ab, da der Wegehalter nur für **grobes Verschulden** einzustehen hat. Andererseits lässt § 1319a den Halter über § 1315 hinaus für „Leute", dh auch für Besorgungsgehilfen haften.[232])

1577 **Halter** eines Weges ist, wer die Kosten seiner Errichtung und Erhaltung trägt und über ihn die Verfügungsmacht hat.[233]) Der Halter ist für den ordnungsgemäßen Zustand des Weges verantwortlich.

1578 **Weg** ist eine Landfläche, die von jedermann unter den gleichen Bedingungen für den Verkehr jeder Art oder für bestimmte Arten des Verkehrs benützt werden darf,[234]) auch wenn sie nur für einen eingeschränkten Benützerkreis bestimmt ist (§ 1319a Abs 2). Zu einem Weg gehören auch die in seinem Zug befindlichen und dem Verkehr dienenden Anlagen, besonders Brücken, Stützmauern, Futtermauern, Durchlässe, Gräben und Pflanzungen. Wege in diesem Sinn sind auch Rodelbahnen,[235])

---

[229]) *Bydlinski,* Verkehrssicherungspflichten des Wegehalters im Bergland, ZVR 1998, 326; *Kerschner,* Neuere Entwicklungen in der Wegehalterhaftung, ZVR 2003, 272; *Pichler,* Neue Rechtslage für Skipisten durch neuen § 1319a ABGB, ZVR 1976, 33; *Pirker,* Die Wegehalterhaftung im alpinen Gelände, ZVR 1991, 193; *Posch,* Marginalien zur Wegehaftung, JBl 1977, 281; *Posch,* Die Folgen des § 1319a – Zur Rechtsprechung des OGH in Wegehaftungssachen, ZVR 1984, 257; *Reindl,* ZVR 1975, 353; *Welser* in *Sprung/König,* Das österreichische Schirecht 386ff; *Kerschner,* Neue Entwicklungen in der Wegehalterhaftung, ZVR 2003/74, 272; *Gloß,* Wegehalterhaftung für Klettertouren? Zak 2009/489, 303; *Kath,* Die Haftung für den mangelhaften Zustand eines Weges, immolex 2011, 41; *Karner,* ZVR 2011/60, 112; *Rathgeb/Rzeszut/Wallner,* Zur Widmung und Markierung von Schirouten, ZVR 2010/21, 56.

[230]) Nicht (ohne Benützung) den Anrainern: OGH SZ 55/179; zustimmend *Posch,* ZVR 1984, 261f.

[231]) Dazu OGH ZVR 1995/61; EvBl 2001/183; Zak 2006/582; OLG Wien ZVR 2008/47; zum Kausalitätsbeweis s OGH ZVR 2010/158 *(Kathrein).*

[232]) Dazu *Reindl,* Verkehrssicherungspflicht auf Schipisten, ZVR 1975, 361f; *Posch,* JBl 1977, 281; *Welser* in *Sprung/König,* Das österreichische Schirecht 397ff; *Posch,* ZVR 1984, 258f. VfGH ZVR 1978/262 *(Wresounig);* OGH JBl 1991, 652.

[233]) *J. Pichler,* ZVR 1976, 34; OGH SZ 51/129; SZ 52/27; SZ 54/21 und 92; ZVR 1988/127; ZVR 1990/120; ZVR 1999/59; RdW 2000/300; ZVR 2009/171 *(Ch. Huber)* = immolex 2010/10 *(Maier-Hülle);* EvBl 2013/32; EvBl 2012/147 *(Kocholl).*

[234]) OGH JBl 1998, 655 *(Dullinger);* ZVR 2002/10 (wegen Schirennens gesperrte Strecke); EvBl 2005/87; ZVR 2005/112 *(Hauenschild)* (Tankstellenareal, keine cic); wobl 2008/30 *(Call);* ZVR 2013/221 *(Ch. Huber)* = immolex 2012/110 *(Limberg).* Zu „Verbindungswegen" einer Wohnanlage OGH ZVR 2009/171 *(Ch. Huber).* § 1319a gilt gemäß § 176 Abs 4 ForstG auch „für die Haftung für den Zustand einer Forststraße oder eines sonstigen Weges im Wald", dazu OGH SZ 74/78.

[235]) OGH JBl 1991, 652; vgl auch OGH SZ 69/287.

Schipisten,[236]) Mountainbikestrecken,[237]) Wanderwege und alpine Steige.[238])

Der Zustand des Weges ist **mangelhaft,** wenn wegen Vernachlässigung der Instandhaltung oder Bestreuung auf der Fläche unübliche Schäden eingetreten sind, wenn Gefahrenquellen nicht beseitigt werden oder Sicherungseinrichtungen fehlen.[239]) 1579

Ist der Schaden bei einer **unerlaubten** Benützung des Weges entstanden, so kann sich der Geschädigte auf den mangelhaften Zustand nicht berufen, wenn ihm die Unerlaubtheit erkennbar war.[240]) 1580

Ist der mangelhafte Zustand durch **Leute des Halters** verursacht worden, so haften auch sie selbst, aber ebenfalls nur für grobes Verschulden (§ 1319 a Abs 3). Fraglich ist, ob diese Leute selbst die Verkehrssicherungspflichten treffen, sodass sie bei grobem Verschulden in eigener Person verantwortlich werden,[241]) oder ob sie nur nach allgemeinem Deliktsrecht haften. 1581

Gemäß § 93 StVO haben die Eigentümer von Liegenschaften dafür zu sorgen, dass Gehsteige und Gehwege von Schnee und Verunreinigungen gesäubert und bei Schnee und Glatteis bestreut sind. Aus § 93 Abs 5 StVO ergibt sich, dass der Eigentümer seine Verpflichtung vertraglich auf jemand anderen übertragen kann, wodurch dieser als Haftender an die Stelle des Eigentümers tritt. In Analogie zu dieser Bestimmung ist auch die Übertragung von Pflichten aus der Wegehalterhaftung (§ 1319 a) an einen Dritten, selbstständigen Unternehmer[242]) möglich, der dann nicht zu den Leuten des § 1319 a zu rechnen ist,[243]) sodass für ihn der Wegehalter nicht haftet. Die Haftung wird vielmehr auf den Dritten selbst beschränkt. Der Halter haftet allerdings für ein Auswahl- und Überwachungsverschulden.[244]) Ob der selbständige Unternehmer nach den Vorschriften des § 1319 a einzustehen hat oder nach allgemeinen schadenersatzrechtlichen Bestimmungen, dh nach allgemeinem Deliktsrecht, haftet, ist strittig.[245])

[236]) HM *Welser* in *Sprung/König,* Das österreichische Schirecht 388 ff.

[237]) OGH ZVR 2006/198 *(Ch. Huber)* = SpuRt 2006, 201 *(Pfutscheller);* ZVR 2013/105 *(Kathrein);* Zak 2013/63; Zak 2013/548.

[238]) OGH SZ 60/189. *Gloß,* Wegehalterhaftung für Kletterrouten? Zak 2009/489, 303; *Kocholl,* Wegehalterhaftung für Kletterrouten, Klettergärten und Aufstiegsspuren – wann? ZVR 2011/139, 239; *Ermacora,* Keine Haftung des Alpenvereins für ausgebrochenen Felsbrocken, ZVR 2011/140, 245; *Kocholl,* Nutzungs- und Haftungsfragen bei Wegen, Klettersteigen und Kletterrouten, ZVR 2011/270, 487; *Hofer,* Klettergärten als Weg iSd § 1319 a ABGB – Weg bleibt Weg, ZVR 2012/102, 189.

[239]) Dazu OGH ZVR 1986/11 und 106; ZVR 1987/8; ZVR 1989/131 und 132; JBl 1992, 648; JBl 1993, 112; ZVR 2000/61 (Aufstellen von Gefahrenzeichen); ZVR 2008/9; ZVR 2013/105 *(Kathrein);* Zak 2013/368; EvBl-LS 2014/12; Zak 2015/323.

[240]) Dazu OGH SZ 60/189; SZ 68/145; ZVR 1995/61; ZVR 1998/22; ZVR 2014/138 *(Ermacora).* Zu von Straßen ausgehenden Immissionen (Fassadenschäden durch Salzstreuung) s OGH ZVR 2010/18 *(Ch. Huber)* = RdU 2011/20 *(Berger).*

[241]) *Welser* in *Sprung/König,* Das österreichische Schirecht 401 f.

[242]) *Welser* in *Sprung/König,* Das österreichische Schirecht 393 ff. Vgl auch OGH ZVR 1994/11.

[243]) OGH SZ 52/33; ZVR 1982/162; ZVR 1988/128.

[244]) OGH ZVR 2002/63.

[245]) *Welser* in *Sprung/König,* Das österreichische Schirecht 393 ff; *Reischauer* in *Rummel*³ § 1319 a Rz 12. AA aber die ständige Rechtsprechung: OGH SZ 62/145 mwN.

1582 § 1319a ist eine **Deliktsnorm,** die eine weitergehende Haftung aus einem Schuldverhältnis nicht ausschließt.[246])

Eine Vertragshaftung kommt besonders für Schipisten[247]) und Mautstraßen infrage. Die Haftungseinschränkung auf grobe Fahrlässigkeit des § 1319a ABGB ist insofern unanwendbar. Ein Vertrag liegt zB dann vor, wenn der Straßenbenützer eine „Vignette" gekauft hat.[248])

1583 Bezüglich der in § 1319a Abs 2 genannten Anlagen (Brücken, Stützmauern usw) konkurriert die Wegehalterhaftung mit der **Haftung für Bauwerke** (§ 1319). Ist der Wegehalter zugleich Besitzer der Anlage und besteht kein besonderes Interesse des Wegehalters an der Anlage,[249]) verdrängt die speziellere Norm des § 1319a jene des § 1319, weil sonst der Haftungsausschluss für leichtes Verschulden in § 1319a gegenstandslos würde.[250])

4. Haftung für Tiere

1584 *Bei Schädigungen durch ein Tier kommen eine Haftung dessen, der es dazu angetrieben, gereizt oder zu verwahren vernachlässigt hat und die Haftung des Tierhalters in Betracht (§ 1320).*

1585 Die Haftung dessen, der das Tier antreibt, reizt oder zu verwahren vernachlässigt, ist eine gewöhnliche **Verschuldenshaftung.**

1586 Hingegen ist der **Tierhalter**[251]) schlechthin verantwortlich, wenn er nicht beweist, dass er für die erforderliche **Verwahrung**[252]) oder **Beaufsichtigung** des Tieres gesorgt hat. Tierhalter ist, wer über die Verwahrung und Beaufsichtigung des Tieres entscheidet. Dies muss nicht der Eigentümer sein.

1587 Der Entlastungsbeweis befreit den Tierhalter. Ob es sich dabei um eine Verschuldenshaftung mit umgekehrter Beweislast[253]) oder um eine

[246]) *Posch,* JBl 1977, 290f; *Welser* in *Sprung/König,* Das österreichische Schirecht 400; OGH SZ 52/33 und 135; SZ 53/143; JBl 1986, 113 und 730; ZVR 1990/14; SZ 67/40; SZ 69/287; ZVR 1998/88; ZVR 2002/10; Zak 2013/548; ZVR 2013/105 *(Kathrein);* kritisch zur hM *Posch,* ZVR 1984, 260.

[247]) S auch OGH ecolex 2004, 944 *(Schwarz)* = ZVR 2004/112 *(König);* ZVR 2008/44 *(Kathrein);* ZVR 2009/28 *(Gschöpf).*

[248]) OGH JBl 2001, 453. Kritisch *Kerschner,* ZVR 2003, 273.

[249]) OGH JBl 2002, 463 = ecolex 2002, 348 *(Helmich);* JBl 2012, 120; vgl auch EvBl 2005/87.

[250]) OGH SZ 70/71; RIS-Justiz RS0107589; aA noch SZ 55/179; EvBl 1994/8. Zur Absperrung des Weges vgl OGH JBl 1998, 715 *(Koziol).* Zuletzt OGH immolex 2009/119 *(Stibi).*

[251]) OGH RZ 1992/32; zur Gehilfenhaftung vgl ZVR 1996/23. Vgl OGH Zak 2012/70 (Wildpark); ZVR 2010/149 *(Schwarzenegger)* (Pferdegespann).

[252]) Dazu OGH EvBl 1995/57; ZVR 1995/2; JBl 1998, 114; ZVR 2002/67 *(Danzl);* JBl 2003, 381; ZVR 2010/149 *(Schwarzenegger);* ecolex 2012/386; Zak 2013/227; Zak 2013/476; EvBl-LS 2013/91; ZVR 2013/127; ZVR 2014/50; Zak 2015/209; Zak 2015/278; OLG Innsbruck ZVR 2011/122; *Oberhofer,* Tierhalterhaftung im ländlichen Bereich, ZVR 1996, 34 und 66. S auch *Fenge,* Haftung für Tiere nach österreichischem Recht im Kontext divergierender europäischer Regelungen, JBl 2013, 2.

[253]) OGH SZ 45/126; OLG Innsbruck ZVR 2008/112, 268 *(Ch. Huber).*

verschuldensunabhängige Haftung[254]) handelt, welcher sich der Halter nur entziehen kann, wenn er die Tatsache der Verwahrung oder Beaufsichtigung ohne Rücksicht auf ein Verschulden beweisen kann, ist umstritten, aber bedeutungslos. Dass für den ersten Biss eines Tieres nicht gehaftet wird („Freibiss"),[255]) trifft nicht zu. Bisheriges Wohlverhalten des Tieres indiziert zwar seine Gutmütigkeit, sagt aber nichts über die im Einzelfall erforderliche Sorgfalt.

Hat von mehreren Haltern keiner für die erforderliche Verwahrung 1588 gesorgt, so haften sie solidarisch.[256])

H. Haftung für Anlegerschäden

Literatur: *M. Bydlinski,* Zum Schadenersatz bei volatilen Vermögenswerten, JBl 2011, 681; *P. Bydlinski,* Haftung für fehlerhafte Anlageberatung: Schaden und Schadenersatz, ÖBA 2008, 159; *P. Bydlinski,* Anlageberaterhaftung: Beweislast, Beweismaß, Beweiswürdigung und Non liquet hinsichtlich Schaden(shöhe) und Kausalität, ÖBA 2012, 797; *Dullinger,* Zur Eigenverantwortung von Gehilfen für fehlerhafte Beratung, in FS Reischauer (2010) 101; *Dullinger,* Aktuelle Fragen der Haftung wegen Beratungsfehlern bei Vermögensanlage, JBl 2011, 693; *Graf,* Was ist der Schaden des geschädigten Anlegers? ecolex 2011, 391; *Kodek,* Ausgewählte Fragen der Schadenshöhe bei Anlegerschäden, ÖBA 2012, 11; *Koziol,* Zum Ersatzanspruch unzulänglich aufgeklärter Anleger, in FS Picker (2010) 523; *Leupold/Ramharter,* Anlegerschaden und Kausalitätsbeweis bei risikoträchtiger hypothetischer Alternativanlage, ÖBA 2010, 718; *Prückner,* Zum Feststellungsanspruch des geschädigten Anlegers: Feststellungsklage trotz möglicher Leistungsklage? Zak 2012/624, 327; *Trenker,* Die hypothetische Alternativveranlagung, ÖJZ 2013/2, 5; *Welser,* Rechtsgrundlagen des Anlegerschutzes, ecolex 1995, 79; *Welser,* Zur Gewährleistung beim Erwerb von Wertpapieren, in FS Reischauer (2010) 443; *Wendehorst,* Anlageberatung, Risikoaufklärung und Rechtswidrigkeitszusammenhang, ÖBA 2010, 562; *Wilhelm,* Zu Haftungsbegründung und Haftungsausfüllung beim Anlegerschaden, ecolex 2010, 232; *Wilhelm,* Der „unbekannte objektive Schaden": Zur Berechnung des Anlegerschadens, ecolex 2011, 891; *Wilhelm,* Die Anlageberatung im Rechtswidrigkeitszusammenhang, in FS Fenyves (2013) 423.

Seit einigen Jahren kommt der Haftung für Anlegerschäden in der 1589 Praxis eine enorme Bedeutung zu. Dabei steht die Frage im Vordergrund, ob Anleger, deren Anlageprodukte sich negativ oder nicht wie erwartet entwickeln **(Kursverluste),** Schadenersatz verlangen können. Der Anleger stützt sich idR darauf, dass er aufgrund der fehlerhaften Aufklärung oder Beratung eine Entscheidung zur Veranlagung getroffen hat, die seiner Risikobereitschaft nicht entspricht. Die damit verbundenen Rechtsfragen betreffen die verschiedensten Gebiete des Schadenersatzrechts, doch rechtfertigen die aus der Volatilität der Anlageprodukte resultierenden Besonderheiten eine gesonderte Erörterung.[257])

Grundlage der Haftung eines Anlageberaters für fehlerhafte (un- 1590 richtige oder unvollständige) Beratung kann die Verletzung eines selb-

[254]) Vgl auch *Harrer,* JBl 1996, 21; OGH JBl 1982, 150 *(Koziol);* SZ 69/162.

[255]) *Spitzer* in *Welser,* Fachwörterbuch (2005) 203 mwN.

[256]) OGH SZ 55/62.

[257]) *M. Bydlinski,* JBl 2011, 681; *Kodek,* ÖBA 2012, 11.

ständigen Beratungsvertrages,[258]) die Verletzung vorvertraglicher Pflichten[259]) oder die Sachverständigenhaftung nach § 1300[260]) sein. Zum Teil werden auch die Informationspflichten der §§ 38ff WAG als Schutzgesetze iSd § 1311 qualifiziert.[261]) Der Umfang der Aufklärungs- und Beratungspflichten ist grundsätzlich eine Frage des Einzelfalles. Als Regel gilt: Je spekulativer die Anlage und je unerfahrener der Kunde, desto weiter reichen die Aufklärungs- und Beratungspflichten.[262])

1591 Bei einer fehlerhaften Anlageberatung tritt nach hM der **(reale) Schaden** des Anlegers bereits durch den Erwerb der nicht gewünschten Vermögenswerte ein. Der Eintritt eines rechnerischen Schadens (Kursverluste) ist nicht erforderlich.[263]) Der Anleger hat grundsätzlich Anspruch auf **„Naturalersatz"** in der Form, dass ihm Zug um Zug gegen Übertragung der Wertpapiere der zu deren Erwerb gezahlte Kaufpreis abzüglich erhaltener Zinsen und Dividenden zurückzuzahlen (Ankaufsfall) oder der entgangene Verkaufserlös zu ersetzen ist (Verkaufsfall).[264]) Im Allgemeinen ist zudem die Entwicklung der gewünschten alternativen Veranlagung zu berücksichtigen **(hypothetische Alternativveranlagung).**[265]) Der **rechnerische Schaden** kann nach ständiger Rechtsprechung erst dann geltend gemacht werden, wenn der geschädigte Anleger den Kursverlust realisiert, idR also erst, sobald die „unerwünschten" Wertpapiere oder sonstigen Kapitalanlagen veräußert werden.[266]) Der Geldersatzanspruch ist auf die **Differenz** zwischen **Erwerbspreis und Veräußerungserlös** (unter Berücksichtigung einer hypothetischen Alternativveranlagung) gerichtet.[267])

---

[258]) OGH ÖBA 2005/1249 *(Kletečka);* JBl 2011, 445 *(Dullinger); Welser,* Haftung 64ff; *Schobel,* Auskunftshaftung, Vertragsfiktionen und Eigenhaftung des Gehilfen, ÖBA 2001, 752; *Dullinger* in FS Reischauer 110.

[259]) RIS-Justiz RS0019726; OGH EvBl 2008/117; *Wilhelm,* ecolex 2010, 232.

[260]) Dazu *Dullinger* in FS Reischauer 110ff; *Zöchling-Jud,* Haftung für Rat, Auskunft und Gutachten – Eine Skizze zum österreichischen Recht, in *Welser* (im Erscheinen).

[261]) Vgl dazu *Graf* in *Gruber/Raschauer,* WAG[1.01] (2011) § 38 Rz 44ff; *Baum,* Das Spannungsverhältnis zwischen dem funktionalen Zivilrecht der „Wohlverhaltensregeln" des WpHG und dem allgemeinen Zivilrecht, ÖBA 2013, 396; *Brandl/Klausberger* in *Brandl/Saria,* WAG (2015) § 38 Rz 8ff mwN.

[262]) OGH RdW 2005/618; ÖBA 2005/1295 *(Oppitz);* ÖBA 2006/1343; EvBl 2011/119 *(Klausberger);* vgl zur Aufklärungspflicht der Kreditinstitute allgemein RIS-Justiz RS0029601; RS0026135.

[263]) Vgl OGH ÖBA 1999/787 *(Kletečka);* ÖBA 2011/1758 *(Ramharter);* EvBl 2015/25 *(Leupold); P. Bydlinski,* ÖBA 2008, 159; *Koziol* in FS Picker 535; *Wendehorst,* ÖBA 2010, 565f; *Graf,* ecolex 2011, 392; *Kodek,* ÖBA 2012, 11; *Trenker,* ÖJZ 2013/2, 6.

[264]) RIS-Justiz RS0129706; OGH EvBl 2015/25 *(Leupold).*

[265]) OGH ecolex 2010/239 *(Graf);* GesRZ 2011, 251 *(Diregger);* wbl 2011/145 *(Trenker);* ÖBA 2013/1916 *(Koller); Leupold/Ramharter,* ÖBA 2010, 718; *Trenker,* ÖJZ 2013/2, 5; aA *Graf,* ecolex 2011, 392; *Wilhelm,* ecolex 2011, 892; *Wilhelm* in FS Fenyves 423.

[266]) RIS-Justiz RS0120784; OGH JBl 2012, 788 *(Dullinger).*

[267]) RIS-Justiz RS0030153.

Ist die Naturalrestitution untunlich oder unzumutbar, zB wegen Beteiligung eines Dritten (Kombination von fondsgebundener Lebensversicherung und Kreditvertrag),[268]) kann Geldersatz verlangt werden. Dies setzt nach der Rechtsprechung aber die Realisierung des Kursverlustes durch Veräußerung der Anlage voraus. Ist ihm dies nicht zumutbar, wird ihm die Möglichkeit zur Feststellungsklage gegeben.[269]) Eine Pflicht zur Veräußerung der Anlage besteht nach der Rechtsprechung unter dem Gesichtspunkt der Schadensminderungspflicht nur ausnahmsweise,[270]) weil die Kursentwicklung idR keine sicheren Schlüsse des einzelnen Anlegers auf den Wert seiner Veranlagung zulässt.[271])

Strittig ist die Behauptungs- und Beweislast für eine hypothetische Alternativanlage. Nach jüngerer Rechtsprechung hat der geschädigte Anleger auch zu beweisen, wie er bei ordnungsgemäßer Beratung disponiert hätte.[272])

Zur kapitalmarktrechtlichen Prospekthaftung (§ 11 KMG) s oben Rz 69.

I. Haftung für gefährliche Sachen

1. Eisenbahn- und Kraftfahrzeughaftpflichtgesetz (EKHG)

Literatur: *Apathy,* Kommentar zum EKHG (1992); *Danzl,* Das Eisenbahn- und Kraftfahrzeug-Haftpflichtgesetz (EKHG)[9] (2013); *Veit,* Das Eisenbahn- und Kraftfahrzeug-Haftpflichtgesetz[5] (1992); *Welser,* Aktuelle Fragen der zivilrechtlichen Haftung aus Verkehrsunfällen, Sonderheft der ZVR zur Richtertagung 1978, 30.

a) Gefährdungshaftung

Das EKHG findet Anwendung, wenn durch einen Unfall[273]) beim Betrieb einer Eisenbahn oder eines Kraftfahrzeuges ein Mensch getötet, an seinem Körper oder seiner Gesundheit verletzt oder eine Sache beschädigt wird (§ 1 EKHG). 1592

Die Haftung nach dem EKHG beruht nicht auf einem verbotenen (schuldhaften) Verhalten, weil das Fahren mit einem Fahrzeug trotz seiner Gefährlichkeit und der Wahrscheinlichkeit von Unfällen wegen des **allgemeinen Interesses** an dieser Art von Verkehr erlaubt ist. Dem Halter wird aber als Ausgleich ohne Rücksicht auf ein Verschulden der Ersatz des Schadens auferlegt, wenn sich die mit der Sache verbundene Gefahr realisiert. Die Haftung nach dem EKHG ist also eine **Gefährdungshaftung.** 1593

---

[268]) OGH ÖBA 2012/1873.

[269]) OGH ÖBA 2014/2024; EvBl 2015/25 *(Leupold); Prückner,* Zak 2012/624, 330f. Zur Kombination von Naturalersatz und Feststellungsbegehren s OGH EvBl 2012/109 *(Leupold);* ÖBA 2014/2009 *(Vollmaier)* = ecolex 2013/421 *(Wilhelm).*

[270]) OGH ÖBA 2006/1367.

[271]) OGH ÖBA 2006/1367; *Rothenhöfer,* Mitverschulden des unrichtig informierten Anlegers? WM 2003, 2032; *P. Bydlinski,* ÖBA 2008, 170f; *Dullinger,* JBl 2011, 699; *Kodek,* ÖBA 2012, 20.

[272]) OGH ecolex 2011/198 *(Wilhelm);* wbl 2011/145 *(Trenker);* ecolex 2011/228 *(Wilhelm);* JBl 2012, 788 *(Dullinger);* aA *P. Bydlinski,* ÖBA 2008, 159; *Koziol* in FS Picker 540; *Dullinger,* JBl 2011, 696ff.

[273]) Dazu OGH ZVR 1989/94 *(Karollus);* ZVR 2003/46; ZVR 2008/189; ZVR 2009/124 *(Danzl).*

1594 Der Begriff der **Eisenbahn** ist nach dem EisenbahnG 1957 und dem Seilbahngesetz 2003 (BGBl I 2003/103),[274]) der Begriff des **Kraftfahrzeuges** nach dem KraftfahrG 1967 zu bestimmen.[275]) Auf Kraftfahrzeuge, die eine Geschwindigkeit von 10 km/h nicht überschreiten können,[276]) findet das EKHG keine Anwendung (§ 2 EKHG).

Nach § 1 EisenbahnG gehören zu den Eisenbahnen auch die Straßenbahnen (einschließlich der Hoch- und Untergrundbahnen) und bestimmte Seilbahnen.[277])

Für den Anwendungsbereich des EKHG werden auch Schlepplifte als Eisenbahnen behandelt;[278]) für den Zustand der Schleppspur haftet der Betriebsunternehmer allerdings nur bei Verschulden (§ 9a EKHG).[279])

1595 Von der Eisenbahn oder von einem Kraftfahrzeug **beförderte** Sachen[280]) sind bei ihrer Beschädigung nur dann nach dem EKHG zu ersetzen, wenn sie ein Fahrgast als **Handgepäck** mit sich führt, andernfalls gelten nur die Bestimmungen des Beförderungsvertrages (§ 4 EKHG).

Im Einzelnen ist strittig, wann sich der Unfall „beim Betrieb" einer Eisenbahn oder eines Kraftfahrzeugs ereignet hat.[281]) Dies gilt insbesondere, wenn das Fahrzeug nicht mehr in Bewegung ist.[282]) Der Unfall eines Radfahrers beim Überqueren von Gleisen ist nicht dem Betrieb der Eisenbahn zuzurechnen.[283])

---

[274]) Dazu *Morscher/Christ,* Das neue Seilbahngesetz 2003, ZVR 2004, 343. S OGH ZVR 2009/54 *(Danzl)* (dazu *Kocholl,* Außenlast trifft Förderstrang einer Seilbahn – Adäquanz und außergewöhnliche Betriebsgefahr – Eine kritische Betrachtung insb der E OGH 2 Ob 215/07t – Hubschrauber-Lastkübelverlust Sölden, ZVR 2009/49, 120; *G. Nowotny,* Das Seilbahnunglück von Sölden – Eine zivilrechtliche Betrachtung, ZVR 2012/191, 361). Zum Zusammenhang der Benützung einer Rolltreppe mit dem Betrieb einer U-Bahn (keine Haftung nach § 1 EKHG), s OGH SZ 2012/91.

[275]) OGH ZVR 1986/6; JBl 1986, 525; ZVR 2000/36; ZVR 2000/63; EvBl 2002/191; ZVR 2005/30 *(Apathy).*

[276]) Kritisch *Spitzer,* Betrieb und Betriebsgefahr im EKHG, in FS Fenyves (2013) 331.

[277]) *Danzl,* Schadenersatzrechtliche Haftungsfragen nach Seilbahnunglücken, ZVR 2011/269, 479.

[278]) Dazu *Schauer* in *Schwimann*[3] § 2 EKHG Rz 9.

[279]) OGH ZVR 2000/73.

[280]) OGH JBl 1980, 39 *(Koziol).*

[281]) Dazu *Koziol,* Der Begriff „beim Betrieb des Kraftfahrzeugs", in FS Hämmerle (1972) 193; *Welser* in *Sprung/König,* Das österreichische Schirecht 413ff; *Kletečka,* Tauerntunnelkatastrophe: Haftung nach dem EKHG, ZVR 2001, 219; *B. Steininger,* Verschärfung der Verschuldenshaftung (2007) 107ff; *Kath,* Die Rechtsbegriffe der „Verwendung" und des „Betriebs" von Kraftfahrzeugen, ZVR 2009/240, 444; *Spitzer* in FS Fenyves 335; OGH SZ 45/99; SZ 61/1; ZVR 1992/100; SZ 68/10 und 220; ZVR 1999/49; ZVR 2002/7; ZVR 2003/54; JBl 2006, 661; ZVR 2012/132 *(Reisinger);* ZVR 2014/92 *(Ch. Huber).*

[282]) OGH ZVR 2008/188; EvBl 2009/61 *(Apathy);* ZVR 2009/7; ZVR 2009/189; ZVR 2009/203 *(Danzl);* JBl 2012, 52; vgl dazu kritisch *Gschöpf,* Ist ein stehendes Kraftfahrzeug in Betrieb? ZVR 2008/165, 372; *Reisinger,* Nochmals: Ist ein stehendes Kraftfahrzeug in Betrieb? Eine Erwiderung, OGH ZVR 2009/65, 156. Bei einem Abschleppvorgang ist nur das schleppende Fahrzeug in Betrieb, zB OGH ZVR 2006/176 *(Kathrein/Rihs).*

[283]) OGH JBl 2012, 665.

b) *Haftpflichtige Personen*

Die Gefährdungshaftung trifft bei der Eisenbahn den **Betriebsunternehmer,** beim Kraftfahrzeug den **Halter.** Mehrere Betriebsunternehmer derselben Eisenbahn und mehrere Halter desselben Kraftfahrzeuges haften zur ungeteilten Hand (§ 5 EKHG). 1596

Betriebsunternehmer ist, wer über den Bahnbetrieb die selbständige Verfügungsgewalt hat und ihn auf eigene Rechnung und Gefahr führt.[284]) Als Halter ist anzusehen, wer über die Verwendung des Fahrzeuges bestimmt und es auf eigene Rechnung in Gebrauch hat, vor allem wer den Fahrer anstellt, die Betriebsmittel beschafft und die Reparaturen vornehmen lässt, ohne dass es darauf ankommt, ob er Eigentümer, Nießbraucher, Mieter oder Entleiher des Fahrzeuges ist.[285]) Durch eine ganz kurze Überlassung wird jedoch keine Halterstellung begründet.[286]) Die Qualifikation als Halter bleibt auch dann aufrecht, wenn das Kfz kurzfristig zur Reparatur an eine Werkstätte überlassen wird.[287])

Wird der Schaden durch mehrere Verkehrsmittel herbeigeführt, so haften alle Beteiligten solidarisch (§ 8 EKHG).[288]) Für jeden einzelnen Unternehmer oder Halter sind allerdings die Haftungshöchstbeträge zu beachten (vgl unten Rz 1611). 1597

Die Verpflichtung des Betriebsunternehmers oder Halters, für die Tötung oder Verletzung entgeltlich beförderter Personen Ersatz zu leisten, darf im vorhinein **nicht** ausgeschlossen oder **beschränkt** werden. Entgegenstehende Vereinbarungen sind nichtig (§ 10 EKHG). 1598

Ist der Schaden durch einen Fahrer verursacht worden, der die Eisenbahn oder das Kraftfahrzeug ohne den Willen des Unternehmers oder Halters in Betrieb gesetzt hat, so haftet der **„Schwarzfahrer"** an deren Stelle. Der Betriebsunternehmer oder Halter bleibt aber **neben** dem Schwarzfahrer haftbar, wenn die Benutzung des Verkehrsmittels durch sein **Verschulden** oder das Verschulden der Personen ermöglicht worden ist, die mit seinem Willen beim Betrieb tätig waren (§ 6 EKHG).[289]) 1599

Der Halter hat die Schwarzfahrt schon dann schuldhaft ermöglicht, wenn er den Zündschlüssel nicht abgezogen oder die Wagentüren nicht versperrt hat.[290])

---

[284]) OGH SZ 70/222.

[285]) OGH ZVR 1979/23; SZ 54/119; JBl 1985, 551; ZVR 1987/57; ZVR 1994/142; ZVR 1995/63; SZ 69/1; SZ 2003/125; Zak 2009/511; *Apathy,* Fragen der Haftung nach dem EKHG, JBl 1993, 69 (70f).

[286]) OGH ZVR 1991/90; SZ 69/1

[287]) OGH ZVR 2013/158 *(Kathrein).*

[288]) Außer bei Bestimmbarkeit der Anteile s OGH ZVR 2000/55; ZVR 2008/225.

[289]) Dazu *Gaisbauer,* Zur Fahrerhaftung bei Schwarzfahrten, ÖJZ 1958, 412; *Gaisbauer,* Zur Halterhaftung bei Schwarzfahrten, ÖJZ 1959, 169 und 197; *Kath,* Die Schwarzfahrt als Haftungs- und Deckungsproblem, ZVR 2008/264, 546; OGH ZVR 1990/110; ZVR 1992/69; SZ 69/136 und 172; EvBl 1997/79; ZVR 1997/143; zur über die Haftung gemäß § 6 EKHG hinausgehenden Verschuldenshaftung wegen Ermöglichung einer Schwarzfahrt (§ 1311 iVm § 102 Abs 6 KFG) OGH ZVR 2006/63 *(Kathrein/Bauer/Danzl); Kolmasch,* Judikaturübersicht: Schuldhaftes Ermöglichen einer Schwarzfahrt iSd EKHG, Zak 2006/116, 68; zur unerlaubten Weitergabe des Kfz s ZVR 1997/79.

[290]) OGH EvBl 1958/223; vgl ferner ZVR 1978/78; ZVR 1999/108; ZVR 2000/9.

1600 Wird der Unfall von einer Person verursacht, die zwar für die Fahrt keine Erlaubnis hatte, der aber das Verkehrsmittel immerhin vom Unternehmer oder Halter zu bestimmten Zwecken überlassen war **(„angestellter Schwarzfahrer")**, so bleibt es bei der gewöhnlichen Halterhaftung. Der angestellte Schwarzfahrer selbst haftet allerdings nach bürgerlichem Recht, wobei ihm § 6 Abs 2 EKHG den Beweis auferlegt, dass ihn an der Schadensverursachung kein Verschulden trifft **(Beweislastumkehr).**

c) Ausschluss der Haftung gegenüber bestimmten Personen

1601 Gemäß § 3 EKHG ist die Haftung des Unternehmers oder Halters in zwei Fällen ausgeschlossen:[291])

1602 1. wenn die getötete oder verletzte Person mit der Eisenbahn oder dem Kraftfahrzeug **ohne den Willen**[292]) des Unternehmers oder Halters befördert worden ist; es besteht also keine Haftung gegenüber einem **„Schwarzfahrer"** (§ 3 Z 1 und Z 2 EKHG).

Im Fall des Betriebsunternehmers (Z 1) muss die Beförderung überdies ohne ein diesem zufließendes Entgelt[293]) erfolgt sein.

A versteckt sich in der Toilette eines Eisenbahnwaggons oder im Laderaum eines Kraftfahrzeuges. Wird der blinde Passagier geschädigt, so kann er keinen Ersatz fordern. Die Haftungsbefreiung gegenüber „Autostoppern" wurde durch die Novelle BGBl I 2004/115 aufgehoben.

1603 2. wenn die beförderte geschädigte Person **beim Betrieb** der Eisenbahn oder des Kraftfahrzeuges tätig war.[294])

Die Haftung ist hier deshalb ausgeschlossen, weil die Leistungen des Sozialversicherungsrechts eingreifen, die zT durch die Beiträge des Unternehmers oder Halters „erkauft" wurden. S auch oben Rz 1550ff.

Beim Betrieb tätig sind zB der Autolenker und der Straßenbahnschaffner. Nicht beim Betrieb tätig sind Bedienstete der Straßenbahn, die das öffentliche Verkehrsmittel nur benützen, um zu ihrem Dienstort zu kommen.

Nach neuerer Rechtsprechung greift dieser Haftungsausschluss aber dann nicht ein, wenn risikoerhöhende Umstände hinzutreten, für die der Halter jedenfalls eintreten müsste.[295])

d) Haftungsbefreiung bei unabwendbarem Ereignis

1604 Die Haftung nach dem EKHG ist zwar eine Gefährdungshaftung, doch keine reine Erfolgshaftung: der Ersatz ist ausgeschlossen, wenn der Unfall durch ein unabwendbares Ereignis verursacht worden ist (§ 9 Abs 1 EKHG). Unabwendbar ist das Ereignis, wenn es trotz Anwendung

[291]) Vgl zum Haftungsprivileg bei Schädigermehrheit *Schoditsch,* JBl 2004, 567f; zur Beweislast OGH ZVR 2007/184.

[292]) Hiezu OGH ZVR 1994/53; OLG Innsbruck ZVR 2012/217.

[293]) Hiezu OLG Wien ZVR 2002/19 (nicht entwerteter Fahrschein).

[294]) Dazu *Apathy,* JBl 1993, 71f; *Apathy,* JBl 2004, 746; OGH SZ 70/140; ZVR 2000/14; ZVR 2008/190; JBl 2012, 52; zur Beweislast s JBl 1998, 724.

[295]) S OGH ZVR 2007/123 *(Vonkilch)* = ZAS 2007/6 *(Kissich);* ZVR 2009/204.

aller erdenklichen **Sachkunde** und **Vorsicht** eingetreten ist.[296]) Die Befreiung tritt allerdings **nicht** ein, wenn das Ereignis auf einen **Fehler** in der Beschaffenheit oder auf ein **Versagen** der Verrichtungen des Verkehrsmittels zurückgeht.[297])

Ein Fehler in der Beschaffenheit liegt vor, wenn die Bremsen unzureichend sind oder ungleich wirken oder ein Fenster so befestigt ist, dass ein anstoßender Fahrgast aus dem Fahrzeug fällt.[298]) Die Verrichtungen des Fahrzeugs versagen, wenn die Wirkung von Scheibenbremsen durch Wasser, das von der Fahrbahn aufspritzt, stark herabgesetzt ist[299]) oder ohne äußere Einwirkung ein Reifen platzt.[300])

Nach § 9 Abs 2 EKHG gilt ein Ereignis **insbesondere** dann als unab- 1605
wendbar, wenn es auf das Verhalten des **Geschädigten,** eines nicht beim Betrieb tätigen **Dritten** oder eines **Tieres** zurückzuführen ist, und Unternehmer und Halter sowie die bei dem Betrieb tätigen Personen jede nach den Umständen des Falles gebotene **Sorgfalt** beachtet haben. Selbst in einem solchen Fall wird jedoch gehaftet, wenn der Unfall unmittelbar auf eine sog **außergewöhnliche Betriebsgefahr** zurückzuführen ist, die durch das Verhalten eines nicht beim Betrieb tätigen Dritten oder eines Tieres ausgelöst worden ist.[301]) Die Bestimmung ist nicht nur umständlich, sondern auch schwer anwendbar, weil die Abgrenzung zwischen der „gewöhnlichen Betriebsgefahr", für die im Bereich des unabwendbaren Ereignisses nicht eingestanden wird, und der „außergewöhnlichen Betriebsgefahr", für die zu haften ist, kaum durchführbar ist.

Die Gesetzesmaterialien geben folgende Beispiele: Die Haftung entfällt, wenn ein Selbstmörder aus dem Zug springt[302]) oder ein Mörder einen anderen Fahrgast aus dem Waggon wirft, weil der Tod jeweils durch die „normale Betriebsgefahr des Zuges" verursacht worden ist. Hingegen sind die Fahrgäste des Zuges ersatzberechtigt, wenn

---

[296]) Dazu OGH ZVR 1960/53; ZVR 1992/12; JBl 1993, 660; ZVR 1995/30; SZ 68/143; ZVR 1996/78; JBl 1997, 734 *(Apathy);* ZVR 1998/1; ZVR 1999/54; ZVR 2000/35; JBl 2004, 725; ZVR 2006/177; Zak 2010/615; ZVR 2011/194; 2012/205 *(Kathrein);* zum Schlepplift OGH ZVR 2002/104 (kritisch *Pichler*); ZVR 2008/201 *(Kathrein);* ZVR 2012/34; zur U-Bahn ZVR 2007/184 *(Kathrein).*

[297]) S OGH JBl 2001, 242 *(Stefula/Thunhart);* ZVR 2005/34; ZVR 2007/185 *(Kathrein);* ZVR 2009/127 *(Danzl);* OGH ZVR 2009/204; OLG Innsbruck ZVR 2009/126 *(Danzl).* Zur Unterscheidung der beiden Begriffe „Versagen der Verrichtung" und „fehlerhafte Beschaffenheit" s OGH JBl 1955, 450; ZVR 2009/204.

[298]) OGH ZVR 1991/93.

[299]) Vgl OGH JBl 1955, 450; s auch ZVR 1984/241.

[300]) OGH ZVR 1990/89; zu weiteren Beispielen s OGH EvBl 1996/58; ZVR 1997/32; ZVR 1998/79.

[301]) Dazu *Edlbacher,* Die „außergewöhnliche Betriebsgefahr" im Spiegel von Lehre und Rechtsprechung, ZVR 1989, 193; *Kletečka,* ZVR 2001, 223 ff; *B. Steininger,* Verschärfung 125 ff; OGH SZ 51/36; JBl 1988, 585; ZVR 1993/120; ZVR 1995/56; ZVR 2003/46; ZVR 2004/93; ZVR 2005/60; ZVR 2009/54 *(Danzl)* (dazu *Kocholl,* ZVR 2009/49, 120); für den Schlepplift: OGH ZVR 1993/111 und ZVR 1998/44. Zur Unterscheidung von höherer Gewalt s *Kletečka,* Hochwasser als höhere Gewalt nach § 26 Abs 4 WRG, in FS Rechberger (2005) 270 ff. Vgl zur Situation, wenn die außergewöhnliche Betriebsgefahr durch den Geschädigten ausgelöst wird OGH ZVR 2011/194.

[302]) Auch Sprung ohne Selbstmordabsicht OGH JBl 2001, 242 *(Stefula/Thunhart).*

sich ein Tier oder ein Selbstmörder auf das Gleis begeben hat und der Lokführer eine Schnellbremsung einleiten muss, sodass die Insassen des Zuges Schaden erleiden.

Nach der Rechtsprechung liegt außergewöhnliche Betriebsgefahr vor, wenn zu der schon im Betrieb liegenden gewöhnlichen Gefahr besondere Gefahrenmomente hinzutreten,[303]) so wenn ein Fahrer wegen eines Insektenstiches in das Auge[304]) oder wegen des Verhaltens eines anderen Verkehrsteilnehmers[305]) das Fahrzeug verreißt oder wenn ein Lenker wegen des tätlichen Angriffes eines Fahrgastes den Autobus nicht mehr ordnungsgemäß steuern kann.[306]) Ebenso wird unkontrolliertes Schleudern, eine Notbremsung oder das „Aufgeschobenwerden" eines stehenden Kfz auf ein anderes Kfz als Folge eines Auffahrunfalls zur außergewöhnlichen Betriebsgefahr gerechnet.[307]) Außergewöhnliche Betriebsgefahr liegt auch dann vor, wenn ein Sattelkraftfahrzeug bei Dunkelheit auf einer eisigen Fahrbahn wegen einer Steigung „hängen" bleibt und mehrere Minuten lang mit geringer Geschwindigkeit fährt, wobei die Warnblinkanlage aktiviert ist,[308]) wenn sich das Rad eines LKW löst und auf die Gegenfahrbahn rollt[309]) oder wenn die Tür eines mit 70 km/h fahrenden Zugs offen steht,[310]) nicht jedoch wenn ein Kfz auf der Autobahn verkehrsbedingt anhält[311]) oder ein LKW mit Sattelaufleger beim Einbiegen wegen des dichten Nebels so anhält, dass er eine Fahrbahnhälfte blockiert.[312])

e) Mitverantwortung des Geschädigten

1606 Hat bei der Entstehung des Schadens ein **Verschulden** des Geschädigten mitgewirkt, so ist § 1304 anzuwenden (§ 7 Abs 1 EKHG).

Dem Verschulden des Geschädigten steht im Falle der Tötung das Verschulden des Getöteten und im Falle der Beschädigung einer Sache das Verschulden desjenigen gleich, der die tatsächliche Gewalt über die Sache ausgeübt hat (§ 7 Abs 2 EKHG). S oben Rz 1451.

f) Rückgriffs- und Ausgleichsansprüche

1607 Wurde der Schaden durch mehrere Eisenbahnen oder Kraftfahrzeuge verursacht, sodass mehrere Unternehmer oder Halter haftbar sind, so ist der Rückgriff zwischen diesen Personen davon abhängig, inwieweit der Schaden vorwiegend von dem einen oder anderen Beteiligten **verschuldet** oder durch außergewöhnliche Betriebsgefahr (§ 9 Abs 2 EKHG) oder überwiegende gewöhnliche **Betriebsgefahr** verursacht wurde.[313]) Nach § 11 Abs 1 letzter Satz EKHG gelten diese Regeln auch für die gegenseitige Ersatzpflicht der Beteiligten, dh also für Schäden, die

---

[303]) OGH ZVR 1983/1; ZVR 1990/101; SZ 69/1; SZ 71/165; JBl 2001, 450 *(Bumberger);* ZVR 2002/38.

[304]) OGH ZVR 1966/87.

[305]) OGH ZVR 1993/125.

[306]) OGH ZVR 1973/10.

[307]) OGH ZVR 1982/280; ZVR 1983/203; ZVR 1991/40; ZVR 2001/62 *(Kletečka);* vgl *Kletečka,* ZVR 2001, 223 ff.

[308]) OGH JBl 2013, 326.

[309]) OGH ZVR 2008/239.

[310]) OGH EvBl 2006/19.

[311]) OGH Zak 2013/139.

[312]) OLG Innsbruck ZVR 2012/130.

[313]) Vgl hiezu OGH ZVR 1988/73; ZVR 1990/101; ZVR 1993/120; ZVR 1994/153.

beim Betrieb des einen Verkehrsmittels dem anderen Verkehrsmittel zugefügt worden sind, und für gegenseitige Schädigungen der Verkehrsmittel.[314])

g) Gegenstand des Ersatzes

Gegenstand und Umfang des Ersatzes sind in den §§ 12ff EKHG geregelt. Bei **Tötung** einer Person müssen die Kosten der versuchten Heilung, der Verdienstentgang, Kosten aus einer Vermehrung der Bedürfnisse, Schmerzengeld und die Kosten einer angemessenen Bestattung ersetzt werden. Den Ersatz der Bestattungskosten kann verlangen, wer sie zu tragen verpflichtet ist oder sie tatsächlich getragen hat. Anspruch auf Ersatz haben ferner die Unterhaltsberechtigten (vgl § 1327), s oben Rz 1490ff. 1608

Anders als nach § 1327 ist der Ersatzanspruch aber im Falle der bloßen Gefährdungshaftung nach dem RHG und dem EKHG mit dem gesetzlichen Unterhaltsanspruch begrenzt. Es besteht kein Anspruch auf den tatsächlich geleisteten höheren Unterhalt.[315])

Bei **Körperverletzung** sind die Heilungskosten, der Verdienstentgang, Kosten aus einer Vermehrung der Bedürfnisse,[316]) Schmerzengeld und allenfalls der Schaden, der durch die Verhinderung des besseren Fortkommens entstanden ist, zu ersetzen. S § 1325, oben Rz 1478ff. 1609

Werden Sachen beschädigt, so ist nach hA[317]) nur der **positive Schaden,** nicht auch der entgangene Gewinn zu ersetzen. 1610

Die Gefährdungshaftung des EKHG wird durch **Haftungshöchstbeträge** begrenzt, deren Umfang sich nach der Art des Fahrzeuges und der Art des eingetretenen Schadens richtet (§§ 15f EKHG: Schuldbegrenzung, vgl oben Rz 40f). 1611

h) Haftung nach anderen Bestimmungen

Das EKHG lässt die Vorschriften des ABGB **unberührt** (§ 19 Abs 1 EKHG). Sind daher auch die allgemeinen Voraussetzungen eines Schadenersatzanspruchs erfüllt, so kann sich der Geschädigte **wahlweise** auf das EKHG oder das ABGB berufen. Der Anspruch kann nur auf das ABGB gestützt werden, wenn ein Schaden nach dem EKHG nicht ersetzt wird, weil er über die Haftungshöchstgrenze hinausgeht oder wenn ein Schädiger nach EKHG nicht haftet, weil er nicht Halter ist. Daneben ist auch eine Haftung nach dem PHG denkbar.[318]) 1612

---

[314]) OGH ZVR 1995/118; ZVR 1998/130; vgl auch ZVR 1999/36; ZVR 2001/70; Zak 2012/227; JBl 2013, 326.

[315]) OGH ZVR 2004/85; JBl 2010, 447.

[316]) Vgl OGH ZVR 1974/164; ZVR 1982/67; RZ 1984/12.

[317]) *Schauer* in *Schwimann*[3] § 14 EKHG Rz 21 mwN.

[318]) OGH SZ 2006/160.

1613 Wird Ersatz nach dem ABGB verlangt, so haftet der Unternehmer oder Halter abweichend von § 1315 für **jedes Verschulden** der Personen, die mit seinem Willen beim Betrieb tätig waren (§ 19 Abs 2 EKHG).[319])

1614 Kann der Geschädigte keinen Ersatz erlangen, zB weil der Schädiger nicht ermittelt werden kann (Fahrerflucht) oder trotz Versicherungspflicht kein Versicherungsvertrag bestand, besteht die Möglichkeit eines Ersatzes nach dem Verkehrsopfer-Entschädigungsgesetz (VOEG, BGBl I 2007/37 idF BGBl I 2009/109).[320])

Weitere Schadenersatzansprüche normiert die EG-Verordnung über die Rechte und Pflichten der Fahrgäste im Eisenbahnverkehr.[321])

2. Weitere Sondergesetze, Rechtsanalogie

1615 Neben dem EKHG gibt es noch andere Sondergesetze, die eine Gefährdungshaftung anordnen.

1616 Das **LuftfahrtG** (LFG, BGBl 1957/253 idF BGBl I 2013/188)[322]) regelt die Haftung für die durch Luftfahrzeuge verursachten Schäden an Personen und Sachen. Werden beförderte Personen (Passagiere) oder beförderte Sachen (Fracht, Gepäck) geschädigt, haftet der Beförderer (Vertragspartner des Geschädigten) verschuldensunabhängig und betraglich begrenzt (§§ 156ff LFG). Für darüber hinausgehende Personenschäden besteht eine Verschuldenshaftung mit Beweislastumkehr. Für Schäden Dritter sieht das Gesetz eine betraglich ebenfalls begrenzte Gefährdungshaftung des Halters[323]) vor (§§ 148ff LFG).

1617 Für Kernanlagen und Kernmaterialien ordnet das **AtomHG** 1999 (BGBl I 1998/170)[324]) eine strenge Gefährdungshaftung an; für Schäden

---

[319]) Vgl dazu OGH SZ 49/113; JBl 1978, 479; ZVR 1984/22; SZ 71/120; JBl 1999, 244; zur analogen Anwendung s ZVR 1997/80. Für das Verschulden eines angestellten Schwarzfahrers haftet der Halter nicht nach § 19 Abs 2 EKHG: OGH ZVR 2005/84; kritisch *Koziol/Apathy/Koch,* Haftpflichtrecht III^3, 168f.

[320]) S dazu *Kathrein,* Verkehrsopferschutz neu – Das Verkehrsopferentschädigungsgesetz, ZVR 2007/144, 243; *Grubmann,* KHVG^3 (2009) 215ff. Zum Forderungsübergang nach § 13 VOEG s OGH JBl 2014, 717 = ecolex 2014/270; dazu *Ch. Huber,* Wer zu spät kommt, geht leer aus, ZVR 2015/4, 14.

[321]) Verordnung (EG) 1371/2007 des Europäischen Parlaments und des Rates vom 23. Oktober 2007 über die Rechte und Pflichten der Fahrgäste im Eisenbahnverkehr, ABl L 2007/315, 14; dazu *Reiter,* Die Gefährdungshaftung der regulierten Eisenbahn, ZVR 2014/78, 148.

[322]) Dazu *Kathrein,* Die Neuordnung der Luftfahrthaftung, in FS Dittrich (2000) 551; *Stefula,* Schadenersatz für Passagiere im Luftfahrtgesetz (2001); *Csoklich,* Neuerungen im internationalen Lufttransportrecht, RdW 2004/591; *Aufner,* Das österreichische Luftfahrt-Haftpflichtrecht auf neuem Kurs, ZVR 2006, 349; *Koziol/Apathy/Koch,* Haftpflichtrecht III^3, 296ff. OGH SZ 65/111; SZ 67/3; SZ 69/219. S auch die EG-Verordnung 2027/97 über die Haftung von Luftfahrtunternehmen bei Unfällen idF EG-Verordnung 889/2002.

[323]) Dazu *Janezic,* Zum Begriff des Luftfahrzeughalters, ZVR 2012/122, 224.

[324]) *Menschick,* Ein neues Atomhaftpflichtgesetz für Österreich, RdU 1998, 55; *Kissich,* Der Ersatz für Nuklearschäden nach der „Convention on Supplementary

durch Radionuklide lässt es dagegen nur bei Verschulden haften, wobei allerdings eine Beweislastumkehr stattfindet.

§ 1 a **Reichshaftpflichtgesetz** (RHG)[325]) sieht eine verschuldensunabhängige Haftung für Anlagen zur Fortleitung oder Abgabe von Elektrizität oder Gas vor, nicht aber für Anlagen, für die das **GaswirtschaftsG 2011** (GWG 2011)[326]) eine Haftung des Inhabers bestimmt. Die verschuldensunabhängige Haftung des Netzbetreibers ist in den §§ 48ff GWG 2011 geregelt. Auch den Inhaber bestimmter Rohrleitungen trifft eine Gefährdungshaftung (**RohrleitungsG** 1975). 1618

Weitere Beispiele bieten das **MineralrohstoffG** (MinroG, BGBl I 1999/38 idF BGBl I 2014/40) im Hinblick auf Schäden, die durch eine Bergbautätigkeit verursacht werden,[327]) die §§ 53ff **ForstG** 1975 (BGBl 1975/440 idF BGBl I 2013/189), die eine Gefährdungshaftung für Anlagen anordnen, von denen forstschädliche Luftverunreinigungen ausgehen,[328]) das **GentechnikG** (GTG, BGBl 1994/510 idF BGBl I 2015/35) für Personenschäden und Sachschäden, die durch Arbeiten mit gentechnisch veränderten Organismen (GVO) oder durch Freisetzung von GVO entstanden sind[329]) und das Bundes-Umwelthaftungsgesetz (BGBl I 2009/55 idF BGBl I 2013/97, B-UHG).[330]) 1619

Compensation for Nuclear Damage" und dem österreichischen AtomHG 1999, ÖJZ 1999, 661 und 718; *Hinteregger/Kissich,* Atomhaftungsgesetz 1999 (2004); *Hinteregger,* Atomhaftung in Europa – Bestand und Perspektiven, in FS Koziol (2010) 667; *Schärf,* Europäisches Atomrecht (2012); vgl auch *E. Wagner,* Atomkraft an den Grenzen des Rechts? in FS Kerschner (2013) 557; *Koziol/Apathy/Koch,* Haftpflichtrecht III³, 252ff.

[325]) *Aicher,* Die Haftung der Energieversorgungsunternehmen für Versorgungsstörungen und sonstige Schäden, in *Aicher,* Rechtsfragen der öffentlichen Energieversorgung (1987) 199ff; *Wussow,* Das Unfallhaftpflichtrecht¹⁶ (2014) 539ff; *Koziol/Apathy/Koch,* Haftpflichtrecht III³, 172ff; OGH SZ 60/98; SZ 66/128; EvBl 2002/145.

[326]) BGBl I 2011/107. S dazu *Karbiner/Plecr,* GWG 2011 – Überblick über wesentliche Änderungen für Verteilernetzbetreiber, ecolex 2012, 8; *Koziol/Apathy/Koch,* Haftpflichtrecht III³, 194ff.

[327]) Dazu *Randl,* Die Neuordnung des Bergrechts durch das Mineralrohstoffgesetz, JAP 1998/99, 248; *K. Huber,* Das neue Mineralrohstoffgesetz, ecolex 1999, 502; *Weiß,* Wichtige Neuerungen durch das Mineralrohstoffgesetz, RdU 1999, 139 und RdU 2000, 8; *Zdesar,* Über Rechte an aufgelassenen Bergwerken, NZ 2001, 293; *Stangl,* Rechtsfragen zur Förderung unkonventioneller Ressourcen mittels Fracking am Beispiel der Schiefergasgewinnung ZfV 2013/1, 1; *R. Winkler,* Mineralstoffrecht, in *Holoubek/Potacs,* Öffentliches Wirtschaftsrecht I³ (2013) 563ff; *Koziol/Apathy/Koch,* Haftpflichtrecht III³, 237ff.

[328]) Dazu *Koziol/Apathy/Koch,* Haftpflichtrecht III³, 225ff.

[329]) Dazu *Welser,* Gentechnologie und schadenersatzrechtliche Haftung, in Gentechnologie im österreichischen Recht (1991) 191; *Welser/Kletečka,* Die schadenersatzrechtliche Haftung für gentechnische Eingriffe am Menschen, Imago Hominis 1995, Band II/Nr 4, 285; *Kletečka,* Haftungsfragen der Gentechnologie, JAP 1996/97, 231; *Kletečka,* Gentechnik: Gefährdungshaftung dringend erforderlich, ecolex 1997, 339; *Kletečka,* Der Entwurf eines Gentechnikhaftungsgesetzes, ecolex 1997, 572; *Stabentheiner,* Die neue Gentechnikhaftung, ÖJZ 1998, 521.

[330]) *Wilhelm,* Umwelthaftung, „angehängte" und konkurrierende Ansprüche nach Zivilrecht, ecolex 2009, 653; *Kerschner,* Plädoyer für eine Umweltgefährungshaf-

1620 Lehre und Rechtsprechung halten diese in Sondergesetzen geregelten Tatbestände der Gefährdungshaftung nicht für ausreichend und nehmen daher in **Analogie** zu den geregelten Tatbeständen eine allgemeine verschuldensunabhängige Haftung für **gefährliche Anlagen** und **Sachen** an.[331])

Nicht zum Bereich der Gefährdungshaftung zählt die verschuldensunabhängige Haftung nach § 89e GOG (RGBl 1896/217 idF BGBl I 2004/128), der eine Haftung des Bundes für sämtliche durch ADV-Einsatz verursachte Schäden im Bereich der Gerichtsbarkeit vorsieht. Vielmehr geht es um die Verantwortlichkeit für technische Hilfsmittel, die anstelle von Gehilfen eingesetzt werden.[332])

J. Die Produkthaftung nach dem PHG

Literatur: *Eustacchio,* Produkthaftung (2002); *Fitz/Grau/Reindl,* PHG-Produkthaftungsgesetz[2] (2004); *Grau,* Produktfehler (2002); *Posch,* Probleme „autonomer Rechtsanpassung" – dargestellt am Produkthaftungsgesetz, in FS Ostheim (1990) 665; *Preslmayr,* Handbuch der Produkthaftung[2] (2002); *Rabl,* 13 Jahre Judikatur zum Produkthaftungsgesetz, ecolex 2001, 508; *Sack,* Probleme des Produkthaftungsgesetzes unter Berücksichtigung der Produkthaftungs-Richtlinie der EG, JBl 1989, 615 und 695; *Spitzer,* Vollharmonisierung des Produkthaftungsrechts, ecolex 2003, 141; *Straube,* Die neuere Rechtsprechung des Europäischen Gerichtshofes zur Produkthaftungsrichtlinie und deren Auswirkungen auf nationales Recht, in FS Kramer (2004) 883; *Taschner/Frietsch,* Produkthaftungsgesetz und EG-Produkthaftungsrichtlinie[2] (1990); *Welser,* Das neue Produkthaftungsgesetz, wbl 1988, 165; *Welser,* Lücken und Tücken des Produkthaftungsgesetzes, wbl 1988, 281; *Welser,* Das österreichische Produkthaftungsgesetz in der Rechtsprechung, in FS Kramer (2004) 909; *Welser/Rabl,* Produkthaftungsgesetz Kommentar[2] (2004).

1. Die bei einem Bau verwendeten „Porit-Kombiplatten" enthalten Kalziumchloride, welche die im Haus verlegten Kühl- und Heizungsrohre „zerfressen".

2. Teile einer explodierenden Sodawasserflasche verletzen Personen und beschädigen die Kücheneinrichtung.

3. Ein fehlerhaft hergestellter Aktenordner zerkratzt die Schreibtischplatte.

---

tung, in FS 200 Jahre ABGB (2011) 1125; *E. Wagner,* Privatrechtlicher Rückersatz bei öffentlich-rechtlicher Umwelthaftung, in FS 200 Jahre ABGB 1455; *Hinteregger,* Die Europäische Umwelthaftungsrichtlinie und ihre Umsetzung in das österreichische Recht, in FS Posch (2011) 225; *Kerschner,* Umwelthaftung, JBl 2012, 477; vgl bereits *Rummel/Kerschner,* Umwelthaftung im Privatrecht (1991); *Gimpel-Hinteregger,* Umwelthaftungsreform (1992); *Gimpel-Hinteregger,* Grundfragen der Umwelthaftung (1994).

[331]) *Holeschofsky,* Richterliche Rechtsfortbildung im Bereich der Gefährdungshaftung, ZfRV 1985, 1; *Koziol,* Umfassende Gefährdungshaftung durch Analogie? in FS Wilburg (1975) 173; *Koziol,* Bewegliches System und – Gefährdungshaftung, in Das Bewegliche System im geltenden und künftigen Recht (1986) 51; *Koziol,* Die Vereinheitlichung der Gefährdungshaftung in Europa, in FS Michalek (2005) 217; *Harrer,* JBl 1996, 20; *Zöllner,* Gefährdungshaftung wohin? in FS Krejci (2001) 1355; *Fischer-Czermak,* Der Entwurf einer Allgemeinen Gefährdungshaftung, NZ 2006, 1; *Koziol/Apathy/Koch,* Haftpflichtrecht III[3], 371ff. OGH SZ 46/36; JBl 1981, 371 *(Koziol);* JBl 1986, 525; JBl 1993, 113; SZ 68/180; ZVR 1999/51; SZ 73/118; ZVR 2005/30 *(Apathy);* RdW 2010/429.

[332]) Zur Verallgemeinerungsfähigkeit dieser Regelung s *Koziol,* ÖBA 1987, 3 (zu den Vorgängerbestimmungen: § 27 GUG, § 37 FBG und § 453a Z 6 ZPO).

1. Begriff der Produkthaftung

Die Produkthaftung (Produzentenhaftpflicht, Erzeugerhaftung) ist die schadenersatzrechtliche Verantwortlichkeit des Herstellers für die Gefährlichkeit seiner Erzeugnisse. 1621

Die Produkthaftung ist keine Haftung des Verkäufers einer Sache für ihre Mangelhaftigkeit (Minderbeschaffenheit), sondern die Haftung des Produzenten für die **Gefährlichkeit** der von ihm erzeugten Sache. Ähnlich wie bei der positiven Vertragsverletzung geht es um Schäden an bereits deliktisch **geschützten Gütern** wie Leben, Gesundheit und Eigentum. 1622

Die Produzentenhaftung war bis 1988 nur nach allgemeinem Schadenersatzrecht zu beurteilen. Da zwischen dem Produzenten und dem Geschädigten idR kein Schuldverhältnis besteht – der Geschädigte ist nicht Eigentümer des Produkts oder er hat es von einem Händler gekauft –, kam nur eine **deliktische** Verantwortung in Betracht, die aber meist daran scheiterte, dass den Hersteller selbst kein Verschulden traf und er für Gehilfen nur nach § 1315 einzustehen hatte. Überdies mussten die Haftungsvoraussetzungen vom Geschädigten bewiesen werden (s vor allem § 1296). 1623

Um die Haftung des Produzenten auf eine Vertragsverletzung stützen zu können, nahmen Lehre und Rechtsprechung an, der Vertrag zwischen Produzenten und Händler entfalte **Schutzwirkungen** zugunsten des Abnehmers.[333]) Oben Rz 644ff. Diesem stehen dann eigene vertragliche Ersatzansprüche gegen den Erzeuger zu, der für seine Gehilfen nach § 1313a einzustehen hat und den auch die Beweislast für sein mangelndes Verschulden trifft (§ 1298). Bloße Vermögensschäden sind allerdings dennoch vom Produzenten idR nicht zu ersetzen.[334]) 1624

Diese „Produzentenhaftung" wurde vielfach als **unzulänglich** empfunden.[335]) So wurde darauf verwiesen, dass von der Schutzwirkung nur Abnehmer (Käufer), **nicht** aber **Dritte** („innocent bystander") erfasst seien, dass bei **schuldlosen** Fehlproduktionen („Ausreißerschäden") kein Ersatzanspruch zustehe, obwohl dieses Risiko wirtschaftlich leichter vom Produzenten getragen werden könne als vom Verletzten, dass die Schutzwirkung vertraglich **ausgeschlossen** werden könne,[336]) und dass bei ausländischen Waren die Erzeugerhaftung meist nicht durchsetzbar sei. Nach dem Vorbild der Richtlinie des Rates der EG vom 25. 7. 1985 (EWG 85/374) wurde daher durch das PHG 1988 eine **verschuldensunabhängige** Produkthaftung eingeführt. Ergänzt wird das PHG durch das Produktsicherheitsgesetz 2004 (BGBl I 2005/16). Durch die Richtlinie wurde die verschuldensunabhängige Produzentenhaftung „vollharmonisiert": Abweichungen durch nationale Rechtsordnungen sind **nicht zuläs-** 1625

[333]) *Welser/Rabl,* PHG² Vorbem Rz 7f. OGH SZ 49/14; EvBl 1993/14.
[334]) OGH SZ 51/169; ecolex 2003, 405 *(Rabl).*
[335]) *Welser/Rabl,* PHG² Vorbem Rz 10ff.
[336]) OGH SZ 51/169.

sig,[337]) auch wenn sie für den Geschädigten günstiger sind. Die Produkthaftung ist ein Fall der Gefährdungshaftung.[338]) Neben einer Haftung aus PHG ist aber weiterhin eine Deliktshaftung[339]) sowie eine Vertragshaftung[340]) bei Verschulden des Produzenten möglich.

1626 Von der Haftung des Erzeugers muss jene der **Händler** unterschieden werden. Ihre (vom Verschulden abhängige) Haftung nach ABGB kommt selten zum Tragen, weil der Händler die Fehlerhaftigkeit des Produkts nicht verursacht hat und sie meist auch nicht erkennen kann.[341]) Nach dem PHG haftet ein Händler nur ausnahmsweise, nämlich wenn er seine „Benennungspflicht" verletzt (s unten 4.).

2. Umschreibung der Ersatzpflicht

1627 Die vom Verschulden unabhängige Gefährdungshaftung des PHG können nicht nur **Abnehmer** der Ware, sondern auch **Dritte** in Anspruch nehmen. Ersetzt werden **Personen-** und **Sachschäden,** die durch **Fehler** verursacht wurden, welche das **Produkt** beim **Inverkehrbringen** durch den Haftpflichtigen aufgewiesen hat.

1628 Produkt ist jede **bewegliche körperliche** Sache, auch wenn sie Teil einer anderen beweglichen Sache oder mit einer unbeweglichen Sache verbunden ist, einschließlich Energie (§ 4 PHG).[342])

An dieser Umschreibung zeigen sich die Inkonsequenzen der Haftung. Ein Konstrukteur, der beim Entwurf einer Brücke Fehler macht, ist nicht von der Erfolgshaftung betroffen, weil er keine bewegliche Sache herstellt. Wohl aber müssen die Lieferanten der Stahlteile verschuldensunabhängig einstehen, wenn diese Fehler aufweisen. Es ist nicht einzusehen, warum gerade die Körperlichkeit und die Beweglichkeit des Erzeugnisses die verschuldensunabhängige Haftung auslöst, während für ebenso gefährliche Dienstleistungen oder geistige Tätigkeiten nur bei Verschulden eingestanden wird.

Vor der Novellierung des § 4 PHG durch das BGBl I 1999/185 waren land- und forstwirtschaftliche Naturprodukte und Wild, solange sie noch keiner ersten Verarbeitung unterzogen worden waren[343]) und soweit sie keine veränderten Organismen im Sinne des GentechnikG waren, vom Produktbegriff ausgenommen. Diese Einschränkung gilt gemäß § 19a Abs 3 PHG nur noch für Produkte, die vor dem 1. Jänner 2000 in Verkehr gebracht worden sind.

---

[337]) *Spitzer,* ecolex 2003, 141; *Spitzer,* Der Unternehmer im PHG, JBl 2003, 414; *Rabl,* Lieferantenhaftung nach der Produkthaftungsrichtlinie, ecolex 2003, 296; *Straube* in FS Kramer 883.

[338]) *Welser/Rabl,* PHG^2 Vorbem Rz 19ff.

[339]) OGH JBl 2009, 518.

[340]) S EuGH C-402/03 *(„Skov ÆG").*

[341]) S dazu OGH SZ 54/116; RdW 2003/256; RdW 2004/118; ecolex 2005, 688.Vgl aber OGH JBl 2004, 648 *(Lukas)* = ecolex 2004, 608 *(Wilhelm).* Vgl auch *Wilhelm/Pilz,* Zur Schadenersatzpflicht des Bauträgers für Baumängel, ecolex 2003, 401.

[342]) Dazu *Welser,* Blitzschlag und Produkthaftung, ecolex 1990, 465; *Welser* in FS Kramer 912; *Welser/Rabl,* PHG^2 § 5 Rz 41f. OGH SZ 70/65; RdW 2005/305 *(Eustacchio);* ecolex 2014/315 *(Schoditsch).* Zur Computersoftware: *Horwath,* Software – ein Produkt, ecolex 2000, 784; *Welser/Rabl,* PHG^2 § 4 Rz 11.

[343]) S dazu *Koziol,* Zur Produkthaftung für landwirtschaftliche Erzeugnisse, RdW 1988, 154; *Welser/Rabl,* PHG^2 § 4 Rz 20ff.

3. Schaden (§ 1 PHG)

Gehaftet wird für Personen- und Sachschäden (§ 1 PHG). Der Umfang des Ersatzes von **Personenschäden** richtet sich nach den §§ 1325ff. **Sachschäden** werden nur soweit ersetzt, als sie **an vom Produkt verschiedenen körperlichen Sachen** eintreten. Daher ist auch nicht der Schaden zu ersetzen, der als Folge des Produktfehlers am Produkt selbst entsteht **(„Weiterfresserschaden"),**[344]) und zwar auch dann nicht, wenn ein funktionell abgrenzbarer Einzelteil andere Teile des Gesamtprodukts zerstört. 1629

Strittig ist, ob ein „Weiterfresserschaden" zu ersetzen ist, wenn ein von einem Teilhersteller (§ 3 PHG) stammendes fehlerhaftes Produkt (Teilprodukt) bei der Herstellung eines anderen Produktes verwendet wird, also Teil des Endprodukts wird, und dann dieses Endprodukt beschädigt. Hier könnte gesagt werden, durch den Teil (Produkt) sei eine vom Produkt verschiedene körperliche Sache (Endprodukt) beschädigt worden, sodass hiefür der Teilhersteller hafte: Wegen eines Risses des von einem Teilhersteller stammenden Kühlerschlauchs geht der Motor des Kfz wegen Überhitzung zugrunde. Aus den in der Literatur[345]) ausführlich dargelegten Gründen hat der OGH[346]) die Haftung des Teilherstellers für die am Endprodukt herbeigeführten Schäden mit Recht abgelehnt.

Seit dem Beitritt Österreichs zum EWR und der damit verbundenen Anpassung des PHG an die EG-Richtlinie durch das BG vom 11. Februar 1993 (BGBl 1993/95) muss auch der Umfang des zu ersetzenden Sachschadens **richtlinienkonform** interpretiert werden. Mit Art 9 lit b gibt die Richtlinie dem nationalen Recht den Begriff des Sachschadens vor. Während bei Körperschäden alle Folgen mit Ausnahme des immateriellen Schadens zu ersetzen sind, ist der zu ersetzende Sachschaden restriktiv als „**Beschädigung** oder **Zerstörung** einer anderen Sache als des fehlerhaften Produktes" umschrieben. Andere Schäden sind nicht zu ersetzen.[347]) Daher muss sich der Ersatz des Sachschadens nun ohne Zweifel auf den Ersatz der **Wiederherstellungskosten** (samt der anfallenden Nebenkosten) oder den Wert der zerstörten Sache beschränken. Maßgebend ist der vom Geschädigten zu zahlende Einkaufspreis. **Entgangener Gewinn** und **entgangene Nutzungen** sind nicht zu ersetzen, schon gar nicht primäre (reine) Vermögensschäden.[348]) 1630

---

[344]) Vgl dazu *Zöchling-Jud,* Weiterfresserschaden und Haftpflichtversicherung, in FS Fenyves (2013) 849 (858f).

[345]) *Welser,* wbl 1988, 283; *Welser/Rabl,* PHG² § 1 Rz 24; ebenso *Kresbach,* Produkthaftung für „Weiterfresserschäden"? ecolex 1990, 469 (470f). *Preslmayr,* Handbuch² 14. AA *Sack,* Die Anwendbarkeit des Produkthaftungsgesetzes auf sog „Weiterfresserschäden", wbl 1989, 8; *Terlitza,* Die Haftung für Weiterfresserschäden, in FS Posch (1996) 458ff; *Eustacchio,* Produkthaftung 76ff. Vgl dazu auch *Zöchling-Jud* in FS Fenyves 858f.

[346]) OGH SZ 67/22; EvBl 1999/126.

[347]) Vgl bereits *Welser,* wbl 1988, 282; *Welser/Rabl,* PHG² § 1 Rz 35; aA *Fitz/Grau* in *Fitz/Grau/Reindl,* Produkthaftung² § 1 Rz 24ff.

[348]) *Welser/Rabl,* PHG² § 1 Rz 31ff. OGH ecolex 1999, 314 *(Rabl);* bbl 1999/229 *(Egglmeier);* ecolex 2003, 405 *(Rabl);* SZ 2007/3 = MR 2007, 144 *(Streit)* = Zak 2007/275

1631 Durch § 2 Z 1 PHG wird der Ersatz von Sachschäden sehr eingeschränkt, weil Schäden **ausgenommen** sind, die ein Unternehmer erlitten hat, der die Sache überwiegend in seinem Unternehmen verwendet hat: Ausschluss des Ersatzes an **unternehmerisch genutzten Sachen.**[349])

1632 Ferner sieht das Gesetz **bei Sachschäden eine Selbstbeteiligung** des Geschädigten vor (§ 2 Z 2 PHG). Sie beträgt pro Schadensereignis € 500,–. Ansprüche auf Ersatz dieses Betrags müssen auf das Deliktsrecht oder auf den Vertrag mit Schutzwirkung zugunsten Dritter gestützt werden. Haftungshöchstbeträge kennt das PHG nicht. Die Haftung für Personenschäden hingegen ist ziffernmäßig nicht begrenzt.

1633 Trifft den Geschädigten oder seine Gehilfen ein **Mitverschulden,** so ist der Ersatz entsprechend zu mindern (§ 11 PHG).

4. Haftpflichtige Personen

1634 Den Schadenersatz hat zu leisten (§ 1 Abs 1 PHG): 1. der Unternehmer, der das Produkt **hergestellt** und in den Verkehr gebracht hat, 2. der Unternehmer, der es zum Vertrieb in den Europäischen Wirtschaftsraum **eingeführt** und hier in den Verkehr gebracht hat **(„Importeur“).**[350]) S auch § 17 PHG.

Nach der hA kommt es für die Importeurseigenschaft nicht darauf an, wer die Einfuhr tatsächlich besorgt: Importeur ist vielmehr jener, der als erster Unternehmer in der Vertriebskette seinen Sitz im Europäischen Wirtschaftsraum hat.

1635 Der Begriff des **Unternehmers** ist nach neuerer, zutreffender Ansicht und entgegen den Gesetzesmaterialien nicht einfach jener des KSchG, sondern richtlinienautonom zu interpretieren.[351]) Unternehmer ist daher, wer das Produkt entweder mit **Gewinnerzielungsabsicht** oder zumindest im Rahmen seiner **beruflichen Tätigkeit** hergestellt hat.[352])

1636 **Hersteller** ist, wer das Endprodukt, einen Grundstoff oder ein Teilprodukt erzeugt hat,[353]) aber auch, wer als Hersteller auftritt, indem er seinen Namen, seine Marke oder ein anderes Erkennungszeichen auf dem Produkt anbringt. Letzterer heißt „Als-Ob-Hersteller“ oder

---

(Beig). Zur bloßen Schadensverlagerung *Leitner,* Schadensverlagerung und Produkthaftung, ecolex 2001, 511; OGH ecolex 2005, 535 *(Leitner).*

[349]) Dazu OGH EvBl 1999/126; ecolex 2003, 405 *(Rabl);* zur Richtlinienwidrigkeit *Spitzer,* JBl 2003, 431 ff.

[350]) Hiezu *Welser/Rabl,* PHG² § 1 Rz 43 ff; *Welser,* Der zwei- und dreifache Importeur, ecolex 1992, 471; *Perner,* Haften Cargounternehmen als Importeure nach dem PHG? ZVR 2006, 88. OGH JBl 1995, 456; JBl 1997, 779 *(Riedler)* = ZfRV 1997, 209 *(Posch);* JBl 1999, 471 *(Riedler).*

[351]) *Welser/Rabl,* PHG² § 1 Rz 1 ff, 48; *Fitz/Grau* in *Fitz/Grau/Reindl,* Produkthaftung² § 1 Rz 36 ff; *Posch* in *Schwimann*³ § 1 PHG Rz 16.

[352]) Zur richtlinienkonformen Interpretation *Spitzer,* JBl 2003, 422 ff; *Welser/Rabl,* PHG² § 1 Rz 7; *Fitz/Grau* in *Fitz/Grau/Reindl,* Produkthaftung² § 1 Rz 36 ff.

[353]) Zum „Assembler“ OGH EvBl 2007/53 *(Leitner)* = ecolex 2007/112 *(B. Huber);* RdW 2010/83.

„Anscheinsproduzent".[354]) Er haftet neben dem tatsächlichen Hersteller und kann sich durch dessen Benennung nicht befreien.[355])

Handelsketten und Warenhäuser veräußern oft Artikel unter eigenem Namen, ohne auf die tatsächliche Herkunft hinzuweisen. Eine Marke ist allerdings nicht als Herstellerkennzeichen anzusehen, wenn sie bloß den „Vertrieb" anzeigt (Handelsmarke).

An die Stelle der Haftung des Produzenten oder Importeurs tritt 1637 allerdings eine Schadenersatzpflicht des Händlers (Lieferanten), wenn der Erzeuger oder Importeur nicht feststellbar ist und der Händler die **„Benennungspflicht"** verletzt (§ 1 Abs 2 PHG).[356]) Dies ist der Fall, wenn er dem Geschädigten nicht in angemessener Frist den Hersteller (bei eingeführten Produkten den Importeur) oder denjenigen nennt, der ihm das Produkt geliefert hat. Für den Beginn der Frist genügt es, wenn der Geschädigte vom Händler Ersatz fordert und sich dabei erkennbar auf das PHG stützt.[357]) Der Ersatzanspruch aus der Verletzung der Benennungspflicht ist vom Verschulden und sogar der objektiven Möglichkeit ihrer Erfüllung unabhängig.[358]) Eine verspätete Nennung befreit den Händler nicht.[359])

Hat ein Haftpflichtiger Ersatz geleistet, so kommt ein **Rückgriff** 1638 gegen denjenigen in Betracht, der den Fehler in erster Linie zu verantworten hat (s § 12 PHG).[360])

5. Verursachung durch Produktfehler (§ 5 PHG)

Der nach dem PHG zu ersetzende Schaden muss durch einen Pro- 1639 duktfehler verursacht sein. Ein Produkt ist fehlerhaft, wenn es nicht die **Sicherheit** bietet, die man unter Berücksichtigung aller Umstände zu

---

[354]) Dazu *Andréewitch,* Zur Haftung des Quasi-Herstellers im Produkthaftungsgesetz, RdW 1990, 247; *Preslmayr,* Der Scheinhersteller im Produkthaftungsgesetz, ecolex 1991, 149; *Rabl,* Die Haftung des Scheinherstellers nach dem PHG, ecolex 2001, 662.

[355]) *Welser/Rabl,* PHG² § 3 Rz 25ff. OGH EvBl 1999/126; ecolex 2001, 671 *(Rabl)* = ZfRV 2002, 149 *(Posch).*

[356]) S dazu *Rabl,* Die Haftung des Händlers nach dem Produkthaftungsgesetz, JBl 1999, 490; *Welser* in FS Kramer 910. Vgl weiters OGH JBl 1993, 253; JBl 1999, 471 *(Riedler);* EvBl 2005/109 = ecolex 2005, 447 *(Leitner).*

[357]) *Welser/Rabl,* PHG² § 1 Rz 61; *Rabl,* Der Beginn der Frist für die Bekanntgabe des Herstellers nach § 1 Abs 2 PHG, ecolex 1998, 758; OGH SZ 68/33; SZ 69/17; SZ 72/141; ecolex 2002, 20; ZVR 2005/57 *(Hauenschild);* Zak 2007/314.

[358]) *Rabl,* JBl 1999, 439 mwN.

[359]) *Rabl,* JBl 1999, 513f mwN; vgl auch *Welser/Rabl,* PHG² § 1 Rz 71ff. Anders aber die hA, wonach die Befreiung eintritt, wenn der Geschädigte durch die Verspätung keinen Nachteil erleidet: so *Welser,* PHG § 1 Rz 26; OGH SZ 72/141; ecolex 2002, 20. Noch weitergehend *Zankl,* Produkthaftung nach Ablauf der Benennungsfrist (§ 1 Abs 2 PHG), wbl 1989, 416; *Harrer,* Die Haftung des Händlers bei nachträglicher Feststellung des Herstellers (§ 1 Abs 2 PHG), RdW 1990, 104.

[360]) Dazu OGH SZ 69/17; SZ 70/5; SZ 72/209 (Regress des Endherstellers gegenüber dem Teilhersteller); aufgrund ABGB: OGH SZ 2004/81.

erwarten berechtigt ist.[361]) Die Erwartungen orientieren sich an der **Darbietung** der Sache,[362]) dem **Gebrauch,** mit dem billigerweise gerechnet werden kann, und dem **Zeitpunkt,** zu dem sie in den Verkehr gebracht worden ist (§ 5 PHG).

1640 Nach hA erfasst die Definition des § 5 PHG alle Fehler, die von Lehre und Rechtsprechung dem Erzeuger zugerechnet werden: **Konstruktionsfehler,**[363]) also Fehler in der Planung, **Produktionsfehler,**[364]) also solche bei der Ausführung einschließlich der „Ausreißer", und **Instruktionsfehler,**[365]) worunter man die Unterlassung von Hinweisen auf gefährliche Eigenschaften versteht. Kein Produktfehler ist es, wenn die versprochene Lieferung überhaupt ausbleibt,[366]) also ein Produzent oder Importeur bloß im Verzug ist.

1641 Neben der Haftung nach dem PHG besteht aufgrund des allgemeinen Deliktsrechts die sog **Produktbeobachtungspflicht** als Verschuldenshaftung: der Produzent hat seine Erzeugnisse im Auge zu behalten und die Erwerber zu warnen, wenn sich später gefährliche Eigenschaften herausstellen, wobei auch ein **Rückruf** in Betracht kommt.[367])

1642 Streitig ist, ob die **Wirkungslosigkeit** von Produkten ein Produktfehler ist; ob also nach dem PHG für den Brandschaden Ersatz zu leisten ist, wenn der Feuerlöscher nicht funktioniert, oder für die verdorbene Ernte,

---

[361]) Dazu *Welser/Rabl,* PHG² § 5 Rz 1 ff; *Welser,* ecolex 1990, 465; *Posch,* Probleme der Arzneimittelhaftung, in *Holzer/Posch/Schick,* Arzt- und Arzneimittelhaftung in Österreich (1992) 144 ff; *Grau,* Produktfehler 116 ff; OGH JBl 1994, 183; ecolex 2003, 335 *(Rabl)* = RdW 2003/306 *(Eustacchio);* RdW 2011/490; ZVR 2013/205 *(Ch. Huber);* EvBl 2013/16 *(Spitzer)* = ZTR 2013, 56 *(Karollus);* EvBl-LS 2015/33. Raucherschäden: *Leitner,* Zum Ersatz von Raucherschäden nach österreichischem Recht, ÖJZ 2004, 93; *Davani,* Die Haftung der Tabakindustrie für Gesundheitsschäden von Rauchern (2004). Zum Beurteilungsmaßstab bei verschiedenen Benutzergruppen OGH JBl 2003, 247 = ecolex 2003, 99 *(Rabl);* bbl 2012/69, 117. Zur Beweislast OGH ZVR 2015/7 *(Kathrein).*

[362]) Dazu OGH JBl 1993, 524 *(Posch);* ecolex 1996, 166; ZVR 1999/42; ecolex 1999, 315 *(Wilhelm);* ecolex 2000, 39; SZ 2007/98 = RdW 2007/674 *(Leitner); Iro,* Schädliche Nebenwirkungen von Medikamenten und Produkthaftung, RdW 1997, 642.

[363]) Zu diesem OGH SZ 73/78; EvBl 2010/118 *(Spitzer)* = ZfRV-LS 2010/54 *(Ofner);* EvBl 2013/16 *(Spitzer)* = ZTR 2013, 56 *(Karollus).*

[364]) Zu diesem OGH ecolex 1995, 798; JBl 1996, 188; ZVR 1998/19; ZVR 2001/36; RdW 2002/347 *(Eustacchio);* ecolex 2003, 98 *(Rabl);* RdW 2011/490; ZVR 2013/205 *(Ch. Huber).*

[365]) Zu diesem OGH SZ 67/105; SZ 70/61; ZVR 2000/58; ecolex 2001, 41 *(Wilhelm)* = SZ 73/151; ecolex 2001, 523 *(Thaler);* ecolex 2001, 671 *(Rabl)* = ZfRV 2002, 149 *(Posch);* ecolex 2003, 99 *(Rabl);* JBl 2003, 249; ecolex 2003, 335 *(Rabl)* = RdW 2003/306 *(Eustacchio)* (Billigprodukt); ecolex 2003, 515 *(Rabl);* ecolex 2004/211 *(Rabl);* ecolex 2004/212 *(Rabl);* RdW 2005/305 *(Eustacchio);* RdW 2005/306 *(Eustacchio);* ZVR 2005/57 *(Hauenschild);* ecolex 2011/199; RdW 2011/490; Zak 2012/29.

[366]) *Welser/Rabl,* PHG² § 5 Rz 1.

[367]) Dazu *Welser/Rabl,* PHG² Vorbem Rz 5 und § 5 Rz 57 ff; *Schmidt-Salzer/Hollmann,* Kommentar EG-Richtlinie Produkthaftung (1986) Rz 254 ff zu Art 6; *Linder,* Produktbeobachtung, Rückruf und Versicherungsschutz, wbl 2004, 449. OGH EvBl 1971/186; ecolex 2001, 523 *(Pilz).* OGH EvBl 2013/16 *(Spitzer)* = ZTR 2013, 56 *(Karollus).*

wenn das Unkrautvertilgungsmittel wegen Resistenz des Unkrauts keinen Erfolg hat. Richtiger Ansicht nach ist dies zu verneinen, weil eine solche Haftung auf eine (verschuldensunabhängige) Garantie für die Beschaffenheit der Leistung hinausliefe, die dem österreichischen Recht fremd ist.[368])

6. Inverkehrbringen (§ 6 PHG)

Jede Haftung nach dem PHG setzt das Inverkehrbringen[369]) der Sache voraus. Ein Produkt ist in den Verkehr gebracht, sobald es der Unternehmer, gleich aufgrund welchen Titels, **einem anderen** in dessen Verfügungsmacht oder zu dessen Gebrauch übergeben hat. Die **Versendung** an den Abnehmer genügt (§ 6 PHG). 1643

Maßgebend ist, dass der Hersteller die tatsächliche Verfügung über das Produkt verliert, es endgültig die Fabrik verlässt (sog **Werktorprinzip**).[370]) Nicht im Verkehr sind Sachen, solange sie sich im Unternehmensbereich befinden, also noch im Produktionsvorgang, beim Test oder bei der Kontrolle. 1644

Behauptet der Hersteller oder Importeur, die Sache nicht in den Verkehr gebracht oder nicht als Unternehmer gehandelt zu haben, so obliegt ihm der Beweis (§ 7 Abs 1 PHG). Er wird allerdings schon dann von der Haftung befreit, wenn er als wahrscheinlich dartut, dass das Produkt im Zeitpunkt des Inverkehrbringens noch nicht fehlerhaft war (§ 7 Abs 2 PHG).[371]) 1645

7. Haftungsausschluss und Freizeichnung (§§ 8f PHG)

Die Ersatzpflicht wird vom PHG vor allem durch den Nachweis ausgeschlossen, dass die Eigenschaften des Produktes nach dem Stand der **Wissenschaft und Technik** zur Zeit des Inverkehrbringens nicht als Fehler erkannt werden konnten (§ 8 PHG).[372]) Es besteht also auch keine Haf- 1646

---

[368]) *Welser/Rabl,* PHG² § 5 Rz 43 ff; *Taschner/Frietsch,* Produkthaftung, Rz 29 f zu Art 6; *Preslmayr,* Handbuch² 73 ff. AA *Sack,* JBl 1989, 615; *P. Bydlinski,* Bemerkungen zu aktueller Produkthaftungsliteratur, ZVR 1989, 34; *Musger,* Zur Anwendung des PHG auf wirkungslose Produkte, wbl 1990, 289; *Fitz/Grau* in *Fitz/Grau/Reindl,* Produkthaftung² § 5 Rz 126 ff; nunmehr auch OGH RdW 2007/674 *(Leitner).*

[369]) Dazu insbesondere *Siegl,* Zur Übergangsbestimmung des § 19 PHG und zum Begriff des „Inverkehrbringens" (§ 6 PHG), wbl 1989, 179; *Welser/Rabl,* PHG² § 6 Rz 10 ff mwN. OGH JBl 2003, 249; ecolex 2003, 100 *(Rabl).* Zur Serienproduktion s OGH EvBl 2013/16 *(Spitzer)* = ZTR 2013, 56 *(Karollus).*

[370]) Vgl jedoch EuGH C-203/99 *(„Veedfald")* und die daraus folgenden Erweiterungen bei *Welser/Rabl,* PHG² § 6 Rz 7 f, 17; *Rabl,* GRP 2004, 74 ff; s auch bereits *Posch,* „Inverkehrbringen eines Produkts" nach der EuGH Entscheidung Veedfald gegen Arhus, wbl 2001, 411.

[371]) Dazu OGH ZVR 1998/19; ZVR 1999/45; RdW 2002/347 *(Eustacchio);* ecolex 2003, 98 *(Rabl);* EvBl 2013/16 *(Spitzer)* = ZTR 2013, 56 *(Karollus).*

[372]) Zum maßgebenden Stand der Technik s OGH SZ 2010/77; EvBl 2010/118 *(Spitzer);* EvBl 2013/16 *(Spitzer)* = ZTR 2013, 56 *(Karollus).*

tung für das „Entwicklungsrisiko".[373]) Dies bedeutet, dass die Forschung im Sinne eines technischen Fortschritts auch neue Techniken und neue Produkte entwickeln kann, die vielleicht mit derzeit noch unbekannten und auch nicht erkennbaren Gefahren verbunden sind, für welche der Produzent nicht die Gefahr trägt. Nach Ansicht der Richtlinie (und damit des österreichischen Gesetzes) wäre eine Haftung für das Entwicklungsrisiko fortschrittsfeindlich.

1647 Von den gesetzlichen Ausschlüssen ist die vertragliche **Freizeichnung** zu unterscheiden. Die auf dem PHG beruhende Ersatzpflicht kann im Voraus weder ausgeschlossen noch beschränkt werden (§ 9 PHG).[374])

8. Zeitliche Beschränkung der Haftung (§ 13 PHG)

1648 Auch Schadenersatzansprüche nach dem PHG verjähren aufgrund der allgemeinen Regel des § 1489 in **drei Jahren** ab Kenntnis des Geschädigten von Schaden und Schädiger. Darüber hinaus kann aber nach § 13 PHG ein Unternehmer **zehn Jahre** nach dem **Inverkehrbringen** des Produkts durch ihn nicht mehr in Anspruch genommen werden.

9. Pflicht zur Deckungsvorsorge (§ 16 PHG)

1649 Hersteller und Importeure sind verpflichtet, dafür Vorsorge zu treffen, dass Ersatzansprüche nach dem PHG befriedigt werden können, zB durch Abschluss einer Haftpflichtversicherung oder durch Bildung von Rücklagen.

K. Amtshaftung, Organhaftung, Staatshaftung

1. Amtshaftungsgesetz (AHG)

Literatur: *Chvosta,* Amtshaftungsanspruch auf Ersatz des Rettungsaufwands gegen rechtswidrige Bescheide, ÖJZ 2002, 539; *Ziehensack,* Amtshaftungsgesetz² (2011); *Cohen,* Amtshaftung bei schlichter Hoheitsverwaltung, JBl 2014, 163 und 228; *Kucsko-Stadlmayer,* Amtshaftung für Universitätsorgane, in FS Welser (2004) 597; *Paar,* Grundzüge des Amtshaftungsrechts (2010); *Schragel,* Kommentar zum Amtshaftungsgesetz³ (2003); *Welser,* Öffentlichrechtliches und Privatrechtliches aus Anlaß einer Amtshaftungsklage, JBl 1975, 225.

1650 *Gemäß § 1 AHG haften die Rechtsträger nach den Bestimmungen des bürgerlichen Rechts für den Schaden am Vermögen oder an der Person, den die als ihre Organe handelnden Personen in Vollziehung der Gesetze durch ein rechtswidriges Verhalten wem immer schuldhaft zufügen.*[375])

[373]) *Welser/Rabl,* PHG² § 8 Rz 10ff; *Taschner/Frietsch,* Produkthaftung, Rz 34ff zu Art 7; *Sack,* JBl 1989, 695; *Grau,* Produktfehler 148ff. OGH JBl 1996, 188; SZ 70/61 und 65; ZVR 2001/36; ecolex 2003, 98 *(Rabl).*

[374]) Dazu *Welser/Rabl,* PHG² § 9 Rz 1ff; *Fitz/Grau* in *Fitz/Grau/Reindl,* Produkthaftung² § 9 Rz 1ff. OLG Wien KRES 1h/20.

[375]) Zu Unterlassungs- und Widerrufsklagen im Bereich des AHG: OGH SZ 61/88; *Kletečka,* ecolex 1990, 608.

Das AHG 1949 regelt in Ausführung des Art 23 B-VG die Haftung der sog Rechtsträger für Schädigungen im Bereich der **Hoheitsverwaltung.** Es gilt sowohl für richterliche[376]) als auch für verwaltungsbehördliche[377]) Organe. 1651

Rechtsträger sind der Bund, die Länder, die Bezirke, die Gemeinden, sonstige Körperschaften des öffentlichen Rechts[378]) und die Träger der Sozialversicherung. 1652

Abweichend vom Grundsatz der Naturalrestitution (§ 1323) ist der Ersatz nur **in Geld** zu leisten (§ 1 Abs 1 AHG).[379]) Für entgangenen Gewinn haftet auch der Rechtsträger nur bei grobem Verschulden des Organs (§ 1324).[380]) 1653

Das **Organ** selbst haftet dem Geschädigten nicht (§ 1 Abs 1 und § 9 Abs 5 AHG).[381]) 1654

Mit dem Rechtsträger, dessen Aufgaben erfüllt werden, haftet zur ungeteilten Hand der „organisatorische Rechtsträger"; das ist jener, als dessen Organ die handelnde Person gewählt, ernannt oder sonst wie bestellt worden ist (§ 1 Abs 3 AHG idF BGBl 1989/343),[382]) und der mit dem Rechtsträger, für den gehandelt wird, nicht identisch sein muss. So vollzieht zB der Bezirkshauptmann im Rahmen der mittelbaren Bundesverwaltung Bundesrecht, obwohl er organisatorisch dem Land zugeordnet ist. Hat der organisatorische Rechtsträger Schadenersatz geleistet, so kann er von dem Rechtsträger, für den das Organ tätig geworden ist, Rückersatz verlangen.

Die Amtshaftung setzt nicht voraus, dass der Kläger durch das rechtswidrige Verhalten des Organs in einem subjektiven Recht verletzt worden ist, es genügt, dass die übertretene Norm den Schutz des Geschä- 1655

---

[376]) OGH SZ 63/223; SZ 64/45; SZ 65/125; ecolex 1996, 167 *(Wilhelm);* JBl 1997, 49; ecolex 1998, 689; ecolex 1999, 258 *(Wilhelm);* SZ 71/139; JBl 2002, 308; JBl 2004, 506; iFamZ 2009/69; EF-Z 2010/88; iFamZ 2011/195 *(Hengl);* JBl 2013, 331; JBl 2014, 116; ecolex 2014/320; JBl 2014, 733; EF-Z 2015/45 *(Beck/Häusler)* = iFamZ 2015/59 *(Trentinaglia).*

[377]) S OGH SZ 71/182; SZ 73/150; RdW 2000/650; SZ 2004/75; SZ 2006/151 = ecolex 2007/75 *(Wilhelm);* SZ 2012/137 (Testamentsfälschung); EvBl 2013/116; ZVB 2014/94 *(Oppel)* = RdU 2015/58 *(Ecker);* ZVR 2014/186; OLG Linz ZVR 2011/11. Zur Haftung der Republik gegenüber Studenten wegen Studienverzögerung OGH JBl 2010, 654 *(Lukas)* = RdM 2010/181 *(Perthold-Stoitzner);* JBl 2013, 378 = ecolex 2013/248 (kritisch *Wilhelm*); *Ulrich,* Amtshaftung für Studienverzögerung, Zak 2010/566, 330; *Ring,* Amtshaftung für Verlängerung der Studienzeit, zfhr 2013, 136; *Ulrich,* Amthaftung für Studienverzögerung, Zak 2013/423, 229. Zu § 51 Abs 1 UG 2002 s OGH EvBl 2008/25 *(Standeker/Streit).*

[378]) Keine Rechtsträger iSd AHG sind die Wassergenossenschaften (OGH SZ 73/57), die Universitäten (RdW 2006/581; RdM 2008/97 *[Kopetzki];* ecolex 2012/245), die Bundeswertpapieraufsicht und die Finanzmarktaufsichtsbehörde (SZ 2006/32).

[379]) OGH SZ 62/98; ZfRV 2003, 78; zum Umfang des Ersatzes OGH SZ 73/35 („hoheitliche Kreditschädigung"); JBl 2002, 390 *(Kerschner)* (Folgeschäden).

[380]) Dazu OGH SZ 63/106; JBl 1993, 399; SZ 68/191; ÖBA 1996, 549 *(Rebhahn)* = ecolex 1996, 168 *(Graf);* JBl 2004, 793.

[381]) Dazu OGH SZ 68/220; 69/49; 72/130; zur „hoheitlichen Rufschädigung" s OGH ecolex 1990, 607 *(Kletečka);* ecolex 1996, 98 *(Wilhelm);* ecolex 1996, 597 *(Kletečka);* RdW 1998, 263; SZ 2004/54; *Kletečka,* ecolex 1993, 441.

[382]) Dazu *Schragel,* AHG³ Rz 22. OGH JBl 1993, 320 *(Rebhahn);* SZ 69/15 und 133; zur Einwendung einer Gegenforderung s OGH ZVR 2005/18 *(Rihs).*

digten bezweckt, was eine Frage des **Rechtswidrigkeitszusammenhanges** darstellt.[383])

1656 Die Organe müssen **„in Vollziehung der Gesetze",**[384]) also in hoheitlicher Funktion tätig geworden sein.[385]) Der gerichtlich bestellte Sachverständige ist kein Organ iSd § 1 Abs 2 AHG.[386])

1657 Auch private Personen können mit der Vollziehung hoheitlicher Aufgaben betraut werden und damit prinzipiell Organe im Sinne des § 1 Abs 2 AHG sein.[387])

Wird die Besorgung hoheitlicher Aufgaben auf eine juristische Person des Privatrechts übertragen, gilt als Organ des Rechtsträgers jene physische Person, die das Verhalten namens der juristischen Person für den bestellten Rechtsträger gesetzt hat.[388]) Die Haftung des Rechtsträgers nach AHG schließt eine vertragliche Haftung des mit hoheitlichen Aufgaben beliehenen Unternehmens gegenüber dem Geschädigten nicht aus.[389])

---

[383]) *Welser,* JBl 1975, 232 ff; RIS-Justiz RS0050038. Kritisch *Balthasar,* Das subjektive (öffentliche) Recht im Amtshaftungsverfahren, ÖJZ 1998, 321.

[384]) Zu Unterlassungen s OGH JBl 1992, 649 *(Apathy);* JBl 1993, 320 *(Rebhahn);* JBl 1993, 532 *(Kerschner);* JBl 1994, 263; SZ 68/156; SZ 70/95; EvBl 2001/19; RdW 2005/752. Zum Bankprüfer *Rebhahn,* Amtshaftung für „Bankprüfer" – Wohltat oder Irrweg? ÖBA 2004, 267; *Raschauer,* Bankenaufsicht, Amtshaftung und Beihilfenverbot, ÖJZ 2005, 1; OGH SZ 2003/28; ÖBA 2003, 302 (dazu *Wilhelm,* Riegerbank-Anleihen – Lehrstück für Kridatare, ecolex 2003, 17); ecolex 2007/248 *(Wilhelm);* ZFR 2007/27 *(Gaggl).* Zum Masseverwalter s *Shamiyeh,* Haftung 33 ff mwN. Zum Sachwalter s OGH SZ 74/179; EF-Z 2011/95; NZ 2014/50. *Volgger,* Die Haftung des Sachwalters, FamZ 2007, 74 (75); zum Rauchfangkehrer s OGH Zak 2008/96; zu „ausgegliederten" Beamten und Vertragsbediensteten s OGH EvBl 2013/64 *(Lenzbauer)* = DRdA 2013/44 *(Kühteubl).*

[385]) Vgl dazu zB OGH SZ 48/17; SZ 60/156 und 236; EvBl 1988/30; JBl 1989, 655; JBl 1990, 50; ecolex 1990, 607 *(Kletečka);* SZ 68/60 und 134; EvBl 1996/80; SZ 69/132; SZ 70/241; EvBl 2000/164 (Parteienförderung ist Privatwirtschaftsverwaltung); SZ 74/56 (Benennung von Verkehrsflächen); SZ 2004/54 (Tätigkeit des Volksanwaltes); JBl 2006, 117 (Jugendwohlfahrtsträger); ÖBA 2007/1403 (Verbraucherinformation der Konsumentenschutzsektion des BMJ); Zak 2012/527 (Transportbegleitung eines Schwertransports). Es genügt ein hinreichend enger Zusammenhang mit der hoheitlichen Aufgabe, s OGH EvBl 2012/116 *(Lenzbauer)* = ZVR 2013/44 *(Ch. Huber)* (behördeninterne Beschwerde). Zu einer Einrichtung, in der ein Beschuldigter eine gemeinnützige Tätigkeit als Maßnahme der Diversion verrichte, s SZ 2008/140. Zur Entscheidung des AMS über das Bestehen eines Anspruchs auf Arbeitslosengeld s OGH ecolex 2009/329. Zur Rechtsnatur von „Rundschreiben" von Kammern s ecolex 2010/316 *(Th. Rabl).*

[386]) *Welser,* Haftung 78 f; *Paar,* Amtshaftungsrecht 21; *Sailer,* Keine Amtshaftung für Gerichtsgutachten, in FS Reischauer (2010) 375. OGH JBl 2001, 788 *(Rummel);* Zak 2008/646 (dazu *U. Schrammel,* Wieder einmal erfolglos! Zur Haftung des Sachverständigen gegenüber Dritten, Zak 2008/635, 367 [368 f]). Hingegen wird für den Amtssachverständigen einer Verwaltungsbehörde nach dem AHG gehaftet: OGH EvBl 1972/315; vgl auch JBl 2006, 117.

[387]) Dazu *Mader* in *Schwimann*³ § 1 AHG Rz 6; *Schragel* AHG³ Rz 28 ff; *Paar,* Amtshaftungsrecht 16. ZB OGH SZ 68/220 (Transportbegleitung); SZ 74/55 (Kesselprüfstelle); SZ 2003/9 („Pickerl" gemäß § 57 a KFG); JBl 2014, 658 (Privatschule) (dazu *St. Schima,* Nicht im Namen Gottes! Im Rahmen der Hoheitsverwaltung? ecolex 2014, 856).

[388]) RIS-Justiz RS0088920.

[389]) OGH SZ 74/55 (Kesselprüfstelle). Zur Unzulässigkeit des Rechtswegs gegen Organe (§ 9 Abs 5 AHG) und wer darunter zu verstehen ist, s nur OGH JBl 2009, 520;

Bei Schädigungen im Rahmen der Privatwirtschaftsverwaltung gelten die für juristische Personen allgemein bestehenden Bestimmungen.[390]) 1658

Die Gesetzgebung („legislatives Unrecht") ist vom AHG nicht erfasst,[391]) wohl aber die Verordnungssetzung. 1659

Der Geschädigte kann nur Ersatz verlangen, wenn er – sofern dies möglich war – zuerst Abhilfe im **Rechtsmittelweg** gesucht hat (§ 2 Abs 2 AHG).[392]) Aus den Erkenntnissen der **Höchstgerichte** können überhaupt keine Ersatzansprüche abgeleitet werden (§ 2 Abs 3 AHG), weil ein solcher Schadenersatz auf eine Überprüfung höchstgerichtlicher Entscheidungen durch Untergerichte hinausliefe.[393]) Vgl aber unten Rz 1669ff. 1660

Die unbegründete Ansicht, dass der Ersatzanspruch nach dem AHG nur ein subsidiärer Behelf sei und daher nicht in Betracht komme, wenn das Organ selbst (zB nach dem EKHG oder nach § 1319)[394]) oder ein Dritter dem Geschädigten hafte,[395]) wird heute nicht mehr vertreten.[396])

Hat der Rechtsträger dem Geschädigten den Schaden ersetzt, so kann er nur dann vom Organ **Rückersatz** fordern, wenn es vorsätzlich oder **grob fahrlässig** gehandelt hat (§ 3 Abs 1 AHG).[397]) Im Falle grober Fahrlässigkeit kann das Gericht aus Gründen der Billigkeit den Rückersatz mäßigen (§ 3 Abs 2 AHG idF BGBl 1984/537). Der Regress ist ausgeschlossen, wenn das Organ auf Weisung eines Vorgesetzten gehandelt hat, es sei denn, es hätte die Weisung eines offenbar unzuständigen Vorgesetzten befolgt oder durch die Befolgung der Weisung gegen strafgesetzliche Vorschriften verstoßen (§ 4 AHG). 1661

Das **Polizeibefugnis-EntschädigungsG** (BGBl 1988/735) gewährt einen **verschuldensunabhängigen** Anspruch gegen den Bund, wenn Organe des öffentlichen Sicherheitsdienstes bei der Ausübung von Zwangsbefugnissen durch die im WaffengebrauchsG genannten Maßnahmen 1662

---

dazu *Th. Rabl,* Amtshaftungsimmunität für beliehene juristische Personen! ecolex 2009, 579; aA noch OGH SZ 68/220.

390) *Mader* in *Schwimann*³ Vor § 1 AHG Rz 29; OGH SZ 68/60. AA *Eccher,* Amtshaftung und Privatwirtschaftsverwaltung, JBl 1983, 464 (473ff) und wohl auch *Öhlinger,* Der Anwendungsbereich des Amtshaftungsgesetzes, in *Aicher,* Haftung 124f.

391) OGH JBl 2005, 184: die vorbereitende legistische Tätigkeit eines Ministers ist der Gesetzgebung zuzuordnen; dazu *Wilhelm,* Vorsätzliche Verfassungswidrigkeit, ecolex 2005, 1.

392) Dazu *Schragel,* AHG³ Rz 181ff; *Mader* in *Schwimann*³ § 2 AHG Rz 2ff jeweils mwN; *Vrba/Zechner,* Zum Begriff des Rechtsmittels nach § 2 Abs 2 AHG und die Rettungspflicht nach § 1304 ABGB, ÖJZ 1981, 589 und 622; *Paar,* Amtshaftungsrecht 54ff. Zum „Rechtsmittel" OGH SZ 2007/126 (Rechtsbehelfe des § 130 KO); NZ 2014/161 (Fristsetzungsantrag gemäß § 91 Abs 1 GOG).

393) Hiezu OGH JBl 1994, 185; SZ 68/102 und 191; ecolex 1997, 573 *(Th. Rabl);* SZ 70/260; ecolex 1998, 627 *(Th. Rabl);* vgl auch RdW 2004/670 (dazu *Steinwendner,* Risikofreudiger VwGH provoziert Amtshaftung, ecolex 2005, 107).

394) Zur Konkurrenz von Amtshaftungsansprüchen mit Gefährdungshaftung s OGH SZ 2002/87; ZVR 2005/86 *(Rihs).*

395) So OGH SZ 43/167 und 216.

396) S *Matscher,* Zur sogenannten Subsidiarität der Amtshaftung, JBl 1974, 545 und 602; OGH SZ 52/119; SZ 54/12; vgl auch *Berger,* EuGRZ 1983, 235.

397) *Paar,* Amtshaftungsrecht 83ff.

unmittelbar einen Schaden verursachen.[398]) Unter Zwangsbefugnissen ist jede Anwendung physischer Gewalt zu verstehen.[399]) Der Bund haftet aber nur, wenn der Zwang in seinem Vollzugsbereich ausgeübt und nicht durch ein rechtswidriges Verhalten des Geschädigten ausgelöst worden ist.

Lag die schädigende Maßnahme im überwiegenden Interesse des Geschädigten, so ist der Ersatzanspruch bei Sachschäden ausgeschlossen, bei Personenschäden nach Billigkeit zu mäßigen (§ 2 Abs 2 Satz 2 PBEG idF BGBl 1996/201).

Zur verschuldensunabhängigen Haftung des Bundes nach dem StEG 2005 s oben Rz 1500.

2. Organhaftpflichtgesetz

Literatur: *F. M. Adamovic,* Zur Organhaftung: Bindung an Disziplinarerkenntnis – Haftung eines Beamten in Vollziehung der Gesetze? ÖJZ 2005, 481; *Ent,* Die Organhaftpflicht (1969).

Ein Polizist unterlässt fahrlässig die Ergänzung des Motoröls eines Streifenwagens, sodass es zu einem „Kolbenreiber" kommt. Ein Beamter vernichtet wichtige Formulare, weil er sie für überholt hält.

1663 Das OrgHG 1967 regelt die Ersatzpflicht für Schäden, welche die Organe in Vollziehung der Gesetze, also in Ausübung **hoheitlicher** Tätigkeit, ihrem **Rechtsträger** zufügen (§ 1 OrgHG).

1664 **Rechtsträger** sind der Bund, die Länder, die Bezirke, die Gemeindeverbände, die Gemeinden, die Träger der Sozialversicherung und sonstige Körperschaften oder Anstalten des öffentlichen Rechts.

1665 **Organe** sind alle physischen Personen, die in Vollziehung der Gesetze (Gerichtsbarkeit oder Verwaltung) handeln, gleichviel, ob sie dauernd oder vorübergehend oder für den einzelnen Fall bestellt sind, ob sie gewählte, ernannte oder sonstwie bestellte Organe sind und ob ihr Verhältnis zum Rechtsträger nach öffentlichem oder nach privatem Recht zu beurteilen ist.

1666 Ein Ersatzanspruch ist **ausgeschlossen,** wenn der Rechtsträger den Schaden durch ein Rechtsmittel oder eine andere gesetzlich begründete Maßnahme hätte abwenden können. Hat das Organ den Schaden in Befolgung einer Weisung zugefügt, so wird es nur dann ersatzpflichtig, wenn die Weisung von einem offenbar **unzuständigen** Vorgesetzten erteilt wurde oder ihre Befolgung gegen das **Strafgesetz** verstoßen hat. Ein Höchstgericht kann für seine Entscheidungen nicht verantwortlich gemacht werden (§ 2 OrgHG).

1667 Das Organ ist von der Haftung befreit, wenn es den Schaden durch eine **entschuldbare Fehlleistung** verursacht hat. Bei einem darüber hi-

[398]) Zum Umfang des Ersatzes s OGH SZ 2002/88 = ecolex 2003, 173 *(Leitner).* Zum Verhältnis von öffentlich-rechtlicher Entschädigung und Schadenersatz *Wimmer,* Die Entschädigung im öffentlichen Recht (2009) 41 f.

[399]) *Schauer,* Zivilrechtliche Probleme des Polizeibefugnis-Entschädigungsgesetzes, JBl 1989, 763.

nausgehenden **Versehen** (leichter oder grober Fahrlässigkeit) kann das Gericht aus Gründen der Billigkeit den Ersatz **mäßigen** oder, sofern der Schaden durch einen minderen Grad des Versehens (leichte Fahrlässigkeit) zugefügt worden ist, auch ganz **erlassen.** § 2 Abs 2 DHG ist sinngemäß anzuwenden (§ 3 OrgHG idF BGBl 1984/537).[400])

Der Schaden ist immer in **Geld** zu ersetzen (§ 1 Abs 1 OrgHG). 1668

3. Staatshaftung

Literatur: *Eilmannsberger,* Rechtsfolgen und subjektives Recht im Gemeinschaftsrecht (1996); *Längle,* Der Staatshaftungsanspruch (1999); ÖJK, Staatshaftung (2004); *Rebhahn,* Staatshaftung nach dem Recht der Europäischen Gemeinschaften, JBl 1996, 749; *Rebhahn,* Staatshaftung wegen mangelnder Gefahrenabwehr (1997); *Schermaier,* Der Gemeinschaftsrechtliche Staatshaftungsanspruch (1999); *Schoißwohl,* Staatshaftung wegen Gemeinschaftsrechtsverletzung: Anspruchsgrundlage und materielle Voraussetzungen (2002); *Schwarzenegger,* Die Staatshaftung für unterlassene Richtlinienumsetzung nach der Rechtsprechung des EuGH und das österreichische Haftungsrecht, in FS Posch (1996) 363; *Schwarzenegger,* Ausgewählte Probleme der Staatshaftung nach Gemeinschaftsrecht, JBl 2001, 161; *Schwarzenegger,* Staatshaftung – Gemeinschaftsrechtliche Vorgaben und ihre Auswirkungen auf nationales Recht (2001); *A.-Z. Steiner,* Die außervertragliche Haftung der Europäischen Union nach Art 340 Abs 2 AEUV für rechtswidriges Verhalten (2015); *Zechner,* Entwicklungslinien der Staatshaftung aus hoheitlichem Verhalten in Österreich, in FS 200 Jahre ABGB (2011) 771.

Der EuGH verpflichtet die Mitgliedstaaten der EU in ständiger Rechtsprechung[401]) zum Ersatz der Schäden, die jemandem durch Verstöße gegen das **Unionsrecht** entstehen und die dem Staat zuzurechnen sind **(Staatshaftung).** Obwohl der AEUV den Staatshaftungsanspruch nicht ausdrücklich vorsieht, handelt es sich dabei um einen **allgemeinen Rechtsgrundsatz** des primären Unionsrechts, der dem Einzelnen einen **unmittelbar** auf Unionsrecht basierenden Anspruch gewährt. 1669

Die Haftung des Staates wegen Verletzung von Unionsrecht setzt zunächst einen unmittelbaren **Kausalzusammenhang** zwischen dem Verstoß des Staates und dem eingetretenen Schaden sowie die Rechtswidrigkeit des ursächlichen Verhaltens voraus.[402]) Staatshaftung kommt sowohl bei der Verletzung von primärem als auch sekundärem Unionsrecht in Betracht und bedeutet daher eine Haftung des Staates für legislatives oder administratives Unrecht. Der Staat handelt daher **rechtswidrig,** wenn er eine **EU-Richtlinie** nicht, zu spät oder mangelhaft umsetzt oder nationale Gesetze oder Verordnungen erlässt (oder aufrechterhält), die dem **Unionsrecht widersprechen.** Auch die Tätigkeit der innerstaatlichen 1670

[400]) Vgl OGH EvBl 1979/53; JBl 2004, 327. Zur Unterscheidung vom Regressanspruch nach AHG: OGH SZ 70/104.

[401]) Grundlegend EuGH verb Rs C-6/90 und C-9/90 *(„Francovich");* verb Rs C-46/93 und C-48/93 *(„Factortame III").*

[402]) OGH ZVR 2015/92. Zur mangelnden Kausalität OGH SZ 74/15 = ZfRV 2002, 26 *(Schwarzenegger);* JBl 2013, 581; *Koziol,* Staatsverschuldung: Schadenersatzrechtliche Haftung der Regierung? RdW 2011, 457.

Höchstgerichte kann Gegenstand der Staatshaftung sein („judikatives Unrecht"),[403]) weil es nicht darauf ankommt, welches staatliche Organ gegen das Unionsrecht verstößt. Dies ist vor allem dann der Fall, wenn die einschlägige Rechtsprechung des EuGH offenkundig verkannt wird.[404]) Auch der Bereich der **Privatwirtschaftverwaltung** ist erfasst.

1671 Voraussetzung der Haftung ist weiters, dass die verletzte Rechtsnorm die Zuerkennung **individueller Rechte** mit bestimmbarem Inhalt bezweckt. Ob dies der Fall ist, muss wie im innerstaatlichen Recht nach dem Schutzzweck der übertretenen Norm beurteilt werden. Die Haftung setzt zwar kein Verschulden des dem Staat zuzurechnenden Organs voraus, doch muss der Verstoß **„hinreichend qualifiziert"** sein.[405]) Dabei können auch subjektive Gesichtspunkte berücksichtigt werden, zB die Entschuldbarkeit eines Rechtsirrtums.[406])

1672 Das österreichische Recht enthält keine ausdrückliche gesetzliche Regelung für die Geltendmachung von EU-Staatshaftungsansprüchen,[407]) doch sind sie auch **ohne Umsetzungsakt** unmittelbar durchsetzbar.[408]) Zuständig sind in Österreich die ordentlichen Gerichte[409]) oder der VfGH im Rahmen der Kausalgerichtsbarkeit (Art 137 B-VG) für „legislatives Unrecht", wenn die anspruchsbegründenden Handlungen oder Unterlassungen nicht einem hoheitlich tätig gewordenen Vollzugsorgan, sondern unmittelbar dem Gesetzgeber zuzuordnen sind.[410]) Darüber hinaus ist der VfGH in Fragen der Haftung wegen gemeinschaftswidrigen höchstgerichtlichen Entscheidungen zuständig.[411])

---

[403]) Vgl auch *Mader* in *Schwimann*³ Vor § 1 AHG Rz 20. So EuGH C-224/01 *(„Köbler")* ZfRV 2003, 228 *(Schwarzenegger);* dazu *Jud,* ecolex 2003, 385; *Wilhelm,* Staatshaftung für judikatives Unrecht oder Saturnalien des Schadenersatzes, ecolex 2003, 733; *Dobrowz,* Rechtssache Köbler – Neues zur Staatshaftung in Österreich, wbl 2003, 566; *Heller,* Die Haftung des Staates für den Verstoß seiner Höchstgerichte gegen Gemeinschaftsrecht, in FS Michalek (2005) 139.

[404]) OGH SZ 73/50; ecolex 2010/316 *(Rabl)* = ZVR 2015/92.

[405]) Dazu OGH ZfRV 2004, 188 *(Ofner)* (Maut) (s dazu auch OGH ZVR 2004/94). Vgl auch ecolex 2015/125 (erhebliches und offenkundiges Überschreiten des Ermessens).

[406]) Vgl *Schoißwohl,* Grundlagen des Rechtswidrigkeitsurteils in der Staatshaftung wegen Gemeinschaftsrechtsverletzung, ecolex 2000, 334ff mwN.

[407]) *Dossi,* Geltendmachung der EU-Staatshaftung in Österreich: die Praxis in einem System unvollständiger Rechtsgrundlagen, ecolex 2000, 337.

[408]) Vgl *Mader* in *Schwimann*³ Vor § 1 AHG Rz 23.

[409]) Vgl OGH ecolex 2000, 276 *(Längle);* SZ 73/101 = ecolex 2001, 99 *(Jud).*

[410]) Zur Zuständigkeit VfGH JBl 2001, 441 (Brennermaut); ecolex 2003, 957 (Rundfunkmonopol); OGH ecolex 2005, 211. *Burgstaller,* Staatshaftung – Zuständigkeit der Zivilgerichte oder des VfGH, ecolex 2001, 878; *Koziol,* Der Rechtsweg bei Staatshaftungsansprüchen, ZfV 2001/1563; *Schwarzenegger,* Zur Gerichtszuständigkeit in Staatshaftungssachen, ZfRV 2002, 185; *Korinek,* Zur Zuständigkeit zur Geltendmachung von Staatshaftungsansprüchen aus Gemeinschaftsrecht, in FS Weißmann (2003) 419; *Frischhut/Ranacher,* Die Unterscheidung zwischen legislativem und administrativem Unrecht in Staatshaftungssachen, ÖJZ 2005/13, 241.

[411]) VfGH JBl 2004, 303 (dazu *Wilhelm,* Staatshaftung: Gerichtszuständigkeit nach Verletzungs-Dignität, ecolex 2003, 809).

Die Folgen der verursachten Schäden sind im Rahmen des **nationalen Haftungsrechtes** zu beheben, doch darf dieses den vom EuGH entwickelten Grundsätzen nicht widersprechen.[412]) 1673

Die Haftung des Staates wegen Verletzung des Unionsrechts geht – 1674
zB bei der Haftung für legislatives und „judikatives" Unrecht – über die Schadenersatzpflicht nach dem AHG hinaus.

19. Kapitel

Das Bereicherungsrecht

Literatur: *Apathy,* Der Verwendungsanspruch (1988); *Beck-Mannagetta,* Überlegungen zur Geschichte des österreichischen Bereicherungsrechts, in FS Wesener (1992) 47; *von Caemmerer,* Bereicherung und unerlaubte Handlung, in FS Rabel I (1954) 333; *Flessner,* Bewegliches System und Bereicherungsrecht, in *Bydlinski/Krejci/Schilcher/Steininger,* Das Bewegliche System im geltenden und künftigen Recht (1986) 159; *Gelter,* Generalunternehmerschaft und Versionsanspruch im vertraglichen Nutzenkalkül, JBl 2009, 541; *Kerschner,* Bereicherung im öffentlichen Recht (1983); *Kerschner,* Zum Leistungsbegriff im österreichischen Bereicherungsrecht, JBl 2013, 409; *Köndgen,* Wandlungen im Bereicherungsrecht, in FS Esser (1975) 55; *D. König,* Ungerechtfertigte Bereicherung (1985); *Koppensteiner/Kramer,* Ungerechtfertigte Bereicherung² (1988); *Reuter/Martinek,* Ungerechtfertigte Bereicherung (1983); *Rummel,* Altes und Neues zu § 1042 ABGB, JBl 2008, 432; *Rummel,* Zur Verjährung von Bereicherungsansprüchen: (noch) ein Appell an den Gesetzgeber, in FS Koziol (2010) 377; *Wellspacher,* Versio in rem (1900); *Wendehorst,* Anspruch und Ausgleich (1999); *Wendehorst,* Leistungskondiktion und Rückabwicklung von Verträgen, in FS Koziol (2010) 425; *Wilburg,* Die Lehre von der ungerechtfertigten Bereicherung (1934); *Wilburg,* Die „Subsidiarität" des Verwendungsanspruches, JBl 1992, 545.

I. Allgemeines

1. V zahlt dem B € 350,–, in der Meinung, diesen Betrag als Restkaufpreis zu schulden. Der Kaufpreis ist aber schon zur Gänze bezahlt.

2. B verwertet ein Patent des V in der Meinung, dazu berechtigt zu sein.

Das Bereicherungsrecht soll ungerechtfertigte Vermögensverschiebungen rückgängig machen. 1675

Hiezu erhält der Verkürzte (Entreicherte) einen schuldrechtlichen Anspruch auf Ausgleich, den **Bereicherungsanspruch.** Wann eine Vermögensverschiebung **ungerechtfertigt** (rechtsgrundlos) ist, kann nicht allgemein gesagt werden. 1676

So wird zB eine „Bereicherung" durch einen gutgläubigen Erwerb nicht für ungerechtfertigt gehalten.

Vermögensverschiebungen sind jedenfalls dann **gerechtfertigt,** wenn sie in Erfüllung eines **gültigen Schuldverhältnisses** stattgefunden haben. 1677

[412]) Haftung des Landes für Unrecht des Landesgesetzgebers OGH SZ 73/123 = ecolex 2001, 100 *(Jud)* (dazu *Schwarzenegger,* JBl 2001, 161). Zur Verjährung OGH EvBl 2005/73.

Es ist daher unzulässig, Verträge mithilfe des Bereicherungsrechts zu „korrigieren".[1]) Wer ein ungünstiges Geschäft abgeschlossen hat (zB eine Sache, die 1.000 wert ist, um 800 verkauft hat), kann seinen Nachteil nicht durch das Bereicherungsrecht ausgleichen (also nicht 200 mit einer Bereicherungsklage fordern). Der Vorteil des Käufers beruht auf freier Vereinbarung. Gültige Verträge rechtfertigen also die durch ihre Abwicklung entstehenden Veränderungen der beteiligten Vermögen.

A. Bereicherung und Schaden[2])

1678 Bereicherungsansprüche sind auf die Herausgabe eines ungerechtfertigt erlangten, also rechtsgrundlosen **Vorteils** gerichtet und von einem **Schaden** des Entreicherten **unabhängig.**[3]) Wer zB ohne Erlaubnis eine fremde Sache benützt und sich dadurch Aufwendungen erspart, muss diese Bereicherung auch dann herausgeben, wenn der Eigentümer selbst die Sache während der Benützungszeit ohnehin nicht gebraucht hätte. Der Anspruch beruht allein auf der grundlosen Verlagerung des Nutzens.

Bereicherungsrecht und Schadenersatzrecht haben verschiedene Ausgangspunkte: Im Bereicherungsrecht geht es darum, dass der Belangte einen Vorteil herausgeben muss, der ihm nicht gebührt. Im Schadenersatzrecht kommt es hingegen auf den Nachteil an, den der Ersatzberechtigte (meist durch ein schuldhaftes, verbotenes Verhalten) erlitten hat. Bereicherungs- und Schadenersatzansprüche können daher miteinander konkurrieren.

B. Arten der Vermögensverschiebung

1679 Das ABGB kennt keinen einheitlichen Bereicherungstatbestand. Es enthält einzelne Regeln an verschiedenen Stellen (vgl zB §§ 877, 921, 1041 f, 1431 ff).

1680 Es gibt zwei Arten von Bereicherungsansprüchen. Für die Unterscheidung kommt es darauf an, ob eine Vermögensverschiebung durch eine Leistung des Verkürzten (oben Beispiel 1) oder in sonstiger Weise (oben Beispiel 2) erfolgt.[4])

1681 Der schuldrechtliche Anspruch auf Rückforderung der ungerechtfertigten Leistung heißt Kondiktion oder **Leistungskondiktion** (unten II.).

1682 Wurde die Vermögensverschiebung nicht durch eine Leistung bewirkt, so ist zu prüfen, ob der Bereicherte den Vorteil ohne Befugnis aus einem **fremden Vermögensgut** gezogen hat. Das Rechtsgut ist fremd, wenn es von der Rechtsordnung einem anderen zugewiesen war.[5]) Bildlich gesprochen, wirkt das Recht des Verkürzten an seinen Vermögens-

---

[1]) S hiezu OGH JBl 1993, 107; ZVR 1999/20; JBl 2000, 590 *(Rummel).*

[2]) Vgl *Koziol,* Die Bereicherung des Schädigers als schadenersatzrechtliches Zurechnungselement? Zur Auflockerung der Grenze zwischen Schadenersatz- und Bereicherungsrecht, in FS Bydlinski (2002) 175; *Koziol,* Grundfragen des Schadenersatzrechts (2010) Rz 2/25 ff.

[3]) Dazu *Wilburg,* Bereicherung 97 ff. Für eine Trennung auch OGH SZ 44/92; SZ 55/37; MietSlg 33.128.

[4]) *Wilburg,* Bereicherung 12 ff.

[5]) *Wilburg,* Bereicherung 27 ff; *Wilburg,* AcP 163, 348 f; *von Caemmerer* in FS Rabel I 352 ff; *Stanzl* in *Klang*[2] IV/1, 909.

werten (zB das Patentrecht oder das Eigentumsrecht) im Bereicherungsanspruch fort. Diese Fälle ungerechtfertigter Bereicherung werden vor allem von § 1041 geregelt. Hauptfall ist der Eingriff des Bereicherten in fremde Rechte (daher wird auch von „Eingriffskondiktionen“ gesprochen), doch gehören dazu auch Vermögensverschiebungen durch Zufall oder durch Handlungen des Verkürzten, die keine Leistungen sind (vgl unten III.).

II. Leistungskondiktionen

A. Voraussetzungen

Leistungskondiktionen sind schuldrechtliche Ansprüche zur Rückgängigmachung einer nicht gerechtfertigten Leistung. 1683

Das ABGB enthält keine systematische Regelung der Kondiktionen. In den §§ 1431–1437 behandelt es eine Reihe von Fällen, in denen der Leistung ein rechtfertigender Grund fehlt oder später wegfällt; ähnliche Vorschriften finden sich in den §§ 877, 921, 1174, § 4 KSchG und in §§ 14ff FAGG. 1684

Die Kondiktion hat der Leistende (Entreicherte, Verkürzte)[1]) gegen den Leistungsempfänger (Bereicherten).[2]) Wer Leistender und wer Leistungsempfänger ist, ist oft vollkommen klar. 1685

Der Mechanikerlehrling repariert zwar das Auto des Werkbestellers, die Leistung ist trotzdem eine solche des Werkstätteninhabers und muss im Schuldverhältnis zwischen Werkbesteller und Werkstätteninhaber ihre Rechtfertigung finden.

Die Beteiligung mehrerer Personen am Bereicherungsvorgang kann aber die Bestimmung des Leistenden und des Empfängers schwierig machen. Maßgebend ist dann, wer aufgrund der von den Parteien **vorgestellten Zweckbeziehung**[3]) der Leistende und wer der Leistungsempfänger sein sollte, was vom Empfängerhorizont her zu beantworten ist.[4]) Die Rückabwicklung der fehlgeschlagenen Leistung wird zwischen diesen Personen vorgenommen.[5]) 1686

Zur Feststellung der Leistungsbeziehung im dreipersonalen Verhältnis s unten Rz 1710ff.

---

[1]) Vgl OGH SZ 24/204; JBl 1962, 35; SZ 54/28.

[2]) Zur Rückabwicklung bei mehreren Empfängern OGH EvBl 1993/190.

[3]) *Wilburg,* Bereicherung 113f; *Koziol,* Streckengeschäft und Anweisung, JBl 1977, 617 (625f). Vgl auch OGH SZ 49/145; SZ 56/186; JBl 1985, 679 *(Wilhelm);* SZ 58/19; ÖBA 1987, 114 *(Koziol);* JBl 1988, 250 *(Karollus);* ÖBA 1998, 140; Kondiktion gegen den Geschäftsherrn, nicht gegen den Vertreter: OGH ÖBA 2000, 426 *(Rummel);* JBl 2002, 459; ecolex 2014/117; zur Überweisung auf ein nicht autorisiertes Konto: OGH ÖBA 2001, 332 *(P. Bydlinski);* zur Fehlüberweisung: ÖBA 2001, 553 *(Koziol).*

[4]) Dazu OGH ecolex 2004, 786; dazu *Helmich,* Zur Konkurrenz von Verwendungsanspruch und Leistungskondiktion, ecolex 2004, 780.

[5]) Zur Rückforderung von Subventionen *Wilhelm,* ecolex 2003, 522; zu Überzahlungen im Rahmen eines Arbeitsverhältnisses *Burger,* Rückforderung von Überzahlungen – eine Bestandsaufnahme, wbl 2007, 567.

1687 Leistung ist eine **bewusste Vermögenszuwendung** an einen anderen zur Erreichung eines bestimmten **Zweckes.**[6]) Sie kann in einem **Tun** (zB in einer Dienstleistung oder in der Lieferung von Sachen) oder in einem **Unterlassen** bestehen (zB dem Unterlassen einer Konkurrenz[7]) oder der Nichtannahme einer Erbschaft zugunsten des Nächstberufenen).

1688 **Leistungszweck** ist die Erfüllung einer **Verbindlichkeit** (zB Kaufpreiszahlung) oder die Erlangung einer **Gegenleistung** (Pflege eines Schwerkranken in Erwartung einer Erbseinsetzung). Die Leistung findet ihre Rechtfertigung im Schuldverhältnis. Ebenso ist die Leistung gerechtfertigt, wenn die Parteien der zwischen ihnen bestehenden, rechtlich nicht bindenden „reinen Zweckvereinbarung" entsprechen.

B verspricht V, ihn gegen Zahlung einer bestimmten Summe zum Erben einzusetzen. Die Vereinbarung ist ungültig, weil sie gegen den Grundsatz der Testierfreiheit verstößt (unten Rz 1987). Setzt aber B den V zum Erben ein, so kann dieser seine Leistung nicht zurückfordern, weil das Ziel der Vereinbarung erreicht ist.

1689 Besteht hingegen das **Schuldverhältnis,** zu dessen Erfüllung geleistet wird, von Anfang an **nicht** oder fällt es später weg, so erreicht die Leistung nicht ihren Zweck; es fehlt ihr der rechtliche Grund.[8]) Dasselbe gilt, wenn die nicht geschuldete, aber erwartete Gegenleistung ausbleibt, sich also die unverbindliche **Zweckvereinbarung nicht** verwirklicht.

1690 Ausnahmsweise ist trotz Zweckverfehlung die Rückforderung **ausgeschlossen** („mangelnde Schutzwürdigkeit des Leistenden"). Dies gilt, wenn der Leistende weiß, dass er nichts schuldet (§ 1432). Ebenso wenig kann das zu einem unerlaubten Zweck Gegebene zurückgefordert werden (§ 1174).

1691 Die Leistungskondiktionen setzen zwar eine Leistung voraus, nicht aber, dass der Vermögensvorteil aus einem absolut geschützten Gut gegen dessen Zuweisungsgehalt gezogen wurde.[9]) Daher kommt es auch nicht darauf an, wer Eigentümer der zugewendeten Sache war oder ist.[10]) Rückforderungsgrund ist allein die „Fehlerhaftigkeit" (Rechtsgrundlosigkeit) der Leistung.

Auch der Dieb, der die gestohlene Sache verkauft, kann seine Leistung kondizieren, wenn sein Vertrag mit dem Erwerber, zB aufgrund einer Wandlung wegen Rechtsmangels, wegfällt.

---

[6]) *Reuter/Martinek,* Bereicherung 80ff; *Weitnauer,* Die Leistung, in FS von Caemmerer (1978) 255; vgl auch OGH SZ 54/131. Für einen weiteren Leistungsbegriff *Spielbüchler,* Der Dritte im Schuldverhältnis (1973) 185ff; vgl auch *Kupisch,* Gesetzespositivismus im Bereicherungsrecht (1978) 58; *Kerschner,* JBl 2013, 409.

[7]) S OGH wbl 1988, 436 und dazu *Kerschner,* Kondiktion unterlassener Konkurrenz, wbl 1988, 422.

[8]) Vgl hiezu aber *Kupisch,* Leistungskondiktion bei Zweckverfehlung, JZ 1985, 101 und 163.

[9]) Dazu *Wilburg,* Bereicherung 49f. Vgl aber *Bälz,* Leistung – Rückgriff – Durchgriff, in FS Gernhuber (1993) 3.

[10]) Vgl OGH SZ 54/156.

War der Leistende auch Eigentümer der geleisteten Sache, so kann mit der Kondiktion die **Eigentumsklage** (§ 366) konkurrieren.[11]) 1692

V verkauft seine Sache an K und übergibt sie ihm. Ist der Kaufvertrag ungültig, so erwirbt K wegen der Kausalität des Erwerbes (Voraussetzung eines gültigen schuldrechtlichen Rechtsgrundes) kein Eigentum. V hat gegen ihn sowohl die Leistungskondiktion als auch die rei vindicatio. Hat die Vertragsauflösung allerdings keine Auswirkungen auf den Eigentumserwerb des Leistungsempfängers (ex nunc-Wirkung), so steht dem Übergeber nur die Leistungskondiktion zu.

B. Die einzelnen Kondiktionen

1. Die Rückforderung wegen irrtümlicher Zahlung einer Nichtschuld (condictio indebiti, § 1431)

V sendet B Waren in der Annahme, dieser habe sie bei ihm bestellt. B hatte sich aber nur unverbindlich erkundigt.

Der Fahrer des Geschenkgebers liefert drei Kisten Champagner irrtümlich nicht beim Beschenkten, sondern bei dessen Nachbarn ab, der sie für ein Überraschungsgeschenk hält.

Die Voraussetzungen der condictio indebiti sind einerseits das **Fehlen der Verbindlichkeit,** zu deren Erfüllung geleistet wurde, und andererseits ein **Irrtum** des Leistenden über ihren Bestand, ihren Gegenstand, die Person des Gläubigers oder des Schuldners.[12]) Ob der Zuwendende seinen Irrtum verschuldet hat, ist unerheblich.[13]) 1693

Die Bezahlung einer bedingten oder noch ungewissen Forderung steht der Erfüllung einer Nichtschuld gleich (§ 1434). Hat der Leistende hingegen eine nur noch nicht fällige Schuld bezahlt, so hat er kein Rückforderungsrecht. 1694

Eine Ausnahme wird allerdings zugunsten des geschäftsunfähigen Zahlers gemacht. Sein gesetzlicher Vertreter ist berechtigt, das Geleistete zurückzufordern (§ 1421). Davon ist der Fall des § 1424 zu unterscheiden, bei dem es um die Konsequenzen einer Leistung an (nicht: durch) den Geschäftsunfähigen geht. Dazu unten Rz 1771.

Da Voraussetzung der Rückerstattung ein Irrtum des Leistenden ist, schließt § 1432 die Kondiktion aus, wenn der Zahlende **bewusst** eine Nichtschuld **zahlt.**[14]) Oft wird hier überhaupt eine Schenkung anzunehmen sein, zB eine solche aus sittlicher Pflicht. Bestehen bloß Zweifel über die Existenz der Verbindlichkeit oder wird nur „unter Vorbehalt“ gezahlt, so ist die Rückforderung jedenfalls zulässig,[15]) wenn sich der Mangel des Grundes herausstellt. Wollte allerdings der Zahlende mit der Leis- 1695

[11]) Details bei *Spielbüchler,* Die Leistungskondiktion im System der kausalen Übereignung, JBl 2001, 38 (39f).

[12]) Zur Beweislast s OGH JBl 1984, 495; wbl 1987, 312; ÖBA 1988, 86; ÖBA 2006/1339. Zur Analogie bei Rückforderung des vom Garanten Geleisteten durch den Garantieauftraggeber s OGH ÖBA 1987, 505 *(Koziol).*

[13]) S OGH SZ 53/130; MietSlg 33.246; wbl 1987, 312; ÖBA 1988, 86.

[14]) Zur Wissenszurechnung eines Mitarbeiters s OGH SZ 2008/40.

[15]) *Ehrenzweig* II/1, 735; *Wilburg* in *Klang*² VI 456f.

tung zugleich die strittige Schuld anerkennen, hat er kein Rückforderungsrecht.

1696 Da **Naturalobligationen** zahlbar sind, kann das zu ihrer Erfüllung Hingegebene nicht zurückgefordert werden. Dies gilt vor allem für die Zahlung formungültiger[16]) und verjährter Schulden (§ 1432; vgl aber Bd I Rz 585 zu den Ehegattenverträgen).

Erbringt bei einer beiderseitigen Naturalobligation ein Teil seine Leistung in der Meinung, dass auch sein Partner erfüllen werde und wird er in dieser Hoffnung enttäuscht, so kann er nach manchen zwar nicht gemäß § 1431, wohl aber in Analogie zu § 1435 kondizieren, weil er im Hinblick auf einen nicht eingetretenen Erfolg (die Erbringung der Gegenleistung) gezahlt habe. Gegen diese Ansicht spricht allerdings, dass der Leistende auf jeden Fall eine – wenn auch nicht durchsetzbare – Verpflichtung erfüllt hat, sodass er nicht rechtsgrundlos geleistet hat.

1697 Nicht geschäftsfähige Personen können auch dann kondizieren, wenn sie wissentlich eine Nichtschuld bezahlt oder eine Naturalobligation erfüllt haben (§ 1433).

2. Die condictio sine causa

1698 § 877 gewährt Bereicherungsansprüche, wenn die „Aufhebung eines Vertrages aus mangelnder Einwilligung verlangt" wird. Er hat seinem Wortlaut und seiner systematischen Stellung nach die **Anfechtung** eines Rechtsgeschäfts wegen Irrtums, List oder Drohung im Auge.[17]) Durch die rückwirkende Auflösung des Vertrages fällt der Rechtsgrund auch für die schon erbrachten Leistungen weg.

Auch wenn jemand eine Sache außerhalb einer rechtsgeschäftlichen Beziehung durch List oder Drohung an sich gebracht hat, kann sie bereicherungsrechtlich zurückverlangt werden. § 877 ist zwar nicht direkt anwendbar, weil ein Schuldverhältnis gar nicht in Aussicht genommen wurde, doch liegt eine rechtsgrundlose Hingabe vor, die eine Kondiktion rechtfertigt.

1699 Im Gegensatz zu § 1431 setzt § 877 **nicht** notwendig einen **Irrtum** des Leistenden voraus. Er kann auch kondizieren, wenn er bei der Erfüllung sein Anfechtungsrecht kannte und daher wusste, dass er bei dessen Ausübung nicht leisten müsste. Auch bei Nichtzustandekommen des Geschäfts wegen Dissenses stehen dem Leistenden Kondiktionsansprüche zu. Ob man sich hiefür auf § 877, § 1431 oder § 1435 berufen soll, ist strittig,[18]) aber auch nicht weiter erheblich.

---

[16]) Dazu *Dehn,* Formnichtige Rechtsgeschäfte und ihre Erfüllung (1998) 157ff.

[17]) Für einen umfassenderen Anwendungsbereich *Rummel* in *Rummel*[3] § 877 Rz 1f mwN; OGH JBl 1988, 250 *(Karollus);* vgl auch NZ 1997, 87; SZ 2005/168. Gegen die condictio sine causa als eigenen Kondiktionstyp *Riedler* in *Schwimann/Kodek*[4] § 877 Rz 3; gegen diese *Bydlinski,* Grundfragen der Unerlaubtheitskondiktion, entwickelt an einem exemplarischen Fall, in FS Zöllner (1998) 1029 (1037).

[18]) *Rummel,* Kondiktion bei verbotenen und sittenwidrigen Rechtsgeschäften, ÖJZ 1978, 255; *Gschnitzer* in *Klang*[2] IV/1, 155.

3. Die Rückforderung wegen nachträglichen Wegfalls des Leistungszweckes (condictio causa finita, § 1435)

§ 1435 gewährt die Kondiktion, wenn der zunächst vorhandene Leistungsgrund später wegfällt: Sachen, die als eine wahre Schuldigkeit gegeben worden sind, kann der Leistende zurückfordern, wenn der **rechtliche Grund,** sie zu behalten, **aufgehört** hat. Diese „condictio causa finita" kommt vor allem zur Anwendung, wenn Verträge durch Ausübung eines Gestaltungsrechts **aufgehoben** werden, das zwar den Vertrag rückwirkend beseitigt, aber am Eigentumserwerb nichts ändert (schuldrechtliche ex tunc-, sachenrechtliche ex nunc-Wirkung); so zB beim Rücktritt vom Vertrag wegen Verzugs (§ 918), seiner Aufhebung wegen nachträglicher Unmöglichkeit (§§ 920, 1447), bei Wandlung wegen Mangelhaftigkeit der Leistung (§ 932). Ebenso ist bei Dauerschuldverhältnissen eine Vorleistung zurückzuerstatten, wenn ihr durch Kündigung des Vertrages der Rechtsgrund entzogen wird. 1700

Rückforderung des vorausbezahlten Lohnes bei vorzeitiger Auflösung des Dienstverhältnisses;[19]) Rückforderung des aufgrund eines Urteils Geleisteten, wenn der außerordentlichen Revision Folge gegeben wird;[20]) Rückforderung eines nicht bestimmungsgemäß verwendeten Vorschusses.[21])

4. Die Rückforderung wegen Nichteintritts des erwarteten Erfolges (condictio causa data causa non secuta)

In Analogie zu § 1435 gewähren Lehre und Rechtsprechung eine Kondiktion wegen Nichteintritts des erwarteten Erfolges (condictio causa data causa non secuta):[22]) Eine erkennbar zur Erreichung eines bestimmten Zweckes[23]) erbrachte und entgegengenommene Leistung kann zurückverlangt werden, wenn dieser **Zweck nicht erreicht** wird. Die Rückforderung ist allerdings ausgeschlossen, wenn dem Leistenden die Unerreichbarkeit von vornherein bekannt war (§ 1174 Abs 1 Satz 1).[24]) 1701

Oft will der Leistende eine Gegenleistung erhalten, zu der sich der Empfänger nicht verbindlich verpflichten will oder kann: Erbringung einer Leistung in der Hoffnung, im Testament bedacht zu werden;[25]) Bestellung eines Heiratsgutes in der Annahme, die Ehe würde zustande kommen; Leistungen in der Erwartung, geheiratet[26]) oder adoptiert zu werden, oder in der Annahme des Weiterbestandes der Lebens-

---

[19]) OGH GlUNF 3.038.

[20]) OGH SZ 58/204; JBl 2005, 316 *(Mader).*

[21]) OGH EvBl 1991/169.

[22]) *Rummel,* Wegfall des Rechtsgrundes und Zweckverfehlung als Gründe der Kondiktion nach § 1435 ABGB, JBl 1978, 449; *Rummel,* Schenkungen unter Ehegatten und Scheidung, JBl 1976, 626; OGH JBl 1973, 159 *(Holzer);* ZAS 1973/22 *(Koziol);* JBl 1976, 648; SZ 53/71; SZ 61/76; JBl 1988, 320.

[23]) Dazu *Rummel* in *Rummel*[3] § 1435 Rz 4.

[24]) OGH EFSlg 87.415.

[25]) OGH SZ 36/30; ZAS 1969/3 *(Rummel);* ZAS 1974/14 *(Aicher);* EF-Z 2007/20 *(Höllwerth)* = AnwBl 2007/8093 *(H. Huber).*

[26]) Vgl OGH SZ 40/15; SZ 42/94; SZ 62/5.

gemeinschaft,[27]) der Ehe,[28]) des ehelichen Zusammenwohnens,[29]) des Dienstverhältnisses[30]) oder in der Annahme, eine „Auszeit“ für Studienzwecke finanziert zu bekommen.[31])

Werden im Hinblick auf einen Zweck Arbeiten geleistet, die jenen eines Dienstnehmers entsprechen – zB Arbeit auf dem väterlichen Hof, in der Erwartung, diesen übertragen zu erhalten[32]) –, so gebührt die Kondiktion ohne Rücksicht auf den wirtschaftlichen Nutzen des Empfängers (§ 1152 per analogiam),[33]) es sei denn, dass der Leistende den Erfolg selbst vereitelt hat.[34])

1702 Was allerdings wissentlich zur **Bewirkung** einer **unerlaubten Handlung** gegeben wurde, kann bei Nichteintritt des Erfolges **nicht zurückgefordert** werden (§ 1174 Abs 1 Satz 1). „Zur Bewirkung“ heißt als Entgelt für die unerlaubte Tätigkeit. Damit ist nicht die Gegenleistung für eine Sache bei verbotenen Austauschgeschäften gemeint.[35])

Kauft also V von B unter Vorauszahlung des Preises Drogen, die dann B nicht liefert, so kann er den Kaufpreis zurückverlangen. Hingegen gibt es keine Kondiktion, wenn V den B dafür bezahlt, dass er den X verprügelt.

1703 Das Gesetz verweigert die Rückforderung, damit für den Empfänger **kein Druck** zur Setzung der unerlaubten Handlung entsteht. Dagegen lässt sich allerdings sagen, dass auch der Empfänger den Vorteil nicht verdient.

1704 Die Rückforderung ist auch ausgeschlossen, wenn eine verbotene Handlung als Vorleistung auf eine erwartete Gegenleistung gesetzt wird, die dann ausbleibt.[36]) Aus dem Zweck des übertretenen Verbotes kann sich das Gegenteil ergeben.

Macht V dem B bei einem Einbruch die „Räuberleiter“ in der Hoffnung, an der Beute beteiligt zu werden, so kann er seine „Leistung“ nicht kondizieren, wenn ihm B nichts gibt.

---

[27]) OGH RZ 1966, 100; SZ 53/20; JBl 1988, 253; JBl 1991, 588; EFSlg 87.414; vgl auch JBl 1973, 159 *(Holzer);* MietSlg 35.269; EF-Z 2009/126 *(Ott/Janovsky)* = iFamZ 2009/206 *(Deixler-Hübner);* iFamZ 2010/124.

[28]) OGH SZ 48/59; MietSlg 27.243; SZ 53/71; EF-Z 2011/11. Vgl auch *Joost,* Zuwendungen unter Ehegatten und Bereicherungsausgleich unter Ehegatten, JZ 1985, 10; *Deixler-Hübner,* Auswirkung der Scheidung auf Schenkungen zwischen Ehegatten, EF-Z 2008/131, 213 (214).

[29]) OGH SZ 55/70; EF-Z 2012/162 *(Stefula)* = iFamZ 2012/197 *(Deixler-Hübner).*

[30]) Vgl OGH ZAS 1974/13 *(E. A. Kramer).*

[31]) OGH EF-Z 2009/126, 192 *(Janovsky)* = iFamZ 2009/206, 300 *(Deixler-Hübner).*

[32]) Vgl OGH JBl 1981, 543; iFamZ 2009/204.

[33]) Dazu *Bydlinski,* Lohn- und Kondiktionsansprüche aus zweckverfehlenden Arbeitsleistungen, in FS Wilburg (1965) 45; ebenso OGH EvBl 1980/37; ZAS 1985/18 *(P. Bydlinski);* RdA 1986, 307 *(Apathy);* SZ 61/16; iFamZ 2010/124. Vgl auch OGH ZAS 1976/19 *(Fenyves).* Für eine weitergehende Analogie OGH ecolex 1990, 747 *(Knötzl).*

[34]) OGH SZ 63/91; JBl 1991, 250 und 588; RIS-Justiz RS0021833; RS0033767.

[35]) Dazu *Wilburg* in *Klang*² V 477 ff; *Iro,* Zivilrechtliche Probleme bei Verträgen mit Schwarzarbeitern, JBl 1987, 1 (10 f); OGH ZfRV 1961, 18 *(Bydlinski);* zur Kondiktion gegen den Scheingeschäftsführer OGH JBl 2004, 107 *(Thunhart).*

[36]) *Ehrenzweig* II/1, 746; *Wilburg* in *Klang*² V 480; s *Bydlinski,* Grundfragen der Unerlaubtheitskondiktion, entwickelt an einem exemplarischen Fall, in FS Zöllner (1998) 1029 ff.

5. Die Rückforderung bei Unmöglichkeit oder Unerlaubtheit

Ist das Geschäft wegen ursprünglicher **Unmöglichkeit** nach § 878 ungültig, so kann die erbrachte Gegenleistung bei Irrtum über die Gültigkeit des Vertrages nach § 1431 und sonst wegen Zweckverfehlung nach § 1435 zurückgefordert werden. Schlichte anfängliche Unmöglichkeit führt zu einem gültigen Vertrag, der gewandelt werden kann. Die Rückabwicklung erfolgt dann ebenfalls nach § 1435. 1705

Ist ein Rechtsgeschäft wegen **Gesetz**- oder **Sittenwidrigkeit** nichtig (§ 879), so entscheidet über die Rückforderungsmöglichkeit der Zweck der die Ungültigkeit begründenden Norm.[37]) Will das Verbotsgesetz nur die Entstehung durchsetzbarer Verpflichtungen verhindern, ohne eine tatsächlich vorgenommene Vermögensverschiebung zu missbilligen, so begründet die Nichtigkeit für sich allein keinen Rückforderungsanspruch. 1706

Bezweckt das Verbot allerdings den Schutz einer der beiden Parteien oder richtet es sich gegen den Leistungsaustausch an sich, so sind die Zuwendungen immer rückforderbar, also entgegen der allgemeinen Regel (§§ 1431 f) auch dann, wenn dem Leistenden die Ungültigkeit der Verpflichtung bekannt war.[38]) 1707

Es entspricht dem Zweck der Schutzbestimmung, dass der Bewucherte die bezahlten Zinsen[39]) und der durch Preisvorschriften geschützte Abnehmer den unzulässigen „Überpreis" zurückverlangen kann (so ausdrücklich § 27 Abs 3 MRG unter anderem für unzulässige Ablösen und Mietzinse).

Zum Zweck[40]) eines **verbotenen Spieles** gegebene Darlehen sind nicht kondizierbar (§ 1174 Abs 2). Ob dies nur dann gilt, wenn das Geld beim Spiel verloren geht, ist strittig.[41]) 1708

6. Die condictio ob turpem vel iniustam causam

§ 1174 Abs 1 Satz 3 gewährt eine Kondiktion wegen Verwerflichkeit des Empfanges einer Leistung, wenn „zur **Verhinderung** einer unerlaubten Handlung demjenigen, der diese Handlung begehen wollte", etwas gegeben wurde. Danach ist zB das dem Entführer gezahlte Lösegeld rückforderbar. Keine Voraussetzung ist, dass der Empfänger die Leistung verlangt hat oder dass er dem Zahlenden mit der unerlaubten Handlung 1709

---

[37]) So vor allem *Wilburg* in *Klang*² V 462 ff; *Rummel,* ÖJZ 1978, 253; OGH RdW 1984, 9; JBl 1986, 526 *(Pfersmann);* SZ 62/123; wobl 1990, 160 *(Call);* vgl auch *Iro,* JBl 1987, 111; *M. Bydlinski,* Wertsicherungsklausel im Baurechtsvertrag und Rückforderung, ÖJZ 1987, 11 ff; s aber *Gschnitzer,* Schuldrecht BT 405; OGH SZ 5/33; JBl 1966, 364; JBl 1988, 250 *(Karollus).* Zu kartellrechtswidrigen Vereinbarungen s OGH ÖBl 2012/44 *(Holzinger)* = ecolex 2012/369 *(Mayer); Eilmansberger,* Zur Nichtigkeit kartellrechtswidriger Vereinbarungen und ihren Konsequenzen JBl 2009, 337 und 427.

[38]) So im Ergebnis auch OGH SZ 74/11 (§ 877).

[39]) Vgl dazu *Rummel,* ÖJZ 1978, 258.

[40]) Bedingter Vorsatz genügt nach OGH SZ 59/117; ÖBA 1996, 394.

[41]) Auf den Fall des Verlustes einschränkend: *Wilburg* in *Klang*² V 488 f; *P. Bydlinski,* ZVR 1989, 250 f; *Binder,* Privatrechtliche Aspekte der Spielsucht, ÖJZ 1998, 180 f; OGH SZ 54/157. AA OGH SZ 59/117; JBl 1991, 524 *(Honsell).*

gedroht hat. Daher sind auch Zuwendungen rückforderbar, die spontan gegeben werden, um einen Täter, dessen Pläne noch gar nicht an die Öffentlichkeit gedrungen sind, von seinem Vorhaben abzubringen.

Condictio ob turpem vel iniustam causam nennt man auch die Rückforderungsklage bei verbotenen oder sittenwidrigen Geschäften.

C. Die Rückabwicklung im Dreiecksverhältnis[42])

1710 Die Schwierigkeit bei der Rückabwicklung im dreipersonalen Verhältnis besteht in der Ermittlung des Leistenden und des Leistungsempfängers, da derjenige, der eine Leistung tatsächlich erbringt, ebenso wenig mit dem „juristisch Leistenden" identisch sein muss, wie der tatsächliche Empfänger einer Leistung mit dem „juristischen Leistungsempfänger". Die Feststellung der **juristischen Leistungsbeziehungen** ist auch deshalb wichtig, weil die Frage, gegen wen ein Anspruch zusteht, oft über die Verteilung des Insolvenzrisikos entscheidet.

1711 Die Grundfrage für alle Dreieckskonstellationen ist also: Wer hat an wen geleistet?

1. Anweisung

A verkauft C 100.000 Tonnen Erdöl (Valutaverhältnis). A deckt sich durch Kaufvertrag bei B ein (Deckungsverhältnis) und weist diesen an, das Öl direkt an C zu liefern (Einlösungsverhältnis). Nach der Ablieferung stellt sich heraus, dass der Vertrag zwischen A und B (Variante 1) oder jener zwischen A und C (Variante 2) ungültig ist, dass beide Verträge ungültig sind (Variante 3) oder dass A bei Erteilung der Anweisung geschäftsunfähig war (Variante 4).

1712 Leistet der Angewiesene B irrtümlich an C, obwohl die Verpflichtung gegenüber dem Anweisenden A nicht gültig zustande gekommen ist **(Ungültigkeit des Deckungsverhältnisses),** so fragt sich, von wem er kondizieren kann (Variante 1).

Dies hängt davon ab, auf welchen Rechtsgrund hin er leisten wollte. Der Rechtsgrund gibt Auskunft über die Person des Leistungsempfängers. Die Absicht des Leistenden (die Beziehung zum Rechtsgrund) ist – wie bei den rechtsgeschäftlichen Erklärungen – vom Empfängerhorizont aus festzustellen. Bei der Anweisung weiß aufgrund der doppelten Ermächtigung (oben Rz 710f) auch der Empfänger, dass der Angewiesene die Leistung nur wegen seines besonderen Verhältnisses zum Anweisenden erbringt.

1713 Im Beispiel will B durch die Zuwendung an C erkennbar seinen mit A abgeschlossenen Kaufvertrag erfüllen, also diesem leisten. Die faktische Leistung des B an C ist daher rechtlich eine Leistung des B an A,

---

[42]) Zu den Dreiecksverhältnissen vgl *Welser,* Vertretung ohne Vollmacht (1970) 242ff; *Spielbüchler,* Schuldverhältnis 183ff; *Koziol,* JBl 1977, 617; *Hassold,* Zur Leistung im Dreipersonenverhältnis (1981); *Koziol,* Der Garantievertrag (1981) 81ff; *Reuter/Martinek,* Bereicherung 385ff; *Große-Sender,* Rückabwicklung in Dreipersonenverhältnissen, JAP 1996/97, 211 und JAP 1997/98, 18, 73, 163 und 237; *Flume,* Der Bereicherungsausgleich in Mehrpersonenverhältnissen, AcP 199, 1; *Spielbüchler,* JBl 2001, 38.

gleichzeitig aber eine solche des A an C. Ist das Verhältnis zwischen dem Angewiesenen und dem Anweisenden ungültig, so hat der **Angewiesene** die Leistungskondiktion nur gegen den **Anweisenden,** nicht aber gegen den Anweisungsempfänger,[43]) weil diesem in Erfüllung seines Kaufvertrages mit A geleistet wurde, sodass er nicht rechtsgrundlos bereichert ist.

Da C mangels einer Titelkette nicht derivativ Eigentum erwerben kann, steht B allerdings die rei vindicatio gegen C zu. Nach Verbrauch der Sache hat B einen Verwendungsanspruch. Beides gilt jedoch nicht, wenn das Deckungsverhältnis nur mit sachenrechtlicher ex nunc-Wirkung aufgelöst wird oder wenn C gutgläubig Eigentum erworben hat (analog § 367; dazu Bd I Rz 1045).

Fehlt nur das die Leistung rechtfertigende Verhältnis zwischen A und C **(Ungültigkeit des Valutaverhältnisses),** so hat die Rückabwicklung zwischen den daran beteiligten Personen zu erfolgen,[44]) weil A seine vermeintliche Verpflichtung durch B erfüllt hat und C die Leistung im Hinblick auf diese Beziehung in Empfang genommen hat (Variante 2). Der **Anweisende** hat also die Leistungskondiktion gegen den **Anweisungsempfänger.** Dass B an C geliefert hat, spielt keine Rolle, weil hiefür seine Beziehung zu A ausschlaggebend war. Da diese gültig ist, hat B keinen Rückforderungsanspruch. 1714

Auch wenn der Rechtsgrund in **beiden Verhältnissen,** also sowohl zwischen A und B als auch zwischen A und C fehlt **(Ungültigkeit des Deckungsverhältnisses und des Valutaverhältnisses),** also ein „Doppelmangel" vorliegt, kann die Rückabwicklung nur entsprechend den zugrunde liegenden Leistungsbeziehungen erfolgen (Variante 3): Der Angewiesene muss beim Anweisenden und der Anweisende wiederum beim Anweisungsempfänger kondizieren.[45]) 1715

Da C jedoch bei Ungültigkeit des Valutaverhältnisses mangels Titels nicht Eigentum erwerben kann, steht B gegen ihn die Eigentumsklage und nach Verbrauch der Sache der Verwendungsanspruch nach § 1041 zu.[46]) Das gilt wiederum dann nicht, wenn sowohl das Deckungs- als auch das Valutaverhältnis bloß ex nunc weggefallen sind.

Ist die Anweisung des A – zB wegen dessen Geschäftsunfähigkeit – wirkungslos **(Ungültigkeit der Anweisung),** hat er eine solche nie abgegeben oder sie widerrufen (Variante 4),[47]) so kann ihm mangels einer gülti- 1716

---

[43]) *Bydlinski* in *Klang*² IV/2, 309; *Koziol,* JBl 1977, 623 ff; *Koziol,* Bankvertragsrecht III² Rz 1/112. AA *Spielbüchler,* Schuldverhältnis 184 ff, 248; *Spielbüchler,* JBl 2001, 40 ff; vgl aber nunmehr *Spielbüchler* in *Klang*³ § 1400 Rz 13.

[44]) *Koziol,* JBl 1977, 629; *Koziol* in *Apathy/Iro/Koziol,* Bankvertragsrecht² III Rz 1/113; vgl OGH ÖBA 2007/1442; ÖBA 2009/1552 *(Oberhammer); Spielbüchler* in *Klang*³ § 1400 Rz 13.

[45]) *Wilburg* in *Klang*² VI 451; *Koziol,* JBl 1977, 626 f; *Hassold,* Dreipersonenverhältnis 79 ff; *Große-Sender,* JAP 1997/98, 75; *Koziol* in *Apathy/Iro/Koziol,* Bankvertragsrecht² III Rz 1/114. Dagegen *Bydlinski* in *Klang*² IV/2, 309 f; *Bydlinski,* System 258 f; *Ehrenzweig* II/1, 289; *Spielbüchler,* Schuldverhältnis 248 ff; *Spielbüchler,* Die Verpflichtung aus der Annahme einer Anweisung, JBl 2003, 826; *Spielbüchler* in *Klang*³ § 1400 Rz 13.

[46]) *Koziol,* JBl 1977, 627. Zur sachenrechtlichen Problematik Bd I Rz 1026.

[47]) OGH ÖBA 1988, 935 *(St. Frotz);* ÖBA 1997, 294 *(Apathy).*

gen Ermächtigung die Leistung des B an C auch nicht zugerechnet werden.[48]) Daher hat dann der **Angewiesene** (B) selbst die Kondiktion gegen den **Anweisungsempfänger** (C).[49])

1717 Hat der Angewiesene die Anweisung gegenüber dem Anweisungsempfänger angenommen (s oben Rz 721 ff), entsteht eine abstrakte Schuld des Angewiesenen. Soweit dieser deshalb dem Leistungsbegehren des Anweisungsempfängers keine Einreden entgegenhalten kann, ist auch nach der Zahlung eine Rückforderung wegen ungerechtfertigter Bereicherung ausgeschlossen. Die Leistung ist gegenüber dem Empfänger durch die Abstraktheit der Schuld gerechtfertigt.

2. Verträge zugunsten Dritter[50])

1718 Die Rückabwicklung fehlgeschlagener Leistungen beim (echten oder unechten) Vertrag zugunsten Dritter folgt den für die **Anweisung** geltenden Regeln. Ist also das Grundverhältnis zwischen dem begünstigten Dritten C und dem Versprechensempfänger A ungültig, so steht nur dem A eine Kondiktion gegen C zu. Die Ungültigkeit des Verhältnisses zwischen A und B führt zu einer Kondiktion des Leistenden B gegen A.[51])

3. Bürgschaft und Garantie

1719 Der Bürge erfüllt gegenüber dem Gläubiger zwar eine von der Hauptschuld abhängige, aber doch eine eigene Verbindlichkeit. Ist die **Hauptschuld** ungültig, so ist wegen ihrer Akzessorietät auch die Bürgschaftsverpflichtung unwirksam, sodass der Bürge grundlos zahlt. Da der **Bürge** nach dem vermeintlichen Rechtsgrund (Bürgschaftsverpflichtung) als der Leistende anzusehen war, kann er auch selbst beim Gläubiger **kondizieren,** während dem vermeintlichen Hauptschuldner kein Bereicherungsanspruch zusteht.[52])

---

[48]) S dazu OGH SZ 54/2 und 187; JBl 1983, 41 *(Koziol);* ÖBA 1997, 292 *(Apathy)* = ecolex 1997, 152 *(F. Hoyer, Wilhelm);* ÖBA 1997, 294 *(Apathy); Graf,* Bereicherungsausgleich bei ungültigem Kreditvertrag, ecolex 1994, 76; *Große-Sender,* JAP 1997/98, 237; *Spielbüchler* in *Klang*[3] § 1400 Rz 13. Vgl auch OGH ÖBA 1987, 114 *(Koziol);* JBl 1985, 240; ÖBA 1995, 314 (dazu *Wilhelm,* Eine falsche Überweisung und ihre Folgen, ecolex 1995, 313). Zur Zurechnung kraft Anscheins *Koziol* in *Apathy/Iro/Koziol,* Bankvertragsrecht[2] III Rz 1/116 ff.

[49]) Strittig ist, ob es sich um eine Leistungskondiktion oder um einen Anspruch nach § 1041 handelt: vgl dazu *Wilburg* in *Klang*[2] VI 451; *Welser,* Vertretung 243; *Canaris,* Der Bereicherungsausgleich im Dreipersonenverhältnis, in FS Larenz (1973) 799 (821 ff); *Apathy,* Verwendungsanspruch 48 ff; *Koppensteiner/Kramer,* Bereicherung 31 ff. OGH JBl 1981, 324; JBl 1982, 372.

[50]) *Canaris,* FS Larenz 829 ff; *Hassold,* Dreipersonenverhältnis 241 ff; *Koppensteiner/Kramer,* Bereicherung 45; *Große-Sender,* Bereicherungsrechtliche Rückabwicklung beim Vertrag zugunsten Dritter, ÖJZ 1999, 88 ff mwN; *Parapatits,* Der Vertrag zugunsten Dritter (2011) 55 f, 117 ff.

[51]) Differenzierend *Parapatits,* Vertrag zugunsten Dritter 199 ff.

[52]) *Koziol,* Die Rückabwicklung rechtsgrundloser Zahlungen eines Bürgen, ZBB 1989, 16; ihm folgend *Larenz/Canaris* II/2, 244 f; aA noch *Canaris* in FS Larenz 837 f.

1720 Bei der **Garantie** gibt es keinen vergleichbaren Fall, weil sie **nicht akzessorisch,** sondern abstrakt ist (s oben Rz 688), sodass der Garant selbst dann zur Leistung verpflichtet ist, wenn die Grundverhältnisse (Valutaverhältnis, Deckungsverhältnis) ungültig sind.[53]) Die abstrakte Verpflichtung schließt daher auch die Rückforderung durch den Garanten aus. Kondiktionsgläubiger[54]) ist der Garantieauftraggeber.[55])

War der Garant nicht zur Zahlung verpflichtet, zB bei Unwirksamkeit oder Anfechtbarkeit des Garantievertrages, so kann er die von ihm erbrachte Leistung kondizieren.[56]) Dasselbe gilt, wenn der Garant ein Leistungsverweigerungsrecht wegen Rechtsmissbrauchs gehabt hätte, der Begünstigte also die Garantie rechtsmissbräuchlich in Anspruch genommen hat.[57])

Dient die Garantie der Sicherung einer nicht zwischen Garantieauftraggeber und Begünstigtem bestehenden Schuld (zB einem Kreditvertrag zwischen Begünstigtem und Kreditnehmer), kann der Garantieauftraggeber gemäß § 1431 gegen den Begünstigten oder nach § 1042 gegen den Bereicherten (Kreditnehmer) vorgehen.[58])

4. Zession

1721 Von wem der debitor cessus das an den Zessionar Gezahlte zurückverlangen kann, wenn das Vertragsverhältnis zwischen dem **debitor cessus** und dem **Zedenten** ungültig ist oder wenn es durch Rücktritt oder

---

[53]) *Koziol,* Garantievertrag 21 ff; *Mader,* Zur Rückabwicklung bei der Bankgarantie, in FS Koziol (2010) 1041; *Zöchling-Jud* in *von Westphalen/Zöchling-Jud,* Die Bankgarantie im internationalen Handelsverkehr[4] (2014) 467, 480 ff; OGH SZ 54/189; SZ 61/63; ÖBA 1988, 390 *(P. Bydlinski);* ÖBA 1988, 615 *(Jabornegg);* ÖBA 1997, 482; ÖBA 1999, 484 *(Rummel)* = ecolex 1999, 318 *(Wilhelm);* ecolex 1999, 320 *(Wilhelm);* ecolex 2000, 715. Zur Rückforderung bei Wegfall der garantierten Hauptschuld nach Zahlung s OGH JBl 2003, 579.

[54]) Vgl *Faber,* Ungerechtfertigte Inanspruchnahme einer Bankgarantie, ÖBA 2003, 353 zu alternativen Anspruchsgrundlagen.

[55]) *Koziol* in *Apathy/Iro/Koziol,* Bankvertragsrecht[2] V Rz 3/163; OGH ÖBA 1987, 505 *(Koziol);* SZ 61/63; ÖBA 1991, 293; SZ 69/178; JBl 1999, 250 = ecolex 1999, 319 *(Wilhelm).* Zur Rückabwicklung bei Überschreitung des dem Garanten erteilten Auftrags s hingegen OGH SZ 60/121; *Graf,* Übermäßige Inanspruchnahme der Garantie: Voraussetzungen der Rückforderung durch den Garanten, ecolex 1998, 15; *Wilhelm,* Unrechtmäßig gezogene Garantie – Rückforderungsanspruch der Garantin, ecolex 1998, 612. Zur Stellung des Garanten im Konkurs des Auftraggebers vgl *Wratzfeld,* Kondiktion einer zu Unrecht in Anspruch genommenen Garantie im Konkurs des Auftraggebers, ecolex 1998, 12; *Koziol,* Die Rückforderung bei ungerechtfertigter Inanspruchnahme der Garantie, ÖBA 1999, 249 ff mwN; dagegen OGH ecolex 2000, 33 *(Wilhelm);* JBl 2003, 579; *Zöchling-Jud* in *von Westphalen/Zöchling-Jud,* Bankgarantie[4] 503 ff.

[56]) Vgl zuletzt OGH ÖBA 2005, 899; ÖBA 2005, 902; *Zöchling-Jud* in *von Westphalen/Zöchling-Jud,* Bankgarantie[4] 503 ff.

[57]) OGH SZ 60/121; ÖBA 2005, 899; ÖBA 2005, 902; ÖBA 2013/1781; ÖBA 2014/2052; ÖBA 2015/2093; *Koziol* in *Apathy/Iro/Koziol,* Bankvertragsrecht[2] V Rz 3/162 ff; *Zöchling-Jud* in *von Westphalen/Zöchling-Jud,* Bankgarantie[4] 505 f.

[58]) OGH JBl 2011, 591 *(Rummel)* = ÖBA 2011/1752 *(Apathy);* dazu *Fidler,* Anspruchskonkurrenz bei Garantierückforderung durch den Auftraggeber, ÖJZ 2011/101, 982.

Wandlung aufgehoben wird, ist strittig.[59]) Da der **Zessionar** die Leistung erhalten hat, wird überwiegend er als Bereicherungsschuldner angesehen.[60])

5. Leistung an den Scheinvertreter (falsus procurator)[61])

1722 Wird aufgrund eines mit einem Stellvertreter geschlossenen Geschäfts auch an diesen (für den Vertretenen als Empfänger) geleistet und ist das Geschäft wegen eines Vollmachtsmangels ungültig, so ist zu unterscheiden: War der Scheinvertreter wenigstens zum **Empfang** für den Vertretenen **berechtigt,** ist die Kondiktion (§ 1431) gegen den unwirksam Vertretenen zu richten,[62]) sonst gegen den Scheinvertreter als den realen Empfänger der Leistung.[63])

1723 Daneben können Ansprüche aus dem Eigentum (§ 366) und Verwendungsansprüche gegen den Scheinvertreter bestehen.

III. Der Verwendungsanspruch

A. Voraussetzungen

1724 *Wird eine Sache zum Nutzen eines anderen verwendet, kann sie der Eigentümer in Natur zurückfordern oder, wenn dies nicht mehr möglich ist, ihren Wert ersetzt verlangen (§ 1041).*

1725 § 1041 gewährt dem **Eigentümer** (Entreicherten) einen Bereicherungsanspruch (Verwendungsanspruch) dafür, dass seine Sache ungerechtfertigt zum Nutzen eines anderen (des Bereicherten) verwendet worden ist. Der ungerechtfertigt aus dem fremden Gut gezogene Nutzen ist dem Entreicherten zu erstatten. Der Verwendungsanspruch dient so der **Rückführung** eines Vorteils, welcher – entgegen der von der Rechts-

[59]) S die Darstellung des Meinungsstandes bei *Rahmatian,* Der Bereicherungsausgleich in Zessionslagen (1996) 80ff und 117ff.

[60]) So zB *Karollus,* Bereicherungsausgleich bei Zahlung an den Zessionar – Die Rechtsprechung des BGH als Vorbild? JBl 1994, 573; *Rahmatian,* Bereicherungsausgleich 118; OGH wbl 1987, 123 und dazu *Hanel,* Überzahlter Werklohn, Rückforderung vom Factor, wbl 1987, 118; mit Einschränkungen OGH JBl 1981, 98 *(Kantner);* ÖBA 1988, 1225 *(Avancini);* JBl 2001, 527; aA *Markowetz,* Bereicherungsrechtliche Rückabwicklung im Rahmen der Forderungsabtretung, ÖJZ 2001, 581; *Spunda,* Kondiktionsschuldner bei zedierter Garantieforderung, ÖBA 2004, 374; *Lukas,* Zession und Synallagma (2000) 177. Anderes soll bei der Zession des Zahlungsanspruchs aus einer abstrakten Garantie gelten, OGH ÖBA 2001, 74 *(Lukas)* = ecolex 2000, 572 *(Spunda).* Anders *Canaris* in FS Larenz 799; ebenso *Lorenz,* Abtretung einer Forderung aus mangelhaftem Kausalverhältnis: Von wem kondiziert der Schuldner? AcP 191, 279. Differenzierend *Holzner,* JBl 1995, 401ff, der eine Kondiktion gegen den Zessionar nur im Falle seiner Schlechtgläubigkeit zulässt.

[61]) Dazu *Welser,* Vertretung 242ff.

[62]) S *Wilburg* in *Klang*² VI 459f; OGH SZ 60/20; JBl 2000, 446 *(Rummel)* = ÖBA 2001, 158 *(Bydlinski)* = ecolex 2000, 498 *(Thaler).*

[63]) *Welser,* Vertretung 244; *Bydlinski,* System 254; *Lurger* in *Kletěcka/Schauer,* ABGB-ON$^{1.02}$ Vor §§ 1431–1437 Rz 6. Für eine Haftung aus § 1041 hingegen: *Rummel* in *Rummel*³ Vor § 1431 Rz 18.

ordnung vorgenommenen **Zuweisung** der Sache – nicht dem Berechtigten, sondern einem anderen zugeflossen ist. Unerheblich ist, ob der Vorteil durch ein verbotenes Verhalten erlangt wurde.

Sache ist im weiten Sinn des § 285 zu verstehen. Darunter fallen kör- 1726
perliche Sachen, Forderungsrechte,[1]) Namensrechte, Markenrechte,[2]) Urheberrechte,[3]) die Stimmen von Schauspielern (§ 16)[4]) und Arbeitsleistungen. Die Rechtsprechung betrachtet sogar den „Bekanntheitsgrad“ einer Person als Sache im Sinne des § 1041,[5]) hingegen ist ein nicht ausgenützter Rangordnungsbeschluss keine Sache.[6])

„Eigentümer“ im Sinne des § 1041 ist jeder, dem ein Rechtsgut **zuge-** 1727
ordnet ist. Eine solche Zuweisung bewirken alle absoluten Rechte, wie die dinglichen Rechte, die Persönlichkeitsrechte,[7]) die Immaterialgüterrechte, aber auch die Rechtszuständigkeit eines Gläubigers.[8]) Der Besitz allein hat hingegen keine Zuordnungsfunktion. Soweit allerdings der Besitzer nach § 372 absolut geschützt wird (dazu in Bd I Rz 883 ff), ist er auch „Eigentümer“ im Sinne des § 1041.[9])

Eine umfassende Zuweisung ergibt sich zB aus dem Eigentumsrecht[10]) und den Immaterialgüterrechten. Die beschränkten dinglichen Rechte ordnen dem Berechtigten hingegen ein Vermögensgut nur teilweise zu. So hat der Pfandgläubiger bloß die Verwertungsbefugnis und der Dienstbarkeitsberechtigte ein Nutzungsrecht.

Der Verwendungsanspruch setzt allerdings nicht unbedingt die 1728
Verletzung des Zuweisungsgehalts eines **absoluten** Rechts voraus; es

---

[1]) Vgl *Bydlinski,* Mißbräuchliche Verfügungen über Bankkonten und Verwendungsansprüche des Kontoberechtigten, QuHGZ 1981 (H 3) 51; OGH SZ 67/79 (vgl dazu *Canaris,* Die Haftung des nicht legitimierten Wechselinhabers gegenüber dem Remittenten bei unbefugter Einlösung des Papiers, ÖBA 1995, 75); JBl 1996, 251 *(Apathy)* = ÖBA 1996, 135 *(Koziol);* SZ 69/229; EvBl 1999/175; SZ 74/121; ecolex 2004, 702 (Doppelzession); ÖBA 2007/1399 (Verkürzung eines Gläubigers bei Meistbotsverteilung).

[2]) Dazu *H. Torggler,* Bereicherungsanspruch bei Mißbrauch von Unternehmenskennzeichen, JBl 1971, 1; OGH SZ 49/63.

[3]) Vgl OGH SZ 31/23; EvBl 1967/268; MR 1997, 41. Zum Werktitel: *Kletečka,* Unberechtigte Verwendung eines Werktitels, ecolex 1991, 525. Zum Architekten OGH MR 2007, 321 *(Höhne).* Vgl auch OGH RdW 2009/814 = ecolex 2010/129 *(Tonninger).*

[4]) OGH ecolex 2004, 193 *(Ch. Schumacher)* (Imitation der Stimmen der Darsteller der Serie „MA 2412“).

[5]) OGH SZ 55/12; wbl 1991, 137; MR 1995, 109 *(M. Walter);* ÖBl 1998, 298; kritisch *K. Nowakowski,* ÖBl 1983, 97; *Polak,* Grenzen des Bildnisschutzes für Prominente, ecolex 1990, 741 (742 f).

[6]) OGH JBl 2002, 247.

[7]) Zum Recht am eigenen Bild s OGH SZ 55/12; JBl 1989, 786 *(K. Nowakowski);* MR 2008, 145 *(Thiele/Warzilek)* = ecolex 2008/198 *(Schachter):* „Ernst Happel Briefmarke“; *K. Nowakowski,* Kein Verwendungsanspruch bei Eingriff in das Recht am eigenen Bild? ÖBl 1983, 97; *Polak,* ecolex 1990, 742 f; *F. Mahr,* Der Verwendungsanspruch beim „Recht am eigenen Bild“, MR 1995, 127.

[8]) Vgl nur SZ 74/121 mwN.

[9]) S OGH RZ 1971, 194; vgl auch JBl 1990, 453 (Verwendungsanspruch des Bestandnehmers).

[10]) Einschränkend OGH MR 1989, 23 *(M. Walter).* Zum Miteigentum vgl OGH SZ 58/10; anders nunmehr OGH wobl 2010/108 *(Vonkilch).*

genügt auch, dass die Rechtsordnung eine andere Vermögensposition schützt.[11])

1729 **Verwendung** ist jede dem Recht des Eigentümers **widersprechende Nutzung.**[12]) Sie kann im Gebrauch oder im Verbrauch des fremden Gutes, aber auch in einer Verfügung bestehen,[13]) die mit der „Zuweisung“ des Rechts im Widerspruch steht, oder in einem originären Eigentumserwerb.

Verheizen fremden Brennmaterials; Verwertung einer fremden Kundenkartei;[14]) Veräußerung einer Sache durch den Entlehner bei Gutglaubenserwerb des Käufers (§ 367); Verwendung fremden Materials zur Ausbesserung eines Hauses (§ 416); Einziehung der ohne Verständigung des Schuldners abgetretenen Forderung durch den Altgläubiger (§ 1395); die Fälle der „abgeirrten Exekution“: Ein Gläubiger greift im Wege der Zwangsvollstreckung auf Vermögenswerte, die nicht dem Schuldner, sondern Dritten gehören.[15])

1730 Die Vermögensverschiebung kann auf das Verhalten des Bereicherten, des Entreicherten, eines Dritten oder auf einen Zufall zurückgehen.[16])

Der Bereicherte verwendet irrtümlich fremden Dünger. Der Verkürzte sät irrtümlich Saatgut auf fremdem Grund. Der Bauführer errichtet sein Haus versehentlich zum Teil auf dem Grund des Nachbarn (§ 418). Die Kuh des B frisst Gras des V.

1731 Selbstverständlich besteht kein Verwendungsanspruch, wenn die Vermögensverschiebung durch einen **Vertrag** zwischen dem Verkürzten und dem Bereicherten[17]) oder durch das **Gesetz** gerechtfertigt ist.

Fraglich ist, ob bei originärem Eigentumserwerb dem bisherigen Eigentümer zumindest ein Verwendungsanspruch gegen den neuen Eigentümer zusteht. Dies ist für die Ersitzung ohne Rücksicht auf das Vorhandensein eines entgeltlichen Titels zu verneinen.[18]) Ebenso wenig stehen gegen gutgläubige Erwerber nach den

---

[11]) *Wilburg,* Bereicherung 44ff. Vgl auch *Koziol,* Der Verwendungsanspruch bei Ausnützung fremder Kenntnisse und schöpferischer Leistungen, JBl 1978, 239; *Apathy,* Verwendungsanspruch 69ff; *Jabornegg,* Handelsvertreterrecht und Maklerrecht (1987) 186ff; *Wilhelm,* Bereicherungsansprüche wegen Ausnützens fremder Schöpfungen und Kenntnisse, ÖBl 1995, 149ff; OGH wbl 1990, 340; JBl 1994, 538. Zum mietvertraglichen Konkurrenzverbot OGH JBl 2015, 310 *(Kerschner)* = wobl 2015/47 *(Riss)* = ecolex 2015/100 *(Schoditsch)* = immolex 2015/4 *(Prader);* vgl dazu *Vonkilch,* Zur Bereicherungsabschöpfung bei Verletzung eines mietvertraglichen Konkurrenzverbotes, in FS Reich-Rohrwig (2014) 321; *Fidler,* Gewinnabschöpfung bei Verletzung von vertraglichen Konkurrenzverboten? Zak 2015/80, 44; *Potschka,* Der Verwendungsanspruch bei Verletzung eines mietvertraglichen Konkurrenzverbots, Zak 2015/81, 48.

[12]) *Wilburg,* Bereicherung 28; *Wilburg,* Zusammenspiel der Kräfte im Aufbau des Schuldrechts, AcP 163, 348f; *Apathy,* Verwendungsanspruch 46.

[13]) *Apathy,* Verwendungsanspruch 59ff.

[14]) Vgl OGH SZ 55/37.

[15]) OGH JBl 1973, 315; SZ 57/192; HS 24.555; vgl auch JBl 1988, 327 *(P. Böhm). Stanzl* in *Klang*² IV/1, 916.

[16]) Zur fehlerhaften Verteilung des Meistbots an einen nachrangigen Hypothekargläubiger: OGH ÖBA 2004, 784.

[17]) Dazu *Stanzl* in *Klang*² IV/1, 909ff; *Wilburg,* JBl 1992, 549f; OGH ecolex 2001, 275 *(Wihelm).*

[18]) *Wilburg,* Bereicherung 12f. Anders *Spielbüchler,* Schuldverhältnis 226.

§§ 367,[19]) 371,[20]) 824 und den grundbuchsrechtlichen Vorschriften Bereicherungsansprüche zu. Erwirbt hingegen der Nichtberechtigte die Sache ohne Rücksicht auf seinen guten Glauben, wie dies bei der Vermischung nach § 371, beim Bauen auf eigenem Grund mit fremden Materialien nach § 417 oder bei der Ausbesserung einer Hauptsache mit fremden Materialien nach § 416 der Fall ist, so ist die Vermögensverschiebung durch Bereicherungsansprüche auszugleichen.

B. Verhältnis zu anderen Ansprüchen

§ 1041 ordnet den Vorrang der Regeln über die **Geschäftsführung** 1732
ohne Auftrag vor dem Anspruch aus § 1041 an. Hat der Verkürzte das Vermögen in der Absicht verwendet, ein Geschäft des Bereicherten zu führen, so sind die §§ 1035–1040 anzuwenden.[21]) Schließlich gehen innerhalb des Bereicherungsrechts die **Leistungskondiktionen** als leges speciales dem Verwendungsanspruch vor.[22]) Dieser ist daher ein „**subsidiärer** Behelf".[23])

Hingegen kann der **Verwendungsanspruch** mit dem **Schadenersatz-** 1733
anspruch konkurrieren. Da diese Ansprüche verschiedene Voraussetzungen haben und daher zueinander nicht im Verhältnis der Spezialität stehen, kann der Berechtigte zwischen ihnen wählen. Oben Rz 1678.

C. Dreipersonale Verhältnisse

1. Vertragsansprüche und § 1041, Versionsklage

V verkauft M Waren auf Kredit. M ist aber indirekter Stellvertreter des D, an den M die Ware weitergibt. Als sich die Mittellosigkeit des M herausstellt, will V auf D greifen.

Obwohl im Beispiel der Vorteil aus dem Geschäft D zugute kommt, 1734
hat V gegen ihn keinen vertraglichen Anspruch, weil das Geschäft zwischen V und M, nicht aber zwischen V und D geschlossen worden ist. Bei Zahlungsunfähigkeit der „eingeschalteten Mittelsperson" gewährten aber früher Lehre und Rechtsprechung dem „verkürzten" V einen Bereicherungsanspruch (§ 1041) gegen den „bereicherten" D **(„Versionsanspruch", actio de in rem verso).**[24])

---

[19]) S OGH RdW 1999, 14 *(Schobel);* vgl dazu SZ 71/128; *Holzner,* Gutgläubige schuldbefreiende Zahlung an den Vertrauensmann? JBl 1999, 547. Der redliche Benützer eines (ehemaligen) Bestandobjekts ist aber Bereicherungsansprüchen ausgesetzt, § 367 ist nicht analog anzuwenden: s OGH wobl 2010/108 *(Vonkilch);* wobl 2010/160 *(Kerschner).*

[20]) Dazu *Bydlinski,* QuHGZ 1981 (H 3) 51; OGH ÖBA 1989, 428 *(Kerschner).*

[21]) S OGH EvBl 1971/18; SZ 47/130.

[22]) Dazu *Stanzl* in *Klang*[2] IV/1, 909; OGH JBl 1968, 520; SZ 58/104; HS 24.716; SZ 69/229; ÖBA 2011/1725 *(Koziol).* Übersehen in SZ 52/9; MR 1994, 120 *(M. Walter);* dazu auch *Wilhelm,* Nachahmung banaler Werbesprüche, ecolex 1994, 521; *Wilhelm,* ÖBl 1995, 148f.

[23]) So insbesondere *Stanzl* in *Klang*[2] IV/1, 909ff; kritisch hiezu *Wilburg,* JBl 1992, 545.

[24]) *Wellspacher,* Versio in rem 133; OGH JBl 1951, 329; SZ 25/13; EvBl 1963/124.

Als Begründung wurde ua angeführt, dass M meistens ein inhaltlich gleicher Anspruch gegen D zustehe (Befreiungsanspruch, Liberationsanspruch) und V die Möglichkeit habe, bei einer Exekution gegen M diesen Anspruch zu pfänden. Nach Überweisung des gepfändeten Anspruchs könne ihn V selbst gegen D geltend machen. Der Versionsanspruch führe also nur zu einer Abkürzung dieses komplizierten Weges.

1735 Heute wird der Versionsanspruch überwiegend **abgelehnt,**[25]) weil keine rechtsgrundlose Vermögensverschiebung vorliege. Im Beispiel gelange die Sache aufgrund des Kaufvertrages zwischen V und M an diesen und aufgrund des Auftragsverhältnisses zwischen M und D an ihn. V könne gegen D nicht vorgehen, weil dieser nicht in sein Eigentum eingegriffen habe. D erwerbe ja nicht von V, sondern von M. V sei deshalb auf seine vertraglichen Ansprüche gegen M zu verweisen. Er müsse sich das Entgelt bei demjenigen „holen", dem er Kredit gewährt und somit sein Vertrauen geschenkt habe.

1736 Für einen an den „natürlichen Rechtsgrundsätzen" (§ 7) orientierten, unbefangenen Betrachter ist diese Ansicht schwer nachvollziehbar.[26]) Aus begrifflichen und konstruktiven Überlegungen wird ein Teil (V) um sein Vermögen gebracht, sehr zur Freude des D. Wegen der Einschaltung eines indirekten Stellvertreters ist seine Bereicherung durch V unangreifbar.

1737 V hat nach der hM[27]) nicht einmal dann den Anspruch nach § 1041 gegen D, wenn die Vermögensverschiebung **unmittelbar** zwischen ihm und D erfolgt ist, V jedoch ein **vertraglicher** Anspruch gegen M zusteht.

D leiht M ein Kfz, das M beschädigt und daher dem V zum Reparieren gibt. Dieser hat wegen seines Aufwandes keinen Anspruch nach § 1041 gegen D, wenn M nicht in der Lage ist, den Werklohn zu bezahlen.

Die hA ist vor allem dann unbefriedigend, wenn V der Meinung sein konnte, er kontrahiere mit dem Eigentümer und sei deshalb durch das Zurückbehaltungsrecht nach § 471 (dazu in Bd I Rz 1093 ff) geschützt. Es ist nicht einzusehen, warum B den Vorteil der reparierten Sache entgeltlos erhalten soll, obwohl das Risiko der Beschädigung durch M viel eher ihm (als Eigentümer) zuzuordnen wäre als dem V.[28])

2. Verwendungsklage und Leistungskondiktion

1738 Nur bei Ungültigkeit des Vertrages zwischen V und M kann V direkt gegen D vorgehen. Dann ist es auch möglich, dass dem Verkürzten wahl-

---

[25]) *Stanzl* in *Klang*² IV/1, 912 ff; OGH JBl 1956, 17; JBl 1972, 152; JBl 1982, 429. Vgl auch *Wilburg,* Bereicherung 60 ff; OGH JBl 1988, 784; bbl 1999/272.

[26]) Zur Diskussion auf einer funktionalen Ebene und aus dem Blickpunkt der wirtschaftlichen Interessenlage der beteiligten Parteien *Gelter,* Generalunternehmerschaft und Versionsanspruch im vertraglichen Nutzenkalkül, JBl 2009, 541.

[27]) So *Stanzl* in *Klang*² IV/1 912 ff; OGH EvBl 1955/83; SZ 47/130; JBl 1992, 387; RdW 1999, 14 *(Schobel);* RdW 1999, 588. Ablehnend *Reidinger,* Zum Konflikt Werkunternehmer – Besteller – Eigentümer, JAP 1990/91, 210 ff. Differenzierend *Apathy,* Verwendungsanspruch 90 ff; gegen diesen *Rummel* in *Rummel*³ § 1041 Rz 10. Vgl auch *Bydlinski,* System 276 ff; *Lurger* in *Kletečka/Schauer,* ABGB-ON$^{1.02}$ § 1041 Rz 17.

[28]) So *Wilburg,* JBl 1992, 550 ff; s auch OGH ÖBA 1989, 82 *(Apathy)* = JBl 1989, 584 *(Kömürcü-Spielbüchler).*

weise ein **Verwendungsanspruch** gegen D und eine **Leistungskondiktion** gegen M zusteht.[29])

Der Vorrang der Leistungskondiktion vor dem Verwendungsanspruch gilt nur im zweipersonalen Verhältnis. 1739

M kauft bei V Ziegel und ersucht um Lieferung an D, der sie in sein Haus einbaut. Ist der Kaufvertrag zwischen V und M ungültig, so wurde unmittelbar das Eigentum des V zum Nutzen des D verwendet, der somit der Klage nach § 1041 ausgesetzt ist. V hat aber zugleich rechtsgrundlos an M geleistet und hat deshalb gegen diesen eine Leistungskondiktion. Das Beispiel zeigt die verschiedene Natur von Verwendungsanspruch und Leistungskondiktion: Der Verwendungsanspruch richtet sich gegen beliebige Personen, die entgegen dem Zuweisungsgehalt des Rechts aus der Sache Nutzen gezogen haben, während die Leistungskondiktion nur gegen den Empfänger einer Leistung zusteht.

Aber auch gegen den **Bereicherten** können gleichzeitig ein **Verwendungsanspruch** und eine **Leistungskondiktion** bestehen. 1740

Der Dieb verkauft die gestohlene Sache an K. Wenn dieser kein Eigentum erwirbt, kann der bestohlene Eigentümer, solange die Sache noch vorhanden ist, gegen ihn die rei vindicatio und, wenn die Sache verbraucht wurde, die Verwendungsklage erheben. Wird aber der Vertrag zwischen dem Dieb und K (zB wegen des Rechtsmangels) aufgehoben, so ist K auch der Leistungskondiktion des Diebes ausgesetzt.[30]) Gibt K die Sache an den Eigentümer heraus, so wird er allerdings auch von seiner Pflicht gegenüber dem Dieb befreit.[31])

Zum Verwendungsanspruch des Erstzessionars, wenn der debitor cessus mit schuldbefreiender Wirkung an den Zweitzessionar geleistet hat, s oben Rz 560. 1741

D. Aufwand für einen anderen (§ 1042)

Wer für einen anderen einen Aufwand macht, den dieser nach dem Gesetz selbst hätte machen müssen, hat das Recht, den Ersatz zu fordern (§ 1042). 1742

V leistet dem minderjährigen Sohn des B Unterhalt, da B seiner Verpflichtung nicht nachkommt. V kann von B Ersatz verlangen.[32]) § 1042 ist auch im Verhältnis zwischen den für das Kind unterhaltspflichtigen Elternteilen anzuwenden, wenn einer von beiden einen Unterhaltsbeitrag leistet, der seinen Anteil gemäß § 231 im Verhältnis zum anderen Elternteil übersteigt.[33])

---

[29]) So auch OGH RdW 1999, 14 *(Schobel);* ecolex 1999, 541 (dazu *Wilhelm,* Bereicherungsausgleich beim Inkasso gesperrter Inhaberschecks, ecolex 1999, 533) = ÖBA 1999, 731 *(Apathy).*

[30]) *Wilburg* in *Klang*[2] VI 488.

[31]) Zum Fall auch *Wilburg* in *Klang*[2] VI 488; *Müller-Laube,* Herausgabepflicht und Rückgewährschuld – Die Stellung des Besitzers im Verhältnis zum Eigentümer und Obligationsgläubiger, AcP 183, 240ff, mit teilweise abweichenden Lösungen.

[32]) RIS-Justiz RS0020073; OGH EF-Z 2008/36 *(Rummel);* EF-Z 2011/68 *(Gitschthaler);* EF-Z 2014/134 (dazu *Fischer-Czermak/Gitschthaler,* Unterhaltsanspruch des Kindes und Regress des Drittzahlers, EF-Z 2014/150, 245). Zum Umfang OGH SZ 59/19.

[33]) OGH EF-Z 2010/135; VfGH EF-Z 2011/71; s auch *Beclin,* Sind nicht verheiratete Eltern einander zu Unterhalt verpflichtet? EF-Z 2007/3, 10.

1743 Der Anspruch nach § 1042 ist ein Unterfall der Verwendungsklage[34]) und setzt ein **dreipersonales** Verhältnis voraus. Der Verkürzte verwendet seine Güter zum Nutzen des eigentlich Verpflichteten. Die Besonderheit besteht darin, dass die Bereicherung durch eine **Leistung** eintritt, die allerdings nicht an den Bereicherten (eigentlich Verpflichteten), sondern an einen Dritten erfolgt.[35]) Der Nutzen des Bereicherten liegt in der Befreiung von der durch den Verkürzten erfüllten Verbindlichkeit.[36]) Der eigentlich Verpflichtete hat dem Aufwendenden zu ersetzen, was er sich erspart hat.[37])

Dies ist unzweifelhaft, wenn der Unterhalt im Bewusstsein geleistet wurde, für einen anderen einen Aufwand zu tätigen.[38]) Hat hingegen der Verkürzte irrtümlich angenommen, selbst verpflichtet zu sein – weil zB dem Ehemann der Mutter unbekannt war, dass das Kind von einem anderen Mann abstammt –, so hat er nach der einen Ansicht gegen den Unterhaltsberechtigten eine Kondiktion wegen irrtümlicher Zahlung einer Nichtschuld,[39]) während diesem weiterhin der Unterhaltsanspruch gegen den wahren Schuldner zusteht.[40]) Nach anderer Auffassung[41]) hat der Verkürzte bei irrtümlicher Zahlung fremder Schulden die Wahl zwischen dem Anspruch nach § 1431 gegen den Leistungsempfänger und dem Anspruch nach § 1042 gegen den eigentlich Verpflichteten.

1744 Der Bereicherte B kann durch den Aufwandersatzanspruch nach § 1042 nicht schlechter gestellt werden, als er ohne den Aufwand stünde, er kann ihm daher auch alle Einwendungen entgegenhalten, die er im Grundverhältnis hatte,[42]) dies gilt insbesondere für die Verjährung.[43])

---

[34]) AA *Rummel* in *Rummel*³ § 1042 Rz 1.

[35]) Übersehen von OGH JBl 1989, 444 *(Wilhelm).*

[36]) OGH JBl 2011, 591 *(Rummel)* = ÖBA 2011/1752 *(Apathy); Auckenthaler,* Irrtümliche Zahlung fremder Schulden (1980) 59ff. S auch OGH EF-Z 2006/9 *(Beclin);* dagegen und zum Verhältnis zur Schadensverlagerung *Perner/Spitzer,* Unterhaltserhöhung nach Körperverletzung und Regress – kein Problem des Bereicherungsrechts, EF-Z 2006/22, 37.

[37]) *Koziol,* Der Ersatzanspruch des Gläubigers gemäß § 1042 ABGB bei Vornahme der dem Schuldner obliegenden Leistung, RdW 1994, 343.

[38]) Vgl OGH RZ 1964, 117.

[39]) Dazu *Koziol,* Unterhaltsansprüche für die Vergangenheit und Regreßansprüche eines Drittzahlers, JBl 1978, 631ff. Zum deutschen Recht s *G. Raiser,* Die Rechte des Scheinvaters in bezug auf geleistete Unterhaltszahlungen, FamRZ 1986, 942.

[40]) So auch OGH EF-Z 2008/59 *(Gitschthaler).*

[41]) *Auckenthaler,* Irrtümliche Zahlung fremder Schulden (1980) 59ff, 97ff; *Apathy* in *Schwimann/Kodek*⁴ § 1042 Rz 5; *Reischauer,* Unterhalt für die Vergangenheit und materielle Rechtskraft, JBl 2000, 429; *Rummel,* JBl 2008, 435. Zum Vergleich mit der deutschen Rechtslage s *Lurger/Tscherner,* Inzidentfeststellung der Vaterschaft im Unterhaltsregressverfahren – Konträre Entwicklungen in Deutschland und Österreich? JBl 2009, 205 (209f); OGH JBl 2011, 591 *(Rummel)* = ÖBA 2011/1752 *(Apathy);* dazu *Fidler,* Anspruchskonkurrenz bei Garantierückforderung durch den Auftraggeber, ÖJZ 2011/101, 982.

[42]) OGH SZ 74/124 (mangelnde Fälligkeit).

[43]) *Wilburg,* Bereicherung 67; *Ch. Huber,* Die Verjährung von gesetzlichen Rückersatzansprüchen, JBl 1985, 467ff; 531ff; diesem folgend *Koziol,* Der Ersatzanspruch des Gläubigers gemäß § 1042 ABGB, RdW 1994, 341; diesen folgend OGH EF-Z 2006/9 *(Beclin)* = JBl 2005, 654; EF-Z 2006/50 *(Gitschthaler);* EF-Z 2008, 99 *(Rummel);* EF-Z 2008/59 *(Gitschthaler);* iFamZ 2009/32 *(Neumayr);* JBl 2010, 456; EF-Z 2006/9

Der **Aufwand** des Verkürzten kann in jeder vermögenswerten Leistung bestehen, zB in Geld, anderen körperlichen Sachen[44]) oder Arbeitsleistungen.[45]) Er ist nur dann zu ersetzen, wenn ihn der andere **nach dem Gesetz** hätte machen müssen.[46]) 1745

Die ältere Rechtsprechung gab den Anspruch nach § 1042 nur dann, wenn die getilgte Schuld unmittelbar auf dem Gesetz beruhte,[47]) wie dies bei gesetzlichen Unterhaltspflichten der Fall ist, hingegen nicht bei Verbindlichkeiten aus Verträgen. Die jüngere Lehre und Rechtsprechung[48]) legen § 1042 weiter aus und beziehen vertragliche Pflichten mit ein. Zahlt also X die Kaufpreisschuld des Y, so kann er von diesem Ersatz fordern. 1746

§ 1042 darf aber keinesfalls im zweipersonalen Verhältnis angewendet werden, weil sonst die Strukturen des Leistungsstörungsrechts umgangen werden könnten. Würde man zB dem Gläubiger erlauben, bei sich selbst die Verpflichtung des Schuldners zu erfüllen und von diesem den Ersatz zu fordern, könnte jeder Gläubiger ohne Nachfristsetzung und ohne Verschulden vom Schuldner den Aufwand fordern und so die §§ 918–921 umgehen; er könnte jede Sachschuld in eine Geldschuld und Leistungspflichten mit kurzen Verjährungsfristen in solche mit dreißigjähriger Frist umwandeln.[49]) 1747

§ 1042 kommt nicht zur Anwendung, wenn der Aufwendende gegenüber dem gesetzlich Verpflichteten in **Schenkungsabsicht** gehandelt hat, diesen also unentgeltlich von einer Schuld befreien wollte. Ein solcher Schenkungswille ist allerdings nicht zu vermuten.[50]) Daher braucht der Leistende auch nicht besonders nachzuweisen, dass er „mit Verpflichtungswillen" („animus obligandi") gehandelt hat.[51]) 1748

Auch die Klage nach § 1042 scheidet aus, wenn der Aufwand durch ein vertragliches oder gesetzliches **Schuldverhältnis** zwischen dem Aufwendenden und dem Empfänger oder einem Dritten **gerechtfertigt** 1749

(Beclin); Perner/Spitzer, EF-Z 2006, 37; *Rummel,* JBl 2008, 442ff; *Rummel* in FS Koziol 380f.

[44]) OGH ZVR 1982/136.

[45]) OGH SZ 43/175.

[46]) Daher kein Ersatzanspruch gegen den Bund für Suche nach Fliegerbombenblindgänger, s OGH SZ 2008/163; ZRB 2012, 207 *(Krejci);* dazu *Neumayr,* Aufwandersatz für Suche nach Bombenblindgängern – vor dem OGH oder vor dem VfGH? ÖJZ 2009/41, 382.

[47]) OGH GlU 5.177; GlUNF 7.005; SZ 62/130.

[48]) *Stanzl* in *Klang*² IV/1, 927f; *Ehrenzweig* II/1, 729f; *Rummel* in *Rummel*³ § 1042 Rz 5; *Rummel,* JBl 2008, 433; OGH JBl 1991, 127 mwN; SZ 69/40; zuletzt wobl 2013/102; einschränkend *Gschnitzer,* Schuldrecht BT 295f.

[49]) *Welser,* Schlechterfüllung der Nachbesserungsschuld, in *Koller,* 7. St. Galler Baurechtstagung 2006, 97f; vgl schon *Welser,* Schadenersatz statt Gewährleistung (1994) 18f.

[50]) *Stanzl* in *Klang*² IV/1, 925f; OGH SZ 31/8; EvBl 1971/207; SZ 59/111. Zu Ausnahmen s OGH SZ 57/121.

[51]) OGH JBl 1989, 444 *(Wilhelm);* JBl 1989, 649; EFSlg 75.397; SZ 69/40; einschränkend bei Unterhalt JBl 1991, 309 *(Apathy).* Anders zB OGH SZ 43/175; JBl 1973, 210; EvBl 1992/193.

war.[52]) Selbstverständlich gibt es keinen Ersatzanspruch, wenn der Aufwendende nur eine eigene Pflicht erfüllt hat.[53])

E. Der Anspruch aus Aufopferung (§ 1043)[54])

1750 In Anlehnung an die römische lex Rhodia de iactu bestimmt § 1043, dass jemand, der in einem Notfall sein **Eigentum aufopfert,** um einen größeren Schaden von sich und anderen abzuwenden, von allen Begünstigten verhältnismäßig Entschädigung verlangen kann. Er erhält einen Ausgleich, weil sein Vermögen ohne rechtfertigenden Grund Dritten zugute gekommen ist.

Bei der lex Rhodia de iactu ging es darum, dass die Eigentümer aller von einem Schiff transportierten Sachen verhältnismäßig den Verlust zu tragen hatten, wenn einzelne Stücke ins Meer geworfen wurden, um das Schiff vor dem Untergang zu retten. Heute kann die Vorschrift zB im Straßenverkehr Bedeutung erlangen:[55]) um das Leben eines Kindes zu retten, „verreißt" der Lenker sein Fahrzeug, das dadurch ins Schleudern gerät und beschädigt wird. Strittig ist die Anwendbarkeit des § 1043 im Gesellschaftsrecht, wenn einzelne Gesellschafter in der Krise der Gesellschaft Sanierungsbeiträge erbringen und dadurch die Insolvenz der Gesellschaft abwenden.[56])

IV. Inhalt und Umfang des Bereicherungsanspruchs

1751 Bei der Ermittlung von Inhalt und Umfang des Bereicherungsanspruchs gelten für die Leistungskondiktion und den Verwendungsanspruch dieselben Grundsätze.

A. Herausgabe der Sache, angemessener Lohn

1752 Der Verkürzte kann die Rückstellung seiner Sache oder Leistung verlangen.[1]) Dieser Anspruch konkurriert mit der **Eigentumsklage,** wenn

---

[52]) Vgl *Steiner,* Zahlungsansprüche aus ärztlicher Behandlung gegen unterhaltspflichtige Dritte, JBl 1975, 410f; zur Rechtfertigung durch familienrechtliche Verpflichtungen *Perner/Spitzer,* EF-Z 2006, 39ff; zur Verpflichtung des Staates durch Selbstbindungsgesetz (Bundesbetreuung von Flüchtlingen) *Wilhelm,* migralex 2003, 74; OGH SZ 51/164; SZ 52/79; ZVR 1993/113; SZ 69/40; JBl 1998, 252; SZ 74/131.

[53]) Vgl für Pflegeleistungen naher Angehöriger *Perner/Spitzer,* EF-Z 2006, 39ff.

[54]) *Wesener,* Von der Lex Rhodia de iactu zum § 1043 ABGB, in FS J. Bärmann (1975) 31; *Meissel,* Geschäftsführung ohne Auftrag (1993) 34ff; *Wünsch,* Gedanken zur großen Haverei und deren analoger Anwendung, in FS Wesener (1992) 531.

[55]) Vgl dazu *Canaris,* Notstand und „Selbstaufopferung" im Straßenverkehr, JZ 1963, 655; *Deutsch,* Die Selbstaufopferung im Straßenverkehr, AcP 165, 193; *Fitz,* Risikozurechnung bei Tätigkeit im fremden Interesse (1985) 128ff; *Frank,* Die Selbstaufopferung des Kraftfahrers im Straßenverkehr, JZ 1982, 737; *Konzen,* Aufopferung im Zivilrecht (1969). Ablehnend *Stanzl* in *Klang*² IV/1, 936; OGH ZVR 1960/16.

[56]) Dafür: *Rüffler/Vonkilch,* Bereicherungsausgleich bei asymmetrischer Gesellschaftssanierung, ecolex-script 2011/44, 1; *Cetin,* Zur Durchsetzung von Sanierungsmaßnahmen und zum Vorgehen gegen „Trittbrettfahrer" im GmbH-Recht, wbl 2014, 252 (259); dagegen: *Krejci,* Verweigerter Nachschuss und § 1043 ABGB, RdW 2011/260, 261; OGH GesRZ 2013, 153 *(Koppensteiner)* = GES 2013, 13 *(Fantur)* = RWZ 2013/4 *(Wenger)* = JAP 2012/2013/18 *(Rauter).*

[1]) *Ehrenzweig* II/1, 725.

der Verkürzte trotz der Vermögensverschiebung Eigentümer geblieben ist.[2])

1753 Bestand die Leistung in einer **Handlung,** so ist dafür ein „dem verschafften Nutzen **angemessener Lohn**" zu entrichten (§ 1431).

Sind Dienstleistungen zu kondizieren, so ist nach verbreiteter Auffassung das angemessene Entgelt vom Eintritt eines messbaren Vermögensvorteils unabhängig, weil der Dienstnehmer ganz allgemein keinen Erfolg schuldet (§ 1152 per analogiam).[3])

B. Ersatz des Wertes der Sache

1754 Ist die Herausgabe der Sache **unmöglich** oder **untunlich** (§ 1323 per analogiam), weil sie zB verbraucht, wirksam veräußert oder untrennbar mit einer Hauptsache verbunden ist, gebührt dem Verkürzten Wertersatz.[4]) Der Bereicherte hat die aus der Sache erlangten Vorteile herauszugeben.

1755 Diese Vorteile liegen in der bestimmungsgemäßen Verwendung der Sache,[5]) in einem Erlös aus ihrer Veräußerung, im Erwerb des Eigentums oder in der Ersparnis von Auslagen, die zur Erlangung eines gleichen Stückes hätten getätigt werden müssen.[6]) Auch persönliche und immaterielle Vorteile kommen in Betracht; zB die Förderung der Gesundheit oder die Erlangung eines Genusses.[7])

Bestimmungsgemäße Verwendung: Verheizen fremden Öls, Benutzung fremder Ziegel zum Hausbau. Veräußerungserlös: Verkauf der fremden Sache an einen Dritten, der gemäß § 367 Eigentum erwirbt.

1756 Die Höhe des Wertersatzes hängt primär vom guten oder schlechten Glauben des Bereicherten ab.[8]) Die Redlichkeit des Besitzes wird vermutet (§ 328).[9])

1757 Der **redliche** Bereicherte ist besser gestellt. Verbraucht er die Sache, muss er in der Regel deren **Verkehrswert** ersetzen (§ 417), weil sein Nut-

---

[2]) OGH SZ 57/44; SZ 65/5.

[3]) *Bydlinski,* Lohn- und Kondiktionsansprüche aus zweckverfehlenden Arbeitsleistungen, in FS Wilburg (1965) 45. Vgl auch OGH SZ 59/99; RdA 1987, 119 *(Spielbüchler);* RdA 1990, 210 *(Apathy);* SZ 63/12; JBl 1992, 39. S auch oben Rz 1083.

[4]) *Apathy,* Verwendungsanspruch 98.

[5]) OGH SZ 2002/75; RdW 2003, 496 (kein Verwendungsanspruch, wenn objektiv kein Vorteil aus der Sache gezogen wurde).

[6]) OGH JBl 1950, 38; SZ 47/130; SZ 65/5 = ecolex 1992, 476 *(Mohr);* ecolex 2002, 662 *(Wilhelm).*

[7]) *Ehrenzweig* II/1, 723; *Swoboda,* Bereicherung, Geschäftsführung ohne Auftrag, versio in rem (1919) 122.

[8]) Dazu *Bydlinski,* Zum Bereicherungsanspruch gegen den Unredlichen, JBl 1969, 252; *Bydlinksi,* System 286; *Wilburg,* Bereicherung 128ff; *Apathy,* Redlicher oder unredlicher Besitzer, NZ 1989, 142ff; OGH ZAS 1980/2 *(Gitter);* EvBl 1985/108; JBl 1986, 603; JBl 1990, 371 *(Rummel);* JBl 1992, 388; JBl 1996, 653 *(Karollus);* JBl 1998, 250. Dagegen *Kerschner,* Zur Höhe des Benützungsentgelts bei Nichtrückstellung der Bestandsache nach Vertragsende, JBl 1978, 417. Zum Vergleich mit der deutschen Rechtslage *Wendehorst* in FS Koziol 425ff.

[9]) Vgl *Rummel,* Zum Beginn der Unredlichkeit des Kondiktionsschuldners bei Ausübung von Gestaltungsrechten, in FS 200 Jahre ABGB (2011) 1393.

zen dem objektiven Wert entsprechen wird.[10]) Dieser bildet auch die Grenze für die Herausgabe des Erlöses, den der Bereicherte aus der Sache durch ihre Veräußerung gezogen hat.[11]) Hat er unter dem gemeinen Wert verkauft, so braucht er nur das tatsächlich Erlangte herauszugeben.[12]) Hat er die Sache wirksam verschenkt (vgl § 824), ist er insoweit bereichert, als er sich den Aufwand für ein Geschenk erspart hat.[13]) Die Obergrenze für den Ersatzanspruch gegen den redlichen Bereicherungsschuldner ist aber stets der Verkehrswert.

1758 Hat ein **unredlicher** Bereicherter eine Sache zu seinem Vorteil verwendet, zB fremde Ziegel in sein Haus eingebaut, so ist ihr Wert nach dem **höchsten** am Markt erzielbaren **Preis** zu bemessen (§ 417). Hat er sie veräußert, so muss er den Erlös herausgeben. Er haftet mindestens für den Verkehrswert, weil er als Unredlicher jedenfalls fahrlässig war (§ 335);[14]) hat er mehr als den Verkehrswert erzielt, schuldet er auch den über den Verkehrswert hinausgehenden Betrag.

Ist ein über dem Verkehrswert liegender Erlös nur durch besondere Aufwendungen oder Fähigkeiten des Bereicherten erzielt worden, kann er nicht ausschließlich dem Eigentümer der veräußerten Sache zugeordnet werden, sondern ist zwischen ihm und dem Veräußerer zu teilen.[15]) Daher spricht auch § 335 von der Herausgabe des „durch den Besitz" erlangten Vorteils.

1759 Bei **wissentlicher Inanspruchnahme** fremden Gutes ist unabhängig von einem konkreten Nutzen[16]) ein angemessenes Entgelt zu zahlen. Darum ist zB der Verkehrswert auch von jenem zu ersetzen, der bewusst eine fremde Sache verschenkt hat, ohne dass es darauf ankommt, ob er sich die Anschaffung einer anderen Sache erspart hat.

1760 Der Anspruch auf den Ersatz des Wertes **bleibt bestehen,** wenn der zunächst eingetretene Nutzen später wegfällt (§ 1041 aE); dieses Risiko hat der Bereicherte zu tragen.[17])

B verkauft die fremde Sache, verliert aber das Geld. B trägt allerdings das Risiko des Unterganges nicht, solange die Sache nicht zu seinem Vermögen gehört. Kommt

---

[10]) Vgl *Wilburg,* Bereicherung 133 ff. Zum deutschen Recht: *Larenz,* Zur Bedeutung des „Wertersatzes" im Bereicherungsrecht, in FS von Caemmerer (1978) 209 mwN; *Bollenberger,* Das stellvertretende Commodum (1999) 259 ff mwN.

[11]) *Bydlinski,* JBl 1969, 253. Differenzierend *Apathy,* Verwendungsanspruch 116 f; *Bollenberger,* Stellvertretendes Commodum 319 ff.

[12]) Differenzierend *Harrer,* Rückabwicklungsprobleme beim fehlerhaften Kauf, JBl 1983, 238; *P. Huber,* Bereicherung 118 ff. S auch OGH ZIK 2011/98.

[13]) *Wilburg,* Bereicherung 126; *Stanzl* in *Klang*² IV/1 920 f; OGH SZ 54/131.

[14]) So im Ergebnis auch OGH SZ 57/44; vgl auch JBl 1996, 653 *(Karollus);* ecolex 2010/116 *(Wilhelm).*

[15]) Dazu *Bydlinski,* JBl 1969, 253 ff; *Wilburg,* Bereicherung 128 ff; *Graf,* Zinsen, Bereicherung und Verjährung. Überlegungen aus Anlaß der Entscheidung des OGH 4 Ob 584/87, JBl 1990, 351 ff; *Bollenberger,* Stellvertretendes Commodum 322 ff; OGH SZ 70/48.

[16]) *Wilburg,* AcP 163, 356 ff; OGH SZ 65/5 = ecolex 1992, 476 *(Mohr);* JBl 1998, 250; JBl 1999, 458 *(Apathy).*

[17]) Vgl *Apathy,* Verwendungsanspruch 104 ff; OGH SZ 35/5; JBl 1977, 36; kritisch *Wilburg* in *Klang*² VI 480; *P. Huber,* Bereicherung 173.

also der gutgläubige B grundlos in den Besitz einer Sache, ohne dass er Eigentümer wird und geht sie durch Zufall unter (§ 1447), so wird er von der Verpflichtung zur Herausgabe oder Vergütung des Wertes befreit. Wird B hingegen Eigentümer oder tritt an die Stelle der Sache (wegen wirksamer Weiterveräußerung) ein Geldbetrag, so hat B auch das Risiko des Unterganges zu tragen. Der Nutzen ist mit dem Eigentumserwerb oder durch die Verfügungsmöglichkeit über das erlöste Geld eingetreten,[18]) sein Wegfall berührt den Verwendungsanspruch nicht.

C. Benützungsentgelt

Hat der Bereicherte die fremde Sache benützt, so hat er sie nicht nur zurückzustellen, sondern auch den in ihrem Gebrauch liegenden Vorteil herauszugeben.[19]) 1761

Praktische Bedeutung hat dies bei der Verwendung fremder Marken, Patente oder Urheberrechte. Sondervorschriften sehen vor, dass für die unbefugte Benutzung solcher Immaterialgüterrechte – entsprechend der Lizenzgebühr – ein angemessenes Entgelt zu zahlen ist. Vgl § 86 UrhG, § 150 PatG, § 56 MarkSchG.

Die Höhe des Ersatzes für die Benützung einer fremden Sache hängt wieder von der Redlichkeit oder Unredlichkeit des Bereicherten ab.[20]) Der **redliche** Benützer hat den Vorteil zu vergüten, der ihm nach seinen subjektiven Verhältnissen entstanden ist. Er orientiert sich in der Regel am gewöhnlichen Benützungsentgelt,[21]) das zugleich die Obergrenze des Ersatzes bildet. 1762

Der **unredliche** Benützer hat das höchste am Markt erzielbare Benützungsentgelt zu zahlen (§ 417 analog). 1763

D. Herausgabe der Früchte

Ob der Bereicherte neben der Sache (und einem Entgelt für ihren Gebrauch) auch ihre Früchte herauszugeben hat, wird von § 1041 nicht geregelt, sondern ergibt sich unmittelbar aus **§§ 329ff.** Für die Leistungskondiktionen verweist § 1437 ganz allgemein auf die Vorschriften über den redlichen und unredlichen Besitz (§§ 329ff). Sie sind daher sinngemäß anzuwenden.[22]) 1764

---

[18]) Dazu *Wilburg,* Bereicherung 139f; OGH SZ 35/5. Differenzierend *P. Huber,* Bereicherung 170ff, 215ff; gegen diesen *Kerschner,* Anmerkungen zum österreichischen Bereicherungsrecht, JBl 1990, 562 (571ff).

[19]) Vgl OGH JBl 1954, 120; RZ 1971, 194; JBl 1973, 257; SZ 58/104; JBl 2014, 455. OGH SZ 64/47 (Zinsen als Nutzungsentgelt bei Geldsumme); JBl 1992, 247 und 456; ecolex 1993, 521; SZ 68/116 = ecolex 1996, 14 *(Wilhelm);* immolex 1998, 78 *(Pfiel);* zur unterlassenen Nutzung OGH ecolex 2006/115 *(Wilhelm);* dazu *Thunhart,* Der Anspruch auf Benützungsentgelt bei unbefugter Verwendung fremden Eigentums, Zak 2006/219, 126.

[20]) Vgl dazu auch *Apathy,* Das Recht des redlichen Besitzers an den Früchten, JBl 1978, 531f; OGH JBl 1998, 250. Anscheinend ohne Differenzierung OGH JBl 1983, 486.

[21]) *Wilburg,* Bereicherung 133ff; *Stanzl* in *Klang*[2] IV/1 917f; OGH JBl 1998, 250; JBl 1999, 458 *(Apathy).*

[22]) Zur Herausgabe nach § 1041 kritisch *Fischer-Czermak,* Zum Verwendungsanspruch gegen den redlichen Besitzer, in FS 200 Jahre ABGB (2011) 955.

Der Versuch, die Verteilungsordnung der §§ 330ff dadurch zu unterlaufen, dass man sie als „rein sachenrechtliche Vorschrift" versteht,[23]) überzeugt nicht, weil Erwerb des Eigentums und Vorteil aus dem erworbenen Eigentum sinnvollerweise nicht getrennt werden sollten und dem Gesetz eine solche Absicht auch nicht zu unterstellen ist. Die §§ 330ff enthalten auch rein schuldrechtliche Anordnungen (vgl § 333); auch sonst ist bei der „Korrektur" sachenrechtlicher Vorschriften durch das Bereicherungsrecht Vorsicht geboten. Vgl auch die Gutglaubenserwerbvorschriften, oben Rz 1731.

1765 Dem **redlichen** Besitzer gehören alle aus der Sache entspringenden Früchte. Der **unredliche** ist hingegen verpflichtet, jeden Vorteil **herauszugeben** (§§ 330, 335). Ihm soll der Anreiz genommen werden, mit fremdem Gut zu spekulieren. Geht die Frucht allerdings auch auf **Aufwendungen** des unredlich Bereicherten zurück, so steht ihm dafür trotz seiner Unredlichkeit ein Anteil an den Früchten zu, der sich aus dem Verhältnis seines Beitrages zu jenem des Verkürzten ergibt.[24])

E. Nachteilsausgleich

1766 Sind dem Bereicherten durch die ungerechtfertigte Vermögensverschiebung nicht nur Vorteile, sondern auch **Nachteile** entstanden, oder würde die Erfüllung der Rückgabepflicht weitere Nachteile bewirken, so ist nach manchen der Verwendungsanspruch zu mindern, „wenn der Bereicherte schutzwürdiger ist als der Verkürzte".[25]) Dies, wenn der Bereicherte redlich war, während der Verkürzte die Vermögensverschiebung sorglos verursacht hat.[26])

V hat irrtümlich auch den Weg des B asphaltiert. Den B würde jedoch die Vergütung dieser „aufgedrängten Bereicherung"[27]) wirtschaftlich gefährden.

In diese Kategorie gehören auch irrtümlich erbrachte Lohn-, Gehalts- und Unterhaltszahlungen. Wurden sie vom Empfänger gutgläubig verbraucht, muss er sie nicht zurückzahlen.[28])

---

[23]) So *Apathy,* JBl 1978, 517. Vgl auch *Stanzl* in *Klang*² IV/1, 918; *Spielbüchler,* Schuldverhältnis 219f.

[24]) *Wilburg,* Bereicherung 128ff; *Graf,* Zinsen, Bereicherung und Verjährung, JBl 1990, 350 (351ff). Nur wenn der OGH wobl 2001, 283 (kritisch *Kerschner*) = ecolex 2000, 498 *(Wilhelm)* davon ausgeht, ist es zutreffend, dem titellosen Mieter das Entgelt aus der Untervermietung (teilweise) zu belassen.

[25]) *Wilburg,* Bereicherung 141ff; *Wilburg* in *Klang*² VI 480; *P. Huber,* Bereicherung 197ff; OGH JBl 1993, 592; ZUS 2011/40

[26]) Dazu *Wilburg* in *Klang*² VI 480ff; *Zemen,* Der Schutz des Empfängers von rechtsgrundlosen, jedoch gutgläubig verbrauchten Leistungen, ZAS 1979, 163; *A. Stifter,* Der Übergenuß im öffentlich-rechtlichen und im vertraglichen Dienstverhältnis, RdA 1983, 340; *Ch. Huber,* Endgültige Zuweisung bei einstweiligem Unterhalt, JBl 1984, 182; *P. Huber,* Bereicherung 131ff; OGH SZ 56/179; SZ 61/218; zur Zurechnung der Unredlichkeit s OGH EvBl 2010/80.

[27]) Dazu *Reimer,* Die aufgedrängte Bereicherung (1990); *Meissel,* Geschäftsführung 199ff. S auch *P. Huber,* Bereicherung 197ff, der auf die §§ 331f verweist; ebenso OGH JBl 1994, 171; kritisch *Kerschner,* JBl 1990, 572f.

[28]) *Wachter,* Zur Nichtrückforderbarkeit irrtümlich bezahlten Arbeitsentgelts bei gutgläubigem Verbrauch, in FS Strasser (1983) 147ff; *Löffler,* Rückzahlung irrtümlicher Mehrleistungen des Arbeitgebers, RdA 1988, 64; RIS-Justiz RS0033818; OGH EvBl 2010/80; vgl dazu auch *Thunhart,* Zur Rückforderung von Unterhaltszahlungen wegen Verletzung von Mitteilungspflichten, ÖJZ 2010/61, 570; *Reischauer,* Überali-

In den meisten Fällen ist die Berechtigung einer eigenen Kategorie 1767
des Nachteilsausgleichs zweifelhaft, da überhaupt von vornherein eine Bereicherung zu verneinen sein wird.

Nicht anzurechnen ist jedenfalls der **Preis,** den der Bereicherte für 1768
die Sache einem Dritten bezahlt hat. Dieser wirkt sich nicht auf die Höhe der Bereicherung aus (§ 333; s aber § 403).

F. Synallagmatische Schuldverhältnisse

Im synallagmatischen Schuldverhältnis gilt das **Zug-um-Zug-Prinzip** 1769
(§ 1052) auch bei der bereicherungsrechtlichen **Rückabwicklung,**[29]) wenn also wegen ursprünglicher Ungültigkeit oder wegen nachträglichen Wegfalls der causa (Wandlung, Rücktritt) Leistungen zurückzustellen sind.

Der Übernehmer ist allerdings von seiner Herausgabepflicht befreit, wenn es wegen eines Rechtsmangels zur Wandlung kommt und der Übernehmer die Sache dem Eigentümer – der einen Herausgabeanspruch gegen den Übernehmer hat – ausfolgt.[30])

Die Rechtsprechung nimmt bei Rückabwicklung synallagmatischer Verträge wegen der „subjektiven Äquivalenz" der Leistungen an, dass sich die Früchte und Nutzungen bei redlichen Bereicherungsschuldnern gegenseitig „aufheben" und daher nicht zu vergüten sind.[31]) Diese Auffassung ist abzulehnen, weil die durch die rechtsgrundlosen Leistungen bewirkten Vorteile sehr verschieden sein können. Wird ein Vertrag wegen Mangelhaftigkeit der Sache gewandelt, diese vom Übernehmer aber bis zur Rückabwicklung des Vertrages benützt, ist daher nach der (neueren) Rechtsprechung ein Benützungsentgelt zu leisten.[32])

Das Zug-um-Zug-Prinzip gilt nicht für die Rückabwicklung eines Fernabsatz- oder Auswärtsgeschäfts nach Rücktritt s unten Rz 1298.

G. Geschäftsunfähigkeit des Bereicherten

Wird (wegen Nichtigkeit des Titelgeschäfts wegen Geschäftsunfä- 1770
higkeit) eine Nichtschuld an den Geschäftsunfähigen bezahlt, so kann die Leistung bei ihm nur kondiziert werden, wenn sie noch vorhanden oder

mentierung, Informationspflicht und Schadenersatz (§§ 140, 144, 178, 1304 AGBG; §§ 21 f UVG), EF-Z 2010/36, 65; *Neuhauser,* Haftung des Jugendwohlfahrtsträgers aus Schadenersatz nach 6 Ob 179/08 a, EF-Z 2010/126, 189. Möglich ist die Rückforderung aber bei irrtümlich geleistetem Tag-, Spital- oder Genesungsgeld der Unfallschutzversicherung, s etwa OGH RdW 2011/279.

[29]) Dazu *Jabornegg,* Zurückbehaltungsrecht und Einrede des nicht erfüllten Vertrages (1982) 168 f, 178 ff. Vgl auch OGH JBl 1981, 256; JBl 1988, 172 *(P. Bydlinski);* JBl 1988, 250 *(Karollus);* SZ 67/187; ecolex 2004, 943 (dazu *Wilhelm,* Lebensgemeinschaft: Geschenke, Entgeltsleistungen und deren Rückerstattung, ecolex 2004, 917); JBl 2005, 523. Zum Vergleich mit der deutschen Rechtslage *Wendehorst* in FS Koziol 425.

[30]) OGH EvBl 2009/97 *(Spitzer)* = ecolex 2009/139 *(Wilhelm)* = Zak 2009/248 *(P. Bydlinski).*

[31]) OGH SZ 60/6; JBl 1988, 250 *(Karollus);* NZ 1996, 268; vgl auch SZ 61/162; SZ 70/69; SZ 71/162 (Rückabwicklung nach Enteignung). Berechtigte Kritik bei *Kerschner,* Rückabwicklung gegenseitiger Verträge, JBl 2001, 756. Anderes nimmt auch der OGH beim nichtigen Mietvertrag an: OGH ecolex 1996, 855.

[32]) OGH JBl 2014, 455. S auch OGH ecolex 2007/363; JBl 2007, 385; *Schneeberger,* Übersicht zur Berechnung der Höhe des Benützungsentgelts nach Wandlung, ecolex 2011, 23.

zu seinem Vorteil verwendet worden ist,[33]) nicht aber, wenn sie sinnlos von ihm ausgegeben wurde (§ 1424 per analogiam).[34]) Allfällige Nachteile seines Partners sind in analoger Anwendung des § 1310 zu berücksichtigen.[35])

1771 Davon zu unterscheiden ist der direkte Anwendungsbereich des § 1424. Voraussetzung dafür sind das Bestehen eines gültigen Titels und die Zahlung an den Geschäftsunfähigen (statt an den gesetzlichen Vertreter). Hier kommt es nur zur Tilgung, wenn das Bezahlte noch wirklich vorhanden oder zum Nutzen des Empfängers verwendet worden ist. Dem Geschäftsunfähigen obliegt der Beweis, dass das nicht der Fall ist.[36]) Dabei handelt es sich freilich um keine Frage des Bereicherungsrechts, sondern der Tilgungswirkung einer Leistung.

H. Zufälliger Untergang, Zwei-Kondiktionen-Theorie, Saldo-Theorie

A verkauft dem B Bauholz, liefert es und erhält dafür den Kaufpreis. Kurze Zeit später stellt sich heraus, dass der Vertrag ungültig ist, sodass die beidseitig erbrachten Leistungen zurückgestellt werden müssen. In der Zwischenzeit wurde das Holz aufgrund eines durch Blitzschlag entstandenden Brandes auf der Baustelle zerstört, sodass es nicht mehr zurückgestellt werden kann.

1772 Im synallagmatischen Schuldverhältnis gilt das **Zug-um-Zug-Prinzip** (§ 1052) auch bei der bereicherungsrechtlichen **Rückabwicklung,** wenn also wegen ursprünglicher Ungültigkeit oder wegen nachträglichen Wegfalls der causa (Wandlung, Rücktritt) Leistungen zurückzustellen sind (s oben Rz 1769). Fraglich ist allerdings, ob ein Teil auch dann berechtigt ist, seine Leistung zu kondizieren, wenn er selbst die erhaltene Leistung nicht mehr zurückstellen kann, weil sie bei ihm **zufällig** untergegangen ist.

1773 Nach hM[37]) sind beide Kondiktionsansprüche voneinander unabhängig **(Zwei-Kondiktionen-Theorie):** die eine Kondiktion (Rückforderung) ist „erfolgreich", weil die Sache noch vorhanden ist, während die andere Kondiktion „ins Leere geht", weil die Sache, auf deren Rückgabe sie sich richtet, wegen ihres Unterganges nicht mehr existiert. Der zufällige Untergang der Sache trifft den Herausgabeberechtigten, der Empfänger braucht auch nicht ihren Wert zu vergüten, wenn er die eigene Leistung zurückfordert.

---

[33]) *Dullinger,* Die Geschäftsfähigkeit Minderjähriger, ÖJZ 1987, 40; *Burkowski/Schamberger,* App-Einkäufe durch Minderjährige, EF-Z 2015/4, 9 (11 f); OGH SZ 55/166; SZ 60/119; JBl 1992, 39; immolex 1998, 78 *(Pfiel);* EF-Z 2009/55 (schwierig zu beurteilen beim Bordellbesuch eines Geschäftsunfähigen); iFamZ 2010/192 *(Parapatits).*

[34]) S zum Grundfall des § 1424 oben Rz 458.

[35]) *Wilburg* in *Klang*² VI 486.

[36]) OGH SZ 2002/21; JBl 2005, 55.

[37]) Vgl zB *Wilburg* in *Klang*² VI 485; *Wilburg,* AcP 163, 353 ff; *Rummel,* ÖJZ 1978, 258; *Reischauer* in *Rummel*³ § 932 Rz 4; differenzierend *Wendehorst,* Anspruch und Ausgleich 398 ff; *Wendehorst* in FS Koziol 457; dagegen zweifelnd *Apathy,* Rücktritt nach § 11 FAGG trotz Unmöglichkeit der Rückstellung der Ware, ÖJZ 2014/111, 719 (722). Vgl auch OGH SZ 14/248; JBl 1976, 98; SZ 2005/48; JBl 2013, 188; GesRZ 2013, 362 *(Harrer);* s auch SZ 60/6.

Zum Teil wird immerhin eine Wertersatzpflicht angenommen, wenn sich der Leistungsempfänger durch die Verwendung der untergegangenen Sache etwas erspart hat, er also anstelle der untergegangenen Sache auch andere Rechtsgüter eingesetzt hätte, die vom Zufall in gleicher Weise getroffen worden wären.[38])

Nach anderer Auffassung,[39]) der zu folgen ist, trägt hingegen der Empfänger stets das Risiko des zufälligen Untergangs, weil sich die Sache in seiner **Sphäre** befunden hat, sodass er (zumindest in abstracto) die Gefahr **beherrschen** konnte. Er hat daher nur insoweit einen Anspruch gegen den Partner, als der Wert seiner Leistung jenen der untergegangenen Gegenleistung übersteigt **(„Saldo-Theorie“).**[40]) 1774

Andere wollen gar zwischen sachenrechtlicher Ungültigkeit und schuldrechtlicher ex-tunc-Wirkung unterscheiden.[41]) Dagegen spricht aber, dass die Ungültigkeits- und Aufhebungsregeln auf die hier zu lösende Problematik nicht zugeschnitten sind. Ob zB ein Titel mit schuldrechtlicher oder sachenrechtlicher Rückwirkung wegfällt, ist eine konstruktive Entscheidung, aus der für diffizile Abwicklungsfragen nicht deduziert werden sollte.[42])

Vereitelt der Leistungsempfänger schuldhaft die Erfüllung seiner Rückstellungsverpflichtung, hat er nach allgemeinen Grundsätzen Ersatz zu leisten.[43]) 1775

20. Kapitel

Die Geschäftsführung ohne Auftrag (§§ 1035 ff)

Literatur: *Kötz,* Geschäftsführung ohne Auftrag aus rechtsökonomischer Sicht, in FS Großfeld (1999) 583; *Meissel,* Geschäftsführung ohne Auftrag (1993); *Schey,* Die rechtliche Natur der Geschäftsführung ohne Auftrag nach dem österreichischen ABGB, in FS Zitelmann (1913) 1; *Swoboda,* Bereicherung, Geschäftsführung ohne Auftrag, versio in rem (1919); *Swoboda,* Bevollmächtigungsvertrag und Auftrag, Geschäftsführung ohne Auftrag, versio in rem (1932); *J. Schmid,* Die Geschäftsführung ohne Auftrag (1992); *Wittmann,* Begriff und Funktionen der Geschäftsführung ohne Auftrag (1981); *Wollschläger,* Die Geschäftsführung ohne Auftrag (1976).

Während der Hauseigentümer H verreist ist, bricht in seinem Haus ein Feuer aus. Der Nachbar N bemerkt dies, versucht den Brand zu löschen, verständigt die Feuerwehr und trägt alle Kosten.

I. Begriff

Geschäftsführung ohne Auftrag ist die eigenmächtige Besorgung der Angelegenheiten eines anderen in der Absicht, dessen Interessen zu fördern.[1]) 1776

[38]) *Kerschner,* Der OGH auf dem Weg zur Saldotheorie? JBl 1988, 625 ff, 629 f.
[39]) Aus dem deutschen Recht: BGH NJW 1998, 1951; NJW 1999, 1181. Dazu *Canaris,* Die Gegenleistungskondiktion, in FS Lorenz (1991) 19; *Reuter/Martinek,* Bereicherung 595 ff.
[40]) *Honsell,* Aktuelle Probleme der Sachmängelhaftung, JBl 1989, 212 f; OGH JBl 1984, 200; RdW 1986, 173; JBl 1988, 581 und dazu *Kerschner,* JBl 1988, 541 und 624.
[41]) *Bydlinski* in *Klang*² IV/2, 699 f; *Aicher* in *Rummel*³ §§ 1048 ff Rz 17.
[42]) Zustimmend *F. Harrer,* JBl 1983, 238; *Mader* in *Schwimann*³ § 1437 Rz 25; ablehnend *Kerschner,* JBl 1988, 547 ff.
[43]) Vgl *Kerschner,* JBl 1988, 627 f.
[1]) Vgl *Ehrenzweig* II/1, 715; *Stanzl* in *Klang*² IV/1, 890 ff; OGH SZ 60/235.

1777 Das **geführte Geschäft** (die Angelegenheit des anderen) kann in rein tatsächlichen Handlungen (Abdichten eines Daches gegen Regen, Absägen eines über einen Weg hängenden Astes) oder in Rechtshandlungen bestehen, wie dem Bezahlen einer Stromrechnung zur Abwendung einer Exekution. Die Identität des „anderen" muss der Geschäftsführer nicht kennen.

1778 Die Besorgung fremder Geschäfte ist **eigenmächtig,** wenn der Geschäftsführer weder durch den Willen des „Betroffenen" (des Geschäftsherrn) noch aufgrund des Gesetzes oder eines behördlichen Auftrages befugt ist. Müssen im Namen des Geschäftsherrn rechtsgeschäftliche Akte gesetzt werden, kann der Geschäftsführer gegenüber dem Dritten als falsus procurator handeln oder mit ihm ein durch die Genehmigung des Geschäftsherrn bedingtes Geschäft schließen.

1779 Zum Begriff der Geschäftsführung gehört die **Geschäftsführungsabsicht** (animus rem alteri gerendi), also die Absicht, im Interesse eines anderen tätig zu werden.[2]) Dass der Geschäftsführer eigene und fremde Interessen gemeinsam verfolgt, schließt die Anwendung der Geschäftsführungsregeln nicht aus.[3]) Hingegen liegt keine eigentliche Geschäftsführung vor, wenn der Handelnde nur seine eigenen Interessen fördern will (s aber unten Rz 1795 ff).

A räumt vom Grundstück des Nachbarn Abfälle weg, weil sie ihn „optisch" stören.

1780 Mangels Geschäftsführungsabsicht ist auch kein Geschäftsführer, wer **irrtümlich** ein fremdes Geschäft als sein **eigenes** führt. Ihm stehen allenfalls Bereicherungsansprüche zu.

1781 Soweit der Geschäftsführer nur tatsächliche Tätigkeiten verrichtet, braucht er nicht geschäftsfähig zu sein. Für den Abschluss von Rechtsgeschäften bedarf es der nötigen Geschäftsfähigkeit; soweit er als Stellvertreter auftritt, genügt die beschränkte Geschäftsfähigkeit (s Bd I Rz 629). Seine Haftung für Schäden richtet sich nach den allgemeinen Regeln. Da der Geschäftsherr selbst nicht handelt, braucht er auch nicht geschäftsfähig zu sein.[4])

1782 Das Gesetz steht der Geschäftsführung ohne Auftrag zurückhaltend gegenüber. In der Regel solle sich **„niemand** in das Geschäft eines anderen **mengen"** (§ 1035). Wer fremde Geschäfte zum Nutzen eines anderen übernehmen will, soll sich um dessen Einwilligung bewerben (§ 1037). Eine positivere Einstellung hat das ABGB allerdings gegenüber der Geschäftsführung in Notfällen.

---

[2]) *Meissel,* Geschäftsführung 58 ff, 79 ff. Vgl auch OGH SZ 47/130; RdW 1990, 322; SZ 60/65.

[3]) S aber OGH RdW 2003/206.

[4]) Vgl *Schey* in FS Zitelmann 26 f; *Stanzl* in *Klang*[2] IV/1, 893.

II. Arten der Geschäftsführung

A. Die Geschäftsführung im Notfall

Ein Geschäftsführer wird im Notfall tätig, wenn er ein fremdes Geschäft zur Abwendung eines bevorstehenden Schadens besorgt (§ 1036).[1]) 1783

Die Tätigkeit des Geschäftsführers ist nur gerechtfertigt, wenn der Schaden **unmittelbar droht** und der Geschäftsführer nicht rechtzeitig die Zustimmung des Geschäftsherrn einholen konnte.[2]) Der Geschäftsherr hat dem Geschäftsführer den **notwendigen** und **zweckmäßigen** Aufwand zu ersetzen, und zwar auch dann, wenn die Bemühung **ohne Erfolg** geblieben ist.[3]) Dem Geschäftsführer wird das Risiko des Fehlschlagens abgenommen, damit er sich nicht von dringenden Maßnahmen abschrecken lässt. 1784

N entdeckt die verletzte Katze seines verreisten Nachbarn E. Er bringt sie zum Tierarzt, der sie operiert. N kann von E auch Aufwandersatz fordern, wenn das Tier die Operation nicht überlebt.

Für von vornherein aussichtslose Aufwendungen, gebührt kein Ersatz, sie können nicht als „zweckmäßig" angesehen werden. 1785

Ob dem Geschäftsführer nur ein Anspruch auf Ersatz seiner Auslagen oder auch eine Entlohnung für **Zeitverlust** gebührt, ist strittig.[4]) Nach hA[5]) kommt es darauf an, ob der Geschäftsführer die Tätigkeit in Ausübung seines Berufes oder Gewerbes gesetzt hat. Daher hat zB ein praktischer Arzt, der in Ausübung seines Dienstes einen Bewusstlosen medizinisch versorgt, einen Entgeltanspruch, nicht aber ein freiwilliger Helfer, der Wiederbelebungsversuche vornimmt. Tatsächlich werden Privatpersonen meist ohnedies nicht in der Erwartung eines Entgeltes tätig sein.[6]) 1786

Der Geschäftsführer hat wie der Beauftragte (§ 1014) ein Recht auf Ersatz des mit der Ausführung des Geschäftes verbundenen Schadens (s dazu oben Rz 965).[7])

B. Die nützliche Geschäftsführung

Eine Geschäftsführung ist nützlich, wenn der Geschäftsführer zwar ohne Notfall, aber zum klaren und überwiegenden Vorteil des Geschäftsherrn gehandelt hat (§ 1037). 1787

---

[1]) S dazu OGH RdA 1996, 311 *(Grömmer/Oberhofer)* = ÖZW 1997, 14 *(Fitz)*. Zu Rettungskräften s *Meissel/Isola,* Rettungskräfte als Geschäftsführer ohne Auftrag, ZVR 2011/267, 466.

[2]) OGH EvBl 1982/83; SZ 54/176; SZ 57/161; JBl 2000, 36.

[3]) OGH JBl 1984, 256; SZ 72/47.

[4]) Dafür *Ehrenzweig* II/1, 719; *Stanzl* in *Klang*² IV/1, 898; *Meissel,* Geschäftsführung 196 f. Dagegen zB OGH GlU 15.731; GlUNF 2.950.

[5]) *Schey* in FS Zitelmann 32 f; *Stanzl* in *Klang*² IV/1, 898 f; *J. Schmid,* Geschäftsführung 177 ff; OGH SZ 47/98; SZ 51/7; SZ 54/176; JBl 1984, 256; NZ 1997, 290.

[6]) S *Meissel,* Geschäftsführung 197.

[7]) *Stanzl* in *Klang*² IV/1, 900; *Fitz,* Risikozurechnung bei Tätigkeit im fremden Interesse (1985) 96 ff; differenzierend *Maurer,* Die Haftung für Schäden von Rettungskräften (2001) 36 ff; OGH RdA 1996, 311 *(Grömmer/Oberhofer)* = ÖZW 1997, 14 *(Fitz);* SZ 70/113. AA *Ehrenzweig* II/1, 718.

1788 **Klar** und **überwiegend** ist ein Vorteil, wenn er nicht nur objektiv (als nachweisbare Wertvermehrung) eingetreten ist, sondern wenn er auch **subjektiv** dem Willen des Geschäftsherrn entspricht.[8]) Hat daher zB der Geschäftsführer werterhöhende Änderungen vorgenommen, die die Sache gerade für ihren Eigentümer (den Geschäftsherrn) unbrauchbar machen, so kann er keinen Ersatz fordern, sondern muss die Sache auf eigene Kosten in den vorigen Stand zurückversetzen oder sonst Schadenersatz leisten (§ 1038). Ob der Geschäftsführer auch Anspruch auf Vergütung für den Zeitaufwand hat, ist bei der nützlichen Geschäftsführung noch zweifelhafter als bei der notwendigen.[9])

1789 Nach der Rechtsprechung könne auch einem gewerblichen „Erbensucher“ (Genealogen) gegen den Erben ein Anspruch aus nützlicher GoA zustehen. Demnach wäre nur der tatsächlich entstandene Aufwand zu ersetzen. Die Höhe des Anspruchs entspreche dabei grundsätzlich jener, die sich bei einer Beauftragung durch den Gerichtskommissär ergeben würde.[10])

1790 Der Anspruch auf Ersatz ist zweifach begrenzt. Der Geschäftsführer kann nur die **wirklich** getätigten Aufwendungen, aber auch diese nur soweit fordern, als sie zum Vorteil des Geschäftsherrn noch **fortwirken.** Für fruchtlos gebliebenen Aufwand gebührt kein Ersatz.

Ob die nützliche Geschäftsführung Eingriffe des Geschäftsführers in die Rechtsgüter des Geschäftsherrn rechtfertigt, ist strittig.

C. Die unnütze und unerlaubte Geschäftsführung

1791 *Die Geschäftsführung ist unnütz, wenn der Geschäftsführer nicht zum klaren und überwiegenden Vorteil des Geschäftsherrn (§ 1038) oder gar gegen dessen ausdrücklichen Willen gehandelt hat (§ 1040).*

1792 In den Fällen der unnützen und unerlaubten Geschäftsführung gebührt **kein Aufwandersatz.** Der Geschäftsführer muss den vorigen Stand

---

[8]) *Stanzl* in *Klang*² IV/1, 901 f; OGH SZ 57/71 und 167; SZ 60/100; JBl 1988, 718; vgl auch JBl 1986, 581; RdW 1997, 404; ZVR 2000/47; zum Prozesskostenregress *Pochmarski/Strauss,* Die Rechtsprechung des OGH zum Regress von Prozesskosten, JBl 2002, 353; *Fötschl,* Zur Ausgleichsfähigkeit von Kosten eines Vorprozesses, ÖJZ 2004, 781; OGH EvBl 2012/160 *(Schneider);* s oben Rz 1443.

[9]) Vgl OGH NZ 1997, 290.

[10]) S dazu OGH EvBl 2015/33 *(K. Huber)* = ecolex 2014/395 *(Limberg)* = EF-Z 2014/169 *(Tschugguel)* = iFamZ 2014/237 *(Mondel); Meissel,* Geschäftsführung 68; *Wilhelm,* Bei Erbensuchern Vollbeschäftigung, ecolex 2009, 457; *Kodek,* Die Suche nach unbekannten Erben im Verlassenschaftsverfahren, ÖJZ 2009/22, 197; *Meissel,* Erbensuchen als gewerbliche Geschäftsführung ohne Auftrag, in FS Koziol (2010) 283; *Verschraegen,* Gedanken zur Erbensuche und Geschäftsführung ohne Auftrag, in FS Fenyves (2013) 379; *Meissel,* Die Erbensucher und der OGH, NZ 2014/151, 398; *Limberg/Tschuggel,* Ein Erbteil für den Erbensucher? ecolex 2014, 400; *Fötschl,* Erbensuche Made in Austria: ein Exportschlager? ecolex 2014, 405; *Kolbitsch/Prankl/Messner,* Ermittlung von Erben: Nützliche Geschäftsführung oder aufgedrängte Bereicherung? Zak 2014/702, 363; *Kolbitsch/Prankl/Messner,* Die Honorierung der Suche nach unbekannten Erben und Erbschaften, Zak 2014/703, 367.

wiederherstellen und jeden **Schaden** ersetzen, der ohne die Einmischung nicht entstanden wäre (§ 1311 Satz 2 Fall 3). Einen getätigten Aufwand darf er in Natur zurücknehmen, soweit dies möglich ist. Sinn des § 1040 ist nur die Vermeidung eines Schadens des Geschäftsherrn durch eine aufgedrängte Geschäftsführung, nicht aber seine Bereicherung.[11])

D. Nebenpflichten

Ein Geschäftsführer muss ein angefangenes Geschäft bis zur Voll- 1793
endung **fortsetzen** (§ 1039); dies gilt allerdings nicht für unnütze und verbotene Geschäfte. Bei der notwendigen Geschäftsführung besteht schon nach § 1312 keine Fortsetzungspflicht.[12]) Aber auch bei der Geschäftsführung zum Nutzen eines anderen ist die Fortsetzungspflicht nur so zu verstehen, dass der Geschäftsführer den Schaden nicht durch den Abbruch der Tätigkeit vergrößern darf.

Alle Geschäftsführer haben „gleich einem Bevollmächtigten" 1794
(§ 1039) dem Geschäftsherrn **Rechnung** zu legen[13]) und jeden erlangten Vorteil herauszugeben.[14]) Der Geschäftsherr ist vom Handeln in seinem Interesse möglichst bald zu verständigen; seinen Anweisungen ist Folge zu leisten.

E. Angewandte und unechte Geschäftsführung

Von **„angewandter Geschäftsführung"** spricht man, wenn das Ge- 1795
setz selbst (an anderer Stelle) jemanden – ohne Rücksicht auf dessen Absicht – als Geschäftsführer behandelt und auf die §§ 1035 ff verweist. Dies gilt zB für die §§ 336, 418, 517, 1097.

Nach verbreiteter Auffassung sind aber die Geschäftsführungsregeln 1796
auch anzuwenden, wenn jemand fremde Geschäfte in der Absicht führt, den Nutzen sich selbst zuzuwenden. Man spricht von **„unechter Geschäftsführung"**.

Ein Verwahrer legt das fremde Geld gewinnbringend an, um selbst die Zinsen zu kassieren.

Hier fehlt zwar ein wesentliches Merkmal der Geschäftsführung, 1797
nämlich die Absicht, im Interesse eines anderen tätig zu sein, doch wird dem „Geschäftsherrn" gestattet, den Unredlichen wegen seiner verbotenen Tätigkeit als Geschäftsführer zu **behandeln** und von ihm die Abrechnung, die Herausgabe des erzielten Nutzens und Schadenersatz zu verlangen. Der Unredliche kann das Fehlen des Geschäftsführungswillens nicht einwenden, weil sich niemand auf die eigene Unredlichkeit berufen darf.[15])

---

[11]) OGH ÖBA 2001, 332 *(P. Bydlinski).*

[12]) Vgl OGH SZ 54/176.

[13]) Vgl OGH SZ 53/29; vgl auch OGH SZ 71/162.

[14]) OGH wbl 1993, 260.

[15]) *Ehrenzweig* II/1, 716; *Stanzl* in *Klang*[2] IV/1, 894; *Reischauer,* Doppelzession, Bereicherung und unechte (angewandte) Geschäftsführung ohne Auftrag, ÖJZ 1987, 264 ff. Ebenso OGH wbl 1993, 260 mwN.

1798 Eine andere Meinung hält den animus rem alteri gerendi für eine unverzichtbare Voraussetzung der Geschäftsführung und verweist den „Geschäftsherrn“ auf das Bereicherungsrecht. Nur die Vollendungs- und Rechnungslegungspflicht sei zu bejahen.[16])

21. Kapitel

Die Gläubigeranfechtung

Literatur: *Astner,* Die Anfechtung der inkongruenten Deckung (2006); *Bartsch/Pollak/Buchegger,* Österreichisches Insolvenzrecht[4] I (2000); *Bollenberger,* Garantiekredit – Umfang der Deckungsanfechtung, ÖBA 2014, 909; *Dellinger/Oberhammer/Koller,* Insolvenzrecht[3] (2014); *Gelter,* Konkurs- und Gläubigeranfechtung bei europäischen Auslandsgesellschaften in Österreich, JBl 2007, 17; *Gerhardt,* Die systematische Einordnung der Gläubigeranfechtung (1969); *Klicka,* Die Konkursanfechtung von Unterlassungen – dargestellt am Nichtabruf eines Kredits, ecolex 2010, 438; *König,* Die Anfechtung nach der Insolvenzordnung[5] (2014); *Koziol,* Grundlagen und Streitfragen der Gläubigeranfechtung (1991); *Paulus,* Sinn und Formen der Gläubigeranfechtung, AcP 155, 277; *Muhri/Stortecky,* Das neue Insolvenzrecht (2010); *Rebernig,* Konkursanfechtung des Kontokorrentkredites (1998); *Riss,* Der Konkurs des Zedenten beim Factoring – Überlegungen zur Anfechtung der Unterlassung von Rechtsgeschäften, ÖBA 2006, 425; *Widhalm,* Kontokorrentkredit und Konkursanfechtung (2001); *Widhalm-Budak,* Anfechtungsrecht[2] (2013); *Zöchling-Jud/Kogler,* Anfechtungsrisiken beim Factoring – Zugleich ein Beitrag zur Rechtsnatur des Factoring, ÖBA 2012, 428.

1. Der überschuldete S möchte seinen Gläubigern entkommen. Er verkauft seine wertvolle Gemäldesammlung dem F, den er in den Plan einweiht, und flüchtet ins Ausland.

2. Der verschuldete S schenkt seinen „letzten Wertgegenstand“, einen Brillantring, seinem Freund F, da er ihn diesem eher gönnt als seinen Gläubigern. F kennt die Vermögensverhältnisse des S nicht.

I. Gläubigerschutz durch Anfechtung

1799 Verfügungen eines Schuldners können seine Gläubiger **benachteiligen,** wenn sie sein Vermögen, das für die Gläubiger den **Haftungsfonds** bildet, **verringern.** Der Schuldner schmälert sein Vermögen unmittelbar, wenn er es verschenkt, und mittelbar, wenn er Sachen in Geld umsetzt, um es auszugeben, verschwinden zu lassen oder damit zu entkommen. Einen Schutz gegen solche Malversationen gewähren neben § 1409[1]) die Anfechtungsordnung und die §§ 27 ff der Insolvenzordnung: Die Gläubiger können unter bestimmten Voraussetzungen die sie benachteiligenden Rechtshandlungen **anfechten.** Die Anfechtung erfolgt durch Klage.

Als Rechtshandlungen kommen auch Unterlassungen in Betracht, wie etwa die Unterlassung der Antretung einer Erbschaft (§ 7 AnfO, § 36 IO).

---

[16]) *Bydlinski,* Zum Bereicherungsanspruch gegen den Unredlichen, JBl 1969, 256 f; *Meissel,* Geschäftsführung 166 f, unter Berufung auf § 837 Satz 3; OGH JBl 1969, 272.

[1]) Zum Verhältnis des § 1409 zur Gläubigeranfechtung s OGH ÖBA 1990, 222.

Die Anfechtungsklage[2]) richtet sich nicht gegen den Schuldner, sondern gegen den Erwerber des Vermögens. Ihre Wirkung besteht darin, dass der siegreiche Gläubiger – unbeschadet der **Gültigkeit** des Geschäftes zwischen dem Schuldner und dem Begünstigten – weiterhin auf die veräußerten Vermögenswerte greifen kann, um für seine Forderung Befriedigung zu erlangen. Die Rechtshandlung ist also nur den Gläubigern gegenüber ungültig, somit **„relativ unwirksam"**. 1800

Nach erfolgreicher Anfechtung muss der Erwerber bei der Einzelanfechtung (nach der Anfechtungsordnung) die Zwangsvollstreckung in den veräußerten Vermögenswert dulden; bei der Insolvenzanfechtung hat er das Erlangte an die Insolvenzmasse herauszugeben (§ 39 Abs 1 IO). Umgekehrt kann der Anfechtungsgegner die Zurückstellung seiner Leistung aus der Insolvenzmasse verlangen (§ 41 IO).[3]) 1801

II. Anfechtungsklage

A. Allgemeine Voraussetzungen

Rechtshandlungen, die das Vermögen eines Schuldners betreffen, können zum Zweck der Befriedigung eines Gläubigers angefochten und diesem gegenüber als unwirksam erklärt werden (§ 1 AnfO). Rechtshandlungen, die vor Eröffnung des Insolvenzverfahrens vorgenommen worden sind und das Vermögen des Schuldners betreffen, können angefochten und den Insolvenzgläubigern gegenüber als unwirksam erklärt werden (§ 27 IO). 1802

Die Anfechtung ist zulässig, wenn ihre allgemeinen Voraussetzungen und ein gesetzlicher Anfechtungstatbestand vorliegen. 1803

Allgemeine Voraussetzung der Anfechtung ist, dass das schuldnerische Vermögen **nicht ausreicht,** um die Forderungen aller Gläubiger zu befriedigen. 1804

Dies ist der Fall, wenn der Schuldner in Insolvenz fällt oder die Zwangsvollstreckung in das verbleibende Vermögen nicht zur vollen Befriedigung des Gläubigers geführt hat oder anzunehmen ist, dass sie nicht zur Befriedigung führen würde.

Die Anfechtung ist ferner nur zulässig, wenn sie **befriedigungstauglich** ist,[1]) dh zu einer Vergrößerung des haftenden Vermögens führt. Diese Voraussetzung fehlt zB bei der Anfechtung der Veräußerung einer mit Pfandrechten überlasteten Liegenschaft. 1805

---

[2]) *Konecny,* Zum Klagebegehren und zum Inhalt der Anfechtungsklagen im Konkurs, ÖBA 1987, 311.

[3]) *Karollus,* Konkursanfechtung: Muß der Anfechtungsgegner vorleisten? ÖBA 1988, 123; *Koziol,* Gedanken zum „nachteiligen Rechtsgeschäft" im Sinne des § 31 KO und zu den Ansprüchen des Anfechtungsgegners gemäß § 41 KO, ÖBA 1988, 1079.

[1]) S beispielsweise OGH ÖBA 1992, 582; ÖBA 1993, 664 und 927; ÖBA 1994, 486; ÖBA 1997, 71; ÖBA 1998, 313; ÖBA 1998, 798 *(Bollenberger);* ÖBA 2000, 329 *(Bollenberger);* ÖBA 2011/1714; NZ 2013/119 (Beseitigung eines vertraglichen Belastungs- und Veräußerungsverbots). Zum „Gläubigerwechsel" s OGH ÖBA 1999/772; HS 30.730; JBl 2012, 804 *(König)* = GesRZ 2013, 58 *(Trenker);* NZ 2013/29.

1806 Als **Anfechtungstatbestände** kennen die AnfO und die IO die Anfechtung wegen Benachteiligungsabsicht, die Anfechtung wegen Vermögensverschleuderung und die Anfechtung unentgeltlicher Verfügungen. In der Insolvenz kommen die Anfechtung wegen Begünstigung und wegen Kenntnis der Zahlungsunfähigkeit hinzu.

B. Die Anfechtungstatbestände

1807 Die Anfechtung wegen **Benachteiligungsabsicht** (§ 2 Z 1–3 AnfO, § 28 Z 1–3 IO)[2]) ist möglich, wenn die nachteilige Rechtshandlung vom Schuldner in der Absicht vorgenommen wurde, die Gläubiger zu schädigen, und dies dem Erwerber bekannt war oder bekannt sein musste, also fahrlässig[3]) nicht bekannt war (Beispiel 1). Handelt ein gesetzlicher Vertreter für den Anfechtungsgegner, ist die Kenntnis des gesetzlichen Vertreters maßgebend.[4])

War die Benachteiligungsabsicht des Schuldners dem anderen Teil bekannt, sind Rechtshandlungen anfechtbar, die in den letzten zehn Jahren vorgenommen wurden (§ 28 Z 1 IO). Bei fahrlässiger Unkenntnis sind Rechtshandlungen der letzten zwei Jahre von der Anfechtung betroffen (§ 28 Z 2 und Z 3 IO); bei Rechtshandlungen gegenüber oder zugunsten naher Angehöriger (§ 4 AnfO; § 32 IO) ist die Beweislast umgekehrt, sodass diese beweisen müssen, dass ihnen die Benachteiligungsabsicht weder bekannt war noch bekannt sein musste.

1808 Die Absichtsanfechtung ist auch dann zulässig, wenn der Gläubiger auf die ihm vom Schuldner erbrachte Leistung einen durchsetzbaren Anspruch hatte.[5])

1809 Vom Schuldner eingegangene Kauf-, Tausch- und Lieferungsverträge sind anfechtbar, wenn der andere Teil in dem Geschäft eine die Gläubiger benachteiligende **Vermögensverschleuderung** erkannte oder erkennen musste (§ 2 Z 4 AnfO, § 28 Z 4 IO).

Die Verträge müssen im letzten Jahr vor der Anfechtung (Eröffnung des Insolvenzverfahrens) abgeschlossen worden sein.

1810 Unabhängig von subjektiven Voraussetzungen unterliegen **unentgeltliche und ihnen gleichgestellte Verfügungen** der Anfechtung (§ 3 AnfO, § 29 IO); Hauptanwendungsfall sind Schenkungen des Schuld-

---

[2]) *A. Burgstaller,* Zur Absichtsanfechtung, ÖJZ 1979, 148; *Koziol,* Gläubigeranfechtung 12 ff, 81 ff; *Widhalm,* Die Absichtsanfechtung (§ 28 KO) in der Rechtsprechung, ecolex 2000, 787; OGH SZ 68/29; SZ 69/22; ÖBA 1995, 380 und 383 *(Fink);* JBl 1998, 595; ÖBA 1998, 979; ÖBA 2000, 1104 und 1107; ÖBA 2008/1510; ZIK 2006/172; RdW 2012/39; RdW 2012/300; ÖBA 2010/1672. Vgl auch *Koziol,* Widerrechtliche Handlungen als anfechtbare Rechtshandlungen im Sinne der §§ 1 AnfO, 27 KO? ZIK 1997, 134. Zur Anfechtung einer Geldstrafenzahlung s OGH SZ 2007/55. Zur Beweislast s OGH ÖBA 2013/1957.

[3]) Zur fahrlässigen Unkenntnis s OGH ÖBA 2011/1765.

[4]) ZB OGH ÖBA 2008/1508; ZIK 2008/113, 69; NZ 2012/145; zu Ausnahmen s OGH SZ 73/203. Eine Anfechtung wegen einer Benachteiligungsabsicht des Rechtsvertreters eines Gemeinschuldners ist ausgeschlossen, s OGH ÖBA 2013/1896.

[5]) OGH ÖBA 1991, 826 *(Koziol);* ÖBA 1994, 637 *(P. Doralt);* ÖBA 1995, 383 *(Fink).*

ners.[6]) Die Gläubiger werden hier als schutzwürdiger angesehen als der Dritte, weil er die Sache ohne Gegenleistung erhalten hat (Beispiel 2).

Die Rechtshandlung muss in den letzten zwei Jahren vor der Anfechtung (Eröffnung des Insolvenzverfahrens) vorgenommen worden sein.

C. Besondere Anfechtungstatbestände in der Insolvenz[7])

Anfechtbar wegen **Begünstigung** ist eine nach Eintritt der Zahlungs- 1811
unfähigkeit oder nach dem Antrag auf Eröffnung des Insolvenzverfahrens oder in den letzten 60 Tagen vorher vorgenommene Sicherstellung oder Befriedigung eines Gläubigers (§ 30 Abs 1 IO). Eine Begünstigung, die früher als ein Jahr vor Eröffnung des Insolvenzverfahrens vorgenommen wurde, kann allerdings nicht angefochten werden (§ 30 Abs 2 IO).

Voraussetzung für die sog **objektive Begünstigung** (§ 30 Abs 1 Z 1 1812
IO) ist, dass ein Gläubiger eine Sicherstellung oder Befriedigung erlangt hat, die er nicht oder nicht in der Art oder nicht in der Zeit zu beanspruchen hatte (Anfechtung wegen **„inkongruenter Deckung"**).[8])

Die Anfechtung ist ausgeschlossen, wenn der Gläubiger durch die Rechtshandlung nicht begünstigt worden ist, zB weil er durch ein Absonderungsrecht gesichert war und daher ohnedies volle Befriedigung erlangt hätte.

Nicht der Anfechtung unterliegen Geschäfte, die sofort Zug um Zug erfüllt werden.[9])

Davon ist die sog **subjektive Begünstigung** zu unterscheiden (§ 30 1813
Abs 1 Z 2 und 3 IO). So ist eine Sicherstellung oder Befriedigung anfechtbar, die der Schuldner in der **Absicht** vorgenommen hat, bestimmte Gläu-

---

[6]) Vgl OGH JBl 1986, 323; SZ 61/110; ÖBA 1990, 471; ÖBA 1993, 71 und 832; ÖBA 1998, 979; ÖBA 2001, 831; ÖBA 2002, 814 *(Bollenberger);* SZ 74/158 (dazu *Schumacher,* Die Anfechtung der nachehelichen Vermögensaufteilung, ÖBA 2003, 288); ÖBA 2007/1437; ZIK 2012/53; vgl auch JBl 2009, 795 = AnwBl 2009/8211 *(Giesinger);* vgl dazu *Reisenhofer,* Konkursanfechtung eines gegenseitigen Veräußerungs- und Belastungsverbots, ZIK 2009/227, 146. Zur Unentgeltlichkeit s ÖBA 2009/1550; SZ 2010/24; ÖBA 2010/1641.

[7]) S *König,* Anfechtung[5] Rz 10/1 ff und *Koziol/Bollenberger* in *Bartsch/Pollak/Buchegger,* Insolvenzrecht[4] I § 31 Rz 1 ff jeweils mwN. Zum Avalkredit s *Bollenberger,* ÖBA 2014, 909.

[8]) *Foglar-Deinhardstein/Welser,* Die Bedeutung von Sicherungszession, Kontokorrent und Anfechtung im Geschäftsverkehr der Banken, ÖZW 1976, 78ff; OGH ÖBA 1991, 215 *(Schumacher);* ÖBA 1993, 734; ÖBA 1996, 645; ÖBA 1997, 205 *(Koziol);* ÖBA 1997, 489; SZ 71/74; ÖBA 1991, 286 *(Fink)* und 921 *(Pfersmann);* JBl 1997, 540 *(König)* = ÖBA 1998, 47 *(Bollenberger);* ecolex 1999, 691 (Zession zahlungshalber); ÖBA 2000, 152 *(Bollenberger)* (Kontokorrentkredit); JBl 2000, 450; ÖBA 2008/1453 *(König)* (Sicherungszession künftiger Forderungen); EvBl 2009/32 *(Widhalm-Budak);* dazu *Reisenhofer,* Konkursanfechtung eines exekutiven Gehaltspfandrechts, ZIK 2009/8, 7; *Birek,* Zwangsvollstreckung und Konkursanfechtung, ZIK 2009/9, 9.

[9]) *Foglar-Deinhardstein/Welser,* ÖZW 1976, 79f; *Fink,* Anweisung auf Schuld und Anfechtung, ÖJZ 1985, 441f; *Fink,* Zahlung von Leasingraten als Zug-um-Zug-Geschäft, ÖBA 1992, 809. OGH ÖBA 1995, 899 *(Schumacher);* ÖBA 1996, 385 *(Bollenberger);* ÖBA 2010/1612 *(Schumacher)* (Finanzierungsleasing); ÖBA 2010/1669 *(Bollenberger);* EvBl 2012/72 *(Widhalm-Budak);* ÖBA 2013/1924.

biger vor den anderen zu begünstigen, wenn diese Absicht den begünstigten Gläubigern bei Setzung der Rechtshandlung[10]) **bekannt war** oder **bekannt sein musste.**[11])

Bei nahen Angehörigen (§ 32 IO) ist die Beweislast für das Kennen oder Kennenmüssen umgekehrt.

1814 Wegen **Kenntnis der Zahlungsunfähigkeit** sind Rechtshandlungen anfechtbar, die nach Eintritt der Zahlungsunfähigkeit oder nach dem Antrag auf Eröffnung des Insolvenzverfahrens vorgenommen wurden (§ 31 Abs 1 IO). Eine Anfechtung ist ausgeschlossen, wenn die Rechtshandlung früher als sechs Monate vor der Eröffnung des Insolvenzverfahrens erfolgte (§ 31 Abs 2 IO).

1815 Anfechtbar sind Rechtshandlungen, durch die ein Insolvenzgläubiger **Sicherstellung** oder **Befriedigung** erlangt,[12]) und alle vom Gemeinschuldner mit anderen Personen eingegangenen, für die Gläubiger **unmittelbar nachteiligen** Rechtsgeschäfte, wenn dem anderen Teil die Zahlungsunfähigkeit oder der Eröffnungsantrag bekannt war oder bekannt sein musste (§ 31 Abs 1 Z 2 IO).[13])

1816 Die vom Schuldner mit anderen Personen eingegangenen, für die Gläubiger **(mittelbar) nachteiligen** Rechtsgeschäfte können angefochten werden, wenn dem anderen Teil die Zahlungsunfähigkeit oder der Eröffnungsantrag bekannt war oder bekannt sein musste und der Eintritt eines Nachteils für die Insolvenzmasse **objektiv vorhersehbar** war (§ 31 Abs 1 Z 3 IO).[14])

Auch hier ist die Beweislast bei nahen Angehörigen des Schuldners umgekehrt: Bei Rechtshandlungen, durch die ein naher Angehöriger Befriedigung oder Sicherstellung erlangt, und bei einem mit ihm abgeschlossenen, für die Gläubiger unmittelbar nachteiligen Rechtsgeschäft hat er zu beweisen, dass ihm die Zahlungsunfähigkeit oder der Eröffnungsantrag weder bekannt war noch bekannt sein musste; bei einem sonst nachteiligen Rechtsgeschäft hat er zudem zu beweisen, dass der Eintritt eines Nachteils nicht objektiv vorhersehbar war (§ 31 Abs 1 Z 1 IO).

---

[10]) S zB OGH ÖBA 2007/1391.

[11]) ZB OGH EvBl 2004/202 (bei Zahlung durch Dritte).

[12]) *Fischer-Czermak,* Factoring: Rechtsnatur und Konkursanfechtung, ecolex 1995, 89; *Kiendl,* Die Anfechtung von Sicherstellungen „wegen Kenntnis der Zahlungsunfähigkeit“ (§ 31 Abs 1 Z 2 1. Fall KO), ÖJZ 1995, 97; *Koziol/Bollenberger* in *Bartsch/Pollak/Buchegger,* Insolvenzrecht[4] I § 31 Rz 11 mwN; *Rebernigg,* Konkursanfechtung Rz 88ff; OGH JBl 1990, 666; ÖBA 1992, 838; ÖBA 1995, 216 *(Iro);* ÖBA 1996, 78 *(Fink);* ecolex 2000, 113 *(Jaksch-Ratajczak)* (Factoring); ÖBA 2000, 238 *(Schumacher).*

[13]) Vgl dazu *König,* Anfechtung[5] Rz 11/1ff; *Widhalm-Budak,* Anfrechtungsrecht[2] 59ff; *Dellinger/Oberhammer/Koller,* Insolvenzrecht[3] Rz 162ff mwN.

[14]) Gemäß § 31 Abs 1 Z 3 letzter Satz IO liegt eine objektive Vorhersehbarkeit insbesondere dann vor, wenn ein Sanierungskonzept offensichtlich untauglich war.

3. Teil

Erbrecht

Seit längerer Zeit wird in Österreich über eine **Reform des Erbrechts** diskutiert: Manche Bestimmungen des ABGB werden als nicht mehr zeitgemäß, andere aus inhaltlichen Gründen problematisch empfunden.[1]) Im Juli 2015 wurde das Erbrechts-Änderungsgesetz 2015 (BGBl I 2015/87) beschlossen, das eine Neukodifikation des gesamten Erbrechts darstellt.[2]) Es tritt am 1. 1. 2017 in Kraft, findet also grundsätzlich Anwendung, wenn der Erblasser nach dem 31. 12. 2016 verstirbt. Die folgende Darstellung bezieht sich auf die bis dahin gültige Rechtslage. 1817

1. Kapitel

Begriff und Wesen der Erbfolge

I. Grundbegriffe

Mit dem Tod[3]) erlischt die Persönlichkeit. Was ist aber das Schicksal der Rechte des Verstorbenen, und wem obliegen nunmehr seine Pflichten? Manche davon enden mit dem Tod. Viele aus der Familienzugehörigkeit folgende Verhältnisse gehen auf andere Personen über; dafür finden sich Regeln im Familienrecht. 1818

Stirbt ein Elternteil, der gemeinsam mit dem anderen Elternteil die Obsorge für das Kind ausgeübt hat, so muss der andere allein für das Kind sorgen; sind beide Eltern verstorben, so bestimmt das Gericht, ob und auf welches Großelternpaar oder Pflegeelternpaar (vgl §§ 184, 185) die Rechte und Pflichten übergehen (§ 178 Abs 1). Können weder ein Elternteil noch Großeltern oder Pflegeeltern mit der Obsorge betraut werden, so hat das Gericht eine andere geeignete Person mit der Obsorge zu betrauen (§ 204).

Der Verstorbene lässt aber meist auch materielle Güter und Verbindlichkeiten zurück. *Die Nachfolge in diese Aktiven und Passiven regelt das Erbrecht.* Es ermöglicht den Übergang des Vermögens einer verstorbenen physischen Person, eines **„Erblassers“**, auf lebende Personen. Alles, was vererbt werden kann, heißt zusammen **„Nachlass“** oder **„Verlassenschaft“** (§ 531). 1819

Juristische Personen können nicht sterben und daher auch nichts vererben. Bei ihnen stellt sich bloß die Frage, wem allfälliges Vermögen nach ihrer Auflösung zufallen soll (vgl dazu Bd I Rz 239ff). Hingegen kann man juristische Personen ohne Wei-

---

[1]) *Welser,* Die Reform des österreichischen Erbrechts, 17. ÖJT Band II/1 (2009).

[2]) *Rabl/Zöchling-Jud,* Das neue Erbrecht (2015).

[3]) S hiezu *Ruscher,* Die Bestimmung des Todeszeitpunktes aus erbrechtlicher Sicht (1989).

teres zu Erben einsetzen oder sonst letztwillig bedenken. Ein gesetzliches Erbrecht haben sie nicht, weil dieses auf Ehe, eingetragener Partnerschaft und Verwandtschaft beruht. Das Heimfallsrecht des Staates ist kein gesetzliches Erbrecht. Dazu unten Rz 2223 ff.

1820 **Erbrecht im objektiven Sinn** ist die Summe der Normen, welche das Schicksal des Nachlasses regeln. **Erbrecht im subjektiven Sinn** ist die Befugnis, den Nachlass ganz oder zu einem nach Quoten bestimmten Teil in Besitz zu nehmen. Es ist ein absolutes und somit gegen jedermann durchsetzbares Erwerbsrecht (§ 532), das idR mit dem Tod des Erblassers entsteht (§ 536) und veräußerlich und vererblich ist.

Wenn § 308 und § 532 das Erbrecht „dinglich" nennen, so ist dies im Sinne von „absolut" zu verstehen. Zum dinglichen Recht im engeren Sinne fehlt es an der unmittelbaren Sachherrschaft; vgl Bd I Rz 757.

Zur Veräußerung s beim Erbschaftskauf (unten Rz 2444 ff); zur Vererblichkeit s bei der Transmission (unten Rz 1898 ff).

1821 Der zum Erwerb Berechtigte heißt **Erbe,** der Nachlass von ihm her gesehen **Erbschaft** (§ 532). Der Erbe wird **Universalsukzessor** (Gesamtrechtsnachfolger) des Erblassers: Er erwirbt durch einen einzigen Akt (die Einantwortung; s unten Rz 2411 ff) den ganzen Nachlass oder einen quotenmäßig bestimmten Teil davon und tritt damit in alle Rechte und Pflichten des Erblassers ein.

1822 Keine Erben im eigentlichen Sinn sind Personen, die kein Recht auf die ganze Erbschaft oder eine Quote davon haben, sondern aufgrund des letzten Willens des Erblassers oder aufgrund des Gesetzes einzelne Ansprüche auf gewisse Vermögensstücke oder Werte erheben können. Zu ihnen gehören vor allem die **Vermächtnisnehmer** (Legatare). Sie haben nur das Recht, einzelne Sachen zu fordern. Ihr Anspruch ist nicht absoluter, sondern schuldrechtlicher Natur (Forderung gegen den Nachlass oder den Erben). Sie werden nicht Universalsukzessoren, sondern nur **Singularsukzessoren;** s unten Rz 2243 ff. Ihr Titel richtet sich auf den Erwerb von Sachen, die ihnen erst durch besondere Akte (Modus) übertragen werden müssen. Legatare haften den Gläubigern des Erblassers nicht. Bloß schuldrechtlichen Charakter haben auch Ansprüche der **Pflichtteilsberechtigten** (Noterben); s unten 2281 f.

II. Sozialpolitische Bedeutung[1])

1823 Meist erhalten den Nachlass die Kinder des Erblassers oder seine sonstigen Verwandten, sein Ehegatte, sein eingetragener Partner oder andere ihm nahestehende Personen. Die Möglichkeit, Vermögen von Todes wegen weiterzugeben, sichert auch die Versorgung bedürftiger Angehöri-

[1]) Dazu *Welser,* Ist unser Erbrecht noch zeitgemäß? in FS Posch (2011) 813; vgl auch *Freisitzer,* Die Ausgestaltung des österreichischen Erbrechtes und die Rolle der Empirischen Sozialforschung, in FS Wilburg (1975) 101; *Kralik,* Erbrecht 2 ff; *Lange/ Kuchinke,* Erbrecht[5], 2 ff.

ger. Darüber hinaus fördert sie die Bildung und **Vermehrung von Vermögen,** vor allem in der Hand ein und derselben Familie.

Gerade diese Konsequenz war oft Angriffsziel sozialistischen Denkens. Wer das Privateigentum an sich ablehnt, muss umso mehr seine durch den Erbgang ermöglichte **„Verlängerung"** über den Tod hinaus bekämpfen. Es ist auch nicht zu leugnen, dass das Erbrecht gesellschaftliche Ungleichheiten verfestigen kann. 1824

Es ist meist einfacher, vom Vater ererbtes Vermögen zu verwalten und zu mehren, als solches aus eigener Kraft zu schaffen. Die „Startchancen" des Kindes aus armer Familie sind daher schlechter. Dies gilt allerdings schon zu Lebzeiten des Erblassers. In manchen Fällen ermöglicht das ererbte Kapital den Erben überhaupt den Müßiggang. Generationen „zehren" von der Tüchtigkeit und dem Fleiß des „Urahns", der ein Unternehmen aufgebaut hat oder dem eine bahnbrechende Erfindung geglückt ist.

Auf der anderen Seite stellt das Erbrecht, volkswirtschaftlich gesehen, oft einen **Anreiz zur Produktivität** dar. Die Aussicht, nichts weitergeben zu können, würde manchen Tüchtigen dazu verleiten, seine Arbeitskraft nur so weit einzusetzen, als es der eigene Bedarf erfordert. Die Möglichkeit, auch Kindern, Enkeln oder sonstigen Verwandten etwas zu hinterlassen, fördert vielfach die Einsatzfreude. Bei der persönlichen Habe kommt noch das Gefühlsmoment hinzu. Der Erblasser will jene Sachen, die seine „engste Umgebung" bilden, seinen Angehörigen und Freunden zukommen lassen. Selbst die ehemaligen kommunistischen Staaten des Ostblocks ließen ein solches eingeschränktes Erbrecht zu,[2]) da es die Gesellschaftsordnung nicht grundlegend beeinflusst. Allgemein behindern **Erbschaftssteuern,** die teils sehr hoch sind, die Vermögensanhäufung durch die Erbfolge. 1825

Der VfGH hat § 1 Abs 1 Z 1 (Steuerpflicht des Erwerbs von Todes wegen) mit Ablauf des 31. 7. 2008 als verfassungswidrig aufgehoben.[3]) Eine Erbschaftssteuer gibt es in Österreich seitdem nicht mehr.[4]) Allerdings wurde durch das Schenkungsmeldegesetz 2008 (SchenkMG 2008)[5]) das Grunderwerbssteuergesetz geändert, sodass nunmehr auch der erbrechtliche Erwerb von Liegenschaften steuerpflichtig ist (§ 4 Abs 2 Z 4 GrEStG).[6])

Soweit eine Erbschaftssteuer existiert, geht es wie beim Eigentum also auch beim Erbrecht nicht um eine schrankenlose Bejahung oder völ- 1826

---

[2]) Vgl *Ferid/Firsching,* Internationales Erbrecht VIII idF der 21. Lf (1984) UdSSR RdNr 79f.

[3]) S BGBl I 2007/9; dazu *Ruppe,* Verfassungswidrigkeit der Erbschaftssteuer – verfassungsrechtliche Bedenken gegen die Schenkungssteuer, NZ 2007/32, 101; *Hristov,* Verfassungswidrige deutsche und österreichische Erbschaftssteuer, ecolex 2007, 282. Auch die Steuerpflicht von Schenkungen unter Lebenden wurde durch den VfGH aufgehoben; s BGBl I 2007/39.

[4]) S insbesondere *Müller/Saurer,* Die Abschaffung der Erbschafts- und Schenkungssteuer und die Folgen für die Vermögensweitergabe, JEV 2008, 58.

[5]) BGBl I 2008/85.

[6]) Vgl *Urnik,* Die grunderwerbsteuerliche Belastung von Grundstücksübertragungen ab 1. August 2008, JEV 2008, 78 (82); *Leistentritt,* Änderung des GrEStG 1987 durch das SchenkMG 2008, NZ 2008/62, 239 (240).

lige Ablehnung, sondern um eine gesellschaftspolitisch zweckentsprechende Ausgestaltung.

1827 Der Zusammenhang zwischen **Privateigentum und Erbrecht** ist evident.[7]) Gäbe es kein Eigentum, könnte nichts vererbt werden. Lässt man Privateigentum zu, so kann man zwar die Vererblichkeit einschränken, aber nur bis zu einer gewissen Grenze. Die Unvererblichkeit würde nämlich durch Geschäfte unter Lebenden umgangen: Der Erblasser nähme die Vermögensübertragung noch zu seinen Lebzeiten vor. Solange also die freie Verfügung über Privateigentum (zu Lebzeiten) möglich ist, wäre die Abschaffung des Erbrechts nur beschränkt wirksam.

III. Systeme des Erbrechtes

1828 Wer soll das Vermögen des Erblassers erhalten? Seit jeher gibt es hiefür zwei grundsätzliche Möglichkeiten. Nach dem Prinzip der **Familienerbfolge** soll der Nachlass der Familie, also den Verwandten, vor allem den Kindern, und dem Ehegatten oder eingetragenen Partner des Erblassers zufallen. Die Rechtfertigung hiefür liegt in der Blutsverwandtschaft und im Zusammenleben, oft auch im gemeinsamen Wirtschaften. Der Erblasser hat auch vielfach selbst sein Vermögen von der Familie erhalten (zB im Erbweg), die nahen Angehörigen haben manchmal durch Mitarbeit zur Vermehrung beigetragen. Konsequent weitergedacht führten diese Erwägungen überhaupt zu einer Bindung des Vermögens zugunsten der Familie, der Erblasser dürfte von Todes wegen nicht oder nur zugunsten von Familienangehörigen verfügen.

Das alte deutsche Recht hat diesen Gedanken in die Form der ihm eigentümlichen Rechtssprichwörter gegossen: „Wer will wohl und selig sterben, lass sein Gut den rechten Erben", dh seinen nahen Angehörigen.

1829 Das Prinzip der **Testierfreiheit** will dem Erblasser auch von Todes wegen die Verfügung über sein Vermögen lassen. Er soll selbst bestimmen, an wen es gelangen soll. Dieses System muss allerdings für den Fall Vorsorge treffen, dass der Verstorbene nichts verfügt hat, also eine „gesetzliche Erbfolge" vorsehen. Obwohl sich diese am Prinzip der Familienerbfolge orientieren wird, erscheint sie unter dem Blickwinkel der Testierfreiheit bloß als „Notlösung", die dem vermuteten Willen des durchschnittlichen Erblassers gerecht werden soll.

1830 Das österreichische Recht hat sich weder dem einen noch dem anderen Prinzip bedingungslos angeschlossen, sondern eine „mittlere Lösung" gewählt, bei der das **Pflichtteilsrecht** den Ausgleich herstellt. Stirbt der Erblasser ohne Hinterlassung einer letztwilligen Anordnung, so fällt seine Habe an die vom Gesetz bestimmten Erben (gesetzliche Erbfolge). Errichtet der Erblasser einen letzten Willen, so muss er allerdings seine

[7]) S *Mayer-Maly*, Der grundrechtliche Schutz des Erbrechts, in FS Adamovic (1992) 430.

nächsten Angehörigen (sie stammen aus dem Kreis der gesetzlichen Erben) bedenken. Er muss ihnen einen Bruchteil (die Hälfte, ein Drittel) dessen zukommen lassen, was sie nach der gesetzlichen Erbfolge erhielten. Diesen Wert nennt man Pflichtteil, die berechtigten Personen heißen Noterben oder Pflichtteilsberechtigte. Der Erblasser kann ihnen den Pflichtteil nur aus bestimmten, schwerwiegenden Gründen entziehen (sie „enterben"). Bedenkt der Erblasser in seinem Testament die Noterben nicht, obwohl kein Enterbungsgrund vorliegt, so erhalten sie einen Anspruch auf Auszahlung des ihnen gebührenden Wertes in Geld. Sie können diesen „Pflichtteilsanspruch" vor der Einantwortung gegen den Nachlass und danach gegen den Erben durchsetzen.

IV. Erbgang

Vor dem Tod des Erblassers hat niemand ein **Erbrecht.** Auch Personen, die mit Gründen auf eine Erbschaft hoffen (zB die gesetzlichen Erben), haben nicht mehr als eine **„Erbaussicht"**, eine „Erbanwartschaft",[1]) die der Erblasser bis zu seinem Tod durch eine letztwillige Verfügung vernichten kann. Auch ein bereits in einer letztwilligen Verfügung berufener Erbe kann sich seines Erbrechts nicht sicher sein, weil die Erklärung des letzten Willens abänderbar ist und erst beim Tod des Erblassers wirksam wird. Eine gewisse Bindung tritt allerdings beim Erbvertrag ein; dazu unten Rz 2196ff. 1831

Rechtsgeschäfte über eine bloß erhoffte Erbschaft sind **nichtig** (§ 879 Abs 2 Z 3; vgl Bd I Rz 555). 1832

Der Erwerb der Erbschaft durch den Erben vollzieht sich schrittweise, im Wesentlichen in drei Stadien. Erstes Stadium ist der **Erbanfall.** Dieser findet meist beim Tod des Erblassers statt (sog **„Erbfall"**), bei suspensiv bedingter Einsetzung aber erst beim Bedingungseintritt. Eine Erbschaft fällt dem Erben an, wenn er gültig berufen ist, beim Anfall noch lebt und erbfähig ist. 1833

Der berufene Erbe darf sich nicht eigenmächtig in den Besitz der Erbschaft setzen. Er erlangt sie erst nach einem gerichtlichen Verfahren, der **Verlassenschaftsabhandlung.** In dieser muss er sich entscheiden, ob er die Erbschaft annehmen will oder nicht: **„Erbantrittserklärung"** oder **„Entschlagung"** („negative Erbantrittserklärung"). Die Erbantrittserklärung ist also der zweite wichtige Akt. Nimmt er an und weist er sein Erbrecht gehörig nach, so überlässt ihm das Gericht den Nachlass: **„Einantwortung".** Das ist der dritte relevante Akt. 1834

An jedes Stadium des Verfahrens sind besondere Rechtsfolgen geknüpft. Mit der Einantwortung wird regelmäßig das Vermögen des Verstorbenen mit jenem des Erben zu einer Einheit verschmolzen **(Universalsukzession).** 1835

---

[1]) *Eckebrecht,* Die Rechtsstellung des erbrechtlichen Anwärters vor und nach dem Erbfall (1992).

2. Kapitel

Der Nachlass

I. Allgemeines

1836 In den alten Rechten setzte der Erbe in umfassender Weise die Persönlichkeit des Erblassers fort. Er war vor allem Nachfolger im kultischen und religiösen Bereich, der Übergang der irdischen Güter wurde bloß als damit verbundene Konsequenz angesehen. Nach heutiger Auffassung ist die Persönlichkeit des Verstorbenen nicht fortsetzbar. Rechte und Pflichten, die „bloß in persönlichen Verhältnissen gegründet sind" (§ 531), erlöschen mit dem Tod. Die **vermögenswerten Rechte und Pflichten** bilden – soweit sie vererblich sind[1]) – den Nachlass. Bei Rechten spricht man von „aktiver", bei Pflichten von „passiver" Vererblichkeit. Im Einzelnen ist zwischen öffentlich-rechtlichen und privatrechtlichen Rechten und Pflichten zu unterscheiden.

II. Öffentlich-rechtliche Rechte und Pflichten

1837 *Öffentlich-rechtliche Rechte und Pflichten sind regelmäßig an die Person gebunden. Sie gehen mit ihrem Tod unter.*[1])

1838 So sind zB das **Wahlrecht,** das Recht, **akademische Grade und Auszeichnungen** zu führen und einen bestimmten **Beruf** auszuüben, unvererblich.

Besonderes gilt für gewerbliche Betriebe. Nach den §§ 8 und 41 ff GewO können der überlebende Ehegatte oder eingetragene Partner sowie – allerdings nur bis zur Vollendung des 24. Lebensjahres – die Kinder des Erblassers und Erben, auf die mehr als die Hälfte des Gewerbebetriebes übergegangen ist, den ererbten Betrieb gewerberechtlich fortführen („Witwen- und Deszendentenfortbetrieb").[2]) Als öffentlich-rechtliche Befugnis ist die Gewerbeberechtigung kein Gegenstand der Abhandlung.[3]) Ebenso wenig sind aus dem Fortbetriebsrecht privatrechtliche Ansprüche auf das Unternehmen abzuleiten.[4]) Über sein Schicksal entscheidet das Erbrecht.[5])

1839 Vererblich sind Ansprüche aus der **Sozialversicherung,** soweit sie auf Geld gerichtet sind, wenn sie nicht gemäß § 107 a ASVG auf die nahen Angehörigen übergehen.[6])

---

[1]) Vgl dazu *Kralik,* Erbrecht 8 ff; *Welser* in *Rummel/Lukas*[4] § 531 Rz 1 ff.

[1]) Für grundsätzliche Vererblichkeit allerdings *Kralik,* Erbrecht 11 f; vgl auch *Eccher* in *Schwimann/Kodek*[4] § 531 Rz 24 f. S dazu *Granner,* Erb- und gesellschaftsrechtliche Gesamtrechtsnachfolge im öffentlichen Wirtschaftsrecht, JBl 2015, 157 ff.

[2]) Vgl *Foitik* in *Schweinhammer,* Unternehmensnachfolge und Unternehmensübergabe (2005) 11 ff; *Granner,* JBl 2015, 159.

[3]) OGH SZ 20/38; EvBl 1967/84.

[4]) OGH EvBl 1958/197.

[5]) OGH EvBl 1967/84.

[6]) *Spielbüchler,* Die Vererbung sozialversicherungsrechtlicher Geldleistungsansprüche, RdA 1971, 39; *Schrammel* in *Tomandl,* System des österreichischen Sozialversicherungsrechts idF 27. ErgLfg (2014) 133 f; *Müller,* Tod, Anspruchsübergang und

Ein anhängiges Verfahren kann daher auch nach dem Tod des Erblassers fortgesetzt werden.[7]) Auch bereits angefallene, aber nicht flüssig gemachte Teilbeträge eines Ruhegenusses gehören in den Nachlass.[8])

Andererseits haftet der Erbe für die zu Lebzeiten des Erblassers ent- 1840
standenen sozialversicherungsrechtlichen Beitragsschulden.[9])

Steuerschulden sind nicht an die Person gebunden und daher ver- 1841
erblich (§ 19 BAO). Hingegen sind **Strafen** grundsätzlich unvererblich. Ähnlich wie § 14 Abs 2 VStG und § 173 FinStrG bestimmt § 411 StPO ausdrücklich, dass mit dem Tod des Verurteilten die Verbindlichkeit zur Zahlung von **Geldstrafen** erlischt, soweit sie noch nicht vollzogen worden sind.[10])

III. Privatrechtliche Rechte und Pflichten

A. Allgemeines

Die vermögensrechtlichen Rechte und Pflichten sind im Allgemeinen 1842
vererblich.

Dies gilt vor allem für die **dinglichen** Rechte, den **Besitz,** für **For-** 1843
derungen und **Verbindlichkeiten** (s § 548), aber etwa auch für das Urheberrecht (§ 23 UrhG),[1]) zT auch für die Rechtsstellung aus Dauerschuldverhältnissen.[2])

Bestandrechte sind vererblich (§ 1116a).[3]) Nach § 14 Abs 2 MRG treten jedoch die nahen Angehörigen, die mit dem Verstorbenen im gemeinsamen Haushalt gelebt haben, in dessen Mietvertrag ein[4]) und verdrängen die Erben[5]) (vgl auch Rz 614);[6]) die

---

Verfahrensfortsetzung im Sozialversicherungsrecht, RdA 1990, 320; OGH SZ 61/203. S auch *Granner,* JBl 2015, 159.

[7]) OLG Wien RdA 1972, 91 *(Weißgram); Müller,* RdA 1990, 325f; s auch *Nott,* Die Fortsetzung des Leistungsverfahrens durch Angehörige, SoSi 1966, 218; *Spielbüchler,* RdA 1971, 33.

[8]) VwGH JBl 1953, 667.

[9]) OGH SZ 42/29.

[10]) Entsprechendes gilt nach § 389 Abs 3 StPO für die Kosten des Strafverfahrens.

[1]) Details bei *Thiele/Waß,* Urheberrecht post mortem – Rechtsnachfolge bei Werkschöpfern, NZ 2002, 97. S auch OGH NZ 2009/93 = ecolex 2009/273 *(Horak).*

[2]) Dazu *Steininger,* Erbenhaftung beim Dauerschuldverhältnis, in FS Wilburg (1975) 372f; *Fenyves,* Erbenhaftung und Dauerschuldverhältnis (1982); *Fenyves,* Haftung der Erben für langdauernde Verbindlichkeiten, in 175 Jahre ABGB III/2 (1987) 7.

[3]) S dazu *Skibbe,* Gesamtrechtsnachfolge in das Mietverhältnis, in FS Lübtow (1991) 247; OGH EF-Z 2013/121; immolex 2014/1 *(Pfiel)* (GesbR).

[4]) Vgl aber die durch die Wohnrechtsnovelle 2006 geschaffene Ausnahmebestimmung für „Seniorenwohnungen" in § 14 Abs 3 letzter Satz MRG.

[5]) Zum Schicksal von Mietzinsvorauszahlungen, Baukostenbeiträgen usw s *Vonkilch,* Mietzinsvorauszahlungen, Baukostenbeiträge und wohnrechtliche Sondererbfolge, NZ 2000, 321 (328); OGH wobl 2003, 248 *(Vonkilch)* = ecolex 2002, 746 *(Wilhelm).*

[6]) Zur Vererblichkeit eines vereinbarten Rechts des Mieters, einen Nachmieter namhaft zu machen (Präsentationsrecht), s OGH EvBl 1992/113.

so erworbenen Mietrechte sind keine Verlassenschaftsaktiva und daher bei der Pflichtteilsermittlung nicht zu berücksichtigen.[7])

1844 Auch ein Unternehmen kann zum Nachlass gehören,[8]) wenn es nicht höchstpersönlicher Art ist, wie zB eine Rechtsanwaltskanzlei.[9])

1845 Die **Persönlichkeitsrechte** und die **Familienrechte** sind **unvererblich.** So erlöschen die Beziehungen zwischen Ehegatten und eingetragenen Partnern sowie jene zwischen Eltern und Kindern mit dem Tod.

1846 Weiters sind unvererblich: Veräußerungs- und Belastungsverbote (§ 364c, s Bd I Rz 909ff), Wiederkaufs-, Rückverkaufs- und Vorkaufsrechte (§§ 1070f, 1074), im Zweifel auch die persönlichen Dienstbarkeiten (§ 529).[10])

1847 **Auftrag** und **Vollmacht** erlöschen durch den Tod des Machtgebers oder Machthabers (§ 1022; s oben Rz 973), nicht jedoch die Prokura (§ 52 Abs 3 UGB) und die Prozessvollmacht (§ 35 Abs 1 ZPO).

Diese Regeln sind dispositiv, sodass auch Auftrag und Vollmacht über den Tod des Geschäftsherrn hinaus erstreckbar sind.[11]) Werden durch solche Aufträge und Vollmachten letztwillige Verfügungen getroffen, so bedarf es der Testamentsform. Nach dem Tod des Geschäftsherrn besorgt der Machthaber die Geschäfte der Verlassenschaft, ab der Einantwortung die Geschäfte des Erben[12]) und ist an seine Weisungen gebunden. Der Erbe kann auch das Mandat widerrufen. Zur Verwaltung des Nachlasses durch einen vom Erblasser bestimmten Kurator s unten Rz 2407, zum Testamentsvollstrecker s unten Rz 2154.

1848 Zur Vererbung des Erbrechtes und sonstiger erbrechtlicher Ansprüche s unten Rz 1898ff.

B. Unterhalt

1849 Das **Recht auf Unterhalt** ist unvererblich.

1850 Aber auch die **Unterhaltspflicht** geht gewöhnlich nicht auf die Erben über. Beim Tod des Erblassers bereits fällige Leistungen belasten allerdings den Nachlass.[13]) Die Pflicht zur Bestellung einer Ausstattung ist vererblich, wenn der Anspruch noch bei Lebzeiten des Dotierungspflichtigen zugesagt oder gerichtlich geltend gemacht wurde.[14])

---

[7]) OGH SZ 71/189. S dazu auch OGH immolex 2014/89 *(Klein)* (§ 15 KlGG).

[8]) *Pisko,* Das Unternehmen als Gegenstand des Rechtsverkehrs (1907) 92ff; OGH EvBl 1967/84. Zur Gestaltung der Unternehmensnachfolge s *Lukas,* Unternehmensnachfolge von Todes wegen bzw im Hinblick auf den Todesfall, JEV 2009, 4 und 40; *Flener,* Unternehmen, in *Gruber/Kalss/Schauer/Müller,* Erbrecht und Vermögensnachfolge (2010) 859ff.

[9]) *Ehrenzweig* II/2, 358 FN 7.

[10]) S dazu auch OGH NZ 2014/75 *(Rabl)* (Ausdehnung auf Erben in einem Testament).

[11]) Zur Auskunfts- und Rechnungslegungspflicht OGH NZ 2015/25.

[12]) OGH JBl 1991, 520.

[13]) OGH SZ 27/247.

[14]) OGH SZ 27/247; SZ 41/38; *Bydlinski,* Vorzeitige Gewährung von Heiratsgut oder Ausstattung und Tod des Dotierungspflichtigen, JBl 1985, 82; *Welser* in *Rummel/Lukas*[4] § 531 Rz 9.

Besonderes gilt für die **gesetzlichen Unterhaltsansprüche** der Kinder (§§ 233, 177 Abs 2) und des Ehegatten oder eingetragenen Partners (§ 796 iVm § 537a). Die Pflicht der Eltern gegenüber den Kindern geht – unabhängig von der Art der Erbantrittserklärung – nur bis zum Wert der Verlassenschaft[15]) auf die Erben über. 1851

Das Kind muss sich in diesen Anspruch alles einrechnen lassen, was es nach dem Erblasser durch eine vertragliche oder letztwillige Zuwendung, als gesetzlichen Erbteil, als Pflichtteil oder durch eine öffentlich- oder privatrechtliche Leistung erhält. Reicht der Wert der Verlassenschaft nicht aus, um dem Kind den geschuldeten Unterhalt bis zum voraussichtlichen Eintritt der Selbsterhaltungsfähigkeit zu sichern, so mindert sich der Anspruch des Kindes.

Zum noch komplizierteren Anspruch des Ehegatten oder eingetragenen Partners s unten Rz 1954ff.

C. Schadenersatzansprüche

Schadenersatzansprüche sind aktiv und passiv **vererblich. Schmerzengeldansprüche** (§ 1325) gingen nach der älteren Rechtsprechung nur über, wenn sie bei Lebzeiten des Erblassers vertraglich anerkannt oder gerichtlich geltend gemacht worden sind.[16]) Davon ist der OGH im Anschluss an die zu Recht kritische Literatur[17]) abgegangen und bejaht die Vererblichkeit ohne weitere Voraussetzungen,[18]) Ansprüche nach § 12 EKHG waren schon immer vererblich.[19]) 1852

Auch Beseitigungsansprüche sind grundsätzlich vererblich, wenn sie schon vermögensrechtlich konkretisiert sind.[20])

D. Ansprüche aus Dienstverträgen

Die **Rechte** des Dienstgebers aus dem Dienstvertrag sind **vererblich,**[21]) doch werden dem Dienstnehmer zT Auflösungsmöglichkeiten zugestanden.[22]) Allerdings erlöschen Rechte auf Leistungen, die nur die Person des Dienstgebers betreffen, zB Krankenpflege oder Unterricht. 1853

Die **Pflichten** des Dienstnehmers **erlöschen** mit seinem Tod. 1854

---

[15]) Dazu OGH SZ 54/107; JBl 2001, 511.

[16]) OGH JBl 1965, 33 (ablehnend *Gschnitzer*); SZ 54/25; EvBl 1985/124; SZ 61/144; EFSlg 66.338.

[17]) Vgl zB *F. Berger,* Die Vererblichkeit des Schmerzengeldanspruches, ZVR 1961, 121; *Jelinek,* Die Persönlichkeit des Verletzten und das Entstehen des Schmerzengeldanspruchs, JBl 1977, 19.

[18]) OGH SZ 69/217 = ecolex 1996, 913 *(Wilhelm);* s auch oben Rz 1485.

[19]) *Jelinek,* JBl 1977, 10; vgl ferner OGH JBl 1977, 33; SZ 54/25.

[20]) OGH SZ 73/176.

[21]) *Welser* in *Rummel/Lukas*⁴ § 531 Rz 10.

[22]) *Krejci,* Betriebsübergang und Arbeitsvertrag (1972) 164ff; *Fenyves,* Der Einfluß des Todes auf das Versicherungsverhältnis, zugleich ein Beitrag zur Problematik der Auflösung von Dauerschuldverhältnissen, in FS Wilburg (1975) 86f; *Fenyves,* Erbenhaftung 300ff; *Jabornegg/Resch,* Das rechtliche Schicksal von Arbeitsverhältnissen zwischen nahen Angehörigen beim Tod des Arbeitgebers, RdA 1995, 220.

Bereits erworbene Urlaubsansprüche werden mit dem Tod des Angestellten zu Geldansprüchen (§ 10 Abs 5 UrlaubsG),[23]) die vom Erben geltend gemacht werden können.[24]) Abfertigungsansprüche nach § 23 Abs 6 AngG fallen nicht in den Nachlass, sondern gebühren originär den gesetzlichen Erben.[25])

Zum Werkvertrag s §§ 1165, 1171.

E. Privatversicherungsverhältnisse

1855 Einzelne, beim Tod des Erblassers schon **entstandene Ansprüche** und **Verpflichtungen** aus einem Privatversicherungsverhältnis fallen in den Nachlass, unterscheiden sich also insoweit nicht von anderen vermögenswerten Rechten und Pflichten.[26]) Ansprüche aus **Lebens-** und **Unfallversicherungen** können kraft des Versicherungsvertrages unmittelbar dem Begünstigten **(Bezugsberechtigten)** zustehen (zB den Kindern), **ohne** dass sie den **Erbweg** gehen.[27])

Die Bezugsberechtigung gibt es bei der Lebensversicherung und bei der Unfallversicherung. Sie stellt einen Fall des Vertrages zugunsten Dritter dar: der Versicherungsnehmer kann bestimmen, dass bei seinem Ableben die Versicherungssumme die von ihm genannte bezugsberechtigte Person erhält.[28]) Wird die Bezugsberechtigung unwiderruflich eingeräumt, so kann sie der Versicherungsnehmer nicht ändern, ist sie widerruflich, was im Zweifel anzunehmen ist (§ 166 Abs 1 VersVG), so kann sie der Versicherungsnehmer aufheben oder eine andere bezugsberechtigte Person nennen. Nach neuerer Rechtsprechung ist die Einräumung oder Änderung der Bezugsberechtigung nicht nur durch Geschäft unter Lebenden, sondern auch durch eine letztwillige Verfügung möglich.[29]) Durch die Bezugsberechtigung können die Begünstigten beim Tod des Versicherungsnehmers ihre Rechte direkt ausüben; die Versicherungssumme fällt nicht in den Nachlass.[30]) Es kommt nicht darauf an, ob die bezugsberechtigte Person auch Erbe oder Vermächtnisnehmer ist.[31]) Das VersVG fördert damit die Absicht des Erblassers, für ihm nahestehende Personen eine Vorsorge zu treffen, die nicht durch Ansprüche von Verlassenschaftsgläubigern bedroht ist. Das ist aber nicht bloß wegen der allfälligen Benachteiligung von Gläubigern, sondern auch deswegen proble-

---

[23]) S zur alten Rechtslage OGH ZAS 1970/7 *(Haslinger)* = ZAS 1970/11 *(Koziol).*

[24]) OGH JBl 1969, 100; SZ 42/34.

[25]) OGH NZ 2007/39; SZ 25/231; RdA 1997, 17 (kritisch *Binder* zur entsprechenden Behandlung von Urlaubsansprüchen).

[26]) Dazu *Preslmayr,* Versicherung und Nachlaß, JBl 1961, 402.

[27]) OGH NZ 1988, 331 *(Zankl);* JBl 1997, 46 *(Eccher);* vgl aber *Eccher,* Antizipierte Erbfolge (1980) 129ff; *Kralik,* Erbrecht 19f; *Weiß* in *Ferrari/Likar-Peer,* Erbrecht 331.

[28]) Zum (konkludenten) Widerruf bei Verpfändung der Versicherungsansprüche OGH RdW 2011/25.

[29]) Vgl OGH JBl 1985, 559 *(Zankl);* JBl 1987, 46; JBl 1997, 46 *(Eccher).* Vgl auch *Wrabetz,* Auslegungsbedürftige Bezugsrechtsregelungen in der Lebensversicherung bei Auflösung der Ehe, in FS Lübtow (1991) 239; *Schauer,* Das österreichische Versicherungsvertragsrecht³ (1995) 470.

[30]) Zur Nachlasszugehörigkeit der Inhaberpolizze OGH NZ 1987, 98 *(Zankl);* zur Inventarisierung *Schumacher,* Inventarisierung der Lebensversicherung? NZ 1997, 381ff; OGH JBl 1997, 46 *(Eccher);* NZ 2000, 116; zu Überbringer-Polizzen OGH NZ 2003, 340; vgl zu dieser E *Zankl,* Entwicklungen im Erbrecht, in FS Welser (2004) 1233 (1242).

[31]) S *Zankl,* Lebensversicherung und Nachlaß, NZ 1985, 83; OGH JBl 1997, 46 *(Eccher).*

matisch, weil der Erblasser durch formlose Erklärungen (Abschluss von Versicherungsverträgen) Zuwendungen von Todes wegen schaffen kann.[32]) Eine Anfechtung solcher Geschäfte durch die Gläubiger und Pflichtteilsberechtigten wird zuzulassen sein (§§ 1 ff AnfO, § 951).[33])

Mangels gegenteiliger Anordnung des Versicherungsnehmers kann der Bezugsberechtigte seinen Anspruch nicht vererben.[34]) 1856

Ob ein Versicherungsverhältnis **als Ganzes vererblich** ist, hängt vom Weiterbestehen der versicherten Gefahr ab. Stirbt zB in der Personenversicherung die Person, in welcher das Risiko läuft, so hat sich die versicherte Gefahr verwirklicht oder sie kann nicht mehr eintreten, sodass eine Vererbung undenkbar ist. Bei der Haftpflichtversicherung kommt es darauf an, ob der Erbe auch in die Gefahr eintritt. Die Berechtigung aus der Sachversicherung (zB Feuerversicherung, Einbruchdiebstahlsversicherung, Kaskoversicherung usw) ist prinzipiell vererblich.[35]) 1857

F. Gesellschafterrechte[36])

Die **OG** wird mit dem Tod des Gesellschafters **aufgelöst,** sofern sich aus dem Gesellschaftsvertrag nichts anderes ergibt (§ 131 Z 4 UGB).[37]) Die übrigen Gesellschafter können allerdings den Fortbestand der Gesellschaft beschließen (§ 141 UGB).[38]) Kommt es zu einer Auflösung, wird die OG damit aber nicht beendet. Sie tritt bloß aus dem Zustand der werbenden in jenen einer abzuwickelnden Gesellschaft, deren Abwickler die Gesellschafter sind,[39]) einschließlich des ruhenden Nachlasses oder der Erben. 1858

[32]) Kritisch zur Formfreiheit auch *Parapatits,* Der Vertrag zugunsten Dritter (2011) 87. S dazu auch *Scheuba,* Generationübergreifender Vermögenstransfer jenseits des Erbrechts, in FS 200 Jahre ABGB (2011) 1409 (1414ff).

[33]) *A. Ehrenzweig,* Kommentar zur Anfechtungsordnung (1916) 160ff; s auch unten Rz 2367ff.

[34]) *Zankl,* NZ 1985, 85f; *Welser* in *Rummel/Lukas*[4] § 531 Rz 11; *Schauer,* Versicherungsvertragsrecht[3], 470; OGH SZ 49/41. Vgl auch *Weiß* in *Ferrari/Likar-Peer,* Erbrecht 332. Nach einer anderen Ansicht hängt die Vererblichkeit von der Unwiderruflichkeit der Bezugsberechtigung ab; so *Ehrenzweig,* Österreichisches Versicherungsvertragsrecht (1952) 411; *Eccher* in *Schwimann/Kodek*[4] § 531 Rz 33; OGH SZ 72/171.

[35]) *Fenyves* in FS Wilburg 43ff. Speziell zum Kfz s *A. Rechberger,* Das Kraftfahrzeug im Nachlass, JEV 2012, 42 (44f).

[36]) Vgl *Eccher* in *Schwimann/Kodek*[4] § 531 Rz 40ff; *Schauer,* Rechtsprobleme der erbrechtlichen Nachfolge bei Personenhandelsgesellschaften (1999); *Schauer,* Nachfolge im Recht der Personengesellschaften, in *Gruber/Kalss/Schauer/Müller,* Erbrecht und Vermögensnachfolge (2010) 988ff.

[37]) Dazu *Kastner/Doralt/Nowotny,* Gesellschaftsrecht 123ff; *Schauer,* Erbrechtliche Nachfolge in Personenhandelsgesellschaften, in *Kalss/Schauer,* Unternehmensnachfolge (2001) 111f; 138ff; *Hofmann,* Neuerungen für die Unternehmensnachfolge durch das Handelsrechts-Änderungsgesetz (HaRÄG), NZ 2006/32, 165.

[38]) Vgl *Reich-Rohrwig/V. Schneider,* Wesentliche Neuerungen im Recht der Personengesellschaften nach dem UGB, ecolex 2006, 391; *Krejci,* UGB: Zur OG, KG und GesBR, ÖJZ 2006, 61.

[39]) OGH SZ 26/297; SZ 52/169; *Schauer,* Rechtsprobleme 649ff.

Eine von § 131 Z 4 UGB abweichende Regelung muss schon im Gesellschaftsvertrag enthalten sein. Sie kann vom Erblasser nicht einseitig verfügt und abgeändert werden. Der Gesellschaftsvertrag kann aber nur die Möglichkeit der Vererbung vorsehen,[40]) nicht jedoch den Erben bestimmen. Die Auswahl trifft der Erblasser oder es tritt gesetzliche Erbfolge ein.[41])

Der Gesellschaftsvertrag kann auch eine Eintrittsklausel vorsehen, nach der ein Dritter an die Stelle des Erblassers treten kann. Der Dritte erwirbt nicht von Todes wegen, sondern unter Lebenden aufgrund des Gesellschaftsvertrages.[42])

1859 Bei der **KG** gelten für die Rechtsnachfolge nach dem Komplementär die Regeln der OG (§ 161 Abs 2 UGB).[43]) Der Tod eines Kommanditisten löst die Gesellschaft nicht auf (§ 177 UGB), sein Anteil ist vererblich,[44]) doch kann der Gesellschaftsvertrag Abweichendes vorsehen.[45])

1860 Die Nachfolge bei einer **Gesellschaft bürgerlichen Rechts** ist jener der OG nachgebildet: Mit dem Tod eines Gesellschafters wird die GesbR aufgelöst, sofern sich aus dem Gesellschaftsvertrag nichts anderes ergibt (§ 1208 Z 5).[46]) Auch wenn es keine gesellschaftsvertragliche Nachfolgeregelung gibt, können die Gesellschafter die Fortsetzung der Gesellschaft beschließen (§ 1214). Im Fall der Auflösung ist die GesbR nicht vollbeendigt, sondern sie tritt in das Liquidationsstadium ein (§§ 1216a ff); die Position des verstorbenen Gesellschafters nehmen wiederum der ruhende Nachlass oder nach Einantwortung die Erben ein.[47])

1861 Die **stille Gesellschaft** wird durch den Tod des Geschäftsinhabers beendet, wenn der Gesellschaftsvertrag nichts anderes bestimmt, nicht aber durch den Tod des stillen Gesellschafters (§ 184 Abs 2 UGB).[48])

1862 Mitgliedschaftsrechte an einer **AG** und an einer **GmbH** (§ 76 Abs 1 GmbHG) sind vererblich.[49])

---

[40]) *Schauer* in *Kalss/Schauer,* Unternehmensnachfolge 124ff.

[41]) Vgl *Hämmerle/Wünsch,* Handelsrecht[4] II (1993) 224ff; *Kastner/Doralt/Nowotny,* Gesellschaftsrecht 123ff; *Kralik,* Erbrecht 20f; *Schauer,* Rechtsprobleme 184ff.

[42]) *Schauer* in *Kalss/Schauer,* Unternehmensnachfolge 143ff.

[43]) Hiezu OGH RZ 1989/25.

[44]) Zum Vermächtnis eines Anteils eines Kommanditisten OGH GesRZ 2009, 288 *(Schörghofer).*

[45]) *Kastner/Doralt/Nowotny,* Gesellschaftsrecht 156; *Schauer* in *Kalss/Schauer,* Unternehmensnachfolge 123; OGH RdW 1998, 402.

[46]) Zum zeitlichen Anwendungsbereich s § 1503 Abs 5 Z 2 und 3.

[47]) Dazu *Wöss,* Der Tod des GesbR-Gesellschafters nach der GesbR-Novelle, JEV 2014, 126 (131ff). S auch *Reich-Rohrwig,* Die Reform der GesbR, ecolex 2015, 296 und 476 (481).

[48]) Vgl *Kastner/Doralt/Nowotny,* Gesellschaftsrecht 173.

[49]) Zu Gestaltungsmöglichkeiten *Kalss,* Kapitalgesellschaftsrecht und Unternehmensnachfolge, in *Kalss/Schauer,* Unternehmensnachfolge (2001) 61f; *Unschuld,* Die Vererbung von Geschäftsanteilen in der GmbH (2008) 15ff, 41ff; *Unschuld,* Die Vererbung von Geschäftsanteilen in der Familien-GmbH, JEV 2007, 78ff; *Schauer,* Die GmbH in der Unternehmensnachfolge – der Geschäftsanteil im Spannungsfeld zwischen erbrechtlicher Nachfolge und gesellschaftsvertraglicher Steuerung,

Die Mitgliedschaft in einer **Genossenschaft** mit unbeschränkter Haftung ist unvererblich; bei den übrigen Haftungsformen geht sie auf die Erben über.[50]) 1863

G. Leichnam, Grabstätte

Ob der **Leichnam** eine Sache ist, ist strittig,[51]) doch handelt es sich nur um eine Konstruktionsfrage. Nachdem auch Tiere vom Sachbegriff ausgenommen sind (§ 285 a), kann auch der Leichnam nicht gut eine „gewöhnliche Sache“ sein. Über sein Schicksal, insbesondere die Beisetzung und sonstige „Totenpflege“, entscheidet im Rahmen der öffentlich-rechtlichen Vorschriften und der guten Sitten der Erblasser selbst,[52]) dessen Wille auch aus den Umständen geschlossen oder hypothetisch ermittelt werden kann.[53]) Soweit eine solche Anordnung nicht vorliegt, ist der Wille der nahen Angehörigen, und zwar ohne Rücksicht auf ihre Erbenstellung, maßgebend.[54]) 1864

Das Recht zur **Obduktion** ist weitgehend vom öffentlichen Recht geregelt und besteht insbesondere bei Tod in einer öffentlichen Krankenanstalt (§ 25 KAKuG)[55]) oder für Zwecke der Strafrechtspflege (§ 128 StPO). Nach § 5 OTPG ist es zulässig, Verstorbenen einzelne Organe zu entnehmen, um durch ihre **Transplantation** das Leben eines anderen zu retten oder seine Gesundheit wiederherzustellen, außer es liegt eine Erklärung des Verstorbenen vor, in der er eine Organspende ausdrücklich ablehnt.[56]) 1865

Benützungsrechte an einer Grabstätte sind zwar nicht Gegenstand der Verlassenschaftsabhandlung, gehen aber von Todes wegen über. Primär entscheiden darüber die Friedhofsordnungen, die meist auch einseitige Verfügungen des Erblassers zulassen. Subsidiär sind Pietätsrücksichten maßgebend.[57])

GesRZ-Spezial – 100 Jahre GmbH (2006) 33; *Kalss,* Nachfolge im Kapitalgesellschaftsrecht, in *Gruber/Kalss/Schauer/Müller,* Erbrecht und Vermögensnachfolge (2010) 1033 ff.

[50]) *Keinert,* Österreichisches Genossenschaftsrecht (1998) Rz 659 ff; *Kastner/Doralt/Nowotny,* Gesellschaftsrecht 474.

[51]) Dafür zB *Klang* in *Klang*² II 2; *Edlbacher,* Die Entnahme von Leichenteilen zu medizinischen Zwecken aus zivilrechtlicher Sicht, ÖJZ 1965, 449 ff; dagegen *Gschnitzer/Faistenberger,* Erbrecht 6; dazu auch *Wilhelm,* Duell um eine Leiche, ecolex 1994, 73; *Binder,* Das rechtliche Fortleben des menschlichen Körpers nach dem Tode, JAP 1998/99, 228.

[52]) *Edlbacher,* ÖJZ 1965, 453. Ein Sachwalter kann nicht für den Betroffenen Verfügungen über dessen Leichnam treffen; OGH EvBl 2013/66 *(Brenn).*

[53]) OGH SZ 45/133.

[54]) OGH SZ 13/127; JBl 2000, 110.

[55]) *Edlbacher,* ÖJZ 1965, 452; *Kopetzki,* Organgewinnung zu Zwecken der Transplantation (1988) 108 ff; *Schwamberger,* Obduktion in Krankenanstalten, RdM 1998, 77.

[56]) Zum früheren § 62 a KAKuG *Kopetzki,* Organgewinnung; s auch *Kalchschmid,* Die Organtransplantation (1997).

[57]) OGH EvBl 1966/470.

3. Kapitel

Die Berufung zur Erbfolge

I. Allgemeines

1866 Nicht jeder Beliebige kann einen Nachlass für sich in Anspruch nehmen. Um Erbe zu werden, muss man einen rechtlichen Grund haben, man muss dazu „berufen sein“. Erste Voraussetzung des Erbrechtes ist also das Vorhandensein eines Berufungsgrundes oder Titels (unten II.).

1867 Der Erbe muss aber – von wenigen Ausnahmen abgesehen – auch die Entstehung seines Rechtes, dessen „Anfall“, erleben (unten III.).

1868 Manche Personen sind aus besonderen, in ihrer Person liegenden Gründen von der Erbfolge ausgeschlossen, es fehlt ihnen die Erbfähigkeit, die für jeden erbrechtlichen Erwerb gefordert wird (unten IV.).

1869 Ein bereits gültig angefallenes Erbrecht kann beim Tod des berufenen Erben auch weitervererbt werden, man spricht von „Transmission“ (unten V.).

1870 Hat allerdings jemand durch einen Vertrag mit dem Erblasser auf sein Erbrecht verzichtet, so fällt ihm dieses auch dann nicht an, wenn die sonstigen Voraussetzungen vorliegen (unten VI.).

II. Die Berufungsgründe (Delationsgründe)

Literatur: *Bolla,* Beiträge zur Lehre vom Zusammentreffen mehrerer Berufungsgründe im Erbrecht, ÖJZ 1947, 88.

1871 Die Berechtigung zur Erbfolge erhält man durch die Berufung (Delation). Es gibt **drei Berufungsgründe** („Titel“): das Testament, den Erbvertrag und das Gesetz (§ 533).[1])

1872 **Testament** und **Erbvertrag** beruhen auf dem Willen des Erblassers. Auch das Erbrecht gibt dem Einzelnen die Möglichkeit freier rechtsgeschäftlicher Gestaltung („Privatautonomie“; s Bd I Rz 310ff). Wie jemand zu Lebzeiten über das eigene Vermögen bestimmen kann, so kann er auch von Todes wegen über seinen Nachlass verfügen. Für eine solche „gewillkürte Erbfolge“ stehen dem Erblasser das Testament und in manchen Fällen auch der Erbvertrag zu Gebote.

Die Bestimmung des Erben durch Erbvertrag ist selten, zumal der Kreis der abschlussberechtigten Vertragspartner sehr eng ist; viel häufiger regelt der Erblasser die Erbfolge durch Testament. Die vertragliche Bindung ist allerdings die stärkere: der Berufungsgrund des Erbvertrages geht der testamentarischen Erbseinsetzung vor.[2]) Beide Arten der gewillkürten Erbfolge sind durch das Pflichtteilsrecht beschränkt (vgl schon oben Rz 1829f).

1873 Nur soweit der Erblasser keine Verfügung getroffen hat, kommt es zur Berufung aufgrund des Gesetzes. Die **gesetzliche Erbfolge** ist daher nachgiebiges Recht.

---

[1]) Vgl OGH EF-Z 2011/45.

[2]) Zum Verhältnis zur Schenkung auf den Todesfall *Fischer-Czermak,* Verträge auf den Todesfall zwischen Ehegatten und Scheidung, NZ 2001, 7ff.

Nach der „Stärke“ der Berufungsgründe ergibt sich somit folgende Ordnung: Erbvertrag, Testament, Gesetz. Gerade umgekehrt ist die Reihung nach der praktischen Häufigkeit.[3]) Meistens wird der Erbe nach dem Gesetz berufen, weniger oft durch Testament und verhältnismäßig selten durch Erbvertrag. 1874

Mehrere Berufungsgründe können auch **nebeneinander bestehen** (§ 534). Hat zB der Erblasser durch Testament nur über die Hälfte des Nachlasses verfügt und die andere Hälfte „frei gelassen“, so erben testamentarische und gesetzliche Erben nebeneinander. Bei Errichtung eines Erbvertrages kommt es sogar notwendig zu einer gemischten Erbfolge (§ 1253); s unten Rz 2205 f. 1875

Der Erbe kann für denselben Anteil nur durch einen Titel berufen werden (s unten Rz 2388 ff), jedoch durch verschiedene Titel für verschiedene Anteile, zB zum gesetzlichen Erben als Ehegatte und Verwandter, oder Berufung zu verschiedenen Anteilen durch mehrere Testamente (§ 713). In solchen Fällen kann der Erbe die angefallenen Rechte ausnahmsweise verschieden behandeln, zB einen Anteil annehmen und den anderen ausschlagen; s unten Rz 2302, 2403 (§ 808). 1876

III. Erleben des Anfalls

A. Allgemeines

Erbanfall heißt **Entstehung des Erbrechts.** Da es vor dem Tod des Erblassers kein Erbrecht, sondern nur eine Erbaussicht gibt (s oben Rz 1831), kann auch das Erbrecht nicht früher anfallen. Anfall mit dem Tod, also beim **„Erbfall“**, ist die Regel. Nur bei **aufschiebend bedingter Berufung** fällt das Recht erst beim Bedingungseintritt an. Der Erbe muss den Erbanfall **erleben,** sonst erwirbt er kein Erbrecht und kann es auch nicht anderen weitergeben (Ausschluss der Transmission; s unten Rz 1898 ff). 1877

Ausnahmen vom Erfordernis des Erlebens des Anfalls bestehen zugunsten letztwillig oder gesetzlich berufener **Ungeborener.**[1]) Dem bereits gezeugten Ungeborenen fällt die Erbschaft gemäß § 22 unter der Bedingung seiner Lebendgeburt wie einem Geborenen an. Bis zur Geburt ist mit der Verlassenschaftsabhandlung innezuhalten. Die Berufung von Personen, die beim Tod des Erblassers noch **nicht gezeugt** sind, ist innerhalb der Schranken der §§ 611 ff als Nacherbeneinsetzung möglich (s unten Rz 2171 ff). 1878

Bei Todeserklärung des Erben oder Erblassers wird vermutet, dass der Verschollene in dem im Beschluss festgestellten Zeitpunkt gestorben ist (§ 9 Abs 1 TEG). Ist nicht beweisbar, dass von mehreren gestorbenen oder für tot erklärten Personen eine die andere überlebt hat, so wird ohne Rücksicht darauf, ob sie in gemeinsamer Gefahr

---

[3]) *Gschnitzer/Faistenberger,* Erbrecht 12.

[1]) Zur Problematik (nach BGB) *E. Wolf,* Das Erbrecht des ungeborenen Kindes, in FS Lübtow (1991) 195.

umgekommen sind, ihr gleichzeitiger Tod vermutet, sodass keiner den anderen beerben kann:[2]) Kommorientenpräsumtion (§ 11 TEG).

1879 Auch die zum Erben berufene **juristische Person** muss beim Erbfall existent sein, sonst ist der Anfall vereitelt. Die Bedenkung einer künftigen juristischen Person ist in Analogie zu § 22 wirksam, wenn sie sich beim Erbfall im Gründungsstadium befindet,[3]) ferner wenn sie vom Erblasser letztwillig als Stiftung errichtet wird.[4])

1880 Die Regeln über das Erleben des Erbanfalls gelten auch für den Erwerb **sonstiger** erbrechtlicher **Berechtigungen,** zB für den Erwerb von Vermächtnissen oder von Pflichtteilsansprüchen.

B. Erbberechtigung bei künstlicher Insemination und In-vitro-Fertilisation

1881 Eine künstliche Insemination oder eine extra-korporale Befruchtung ist nach § 2 Abs 1 FMedG zwar nur in einer Ehe, in einer eingetragenen Partnerschaft oder in einer Lebensgemeinschaft zulässig, kann aber in der Praxis auch nach dem Tod des Samenspenders (der Spenderin der Eizelle) vorkommen. In diesem Fall war das später geborene Kind beim Erbfall noch **nicht einmal gezeugt.** Unter der Voraussetzung, dass es als Kind des Samenspenders (der Spenderin der Eizelle) gilt, ist aber ein Erbrecht zu bejahen.[5]) Wer bei künstlicher Insemination als Vater oder bei extrakorporaler Befruchtung als Mutter anzusehen ist, s Bd I Rz 1682 ff.

1882 Bei der Verlassenschaftsabhandlung können Probleme entstehen, wenn vor dem Tod des Erblassers zwar schon die extra-korporale Befruchtung erfolgt ist, die Implantation des Embryos aber noch nicht abgesehen werden kann. Auch wenn man bereits die in vitro befruchtete Eizelle als Nasciturus im Sinn des § 22 ansieht,[6]) wird in diesem Fall die Verlassenschaftsabhandlung fortzusetzen sein.[7]) Das Erbrecht des Kindes steht unter der Bedingung seiner (Lebend-)Geburt. Erst mit dieser fällt ihm die Erbschaft an. Der eingeantwortete Erbe hat die Stellung eines befreiten Vorerben.[8])

---

[2]) Das gilt auch für den gleichzeitigen Tod von Versicherungsnehmer und Bezugsberechtigten; s OGH NZ 2000, 218.

[3]) *Kralik,* Erbrecht 33; aA offenbar *Weiß* in *Klang*² III 74.

[4]) *Kralik,* Erbrecht 33 f; *Weiß* in *Klang*² III 86 f.

[5]) Vgl *Leipold,* Erbrechtliche Aspekte der künstlichen Befruchtung und der künstlichen Verlängerung des Lebens, in FS Kralik (1986) 471 ff; *Fischer-Czermak,* Das Erbrecht des Kindes nach artifizieller Insemination, NZ 1999, 262; s auch *Memmer,* Rechtsfragen im Gefolge medizinisch assistierter Fortpflanzung post mortem vel divortium, JBl 1992, 365 f; dagegen *Bernat,* Zivilrechtliche Fragen um die künstliche Humanreproduktion, in Bernat, Lebensbeginn durch Menschenhand (1985) 156 f; *Britting,* Die postmortale Insemination als Problem des Zivilrechts (1989) 151 ff; für das dt Recht umfassend *Mansees,* Das Erbrecht des Kindes nach künstlicher Befruchtung (1991).

[6]) Vgl zB *Steiner,* Ausgewählte Rechtsfragen der Insemination und Fertilisation, ÖJZ 1987, 513 mwN; *Bernat,* Rechtsfragen medizinisch assistierter Zeugung (1989) 159 f; *Bernat,* Rechtsfragen in Zusammenhang mit der Kryokonservierung humaner Gameten und Embryonen, RZ 1989, 53.

[7]) Zustimmend *Memmer,* JBl 1992, 366.

[8]) *Fischer-Czermak,* NZ 1999, 263.

IV. Die Erbfähigkeit

Literatur: *Jud,* § 540 ABGB – Erbunwürdigkeit und Tod des Erblassers, NZ 2006, 70; *Primetshofer,* Feierliches Armutsgelübde und staatliche Erbfähigkeit, ArchKirchR 1974, 274; *Schilcher,* Erbrecht und bewegliches System, JBl 1977, 57; *Schneider,* Die rechtliche Stellung der Lebensgefährten, ÖJZ 1965, 174; *Steinwenter,* Erbrechtliche Miszellen, JBl 1955, 157; *Welser,* Die Sittenwidrigkeit des Testaments zugunsten des Ehebruchspartners, JBl 1973, 1; *Zimmermann,* Erbunwürdigkeit – Die Entwicklung eines Rechtsinstituts im Spiegel europäischer Kodifikationen, in FS Koziol (2010) 463.

A. Begriff

Die Erbfähigkeit ist die erbrechtliche Erwerbsfähigkeit. 1883

Die Erbfähigkeit ist Voraussetzung **jeden Erwerbes** von Todes wegen, also auch des Erwerbes des Pflichtteilsanspruches und eines Vermächtnisses. Sie muß nach § 545 beim **Erbanfall** gegeben sein. Ihr nachträglicher Erwerb hilft nicht, ihr nachträglicher Verlust schadet nicht. 1884

S allerdings den Fall der nachträglich eintretenden Erbunwürdigkeit; unten Rz 1895.

Erbfähig ist grundsätzlich **jedes Rechtssubjekt,** auch juristische Personen (§ 26; s auch § 559 aE). 1885

Absolut erbunfähige Personen können aus niemandes Nachlass etwas erben, **relativ erbunfähige** Personen sind von der Erbschaft nach bestimmten Personen ausgeschlossen.[1]) Da die Inkapazität nach § 543[2]) durch das FamRÄG 2009[3]) aufgehoben wurde, besteht die relative Erbunfähigkeit nur noch aus der sog Erbunwürdigkeit nach den §§ 540–542. 1886

B. Absolute Erbunfähigkeit

Nach § 538 ist absolut erbunfähig, wer „dem Recht etwas zu erwerben überhaupt entsagt" hat. In Verbindung mit verschiedenen Hofdekreten waren danach **Ordenspersonen,** die das **feierliche Gelübde** der Armut abgelegt haben, absolut erbunfähig.[4]) Das Reskript der Päpstlichen Religiosenkongregation vom 8. 7. 1974 (Kundmachung in BGBl 1976/50) hat in Österreich für den vermögensrechtlichen Bereich Personen mit feierlichen Gelübden jenen mit einfachen Gelübden gleichgestellt. Nach hM wurde schon dadurch die Erbunfähigkeit und die Testierunfähigkeit der Ordensangehörigen mit feierlichen Gelübden beseitigt.[5]) Überdies hat das 1. BRBG (BGBl I 1999/191) die einschlägigen Hofdekrete ausdrücklich aufgehoben, was wohl als eine Beseitigung der Aus- 1887

[1]) Davon zu unterscheiden sind (erbrechtliche) Annahmeverbote, wie sie etwa in den Heimgesetzen der Länder vorkommen; dazu *Christandl,* Der Schutz pflegebedürftiger Erblasser vor Fremdbestimmung, JBl 2013, 681 (686 ff).

[2]) S dazu Voraufl 459 ff.

[3]) BGBl I 2009/75.

[4]) Dazu *Weiß* in *Klang*² III 83.

[5]) S dazu die 11. Auflage und die Nw unten Rz 2006 FN 17.

nahme zu verstehen ist.[6]) Ordenspersonen sind also nach österreichischem Recht **generell erbfähig.**

Nach § 539 „bestimmen die politischen Vorschriften, inwiefern geistliche Gemeinden erbfähig sind". Die zu Lasten der kirchlichen juristischen Personen bestehenden Beschränkungen wurden jedoch schon durch das Konkordat 1855 (Patent RGBl 1855/195) aufgehoben und wurden auch seitdem nicht wieder eingeführt.

1888 **Ausländer** sind gemäß § 33 in Österreich absolut erbunfähig, wenn Österreicher im Heimatstaat dieser Ausländer erbunfähig sind und sie damit schlechter gestellt sind als die Staatsangehörigen dieses ausländischen Staates (Vergeltungsrecht oder **Retorsion**).

C. Erbunwürdigkeit

1889 *Die Erbunwürdigkeit ist eine schon von Gesetzes wegen wirkende, relative Erbunfähigkeit, für welche die Rücksichtnahme auf den vermuteten Willen des Erblassers charakteristisch ist:*[7])

1890 Es ist anzunehmen, dass der Erblasser Personen, die ihm gegenüber schwere **Verfehlungen** begangen oder Angriffe auf seinen **letzten Willen** unternommen haben, bei Kenntnis dieser Umstände vom Erbrecht ausgeschlossen hätte. Die Erbunwürdigkeit schließt den Unwürdigen aber nicht bloß vom Erbrecht, sondern auch vom Pflichtteilsrecht (vgl § 767)[8]) und vom Vermächtnis aus (§ 647).[9]) Sie stellt überdies einen Enterbungsgrund dar; s unten Rz 2320ff.

Das Erbrecht fällt dem Unwürdigen nicht an. Dem unwürdigen Pflichtteilsberechtigten gebührt jedoch der notwendige Unterhalt; s unten Rz 2318.

1891 Die Erbunwürdigkeit wirkt von **Gesetzes wegen,** eines Aktes des Erblassers bedarf es nicht. Sie soll ja auch dann zum Tragen kommen, wenn der Erblasser selbst keine Verfügung treffen konnte, weil er zB von der Verfehlung nichts wusste oder weil sie nach seinem Tod gesetzt wurde. Die Erbunwürdigkeit kann von jedem geltend gemacht werden, der am Wegfall des Unwürdigen ein rechtliches Interesse hat. Die Erbunwürdigkeitsgründe der §§ 540–542 können durch Analogie erweitert werden.[10])

1892 Da sich der Unwürdige gegen den Erblasser vergangen hat, steht es diesem frei, von der Verfehlung abzusehen: die **Verzeihung** beseitigt die Erbunwürdigkeit.[11]) Sie ist eine Willensmitteilung (vgl Bd I Rz 324),[12])

---

[6]) *Kletečka,* Die Erbfähigkeit von Religiosen, NZ 1999, 284.

[7]) Ehrenzweig II/2, 371.

[8]) OGH EvBl 1957/20.

[9]) OGH EvBl 1959/217.

[10]) OGH JBl 1954, 174; dagegen OGH NZ 1969, 105. Vgl auch *Likar-Peer* in *Ferrari/Likar-Peer,* Erbrecht 285, 289.

[11]) *Ehrenzweig* II/2, 374 FN 37; *Weiß* in *Klang*[2] III 109; OGH SZ 11/42; anders für § 542 *Kralik,* Erbrecht 39.

[12]) Dagegen einerseits *Weiß* in *Klang*[2] III 100f (Rechtstatsache) und andererseits *Likar-Peer* in *Ferrari/Likar-Peer,* Erbrecht 292; *Apathy* in KBB[4] § 540 Rz 4; *Eccher,* Erbrecht[5] Rz 2/18; *Eccher* in *Schwimann/Kodek*[4] § 540 Rz 20 (Willenserklärung/Rechtsgeschäft).

bedarf keiner Form und kann daher auch konkludent erfolgen. Ob die Verzeihung widerrufen werden kann, ist strittig.[13])

Ist der Erbunwürdigkeitsgrund nach dem Tod des Erblassers gesetzt worden (s unten Rz 1895), so gibt es naturgemäß keine Verzeihung.

Wäre der Erbunwürdige aufgrund des Gesetzes berufen gewesen, 1893
so fällt die Erbschaft seinen Nachkommen an, die „über den **unwürdigen** Vorfahren **hinweg** erben" (§ 541). Die Deszendenten erben kraft Eintrittsrechtes;[14]) s unten Rz 1922 ff. Sie erhalten aber durch § 541 keine besondere Erbberechtigung und sind daher nur dann zur Erbfolge berufen, wenn sie nach der Parentelenordnung zum Zug kommen. Daher können zB die aus erster Ehe stammenden Söhne eines erbunwürdigen Mannes den Nachlass seiner zweiten Frau auch nicht unter Berufung auf § 541 erwerben.[15])

Erbunwürdig ist erstens, wer **gegen** den **Erblasser** eine gerichtlich 1894
strafbare Handlung gesetzt hat, die nur vorsätzlich begangen werden kann und mit mehr als einjähriger Freiheitsstrafe bedroht ist;[16]) ferner, wer seine aus dem Rechtsverhältnis zwischen Eltern und Kindern sich ergebenden Pflichten dem Erblasser gegenüber gröblich vernachlässigt hat (§ 540). Dies setzt Schuldfähigkeit des Täters voraus.[17])

Nach der Lehre ist strafbare Handlung gegen den Erblasser auch eine solche, die bloß sein Gefühlsleben schwer verletzt, zB die Tötung seines Kindes,[18]) während nach der Rsp das Delikt im strafrechtlichen Sinne gegen den Erblasser begangen sein muss. Es genügt nicht, dass auch ein Recht des Erblassers verletzt wurde,[19]) sodass eine strafbare Handlung gegen den Vater des Erblassers diesem gegenüber keine Erbunwürdigkeit begründet.[20]) Nach hA sind strafbare Handlungen gegen den Erblasser nur zu seinen Lebzeiten möglich.[21])

Erbunwürdig ist zweitens, wer einen **Angriff** auf den **wahren Willen** 1895
des Erblassers unternommen hat, also den Erblasser zur Erklärung des letzten Willens gezwungen[22]) oder betrügerischer Weise verleitet, an der Erklärung oder Abänderung des letzten Willens gehindert[23]) oder einen

---

[13]) Für die Möglichkeit eines Widerrufs *Kralik,* Erbrecht 38; *Eccher* in *Schwimann/Kodek*⁴ § 540 Rz 20; *Likar-Peer* in *Ferrari/Likar-Peer,* Erbrecht 292; dagegen *Apathy* in KBB⁴ § 540 Rz 4; *Weiß* in *Klang*² III 101.

[14]) Vgl zuletzt *Zemen,* Das erbrechtliche Eintrittsrecht in der jüngeren Rechtsentwicklung, JBl 2004, 357.

[15]) OGH NZ 1971, 26.

[16]) Zur (versuchten) Sterbehilfe OGH EF-Z 2008/141 *(Jud)* = Zak 2008/571 *(Kletečka).*

[17]) OGH JBl 1994, 536.

[18]) *Ehrenzweig* II/2, 372; *Steinwenter,* JBl 1955, 159; aA *Weiß* in *Klang*² III 99.

[19]) OGH SZ 24/21; JBl 1954, 174; EvBl 1959/217; offenlassend NZ 2008/20 *(Kogler)* = iFamZ 2007/134 *(Tschugguel).*

[20]) OGH SZ 24/21.

[21]) *Ehrenzweig* II/2, 372; *Weiß* in *Klang*² III 99; OGH GlU 15.149; NZ 2008/20 *(Kogler); aA Jud,* NZ 2006, 70.

[22]) OGH SZ 22/134.

[23]) OGH JBl 1917, 201.

von ihm bereits errichteten letzten Willen unterdrückt hat (§ 542).[24]) Die Aufzählung des § 542 ist nicht taxativ.[25]) Daher gilt dasselbe für die Unterschiebung und Verfälschung eines letzten Willens,[26]) ja überhaupt für jede Handlung und Unterlassung, die in der Absicht geschieht, den Willen des Erblassers zu vereiteln, wie die Errichtung eines Testaments durch jemanden, der sich als Erblasser ausgibt[27]) oder die Berufung auf ein mündliches Testament, von dem man weiß, dass es nie errichtet wurde.[28]) Ob das Verhalten zum gewünschten Erfolg geführt hat, ist für die Erbunwürdigkeit unerheblich.[29])

Nach ständiger Rechtsprechung tritt die Erbunwürdigkeit nicht ein, wenn der Täter mit der Fälschung bloß den wahren Willen des Erblassers verwirklichen wollte[30]) oder wenn er mit der Fälschung keinen Versuch der Irreführung gemacht hat.[31]) Besonders die erste Ausnahme ist fragwürdig, weil sie den Tätern vielerlei Ausflüchte ermöglicht und das Risiko der Testamentsfälscher wesentlich herabsetzt.

Der Angriff auf den Willen des Erblassers kann auch nach seinem Tod erfolgen. § 545 (Erbfähigkeit beim Tod des Erblassers) ist nicht anzuwenden.[32])

1896 Eine Fälschung kann schon deshalb kein Erbrecht begründen, weil sie kein letzter Wille des Erblassers ist, sodass es insoweit der Erbunwürdigkeit als Ausschlussgrund gar nicht bedarf. Die Erbunwürdigkeit beseitigt in diesem Fall aber ein gesetzliches Erbrecht und ein Pflichtteilsrecht des Täters oder seine Berechtigung aus einem anderen, echten Testament.

1897 Wer den letzten Willen des Erblassers zu vereiteln versucht hat, muss auch den daraus dritten Personen entstandenen **Schaden** ersetzen (§ 542).

V. Transmission

1898 *Stirbt der Berufene nach dem Anfall, so geht das Erbrecht „wie andere frei vererbliche Rechte" auf seine Erben über (§§ 537, 809).*

1899 Das **Erbrecht** ist also auch selbst **vererblich.** Man nennt diese Vererbung „Transmission".

Die Vererbung des Erbrechts ist nur zwischen dem Anfall und der Einantwortung möglich, weil überhaupt nur in diesem Zeitraum das Erbrecht besteht: Vor dem Anfall ist es noch nicht entstanden und nach der Einantwortung ist dem Recht entsprochen;

---

[24]) Dazu genügt schon der Versuch; vgl OGH EvBl 2000/12 (offenlassend, ob „tätige Reue" die Erbunwürdigkeit wieder beseitigt). Zum Vorliegen von Vorsatz s insbesondere OGH NZ 2013/96.

[25]) So auch OGH SZ 57/95; NZ 1985, 13; EF-Z 2012/48. Vgl auch oben bei FN 10.

[26]) *Steinwenter,* JBl 1955, 160; OGH JBl 1954, 174; SZ 57/147.

[27]) S *Puccini/Forzano,* Gianni Schicchi; dazu *Welser,* Gianni Schicchi und das Recht, Grammophon ist kein Vorname (1985) 131.

[28]) OGH EvBl 2009/94.

[29]) OGH iFamZ 2007/133.

[30]) OGH SZ 24/38; SZ 57/95; dagegen *Kralik,* Erbrecht 39; *Likar-Peer* in *Ferrari/Likar-Peer,* Erbrecht 290.

[31]) OGH JBl 1954, 174.

[32]) OGH GlUNF 4.407; aA GlU 15.149.

der Erbe hat erhalten, worauf er Anspruch hatte. Ein fideikommissarischer Substitut (Nacherbe) kann im Zweifel sein Recht vererben, wenn er betagt (mit Anfangstermin) oder unter auflösender Bedingung berufen ist, weil ihm dann das Recht schon beim Tod des Erblassers anfällt. Hingegen gibt es bei aufschiebend bedingter Berufung vor Eintritt der Bedingung auch keine Transmission.

Die Vererbung des Rechtes bei Tod des Erben (Transmittenten) vor 1900 Abgabe einer Erbantrittserklärung („Übernahme der Erbschaft") ist Transmission im engeren Sinne, bei Tod nach einer Erbantrittserklärung hingegen Transmission im weiteren Sinne.[1]) Die Unterscheidung hat Bedeutung, wenn der Erblasser einen **Ersatzerben** ernannt hat: Schon aus der Tatsache einer Ersatzerbenberufung muss abgeleitet werden, dass der Ersatzerbe grundsätzlich der Transmission vorgeht, die Ersatzerbenberufung wäre ja sonst sinnlos. Da andererseits mangels anderer Anordnung des Erblassers die Ersatzerbschaft erlischt, wenn der Erstberufene die Erbschaft **angetreten hat** (§ 615 Abs 1), ist nach einer solchen Antretung die Transmission vom Erstberufenen auf seine eigenen Erben möglich (§§ 809, 537).[2])

Da der Transmissar kein unmittelbares Erbrecht gegenüber dem Erblasser hat, setzt die Transmission nach hM eine zweifache Erbfähigkeit voraus: Der Transmittent muss gegenüber dem Erblasser, der Transmissar gegenüber dem Transmittenten erbfähig sein, ob auch gegenüber dem Erblasser, ist strittig, aber zu bejahen.[3])

Gegenstand der Transmission ist das Erbrecht, gleichgültig, auf wel- 1901 chem Titel es beruht, doch sind auch die Rechte der **Legatare** und der **Noterben** vererblich. Für die Vererbung des Pflichtteilsanspruches ist unerheblich, ob dieser vor dem Tod des Noterben schon geltend gemacht wurde.[4])

Etwas anderes gilt aber im Anerbenrecht. Aus der Höchstpersönlichkeit des Rechts des Anerben auf Zuweisung des Erbhofes wird nämlich sowohl die Unübertragbarkeit unter Lebenden als auch der Ausschluss der Transmission abgeleitet.[5])

VI. Der Erbverzicht

Literatur: *Brunner,* Erbserklärung und Erbverzicht, NZ 1979, 96; *Deinlein,* Verfügung über den Pflichtteil, NZ 1956, 100, 114, 131, 150 und 163; *Hofmann-Wellenhof,* Erbverzicht und Ausschlagung der Erbschaft aus zivilrechtlicher Sicht, NZ 1984, 17; *Kogler,* Der Erbverzicht (2013); *Kogler,* Die Ausschlagungsverpflichtung vor Anfall des Erbrechts, EF-Z 2014/3, 10; *Koziol,* Gläubigeranfechtung bei Unterlassung der Geltendmachung des Pflichtteils und bei Erbverzicht, JBl 1974, 402; *Kuchinke,* Der Erbverzicht zugunsten eines Dritten, in FS Kralik (1986) 451; *Rabl,* Die Stellvertretung

---

[1]) *Kralik,* Erbrecht 59; *Weiß* in *Klang*² III 75.

[2]) *Ehrenzweig* II/2, 457; *Weiß* in *Klang*² III 76ff; *Kralik,* Erbrecht 181; *Kletečka,* Ersatz- und Nacherbschaft (1999) 55ff; OGH SZ 42/93.

[3]) *Weiß* in *Klang*² III 77f; *Welser* in *Rummel/Lukas*⁴ § 537 Rz 5; anders *Ehrenzweig* II/2, 376; differenzierend *Kralik,* Erbrecht 59f.

[4]) OGH EvBl 1967/235; EvBl 1972/317; SZ 45/36; SZ 57/11; aA NZ 1960, 59.

[5]) OGH SZ 2008/12; NZ 2007/102; Zak 2007/742. S dazu (aber) auch *Eccher,* Vererblichkeit des Anerbenrechts? in FS Binder (2010) 67 (70ff); *Gruber,* Der Erbverzicht im Anerbenrecht, in FS Woschnak (2010) 195 (198ff).

beim Erbverzicht, NZ 2002, 105; *Stöckl,* Der Erbverzicht, ÖJZ 1955, 186; *Wall,* Erbverzicht, in *Gruber/Kalss/Müller/Schauer,* Erbrecht und Vermögensnachfolge (2010) 660; *Welser,* Erbverzicht und Schenkung auf den Todesfall, NZ 1991, 84.

1902 *Der Erbverzicht (§ 551) ist der Verzicht auf ein künftiges Erbrecht durch formbedürftigen Vertrag zwischen dem Anwärter und dem Erblasser. Auch der Verzicht auf Pflichtteil, das gesetzliche Vorausvermächtnis oder sonstige Vermächtnisse ist Erbverzicht.*[1])

1903 Aus der Vertragsnatur ergibt sich, dass der Erbverzicht nur zu **Lebzeiten des Erblassers** möglich ist.[2]) Da das Erbrecht und der Pflichtteil frühestens mit dem Tod des Erblassers entstehen (s oben Rz 1831), gibt es zu dessen Lebzeiten nur die Hoffnung, dass im Erbfall entsprechende Rechte anfallen; vor dem Tod bestehen also nur Anwartschaften.

1904 Der Erbverzicht kann auf **bestimmte Berufungsgründe** beschränkt werden. Ein Verzicht nur auf das gesetzliche[3]) oder testamentarische Erbrecht ist ebenso möglich wie der Verzicht auf ein letztwilliges oder erbvertragliches Vermächtnis.[4]) Außerdem kann sich der Erbverzicht nur auf den **Pflichtteil** erstrecken (reiner Pflichtteilsverzicht). Der Verzicht auf das (gesetzliche) Erbrecht erfasst im Zweifel auch den Pflichtteil, weil er ein gesetzliches Erbrecht voraussetzt.[5]) Wird hingegen auf den Pflichtteil verzichtet, so berührt dies im Zweifel das gesetzliche Erbrecht nicht.

1905 Wenn sich aus dem Vertrag nichts anderes ergibt, wirkt der Verzicht auch zu Lasten der **Nachkommen** des Verzichtenden (§ 551 Satz 3), wobei keine Rolle spielt, ob der Verzicht mit oder ohne Abfindung erfolgt.[6]) Der Verzichtende kann also durch den Verzicht auch über das gesetzliche Erbrecht und über den Pflichtteil seiner Nachkommen verfügen. § 551 Satz 3 ist damit Ausdruck des Grundsatzes der „materiellen Repräsentation" (s unten Rz 1925).

Auch wenn sich der Verzicht zu Lasten der minderjährigen Kinder des Verzichtenden auswirkt, bedarf er nicht der Zustimmung des anderen Elternteils und der Genehmigung des Gerichts nach § 167 Abs 3, weil der Verzichtende eine Erklärung im eigenen Namen und nicht eine solche im Namen des Kindes abgibt.[7])

---

[1]) Vgl *Kogler,* Erbverzicht 29ff.

[2]) S aber OGH NZ 2014/23 *(Kogler)* (Zugang der Annahme nach Tod).

[3]) S OGH NZ 1987, 70.

[4]) Dass erbvertragliche und letztwillige Zuwendungen von einem Erbverzicht überhaupt miterfasst sein können, setzt allerdings voraus, dass diese im Zeitpunkt der Verzichtleistung bereits angeordnet waren; vgl *Kogler,* Erbverzicht 37f, 40; *Welser* in *Rummel/Lukas*[4] § 551 Rz 1.

[5]) Vgl *Zemen,* Der Kreis der Pflichtteilsberechtigten, ÖJZ 1987, 235; OGH JEV 2011/12; s aber *Kogler,* Erbverzicht 61.

[6]) Vgl insbesondere *Kogler,* Erbverzicht 71ff; aA *Zemen,* Zu den Wirkungen des Erbverzichtes auf die Nachkommen, JBl 1990, 500 (506); *Zemen,* Das erbrechtliche Eintrittsrecht in der jüngeren Rechtsentwicklung, JBl 2004, 359f; diesem folgend *Schwimann* in *Schwimann*[2] § 154 Rz 24; differenzierend *Kletečka,* Ersatz- und Nacherbschaft (1999) 46; *Fritsch* in *Ferrari/Likar-Peer,* Erbrecht 210. S dazu auch OGH iFamZ 2014/69.

[7]) OGH NZ 1990, 231; *Zankl,* Der Erbverzicht zum Nachteil minderjähriger Nachkommen, NZ 1990, 5.

Entgegen dem Wortlaut des § 538 bewirkt der Erbverzicht keine Erbunfähigkeit, sodass die spätere Bedenkung des Verzichtenden durch den Erblasser wirksam ist.[8]) Er führt nur dazu, dass – je nach Umfang und Reichweite des Erbverzichts – ein Erbrecht, ein Vermächtnis oder die aus dem Pflichtteilsrecht resultierenden Rechte **nicht anfallen.** Der Erbverzicht wirkt daher erbrechtlich sofort, indem er ein Hindernis für einen Anfall im Todeszeitpunkt darstellt.[9]) Ein durch Verzicht **„freiwerdendes" Erbrecht** fällt daher den Nächstberufenen zu: Wenn von der Wirkungserstreckung nach § 551 Satz 3 abgegangen wurde, „übernehmen" die Kinder des Verzichtenden dessen gesetzliches Erbrecht, andernfalls erhöht sich die gesetzliche Erbquote der weiteren Erben in derselben Linie („unechte" Anwachsung; s unten Rz 2213). Wird auf ein letztwilliges Erbrecht verzichtet, können – abhängig vom Erblasserwillen – Ersatz-/Nacherben oder die Kinder des Verzichtenden die Nächstberufenen sein,[10]) es kann aber auch zur Anwachsung nach den §§ 560 ff kommen (s unten Rz 2212 ff). Zur Frage, ob der Verzicht (auch) auf den Pflichtteil nach § 767 die Quoten der übrigen Noterben erhöht, s unten Rz 2289 f. 1906

Der Verzicht (auch) auf den Pflichtteil ist die wichtigste Form des Erbverzichts, weil das gesetzliche Erbrecht für den Erblasser ohnehin frei disponibel ist, während der Pflichtteil den Erblasser an der freien Verteilung des Nachlasses hindert. Er muss die Noterben daher zu einem Verzicht veranlassen, wenn er sie letztwillig nicht bedenken will; oft geschieht dies durch Gewährung einer **„Abfindung".** Der Verzicht kann aber auch andere Gründe haben, zB dass der Verzichtende Personen, die sonst nicht zur Erbschaft gelangen könnten, etwas zuwenden will. Schließlich wird manchmal ein Erbverzicht abgeschlossen, um eine ausdrückliche Enterbung durch den Erblasser, die mit einer Erörterung des Enterbungsgrundes verbunden wäre, zu vermeiden oder um Erbunwürdigkeitsgründe zu verschleiern. 1907

Der Verzichtende hat keine Möglichkeit, im Vertrag mit dem Erblasser den Nachlass unmittelbar jemand anderem zuzuwenden. Auch der „Verzicht zugunsten eines Dritten" kann diesen nur insofern begünstigen, als er dadurch wegen eines bereits vorhandenen oder neu entstehenden Berufungsgrundes mehr erhält (§§ 551 Satz 3, 560 ff, 733).[11]) Allerdings ist ein bedingter Verzicht möglich. Es kann deshalb auch vereinbart werden, dass der Verzicht nur wirkt, wenn der Erblasser einem Dritten letztwillig etwas zuwendet oder der durch den Verzicht freiwerdende Teil einer bestimmten Person zufällt. Im letzten Fall ist eine solche Bedingung anzunehmen, wenn der Verzichtsvertrag keine Abfindung vorsieht und der Begünstigte darin genannt ist.[12])

---

[8]) OGH JBl 1966, 616; NZ 2004, 23 (Setzen auf den Pflichtteil gibt nicht auch das Recht zur Schenkungsanrechnung); EF-Z 2010/52 *(Wall)*; iFamZ 2013/154 *(Tschugguel)*.

[9]) Vgl *Meissels,* GrünhutsZ XIX 42; *Pfaff/Hofmann,* Excurse II/1, 48.

[10]) Nach *Kletečka,* Ersatz- und Nacherbschaft 46 soll bei einem Verzicht ohne Abfindung im Zweifel § 779 zur Anwendung gelangen und insofern die Kinder des Verzichtenden das letztwillige Erbrecht übernehmen. Anderes gelte im Zweifel bei einem Verzicht gegen Abfindung. Vgl aber *Kogler,* Erbverzicht 73.

[11]) S *Jud,* Der Erbschaftskauf (1998) 96 ff mwN; aA offenbar *Stöckl,* ÖJZ 1955, 188.

[12]) *Deinlein,* NZ 1956, 105. S auch OGH JBl 1991, 726.

1908 Strittig ist, ob der Erbverzicht (Pflichtteilsverzicht) gegen Abfindung als **entgeltliches oder unentgeltliches Rechtsgeschäft** zu qualifizieren ist[13]) sowie ob und inwieweit solche Abfindungen auf das gesetzliche Erbrecht und/oder den Pflichtteil anzurechnen sind.[14]) Der Verzicht ohne Abfindung erfolgt mangels Gegenleistung jedenfalls unentgeltlich, ist aber nach hM keine Schenkung,[15]) sodass ein Widerruf nach den §§ 947 ff nicht möglich ist.[16])

1909 Der Erbverzicht bedarf der **Form** des Notariatsaktes oder des gerichtlichen Protokolls.[17]) Trotz Formbedürftigkeit sind bei der Auslegung des Erbverzichts auch mündliche Äußerungen der Parteien zu berücksichtigen.[18]) Aus dem Vertragscharakter ergibt sich, dass nur eine einvernehmliche Aufhebung des Erbverzichts möglich ist.[19]) Diese bedarf allerdings keiner besonderen Form.[20])

1910 Der Erbverzicht unterscheidet sich von der **Ausschlagung** einer Erbschaft (s unten Rz 2400 ff).[21]) Er ist ein zweiseitiges Rechtsgeschäft, erfolgt gegenüber dem Erblasser zu dessen Lebzeiten und bedarf der Form des Notariatsaktes oder des gerichtlichen Protokolls; er verhindert den Erbanfall. Die Erbsentschlagung setzt den Anfall voraus und ist eine einseitige, unwiderrufliche Erklärung gegenüber dem Gericht im Zuge des Abhandlungsverfahrens.

1911 Vom Verzicht auf das Erbrecht ist auch jener auf allfällige obligatorische Ansprüche gegen den Erben **nach dem Tod** des Erblassers zu unterscheiden, zB der Verzicht auf Vermächtnisforderungen und Pflichtteilsansprüche.[22]) Solche Verträge sind nach allgemeinen schuldrechtlichen Regeln zu beurteilen.[23]) So ist zB der Verzicht des Legatars ein normaler **Schulderlass,** der auch bei Unentgeltlichkeit keiner Form bedarf.[24])

---

[13]) S *Kogler,* Erbverzicht 110 ff. Der OGH geht jedenfalls bei einem Verzicht auf den Pflichtteil gegen Abfindung von einem entgeltlichen Rechtsgeschäft aus; vgl OGH JBl 2010, 440 *(Kogler);* ecolex 2011/278.

[14]) S dazu *Kogler,* Erbverzicht 149 ff.

[15]) Vgl *Unger,* Erbrecht^4, 127; *Krasnopolski/Kafka,* Erbrecht 28; *Handl* in *Klang* II/1, 107; *Weiß* in *Klang*^{2} III 185; *Stanzl* in *Klang*^{2} IV/1, 594; *Hofmann-Wellenhof,* NZ 1984, 20; *Dehn,* Formnichtige Rechtsgeschäfte und ihre Erfüllung (1998) 73; *Kralik,* Erbrecht 45; *Schubert* in *Rummel*^{3} § 939 Rz 1; *Likar-Peer* in *Ferarri/Likar/Peer,* Erbrecht 302; *Wall* in *Gruber/Kalss/Schauer/Müller,* Erbrecht und Vermögensnachfolge 662; aA *Zeiller,* Commentar II/2, 411; *Kogler,* Erbverzicht 134 ff.

[16]) *Weiß* in *Klang*^{2} III 185; aA *Kogler,* Erbverzicht 148.

[17]) Zur Stellvertretung beim Verzicht s *Rabl,* NZ 2002, 105 f; *Kogler,* Erbverzicht 17 ff.

[18]) Dazu OGH JBl 1991, 726.

[19]) S insbesondere OGH JBl 2014, 792 *(Kogler)* = EF-Z 2014/167 *(A. Tschugguel)* = iFamZ 2014/234 *(Mondel).*

[20]) OGH EvBl 1950/114; kritisch *Kralik,* Erbrecht 48. Vgl auch *Kogler,* Erbverzicht 27 f.

[21]) Zur Vereinbarung einer Verpflichtung zur Ausschlagung des Erbrechts bei Lebzeiten des Erblassers *Kogler,* EF-Z 2014/3, 10 ff.

[22]) S dazu OGH SZ 58/18 mwN.

[23]) OGH NZ 1992, 130.

[24]) OGH NZ 1977, 124.

4. Kapitel

Die gesetzliche Erbfolge

I. Allgemeines

Der wichtigste Berufungsgrund ist das Gesetz. Es bestimmt genau, welche Personen den Nachlass erhalten sollen und zu welchen Anteilen. Die testamentarische (und die erbvertragliche) Berufung hat allerdings vor der gesetzlichen den Vorrang. 1912

Die gesetzliche Erbfolge (Intestaterbfolge) tritt ein, wenn der Erblasser keinen Erbvertrag und kein Testament errichtet hat, wenn sich die letztwillige Berufung nicht auf den ganzen Nachlass bezieht, wenn sie ungültig ist (§ 727) oder wenn die vom Erblasser gültig berufenen Erben die Erbschaft „nicht erlangen". 1913

Die eingesetzten Personen „erlangen" die Erbschaft nicht, wenn sie den Erblasser nicht überleben, erbunfähig sind, nach der Einsetzung auf die Erbschaft verzichten oder sie ausschlagen. § 727 nennt auch den Fall der „nicht gehörigen Bedenkung" der Noterben, doch trifft dies nicht zu, weil der Pflichtteilsberechtigte bloß eine Geldforderung hat (s dazu unten Rz 2280f).

Gesetzlich, testamentarisch und erbvertraglich berufene Personen können **nebeneinander** erben (§ 534), was nach römischem Recht unmöglich war („Nemo pro parte testatus pro parte intestatus decedere potest."); s oben Rz 1875. 1914

Nach der gesetzlichen Erbfolge erhalten den Nachlass die nächsten Angehörigen, nämlich die **Verwandten** und – wenn vorhanden – der **Ehegatte** oder der **eingetragene Partner** des Erblassers. Das seit 1. 1. 1991 geltende ErbRÄG 1989 hat die unehelichen Verwandten den ehelichen gleichgestellt (s § 730).[1]) 1915

Das Erbrecht setzt die Feststellung der **Abstammung** (Verwandtschaft) voraus. Sie steht einerseits dann fest, wenn das Kind ehelich ist (§ 144) und damit – unabhängig von der wirklichen Abstammung – als Kind des Ehemannes anzusehen ist; andererseits wenn die Vaterschaft in der rechtlich relevanten Form, also durch gerichtliche Entscheidung oder Anerkenntnis (§§ 148ff),[2]) festgestellt wurde.[3]) 1916

Die Feststellung der Abstammung kann seit dem FamErbRÄG 2004 auch **nach dem Tod** des Erblassers zeitlich unbegrenzt erfolgen,[4]) da mit 1917

[1]) Hiezu *Welser,* Die Erbrechtsreform 1989, NZ 1990, 137; zur historischen Entwicklung der gesetzlichen Erbfolge im Detail s *Welser,* Die Entwicklung des Erbrechts, in FS 200 Jahre ABGB (2011) 713ff.

[2]) Vgl etwa *Rosenmayr,* Änderungen im Abstammungsrecht durch das FamErbRÄG 2004, NZ 2004, 360.

[3]) *Welser* in *Rummel/Lukas*[4] §§ 730, 731 Rz 4; OGH JBl 1994, 172.

[4]) *Fischer-Czermak,* Neueste Änderungen im Abstammungs- und Eherecht, JBl 2005, 11f. Eine unbegrenzte Feststellung der Abstammung war aus familienrechtlicher Sicht schon früher möglich, eine erbrechtliche Wirksamkeit wurde durch § 730 Abs 2 weitgehend (Jahresfrist nach dem Tod des Erblassers) ausgeschlossen; dazu *Schauer,* Zum Anwendungsbereich des § 730 Abs 2 ABGB, NZ 1993, 73; OGH JBl 1995, 319;

dem DNA-Beweis zuverlässige Erkenntnisse gewonnen werden können. Nach dem Tod richtet sich die Feststellung gegen die Rechtsnachfolger (§ 142). Auch wenn die Feststellung der Abstammung unbegrenzt möglich ist, können daraus folgende erbrechtliche Ansprüche nur innerhalb der Verjährungsfristen geltend gemacht werden (s Rz 2251, 2330, 2455); der Beginn der Verjährung wird durch die nachträgliche Feststellung der Vaterschaft nicht hinausgeschoben.[5])

II. Allgemeine Erbfolgeordnung

Literatur: *Ferrari-Hofmann-Wellenhof,* Zum gesetzlichen Erbrecht der Verwandten seit dem Erbrechtsänderungsgesetz 1989, NZ 1991, 245; *Maier,* Ehegattenerbrecht und Scheidung, EF-Z 2013/78; *Fischer-Czermak,* Neueste Änderungen im Abstammungs- und Erbrecht, JBl 2005, 2; *Paliege,* Neues im österreichischen Erbrecht, ZfRV 1991, 169; *Schauer,* Neues Erbrecht ab 1991, RdW 1990, 70; *Schauer,* Zum Anwendungsbereich des § 730 Abs 2, NZ 1993, 73; *Scheuba,* Gesetzliche Erbfolge, in *Gruber/Kalss/Müller/Schauer,* Erbrecht und Vermögensnachfolge (2010) 91; *Spitzer,* Verlust des Ehegattenerbrechts durch Eröffnung des Scheidungsverfahrens, JBl 2003, 837; *Welser,* Neue Rechenaufgaben vom Gesetzgeber, NZ 1978, 161; *Welser,* Die Erbrechtsreform 1989, NZ 1990, 137; *Welser,* Reform des Ehegattenerbrechts? in FS Benn-Ibler (2011) 345; *Zemen,* Das gesetzliche Erbrecht der leiblichen Aszendenz neben Wahleltern, JBl 1975, 337; *Zemen,* Die gesetzliche Erbfolge nach der Familienrechtsreform (1981); *Zemen,* Der Kreis der Pflichtteilsberechtigten, ÖJZ 1987, 231.

A. Gesetzliche Erbfolge unter Verwandten

1. Parentelensystem

1918 Die Verwandten erben nach dem **Parentelensystem** (§§ 730ff). Eine Parentel wird von einem Stammhaupt und seinen Nachkommen oder einem Stammelternpaar und seinen Nachkommen gebildet. Alle Parentelen, deren Häupter dem Erblasser gleich nahe stehen, bilden in der Terminologie des ABGB eine Linie.[1]) In der Literatur wird der Begriff „Parentel" meist synonym für „Linie" verwendet.[2]) Die Ordnung nach Parentelen beruft nicht immer die gradnächsten Verwandten. Der Verwandtschaftsgrad hat nur innerhalb der Parentel Bedeutung, weil in dieser ein Verwandter des Erblassers die eigenen Abkömmlinge ausschließt.

1919 Die Parentelen kommen **nacheinander** zum Zuge, sodass die zweite Parentel nur erben kann, wenn aus der ersten niemand zur Erbschaft gelangt usw.

Ist jemand mit dem Erblasser mehrfach verwandt, so erhält er uU auch mehrere Portionen (§ 750). Diese können verschieden behandelt, also auch teils angenommen, teils ausgeschlagen werden; s unten Rz 2388ff.

NZ 1998, 180. S auch *Tschugguel,* Einige erbrechtliche Probleme an der Schnittstelle Abstammungsrecht/Ehescheidungsrecht – Erbrecht, in FS Woschnak (2010) 565 (566ff, 572f).

[5]) So *Fischer-Czermak,* JBl 2005, 12.

[1]) *Ehrenzweig* II/2, 383.

[2]) *Gschnitzer/Faistenberger,* Erbrecht 14; *Pfaff/Hofmann,* Commentar II 690f; *Stubenrauch,* Commentar[8] I 910; *Unger,* Erbrecht[4], 133ff.

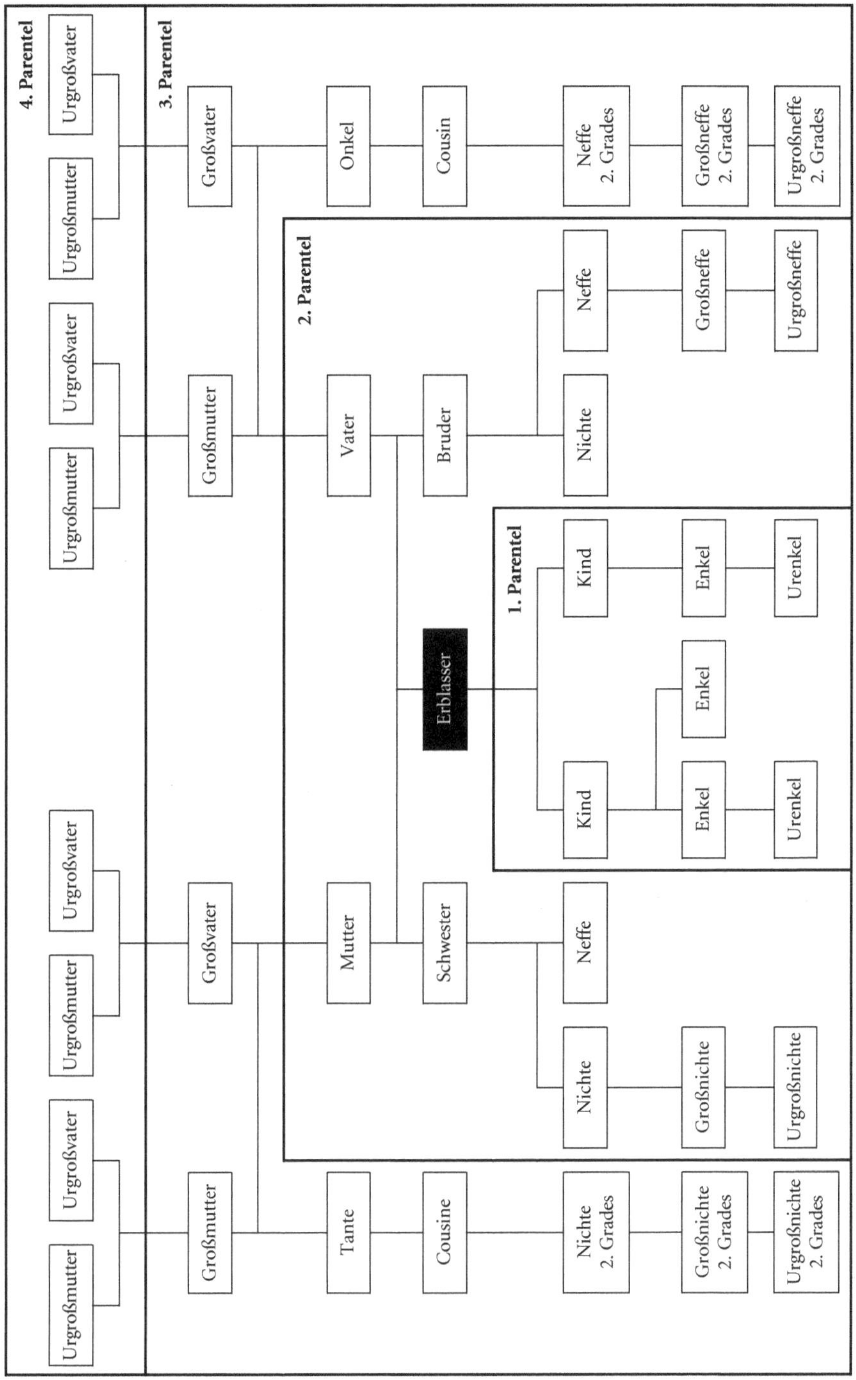

Welser/Zöchling-Jud, Bürgerliches Recht II[14]

2. Die erste Linie (Parentel), Repräsentation

1920 *Die erste Parentel besteht aus den Abkömmlingen (Deszendenten) des Erblassers, also seinen Kindern und Kindeskindern.*

1921 Leben noch alle **Söhne und Töchter** und sind sie erbfähig, so wird die Erbschaft unter ihnen nach Köpfen geteilt (§ 732).

1922 Fällt einem Kind die Erbschaft nicht an, so erhalten den Anteil seine Nachkommen, die es „repräsentieren": **Repräsentationsrecht,** Eintrittsrecht (§ 733).

1923 *Repräsentations-, Vorstellungs- oder Eintrittsrecht ist das Recht eines Erbprätendenten, anstelle seines nicht erbenden Vorfahren dessen Anteil zu erben.*

1924 Die grundlegende Bedeutung der Rechtsfigur ergibt sich vor allem aus den §§ 733, 736 und 739. Das Eintrittsrecht gibt es nur in den ersten **drei Linien.** Aber auch in der dritten Linie entfällt es, wenn der Erblasser einen erbberechtigten Ehegatten oder eingetragenen Partner hinterlässt; in der zweiten wird es dann eingeschränkt (s unten Rz 1944).

1925 Man unterscheidet zwischen materieller und formeller Repräsentation. **Materielle Repräsentation** ist eine Art derivative Ableitung des Rechts vom Vormann. Bei der **formellen Repräsentation** entsteht das Recht beim Nachmann neu, die Existenz des Vormannes schließt den Eintritt nicht aus; die Berechtigung des Vormannes bestimmt aber immerhin den Umfang des Erbteils. Die übrigen Erbberechtigungen werden durch einen Eintritt nicht berührt, während der Ausschluss der Repräsentation den Anteil sonstiger Berechtigter vergrößern kann. Ob nach österreichischem Recht materielle oder formelle Repräsentation stattfindet, ist seit jeher umstritten, doch gilt diesbezüglich keine allgemeine Regel.[3]) So geht § 551 eindeutig von der materiellen Repräsentation aus (oben Rz 1905), während zB § 541 Ausdruck der formellen Repräsentation ist (oben Rz 1893).

Grundfall der Repräsentation ist natürlich der Vortod eines gesetzlich Erbberechtigten, doch können auch Erbunwürdigkeit (§ 541) oder Erbverzicht (§ 551) zur Repräsentation führen; für die Enterbung[4]) gilt dasselbe wie für die Erbunwürdigkeit. Zur Entschlagung s unten Rz 2401.

1926 Die Repräsentation findet nur innerhalb **derselben Linie** statt, nur der **Aszendent** wird durch den Deszendenten ersetzt, nicht umgekehrt. Daher wird zB der Vater des Erblassers nicht durch seinen Vater (den Großvater des Erblassers) repräsentiert (kein „Schoßfall"). Der Groß-

[3]) Zuletzt zu diesem Problemkreis *Zemen,* Das erbrechtliche Eintrittsrecht in der jüngeren Rechtsentwicklung, JBl 2004, 356.

[4]) Nach *Rabl,* Die Folgen einer Enterbung für die gesetzliche Erbfolge, NZ 2003, 258 sind die Nachkommen des Enterbten im Zweifel auch bei Eintritt der gesetzlichen Erbfolge auf den Pflichtteil verwiesen; gegen diesen *Zemen,* JBl 2004, 358; OGH EF-Z 2013/93 *(A. Tschugguel).*

vater gehört zur dritten Linie und kann erst dann erben, wenn aus der zweiten Linie niemand zum Zug kommt.

Mehrere Eintrittsberechtigte erben zusammen das, was dem Vorfahren zugefallen wäre, den sie „vorstellen", es kommt so zu einem Erbrecht **„nach Stämmen".** Die Kinder oder die an ihre Stelle tretenden Nachkommen bilden jeweils einen Stamm, der einen Kopfteil erhält. Dieser ist innerhalb eines Stammes so aufzuteilen wie in der ersten Generation: Sind alle Kindeskinder erbberechtigt, so erben sie nach Köpfen, sonst kommt es wieder zum Eintritt. 1927

Hinterlässt der Erblasser E alle seine Kinder, nämlich A, B und C, so erhält jedes von ihnen einen Kopfteil. Allenfalls vorhandene Kindeskinder erben nicht. Ist hingegen A verstorben und hatte er seinerseits zwei Kinder, so erben B und C je ein Drittel, während die Kinder des A (Enkel des E) je ein Sechstel erhalten.

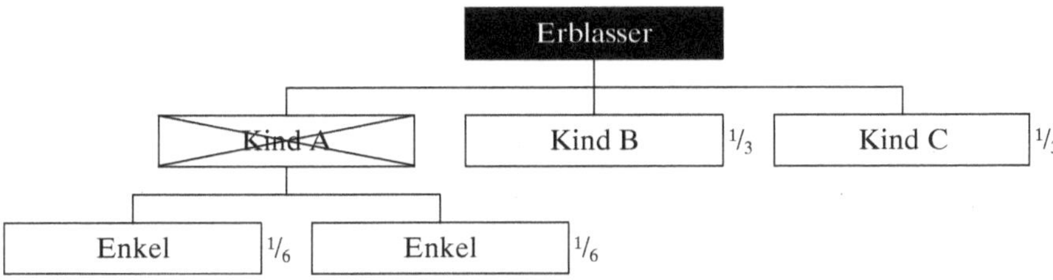

Ist eines der zwei Kinder des A vorverstorben und hinterlässt es seinerseits zwei Kinder, so erben diese Urenkel des E je ein Zwölftel der Erbschaft.

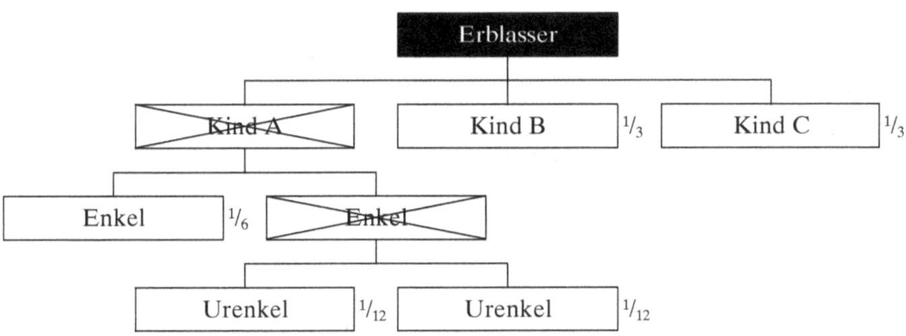

Sind A, B und C vor E gestorben und hinterlässt A zwei Kinder, B drei Kinder und C ein Kind, so erbt das eine Kind des C ebenso viel wie die drei Kinder des B zusammen und die zwei Kinder des A (ein Drittel).

Kann ein Stamm von niemandem repräsentiert werden, so „wandert" der frei werdende Anteil zu den übrigen Stämmen (zur „echten" Anwachsung s Rz 2212 ff). 1928

Leben zB von der gesamten Nachkommenschaft des E nur sein Sohn B und sein Enkel X (Sohn des C), so erhält jeder von ihnen die Hälfte. Lebt nur noch X, so erbt er den ganzen Nachlass.

3. Die Folgelinien (Folgeparentelen)

1929 *Die zweite Parentel besteht aus den Eltern des Erblassers und ihren Nachkommen (§ 735).*

1930 Sie gelangt nur zum Zug, wenn aus der ersten Parentel niemand Erbe wird. Leben noch beide **Eltern,** so erhalten sie je die Hälfte der Erbschaft. Ein weggefallener Elternteil wird von seinen Nachkommen repräsentiert, die nicht notwendig auch Kinder des überlebenden Elternteils sein müssen (§ 736).

Es kommt nicht darauf an, dass die Eintretenden ehelich geboren sind.[5])

1931 Die **Nachkommen** erben nach Stämmen. Hat ein vorverstorbener Elternteil keine lebende Deszendenz, so gelangt seine Erbportion an den zweiten Elternteil, und wenn auch dieser vorverstorben ist, an seine Nachkommen (§ 737).

Der Erblasser E hinterlässt keine Deszendenz. Aus der Ehe seiner Eltern V und M stammen neben dem Erblasser noch die Kinder A und B. In einer früheren Ehe des Vaters V wurde C geboren, der somit ein Halbbruder des E ist. Leben V und M im Zeitpunkt des Todes des E, so erhalten sie je die Hälfte seines Nachlasses. Ist V vor E gestorben, so haben A, B und C Anspruch auf jene Hälfte, die V erhalten hätte. Daher bekommt M eine Hälfte, A, B und C erhalten je ein Sechstel.

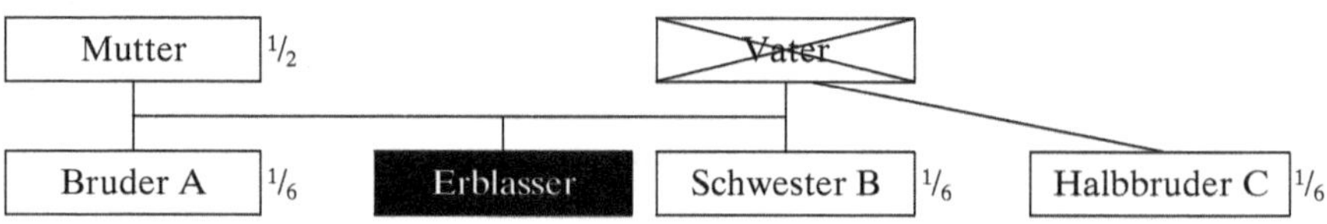

Ist hingegen M vorverstorben, so kommt eine Hälfte der Erbschaft an V und je ein Viertel an A und B, während C nichts erhält.

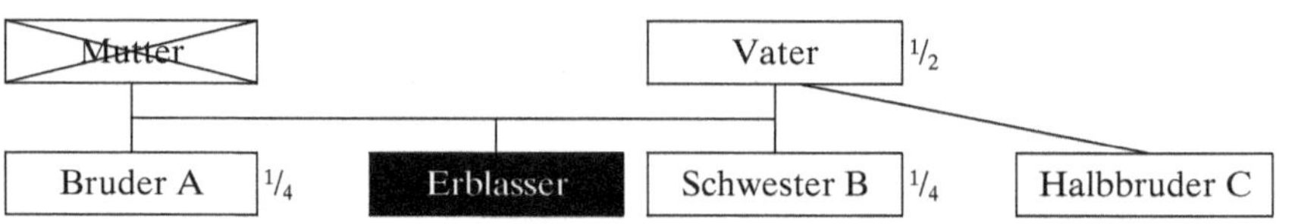

Sind V und M vor E gestorben, so erhalten A und B aus dem mütterlichen Stamm je ein Viertel, aus dem väterlichen Stamm zusammen mit C je ein Sechstel.

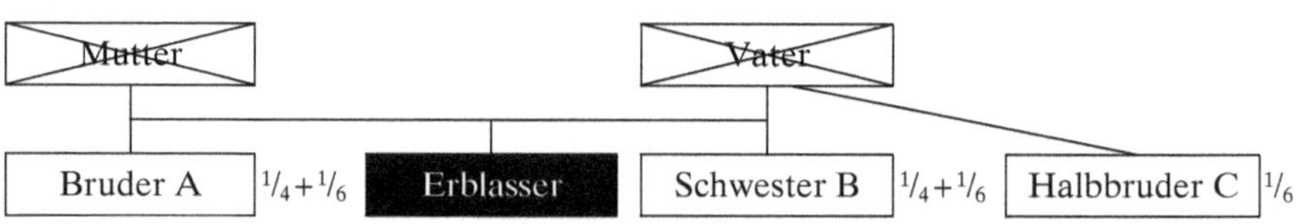

1932 Ist auch die zweite Linie erschöpft, so wird die dritte Parentel berufen.

[5]) So aber der nicht richtiggestellte Wortlaut des § 736 Satz 3. Dazu *Ferrari-Hofmann-Wellenhof,* NZ 1991, 246.

Die dritte Parentel besteht aus den zwei Großelternpaaren des Erblassers und ihren Nachkommen. 1933

Jeder **Großelternteil** erhält ein Viertel. Vorverstorbene Großeltern werden von ihren Abkömmlingen nach Stämmen repräsentiert. Hinterlässt ein vorverstorbener Großelternteil keine Nachkommen, so fällt sein Anteil an den mit ihm verbundenen Großelternteil oder, wenn auch dieser vorverstorben ist, an seine Deszendenten. Sind auch solche nicht vorhanden, gelangen die freien Portionen an das andere Großelternpaar (§§ 739ff), sodass jeder von ihnen die Hälfte des Nachlasses erhält. Ein vorverstorbener Teil wird wieder von den nach ihm eintrittsberechtigten Personen repräsentiert. Sind solche nicht vorhanden, erhält den ganzen Nachlass der vierte Großelternteil, der allenfalls wiederum durch seine Nachkommen repräsentiert wird. 1934

E hinterlässt nur den Großvater mütterlicherseits B und seine Großeltern väterlicherseits C und D. B erhält die Hälfte, C und D erlangen je ein Viertel des Nachlasses.

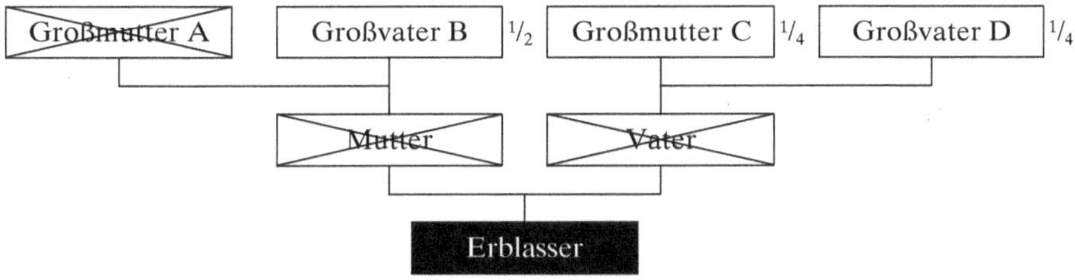

Wäre noch ein Onkel X (Sohn der verstorbenen Großmutter A) am Leben, so erhielten X, B, C und D je ein Viertel.

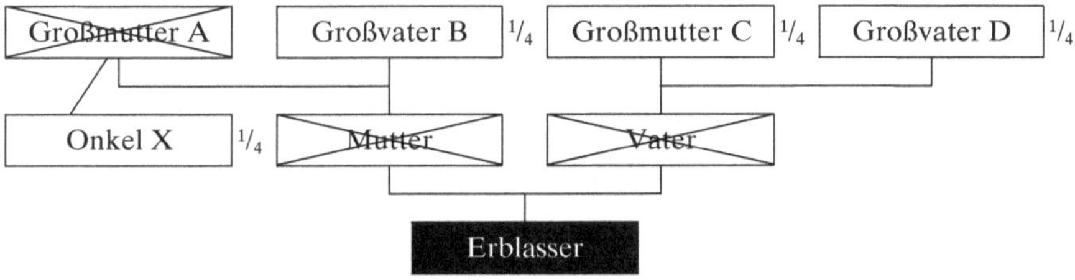

Sind in der dritten Linie keine Erben vorhanden, so gelangt der Nachlass an die vierte Parentel. 1935

Die vierte Parentel besteht eigentlich aus den Urgroßeltern des Erblassers und ihren Nachkommen. 1936

Von der vierten Linie erben jedoch nur noch die acht **Urgroßelternteile,** während ihre Nachkommen von der Erbschaft ausgeschlossen sind (Erbrechtsgrenze), es gibt also in der vierten Linie **keine Repräsentation.** 1937

Ist ein Urgroßelternteil vorverstorben, so fällt sein Achtel an den mit ihm verbundenen Urgroßelternteil. Lebt auch dieser nicht mehr, so gelangt das freigewordene Viertel an das zunächst verbundene Urgroßelternpaar. Es bleibt also vom Erblasser her gesehen auf der väterlichen 1938 oder mütterlichen „Seite“. Erst wenn auch ein solches Paar nicht mehr vorhanden ist, erben die beiden anderen Paare (die „andere Seite“). Sind einzelne Urgroßeltern vorverstorben, so gelten diese Regeln entsprechend.

Da die Nachkommen der Urgroßeltern kein Repräsentationsrecht besitzen, ist das gesetzliche Erbrecht manchmal nicht „gegenseitig“. So beerbt der Großneffe den Großonkel, während der Großonkel dem Großneffen gegenüber kein gesetzliches Erbrecht hat.

B. Gesetzliches Erbrecht bei Adoption[6])

1939 *Da durch die Adoption zwischen dem Annehmenden und seinen Nachkommen einerseits und dem Wahlkind und seinen bei der Annahme minderjährigen Nachkommen andererseits ein Verhältnis wie bei Abstammung entsteht (§ 197), beerben sich diese Personen wie Verwandte.*

Zwischen dem Wahlkind (seinen Nachkommen) und den übrigen Verwandten des Annehmenden entsteht keine Verwandtschaft, weshalb zwischen ihnen auch kein wechselseitiges gesetzliches Erbrecht besteht.[7])

1940 Trotz der Annahme an Kindes statt bleibt das Erbrecht zwischen dem Wahlkind und seinen **leiblichen Verwandten aufrecht** (§ 199 Abs 1). Allerdings gehen beim Tod des Wahlkindes die Wahleltern und deren Nachkommen den leiblichen Eltern und deren Nachkommen vor (§ 199 Abs 2). Hat nur eine Person allein adoptiert, so hat sie vor dem entsprechenden leiblichen Elternteil Vorrang (§ 199 Abs 3).

Stirbt das Wahlkind und hat es Nachkommen, so erben diese.

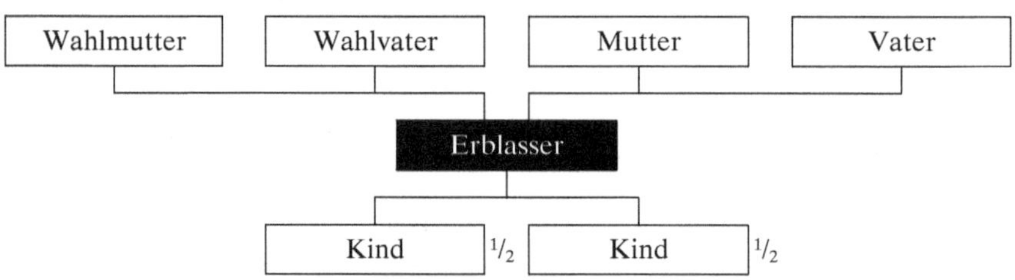

Hinterlässt das Wahlkind keine Nachkommen, so fällt der Nachlass an die Wahleltern oder an die sie repräsentierenden Nachkommen.

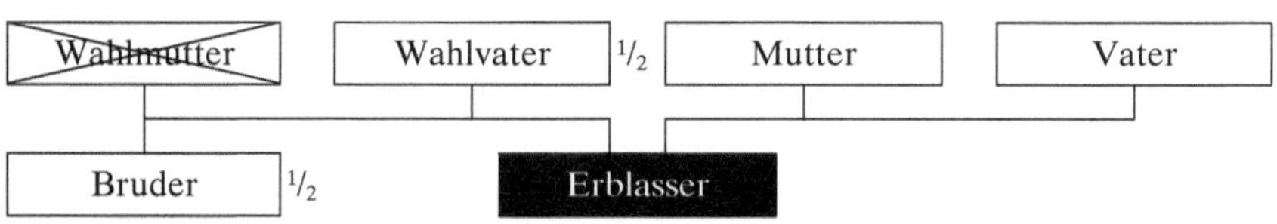

Ist jedoch in der zweiten Parentel der Wahlverwandtschaft kein Erbe vorhanden, so erben die leiblichen Eltern.

---

[6]) Dazu *Zemen*, JBl 1975, 337 ff.

[7]) Die Regelung ist verfassungsrechtlich unbedenklich; OGH EvBl 1994/117; VfGH in ÖJZ 1995, 277.

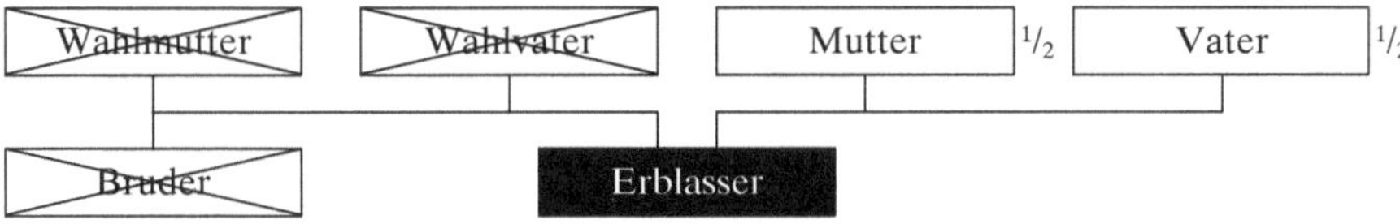

Wurde das Wahlkind nur von der Wahlmutter an Kindes statt angenommen und stirbt es ohne Nachkommenschaft, so erben die Wahlmutter und der leibliche Vater je zur Hälfte.

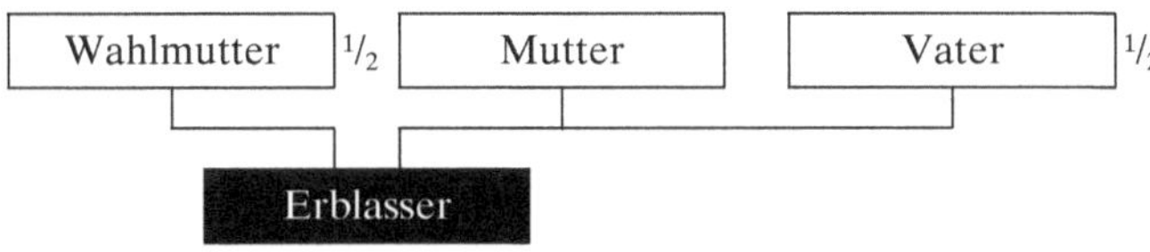

Nach dem Adoptivkind gibt es in der Wahlparentelenordnung man- 1941
gels Verwandtschaft (§ 197) **keine dritte** und **vierte Linie,** sodass die natürliche Parentel zum Zug kommt. Sterben Nachkommen des Angenommenen, auf welche sich die Adoptionswirkungen erstrecken, so gelten die eben dargelegten Regeln für die Konkurrenz der dritten oder vierten Linie der Wahlparentel mit den natürlichen Parentelen.[8])

Unklar ist, wieweit die §§ 735–737 über die gesetzliche Erbfolge in der zweiten Linie sonst durch das Vorhandensein von Wahleltern modifiziert werden.[9]) Hat ein Wahlelternpaar angenommen und fällt ein Elternteil weg, ohne Nachkommenschaft zu hinterlassen, so wird wegen der von § 197 Abs 1 angeordneten Gleichstellung Zuwachs an den anderen Wahlelternteil oder dessen Nachkommen stattfinden.

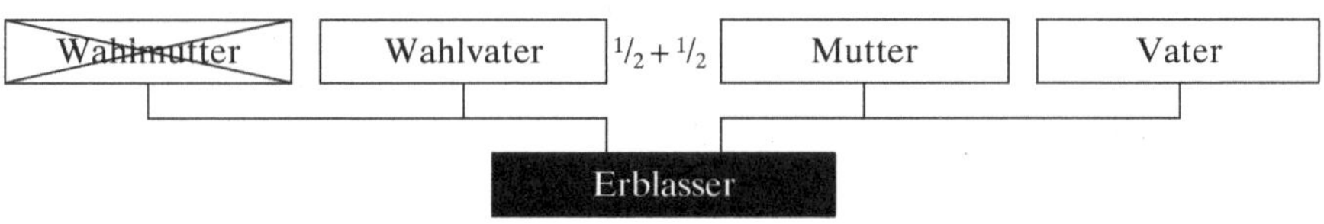

Besondere Probleme ergeben sich bei der Einzelannahme, weil hier der Nachlass geteilt und je eine Hälfte dem Einzelannehmenden und dem nicht verdrängten leiblichen Elternteil zufällt. Wird der Adoptivelternteil nicht Erbe (und wird er nicht repräsentiert), so ist seine Hälfte zur Vermeidung von Kaduzität dem leiblichen Elternteil zuzuweisen.

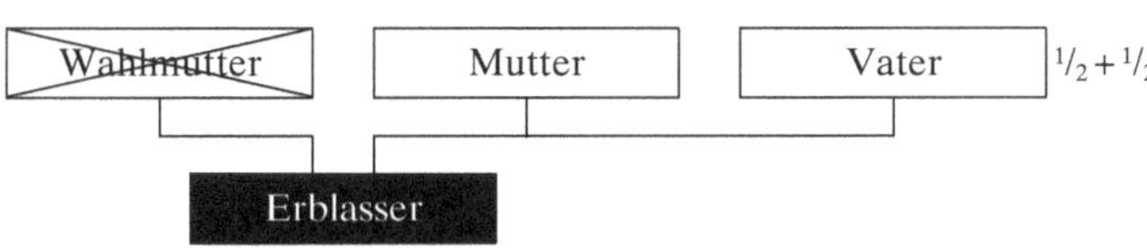

[8]) *Schwimann,* Das österreichische Adoptionsrecht nach seiner Reform, FamRZ 1973, 353; *Zemen,* JBl 1975, 340.

[9]) Hiezu *Zemen,* JBl 1975, 348; *Zemen,* Gesetzliche Erbfolge 145 f; ferner *Koziol,* Entschuldbare Fehlleistungen des Gesetzgebers? JBl 1976, 171; *Kralik,* Erbrecht 78 f.

Wird umgekehrt aus der Parentel des leiblichen Elternteils niemand Erbe, so ist fraglich, ob Zuwachs an den Einzelannehmenden oder an den verdrängten leiblichen Elternteil eintritt.

C. Erbrecht des Ehegatten und des eingetragenen Partners

1. Erbteil

1942 *Der Ehegatte, der mit dem Erblasser bei dessen Tod in aufrechter Ehe lebt, hat ein gesetzliches Erbrecht, dessen Umfang davon abhängt, mit welchen Verwandten er konkurriert (§ 757). Dies gilt nach § 537a entsprechend für den eingetragenen Partner.*

1943 Die Erbportion des Ehegatten oder des eingetragenen Partners beeinflusst also das Erbrecht der Verwandten nach den §§ 730ff. An sie kann nur verteilt werden, was nach Abzug der Quote des Ehegatten oder eingetragenen Partners übrig bleibt.

1944 Neben der **ersten Linie,** also den Kindern des Erblassers und ihren Nachkommen, erbt der Ehegatte oder der eingetragene Partner **ein Drittel,** neben der **zweiten Linie,** also den Eltern des Erblassers und ihren Kindern (Geschwister des Erblassers), oder neben der **dritten Linie,** also neben Großeltern, **zwei Drittel** des Nachlasses.[10]) Sind aber neben Großeltern Nachkommen verstorbener Großeltern vorhanden, so erhält er außerdem jenen Teil, der sonst kraft Repräsentationsrechtes auf diese Nachkommen entfiele. Dasselbe gilt seit der Reform durch das FamErbRÄG 2004 für jene Erbteile, die den Nachkommen verstorbener Geschwister zufallen würden. Sind weder Erben aus der ersten Linie noch Eltern oder Geschwister noch Großeltern vorhanden, so erbt der Ehegatte oder eingetragene Partner den **ganzen Nachlass.**

Stirbt der Erblasser und hinterlässt er neben seiner Ehegattin seine Mutter und seinen Neffen, Sohn seiner vorverstorbenen Schwester, erhält seine Ehegattin 2/3 nach § 757 Satz 1. Ein Sechstel erbt die Mutter des Erblassers (§ 735 Satz 1). Das Sechstel, das der Neffe als Repräsentant des Vaters des Erblassers und der Schwester des Erblassers erhalten würde, erhält zusätzlich die Ehegattin (§ 735 Satz 3).

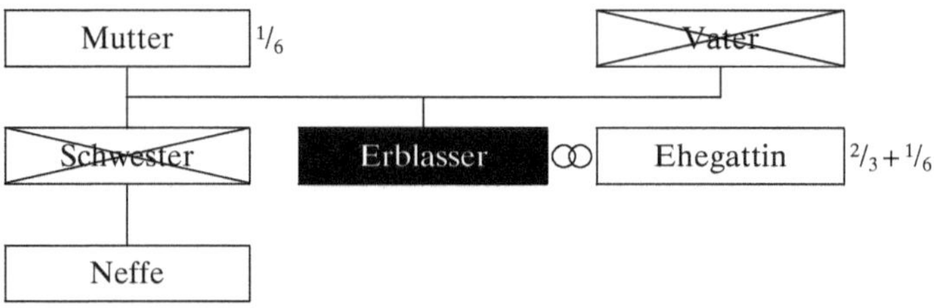

[10]) Zu Reformvorschlägen hinsichtlich der Abschaffung des gesetzlichen Erbrechts von Geschwistern des Erblassers s *Welser* in FS Benn-Ibler 347ff; *Welser,* Die Reform des österreichischen Erbrechts, NZ 2012/1, 2; *A. Tschugguel,* Zum Verlauf der Erbrechtsgrenzen im Ehegattenerbrecht, NZ 2012/40, 140f.

Der Ehegatte oder eingetragene Partner erhält also mehr, wenn vorverstorbene Großelternteile oder Geschwister Nachkommen hinterlassen haben. Dies ist auf den ersten Blick merkwürdig,[11]) jedoch eine Konsequenz daraus, dass bei Vorhandensein eines Ehegatten oder eingetragenen Partners die **Parentelenordnung verkürzt** wird und das gesetzliche Erbrecht der Verwandten damit „früher“ endet. 1945

In den gesetzlichen Erbteil muss sich der Ehegatte oder eingetragene Partner alles einrechnen lassen, was er aus einem Ehepakt oder Erbvertrag vom Erblasser erhält (dazu unten Rz 2337). 1946

Zum Unterschied von der Scheidung, Aufhebung oder Nichtigerklärung der Ehe, bei welchen eine Aufteilung des ehelichen Gebrauchsvermögens und der ehelichen Ersparnisse nach den §§ 81 ff EheG vorgesehen ist, kommt es beim Tod eines Ehegatten oder eingetragenen Partners zu **keiner güterrechtlichen Aufteilung.**[12]) 1947

2. Vorausvermächtnis[13])

Unabhängig davon, ob der Ehegatte oder eingetragene Partner zum Erben berufen ist, erhält er das gesetzliche Vorausvermächtnis. Es hat **pflichtteilsähnlichen** Charakter[14]) und kann ihm vom Erblasser nur durch eine rechtmäßige Enterbung entzogen werden (§ 758). Es ist daher auch vor allen anderen Vermächtnissen ungekürzt zu entrichten und hat auch gegenüber sonstigen Pflichtteilsansprüchen und den Unterhaltsansprüchen Vorrang (§ 783). 1948

Das Vorausvermächtnis gebührt „voraus“, dh dass es in einen allfälligen Erbteil nicht einzurechnen ist,[15]) doch könnte der Erblasser etwas anderes anordnen.[16])

Das Vorausvermächtnis umfasst die zum ehelichen Haushalt gehörenden beweglichen Sachen und das Recht, in der Ehewohnung weiterzuwohnen. 1949

---

[11]) *Ehrenzweig* II/2, 391; *Gschnitzer/Faistenberger,* Erbrecht 19.

[12]) S dazu kritisch *Ofner,* Ehegüterrechtlicher Ausgleich bei Tod eines Ehegatten? in FS 200 Jahre ABGB (2011) 513 (520ff).

[13]) *Welser,* NZ 1990, 141; *Zankl,* Die Stellung des Ehegatten nach dem Erbrechtsänderungsgesetz, in *Harrer/Zitta,* Familie und Recht (1992) 547; *Eccher,* Zum neuen Wohnrecht des überlebenden Ehegatten, wobl 1991, 1; *Adensamer,* Erbrechtsänderungsgesetz 1989, ÖA 1991, 6; *Watzl,* Das Vorausvermächtnis des Wohnrechts, JBl 1992, 613; *Zankl,* Das gesetzliche Vorausvermächtnis des Ehegatten (1996); *Zankl,* Das Wohnrecht des überlebenden Ehegatten gemäß § 758 ABGB, immolex 1997, 145; *Jaksch-Ratajczak,* Ehewohnung im Todesfall: Das Spannungsverhältnis zwischen schlichtem Miteigentum und Wohnrecht nach § 758 ABGB, EF-Z 2011/2, 4.

[14]) *Welser,* NZ 1978, 164.

[15]) *Ostheim,* Zur erbrechtlichen Stellung des Ehegatten nach dem BG 15. 6. 1978 BGBl 280, in *Ostheim,* Schwerpunkte der Familienrechtsreform 1977/1978 (1979) 58; *Zankl,* Vorausvermächtnis 134ff mwN; aA *Migsch,* Persönliche Ehewirkungen, gesetzlicher Güterstand und Ehegattenerbrecht, in *Floretta,* Das neue Ehe- und Kindschaftsrecht (1979) 55 (60). Kritisch de lege ferenda *Zankl,* Vorausvermächtnis 102ff; *Zankl,* Rechtsvergleichende Gedanken zu einer Reform der Anrechnung, NZ 1998, 38.

[16]) *Ostheim* in *Ostheim,* Familienrechtsreform 58.

1950 Als Vermächtnisnehmer erhält der Ehegatte nur eine **Forderung** gegen den Nachlass, nach der Einantwortung gegen den Erben.

1951 Zweck des Vorausvermächtnisses ist es, dem überlebenden Ehegatten oder eingetragenen Partner seinen unmittelbaren Lebensbereich zu lassen. Hiezu erhält er das Recht auf die zum ehelichen Haushalt gehörenden **beweglichen Sachen,** soweit sie zur Fortführung des **Haushaltes** entsprechend den bisherigen Lebensverhältnissen erforderlich sind. Über diese Sachen kann der Erblasser zwar unter Lebenden, nicht aber von Todes wegen verfügen. Gemeint sind vor allem Möbel, Teppiche, Bilder uä, soweit sie nicht bloß als Wertanlage angeschafft wurden. Sachen, die in erster Linie der Berufsausübung des Erblassers dienten, gehören nicht dazu.

1952 Das Recht **weiterzuwohnen** kann sich nur auf eine Wohnung beziehen, in der die Ehegatten oder eingetragenen Partner beim Tod des Erblassers gewohnt haben.[17]) Es vervollständigt den durch Sonderbestimmungen (§ 14 MRG, § 14 WEG und § 20 Abs 4 WGG) gewährten wohnrechtlichen Schutz. Es besteht aber nur dann, wenn der hinterbliebene Ehegatte oder eingetragene Partner nicht auf andere Weise ein gleichartiges Recht erwirbt, zB durch das Testament des Erblassers oder aufgrund der erwähnten Sonderbestimmungen.[18]) Der Anspruch besteht nur, wenn ihn der Erbe mit den Mitteln des Nachlasses befriedigen kann, zB wenn die Ehegatten in einem Haus des Erblassers gewohnt haben, das nun zum Nachlass gehört. Das Recht ist vom Bedarf unabhängig und erlischt bei einer Wiederverehelichung nicht.[19])

Auch das Vermächtnis des Wohnrechts ist Damnationslegat und nicht Vindikationslegat,[20]) dh dass der Ehegatte oder eingetragene Partner nicht eo ipso ein Recht auf Wohnen erhält, sondern nur ein Recht auf dessen Einräumung. Es wird sofort fällig.[21]) Das vom Belasteten einzuräumende Recht muss nicht dinglich sein,[22]) es orien-

---

[17]) S aber OGH SZ 2004/5 (gemeinsames Wohnen als Lebensgefährten, Hochzeit unmittelbar vor dem Tod eines Lebensgefährten im Krankenhaus). Vgl auch OGH JBl 2007, 719 (Auszug allein aufgrund des gewalttätigen Verhaltens des Ehegatten führt nicht zum Verlust).

[18]) OGH JBl 1992, 646; NZ 1994, 83; JBl 1995, 319; AnwBl 1997, 952 *(Zankl);* SZ 70/122; NZ 1998, 60 *(Zankl).* Im Erbweg entstandenes Miteigentum an der Wohneinheit soll nach *Jaksch-Ratajczak,* Miteigentumsgemeinschaft und Wohnrecht nach § 758 ABGB, NZ 2001, 421 und *Jaksch-Ratajczak,* EF-Z 2011/2, 5ff nicht genügen, sodass § 758 anwendbar bleibt; das Vorausvermächtnis hindert dann die Teilungsklage. S dazu auch OGH NZ 2005/47 *(Mondel)* (Teilungshindernis der Unzeit).

[19]) *Welser,* NZ 1990, 142; *Zankl,* Vorausvermächtnis 242ff; *Samek,* Das österreichische Pflichtteilsrecht (2004) 104f; *Likar-Peer* in *Ferrari/Likar-Peer,* Erbrecht 93; für Erlöschen *Schauer,* RdW 1990, 72; *Eccher* in *Schwimann/Kodek*⁴ § 758 Rz 14; *Hopf/Kathrein,* Eherecht² § 758 ABGB Anm 6.

[20]) *Welser,* NZ 1990, 142; vgl auch OGH NZ 1998, 60 *(Zankl);* SZ 72/174 = ecolex 2000, 644 *(Zankl);* aA *Eccher,* wobl 1991, 3; *Zankl* in *Harrer/Zitta,* Familie und Recht 549f; *Zankl,* Vorausvermächtnis 148ff mwN.

[21]) OGH EvBl 2005/31.

[22]) *Welser,* NZ 1990, 137ff; OGH NZ 1994, 83; zum obligatorischen Wohnrecht nach § 758 in der Zwangsversteigerung der Liegenschaft OGH SZ 74/72 = immolex 2001/155 *(Zankl).*

tiert sich an den bisherigen Wohnverhältnissen der Ehegatten oder eingetragenen Partner, wobei die Umstände beim Tod des Erblassers maßgebend sind.[23])

Verpflichtet zur Entrichtung des Vorausvermächtnisses ist gewöhnlich der Erbe.[24]) Das Vorausvermächtnis kann die Rechte Dritter, zB jene der Gläubiger des Erblassers, nicht schmälern. 1953

3. Unterhaltsansprüche

Der Ehegatte hat, solange er sich nicht wieder verehelicht, gegen die Erben einen Anspruch auf Unterhalt wie bei bestehender Ehe (§ 796). Dies gilt nach § 537a entsprechend für den eingetragenen Partner. 1954

In diesen Anspruch ist allerdings alles **einzurechnen,** was der Ehegatte oder eingetragene Partner nach dem Erblasser durch vertragliche oder letztwillige Zuwendung, als gesetzlichen Erbteil, als Pflichtteil, durch öffentlich-rechtliche oder privatrechtliche Leistung erhält; ebenso eigenes Vermögen des Ehegatten oder eingetragenen Partners oder Erträgnisse einer von ihm tatsächlich ausgeübten oder einer solchen Erwerbstätigkeit, die von ihm den Umständen nach erwartet werden kann (§ 796 Satz 2).[25]) 1955

Die Unterhaltsschuld ist nicht jene des Erblassers, sondern entsteht neu als erbrechtlicher Anspruch gegen den Erben.[26]) Daher ist sie auch nicht durch die hypothetische Entwicklung der Leistungsfähigkeit des Erblassers begrenzt.[27])

Der geschiedene Ehegatte hat keinen Anspruch nach § 796, ebenso wenig der eingetragene Partner nach Auflösung der Partnerschaft; dem vom Noterbrecht ausgeschlossenen Ehegatten oder eingetragenen Partner gebührt der notwendige Unterhalt gemäß § 795; s unten Rz 2318. 1956

Der Anspruch richtet sich auf Zahlung einer **Geldrente**[28]) und besteht nur **„bis zum Wert der Verlassenschaft“.**[29]) 1957

Der Erbe haftet also ohne Rücksicht auf die Art seiner Erbantrittserklärung dem Unterhaltsberechtigten nur wie ein Vorbehaltserbe.[30])

Der Unterhaltsanspruch geht keinesfalls zu Lasten der Nachlassgläubiger, sie sind vorweg zu befriedigen. Der Berechtigte hat vor den Vermächtnisnehmern Vorrang (§ 691),[31]) während er den Pflichtteilsberechtigten nachgeht (unten Rz 2307). 1958

---

[23]) OGH NZ 2002, 240, wo der Witwe durch eine Benützungsregelung die Benutzung einiger Räume entzogen werden sollte.

[24]) *Welser* in *Rummel/Lukas*[4] § 758 Rz 1; OGH NZ 1994, 83; NZ 1998, 60 *(Zankl).*

[25]) Zur Berechnung des Unterhaltsanspruchs OGH NZ 1986, 161.

[26]) Zu den zahlreichen Streitfragen *Welser* in *Rummel/Lukas*[4] § 796 Rz 1 ff. S dazu auch *Vidmar,* Ehegattenunterhalt und Tod des Unterhaltspflichtigen, EF-Z 2014/100, 153 ff.

[27]) OGH NZ 1988, 107; Zak 2014/95.

[28]) OGH SZ 54/145; JBl 1984, 552; SZ 60/246.

[29]) Dazu OGH SZ 54/107.

[30]) OGH SZ 60/246.

[31]) So auch *Ostheim* in *Ostheim,* Familienrechtsreform 71.

4. Auflösung der Ehe oder eingetragenen Partnerschaft

1959 Das gesetzliche Erbrecht des Ehegatten oder eingetragenen Partners und alle damit im Zusammenhang stehenden gesetzlichen Ansprüche setzen den Bestand der Ehe oder Partnerschaft beim Tod des Erblassers voraus.[32])

Dies wird von § 1266 letzter Satz noch ausdrücklich für die „Ehetrennung" (nunmehr Scheidung) angeordnet. Nach § 759 Abs 1 (e contrario) behält ein ohne Verschulden geschiedener Gatte sein gesetzliches Erbrecht, doch bezieht sich dies nur auf die vor Inkrafttreten des EheG „von Tisch und Bett" geschiedenen Ehen.

1960 Ein nachehelicher **Unterhaltsanspruch** gegen den Erblasser richtet sich nach seinem Tod gegen die Erben.[33]) Er wird auf Klage oder Einrede des Erben[34]) auf einen Betrag herabgesetzt, der bei Berücksichtigung der Verhältnisse des Erben und der Ertragsfähigkeit des Nachlasses der **Billigkeit** entspricht (§ 78 Abs 1 und 2 EheG; § 20 Abs 4 EPG). Die Einrechnungsregel des § 796 ist analog anzuwenden[35]) und ist mit dem Wert der Verlassenschaft begrenzt.[36]) Eine nach § 68 EheG einem Ehegatten auferlegte Beitragspflicht erlischt mit dem Tod des Verpflichteten (§ 78 Abs 3 EheG; § 23 Abs 4 EPG).[37])

1961 War die Ehe beim Tod des Erblassers noch nicht geschieden, wird jedoch gemäß § 759 Abs 2 festgestellt, dass das Scheidungsbegehren gerechtfertigt und der überlebende Ehegatte als schuldig anzusehen wäre,[38]) so verliert er sein gesetzliches Erbrecht.[39]) In der Lehre wird zT eine analoge Anwendung des § 759 Abs 2 auf alle Scheidungsverfahren befürwortet.[40]) Das Erbrecht erlischt danach bereits mit Eröffnung des Scheidungsverfahrens, wenn die Ehe geschieden worden wäre. Dies müsste für eingetragene Partnerschaften entsprechend gelten (§ 537 a).

---

[32]) Zum Zeitpunkt des Wirksamwerdens der Ehescheidung OGH NZ 2003, 353; *Böhm/Fuchs,* Zum Eintritt der Rechtskraft und der zivilrechtlichen Wirkungen des Ehescheidungsbeschlusses ÖJZ 2002, 631; *Spitzer,* JBl 2003, 837.

[33]) Dazu und zu vertraglichen Unterhaltsvereinbarungen *Vidmar,* EF-Z 2014/100, 156 ff.

[34]) OGH JBl 1992, 705.

[35]) OGH SZ 55/54.

[36]) OGH JEV 2009/2 *(Seidl).*

[37]) Dazu OGH EvBl 1989/66. Kritisch de lege ferenda *Fischer-Czermak,* Zum Unterhalt nach Scheidung bei gleichem und ohne Verschulden, NZ 2001, 254 (257).

[38]) S dazu auch OGH iFamZ 2008/29, 52 *(Tschugguel).*

[39]) Zur Vermeidung einer Ungleichbehandlung gegenüber einem zu Lebzeiten geschiedenen Überlebenden treten *Holzner,* Ehevermögen bei Scheidung und bei Tod, Unvereinbarkeit zweier Auseinandersetzungsmodelle (1998) und *Spitzer,* JBl 2003, 849 für eine analoge Anwendung der §§ 81 ff EheG bei Geltendmachung des § 759 Abs 2 ein. Dasselbe muss für § 68 a EheG gelten (so *Spitzer,* JBl 2003, 849).

[40]) *Spitzer,* JBl 2003, 837, 845 ff; *Eccher* in *Schwimann/Kodek*[4] § 759 Rz 3; *Tschugguel,* Einige erbrechtliche Probleme an der Schnittstelle Abstammungsrecht/Ehescheidungsrecht – Erbrecht, in FS Woschnak (2010) 565 (578 f); vgl auch *Apathy* in KBB[4] § 759 Rz 2; *Hopf/Kathrein,* Eherecht[2] § 759 Anm 2; *Welser* in FS Benn-Ibler 351 f; *Welser,* Ist unser Erbrecht noch zeitgemäß? in FS Posch (2011) 813 (823); *Welser,* Die Reform des österreichischen Erbrechts, NZ 2012/1, 4; gegen eine analoge Anwendung *Maier,* EF-Z 2013/78, 111 f.

Das Gesetz trifft keine Anordnung für letztwillige Begünstigungen (Erbseinsetzungen, Legate) im Scheidungsfall. Andere Erbprätendenten werden auf die Möglichkeit der Anfechtung der Verfügung verwiesen. De lege ferenda erscheint es überzeugender, wenn letztwillige Anordnungen mit der Scheidung dahinfielen.[41])

Das Schicksal von Erbverträgen bestimmt sich im Scheidungsfall nach § 1266. Nach § 1266 ABGB erlöschen Erbverträge als Ehepakte grundsätzlich durch die Scheidung. Nur wenn der Begünstigte schuldlos oder minder schuldig ist, bleibt ihm das Recht aus dem Erbvertrag erhalten.

III. Gesetzliche Sondererbfolge

A. Wohnungseigentum im Todesfall

Literatur: *Aichberger-Beig,* Eigentümerpartnerschaft, in *Gruber/Kalss/Müller/Schauer,* Erbrecht und Vermögensnachfolge (2010) 174; *Aichberger-Beig,* Die Ehewohnung im Todesfall, EF-Z 2011/30, 44; *Bartosch,* Die Eigentümerpartnerschaft im Todesfall nach der Wohnrechtsnovelle 2006, NZ 2008/2, 5; *Faistenberger/Barta/Call,* Kommentar zum Wohnungseigentumsgesetz 1975 (1976) 227; *Frei,* Wohnungseigentum von Partnern im Todesfall nach der WRN 2006, NZ 2006/70, 292; *Hofmann,* Die Neuregelung der Eigentümerpartnerschaft im Todesfall (§ 14 WEG 2002) durch die Wohnrechtsnovelle 2006, iFamZ 2006, 228 und 2007, 46; *Holzner,* Wertungswidersprüche im neuen § 14 WEG? NZ 2008/1, 1; *Kletečka,* Die Eigentümerpartnerschaft im Todesfall, NZ 2004/69, 225; *Kralik,* Die Eigentumswohnung von Ehegatten in der Verlassenschaftsabhandlung, NZ 1978, 166; *Likar-Peer,* Die Neufassung des § 14 WEG 2002 durch die WRN 2006 – Rechtsnachfolge bei Tod eines Eigentümerpartners, immolex 2006, 294; *Markl/Hechenbichler,* Eigentümerpartnerschaft im Todesfall, EF-Z 2007/4, 15; *Spitzer,* § 14 WEG neu: Tod des Eigentümerpartners, ecolex 2006, 818; *A. Tschugguel,* § 14 WEG und Pflichtteilsrecht, NZ 2010/100, 363; *Welser,* Das Wohnungseigentumsgesetz 1975, NZ 1975, 150; *Zingher,* Das gemeinsame Wohnungseigentum von Ehegatten, ÖJZ 1976, 225.

Seit dem WEG 2002 können zwei beliebige natürliche Personen 1962
gemeinsam „Eigentümerpartner" einer Eigentumswohnung sein, dh dass ihnen der für das Wohnungseigentum erforderliche Mindestanteil (§ 2 Abs 9 WEG) gemeinsam (zu gleichen Teilen) zusteht. Beide Partner sind damit auch Miteigentümer (Eigentümerpartner) eines Miteigentumsanteils (an der Liegenschaft).

Die Notwendigkeit erbrechtlicher Sondervorschriften für Eigentü- 1963
merpartner ergibt sich daraus, dass dem Überlebenden kein „fremder" Partner aufgezwungen,[1]) sondern ihm die Gelegenheit zum Erwerb des Anteils des Verstorbenen gegeben werden soll.

Für die nach dem Tod eines Partners eintretenden Rechtsfolgen 1964
kommt es primär auf die **Parteienvereinbarung** an.[2]) Die Eigentümer-

[41]) *Spitzer,* JBl 2003, 842 FN 30 rechtsvergleichend mwN; *Welser* in FS Benn-Ibler 351 f; *Welser,* Die Reform des österreichischen Erbrechts, 17. ÖJT Band II/1 (2009) 52; *Tschugguel* in FS Woschnak 579. S dazu auch *Schauer,* Der geschiedene Ehegatte als Testamentserbe, iFamZ 2012, 145 ff.

[1]) Vgl auch *Vonkilch,* Sanierungsbedarf beim WEG 2002, wobl 2004, 87.

[2]) Vgl *Fischer-Czermak,* Vereinbarungen nach § 14 Abs 2 und 5 WEG, in FS Welser (2004) 189.

partner können zu Lebzeiten über die Rechtsnachfolge von Todes wegen auch vereinbaren (§ 14 Abs 5 WEG), dass für die Nachfolge in einen Hälfteanteil eine dritte Person vorgesehen wird,[3]) die beim Erbfall einen Anspruch auf Übereignung erwirbt.[4]) Eine solche Vereinbarung muss schriftlich vor einem Notar oder Rechtsanwalt (§ 10 Abs 4 RAO) abgeschlossen werden. Einseitige letztwillige Verfügungen sind nicht gültig, da der Überlebende keinen neuen Partner aufgezwungen bekommen soll (vgl § 13 Abs 3 WEG).

Nimmt der Begünstigte den Hälfteanteil nicht an, geht der Anteil unmittelbar ins Eigentum des überlebenden Partners über (§ 14 Abs 5 Z 2 WEG).

1965 Stirbt ein Eigentümerpartner ohne Hinterlassung einer solchen Vereinbarung, **wächst** dem anderen der halbe Mindestanteil im Zeitpunkt des Todes des Verstorbenen **zu** (§ 14 Abs 1 Z 1 WEG). Dabei handelt es sich um eine wohnungseigentumsrechtliche Anwachsung sui generis[5]) und keinen erbrechtlichen Erwerb, sodass es zB nicht auf die Erbfähigkeit ankommt und das Anwachsungsrecht auch nicht durch Enterbung entzogen werden kann.[6])

1966 Da durch die Anwachsung die anderen Erben und Pflichtteilsberechtigten des verstorbenen Eigentümerpartners, aber auch seine Gläubiger, nicht benachteiligt werden sollen, muss der Anwachsungsberechtigte gemäß § 14 Abs 2 WEG – ähnlich wie der Anerbe im AnerbenG – einen **Übernahmspreis** für den Hälfteanteil in die Verlassenschaft einzahlen. Wirtschaftlich wird der Anteil dabei aus der Verlassenschaft „herausgekauft". Der Übernahmspreis beträgt die **Hälfte** des Verkehrswertes des Mindestanteils und des damit verbundenen gemeinsamen Wohnungseigentums (also der Wert des zu übernehmenden Hälfteanteils).

1967 Die Zahlungspflicht des Überlebenden kann durch letztwillige Verfügung oder durch eine Schenkung auf den Todesfall erlassen werden (§ 14 Abs 4 WEG). Die Rechtsposition der Gläubiger und Pflichtteilsberechtigten wird dadurch nicht beeinträchtigt.[7])

1968 Besonderes gilt, wenn der überlebende Eigentümerpartner oder der durch die Vereinbarung bestimmte Dritte selbst ein **Pflichtteilsberechtigter** ist, dem die Wohnung zur Befriedigung eines dringenden **Wohnbedürfnisses** dient. Er muss den Übernahmspreis nicht oder – wenn außer ihm noch andere Pflichtteilsberechtigte vorhanden sind – nur den gemin-

---

[3]) *Markl,* Zur „Vereinbarung" zwischen Eigentümerpartnern gemäß § 14 Abs 4 WEG 2002, wobl 2004, 202; *Frei,* NZ 2006/70, 293ff; *Hofmann,* FamZ 2006, 228.

[4]) Dieser Anspruch ergibt sich entgegen *Markl,* wobl 2004, 202 direkt aus der Vereinbarung nach § 14 Abs 4 WEG; vgl *Fischer-Czermak* in FS Welser 190ff.

[5]) Der Erwerb nach § 10 WEG 1975 wurde früher als einziger Fall des Vindikationslegats im ABGB verstanden; kritisch zur Abkehr *Markl,* Die Eigentümerpartnerschaft – §§ 13–14 WEG 2002, wobl 2002, 129ff.

[6]) *Kletečka,* NZ 2004/69, 225.

[7]) Vgl zur früheren Gefährdung der Gläubiger *Kletečka,* NZ 2004/69, 228. S dazu auch *Hofmann,* FamZ 2006, 230.

derten Übernahmspreis (ein Viertel des Verkehrswerts des Mindestanteils) leisten (§ 14 Abs 3 WEG).[8]) Auch in diesem Fall ist nach überwiegender Lehre für die Bemessung der Pflichtteile aber der „normale" und nicht der verminderte Übernahmspreis heranzuziehen.[9])

Wenn zwar kein anderer Pflichtteilsberechtigter vorhanden ist, der Nachlass aber ohne eine Zahlung des überlebenden Partners überschuldet wäre, so hat der Übernehmer die Nachlassverbindlichkeiten bis zur Höhe eines Viertels des Verkehrswerts des Mindestanteils abzudecken.[10])

Der überlebende Eigentümerpartner muss den freigewordenen 1969
Hälfteanteil allerdings nicht übernehmen. Er kann innerhalb angemessener Frist darauf **verzichten.**

Verzichtet der Partner, so ist der gesamte Mindestanteil und das damit verbundene Wohnungseigentum öffentlich feilzubieten (§ 14 Abs 1 Z 3 WEG). Der überlebende Teil verliert also auch seinen Anteil am Mindestanteil, ist aber dafür zu entschädigen.

Will der überlebende Partner den Anteil zwar nicht selbst, will er 1970
aber auch nicht darauf verzichten, kann er gemeinsam mit den Erben des Verstorbenen unter Zustimmung der Pflichtteilsberechtigten eine **Vereinbarung** schließen, wonach der halbe Mindestanteil (§ 14 Abs 1 Z 2 WEG) einer anderen Person zukommt.

Die Vereinbarung schließt entgegen dem Gesetzeswortlaut wohl der Nachlass mit dem ausgewählten Dritten ab. Die Erben vertreten dabei den Nachlass. Gegenstand ist die Übertragung des Hälfteanteils des Verstorbenen.[11]) Der überlebende Partner muss zustimmen, weil ihm kein Fremder aufgezwungen werden soll.

War der Erblasser alleiniger Wohnungseigentümer, richtet sich die 1971
Rechtsnachfolge grundsätzlich nach allgemeinem Erbrecht. Allerdings kann Wohnungseigentum auch im Erbfall maximal zwei natürlichen Personen je zur Hälfte zustehen, nicht aber mehr als zwei Miterben oder zwei Miterben zu verschiedenen Quoten (§ 12 Abs 1 WEG).[12])

Mehrere Erben könnten eine Personengesellschaft gründen, die dann den gesamten (§ 12 Abs 10 WEG e contrario) Mindestanteil erwirbt, sonst müsste ein den Voraussetzungen des § 12 Abs 10 WEG entsprechendes Erbteilungsübereinkommen geschlossen werden, um die Versteigerung nach § 12 Abs 2 WEG zu verhindern.

---

[8]) S aber *Holzner,* NZ 2008/1, 2ff, der zwischen § 14 Abs 3 Satz 1 und Satz 2 einen Widerspruch sieht, weil bei bloßem Vorhandensein von irgendwelchen anderen Pflichtteilsberechtigten die Erben ungezielt und zufällig vom Überschießen des halben Übernahmspreises profitieren, und Satz 2 daher entsprechend „repariert".

[9]) *Hofmann,* FamZ 2006, 231; *Bartosch,* NZ 2008/2, 8; *Aichberger-Beig* in *Gruber/Kalss/Müller/Schauer,* Erbrecht und Vermögensnachfolge 180; *A. Tschugguel,* NZ 2010/100, 365ff; *Aichberger-Beig,* EF-Z 2011/30, 48; aA *Likar-Peer* in *Ferrari/Likar-Peer,* Erbrecht 507 und *Likar-Peer,* immolex 2006, 297f; unklar *Holzner,* NZ 2008/1, 2ff.

[10]) S dazu *Spitzer,* ecolex 2006, 819; *Frei,* NZ 2006/70, 296ff; *Holzner,* NZ 2008/1, 1; *Bartosch,* NZ 2008/2, 7.

[11]) Vgl *Spitzer,* ecolex 2006, 820f.

[12]) OGH immolex-LS 2005/58.

B. Anerbenrecht

Literatur: *Eccher,* Vererblichkeit des Anerbenrechts? in FS Binder (2010) 67; *Edlbacher,* Das Anerbengesetz (1961); *Edlbacher,* Die Bestimmung des Anerben, ÖJZ 1980, 631; *Edlbacher,* Anerbenrechtliche Miszellen, NZ 1983, 99; *Fellner,* Zur Novellierung des Anerbengesetzes, NZ 1990, 292; *Kathrein,* Anerbenrecht (1990); *Kathrein,* Das Anerbengesetz im Spiegel der jüngeren Rechtsprechung, in FS Woschnak (2010) 271; *Kind,* Anerbenrecht im Wandel der Zeit, ÖJZ 2003, 741; *Kralik,* Zum Anwendungsbereich des Anerbengesetzes, NZ 1994, 49; *Probst,* Anerben- und Höferecht, in *Gruber/Kalss/Müller/Schauer,* Erbrecht und Vermögensnachfolge (2010) 113; *Zemen,* Der überlebende Ehegatte als Anerbe, NZ 1983, 145 und 161; *Zemen,* Zur Bestimmung des Anerben nach den Höfegesetzen von Kärnten und Tirol, NZ 2005/84, 353; *Zemen,* Zur Bestimmung des Anerben nach § 3 Anerbengesetz, NZ 2006/19, 97; *Zemen,* Zum Vermächtnis des Erbhofes, NZ 2006/45, 200; *Zemen,* Ehegattenerbhof und Testament, NZ 2007/21, 79; *Zemen,* Fragen der Nachtragserbteilung im Anerbenrecht, JBl 2007, 29; *Zemen,* Die Antragsberechtigten bei der Nachtragserbteilung im Anerbenrecht, NZ 2014/116, 337.

1972 Eine von der allgemeinen gesetzlichen Erbfolge abweichende Regelung (§ 761) gibt es im bäuerlichen Anerbenrecht.[13]) Rechtsquelle ist vor allem das **AnerbenG 1958,** das 1989 auch für Vorarlberg in Geltung gesetzt wurde. In Kärnten und Tirol sind besondere **Höferechte** in Kraft (Kärntner ErbhöfeG 1990; Tiroler HöfeG 1900).

1973 Das Anerbenrecht dient seiner eigenen Zielsetzung nach „der Sicherung eines wirtschaftlich gesunden und leistungsfähigen Bauernstandes". Es soll die Zerstückelung des „Erbhofes" und die Entstehung von Zwergwirtschaften verhindern und durch Ausschluss der Zivilteilung das Bauerngut der Stammfamilie erhalten.[14]) Voraussetzung ist daher das Vorhandensein eines „Erbhofes".

1974 **Erbhöfe** sind mit einer Hofstelle versehene land- und forstwirtschaftliche Betriebe,[15]) die im Eigentum einer natürlichen Person, von Ehegatten oder eingetragenen Partnern (§ 43 Abs 2 EPG) oder eines Elternteils und eines Kindes stehen und einen Durchschnittsertrag haben, der zur angemessenen Erhaltung von zwei erwachsenen Personen ausreicht, jedoch das Zwanzigfache dieses Ausmaßes[16]) nicht übersteigt (§ 1 AnerbenG).

Ähnlich das Kärntner ErbhöfeG; nach dem Tiroler HöfeG ist die Eintragung in die Höfeabteilung des Grundbuches entscheidend.

---

[13]) Zur Abschaffung von (bäuerlichen) Sondererbfolgen de lege ferenda s *Welser,* Ist unser Erbrecht noch zeitgemäß? in FS Posch (2011) 813 (817); *Welser,* Die Reform des österreichischen Erbrechts, 17. ÖJT Band II/1 (2009) 109ff.

[14]) Zur aus diesem telos folgenden internationalprivatrechtlichen Sonderanknüpfung OGH SZ 2003/44. Vgl nunmehr Art 30 EuErbVO.

[15]) Überwiegend forstwirtschaftliche Besitzungen können die Erbhofqualität begründen, wenn ein Teil des Gesamtbetriebes landwirtschaftlich geführt wird; vgl *Kralik,* Zum Anwendungsbereich des Anerbengesetzes, NZ 1994, 49; *Kind,* ÖJZ 2003, 743; aA *Rechberger/Oberhammer,* Zur Erbhofqualität überwiegend forstwirtschaftlich genutzter Großgrundbesitzungen, NZ 1993, 249; zur Berücksichtigung hinzugepachteter Flächen OGH JBl 1994, 759; zur Beurteilung „gemischter Höfe" nach dem Kärntner Erbhöfegesetz OGH EvBl 1994/178.

[16]) Zur Bemessung der Ertragsfähigkeit vgl OGH SZ 59/187; SZ 69/143; EvBl 1997/77.

Die Art der Bewirtschaftung steht dem Eigentümer frei, die Eigenschaft als Anerbenhof geht nicht dadurch verloren, dass der Eigentümer nicht den ganzen Betrieb selbst bewirtschaftet oder ihn verpachtet.[17])

Um eine Teilung des Hofes zu verhindern, muss dieser[18]) **einer** Person[19]) – dem sog **„Anerben"** – zur Gänze zugewiesen werden (§§ 3ff AnerbenG, §§ 15f Tiroler HöfeG, §§ 6f Kärntner ErbhöfeG).[20]) Stand der Erbhof im Eigentum von Ehegatten oder eingetragenen Partnern (§ 4 AnerbenG [iVm § 43 Abs 2 EPG]) oder eines Elternteils und eines Kindes (§ 4a AnerbenG), so ist der überlebende Teil Anerbe.[21]) Im Übrigen gelten für seine Ermittlung komplizierte Regeln (s insbesondere § 3 AnerbenG).[22]) 1975

War zB der Erblasser Alleineigentümer des Hofes, so haben Kinder, die zur Land- oder Forstwirtschaft erzogen wurden, den Vorrang. Deszendenten des Erblassers gehen dem überlebenden Ehegatten oder eingetragenen Partner vor, wenn sie auf dem Erbhof aufgewachsen sind. Landwirtschaftlich ausgebildete und nicht anderweitig versorgte Miterben haben vor den für einen anderen Beruf erzogenen oder anderweitig versorgten Erben Vorrang.[23]) Bleiben nach diesen Regeln mehrere Miterben übrig, so entscheidet nach dem in der Gegend geltenden Brauch das Ältesten- oder das Jüngstenrecht.[24]) Ohne Bedeutung ist es, ob es sich um eheliche oder uneheliche Abkömmlinge oder um Wahlkinder handelt.

Der Anerbe kann allerdings nicht zur Übernahme des Hofes gezwungen werden. Will er lieber **„weichender Erbe"** sein, so kommt der Nächstberufene zum Zug. Bei einer Weigerung aller als Anerben in Betracht kommender Personen sind die Erbteilungsregeln des AnerbenG unanwendbar.[25]) 1976

Der Anerbe muss die Miterben in Geld abfinden. Zur Vermeidung von Belastungen, die den Anerben an der wirtschaftlichen Führung des Gutes behindern könnten, hat das Verlassenschaftsgericht bei der Berechnung der Erbteile nicht den wahren Wert des Hofes, sondern einen begünstigten **Übernahmspreis** zugrunde zu legen. Dieser ist so zu bestimmen, **„dass der Anerbe wohl bestehen kann"**.[26]) 1977

---

[17]) OGH EvBl 1978/86; *Kralik,* Erbrecht 372; vgl aber auch OGH iFamZ 2009/173 (langjährige Verpachtung zu nicht landwirtschaftlichen Zwecken führt zum Verlust der Erbhofeigenschaft).

[18]) Samt den Erträgen seit dem Tod des Erblassers; OGH SZ 60/53.

[19]) Zur Zulässigkeit von Zwei-Personen Erbhöfen *Zemen,* Der Anerbe im Parentelensystem, JBl 2005, 27.

[20]) Zu den Rangregeln in Kärnten und Tirol *Zemen,* NZ 2005/84, 353.

[21]) Zur (Nicht-)Anwendbarkeit des AnerbenG bei einem Ehegatten-Erbhof, der durch letztwillige Einsetzung eines Kindes zum Elternteil-Kind-Erbhof umgewandelt wird, s OGH SZ 2006/21 und *Zemen,* NZ 2007/21, 79ff.

[22]) S dazu *Zemen,* NZ 2006, 97ff.

[23]) Dazu *Edlbacher,* ÖJZ 1980, 631; *Kralik,* Erbrecht 378ff; *Zemen,* NZ 2006/19, 98; *Zemen,* Eine neue Entscheidung zum Fallrecht im Anerbenrecht, NZ 2008/10, 43ff; OGH SZ 49/27. Zum Begriff „Erziehung zur Land- und Forstwirtschaft" s OGH NZ 2013/18 (200-stündiger Fachkurs).

[24]) S diese bei *Tades/Hopf/Kathrein/Stabentheiner,* ABGB MGA[37] II 109f.

[25]) OGH SZ 57/165.

[26]) Dazu *Edlbacher,* NZ 1983, 100f; *H. Posch,* Praktische Erfahrung mit dem Anerbenrecht, NZ 2001, 321ff; OGH SZ 45/40; SZ 45/89; SZ 63/214; JBl 1997, 250; Zak 2013/593; NZ 2014/41; vgl auch SZ 26/64.

1978 Der Übernahmspreis wird vom Erben in den Nachlass eingezahlt und dann nach den Regeln der allgemeinen gesetzlichen Erbfolge an alle Erben – also auch an den Anerben – verteilt. Wirtschaftlich gesehen „kauft" der Übernehmer den Hof, der aus dem Nachlass ausscheidet. Die Begünstigung des Anerben liegt in der Berechnung des Übernahmswertes.

Darüber hinaus können dem Anerben günstige Zahlungsmodalitäten eingeräumt werden. Die Auszahlung kann in Raten erfolgen; die Ansprüche der Miterben sind hypothekarisch sicherzustellen.[27])

Neben dem Recht auf die Abfindung haben die weichenden Erben verschiedene Ansprüche auf Versorgung. Der überlebende Ehegatte oder eingetragene Partner, der nicht Anerbe ist, hat das Recht auf angemessenen Unterhalt auf Lebenszeit (Ausgedinge).[28])

1979 Das AnerbenG enthält auch Vorkehrungen gegen den Missbrauch der erbrechtlichen Begünstigung durch den Anerben. Veräußert er innerhalb von zehn Jahren nach dem Tod des Erblassers den Erbhof,[29]) so hat er jenen Betrag herauszugeben, um den der bei Verkauf des Hofes erzielbare Erlös den inneren Wert des seinerzeitigen Übernahmspreises übersteigt. Dieser Mehrbetrag ist an die Erben zu verteilen: **Nachtragserbteilung** (§ 18 AnerbenG).[30])

1980 Da das Anerbenrecht gesetzliches Erbrecht ist, kann der Erblasser davon abweichen. Allerdings sind auch bei **gewillkürter** Erbfolge in der Regel die Bestimmungen des Anerbengesetzes – mit Ausnahme jener über die gesetzliche Erbfolge – anzuwenden, wenn der Erblasser dies nicht ausdrücklich oder stillschweigend ausgeschlossen hat (§§ 8, 11 AnerbenG).[31]) Nach dem Tiroler HöfeG ist eine Teilung der Erbhöfe jedenfalls ausgeschlossen.

Die Anwendung des AnerbenG bei gewillkürter Erbfolge bringt zB dem Hofübernehmer den Vorteil, dass die Pflichtteile vom Übernahmspreis errechnet werden.

C. Gesetzliches Erbrecht nach Geistlichen

1981 Aufgrund verschiedener Hofdekrete und Hofkanzleidekrete bestanden für die gesetzliche Erbfolge nach bestimmten Geistlichen eigene Bestimmungen.[32]) Sie wurden durch das 1. BRBG (BGBl I 1999/191) mit Wirkung vom 1. 1. 2000 aufgehoben, sodass es nun zur **allgemeinen** gesetzlichen Erbfolge kommt.

---

[27]) Vgl OGH SZ 41/102; EvBl 1998/133.

[28]) Vgl aber für Tirol OGH SZ 54/145.

[29]) Vgl OGH SZ 34/191; NZ 1999, 52; Zak 2013/470.

[30]) S dazu *Zemen,* JBl 2007, 29; *Zemen,* NZ 2014/116, 337ff; zur (analogen Anwendung der) Nachtragserbteilung s OGH SZ 2008/177 mwN und *Zemen,* Bäuerliche Hofübergabe unter Lebenden und (anerbenrechtliche) Nachtragserbteilung – Bäuerliches Gewohnheitsrecht und Rechtsprechung, JBl 2010, 487 und 2011, 627.

[31]) Vgl dazu auch OGH EvBl 1975/207; JBl 1990, 109.

[32]) Vgl dazu die 10. Auflage Bd II S 315f.

5. Kapitel

Die letztwilligen Verfügungen im Allgemeinen

I. Allgemeines

Die gesetzliche Erbfolgeordnung kann vom Erblasser durch Rechtsgeschäfte von Todes wegen geändert werden, ist also dispositives Recht. 1982

Es gibt einseitige und zweiseitige Rechtsgeschäfte von Todes wegen. 1983 Das einseitige Rechtsgeschäft heißt **letztwillige Verfügung,** das zweiseitige **Erbvertrag** (s dazu unten Rz 2996ff). Keine letztwilligen Verfügungen sind entgeltliche Vereinbarungen über Vermögensbestandteile, die erst mit dem Tod eines Vertragspartners wirksam werden sollen.[1])

Letztwillige Verfügungen sind formgebundene, einseitige, nicht emp- 1984 *fangsbedürftige, jederzeit widerrufliche Anordnungen des Erblassers über seinen Nachlass* (§ 552).

Wer eine letztwillige Verfügung errichtet, heißt **Testator.** Enthält die 1985 Verfügung eine Erbseinsetzung, so wird sie **Testament** genannt, sonst **Kodizill** (§ 553).

Soweit das Gesetz nichts anderes bestimmt, sind auf Kodizille die 1986 Vorschriften über Testamente anzuwenden.

Dies gilt vor allem für die Gültigkeit, die Auslegung und den Widerruf. In den §§ 713f werden allerdings Testament und Kodizill verschieden behandelt; s unten Rz 2136ff.

Die Freiheit, einen letzten Willen zu errichten, nennt man **Testierfreiheit.** 1987 Sie ist zwingenden Rechtes, der Erblasser kann darauf nicht verzichten. Vgl auch § 716.

Geschäfte von Todes wegen sind höchstpersönliche Rechtsgeschäfte. 1988 Es gibt dabei **keine** gesetzliche oder gewillkürte **Stellvertretung.** Der Erblasser kann auch nicht die Bestimmung des Erben einem Dritten überlassen (§ 564).

Alle Geschäfte von Todes wegen lassen dem Erblasser die **Verfügungsfreiheit unter Lebenden.** 1989 Wie die gesetzlichen Erben erhalten auch die Testamentserben nur den Nachlass, also dasjenige, was im Zeitpunkt des Todes vorhanden ist.

II. Gültigkeitserfordernisse einer letztwilligen Verfügung

Literatur: *Abraham,* Der Begriff der Testierfähigkeit, NZ 1993, 25; *T. Aigner,* Auslegung und Irrtumsrecht bei letztwilligen Verfügungen (2010); *T. Aigner,* Der Irrtum des Erblassers, NZ 2011/54, 193; *Briem,* Kassatorische Klauseln im Erb- und Stiftungsrecht, in FS Torggler (2013) 113; *Cholewa,* Die Anerkennung formwidriger Testamente, NZ 1950, 12, 26; *Ehn,* Der Animus Testandi, NZ 1975, 166; *Gruber/Palma,* Reform des § 568 ABGB? NZ 2015/28, 81; *Jud,* Testierabsicht, Form und Konversion, NZ 2001, 10; *Knütel,* Zur sogenannten Erfüllungs- und Nichterfüllungsfiktion bei der Bedingung, JBl 1976, 613; *Kralik,* Das Testamentum ruptum und das Pflichtteilsrecht des unehelichen Kindes, JBl 1973, 541; *Pohl,* „Unbewußte Vorstellungen" als erbrecht-

[1]) OGH NZ 1994, 231 mwN.

licher Anfechtungsgrund? (1976); *Reinl,* Gedanken zur Frage der Testierfähigkeit, JBl 1978, 587; *Spitzer,* Änderungen im Erbrecht durch das KindRÄG 2001, NZ 2003, 353; *Spitzer,* Neues zu letztwilligen Verfügungen, NZ 2006/14, 77; *Tschugguel,* Das Testament der entmündigten oder besachwalteten Person, iFamZ 2012, 150; *Welser,* Die kassatorische Klausel, in FS Demelius (1973) 491; *Welser,* Gegenständlich beschränkte (partielle) Testierunfähigkeit, NZ 1987, 169.

1990 Die Regeln der allgemeinen Rechtsgeschäftslehre finden auf letztwillige Verfügungen nur soweit Anwendung, als das Erbrecht nichts anderes bestimmt. Besonderes gilt vor allem für die Testierfähigkeit und die Testierabsicht, die Willensmängel, die Möglichkeit und Erlaubtheit und die Form.

A. Testierfähigkeit

1991 *Testierfähigkeit ist die zur Errichtung oder Aufhebung letztwilliger Verfügungen erforderliche Geschäftsfähigkeit.*

1992 Die Testierfähigkeit muss beim **Testierakt,** aber auch nur bei diesem, vorhanden sein.

Später eintretende Hindernisse berühren die Gültigkeit der Verfügung nicht (§ 575); ein ohne Testierfähigkeit errichteter letzter Wille bleibt ungültig, wenn der Erblasser später testierfähig wird (§ 576).

1993 Wie die Geschäftsfähigkeit überhaupt, kann auch die Testierfähigkeit aus Gründen des Alters oder der psychischen Verfassung ganz fehlen (Mangel der Testierfähigkeit) oder eingeschränkt sein (beschränkte Testierfähigkeit).[1])

1. Alter

1994 **Voll testierfähig** sind Personen über 18 Jahren im Vollbesitz ihrer geistigen Kräfte (§ 569).

1995 Mündige Minderjährige (ab Vollendung des vierzehnten Lebensjahres) sind **beschränkt testierfähig.** Es besteht für sie zwar keine inhaltliche, aber eine formelle Schranke: Sie können über ihr ganzes Vermögen verfügen, der letzte Wille muss aber **mündlich** vor **Gericht** oder **Notar** errichtet werden.

Das Gericht muss sich durch eine angemessene Erforschung zu überzeugen suchen, dass die Erklärung des letzten Willens frei und mit Überlegung geschehe.[2]) Die Erklärung muss in ein Protokoll aufgenommen und dasjenige, was sich aus der Erforschung ergeben hat, beigerückt werden (§ 569 Satz 2; § 568 Satz 2 und 3).[3])

---

[1]) Gegen diesen Begriff *Sperl,* Zum Begriff und zur Problematik der Testierfähigkeit, JBl 1975, 449f. Zum Anwendungsbereich des § 568 *Edlbacher,* Ein paar allgemeine Anmerkungen zum Sachwalterschaftsgesetz, ÖJZ 1985, 165.

[2]) Zur Verschwiegenheit des Notars OGH EvBl 2014/40 *(Spitzer)* = NZ 2014/16 *(Rabl, Schumacher)* = EF-Z 2014/55 *(A. Tschugguel)* = iFamZ 2014/41 *(Mondel).*

[3]) Die Aufnahme der Erklärung über die Prüfung der Testierfähigkeit in das Protokoll ist eine Gültigkeitsvoraussetzung; OGH NZ 2000, 147; zur Nachholung der Beirückung auch aus strafrechtlicher Sicht *Schick/Gurmann,* (Eigen-)Änderung einer Urkunde durch Vornahme einer nachträglichen Beirückung gemäß §§ 568f ABGB, NZ 2005/1, 1.

2. Geisteszustand

Geisteskranke, Geistesschwache und andere Personen, die den Gebrauch der **Vernunft** nicht haben **oder im Bewusstsein** gestört sind, können keine gültige letztwillige Anordnung errichten (§ 566). 1996

Testierunfähigkeit bewirken zB auch kurzzeitige schwere Beeinträchtigungen der Erkenntnis- und Willenstätigkeit, wie jene durch Alkohol, Nervengifte, Schock uä.

Nach der Rechtsprechung genügen für die Testierfähigkeit geringere Voraussetzungen als für die allgemeine Geschäftsfähigkeit. Die Judikatur fordert meist nur, dass dem Erblasser der Testiervorgang und der Inhalt der Verfügung bewusst sind.[4]) Allerdings wird man mindestens eine dem **mündigen Minderjährigen** entsprechende Einsichtsfähigkeit verlangen müssen.[5]) 1997

Geistige Störungen, die sich nur in bestimmter Hinsicht auswirken, schließen die Testierfähigkeit aus, wenn der Testierakt zu dem von der Krankheit tangierten Bereich gehört **(„partielle Testierunfähigkeit").**[6]) Die Störung muss für den Inhalt der letztwilligen Verfügung nicht kausal gewesen sein, es genügt schon die qualifizierte Möglichkeit der Beeinflussung.[7]) 1998

Die letztwillige Verfügung ist gültig, wenn sie in einem lichten Augenblick **(lucidum intervallum)** getroffen wurde (§ 567). 1999

Die Beweislast für die Testierunfähigkeit trifft jenen, der die Geisteskrankheit oder Bewusstseinsstörung behauptet. Ist aber der Erblasser im Allgemeinen geistesgestört, so muss das lucidum intervallum erwiesen werden (§ 567).[8]) 2000

3. Sachwalterschaft

Psychisch Kranke oder geistig Behinderte, denen ein Sachwalter bestellt worden ist (dazu Bd I Rz 206ff), können, wenn das Gericht dies im Sachwalterbestellungsbeschluss **anordnet,** nur **mündlich vor Gericht oder Notar** testieren (§ 568). 2001

Bis zum FamErbRÄG 2004 führte jede Sachwalterbestellung ipso iure auch zur Beschränkung der Testamentsformen. Die Starrheit dieser Regelung wurde zu Recht gerügt, unterlagen doch auch Personen der Beschränkung, die einen Sachwalter aus Gründen erhalten haben, welche die Testierfähigkeit nicht berühren, wie zB die Unfähigkeit zur Vermögensverwaltung oder zur gerichtlichen Durchsetzung einzelner Ansprüche.[9])

---

[4]) OGH SZ 34/198; SZ 52/173; SZ 56/180; ebenso *Weiß* in *Klang*[2] III 263; kritisch *Abraham,* NZ 1993, 25.

[5]) Zustimmend *Abraham,* NZ 1993, 31; für strenge Anforderungen auch *Reinl,* JBl 1978, 587; OGH SZ 52/173; NZ 1986, 203; NZ 1989, 212 *(Graf);* JEV 2011/15.

[6]) *Welser* in *Rummel/Lukas*[4] §§ 566–569 Rz 5; OGH NZ 1989, 212 *(Graf).*

[7]) *Welser,* NZ 1987, 170ff; diesem folgend OGH SZ 63/116.

[8]) Ebenso *Sperl,* JBl 1975, 451f; vgl auch OGH JBl 1961, 322; SZ 51/8.

[9]) Vgl *Schauer,* Anmerkungen zum neuen Sachwalterrecht, NZ 1983, 53; *Steinbauer,* Die Handlungsfähigkeit geistig Behinderter nach dem neuen Sachwalterrecht,

2002 Gibt es keine solche Anordnung, können – ausreichende Testierfähigkeit im Einzelfall vorausgesetzt – letztwillige Verfügungen in **allen** Testamentsformen errichtet werden.

Für Sachwalterbestellungen vor dem 1. 1. 2005 gilt generell die Beschränkung auf Testamente vor Gericht oder Notar. Wird ein Beschluss aus dieser Zeit abgeändert und keine Anordnung der Beschränkung der Testamentsformen aufgenommen, stehen der Schutzperson alle Testamentsformen offen.

2003 Ordnet das Gericht die Beschränkung der Testamentsformen an, folgt daraus nicht, dass eine vor Notar oder Gericht errichtete Verfügung schlechthin gültig ist. Die besondere Form ersetzt nämlich nicht die zur Errichtung eines letzten Willens unbedingt nötige **Einsichtsfähigkeit.**[10]) Gericht oder Notar[11]) haben sich bei der Errichtung des letzten Willens durch eine angemessene Erforschung[12]) zu überzeugen zu suchen, dass die Erklärung frei und mit Überlegung geschieht und das Ergebnis dieser Prüfung in das Protokoll aufzunehmen.[13]) Fehlt dem Testator tatsächlich auch die für eine solche Verfügung notwendige Einsichtsfähigkeit, dürfen Gericht oder Notar die Aufnahme der Verfügung zwar nicht ablehnen, die Verfügung ist aber dennoch ungültig.

§ 34 Abs 2 NO untersagt an sich dem Notar, „mit solchen Personen eine Amtshandlung vorzunehmen, bei denen er weiß oder mit Grund annehmen muß, daß sie wegen Minderjährigkeit oder aus einem anderen Grunde zu dem vorzunehmenden Rechtsgeschäfte unfähig seien". § 70 NO iVm § 569 ABGB iVm § 568 ABGB ist lex specialis zu diesem Grundsatz.[14])

2004 Selbst die positive Beurteilung der Einsichtsfähigkeit durch das Gericht oder den Notar kann deren tatsächliches Fehlen nicht „heilen"; das „beigerückte" Ergebnis hat also keinen bindenden Charakter.[15])

2005 Der gerichtlich angeordnete Formzwang besteht auch in lichten Augenblicken oder nach Wiederherstellung der Gesundheit, bis der Sachwalter seines Amtes enthoben ist.

Die Vorsorgevollmacht hat keine Auswirkung auf die Geschäftsfähigkeit des Vollmachtgebers, führt also nicht zu einer typisierten (beschränkten) Geschäftsunfähigkeit. Selbst bei Eintreten des Vorsorgefalls kommt es daher nur darauf an, ob in concreto die nötige Einsichtsfähigkeit vorlag.[16])

ÖJZ 1985, 390f; *Tschugguel,* Letztwillige Verfügungen und Sachwalterschaft, in FS Weißmann (2003) 940f.

[10]) *Schauer,* NZ 1983, 55; *Spitzer,* NZ 2006/14,78.

[11]) Die Erforschungspflicht trifft beide. Dazu *Spitzer,* NZ 2003, 354; *Eccher* in *Schwimann/Kodek*⁴ § 568 Rz 6.

[12]) Dazu OGH JBl 2006, 257; vgl auch *Aufner,* Das gerichtliche Testament einer unter Sachwalterschaft stehenden Person – ein alter Bekannter der Amtshaftung, FamZ 2007, 92.

[13]) Zum rechtzeitigen Zeitpunkt dieser Beirückung s OGH iFamZ 2008/107 *(Tschugguel);* NZ 2008/64. Vgl auch OGH EF-Z 2006/55 *(Höllwerth)* = FamZ 2006/84 *(Tschugguel).*

[14]) *Schauer,* NZ 1983, 53f; *Spitzer,* NZ 2006/14, 78.

[15]) Vgl OGH JBl 2006, 257.

[16]) *Jud,* Die Vorsorgevollmacht, AnwBl 2007, 11 (15).

4. Ordenspersonen

Nach § 573 sind Ordenspersonen,[17]) welche die **feierlichen Gelübde** abgelegt haben, testierunfähig, doch ist diese Vorschrift nicht mehr anwendbar (s oben Rz 1887). 2006

B. Testierabsicht

Letztwillige Verfügungen sind Willenserklärungen und setzen daher einen Rechtsfolgewillen voraus, den man hier **Testierabsicht** (animus testandi) oder Testierwillen nennt. 2007

Zur Testierabsicht gehört das **Bewusstsein,** jetzt eine letztwillige Verfügung zu errichten. Ob diese Voraussetzung erfüllt ist, muss aufgrund sämtlicher Umstände beurteilt werden. Briefliche Erklärungen, die der Form des eigenhändigen Testaments (§ 578) entsprechen, sind daher nur dann ein gültiger letzter Wille, wenn sie der Erblasser als Anordnung gemeint hat. Die Testierabsicht muss in der Verfügung nicht selbst zum Ausdruck kommen, die **Andeutungstheorie** (Rz 2052) gilt **nicht.**[18]) 2008

Wer aus einer Urkunde des Erblassers Rechte ableitet, muss nachweisen, dass sie den Charakter einer letztwilligen Verfügung hat.[19])

Der Testierwille fehlt bei der allgemeinen Aussage des Erblassers, dass Lebensgefährten einander ohnedies beerben, sodass eine Verfügung nicht notwendig sei,[20]) oder bei der gelegentlichen Äußerung, sein Vermögen werde einmal einer bestimmten Person zufallen;[21]) ebenso bei der Mitteilung an den Rechtsanwalt, was Inhalt des zu errichtenden Testaments sein soll.[22])

Hingegen kann auch eine bloß „vorläufige Anordnung" oder ein „Entwurf" eine gültige Erklärung sein, wenn der Erblasser den Willen hatte, sie bis zu einer anderen Regelung gelten zu lassen.[23]) Der animus testandi wird auch nicht dadurch ausgeschlossen, dass der Erblasser im Testament ankündigt, dieses später zu ändern.[24])

Nach § 565 muss der Wille des Erblassers mit „Überlegung" erklärt werden, doch ist dies nicht wörtlich zu nehmen. Auch voreilig getroffene Verfügungen sind gültig.[25]) 2009

---

[17]) Näheres bei *Melichar,* Ordenseintritt und vermögensrechtliche Rechts- und Handlungsfähigkeit nach kanonischem und österreichischem Recht, NZ 1955, 17, 38; *Primetshofer,* Feierliches Armutsgelübde und staatliche Erbfähigkeit, ArchKirchR 1974, 274; *Pree,* Die Hintergründe der vermögensrechtlichen Sonderbehandlung von Klerikern und Ordensleuten im österreichischen bürgerlichen Recht, ArchKirchR 1975, 100; *Primetshofer,* Das Ordensrecht[3] (1988) 149f; OGH SZ 2/50.

[18]) *Jud,* NZ 2001, 13ff; dieser folgend OGH NZ 2003, 308 *(Jud);* vgl aber *Stagl,* Der Wortlaut als Grenze der Auslegung von Testamenten[2] (2005) 73.

[19]) OGH NZ 1991, 315. Zu weiteren Beweislastfragen *Ehn,* NZ 1975, 166f und *Keinert,* Revisionsfragen beim außergerichtlichen mündlichen Testament, in *Buchegger/Holzhammer,* Beiträge zum Zivilprozeßrecht II (1986) 33.

[20]) OGH NZ 1969, 126.

[21]) OGH RZ 1967, 90; vgl auch SZ 62/60.

[22]) Vgl *Ehrenzweig* II/2, 413.

[23]) OGH GlU 13.887; SZ 24/31; vgl auch SZ 18/46.

[24]) OGH NZ 1986, 70.

[25]) *Ehrenzweig* II/2, 413.

C. Freiheit von Willensmängeln

2010 Das Fehlen eines Erklärungsempfängers (s oben unten Rz 2047) erlaubt es, Willensmängel stärker zu berücksichtigen als bei Geschäften unter Lebenden.

1. List, Zwang

2011 List und Zwang (§ 565) machen die Verfügung ohne Rücksicht auf ihren Urheber **anfechtbar.** Es ist unerheblich, ob der Drohende berechtigt war, dem Erblasser das Übel zuzufügen.[26])

Daher ist ein Testament ungültig, wenn die hilflose Erblasserin ihre Pflegerin deshalb eingesetzt hat, weil diese erklärte, sie werde sie sonst verlassen.[27])

2012 Von List und Zwang müssen bloße **Ratschläge,** Schmeicheleien und Zudringlichkeiten unterschieden werden, denen der Erblasser ausweichen kann.[28])

2. Irrtum

2013 Nach § 570 macht jeder „wesentliche" Irrtum des Erblassers die letztwillige Verfügung „ungültig", ohne dass es weiterer Voraussetzungen, wie sie zB § 871 aufstellt, bedarf. Der Irrtum ist **wesentlich,** „wenn der Erblasser die Person, die er bedenken oder den Gegenstand, den er vermachen wollte, **verfehlt hat**". Damit ist ein Erklärungs- oder Inhaltsirrtum gemeint, der den Erblasser bei Kenntnis der Sachlage von der Verfügung abgehalten hätte, der also für sie **ursächlich** war.[29]) Worauf der Irrtum zurückgeht, ist unerheblich. Unwesentliche Irrtümer sind solche, die sich nur auf die Nebenumstände einer Anordnung beziehen, wie eine Befristung oder einen Termin. In solchen Fällen wird die Verfügung im Sinn des wahren Willens des Erblassers verstanden, wenn es ihr **Wortlaut** zulässt. Die Berücksichtigung eines vom Wortlaut nicht mehr gedeckten Willens widerspräche Sinn und Zweck des Formgebots und ist deshalb unzulässig.[30])

Der Irrtum ist ursächlich, wenn der Erblasser seine Geschwister nur einsetzt, weil er sie für pflichtteilsberechtigt hält;[31]) oder wenn er nur deshalb neuerlich testiert, weil er die Einsetzung seines außerehelichen Kindes im ersten Testament für ungültig hält;[32]) oder wenn er das erste Testament in der Meinung widerruft, die zweite Verfü-

---

[26]) *Weiß* in *Klang*² III 261 mwN.

[27]) OGH SZ 22/134.

[28]) OGH NZ 1932, 90; *Weiß* in *Klang*² III 261.

[29]) S *Kralik,* Erbrecht 107.

[30]) *Kralik,* Erbrecht 107. *Kerschner,* Irrtumsanfechtung insbesondere beim unentgeltlichen Geschäft (1984) 137 ff lässt sogar Erweiterungen zu. Gegen die Analogie *Ehrenzweig* II/2, 414; *Steinwenter,* Der Wille des Erblassers, ZBl 1937, 1 (10). Zum Verhältnis zur Andeutungstheorie zuletzt *Stagl,* Auslegung², 78 ff.

[31]) OGH GlU 3.940.

[32]) OGH GlU 2.734.

gung sei gültig.[33]) Hingegen fehlt die Kausalität des Irrtums bei Einsetzung der wegen Ungültigkeit der Ehe bloß vermeintlichen Ehefrau.[34])

§ 572 erklärt auch den **Motivirrtum** für erheblich: „Auch wenn der von dem Erblasser angegebene Beweggrund falsch befunden wird, bleibt die Verfügung gültig, es wäre denn erweislich, daß der Wille des Erblassers einzig und allein auf diesem irrigen Beweggrunde beruht habe." 2014

„Einzig und allein" heißt nur, dass der Irrtum kausal sein muss.[35])

§ 572 setzt entgegen seinem Wortlaut nicht voraus, dass der Beweggrund „in der Verfügung angegeben ist". Auch ein nicht angeführtes, ja sogar ein vom angeführten abweichendes Motiv ist relevant.[36]) Es kommt nur darauf an, dass Motiv und Irrtum erweislich sind.[37]) Daher ist zB Anfechtung möglich, wenn der Erblasser das irrige Motiv unerwähnt gelassen hat, um die Ehre des Bedachten zu schonen.

Auch Motivirrtümer über **Zukünftiges** sind beachtlich,[38]) soweit sie nicht in Sondertatbeständen typisiert sind (vgl die §§ 616f, 777, 781).[39]) 2015

Hat E seine Frau zur Erbin eingesetzt, so ist das Testament anfechtbar, wenn sie ihn später verlässt und mit einem Freund lebt, wenn die Kenntnis dieses Umstandes E von seiner Verfügung abgehalten hätte.

Der Irrtum des Erblassers ist **unerheblich,** wenn anzunehmen ist, dass die Aufrechterhaltung der Verfügung noch eher dem Willen des Erblassers entspricht als ihr Wegfall.[40]) 2016

E nimmt irrtümlich an, den Sohn seines Freundes nicht einsetzen zu können, weil er vorbestraft ist, und bedenkt daher den Freund selbst. Nach einer Anfechtung der Verfügung würde der Nachlass nicht an den Sohn des Freundes, sondern an die gesetzlichen Erben fallen.

3. Falsa demonstratio und Erklärungsirrtum

Der Anwendungsbereich der Irrtumsregeln wird durch § 571 eingeschränkt, der die **„falsa demonstratio"** („Fehlbezeichnung") für unbeachtlich erklärt. Man versteht darunter Fälle des Erklärungsirrtums, in denen der Erblasser die von ihm gemeinten Personen oder Sachen im Glauben, sie richtig zu bezeichnen, **falsch benennt.** Wenn man weiß, was der Testator wirklich gewollt hat, ist die Verfügung in dem von ihm gemeinten Sinn gültig. 2017

---

33) *Ehrenzweig* II/2, 470.

34) OGH GlU 15.173.

35) *Pfaff/Hofmann,* Commentar II 119; *Ehrenzweig* II/2, 415; aA *Weiß* in *Klang*² III 286ff; OGH SZ 52/173; NZ 2007/75; EF-Z 2014/137 *(A. Tschugguel)* („Nachweis der Ausschließlichkeit des irrigen Beweggrundes" erforderlich); s dazu aber *Schauer,* Der geschiedene Ehegatte als Testamentserbe, iFamZ 2012, 145, 146ff.

36) *Ehrenzweig* II/2, 415; *Kralik,* Erbrecht 106; OGH EF-Z 2014/137 *(A. Tschugguel).*

37) *Weiß* in *Klang*² III 286.

38) *Weiß* in *Klang*² III 288; *Kerschner,* Irrtumsanfechtung 152ff; OGH EF-Z 2014/137 *(A. Tschugguel).*

39) *Kralik,* JBl 1973, 543f; vgl auch OGH JBl 1955, 359. Zum Problem auch *Pohl,* „Unbewußte Vorstellungen".

40) *Ehrenzweig* II/2, 415; *Steinwenter,* ZBl 1937, 12; *Weiß* in *Klang*² III 222.

Es schadet also nicht, wenn der Erblasser seine „Kusine Marion" und seinen „Vetter Franz" bedacht hat, während die Eingesetzten Nichte und Neffe sind. Ebenso wenig berührt es die Gültigkeit der Verfügung, wenn der Erblasser das von einem holländischen Maler geschaffene Gemälde als seinen „Kremser Schmidt" vermacht, weil er irrtümlich der Meinung war, das Bild stamme von diesem Meister.

2018 § 571 ist die einzige Bestimmung des ABGB, die ausdrücklich von der Fehlbezeichnung spricht. Allerdings kann aus § 914 (Absicht der Parteien) dasselbe abgeleitet werden: Auch Geschäfte unter Lebenden sind gültig, wenn die Parteien bloß einen falschen Ausdruck gewählt haben (vgl Bd I Rz 474).

Die Grenzziehung zwischen der falsa demonstratio und einem **Erklärungsirrtum** ist oft schwierig. Fehlbezeichnung ist anzunehmen, wenn der vom Erblasser verwendete Ausdruck nach seiner subjektiven Vorstellung das Gewollte ausdrückt, er also die Bezeichnung willentlich, wenn auch fälschlich wählt. Hingegen handelt es sich um Fälle eines Erklärungsirrtums (§ 570), wenn der Erblasser unwillkürlich etwas anderes erklärt, als er erklären wollte, indem er sich zB verschreibt, verspricht oder die letztwillige Verfügung durch den Schreiber entstellt wird.[41]) Falsa demonstratio scheidet überhaupt aus, wenn sich der Irrtum gar nicht auf die eigentliche Erklärung, sondern auf sonstige Umstände bezieht. Setzt der Erblasser einer Person, deren Tod ihm bekannt ist, ein Legat aus, weil er meint, dass dieses (aufgrund des Gesetzes) ihren Kindern zufallen werde, so liegt in der Benennung des Verstorbenen keine unrichtige Bezeichnung der Kinder.[42]) Weiß der Erblasser, dass ihm nur eine Haushälfte gehört, spricht er aber von „seinem Haus", so ist dies falsa demonstratio. Meint er, das Haus stehe in seinem Alleineigentum und will er es je zur Hälfte seinen beiden Töchtern hinterlassen, so liegt Motivirrtum vor, wenn die eine Hälfte schon einer Tochter gehört.[43])

2019 Der **Unterschied** ist vor allem für die Art der Geltendmachung des „Erklärungmangels" relevant: bei der falsa demonstratio bleibt die Anordnung mit dem wirklich gewollten Inhalt bestehen, beim Irrtum muss sie gerichtlich angefochten werden und fällt dann weg.

4. Irrtümliche Übergehung von Noterben

2020 Besondere Vorschriften gelten für die irrtümliche Übergehung von pflichtteilsberechtigten Kindern (§§ 777 f). Sie greifen ein, wenn erwiesen werden kann, dass die Übergehung nur daher rühre, dass dem Erblasser das **Dasein** dieser Kinder **unbekannt** war.

Dem Erblasser ist das Dasein des Kindes nur bekannt, wenn er bei Errichtung des letzten Willens seine physische Existenz und das familienrechtliche Verhältnis zu ihm kennt. Daher ist ihm das Dasein unbekannt, wenn er von der Geburt des Kindes nichts weiß, es für verstorben hält oder meint, es sei nicht das leibliche Kind seines Sohnes;[44]) ebenso, wenn er das Kind erst später adoptiert.[45])

---

[41]) *Ehrenzweig* II/2, 414; abweichend *Kerschner,* Irrtumsanfechtung 137 ff; *Kralik,* Erbrecht 105 FN 18.

[42]) *Pfaff/Hofmann,* Commentar II 115; *Steinwenter,* ZBl 1937, 10; vgl aber OGH GlU 2.632.

[43]) Unrichtig OGH SZ 37/136.

[44]) OGH SZ 45/130.

[45]) OGH GlU 1.974.

War dem Erblasser das Dasein des Kindes bekannt, so wird absichtliche Übergehung vermutet, sodass das Kind auf den Pflichtteil beschränkt ist (§ 776). Auch dieser entfällt, wenn der Erbe einen Enterbungsgrund nachweist (§ 782).

Hat der Erblasser **eines** von mehreren Kindern übergangen, weil 2021
ihm sein Dasein unbekannt war, so braucht sich der Übergangene nicht mit dem Pflichtteil zu begnügen, sondern kann so viel fordern wie das am mindesten bedachte Kind (§ 777).[46]) Es kommt also zu einer **Korrektur** des letzten Willens,[47]) die Belastung muss von allen Erben und Legataren, nicht jedoch vom Ehegatten oder eingetragenen Partner mit dem gesetzlichen Vorausvermächtnis, getragen werden (§ 783 iVm § 537 a).[48])

Hat der Erblasser sein **einziges** Kind übergangen, weil ihm sein Da- 2022
sein unbekannt war, oder erhält ein kinderloser Erblasser nach Erklärung seines letzten Willens ein Kind, für das keine Vorsehung getroffen ist, so wird der letzte Wille, abgesehen von gewissen Vermächtnissen, entkräftet (§ 778): **„testamentum ruptum“.**

Den ersten Fall – „Dasein unbekannt“ – nennt man „Präterition“, den zweiten – „Nachgeburt“ – „Agnation“. Der Ausdruck „testamentum ruptum“ stammt aus dem römischen Recht und bezeichnete ursprünglich nur den ersten Fall: „Adgnatus postumus rumpitur testamentum“.

Der Erblasser erhält ein Kind nicht bloß durch Geburt, sondern auch durch Adoption.[49])

„Vorsehung treffen“ heißt, das Kind im letzten Willen erwähnen;[50]) 2023
eine materielle Zuwendung ist nicht erforderlich, doch muss der Erblasser die Erwähnung in dem Bewusstsein vorgenommen haben, dass es sich um sein Kind handelt. Daher ist keine Vorsorge getroffen, wenn der Erblasser sein Pflegekind bedenkt und sich erst später entschließt, es zu adoptieren.[51])

Während § 777 und § 778 Variante 1 (Präterition) bloß Sonderfälle 2024
des Irrtums über Gegenwärtiges sind, trägt das Gesetz in § 778 Variante 2 (Agnation) einer **künftigen Entwicklung** Rechnung, sodass eine Geschäftsgrundlagenproblematik vorliegt, die freilich auch irrtumsrechtlich gesehen werden kann.[52]) Daher bleibt es in allen Fällen der §§ 777, 778 bei der Verfügung des Erblassers, wenn er bei Errichtung des letzten Willens die Geburt des Kindes vorausgesehen, also gar nicht geirrt hat, oder

---

[46]) *Kralik,* Erbrecht 112 beschränkt den Übergangenen auf den gesetzlichen Erbteil; dagegen *Rabl,* § 777 ABGB und die Anpassung einer letztwilligen Verfügung, NZ 1996, 50.

[47]) Zum Kodizill OGH SZ 73/5.

[48]) Zu Einzelfragen s *Rabl,* NZ 1996, 49ff.

[49]) *Ehrenzweig* II/2, 416; *Weiß* in *Klang*² III 883; OGH SZ 43/74; JBl 1975, 40 *(Kralik).*

[50]) *Weiß* in *Klang*² III 881; OGH SZ 41/22.

[51]) OGH SZ 40/74; SZ 46/44.

[52]) Für ersteres *Weiß* in *Klang*² III 881; für letzteres OGH SZ 56/64; *Kralik,* JBl 1973, 543; gegen diesen noch OGH JBl 1975, 40 *(Kralik).*

wenn er bei Kenntnis der Sachlage ebenso verfügt hätte, also der Irrtum nicht kausal war.[53])

Das Testament bleibt deshalb gültig, wenn die Erblasserin bei der letztwilligen Verfügung von ihrer Schwangerschaft oder der Erblasser von der Schwangerschaft seiner Frau wusste[54]) und dennoch keine Vorsehung getroffen hat. Ebenso wurde durch die Einführung des Pflichtteilsrechtes des außerehelichen Kindes noch nicht der Tatbestand des § 778 erfüllt.[55]) Vielmehr kommt es auch hier auf den hypothetisch zu ermittelnden Erblasserwillen an.[56]) Das Testament wird auch nicht ungültig, wenn zwar dem Erblasser seine Vaterschaft zum Kind bekannt war und nur ihre rechtsverbindliche Feststellung erst nach seinem Tod erfolgt ist.[57]) Die bloße Unterlassung einer neuen letztwilligen Verfügung nach der Geburt eines Kindes lässt für sich allein auf keine Übergehungsabsicht schließen.[58])

2025 Stirbt der Noterbe vor dem Erblasser, so behält die Verfügung ihre Kraft.

Hat der Erblasser zwei oder mehrere Kinder irrtümlich übergangen, so ist § 778 anzuwenden (testamentum ruptum), wenn keine anderen Kinder vorhanden sind, bei Vorhandensein solcher Kinder § 777 (Korrektur).

2026 Ein irrtümlich übergangener **Ehegatte, eingetragener Partner** oder **Aszendent** fällt nicht unter §§ 777f. Er kann aber den Pflichtteil fordern (§ 781 iVm § 537a) oder das Testament wegen Irrtums anfechten.[59])

5. Scheingeschäft, Mentalreservation

2027 Ein **Scheingeschäft** ist bei der letztwilligen Verfügung nicht möglich, weil hiefür Voraussetzung wäre, dass eine Willenserklärung „einem anderen gegenüber mit dessen Einverständnis zum Schein abgegeben wird" (§ 916 Abs 1), was bei einseitigen Willenserklärungen undenkbar ist.[60])

2028 Die **Mentalreservation** ist an sich beachtlich, weil bei einseitigen Rechtsgeschäften der Berücksichtigung des wahren Willens kein Vertrauensschutz entgegensteht.[61]) Praktische Fälle sind aber kaum bekannt.

Ein Erblasser hatte in Tschechien nur deshalb einen Italiener zum Erben eingesetzt, weil die tschechischen Behörden einem Deutschen, den der Erblasser bedenken wollte, den Nachlass vorenthalten hätten. Der Italiener verweigerte die Herausgabe des Vermögens. Der OGH[62]) sprach von einem „Scheingeschäft", doch waren nicht einmal die Voraussetzungen der Mentalreservation erfüllt, weil die Verfügung als solche vom Erblasser gewollt war.

---

53) *Kralik,* JBl 1973, 547; OGH JBl 1975, 427 *(Eccher);* SZ 56/64.

54) AA *Ehrenzweig* II/2, 416; *Weiß* in *Klang*² III 875; OGH GlU 1.245 und 16.014.

55) *Ent,* Das Recht des unehelichen Kindes, ÖJZ 1972, 277; *Kralik,* JBl 1973, 555; OGH JBl 1975, 427 (im Wesentlichen zustimmend *Eccher*); OGH JBl 1991, 788.

56) *Kralik,* JBl 1973, 547; *Eccher,* JBl 1975, 429.

57) OGH SZ 56/64.

58) OGH SZ 58/141.

59) *Kralik,* Erbrecht 112f.

60) Daher terminologisch verfehlt OGH SZ 27/74.

61) *K. Wolff,* Mentalreservation, JherJB 81, 189; aA OGH JBl 1954, 434 (zustimmend *Gschnitzer*); *Steinwenter,* ZBl 1937, 13; *Steinwenter,* Erbrechtliche Miszellen, JBl 1955, 157 (161).

62) OGH SZ 27/74.

D. Möglichkeit und Erlaubtheit

Die Möglichkeit und Erlaubtheit einer letztwilligen Verfügung richten sich im Allgemeinen nach den §§ 878 und 879; „Vertrag“ in den §§ 878f ist im Sinne von „Rechtsgeschäft“ zu verstehen. Für gewisse Fälle gelten die folgenden Vorschriften. 2029

1. Bedingungen und Befristungen[63])

Das Gesetz enthält ausführliche Vorschriften über **unmögliche** und **unerlaubte** Bedingungen, die zT von den bei Geschäften unter Lebenden geltenden abweichen; für Befristungen gilt Entsprechendes. 2030

Die Bedingung ist unmöglich, wenn sie objektiv unerfüllbar ist. Auf Mögliches gerichtet ist die Bedingung der Verschaffung eines Miteigentumsanteils[64]) oder des gleichzeitigen Ablebens von Ehegatten.[65])

Letztwillige Anordnungen, die unter einer **aufschiebenden** unmöglichen oder unerlaubten Bedingung stehen, sind **ungültig** (§ 698). Ist offenkundig, dass ein in der letztwilligen Verfügung angeordneter Anfangstermin nie kommen kann, so wird er wie eine unmögliche Bedingung behandelt. Nur wenn sich der Erblasser vermutlich bloß in der Berechnung der Zeit geirrt hat, wird diese nach dem wahrscheinlichen Willen des Erblassers bestimmt (§ 706). 2031

Lassen sich die Anordnungen des letzten Willens trennen, so entfällt nur die unter der unmöglichen (unerlaubten) Bedingung getroffene Verfügung (favor testamenti; s unten Rz 2055ff).

Eine **auflösende** unmögliche oder unerlaubte Bedingung vernichtet die Verfügung nicht, sie ist als **nicht beigesetzt** anzusehen (§ 698). Dasselbe gilt für unverständliche Vorschriften (§ 697). 2032

Nach § 803 kann der Erblasser dem Erben die Errichtung eines Inventars nicht verbieten. Bedingungen und Belastungen, welche den Pflichtteil beschränken, sind ungültig, wenn sie der Noterbe nicht gelten lassen will (§ 774). Zur Bedingung, die auf den Willen eines Dritten abstellt, s unten Rz 2067ff. 2033

Unwirksam ist auch die dem Bedachten gesetzte Bedingung, nach Erreichung der Volljährigkeit **nicht** zu **heiraten.**[66]) Sie muss nur von einer verwitweten Person, die schon mindestens ein Kind hat, erfüllt werden (§ 700). Dies gilt analog für geschiedene Personen.[67]) 2034

Nach dem HfD JGS 1844/807 konnte aber der Erblasser den Genuss der Erbschaft, eines Erbteiles oder Legates seiner Frau oder einer dritten Person so zuwenden,

---

63) Dazu *Caspar,* Die rechtliche Stellung des auflösend befristeten und auflösend bedingten Erben (1992); *Kletečka,* Ersatz- und Nacherbschaft (1999).

64) OGH SZ 46/34.

65) OGH RZ 1968, 139.

66) Dazu *Karollus,* Die testamentarische Nichtverehelichungsklausel, NZ 1988, 293; *Reiter,* Letztwillige Nichtverpartnerungsklauseln: § 700 ABGB anwendbar? EF-Z 2012/122, 202ff.

67) *Weiß* in *Klang*² III 676; *Kralik,* Erbrecht 118 FN 20.

dass er mit dem Zeitpunkt der Verehelichung terminisiert war, wenn damit bloß eine Versorgung und keine sittenwidrige Bindung an die Ehelosigkeit bezweckt wurde.[68]) Obwohl die Bestimmung schon dem Wortlaut nach („oder einer dritten Person") nicht bloß Frauen erfasste und obwohl sich seit ihrer Erlassung die gesellschaftlichen und rechtlichen Verhältnisse geändert hatten, weigerte sich der OGH gleichheitswidrig, das HfD auf die Versorgung von Männern anzuwenden.[69]) Nun wurde zwar das HfD durch das 1. BRBG aufgehoben, seine Grundsätze können aber weiter für § 700 als Auslegungsmaxime gelten.

2035 Die Bedingung, eine bestimmte Person nicht zu heiraten oder sich vor Erreichung der Volljährigkeit nicht zu verehelichen, ist gültig (§ 700 letzter Satz).[70])

Daraus lässt sich der Schluss ziehen, dass die Auferlegung der Ehelosigkeit für eine angemessene Zeit auch sonst zulässig ist, wenn sie sachlich begründet und dem Beschwerten zumutbar ist.[71])

2036 Unwirksam ist der **Widerrufsverzicht** (§ 716). Dazu unten Rz 2131 f.

2. Kassatorische Klausel

2037 *Die Kassatorische Klausel (Bestreitungsverbot) ist das vom Erblasser dem Erben oder Legatar unter Androhung der Entziehung eines Vorteils auferlegte Verbot, den letzten Willen zu bestreiten.*

2038 Das Bestreitungsverbot ist **ungültig,** soweit es die Bekämpfung der **Echtheit** oder die Ermittlung des **Sinnes** der Verfügung verbietet (§ 720).[72])

Die Ausnahme ergibt sich daraus, dass sich die Bestreitung der Echtheit und die Klarstellung des Sinnes nicht gegen den Willen des Erblassers richten, sondern seiner Verwirklichung dienen. Aus § 720 darf allerdings nicht e contrario geschlossen werden, dass alle übrigen Strafklauseln wirksam sind.[73]) Es ist vielmehr zunächst die Klausel selbst zu interpretieren, dh ihre Tragweite nach dem Willen des Erblassers festzustellen. Die Auslegung wird idR ergeben, dass der Erblasser nicht Personen bestrafen wollte, die in guter Absicht einen Willensmangel geltend machen, um die vermeintlich ungewollte Verfügung zu beseitigen. Mutwillige Bekämpfungen werden hingegen von der Sanktion erfasst sein. Abgesehen davon sind Klauseln, die zur Umgehung zwingender Normen (zB der Formvorschriften) aufgestellt wurden, wirkungslos. Auch eine gültige Klausel hindert den Bedachten nicht am Versuch der Bestreitung. Führt diese (auch) zum Wegfall der Klausel, so gibt es keine Sanktion. Wird zugleich die Erbseinsetzung beseitigt, so tritt die gesetzliche Erbfolge ein. Bleibt hingegen die zu Unrecht bekämpfte Klausel aufrecht – und erfasst sie den Bestreitungsfall –, so verliert der Bestreitende die Zuwendung und ist auf allfällige Pflichtteilsansprüche beschränkt.

E. Einhaltung der Form

Über den Formzwang s unten Rz 2090 ff.

---

[68]) Dazu *Pfaff/Hofmann,* Commentar II 586 FN 26; *Ehrenzweig* II/2, 449.

[69]) OGH SZ 47/63; gegen diesen auch *Kralik,* Erbrecht 118 FN 21.

[70]) *Reiter,* EF-Z 2012/122, 202 ff.

[71]) *Weiß* in *Klang*[2] III 674.

[72]) Zur entsprechenden Anwendung im Stiftungsrecht vgl OGH GesRZ 2013, 103 *(Zollner)* = NZ 2013/27 *(Haberer)* = PSR 2012/49 *(Murko)* = ecolex 2013/137 *(Rizzi); Briem* in FS Torggler 113; *Kerres,* Anfechtunsverbote im Stiftungsrecht, ecolex 2014, 42 ff.

[73]) Dazu *Welser* in FS Demelius 491. S auch OGH JBl 2015, 246.

F. Folgen der Mangelhaftigkeit

Das ABGB bestimmt als Folge der Mangelhaftigkeit die **„Ungültigkeit“** der letztwilligen Verfügung (§§ 566, 570, 601, 698). Diese ist jedoch bloß eine **„relative Nichtigkeit“** (Anfechtbarkeit; s Bd I Rz 564 f). Bis zur Geltendmachung des Mangels bleibt die Verfügung aufrecht. 2039

Eine Verfügung, die allerdings nicht einmal dem Inhalt und der **äußeren Form** nach eine letztwillige Verfügung darstellt, kann niemals zur Einantwortung führen. 2040

So muss wohl § 177 AußStrG verstanden werden, nach dem eine Einantwortung nur stattfinden kann, wenn die Erben und ihre Quoten „feststehen“. Früher ergab sich dies schon aus § 123 AußStrG aF.[74])

Anfechtungsberechtigt ist jeder, der vom Wegfall der letztwilligen Erklärung einen Vorteil hat, zB etwas erhält oder von einer Last befreit wird. 2041

Der Erblasser hat erklärt, er wolle seinen Freund X bedenken, habe aber Y zum Erben eingesetzt, weil X in den letzten Jahren dauernd gegen ihn intrigiert habe. Erweist sich später, dass sich der Erblasser geirrt hat und X gar nicht intrigiert hatte, so ist dieser nicht anfechtungsberechtigt, weil er aus dem Dahinfallen des Testamentes keinen Nutzen zöge. Anders wäre es, wenn bei Ungültigkeit der Verfügung X als gesetzlicher Erbe zum Zug käme.

Anfechtungsgegner ist der in der Verfügung Bedachte. 2042

Die Ungültigkeit muss sich nicht auf die ganze letztwillige Verfügung erstrecken. Der mangelfreie Teil bleibt aufrecht, es sei denn, dass dies dem Willen des Erblassers widerspricht (favor testamenti; s unten Rz 2055 ff). 2043

G. Konversion (Umdeutung)[75])

Ist ein Rechtsgeschäft unwirksam, weil Gültigkeitsvoraussetzungen fehlen, so wird es als ein anderes Geschäft angesehen, dessen Voraussetzungen es erfüllt, wenn dies eher dem Willen des Erblassers entspricht als die Ungültigkeit. 2044

Formungültige schriftliche Testamente[76]) oder Kodizille,[77]) die vor dem 1. 1. 2005 errichtet wurden, sind daher als mündliche Anordnungen gültig, wenn drei gleichzeitig anwesende Zeugen den Inhalt des letzten Willens aus dem Mund des Erblassers gehört haben.[78]) Es ist weder nötig, dass er (auch) ein mündliches Testament ge-

[74]) *Weiß* in *Klang*² III 351; *Hummel*, Die Beurteilung der Gültigkeit eines Testamentes im Abhandlungsverfahren, NZ 1955, 113; *Welser* in FS Demelius 507; OGH SZ 39/168; EvBl 1974/121; SZ 59/164; NZ 1995, 132; NZ 1995, 278; NZ 1996, 298; SZ 67/8; SZ 69/161.

[75]) Dazu *O. Fischer*, Konversion unwirksamer Rechtsgeschäfte, in FS Wach I (1913) 170; *Siller*, Konversion, AcP 138, 144; *M. Binder*, Zur Konversion von Rechtsgeschäften (1982).

[76]) OGH EvBl 1957/127; SZ 56/187.

[77]) OGH SZ 22/210.

[78]) *Ehrenzweig* II/2, 436 f; *Kralik*, Erbrecht 136; OGH SZ 9/152; SZ 26/244; EvBl 1957/127. Die Bestätigung einer fremden Erklärung genügt nach *M. Binder*, Konversion 144 ff.

wollt,[79]) noch ein Hindernis, dass er eine schriftliche Verfügung beabsichtigt hat;[80]) es genügt, dass er überhaupt eine Verfügung treffen wollte.[81]) Seit der Abschaffung des mündlichen Testamentes kommt eine solche Konversion nicht mehr in Betracht,[82]) dadurch ist der häufigste Konversionsfall weggefallen (s unten Rz 2112).[83]) Fehlt zum Erbvertrag eines pflegebefohlenen Ehegatten oder eingetragenen Partners die Zustimmung des Gerichtes, so ist das Geschäft als Testament anzusehen, wenn es dessen Gültigkeitsvoraussetzungen erfüllt (§ 1250).

2045 Das dem Erben auferlegte **Verbot,** über den Nachlass letztwillig zu verfügen, oder das **Gebot,** den Nachlass einer bestimmten Person zu hinterlassen, ist wegen der unzulässigen Einschränkung der Testierfreiheit des Erben unwirksam; es ist in eine Nacherbschaft umzudeuten (§ 610, gesetzliche Konversion; s dazu unten Rz 2177).

2046 Als Erbseinsetzung oder Legate ungültige Verfügungen können manchmal in **Auflagen** umgedeutet werden.

Bestimmt der Erblasser, dass seine Lieblingskater Mützchen und Fredi als Vermächtnisnehmer den lebenslangen Unterhalt bekommen sollen, so ist die Verfügung nicht schlechthin ungültig, sondern als Auflage an den Erben zu verstehen.

III. Auslegung

Literatur: *T. Aigner,* Auslegung und Irrtumsrecht bei letztwilligen Verfügungen (2010); *Keuk,* Der Erblasserwille post testamentum und die Auslegung des Testamentes (1965); *Stagl,* Der Wortlaut als Grenze der Auslegung von Testamenten^2 (2005); s auch Literatur zu II.

A. Wahrer Wille des Erblassers

2047 Der Erblasser soll seinen Willen **„bestimmt"** erklären (§ 565). Undeutliche Äußerungen sind aber nicht schlechthin ungültig. Vielmehr ist ihr Sinn durch Auslegung zu ermitteln. Da es bei den letztwilligen Verfügungen keinen Erklärungsempfänger gibt (s oben Rz 2010), hat sich die Auslegung weit mehr am **subjektiven Willen** des Erklärenden zu orientieren als bei Geschäften unter Lebenden, bei denen der Vertrauensschutz im Vordergrund steht.[1])

Für die Erbverträge gelten die Regeln der Vertragsauslegung, weil hier nur als vereinbart anzusehen ist, was von beiden Teilen gewollt war.

2048 Das ABGB enthält für die letztwilligen Verfügungen – anders als für das Vertragsrecht (§ 914) – keine allgemeine Auslegungsvorschrift, dafür eine große Anzahl von Sonderregeln (vgl zB die §§ 558, 582, 655 ff).

---

[79]) OGH SZ 22/210.

[80]) *Ehrenzweig* II/2, 436; *M. Binder,* Konversion 143 f; OGH SZ 26/244; EvBl 1963/374.

[81]) OGH JBl 1950, 165.

[82]) *Fischer-Czermak,* Neueste Änderungen im Abstammungs- und Erbrecht, JBl 2005, 11; *Spitzer,* NZ 2006/14, 78.

[83]) S *A. Tschugguel,* Das Nottestement – Voraussetzungen, Konversion, Änderungsbedarf, NZ 2009/36, 129 (133 f); OGH EF-Z 2012/82 mwN.

[1]) Vgl auch OGH SZ 38/221; NZ 1997, 365.

Der für das Vermächtnisrecht aufgestellte Grundsatz des § 655 gilt aber allgemein. Danach ist für die Auslegung einer Erklärung ihr **Wortlaut** maßgebend, es sei denn, dass der Erblasser mit gewissen Ausdrücken einen ihm eigenen Sinn zu verbinden gewohnt war. 2049

Schulbeispiel ist, dass ein Erblasser unter der „Bibliothek" seinen Weinkeller versteht. Eine Verfügung, in welcher er seinen „Hasen" bedacht hat, ist gültig, wenn er mit dieser Bezeichnung immer seine Frau gemeint hat. Der Erblasser hat dabei nicht geirrt und sich – zum Unterschied von der falsa demonstratio – auch nicht im Ausdruck vergriffen.

Ist die Zuwendung durch eine „Eheschließung" bedingt, so kann darunter auch bloß jene vor dem Priester gemeint sein.[2])

Aus § 655 und anderen Vorschriften ist zu schließen, dass das Ziel der Auslegung letztwilliger Verfügungen die Erforschung des **wahren Willens** des Erblassers ist.[3]) Hiebei sind seine sonstigen mündlichen und schriftlichen Äußerungen des Erblassers heranzuziehen,[4]) aber auch andere in Betracht kommende Beweismittel.[5]) Im Zweifel sind die Umstände bei der Errichtung des letzten Willens maßgebend. Auch besondere gesetzliche Auslegungsregeln und Vermutungen weichen dem wahren Willen des Erblassers.[6]) 2050

Vermacht also der Erblasser „seine Hausanteile" und kommen zu diesen später weitere hinzu, so sind sie im Zweifel von der Verfügung nicht erfasst.[7]) Nachträglichen Veränderungen ist jedoch Rechnung zu tragen, wenn dies dem hypothetischen Willen des Erblassers entspricht. Es ist so auszulegen, wie dieser bei Kenntnis der Veränderung entschieden hätte.[8]) Hat etwa der Erblasser, der zur Zeit der Errichtung des Testamentes in einer Mietwohnung lebte, seiner Ehefrau die Mietrechte vermacht und wohnte er zur Zeit seines Todes in einem eigenen Haus, so hat die Witwe darauf Anspruch, in diesem Haus so gestellt zu werden, als wären die Ehegatten bis zum Tod des Erblassers in der Mietwohnung geblieben.[9]) Gebraucht der Erblasser die Wendung „alle sich vorfindenden Sachen", so meint er damit offensichtlich alle zur Zeit seines Todes vorhandenen.[10]) Kein Zweifel besteht, wenn der Erblasser „den Pflichtteil" vermacht, weil darunter allgemein das beim Tod des Erblassers von Gesetzes wegen dem Noterben Gebührende verstanden wird.

Der Auslegung unterliegt auch, ob der Erblasser überhaupt einen Erben einsetzen oder zB ein Vermächtnis anordnen wollte.[11]) 2051

Der Absicht des Testators darf aber nur gefolgt werden, wenn sie noch irgendeinen **Anhaltspunkt im Wortlaut** des letzten Willens selbst 2052

---

[2]) OGH JBl 1971, 41.
[3]) OGH NZ 2001, 204.
[4]) OGH SZ 38/221; JBl 1965, 264; EvBl 1980/59; NZ 1989, 266; NZ 1992, 296; EvBl 2009/94; iFamZ 2015/77 *(Mondel)*.
[5]) Vgl OGH JBl 1990, 581 *(Eccher)*; OGH NZ 1991, 36.
[6]) S dazu *Graf,* Letztwilliges Veräußerungsverbot und fideikommissarische Substitution, AnwBl 1996, 222.
[7]) OGH GlU 11.777.
[8]) *Welser* in *Rummel/Lukas*[4] §§ 552, 553 Rz 9; OGH JBl 1990, 581 *(Eccher)*; vgl aber auch OGH NZ 1996, 88.
[9]) OGH ZBl 1934/352.
[10]) OGH GlU 1.317.
[11]) OGH JBl 1992, 587.

findet **(Andeutungstheorie),**[12]) weil sonst die Formvorschriften umgangen würden.[13]) Insbesondere darf die Auslegung nicht dem völlig eindeutigen Text des letzten Willens widersprechen.[14])

2053 Die Wortinterpretation ist allerdings keine bloße Buchstabenauslegung. So sind zB durch den Wortlaut auch Schlüsse „gedeckt“, die direkt aus ihm gezogen werden können.

Die Testamentsbestimmung lautet: „Wenn ich auch eine fideikommissarische Substitution nicht rechtlich verpflichtend anordnen kann, bitte ich doch den Vorerben und alle übrigen Erben, meinen letzten Willen zu respektieren und das meinem Sohn vermachte Unternehmen nach seinem Tod auf meine Tochter überzuleiten.“ Stellt sich nach dem Tod des Erblassers heraus, dass er nur irrtümlich der Meinung war, er könne die Zuwendung an den Sohn wegen seiner Pflichtteilsberechtigung nicht mit einer fideikommissarischen Substitution belasten, während in Wirklichkeit der Pflichtteil auch sonst gedeckt war, so ist die Anordnung als verbindlich zu verstehen.

2054 Nicht der Andeutungstheorie unterliegt die Voraussetzung der Testierabsicht (s oben Rz 2008).

B. Favor testamenti, Teilungültigkeit

2055 Favor testamenti bedeutet, dass im Zweifel eine letztwillige Verfügung so ausgelegt wird, dass sie **aufrecht** bleiben kann (vgl § 655 letzter Halbsatz).[15]) Dazu kann auch auf den hypothetischen Erblasserwillen rekurriert werden, wenn das Auslegungsergebnis im Wortlaut zumindest angedeutet ist (Andeutungstheorie).[16])

2056 Daher macht auch inhaltliche Unvollständigkeit das Testament nicht ungültig, wenn die Absicht des Erblassers zu ermitteln ist[17]) oder wenn sonst die Aufrechterhaltung eher dem erblasserischen Willen entspricht.[18])

Hat der Erblasser im Testament die Festlegung der Erbteile einer späteren Verfügung vorbehalten, die er nicht getroffen hat, so sind die Erben zu gleichen Teilen bedacht.[19])

2057 Mit dem favor testamenti wird aber auch begründet, dass die Unwirksamkeit einer einzelnen Verfügung **nicht** die Ungültigkeit **der übrigen** zur Folge hat.[20])

---

[12]) OGH SZ 22/5; SZ 38/221; EvBl 1980/59; NZ 1984, 130; NZ 1989, 266; NZ 1996, 88; NZ 2000, 44; EvBl 2009/94; iFamZ 2015/77 *(Mondel);* grundlegend *Jud,* Testierabsicht, Form und Konversion, NZ 2001, 10 (14ff) mwN; aA *T. Aigner,* Auslegung 33ff.

[13]) OGH JBl 1965, 264; SZ 47/18; NZ 1992, 296.

[14]) OGH SZ 25/203; JBl 1991, 244.

[15]) OGH SZ 46/34; NZ 1997, 365; kritisch zum favor testamenti: *Schilcher,* Erbrecht und bewegliches System, JBl 1977, 57; vgl auch *Aicher,* ZAS 1976, 199. Zum dt Recht *Werner,* Die benigna interpretatio des § 2084 BGB, in FS Lübtow (1991) 265.

[16]) OGH NZ 2000, 44; NZ 2004, 23; vgl auch *Stagl,* Auslegung^2, 59ff.

[17]) Vgl OGH GlU 11.741; NZ 1992, 152.

[18]) OGH GlU 11.741.

[19]) *Ehrenzweig* II/2, 418; vgl aber *Pfaff/Hofmann,* Commentar II 66.

[20]) *Kralik,* Erbrecht 124; *Weiß* in *Klang*^{2} III 219f; OGH NZ 1986, 85.

Die Ungültigkeit der Erbseinsetzung berührt daher die Gültigkeit der übrigen Anordnungen nicht.[21])

Die Ungültigkeit einer Anordnung führt allerdings zur Ungültigkeit der anderen, wenn der Erblasser zwischen ihnen einen unlösbaren Zusammenhang hergestellt hat.[22]) 2058

C. Einzelne Auslegungsregeln

Setzt der Erblasser sein eigenes Kind ein und stirbt es vor ihm unter Hinterlassung von Nachkommen, so treten diese mit Stillschweigen übergangenen Abstämmlinge an die Stelle des Kindes (§ 779 Abs 1): **„Stillschweigende Ersatzerbenberufung“.** § 779 ist analog bei der Erbunwürdigkeit und bei der Erbsentschlagung eines eingesetzten Kindes anzuwenden.[23]) Er gilt allerdings nur für die **Nachkommen** des Erblassers[24]) und nur bei der **gewillkürten** Erbfolge. Er weicht als gesetzliche Vermutung einem anderen Erblasserwillen.[25]) 2059

Ähnliches bestimmt § 681 für das Vermächtnis: Unter dem Worte **„Kinder“** werden, wenn der Erblasser die Kinder **eines anderen** bedenkt, nur die Söhne und Töchter, wenn er aber seine **eigenen** Kinder einsetzt, auch die an ihre Stelle tretenden Nachkommen verstanden, die beim Tod des Erblassers schon gezeugt waren. 2060

Bei § 779 kommt es nur auf die Einsetzung eines eigenen Kindes an, bei § 681 auf die Interpretation des Wortes „Kind“.

Hat der Erblasser **„die Verwandten“** bedacht, so sind darunter jene zu verstehen, die nach der gesetzlichen Erbfolge die nächsten wären (§ 682). 2061

Zu den Auslegungsregeln über die Bestimmung der **Erbteile** s unten Rz 2210ff. 2062

6. Kapitel

Das Testament

I. Erbseinsetzung

Das Testament ist eine letztwillige Verfügung, die eine Erbseinsetzung enthält (§ 553). 2063

Der Bedachte ist Erbe, wenn er den **ganzen Nachlass** oder einen **quotenmäßig** bestimmten Teil erhalten soll (§§ 554ff). Andere Zuwendungen sind Legate, obwohl auch sie meist in Testamenten und nur selten in Kodizillen angeordnet sind. Die Unterscheidung zwischen Erbeinset- 2064

---

21) *Zeiller,* Commentar II/1, 488f; vgl OGH RZ 1961, 166; *Unger,* Erbrecht[4], 99f.
22) OGH SZ 36/156; *Unger,* Erbrecht[4], 100 Anm 2.
23) *Czermak,* Erlöschen der Substitution nach § 617 ABGB, NZ 1986, 7.
24) So auch OGH SZ 61/227.
25) S *Kletečka,* Ersatz- und Nacherbschaft (1999) 22ff.

zung und Vermächtnis ist allerdings dem durchschnittlichen Erblasser fremd,[1]) es ist deshalb durch **Auslegung** zu ermitteln, was er gemeint hat. Im Zweifel ist eine letztwillige Verfügung, die ihrem Inhalt nach die Auslegung als Testament zulässt, solange als solches zu behandeln, bis bewiesen wird, dass der Erblasser keine Erbseinsetzung gewollt hat.[2])

Für die Unterscheidung zwischen Erbseinsetzung und Legat ist wichtig, ob der Erblasser den Bedachten zum Universalsukzessor[3]) oder zum Einzelrechtsnachfolger machen wollte; ob er eine unmittelbare Herrschaft über das Nachlassvermögen erhalten sollte.[4]) Zuwendung einer bestimmten Summe ist im Zweifel Vermächtnis, auch wenn der Erblasser den Begünstigten „meinen Erben" nennt.[5]) Die Aufzählung einzelner körperlicher Sachen oder Forderungen spricht für das Legat,[6]) und zwar auch dann, wenn das Zugedachte den größten Teil der Verlassenschaft ausmacht, ja den Nachlass aufzehrt (§ 690). Doch ist in solchen Fällen oft Erbseinsetzung gewollt;[7]) vor allem, wenn mit den vermachten Stücken das Verhältnis quotenmäßiger Nachlassteilung zum Ausdruck gebracht wird.[8]) Besaß der Erblasser zur Zeit der Anordnung wesentlich mehr als die vermachten Einzelstücke, so spricht dies eher für ein Legat.[9]) Ist aber aus der Vollständigkeit der Aufzählung zu vermuten, dass der Erblasser sein ganzes Hab und Gut einem Bedachten zuwenden wollte, so liegt Erbseinsetzung vor;[10]) s § 556 Satz 2. Die Wendungen „Mein Testament" oder „Ich vermache mein Vermögen" indizieren eine Erbenberufung.[11]) Wer aber als „Erbe" eines Briefmarkenalbums eingesetzt wurde, ist bloß Legatar.

2065 Ein **„negatives Testament"** ist eine letztwillige Verfügung, die niemanden zum Erben einsetzt, sondern nur gesetzliche Erben ganz oder teilweise ausschließt. Nach der Legaldefinition des § 553 ist es ein **Kodizill.**[12])

Ob der Ausschluss des Erben auch auf seine Deszendenten zu beziehen ist,[13]) muss durch Auslegung geklärt werden; ebenso, ob der Ausschluss gelten soll, wenn die gleichzeitig verfügte Erbseinsetzung ungültig ist.[14])

2066 Das Testament muss mindestens eine Erbseinsetzung enthalten, doch kann der Erblasser auch mehrere Erben ernennen und weitere Anordnungen treffen.

Weiterer Inhalt des Testamentes können zB sein die Ernennung von Ersatz- oder Nacherben, die Aussetzung von Vermächtnissen, die Anordnung von Bedingungen,

---

1) *Gschnitzer/Faistenberger,* Erbrecht 91.
2) OGH NZ 1994, 229; NZ 2000, 375.
3) OGH EvBl 1951/35.
4) OGH EvBl 1951/35; NZ 1984, 130.
5) OGH GlU 1.529.
6) OGH JBl 1961, 189; NZ 2000, 375.
7) OGH EvBl 1969/94; NZ 1972, 62; NZ 1989, 266; NZ 1994, 229; SZ 69/161; NZ 2000, 375.
8) OGH EvBl 1973/314; zur Einsetzung auf Quoten bei gleichzeitiger Zuweisung einzelner Sachen, die den angeordneten Erbquoten zuwiderläuft, *Welser,* Berufung zu Erbquoten und Zuweisung einzelner Sachen, in FS Rechberger (2005) 709; vgl aber *Apathy,* Teilungsanordnung und Erbeinsetzung, JBl 2006, 137.
9) OGH NZ 1977, 121.
10) OGH NZ 1978, 208; NZ 1990, 175.
11) OGH NZ 1994, 229.
12) OGH SZ 62/131; aA *Kralik,* Erbrecht 89.
13) Dafür *Ehrenzweig* II/2, 381; OGH SZ 13/239; aA *Weiß* in *Klang*[2] III 213.
14) OGH JBl 1990, 51; *Eccher* in *Schwimann/Kodek*[4] § 553 Rz 3.

Befristungen und Auflagen, Erbteilungsvorschriften, Begräbnisanordnungen, die Einsetzung von Testamentsvollstreckern und Bestimmungen über die Anrechnung von Vorempfängen.

II. Bestimmung des Erben

Bei letztwilligen Verfügungen herrscht der Grundsatz der **materiellen Höchstpersönlichkeit,** dh dass der Erblasser den Erben **selbst** bestimmen muss und seine Benennung nicht einem Dritten überlassen darf (§ 564).[1]) 2067

Ungültig ist auch die Verfügung, dass den Anteil des Erben ein Dritter bestimmen soll oder der Vorerbe jenen des Nacherben (s unten Rz 2173) oder der Richter jenen der gesetzlichen Erben.[2]) Die unwirksame Klausel gilt als nicht beigesetzt. Ordnet also der Erblasser an, drei Erben sollen den Nachlass zu den von einem Dritten zu bestimmenden Anteilen erhalten, so erben sie nach der gesetzlichen Verteilungsregel des § 555 zu gleichen Teilen.[3])

Es genügt, wenn der Erbe **bestimmbar** ist.[4]) 2068

Daher ist gültig: die Einsetzung des „dann residierenden Bischofs von Zara“[5]) oder die Bedenkung einer Person, bei welcher der Erblasser zur Zeit des Todes bleibenden Aufenthalt hat,[6]) oder jener Person, die den Erblasser „bis zur letzten Stunde gepflegt hat“.[7]) Auch die Einsetzung jenes Verwandten, „der sich um das Begräbnis kümmert“, ist genügend bestimmt.[8]) Es schadet auch nicht, dass der Erbe erst nach dem Erbfall bestimmbar wird.

Zulässig ist, dass der Erblasser dem **Dritten** die Auswahl des Erben unter mehreren Personen nach **sachlichen Gesichtspunkten** überträgt. 2069

„Erbe ist jener meiner Söhne, der nach dem Urteil meines Freundes Helmut der beste Jurist ist“.[9])

Wirksam ist auch die Berufung von Erben unter einer Bedingung, die vom Verhalten Dritter abhängt, wenn der Dritte nicht direkt über die Erbseinsetzung entscheidet, sondern sein Verhalten für den Bedingungseintritt bloß **mittelbar** bedeutsam ist.[10]) 2070

Demnach ist die Verfügung „Peter soll mein Erbe sein, wenn sein Bruder Paul damit einverstanden ist“ ungültig, dagegen die Verfügung „Peter soll mein Erbe sein, wenn er es in seiner Firma zum Vorstandsmitglied bringt“ gültig. Wegen der direkten Bestimmungsmöglichkeit wohl ungültig: „Peter soll mein Erbe sein, wenn ihn Paul als

---

[1]) Dazu *Kletečka,* Die materielle Höchstpersönlichkeit letztwilliger Verfügungen, JBl 1999, 277.

[2]) OGH GlU 13.067.

[3]) OGH GlU 12.366.

[4]) Dazu *Kralik,* Erbrecht 91 ff; OGH EvBl 1980/59.

[5]) OGH GlU 7.498.

[6]) OGH GlU 3.002.

[7]) OGH EvBl 1980/59.

[8]) OGH SZ 58/179.

[9]) S *Ehrenzweig* II/2, 407 f; einschränkend *Kralik,* Erbrecht 94.

[10]) *Weiß* in *Klang*² III 259; *Kletečka,* Ersatz- und Nacherbschaft (1999) 157 f mwN; OGH EF-Z 2010/53.

Geschäftsführer anstellt". Die Bedingung, dass der Legatar die Zuwendung verliert, wenn er ohne Zustimmung des Erben eine Lebensgemeinschaft eingeht, ist nicht nur wegen der Einschaltung des Dritten an sich,[11]) sondern auch wegen der persönlichen Bindung des Bedachten bedenklich (§ 879).

2071 Trifft die vom Erblasser gewählte Bezeichnung auf **mehrere** Personen zu, so ist durch Auslegung zu ermitteln, wer gemeint ist.

Hat E seinen Freund, „den Bankdirektor", eingesetzt, und haben mehrere Freunde des Erblassers diesen Beruf, so ist jener Erbe, mit dem der Testator wöchentlich Sport betrieb und nicht jener, den er bloß gelegentlich traf. Die Einsetzung des „Johannes" ist gültig und im Zweifel auf jenen Mann zu beziehen, mit dem die Erblasserin im gemeinsamen Haushalt lebte.[12]) Finden sich für den wahren Willen des Erblassers keine Anhaltspunkte, so ist der Nachlass unter den möglichen Bedachten zu teilen.[13])

2072 Die bloße **Bejahung** eines Vorschlages durch den Erblasser genügt nicht (§ 565). Die Verfügung ist allerdings gültig, wenn er die Richtigkeit der Formulierung eines auf seinem Willen beruhenden Vorschlages bejaht.[14])

2073 Im **Vermächtnisrecht** ist der Grundsatz der materiellen Höchstpersönlichkeit gelockert (vgl §§ 651, 656, 659).

III. Willensbeschränkungen

Literatur: *Faistenberger,* Zur Geltung des § 703 ABGB, in FS Herdlitzcka (1972) 77; *Graf,* Die Durchsetzung des Erblasserwillens gegenüber Erben (2013); *Knütel,* Zur sogenannten Erfüllungs- und Nichterfüllungsfiktion bei der Bedingung, JBl 1976, 613; *M. Steiner,* Fideikommissarische Substitution und Auflage, NZ 1955, 132; *Rabl,* Die Nichterfüllung letztwilliger Auflagen, NZ 1998, 97; *Rabl,* Das Schicksal der vom Erblasser verfügten Lasten nach Wegfall des belasteten Erben, NZ 2012/67, 193.

2074 Das ABGB gibt dem Erblasser das Recht, seinen letzten Willen durch Nebenbestimmungen einzuschränken. Dies geschieht durch Bedingung, Befristung und Auflage.

A. Bedingungen, Befristungen

2075 Bei Setzung einer Bedingung hängt die Entstehung oder die Aufhebung des Rechtes von einem **ungewissen Ereignis** ab. Bei ungewissem Rechtserwerb spricht man von **aufschiebender** Bedingung **(Suspensivbedingung),** bei ungewissem Rechtsverlust von **auflösender** Bedingung **(Resolutivbedingung).** Genaueres s Bd I Rz 599 ff.

2076 Letztwillige Zuwendungen, die von einer **aufschiebenden** Bedingung abhängen, erwirbt der Bedachte erst, wenn die Bedingung **genau** erfüllt wurde (§ 699).

---

[11]) So OGH SZ 47/63; *Kralik,* Erbrecht 93. Zum Problem vgl auch *Unger,* Erbrecht[4], 64 Anm 4; *Gschnitzer* in *Klang*[2] III 652.

[12]) OGH GlU 7.491.

[13]) *Ehrenzweig* II/2, 423; OGH EvBl 1980/59; NZ 1992, 69.

[14]) OGH SZ 39/20.

Daher ist unerheblich, ob der bedingt Berechtigte oder ein Dritter um ihre Herbeiführung redlich bemüht war, auf den Grund des Nichteintrittes kommt es nicht an.[1]) Anders bei der Auflage; s unten B. 2077

Daher erwirbt der Minderjährige im Zweifel auch dann nicht, wenn der Ausfall auf einem Versagen seines gesetzlichen Vertreters beruht.[2])

Ist die Bedingung schon zu Lebzeiten des Erblassers erfüllt worden, so muss sie nach seinem Tod **nochmals** gesetzt werden, wenn sie in einer wiederholbaren Handlung des Begünstigten besteht (§ 701), zB im Malen eines Bildes. 2078

Der **Erbanfall** erfolgt bei **aufschiebender** Bedingung erst mit ihrem Eintritt; die Erbfähigkeit ist nach diesem Zeitpunkt zu beurteilen (§ 703). Die aufschiebende Befristung schiebt hingegen den Anfall nicht hinaus; er tritt mit dem Tod des Erblassers ein. Stirbt der befristet eingesetzte Erbe nach dem Erbanfall, aber vor Eintritt des Anfangstermins, so geht das Recht auf seine Erben über (§ 705). 2079

Bei **auflösenden** Bedingungen oder Befristungen erhält der Erbe den Nachlass und verliert ihn bei Eintritt des ungewissen Ereignisses oder des Termins. 2080

Negative aufschiebende Bedingungen sind in positive Resolutivbedingungen **umzudeuten,** wenn sonst der Erbe vor seinem Tod nicht in den Genuss des Nachlasses gelangen könnte.[3]) 2081

Hat daher der Erblasser verfügt, dass sein Freund Erbe werden soll, wenn er niemals straffällig wird, so erhält er sofort den Nachlass und verliert ihn, wenn er sich strafbar macht. Als auflösende Bedingung ist die Anordnung anzusehen, dass jemand Erbe wird, wenn er sich – dh solange er sich – um die Pflege des Grabes kümmert.[4]) Hingegen besteht kein Anlass zur Umdeutung, wenn der Erblasser eine negative Bedingung setzt, deren Eintritt der Bedachte ohne Weiteres erleben kann: „Sollte mein Bruder kinderlos sterben, so erhält meine Schwester den Nachlass".[5])

Sowohl bei bedingter als auch bei betagter Einsetzung gelten die Regeln über die Substitution (§§ 707 f); s unten Rz 2159 ff. Über unmögliche und unerlaubte Bedingungen s oben Rz 2030 ff. Zur „Erfüllungsfiktion" s Bd I Rz 609. 2082

B. Auflage

Der Erblasser kann Erben und Legatare durch eine Auflage (einen Modus) belasten. Das ABGB spricht von einem **„Auftrag"** (§§ 709 ff). S auch Bd I Rz 616 ff. 2083

Auflage ist die einer letztwilligen Verfügung oder einem unentgeltlichen Geschäft hinzugefügte Nebenbestimmung, durch die ein Zuwendungsempfänger zu einem Verhalten verpflichtet wird. 2084

---

[1]) OGH GlU 2.666; GlU 15.660.
[2]) OGH JBl 1877, 303.
[3]) Vgl auch *Unger,* Erbrecht[4], 78 f Anm 23; *Kralik,* Erbrecht 261 f.
[4]) OGH SZ 58/179.
[5]) Unrichtig *Ehrenzweig* II/2, 466.

2085 Die letztwillig verfügte Auflage bedarf der **Testamentsform.** Sie dient besonderen Interessen des Erblassers (wie der von Schopenhauer verlangten lebenslänglichen Verpflegung seines Pudels[6]) oder der Erhaltung des Grabes des Erblassers) oder begünstigt Dritte, die Öffentlichkeit oder den Beschwerten selbst (modus simplex).

Beispiele: „Der Erbe hat mein Grab zu pflegen und jährlich eine Seelenmesse lesen zu lassen." – „Mein Kater Mützchen muss bis an sein Lebensende gut gepflegt werden." – „Der Schlosspark ist im Sommer dem Publikum zu öffnen." – „Adam darf aus dem Erbgut nichts seiner Freundin Eva schenken" (negative Auflage).

2086 Anders als die Bedingung ist die Auflage durch Klage **erzwingbar,** wenn ein Auflageberechtigter vorhanden ist.[7]) Dies darf jedoch bei der letztwilligen Verfügung nicht der Begünstigte sein,[8]) sonst läge ein Vermächtnis vor.[9])

Für die Erhebung der Klage in Betracht kommen ein Testamentsvollstrecker oder der Erbe (§ 817),[10]) wenn er nicht selbst durch die Auflage beschwert ist; außerdem gewisse öffentliche Institutionen, wenn sie zur Wahrung der Interessen des Begünstigten berufen sind.

2087 Somit ist für die Abgrenzung zum **Vermächtnis** entscheidend, ob der Erblasser dem Begünstigten eine **Durchsetzungsmöglichkeit** einräumen wollte.

2088 Die Nichterfüllung der Auflage wirkt als **auflösende Bedingung** (§ 709).[11]) Der Verlust der Zuwendung tritt allerdings nur bei schuldhafter Nichterfüllung[12]) und nur im Zweifel ein, also nicht, wenn dies über die Absicht des Erblassers hinausginge.[13]) Für das Vorliegen einer solchen Absicht ist der Belastete beweispflichtig.[14])

Während Bedingungen genau erfüllt werden müssen (oben Rz 2076), genügt bei der Auflage eine annähernde Erfüllung, wenn die genaue Befolgung unmöglich ist. Ist auch diese nicht möglich, so fällt die Auflage weg (§ 710).[15])

C. Unverbindlicher Wunsch

2089 Nicht jede im letzten Willen des Erblassers enthaltene Äußerung ist eine rechtlich bindende Anordnung. Sie kann auch Rat, Wunsch oder Bitte sein (§ 711).[16]) Dies ist nötigenfalls durch Auslegung zu klären.

---

[6]) *Ehrenzweig* II/2, 452.

[7]) HM; aA *Rabl,* Die Nichterfüllung letztwilliger Auflagen, NZ 1998, 101ff.

[8]) *Ehrenzweig* II/2, 452; OGH EvBl 1974/260.

[9]) OGH JBl 1967, 371; EvBl 1974/260; NZ 1977, 78; NZ 1998, 109.

[10]) Vgl OGH SZ 60/225.

[11]) RIS-Justiz RS0122290 (T1).

[12]) *Rabl,* NZ 1998, 97; *Spruzina* in *Kletečka/Schauer,* ABGB-ON[1.01] § 709 Rz 4; RIS-Justiz RS0122290.

[13]) *Ehrenzweig* II/2, 453; Genaueres bei *Rabl,* NZ 1998, 98 und 103ff.

[14]) S bereits *Rabl,* NZ 1998, 98. Verbreitet wird jedoch zu Unrecht auch hier eine Zweifelsregel zugunsten des Belasteten angenommen; *Bydlinski,* Letztwillige Verwaltungsanordnungen, JBl 1981, 78; *Sprung/Fink,* Letztwillig angeordnete Nachlaßverwaltung im österreichischen Recht, JBl 1996, 205 mwN; OGH JBl 1993, 310.

[15]) Vgl zum unerfüllbaren Verschaffungssublegat OGH SZ 72/197.

[16]) Vgl OGH EF-Z 2011/96 *(Schürz).*

IV. Die Testamentsformen

Literatur: *Dehn,* Formnichtige Rechtsgeschäfte und ihre Erfüllung (1998); *Jud,* Der Erbschaftskauf (1998); *Keinert,* Revisionsfragen beim außergerichtlichen mündlichen Testament, in *Buchegger/Holzhammer,* Beiträge zum Zivilprozeßrecht II (1986) 33; *Klingstedt,* Das testamentum mysticum und dessen Formgebundenheit, NZ 1955, 177; *Silberer,* Über fremdsprachige Testamente, NZ 1951, 108; *Sperl,* Die zweiaktigen Testamentsformen, JBl 1972, 545; *Spitzer,* Neues zu letztwilligen Verfügungen, NZ 2006/14, 77; *Steinwenter,* Der Wille des Erblassers, ZBl 1937, 1; *Stöckl,* Das Handzeichen, NZ 1951, 120; *A. Tschugguel,* Das ungültig gewordene Nottestament, NZ 2008/69, 266; *A. Tschugguel,* Das Nottestament – Voraussetzungen, Konversion, Änderungsbedarf, NZ 2009/36, 129; *A. Tschugguel,* Von der Wertlosigkeit des Nottestaments – die „objektive Gefahr“ als Risikofaktor, NZ 2011/45, 177; *Volgger,* § 597 ABGB: Die Gefahrensituation als Voraussetzung eines gültigen Nottestaments, EF-Z 2012/5, 20; *Welser,* Ist das Nottestament riskant? GesRZ 2012, 63; *Welser,* Für und Wider die nuncupatio, in FS Fenyves (2013) 413; *Zöchling-Jud,* Zum mündlichen Widerruf letztwilliger Verfügungen, in FS Woschnak (2010) 653.

A. Allgemeines

2090 Letztwillige Verfügungen sind in den meisten Rechtsordnungen an strenge Formen gebunden. Sie sollen dem Testator die Bedeutung seiner Erklärung bewusst machen, sodass er sie mit Überlegung trifft **(Warnfunktion),** und Streitigkeiten nach seinem Tod möglichst verhindern **(Beweisfunktion).**

Formlose Willenserklärungen sind nach dem Tod des Erblassers schwerer nachweisbar, zumal auf eigenen Vorteil bedachte Personen vielfach den Willen des Erblassers entstellt wiedergeben.

2091 Das ABGB kennt eine Reihe von Testamentsformen, die unter verschiedenen Gesichtspunkten eingeteilt werden. Es gibt schriftliche und mündliche, private und öffentliche, ordentliche und außerordentliche Formen.

2092 Alle Testamentsformen sind **gleichwertig.** Dies gilt auch für die Aufhebung eines letzten Willens, sodass kein contrarius actus erforderlich ist und zB das fremdhändige Testament auch eigenhändig aufgehoben werden kann.

2093 Die Form gehört zum **objektiven Tatbestand** der letztwilligen Verfügung. Sie muss daher nicht gewollt, sondern bloß erfüllt sein.[1]) Formvorschriften sind **zwingend.** Werden die Formgebote nicht erfüllt, so ist die Verfügung auch dann ungültig, wenn sie dem eindeutig erwiesenen Willen des Erblassers entspricht.[2])

2094 Beim privaten Testament zieht jeder Verstoß gegen eine Formvorschrift Ungültigkeit nach sich, wenn das Gesetz nicht ausdrücklich das Gegenteil anordnet (zB § 578 Satz 2). Inwieweit Mangelhaftigkeiten bei öffentlichen Testamenten Nichtigkeit begründen, ist fraglich.

---

1) OGH SZ 9/152; JBl 1950, 165; NZ 1987, 70; SZ 72/16.
2) OGH JBl 1965, 264; NZ 1992, 296.

Bloße Ordnungsvorschriften für den Notar, deren Verletzung keine Ungültigkeit zur Folge hat, sind zB die Eintragung des Protokolls im Geschäftsregister (§ 112 NO) und im Verzeichnis gemäß § 116 lit a NO sowie die Mitteilung des Namens des Erblassers an das von der Österreichischen Notariatskammer geführte Zentrale Testamentsregister (§ 140c Abs 2 NO).

2095 Das formungültige Testament ist nach hM wirksam, wenn es von allen Beteiligten, also auch von den gesetzlichen Erben,[3]) **anerkannt** wird.[4])

Die Rechtsnatur dieser „Anerkennung" ist strittig. Nach einer Ansicht heilt sie den Titel, sodass er der Abhandlung zugrunde zu legen ist,[5]) nach der wohl richtigen Gegenmeinung bleibt der letzte Wille ungültig, der Anerkennungsvertrag entfaltet zwischen den Beteiligten bloß schuldrechtliche Wirkungen.[6])

B. Private Testamente

1. Das eigenhändige Testament

2096 Das eigenhändige („holographe") Testament (§ 578) ist die gebräuchlichste Testamentsform. Zu seiner Gültigkeit verlangt das Gesetz, dass die Verfügung vom Erblasser eigenhändig **geschrieben** (Text) und eigenhändig **unterschrieben** wird.

Zur Ungültigkeit kann auch ein – objektiv (allenfalls mithilfe eines Sachverständigen) – nicht lesbarer Text führen.[7])

2097 Die eigenhändige Errichtung soll die Feststellung der Identität des Verfassers erleichtern. Die Unterfertigung eines maschingeschriebenen Aufsatzes oder einer von fremder Hand geschriebenen Urkunde reicht nicht aus. Fremdhändige Einfügungen nehmen aber dem eigenhändigen Teil des Testaments nicht die Gültigkeit, und zwar unabhängig davon, ob sie mit oder ohne Wissen und Willen des Testators erfolgt sind.[8])

Hingegen ist ein stenographisches Testament immer noch „eigenhändig" geschrieben.[9])

Textträger und Schreibmaterial sind gleichgültig, ebenso die Sprache.[10]) Die Beisetzung von Ort und Datum der Errichtung ist – insbesondere im Hinblick auf das Vorhandensein einer früheren Verfügung – „rätlich" (§ 578), aber kein Gültigkeitserfordernis.

2098 Der Erblasser muss mit seinem **Namen** unterfertigen, doch genügen auch der Vorname[11]) oder sonst übliche Bezeichnungen, zB „Eure Mut-

---

[3]) OGH JBl 2002, 242 mwN.

[4]) Dazu *Fenzl,* Das formungültige Testament, ÖJZ 1947, 306; *Lohse,* Das Kompromiß-Testament, NZ 1949, 27; *Cholewa,* Die Anerkennung formwidriger Testamente, NZ 1950, 12, 26; *Weiß* in *Klang*² III 353ff; *Kralik,* Erbrecht 129f; *Jud,* Erbschaftskauf 108ff; *A. Tschugguel,* Zur Anerkennung im Erbrecht, EF-Z 2015/41, 71 (72f); OGH JBl 1948, 388; JBl 1987, 111.

[5]) *Ehrenzweig* II/2, 426; OGH SZ 7/297; JBl 1948, 388.

[6]) *Lohse,* NZ 1949, 27; *Weiß* in *Klang*² III 354; *Kralik,* Erbrecht 129f; differenzierend *Jud,* Erbschaftskauf 113.

[7]) OGH NZ 2007/13.

[8]) OGH EvBl 2007/103.

[9]) Vgl OGH SZ 15/91.

[10]) Vgl OGH NZ 2007/13.

[11]) OGH GlUNF 1.211; *Kralik,* Erbrecht 131; zu Initialen OGH NZ 2005/41.

ter."[12]) Die Unterschrift muss auf der Urkunde selbst, und zwar am Ende des Aufsatzes stehen.[13]) Es gilt nur der von ihr gedeckte Text. Daher sind Nachträge durch neuerliche Unterschrift abzuschließen.[14])

Briefliche Erklärungen, die § 578 entsprechen, sind letzter Wille, wenn sie von einem animus testandi (s oben Rz 2007 f) des Erblassers getragen sind.[15]) Zur Verbindung von eigenhändigen und fremdhändigen Anordnungen s unten Rz 2105 f.

Der Vorteil des eigenhändigen Testamentes liegt in der Einfachheit seiner Errichtung und in der leichten Abänderbarkeit,[16]) sein Nachteil in der Gefahr der **Unterdrückung,** vor allem durch die gesetzlichen Erben. 2099

2. Das fremdhändige Testament

Das fremdhändige („allographe") Testament (§§ 579–581) besteht erstens aus der Niederschrift (Aufsatz), zweitens der Unterschrift des Erblassers, drittens der Unterschrift dreier fähiger Zeugen samt dem gesetzlichen Zusatz und viertens der Erklärung des Erblassers vor den Zeugen, dass dies sein letzter Wille sei („Bekräftigung"). 2100

Der schriftliche **Aufsatz** kann beliebig zustande kommen. Der Erblasser muss ihn **unterschreiben.** 2101

Die Worte „Mein letzter Wille" sind keine Unterschrift.[17]) Unterstützung durch Führung der Hand bei der Unterschrift schadet nicht,[18]) ebenso wenig deren Unleserlichkeit.[19]) Nach überwiegender Auffassung kann die Unterschrift des Erblassers vor oder nach den Zeugenunterschriften gesetzt werden.[20])

Die **Bekräftigung** (nuncupatio, Bestätigung) hat vor drei Zeugen zu erfolgen, von denen mindestens zwei gleichzeitig anwesend sein müssen. Sie ist ein selbständiges Formerfordernis, an das die Rechtsprechung im Hinblick auf ihren Zweck, das Unterschieben einer vom Erblasser nicht gewollten letztwilligen Verfügung zu verhindern, strenge Anforderungen stellt.[21]) „Ausdrücklich" (§ 579) heißt, dass der Erblasser mit hinreichender Deutlichkeit erklärt, dass dies sein letzter Wille sei.[22]) Verbale Bestätigung ist nicht zu fordern,[23]) allerdings müssen die Zeugen aufgrund des 2102

---

[12]) OGH EvBl 1955/102; NZ 2006/71.

[13]) Vgl aber OGH EvBl 2004/163, nach dem die Unterfertigung des Umschlags, in dem eine Verfügung verwahrt wird, genügt, wenn der Umschlag Teil der Verfügung ist.

[14]) OGH EvBl 1964/160.

[15]) *Welser* in *Rummel/Lukas*⁴ § 578 Rz 1; OGH NZ 1997, 365; NZ 2006/71 (Telefax).

[16]) Zu seiner Problematik *Burkart,* Das eigenhändige Testament nach § 2247 BGB – Seine Problematik und seine Zukunft, in FS Lübtow (1991) 253.

[17]) *Kralik,* Erbrecht 131; OGH GlU 6.337.

[18]) OGH SZ 24/130.

[19]) OGH SZ 24/130.

[20]) *Kralik,* Erbrecht 135; OGH SZ 39/20; aA *Weiß* in *Klang*² III 310.

[21]) OGH NZ 2013/39 *(Rabl)* = EF-Z 2013/92 *(Palma);* dazu *Neumayer,* Die Nuncupatio – zur Bekräftigung des letzten Willens, Zak 2013/159.

[22]) *Welser* in *Rummel/Lukas*⁴ § 579 Rz 6.

[23]) OGH SZ 39/20; JBl 1984, 36; *Kralik,* Erbrecht 134. S dazu aber OGH NZ 2013/39 *(Rabl)* = EF-Z 2013/92 *(Palma).*

Verhaltens des Erblassers der Meinung sein, dass der Aufsatz sein letzter Wille ist.[24])

Das Erfordernis der nuncupatio ist unnatürlich und weitestgehend unbekannt. Weder der Erblasser noch die zur Testamentserrichtung gebetenen Zeugen kommen auf den Gedanken, dass der Erblasser eigens (ausdrücklich) erklären muss, das von ihm vorbereitete und von den Zeugen zu unterfertigende Testament enthalte seinen letzten Willen. De lege ferenda wird daher die Streichung der nuncupatio diskutiert.[25])

2103 Die Zeugen müssen auf der Urkunde selbst und nicht etwa auf dem Umschlag mit einem **Zusatz unterschreiben,** der auf ihre Zeugeneigenschaft hinweist; er ist Gültigkeitserfordernis.[26])

Damit soll einerseits eine Verwechslung der Zeugen mit dem Erblasser verhindert werden; andererseits fällt es Testamentsfälschern schwerer, Personen Unterschriften herauszulocken, die sie als Zeugenunterschriften ausgeben könnten.

Die Zeugen müssen in Gegenwart des Erblassers und in unmittelbarem Zusammenhang mit der nuncupatio unterschreiben.[27])

2104 Die Zeugen müssen den **Inhalt** des Testamentes **nicht** kennen.

2105 **Nachträgliche** fremdhändige Änderungen der Verfügung bedürfen wieder der Form des § 579.[28]) Eigenhändige Veränderungen sind als bloße Streichungen auch ohne Unterschrift gültig.[29]) Eigenhändige Ergänzungen gelten hingegen nur, wenn die Voraussetzungen des holographen Testaments (§ 578) erfüllt sind. Überdies müssen die eigenhändig geschriebenen Teile einen Sinn ergeben.[30])

Dies ist aber zu bejahen, wenn der Erblasser den Namen des Universalerben streicht, durch einen anderen ersetzt und dabei unter Hinzufügung seiner Unterschrift den Zusatz macht: „Berichtigt am …“. Der Standpunkt, dass die neuen Teile, völlig isoliert betrachtet (für sich allein), einen Sinn ergeben müssen,[31]) ist unerträglicher Formalismus.

2106 **Verweist** der Erblasser in seiner Verfügung auf ein anderes Schriftstück **(„testamentum mysticum“),** so sind die darin enthaltenen Anordnungen nur gültig, wenn das Schriftstück den Erfordernissen eines letzten Willens des Erblassers entspricht (§ 582).[32]) Das Testament ist daher ungültig, wenn der Erblasser bezüglich des Erben auf das Testament seiner Frau verweist.[33])

---

[24]) OGH SZ 39/20; dazu *Welser* in FS Fenyves 414 ff; vgl auch *Welser* in *Rummel/Lukas*[4] § 579 Rz 6 mwN.

[25]) *Welser,* Reform des Erbrechts 43; *Welser,* Die Reform des österreichischen Erbrechts, NZ 2012/1, 2; *Welser* in FS Fenyves 421; für die Beibehaltung *Rabl,* Gefahren des fremdhändigen Testaments – die Nuncupatio in der Kritik, EF-Z 2012/95, 149 f.

[26]) Vgl aber die gegenteilige Entscheidung zur Unterschrift des Erblassers in FN 13.

[27]) Vgl *Pfaff/Hofmann,* Commentar II 157; *Unger,* Erbrecht[4], 48; vgl aber *Ehrenzweig* II/2, 434; *Weiß* in *Klang*[2] III 314; *Kralik,* Erbrecht 136; OGH EvBl 1999/123.

[28]) OGH SZ 43/74; aA *Kralik,* Erbrecht 135.

[29]) OGH SZ 47/18; aA *Weiß* in *Klang*[2] III 310.

[30]) *Ehrenzweig* II/2, 427.

[31]) OGH SZ 47/18.

[32]) Dazu *Klingstedt,* NZ 1955, 177.

[33]) OGH NZ 1992, 296.

Kann der Testator **nicht schreiben** oder nicht **lesen,** so müssen weitere Formgebote beachtet werden. 2107

Kann er nicht schreiben, so muss er in Gegenwart aller drei Zeugen sein Handzeichen unter die Urkunde setzen. Zur Beweiserleichterung ist es „vorsichtig", wenn ein Zeuge den Namen des Erblassers beisetzt (§ 580).

Kann der Erblasser nicht lesen, so muss er den Aufsatz von einem der drei Zeugen, welcher aber nicht der Schreiber[34]) der Verfügung sein darf, in Gegenwart der beiden anderen, die den Inhalt eingesehen haben, vorlesen lassen und bekräftigen, dass er seinem Willen entspricht (§ 581). Die Formvorschrift gilt nur für das fremdhändige, nicht aber für das eigenhändige Testament eines Blinden.[35])

Das fremdhändige Testament ist schwerer zu unterdrücken als das eigenhändige. Die relativ komplizierten Formerfordernisse bergen allerdings zahlreiche Gefahren der Unwirksamkeit in sich. 2108

3. Das Nottestament

Beim Nottestament kann der Erblasser mündlich oder schriftlich unter Beiziehung zweier fähiger Zeugen testieren, wenn unmittelbar die Gefahr droht, dass er stirbt oder die Fähigkeit zu testieren verliert, bevor er seinen letzten Willen auf andere Weise zu erklären vermag (§ 597 Abs 1). 2109

Die Begünstigung besteht also in der Reduktion der Zeugen auf zwei und der Zulassung **mündlicher** Verfügungen. 2110

Diese Begünstigung steht nach dem klaren Gesetzeswortlaut (§§ 568, 569) auch beschränkt testierfähigen Minderjährigen und unter Sachwalterschaft stehenden Personen zu. In beiden Fällen wird in Anbetracht der Gefahrensituation die Testierfähigkeit besonders zu prüfen sein.[36])

Das Nottestament ist nicht nur dann gültig, wenn die Gefahr wirklich bestand, sondern auch, wenn sie „objektiv nachvollziehbar" zu befürchten war.[37]) 2111

Wurde das Nottestament gültig errichtet, hat es dieselbe Kraft wie ordentliche Testamente, vor allem hebt es im Zweifel frühere Verfügungen auf (§ 713). § 597 Abs 1 Satz 2 sieht allerdings eine zeitliche Einschränkung der Wirksamkeit vor. **Drei Monate** nach Wegfall der Gefahr verliert das Nottestament seine Gültigkeit, frühere Verfügungen leben wieder auf.[38]) 2112

---

[34]) Zu diesem Begriff OGH SZ 60/241.

[35]) OGH SZ 53/72.

[36]) *Spitzer,* NZ 2006/14, 82.

[37]) Vgl *Spitzer,* NZ 2006/14, 78 ff; *A. Tschugguel,* NZ 2009/36, 129; OGH EF-Z 2007/114 *(Höllwerth);* JBl 2011, 791 (sehr strenges Verständnis der „objektiven Nachvollziehbarkeit") (dazu *A. Tschugguel,* NZ 2011/45, 177; *Fucik,* NZ 2012/19, 84; *A. Tschugguel,* NZ 2012/18, 83; *Volgger,* EF-Z 2012/5, 20; *Welser,* GesRZ 2012, 63). Vgl auch *Fischer-Czermak,* Neueste Änderungen im Abstammungs- und Erbrecht, JBl 2005, 11.

[38]) *A. Tschugguel,* NZ 2008/69, 267 ff; *Welser,* Die Reform des österreichischen Erbrechts, 17. ÖJT Band II/1 (2009) 47; *Zöchling-Jud* in FS Woschnak 661 ff; *Apathy* in KBB[4] § 597 Rz 4. Vgl auch *Welser,* Reformbedarf bei den letztwilligen Verfügungen,

Das Nottestament ist nun die einzig zulässige private mündliche Testamentsform. Als ordentliche Testamentsform sind mündliche Verfügungen nicht mehr zulässig. Mündliche Testamente begegneten großem Misstrauen, weil es bei Zusammenwirken von drei Personen relativ einfach war, dem Erblasser einen letzten Willen unterzuschieben, weshalb sie das FamErbRÄG 2004 abgeschafft hat. Bis zum 31. 12. 2004 gültig errichtete Verfügungen gelten aber weiter.

2113 Ein mündliches Nottestament muss auf Verlangen eines jeden, dem daran gelegen ist, durch die übereinstimmenden Aussagen der zwei Zeugen **bestätigt** werden, andernfalls ist die Verfügung ungültig (§ 597 Abs 2).

C. Öffentliche Testamente

2114 Öffentliche Testamente können vor Gericht oder Notar durch mündliche Erklärung oder durch Übergabe einer Urkunde errichtet werden (§§ 587–590, §§ 70ff NO). Beim **gerichtlichen** Testament müssen der örtlich zuständige Richter[39]) und eine zweite beeidete Gerichtsperson, zB ein Schriftführer, Richteramtsanwärter[40]) oder Rechtspraktikant[41]) mitwirken. Die zweite Gerichtsperson kann durch zwei Zeugen ersetzt werden.

Das Gericht hat sich über die Identität des Testators Klarheit zu verschaffen und Zweifel an der Testierfähigkeit im Protokoll zu vermerken, darf aber aus diesem Grund die Aufnahme des letzten Willens nicht verweigern.[42]) Die Gültigkeit der Willenserklärung kann letztlich nur im Erbrechtsstreit oder Erbschaftsprozess geklärt werden.[43])

2115 Beim **schriftlichen** Testament muss der Erblasser die Urkunde persönlich überbringen und erklären, dass sie seinen letzten Willen enthalte. Die Urkunde muss nicht eigenhändig geschrieben, wohl aber unterschrieben sein (§ 587). Der Erblasser ist auf das Erfordernis der eigenhändigen Unterschrift hinzuweisen.

Über die Entgegennahme des letzten Willens ist ein Protokoll aufzunehmen und der Aufsatz gegen Ausstellung des Empfangscheines gerichtlich zu hinterlegen.

2116 Bei einer **mündlichen** letztwilligen Erklärung nimmt das Gericht den letzten Willen zu Protokoll und hinterlegt es (§§ 587f).

2117 Beim **notariellen** Testament[44]) bedarf es der Mitwirkung zweier Notare oder eines Notars und zweier Zeugen.

Anders als Gerichte können Notare auch schriftliche private Verfügungen in Verwahrung nehmen (§ 104 NO). Ebenso kann ein Notar bei einer privaten Anordnung Zeuge sein.

---

in FS Simotta (2012) 699 (700f). AA Vorauflage und *Spitzer,* NZ 2006/14, 81f; offen lassend *Knechtel* in *Kletečka/Schauer,* ABGB-ON$^{1.02}$ § 597 Rz 8.

[39]) Zur Ausnahme gemäß § 33 JN OGH JBl 1977, 596.

[40]) RIS-Justiz RS0015460.

[41]) OGH SZ 2006/72.

[42]) *Sperl,* JBl 1972, 545.

[43]) OGH EvBl 1968/89.

[44]) Dazu *Schauer,* Was ist ein notarielles Testament? in FS Welser (2004) 919.

V. Das gemeinschaftliche Testament

In einem gemeinschaftlichen Testament setzen zwei Personen einander oder dritte Personen zu Erben ein (§ 1248 iVm § 1217 Abs 2). 2118

Das gemeinschaftliche Testament kann nur von Ehegatten oder von Brautleuten unter der Bedingung ihrer Verehelichung[1]) sowie von eingetragenen Partnern errichtet werden. 2119

Obwohl das gemeinschaftliche Testament im 28. Hauptstück des ABGB geregelt ist und oft in Verbindung mit Erbverträgen und anderen Ehepakten errichtet wird, ist es selbst **kein Ehepakt,** weil ihm der Vertragscharakter fehlt. Es unterliegt daher auch nicht der für Ehepakte geltenden Form.[2]) Die beiden Erblasser haben jedoch die Testamentsform einzuhalten. 2120

Diese bereitet beim privaten fremdhändigen und beim öffentlichen schriftlichen Testament keine Schwierigkeiten.[3]) Streitig ist, ob auch die mündliche Form ausreicht (öffentliches Testament, Nottestament), da hier die Einheitlichkeit der Erklärung zweifelhaft ist.[4]) Für das holographe Testament ist erforderlich, dass jeder seinen Text schreibt und unterschreibt.[5])

Das gemeinschaftliche Testament ist bloß **gemeinsam,** wenn es dritte Personen bedenkt, **wechselseitig,** wenn die Ehegatten oder eingetragenen Partner einander einsetzen, und **wechselbezüglich,**[6]) wenn eine Verfügung nur unter der Bedingung gilt, dass auch jene des anderen wirksam ist (zB nicht widerrufen wird). Wechselbezüglichkeit ist nicht zu vermuten (§ 1248 Satz 2). 2121

Jeder Teil hat das Recht, seine Anordnung einseitig zu **widerrufen.**[7]) 2122

Ob bei Auflösung einer Ehe oder eingetragenen Partnerschaft auch ein gemeinschaftliches Testament dahinfällt, muss der Auslegung überlassen werden. Jedenfalls bleibt jedem Ehegatten oder eingetragenen Partner die Möglichkeit des Widerrufes.

VI. Beschaffenheit der Zeugen

Bei den meisten Testamentsformen braucht man Zeugen. Sie haben dem Testament überhaupt seinen Namen gegeben (testis = Zeuge). Die Anzahl der erforderlichen Zeugen hängt von der Art der Verfügung ab. 2123

Die Testamentszeugen sind Geschäftszeugen, dh Personen, die einem rechtlichen Vorgang zugezogen werden, damit sie ihn später bestätigen können. Davon unterscheiden sich die Zufallszeugen, die über zufällig gemachte Wahrnehmungen Aussagen machen, zB Zeugen eines Verkehrsunfalls.

---

[1]) Vgl *Weiß* in *Klang*² V 891; OGH EvBl 1967/346; SZ 55/143.

[2]) OGH GlU 7.049.

[3]) S aber OGH EF-Z 2015/52 *(A. Tschugguel)* (Unterschrift eines Ehegatten als Verfügender nicht zugleich Unterschrift als Zeuge der Verfügung des anderen).

[4]) Vgl *Weiß* in *Klang*² V 889; *Kralik,* Erbrecht 141.

[5]) OGH SZ 10/327; EF-Z 2006/32; *Kralik,* Erbrecht 141; *Weiß* in *Klang*² V 888.

[6]) Dazu *Kuchinke,* Beeinträchtigende Anordnung des an seine Verfügung gebundenen Erblassers, in FS Lübtow (1991) 283.

[7]) Vgl OGH JBl 1965, 264.

2124 Fähige Testamentszeugen sind grundsätzlich Personen über **achtzehn Jahren** (§ 591).

2125 **Absolut unfähig,** dh von jeder Zeugenschaft ausgeschlossen, sind daher Personen unter achtzehn Jahren; ferner Personen, denen wegen einer Behinderung die Fähigkeit fehlt, der jeweiligen Testamentsform entsprechend den letzten Willen des Erblassers zu bezeugen (§ 591).

2126 **Relativ unfähig,** dh für die Bezeugung einer bestimmten Verfügung untauglich, sind Personen, welche die Sprache des Erblassers nicht verstehen, und die „befangenen Zeugen".

Die „Sprache des Erblassers" ist jene, in der er ein mündliches (zulässiges) Testament errichtet oder das schriftliche bekräftigt.[1])

2127 **Befangen** sind der Bedachte, sein Ehegatte[2]) oder sein eingetragener Partner, seine Eltern, seine Kinder und Geschwister und mit ihm im selben Grad verschwägerte Personen[3]) sowie seine „besoldeten Hausgenossen" (§ 594 iVm § 537a). Der Lebensgefährte des Bedachten ist daher tauglicher Zeuge.[4])

„Eltern" und „Kinder" sind iSd § 42 zu verstehen; zeugnisunfähig sind daher alle Aszendenten und Deszendenten des Bedachten.[5]) Unter den Begriff der Kinder fallen auch uneheliche und Wahlkinder, unter jenen der Geschwister auch Halbgeschwister. Besoldete Hausgenossen sind alle im Haushalt des Bedachten gegen Entgelt Beschäftigte allerdings nur dann, wenn sie auch dort wohnen.[6]) Gesetzliche Vertreter sind als solche nicht ausgeschlossen, wenn sie nicht in einem Verwandtschaftsverhältnis des § 594 stehen. Mehrmals wurde diskutiert, ob Organe oder leitende Angestellte einer juristischen Person für Zuwendungen an diese taugliche Zeugen sein sollten. Bisher sind aber Reformversuche gescheitert. Daher gilt derzeit der Standpunkt der Judikatur, dass sogar die organmäßigen Vertreter einer bedachten juristischen Person taugliche Zeugen sind, weil die Aufzählung des § 594 taxativ sei.[7])

2128 Die Befangenheit bezieht sich nur auf **begünstigende** Anordnungen, nicht aber auf Belastungen.[8]) Kommt daher der eingesetzte Erbe als solcher wegen seiner untauglichen Zeugenschaft nicht zum Zug, so muss er die von ihm bezeugte Last übernehmen, wenn er gesetzlicher Erbe wird.

2129 Die Ungültigkeit der Verfügung erfasst nur die Zuwendung, auf die sich die Befangenheit **bezieht.**[9]) Sie ist überhaupt gültig, wenn noch an-

---

[1]) *Ehrenzweig* II/2, 430; OGH iFamZ 2011/209 *(Tschugguel).*

[2]) Allerdings nicht der geschiedene; OGH NZ 1993, 82.

[3]) Hiezu OGH JBl 1990, 51.

[4]) OGH SZ 2003/46; kritisch *Wilhelm,* Lebensgefährtin des Bedachten fähige Testamentszeugin! ecolex 2003, 569.

[5]) Vgl *Welser* in *Rummel/Lukas*[4] §§ 591–596 Rz 3; OGH EF-Z 2009/128 jeweils mwN.

[6]) OGH SZ 42/101.

[7]) OGH SZ 52/148; NZ 1993, 82; vgl zum taxativen Charakter auch OGH JBl 2003, 851; s auch *Kralik,* Erbrecht 144; dagegen *Wilhelm,* Mündliches Testament, Zeugnisfähigkeit, religiöse Gesellschaften, ecolex 2002, 713.

[8]) OGH NZ 2004, 149 (wo allerdings die Bestellung eines Testamentsvollstreckers neben einer ungültigen Erbseinsetzung ebenfalls für unwirksam gehalten wurde, da beide Verfügungen in unlösbarem Zusammenhang standen).

[9]) OGH JBl 1990, 51.

dere Zeugen in ausreichender Zahl vorhanden sind.[10]) Daher kann der Erblasser jeden Zeugen bedenken, wenn jede Zuwendung nur einen Zeugen begünstigt und der Erblasser nicht drei, sondern vier Zeugen beizieht, sodass jeweils die drei nicht Bedachten die Zuwendung an den vierten bezeugen können.

Die Rechtsprechung differenziert: Werden vier Personen zu bestimmten Teilen als Erben eingesetzt (s dazu Rz 2218f) und fungieren diese als Zeugen, liegt eine gültige Verfügung vor. Auf unbestimmte Teile Eingesetzte sind hingegen hinsichtlich der ganzen Verfügung unfähige Zeugen, weil sie bei einer Anwachsung aus dem Wegfall eines Erben selbst Vorteile ziehen könnten.[11]) Auch der Vorerbe ist nach der Rechtsprechung kein fähiger Zeuge hinsichtlich der Einsetzung des Nacherben.[12])

Beim schriftlichen Testament kann der Schreiber des letzten Willens 2130
auch Zeuge sein (§ 581), doch gelten die für Zeugen bestehenden Beschränkungen auch für ihn (§ 595).

VII. Der Widerruf letztwilliger Verfügungen

Literatur: *Kralik,* Zur Zurückstellung und Kundmachung notarieller Testamente, in FS Wagner (1987) 235; *Rabl,* Altes Testament – neues Testament. Die Konkurrenz letztwilliger Verfügungen (2001); *Staufer,* Widerruf eines öffentlichen Testamentes durch Zurücknahme der Urkunde, NZ 1949, 120; *Staufer,* Nochmals über den Widerruf eines öffentlichen Testaments, NZ 1950, 62; *A. Tschugguel,* Zum Wiederaufleben letztwilliger Verfügungen durch Widerruf, NZ 2010/65, 257; *Zöchling-Jud,* Zum mündlichen Widerruf letztwilliger Verfügungen, in FS Woschnak (2010) 653.

A. Allgemeines

Die freie Widerruflichkeit gehört zum Wesen der letztwilligen Ver- 2131
fügung.

Der einer letztwilligen Verfügung angehängte „Beisatz", dass jede 2132
spätere Anordnung überhaupt oder, wenn sie nicht mit einem bestimmten Merkmal bezeichnet ist, nichtig sein solle **(„derogatorische Klausel")**, gilt als nicht beigesetzt (§ 716).

Der Widerruf geschieht ausdrücklich (unten B), durch bloße Er- 2133
richtung einer neuen Verfügung (C) oder stillschweigend durch Einwirkung auf die Urkunde (D). Bei Vermächtnissen gibt es auch den „vermuteten Widerruf" (E). Eine besondere Situation entsteht bei der Zurücknahme eines schriftlichen öffentlichen Testaments (F). In einem Sonderfall kommt es sogar zum Wiederaufleben eines früheren Testaments (G).

Der Widerruf setzt **Testierfähigkeit** voraus (§ 718). Personen, die 2134
nur vor Gericht oder Notar testieren können, müssen auch für den Wider-

---

[10]) OGH JB 55.

[11]) OGH JBl 2013, 649 (dazu *A. Tschugguel,* Vier [gleichteilig] bedachte Testamentszeugen: Zeugnis[un]fähigkeit gemäß § 594 ABGB? EF-Z 2014/5, 20).

[12]) OGH EF-Z 2014/166 *(A. Tschugguel).*

ruf diese Form einhalten;[1]) s oben Rz 2001 ff. Auch sonst gelten für den Widerruf die Vorschriften über letztwillige Erklärungen, zB die Irrtumsregeln.

Nach einer neueren Auffassung[2]) muss der Erblasser den Bedachten vom Widerruf der letztwilligen Verfügung informieren, wenn er die Zuwendung als sicher hingestellt und vom Bedachten eine Leistung erhalten hat (zB Mitwirkung im Erwerb), die auf seine Erwerbshoffnung schließen lässt. Die schuldhafte Verletzung dieser Pflicht begründe eine Haftung des Erben auf den Vertrauensschaden („culpa in testando“).

B. Ausdrücklicher Widerruf

2135 Der ausdrückliche Widerruf besteht in der Erklärung des Erblassers, dass eine bestimmte oder alle früheren Verfügungen aufgehoben seien. Es bedarf hiezu keiner besonderen Wortwahl, doch muss die **Testamentsform** eingehalten werden. Nicht nötig ist, dass der Widerruf in jener Form vorgenommen wird, in der die Verfügung errichtet wurde (kein „contrarius actus“).[3])

§ 719 lässt auch den mündlichen Widerruf zu. Seit dem FamErbRÄG 2004 ist ein ausdrücklicher mündlicher Widerruf nur mehr bei Vorliegen der Voraussetzungen des § 597, also nur im Notfall, möglich.[4])

C. Errichtung einer neuen letztwilligen Verfügung

2136 Ein Widerruf liegt aber grundsätzlich schon in der Errichtung einer neuen letztwilligen Verfügung, wenn auch die ältere nicht ausdrücklich aufgehoben wird. Hier hat allerdings die Unterscheidung zwischen Testament und Kodizill eine wesentliche Bedeutung.[5])

2137 Nimmt ein neues **Testament** auf das ältere nicht Bezug, so wird dieses im Zweifel ganz aufgehoben, also auch in jenen Teilen, die mit der jüngeren Verfügung in Einklang zu bringen wären (§ 713).

2138 Ein späteres **Kodizill** hebt frühere Kodizille oder in Testamenten enthaltene Vermächtnisse nicht schon durch seine Errichtung auf, sondern nur soweit, als sie mit ihm unvereinbar sind (§ 714). Die im früheren Testament enthaltene Erbseinsetzung wird vom späteren Kodizill nicht berührt, doch können darin dem Erben neue Lasten auferlegt werden.[6])

2139 Für die Wirkung eines späteren **Testamentes** auf ein früheres **Kodizill** besteht keine gesetzliche Zweifelsregel. Die hM tendiert zu seiner

---

[1]) *Welser* in *Rummel/Lukas*[4] §§ 717, 718 Rz 2. AA für den stillschweigenden Widerruf *Kralik* in FS Wagner 243.

[2]) *Zankl,* Culpa in testando bei Widerruf und Formungültigkeit letztwilliger Verfügungen, NZ 1995, 265; *Zankl,* Das gesetzliche Vorausvermächtnis des Ehegatten (1996) 169 ff.

[3]) OGH NZ 1977, 121; SZ 56/43.

[4]) *Zöchling-Jud* in FS Woschnak 653 ff.

[5]) Dazu *Rabl,* Altes Testament – neues Testament 5 ff mwN.

[6]) *Pfaff/Hofmann,* Commentar II 635.

Aufhebung, wenn es ein testamentarisches Kodizill war, dh zu einem durch das neue Testament aufgehobenen älteren Testament gehörte, hingegen zum Weiterbestand, wenn es als Intestatkodizill die gesetzliche Erbfolge ergänzte oder noch die testamentarische Ernennung eines Erben erwarten ließ.[7])

Ist unklar, welches Testament oder Kodizill **später** errichtet wurde, 2140
so gelten beide Verfügungen, soweit sie nebeneinander bestehen können (§ 715).[8])

Auch einander widersprechende Verfügungen können „nebeneinander bestehen", wenn eine ideelle Teilung möglich ist: Ist in einem Testament A und im anderen B als Alleinerbe eingesetzt, so erben sie je zur Hälfte.[9])

D. Einwirkung auf die Urkunde

Wer in seinem Testament oder Kodizill die Unterschrift durch- 2141
schneidet, sie durchstreicht oder den ganzen Inhalt auslöscht, „vertilgt es" (§ 721). Dieser **stillschweigende** Widerruf ist nur beim schriftlichen Testament möglich.[10]) Er unterscheidet sich von den anderen Aufhebungsarten durch die Form, ist aber ebenfalls eine Willenserklärung und setzt daher Testierfähigkeit voraus.

Die Aufzählung der **Vernichtungshandlungen** ist nicht erschöpfend. 2142
Es genügt jede Einwirkung auf die Urkunde, die auf einen endgültigen Aufhebungswillen schließen lässt, daher auch Zerreißen, Verbrennen der Urkunde, Durchstreichen von Textstellen oder der nötigen Zeugenunterschriften.[11])

Schreibt der Erblasser quer über den Text oder an den Rand der Urkunde „ungültig",[12]) so ist fraglich, ob dies zur Aufhebung reicht. Der ausdrückliche Widerruf bedürfte der eigenhändigen Unterschrift. Wenn aber das Gesetz schon das Durchstreichen einer Unterschrift genügen lässt, muss umso mehr die Erklärung „ungültig" zur Vernichtung des Testamentes führen, wenn sie über den Text geschrieben wird, hingegen nicht, wenn sie am Rand steht.

Der Erblasser kann auch in einem fremdhändigen Testament ohne 2143
Zuziehung von Zeugen Streichungen vornehmen.[13])

Wenn von mehreren gleichlautenden Urkunden nur eine „vertilgt 2144
worden ist", so ist daraus auf keinen Widerruf des Testaments zu schlie-

---

[7]) *Ehrenzweig* II/2, 474 mwN; vgl auch OGH EF-Z 2006/33 *(Rabl);* iFamZ 2009/50; SZ 40/23; NZ 1993, 265. Für die Aufhebung in beiden Fällen *Kralik,* Erbrecht 148.

[8]) Dazu *Rabl,* Mehrere letztwillige Verfügungen unbekannter zeitlicher Reihenfolge, NZ 2001, 48ff; *Rabl,* Altes Testament – neues Testament 58ff.

[9]) *Kralik,* Erbrecht 149; *Rabl,* NZ 2001, 48f; *Rabl,* Altes Testament – neues Testament 70ff; OGH SZ 72/179.

[10]) OGH SZ 56/43; vgl aber auch NZ 1999, 348. Näheres *Kralik* in FS Wagner 237.

[11]) *Weiß* in *Klang*² III 722; OGH SZ 56/43; SZ 2006/38.

[12]) *Ehrenzweig* II/2, 472f; vgl aber OGH GlU 7.569.

[13]) OGH SZ 47/18.

ßen (§ 721).[14]) Dies ist allerdings (nur) eine gesetzliche Vermutung; der Gegenbeweis ist möglich.[15])

2145 Der **zufällige** Untergang einer Testamentsurkunde hindert die Wirksamkeit der Verfügung nicht. Wer sich auf sie beruft, muss allerdings den Zufall und den Inhalt der Urkunde beweisen (§ 722).[16])

E. Vermuteter Widerruf

2146 Für **Legate** gelten zwar die allgemeinen Widerrufsregeln, doch kennt hier das Gesetz überdies den „vermuteten Widerruf“: Vermächtnisse sind als widerrufen anzusehen, wenn der Erblasser die vermachte Forderung **eingetrieben** oder die vermachte Sache **veräußert** hat, ferner, wenn die Sache mit Willen des Erblassers **umgewandelt** worden ist. Genaueres s in den §§ 724f.

F. Zurücknahme öffentlicher Testamente

2147 Auch öffentliche Testamente sind in **beliebiger** Testamentsform widerruflich.

2148 Davon unterscheidet sich die bloße **Zurücknahme** des schriftlichen öffentlichen Testamentes. Sie kann durch den Erblasser persönlich oder durch einen mit beglaubigter Vollmacht ausgestatteten Stellvertreter erfolgen (§ 74 NO; analog für das gerichtliche Testament). Durch die Rücknahme verliert das Testament den Charakter einer öffentlichen Urkunde. Ein Schriftstück, welches auch die Erfordernisse eines privaten schriftlichen Testamentes erfüllt, gilt als solches weiter, wenn in der Rücknahme kein konkludenter Widerruf liegt.[17])

G. Wiederaufleben

2149 Hat der Erblasser eine spätere Anordnung **vernichtet,** die **frühere** schriftliche Anordnung aber **unversehrt** gelassen, so kommt die frühere wieder zur Kraft. Eine mündliche Anordnung lebt hingegen nicht wieder auf (§ 723).

Nach hM gilt allerdings dieses „Wiederaufleben“ – arg „vernichtet“ – nur bei „stillschweigendem Widerruf“ der zweiten Verfügung (Einwirkung auf die Urkunde), nicht aber für den ausdrücklichen.[18])

---

[14]) Vgl auch OGH JBl 1994, 42.

[15]) OGH SZ 2006/38.

[16]) Dazu OGH SZ 23/389; EvBl 1958/18; SZ 55/4; SZ 55/136; EvBl 1983/62; NZ 1999, 348.

[17]) Vgl auch *Weiß* in *Klang*² III 715f; anders *Kralik* in FS Wagner 237; *Rabl,* Altes Testament – neues Testament 102f.

[18]) *Ehrenzweig* II/2, 475; *Weiß* in *Klang*² III 726; OGH SZ 62/11. Ausführlich zu § 723 *Rabl,* Altes Testament – neues Testament 82ff. Für eine analoge Anwendung des § 723 auf den ausdrücklichen Widerruf der zweiten Verfügung *Welser* in *Rummel/Lukas*⁴ § 723 Rz 2; *A. Tschugguel,* NZ 2010/65, 260ff. Vgl auch *Welser,* Die Reform des österreichischen Erbrechts, 17. ÖJT Band II/1 (2009) 45f; *Welser,* Reformbedarf bei letztwilligen Verfügungen, in FS Simotta (2012) 699f.

VIII. Der Testamentsvollstrecker

Literatur: *Bydlinski,* Letztwillige Verwaltungsanordnungen, JBl 1981, 72; *Dengler,* Das Klagerecht des Testamentsvollstreckers, NZ 1978, 106; *Ehn,* Der Testamentsvollstrecker, NZ 1977, 36; *Graf,* Die Durchsetzung des Erblasserwillens gegenüber dem Erben (2013); *Grüll,* Testamentsvollstrecker und Abhandlungspfleger, NZ 1956, 38; *Iro,* Ist der Testamentsvollstrecker in der Einantwortungsurkunde einzutragen? NZ 1977, 18; *Lenhoff,* Der Abhandlungspfleger, JBl 1913, 328; *Rappaport,* Zum Problem des Testamentsvollstreckers im österreichischen Recht, ZBl 1928, 770; *Sprung/Fink,* Letztwillig angeordnete Nachlaßverwaltung im österreichischen Recht, JBl 1996, 205; *Till,* Freie Widerrufbarkeit der Nachlassverwaltung durch die Erben? iFamZ 2015, 132; *Zankl,* Testamentsvollstreckung und Nachlaßverwaltung, NZ 1998, 71; *Zankl,* Verwaltungs- und schadenersatzrechtliche Aspekte der Testamentsvollstreckung, JBl 1998, 293.

Der Erblasser kann einen Testamentsvollstrecker (Willensvollstrecker, Vollzieher des letzten Willens, Exekutor) bestimmen, doch steht es diesem frei, das Amt zu übernehmen. Übernimmt er es, so hat er „als ein Machthaber des Erblassers“ entweder dessen Anordnungen selbst zu vollziehen oder deren Vollziehung durch die Erben zu betreiben (§ 816). 2150

Der Testamentsvollstrecker wird also nicht vom Gericht bestellt, sondern vom Erblasser in einem formgültigen letzten Willen oder einem Erbvertrag ernannt. Eine formlose Erklärung genügt nicht.[1])

Die Rechte und Pflichten eines Testamentsvollstreckers sind strittig.[2]) Wenn der Erblasser nichts anderes bestimmt, hat er nur die Durchführung des letzten Willens durch die Erben zu **überwachen** und zu **betreiben** und durch Anrufung des Gerichtes den widerstreitenden Willen der Erben zu brechen.[3]) Direkte Verwaltungsrechte hat aber der Exekutor nicht,[4]) er vertritt weder den Nachlass[5]) noch die Erben.[6]) 2151

Der Testamentsvollstrecker hat vor allem für jene Anordnungen des Erblassers Bedeutung, deren Erfüllung vom Gericht nicht überwacht wird. So kann er vom Bedachten die Befolgung der Auflagen verlangen und hiezu auch den Klageweg beschreiten; er ist **„Auflageberechtigter“** (s oben Rz 2086). 2152

Der Testamentsvollstrecker ist jedenfalls zur Einberufung der Verlassenschaftsgläubiger zu laden (§ 174 AußStrG). Soweit seine Agenden betroffen sind, ist er Beteiligter im Verlassenschaftsverfahren.[7]) Für seine Eintragung in die Einantwortungsurkunde besteht allerdings keine gesetzliche Grundlage.[8])

Im Zweifel bekommt er für seine Tätigkeit kein Entgelt, außer es gilt nach seinem Berufsstand als bedungen (§ 1004).[9]) 2153

---

[1]) *Kralik,* Erbrecht 272; aA zB *Ehrenzweig* II/2, 477; *Grüll,* NZ 1956, 39.
[2]) Vgl *Bydlinski,* JBl 1981, 72; *Graf,* Durchsetzung des Erblasserwillens 13ff.
[3]) OGH SZ 40/70; vgl auch EvBl 1990/20.
[4]) OGH EvBl 1957/73; NZ 2002, 334.
[5]) Vgl OGH EvBl 1957/73; *Kralik,* Erbrecht 273.
[6]) *Welser* in *Rummel/Lukas*⁴ § 816 Rz 13 mwN.
[7]) OGH SZ 43/58; SZ 69/263.
[8]) *Iro,* NZ 1977, 18.
[9]) OGH EvBl 1990/20.

2154 Der Erblasser kann den Testamentsvollstrecker auch mit genau umschriebenen Akten der Nachlassverwaltung oder überhaupt mit der Verwaltung und Vertretung des Nachlasses betrauen.[10]) Dann ist er vom Verlassenschaftsgericht zum **Nachlassverwalter** zu bestellen. Aber auch ohne solche Anordnung kann ihn das Verlassenschaftsgericht zum Nachlasskurator ernennen.[11]) In beiden Fällen gelten die Regeln über die Verlassenschaftskuratel; s unten Rz 2408 ff.

2155 Der Testamentsvollstrecker kann aber vom Erblasser auch mit Aufgaben betraut werden, die über die Beendigung des Abhandlungsverfahrens hinausreichen.

Manche nehmen an, dass die Erben die Verwaltungsanordnungen des Erblassers ohne Weiteres widerrufen können.[12]) Dies überzeugt nicht, weil der Erblasser seinen Erben ganz allgemein weitgehende Beschränkungen auferlegen kann, zB durch Teilungsanordnungen, Aufgriffsrechte, fideikommissarische Substitutionen, Veräußerungs- und Belastungsverbote uä.[13]) Auf jeden Fall hat er die Möglichkeit, die Verwaltungsanordnung durch Bedingungen und Auflagen abzusichern.[14])

2156 Die Rechtsfigur des **Abhandlungspflegers** ist dem österreichischen Recht unbekannt.[15])

Die Abhandlungspflege ist Aufgabe des Verlassenschaftsgerichtes und des Gerichtskommissärs. Die Übertragung solcher Agenden durch den Erblasser an einen Dritten als „Abhandlungspfleger" ist ungültig.[16]) Der Erblasser kann darüber hinaus auch nicht einen Abhandlungspfleger als Vertreter eigenberechtigter Erben ernennen.[17])

2157 Insgesamt ist die Figur des Testamentsvollstreckers im österreichischen Recht fast bedeutungslos, weil – im Gegensatz zu anderen Rechtsordnungen – die Abhandlungspflege dem **Gericht vorbehalten** ist, das sie unter Mitwirkung des Gerichtskommissärs wahrnimmt.

Der Gerichtskommissär ist ein Notar, der im Außerstreitverfahren Amtshandlungen für das Gericht zu besorgen hat. Insbesondere erledigt er mit dem Gericht die Verlassenschaftsabhandlung (Todesfallaufnahme, Versiegelung, Einholung von Auskünften über den Nachlass, Nachforschung nach letztwilligen Verfügungen, Erstellung des Inventars, Entgegennahme der Erbserklärungen).

2158 Für eine vom Erblasser ausgehende Beauftragung eines Dritten zur Ordnung und der Weiterleitung des hinterlassenen Vermögens, wie dies in manchen Ländern Aufgabe des Testamentsvollstreckers ist, bleibt daher kein Raum.

---

[10]) *Bydlinski,* JBl 1981, 74; aA *Kralik,* Erbrecht 273.

[11]) OGH SZ 40/70.

[12]) *Bydlinski,* JBl 1981, 72; *Sprung/Fink,* JBl 1996, 205 ff; OGH JBl 1993, 310; NZ 1998, 79; NZ 2008/70 *(Mondel).* S dazu auch OGH JBl 2013, 503; NZ 2015/85 *(Hofmann, Welser).* Eine ausführliche Darstellung findet sich bei *Graf,* Durchsetzung des Erblasserwillens 14 ff.

[13]) Ebenso *Zankl,* NZ 1998, 72 f; *Zankl,* JBl 1998, 293.

[14]) S dazu *Welser,* Reformbedarf bei letztwilligen Verfügungen, in FS Simotta (2012) 699 (702); *Graf,* Durchsetzung des Erblasserwillens 25 ff.

[15]) *Kralik,* Erbrecht 274 f; *Sprung/Fink,* JBl 1996, 208 f; OGH SZ 13/112; SZ 16/189.

[16]) OGH SZ 13/112.

[17]) OGH SZ 16/189; *Bydlinski,* JBl 1981, 78.

7. Kapitel

Die Substitution

I. Begriff

Das ABGB fasst unter dem Begriff Nacherbschaft (Substitution) im weiteren Sinn die Ersatzerbschaft und die Nacherbschaft ieS zusammen. Der Erblasser kann bestimmen, dass ein anderer Erbe sein soll, wenn der Ersteingesetzte (Institut) die Erbschaft nicht erlangt: **Ersatzerbschaft,** gemeine Substitution, Vulgarsubstitution (§§ 604ff). Er kann aber auch anordnen, dass der zweite Erbe nach dem ersten zur Erbschaft gelangen soll: **Nacherbschaft** im engeren Sinn, fideikommissarische Substitution (§§ 608ff). Die fideikommissarische Substitution begreift stillschweigend eine gemeine in sich (§ 608 letzter Satz). 2159

Für Substitutionen besteht eine besondere **Auslegungsregel:** „Ist eine Substitution zweifelhaft ausgedrückt, so ist sie auf eine solche Art auszulegen, wodurch die Freiheit des Erben, über sein Eigentum zu verfügen, am mindesten eingeschränkt wird" (§ 614). 2160

Demnach ist im Zweifelsfall eher eine gemeine als eine fideikommissarische Substitution anzunehmen;[1]) eher eine befreite als eine volle Nacherbschaft (s unten Rz 2192). § 614 gilt entsprechend, wenn Unsicherheit darüber besteht, ob überhaupt eine Substitution angeordnet ist.[2])

Die Substitution kann sich auf den ganzen Nachlass oder Teile davon erstrecken. 2161

Die beiden Fälle der Substitution können auch miteinander verbunden werden. So kann der Erblasser einem Ersatzerben einen fideikommissarischen Substituten bestimmen oder einem Nacherben einen Ersatzerben substituieren.[3]) 2162

Die Regeln der Substitution sind auch auf **Vermächtnisse** anwendbar (§ 652).[4]) 2163

II. Ersatzerbschaft

Literatur: *Bolla,* Probleme bei der fideikommissarischen Substitution, NZ 1950, 182; *Kostner,* Die Vorerbennachfolge, NZ 1949, 123; *Kletečka,* Ersatz- und Nacherbschaft (1999).

Der Ersatzerbe tritt an die Stelle des eingesetzten Erben (§ 604). 2164

Er kommt zum Zug, wenn der Ersteingesetzte nicht erben kann (zB vorverstorben oder erbunwürdig ist) oder nicht erben will (die Erbschaft ausschlägt). 2165

[1]) OGH RZ 1963, 14.

[2]) OGH SZ 27/25; NZ 1985, 26; JBl 2009, 769; *Kletečka,* Ersatz- und Nacherbschaft (1999) 135f; *Welser/Rabl,* Der Fall Klimt (2005) 39f.

[3]) OGH NZ 1977, 120; EvBl 1978/97; SZ 54/48; vgl auch EvBl 1989/90.

[4]) Zu Besonderheiten bei Ersatz- und Nachlegaten s *Kletečka,* Ersatz- und Nacherbschaft 126ff, 277ff. Zum uneigentlichen Nachlegat OGH NZ 2014/156.

Hat der Erblasser von den beiden Möglichkeiten nur eine erwähnt, so soll die andere ausgeschlossen sein (§ 605). Diese Zweifelsregel ist lebensfremd, weil einem Erblasser so scharfsinnige Unterscheidungen nicht geläufig sind. Die Auslegung des Testaments wird daher oft etwas anderes ergeben.

2166 Die Erbschaft fällt auch dem Ersatzerben mit dem Tod des Erblassers an. Dies gilt auch bei Erbsentschlagung des Ersteingesetzten.[1])

2167 Der Ersatzerbe ist nach dem Ersteingesetzten der zunächst Berufene. Er verhindert die Anwachsung und geht den gesetzlichen Erben, dem außerordentlichen Erbrecht der Legatare und dem Heimfallsrecht des Staates vor. Die Substitution **erlischt** aber, sobald der Ersteingesetzte die Erbschaft **angetreten** hat (§ 615 Abs 1). Zum Verhältnis Ersatzerbschaft und Transmission s oben Rz 1900.

2168 Den Ersatzerben treffen im Zweifel die dem Ersteingesetzten auferlegten **Lasten** (§ 606), nicht aber die dem Ersteingesetzten gestellten Bedingungen (§ 702).

2169 Der Erblasser kann beliebig viele Ersatzerben ernennen. Die Erbschaft fällt jeweils dem Nächstberufenen an. Für ungeborene Ersatzerben ist ein Kurator zu bestellen.[2])

2170 Eine **„stillschweigende Substitution“** nimmt das Gesetz in § 779 Abs 1 an: Die Nachkommen eines letztwillig bedachten Kindes des Erblassers gelten als Ersatzerben; s oben Rz 2059.

III. Nacherbschaft (fideikommissarische Substitution)

Literatur: *Bolla,* Probleme bei der fideikommissarischen Substitution, NZ 1950, 182; *P. Bydlinski,* Offene Fragen der Substitution auf den Überrest, NZ 1988, 241; *Kletečka,* Ersatz- und Nacherbschaft (1999); *Kletečka,* Die Drittwirkung des Nacherbrechts, NZ 2001, 21; *Kletečka,* Die materielle Höchstpersönlichkeit letztwilliger Verfügungen, JBl 1999, 277; *Graf,* Die Durchsetzung des Erblasserwillens (2013); *Kostner,* Die Vorerbennachfolge, NZ 1949, 123; *Lanz,* Von der Schenkung auf den Todesfall, der Begründung einer fideikommissarischen Substitution unter Lebenden und des zeitlich befristeten Eigentums, NZ 1951, 114; *Rabl,* Der unbekannte Nacherbe, NZ 2003, 264; *Rabl,* Das Schicksal der vom Erblasser verfügten Lasten nach Wegfall des belasteten Erben, NZ 2012/67, 193; *M. Steiner,* Fideikommissarische Substitution und Auflage, NZ 1955, 132.

A. Allgemeines

2171 *Der Nacherbe erhält bei Eintritt des Substitutionsfalles den Nachlass nach dem Vorerben (§ 608).*

„A soll Erbe sein, nach seinem Tod aber B.“ – „A soll bis zur Volljährigkeit seiner Kinder Erbe sein, danach die Kinder.“

2172 Das ABGB beschränkt die Nacherbeneinsetzung, um langfristige Vermögensbindungen zu verhindern. Der Erblasser kann zwar aus seinen

[1]) *Kralik,* Erbrecht 182f; dagegen *Pfaff/Hofmann,* Commentar II 223.
[2]) OGH NZ 1977, 120; s aber OGH NZ 2011/76.

„Zeitgenossen“ (das sind bei der Testamentserrichtung schon Geborene) unbegrenzt viele Nacherben hintereinander einsetzen. Werden aber keine Zeitgenossen substituiert, so ist die Substitution bei beweglichen Sachen auf zwei, bei unbeweglichen Sachen auf einen Nacherben beschränkt (§ 612).[1])

Aus dem Zweck der Norm, die Bindung des Vermögens zeitlich zu begrenzen, ergibt sich, dass juristische Personen keine Zeitgenossen sind.[2]) Zeitgenossen des Erblassers, die mit solchen Personen, die es nicht sind, zusammen zu Nacherben berufen werden, sind nach § 612 nicht als Grad zu zählen.[3])

Es werden aber nur jene Substituten gezählt, die wirklich zur Erbschaft gelangen (§ 612).

Auch die Bestellung eines Substituten ist die **Berufung eines Erben.** 2173
Sie kann daher nur vom Erblasser vorgenommen werden und muss ausreichend bestimmt sein (s Rz 2067 ff). Deshalb kann der Erblasser die Einsetzung des Nacherben auch nicht dem Vorerben überlassen.[4])

Eine solche Verfügung kann nicht in eine Auflage[5]) oder ein Nachlegat[6]) umgedeutet werden, weil dadurch das Bestimmtheitsgebot des § 564 umgangen würde. Beim Vermächtnis ist die materielle Höchstpersönlichkeit gelockert (§§ 569 ff; oben Rz 2073), sodass der Erblasser dem Vorlegatar die Bestimmung des Nachlegatars überlassen kann.

Die Substitution kann sich nur auf das **vom Erblasser** herstam- 2174
mende Vermögen beziehen, nicht auf den ganzen Nachlass des Vorerben (s § 609).[7])

Pflichtteile dürfen durch die Substitution nicht beschränkt werden 2175
(§ 774); s unten Rz 2299.

Die fideikommissarische Substitution **erlischt,** wenn keiner der beru- 2176
fenen Nacherben mehr übrig oder die Bedingung vereitelt ist (§ 615). Zu weiteren Erlöschensgründen s die §§ 616 f.[8])

§ 617 bestimmt, dass die einem Kind zu einer Zeit, zu der es selbst noch keinen Nachkommen hatte, gemachte Substitution erlischt, wenn es erbfähige Nachkommen

---

[1]) S *Kletečka,* Ersatz- und Nacherbschaft 180 ff; anders *Kralik,* Erbrecht 187; *Egglmeier,* Zur Zulässigkeit auflösend bedingter Übereignung im österreichischen Recht, NZ 1997, 36. Zu den Gradgrenzen bei Unternehmen und Gesellschaftsanteilen *Schauer,* Rechtsprobleme der erbrechtlichen Nachfolge bei Personenhandelsgesellschaften (1999) 426 ff. Zur analogen Anwendung auf als Grunddienstbarkeiten bestellte Fruchtgenußrechte OGH SZ 74/95.

[2]) Vgl dazu *Pfaff/Hofmann,* Commentar II 240; *Kletečka,* Ersatz- und Nacherbschaft 180; nunmehr auch *Eccher* in *Schwimann/Kodek*[4] §§ 611, 612 Rz 1; OGH SZ 38/65.

[3]) OGH SZ 15/202.

[4]) *Welser* in *Rummel/Lukas*[4] §§ 564, 565 Rz 2.

[5]) OGH SZ 2005/79; JBl 2008, 176 *(Rummel); Kletečka,* JBl 1999, 284 ff; *Kletečka,* Nacherbschaft 163 ff. S auch OGH EF-Z 2014/137 *(A. Tschugguel).*

[6]) AA *Kletečka,* JBl 1999, 284 ff; *Welser* in *Rummel/Lukas*[4] §§ 564, 565 Rz 2.

[7]) Zuletzt *Welser/Rabl,* Der Fall Klimt (2005) 43.

[8]) Vgl OGH JBl 2008, 718 (Zwangsversteigerung der Liegenschaft – Substitution hinsichtlich Hyperocha).

hinterlässt;[9]) es werden also nicht etwa diese Nachkommen zu Nacherben berufen. Zu den Kindern zählen auch Adoptivkinder.[10]) § 617 ist jedoch bloß eine Auslegungsregel.[11])

B. Konstruktive Nacherbfolge

2177 Die Regeln der fideikommissarischen Substitution gelten auch, wenn ohne ausdrückliche Anordnung einer Nacherbschaft Erben **bedingt** oder **betagt** eingesetzt sind oder der Erblasser dem Erben verboten hat, über den Nachlass zu testieren (§§ 707, 708, 610): „konstruktive Nacherbfolge“. Dasselbe gilt für das **Gebot** an den Erben, in bestimmter Weise zu testieren.[12]) Auch hier bezieht sich aber die Substitution nur auf das vom Erblasser selbst stammende Vermögen.[13])

Ist der Testamentserbe unter aufschiebender Bedingung oder zu einem Anfangstermin berufen, so sind die gesetzlichen Erben des Erblassers seine Vorerben. Ist dem Eingesetzten ein Endtermin gesetzt oder ist seine Stellung auflösend bedingt, so sind die gesetzlichen Erben des Erblassers Nacherben.[14]) Im Falle eines Testierverbots sind die gesetzlichen Erben des Bedachten Nacherben.

Die Einsetzung von nicht Gezeugten gilt unter der Bedingung ihrer Geburt. Bis dahin steht das Erbrecht, wenn nichts anderes bestimmt ist, den gesetzlichen Erben zu. Die Schranken des § 612 sind auch hier zu beachten.[15])

Ein unter Lebenden oder von Todes wegen begründetes Veräußerungsverbot (s Bd I Rz 909ff) gilt nicht als Testierverbot (§ 610) und führt daher nicht zur fideikommissarischen Substitution. Im Einzelfall kann allerdings ein Veräußerungsverbot in eine Nacherbschaft umzudeuten sein.[16])

C. Anfall des Nacherbrechtes

2178 Dem fideikommissarischen Substituten fällt die Erbschaft mit dem **Tod** des Erblassers an, wenn er terminisiert berufen ist (§ 705), hingegen mit dem Eintritt der **Bedingung**, wenn er suspensiv bedingt berufen ist (§ 703).

Befristung: Nach dem Tod meines Bruders soll mein Freund Erbe sein (§§ 705, 615 Abs 2). Bedingung: Wenn mein Bruder kinderlos stirbt, soll meine Freundin Erbe sein (§ 703). Die Substitution ist auch aufschiebend bedingt, wenn nach dem Ableben des Vorerben die Erbschaft „an dessen dann vorhandenen ehelichen Nachkommen“ fallen soll.[17])

---

[9]) Hiezu *Czermak*, Erlöschen der Substitution nach § 617 ABGB, NZ 1986, 1; *Kralik*, Zum Erlöschen der Substitution nach § 617 ABGB, in FS Ostheim (1990) 149.

[10]) *Czermak*, NZ 1986, 3f; aA *Kletečka*, Ersatz- und Nacherbschaft 125.

[11]) OGH SZ 60/7; JBl 2009, 769.

[12]) OGH EvBl 1961/38; EvBl 1988/117; vgl auch OGH NZ 1987, 130.

[13]) *Welser*, Das Legat einer fremden Sache, NZ 1994, 203; *Kletečka*, Das Nachlegat der Sache des Erben, NZ 1999, 68; *Welser/Rabl*, Der Fall Klimt 43f; vgl aber OGH NZ 1998, 146 (kritisch *Jud*); NZ 1999, 91.

[14]) *Handl* in *Klang*² II/1, 256; diesem folgend *Rabl*, NZ 2003, 270ff; vgl auch § 2104 BGB.

[15]) So auch das (inzwischen aufgehobene) HfD JGS 1845/888.

[16]) Vgl *Graf*, Letztwilliges Veräußerungsverbot und fideikommissarische Substitution, AnwBl 1996, 222; *Kletečka*, Ersatz- und Nacherbschaft 142ff.

[17]) OGH NZ 1991, 31.

Somit kann der befristet eingesetzte Substitut sein Recht sofort **vererben,**[18]) der bedingt Eingesetzte erst dann, wenn er den Nacherbfall erlebt hat. Nach dem Tod des Erblassers, aber vor Eintritt des Substitutionsfalles steht dem Nacherben ein (bedingtes) Anwartschaftsrecht zu. Dieses kann nach den §§ 331 ff EO **gepfändet** werden.[19]) 2179

Nach dem Substitutionsfall (Nacherbfall) ist das Abhandlungsverfahren nach dem Erblasser wieder aufzunehmen.[20]) 2180

Ist Nacherbfall der Tod des Vorerben, so finden zwei getrennte Nachlassverfahren statt: das wieder aufgenommene nach dem Erblasser und die Abhandlung nach dem Vorerben. Die Substitutionsmasse fällt nicht in den Nachlass des Vorerben und bleibt daher bei der Pflichtteilsermittlung nach ihm außer Betracht.[21])

D. Die Rechtsstellung des Vor- und Nacherben

Der Vorerbe wird mit der Einantwortung **Eigentümer** des Nachlasses, doch ist sein Recht durch den Nacherbfall auflösend bedingt oder befristet. 2181

Dem Vorerben ist unter der Beschränkung durch die fideikommissarische Substitution einzuantworten (§ 178 Abs 2 Z 1 AußStrG). Es ist nicht mehr ausdrücklich vorgesehen, dass der Substitut, soweit er bereits bekannt ist, im Einantwortungsbeschluss bezeichnet werden muss,[22]) allerdings wäre es sinnvoll, an der bisherigen Praxis der ausdrücklichen Nennung festzuhalten.

Der Vorerbe kann die Erbschaft unbeschränkt nutzen. Weil er sie aber später an den Nacherben herausgeben muss, hat er die **Substanz** zu schonen. Seine Rechtsstellung ist ähnlich der eines **Fruchtnießers,** daher finden weitgehend die Vorschriften über den usus fructus Anwendung (§ 613).[23]) 2182

Da dem Vorerben der Ertrag der Substitutionsmasse gehört, fällt dieser in sein frei vererbliches Vermögen. Ein auf einer Liegenschaft gefundener Schatz wächst dagegen dem gebundenen Nachlass zu; da der Vorerbe aber auch dessen Eigentümer ist, braucht er ihn nicht vorzeitig herauszugeben, sondern kann ihn nutzen.

Aufwendungen, die einem Fruchtnießer obliegen (zB solche nach § 513), hat der Vorerbe aus seinem freien Vermögen zu bestreiten; solche, die den Eigentümer treffen (§§ 514 f), kann er auf Kosten der Substitutionsmasse tätigen.[24]) 2183

Insgesamt ist das Eigentumsrecht zwischen Vorerben und Nacherben funktionell **geteilt.** Beide zusammen haben die Rechte eines freien 2184

---

[18]) Vgl OGH NZ 2002, 330; iFamZ 2010/244.

[19]) OGH SZ 2007/112.

[20]) Vgl OGH NZ 1977, 120; NZ 1990, 301; EFSlg 66.236; *Weiß* in *Klang*[2] III 370; *Kletečka,* Ersatz- und Nacherbschaft 310 ff.

[21]) *Kralik,* Erbrecht 289. Zur konstruktiven Nacherbfolge vgl OGH NZ 1997, 151; zu dieser E kritisch *Kletečka,* Konstruktive Nacherbfolge und Pflichtteilsberechnung, NZ 1997, 137.

[22]) Vgl § 174 Abs 2 Z 3 AußStrG aF; OGH NZ 1993, 259.

[23]) Vgl dazu OGH SZ 61/9; EFSlg 87.182; EF-Z 2012/114. Zur Rechtsstellung des Vorerben bei Personengesellschaftsanteilen *Schauer,* Rechtsprobleme 439 ff.

[24]) Zur Erbschaftssteuer OGH NZ 1992, 233.

Eigentümers.[25]) Sie können daher gemeinsam die Substitution aufheben (zur Form s Rz 2444)[26]) und der Vorerbe kann mit Zustimmung des Nacherben über die Substitutionsmasse verfügen.

2185 Die fideikommissarische Substitution begreift ein **Veräußerungs- und Belastungsverbot** in sich, für das die Schranken des § 364c nicht gelten. Die den Nacherben beeinträchtigende Verfügung ist auch gegenüber Dritten ungültig.[27]) Sie können allerdings analog zu §§ 367 und 456 **gutgläubig** erwerben.[28])

Wirksam sind aber Veräußerungen und Belastungen zur Erfüllung von Nachlassverbindlichkeiten[29]) oder solche zur Vermeidung von Schäden am Substitutionsgut.[30])

Strittig ist, ob der Vorerbe das Substitutionsgut veräußern oder belasten kann, wenn dabei die Substitutionsbindung aufrechterhalten wird, wie bei einer bücherlichen Eintragung „unter Aufrechterhaltung des Substitutionsbandes". Die Rechtsprechung verneint dies, weil Gefahren für das Substitutionsgut entstehen können und eine solche Eintragung auch grundbücherlich nicht vorgesehen ist.[31])

E. Sicherung des gebundenen Vermögens

2186 Beim Tod des Erblassers ist von Amts wegen ein **Inventar** zu errichten (§ 165 Abs 1 Z 4 AußStrG). Die Kosten trägt die Verlassenschaft (§ 168 Abs 3 AußStrG).

2187 Bei unbeweglichen Gütern war vor der Reform des AußStrG von Amts wegen die Anmerkung der fideikommissarischen Substitution im öffentlichen Buch, das **„Substitutionsband"**, zu veranlassen (§ 158 AußStrG aF).[32]) Durch die Aufhebung dieser Norm entstand die Frage, ob die Eintragung des Substitutionsbandes auch in Hinkunft stattzufinden hat, was aus Gründen der Rechtssicherheit jedenfalls zu befürworten ist und von den Gerichten offenbar auch so gehandhabt wird.[33])

2188 Sind beim Erbanfall noch nicht Geborene oder noch nicht Gezeugte als Substituten berufen („Nacherben sollen alle Kinder des Vorerben sein"), so hat das Abhandlungsgericht im Rahmen der Vertretungsvorsorge von Amts wegen einen **Substitutionskurator** (Posteritätskurator) zu

---

[25]) OGH JB 209; JBl 1974, 523; NZ 1995, 187; EFSlg 87.182; NZ 2010/23; EF-Z 2012/114; aA *Kralik,* Erbrecht 189f.

[26]) OGH NZ 2001, 446.

[27]) OGH SZ 38/58; NZ 1974, 56; *Kletečka,* Ersatz- und Nacherbschaft 250f, 269ff; *Kletečka,* NZ 2001 21ff; aA *Kralik,* Erbrecht 190f; *Umlauft,* Zur Frage der Verbücherungsfähigkeit von Besitznachfolgerechten, NZ 1985, 223 FN 4.

[28]) S *Kletečka,* Ersatz- und Nacherbschaft 232ff; *Kletečka,* NZ 2001, 25; zum Teil (Vertrauensmann) aA *Apathy,* Fideikommissarische Substitution und Treuhand, in GedS Hofmeister (1996) 29f; *Apathy* in KBB[4] § 613 Rz 4.

[29]) *Ehrenzweig* II/2, 461f; *Weiß* in *Klang*[2] III 409ff; OGH SZ 46/28; NZ 2003, 336.

[30]) OGH RZ 1961, 182.

[31]) OGH SZ 21/22; SZ 41/97; dagegen *Weiß* in *Klang*[2] III 409; *Lanz,* NZ 1951, 114; *Lanz,* Anregungen zur Ergänzung und Richtigstellung unseres ABGB, NZ 1953, 185; s auch *Ehrenzweig* II/2, 461f; *Welser* in *Rummel/Lukas*[4] § 613 Rz 7.

[32]) OGH JB 214.

[33]) Vgl auch *Fritsch* in *Ferrari/Likar-Peer,* Erbrecht 221; *Bittner* in *Rechberger,* AußStrG[2] § 178 Rz 6.

bestellen, der ihre Interessen zu vertreten hat (§ 156 Abs 1 iVm § 5 Z 2 lit a AußStrG).[34])

Der Posteritätskurator hat kein Recht zur Verwaltung oder Vertretung der Substitutionsmasse,[35]) hat aber Parteistellung als Vertreter der Nacherben vor Gericht.[36])

F. Substitution auf den Überrest

Bei der fideikommissarischen Substitution auf den Überrest kann der Vorerbe über das Substitutionsgut unter Lebenden, nicht aber von Todes wegen frei verfügen. 2189

Die Substitution auf den Überrest (befreite Vorerbschaft oder fideicommissum eius, quod supererit) ist im Gesetz nicht geregelt, wird aber allgemein als zulässig angesehen. Der Nacherbe bekommt dabei nur dasjenige, was beim Tod des Vorerben **noch übrig** ist.[37]) Sein Recht kann der Substitut grundsätzlich erst ab dem Nacherbfall verteidigen.[38]) 2190

Die Auslegungsregel des § 614 gilt auch bei Zweifel darüber, ob eine volle Substitution oder eine solche auf den Überrest gemeint ist;[39]) s oben Rz 2160. 2191

Allerdings ist nicht jede vom Erblasser ausgedrückte fideikommissarische Substitution ohne Zusatz eine solche auf den Überrest. § 614 kann nur zur Anwendung kommen, wenn Zweifel bestehen. 2192

Obgleich der Vorerbe Nachlassstücke sogar verschenken darf, ist eine **arglistige Schmälerung** des Substitutionsgutes zum Schaden des Nacherben unzulässig. Dieser kann Unterlassung und nach Eintritt des Nacherbfalls Schadenersatz verlangen (§ 1295 Abs 2).[40]) 2193

Auch bei befreiter Vorerbschaft hat das Verlassenschaftsgericht bei sonstiger Nichtigkeit[41]) des Verfahrens von Amts wegen ein Inventar zu errichten.[42]) Ist ein Substitutionsband eingetragen,[43]) steht es der Veräußerung der belasteten Liegenschaft nicht entgegen.[44]) 2194

Sonstige Sicherungen finden bei der Substitution auf den Überrest nicht statt.[45]) 2195

---

[34]) OGH NZ 1972, 95; SZ 48/98; NZ 1996, 183 *(Kletečka);* NZ 1996, 245; vgl auch *Mondel,* Kuratoren im Verlassenschaftsverfahren, NZ 2007/67, 294f; *Sailer* in *Gitschthaler/Höllwerth,* AußStrG § 156 Rz 3; OGH RdM 1997/25 *(Bernat).*

[35]) OGH EvBl 1978/97.

[36]) OGH JBl 2005, 43.

[37]) Vgl OGH SZ 61/82.

[38]) *Welser,* Befreite Vorerbschaft und „Löschungsklage" des Nacherben, NZ 1993, 140; *Kletečka,* Ersatz- und Nacherbschaft 276f; OGH NZ 1994, 255.

[39]) *Pfaff/Hofmann,* Commentar II 257; OGH ZBl 1935/150; EvBl 1961/38; EvBl 1988/117; NZ 1990, 151; aA *Weiß* in *Klang*[2] III 438.

[40]) *Kralik,* Erbrecht 196; *Welser,* NZ 1993, 142 mwN.

[41]) OGH SZ 16/201.

[42]) OGH SZ 16/201; SZ 24/227.

[43]) *Ehrenzweig* II/2, 470; *Weiß* in *Klang*[2] III 430; *Welser,* NZ 1993, 142; OGH NZ 1971, 124; SZ 61/82; aA *Kletečka,* Ersatz- und Nacherbschaft 275f; *Schauer,* Rechtsprobleme 464f.

[44]) S dazu auch OGH iFamZ 2014/154.

[45]) OGH EvBl 1970/375.

8. Kapitel

Der Erbvertrag

I. Begriff

2196 *Der Erbvertrag ist ein zweiseitiges Rechtsgeschäft zwischen dem Erblasser und dem Erben, durch das dieser unwiderruflich zur Erbschaft berufen wird (§§ 602, 1249ff).*

2197 Erbverträge sind Ehepakte und können nur zwischen **Ehegatten** und **eingetragenen Partnern** (§ 1217 Abs 2) abgeschlossen werden.[1]) Verträge zwischen Brautleuten kommen unter der aufschiebenden Bedingung der nachfolgenden Heirat zustande.[2])

2198 Der Vertragserbe hat den **stärksten** Berufungsgrund, er geht allen übrigen Erben vor. Der Vertrag bindet den Erblasser; einer einvernehmlichen Aufhebung steht allerdings nichts im Wege (§ 1254).

2199 Im Erbvertrag setzt entweder ein Ehegatte oder eingetragener Partner **den anderen** oder es setzen beide **einander** zu Erben ein. Daneben ist die Bedenkung Dritter zulässig, doch sind solche Verfügungen als einfache letztwillige Anordnungen anzusehen und daher einseitig widerruflich.[3])

Zum Teil wird die Auffassung vertreten, dass die Parteien – mit beiderseitiger Bindung – auch dritte Personen zu Vertragserben einsetzen können, weil das ABGB Verträge zugunsten Dritter kenne.[4]) Wäre dies richtig, so wäre unverständlich, warum der Erblasser nicht mit dem Dritten selbst kontrahieren kann.

II. Gültigkeitsvoraussetzungen

2200 Der Erbvertrag ist weder ein rein obligatorischer Vertrag noch ein Testament, er nimmt eine **Mittelstellung** ein.[1]) Zu seiner Gültigkeit[2]) müssen grundsätzlich die Voraussetzungen beider Geschäftskategorien eingehalten werden.

2201 Aus dem **Vertragscharakter** folgt, dass die Parteien die für den Abschluss von Verträgen nötige Geschäftsfähigkeit haben müssen. Da es sich um einen Ehepakt handelt, ist die Form des **Notariatsaktes** einzuhalten (§ 1 NotAktsG).[3]) Ebenso sind Willensbeschränkungen (Bedingun-

---

[1]) Zu Reformvorschlägen s *Schauer,* Entwicklungsperspektiven des Erbrechts in der 23. Gesetzgebungsperiode, JEV 2007, 6 (8f); *Jud,* Reform des Erbrechts, in *Fischer-Czermak/Hopf/Kathrein/Schauer,* ABGB 2011 (2008) 241 (255f); *Welser,* Vertragliche Bindungen im Erbrecht, in FS Woschnak (2010) 631 (632ff); *Welser,* Reform des Ehegattenerbrechts? in FS Benn-Ibler (2011) 345 (349f).

[2]) So auch das inzwischen aufgehobene HfD JGS 1817/1340.

[3]) OGH SZ 23/339; EFSlg 17.959; SZ 58/141.

[4]) *Weiß* in *Klang*² V 906; *Gschnitzer* in *Klang*² IV/1, 234; *Kralik,* Erbrecht 156.

[1]) Vgl *Ehrenzweig* II/2, 482f.

[2]) Dazu *Veit,* Die Anfechtung von Erbverträgen (1991).

[3]) Vgl zur bloßen Beurkundung durch einen deutschen Notar *Leopold/Koland/Caspary,* Die Gültigkeit eines Erbvertrages nach österreichischem Recht bei Beurkundung durch einen deutschen Notar, NZ 2005/46, 193.

gen, Befristungen, Auflagen) nach den Regeln des Vertragsrechtes zu beurteilen (§ 1251).

Aus dem Charakter als **letztwilliges Geschäft** ergibt sich, dass der einsetzende Teil bei der Errichtung testierfähig und der eingesetzte Teil beim Erbanfall erbfähig sein muss, und dass die (schriftliche) Testamentsform gewahrt werden muss (§ 1249). 2202

Wegen des Charakters als Geschäft auf den Todesfall und als Ehepakt können Erbverträge nur in Gestalt des **Notariatsaktes** unter Zuziehung eines weiteren Notars oder **zweier Zeugen** errichtet werden. 2203

III. Inhalt und Wirkung

Literatur: *Jud,* Schenkung auf den Todesfall und Berechnung des „freien Viertels" beim Erbvertrag, NZ 1999, 268; *Welser,* Neue Rechenaufgaben vom Gesetzgeber, NZ 1978, 161; *Welser,* Vertragliche Bindungen im Erbrecht, in FS Woschnak (2010) 631; *Welser,* Reform des Ehegattenerbrechts? in FS Benn-Ibler (2011) 345.

Für den Inhalt des Erbvertrages gilt Testamentsrecht. 2204

So für die Möglichkeit und Erlaubtheit, die Zulässigkeit von Substitutionen und die Anordnung einer Erbteilung. Pflichtteilsansprüche bleiben unberührt.

§ 1253 verfügt allerdings eine besondere Inhaltsschranke: Der Erbvertrag muss dem Erblasser mindestens ein **„reines Viertel"** des Nachlasses zu seiner freien Verfügung lassen, sodass sich der Vertrag nur auf drei Viertel erstrecken kann; darüber hinausgehende Bindungen sind ungültig. Das Viertel muss von Belastungen durch **Schulden** und **Pflichtteile frei** sein. Der Pflichtteil eines durch den Erbvertrag begünstigten Ehegatten oder eingetragenen Partners wirkt allerdings nicht als solche Last. 2205

Das Noterbrecht des Ehegatten oder eingetragenen Partners ist bei der Errechnung des freien Viertels nicht zu berücksichtigen, weil es die Verfügungsfreiheit des Erblassers nicht beeinträchtigt. In analoger Anwendung der §§ 774, 787 und 757 Abs 2 ist nämlich die erbvertragliche Zuwendung zur Gänze auf den Pflichtteil des Ehegatten oder eingetragenen Partners anzurechnen. Dieser kann niemals die drei Viertel erreichen, die für den Erblasser im Erbvertrag verfügbar sind. Deckt die erbvertragliche Zuwendung den Pflichtteil, so bleibt dem Erblasser das freie Viertel ungeschmälert; deckt sie den Pflichtteil nicht, so vermehrt die Differenz zwischen der tatsächlichen erbvertraglichen Zuwendung und den erbvertraglich möglichen drei Vierteln das letztwillig frei verfügbare Vermögen des Erblassers. Diese Differenz ist immer größer als der Pflichtteilsergänzungsanspruch des Ehegatten oder eingetragenen Partners, sodass das Viertel wiederum unbelastet bleibt.[1])

Zur **Berechnung** des frei verfügbaren Nachlasses sind von den Aktiven die Schulden abzuziehen, und zwar die Erblasser- und Erbgangschulden (s unten Rz 2415 ff), jedoch unter Ausschluss von Verbindlichkeiten, die aus dem letzten Willen des Erblassers herrühren (zB von Vermächt- 2206

---

[1]) *Welser,* NZ 1978, 166 FN 46; *Jud,* NZ 1999, 271.

nissen). Ob von diesem Betrag das freie Viertel zu berechnen ist oder ob vorher noch die Pflichtteilsansprüche der übrigen Noterben abzuziehen sind, ist strittig.[2]) Zwar spricht für das vorherige Abziehen der Pflichtteilsansprüche ihre Gleichstellung mit den Schulden in § 1253, doch würde dadurch das freie Viertel doch wieder (partiell) mit Pflichtteilen belastet, weshalb das freie Viertel sofort nach Abzug der Schulden zu berechnen ist.[3])

Der Erblasser hinterlässt als Pflichtteilsberechtigte seine Frau und seinen Vater. Der Nachlass beträgt nach Abzug der Schulden € 36.000,–. Davon ist das freie Viertel zu berechnen (€ 9.000,–). Der Rest in der Höhe von € 27.000,– ist vertraglich verfügbar, allerdings mit dem Pflichtteilsanspruch des Vaters iHv € 4.000,– (1/3 × 1/3 × 36.000,–) belastet. Nach der Gegenansicht ist von den € 36.000,– auch der Pflichtteil des Vaters in der Höhe von € 4.000,– abzuziehen. Von den verbleibenden € 32.000,– wird das freie Viertel berechnet (€ 8.000,–) und subtrahiert. Der Rest in Höhe von € 24.000,– ist vertraglich verfügbar.

2207 Über den vom Erbvertrag nicht erfassten Teil kann der Erblasser letztwillig frei bestimmen. Er kann ihn testamentarisch auch dem Vertragserben zuwenden, doch ist eine solche Anordnung einseitig widerruflich.[4]) Die erbvertragliche Vereinbarung, dass der Partner den ganzen Nachlass erhalten soll, darf jedoch nicht als testamentarische Hinterlassung des Viertels aufgefasst werden (§ 1253 letzter Satz): gesetzlicher **Ausschluss der Konversion.** Hat der Erblasser über das freie Viertel nicht verfügt, so erhalten es die gesetzlichen Erben.

2208 Auch der Erbvertrag hindert den Erblasser nicht, über sein Vermögen **unter Lebenden** zu verfügen (§ 1252).[5]) Der Vertragserbe erhält also nur, was beim Tod des Erblassers vorhanden ist.

2209 Als Ehepakt **erlischt** der Erbvertrag **für beide Teile** bei Nichtigerklärung (§ 1265), Scheidung oder Aufhebung mit gleichteiligem oder ohne Verschulden oder Scheidung im Einvernehmen, sofern keine andere Vereinbarung getroffen wurde (§ 1266 Satz 1).[6]) Dem **schuldlosen oder minderschuldigen** Teil bleibt jedoch das Recht aus dem Erbvertrag **vorbehalten** (§ 1266 Satz 3; §§ 42, 31 EheG).[7]) Diese Regelung ist analog auf die

---

[2]) Für Abzug der Pflichtteilsansprüche *Ehrenzweig* II/2, 485f; *Weiß* in *Klang*[2] V 936f; *M. Bydlinski* in *Rummel*[3] § 1253 Rz 3; *Koch* in KBB[4] § 1253 Rz 2; aA OGH SZ 20/92; *Kralik,* Erbrecht 158f; *Zemen,* Erbvertrag, reines Viertel und Pflichtteilsansprüche, NZ 1988, 29; *Jud,* NZ 1999, 274ff; *Eccher,* Erbrecht[5] Rz 5/8. Vgl auch *Fritsch* in *Ferrari/Likar-Peer,* Erbrecht 255f.

[3]) *Jud,* NZ 1999, 274ff.

[4]) Ebenso die Einräumung eines Aufgriffsrechts OGH SZ 59/187; NZ 1993, 103; vgl dazu *K. Grabenwarter,* Ist der Erbvertrag ein Auslaufmodell, ecolex 1996, 591.

[5]) Anders bei der Schenkung auf den Todesfall *Fischer-Czermak,* Verträge auf den Todesfall zwischen Ehegatten und Scheidung, NZ 2001, 3 (7ff).

[6]) Vgl auch *Fischer-Czermak,* NZ 2001, 6f.

[7]) Diese Sanktion erscheint aus heutiger Sicht unangemessen; vgl *Fischer-Czermak,* NZ 2001, 6f; *Jud,* Reformbedarf im Erbrecht, in *Fischer-Czermak/Hopf/Kathrein/Schauer,* ABGB 2011 (2008) 241 (254f); *Welser* in FS Woschnak 634f; *Welser* in FS Benn-Ibler 349.

Schenkung auf den Todesfall anzuwenden.[8]) Dies alles gilt sinngemäß für eingetragene Partnerschaften (§ 1217 Abs 2).

Werden Noterben irrtümlich übergangen, kann der Erbvertrag sowohl nach Vertragsrecht angefochten als auch analog zu den §§ 777f entkräftet werden.[9])

9. Kapitel

Bestimmung der Erbteile

I. Die Erbschaftsverteilung im Allgemeinen

Literatur: *Apathy,* Teilungsanordnung und Erbeinsetzung, JBl 2006, 137; *Welser,* Berufung zu Erbquoten und Zuweisung einzelner Sachen, in FS Rechberger (2005) 709; *Zemen,* Die gesetzliche Erbfolge nach der Familienrechtsreform (1981).

Sind mehrere zur Erbfolge berufen, so erhebt sich die Frage nach 2210 dem Umfang ihrer Rechte. Bei der **gesetzlichen** Erbfolge ergibt sich die Quote aus den §§ 732–758, bei der **gewillkürten** aus dem Willen des Erblassers. Für Zweifelsfälle enthalten die §§ 554ff Auslegungsregeln.

Hat der Erblasser ohne nähere Bestimmung einen einzigen Erben eingesetzt, so erhält dieser den ganzen Nachlass (§ 554). Hat er mehrere Erben ohne Teilungsanordnung eingesetzt, so erben sie zu gleichen Teilen (§ 555). Gehören aber einige Erben zu einem Stamm, so wird wie bei der gesetzlichen Erbfolge geteilt (§ 559). Hat der Erblasser mehrere Erben auf bestimmte Teile eingesetzt, die nicht die gesamte Erbschaft erschöpfen, so wird der Rest nicht auf diese testamentarischen Erben verteilt, sondern fällt den gesetzlichen Erben zu (§ 556). Unterläuft dem Erblasser ein Rechenfehler, so entscheiden die beabsichtigten Relationen über die Verteilung (§ 558 Satz 3). Personengruppen, zB „die Schüler", oder juristische Personen werden nur einmal gezählt (§ 559).

Ein Sonderproblem ist die Einsetzung auf Quoten bei gleichzeitiger Zuweisung einzelner Sachen, wenn die Werte der zugewiesenen Sachen den Quoten nicht entsprechen und nicht genug übrig bleibt, um die wertmäßige Verteilung nach Quoten zu verwirklichen. Es sind dann entsprechend der Auslegung des Erblasserwillens entweder die Wertzuwendungen oder die Quoten zu berichtigen.[1])

Durch eine (gesetzliche oder vom Erblasser angeordnete) **Anrechnung** werden nicht die Erbquoten, sondern nur die Werte, die dem Erben 2211 zukommen, verändert; s dazu unten Rz 2345.

II. Die Anwachsung

Literatur: *Bolla,* Beiträge zur Lehre vom Zusammentreffen mehrerer Berufungsgründe im Erbrecht, ÖJZ 1947, 88; *Nitsche,* Akkreszenz und Erbrecht, GesRZ 1994, 97; *Welser,* Einsetzung auf bestimmte Teile und gesetzliches Erbrecht, NZ 1997, 345.

---

[8]) *Fischer-Czermak,* NZ 2001, 3ff.

[9]) OGH SZ 59/71.

[1]) Zum Verhältnis der beiden Anordnungen *Welser* in FS Rechberger 709; gegen diesen *Apathy,* JBl 2006, 137.

2212 Setzt der Erblasser mehrere Erben ein und gelangen einzelne von ihnen nicht zur Erbschaft, so entscheidet sein Wille, wer ihren Teil erhält. Hat er **nichts** anderes **verfügt,** so kann es zur Anwachsung kommen (s die §§ 560ff).

2213 *Anwachsung (Akkreszenz, Zuwachs) ist die Erweiterung des Erbteiles eines eingesetzten Erben um den Erbteil eines anderen eingesetzten Erben, der nicht zur Erbschaft gelangt.*

Zum Teil versteht man unter Anwachsung auch die Erweiterung des gesetzlichen Erbteils wegen Ausfalls eines in derselben Linie Erbberechtigten,[1]) doch gelten hiefür nicht die §§ 560ff, sondern die besonderen Regeln der §§ 733f.

2214 Der Eingesetzte kann vor oder nach dem Tod des Erblassers, ja bis zur Rechtskraft der Einantwortung wegfallen.

Der Grund des Wegfalls ist gleichgültig: Vortod, Erbunfähigkeit, Erbunwürdigkeit, Erbverzicht oder Erbsentschlagung.

2215 Die Anwachsung wird durch das Vorhandensein eines **Substituten** oder eines **Transmissars** ausgeschlossen, da dann kein Anteil frei wird.[2])

Der Erblasser kann jedoch das Gegenteil anordnen. Dies ist zu vermuten, wenn er mehrere Erben zu gleichen Teilen einsetzt und für alle denselben Ersatzerben bestimmt.[3])

2216 Die Anwachsungsberechtigten schließen ihrerseits die gesetzlichen Erben aus.

2217 Die Anwachsung wirkt auf den **Anfall** zurück. Sie tritt **von selbst** ein.[4]) Allerdings hat der Anwachsungsberechtigte das Recht, den Zuwachs **auszuschlagen.**[5]) Dann tritt für den freigewordenen Teil die gesetzliche Erbfolge ein.

2218 Mit den Anwachsungsregeln möchte das Gesetz dem „vermuteten Willen" des Erblassers entsprechen. Es nimmt dabei an, dass der Erblasser einen bestimmt zugewendeten Teil **zugleich** als **Höchstanteil** versteht.[6]) Deshalb sollen im Zweifel nur solche Erben anwachsungsberechtigt sein, die **ohne Bestimmung von Teilen** (Nennung einer genauen Quote) eingesetzt sind, während die auf bestimmte Teile eingesetzten Erben nichts dazuerhalten. Sind alle Erben zu bestimmten Teilen eingesetzt, so fällt ein freiwerdender Teil an die **gesetzlichen** Erben.

Eine Erbseinsetzung „zu je ein Drittel-Anteil" ist eine solche mit Bestimmung von Teilen, sodass bei Wegfall eines Testamentserben der Zuwachs ausgeschlossen ist.[7])

---

[1]) *Ehrenzweig* II/2, 422; *Bolla,* ÖJZ 1947, 90; *Weiß* in *Klang*² III 247, 249.

[2]) Differenzierend *Likar-Peer* in *Ferrari/Likar-Peer,* Erbrecht 235f; vgl auch *Kralik,* Erbrecht 177.

[3]) *Weiß* in *Klang*² III 362; OGH SZ 42/22.

[4]) Nach OGH NZ 1992, 252 bedarf es keiner weiteren Erbantrittserklärung.

[5]) *Zeiller,* Commentar II/2, 433; *Ehrenzweig* II/2, 422; Gegenmeinungen bei *Weiß* in *Klang*² III 249.

[6]) *Ehrenzweig* II/2, 421; *Welser,* NZ 1997, 345.

[7]) OGH JBl 1992, 385.

Diese Anwachsungsregeln werden nur selten dem Willen des Erblassers gerecht,[8]) da es oft Zufall ist, welche Wendung er gebraucht. 2219

Nach den §§ 560, 562 macht es sogar einen Unterschied aus, ob der Erblasser seine beiden Kinder „zu gleichen Teilen" oder „je auf die Hälfte des Nachlasses" einsetzt. Kann einer davon nicht erben, so müsste im ersten Fall Akkreszenz eintreten, während im zweiten Fall die Hälfte an die gesetzlichen Erben fällt.

Die **Auslegung** des Testaments hat vor diesen Vermutungen Vorrang.[9]) 2220

Ist ein eingesetzter Erbe auch gesetzlicher Erbe, so erhält er von dem erledigten Teil auch dann seine Quote, wenn er im Testament auf einen bestimmten Teil eingesetzt ist.[10]) 2221

Die Anwachsungsregeln sind entsprechend bei **Vermächtnissen** anzuwenden (§ 689). 2222

10. Kapitel

Das Heimfallsrecht des Staates

Literatur: *Apathy,* Heimfall und Transmission, JBl 1990, 399ff; *Deixler-Hübner,* Das Heimfallsrecht an Nachlässen, in *Buchegger/Holzhammer,* Beiträge zum Zivilprozeß III (1989) 1; *Ferrari-Hofmann-Wellenhof,* Die Erbschaftsklage (1991); *Rabl,* Verwendungsanspruch gegen den Fiskus – ist der Heimfall gegenüber dem wahren Erben gerechtfertigt? NZ 1997, 141; *E. Swoboda,* Transmission beim Heimfall hinfällig? JBl 1990, 298; *Welser,* Gibt es eine Transmission des Erbrechts an den heimfallsberechtigten Fiskus? in FS Würth (2014) 345; *Windisch,* Zur Durchsetzbarkeit des staatlichen Heimfallsrechtes gegen behauptete Erbrechte, in FS Finanzprokuratur (1995) 309; *Schweda,* Zur Transmission an den Fiskus, NZ 2014/12, 37.

Gibt es keine Erbberechtigten oder treten die Berechtigten die Erbschaft nicht an, so „fällt die Verlassenschaft als ein erbloses Gut dem Staate anheim": Heimfallsrecht, Kaduzität (§ 760). 2223

Der Staat, das ist die Republik Österreich (Bund), kommt also nur zum Zug, wenn weder der Eingesetzte noch ein Ersatzerbe zur Erbschaft gelangen, keine Transmission stattfindet, keine Anwachsung möglich ist, aufgrund des Gesetzes niemand berufen wird und keine Legatare die Erbschaft antreten (§ 726).[1]) 2224

Es gibt auch teilweisen Heimfall (Partialkaduzität), zB wenn nur einer von mehreren bestimmt eingesetzten Erben die Erbschaft ausschlägt und den freigewordenen Anteil auch sonst niemand antreten kann oder will.

Die Rechtsnatur des Heimfallsrechtes ist strittig. Nach hM ist es kein Erbrecht, sondern ein spezifisches **Recht auf Aneignung** des reinen Überschusses eines erblosen Nachlasses, das zur Gesamtrechtsnachfolge führt 2225

---

[8]) Vgl *Weiß* in *Klang*[2] III 247f; OGH SZ 57/157.

[9]) OGH JBl 1992, 385; NZ 2001, 384; *Welser,* NZ 1997, 346.

[10]) Dazu *Kralik,* Erbrecht 178; Ausführlich *Welser,* NZ 1997, 345; OGH NZ 1997, 363.

[1]) *Ehrenzweig* II/2, 403.

und auch sonst einem gesetzlichen Erbrecht ähnlich ist.[2]) Es entfallen aber Erbantrittserklärung und Einantwortung. Ferner ist **Transmission** (von einem erblosen Erben) an den Fiskus **ausgeschlossen.**[3]) Dieser den wesentlichen Unterschied zum gesetzlichen Erbrecht bildende Ausschluss ist nicht bloß formaler Natur. Hinter ihm steht die wichtige Wertung des Gesetzes, dass die Verwandten des ersten Erblassers dem Heimfallsrecht des Fiskus nach dem zweiten Erblasser vorgehen.[4])

Beispiel: E_1 stirbt, die Erbschaft fällt E_2 an. Noch vor der Einantwortung stirbt E_2 und hinterlässt keinerlei Erben, sodass der Nachlass kaduk wird. Mit diesem Heimfall geht jedoch nicht das Erbrecht nach E_1 auf den Staat über. Vielmehr ist zu fragen, wer nun nächstberufener Erbe nach E_1 ist. Nur wenn niemand berufen wird, kann auch dieser Nachlass (direkt) dem Staate heimfallen. Hätte E_2 Erben hinterlassen, würden sie durch Transmission auch Erben nach E_1 werden.

2226 Der Staat kann sein Heimfallsrecht erst geltend machen, wenn das Ediktalverfahren nach § 158 AußStrG erfolglos geblieben ist (§ 184 AußStrG).[5]) Er kann die Übernahme des Nachlasses auch ablehnen.[6]) Das heimfallende Vermögen ist von Amts wegen zu **inventarisieren** (§ 165 Abs 1 Z 5 AußStrG). Der Staat haftet den Gläubigern wie ein bedingt erbantrittserklärter Erbe, Gläubigerkonvokation ist zulässig (s unten Rz 2422 ff).

2227 Der Staat kann sein Recht in Analogie zur Erbschaftsklage mit der **Heimfälligkeitsklage** verfolgen.[7]) Das Urteil hat den Heimfall festzustellen, das Ärar kann vom Besitzer der Nachlasssachen ihre Herausgabe verlangen.[8])

Ein zu Unrecht übergangener Erbe kann seine Ansprüche durch analoge Anwendung[9]) der Erbschaftsklage (§ 823) geltend machen. Muss der Staat den Nachlass herausgeben, so ist er wie ein Scheinerbe zu behandeln.[10]) Das inzwischen aufgehobene HfD vom 12. 10. 1835, JGS 90/1835 bestimmte überdies, dass hiebei der Staat als redlicher Besitzer anzusehen sei.

2228 **Gutgläubige Erwerber** von Nachlassstücken sind analog zu § 824 geschützt.[11])

---

[2]) *Ehrenzweig* II/2, 404; OGH NZ 1985, 132; JBl 1989, 779; NZ 2002, 282; JBl 2013, 175 *(Holzner)* = EvBl 2013/57 *(Brenn);* s auch *Windisch* in FS Finanzprokuratur 310 f.

[3]) OGH JB 138; JBl 1967, 261; NZ 1985, 132; *Apathy,* JBl 1990, 399; *Fritsch* in *Ferrari/Likar-Peer,* Erbrecht 276; *Welser* in FS Würth 349 f; aA *Kralik,* Erbrecht 60; *E. Swoboda,* JBl 1990, 298; *Schweda,* NZ 2014/12, 38 ff.

[4]) Vollkommen übersehen von *Schweda,* NZ 2014/12, 57.

[5]) Dazu *Welser* in *Rummel/Lukas*[4] § 760 Rz 4 ff; vgl auch *Sailer* in *Gitschthaler/Höllwerth,* AußStrG § 184 Rz 3 ff; OGH JBl 2001, 326.

[6]) OGH SZ 27/201; SZ 59/150; JBl 1997, 241 *(Auckenthaler);* aA *Kralik,* Erbrecht 86; offenbar auch *Eccher* in *Schwimann/Kodek*[4] § 760 Rz 1.

[7]) *Kralik,* Erbrecht 338; *Ferrari-Hofmann-Wellenhof,* Erbschaftsklage 124, 195; OGH SZ 37/30; JBl 1989, 779; aA *Weiß* in *Klang*[2] III 1070.

[8]) OGH SZ 37/30.

[9]) *Rabl,* NZ 1997, 141; *Fritsch* in *Ferrari/Likar-Peer,* Erbrecht 281.

[10]) *Rabl,* NZ 1997, 142 f gegen OGH JBl 1997, 241 (zustimmend *Auckenthaler*), der zu Unrecht ein auflösend bedingtes Eigentum annimmt.

[11]) *Ehrenzweig* II/2, 406.

11. Kapitel

Das Vermächtnis (Legat)

I. Allgemeines

Literatur: *Eccher,* Antizipierte Erbfolge (1980); *Fischer-Czermak,* Vermächtnisvertrag und Schenkung auf den Todesfall, in FS Binder (2010) 79; *Schiffner,* Der Vermächtnisbegriff (1873); *Schiffner,* Die gesetzlichen Vermächtnisse (1895).

Vermächtnis (Legat) ist eine letztwillige Zuwendung, die nicht in der Hinterlassung eines Erbteils besteht (§§ 535, 647). 2229

Neben dem letztwillig angeordneten Vermächtnis ist in Analogie zum Erbvertrag zwischen Ehegatten oder eingetragenen Partnern auch der Vermächtnisvertrag zulässig,[1]) für den die §§ 1249ff sinngemäß gelten.[2]) Unmittelbar auf dem Gesetz beruht hingegen das Vorausvermächtnis des Ehegatten oder eingetragenen Partners (§ 758 iVm § 537a); s oben Rz 1948ff.

Das Vermächtnis muss dem Bedachten irgendeinen von ihm durchsetzbaren **Vorteil** bringen, er muss aber nicht in Geld messbar sein.[3]) S auch unten Rz 2253. 2230

Vermächtnisse können in Testamenten, Kodizillen und in Erbverträgen angeordnet werden. Ihre Gültigkeit und ihre Auslegung richten sich nach den Vorschriften über letztwillige Verfügungen. Allerdings ist die materielle Höchstpersönlichkeit bei Vermächtnissen gelockert (§§ 651, 656, 659) und es bestehen besondere Auslegungsregeln (§§ 655–683). 2231

Ob der Erblasser Erbseinsetzung oder Vermächtnis gewollt hat, ist oft zweifelhaft; s oben Rz 2064. Anders als der Erbe wird der Vermächtnisnehmer nicht Universalsukzessor, sondern nur Einzelrechtsnachfolger. 2232

Auch der Legatar muss den **Anfall** erleben und zu diesem Zeitpunkt **erbfähig** sein (§ 647); s oben Rz 1877ff. 2233

II. Damnationslegat, Vindikationslegat

Das Vermächtnis ist gewöhnlich Damnationslegat. 2234

Diese Bezeichnung stammt aus dem römischen Recht. Der Erblasser erteilte an den Erben den Erfüllungsbefehl „Heres meus damnas esto" (Mein Erbe soll verpflichtet sein).

Der Vermächtnisnehmer erhält durch die letztwillige Verfügung, durch den Vermächtnisvertrag oder beim „Voraus" durch das Gesetz einen Titel, der ihm einen **schuldrechtlichen Anspruch** auf Leistung 2235

---

[1]) *Pfaff/Hofmann,* Commentar II 393 FN 1; *Kralik,* Erbrecht 155f; *M. Bydlinski* in *Rummel*³ § 1249 Rz 2; *Fritsch* in *Ferrari/Likar-Peer,* Erbrecht 261; *Fischer-Czermak* in FS Binder 83ff; OGH SZ 58/131; vgl aber *Krasnopolski/Kafka,* Erbrecht 168f; *Weiß* in *Klang*² V 910.

[2]) Vgl *Zankl,* Schenkung auf den Todesfall, Vermächtnisvertrag und „reines Viertel", NZ 1997, 312, der an der Beschränkung auf die Ehegatten zweifelt. S dazu auch *Fischer-Czermak* in FS Binder 86f.

[3]) OGH EvBl 1974/260; SZ 45/13; *Kralik,* Erbrecht 216. Zur Wertsicherung von Vermächtnissen *Zankl,* Letztwillige Wertsicherungen im österreichischen und deutschen Recht, NZ 1998, 193.

gewährt.[1]) Zum sachenrechtlichen Erwerb bedarf es des Verfügungsgeschäftes (§ 684 Satz 2). Bis dieses vorgenommen wird, gehört die Sache zum Nachlass, nach der Einantwortung dem Erben.

2236 Die tatsächliche Übergabe entfällt, wenn die Sache noch vom Erblasser dem Vermächtnisnehmer, zB zur Verwahrung, überlassen wurde, sodass eine Übergabe kurzer Hand genügt („traditio brevi manu"; s Bd I Rz 845 f).[2])

Eine echte „Vorauserfüllung" eines Vermächtnisses durch den Erblasser ist hingegen unmöglich, weil zu seinen Lebzeiten der Titel noch nicht wirksam ist.[3])

2237 Der Vermächtnisnehmer wird **Einzelrechtsnachfolger** des Erblassers, wenn er Sachen oder Rechte des Erblassers erhält, nicht aber, wenn der Erbe die Sache erst beschaffen muss.

2238 Der Vermächtnisnehmer ist selbst Gläubiger und **haftet** anderen Gläubigern **nicht** für die mit der Erbschaft verbundenen Schulden. Es kann allerdings zu einer **Kürzung** der Legate kommen.[4]) Zwei Fälle sind zu unterscheiden.[5]) Erstens hat ein bedingt erbantrittserklärter Erbe gemäß § 692 das Recht zur verhältnismäßigen Kürzung, wenn die Vermächtnisse den nach Berichtigung der Nachlassverbindlichkeiten verbleibenden Nachlassrest **übersteigen.** Zweitens kann der Erbe die Legate nach § 783 kürzen, wenn der Erblasser einem Noterben den gebührenden **Pflichtteil** nicht zugewendet hat. Dasselbe gilt nach hA auch für Schenkungen auf den Todesfall.[6]) Dieses Kürzungsrecht steht auch dem unbedingt erbantrittserklärten Erben zu, weil das Gesetz vermutet, dass die Belastung durch den Pflichtteilsanspruch nicht vom Erben allein, sondern verhältnismäßig von allen Begünstigten, also auch von den Legataren, getragen werden soll („materielle Beitragspflicht der Legatare").[7]) Die Kürzung erfolgt im Verhältnis des Wertes der Erbteile und Legate zueinander.[8])

Die Forderungen der Nachlassgläubiger, der Unterhaltsberechtigten und der Noterben gehen den Vermächtnisnehmern jedenfalls vor (§§ 783 ff, 233, 796).[9]) Das

---

[1]) Vgl dazu OGH SZ 59/219; NZ 1988, 137.

[2]) S dazu aber *Rabl,* Das Nachlaßinventar – Inhalt und Zweck, NZ 1999, 129 (139); *Schauer,* Rechtsprobleme der erbrechtlichen Nachfolge bei Personenhandelsgesellschaften (1999) 121 ff; *Cohen,* Rechtserwerb der auf den Todesfall geschenkten Sache außerhalb des Verlassenschaftsverfahrens? JEV 2011, 114 (118 f).

[3]) S dazu *Ehrenzweig,* Die Schenkung auf den Todesfall, in FS zur Jahrhundertfeier des ABGB II (1911) 674 f; *Schauer,* Rechtsprobleme 121 ff; *Zankl,* Antizipierte Vermächtniserfüllung, NZ 1999, 314; OGH NZ 1992, 69.

[4]) *Zemen,* Zur Kürzung der Vermächtnisse nach § 783 ABGB, ÖJZ 1985, 68; OGH NZ 1990, 300.

[5]) Vgl auch OGH EF-Z 2007/93; EvBl 2014/116 *(Blümel)* = EF-Z 2014/117 *(A. Tschugguel);* EvBl 2015/80 *(Cach).*

[6]) OGH NZ 2002, 94; dagegen *Rabl,* Die Schenkung auf den Todesfall im Pflichtteilsrecht, NZ 2005/32, 129.

[7]) *Welser* in *Rummel/Lukas*[4] § 783 Rz 3; *Zemen,* ÖJZ 1985, 68 f; OGH NZ 1992, 271; vgl auch NZ 1994, 234; NZ 1996, 88; SZ 65/73; JBl 1997, 166; EF-Z 2007/93; EvBl 2014/116 *(Blümel)* = EF-Z 2014/117 *(A. Tschugguel).*

[8]) Zur Verjährung OGH EvBl 2014/116 *(Blümel)* = EF-Z 2014/117 *(A. Tschugguel).* Zur Verweigerung der Ausfolgung eines Vermächtnisses OGH EF-Z 2015/53.

[9]) Vgl dazu OGH EvBl 1983/158; JBl 1990, 583; JBl 2001, 511; EF-Z 2007/93.

Vorausvermächtnis hat selbst Pflichtteilsfunktion und genießt sogar vor den (übrigen) Pflichtteilen Vorrang. Wenn der Rest des Nachlasses nicht zur Begleichung aller Vermächtnisse ausreicht, wird das Legat des Unterhaltes vor allen anderen ungekürzt entrichtet (§ 691).

Beim **Vindikationslegat** wird der Vermächtnisnehmer mit dem Anfall Eigentümer der vermachten Sache, er hat also sofort die „rei vindicatio". Diese Art des Vermächtnisses ist dem österreichischen Recht unbekannt. Auch der gesetzliche Voraus ist ein Damnationslegat (oben Rz 1950). 2239

III. Berechtigte und Beschwerte

Das Vermächtnis **begünstigt** meist einen Nichterben, doch können auch zugunsten der Erben Legate ausgesetzt sein, und zwar als Vorausvermächtnis oder Hineinvermächtnis. 2240

Das **Vorausvermächtnis** (Prälegat) gewährt dem Erben neben seinem Erbteil ein Forderungsrecht als Legatar. Es gebührt, wie schon sein Name sagt, „voraus", dh ohne Anrechnung auf den Erbteil. Zu seiner Berichtigung haben alle Erben, also auch die Prälegatare selbst, verhältnismäßig beizutragen.[1]) 2241

Ist der Vorausvermächtnisnehmer der einzige Erbe, so kann er gegen sich selbst kein Forderungsrecht haben, zumal er ohnedies den ganzen Nachlass erhält. Die Anordnung des Vermächtnisses kann dennoch im Verhältnis zu Dritten eine gewisse Bedeutung haben. So braucht der Erbe bei Unzulänglichkeit des Nachlasses diesen nicht restlos an die Legatare herauszugeben (§ 690), sondern kann sich nach Kürzung aller Vermächtnisse selbst einen entsprechenden Teil zurückbehalten. Das wichtigste Vorausvermächtnis ist der gesetzliche Voraus des Ehegatten oder eingetragenen Partners (§ 758 iVm § 537a); s oben Rz 1948ff.

Vermächtnisse an einen Erben sind jedoch im Zweifel nicht Voraus-, sondern **Hineinvermächtnisse,**[2]) dh auf den Erbteil anzurechnen, sodass bei einer Mehrheit von Erben in Wirklichkeit nur eine Teilungsanordnung vorliegt.[3]) 2242

Ein **Mitvermächtnis** steht mehreren Personen geteilt oder ungeteilt zu. In einem solchen Fall ist auch unter Vermächtnisnehmern Anwachsung möglich (§ 689); s oben Rz 2212ff. 2243

Der Erblasser kann auch **Ersatz-** und **Nachlegatare** ernennen (§ 652);[4]) s oben Rz 2159ff. 2244

Wie ein Vorerbe hat der Vorlegatar nur die Stellung eines zeitlich beschränkten Eigentümers, die im Wesentlichen der eines Fruchtnießers entspricht. Mit dem Ein-

---

[1]) OGH JBl 1967, 371.

[2]) AA *Kralik,* Erbrecht 208; *Zankl,* Das gesetzliche Vorausvermächtnis des Ehegatten (1996) 136; *Apathy,* Teilungsanordnung und Erbeinsetzung, JBl 2006, 137 (139); *Eccher* in *Schwimann/Kodek*[4] § 648 Rz 3; *Apathy* in KBB[4] § 648 Rz 4.

[3]) OGH JBl 1953, 236; *Ehrenzweig* II/2, 538; *Eccher* in *Schwimann/Kodek*[4] § 648 Rz 2; aA *Weiß* in *Klang*[2] III 497f; *Kralik,* Erbrecht 208; *Apathy* in KBB[4] § 648 Rz 3. Vgl auch OGH JEV 2009/19; NZ 2012/112.

[4]) S OGH NZ 1988, 137; JBl 1990, 111.

tritt des Substitutionsfalles erhält der Nachlegatar das unbeschränkte Vollrecht an der Sache.[5])

2245 Das Vermächtnis ist vom **Erben** zu erfüllen, er ist damit **beschwert.** Mehrere Erben haben mangels anderer Anordnung des Erblassers nach ihrer Quote zur Erfüllung beizutragen (§ 649).

Wird die gesamte Erbschaft durch die Vermächtnisse erschöpft, so kann der Erbe eine seinen Bemühungen angemessene Belohnung fordern oder beim Gericht um die Bestellung eines Kurators zur Verwaltung des Nachlasses ansuchen (§ 690).

2246 Der Erblasser kann auch einen Legatar mit einem Vermächtnis belasten (§ 649). Dieses **Untervermächtnis** (Sublegat) erzeugt ein Forderungsrecht des Untervermächtnisnehmers gegen den Hauptvermächtnisnehmer.

Erwirbt der Hauptlegatar das Vermächtnis nicht, so hat das Untervermächtnis jener zu entrichten, dem das Vermächtnis zufällt. Dies ist der Ersatzvermächtnisnehmer, wenn ein solcher berufen ist, sonst der Erbe, weil dann das Vermächtnis im Nachlass bleibt. Der Erbe hat jedoch eine facultas alternativa: Statt das Untervermächtnis zu leisten, kann er das Hauptvermächtnis dem Sublegatar überlassen (§ 650). Dem Hauptlegatar steht dieses „Abandon-Recht" nicht zu.

2247 Das Vermächtnis ist am Fälligkeitstag in dem **Zustand** zu leisten, in dem es sich beim Tod des Erblassers befunden hat.

Der Vermächtnisschuldner haftet für die schuldhafte Verletzung seiner Pflichten. Er ist aber zB von der Haftung frei, wenn er über die vermachte Sache gutgläubig verfügt, sie veräußert oder zerstört.[6]) Der gute Glaube fällt weg, sobald der Belastete an der Rechtmäßigkeit seines Besitzes zweifeln muss.[7]) Ein an die Stelle eines ausgeschiedenen Vermögensgegenstandes tretendes Surrogat („stellvertretendes commodum") hat er dem Vermächtnisnehmer herauszugeben.[8])

IV. Erwerb des Vermächtnisses

Literatur: *Staufer,* Probleme des Rechtsverhältnisses zwischen Erben und Vermächtnisnehmern, NZ 1962, 33; *Schweda,* Zur Ausfolgung von Legaten, NZ 2011/43, 161 und 2012/59, 161.

2248 Das Recht des Legatars **entsteht** zwar mit dem Anfall, es wird jedoch erst mit dem Zahlungstag **fällig.** Der Legatar braucht nur den Anfallstag zu erleben.

2249 Obwohl § 689 von der Annahme des Vermächtnisses spricht, bedarf es zu seinem Erwerb keiner besonderen Erklärung.[1])

Allerdings steht dem Vermächtnisnehmer eine ausdrückliche Annahme oder Ausschlagung frei.[2]) Nimmt der Legatar das Vermächtnis nicht in Anspruch, so fällt es dem Ersatzvermächtnisnehmer zu, wenn der Erblasser einen solchen bestimmt hat.

---

[5]) OGH JBl 1988, 712; EvBl 1992/13.

[6]) Für eine Analogie zu den §§ 326f und 824 *Kralik,* Erbrecht 240; diesem folgend OGH NZ 1992, 294.

[7]) OGH NZ 1992, 294.

[8]) S auch *Bollenberger,* Das stellvertretende Commodum (1999) 421f.

[1]) *Kralik,* Erbrecht 236; OGH JBl 1991, 112; aA *Faistenberger,* Das Vorkaufsrecht (1967) 283.

[2]) S dazu *Volgger,* Antritt und Ausschlagung der Erbschaft (2014) 19ff.

Gibt es keinen Ersatzvermächtnisnehmer, so kann es beim Mitvermächtnis zur Anwachsung kommen. Ist auch diese nicht möglich, so bleibt das erledigte Vermächtnis in der Erbschaftsmasse; s oben Rz 2217f.

Anfallstag (dies legati cedens) ist der Todestag des Erblassers 2250
(§ 684), beim aufschiebend bedingten Vermächtnis der Eintritt der Bedingung (§ 699). Das Vermächtnis wird mit dem Anfall zur Gänze erworben; das gilt auch für Rentenvermächtnisse.[3])

Den **Zahlungstag** (dies legati veniens) bestimmt der Erblasser. Hat 2251
er nichts angeordnet, so wird das Vermächtnis **ein Jahr** nach seinem Anfall fällig.[4]) Bestimmte begünstigte Legate wie das Vermächtnis einzelner Verlassenschaftsstücke, kleine Belohnungen der Bediensteten und gemeinnützige Vermächtnisse, können allerdings **sofort** gefordert werden (§ 685); ebenso das Unterhaltsvermächtnis (§ 687). Mit dem Zahlungstag beginnt auch die Verjährung.

Beim Vermächtnis **einzelner Verlassenschaftsstücke** gebühren dem 2252
Legatar ab dem Tod des Erblassers auch alle Nutzungen und Früchte.[5]) Umgekehrt treffen ihn ab diesem Zeitpunkt auch alle auf der Sache haftenden Lasten und ihr zufälliger Untergang (§ 686).[6]) Zinsen sind bei Geldlegaten ab Fälligkeit zu leisten.

V. Gegenstand des Vermächtnisses

Literatur: *Eccher,* Antizipierte Erbfolge (1980); *Kletečka,* Das Nachlegat der Sache des Erben, NZ 1999, 66; *Schragl,* Hypotheken- und Schuldübernahme durch den Legatar? NZ 1952, 38; *Welser,* Das Legat einer fremden Sache, NZ 1994, 197.

Gegenstand eines Vermächtnisses kann alles sein, was im Verkehr 2253
steht und den Inhalt einer selbständigen **Schuldforderung** bilden kann, also vor allem körperliche Sachen und Rechte.[1]) Das **Speziesvermächtnis** wird vom Erblasser durch individuelle Merkmale umschrieben, das **Gattungsvermächtnis** durch generelle (s oben Rz 114ff).

Das Gattungsvermächtnis muss der Erbe im Zweifel ohne Rücksicht 2254
darauf leisten, ob die Gattung im Nachlass vorhanden ist, es trifft ihn also eine Verschaffungspflicht **(echtes Gattungsvermächtnis).** Das gilt vor allem für das Geldlegat (§ 658 letzter Satz).

Vermacht der Erblasser eine Gattungssache nur aus seinem Eigentum, so begründet dies eine der Speziesschuld angenäherte begrenzte Gattungsschuld (unechtes Gattungsvermächtnis). Hier ist das Vermächtnis wirkungslos, wenn sich die Gattung im Nachlass nicht findet.

Hat der Erblasser dem Legatar die eine oder die andere Sache, insbe- 2255
sondere eine von mehreren Sachen einer gewissen Gattung vermacht, so

---

[3]) *Ehrenzweig* II/2, 539.

[4]) Dazu OGH ÖBA 2009/1550.

[5]) Dazu *Staufer,* NZ 1962, 33; vgl OGH NZ 2010/79.

[6]) Die Lasten müssen auf die vermachte Sache bezogen sein; OGH EvBl 2002/211 = ecolex 2002, 880 (kritisch *Wilhelm*).

[1]) ZB Geschäftsanteile einer GmbH; OGH SZ 59/219; JBl 1991, 112.

steht das **Wahlrecht** im Zweifel dem Erben zu (§§ 656, 906). Er muss aber ein solches Stück wählen, das der Legatar auch gebrauchen kann (§ 656).

Nach schuldrechtlichen Regeln ist hingegen im Zweifel „Gattung mittlerer Art und Güte" zu liefern (s oben Rz 118).

2256 Hat der Vermächtnisnehmer das Wahlrecht, so darf er auch die beste Sache nehmen. Der Erblasser kann die Auswahl auch einem Dritten überlassen.

Ist die Bestimmung durch diesen unmöglich, so hat sie das Gericht mit Rücksicht auf den Stand und das Bedürfnis des Legatars vorzunehmen (§ 659).

2257 Der Erblasser kann auch ein **„Verschaffungsvermächtnis"** anordnen.[2]) Dann muss der Erbe die vermachte Sache anschaffen. Ohne eine solche Anordnung ist jedoch das Vermächtnis einer Spezies, die weder dem Erblasser noch dem Beschwerten gehört, wirkungslos (§ 662).

Überraschend ist, dass der Erblasser (außer einem Verschaffungsvermächtnis) auch wirksam ein Vermächtnis anordnen kann, das sich auf eine Sache des Erben bezieht. Eine dem Erben gehörige Sache ist also im Sinne des § 662 nicht „fremd". Es verstieße allerdings gegen die Testierfreiheit des Erben, wenn ihn der Erblasser verpflichten könnte, bei seinem Tod eine Sache aus seinem freien Vermögen einem Dritten zu hinterlassen.[3]) Gültig ist also die Anordnung eines Vermächtnisses aus dem Vermögen des Erben nur dann, wenn es beim Tod des Erblassers, nicht aber beim Tod des Erben selbst zu entrichten ist. Stammt die Sache vom Erblasser selbst, so handelt es sich um ein fideikommissarisches Vermächtnis (§ 652), das auch in diesem Fall wirksam ist.

2258 Forderungen können auf verschiedene Weise Gegenstand eines Vermächtnisses sein. Das **Forderungsvermächtnis** (legatum nominis; § 664) verpflichtet den Beschwerten zur Abtretung der vermachten Forderung. Das gilt auch beim Vermächtnis einer Geldforderung, der Erbe muss die Forderung nur abtreten, aber nicht die geschuldete Summe herausgeben; sonst würde dem Erben ein Insolvenzrisiko (des Drittschuldners) aufgebürdet, das der Erblasser gerade dem Legatar aufbürden wollte.[4])

Ein Forderungsvermächtnis ist zB das Legat des Bestandrechts. Es gibt dem Vermächtnisnehmer nur einen Anspruch auf Übertragung gegen den Erben. Der Legatar tritt daher nicht unmittelbar und nicht ohne Zustimmung des Vermieters in das Bestandverhältnis ein.[5]) Wird ein Unternehmen vermacht, so erwirbt der Legatar die damit verbundenen Hauptmietrechte allerdings gemäß § 12a Abs 1 MRG.[6])

---

[2]) Dazu *Weiß* in *Klang*² III 564ff.

[3]) *Welser/Rabl,* Der Fall Klimt (2005) 45ff; *Welser,* Der Fall Klimt/Bloch-Bauer, ÖJZ 2005/40, 689 (693f); *Rabl,* Der Fall Klimt/Boch-Bauer, NZ 2005/66, 257 (261); dagegen *Krejci,* Zum Fall Klimt/Bloch-Bauer, ÖJZ 2005/43, 733 (742); dagegen wiederum *Welser,* Krejcis „Klimt-Streit" und das Erbrecht – Eine Erwiderung, ÖJZ 2005/48, 817 (822).

[4]) OGH NZ 2002, 206; anderes gilt, wenn der Schuldner die Forderung schon beglichen hat.

[5]) *Wilhelm,* Übergang des Bestandverhältnisses durch Vermächtnis? JBl 1972, 79; *Wilhelm,* Übergang des Bestandverhältnisses durch Vermächtnis – noch immer? JBl 1984, 594; *Welser* in *Rummel/Lukas*⁴ § 664 Rz 6; ebenso OGH JBl 1987, 449; MietSlg 41.113/30; ecolex 1991, 386 *(Reich-Rohrwig);* wobl 1999/8.

[6]) OGH SZ 61/240 (noch zu § 12 Abs 3 MRG). Zur Frage, ob durch das 3. WÄG diesbezüglich eine Änderung eingetreten ist, *Ostheim,* Unternehmensveräußerung und Mietzinserhöhung im 3. WÄG, wobl 1993, 216.

Durch das **Befreiungsvermächtnis** (legatum liberationis; § 663) soll der Legatar von einer Verbindlichkeit befreit werden. Auch in diesem Fall bewirkt das Vermächtnis aber nicht eo ipso die Befreiung beim Tod des Erblassers, sondern verpflichtet bloß den Erben zum Erlass.[7]) 2259

Das **Schuldvermächtnis** (legatum debiti; § 665) ist das Vermächtnis dessen, was der Erblasser dem Legatar bereits schuldet. Es ist nur sinnvoll, wenn es – verglichen mit dem bereits bestehenden Schuldverhältnis – die Stellung des Gläubigers (und nunmehrigen Vermächtnisnehmers) verbessert, zB durch Vorverlegung der Fälligkeit oder den Verzicht auf Gegenrechte. 2260

VI. Schutz des Legatsanspruches

Der Vermächtnisnehmer kann seine Forderung, sobald sie fällig ist, ohne Rücksicht auf den Stand des Verlassenschaftsverfahrens, also auch vor einer Erbantrittserklärung oder während eines Erbrechtsstreites, mit der **Vermächtnisklage** (Legatsklage) durchsetzen.[1]) 2261

Das Verlassenschaftsgericht kann keine Streitigkeiten über die Gültigkeit eines Legates entscheiden, ein solcher Beschluss wäre nichtig.[2])

Die Legatsklage ist vor der Einantwortung gegen den Nachlass, danach gegen den Erben zu richten,[3]) sie ist schuldrechtliche Singularklage. 2262

Während des Nachlassverfahrens kann der Legatar die **Nachlassseparation** verlangen (§ 812); s unten Rz 2430ff. Vor der Einantwortung ist zu prüfen, ob die Legatare vom Anfall verständigt sind (§ 817, § 176 Abs 1 AußStrG).[4]) 2263

Eine Sicherheitsleistung ist nur für Ansprüche Pflegebefohlener vorgesehen (§ 176 Abs 2 AußStrG).[5]) Anders als nach früherer Rechtslage (§§ 158ff AußStrG aF) gibt es keine Sicherstellung gemeinnütziger Vermächtnisse mehr.

VII. Das außerordentliche Erbrecht der Legatare

Wenn sonst niemand den Nachlass erwirbt, beruft das Gesetz zur Vermeidung der Kaduzität – wenn es solche gibt – die Vermächtnisnehmer zu Erben (§ 726). Mehrere Vermächtnisnehmer erhalten den Nachlass **im Verhältnis** der Werte ihrer Legate. Eine Erbantrittserklärung ohne Angabe der Quote bedeutet nach der Judikatur die Inanspruchnahme dieses verhältnismäßigen Erbrechts.[1]) § 726 setzt allerdings ein gültiges Legat voraus, weil sonst keine Zuwendung vorliegt; ein aus- 2264

---

[7]) *Kralik,* Erbrecht 228.
[1]) OGH JBl 1969, 666.
[2]) OGH SZ 42/69; NZ 1988, 137.
[3]) OGH SZ 48/86; EvBl 1986/11; JBl 1996, 580.
[4]) Zur Parteistellung und Rekurslegitimation OGH NZ 2011/20.
[5]) Dazu *Knoll,* Einiges zum neuen Verlassenschaftsverfahren, RZ 2005, 2ff.
[1]) OGH NZ 1992, 131.

drücklich oder kraft gesetzlicher Vorschrift (§ 661) widerrufenes genügt nicht.[2])

Dem außerordentlichen Erbrecht der Vermächtnisnehmer gehen die eingesetzten Erben, die Substituten, die Transmissare, die Anwachsungsberechtigten und die gesetzlichen Erben vor. Umgekehrt kommen die Legatare vor dem Heimfallsrecht des Staates zum Zug.[3])

2265 Die Legatare werden **wie Testamentserben** behandelt. Sie müssen daher auch die „übrigen Verfügungen" des Erblassers befolgen. Dies sind Vermächtnisse und Auflagen (§§ 650, 709), nicht aber Bedingungen (§ 702).

2266 Das außerordentliche Erbrecht haben auch Vor- und Nachlegatare.[4]) Es gilt analog für Erben, die auf **bestimmte Teile** eingesetzt sind und denen deshalb gemäß § 562 kein Anteil zuwachsen kann.[5]) Treffen solche Erben mit Legataren zusammen, so gehen sie diesen nicht vor,[6]) sondern teilen mit ihnen nach dem Verhältnis der zugewendeten Werte.[7])

Die Legatare müssen als Erben eine Erbantrittserklärung abgeben (§ 159 Abs 1 Z 2 AußStrG).[8]) Sie können aber die Erbschaft auch ausschlagen und vom heimfallsberechtigten Staat die Auszahlung der Legate verlangen.[9])

12. Kapitel

Schenkung auf den Todesfall und verwandte Geschäfte

Literatur: *Apathy,* Der Auftrag auf den Todesfall, JBl 1976, 393; *Binder,* Zum Erfordernis des Widerrufsverzichts bei der Schenkung auf den Todesfall, in FS Welser (2004) 77; *Cohen,* Rechtserwerb der auf den Todesfall geschenkten Sache außerhalb des Verlassenschaftsverfahrens? JEV 2011, 114; *Eccher,* Antizipierte Erbfolge (1980); *Ehrenzweig,* Die Schenkung auf den Todesfall, in FS zur Jahrhundertfeier des ABGB II (1911) 624; *Fischer-Czermak,* Vermächtnisvertrag und Schenkung auf den Todesfall, in FS Binder (2010) 79; *Grabenwarter,* Schenkung auf den Todesfall und Abhandlungspflege, ÖJZ 1988, 558; *Jud,* Schenkung auf den Todesfall und Berechnung des „freien Viertels" beim Erbvertrag, NZ 1999, 268; *Jud,* Die bedingte Schenkung auf den Todesfall, NZ 2004, 321; *Keinert,* Kassatorische Klausel bei Schenkung auf den Todesfall? JBl 2009, 217; *Kurschel,* Folgen des Zuwiderhandelns gegen einen Schenkungsvertrag auf den Todesfall, NZ 1986, 97; *Längle,* Schenkung auf den Todesfall (2009); *Oberhumer,* Die Schenkung auf den Todesfall – kein Zwitter, NZ 2008/37, 129; *Rabl,* Die Schenkung auf den Todesfall im Pflichtteilsrecht, NZ 2005/32, 129; *Schauer,* Vertrag zugunsten Dritter auf den Todesfall, in *Gruber/Kalss/Schauer/Müller,* Erbrecht und Vermögens-

---

[2]) AA OGH JBl 1991, 724, weil für das außerordentliche Erbrecht ein „Naheverhältnis zum Erblasser" ausreiche. Vgl auch OGH SZ 71/83; *Fritsch* in *Ferrari/Likar-Peer,* Erbrecht 273.

[3]) Vgl OGH JBl 1988, 712.

[4]) OGH EvBl 1992/13; *Kletečka,* Ersatz- und Nacherbschaft (1999) 281 ff.

[5]) *Pfaff/Hofmann,* Commentar II 673; *Ehrenzweig* II/2, 481; anders hingegen OGH EvBl 1961/292; offensichtlich auch *Weiß* in *Klang*[2] III 796.

[6]) So aber *Pfaff/Hofmann,* Commentar II 673; *Kralik,* Erbrecht 84.

[7]) *Ehrenzweig* II/2, 481.

[8]) OGH NZ 2005/40.

[9]) *Unger,* Erbrecht[4], 112; *Ehrenzweig* II/2, 481; *Gschnitzer/Faistenberger,* Erbrecht 26.

nachfolge (2010) 675; *Scheuba,* Generationübergreifender Vermögenstransfer jenseits des Erbrechts, in FS 200 Jahre ABGB (2011) 1409; *Welser,* Neue Rechenaufgaben vom Gesetzgeber, NZ 1978, 161; *Welser,* Erbverzicht und Schenkung auf den Todesfall, NZ 1991, 84; *Welser,* Schenkung auf den Todesfall – Widerrufsverzicht und Bedingung, NZ 2005/38, 161; *Welser,* Vertragliche Bindungen im Erbrecht, in FS Woschnak (2010) 631; *Zankl,* Schenkung auf den Todesfall, Vermächtnisvertrag und „reines Viertel", NZ 1997, 311; *Zankl,* Vertrag und Treuhand zugunsten Dritter auf den Todesfall, NZ 1998, 225.

I. Schenkung auf den Todesfall

Wer eine Sache für den Fall seines Todes „verschenkt", meint damit oft einfach ein Vermächtnis. Wie jede letztwillige Verfügung wirkt die Anordnung nur, wenn die Testamentsform eingehalten wird: Eine Schenkung, deren Erfüllung erst nach dem Tod des Schenkenden erfolgen soll, ist mit Beobachtung der vorgeschriebenen Förmlichkeiten als ein **Vermächtnis** gültig (§ 956).[1]) S auch § 603. Als Vermächtnis ist die Anordnung frei widerruflich. Zum Vermächtnisvertrag s oben Rz 2229. 2267

Daneben gibt es die echte **Schenkung auf den Todesfall,** die als Vertrag den Erblasser bindet (§ 956 Satz 2).[2]) Sie ist nur unter drei Voraussetzungen gültig: Aus dem Vertragscharakter folgt, dass der Beschenkte das Versprechen dem Erblasser gegenüber **annehmen** muss. Der Erblasser muss ferner ausdrücklich auf das für Vermächtnisse charakteristische Widerrufsrecht **verzichten**[3]) und schließlich muss die Form des **Notariatsaktes** eingehalten werden (§ 956 Satz 2; § 1 Abs 1 lit d NotAktsG).[4]) 2268

Statt des Widerrufsverzichts lässt der OGH auch ein Veräußerungs- und Belastungsverbot genügen, da die Warn- und Beweisfunktion des Widerrufsverzichts dadurch hinreichend erfüllt wird.[5])

Die Schenkung auf den Todesfall ist eine mit dem Tod des Erblassers (als Anfang) terminisierte Schenkung.[6]) Daher braucht der Beschenkte den Erbfall **nicht zu erleben,** er kann sein Recht vererben (§ 705). Bedingungen können vereinbart werden, sie dürfen aber nicht den Widerrufsverzicht entwerten. Unzulässig sind daher etwa Potestativ- 2269

---

[1]) Zum Vermächtnis mit vorweggenommener Übergabe OGH NZ 1992, 69. Zur Umdeutung einer formnichtigen Schenkung unter Lebenden in ein Vermächtnis *Jud,* Testierabsicht, Form und Konversion, NZ 2001, 17ff.

[2]) Nach *Zankl,* NZ 1997, 312ff muss analog zu § 1253 das reine Viertel frei bleiben; diesem folgend *Jud,* NZ 1999, 278f.

[3]) *Jud,* NZ 2004, 322ff ist aus historischen Gründen gegen das Erfordernis des Widerrufsverzichts; dagegen *Binder* in FS Welser 77ff; *Welser,* NZ 2005/38, 161; *Längle,* Schenkung auf den Todesfall 101, 119; OGH EF-Z 2006/81; EvBl 2015/29 (Gleichwertigkeit eines Belastungs- und Veräußerungsverbots). S dazu auch *Welser,* Die Reform des österreichischen Erbrechts, 17. ÖJT Band II/1 (2009) 66f.

[4]) Die Formvorschriften sind auch auf gemischte Schenkungen auf den Todesfall anzuwenden; OGH NZ 1996, 205; EvBl 1997/47.

[5]) OGH JBl 2000, 48; EvBl 2015/29.

[6]) *Weiß* in *Klang*² III 190; *Eccher,* Antizipierte Erbfolge 125ff; *Jud,* NZ 2004, 325; vgl OGH EvBl 1972/184; SZ 59/9.

bedingungen, deren Herbeiführung allein im Belieben des Erblassers steht.[7])

Die Schenkung auf den Todesfall entspricht der deutschrechtlichen donatio post obitum (Terminisierung) und nicht der römischen donatio mortis causa (Überlebensbedingung). Eine besonders vereinbarte Überlebensbedingung steht aber mit dem Geschäft nicht im Widerspruch.[8])

2270 Die **Rechtsnatur** der Schenkung auf den Todesfall ist umstritten. Manche betrachten sie als gewöhnliche, befristete Schenkung unter Lebenden und den Beschenkten als Gläubiger des Erblassers. Sowohl vor dem Tod des Erblassers als auch danach handle es sich also um ein Rechtsgeschäft unter Lebenden **(„Vertragstheorie").**[9]) Nach jüngerer ständiger Rechtsprechung[10]) nimmt sie jedoch eine Mittelstellung zwischen den Geschäften unter Lebenden und jenen von Todes wegen ein. Vereinfachend, aber treffend gesagt, ist sie bei Lebzeiten des Erblassers als Vertrag, nach seinem Tod aber wie ein Vermächtnis zu behandeln **(„Vermächtnistheorie").**[11]) Die Schenkung auf den Todesfall ist daher in das **Inventar** als Aktivum aufzunehmen[12]) und nicht gleichzeitig als Passivum auszuweisen.[13])

2271 Die Schenkung auf den Todesfall entfaltet ihre Wirkung erst mit dem Tod des Erblassers. Insofern ist sie – was sie von jeder anderen Schenkung unterscheidet – ein Geschäft **von Todes wegen.**[14]) Der Erblasser **bleibt Eigentümer** bis zu seinem Tod, der Begünstigte kann sein Recht erst danach durchsetzen. Dies wird vernachlässigt, wenn man die Schenkung auf den Todesfall wie eine Schenkung unter Lebenden behandelt.[15])

Wäre die Schenkung auf den Todesfall eine solche nach § 785, so könnte der Erblasser durch ein erst mit seinem Tod wirkendes Geschäft relativ einfach die Pflichtteile

---

[7]) *Binder* in FS Welser 85ff; *Welser,* NZ 2005/38, 164ff. S auch *Längle,* Schenkung auf den Todesfall 111ff, 119ff.

[8]) OGH JBl 1985, 290 mwN; aA *Kralik,* Erbrecht 168.

[9]) *Weiß* in *Klang*² III 910, 917; *Eccher,* Antizipierte Erbfolge 125ff; *Gschnitzer/Faistenberger,* Erbrecht 99; *Kralik,* Erbrecht 168; *Rabl,* NZ 2005/32, 133ff; *Oberhumer,* NZ 2008/37, 135ff; *Längle,* Schenkung auf den Todesfall 156f; *Apathy* in KBB⁴ § 785 Rz 2.

[10]) Im Anschluss an *Welser,* NZ 1978, 165f; OGH JBl 1981, 593; NZ 1988, 42 *(Findeis);* EF-Z 2008/142 *(Oberhumer);* EF-Z 2011/174; NZ 2012/41.

[11]) *Ehrenzweig* II/2, 565; vgl auch *Welser,* Reform des Erbrechts 64f; *Welser* in FS Woschnak 636f. Für eine zumindest teilweise Anwendung des Vermächtnisrechts *Weiß* in *Ferrari/Likar-Peer,* Erbrecht 317, 320ff mwN; *Schauer,* Rechtsprobleme der erbrechtlichen Nachfolge bei Personenhandelsgesellschaften (1999) 115ff, 121. S dazu auch *Cohen,* JEV 2011, 114f.

[12]) OGH NZ 1986, 210 *(Czermak); Rabl,* Das Nachlaßinventar – Inhalt und Zweck, NZ 1999, 136ff.

[13]) *Czermak,* NZ 1986, 211; *Welser* in *Rummel/Lukas*⁴ § 802 Rz 12; aA OGH SZ 59/9; NZ 1991, 249; SZ 65/68; EfSlg 70.467.

[14]) OGH NZ 2003, 147 *(Mondel),* der daher die Anwendbarkeit des § 31 Abs 3 BWG (Verfügung ohne Losungswort) bejaht; vgl aber aus grundverkehrsrechtlicher Sicht OGH NZ 2000, 317.

[15]) Dazu *Welser,* NZ 1978, 165f; s auch *Schauer,* Rechtsprobleme 117ff.

vereiteln. Er müsste hiezu nur zwei Jahre vor seinem Tod sein Vermögen an nicht pflichtteilsberechtigte Personen auf den Todesfall verschenken (§ 785 Abs 3).[16]) Bis dahin bliebe er Eigentümer.

Der Beschenkte hat zu Lebzeiten gegen den Erblasser **Unterlassungsansprüche,** wenn er Handlungen setzt, welche die geschuldete Leistung beeinträchtigen können.[17]) Hat der Erblasser die Erfüllung durch Veräußerung der Sache vereitelt, kann der Beschenkte von den **Erben** Schadenersatz verlangen.[18]) Der Erwerber der Sache wird ersatzpflichtig, wenn er den Geschenkgeber zum Vertragsbruch verleitet hat. 2272

Vor dem Tod des Erblassers hat der Beschenkte noch keinen Schaden, weshalb er auch zu Lebzeiten des Erblassers keinen Ersatzanspruch erheben kann.

Ein Sonderproblem ist das rechtliche Schicksal von Schenkungen auf den Todesfall zwischen Ehegatten im Falle der Scheidung. Nach richtiger Ansicht ist der für Erbverträge geltende § 1266 analog anzuwenden, sodass eine Schenkung auf den Todesfall vom schuldlosen, minder oder gleich schuldigen Ehegatten widerrufen werden kann.[19]) Dies gilt entsprechend für eingetragene Partnerschaften.

Auf Schenkungen auf den Todesfall ist nach hM § 944 anzuwenden. Daher kann über zukünftiges Vermögen höchstens bis zur Hälfte verfügt werden.[20]) Ein Teil der Lehre geht weiters von einer analogen Anwendung des § 1253 („reines Viertel" bei einem Erbvertrag) aus; in Kombination mit § 944 bedeutet dies, dass die jeweils höhere Beschränkung maßgebend ist.[21]) Die Widerrufsregeln der §§ 946 ff finden Anwendung. 2273

II. Übergabe auf den Todesfall

Bei der Übergabe auf den Todesfall überlässt der Erblasser jemandem eine Sache mit dem Zusatz, dass er sie **nach dem Tod** des Erblassers **behalten** könne.[1]) Der Empfänger ist zu Lebzeiten des Erblassers meist Entlehner oder Prekarist. 2274

Sowohl für das Vermächtnis als auch für die Schenkung auf den Todesfall fehlt die Form, sodass die Übergabe auf den Todesfall ungültig ist.[2]) 2275

---

[16]) *Welser,* NZ 1978, 166; diesem folgend OGH JBl 1981, 593; EvBl 1987/198; SZ 68/201; NZ 1996, 276; SZ 69/108; SZ 70/107; vgl aber *Schauer,* Rechtsprobleme 128; *Rabl,* NZ 2005/32, 135 mwN, der die Frist des § 785 Abs 3 erst mit dem Erbfall beginnen lässt. Vgl auch *Weiß* in *Ferrari/Likar-Peer,* Erbrecht 321.

[17]) *Kurschel,* NZ 1986, 97; OGH SZ 49/75.

[18]) Zur Vorteilsherausgabe s *Bollenberger,* Das stellvertretende Commodum (1999) 421.

[19]) *Fischer-Czermak,* Verträge auf den Todesfall zwischen Ehegatten und Scheidung, NZ 2001, 3 ff. Dazu und zur Vererbbarkeit des Widerrufsrechts analog § 1266 *Graf,* Im Hinblick auf den Fortbestand der Ehe gemachte Schenkung – Ist das Recht zum Widerruf vererblich? NZ 2007/73, 321.

[20]) Vgl *Weiß* in *Ferrari/Likar-Peer,* Erbrecht 319 mwN.

[21]) *Zankl,* NZ 1997, 312 f; *Jud,* NZ 1999, 279; *Weiß* in *Ferrari/Likar-Peer,* Erbrecht 319 f; aA *Waldhör,* NZ 1998, 189.

[1]) OGH GlUNF 15.547.

[2]) Vgl auch *Scheuba* in FS 200 Jahre ABGB 1421 ff.

Mehrfach wurde versucht, solche Zuwendungen „zu retten"; so durch die These, es handle sich um ein formungültiges Legat, das „vorweg" durch den Erblasser erfüllt werde, sodass der Formmangel gemäß § 1432 geheilt sei.[3]) Dabei wird übersehen, dass vor dem Tod des Erblassers keine Erfüllungshandlung gesetzt werden kann, weil der Titel noch nicht wirksam ist. Ebenso wenig tragfähig ist die Behauptung, es handle sich um eine Schenkung unter Lebenden, die bei Unwiderruflichkeit und sofortiger Übergabe wirksam sei.[4]) Sie übersieht, dass das Eigentum erst beim Tod des Erblassers übergehen soll, sodass keine vollständige Erfüllung unter Lebenden vorliegt.

III. Der Auftrag auf den Todesfall

2276 Ein Erblasser übergibt eine Sache einem Dritten mit dem Auftrag, sie nach seinem (des Erblassers) Tod einem **Begünstigten herauszugeben.**[1])

Ein Pfarrer, der zu einer lebensgefährlichen Operation nach Wien muss, übergibt seinem Amtsbruder ein Sparbuch mit dem Auftrag, es seiner Haushälterin auszufolgen, wenn er nicht lebend zurückkehrt.[2])

2277 Rechtsnatur und Wirkungen eines solchen „Auftrages auf den Todesfall" sind strittig.[3]) Aus § 1022 scheint sich seine Gültigkeit zu ergeben, weil danach eine Vollmacht, die sich „auf den Sterbefall des Gewaltgebers erstreckt", dessen Tod überdauert. Träfe dies jedoch zu, so könnte ein Erblasser durch Bestellung von Bevollmächtigten die Vorschriften über letztwillige Verfügungen und das Verlassenschaftsverfahren umgehen. Der Auftrag auf den Todesfall kann aber dem Begünstigten ohnehin kein Recht verschaffen, weil der Auftrag **keinen Titel** für einen **Rechtserwerb** des Begünstigten enthält, sondern nur dazu bestimmt ist, die Zuwendung durchzuführen.[4]) Der Erwerbsgrund selbst könnte nur in einem Vermächtnis oder in einer Schenkung auf den Todesfall liegen, wofür aber die Form fehlt.[5])

Ähnliche Einwände bestehen gegen die Meinung, der Auftrag auf den Todesfall sei ein gültiger Vertrag zwischen dem Erblasser und dem Beauftragten zugunsten des Dritten,[6]) der einen Anspruch gegen den Beauftragten und die Erben des Übergebers habe: Es fehlt ein formgültiges Geschäft von Todes wegen. Die Vorwegerfüllungsthese ist auch hier verfehlt.[7])

---

[3]) *Ehrenzweig* in FS ABGB II 674f; *Stanzl* in *Klang*² IV/1, 633; *Eccher,* Antizipierte Erbfolge 86ff; dagegen *Apathy,* JBl 1976, 409; diesem folgend OGH SZ 56/79; JBl 1986, 185 *(Pfersmann).* S auch *Dehn,* Formnichtige Rechtsgeschäfte 190ff; OGH NZ 2006/38.

[4]) *Apathy,* JBl 1976, 404; OGH ecolex 2002, 809.

[1]) *Ehrenzweig* II/2, 569. S auch *Parapatits,* Der Vertrag zugunsten Dritter (2011) 83ff.

[2]) OGH GlUNF 5.327.

[3]) *Apathy,* JBl 1976, 393ff; *Dehn,* Formnichtige Rechtsgeschäfte 194ff; OGH SZ 53/135; ÖBA 1999, 911. Zur Treuhandkonstruktion *Zankl,* NZ 1998, 227ff.

[4]) *Ehrenzweig* in FS ABGB II 678. Vgl auch OGH JBl 1984, 609.

[5]) OGH JBl 1991, 244 und 312 *(Eccher).*

[6]) *Gschnitzer* in *Klang*² IV/1, 233; vgl auch *Hellwig,* Die Verträge auf Leistung an Dritte (1899) 355f; *Parapatits,* Vertrag zugunsten Dritter 88.

[7]) *Apathy,* JBl 1976, 400ff; *Kralik,* Erbrecht 171; OGH SZ 53/135; JBl 1984, 609; aA *Ehrenzweig* in FS ABGB II 678; *Ehrenzweig* II/2, 569.

13. Kapitel

Das Pflichtteilsrecht

I. Allgemeines

Das Pflichtteilsrecht sichert dem Pflichtteilsberechtigten (dem „Noterben“) einen **Mindestanteil** am Wert des Nachlasses (Rz 1830). Es hindert den Erblasser daran, über sein ganzes Vermögen letztwillig zu verfügen, **beschränkt** also seine **Testierfreiheit.** 2278

Seit Jahren wird über eine Reform des Pflichtteilsrechts diskutiert.[1]) Eine vereinzelt erwogene Abschaffung des Pflichtteils kann nicht befürwortet werden, ist der Pflichtteil doch Ausdruck einer familiären Solidarität.[2])

Der Erblasser kann dem Noterben den Pflichtteil **ausdrücklich** hinterlassen oder, soweit es die Deckung der Pflichtteile erfordert, die gesetzliche Erbfolge eintreten lassen (§ 774). 2279

Nach dem ABGB besteht ein „materielles Noterbrecht“: Der Erblasser muss die Noterben „bedenken“, also ihnen etwas hinterlassen. Bei einem „formellen Noterbrecht“ genügt es, dass der Testator seiner Noterben „gedenkt“ (sie erwähnt), um klarzustellen, dass er sie nicht irrtümlich übergangen hat. Gewöhnlich hat das Pflichtteilsrecht nur bei der **testamentarischen Erbfolge** Bedeutung, wenn der Erblasser ein Testament errichtet und darin die Pflichtteilsberechtigten zu kurz kommen. Sie gehen dann „gegen den letzten Willen“ des Erblassers mit der Pflichtteilsklage vor. Mit dieser Klage kann freilich der Noterbe das Testament nicht ungültig machen. Der Erbe muss ihm allerdings den Pflichtteil auszahlen. Bei Eintritt der **gesetzlichen Erbfolge** entstehen grundsätzlich keine Pflichtteilsansprüche, weil die Pflichtteilsberechtigten ohnedies zu den gesetzlichen Erben gehören und der Pflichtteil nur die Hälfte oder Drittel dieses Erbteils ist. Dennoch können sich auch die gesetzlichen Erben auf ihr Pflichtteilsrecht berufen, was vor allem sinnvoll ist, wenn anrechenbare Schenkungen an Dritte vorliegen (§ 785), deren Herausgabe sie zwar nicht als gesetzliche Erben, wohl aber als Pflichtteilsberechtigte fordern können (§ 951).[3]) 2280

Hat der Erblasser den Pflichtteil nicht hinterlassen, so entsteht also der auf Geld lautende **Pflichtteilsanspruch** (§§ 775 f). Das Pflichtteilsrecht führt zu keinem Anspruch, wenn der Pflichtteil gedeckt ist. Nur wenn dies nicht der Fall ist, kann es zur Pflichtteilsklage kommen. Pflichtteilsrecht und Pflichtteilsanspruch müssen also auseinandergehalten werden.[4]) 2281

---

[1]) *Rabl,* Der Kampf um das Pflichtteilsrecht, NZ 2014/81, 217 ff.

[2]) Vgl *Welser,* Die Reform des österreichischen Erbrechts, 17. ÖJT Band II/1 (2009) 95 ff mwN.

[3]) OGH SZ 69/58; NZ 2002, 94.

[4]) *Ehrenzweig* II/2, 574 f.

Ob der Pflichtteilsanspruch ein vom Gesetz zwangsweise gewährtes kleines Erbrecht („Noterbrecht“) oder ein auf Geld gerichtetes Forderungsrecht ist, war ursprünglich strittig. Manche Bestimmungen des ABGB sehen den Pflichtteilsberechtigten zweifellos als „gesetzlichen Zwangserben“ mit einer – im Vergleich zum gesetzlichen Erbrecht – verkleinerten Quote (zB §§ 727, 729, 764 und 786). Das HfD JGS 1844/781 hat aber dann klargestellt, dass der verkürzte Noterbe bloß einen Anspruch auf Auszahlung des entsprechenden Wertes in Geld hat, also Gläubiger ist. Diese authentische Interpretation wurde nun durch das 1. BRBG beseitigt, womit aber keine Änderung der materiellen Rechtslage bezweckt war.[5])

2282 Der Pflichtteilsanspruch entsteht beim **Tod** des Erblassers, nicht erst mit der Geltendmachung durch den Verkürzten.[6]) Er ist sofort vererblich;[7]) s oben Rz 1901.

Der Pflichtteilsanspruch ist abtretbar,[8]) und zwar schon vor seiner gerichtlichen Geltendmachung oder Anerkennung,[9]) ebenso schon vorher verpfändbar[10]) und durch Aufrechnung tilgbar.[11]) Nach der Änderung des § 291 EO durch BGBl 1991/628, der eine Pfändung erst nach vertraglicher Anerkennung oder gerichtlicher Geltendmachung zuließ, ist der Anspruch auf den Pflichtteil sofort pfändbar.

2283 Der Erblasser kann dem Noterben den Pflichtteil nur aus besonderen Gründen entziehen (Enterbung; unten Rz 2311 ff).

Die Erfüllung der Pflichtteilsansprüche ist mit einem hohen Liquiditätsbedarf verbunden. Dies kann dazu führen, dass die Erben gezwungen sind, die im Nachlass vorhandenen Werte zu veräußern oder zu zerschlagen, um die Pflichtteilsansprüche begleichen zu können. Um dies zu verhindern, wurde in der Lehre de lege ferenda nach dem Vorbild des deutschen § 2331 a BGB die Schaffung einer Stundungsmöglichkeit verlangt.[12])

---

[5]) S auch *Zankl,* Das Erste Bundesrechtsbereinigungsgesetz, ecolex 1999, 626.

[6]) *Kralik,* Erbrecht 314; OGH SZ 57/11; aA *Weiß* in *Klang*² III 836; *Wohlmut,* Die Vererbung des Pflichtteilsanspruches, NZ 1956, 41 (42).

[7]) Dazu *Wohlmut,* NZ 1956, 41.

[8]) OGH SZ 10/159; abweichend *Kralik,* Erbrecht 314.

[9]) OGH EvBl 1954/455; RZ 1955, 64.

[10]) OGH EvBl 1954/455.

[11]) OGH EvBl 1967/235.

[12]) Vgl *Welser,* Die Reform des österreichischen Erbrechts, in FS Hopf (2007) 249 (252); *Welser,* Die Reform des Pflichtteilsrechts in Österreich und Deutschland, ZRV 2008/25, 175 (181); *Welser,* Erbrechtsreform in Deutschland – ein Vorbild für Österreich? NZ 2008/68, 257 (261 f); *Welser,* Reform des Erbrechts 116; *Welser,* Erbrechtsentwicklung in Österreich und Deutschland: Reform des Pflichtteilsrechts, in *Welser,* Erbrechtsentwicklung in Zentral- und Osteuropa (2009) 1 (12 f); *Welser,* Ist unser Erbrecht noch zeitgemäß? in FS Posch (2011) 813 (817); *Welser,* Die Reform des österreichischen Erbrechts, NZ 2012/1, 5; *Jud,* Reformbedarf im Erbrecht, in *Fischer-Czermak/Hopf/Kathrein/Schauer,* ABGB 2011 (2008) 241 (249); *Jud,* Überlegungen zu einer Reform des Erbrechts, ÖJZ 2008/59, 551 (553 f); *Schauer,* Deutsche Reform des Erb- und Verjährungsrechts, JEV 2008, 42 (45); *Wendehorst,* Nach der deutschen Erbrechtsreform: Anregungen für Österreich? EF-Z 2010/97, 138 (141 f); *Umlauft,* Zwei wichtige Themen für die anstehende Erbrechtsreform, NZ 2012/2, 7 (11) jeweils mwN. Vgl auch *Krejci,* Unternehmensnachfolge und Pflichtteilsrecht (2006) 15, 19, 31 f und dazu *Welser,* Ein eigenes Pflichtteilsrecht für Unternehmer? Zum Gesetzesvorschlag einer Arbeitsgruppe, GesRZ 2008, 261 (263).

II. Die pflichtteilsberechtigten Personen

Literatur: *Zemen,* Der Kreis der Pflichtteilsberechtigten, ÖJZ 1987, 231.

Pflichtteilsberechtigt sind nur die **Nachkommen** und „in deren Ermangelung" die **Vorfahren** des Erblassers,[1]) sowie der **Ehegatte** (§ 762) oder der **eingetragene Partner** (§ 762 iVm § 537 a). 2284

Seitenverwandte des Erblassers haben kein Pflichtteilsrecht, sodass zB Geschwister, Onkeln und Tanten oder Neffen und Nichten niemals Noterben sind. Ferner muss eine **konkrete** Pflichtteilsberechtigung vorliegen, dh dass nur jene Personen ein Pflichtteilsrecht haben, die nach dem Erblasser wirklich aufgrund des Gesetzes berufen worden wären, wenn er nicht testiert hätte,[2]) wenn also bei Fehlen eines Testaments „für diese Personen das Recht und die Ordnung der gesetzlichen Erbfolge eintreten würde (§ 763 Satz 2)". 2285

Kein Pflichtteilsrecht haben daher Personen, die erbunfähig oder erbunwürdig sind oder auf das Erbrecht verzichtet haben. Vorfahren sind nur pflichtteilsberechtigt, wenn keine Nachkommen vorhanden sind und eben nur dann, wenn sie auch als gesetzliche Erben berufen wären, sodass zB ein Bruder oder eine Schwester des Erblassers das Noterbrecht der Großeltern ausschließt, obwohl Geschwister selbst nicht pflichtteilsberechtigt sind.

Nach überwiegender Lehre[3]) sind Aszendenten auch dann pflichtteilsberechtigt, wenn zwar Kinder des Erblassers vorhanden sind, im konkreten Fall aber keinen Pflichtteil beanspruchen können. Dies gilt nicht, wenn das einzig lebende Kind infolge Erbverzichts nicht pflichtteilsberechtigt ist.[4])

Das Pflichtteilsrecht des Ehegatten oder des eingetragenen Partners besteht neben den Pflichtteilsansprüchen von Deszendenten oder Aszendenten. Auch Wahlverwandte haben Pflichtteilsansprüche, wenn sie ohne Testament des Erblassers gesetzlich erbberechtigt wären. 2286

III. Umfang des Pflichtteils

Literatur: *Schauer,* Neues Erbrecht ab 1991, RdW 1990, 72f; *Welser,* Neue Rechenaufgaben vom Gesetzgeber, NZ 1978, 161; *Welser,* Die Erbrechtsreform 1989, NZ 1990, 137.

Die Nachkommen, der Ehegatte und der eingetragene Partner erhalten als Pflichtteil die **Hälfte** dessen, was sie als gesetzliche Erben 2287

---

[1]) De lege ferenda kritisch zur Pflichtteilsberechtigung von Großeltern *Hoffmann,* Gedanken eines Praktikers zum österreichischen Erbrecht, in FS Welser (2004) 285 (291).

[2]) S auch OGH NZ 1975, 191.

[3]) *Unger,* Erbrecht 338 Anm 5; *Gschnitzer/Faistenberger,* Erbrecht 101f; *Kralik,* Erbrecht 279; *Zemen,* ÖJZ 1987, 235; *Eccher,* Erbrecht[5] Rz 11/3; aA *Weiß* in *Klang*[2] III 829; *Samek,* Das österreichische Pflichtteilsrecht (2004) 11; *Kogler,* Der Erbverzicht (2013) 107f jeweils mN aus der älteren Lehre, die auf die physische Existenz der Kinder abstellen; differenzierend *Likar-Peer* in *Ferrari/Likar-Peer,* Erbrecht 340f.

[4]) Vgl *Welser* in *Rummel/Lukas*[4] §§ 762–764 Rz 5, § 767 Rz 2; offenbar auch *Apathy* in KBB[4] § 767 Rz 2.

bekommen hätten. Bei Vorfahren beträgt der Pflichtteil ein **Drittel** des gesetzlichen Erbteils (§§ 765f).

2288 Wer auf das Erbrecht zu Lebzeiten Verzicht geleistet hat (§ 551), wer erbunfähig, erbunwürdig oder vom Erblasser rechtmäßig enterbt worden ist, hat kein Recht auf einen Pflichtteil und wird bei der Berechnung der Pflichtteile so behandelt, wie wenn er gar nicht vorhanden wäre (§ 767 Abs 1). Dadurch erhöht sich grundsätzlich die Pflichtteilsquote der übrigen Noterben.

Wenn also der Erblasser seine beiden Kinder A und B hinterlässt, beträgt ihre Pflichtteilsquote jeweils 1/4. Ist A allerdings erbunwürdig (und hat er keine eintrittsfähigen Nachkommen), erhöht sich die Quote des B auf 1/2, weil A nach § 767 als nicht vorhanden gilt.

2289 Nach dem Wortlaut des § 767 wird derjenige, der auf sein **Erbrecht verzichtet** hat, nicht mitgezählt. Der Verzicht nur auf das gesetzliche Erbrecht, also ohne Erfassung des Pflichtteils, kann aber nicht zu einer Quotenerhöhung bei den übrigen Noterben führen, weil der Verzichtende seinen Pflichtteil erhält.[1])

2290 Bei den übrigen Formen des Erbverzichts differenziert die hA wie folgt: Hat der Verzichtende nur auf seinen Pflichtteil verzichtet, wird er mitgezählt, bei einem Verzicht auf das gesetzliche Erb- und Pflichtteilsrecht gelte der Verzichtende hingegen als nicht vorhanden.[2]) Diese Differenzierung, die auf rein formale Umstände abstellt – immerhin kann der Erblasser den gesetzlichen Erbteil durch (negatives) Testament ohnehin entziehen –, entbehrt jeglicher Grundlage und war von den Gesetzesverfassern nicht gewollt.[3]) Insofern dürfte jeder, der (auch) auf den Pflichtteil verzichtet hat, nach § 767 nicht mitgezählt werden, sodass sich die Quoten der anderen erhöhen. Richtig ist aber, dass ein Nichtmitzählen desjenigen, der auf seinen Pflichteil oder auf sein gesetzliches Erb- und Pflichtteilsrecht verzichtet hat, deshalb problematisch ist, weil dadurch ein Vorrang von Geschwistern (deren Pflichtteilsquote wird erhöht) gegenüber Nachkommen des Verzichtenden (diese gehen leer aus) statuiert würde. Eine solche Systematik und Wertung ist dem heutigen Gesetzgeber aber fremd und läuft auch der ratio des § 551 Satz 3 zuwider.[4]) Daher ist jener Ansicht zu folgen, die § 767 teleologisch reduziert: Mit einer

---

[1]) S auch den Meinungsüberblick bei *Kogler,* Erbverzicht 76f.

[2]) Vgl *Ehrenzweig* II/2, 587; *Likar-Peer* in *Ferrari/Likar-Peer,* Erbrecht 304; *Wall,* Erbverzicht, in *Gruber/Kalss/Müller/Schauer,* Erbrecht und Vermögensnachfolge (2010) 660 (669); *Nemeth* in *Schwimann/Kodek*[4] § 767 Rz 2; *Eccher,* Erbrecht[5] Rz 2/26, 11/29; *Apathy* in KBB[4] § 767 Rz 2; OGH SZ 58/18; aA *Hofmann-Wellenhof,* Erbverzicht und Ausschlagung der Erbschaft aus zivilrechtlicher Sicht, NZ 1984, 17 (20); *Zemen,* Der Kreis der Pflichtteilsberechtigten, ÖJZ 1987, 235; *Jud,* Der Erbschaftskauf (1998) 97 FN 495; *Kogler,* Der Erbverzicht (2013) 89. Kritisch zur Differenzierung der überwiegenden Lehre *Bittner/Hawel* in *Kletečka/Schauer,* ABGB-ON[1.02] § 767 Rz 1, 3 und nunmehr auch *Welser* in *Rummel/Lukas*[4] § 767 Rz 3, die die Frage aber letztlich offen lassen.

[3]) So *Kogler,* Erbverzicht 78f, 84ff, 89.

[4]) *Kogler,* Erbverzicht 90ff, 93ff, 97ff.

Ausnahme – nämlich bei einem Verzicht des Kindes des Erblassers ohne Wirkungserstreckung auf die Nachkommen[5]) – wird derjenige, der auf seinen Pflichtteil oder auf sein gesetzliches Erb- und Pflichtteilsrecht verzichtet hat, bei der Ausmessung der Pflichtteile mitgezählt.[6])

Noterben, die einen Erbteil ausschlagen oder sonst nach dem Tod des Erblassers über den Pflichtteil verfügen, zB darauf verzichten, werden bei der Ausmessung der Quoten mitgezählt.[7]) 2291

IV. Die Pflichtteilsminderung

Literatur: *Hawel,* Zur Pflichtteilsminderung nach § 773a ABGB, EF-Z 2012/34, 55; *Ondreasova,* Pflichtteilsminderung im Lichte der aktuellen OGH-Rsp, Zak 2011/689, 367; *Paliege,* Neues im österreichischen Erbrecht, ZfRV 1991, 169; *Samek,* Das österreichische Pflichtteilsrecht (2004); *Schauer,* Neues Erbrecht ab 1991, RdW 1990, 70; *Spitzer,* Änderungen im Erbrecht durch das KindRÄG 2001, NZ 2003, 353; *Stifter,* Intertemporale Pflichtteilsminderung, ÖJZ 2012/33, 332; *Umlauft,* Pflichtteilsminderung nach § 773a ABGB, NZ 1990, 143; *Umlauft,* Die Pflichtteilsminderung im Lichte des Repräsentationsrechtes, JBl 1992, 557; *Welser,* Die Erbrechtsreform 1989, NZ 1990, 137; *Zemen,* Die Pflichtteilsminderung im Parentelensystem, JBl 1992, 220; *Zemen,* Das erbrechtliche Eintrittsrecht in der jüngeren Rechtsentwicklung, JBl 2004, 363; *Zemen,* Nochmals: Die Pflichtteilsminderung gegen den Enkel, JBl 2005, 538.

Die Pflichtteilsminderung ermöglicht es dem Erblasser, den Pflichtteil von Aszendenten und Deszendenten, nicht jedoch jenen des Ehegatten oder eingetragenen Partners, herabzusetzen (§ 773 a): 2292

Standen der Erblasser und der Pflichtteilsberechtigte zu keiner Zeit in einem Naheverhältnis,[1]) *wie es in der Familie zwischen solchen Verwandten gewöhnlich besteht, so kann der Erblasser den Pflichtteil auf die Hälfte mindern.*[2]) 2293

Eine Pflichtteilsminderung kommt vor allem zwischen dem unehelichen Kind und seinem Vater in Betracht, weil zwischen diesen Personen öfter die Voraussetzung des „mangelnden Naheverhältnisses“ erfüllt ist.

Oft ist es schwierig, außerhalb des Eltern-Kind-Verhältnisses zu beurteilen, ob zwischen Erblasser und Noterben ein Verhältnis bestand, wie es in der Familie gewöhnlich besteht. Dies ist zB problematisch, wenn ein Großvater seinem Enkel den Pflichtteil mindern will.[3])

---

[5]) Treten Nachkommen an die Stelle des Verzichtenden, erhalten diese „seinen“ Pflichtteil und sind insofern mitzuzählen. § 767 kommt also bei einem Verzicht ohne Wirkungserstreckung nur dann zur Anwendung, wenn der Verzichtende keine Kinder hinterlässt, aber noch lebt, und führt in diesem Fall zur Quotenerhöhung bei den anderen.

[6]) *Kogler,* Erbverzicht 90ff.

[7]) *Kralik,* Erbrecht 287f; *Zemen,* ÖJZ 1987, 233.

[1]) Dazu *Umlauft,* NZ 1990, 144f. S auch OGH NZ 1995, 210; NZ 1997, 370; SZ 2005/136; NZ 2011/27.

[2]) Auf den Nasciturus ist dieses Kriterium unanwendbar, eine Pflichtteilsminderung kommt daher nicht in Betracht; *Zankl,* Das neue Erbrecht im Überblick, JAP 1990/91, 121; *Samek,* Pflichtteilsrecht 24; aA *Hawel,* EF-Z 2012/34, 57.

[3]) *Welser,* NZ 1990, 140; *Spitzer,* NZ 2003, 355f; *Zemen,* JBl 2005, 538.

2294 Die Minderung bedarf der Form **letztwilliger Verfügungen.** Innerhalb einer solchen kann sie auch konkludent, dh durch stillschweigende Übergehung, erfolgen, wenn der Erbe aufgrund sonstiger Umstände beweisen kann, dass der Erblasser mit seinem Schweigen die Entziehung des Pflichtteils oder seine Reduktion beabsichtigt hat.[4])

2295 Testierunfähige können den Pflichtteil nicht mindern. Werden die Voraussetzungen der Minderung bestritten, so hat sie der Erbe zu beweisen (§§ 773a Abs 2, 771).

2296 Eine Einschränkung sieht § 773a Abs 3 vor,[5]) der Missbrauchsfälle verhindern soll: Der Erblasser verliert das Recht auf Pflichtteilsminderung, wenn er den Mangel der Nahebeziehung selbst herbeigeführt hat. Dies ist der Fall, wenn er die Ausübung des Rechts auf persönlichen Verkehr mit dem Pflichtteilsberechtigten **grundlos abgelehnt** hat (§ 773a Abs 3).[6])

Grundlos ist zumeist die Ablehnung eines Elternteils, sein Kind zu sehen.[7])

V. Hinterlassung des Pflichtteils

Literatur: *Welser,* Neue Rechenaufgaben vom Gesetzgeber, NZ 1978, 161; *Welser,* Hinterlassung des Pflichtteils als Vermächtnis und Abrechnungsgemeinschaft nach § 786 Satz 2 ABGB, NZ 1994, 269; *Welser,* Die Reform des österreichischen Erbrechts, 17. ÖJT Band II/1 (2009); *Welser,* Die Reform des österreichischen Erbrechts, NZ 2012/1, 1; *Zankl,* Pflichtteilsdeckung und Pflichtteilsverjährung, NZ 2000, 36.

A. Lastenfreie Zuwendung

2297 Der Erblasser kann den Pflichtteil in jeder **beliebigen** Gestalt hinterlassen (§ 774): als Erbteil, als Vermächtnis, durch Schenkung auf den Todesfall.[1]) Auch ein gesetzlicher Erbteil kommt in Betracht, wenn der Erblasser nicht über den ganzen Nachlass testiert hat. Der Erblasser kann dem Noterben den Pflichtteil auch **ausdrücklich** als solchen **zuwenden.**

2298 In all diesen Fällen braucht der Noterbe nicht gegen den letzten Willen vorzugehen, was für die Verjährung Bedeutung hat (§ 1487; unten Rz 2330). Wenn der Erblasser den Noterben „auf den Pflichtteil setzt",

---

[4]) *Welser,* NZ 1990, 141; *Umlauft,* NZ 1990, 143; *Umlauft,* JBl 1992, 557; *Nemeth* in *Schwimann/Kodek*[4] § 773a Rz 6ff; OGH NZ 1997, 394; anders *Zemen,* JBl 1992, 228; offenlassend OGH SZ 69/58.

[5]) Zum Inkrafttreten OGH NZ 2011/27; EvBl 2012/43 (dazu *Ondreasova,* Zak 2011/689, 367; *Hawel,* EF-Z 2012/34, 55; *Stifter,* ÖJZ 2012/33, 332).

[6]) Dazu *Welser* in *Rummel/Lukas*[4] § 773a Rz 8; vgl auch *Spitzer,* NZ 2003, 357ff; *Haidenthaller,* Schwerpunkte der Kindschaftsrecht-Reform 2001, JBl 2001, 626; *Ondreasova,* Zak 2011/689, 368; *Hawel,* EF-Z 2012/34, 57ff; *Stifter,* ÖJZ 2012/33, 332f; *Apathy* in KBB[4] § 773a Rz 3.

[7]) Vgl auch OGH NZ 2011/27.

[1]) Zur Einräumung einer Begünstigtenstellung in einer Privatstiftung vgl *Schauer,* Privatstiftung und Erbrecht, in *Gassner,* Privatstiftungen: Gestaltungsmöglichkeiten in der Praxis (2000) 34; *Jud,* Privatstiftung und Pflichtteilsdeckung, in FS Welser (2004) 369.

kann dies eine Legatsanordnung oder ein Verweis auf den gesetzlichen Pflichtteilsanspruch sein.

Der Pflichtteil muss dem Berechtigten aber **ganz frei** bleiben.[2]) Jede vom Erblasser hinzugefügte Beschränkung oder Belastung der Pflichtteilsdeckung (zB durch Substitution,[3]) Bedingung, Befristung oder Auflage) ist unwirksam (§ 774).[4]) Der Noterbe kann sich die Beschränkung allerdings freiwillig gefallen lassen. 2299

Keine Belastungen iS des § 774 sind hingegen solche, die der Erblasser nicht letztwillig verfügt hat, zB eine Servitut oder Hypothek auf einem vermachten Grundstück. Sie fallen zwar nicht nach § 774 dahin, doch können sie den Wert der Zuwendung so schmälern, dass sie den Pflichtteil nicht mehr deckt. 2300

Eine von Socinus, einem Rechtsgelehrten des 16. Jahrhunderts empfohlene Testamentsbestimmung soll den Noterben dazu veranlassen, die Belastung der Pflichtteilsdeckung freiwillig in Kauf zu nehmen: Der Erblasser wendet dem Pflichtteilsberechtigten mehr als die Deckung zu, belastet die ganze Zuwendung, macht aber die über den Wert des Pflichtteils hinausgehende Zuwendung davon abhängig, dass sich der Noterbe die Beschränkung auch für die Deckung gefallen lässt: **Sozinische Kautel** („cautela Socini"). Der Pflichtteilsberechtigte hat dann nicht die Möglichkeit, die Pflichtteilsdeckung ohne Beschränkung und die Mehrzuwendung mit der Beschränkung anzunehmen, sondern kann entweder nur den (unbelasteten) Pflichtteil oder die Gesamtzuwendung mit der Belastung nehmen.[5]) 2301

B. Teilantritt der Erbschaft[6])

Ein **Testamentserbe,** der auch gesetzlicher Erbe ist, kann sich **nicht** auf die **gesetzliche Erbfolge** berufen und dadurch die Erklärung des letzten Willens vereiteln; er muss die Erbschaft entweder aus dem letzten Willen antreten oder ihr ganz entsagen (§ 808 Satz 1 und 2).[7]) Daraus wird auch geschlossen, dass ein Erbteil überhaupt nur so angenommen werden kann, wie er anfällt, **Teilannahme** und **Teilausschlagung** sind **unzulässig.** 2302

---

[2]) Zu den Kriterien OGH NZ 2000, 44. Zu letztwilligen Schiedsklauseln *Zöchling-Jud/Kogler,* Letztwillige Schiedsklauseln, GesRZ 2012, 79 (84ff); vgl auch *Koller,* Schiedsvereinbarung, in *Liebscher/Oberhammer/Rechberger,* Schiedsverfahrensrecht I (2012) 148; *Nueber* Schiedsverfahren von Todes wegen, JEV 2013, 118 (119ff).

[3]) OGH NZ 2003, 336 (das sofort als Pflichtteil Erhaltene muss sich der Noterbe aber, wenn er die Nacherbschaft erlangt, anrechnen lassen).

[4]) Vgl aber OGH ecolex 1998, 209 *(Jud); Giller,* Die Gestaltbarkeit der Pflichtteilsdeckung, JEV 2014, 14 (15ff). Zum Verhältnis des § 774 zu § 783 *Kletečka,* Ersatz- und Nacherbschaft (1999) 190ff.

[5]) *Pfaff/Hofmann,* Commentar II 651; *Welser,* Die kassatorische Klausel, in FS Demelius (1973) 492f; *Kralik,* Erbrecht 311. S dazu auch OGH JBl 2015, 246.

[6]) Dazu *Volgger,* Antritt und Ausschlagung der Erbschaft (2014) 79ff.

[7]) AA *Kralik,* Erbrecht 50ff.

2303 Davon macht allerdings § 808 letzter Satz eine Ausnahme: „Personen, denen ein Pflichtteil gebührt, können die Erbschaft **mit Vorbehalt des Pflichtteils** ausschlagen", dh nur jenen Teil der Erbschaft annehmen, der ihren Pflichtteil deckt. Sie können aber nicht statt der zugewendeten Pflichtteilsdeckung den Pflichtteil in Geld fordern.[8])

2304 Der Noterbe kann allerdings das Zugedachte ausschlagen und den Geldpflichtteil wählen, wenn die Zuwendung wegen einer Belastung zur Pflichtteilsdeckung **ungeeignet** ist und die Belastung nicht auf die Mehrzuwendung beschränkt werden kann, also unteilbar ist.[9])

VI. Berechnung des Nachlasspflichtteils

Literatur: *Riss,* Zur Behandlung der Kostenersatzpflicht aus dem Pflichtteilsprozess bei der Bemessung des Pflichtteils, JBl 2009, 618; *Schauer,* § 786 Satz 2 ABGB zwischen Schuldverhältnis und Gemeinschaft, in FS Binder (2010) 163; *Welser,* Prozeßkosten und Erbenhaftung, JBl 1993, 573; *Welser,* Hinterlassung des Pflichtteils als Vermächtnis und Abrechnungsgemeinschaft nach § 786 Satz 2 ABGB, NZ 1994, 269; s auch Literatur zu V.

2305 Zur Berechnung der Nachlasspflichtteile ist die Verlassenschaft zu schätzen (§§ 784, 786). Die **Schätzung** besteht in einer Aufzeichnung und Bewertung der Aktiven und Passiven zum Todestag des Erblassers.[1]) Sie ist nicht notwendig mit einer Inventarisierung verbunden (zu dieser Rz 2422 ff).

Bewegliche Sachen sind mit dem Verkehrswert zu veranschlagen (§ 167 Abs 1 AußStrG). Unbewegliche Sachen sind hingegen grundsätzlich mit dem dreifachen Einheitswert, auf Antrag einer Partei oder im Interesse eines Pflegebefohlenen nach dem Liegenschaftsbewertungsgesetz (nach dessen § 2 ist auf den Verkehrswert abzustellen) zu bewerten (§ 167 AußStrG). Bei landwirtschaftlich genutzten Liegenschaften ist vor allem auf den kapitalisierten Ertragswert abzustellen, im Einzelfall auch auf den Verkehrswert,[2]) oder einem Mischwert aus Ertrags- und Verkehrswert,[3]) wobei zugunsten des Erben auf den Grundsatz des „Wohl-Bestehen-Könnens" Rücksicht zu nehmen ist.[4])

---

[8]) Der Sinn dieses Satzes und sein Verhältnis zu § 774 sind strittig. Wie im Text *Krasnopolski/Kafka,* Erbrecht 281; *Ehrenzweig* II/2, 493; *Schwind,* Zur Ausschlagung der Erbschaft mit Vorbehalt des Pflichtteils, in FS Kastner (1972) 441; *Kralik,* Erbrecht 52 f; OGH GlU 15.378; JB 226; NZ 1997, 225; ecolex 1999, 267; vgl auch NZ 1998, 60 (zum Vorausvermächtnis). Für die Möglichkeit, den Erbteil auszuschlagen und den Pflichtteil in Geld zu fordern, hingegen *Weiß* in *Klang*[2] III 1009; *Rechberger,* Die Ausschlagung der letztwilligen Zuwendung durch den Pflichtteilsberechtigten, JBl 1973, 292; OGH EvBl 1979/125; SZ 71/166.

[9]) *Schauer,* Unteilbare Pflichtteilsdeckungen und unteilbare Belastungen, RdW 1987, 149; *Zankl,* NZ 2000, 36 ff; *Welser* in *Rummel/Lukas*[4] § 774 Rz 9.

[1]) OGH SZ 32/78; JBl 1960, 187; SZ 57/90 uva.

[2]) OGH NZ 1979, 143; SZ 53/167; RZ 1983/7; SZ 59/6; JBl 2010, 703 *(Riss).*

[3]) S insbesondere OGH JBl 2010, 703 *(Riss)* mwN.

[4]) *Wrzesinski,* Die gerechte Bewertung landwirtschaftlicher Betriebe anläßlich der Übergabe und im Erbfall, ÖJZ 1954, 83; OGH SZ 49/118 mwN; SZ 53/167; zu § 10 AnerbenG s OGH NZ 2004, 175.

Da der Pflichtteilsberechtigte als gesetzlicher Erbe auch die Schulden mitzutragen gehabt hätte, wird der Pflichtteil von dem um die Schulden verminderten Rohnachlass, also vom **„reinen Nachlass“** berechnet.[5]) Vom Rohnachlass sind abzuziehen: die Erblasserschulden und die Erbfallschulden mit Ausnahme der Vermächtnisse (wozu auch das Vorausvermächtnis gehört),[6]) und anderer aus dem **letzten Willen** entspringender **Lasten** (§ 786). Die Schenkung auf den Todesfall ist nach jüngerer ständiger Rechtsprechung als Vermächtnis zu behandeln („Vermächtnistheorie“; s oben Rz 2270).[7]) 2306

Hingegen zählen zu den abzugsfähigen Erbfallschulden die Kosten der Inventarerrichtung, die Gebühren des Gerichtskommissärs sowie die mit der Besorgung und Verwaltung des Nachlasses verbundenen Kosten. Zu Letzterem gehören insbesondere auch die Kosten eines Verlassenschaftskurators oder eines von diesem beauftragten Rechtsvertreters oder Prozesskosten, welche der Verlassenschaft in einem Prozess auferlegt wurden, mit dem sie durch Anfechtung von zu Lebzeiten des Erblassers geschlossenen Verträgen eine Vermehrung des Nachlassvermögens anstrebte, sofern sie im Zusammenhang mit der Besorgung und Verwaltung des Nachlasses im Sinn von § 810 stehen. Kosten der Vertretung der Verlassenschaft in einem auf Bezahlung des Pflichtteils gerichteten Verfahren gehören demgemäß nicht zur Besorgung und Verwaltung des Nachlasses und sind daher nicht abzuziehen.[8])

Dieser vom reinen Nachlass ermittelte Pflichtteil heißt **„Nachlasspflichtteil“** oder gemeiner Pflichtteil. 2307

Die Legatare – ausgenommen der Ehegatte oder eingetragene Partner mit dem gesetzlichen Vorausvermächtnis – stehen den Pflichtteilsberechtigten im Range nach und müssen sich bei Erhebung von Pflichtteilsansprüchen notfalls wie der Erbe eine verhältnismäßige Kürzung gefallen lassen (§ 783);[9]) s oben Rz 2238. Gegen die Legatare kann der Noterbe nicht direkt vorgehen.[10])

Das Verhältnis der Unterhaltsansprüche der §§ 233, 796 zu den Pflichtteilsansprüchen ist unklar, jedoch im Sinne des Vorranges der Pflichtteile zu entscheiden.[11])

---

[5]) Zur Behandlung der Substitutionsmasse s oben Rz 2180.

[6]) *Welser,* NZ 1978, 164.

[7]) *Ehrenzweig* II/2, 566 FN 32, 588; *Welser,* NZ 1978, 165 f; ihm folgend OGH JBl 1981, 593; NZ 1988, 42 *(Findeis);* EF-Z 2008/142 *(Oberhumer);* EF-Z 2011/174; NZ 2012/41; aA *Weiß* in *Klang*[2] III 910, 917; *Kralik,* Erbrecht 168; *Rabl,* NZ 2005/32, 129; *Oberhumer,* NZ 2008/37, 135 ff; *Längle,* Schenkung auf den Todesfall 156 f; *Apathy* in KBB[4] § 785 Rz 2; OGH SZ 44/137.

[8]) OGH JBl 2010, 703 *(Riss)* und *Riss,* JBl 2009, 618 ff jeweils mwN. S dazu auch *Welser,* JBl 1993, 573 ff.

[9]) Schenkungen auf den Todesfall sind auch hier wie ein Legat zu behandeln; OGH SZ 69/108; ecolex 1999, 461 *(Jud).*

[10]) OGH SZ 11/71; NZ 1990, 300; NZ 1994, 234; außer er ist als Erbe selbst mit dem bereits geleisteten Vermächtnis belastet; OGH NZ 1992, 271; JBl 1997, 166; NZ 2002, 94; vgl aber die vereinzelte E OGH NZ 2000, 170 (kritisch *Zankl*) über die Passivlegitimation des auf den Todesfall Beschenkten.

[11]) *Ent,* Die Eherechtsreform 1978, NZ 1979, 117 (121); *Welser* in *Rummel/Lukas*[4] § 796 Rz 10; *Zemen,* Unterhaltsschuld des Erben und Pflichtteilsansprüche, JBl 1984, 337; *Stabentheiner* in *Rummel*[3] § 142 Rz 4; *Pichler* in *Klang/Fenyves/Welser* § 142 Rz 4; vgl auch EB 136 BlgNR 14. GP 2; JA 916 BlgNR 14. GP 6. Für die Kürzung zugunsten des Unterhaltsanspruchs hingegen *Ostheim,* Zur Unterhaltsschuld des Erben, NZ 1979, 52 f; *Ostheim,* Zur erbrechtlichen Stellung des Ehegatten nach dem BG 15. 6.

2308 Steht der Pflichtteil ziffernmäßig fest,[12]) so müssen die **letztwilligen Zuwendungen** an den Pflichtteilsberechtigten abgezogen werden (§§ 774, 787 Abs 1). Sie sind zum Tod des Erblassers hin zu bewerten.[13])

Auch die Anwachsung nach § 14 WEG (s Rz 1962 ff) ist soweit in den Pflichtteil des Anwachsungsberechtigten einzurechnen, als ihn keine Zahlungspflicht trifft.[14])

2309 Soweit danach – unter Berücksichtigung allfälliger Vorempfänge – ein ungedeckter Rest bleibt, entsteht der **Pflichtteilsergänzungsanspruch** in Geld (§ 775).

2310 Bis zur **„wirklichen Zuteilung"** des Geld-Pflichtteils „ist die Verlassenschaft in Ansehung des Gewinnes und der Nachteile als ein zwischen den Haupt- und Noterben verhältnismäßig gemeinschaftliches Gut anzusehen" (§ 786 Satz 2).[15]) Da aber die Pflichtteilsberechtigten kein echtes Erbrecht haben, entsteht zwischen ihnen und den Erben keine wirkliche Rechtsgemeinschaft,[16]) sie nehmen **bloß schuldrechtlich** im Verhältnis ihrer Ansprüche an der wertmäßigen Entwicklung des Nachlasses teil.[17]) Diese Beteiligung ersetzt den Anspruch auf Zinsen für den Zeitraum zwischen Erbanfall und Zuteilung des Pflichtteils.[18])

Wirkliche Zuteilung ist die endgültige Festsetzung dessen, was dem Pflichtteilsberechtigten aus dem Nachlass gebührt.[19]) Maßgebend ist daher der Zeitpunkt, in dem der Anspruch durch gerichtliche Entscheidung (Schluss der Verhandlung 1. Instanz),[20]) durch Vergleich oder sonstige Vereinbarung endgültig ziffernmäßig bestimmt wird.[21]) Die Teilnahme an der Entwicklung des Nachlasses ändert nicht den Pflichtteilsanspruch als solchen, es tritt nur Gewinn und Verlust hinzu.[22])

§ 786 Satz 2 ist im Hinblick darauf, dass das Pflichtteilsrecht ein auf Geld gerichteter Anspruch ist, systemwidrig, weshalb dieser de lege ferenda zugunsten einer Verzinsung abgeschafft werden sollte.[23])

1978 BGBl 280, in *Ostheim,* Schwerpunkt der Familienrechtsreform 1977/1978 (1979) 57 (71); *Kralik,* Erbrecht 292; zum Vorausvermächtnis *Zankl,* Das gesetzliche Vorausvermächtnis des Ehegatten (1996) 140ff; offenlassend OGH NZ 1996, 88.

[12]) Dem Noterben steht ein Manifestationsanspruch nach Art XLII EGZPO gegen die Verlassenschaft und nach Einantwortung gegen den Erben zu; OGH SZ 2002/150. Vgl auch OGH JEV 2007/2 *(Beig);* JBl 2013, 802; NZ 2014/110; JBl 2014, 180.

[13]) *Welser,* NZ 1994, 269.

[14]) *Kralik,* Erbrecht 252, 309; *Gschnitzer/Faistenberger,* Erbrecht 97; OGH JBl 1987, 374 *(Czermak).*

[15]) *Welser,* NZ 1994, 269; *Welser,* Die Reform des österreichischen Erbrechts, 17. ÖJT Band II/1 (2009) 118f. Ähnlich jetzt auch *Schauer* in FS Binder 163.

[16]) OGH SZ 48/19.

[17]) OGH SZ 57/90; NZ 1990, 153. Die Beteiligung gilt nur für den auf Geld lautenden Pflichtteilsanspruch, nicht aber zB für Vorempfänge und Schenkungen; *Welser,* NZ 1994, 269; OGH NZ 1993, 13. S dazu auch *Schauer* in FS Binder 169ff.

[18]) Vgl OGH iFamZ 2007/131 *(Tschugguel).* Das gilt nach hA nicht für den Anspruch auf den Schenkungspflichtteil; s zuletzt OGH NZ 2004, 147 mwN.

[19]) OGH JBl 1956, 403; EF-Z 2010/141; *Kralik,* Erbrecht 289.

[20]) OGH SZ 68/201; NZ 1999, 378; EF-Z 2010/141 uva.

[21]) Vgl auch OGH EF-Z 2010/141.

[22]) OGH JBl 1956, 403 *(Steinwenter);* SZ 57/90.

[23]) *Welser,* Reform des Erbrechts 118f.

VII. Die Enterbung

A. Begriff

Enterbung ist die gänzliche oder teilweise Entziehung des Pflichtteils aus gerechtfertigtem Grund durch letztwillige Verfügung (§§ 768ff). 2311

Die Regeln über die Enterbung gelten auch für den Voraus des Ehegatten oder eingetragenen Partners, weil er „Pflichtteilscharakter" hat. 2312

Oft nennt man „Enterbung" auch die Entziehung des gesetzlichen Erbrechts, die wiederum ausdrücklich oder stillschweigend geschehen kann, aber nicht an die Voraussetzungen der §§ 768ff gebunden ist.

Die Enterbung kann ausdrücklich oder stillschweigend (durch Übergehung) geschehen, ist aber nur bei Vorliegen eines der gesetzlichen **Enterbungsgründe** wirksam (rechtmäßige Enterbung). 2313

Nach hM ist die Aufzählung der Enterbungsgründe in den §§ 768–770 und § 773 taxativ,[1]) doch ist eine ausdehnende Auslegung nicht ausgeschlossen, da es genügt, wenn der Enterbungsgrund „in den Worten und dem Sinne" des Gesetzes gegründet ist (§ 771). 2314

Ist die Enterbung **unrechtmäßig,** dh nicht durch einen Enterbungsgrund gedeckt, so erhält der Noterbe zwar den Pflichtteil, aber keinen Erbteil. 2315

Hat der Erblasser den Enterbungsgrund irrtümlich angenommen, kommt eine Anfechtung der Verfügung in Betracht (§§ 570ff).[2]) Hat sie Erfolg, behält der Ausgeschlossene auch den gesetzlichen Erbteil.

Die Enterbung und ihre Rechtmäßigkeit hat der **Erbe** einzuwenden und zu **beweisen.**[3]) Er ist dabei an den vom Erblasser angeführten Enterbungsgrund nicht gebunden.[4]) 2316

Die Nachkommen des rechtmäßig enterbten Kindes haben Anspruch auf den Pflichtteil (§ 780).[5]) 2317

Das Gesetz belässt dem Enterbten einen (unentziehbaren) Anspruch auf den **notwendigen Unterhalt** (§ 795). 2318

Die Enterbung wird – anders als die Erbunwürdigkeit – nicht schon durch Verzeihung, sondern nur durch **Widerruf** in Form der letztwilligen Verfügung beseitigt. Ein stillschweigender Widerruf liegt in einer nachfolgenden Bedenkung. 2319

B. Die Enterbungsgründe

Ein Pflichtteilsberechtigter kann enterbt werden, wenn er den Erblasser im **Notstand** hilflos gelassen hat, wenn er wegen einer mit Vorsatz begangenen strafbaren Handlung zu einer lebenslangen oder **zwanzig-** 2320

---

[1]) *Ehrenzweig* II/2, 582.

[2]) Vgl *Weiß* in *Klang*² III 849.

[3]) OGH EvBl 1958/218; vgl auch OGH NZ 1985, 148.

[4]) OGH SZ 40/122.

[5]) Zur Rechtslage bei Eintritt der gesetzlichen Erbfolge *Rabl,* Die Folgen einer Enterbung für die gesetzliche Erbfolge, NZ 2003, 257.

jährigen Freiheitsstrafe verurteilt worden ist oder wenn er eine gegen die öffentliche Sittlichkeit anstößige **Lebensart** beharrlich führt (§ 768).[6])

Notstand ist finanzielle Hilfsbedürftigkeit, darüber hinaus jeder Zustand der Bedrängnis,[7]) der nach den Grundsätzen der Menschlichkeit zu der Erwartung berechtigt, dass der Pflichtteilsberechtigte dem Erblasser helfen würde.[8]) Dies wurde bejaht bei Vernachlässigung des kranken Vaters; bei vorsätzlicher oder grob fahrlässiger Nichterfüllung der Unterhaltspflicht.[9])

Beharrlichkeit setzt ein länger dauerndes Verhalten voraus;[10]) die Strafbarkeit eines Verhaltens allein genügt also für sich nicht, um eine Enterbung zu begründen.[11]) Eine außereheliche Lebensgemeinschaft oder ein Liebesverhältnis verstoßen nach heutiger Auffassung nicht mehr gegen die öffentliche Sittlichkeit.[12])

2321 Der Ehegatte kann überdies enterbt werden, wenn er seine **Beistandspflicht** (§ 90)[13]) **gröblich** vernachlässigt hat (§ 769). Dies gilt sinngemäß für den eingetragenen Partner (§ 8 Abs 2 EPG; § 769 iVm § 537 a).

2322 Alle **Erbunwürdigkeitsgründe** sind zugleich Enterbungsgründe (§ 770; s oben Rz 1889 ff).

2323 Das Gesetz kennt schließlich die **„Enterbung in guter Absicht"** (exheredatio bona mente): Wenn bei einem sehr verschuldeten oder verschwenderischen Noterben die Gefahr besteht, dass der ihm gebührende Pflichtteil zum größten Teil seinen Kindern entgehen würde, kann ihn der Erblasser direkt diesen Kindern zuwenden (§ 773).

VIII. Schutz des Noterbrechtes

2324 Im Verlassenschaftsverfahren haben die Noterben die Rechte der §§ **784, 804** und **812** und sind insoweit **Parteien** iSd § 2 AußStrG.[1]) Sie können die **Schätzung** des Nachlasses verlangen,[2]) ihr beiwohnen und dabei ihre Erinnerungen machen (§ 784), die Errichtung eines **Inventars** verlangen (§ 804) und die **Absonderung** der Verlassenschaft begehren (§ 812).

Damit die Noterben ihre Rechte ausüben können, müssen sie vom Verfahren verständigt werden. Ein Noterbe ist sogar dann gegen den Einantwortungsbeschluss rekurslegitimiert, wenn er dem Verfahren nicht beigezogen wurde.[3]) Wenn dem Gericht das Vorhandensein der Pflichtteilsberechtigten aufgrund der Aktenlage bekannt war, so hat ihre Nichtbeiziehung die Nichtigkeit des Verfahrens zur Folge.[4])

---

[6]) Dazu OGH EvBl 1968/377; NZ 1979, 194; NZ 2014/140.

[7]) OGH EvBl 1965/198.

[8]) *Weiß* in *Klang*² III 845; *Kralik,* Erbrecht 280.

[9]) OGH EFSlg 4.567.

[10]) OGH SZ 38/194; SZ 70/229; vgl auch NZ 1998, 309.

[11]) RIS-Justiz RS0012849; zuletzt OGH JEV 2010/23.

[12]) Vgl bereits OGH RZ 1937, 179.

[13]) Dazu OGH EFSlg 51.403.

[1]) OGH iFamZ 2010/80; EF-Z 2011/75; EvBl 2011/78 *(Reisenhofer)* jeweils mwN.

[2]) Auch nach einer Veräußerung, wenn Bedenken über die Angemessenheit des Kaufpreises bestehen; OGH NZ 2003, 151.

[3]) OGH NZ 2011/48.

[4]) OGH NZ 2011/48.

Im Übrigen wird für die Erfüllung der Pflichtteilsansprüche **groß-jähriger** Noterben nicht vorgesorgt. 2325

Hingegen muss das Abhandlungsgericht schon bei Zweifel über die 2326
Verletzung des Pflichtteils eines **minderjährigen** oder sonst **pflegebefohlenen** Noterben durch die letztwillige Verfügung von Amts wegen den **Pflichtteilsnachweis** (früher: Pflichtteilsausweis) fordern: Der Erbe muss dartun, dass er den gemäß den §§ 783–789 gebührenden Pflichtteil **berichtigt** oder **sichergestellt** hat, vorher darf ihm nicht eingeantwortet werden (§ 176 Abs 2 AußStrG).

Das Verlassenschaftsgericht stellt die ziffernmäßige Höhe des Anspruchs fest, doch bindet dies den Streitrichter nicht.

Die Pflichtteilsansprüche sind mit der **Pflichtteilsklage** durchzuset- 2327
zen.[5]) Im Verlassenschaftsverfahren ergangene Entscheidungen können die Rechte des Noterben nicht beeinträchtigen.[6]) Passiv legitimiert ist bis zur Einantwortung der Nachlass,[7]) danach der Erbe,[8]) niemals der Legatar;[9]) auch nicht nach der Einantwortung.[10])

Fälligkeit der Pflichtteilsansprüche tritt für alle Berechtigten mit 2328
dem Tag der Errichtung des Übernahmeprotokolls über die letztwillige Verfügung ein;[11]) bei gesetzlicher Erbfolge ist nach hA auf den Tod des Erblassers abzustellen.[12]) Inventarisierung und Schätzung des Nachlassvermögens sind keine Fälligkeitsvoraussetzungen.[13]) Zur Ermittlung der Pflichtteilshöhe kann gemäß Art XLII EGZPO die Vorlage eines Vermögensverzeichnisses verlangt werden.

Mit der Fälligkeit beginnt die **Verjährung,** und zwar auch dann, 2329
wenn der Noterbe von seinem Anspruch nichts weiß.

Der Erbe kann sich allerdings auf die Verjährung nicht berufen, wenn er die Kenntnis des Pflichtteilsberechtigten arglistig verhindert.[14]) Bei arglistigem Verschweigen beginnt die Verjährung mit Kenntnis des Pflichtteilsberechtigten vom Tod des Erblassers.[15])

Das Recht, den Pflichtteil (Nachlasspflichtteil, Schenkungspflicht- 2330
teil) zu fordern, verjährt in **drei Jahren** (§ 1487), wenn der Pflichtteilsberechtigte gegen das Testament vorgehen muss, dh wenn sein Anspruch mit dem letzten Willen des Erblassers im Widerspruch steht. Die Drei-

---

5) OGH JBl 1980, 89; NZ 1996, 307 uva.
6) OGH NZ 1987, 128 mwN.
7) OGH SZ 48/19; SZ 59/13; JBl 1992, 460.
8) OGH SZ 40/38.
9) *Kralik,* Erbrecht 317; OGH SZ 45/36 uva. Vgl aber den Sonderfall in NZ 2000, 170 *(Zankl).*
10) Unrichtig OGH SZ 40/38.
11) OGH JBl 2011, 388 *(Minderock)*; (obiter) anders OGH EF-Z 2008/19; EF-Z 2014/88 *(A. Tschugguel);* s dazu auch OGH NZ 2013/7.
12) OGH NZ 1993, 13; SZ 2006/189.
13) OGH JBl 1991, 190.
14) OGH SZ 53/10; EvBl 1993/177; SZ 2006/189.
15) Vgl auch OGH iFamZ 2007/132.

jahresfrist gilt nach der Rechtsprechung für den Schenkungspflichtteil auch dann, wenn gesetzliche Erbfolge eintritt oder wenn der Erblasser den Noterben auf den Pflichtteil gesetzt hat.[16])

Hat der Erblasser den Pflichtteil letztwillig zugewendet, so richtet sich die Verjährung nach Vermächtnisrecht (30 Jahre; s dazu oben Rz 2251) oder nach der Verjährung des Erbrechts (s dazu unten Rz 2455).[17])

14. Kapitel

Die Anrechnung

Literatur: *Binder,* Unternehmensbeteiligung und Pflichtteilsanspruch, wbl 1992, 381; *Bolla,* Die erbrechtliche Anrechnung innerhalb des Vermögensrechtes zwischen Eltern und Kindern, ÖJZ 1951, 289; *Draschka,* Vorweggenommene Erbfolge und Pflichtteilsergänzung (1991); *Eckert,* Die Anrechnungspflicht von Kapitalzuwendungen, ÖJZ 1961, 258; *Fischer-Czermak,* Die erbrechtliche Anrechnung und ihre Unzulänglichkeiten, NZ 1998, 2; *Grabenwarter,* Überlegungen zu einer Reform des Pflichtteilsrechts, NZ 1994, 174; *Jud,* Entwicklungen im Recht der Anrechnung beim Pflichtteil, AnwBl 2000, 716; *Kogler,* Der Erbverzicht (2013); *Kogler,* Die Vereinbarung der Anrechnung auf ein testamentarisches Erbrecht, NZ 2015/1, 1; *Migsch,* Persönliche Rechtswirkungen, gesetzlicher Güterstand und Ehegattenerbrecht, in *Floretta,* Das neue Ehe- und Kindschaftsrecht (1979) 17; *Ostheim,* Zur erbrechtlichen Stellung des Ehegatten nach dem BG 15. 6. 1978, BGBl 280, in *Ostheim,* Schwerpunkte der Familienrechtsreform 1977/1978 (1979) 57; *Rabl,* Die historische Entwicklung der Anrechnung von Vorempfängen und Vorschüssen auf den Pflichtteil seit den Vorentwürfen zum ABGB, NZ 1998, 7; *Rabl,* Die Auswirkungen eines Fruchtgenußvorbehalts auf die Schenkungsanrechnung, NZ 1999, 291; *Samek,* Das österreichische Pflichtteilsrecht (2004); *Schauer,* Rechtsprobleme bei der Anrechnung im Erbrecht, JBl 1980, 449; *Schauer,* Die Bewertung von Vorempfang und Schenkungen bei der Pflichtteilsansrechnung, NZ 1998, 23; *Scheffknecht,* Wertgrundlagen der Kollation, NZ 1968, 129; *Sperl,* Vorempfang, Schenkung unter Lebenden und Pflichtteilsberechnung, in FS Reimer (1976) 91; *Umlauft,* Gedanken zur Änderung der gesetzlichen Bestimmungen über die Anrechnung im Erbrecht, NZ 1998, 48; *Umlauft,* Die Anrechnung von Schenkungen und Vorempfängen im Erb- und Pflichtteilsrecht (2001); *Weiß,* Die Hinzurechnung pflichtwidriger Schenkungen zum Nachlaß und das Verhältnis der Miterben, JBl 1952, 367; *Welser,* Neue Rechenaufgaben vom Gesetzgeber, NZ 1978, 161; *Welser,* Vorschläge zur Neuregelung der Anrechnung beim Pflichtteil, NZ 1998, 40; *Welser,* Zur Reform des Anrechnungsrechts – Ergebnisse einer Umfrage im Notariat, NZ 2001, 105; *Welser,* Zur Reform der Anrechnung im Erbrecht, in FS Jud (2012) 773; *Welser,* Anrechnung von Vorempfängen auf den Schenkungspflichtteil? – Rechtslage und Reformbedarf, in FS Torggler (2013) 1295; *Zankl,* Rechtsvergleichende Gedanken zu einer Reform der Anrechnung, NZ 1998, 35.

I. Allgemeines

2331 *Anrechnung im Erbrecht ist die Berücksichtigung einer Leistung aus dem Vermögen des Erblassers bei der Ermittlung des Erb- oder Pflichtteils.*

[16]) OGH SZ 2006/189 mwN.

[17]) OGH SZ 57/170; NZ 2000, 44; JBl 2000, 738; SZ 2006/189. S dazu auch *A. Tschugguel,* Die „Setzung auf den Pflichtteil" – kritische Überlegungen zu einer gängigen letztwilligen Anordnung, EF-Z 2014/124, 203f.

Je nachdem, ob die anzurechnenden Werte im Nachlass vorhanden sind, unterscheidet man zwischen der Anrechnung letztwilliger Zuwendungen (Einrechnung) und der Anrechnung lebzeitiger Zuwendungen. 2332

Bei der Anrechnung letztwilliger Zuwendungen geht es um die Berücksichtigung eines aus dem Nachlass dem Empfänger zukommenden Vermögenswertes bei der Ermittlung seines Erb- oder Pflichtteils. Hier wird dem Nachlass nichts hinzugeschlagen, sondern der anzurechnende Wert nur vom gebührenden Erb- oder Pflichtteil abgezogen.[1]) 2333

Bedeutsamer ist die zweite Art der Anrechnung. Sie besteht in der Berücksichtigung einer vom Erblasser **unter Lebenden** gemachten Zuwendung bei der Ermittlung des Erb- oder Pflichtteils. 2334

Die Anrechnung beim **gesetzlichen Erbteil** beruht auf der Überlegung, eine vom Erblasser vermutlich nicht beabsichtigte **Ungleichbehandlung** der Kinder zu vermeiden. Manche von ihnen erhalten von den Eltern schon zu deren Lebzeiten größere Vermögenswerte, die als Abschlag auf die künftige Erbschaft anzusehen sind. Dadurch benachteiligte Kinder sollen durch einen größeren Erbteil entschädigt werden. Da die Anrechnung dem Ausgleich des Vermögensüberganges von den Eltern an die Kinder dient, findet sie nur zugunsten und zu Lasten von **Deszendenten** statt.[2]) 2335

Die Anrechnung beim **Pflichtteil** bezweckt – über die Gleichbehandlung der Noterben hinaus – vor allem den **Schutz der Pflichtteilsberechtigten.** Da der gemeine Pflichtteil vom reinen Nachlass berechnet wird, mindern Zuwendungen, die der Erblasser zu Lebzeiten gemacht hat und die daher nicht mehr im Nachlass sind, den Nachlasspflichtteil, ein Ergebnis, das durch die Anrechnung zumindest teilweise verhindert wird. Unter Umständen wird durch die Anrechnung auch die Testierfreiheit des Erblassers vergrößert,[3]) weil sich durch die Abrechnung der aus dem Nachlass zu leistende Pflichtteil um den anzurechnenden Wert verringert, was gewöhnlich dem Testamentserben nützt.[4]) 2336

II. Die Anrechnung beim Erbteil

A. Anrechnung letztwilliger Zuwendungen

Für die gesetzliche Erbfolge bestimmt § 757 Abs 2, dass sich ein Ehegatte oder eingetragener Partner auf Verlangen eines Miterben auf den **gesetzlichen Erbteil** anrechnen lassen muss, was er beim Tod des Erblassers aufgrund von Ehepakten oder aus einem Erbvertrag erhält. Sinn 2337

---

[1]) *Pfaff/Hofmann,* Commentar II 752; *Schauer,* JBl 1980, 449 FN 3; aA (Anrechnung nach JB 114) *Weiß* in *Klang* III 776; *Ehrenzweig* II/2, 513f; zur Gütergemeinschaft auf den Todesfall *Fischer-Czermak,* NZ 1998, 3.

[2]) *Welser,* NZ 1978, 162; *Kralik,* Erbrecht 341; für die Miteinbeziehung des Ehegatten *Umlauft,* Anrechnung 83ff.

[3]) Vgl nur *Welser* in *Rummel/Lukas*[4] §§ 788, 789 Rz 1.

[4]) *Ehrenzweig* II/2, 590f.

dieser Bestimmung ist es, eine vom Erblasser nicht gewollte „doppelte Versorgung“ zu vermeiden. Das **Vorausvermächtnis** ist bei der gesetzlichen Erbfolge nicht zu berücksichtigen[1]) (s oben Rz 1948), der Ehegatte oder eingetrage Partner erhält es im Zweifel zum Erbteil dazu.

2338 Sonstige Vermächtnisse sind hingegen in den gesetzlichen Erbteil nur einzurechnen, wenn dies der Erblasser anordnet, sonst ist zu vermuten, dass sie neben dem gesetzlichen Erbteil gebühren, weil sie keinen Abfindungscharakter haben. Bei der gewillkürten Erbfolge gilt anderes: Vermächtnisse sind im Zweifel Hineinvermächtnisse (s oben Rz 2242), also einzurechnen.

B. Anrechnung von Zuwendungen unter Lebenden

1. Anrechnungsposten

2339 § 790 differenziert zwischen der gewillkürten und der gesetzlichen Erbfolge. Bei der gewillkürten Erbfolge kommt es nur zur Anrechnung, wenn sie der Erblasser verfügt. Das Gesetz nimmt an, dass ein Erblasser, der den Vermögensübergang ordnet, auch bedenkt, ob er einen Ausgleich durch Anrechnung will. Bei der gesetzlichen Erbfolge der Kinder sind hingegen Vorempfänge und Vorschüsse von Gesetzes wegen anzurechnen. Der Erblasser kann jedoch die Anrechnung erlassen oder weitere Anrechnungen anordnen, weil er überhaupt über die Erbseinsetzung frei bestimmen kann. Beim gesetzlichen Erbteil des Ehegatten gibt es – mangels Anordnung des Erblassers – keine Anrechnung.

Die Anordnung und der Erlass der Anrechnung sind Verfügungen über den Nachlass und bedürfen deshalb der Form letztwilliger Erklärungen.[2]) Die Anrechnungsmethode richtet sich in diesen Fällen nach dem Willen des Erblassers. Fehlt eine entsprechende Regelung, ist wie bei der gesetzlichen Erbfolge vorzugehen (s unten Rz 2343).[3])

2340 Auf den gesetzlichen Erbteil der Kinder sind aufgrund des Verweises in § 790 auf § 788 die in dieser Bestimmung erwähnten **Vorempfänge** anzurechnen: die Ausstattung,[4]) das zum Antritt eines Amtes oder Gewerbes Gegebene[5]) und das vom Erblasser zur Bezahlung von Schulden eines volljährigen Kindes Aufgewendete.

---

[1]) Vgl EB 136 BlgNR 14. GP 15; JA 1916 BlgNR 14. GP 5.

[2]) *Bolla,* ÖJZ 1951, 290; *Schauer,* JBl 1980, 452 f; *Kralik,* Erbrecht 341; *Kogler,* Erbverzicht 179 ff; aA *Ehrenzweig* II/2, 512; *Weiß* in *Klang*[2] III 937 ff (anders aber 215); *Umlauft,* Anrechnung 41 ff, 49 ff; *Eccher* in *Schwimann/Kodek*[4] §§ 790–792 Rz 3; OGH GlUNF 36.039; EF-Z 2015/25 *(A. Tschugguel)* = iFamZ 2014/153 *(Mondel)* (dazu *Kogler,* NZ 2015/1, 1).

[3]) OGH NZ 2012/112.

[4]) S dazu *Welser* in *Rummel/Lukas*[4] §§ 788, 789 Rz 9; *Bittner/Hawel* in *Kletečka/Schauer,* ABGB-ON[1.02] §§ 788, 789 Rz 3.

[5]) Nach herrschender Lehre und Rechtsprechung fällt darunter auch eine Zuwendung, die zur Fortführung eines bereits bestehenden Betriebes erfolgt ist; OGH NZ 2006/135 mwN; iFamZ 2007/160. Die Anrechnung eines Vorausempfangs iZm dem „Antritt“ eines Gewerbes setzt nicht voraus, dass der Empfänger auf die Zuwendung angewiesen gewesen sein muss; OGH EF-Z 2009/105.

Darüber hinaus sind alle vom Erblasser unter Lebenden als **Vorschuss** iSd § 789 geleisteten Zahlungen anzurechnen.[6]) Vorschüsse sind Zuwendungen des Erblassers unter Lebenden, die ohne Rechtspflicht gegeben werden und bei deren Hingabe die Verrechnung auf den Erb- oder Pflichtteil bedungen wird.[7]) 2341

Nach einem Teil der Lehre sind Abfindungen für einen Erbverzicht Vorschüsse iSd § 789).[8])

Die Anrechnung findet nur statt, wenn sie ein Kind **verlangt,** wirkt aber dann zugunsten und zu Lasten aller Kinder. 2342

Repräsentationsberechtigte müssen sich auch die Zuwendungen an den Vorfahren anrechnen lassen (§ 790 letzter Satz).

2. Anrechnungsmethode

Nach § 793 soll so angerechnet werden, dass jedes benachteiligte Kind einen dem anzurechnenden Wert entsprechenden Teil vorweg erhält und der Rest des Nachlasses nach der gesetzlichen Erbfolge verteilt wird. Die hA[9]) berechnet hingegen nach der Methode, die der OGH in **JB 114**[10]) für die Anrechnung beim Pflichtteil entwickelt hat: Zunächst werden die zu berücksichtigenden Empfänge dem Nachlass rechnerisch hinzugeschlagen, davon die Werte der Erbteile ermittelt und von diesen anrechnungspflichtige Empfänge abgezogen.[11]) 2343

Der Erblasser E hinterlässt nur seine Kinder A und B. Der Nachlass beträgt € 18.000,–, der VoremPfang des B € 6.000,–. A erhält die Hälfte des um den Vorausempfang vergrößerten Nachlasses, also € 12.000,–. B muss sich den Vorempfang anrechnen lassen und bekommt daher nur € 6.000,–.

Die durch die Anrechnung bezweckte Umverteilung erfolgt nur mit den **Mitteln des Nachlasses.** Der Ausgleich geht zu Lasten des Erben. Der anrechnungspflichtige Erbe kann nicht dazu verhalten werden, etwas zurückzugeben (§ 793 aE).[12]) Reicht der Nachlass zum Ausgleich der Vorempfänge nicht aus, müssen sich die Erben eine verhältnismäßige Kürzung gefallen lassen. 2344

---

[6]) *Welser,* NZ 1978, 162; zustimmend *Migsch* in *Floretta,* Ehe und Kindschaftsrecht 54 und offenbar auch *Ostheim* in *Ostheim,* Familienrechtsreform 60.

[7]) *Ostheim* in *Ostheim,* Familienrechtsreform 63; *Migsch* in *Floretta,* Ehe- und Kindschaftsrecht 56; OGH EvBl 1987/198. Zur nachträglichen Vereinbarung der Anrechnung *Umlauft,* Anrechnung 48f; iFamZ 2009/249. Nach *Kogler,* Der Erbverzicht (2013) 162f könne es nur einen Vorschuss auf den Pflichtteil geben; eine Vereinbarung der Anrechnung auf das gesetzliche Erbrecht ist daher kein Vorschuss iSd § 789.

[8]) Vgl *Kogler,* Erbverzicht 149ff mwN.

[9]) *Unger,* Erbrecht[4], 209; *Ehrenzweig* II/2, 514.

[10]) Beschluss vom 5. Februar 1884.

[11]) *Ehrenzweig* II/2, 514; *Weiß* in *Klang* III 949; OGH SZ 39/198; SZ 70/107; s auch *Rabl,* NZ 1998, 12ff.

[12]) *Bolla,* ÖJZ 1951, 289.

3. Verhältnis zu Dritten

2345 Die Anrechnung verändert **nicht die Erbquoten,** sondern bloß die Werte, welche die Erben aus dem Nachlass erhalten.[13]) Sie berührt also nur das Verhältnis zwischen den Kindern, hat aber auf die Rechtsstellung Dritter keinen Einfluss. Daher ist zB für den gesetzlichen **Erbteil des Ehegatten** oder **eingetragenen Partners** der tatsächlich vorhandene Nachlass maßgebend.

E hinterlässt seine Ehegattin G und seine Kinder A und B. Der reine Nachlass beträgt € 30.000,–, der Vorempfang des A € 4.000,–, jener des B € 2.000,–. Der gesetzliche Erbteil der Witwe ist, da sich die Anrechnung weder zu ihren Gunsten noch zu ihren Lasten auswirkt, vom reinen Nachlass zu berechnen, sie erhält also € 10.000,– (ein Drittel von € 30.000,–). Zu den verbleibenden € 20.000,– sind die Vorempfänge zu addieren, was € 26.000,– ergibt. Hievon entfallen auf A und B je € 13.000,–, wovon sich jeder seinen Vorempfang abziehen lassen muss. Daher erhält A € 9.000,– und B € 11.000,–.

2346 Ebenso wenig wird die Haftung gegenüber den **Erbschaftsgläubigern** berührt. Nimmt also ein Erbe, der den ihm zukommenden Wert schon als Vorempfang erhalten hat, die Erbschaft an, so haftet er den Erbschaftsgläubigern, nach der abgegebenen Erbantrittserklärung und seiner Quote, obwohl er aus der Verlassenschaft nichts erhält.

Da den Vorempfänger keine Rückerstattungspflicht trifft (§ 793 aE), trägt er die Schuld im Innenverhältnis mit jener Quote, die sich aus dem Verhältnis des ihm jetzt tatsächlich zukommenden Wertes zum reinen Nachlass ergibt.

III. Die Anrechnung beim Pflichtteil

A. Anrechnung letztwilliger Zuwendungen

2347 Für den Pflichtteil bestimmt § 787 Abs 1, dass sich ein Noterbe alles, was er vom Erblasser letztwillig erhält, vom Pflichtteil abziehen lassen muss, um eine Doppelbedenkung zu vermeiden (durch die Zuwendung einerseits und den Pflichtteilsanspruch andererseits). Dies entspricht § 774, nach dem der Erblasser den Pflichtteil auf was immer für eine Art hinterlassen kann (zB indem er ein Bild oder ein Sparbuch vermacht).

B. Anrechnung lebzeitiger Zuwendungen

1. Anrechnung von Vorempfängen und Vorschüssen

a) Allgemeines

2348 Pflichtteilsberechtigte **Nachkommen**[1]) müssen sich die vom Erblasser zu seinen Lebzeiten erhaltenen Vorempfänge (Ausstattung, das unmittelbar zum Antritt eines Amtes oder eines Gewerbes Gegebene

---

[13]) *Ehrenzweig* II/2, 518.

[1]) Für eine analoge Anwendung der Anrechnungspflicht nach § 788 auf den Ehegatten (eingetragenen Partner) *Umlauft,* Anrechnung 73 ff.

und die Zahlung von Schulden großjähriger Kinder durch den Erblasser) anrechnen lassen. **Alle** pflichtteilsberechtigten Personen müssen sich Zuwendungen anrechnen lassen, die ihnen der Erblasser als Vorschuss geleistet hat (§§ 788f).[2])

Nachkommen haben sich auch die Vorempfänge ihrer Vorfahren anrechnen zu lassen (§ 790 per analogiam).[3])

Die Anrechnung findet statt, wenn dies bei Geltendmachung eines 2349
Pflichtteilsanspruchs der Erbe oder ein Noterbe verlangt. Sie bringt in erster Linie dem Noterben Vorteile, kann aber auch den Erben entlasten. Wegen des in der Anrechnung für den Erben liegenden Vorteils kann die Anrechnung auch stattfinden, wenn nur ein Noterbe vorhanden ist.[4])

b) Durchführung der Anrechnung

Lehre und Rechtsprechung führen die Anrechnung auch beim 2350
Pflichtteil nach der vom OGH in **JB 114** entwickelten Methode durch (s oben Rz 2343).[5]) Der Ausgleich geschieht allerdings nur mit den Mitteln des **Nachlasses,** das heißt zu Lasten des Testamentserben. Der Anrechnungspflichtige selbst muss **nichts herausgeben** (§ 793 per analogiam). Reicht der Nachlass dann zur Deckung der übrigen Pflichtteile nicht aus, muss der Ausgleich unterbleiben.[6]) Mehrere Noterben tragen diesen Nachteil nach dem Verhältnis ihrer Pflichtteile.[7])

Bei der Pflichtteilsermittlung ist **einheitlich** vorzugehen, das heißt, 2351
dass die Vorempfänge des § 788 und die Vorschüsse des § 789 zugunsten und zu Lasten aller Noterben dem Nachlass hinzugeschlagen werden.[8])

Anders als bei der Anrechnung auf den Erbteil, wirkt daher die Anrechnung von Vorempfängen und Vorschüssen auf den Pflichtteil auch zugunsten des Ehegatten oder eingetragenen Partners, der mit den Kindern vollkommen gleichgestellt ist.[9])

c) Regelung durch den Erblasser

Soweit es den Pflichtteil betrifft, sind die Anrechnungsvorschriften 2352
grundsätzlich **zwingend.** Der Erblasser kann also keine weiteren Anrech-

---

[2]) OGH SZ 38/98; EFSlg 24.740; EFSlg 48.522. Vgl auch *Weiß* in *Klang*[2] III 926; *Rabl,* NZ 1998, 7ff.

[3]) Vgl *Krasnopolski/Kafka,* Erbrecht 222; *Ehrenzweig* II/2, 589; OGH NZ 1988, 42 *(Findeis); Umlauft,* Anrechnung 135ff; aA *Zeiller,* Commentar II 811; s auch OGH SZ 59/78.

[4]) *Ehrenzweig* II/2, 591.

[5]) *Weiß* in *Klang* III 590; *Kralik,* Erbrecht 297; OGH SZ 39/198.

[6]) AA *Umlauft,* Anrechnung 123ff mwN, der bei übermäßigen Vorempfängen eine Herausgabepflicht bejaht. Nach *Welser* in *Rummel/Lukas*[4] §§ 788, 789 Rz 15 kann das Übermaß eines Vorschusses als anfechtbare Schenkung zu qualifizieren sein; vgl auch *Samek,* Pflichtteilsrecht 160ff; *Kogler,* Erbverzicht 168f.

[7]) OGH JB 114; vgl aber auch *Kralik,* Erbrecht 298 und *Rabl,* NZ 1998, 15f.

[8]) *Welser,* NZ 1978, 163; zustimmend *Migsch* in *Floretta,* Ehe- und Kindschaftsrecht 56 und offenbar auch *Ostheim* in *Ostheim,* Familienrechtsreform 65.

[9]) *Welser,* NZ 1978, 164; *Umlauft,* Anrechnung 72ff.

nungen anordnen, insbesondere ist der von ihm an die Pflichtteilsberechtigten geleistete Unterhalt nicht zu berücksichtigen.[10]) Ohne entsprechende Vereinbarung kann der Erblasser auch nicht einseitig die Anrechnung von Vorschüssen verfügen.[11])

2353 Ob der Erblasser die **Anrechnung** zum Pflichtteil **erlassen** kann, ist strittig.[12]) Nach hM ist der Erlass zwar zum Nachteil der Testamentserben, **nicht** aber zum Nachteil der übrigen Noterben möglich, da sonst deren Pflichtteile verkürzt würden.[13]) Daher ist auch im Falle des Erlasses der Vorempfang zum Nachlass dazuzuschlagen, jedoch beim befreiten Vorempfänger nicht abzuziehen, solange der Nachlass zur Deckung aller (unter Hinzurechnung der Vorempfänge ermittelten) sonstigen Pflichtteile ausreicht.

Der Erlass ist somit für den Begünstigten vorteilhaft, wenn er als einziger Noterbe gegen den Testamentserben vorgeht. Ferner braucht er sich nichts abziehen zu lassen, wenn bei Vorhandensein mehrerer Pflichtteilsberechtigter trotz Berücksichtigung sämtlicher Vorempfänge (also auch des erlassenen Vorempfanges) die Pflichtteile aller Noterben aus dem reinen Nachlass gedeckt werden. Der Erlass schadet in beiden Fällen nur dem Testamentserben.

2. Pflichtteilserhöhung wegen Schenkungen

Literatur: *Czermak,* Zur unbefristeten Anrechnung von Schenkungen an einen Ehegatten nach § 785 ABGB, NZ 1984, 4; *Delle Karth,* Die Berechnung des Schenkungspflichtteils bei einer „gemischten" Schenkung, NZ 2007/33, 106; *Eder,* Die Bewertung des Unternehmens zum Zwecke der Pflichtteilsabrechnung, JEV 2011, 49; *Glaeser/Neudorfer/Schilchegger,* Quote berechnen – oder doch subtrahieren? NZ 2010/50, 205; *Jud,* Zur Entwicklung der Schenkungsanrechnung im ABGB, NZ 1998, 16; *Ostheim,* Zur erbrechtlichen Stellung des Ehegatten nach dem BG 15. 6. 1978, BGBl 280, in *Ostheim,* Schwerpunkte der Familienrechtsreform 1977/1978 (1979) 57; *Raber,* Die Verjährung des Anspruchs auf den Schenkungspflichtteil; entwickelt aus ihren Grundlagen, JBl 1988, 137 und 217; *Rabl,* Die Auswirkungen eines Fruchtgenußvorbehalts auf die Schenkungsanrechnung, NZ 1999, 291; *Samek,* Das österreichische Pflichtteilsrecht (2004); *Umlauft,* Die Anrechnung von Schenkungen und Vorempfängen im Erb- und Pflichtteilsrecht (2001); *Umlauft,* Schenkungsanrechnung – Bewertungsfragen unter besonderer Berücksichtigung der gemischten Schenkung, NZ 2008/9, 33; *Umlauft,* Zwei zentrale Fragen des Anrechnungsrechts im Pflichtteilsrecht: Kritische Überlegungen zur jüngsten Rechtsprechung des österreichischen Obersten Gerichtshofs, in FS Delle Karth (2013) 969; *Welser,* Zur Berücksichtigung von Schenkungen im Pflichtteilsrecht, in FS Kralik (1986) 583; *Welser,* Zur Reform der Anrechnung im Erbrecht, in FS Jud (2012) 73; *Welser,* Anrechnung von Vorempfängen auf den Schenkungspflichtteil? – Rechtslage und Reformbedarf, in FS Torggler (2013) 1295; *Zankl,* Die Lebensversicherung im Pflichtteilsrecht, NZ 1989, 1; *Zankl,* Umgehung der Schenkungsanrechnung, NZ 2001, 111; *Zöchling-Jud,* Die Bewertung von gestiftetem Vermögen bei der Schenkungsanrechnung, in FS Torggler (2013) 1413.

---

[10]) OGH JBl 1992, 709.

[11]) OGH JBl 1992, 709. Zur nachträglichen Vereinbarung s *Umlauft,* Anrechnung 48 f; *Kogler,* Erbverzicht 173 f.

[12]) Dazu *Schauer,* JBl 1980, 457 f.

[13]) *Welser* in *Rummel/Lukas*⁴ §§ 788, 789 Rz 13; vgl auch *Winiwarter,* Bürgerliches Recht III 399; *Ehrenzweig* II/2, 591; *Schauer,* JBl 1980, 457.

a) Allgemeines

Der Anspruch auf den Nachlasspflichtteil geht ins Leere, wenn kein Nachlass vorhanden ist. Dies könnte leicht dadurch geschehen, dass der Erblasser zu Lebzeiten wesentliche Teile seines Vermögens verschenkt. Er könnte damit bewusst oder unbewusst Pflichtteilsansprüche beeinträchtigen.[14]) Die Schenkungsanrechnung versucht, in Verbindung mit der Schenkungsanfechtung (§§ 951 f) dieser Gefahr zu begegnen. Darüber hinaus bezweckt sie die **Gleichbehandlung** der Noterben. 2354

Die Anrechnungspflicht bezieht sich nur auf Schenkungen **unter Lebenden.** Die Schenkung auf den Todesfall unterliegt nicht § 785, weil die geschenkte Sache im Nachlass vorhanden ist,[15]) sodass sie schon bei der Ermittlung des Nachlasspflichtteils mitzählt[16]) (s oben Rz 2270). 2355

Der Begriff der Schenkung wird dabei weit verstanden,[17]) sodass zB auch die Zuwendung einer Bezugsberechtigung aus einem Lebensversicherungsvertrag[18]) in entsprechender Anwendung des § 785 anzurechnen ist. Auch bei einer Gütergemeinschaft auf den Todesfall kann eine iSd § 785 anrechnungspflichtige Schenkung vorliegen.[19])

Bei **gemischten Schenkungen** ist der geschenkte Teil anzurechnen.[20]) Ob eine gemischte Schenkung vorliegt, hängt vom Willen der Vertragsparteien ab.[21]) Der Schenkungswille ist allerdings zu vermuten, wenn zwischen Leistung und Gegenleistung ein erhebliches Missverhältnis besteht.[22]) 2356

Die Berücksichtigung der Schenkung erfolgt nur auf **Verlangen** eines pflichtteilsberechtigten **Kindes,** des **Ehegatten** oder des **eingetragenen Partners** (§ 785 Abs 1 Satz 1 iVm § 537 a). Zugunsten von Aszendenten gibt es keine Schenkungsanrechnung. 2357

---

[14]) Dasselbe gilt für Umgehungsgeschäfte, wie eine Erbsentschlagung mit anschließendem Schenkungsvertrag OGH JBl 2001, 102 (dazu *Peer,* Zur Umgehung des Schenkungspflichtteiles, JBl 2001, 127).

[15]) OGH SZ 32/73.

[16]) *Welser,* NZ 1978, 165f und ihm folgend *Umlauft,* Anrechnung 161; *Limberg,* Privatstiftung und Erbrecht (2006) 38ff; OGH JBl 1981, 593; NZ 1988, 42 *(Findeis);* SZ 68/201; SZ 69/108; SZ 70/107; ecolex 2002, 508; aA *Kralik,* Erbrecht 300; *Rabl,* Die Schenkung auf den Todesfall im Pflichtteilsrecht, NZ 2005/32, 129 (133ff); *Oberhumer,* Die Schenkung auf den Todesfall – kein Zwitter, NZ 2008/37, 129 (135ff); *Längle,* Schenkung auf den Todesfall (2009) 156f; *Apathy* in KBB[4] § 785 Rz 2.

[17]) Zu gesellschaftsvertraglichen Regelungen *Schauer,* Nachfolge im Recht der Personengesellschaften, in *Gruber/Kalss/Müller/Schauer,* Erbrecht und Vermögensnachfolge (2010) 988 (999ff) und *Eccher* in *Schwimann/Kodek*[4] § 531 Rz 47. Zur Ausschlagung *Volgger,* Antritt und Ausschlagung der Erbschaft (2014) 165ff.

[18]) *Zankl,* NZ 1989, 1; *Umlauft,* Anrechnung 167ff; OGH NZ 1997, 394. S dazu auch *Scheuba,* Generationenübergreifender Vermögenstransfer jenseits des Erbrechts, in FS 200 Jahre ABGB (2011) 1409 (1414ff).

[19]) Vgl OGH JBl 2012, 47.

[20]) OGH SZ 59/6; JBl 1989, 377; JBl 2014, 180; Genaueres zur Wertermittlung OGH NZ 2007/22 (Übergabsvertrag gegen Leibrente); SZ 2006/134 (Übergabsvertrag gegen Ausgedinge). Zur Bewertung OGH NZ 1993, 82; SZ 2006/134; *Delle Karth,* NZ 2007/33, 106ff; *Umlauft,* NZ 2008/9, 33ff; *Glaeser/Neudorfer/Schilchegger,* NZ 2010/50, 207.

[21]) OGH SZ 49/43; SZ 50/101; NZ 1989, 98; SZ 70/107; NZ 2014/85.

[22]) OGH SZ 49/43; SZ 59/6; JBl 1989, 377; SZ 70/107; NZ 2007/22; Zak 2012/592.

Anrechnungsberechtigt ist aber auch hier nur, wer in concreto beim Tod des Erblassers pflichtteilsberechtigt ist.[23]) Daher ist ein Enkelkind nicht anrechnungsberechtigt, wenn es durch seinen Vater vom gesetzlichen Erbrecht und Pflichtteil ausgeschlossen ist.[24])

Das Verlangen hat durch Klage oder Geltendmachung bei der Inventur[25]) oder sonstigen Schätzung zu erfolgen, führt aber dann zur Berücksichtigung der Schenkung zugunsten aller anrechnungsberechtigten Noterben.[26])

2358 Es ist zweckmäßig, den gemeinen Pflichtteil (Nachlasspflichtteil) und den Schenkungspflichtteil getrennt zu ermitteln (s unten Rz 2371).[27]) Alle Geschenke des Erblassers, die der Anrechnungspflicht unterliegen, werden zusammengezählt. Von dieser Summe wird für jeden Noterben der Schenkungspflichtteil (Pflichtteilserhöhung) entsprechend seiner Pflichtteilsquote berechnet. Jeder Noterbe muss sich von dieser **Pflichtteilserhöhung** (§ 787 Abs 2), also **nur** vom Schenkungspflichtteil, die von ihm selbst erhaltenen Schenkungen **abziehen lassen.**

E hinterlässt die beiden Söhne A und B; der Nachlass beträgt € 10.000,–. E hatte A € 8.000,– und dem Freund F € 4.000,– geschenkt. Der gemeine Pflichtteil ist € 2.500,–. B erhält ihn und den Schenkungspflichtteil in der Höhe von € 3.000,–. A muss sich aber auf die Erhöhung (€ 3.000,–) die Schenkung von € 8.000,– anrechnen lassen, sodass er nur den Nachlasspflichtteil bekommt.

2359 Der Schenkungspflichtteil ist ab dem Begehren auf Durchführung der Anrechnung zu **verzinsen,**[28]) die Abrechnungsgemeinschaft nach § 786 Satz 2 (oben Rz 2310) kommt nicht zur Anwendung.

2360 Ein **Kind** kann die Anrechnung einer Schenkung nur verlangen, wenn der Erblasser zur Zeit der Schenkung bereits ein pflichtteilsberechtigtes Kind hatte, es muss aber nicht jenes sein, das die Anrechnung verlangt.[29]) Ein **Ehegatte** ist nur anrechnungsberechtigt, wenn er bei der Schenkung mit dem Erblasser verheiratet war;[30]) dies gilt entsprechend für den eingetragenen Partner (§ 537 a). Dass der Ehegatte im Schenkungszeitpunkt – aufgrund der Gesetzeslage vor dem ErRÄG 1978 – bereits pflichtteilsberechtigt war, ist nicht erforderlich.[31])

Uneheliche Kinder sind auch dann anrechnungsberechtigt, wenn die Schenkung zu einem Zeitpunkt erfolgte, zu dem sie aufgrund der alten Rechtslage noch nicht pflichtteilsberechtigt waren.[32])

---

[23]) *Welser* in *Rummel/Lukas*[4] § 785 Rz 4; OGH EFSlg 4.574.

[24]) OGH SZ 38/98; EvBl 1975/2.

[25]) HHB 115.

[26]) Vgl *Kralik,* Erbrecht 305.

[27]) *Kralik,* Erbrecht 305; *Welser* in *Rummel/Lukas*[4] § 785 Rz 25.

[28]) *Schauer,* Verzugszinsen und Pflichtteilsanrechnung, NZ 1987, 114; OGH ecolex 1999, 461 *(Jud).*

[29]) *Welser* in FS Kralik 584 ff mwN; aA *Schwind,* Der aktiv und der passiv Pflichtteilsberechtigte, in FS Firsching (1985) 264 ff.

[30]) OGH NZ 1996, 88; SZ 2006/134.

[31]) OGH SZ 2006/134; so bereits *Umlauft,* Anrechnung 222 f.

[32]) Zutreffend *Liebmann/Wenger,* Besteht ein Anspruch der außerehelichen Kinder auf Schenkungsanrechnung gemäß § 785 ABGB, wenn eine Schenkung vor dem

b) *Befreite Schenkungen*

§ 785 Abs 3 nimmt von der Anrechnungspflicht Schenkungen aus, die der Erblasser aus den Einkünften ohne Schmälerung seines Stammvermögens,[33]) zu gemeinnützigen Zwecken, in Entsprechung einer sittlichen Pflicht[34]) oder aus Rücksichten des Anstandes gemacht hat; außerdem solche, die **früher als zwei Jahre** vor dem Tod des Erblassers an **nicht pflichtteilsberechtigte** Personen gemacht worden sind. Schenkungen an Pflichtteilsberechtigte sind somit auch dann anrechenbar, wenn sie länger als zwei Jahre zurückliegen (unbefristete Anrechnung). Nach der Rechtsprechung ist eine Schenkung grundsätzlich dann „gemacht", wenn ein formgerechter Schenkungsvertrag abgeschlossen worden ist. Bei einer umfassenden und weitreichenden Beschneidung des übertragenen Eigentums durch vorbehaltenen Fruchtgenuss samt Veräußerungs- und Belastungsverbot sei aber davon auszugehen, dass bis zum Wegfall dieser Einschränkungen durch den Tod des Geschenkgebers die Zweijahresfrist nicht in Gang gesetzt wurde (Vermögensopfertheorie; dazu Rz 2365).[35]) 2361

Pflichtteilsberechtigte Person und somit der **unbefristeten Anrechnung** ausgesetzt ist nur, wer bei der Schenkung zum Kreis der pflichtteilsberechtigten Personen gehört hat, also Kind, Ehegatte oder eingetragener Partner des Erblassers war **(„abstrakte Pflichtteilsberechtigung")** und beim Tod des Erblassers pflichtteilsberechtigt ist, dh bei Eintritt der gesetzlichen Erbfolge zum Zug gekommen wäre **(„konkrete Pflichtteilsberechtigung").**[36]) Anrechnungspflichtig ist daher nur, wer selbst anrechnungsberechtigt ist (Reziprozität der Anrechnung).[37]) 2362

Daher gilt für Personen, die auf ihr Pflichtteilsrecht verzichtet haben, die Zweijahresfrist.[38]) Verzichtet allerdings ein Beschenkter auf den Pflichtteil, um der unbefristeten Anrechnung zu entgehen, so kann in der Berufung auf diesen Verzicht ein **Rechtsmissbrauch** liegen.[39]) Durch 2363

---

1. 1. 1991 an ein pflichtteilsberechtigtes Kind des Geschenkgebers bzw des späteren Erblassers erfolgt ist? NZ 1991, 28; OGH JBl 1994, 822; SZ 67/50; SZ 69/58. Vgl auch OGH SZ 2006/134.

[33]) S dazu OGH JBl 2011, 589.

[34]) S dazu OGH RZ 1983/65; SZ 70/231; NZ 2001, 444; NZ 2013/22; NZ 2015/19; EF-Z 2007/44 = iFamZ 2007/82 *(Tschugguel).*

[35]) OGH NZ 2015/6 *(Battlogg)* = EF-Z 2015/26 *(A. Tschugguel)* = ecolex 2015/97 *(Schoditsch).*

[36]) *Welser* in FS Kralik 590; *Welser* in *Rummel/Lukas*[4] § 785 Rz 17; OGH NZ 1989, 42 *(Czermak);* JBl 1991, 312 *(Eccher);* aA *Kralik,* Erbrecht 303f; *Umlauft,* Unbefristete Schenkungsanrechnung im Pflichtteilsrecht, NZ 1988, 89 (91ff); *Umlauft,* Nochmals zur Schenkungsanrechnung im Pflichtteilsrecht, NZ 1989, 257ff; *Eccher,* JBl 1991, 313. Vgl zuletzt mit Vorschlägen de lege ferenda *Welser,* NZ 1998, 43f; *Umlauft,* NZ 1998, 53f; dazu auch *Fischer-Czermak,* NZ 1998, 6f.

[37]) *Welser* in FS Kralik 588; dagegen *Umlauft,* NZ 1988, 91ff.

[38]) OGH JBl 1991, 312 *(Eccher).*

[39]) S dazu OGH JBl 1995, 584; JBl 2003, 375; JBl 2008, 178 = iFamZ 2008/51 *(Tschugguel)*; iFamZ 2012/32; Zak 2013/621; iFamZ 2013/243 *(Tschugguel).* Vgl *Welser* in FS Kralik 590; *Umlauft,* Anrechnung 212ff; differenzierend *Mader,* Pflichtteilsver-

diese Lösung wird freilich die Reziprozität der Anrechnung durchbrochen, da der Verzicht aufrechterhalten wird und nur die Berufung darauf unwirksam ist.

Eine Schenkung an ein uneheliches Kind vor Inkrafttreten des ErbRÄG 1989 ist unbefristet anzurechnen.[40])

c) Besonderheiten bei der Privatstiftung

Literatur: *Jud,* Privatstiftung und Pflichtteilsdeckung, in FS Welser (2004) 373; *Jud,* Privatstiftung und Pflichtteilsrecht: Erste Klärung durch den OGH, Zak 2007/640, 369; *Kletečka,* Pflichtteilsrechtliche Behandlung der Errichtung einer Privatstiftung, EF-Z 2012/2; *Limberg,* Privatstiftung und Erbrecht (2006); *Limberg/Tschugguel,* Neues zu Privatstiftung und Pflichtteilsrecht, NZ 2009/54, 200; *Melzer,* Pflichtteilsrechtliche Konsequenzen der Errichtung von Substiftungen, PSR 2014/36, 175; *Parapatits/Schörghofer,* Privatstiftung und Schenkungsanrechnung, iFamZ 2008, 42; *Pittl,* Errichtung und Entstehung von Privatstiftungen, NZ 2000, 259; *Schauer,* Erbrechtliche Probleme der Privatstiftung, in *Csoklich/Müller/Gröhs/Helbich,* Handbuch zum Privatstiftungsgesetz (1994) 107; *Schauer,* Privatstiftung und Pflichtteilsrecht, NZ 1993, 251; *Schauer,* OGH: Schutz der Pflichtteilsberechtigten gegenüber Privatstiftung, JEV 2007, 90; *Umlauft,* Die Anrechnung von Schenkungen und Vorempfängen (2001); *Welser,* Die Reform des österreichischen Erbrechts, 17. ÖJT Band II/1 (2009) 148; *Welser,* Privatstiftung und Reform des Pflichtteilsrechts, in FS Straube (2009) 215; *Welser,* Widerrufsrecht, unbeschränktes Änderungsrecht und Schenkungsanrechnung bei der Privatstiftung, in FS Aicher (2012) 865; *Umlauft,* Die Reform des österreichischen Erbrechts, NZ 2012/1, 1; *Zollner,* Die neuen Herausforderungen an das Erbrecht, EF-Z 2008/2, 4.

2364 Da der Begriff der Schenkung weit verstanden wird, kann sowohl in der Zuwendung des **Stifters** an eine unter Lebenden errichtete Privatstiftung – bei Errichtung oder später – (s Bd I Rz 267 ff) als auch in Zuwendungen dieser Stiftung an **begünstigte Personen** in analoger Anwendung der §§ 785, 951 eine anrechenbare und anfechtbare Schenkung des Stifters gesehen werden.[41])

2365 Da eine Privatstiftung selbst nicht pflichtteilsberechtigt ist, greift grundsätzlich die Zwei-Jahres-Frist des § 785 Abs 3 ein. Vermögenswidmungen an eine Privatstiftung unterscheiden sich allerdings insofern von einer „gewöhnlichen“ Schenkung, als das PSG dem Stifter verschiedene Möglichkeiten bietet, auf das gestiftete Vermögen Einfluss zu nehmen.[42])

---

zicht und Schenkungsanrechnung, in FS Welser (2004) 669, der über die Anwendung der Grundsätze der Gesetzesumgehung zum selben Ergebnis kommt; *Zankl,* NZ 2001, 113. Der OGH hielt die Berufung auf den Verzicht sogar für rechtsmissbräuchlich, obwohl nur der Erblasser, nicht aber der Verzichtleistende Missbrauchsvorsatz hatte; NZ 2005/31.

[40]) OGH SZ 71/93.

[41]) OGH NZ 2003, 179 *(Schauer);* GesRZ 2007, 437 *(Arnold)* = ecolex 2007/285 *(Limberg)* = EF-Z 2007/115 *(Zollner)* (dazu *Jud,* Zak 2007/640, 369; *Schauer,* JEV 2007, 90; *Parapatits/Schörghofer,* iFamZ 2008, 42; *Zollner,* EF-Z 2008/2, 4). Vgl auch *Welser,* Reform des Erbrechts 148; *Welser,* NZ 2012/1, 6 f und OGH JBl 2002, 176, wo Stiftungsvermögen in die Bemessungsgrundlage für die Ermittlung des Heiratsguts miteinbezogen wurde. Zu Substiftungen *Melzer,* PSR 2014/36, 177 ff.

[42]) *Jud,* Zak 2007/640, 369; vgl auch *Schauer,* JEV 2007, 91.

Der Stifter kann sich nämlich vorbehalten, die Stiftung zu widerrufen (Widerrufsvorbehalt iSd § 34 PSG) oder die Stiftungsurkunde zu ändern (Änderungsvorbehalt iSd § 33 Abs 2 PSG). Dadurch kann er über das gestiftete Vermögen noch verfügen und die Vermögenswidmung (zumindest faktisch) wieder rückgängig machen. Auch andere Einflussrechte des Stifters – etwa wenn ihm obliegt, den Begünstigten festzusetzen – können dazu führen, dass der Stifter (zumindest indirekt) noch über die Zuwendung verfügen kann.[43]) Dem wird durch die sog **„Vermögensopfertheorie"** begegnet: Nach herrschender Lehre beginnt die Zwei-Jahres-Frist des § 785 Abs 3 nicht bereits mit der Dotierung zu laufen, sondern erst dann, wenn der Stifter ein „Vermögensopfer" erbracht hat.[44])

Strittig ist freilich, bei welchen Einflussmöglichkeiten des Stifters dies der Fall ist.[45]) Nach der Judikatur ist das Vermögensopfer des Stifters jedenfalls dann noch nicht erbracht, wenn ein Änderungs- und Widerrufsvorbehalt iSd §§ 33, 34 PSG gemacht wurde. Die Vermögenszuwendung ist in diesem Fall unbefristet anzurechnen.[46])

Die Vermögensopfertheorie ist allerdings wegen ihrer bloß wirtschaftlichen Betrachtungsweise theoretisch-dogmatisch fragwürdig. Sie löst das Problem überdies nur bei entsprechender Beschaffenheit der Stiftungserklärung, also nur in einem Teil der Fälle. Daher können nur die Notwendigkeit des Schutzes der Pflichtteilsberechtigten und die mit dem PSG verbundenen Besonderheiten diesen „Lösungsversuch" rechtfertigen.[47]) 2366

d) Berichtigung des Schenkungspflichtteils

Auch der Schenkungspflichtteil ist primär aus dem **Nachlass** zu entrichten, belastet also die Erben und die Vermächtnisnehmer. Doch haftet ein Erbe auch bei unbedingter Erbantrittserklärung für den Schenkungspflichtteil nur bis zur Höhe des Nachlasses.[48]) 2367

---

[43]) S dazu *Schauer,* JEV 2007, 91 ff; *Kletečka,* EF-Z 2012/2, 4 f jeweils mwN.

[44]) Vgl *Kletečka,* EF-Z 2012/2, 5 ff; *A. Wilhelm,* Die Anfechtung von Stiftungen (2012) 36 ff; *Arnold,* Privatstiftungsgesetz[3] (2013) Einl Rz 23 b jeweils mwN.

[45]) S den Meinungsstand bei *Welser,* Reform des Erbrechts 148 ff; *Welser* in FS Straube 220 ff; *Welser* in FS Aicher 870 ff; *Limberg,* Privatstiftung und Erbrecht 25 ff; *Kletečka,* EF-Z 2012/2, 7 f; *A. Wilhelm,* Die Anfechtung von Stiftungen 39 ff; *Arnold,* Privatstiftungsgesetz[3] Einl Rz 23 b; *Bösch,* Vermögensopfer und liechtensteinische Stiftung, PSR 2013/16, 57 ff. S auch *Umlauft,* Vermögensopfertheorie – Replik auf *Kletečka,* PSR 2012/32, 105 ff.

[46]) OGH GesRZ 2007, 437 *(Arnold)* = ecolex 2007/285 *(Limberg)* = EF-Z 2007/115 *(Zollner)* (dazu *Jud,* Zak 2007/640, 369; *Schauer,* JEV 2007, 90; *Parapatits/Schörghofer,* iFamZ 2008, 42; *Zollner,* EF-Z 2008/2, 4). Vgl auch *Schauer,* Aktuelle Entwicklungen im Stiftungsrecht, JEV 2009, 14, 18; *Riedler,* Reformbedarf bei Schenkungs-, Verwahrungs-, Leih- und Darlehensvertrag? ÖJZ 2008/65, 624, 626; *Kletečka,* EF-Z 2012/2, 8 ff; *Welser* in FS Aicher 869. S dazu auch FL OGH PSR 2013/20.

[47]) *Welser,* Reform des Erbrechts 153 ff; *Welser* in FS Straube 223 ff (samt Vorschlag zur Neuregelung der §§ 785, 951); *Welser,* NZ 2012/1, 7.

[48]) *Kralik,* Erbrecht 306; vgl auch OGH SZ 57/7NZ 2012/70; EvBl 2011/118; aA OGH EvBl 1965/399.

2368 Nur wenn die Verlassenschaft zur Deckung des Schenkungspflichtteils nicht ausreicht, kann der (dafür beweispflichtige) Noterbe direkt gegen den Beschenkten vorgehen und die **Herausgabe** des Geschenks verlangen,[49]) soweit es zur Deckung des Fehlbetrages nötig ist (§ 951 Abs 1). Von mehreren Beschenkten haftet primär der zuletzt Beschenkte, gleichzeitig Beschenkte haften verhältnismäßig (§ 951 Abs 3).[50]) Ein Herausgabeanspruch besteht ohne Weiteres, wenn der Beschenkte die geschenkte Sache oder ihren Wert noch besitzt. Andernfalls haftet der Beschenkte nur, wenn er an der geschenkten Sache unredlicher Weise den Besitz aufgegeben hat (§ 952).[51])

2369 Das Recht auf Herausgabe hat nur der Pflichtteilsberechtigte, nicht der Nachlass oder ein Nachlassgläubiger. Zu Unrecht lehnt der OGH[52]) die Verpflichtung zur Herausgabe bei überschuldetem Nachlass ab.[53]) Er begründet dies damit, dass bei entsprechender Überschuldung der Nachlass auch dann nicht imstande wäre, Pflichtteile zu berichtigen, auch wenn das Geschenk noch im Nachlass vorhanden wäre. Dieses Argument ist aber unzulässig, weil die Nachlassgläubiger nicht auf die Schenkung greifen können. Der Standpunkt des OGH führt dazu, dass Gläubiger, die selbst von der Anfechtung keinerlei Vorteil und von ihrer Unterlassung keinerlei Nachteil haben, allein schon durch ihre Existenz den zwischen Beschenktem und Verkürztem nötigen Ausgleich verhindern.

Der Anrechnung unterliegen auch Geschenke, die der Erblasser an Vorfahren des Anrechnungspflichtigen gemacht hat, eine Herausgabepflicht besteht aber nur für Gesamtrechtsnachfolger des Beschenkten.[54])

Schenkungsanfechtung ist auch möglich, wenn der Erblasser kein Vermögen hinterlassen hat[55]) oder wenn die Verlassenschaft armutshalber abgetan wird.[56]) Auch ein letztwillig oder kraft Gesetzes Berufener kann sich auf sein Pflichtteilsrecht stützen und die Herausgabe der Schenkung verlangen.[57])

2370 Das Klagebegehren hat bei Geldschenkungen auf Herausgabe des fehlenden Betrages, bei anderen Schenkungen nach der Judikatur entge-

---

[49]) OGH NZ 2007/38; NZ 2012/70. Zur Verzinsung OGH EF-Z 2009/57.

[50]) OGH NZ 2001, 308 (zu einer in eine Schenkung unter Lebenden umgewandelten Schenkung auf den Todesfall); NZ 2006/80.

[51]) Zur Frage, ob die Verwendung eines Geldgeschenks zur Schuldentilgung einen (redlichen) Verbrauch darstellt oder das Geschenk noch als im Besitz des Geschenknehmers anzusehen ist, s OGH JBl 2010, 235 *(Holzner)* (dazu *Jaksch-Ratajczak,* Pflichtteilsverkürzung durch Schuldentilgung mit Geldgeschenken? EF-Z 2010/123, 180).

[52]) OGH SZ 65/39; diesem folgend *Binder* in *Schwimann*³ § 951 Rz 3.

[53]) Dagegen *Kralik,* Erbrecht 305; *Fischer-Czermak,* NZ 1998, 6; *Welser,* NZ 1998, 46f.

[54]) Dazu *Welser* in FS Kralik 591ff; diesem folgend OGH SZ 2004/15; aA *Schwind,* Grenzen der Universalsukzession, in FS Kralik (1986) 517ff. Vgl dazu OGH NZ 2005/42; *Müller,* Schenkungsanrechnung und verlorene Pflichtteilsberechtigung – Die Haftungsbeschränkung des § 951 Abs 2 ABGB, NZ 2005/21, 77.

[55]) OGH SZ 38/47; SZ 57/7.

[56]) OGH JBl 1958, 121.

[57]) OGH SZ 39/24; SZ 69/58; unrichtig *Weiß* in *Klang*² III 948 (zweifelnd 906).

gen dem Wortlaut des § 951 auf Zahlung des Ausfalls am Pflichtteil **bei sonstiger Exekution** in die geschenkte Sache zu lauten.[58])

3. Vorempfänge und Schenkungen

Anrechnung von Vorempfängen und Anrechnung von Schenkungen sind auseinanderzuhalten. Die Anrechnung von Schenkungen nützt nur dem Pflichtteilsberechtigten, jene von Vorempfängen uU auch dem Testamentserben; s oben Rz 2349. Bei Vorempfängen (Vorschüssen) gibt es keine Rückerstattung, wohl aber bei Schenkungen (§ 951).[59]) Vorempfänge sind auf den Nachlasspflichtteil,[60]) Schenkungen nur auf den Schenkungspflichtteil anzurechnen (§ 787 Abs 2). Dieser Ansicht hat sich nunmehr auch der OGH angeschlossen.[61]) Der – auch unter Berücksichtigung der Vorempfänge – ermittelte **Nachlasspflichtteil** (gemeiner Pflichtteil) ist daher vom **Schenkungspflichtteil** getrennt zu behandeln.[62]) Dieselbe Zuwendung kann nicht zugleich Vorempfang und Schenkung sein.[63]) Ist sie nach § 788 in Anschlag zu bringen, so ist sie als Schenkung nicht zu berücksichtigen.[64]) Nachlasspflichtteil und Schenkungspflichtteil bilden zusammen den **erhöhten Pflichtteil.** 2371

4. Bewertung

Die Bewertung von Zuwendungen des Erblassers unter Lebenden wird **„bei jeder Anrechnung“**, also bei der Anrechnung auf den Erb- und Pflichtteil sowohl von Vorempfängen als auch von Vorschüssen sowie von Schenkungen in § 794 geregelt. 2372

Dieser bestimmt, dass bei der Anrechnung **unbewegliche** Sachen nach dem Zeitpunkt des Empfanges, **bewegliche** dagegen nach dem Zeit- 2373

---

[58]) OGH SZ 44/137; JBl 1989, 377; SZ 69/199; SZ 70/107.

[59]) AA *Umlauft,* Anrechnung 131 ff, der von einer analogen Anwendung der §§ 951 f bei Vorempfängen iSd §§ 788 f ausgeht; eine Ausnahme bestehe nur hinsichtlich solcher Vorempfänge, die aus einer Rechtspflicht heraus (Ausstattung) geleistet wurden.

[60]) *Welser,* NZ 1998, 41; aA (Anrechnung auf Nachlasspflichtteil und Schenkungspflichtteil) *Kralik,* Erbrecht 306; *Umlauft,* Anrechnung 96; *Samek,* Pflichtteilsrecht 159; *Likar-Peer* in *Ferrari/Likar-Peer,* Erbrecht 424.

[61]) OGH EF-Z 2012/50 *(Fischer-Czermak);* EF-Z 2013/122 *(A. Tschugguel)* (dazu *Eccher,* Anrechnung von Vorempfängen auf den Schenkungspflichtteil? ÖJZ 2012/47, 477; *Umlauft,* Anrechnung von Vorempfängen nur auf den Nachlasspflichtteil? NZ 2012/60, 169; *Umlauft* in FS Delle Karth 979 ff). S dazu auch *Welser* in FS Torggler 1298 ff.

[62]) Zur Problematik dieser Differenzierung und ihrer Beseitigung de lege ferenda *Jud,* Reformbedarf im Erbrecht, in *Fischer-Czermak/Hopf/Kathrein/Schauer,* ABGB 2011 (2008) 253; *Jud,* Überlegungen zu einer Reform des Erbrechts, ÖJZ 2008/59, 551 (555); *Welser,* Die Reform des österreichischen Erbrechts, 17. ÖJT Band II/1 (2009) 124 f, 133 ff; *Welser,* Ist unser Erbrecht noch zeitgemäß? in FS Posch (2011) 813 (823); *Welser* in FS Jud 786 f; *Umlauft,* Die Anrechnung im Pflichtteilsrecht, iFamZ 2011, 282 ff; *Umlauft,* Zwei wichtige Themen für die anstehende Erbrechtsreform, NZ 2012/2, 12 f.

[63]) OGH SZ 59/146; aA *Ehrenzweig* II/2, 600.

[64]) *Weiß* in *Klang* III 906; *Fischer-Czermak,* NZ 1998, 4 f.

punkt des Erbanfalles bewertet werden. Diese „prinzipienwidrige und unpassende Bestimmung“[65]) hat Lehre und Rechtsprechung vor erhebliche Schwierigkeiten gestellt. Dies gilt schon für die Diskrepanz zwischen beweglichen und unbeweglichen Sachen. Da der Wert der unter Lebenden zugewendeten Liegenschaften bis zum Tod des Erblassers wesentlich steigen kann, ist es eine grobe Ungerechtigkeit gegenüber dem Anrechnungsberechtigten, wenn die Liegenschaften, die er aus dem Nachlass erhält, mit dem Gegenwartswert, jene des Vorempfängers aber mit dem Wert der Vergangenheit eingesetzt werden, der oft nur symbolischen Charakter hat.

Die verschiedene Behandlung von beweglichen und unbeweglichen Sachen beruht auf der Annahme, dass nur bei den beweglichen eine erhebliche Wertminderung durch Abnützung eintritt und dass für diese der Ausgleichspflichtige keinen Ersatz leisten soll.[66]) Das Gesetz nimmt weiter (auch auf viele Jahre hinaus) eine Geldwertstabilität an, die in Wirklichkeit nicht besteht.

2374 Die **Lehre** empfiehlt eine Bewertung, die auf den Zustand der beweglichen oder unbeweglichen Sache im Zeitpunkt des Empfanges abstellt, jedoch den **Gegenwartswert** einsetzt.[67]) Die **Judikatur** hat auf verschiedene Weise versucht, § 794 zu „entschärfen“.[68]) Zwar werden unbewegliche Sachen mit dem Wert zum Zeitpunkt des Empfanges, also nach dem damaligen Preis eingesetzt, doch sollen auch seinerzeit unbekannte **„Realisierungs- und Gewinnchancen“** zu berücksichtigen sein.[69]) Im Falle einer **Geldentwertung** wird der Empfang aufgewertet, wenn die Gleichstellung der Kinder den Ausgleich erfordert.[70])

Dies geschieht zT durch Valorisierung unter Heranziehung einer geeigneten Aufwertungsbasis,[71]) zT durch Zugrundelegung des im Verlassenschaftsverfahren festgestellten Schätzwertes,[72]) der sich am Wert ähnlicher Liegenschaften orientiert.[73])

2375 Im Ergebnis werden damit **unbewegliche** Sachen weitgehend **wie bewegliche** zum Zeitpunkt des Erbanfalls bewertet,[74]) sodass eine – durchaus zu billigende – Gesetzeskorrektur durch die Rechtsprechung vorliegt.[75])

---

[65]) *Unger,* Erbrecht[4], 211 Anm 7.

[66]) *Zeiller,* Commentar II/2, 822 f.

[67]) *Scheffknecht,* NZ 1968, 134; *Sperl* in FS Reimer 96; *Ertl,* Inflation, Privatrecht und Wertsicherung (1980) 215 unter Berufung auf *Ehrenzweig* II/2, 516 ff; vgl auch OGH SZ 57/7; NZ 1986, 277.

[68]) Vgl dazu *Schauer,* NZ 1998, 26 und *Rabl,* NZ 1999, 293 f mwN.

[69]) OGH SZ 35/40; JBl 1975, 208; SZ 57/90; SZ 59/6; NZ 1986, 277; kritisch *Rabl,* NZ 1999, 295 ff.

[70]) OGH JBl 1956, 339; EvBl 1965/381; SZ 39/198.

[71]) OGH EvBl 1965/381.

[72]) OGH SZ 39/198; vgl auch NZ 1986, 277; NZ 1988, 281.

[73]) OGH JBl 1975, 208; SZ 57/90.

[74]) Abweichend *Kralik,* Erbrecht 298 f; vgl auch *Scheffknecht,* NZ 1968, 129.

[75]) *Rabl,* NZ 1999, 293 ff lässt hingegen bei Liegenschaften nur eine Berücksichtigung der zwischenzeitigen Geldentwertung zu. So auch de lege ferenda *Schauer,* NZ 1998, 32 ff; vgl auch *Welser* in FS Jud 795 ff.

Dem entspricht der für die Schenkungsanrechnung geltende Grundsatz, dass für den Wert der Schenkung weder der Schenkungszeitpunkt noch jener der wirklichen Zuteilung, sondern der Tod des Erblassers maßgebend ist.[76]) Es ist zu fragen, welchen Wert die Verlassenschaft hätte, wenn die Schenkung unterblieben wäre.[77])

Die „berichtigende Auslegung" bezieht sich allerdings nur auf den Zeitraum zwischen Empfang und Anfall. Eine Aufwertung auf den Zeitpunkt des Schlusses der mündlichen Streitverhandlung im Prozess findet nicht statt.[78])

Bei einem Unternehmen sind nicht seine beweglichen und unbeweglichen Bestandteile getrennt zu schätzen,[79]) sondern das Unternehmen ist als einheitliches Ganzes zu bewerten.[80])

Die Bewertung von **Barempfängen** ist von § 794 nicht ausdrücklich 2376
geregelt, doch sollten sie nach Ansicht der Redaktoren mit dem Nominale eingesetzt werden. Von der ratio legis her ist bei erheblichen Veränderungen des inneren Geldwertes eine **Aufwertung** auf den Zeitpunkt des Erbanfalles geboten.[81])

Wurde das Geld zur Anschaffung einer bestimmten Sache gegeben und wurde diese auch erworben, so sind die Regeln über die Bewertung von Sachen und nicht jene über den Empfang baren Geldes anzuwenden.[82])

Ob der Untergang von Sachen zwischen Empfang und Erbanfall von der Anrechnungspflicht befreit ist, ist strittig,[83]) wird aber zu verneinen sein.

15. Kapitel

Erbschaftserwerb

I. Allgemeines

Literatur: *Beck,* P-Gericht und A-Verfahren – Die Rolle des Pflegschaftsgerichts im Verlassenschaftsverfahren, EF-Z 2011/31, 49; *Bittner,* Das neue Verlassenschaftsverfahren, ecolex 2004, 927; *Bittner,* Das neue Verlassenschaftsverfahren, JEV 2008, 114; *Bittner/Hawel,* Verlassenschaftsverfahren, in *Gruber/Kalss/Müller/Schauer,* Erbrecht und Vermögensnachfolge (2010) 250; *Fucik,* Das neue Verlassenschaftsverfahren (2005); *Goriany,* Das neue Verlassenschaftsverfahren, NZ 2004, 353; *Obermaier,* Zum Unterbleiben der Verlassenschaftsabhandlung, ÖJZ 2008/15, 125; *Schilchegger/Gruber,* Österreichisches Verlassenschaftsverfahren (2012); *Verweijen,* Verlassenschaftsverfahren (2014).

---

[76]) *Welser* in *Rummel/Lukas*⁴ § 786 Rz 4; vgl auch *Umlauft,* Anrechnung 241ff; OGH in NZ 1993, 13; NZ 2013/38 *(Umlauft).*

[77]) OGH SZ 57/7; NZ 1986, 277; NZ 1988, 281; SZ 65/39; SZ 69/13; NZ 1999, 23; NZ 2013/38 *(Umlauft)*; dagegen *Rabl,* NZ 1999, 294ff; diesem folgend *Eder,* JEV 2011, 53ff. S dazu auch *Zöchling-Jud* in FS Torggler 1416.

[78]) OGH NZ 1994, 234.

[79]) So aber OGH JBl 1975, 208.

[80]) *Welser* in *Rummel/Lukas*⁴ § 794 Rz 7; *Binder,* wbl 1992, 383f; *Zöchling-Jud* in FS Torggler 1416f; zum Bewertungszeitpunkt von Unternehmen s aber auch *Eder,* Die Bewertung des Unternehmens zum Zwecke der Pflichtteilsanrechnung, JEV 2011, 49 (53).

[81]) OGH JBl 1956, 403 *(Steinwenter);* EvBl 1962/469; JBl 1992, 709.

[82]) OGH JBl 1992, 709.

[83]) *Weiß* in *Klang* III 951f; *Ehrenzweig* II/2, 517 mwN.

A. Das Verlassenschaftsverfahren

2377 Der Erbe darf die Erbschaft nicht eigenmächtig in Besitz nehmen (§ 797), sondern erwirbt sie aufgrund eines besonderen Verfahrens, des Verlassenschaftsverfahrens (Abhandlungsverfahrens), das hauptsächlich in den §§ 143–185 AußStrG geregelt ist.

1. Vorverfahren

2378 Das **Vorverfahren** wird von Amts wegen eingeleitet. Es beginnt zumeist mit der Übermittlung der Sterbeurkunde vom Standesamt an das Gericht. Danach erfolgt die Todesfallaufnahme durch den Gerichtskommissär (§ 145 AußStrG), bei der alle Umstände erhoben werden sollen, die für die Verlassenschaftsabhandlung relevant sind.[1]) So werden die gesetzlichen Erben festgestellt, der Nachlass erfasst und das Vorliegen letztwilliger Verfügungen geprüft (§ 145 Abs 2 Z 1–6 AußStrG). Solche Verfügungen sind vom Gerichtskommissär zu verwahren, auf Echtheit und Gültigkeit zu prüfen und die darin begünstigten Personen zur Wahrung ihres rechtlichen Gehörs zu verständigen (§§ 151, 152 AußStrG).

2379 Besteht die Gefahr, dass Vermögen dem Nachlass entzogen wird, kann der Gerichtskommissär Sicherungsmaßnahmen anordnen (zB Verwahrung, Schlosstausch; § 147 Abs 1 AußStrG).[2])

Regelmäßig ist in den Geschäftsbedingungen der Banken (ABB) eine „Banksperre" bei Tod des Kontoinhabers vorgesehen. Wird Geld des Erblassers benötigt (etwa damit die Angehörigen das Begräbnis finanzieren können), kann der Gerichtskommissär die Freigabe erklären (§ 149 AußStrG).[3])

2. Beendigung ohne Einantwortung

2380 Ist der Nachlass geringfügig, weil die Aktiven der Verlassenschaft € 4.000,– nicht übersteigen und sind keine Eintragungen in öffentliche Bücher erforderlich (etwa Einverleibung des Eigentums des Erben), unterbleibt nach dem Vorverfahren die weitere Abhandlung, wenn kein Antrag auf Fortsetzung des Verfahrens gestellt wird (**Unterbleiben der Abhandlung;** § 153 AußStrG).[4]) Diese Form der Erledigung entspricht dem praktischen Bedürfnis, bei ganz geringfügigen Nachlässen ohne nennenswerte Gläubiger kein aufwendiges Verfahren durchführen zu müssen. Das Gericht kann aber einzelne Personen (potenzielle Erben, aber auch Gläubiger zur Befriedigung ihrer Forderungen) dazu ermächtigen, das Vermögen zu übernehmen.

---

[1]) Der Notar kann dazu jedwede Beweise aufnehmen (dazu gehört auch die Öffnung der Wohnung des Erblassers; § 146 Abs 1 AußStrG) und Erkundigungen einholen; §§ 16, 31 AußStrG.

[2]) Details bei *Knoll,* Einiges zum neuen Verlassenschaftsverfahren, RZ 2005, 2; *Grün* in *Rechberger,* AußStrG[2] § 147 Rz 4 ff; *Schatzl/Spruzina* in *Gitschthaler/Höllwerth,* AußStrG § 147 Rz 1 ff.

[3]) Die dafür früher vorgesehenen Rotsiegelbeschlüsse gibt es nicht mehr.

[4]) Dazu insbesondere *Obermaier,* ÖJZ 2008/15, 127 ff.

Ist der Nachlass überschuldet, kann es bei nicht geringfügigen Nachlässen auch zur **Verlassenschaftsinsolvenz** kommen. Das Insolvenzverfahren findet dann nach den Regeln der IO statt.[5]) Eine weitere Möglichkeit, bei überschuldeten Nachlässen das Verfahren ohne Einantwortung zu beenden, ist die **Überlassung an Zahlungs statt** („iure crediti Überlassung"; §§ 154f AußStrG). Dabei werden die Gläubiger des Erblassers quotenmäßig befriedigt. Der Überlassungsempfänger erwirbt Eigentum an der überlassenen Sache (§ 798a).[6]) 2381

Hat der Erbe eine unbedingte Erbantrittserklärung abgegeben, kann eine Überlassung an Zahlungs statt nicht stattfinden, da ja durch die Erklärung der Haftungsfonds der Gläubiger größer geworden ist.[7])

3. Verlassenschaftsabhandlung im engeren Sinn

Wird das Verfahren nicht ohne Einantwortung beendet, beginnt nach dem Vorverfahren die eigentliche Verlassenschaftsabhandlung (§§ 156ff AußStrG). Sie dient der **Klärung** des Erbrechts und endet nach dessen Feststellung mit der **Einantwortung.** Das Verlassenschaftsverfahren wird mit den **Erben** durchgeführt. Die Pflichtteilsberechtigten haben nur wenige Rechte und sind nur insoweit Beteiligte (s oben Rz 2324). Vermächtnisnehmer werden idR nur von ihren Ansprüchen verständigt, die sie selbst im Rechtsweg durchsetzen müssen. Eine Ausnahme besteht bei Ansprüchen Pflegebefohlener. Auch Erbschaftsgläubiger sind, abgesehen von den ihnen nach den §§ 811ff, 815 und 822 zustehenden Rechten, keine Beteiligten.[8]) 2382

Erster Schritt des Abhandlungsverfahrens ist die Ermittlung aller Personen, die ein Erbrecht beanspruchen. 2383

Dabei ist sicherzustellen, dass alle Parteien des Verfahrens prozessfähig sind (Vertretungsfürsorge; andernfalls wäre ein Kurator[9]) zu bestellen).

Der Gerichtskommissär fordert dann die potenziellen Erben auf, sich darüber zu erklären, ob sie die Erbschaft annehmen (Erbantrittserklärung) oder ausschlagen wollen (Ausschlagung, Entschlagung) (§ 157 AußStrG). 2384

Werden keine Erbantrittserklärungen – also gegebenenfalls auch nicht durch die Legatare nach § 726 – abgegeben, ist der Nachlass erblos; es kommt zum Heimfall (§ 760 ABGB, § 184 AußStrG). Bei widersprechenden Erbantrittserklärungen ist – so-

---

[5]) Sachlich zuständig ist stets das Landesgericht, da es sich nicht um den Konkurs einer natürlichen Person handelt; *Fucik,* Verlassenschaftsverfahren 44. Vgl auch *Reckenzaun,* Wann ist der überschuldete Nachlass ein Fall für den Masseverwalter? NZ 2007/31, 97ff. Zu den Auswirkungen auf die Nachlassseparation s *Engelhart,* Nachlassseparation und Verlassenschaftskonkurs, ZIK 2008/6, 6.

[6]) Zum Urheberrecht OGH NZ 2009/93 = ecolex 2009/273 *(Horak).*

[7]) S auch OGH ZIK 2007/186.

[8]) OGH NZ 1994, 116; NZ 2001, 408.

[9]) Vgl *Koch-Hipp,* Kuratorenbestellung für den Nasciturus im Verlassenschaftsverfahren, iFamZ 2010, 209ff.

fern sich die Anwärter nicht einigen (vgl § 160 AußStrG) – ein Zwischenverfahren zur Feststellung des Erbrechts durchzuführen (Erbrechtsstreit; s Rz 2398f).

2385 Steht das Erbrecht fest, ist dem ausgewiesenen Erben der Nachlass einzuantworten. Mit Rechtskraft der **Einantwortung** ist das Verlassenschaftsverfahren beendet; s unten Rz 2411 ff.

4. Eintritt der Universalsukzession

2386 Wann die Rechtsnachfolge des Erben nach dem Erblasser eintritt, war lange streitig. Mehrere Zeitpunkte kommen in Betracht. So der **Erbanfall,**[10]) wofür der Wortlaut des § 537 spricht, und die **Erbantrittserklärung,**[11]) was aus § 547 hervorzugehen scheint. Die hM[12]) hält unter Berufung auf § 797 die Rechtskraft der **Einantwortung** für maßgebend.[13]) Ab diesem Zeitpunkt ist der Erbe Eigentümer der Nachlasssachen, Schuldner der Verbindlichkeiten des Erblassers und Gläubiger seiner Forderungen; die Universalsukzession ist vollendet.

B. Ruhender Nachlass

2387 Da die Rechtsnachfolge erst mit der Einantwortung eintritt, erhebt sich die Frage nach der Rechtsqualität des Nachlasses zwischen Erbfall und Einantwortung. Die hM betrachtet ihn als **juristische Person.**[14])

Der Nachlass ist also Subjekt der nicht untergegangenen Rechte und Pflichten;[15]) er ist auch Besitzer der Sachen des Erblassers.[16]) Bis zur Einantwortung ist die Verlassenschaft parteifähig, nur sie kann klagen oder geklagt werden.[17]) Mit der Einantwortung treten an die Stelle der Verlassenschaft die Erben.[18])

II. Die Erbantrittserklärung

Literatur: *Brunner,* Erberklärung und Erbverzicht, NZ 1979, 96; *Hofmann-Wellenhof,* Erbverzicht und Ausschlagung der Erbschaft aus zivilrechtlicher Sicht, NZ 1984, 17; *Ferrari-Hofmann-Wellenhof,* Die Erbschaftsklage (1991); *Höllwerth,* Der

---

[10]) *Wroblewski,* Separatio bonorum und Sicherstellung der Erbengläubiger, ZBl 1905, 364; *K. Wolff,* Juristische Person und aufgegebenes Grundstück (1927) 101ff.

[11]) *Pfaff/Hofmann,* Commentar II 41; vgl auch *Steinlechner,* Das schwebende Erbrecht und die Unmittelbarkeit der Erbfolge I (1893) 433ff.

[12]) *Krasnopolski/Kafka,* Erbrecht 239; *Ehrenzweig* II/2, 361; *Weiß* in *Klang*[2] III 135; OGH SZ 12/70; EvBl 1963/103; JBl 1989, 172; NZ 1990, 151.

[13]) Dazu OGH SZ 60/142 mwN.

[14]) Dies wird angenommen von *Unger,* System[5] I 317; *Ostheim,* Zur Rechtsfähigkeit von Verbänden im österreichischen bürgerlichen Recht (1967) 27f; *Kralik,* Erbrecht 26; OGH GlUNF 6.774; s auch OGH SZ 64/19; dagegen *Wolff* in *Klang*[2] I/1, 196; *Weiß* in *Klang*[2] III 11, 123f; *Gschnitzer,* Allgemeiner Teil 95; OGH GlUNF 3.243.

[15]) S dazu auch *Jud,* Anfechtbarkeit des Unternehmenskaufs aus einer Verlassenschaft wegen laesio enormis oder Irrtums über den Wert, in FS Wagner (1987) 217ff.

[16]) Auch bei Nachlasssachen gibt es daher eine Besitzstörung, klagslegitimiert ist der ruhende Nachlass; OGH NZ 2004, 177 mwN.

[17]) OGH SZ 40/38; NZ 1986, 280 uva.

[18]) Zur Änderung der Parteienbezeichnung von Amts wegen OGH NZ 1994, 279.

Gerichtskommissär im Verfahren über das Erbrecht, NZ 2014/17, 73; *Hummel,* Die Beurteilung der Gültigkeit eines Testamentes im Abhandlungsverfahren, NZ 1955, 113; *Metzler,* Die Anerkennung des Erbrechts, ÖJZ 2006/31, 515; *A. Tschugguel,* Zur Anerkennung im Erbrecht, EF-Z 2015/41, 71; *Volgger,* Antritt und Ausschlagung der Erbschaft (2014).

A. Antretung der Erbschaft

Die Erbantrittserklärung ist die gegenüber dem Abhandlungsgericht abgegebene einseitige und unwiderrufliche Erklärung, die Erbschaft anzunehmen (§§ 799f). 2388

Die Erklärung, die Erbschaft nicht anzutreten, nennt man Ausschlagung der Erbschaft (Erbsentschlagung); s unten Rz 2400ff. 2389

Sowohl die Erbantrittserklärung als auch die Entschlagung bedarf der eigenhändigen **Unterfertigung** durch den Erben; bei einer mündlichen Erklärung ist das Protokoll zu unterzeichnen.[1]) Die Erklärung kann durch Vertreter abgegeben werden, doch ist für die unbedingte Erbantrittserklärung (§ 801) und für die Entschlagung eine Spezialvollmacht notwendig (§ 1008 Satz 2). 2390

Die Antrittserklärung hat den **Titel** (Berufungsgrund) und die Angabe zu enthalten, ob die Antretung **unbedingt** oder **bedingt** geschehe (§ 159 Abs 1 AußStrG, §§ 799, 800). Ist im Zeitpunkt der Abgabe der Erklärung die Angabe einer Erbquote möglich, so ist auch sie anzugeben (§ 159 Abs 2 AußStrG).[2]) 2391

Die Antrittserklärung muss der Berufung genau entsprechen, kann sich also nur auf die angefallene Erbschaft oder auf den angefallenen Teil beziehen, nicht aber auf Bruchteile davon.[3]) Doch kann bei Berufung zu mehreren Quoten aufgrund verschiedener Titel die eine Quote ausgeschlagen und die andere angenommen werden (s oben Rz 1875f).

Gleichzeitige Berufung auf mehrere Titel ist zulässig, ebenso eine „hilfsweise" Berufung für den Fall, dass sich der erste Titel als unzureichend erweist.[4]) Nachträgliche Änderung des Titels ist möglich, und zwar bis zur Rechtskraft der Einantwortung.[5]) Ebenso kann die Quote nachträglich geändert werden.[6])

Der Nachweis des Erbrechts durch Bezugnahme auf eine letztwillige Verfügung oder Beweis der Abstammung durch Standesurkunden (Erbrechtsausweis) kann mit der Erbantrittserklärung verbunden oder im Verlassenschaftsverfahren nachgebracht werden.

Die Unterscheidung in „unbedingte" und „bedingte" Antrittserklärung bezieht sich auf die **Haftung** des Erben nach der Einantwortung. 2392

Die Antretung der Erbschaft als solche muss immer eine unbedingte Willenserklärung sein, darf also nicht von einem künftigen, ungwissen Ereignis abhängen. Bedingungen und Befristungen sind, ausgenommen Rechtsbedingungen, unzulässig

---

[1]) Vgl OGH EF-Z 2009/106.

[2]) OGH AnwBl 1997, 952 *(Zankl).* S dazu auch EF-Z 2015/76 *(A. Tschugguel).*

[3]) *Ehrenzweig* II/2, 492, 501; *Weiß* in *Klang*² III 969; aA *Zemen,* Die gesetzliche Erbfolge nach der Familienrechtsreform (1981) 54f; *Kralik,* Erbrecht 50ff.

[4]) OGH EvBl 1973/36; SZ 2002/20.

[5]) OGH EvBl 1973/36; NZ 1994, 184; NZ 1996, 273; SZ 2002/20; JBl 2013, 319.

[6]) OGH JBl 1992, 182; SZ 2002/20.

und machen die Erbantrittserklärung wirkungslos.[7]) Dasselbe gilt für die Erbsentschlagung.[8])

2393 Die „**unbedingte** Erbantrittserklärung" ist Annahme der Erbschaft ohne Haftungsvorbehalt. Der Erbe ist für die Verbindlichkeiten des Nachlasses persönlich, dh mit seinem ganzen Vermögen, haftbar. Die **bedingte** Erbantrittserklärung ist Annahme der Erbschaft mit Haftungsbeschränkung. Der Erbe haftet zwar persönlich, dh mit seinem ganzen Vermögen, jedoch nur bis zum Werte der ihm zugekommenen Verlassenschaft **(„pro viribus hereditatis").**

Diese Beschränkung gilt auch für die während des Nachlassverfahrens entstandenen Prozesskostenschulden der Verlassenschaft.[9])

2394 Die **bedingte** Erbantrittserklärung wird auch Antritt der Erbschaft „mit der Wohltat des Inventars" genannt **(„cum beneficio inventarii"),** weil sie notwendig mit einer **Inventarisierung** verbunden ist. Umgekehrt führt jedes Inventar, aus welchem Grund es auch errichtet worden ist, zur beschränkten Haftung aller Erben (§ 807).

2395 Die Beschränkung der Haftung wird nicht von Amts wegen wahrgenommen, sie muss vom Erben **eingewendet** und in ihren Voraussetzungen bewiesen werden.[10]) Er hat darzutun, dass er schon so viel an Verbindlichkeiten berichtigt hat, als dem Wert des Nachlasses entspricht.

2396 Eine förmliche Beschlussfassung über die Annahme einer Erbantrittserklärung durch das Gericht („Zulassung") gibt es nicht.[11]) Auch wenn sie offensichtlich zu keiner Einantwortung führen kann, zB das Testament keine Erbseinsetzung enthält (Fehlen der „inneren Form") oder wenn es die gesetzlich vorgeschriebene „äußere Form" nicht erfüllt[12]) und daher ganz offensichtlich ungültig ist, wird erst im Verfahren zur Feststellung des Erbrechts geklärt, wer Erbe ist. Stellt sich heraus, dass sich die Erklärung zB auf ein ungültiges Testament beruft oder die Verwandtschaft des Erben nicht nachgewiesen werden kann, kommt es nicht zur Einantwortung und die Erbantrittserklärung ist abzuweisen. Gibt es sonst niemanden, der die Erbschaft beansprucht, ist der Nachlass erblos und es kommt zum Heimfall.

2397 Die Erbantrittserklärung wird **unwiderruflich,** sobald sie das Verlassenschaftsgericht oder der Notar in seiner Funktion als Gerichtskommissär zur Kenntnis genommen hat.[13]) Der Erbe kann dann die Erbschaft

---

[7]) *Ehrenzweig* II/2, 491.

[8]) OGH SZ 71/152.

[9]) *Welser,* Prozeßkosten und Erbenhaftung, JBl 1993, 573; vgl auch *Schauer,* Rechtsprobleme der erbrechtlichen Nachfolge bei Personenhandelsgesellschaften (1999) 314ff; OGH SZ 71/151.

[10]) OGH SZ 49/59; SZ 49/77; NZ 1991, 249 uva.

[11]) Vgl EB 224 BlgNR 22. GP 103; *Bittner* in *Rechberger,* AußStrG[2] Vor § 143 Rz 18; *Höllwerth* in *Gitschthaler/Höllwerth,* AußStrG § 159 Rz 6; OGH NZ 2014/84.

[12]) OGH NZ 1992, 296 uva.

[13]) S *Welser* in *Rummel/Lukas*[4] §§ 799, 800 Rz 16; *Volgger,* Antritt und Ausschlagung 97ff jeweils mwN. Vgl auch NZ 2010/21 = OGH EF-Z 2010/19 *(Volgger); Nemeth* in *Schwimann/Kodek*[4] § 806 Rz 2.

nicht mehr ausschlagen und eine unbedingte Erklärung nicht mehr in eine bedingte umwandeln (§ 806), wohl aber eine bedingte in eine unbedingte.

Unzulässig ist es auch, dass der Erbe nach einer unbedingten Erbantrittserklärung unter Berufung auf einen anderen Titel eine bedingte Erklärung abgibt, weil damit § 806 unterlaufen werden könnte.[14])

Ob eine Erbantrittserklärung wegen Irrtums angefochten werden kann, ist strittig.[15]) Der OGH hat die Anfechtbarkeit für die Annahme der Erbschaft verneint und für die Entschlagung bejaht; eine Unterscheidung, die nicht recht einzusehen ist.

B. Feststellung des Erbrechts (Erbrechtsstreit)

Sind mehrere Erbantrittserklärungen miteinander vereinbar, so werden sie dem Abhandlungsverfahren zugrunde gelegt. 2398

Beanspruchen drei Erben zu je einem Drittel den Nachlass, kann jedem zu dieser Quote eingeantwortet werden.

Bei einander **widersprechenden Erbantrittserklärungen** hat der Gerichtskommissär zunächst darauf hinzuwirken, dass das Erbrecht zwischen den Parteien anerkannt wird (§ 160 AußStrG).[16]) Haben diese Einigungsversuche keinen Erfolg, ist das Erbrecht durch das Gericht im außerstreitigen Verfahren festzustellen (§§ 161 bis 164 AußStrG).[17]) In diesem Verfahren, an dem mehrere Erbansprecher beteiligt sein können, ist das „beste" Erbrecht festzustellen, alle übrigen Erbantrittserklärungen sind abzuweisen. Das Gericht ist dabei an das Vorbringen der Parteien und ihre Beweisanbote gebunden (Einschränkung des Untersuchungsgrundsatzes).[18]) Jeden Erbprätendenten trifft die Beweislast für die Tatsachen, aus denen er seine Ansprüche ableitet. 2399

Wer die Testierunfähigkeit des Erblassers behauptet, muss sie beweisen. Dasselbe gilt für das Vorliegen einer Erbunwürdigkeit oder eines Enterbungsgrundes.

Mit der Entscheidung über das Erbrecht kann das Gericht dem wahren Erben auch gleich einantworten. Gegen diesen Beschluss können die unterlegenen Parteien Rechtsmittel ergreifen. Ist die Entscheidung über das Erbrecht schon spruchreif, kann aber noch nicht eingeantwortet werden (etwa weil die Inventarisierung noch nicht abgeschlossen ist), kann über das Erbrecht auch mit gesondertem Beschluss entschieden werden, der selbständig angefochten und in Rechtskraft erwachsen kann.

C. Die Entschlagung (Ausschlagung)

Die Erbsentschlagung (Ausschlagung, negative Erbserklärung) ist die gegenüber dem Abhandlungsgericht abgegebene Erklärung, die Erbschaft nicht anzunehmen. 2400

---

[14]) OGH NZ 1994, 184.

[15]) Dagegen OGH SZ 73/69; *Volgger,* Antritt und Ausschlagung 113ff; dafür bei der Erbsentschlagung OGH NZ 2000, 13 (kritisch *Zankl*).

[16]) Zur Anerkennung s *Metzler,* ÖJZ 2006/31, 516ff; *Höllwerth* in *Gitschthaler/Höllwerth,* AußStrG § 160 Rz 12ff; *Höllwerth,* NZ 2014/17, 74f; *A. Tschugguel,* EF-Z 2015/41, 72.

[17]) S auch OGH iFamZ 2008/28.

[18]) Vgl auch OGH NZ 2014/62.

Die Untätigkeit von Erben, zB Nichtteilnahme an der Tagsatzung zur Verlassenschaftsabhandlung, hat ihre Nichtberücksichtigung im Verlassenschaftsverfahren zur Folge (§ 157 Abs 2, 3 AußStrG), gilt aber nicht als Ausschlagung,[19]) führt also nicht zum Rechtsverlust.[20]) Eine „stillschweigende Entschlagung" ist nicht anzunehmen, da die Entschlagungserklärung in Analogie zu § 159 Abs 3 AußStrG schriftlich abzugeben und eigenhändig zu unterfertigen ist.[21])

Auf die Ausschlagung finden grundsätzlich die Regeln der Antrittserklärung Anwendung; sie ist daher gemäß § 806 unwiderruflich.[22])

2401 Die Entschlagung bewirkt, dass die Erbschaft dem Ausschlagenden als **nicht angefallen** gilt. Es ist anzunehmen, dass das Recht dem Nachberufenen schon mit dem Tod des Erblassers angefallen ist.[23]) Die Ausschlagung wirkt **nicht** gegen die **Nachkommen** des Ausschlagenden.[24])

2402 Entschlagungen „zugunsten Dritter" – dh nicht ohnedies nachberufener Personen – entfalten höchstens insofern Wirkungen, als sie eine **Erbrechtsveräußerung** darstellen. Diese setzt aber einen Vertrag zwischen Veräußerer und Erwerber voraus, der zu seiner Gültigkeit eines Notariatsaktes oder der Beurkundung durch gerichtliches Protokoll bedarf;[25]) s unten Rz 2444.

Die Entschlagung braucht vom Gericht nicht besonders entgegengenommen zu werden; sie wirkt, sobald sie dem Abhandlungsgericht zur Kenntnis gelangt und dem Verfahren zugrunde gelegt wird.[26])

2403 Die Ausschlagung kann sich auch bloß auf einen von mehreren Erbteilen beziehen, nicht aber auf einen Teil der dem Berufenen zur Gänze angefallenen Erbschaft oder einen Teil des Erbteiles (s oben Rz 1875 f und Rz 2302 ff).

---

[19]) Ebenso *Ferrari-Hofmann-Wellenhof,* Erbschaftsklage 97.

[20]) Vgl auch OGH NZ 2010/21 = EF-Z 2010/19 *(Volgger); Sailer* in *Gitschthaler/ Höllwerth,* AußStrG § 157 Rz 4.

[21]) *Nemeth* in *Schwimann/Kodek*[4] § 805 Rz 1 mwN.

[22]) So auch OGH SZ 54/98; NZ 2010/21 = EF-Z 2010/19 *(Volgger);* NZ 2010/22; Zak 2013/768.

[23]) *Welser* in *Rummel/Lukas*[4] §§ 799, 800 Rz 23. Vgl auch OGH NZ 2010/21 = EF-Z 2010/19 *(Volgger).*

[24]) Strittig. Wie im Text OGH SZ 55/165; *Volgger,* Antritt und Ausschlagung 137 ff; *Weiß* in *Klang*[2] III 998; *Zemen,* Gesetzliche Erbfolge 25 ff; *Zemen,* Erbsentschlagung und Eintrittsrecht der Nachkommen, JBl 1983, 617; *Zemen,* Das erbrechtliche Eintrittsrecht in der jüngeren Rechtsentwicklung, JBl 2004, 360. AA *Gschnitzer/ Faistenberger,* Erbrecht 63; *Kralik,* Erbrecht 50; nach der Ausschlagungserklärung differenzierend *Eccher,* Die Wirkung der Erbsentschlagung auf die Nachkommen, NZ 1982, 20; OGH NZ 2010/21 = EF-Z 2010/19 *(Volgger);* SZ 2008/12; ecolex 2007/41 *(Jud)* = iFamZ *(Tschugguel).*

[25]) RIS-Justiz RS0013018. Die Ausschlagungserklärung des Erben in Verbindung mit der protokollierten Erbserklärung des Begünstigten erfüllt die Formvorschrift nicht; *Jud,* Der Erbschaftskauf (1998) 37, 105 ff; OGH NZ 1999, 124 *(Jud);* ecolex 2007/ 41 *(Jud).* Zur steuerrechtlichen Seite *Taucher,* Dispositionen über erbrechtliche Ansprüche, NZ 2001, 117; *Pollan,* NZ 2001, 353 f.

[26]) OGH JBl 1961, 278; NZ 1978, 159. Zur Vorlegung der Erklärung durch einen Dritten (Miterben) OGH SZ 2009/115.

III. Besorgung und Verwaltung des Nachlasses

Literatur: *Bydlinski,* Letztwillige Verwaltungsanordnungen, JBl 1981, 72; *Mondel,* Kuratoren im Verlassenschaftsverfahren, NZ 2007/67, 289; *Mondel,* Die Kuratoren im österreichischen Recht[2] (2013); *Spitzer,* Benützung, Verwaltung und Vertretung des Nachlasses (§ 810 ABGB neu), NZ 2006/8, 33; *Sprung/Fink,* Letztwillig angeordnete Nachlaßverwaltung im österreichischen Recht, JBl 1996, 205; *A. Tschugguel,* Die Entschädigung des Verlassenschaftskurators, EF-Z 2013/103, 149 und 2013/131, 207; *Zankl,* Testamentsvollstreckung und Nachlaßverwaltung, NZ 1998, 71; *Zankl,* Verwaltungs- und schadenersatzrechtliche Aspekte der Testamentsvollstreckung, JBl 1998, 293.

A. Verwaltung durch den Erben

Der Erbe, der bei Antretung der Erbschaft sein Erbrecht hinreichend ausweist, hat das Recht, das Verlassenschaftsvermögen zu benützen, zu verwalten und die Verlassenschaft zu vertreten. 2404

Die Verwaltung des Nachlasses setzt also voraus: die Annahme der Erbschaft (Erbantrittserklärug) und den Ausweis des Erbrechts. Unter diesen Voraussetzungn hat der Erbe schon vor der Einantwortung[1]) das Recht, das Verlassenschaftsvermögen zu benützen, zu verwalten („Geschäftsführung nach innen“) und die Verlassenschaft nach außen zu vertreten (§ 810).[2]) Das Verlassenschaftsgericht kann anderes anordnen, zB bei Uneinigkeit mehrerer Erbansprecher. 2405

Der Gerichtskommissär hat dem Berechtigten auf Verlangen eine Amtsbestätigung auszustellen (§ 172 AußStrG), mit der er seine Vertretungsbefugnis nachweisen kann.[3])

Der Erbe kann schon während des Verlassenschaftsverfahrens alle Maßnahmen der Verwaltung und Vertretung (insbesondere Veräußerungen)[4]) setzen, die zum ordentlichen Wirtschaftsbetrieb gehören (§ 810 Abs 2 iVm § 167 Abs 3).[5]) Für Geschäfte des außerordentlichen Wirtschaftsbetriebs benötigt er allerdings die **Genehmigung** des Verlassenschaftsgerichts.[6]) Sie ist zu verweigern, wenn die Handlung offenbar nachteilig für die Verlassenschaft wäre[7]) oder wenn Gegenstände, deren Inventarisierung noch zu erwarten ist, veräußert werden sollen. 2406

---

[1]) Damit hat sich die Universalsukzession noch nicht vollzogen. Eine Anhebung des Mietzinses durch den Vermieter gemäß § 12a MRG kann daher noch nicht stattfinden; OGH NZ 2000, 280.

[2]) Nicht mehr vorgesehen ist, dass dem Erben Nachlassteile zur freien Verfügung ins Eigentum übergeben werden; *Spitzer,* NZ 2006/8, 33.

[3]) S dazu *Spruzina,* Rechtsnatur und Bedeutung notarieller Bestätigungen, NZ 2010/31, 102ff; *Sailer* in *Gitschthaler/Höllwerth,* AußStrG § 172 Rz 5ff.

[4]) Vgl OGH EvBl 2009/8 *(Spitzer)* (Anmerkung der Rangordnung für die beabsichtigte Veräußerung).

[5]) Zur Stimmrechtsausübung und Satzungsänderung einer Gesellschaft OGH GesRZ 2014, 248 *(Enzinger)* = iFamZ 2014/68 *(Mondel);* zur Aufgabe von Mietrechten LGZ Graz EF-Z 2014/24 *(A. Tschugguel).*

[6]) Vgl OGH SZ 2007/195 = EF-Z 2008/65 *(Fischer-Czermak);* JBl 2008, 37; EF-Z 2011/76.

[7]) ZB Schenkung von Nachlassvermögen; OGH NZ 2012/113 *(Bittner)* = iFamZ 2012/157 *(Tschugguel).*

Nach dem Gesetzeswortlaut sind – abgesehen von Veräußerungen – alle Geschäfte des außerordentlichen Wirtschaftsbetriebs genehmigungsfrei, wenn sie nach Abgabe von Erbantrittserklärungen zum gesamten Nachlass erfolgen. Eine analoge Anwendung des Genehmigungserfordernisses für außerordentliche Veräußerungen auf alle Handlungen des außerordentlichen Wirtschaftsbetriebs ist jedoch notwendig.[8])

2407 Mehreren Erben steht die Verwaltung gemeinsam zu; sie verwalten zur **ungeteilten Hand.**[9]) Ist in Einzelfragen zwischen ihnen kein Einvernehmen zu erzielen, so hat das Verlassenschaftsgericht einen Verlassenschaftskurator zu bestellen (§§ 176, 156 AußStrG).

Der Erblasser kann allerdings einen eigenen Nachlassverwalter berufen und damit die Verwaltung durch die Erben ausschließen. Das Abhandlungsgericht ist an diese Anordnung gebunden und hat die vom Erblasser genannte Person zum Nachlasskurator zu bestellen.[10])

B. Verwaltung durch einen Kurator

2408 Ein Kurator ist zu bestellen, wenn für den Nachlass Verwaltungshandlungen erforderlich sind und der **Erbe** die Verwaltung **nicht** oder noch nicht selbst übernehmen kann. So zB, wenn Verwaltungshandlungen notwendig sind und der Erbe die Erbschaft noch nicht angenommen[11]) oder sein Erbrecht nicht gehörig ausgewiesen hat, ferner, wenn die Erben unbekannt sind[12]) oder wenn sie von ihrem Erbrecht keinen Gebrauch machen (§§ 5, 156 AußStrG).

2409 Bei einander **widersprechenden Erbantrittserklärungen** ist das Erbrecht nicht hinreichend ausgewiesen, sodass keinem der Erbansprecher die Besorgung und Verwaltung zusteht.[13])

2410 Ebenso ist ein Kurator zu bestellen, wenn sich die Miterben über die Verwaltung nicht einigen können[14]) oder die Gefahr ständiger **Streitigkeiten** besteht (s Bd I Rz 1845).[15])

Auch wenn der Erbe bereits die Verwaltung und Vertretung des Nachlasses hat, hindert dies nicht die Nachlassseparation. Die Befugnisse des Erben werden dann

[8]) *Spitzer,* NZ 2006/8, 37; *Mondel,* Die praktische Handhabung der Benützung, Verwaltung und Vertretung des Nachlasses, NZ 2006/54, 225 (231).

[9]) OGH NZ 1974, 25; SZ 49/149; NZ 1994, 86; NZ 1997, 249; NZ 1999, 59.

[10]) *Welser* in *Rummel/Lukas*[4] § 816 Rz 12; *Zankl,* NZ 1998, 71 f; *Zankl,* JBl 1998, 293; OGH NZ 1933, 114; aA *Bydlinski,* JBl 1981, 72; *Kralik,* Erbrecht 28; *Sprung/Fink,* JBl 1996, 208; OGH JBl 1993, 310; NZ 1998, 79. Es gibt keine Anhaltspunkte dafür, dass das FamErbRÄG diesbezüglich eine Änderung der Rechtslage herbeiführen wollte.

[11]) S auch OGH EF-Z 2010/140.

[12]) Zur Frage, ob die Verantwortung der Ausforschung unbekannter Erben den Gerichtskommissär, das Verlassenschaftsgericht oder den Verlassenschaftskurator trifft, s *Mondel,* NZ 2007/67, 298f; *Kodek,* Die Suche nach unbekannten Erben im Verlassenschaftsverfahren, ÖJZ 2009/22, 197. S dazu auch *Schweda,* Erbensuche und Kompetenzkonflikte de lege lata und de lege ferenda, NZ 2010/55, 225.

[13]) OGH SZ 19/16; NZ 1992, 11; RZ 1996/31; *Spitzer,* NZ 2006/8, 37ff. Vgl auch OGH EF-Z 2008/66, 110 *(Fischer-Czermak)* = iFamZ 2008/84 *(Tschugguel).* Zum Umfang der Rechte des Verlassenschaftskurators OGH EvBl 2014/153 *(Verweijen)* = EF-Z 2014/139 *(A. Tschugguel)* = iFamZ 2014/235 *(Mondel).*

[14]) OGH NZ 2005/44.

[15]) S dazu auch OGH EF-Z 2014/118 *(A. Tschugguel)* = iFamZ 2014/115 *(Mondel).*

durch die Befugnisse des Separationskurators eingeschränkt oder ganz entzogen (§ 145 AußStrG).[16])

Vom Verlassenschaftskurator ist der Streitkurator gemäß § 811 zu unterscheiden. Er wird auf Antrag eines Gläubigers bestellt, der gegen einen Nachlass Rechte geltend machen will, der keinen geeigneten Vertreter hat. Dieser Kurator vertritt nur in einer bestimmten Streitsache. Vgl auch die Möglichkeit nach den §§ 8ff ZPO.

IV. Die Einantwortung

Literatur: *Bajons,* Der Erbschaftserwerb bei geringfügigen Nachlässen, JBl 1970, 169; *Bubak,* Die Einantwortungsurkunde und ihre grundbücherlichen Verfügungen, NZ 1964, 3.

A. Voraussetzungen

Die Einantwortung ist die Übergabe des Nachlasses in den rechtlichen Besitz des Erben durch Gerichtsbeschluss (§§ 797, 819). 2411

Sie setzt eine **Erbantrittserklärung** voraus. Alle Personen, denen an der Verlassenschaft andere erbrechtliche Ansprüche als die eines Erben (Legatare, Pflichtteilsberechtigte) zustehen, sind von der Einantwortung zu verständigen. Ansprüche pflegebefohlener Personen sind sicherzustellen (§ 176 AußStrG). 2412

B. Wirkungen

Mit der Einantwortung tritt die **Universalsukzession** des Erben nach dem Erblasser ein (s oben Rz 1821, 1835). Der Zustand des ruhenden Nachlasses hört auf; Besitz, Eigentum, Forderungen und sonstige Rechte gehen auf den Erben über,[1]) er erlangt die volle Herrschaft über den Nachlass, wird Schuldner der Erbschaftsgläubiger und Gläubiger der Erbschaftsschuldner. Die Einantwortung bewirkt den Rechtsübergang **eo ipso,** sodass es keiner Übertragungsakte bedarf. Dies gilt auch für bücherliche Rechte **(Durchbrechung des Eintragungsgrundsatzes).**[2]) 2413

Zu den Fällen der Verlassenschaftsinsolvenz und der Überlassung an Zahlungs statt, in denen das Verfahren ohne Einantwortung endet, s bereits oben Rz 2380.

Die von den §§ 819 und 436 zur Erlangung des Eigentums ausdrücklich geforderte Einverleibung hat nur deklarative Bedeutung. Die Unvollständigkeit des Grundbuchs dauert freilich nicht lange, weil der Gerichtskommissär nach § 182 Abs 2 AußStrG die Eintragung zu beantragen hat, wenn der Erbe innerhalb angemessener, „ein Jahr nicht erheblich übersteigender" Frist keinen Verbücherungsantrag stellt.

Weil der Erbe durch die Einantwortung Liegenschaftseigentümer wird, kann er ab diesem Zeitpunkt gemäß § 53 GBG um die Rangordnung für die beabsichtigte Veräußerung ansuchen und ohne Eintragung seines Eigentums die Liegenschaft gemäß § 23 GBG einem Erwerber überlassen,[3]) womit der Grundsatz des „bücherlichen Vormannes" durchbrochen wird.

---

[16]) Vgl zur Rechtslage vor dem FamErbRÄG OGH SZ 23/361; SZ 71/73.

[1]) Unverständlich ist die Annahme des OGH NZ 1992, 111, dass vermachte Sachen nicht von der Rechtsnachfolge betroffen sind, wenn sie der Erbe nicht will.

[2]) HM; vgl *Ehrenzweig* II/2, 503f; *Kralik,* Erbrecht 321; *Apathy,* Gesamtrechtsnachfolge und Pfandrechtsbegründung, in FS Welser (2004) 17; OGH SZ 12/70; EvBl 1963/103; NZ 1981, 109.

[3]) OGH JBl 1991, 51.

2414 Die materiellrechtlichen Wirkungen setzen aber voraus, dass ein bestimmtes Recht dem Erblasser wirklich **zustand** und die Einantwortung an den **wahren Erben** erfolgt.[4])

Die Beweislast für ein besseres Erbrecht trifft einen späteren Erbanwärter, der mit der Erbschaftsklage vorgehen muss. Die Überlassung des Besitzes hat also Rechtsscheinwirkung. Diese äußert sich auch gegenüber Dritten (§ 824); s unten Rz 2460ff.

16. Kapitel

Die rechtliche Stellung des Erben

I. Haftung für Schulden

Literatur: *Fenyves,* Erbenhaftung und Dauerschuldverhältnis (1982); *Frotz,* Rechtsfragen der „unbeschränkten Erbenhaftung nach Handelsrecht", in GedS Schönherr (1986) 339; *Kralik,* Gläubigerkonvokation über Erbserklärung, NZ 1956, 98; *Linder,* Erbenhaftung, in *Gruber/Kalss/Schauer/Müller,* Erbrecht und Vermögensnachfolge (2010) 320; *Mondel,* Die Kuratoren im österreichischen Recht² (2013); *Pfeifer,* Der überschuldete Nachlaß, NZ 1957, 99; *Schauer,* Rechtsprobleme der erbrechtlichen Nachfolge bei Personenhandelsgesellschaften (1999); *Steininger,* Erbenhaftung beim Dauerschuldverhältnis, in FS Wilburg (1975) 369; *Welser,* Prozeßkosten und Erbenhaftung, JBl 1993, 573; s auch die Literatur zum 15. Kapitel bei II.

A. Die Schulden

2415 Der eingeantwortete Erbe haftet für Erblasserschulden und Erbfallsschulden (Erbgangsschulden).

2416 Die **Erblasserschulden** sind Verbindlichkeiten des Erblassers, soweit sie nicht durch seinen Tod erloschen sind.

Es genügt, wenn sie zu Lebzeiten des Erblassers dem Rechtsgrund nach entstanden sind.

2417 Die **Erbgangsschulden** entstehen erst mit dem Erbfall. Hierher gehören die Pflichtteilsschulden, die Verbindlichkeiten aus Vermächtnissen, die Begräbniskosten (§ 549),[1]) die Kosten einer Inventarisierung und Schätzung und die sonstigen mit der Verlassenschaftsabhandlung verbundenen Auslagen.

ZB die Kosten der Nachlassverwaltung oder eines Rechtsvertreters des mit der Besorgung und Verwaltung des Nachlasses betrauten Erben,[2]) nicht aber die Kosten der Vertretung des Erben im Verlassenschaftsverfahren.[3])

2418 Eine eigenartige Stellung nehmen die **Unterhaltsschulden** nach § 233 und § 796 ein. Sie entstehen zwar mit dem Tod des Erblassers und sind

---

[4]) *Ehrenzweig* II/2, 504; *Bajons,* JBl 1970, 169; OGH JBl 1932, 427; NZ 1996, 244; NZ 1997, 21; aA *Kralik,* Erbrecht 334, der den eingeantworteten Scheinerben trotz fehlendem Titel als Eigentümer ansieht.

[1]) OGH NZ 2000, 87.

[2]) OGH SZ 40/122; SZ 41/7.

[3]) OGH SZ 40/122.

daher Erbgangsschulden;[4]) der Erbe haftet aber für sie ohne Rücksicht auf seine Erbantrittserklärung nur wie ein Vorbehaltserbe (s oben Rz 1957).

Anders als sonstige Schulden dürfen sie zur Ermittlung der den Noterben zukommenden Werte nicht vom Rohnachlass abgezogen werden. Vielmehr ist alles, was die Unterhaltsberechtigten nach dem Erblasser erhalten, in den Anspruch einzurechnen (s oben Rz 1955).

B. Haftung vor und nach der Einantwortung

Vor der Einantwortung haftet nur der **Nachlass,** nicht aber der Erbe.[5]) Auch die Ansprüche der Noterben und Legatare sind gegen die Verlassenschaft zu richten (s oben Rz 2262 und 2327). Durch die **Einantwortung** wird der Erbe Universalsukzessor und damit Schuldner. Er haftet den Gläubigern nach dem Inhalt seiner Antrittserklärung unbeschränkt oder beschränkt. Haftet der Erbe **beschränkt,** so haben die Erblasserschulden vor den Pflichtteilsansprüchen, Unterhaltsansprüchen (§§ 233, 796) und den Verbindlichkeiten aus dem letzten Willen des Erblassers den Vorrang. Die Pflichtteilsansprüche gehen ihrerseits den Verbindlichkeiten aus dem letzten Willen vor. 2419

Nach der Einantwortung können auch die Gläubiger des Erben auf den Nachlass greifen. Ist dieser überschuldet, so könnte dies die Befriedigung der Erblasser- und Erbgangsgläubiger gefährden. Daher haben sie das Recht auf **Nachlassseparation** (s unten Rz 2430ff). 2420

Hingegen können sich die Gläubiger des Erben nicht dagegen wehren, dass er einen überschuldeten Nachlass unbedingt antritt.

C. Vermögenserklärung, Inventar, Gläubigerkonvokation

1. Vermögenserklärung

Ist kein Inventar zu errichten, hat der Erbe eine Vermögenserklärung, dh ein Verzeichnis der Nachlasssachen samt Bewertung, abzugeben (§ 170 AußStrG), das anstelle des Inventars der Abhandlung zugrunde gelegt wird.[6]) Sein Inhalt ist dritten Personen gegenüber nicht bindend, die Haftung gegenüber den Gläubigern wird nicht berührt. 2421

Die Parteien sind zur wahrheitsgemäßen und vollständigen Angabe der Vermögensgegenstände verpflichtet. Die falsche Abgabe der Vermögenserklärung kann strafrechtliche Folgen haben.

2. Inventarisierung

Zur Inventarisierung kommt es **von Amts wegen** bei einer bedingten Antrittserklärung (§ 802), wenn minderjährige oder sonst pflegebedürf- 2422

---

[4]) So auch *Zemen,* Unterhaltsschuld des Erben und Pflichtteilsansprüche, JBl 1984, 343.

[5]) Zu den Unterhaltspflichten OGH EvBl 1989/66.

[6]) S dazu *Bittner* in *Rechberger,* AußStrG[2] § 170 Rz 1, 7; *Spruzina* in *Gitschthaler/ Höllwerth,* AußStrG § 170 Rz 1 ff.

tige Noterben vorhanden sind (§ 165 Abs 1 Z 2 AußStrG), wenn eine Nacherbschaft angeordnet oder letztwillig eine Privatstiftung gegründet wurde (§ 165 Abs 1 Z 4 AußStrG), wenn Nachlassseparation bewilligt wird (§ 812) und beim Heimfall (§ 165 Abs 1 Z 5 AußStrG). Ferner ist auch immer dann ein Inventar zu errichten, wenn eine dazu berechtigte Person (zB Pflichtteilsberechtigte nach § 804)[7]) oder der Verlassenschaftskurator es **verlangt** (§ 165 Abs 1 Z 6 AußStrG).

2423 Das Inventar ist ein genaues und vollständiges **Verzeichnis** des gesamten beweglichen und unbeweglichen Vermögens, in dessen **Besitz** sich der Erblasser bei seinem Tod befunden hat, samt **Bewertung** bezogen auf den Todeszeitpunkt (§ 166 Abs 1 AußStrG).[8]) Dem Erblasser gehörige Sachen sind auch dann zu inventarisieren, wenn er sie nicht besessen hat.[9]) Bestrittene Forderungen sind nur dann zu inventarisieren, wenn ihr Bestand bescheinigt ist.[10]) Die Aufnahme einer Sache in das Inventar begründet keine Vermutung über die Eigentumsverhältnisse.[11])

Das Inventar bezieht sich grundsätzlich auf den ganzen Nachlass. Am Schluss des Inventars werden die Hauptsummen der Schulden und das nach Abzug derselben übrige „reine Vermögen“ errechnet. Bei der Errichtung des Inventars werden die erforderlichen Sachverständigen beigezogen. Nach Abschluss des Verlassenschaftsverfahrens ist keine Inventarisierung mehr möglich.[12])

In Ausnahmefällen kann auch ein Teilinventar von Vermögensteilen oder Einzelstücken errichtet werden.[13]) Das ist vor allem bei der Substitution zulässig; auch bei einer Inventarisierung auf Antrag (etwa eines Verlassenschaftskurators im Rahmen seiner Vermögensverwaltung) kann eine teilweise Inventarisierung stattfinden.

2424 Bei Inventarisierung haftet der Erbe ohne Rücksicht auf die Art seiner Erbantrittserklärung immer **beschränkt** (§ 807). Dies gilt nicht für die Errichtung von Teilinventaren.

Die Worte „so lange ihm die Erbschaft noch nicht übergeben worden“ (§ 807 aE) beruhen auf einem Versehen und sind unbeachtlich.

Für den Umfang der Haftung ist allerdings nicht der Wert beim Erbfall, auf den das Inventar zu beziehen ist, sondern jener bei der Einantwortung maßgebend.[14]) Da-

---

[7]) Vgl OGH EF-Z 2012/25.

[8]) Dazu *Rabl,* Das Nachlaßinventar – Inhalt und Zweck, NZ 1999, 129 ff. Vgl auch OGH JEV 2007/31; iFamZ 2009/133; iFamZ 2012/203; PSR 2012/35 *(Hofmann, Paulsen)* (Stiftungsvermögen ist nicht zu inventarisieren); EvBl 2014/79 *(Schatzl)* = EF-Z 2014/589 *(A. Tschugguel)* (gemeinsames Bankguthaben); iFamZ 2014/113 *(Mondel)* (gemeinsamer Banksafe).

[9]) S auch *Avancini,* Auskünfte über Sparbücher im Verlassenschaftsverfahren, NZ 1985, 21; *Rabl,* NZ 1999, 133 ff mwN; JBl 2015, 106 (geschenkte, nicht verbücherte Liegenschaft).

[10]) OGH NZ 2012/83 mwN. Zur Inventarisierung von Forderungen OGH NZ 2013/83.

[11]) OGH NZ 1990, 301.

[12]) *Ehrenzweig* II/2, 524; *Weiß* in *Klang*[2] III 1004; OGH NZ 1933, 280; SZ 34/157.

[13]) EB 224 BlgNR 22. GP 17.

[14]) *Ehrenzweig* II/2, 527; *Schauer,* Rechtsprobleme 304 ff; OGH SZ 14/245; SZ 49/149. AA *Kralik,* Erbrecht 352.

her sind Wertveränderungen zwischen Inventur und Einantwortung zu berücksichtigen.[15]) Das Inventar ist für das streitige Verfahren nicht bindend.[16])

3. Gläubigereinberufung

Bedingte Erbantrittserklärung und Inventar entfalten nur dann volle Wirkung, wenn sie mit einer Gläubigereinberufung (Gläubigerkonvokation, Rechnungsruf) verbunden sind (§§ 813 ff, § 174 AußStrG).[17]) 2425

Bei der Gläubigerkonvokation werden die Verlassenschaftsgläubiger durch gerichtliches Edikt aufgefordert, ihre Ansprüche binnen einer gewissen Frist geltend zu machen. 2426

Bei bedingter Erbantrittserklärung hat die Gläubigerkonvokation von Amts wegen zu erfolgen (§ 156 Abs 2 AußStrG).[18]) 2427

Bis zum Ablauf der Ediktalfrist kann der Nachlass mit der Befriedigung der Gläubiger „innehalten" (§ 813). Dh aber bloß, dass das Verlassenschaftsgericht ohne Zustimmung des erbantrittserklärten Erben nicht mehr die Befriedigung von Gläubigern anordnen darf, mag auch die Forderung schon rechtskräftig festgestellt sein.[19]) Die Gläubiger können ihre Forderungen weiterhin einklagen und gegen den Nachlass kann Exekution geführt werden.[20]) Ein Antrag auf Aufschiebung der Exekution ist möglich (§ 42 Abs 1 Z 6 EO).

Aufgrund der eingelangten Meldungen hat der Erbe die Befriedigung der Gläubiger vorzunehmen, die bei unzureichendem Nachlass nach insolvenzrechtlichen Grundsätzen erfolgt. Gläubiger, die sich verspätet melden, werden nur soweit berücksichtigt, als noch Nachlassaktiven vorhanden sind (§ 814). 2428

Unterlässt der bedingt erbserklärte Erbe die Gläubigerkonvokation, so muss er ohne Rücksicht auf die Erschöpfung des Nachlasses einem späteren Gläubiger dasjenige leisten, worauf dieser bei Berücksichtigung aller bisher bekannten Gläubiger Anspruch gehabt hätte (§ 815).[21]) 2429

D. Nachlassabsonderung (Nachlassseparation)[22])

Befürchtet ein **Erbschaftsgläubiger,** ein Legatar oder ein Noterbe, dass durch die **Vermengung** der Verlassenschaft mit dem Vermögen des 2430

---

[15]) OGH SZ 34/136.

[16]) OGH SZ 22/24; vgl auch *Rabl,* NZ 1999, 131 f mwN.

[17]) Dazu *Kropiunig,* Das Verhältnis der §§ 813 ff ABGB zur Konkurseröffnungspflicht bei Überschuldung des Nachlasses, NZ 1993, 97.

[18]) *Goriany,* Das neue Verlassenschaftsverfahren, NZ 2004, 358; *Grün* in *Rechberger,* AußStrG² § 165 Rz 9; aA (Gläubigerkonvokation in jedem Fall) *Spruzina* in *Gitschthaler/Höllwerth,* AußStrG § 165 Rz 7.

[19]) OGH SZ 38/196. Für eine „materiell-rechtliche Stundung" *Kralik,* Erbrecht 356.

[20]) OGH JB 20.

[21]) Vgl OGH NZ 2009/91.

[22]) Dazu *Kropiunig,* Ausgewählte Fragen der Nachlaßseparation (1993); *Meyer,* Die Nachlaßabsonderung, NZ 1950, 166.

Erben seine Forderung gefährdet wird, so ist er während des Verlassenschaftsverfahrens[23]) berechtigt, die Absonderung des Nachlasses zu verlangen (§ 812).

2431 Durch die Absonderung bleibt zwar im Interesse der Gläubiger auch nach der Einantwortung das Nachlassvermögen vom sonstigen Vermögen des Erben **getrennt,** doch hindert sie die Einantwortung nicht, sie wirkt bis zur Befriedigung oder Sicherstellung der Absonderungsgläubiger weiter.[24]) Der Erbe erlangt zwar durch die Einantwortung das Eigentum an den separierten Sachen, doch bleiben sie Sondervermögen, sodass zB auch keine Vereinigung (§ 1445) eintritt.

2432 Die Separation wird im Provisorialverfahren genehmigt. Sie setzt keine endgültige Klärung der Anspruchsberechtigung des Dritten voraus.[25]) Die Gläubiger, welche die Separation verlangen, müssen die Gefährdung ihrer Forderungen nicht bescheinigen.[26]) Es genügen also **subjektive Bedenken** der Gläubiger, die lediglich behauptet und hinreichend motiviert sein müssen.[27])

Die Gläubiger müssen aber zumindest Umstände behaupten, die bei vernünftiger Überlegung seine Besorgnis rechtfertigen;[28]) die bloß abstrakte Möglichkeit, dass der Erbe über den Nachlass verfügen werde, reicht daher für sich nicht aus.[29])

Gefahren drohen vor allem von den Gläubigern des Erben, doch soll die Separation überhaupt allen Gefahren vorbeugen, die sich aus der tatsächlichen Verfügungsgewalt des Erben ergeben, zB aus einer die Nachlassmasse schmälernden wirtschaftlichen Gebarung.[30]) Eine Gefahrenbesorgnis für die Bewilligung der Nachlassseparation liegt grundsätzlich schon dann vor, wenn der Erbe seinen Wohnsitz im Ausland hat; Staaten, die dem EuGVVO (EuGVÜ/LGVÜ) beigetreten sind, zählen aber nicht zum Ausland.[31]) Das Vorhandensein einer hinreichenden dinglichen oder persönlichen Sicherheit für die Forderung schließt die Besorgnis aus.[32])

2433 **„Vermengung“** ist nicht wörtlich zu verstehen, sondern nur ein Beispiel einer möglichen Gefährdung der Erbschaftsgläubiger.[33]) Daher ist Separation auch zulässig, wenn der Erbe vermögenslos ist.[34])

---

[23]) *Welser* in *Rummel/Lukas*⁴ § 812 Rz 8; OGH NZ 1994, 115; NZ 1994, 236; NZ 2002, 148.

[24]) OGH SZ 38/205; EF-Z 2011/74. Auch nach der Einantwortung kann über das separierte Sondervermögen ein Insolvenzverfahren eröffnet werden; OGH NZ 2003, 283 = ecolex 2003, 512 *(Hofmann);* s aber SZ 59/29. Vgl auch OGH EvBl 2014/79 *(Schatzl)* = EF-Z 2014/58 *(A. Tschugguel).*

[25]) OGH SZ 72/19.

[26]) RIS-Justiz RS0013068; OGH EF-Z 2013/179.

[27]) OGH iFamZ 2008/82 mwN; EF-Z 2013/179.

[28]) OGH JBl 1978, 152; SZ 56/28; SZ 61/131; RZ 1997/30 uva.

[29]) OGH iFamZ 2008/83; EF-Z 2013/150.

[30]) OGH EvBl 1976/137; NZ 1986, 263; SZ 61/131; RZ 1997/30; OGH NZ 2002, 331.

[31]) OGH NZ 2008/31.

[32]) *Ehrenzweig* II/2, 532.

[33]) RIS-Justiz RS0013049.

[34]) OGH SZ 8/5; SZ 56/28.

Die Absonderung kann durch **Sicherheitsleistung** abgewendet werden.[35]) Sie ist aufzuheben, wenn die Voraussetzungen für ihre Anordnung erlöschen, also insbesondere wenn die Gläubiger befriedigt wurden.[36]) 2434

Die Absonderung besteht in der Errichtung eines **Inventars** und Übernahme des Nachlasses in gerichtliche oder sonstige **Verwahrung.** Verwaltungsrechte der Erben erlöschen, wenn es die Vermögensverwaltung erfordert, ist ein Absonderungskurator **(Separationskurator)** zu bestellen.[37]) Die dem Erben aus der Nachlassverwaltung nach § 810 zustehenden Befugnisse werden dann durch jene des Separationskurators eingeschränkt oder ganz entzogen.[38]) 2435

Die Separationsgläubiger haben eine **Sonderstellung.** Nur sie können in das separierte Vermögen Exekution führen.[39]) Umgekehrt haftet ihnen der Erbe ohne Rücksicht auf die Art seiner Erbantrittserklärung nur mit diesen Sachen (sachlich beschränkte Haftung, **„cum viribus hereditatis“**).[40]) 2436

Gläubigern, die sich der Separation nicht angeschlossen haben, haftet der Erbe nach der Einantwortung persönlich, jedoch wegen der Inventarisierung (§ 807) auch bei unbedingter Erbantrittserklärung nur soweit, als der Wert des Nachlasses die Forderungen der Separationsberechtigten übersteigt.[41]) Da für die Pflichtteilsermittlung die auf den Todesfall geschenkten Sachen zum Nachlass gehören (oben Rz 2270), sind auch sie in eine vom Pflichtteilsberechtigten beantragte Nachlassseparation einzubeziehen.[42])

II. Miterben

A. Erbengemeinschaft

Mehrere Erben stehen in einer Rechtsgemeinschaft, die sich vor der Einantwortung auf das **Erbrecht,** danach auf die ererbten **Sachen** und **Rechte** bezieht. Die Anteile an dieser Gemeinschaft richten sich nach der Erbquote, die Art des Berufungsgrundes ist unerheblich. Die Gemeinschaft beruht auf dem Gesetz, nicht auf dem Willen der Gemeinschafter, ist also **communio incidens.** 2437

Die Gemeinschaft hindert die Teilnehmer nicht, ihr Erbrecht zu veräußern (§§ 1278ff).

---

[35]) OGH NZ 1969, 187; SZ 56/28; NZ 1985, 173; NZ 2002, 148; vgl auch SZ 65/113.

[36]) OGH NZ 2002, 331.

[37]) OGH JBl 1972, 621. Zur Anmerkung der Nachlassseparation und der Bestellung eines Kurators im Grundbuch OGH EF-Z 2011/74. Zur einstweiligen Anordnung OGH EF-Z 2013/62.

[38]) *Spitzer,* Benützung, Verwaltung und Vertretung des Nachlasses (§ 810 ABGB neu), NZ 2006/8, 38.

[39]) Zu Ausnahmen OGH NZ 1994, 182 (Forderungen derselben „Ranggruppe“ wie die der Separatisten); vgl weiters *Kralik,* Erbrecht 362; *Kropiunig,* Nachlaßseparation 233f; *Schauer,* Rechtsprobleme 505f.

[40]) OGH SZ 74/202 = AnwBl 2002, 592 *(Hofmann);* NZ 2003, 52.

[41]) Ebenso *Ehrenzweig* II/2, 533; aA *Kralik,* Erbrecht 362; OGH NZ 1994, 182; vgl auch *Schauer,* Rechtsprobleme 506ff.

[42]) OGH SZ 65/113.

2438 Vor der Einantwortung ist die Gemeinschaft wegen der eigenen Rechtssubjektivität des Nachlasses relativ bedeutungslos.

2439 Durch die **Einantwortung** werden die Miterben **Miteigentümer** der körperlichen Nachlasssachen nach dem Verhältnis ihrer Erbteile. Es gelten die Regeln der Miteigentumsgemeinschaft (§§ 825 ff).[1]) Nachlassforderungen zerfallen bei Teilbarkeit in Teilforderungen, bei Unteilbarkeit entsteht eine Gesamthandgläubigerschaft (§§ 889 f).

2440 Zur Haftung von Miterben s unten C.

B. Erbteilung

2441 Die Gemeinschaft wird durch die Erbteilung aufgehoben, die von jedem Miterben vor oder nach der Einantwortung verlangt werden kann, aber erst mit dieser dinglich wirksam wird.[2]) Sie kann durch ein gerichtliches oder außergerichtliches **Erbteilungsübereinkommen** vorgenommen werden,[3]) das der Einstimmigkeit bedarf und bei Beteiligung minderjähriger oder pflegebefohlener Erben pflegschaftsbehördlich genehmigt werden muss (§§ 181 Abs 2 AußStrG).[4]) Kommt keine Einigung zustande, so ist die Aufhebung mit der **Erbteilungsklage** durchzusetzen, die ebenfalls vor oder nach der Einantwortung eingebracht werden kann.[5])

Von Teilungsanordnungen und Teilungsverboten des Erblassers können die Miterben einvernehmlich abgehen.[6]) Solche Verfügungen müssen allerdings beachtet werden, wenn sie Auflagen (§ 709) sind. Teilungsverbote binden nur den Belasteten, nicht aber seine Erben (§ 832).

2442 Zu einer besonderen Art der Auseinandersetzung kommt es bei Vorhandensein eines **Aufgriffsrechts.** Darunter versteht man das einem Erben oder einem Dritten zustehende Recht, den ganzen Nachlass oder bestimmte körperliche oder unkörperliche Sachen gegen Zahlung eines „Übernahmspreises" an den Nachlass oder die Erben zu erwerben.

Das Aufgriffsrecht entsteht durch letztwillige Verfügung oder durch Vertrag (Erbvertrag, Vertrag zwischen den Miterben). Seine inhaltliche Ausgestaltung obliegt dem Erblasser oder den Vertragsparteien, es gibt keine allgemeinen Regeln.[7]) Das

---

[1]) Vgl OGH SZ 8/5; SZ 48/96; NZ 1999, 148.

[2]) Vgl OGH SZ 55/101; NZ 1999, 148.

[3]) Zur Rechtsnatur von Erbteilungsübereinkommen *Bruckner,* Erbteilungsübereinkommen (2007) 23 ff. Zur Auslegung *Gruber,* Erbteilungsübereinkommen und Testament, in FS Welser (2004) 239 (249 ff).

[4]) Zum Verhältnis des Erbteilungsübereinkommens zum Erbschaftskauf vgl *Jud,* Der Erbschaftskauf (1998) 130 ff.

[5]) Auch eine Klage auf Einhaltung einer Teilungsvereinbarung ist eine Erbteilungsklage, sie gehört daher vor das Nachlassgericht (§ 77 Abs 2 JN); OGH NZ 2003, 120. Dasselbe gilt, wenn sich die Teilungsklage nicht auf den ganzen Nachlass bezieht; OGH JBl 2008, 251 *(Apathy).*

[6]) *Kralik,* Erbrecht 339; OGH NZ 1990, 257; differenzierend *Gruber* in FS Welser 239. S dazu auch *Welser,* Reformbedarf bei den letztwilligen Verfügungen, in FS Simotta (2012) 699 (701 f).

[7]) OGH EvBl 1956/167.

einem Miterben eingeräumte Aufgriffsrecht wird überwiegend als Erbteilungsanordnung angesehen.[8])

C. Schuldenhaftung

Vor der **Einantwortung** haftet trotz der missverständlichen Formulierung des § 550 den Gläubigern nur der **Nachlass.** Für die Zeit nach der Einantwortung muss man unterscheiden. Wurde **kein Inventar** errichtet, so haftet jeder Miterbe den Gläubigern persönlich und unbeschränkt. Im Innenverhältnis trägt jeder Miterbe den nach seiner Erbquote auf ihn entfallenden Teil (§ 820). Wurde ein **Inventar** errichtet und ist die Schuld teilbar, so haftet jeder Erbe für den **Bruchteil** der Schuld, der seiner Erbquote entspricht, jedoch nur bis zur **Höhe des Wertes** der ihm zugekommenen Nachlassaktiven. Alle Erben haften insgesamt nur bis zur Höhe der Gesamtaktiven. Ist die Schuld unteilbar, so haften die Erben trotz Inventarisierung solidarisch, insgesamt aber nur bis zum Wert des eingeantworteten Nachlasses. 2443

Die Haftung nach den §§ 820ff ist im Außenverhältnis zwingend,[9]) kann also weder durch den Erblasser noch durch vertragliche Vereinbarung der Erben abgeändert werden.[10]) Eine Ausnahme besteht bezüglich der Vermächtnisse, mit denen der Erblasser einzelne Erben so belasten kann, dass die Legatare auf die Miterben nicht greifen können.[11]) Für das Innenverhältnis ist eine andere Regelung sowohl durch den Erblasser als auch durch die Miterben möglich.

17. Kapitel

Erbschaftskauf und Erbschaftsschenkung

Literatur: *Demelius,* Erbverzicht zugunsten Dritter, NZ 1930, 101; *Fenzl,* Der „unechte" Erbverzicht, ÖJZ 1949, 32; *Jud,* Der Erbschaftskauf (1998); *Kletečka,* Notariatsaktsform für „Befreiungsvereinbarung" bei der Nacherbschaft – Eine Besprechung der E OGH 27. 2. 2009, 6 Ob 136/07d; JBl 2009, 463; *Linder,* Erbschaftskauf, in *Gruber/Kalss/Müller/Schauer,* Erbrecht und Vermögensnachfolge (2010) 305; *J. Mayer,* Die Rechtsstellung des Erbteilserwerbers (1991); *Scheffknecht,* Die Erbrechtsveräußerung, NZ 1953, 97; *Schönherr,* Die Rechtsstellung des Erbschaftskäufers im österreichischen Recht der Personenhandelsgesellschaften, in FS Schwind (1978) 251; *A. Tschugguel,* Sind Einschränkung und Aufhebung fideikommissarischer Anordnungen formpflichtig? NZ 2010/2, 9; *Welser,* Erbschaftskauf und fideikommissarische Substitution, NZ 2006/12, 65.

Der Erbschaftskauf ist die entgeltliche Veräußerung des Erbrechts zwischen Erbanfall und Einantwortung (§§ 1278f); er bedarf der Form des Notariatsaktes oder des gerichtlichen Protokolls (§ 1278 Abs 2).[1]) 2444

---

[8]) OGH SZ 26/64; *Welser* in *Rummel/Lukas*[4] Anh § 550 Rz 7 mwN. Vgl auch OGH EF-Z 2014/85 (Gütergemeinschaft unter Lebenden).

[9]) *Weiß* in *Klang*[2] III 1056.

[10]) *Weiß* in *Klang*[2] III 1056; OGH GlU 9.819; GlU 12.031; SZ 69/213. S dazu auch *Bruckner,* Erbteilungsübereinkommen 123f.

[11]) *Ehrenzweig* II/2, 506; *Weiß* in *Klang*[2] III 1061.

[1]) Protokollierung durch den Gerichtskommissär ist gerichtliches Protokoll iSd § 1278 Abs 2; OGH NZ 1999, 124 *(Jud).*

Vor dem Erbfall steht § 879 Abs 2 Z 3 einer Veräußerung entgegen, nach der Einantwortung hat der Erbe kein Erbrecht mehr, das veräußert werden könnte, sondern nur Rechte an den geerbten Sachen.

Keine Veräußerung des (Nach-)Erbrechts, sondern ein bloßer Verzicht ist die Vereinbarung zwischen Vorerben und Nacherben, die Substitution aufzuheben. Gleiches gilt für die einvernehmliche Umwandlung einer „normalen" Nacherbschaft auf eine solche auf den Überrest. Derartige Vereinbarungen bedürfen daher auch nicht der Form des Erbschaftskaufs.[2]) Auch die Abtretung der sich aus der Einantwortung ergebenen materiellrechtlichen Ansprüche bedarf nicht der Form des Erbschaftskaufs.[3])

2445 Der Käufer ist nicht Erbe, er tritt bloß an dessen Stelle, sodass er gegenüber dem Erblasser nicht erbfähig zu sein braucht.[4]) Das **Verlassenschaftsverfahren** muss der Käufer in jenem Stadium hinnehmen, in dem es sich befindet, er kann es also nur fortsetzen, jedoch vom Veräußerer gesetzte Akte nicht rückgängig machen. Liegt noch keine Erbantrittserklärung des Verkäufers vor, so hat sie der Käufer im eigenen Namen,[5]) jedoch unter Bezugnahme auf das Erwerbsgeschäft abzugeben. Die Einantwortung erfolgt an ihn, sie bewirkt die **Gesamtrechtsnachfolge.**[6])

2446 In den Rechten der Erbschafts- und Erbfallsgläubiger tritt durch den Kauf keine Änderung ein. Doch **haften** ihnen Verkäufer und Käufer nach dem Inhalt der Erbantrittserklärung **solidarisch** (§ 1282).

2447 Für die Erbrechts- oder Erbschaftsklage ist nur der Käufer, nicht auch der Verkäufer, aktiv und passiv legitimiert.[7])

Wurde dem Kauf eine Aufstellung („Inventar") zugrunde gelegt, so hat der Verkäufer in diesem Umfang für die Richtigkeit und Vollständigkeit des Nachlasses Gewähr zu leisten; sonst bezieht sich die Haftung nur auf die Richtigkeit des Erbrechts (§ 1283), der Erbschaftskauf ist dann „ein gewagtes Geschäft", ein „Glücksvertrag" (§ 1278).[8])

2448 Auf die **Erbschaftsschenkung** sind die §§ 1278–1283 sinngemäß anzuwenden.[9]) Daher ist das Geschäft formpflichtig.[10]) Entschlägt sich ein Erbe zugunsten einer Person, die bei seinem Wegfall nicht ohnedies zum Erben berufen wäre, so kann darin eine Erbschaftsschenkung liegen; s oben Rz 2402.

---

[2]) *Welser,* NZ 2006/12, 65 ff; diesem folgend *Linder* in *Gruber/Kalss/Müller/Schauer,* Erbrecht und Vermögensnachfolge 319; *A. Tschugguel,* NZ 2010/2, 12 f; aA OGH JEV 2009/20 *(Bielesz); Kletečka,* JBl 2009, 464 ff.

[3]) OGH VbR 2013/15 *(Ramharter).*

[4]) *Jud,* Erbschaftskauf 25 ff; aA *Kralik,* Erbrecht 54.

[5]) So auch *Schönherr* in FS Schwind 253; *Wolff* in *Klang*[2] V 1012; aM *Unger,* Erbrecht[4], 572 Anm 11.

[6]) *Jud,* Erbschaftskauf 21 ff mwN.

[7]) *Jud,* Erbschaftskauf 17 ff mwN; *Schönherr* in FS Schwind 252; OGH EvBl 1964/361; SZ 30/64; aA *Wolff* in *Klang*[2] V 1013.

[8]) Für ein Glücksgeschäft auch bei Inventarisierung *Jud,* Erbschaftskauf 47 f.

[9]) *Ehrenzweig* II/2, 603; *Fenzl,* ÖJZ 1949, 32; *Schüssler,* Kein Eingriff des Grundverkehrsrechtes in das Verlassenschaftsverfahren! NZ 1968, 196.

[10]) Vgl OGH NZ 1999, 124 *(Jud); Jud,* Erbschaftskauf 37 ff.

18. Kapitel

Erbschaftsklage, Erwerb vom Scheinerben

I. Begriff der Erbschaftsklage

Literatur: *Ferrari-Hofmann-Wellenhof,* Die Erbschaftsklage (1991); *Gursky,* Zur Rechtsnatur des Erbschaftsanspruches, in FS Lübtow (1990) 211; *Sperl,* Probleme der Erbschaftsklage, JBl 1979, 630.

Die Erbschaftsklage ist eine Leistungsklage, mit welcher der Kläger unter Behauptung eines besseren Rechtes vom eingewiesenen Erben die Abtretung der Erbschaft verlangt (§ 823).[1] 2449

Die Leistung besteht nicht in der Abgabe einer Willenserklärung,[2] sondern in der Überlassung des durch die Einantwortung erlangten Erbschaftsbesitzes.

Der Kläger begehrt entsprechend seiner Erbberechtigung die **„Abtretung"** der ganzen Erbschaft oder des seiner Berechtigung entsprechenden Teiles.[3] 2450

Mit der Erbschaftsklage setzt der Kläger sein Erbrecht durch. Das stattgebende Urteil ändert daher nicht die Rechtslage, ist nicht rechtsgestaltend,[4] sondern **vernichtet** bloß die durch die Einantwortung geschaffene vorläufige **Vermutung** der Berechtigung des Eingewiesenen.[5] Streitig ist, ob diese Wirkung nur aufgrund eines besonderen Feststellungsbegehrens eintreten kann, sodass die Erbschaftsklage nicht nur Leistungs-, sondern auch Feststellungsklage ist,[6] oder ob die Erbberechtigung des Klägers nur Vorfrage des Leistungsbegehrens ist.[7] Es gibt jedoch keinen Grund, die Vernichtung des Rechtsscheines bloß an Feststellungsurteile zu knüpfen. Das Leistungsurteil enthält eine implizite Feststellung des Rechts, die eine getrennte Feststellung überflüssig macht.[8] 2451

Die Erbschaftsklage steht erst **nach** Rechtskraft der **Einantwortung** zu Gebote[9] und ist dann der einzige Rechtsbehelf zur Durchsetzung des Erbrechts. 2452

---

[1] *Ehrenzweig* II/2, 616f; *Weiß* in *Klang*² III 1066; OGH EvBl 1962/343; SZ 44/158.

[2] Richtig *Sperl,* JBl 1979, 630; aA zB *Weiß* in *Klang*² III 1073; *Kralik,* Erbrecht 332; OGH SZ 44/158. Vgl im Übrigen *Welser* in *Rummel/Lukas*⁴ §§ 823, 824 Rz 1 mwN.

[3] OGH JBl 1956, 99; NZ 1996, 244; SZ 44/158; NZ 1996, 183 *(Kletečka); Kralik,* Erbrecht 330.

[4] So aber *Sperl,* JBl 1979, 631f; *Dolinar,* Feststellung des Erbrechts und Erbschaftsklage in prozessualer Sicht, in FS Kralik (1986) 137ff; *Ferrari-Hofmann-Wellenhof,* Erbschaftsklage 398ff.

[5] *Bartsch,* Erbrecht² (1944) 140; OGH NZ 1996, 183 *(Kletečka).*

[6] *Schell* in *Klang* II/1, 844; *Steinwenter,* JBl 1956, 101; OGH SZ 24/258; SZ 37/30; anders aber zB *Weiß* in *Klang*² III 1069.

[7] So zB OGH JBl 1956, 99; SZ 44/158.

[8] „Leistungsklage mit Feststellungsfunktion"; *Welser* in *Rummel/Lukas*⁴ §§ 823, 824 Rz 1ff; für ein „Gestaltungsbegehren auf Abtretung" *Ferrari-Hofmann-Wellenhof,* Erbschaftsklage 398ff.

[9] OGH SZ 24/258.

So haben mit der Erbschaftsklage vorzugehen: der in einem nachträglich aufgefundenen Testament eingesetzte Erbe; der gesetzliche Erbe, wenn sich die dem Abhandlungsverfahren zugrunde gelegte letztwillige Verfügung als Fälschung oder sonst als ungültig herausstellt oder wenn nachträglich eine Widerrufsverfügung des Erblassers hervorkommt; der wirkliche Erbe, wenn wegen unrichtiger Festsetzung des Todeszeitpunktes im Todeserklärungsverfahren die Einantwortung an eine Person erfolgt ist, die vor dem Erblasser gestorben ist[10]) oder bei Anfechtung einer Ausschlagung wegen Irrtums oder Wegfalls der Geschäftsgrundlage.[11])

2453 Passiv legitimiert ist der eingeantwortete **Scheinerbe,** ausnahmsweise auch sonstige Nachlassbesitzer; so die Universalsukzessoren zu Unrecht eingeantworteter Erben;[12]) ein früherer siegreicher Erbschaftskläger, der gegenüber dem nun auftretenden Erben den schwächeren Titel hat, sowie der ohne die Voraussetzungen des Heimfallsrechtes besitzende Staat.[13])

2454 Die Erbschaftsklage ist eine **Universalklage,** sie dient nicht zur Durchsetzung der vom Erblasser abgeleiteten Einzelrechte, zB des Eigentums an den einzelnen zum Nachlass gehörigen Sachen.[14]) Diese verfolgt der eingeantwortete Erbe mit **Singularklagen,** zB mit der rei vindicatio, der actio negatoria, der Schuldklage usw.[15]) Der vom eingewiesenen Scheinerben mit einer Singularklage Belangte kann sein besseres Erbrecht einwenden,[16]) erreicht aber damit nur die Abweisung der Klage, nicht die positive Feststellung des eigenen Rechts.[17])

2455 Die Erbschaftsklage verjährt in **dreißig** Jahren (§ 1478), wenn der Kläger eine juristische Person ist, in vierzig Jahren (§ 1485).[18]) Die Frist beginnt idR mit dem Tod des Erblassers.[19]) Wer die Gültigkeit eines Testaments bestreiten will, muss dies innerhalb von **drei** Jahren tun (§ 1487).[20])

Nach anderer Auffassung verjährt das Erbrecht und damit die Erbschaftsklage überhaupt nicht.[21]) Unhaltbar ist es, Unverjährbarkeit des Erbrechts anzunehmen und die Erbschaftsklage, die der Durchsetzung dieses Rechtes dient, in dreißig Jahren verjähren zu lassen.[22])

2456 In Analogie zu § 823 steht dem Bund zur Geltendmachung der Kaduzität die **Heimfälligkeitsklage** zu (oben Rz 2227).

---

[10]) OGH SZ 37/39.

[11]) OGH iFamZ 2009/132 mwN.

[12]) *Ehrenzweig* II/2, 615. S dazu auch OGH EF-Z 2013/146.

[13]) *Kralik,* Erbrecht 338; *Weiß* in *Klang*[2] III 1071; OGH GlUNF 85. Vgl auch OGH JBl 1997, 241 *(Auckenthaler)* (dazu *Rabl,* Verwendungsanspruch gegen den Fiskus – ist der Heimfall gegenüber dem wahren Erben gerechtfertigt? NZ 1997, 141).

[14]) OGH NZ 2007/70; EvBl 1956/268; NZ 1984, 107; SZ 2003/134.

[15]) Vgl auch OGH NZ 2007/70.

[16]) OGH JBl 1956, 99.

[17]) *Ehrenzweig* II/2, 615.

[18]) OGH SZ 53/10.

[19]) AA OGH JBl 2013, 175 *(Holzner)* = EvBl 2013/57 *(Brenn).*

[20]) Zum Fristbeginn OGH JBl 1991, 656; SZ 60/239; NZ 2000, 375; EF-Z 2013/147.

[21]) *Kralik,* Erbrecht 60 und 337f; *Eccher* in *Schwimann/Kodek*[4] § 532 Rz 6; *Nemeth* in *Schwimann/Kodek*[4] § 823 Rz 12.

[22]) So aber OGH NZ 1999, 167; JBl 2013, 175 *(Holzner)* = EvBl 2013/57 *(Brenn).*

II. Wirkung des stattgebenden Urteils

Mit der Rechtskraft des stattgebenden Urteils erhält der Kläger die Stellung eines eingeantworteten Erben. Er tritt als **Universalsukzessor** in alle Einzelrechte und Verbindlichkeiten der Erbschaft ein.[1]) 2457

Der unterlegene Erbschaftsbesitzer ist zu Übertragungsakten verpflichtet, doch haben diese nur deklarative Bedeutung. Bei unbeweglichen Sachen muss der Erbschaftsbesitzer in die Einverleibung des Eigentums einwilligen, wie er überhaupt zur Herbeiführung des der Erbenstellung entsprechenden Zustandes verpflichtet ist. Ist eine Rückstellung wegen Veräußerung oder Verbrauchs einer Sache nicht mehr möglich, hat der Scheinerbe gemäß § 1041 den erlangten Wert herauszugeben.[2])

Für die gegenseitigen Ansprüche verweist § 824 auf die Regeln über Ersatzansprüche des **redlichen** und **unredlichen** Besitzers (§§ 329 ff).[3]) 2458

Der Erbschaftsbesitzer ist so lange redlich, als er aus „wahrscheinlichen Gründen" (§ 326) das Nichtbestehen eines anderen Erbrechts annehmen kann.[4]) ZT wird Unredlichkeit des Scheinerben erst bei grober Fahrlässigkeit oder bei positivem Wissen angenommen.[5]) Ab Zustellung der Erbschaftsklage ist der Erbschaftsbesitzer jedenfalls unredlich (§ 338).

Der unterlegene Erbschaftsbesitzer kann sich von der Haftung gegenüber den Nachlassgläubigern durch den Beweis befreien, dass der siegreiche Erbschaftskläger der wahre Erbe ist.[6]) Dieser haftet für die Nachlassverbindlichkeiten ohne Rücksicht auf die Art der Erbantrittserklärung des bisherigen Erbschaftsbesitzers[7]) wie ein bedingt erbantrittserklärter Erbe.[8]) 2459

III. Schutz gutgläubiger Dritter

Literatur: *Holzner,* Wer ist „dritter redlicher Besitzer" im Sinne des § 824 ABGB? NZ 1994, 121; *Krasnopolski,* Der Schutz des redlichen Verkehrs (1892); *Riedler,* Zur personellen Reichweite des gutgläubigen Rechtserwerbs vom Scheinerben, NZ 1994, 1; *Wellspacher,* Das Vertrauen auf äußere Tatbestände (1906).

Der zu Unrecht eingeantwortete Erbe (Scheinerbe) hat die Vermutung für sich, der wahre Erbe zu sein: **Legitimationswirkung** der Einantwortung.[1]) Deshalb ist ein „dritter redlicher Besitzer für die in der Zwischenzeit erworbenen Erbstücke niemandem verantwortlich" (§ 824 2460

---

[1]) Vgl OGH NZ 1996, 183 *(Kletečka)* mwN.

[2]) OGH NZ 1984, 107.

[3]) S dazu insbesondere OGH NZ 2013/80.

[4]) *Nemeth* in *Schwimann/Kodek*[4] § 824 Rz 2.

[5]) *Weiß* in *Klang*[2] III 1074; *Sperl,* Probleme der Erbschaftsklage, JBl 1979, 633; OGH SZ 47/3.

[6]) *Schell* in *Klang* II/1, 849; *Ehrenzweig* II/2, 620; aA *Sperl,* JBl 1979, 634; *Ferrari-Hofmann-Wellenhof,* Erbschaftsklage 422 f.

[7]) So aber *Schell* in *Klang* II/1, 849; *Ehrenzweig* II/2, 620; *Kralik,* Erbrecht 364 ff.

[8]) *Bartsch,* Erbrecht[2] (1944) 128 f; *Gschnitzer/Faistenberger,* Erbrecht 114; *Sperl,* JBl 1979, 634. Bei vorangegangener unbedingter Erbserklärung nur nach „Offenbarungsverlangen des Klägers"; *Ferrari-Hofmann-Wellenhof,* Erbschaftsklage 228 ff.

[1]) Vgl auch *Karner,* Gutgläubiger Mobiliarerwerb (2006) 147.

letzter Satz). Dies gilt sowohl für den entgeltlichen als auch für den unentgeltlichen Erwerb.[2]) Auf die Beweglichkeit oder Unbeweglichkeit der Sache kommt es nicht an.[3]) Geschützt ist aber nur der rechtsgeschäftliche, nicht der exekutive Erwerb.[4])

Kein Gutglaubenserwerb kommt in Betracht, wenn kein schützenswertes Vertrauen vorliegt, zB wenn der Erbschaftsbesitzer eine Nachlasssache durch Vermächtnis einem Dritten zuwendet, weil die in einer letztwilligen Verfügung begünstigten Personen in ihrem Vertrauen auf die Zuwendung nicht geschützt sind.[5])

2461 § 824 letzter Satz ist nach seiner ratio über den Eigentumserwerb hinaus anzuwenden. Er schützt überhaupt **jeden Rechtserwerb** vom Scheinerben und jede von Dritten durch den Scheinerben erlangte Rechtsstellung.[6]) So ist zB geschützt, wer im guten Glauben[7]) vom Scheinerben Forderungen erwirbt oder als Nachlassschuldner an den Scheinerben leistet.[8])

2462 Nach hM ist redlich, wer **nicht weiß,** dass sein Erwerb dem wahren Erben zum Schaden gereicht, sodass Fahrlässigkeit nicht schadet.[9]) Die Einschränkung auf positives Wissen ist zu billigen, weil die Sorgfaltsanforderungen gegenüber einem durch Gerichtsbeschluss (die Einantwortung) ausgewiesenen Erbschaftsbesitzer nicht überspannt werden dürfen. Der durch diesen Beschluss geschaffene qualifizierte Rechtsschein rechtfertigt die Abweichung von anderen Gutglaubensschutzregeln.[10])

Die Redlichkeit muss beim Abschluss des Verfügungsgeschäftes vorliegen, der gute Glaube beim Abschluss des Verpflichtungsgeschäftes genügt nicht. Umgekehrt schadet die nach Übergabe eintretende Kenntnis nicht. Der Erwerber muss nicht positiv auf die Berechtigung des Eingeantworteten vertrauen. Gegenstand der Redlichkeit ist bloß die Wirksamkeit des Erwerbes.[11])

Geschützt ist nach § 824 nur der „unmittelbare Erwerb“ vom Scheinerben;[12]) weitere Erwerber können sich uU auf § 367 berufen. Erstreckte man aber den Schutz des § 824 auch auf sie, so gäbe es überhaupt keine Grenzen, sodass auch noch der „Hundertste“ gutgläubig erwerben könnte.

2463 § 824 letzter Satz substituiert nur das dem Scheinerben **fehlende Erbrecht,** heilt also nicht Mängel des Titelgeschäftes oder des Modus. Da-

---

[2]) *Zeiller,* Commentar II/2, 874; *Schell* in *Klang* II/1, 850.

[3]) *Weiß* in *Klang*[2] III 1080; *Ehrenzweig* II/2, 617 FN 25.

[4]) *Ehrenzweig* II/2, 618; *Weiß* in *Klang*[2] III 1078 f; aA *Kralik,* Erbrecht 335.

[5]) OGH SZ 54/48; *Welser* in *Rummel/Lukas*[4] §§ 823, 824 Rz 30.

[6]) *Wellspacher,* Vertrauen 187.

[7]) Gegen dieses Erfordernis *Sperl,* Probleme der Erbschaftsklage, JBl 1979, 635 unter Berufung auf § 1424.

[8]) *Wellspacher,* Vertrauen 188; *Weiß* in *Klang*[2] III 1082; *Ferrari-Hofmann-Wellenhof,* Erbschaftsklage 333 f.

[9]) *Ehrenzweig* II/2, 618; *Kralik,* Erbrecht 334; *Krasnopolski,* Schutz 26; *Schell* in *Klang* II/1, 851; *Welser* in *Rummel/Lukas*[4] §§ 823, 824 Rz 35; dagegen aber *Gschnitzer/Faistenberger,* Erbrecht 115; OGH RZ 1980/10.

[10]) AA *Ferrari-Hofmann-Wellenhof,* Erbschaftsklage 323.

[11]) *Riedler,* NZ 1994, 8.

[12]) *Riedler,* NZ 1994, 8; gegen ihn *Holzner,* NZ 1994, 121; diesem folgend *Nemeth* in *Schwimann/Kodek*[4] § 824 Rz 5.

her kann der Scheinerbe dem Dritten das Recht nicht verschaffen, wenn es dem Erblasser selbst nicht zustand, sodass es auch der wahre Erbe nicht hätte übertragen können.[13])

Der Scheinerbe verkauft aus dem Gestüt des Erblassers das Pferd Tesoro. Hatte es der Erblasser gestohlen, so kann es der Eigentümer auch vom gutgläubigen Käufer herausverlangen.

Allerdings kann auch beim Erwerb vom Scheinerben § 367 zum Tragen kommen, wenn Entgeltlichkeit vorliegt und die nicht dem Erblasser gehörende Sache diesem vom Eigentümer anvertraut war.[14]) 2464

[13]) *Wellspacher,* Vertrauen 186f.
[14]) *Wellspacher,* Vertrauen 187.

Paragraphenregister

Hauptfundstellen sind durch *Kursivdruck* gekennzeichnet.

Sachverzeichnis

Die Zahlen verweisen auf die Randziffern.

Hinweise in *Kursivdruck* kennzeichnen die Hauptfundstellen.

B

C

G

H

J

K

L

O

P

Q

R

S

T

V

Z